勇于跨越
追求卓越

更上一層樓
玉樹臨風

2023 CHINA RAILWAY ENGINEERING
CORPORATION YEARBOOK

中国中铁年鉴 2023

《中国中铁年鉴》编委会 编

中国经济出版社
CHINA ECONOMIC PUBLISHING HOUSE
·北京·

图书在版编目（CIP）数据

中国中铁年鉴. 2023 /《中国中铁年鉴》编委会编. -- 北京：中国经济出版社，2023.10
ISBN 978-7-5136-7489-8

Ⅰ. ①中… Ⅱ. ①中… Ⅲ. ①铁路企业 - 企业集团 - 中国 - 2023 - 年鉴 Ⅳ. ① F532.6-54

中国国家版本馆 CIP 数据核字（2023）第 183405 号

组稿编辑	崔姜薇
责任编辑	郭书芳
责任印制	马小宾
封面设计	任燕飞图文设计工作室

出版发行	中国经济出版社
印 刷 者	北京富泰印刷有限责任公司
经 销 者	各地新华书店
开 本	880mm×1230mm 1/16
插页印张	2.5
印 张	35.25
字 数	1280 千字
版 次	2023 年 10 月第 1 版
印 次	2023 年 10 月第 1 次
定 价	460.00 元

广告经营许可证　京西工商广字第 8179 号

中国经济出版社　网址 www.economyph.com　社址 北京市东城区安定门外大街 58 号　邮编 100011
本版图书如存在印装质量问题，请与本社销售中心联系调换（联系电话：010-57512564）

版权所有　盗版必究（举报电话：010-57512600）
国家版权局反盗版举报中心（举报电话：12390）　　服务热线：010-57512564

《中国中铁年鉴（2023）》编委会

主　　任	陈　云　陈文健
副 主 任	李新生
编　　审	丁荣昌
副 编 审	甘　军　屈　韬
主　　编	唐　刚
执行编辑	王　琳

特约组稿和审稿人员（按姓氏笔画为序排列）

公司总部　于艳芹　马飞祥　王馈华　左文雄　石晓烽　吕立良　任乐春
　　　　　　孙伯涵　李　巍　李重霖　杨　斌　余　爽　余　翔　陈妍汝
　　　　　　罗静峰　赵家兴　徐林尧　郭鑫荣

所属单位　王　凡　王宏图　王育飞　王梓伊　王蕙怡　韦良伟　龙婷婷
　　　　　　付文博　吕　森　朱　红　向小亚　刘　宁　刘　湘　闫　骏
　　　　　　孙　晨　孙　源　孙丹丹　李双双　李晓桔　李海燕　杨臆蓉
　　　　　　何　佳　余　萌　张　博　张　强　张　璇　张丽娜　张烈侠
　　　　　　陈　昕　周冰心　法明杰　赵　林　郝广宁　胡志华　胡典佑
　　　　　　姚蘅栩　袁　野　徐建军　郭　睿　黄　琳　董尔松　谢　琳
　　　　　　雷成宸　薛　刚　戴　晨　魏惠君

编辑说明

一、《中国中铁年鉴》是一部概览中国中铁系统各方面情况的综合性、资料性工具书，2003年创刊，逐年出版，本卷年鉴是第21卷。全书主要记载了中国中铁总部及所属企业在2022年1月1日至12月31日生产经营、改革发展、科技创新、党的建设等方面所取得的新成果、新经验以及重要活动信息。

二、本年鉴采取分类编辑法，按类目、分目、条目的结构组成内容体系，以不同字体、字号区别不同层次，条目标题均加【】表示。为方便读者查阅，书中配备三重检索系统，即正文前有详细目录、内文中有页眉检索、正文后有主题索引。

三、本年鉴设特稿、专文、大事记、概述、基建建设、勘察设计与咨询服务、工程设备与零（部）件制造、海外业务、实业投资及金融物贸、科技创新、股份公司总部工作、人物、所属单位、统计资料、附录和索引共16个篇目、93个分目、1196个条目、10篇文章、91个图表（含示意图）。

四、本年鉴注重图片资料的收录，以彩页压题和补白的形式编录，全文刊载图片358幅，在内文前刊载专题彩色图片103幅，力求全书图文并茂地反映企业的发展历程。

五、本年鉴稿件由中国中铁总部各部门及所属各单位提供，所有稿件均经各部门和单位领导审核。年鉴文章、条目、图表中统计数据，由不同业务部门提供，如因统计口径不同而出现不一致之处，请以规划发展部、财务与金融管理部和经营开发中心的数据为准。

六、本年鉴的版式编排执行国家标准，计量单位一律采用国际单位制，依据《中华人民共和国国家通用语言文字法》和《出版物汉字使用管理规定》，遵循《通用规范汉字表》使用标准及原则，使用规范汉字。专业术语采用有关国家标准和行业标准的约定，标点符号和数字书写按出版部门有关出版物的规定执行。如有疏漏之处，欢迎提出意见。

七、本年鉴根据行文实际需要，对单位名称采用全称和简称并用的办法。本年鉴中出现的中国中铁所属各单位名称的全称和简称对照参看中国中铁所属单位全称及简称对照表。

八、本年鉴的编辑出版，得到了中国出版协会年鉴工作委员会、中国经济出版社的指导和帮助，得到了中国中铁各级领导、部门的关怀和重视，得到了各编辑工作者的密切配合，谨在此向所有关心、支持和直接参与编纂工作的人员表示谢意和敬意。同时，欢迎社会各界提出宝贵意见，以便提高编纂质量。

中国中铁及所属单位全称和简称对照表

编者注：鉴于篇幅限制及使用的便利性，对于集团公司所属单位的分公司或子公司名称，本年鉴内文中一般按惯例使用简称，特殊语境下使用全称。在此，不再一一对照列举，内文也不再逐一加注说明。

中国铁路工程集团有限公司——集团公司

中国中铁股份有限公司——中国中铁、股份公司

中铁一局集团有限公司——中铁一局

中铁二局集团有限公司——中铁二局

中铁三局集团有限公司——中铁三局

中铁四局集团有限公司——中铁四局

中铁五局集团有限公司——中铁五局

中铁六局集团有限公司——中铁六局

中铁七局集团有限公司——中铁七局

中铁八局集团有限公司——中铁八局

中铁九局集团有限公司——中铁九局

中铁十局集团有限公司——中铁十局

中铁大桥局集团有限公司——中铁大桥局

中铁隧道局集团有限公司——中铁隧道局

中铁电气化局集团有限公司——中铁电气化局

中铁武汉电气化局集团有限公司——中铁武汉电气化局

中铁建工集团有限公司——中铁建工

中铁广州工程局集团有限公司——中铁广州局

中铁北京工程局集团有限公司——中铁北京局

中铁上海工程局集团有限公司——中铁上海局

中铁投资集团有限公司——中铁投资

中铁南方投资集团有限公司——中铁南方

中铁交通投资集团有限公司——中铁交通

中铁开发投资集团有限公司——中铁开投

中铁城市投资发展集团有限公司——中铁城投

中铁（上海）投资集团有限公司——中铁上投

中国铁工投资建设集团有限公司——中国铁工投资

中铁（广州）投资发展有限公司——中铁广投

中铁二院工程集团有限责任公司——中铁二院

中铁第六勘察设计院集团有限公司——中铁六院

中铁工程设计咨询集团有限公司——中铁设计

中铁大桥勘测设计院集团有限公司——中铁大桥院

中铁科学研究院有限公司——中铁科研院

中铁华铁工程设计集团有限公司——中铁华铁

中铁长江交通设计集团有限公司——中铁长江设计

中铁水利水电规划设计集团有限公司——中铁水利设计

中铁国际集团有限公司——中铁国际

中国海外工程有限责任公司——中海外

中国中铁股份有限公司国际工程分公司——国际工程分公司

中铁高新工业股份有限公司——中铁工业

中铁置业集团有限公司——中铁置业

中铁资源集团有限公司——中铁资源

中铁信托有限责任公司——中铁信托

中铁财务有限责任公司——中铁财务

中铁资本有限公司——中铁资本

中铁物贸集团有限公司——中铁物贸

中铁云网信息科技有限公司——中铁信科

中铁国资资产管理有限公司——中铁国资

中国铁路工程集团有限公司党校——集团公司党校

领导风采

❶ 2022年5月10日，中国中铁党委书记、董事长陈云出席中国智造品牌论坛

❷ 2022年8月2日，中国中铁总裁、党委副书记、执行董事陈文健出席2022年经济运行分析会暨大商务管理推进会

❶ 2022年1月6日,中国中铁党委副书记、工会主席、执行董事王士奇到中铁北京局昌平线南延项目部党建工作联系点参加"学习党的十九届六中全会精神 立足岗位做贡献"主题党日活动

❷ 2022年12月30日,中国中铁党委常委、总会计师孙璀参加全国先进会计工作者表彰大会

❸ 2022年7月19日,中国中铁党委常委、纪委书记张建强出席中国中铁驻厦企业与驻地纪委监委在厦门举办的廉洁文化共建活动暨"六廉"工作室揭牌仪式

❹ 2022年7月24日,中国中铁党委常委、副总裁刘宝龙调研中铁十局川藏铁路项目

❺ 2022年6月15日,中国中铁党委常委、副总裁任鸿鹏会见新疆维吾尔自治区乌鲁木齐市委副书记,市人民政府党组书记、市长买买提明·卡德

❻ 2022年11月25日,中国中铁党委常委、副总裁、总工程师孔遁出席中国中铁第二届实用技术创新大赛成果评奖会

❶ 2022年3月，中国中铁党委常委、副总裁马江黔在中国中铁承建的吉林省抗疫用房建设现场指挥部署抗疫情建设任务

❷ 2022年10月20日，中国中铁党委常委、副总裁李新生考察江西中铁装备公司

❸ 2022年4月2日，中国中铁董事会秘书兼考核分配部部长何文陪同外部董事调研组一行到中铁四局川藏铁路6标多木格隧道现场开展调研

❹ 2022年8月9—11日,中国中铁监事会主席、股东代表监事贾惠平到中铁大桥局调研指导工作

❺ 2022年7月21日,中国中铁总经济师兼经营开发中心总经理赵斌会见吉林省交通运输厅党组书记、厅长李平

❻ 2022年9月14日,中国中铁总裁助理兼规划发展部部长耿树标到湖南省郴州市汝城县沙洲村针对中国中铁产业帮扶开展现场调研

中国中铁

❶ 2022年5月10日，中国智造品牌论坛暨中央企业装备制造创新成就云展览在股份公司总部举行

❷ 2022年8月9日，世界首条稀土永磁磁浮轨道交通工程试验线——江西省兴国县"红轨"建成

践行"三个转变"

❸ 2022年9月26日，中铁装备研制的"中铁1148号"土压平衡盾构机顺利下线，该设备将应用于土耳其Halkali-Ispartakule高速铁路项目

❹ 世界首台桩梁一体造桥机"共工号"获评2022年度央企十大国之重器

❺ 中央企业装备制造创新成就云展览

❻ 2022年5月10日，中铁工业旗下中铁宝桥正式发布自主研制的新一代合金钢辙叉产品——Ⅲ代合金钢辙叉

❼ 2022年7月7日，中铁工业研制的国内首台动力分散式新能源电机车应用于重庆轨道交通15号线06标项目

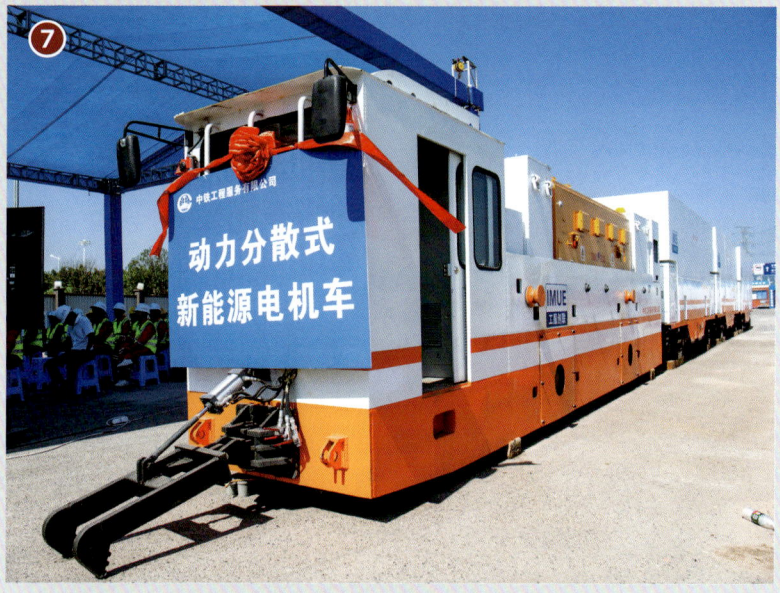

共建「一带一路」

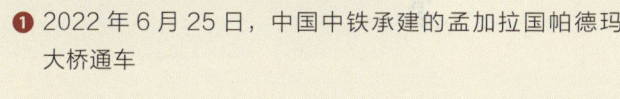

❶ 2022年6月25日，中国中铁承建的孟加拉国帕德玛大桥通车

❷ 2022年11月16日，中国中铁建设的雅万高铁开通运行

❸ 2022年7月26日，中铁宝桥承制的克罗地亚佩列沙茨大桥通车

❹ 2022年1月13日，中铁六局承建的越南首条城市轻轨举行落成仪式

❺ 2022年3月19日，中铁七局承建的纳米比亚温得和克到霍齐亚·库塔科国际机场Ⅰ期工程全线开通

❻ 2022年2月1日，中铁大桥局承建的坦桑尼亚桑兰跨海大桥通车

❼ 中铁二院建造运营的埃及斋月十日城铁路项目车辆段

③

合作共赢

❶ 2022年1月20日，中国中铁与中国出口信用保险公司签署战略合作协议
❷ 2022年3月31日，中国中铁与山东省人民政府签署战略合作协议
❸ 2022年7月13日，中国中铁与太原市人民政府签署战略合作协议
❹ 2022年11月23日，中国中铁和雄安新区管委会共同出席中国中铁产业集群疏解雄安新区揭牌暨启动仪式。中国中铁成为首家以产业集群方式入驻雄安的中央企业

④

科技创新

❶ 2022年1月5日，高速铁路建造技术国家工程研究中心召开第十三次理事会暨第二届技术委员会第三次会议。中国中铁党委书记、董事长陈云当选新一届理事长

❷ 2022年11月11日，2022年世界工业设计大会在山东烟台国际博览中心开幕，中铁工业"高原高寒大直径双结构硬岩掘进机"荣获2022年中国优秀工业设计奖

❸ 2022年11月24日，中铁工业旗下中铁装备荣获"2022世界智能制造十大科技进展"荣誉

❹ 中铁电气化局京沪高铁维管公司"高速铁路4C视觉智能分析系统"摘得2022 IDC中国未来企业大奖

❺ 中铁建工亮相中国国际服务贸易交易会

❻ 2022年1月19日，国内首个钢桁梁数字化建造平台在中铁工业旗下中铁山桥南通公司建成

获奖工程

❶ 中铁工业参建的连镇铁路五峰山大桥荣获2022—2023年度第一批中国建设工程鲁班奖

❷ 中铁十局参建的青连铁路青岛西站站房及相关工程获中国土木工程詹天佑奖

❸ 中铁水利设计参建的江西省峡江水利枢纽工程获中国土木工程詹天佑奖

❹ 中铁科研院、中铁工业参建的拉林铁路藏木雅鲁藏布江特大桥荣获2022年国际桥梁大会（IBC）西奥多·库珀奖（铁路桥奖）

❺ 中铁四局、中铁十局、中铁电气化局等单位参建的石家庄至济南铁路客运专线济南黄河公铁两用桥获中国土木工程詹天佑奖

❻ 中铁九局参建的云南省昆明市轨道交通4号线获2022年中国建设工程鲁班奖

中 国 中 铁

❶ 中铁一局参建的汉十铁路襄阳东站综合枢纽工程获国家优质工程奖

❷ 中铁电气化局、中铁五局参建的新建北京至沈阳铁路客运专线辽宁段获中国土木工程詹天佑奖

❸ 中铁隧道局、中铁二局参建的兰渝铁路西秦岭隧道工程获中国土木工程詹天佑奖

❹ 中铁工业参建的南京江心洲长江大桥（南京长江第五大桥）获国际桥梁与结构工程协会（IABSE）全球项目与技术奖"杰出桥梁结构奖"

❺ 中铁上海局参建的柳州市官塘大桥工程获中国土木工程詹天佑奖

❻ 中铁工业参建的贵州平塘大桥获国际桥梁与结构工程协会（IABSE）全球项目与技术奖"杰出基础设施奖"

铁路工程

❶ 2022年12月26日，中国中铁承建的新成昆铁路全线通车运营

❷ 2022年7月22日，由中国中铁设计施工的大瑞铁路大保段开通运营

❸ 2022年12月30日，中国中铁承建的京唐城际铁路开通运营

❹ 2022年3月30日，由中铁五局、中铁八局、中铁武汉电气化局参建的贵阳市域环城快铁（西南环线）正式开通运营

❺ 2022年6月16日，中铁一局、中铁三局、中铁北京局参建的世界首条绕沙漠环形铁路——和若铁路开通运营

❻ 2022年9月22日，由中铁四局参建的合杭高铁湖州至杭州段开通运营

公路及轨道交通工程

1. 2022年10月28日，中国中铁参建的深圳地铁14号线开通运营
2. 2022年8月26日，中国中铁参建的国高网G8012弥勒至楚雄国家高速公路玉溪至楚雄段开通
3. 2022年12月1日，中国中铁参建的大连地铁5号线开通试运行
4. 中铁一局承建的广西南天高速罗富互通，2022年12月29日，广西南天高速公路通车
5. 2022年12月31日，中铁六局承建的京雄高速公路六环至市界段正式通车

市政工程

1. 中铁建工参建的万州新田港铁路集疏运中心
2. 2022年8月26日，中铁广州局承建的南沙凤凰大道工程进港大道至市南大道段正式通车
3. 中铁五局承建的海口市长堤路水质净化设施及湿地公园建设工程PPP项目
4. 中铁一局参建的厦门东部体育会展新城滨海东大道项目
5. 中铁三局承建的雄安新区悦容公园

桥隧工程

❶ 2022年6月21日,中铁隧道局承建的新成昆铁路小相岭隧道胜利贯通

❷ 中铁隧道局承建的大瑞铁路高黎贡山隧道竖井

❸ 2022年9月5日,中铁大桥局承建、中铁工业参建的世界首座公铁同层多塔斜拉桥——珠机城际金海特大桥主跨钢梁合龙

❹ 2022年9月28日,中铁隧道局承建的中国首条地处8度地震烈度区的大直径盾构汕头海湾隧道建成通车

❺ 2022年12月4日,中铁隧道局承建的世界油气领域单线盾构掘进距离最长、埋深最深、水压最高、口径最大、施工环境最复杂的中俄东线天然气管道长江盾构穿越工程胜利贯通

❻ 2022年11月30日,中铁一局等单位参建的海花岛3号桥通车

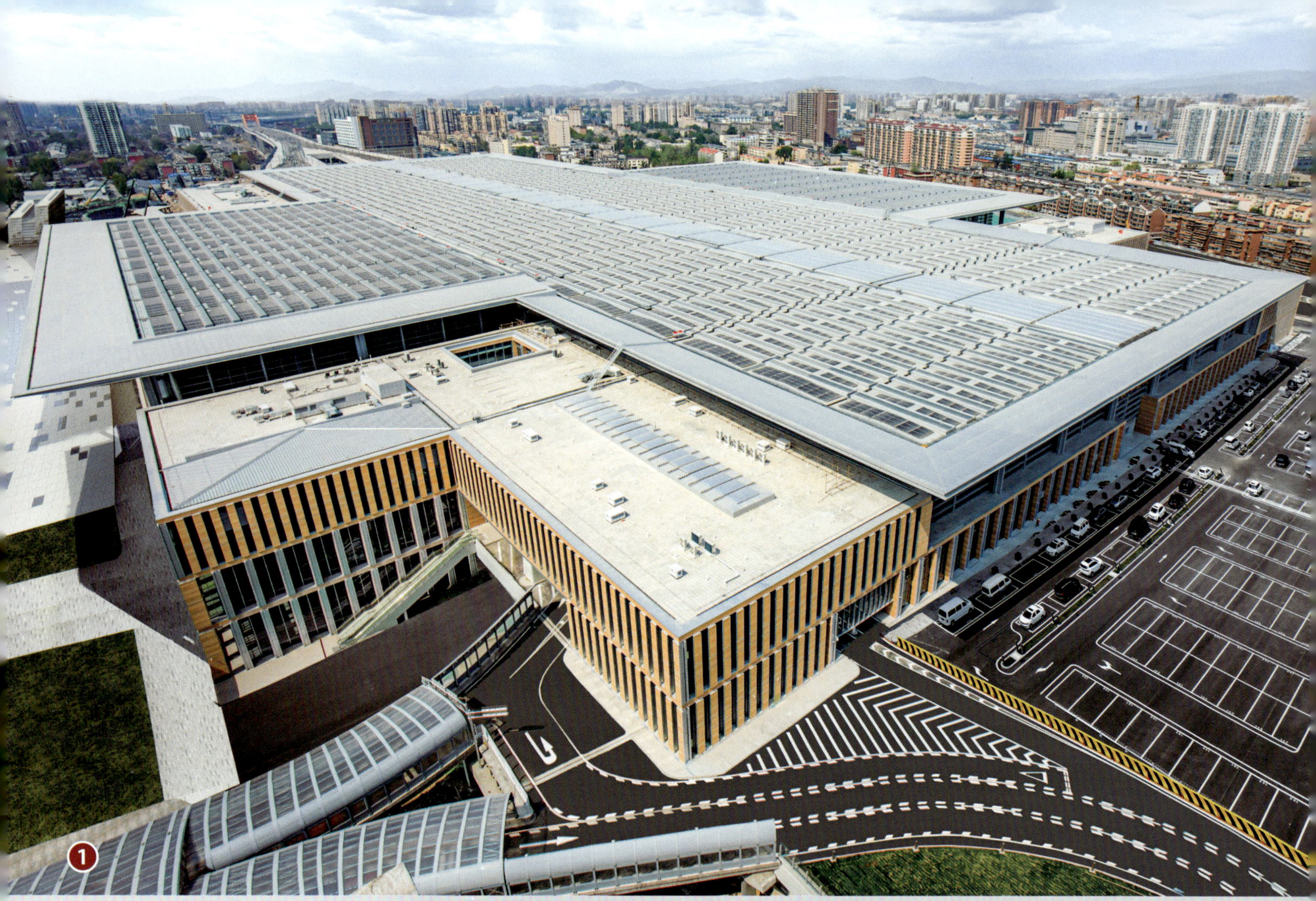

❶ 2022年6月20日，亚洲最大的铁路枢纽客站——北京丰台站正式投入运营

❷ 中铁置业雄安新区容西片区安置房

❸ 中铁建工参建的杭州亚运会棒（垒）球馆

❹ 中铁置业——中铁黑龙滩国际旅游度假区

❺ 中铁建工承建的北京城市副中心图书馆

房建工程及房地产开发

矿产资源及水利水电

1. 中铁上海局参建的鹤山沙坪河综合整治一期工程治理项目
2. 2022年3月24日，中铁九局参建的刚果（金）Kamoa选矿厂二期磨矿车间顺利投料试车
3. 中铁资源华刚矿业浸出二期
4. 中铁十局参建的海口迈雅河区域生态修复工程
5. 2022年12月19日，中铁一局银川都市圈中线供水工程顺利实现全线试通水目标
6. 2022年12月30日，中铁四局参建的引江济淮工程实现全线通水通航

党建工作

中国中铁

❶ 2022年1月12日，中国中铁召开党史学习教育总结会议

❷ 2022年1月27日，中国中铁党委书记、董事长陈云以视频连线形式，看望慰问北京2022年冬奥会和冬残奥会期间坚守岗位、奋战一线的项目建设者

❸ 中铁一局高原铁路项目开展"高扬党旗"活动暨"大干120天　喜迎二十大"劳动竞赛

❹ 2022年9月6日，中铁北京局举办"喜迎二十大　永远当先锋"道德讲堂

❺ 中铁大桥局金海大桥项目部职工在党员活动室学习党的二十大精神

企业管理

中 国 中 铁

❶ 2022年4月22日，中国中铁组织开展大商务管理暨项目管理效益提升三年行动培训

❷ 2022年8月3日，中国中铁党委书记、董事长陈云出席中铁建工集团号码公司揭牌仪式

❸ 2022年1月19日，中国中铁在京召开2022年工作会议暨三届三次职工代表大会

❹ 2022年7月11日，集团公司党校北京新校区揭牌仪式在顺义举行

企业文化

① 2022年4月19日，中国中铁融媒体中心揭牌仪式在"开路先锋"文化展览馆举行

② 中国中铁举办首届"开路先锋"文化节

③ 2022年2月3日，全国优秀共产党员、全国劳动模范、中铁工业电焊工王中美在八达岭长城参加2022北京冬奥会火炬传递

④ 2022年7月1日，中铁工业组织新进员工学习"开路先锋"文化

⑤ 2022年7月28日，中铁七局团委组织青年团员参观"九·一八"历史博物馆

社会责任

❶ 2022年1月7日，万寿路学区学生社会实践教育基地揭牌仪式在中国中铁"开路先锋"文化展览馆举行

❷ 中铁上海局援建国家会展中心（上海）方舱医院改建工程

❸ 2022年4月14日，中铁一局全力救援大秦铁路事故抢通工作

❹ 中铁二局驰援吉林省抗疫用房建设

❺ 中铁建工参加第三十九次中国南极科学考察

❻ 中铁建工第二公司举行2022年牵手关爱七彩童年——建设工地"小候鸟"驿站爱心暑托班开班仪式

目录 CONTENTS

特 稿

锚定高质量发展首要任务 围绕"效益提升、
　价值创造"聚力攻坚 ………………………… 2
埋头苦干实干 深化提质增效 奋力谱写
　中国中铁高质量发展新篇章 ………………… 10

专 文

在现代化铁路建设中勇当开路先锋 …………… 20
奋力书写世界一流企业建设新篇章 …………… 24
用好思政工作"传家宝" 推动企业高质量发展 … 27
深入践行"三个转变" 建设世界一流企业 …… 29
加快建设世界一流企业 ………………………… 32
争创优质品牌 勇当开路先锋 ………………… 34
走上建设交通强国新征程 ……………………… 35
牢记殷殷嘱托 践行使命担当 奋力打造
　世界一流企业卓著品牌 ……………………… 36
加快建设世界一流企业 ………………………… 38
深入实施创新驱动发展战略 当好现代化
　建设开路先锋 ………………………………… 40

2022年大事记

1月 ………………………………………………… 44
2月 ………………………………………………… 45
3月 ………………………………………………… 45
4月 ………………………………………………… 46
5月 ………………………………………………… 48
6月 ………………………………………………… 48
7月 ………………………………………………… 50
8月 ………………………………………………… 52
9月 ………………………………………………… 54
10月 ……………………………………………… 55
11月 ……………………………………………… 56
12月 ……………………………………………… 57

概 述

企业基本情况

简况 ……………………………………………… 62
中国铁路工程集团有限公司法人治理结构 …… 62
中国中铁股份有限公司法人治理结构 ………… 62
中国中铁股东情况 ……………………………… 63
中国中铁股价及市值变动情况 ………………… 63
中国中铁资本市场评级情况 …………………… 63
主要经济技术指标完成情况 …………………… 64
2021—2022年中国中铁各业务板块新签合同额
　完成情况 ……………………………………… 64
中国中铁基建建设板块新签合同额按工程分类
　情况 …………………………………………… 65
生产经营 ………………………………………… 65
企业资质 ………………………………………… 65

信息化建设……66
党建工作……66
社会责任管理……66

职工队伍

干部构成……66
工人构成……67
中国铁路工程集团有限公司领导名单……67
中国中铁股份有限公司领导及高管名单……67
中国中铁股份有限公司高级专家名单……67
中国中铁股份有限公司外派专职董事监事名单……68
中国铁路工程集团有限公司总部部门负责人名单……68
中国中铁股份有限公司总部部门负责人名单……69

资产和技术设备

资产及财务状况……72
主要财务指标完成情况……72
2022年中国铁路工程集团有限公司主要财务指标完成情况……73
子企业财务指标完成情况……74
2022年中国铁路工程集团有限公司主要子企业财务指标完成情况……74
资产比重变动……75
2022年中国铁路工程集团有限公司资产比重变动情况……75
主要技术动力装备……76

管理体制创新

区域总部和投资公司改革……76
中国中铁产业集群疏解雄安新区……76
中国中铁向中铁建工转让中铁装配股份……77
中铁长江设计增资控股重庆双源建设监理咨询有限公司……77
大部制改革……77

安全质量环保监督体制改革……77
管理创新……77
第二十九届全国企业管理现代化创新成果获奖名单……77
成立中国中铁产教融合联盟……78
成立中铁云南建设投资有限公司……78
机构设立审批……78
注销机构……82
直属指挥部、区域经营机构设立、变更……83

生产经营发展

国内工程……84
海外业务……85
勘察设计与咨询服务业务……85
工业制造……86
房地产开发……86

践行"三个转变"重要指示

中国智造品牌论坛暨中央企业装备制造创新成就云展览……86
全球最大直径全断面硬岩掘进机"高加索号"……86
"共工号"引领桥梁建造技术进入3.0时代……86
品牌建设体系……87

大商务管理

建立大商务管理基本体系……87
优化经营工作价值导向……87
强化项目履约管控措施……88
完善风险防控制度流程……88
丰富综合创效方法路径……88
营造全员创效文化氛围……88

巩固拓展脱贫攻坚成果,有效衔接乡村振兴

精准帮扶规划……88
精准帮扶举措及成效……89

基建建设

基建建设经营开发

基建建设板块新签合同额……92
铁路市场经营开发概况……92
非铁路市场经营开发概况……92
各工程局基建建设板块新签合同额……92
2022年度以股份公司资质名义中标的总承包项目汇总……92
西安市地铁2号线二期工程施工总承包项目2标段……93
福州市轨道交通6号线东调段工程（土建施工）施工总承包……93
珠三角城际轨道交通广佛环线佛山西站至广州北站段施工总承包GFXH-1标段……93
新建粤东城际铁路"一环一射线"项目施工总价承包YDZH-8标段……93
2022年度签署的承包类重大合同……94

基建建设生产管理

二次经营……95
施工产值完成情况……95
新开工重点项目……95
　渝康高铁工程……95
　本溪至集安高速公路本溪至桓仁（辽吉界）段PPP项目……95
　滇中引水二期配套工程……96
　南京至马鞍山城际铁路（马鞍山段）PPP项目……96
　南京至马鞍山市域（郊）铁路（南京段）工程施工总承包D.S02.X-TA01标施工总承包项目……96
　青岛市地铁5号线工程土建二标段施工总承包项目……96
在建重点工程进展情况……97
　G2003太原绕城高速公路义望至凌井店段（太原西北二环）工程……97
　深圳地铁14号线……97
　深圳市春风隧道工程……97
　福州滨海快线（F1线）施工总承包1标项目……98
　北京市国道109（新线）高速公路工程PPP项目……98
　京雄高速公路（北京段）政府和社会资本合作（PPP）项目……99
　天津地铁4号线PPP项目……99
　吉林高速公路PPP项目……100
　天津市轨道交通Z2线一期工程（滨海机场站至北塘站）PPP项目……100
　大连地铁5号线PPP项目……101
　云南省滇中引水工程大理I段至楚雄段引入社会资本建设项目……101
　云南省滇中引水工程楚雄至红河段引入社会资本建设项目……102
　成都地铁10号线三期及13号线一期……102
　G7611线昭通（川滇界）至西昌段高速公路……102
　广州市轨道交通11号线及同步实施工程……103
　广州市轨道交通13号线二期及同步实施工程……103
　川藏铁路雅林段工程……104
　大瑞铁路保瑞段工程……104
　新建渝昆高速铁路工程……104
竣工项目……104

安全质量监督管理

安全质量环保工作综述……105
落实安全责任……106
"管""监"系统责任落实……106
安全生产提升年行动……106
安全质量管理系统提升……106
《中国中铁铁腕治安硬十条》……106
安全生产大检查……106
质量管理制度体系建设……107
应急管理……107

2022年中国中铁获中国建设工程鲁班奖情况……108
2022年中国中铁获国家优质工程奖情况………109
2022年度中国中铁获建设工程项目施工安全
　生产标准化工地名单…………………………115

勘察设计与咨询服务

勘察设计生产经营

全公司勘察设计工作概况……………………118
勘察设计与咨询生产经营概况………………118
重点工程勘察设计……………………………118
中铁二院勘察设计生产经营…………………120
中铁二院勘察设计工作进展情况……………120
中铁六院勘察设计生产经营…………………121
中铁六院勘察设计工作进展情况……………122
中铁设计勘察设计生产经营…………………122
中铁设计勘察设计工作进展情况……………122
中铁大桥院勘察设计生产经营………………122
中铁大桥院勘察设计工作进展情况…………124
　阿克拉奥凡科（Ofankor）至恩萨瓦
　　（Nsawam）道路综合工程………………124
　南京仙新路长江大桥（施工配合）市政
　　工程项目……………………………………124
　白沙洲公铁两用长江大桥工程………………124
　狮子洋通道工程………………………………124
　巢马铁路马鞍山长江公铁大桥公铁合建
　　项目…………………………………………124
　川藏铁路怒江特大桥…………………………124
　武汉新港高速双柳长江大桥项目……………124
　海太过江通道工程……………………………124
　市郊铁路跳磴至江津线（圣泉寺至鼎山段）
　　工程…………………………………………124
　沪渝蓉高铁宜昌长江公铁大桥………………124
　新建通苏嘉甬铁路杭州湾跨海大桥…………125
　甬舟铁路………………………………………125
　川藏铁路大渡河特大桥………………………125
中铁科研院勘察设计生产经营………………125

中铁科研院勘察设计工作进展情况…………125
　成都轨道交通17号线二期工程车站2标
　　项目…………………………………………125
　青岛市地铁4号线土建工点设计二标项目
　　………………………………………………125
　青岛市地铁6号线一期工程土建工点设计
　　四标项目……………………………………125
　广州轨道交通12号线设计14标项目………125
　广州市城市轨道交通第三期建设规划调整
　　线路［8号线东延段（万胜围—莲花）］
　　土建设计二标项目…………………………125
　成都轨道交通13号线一期工程13CZ8标
　　项目…………………………………………125
　石家庄市城市轨道交通4号线一期工程
　　设计总承包…………………………………125
中铁华铁勘察设计生产经营…………………126
中铁华铁勘察设计工作进展情况……………126
　生物医药产业园七期工程项目设计项目……126
　三明市尤溪县—国家储备林森林质量精准
　　提升（乡村振兴）工程林业加工产业园
　　及基础设施项目规划及建筑设计…………126
　2022年南园街道老旧小区改造工程代建
　　合同项目……………………………………126
　DK20200257地块方案及施工图设计项目…126
　北京轨道交通M101线工程设计07合同段
　　………………………………………………126
　贵阳轨道交通3号线一期工程PPP项目
　　工艺设备及供电车间设备公开竞争性
　　谈判采购……………………………………126
　深圳地铁16号线工程车辆段工艺设备采购
　　项目…………………………………………126
中铁长江设计勘察设计生产经营……………126
中铁长江设计勘察设计工作进展情况………126
中铁水利设计勘察设计生产经营……………126
中铁水利设计勘察设计工作进展情况………127

技术咨询与服务

全公司技术咨询和服务情况…………………127

中铁二院技术咨询和服务情况·················· 127
中铁六院技术咨询和服务与监理项目情况······ 127
中铁设计技术咨询与服务························ 128
中铁大桥院重大咨询与监理项目情况············ 128
 常泰长江大桥······································ 128
 龙潭过江通道工程······························· 128
 广州万龙大桥项目······························· 128
 狮子洋通道··· 128
 南京仙新路过江通道工程······················ 128
 巢马铁路马鞍山公铁两用长江大桥·········· 129
中铁科研院重大咨询与监理项目情况············ 129
 滇中引水工程隧洞超前地质预报及监控
  量测项目··· 129
 国道216线（西藏境）区界至改则段公路
  新改建工程检测································ 129
 成都市武侯区桥梁管养项目···················· 129
 马来西亚吉隆坡地铁二期监测项目·········· 129
 重庆轨道交通18号线（富华路—跳蹬南）
  工程施工监理1标段项目···················· 129
 新建重庆至黔江铁路施工监理CQQJJL-3
  标段项目··· 129
 成都轨道交通27号线一期工程土建施工
  监理项目··· 129
 广州铁路枢纽新建广州白云站（棠溪站）
  工程白云站站房及相关工程BYZJL3标
  项目··· 129
 重庆轨道交通15号线一期工程（K72+824-
  K92+369.955）施工监理项目·············· 129
 广州东至花都天贵城际工程监理服务项目
  5标项目·· 129
 新建重庆至万州高速铁路工程施工监理1
  标项目··· 130
 新建成都至自贡高速铁路（不含DK24+055~
  DK39+406）施工监理1标段················ 130
中铁华铁重大咨询与监理项目情况·············· 130
 厦门市轨道交通6号线集美至同安段工程
  土建施工监理项目3标段····················· 130
 新建重庆至万州高速铁路工程施工监理

  3标··· 130
 新建上海至南京至合肥高速铁路沪宁段
  站前及相关工程监理—HSJL-5标········· 131
 哈尔滨至铁力铁路工程监理HTJL-3标段·· 131
 无锡地铁5号线一期工程土建监理01标···· 131
 长沙机场改扩建工程民航专业工程监理
  MHJL-2标段····································· 131
中铁水利设计技术咨询和服务情况·············· 131

优秀工程勘察设计奖

优秀工程勘察设计奖································ 131
2022年度中国中铁获省部级优秀工程勘察
 设计奖·· 131

优秀工程咨询成果奖

优秀工程咨询成果奖································ 146
2022年度中国中铁获省部级以上优秀工程
 咨询成果奖··· 146

工程设备与零（部）件制造

工业企业生产经营

工业制造概况··· 150
中铁工业生产经营概况····························· 150
中铁电气化局工业生产经营概况················· 150
中铁装配生产经营概况····························· 150

主要产品

·隧道施工设备及服务·······························151
中铁工业隧道施工设备概况······················· 151
2022年中铁工业隧道掘进设备、专用设备
 产品·· 151
·道　岔·· 154
中铁工业承揽道岔产品及生产情况·············· 154
2022年中铁工业主要道岔产品··················· 154
·钢结构制造与安装··································· 159
中铁工业承揽重点钢梁钢结构项目情况········ 159

克罗地亚佩列沙茨大桥 ……………… 159
加拿大帕特洛桥项目 ……………… 159
常泰长江大桥 ……………… 159
马鞍山公铁两用长江大桥 ……………… 159
四川卡哈洛金沙江大桥 ……………… 159
安罗高速黄河特大桥 ……………… 160
济阳黄河公铁两用特大桥 ……………… 160
济南绕城高速黄河大桥 ……………… 160
G104济南黄河公路大桥 ……………… 160
临猗黄河大桥 ……………… 160
安家庄特大桥 ……………… 160
暮坪湘江特大桥 ……………… 160
广西武宣黔江特大桥 ……………… 160
纳晴高速牂牁江特大桥 ……………… 160
漳沱河特大桥 ……………… 160
祁婺高速南山路特大桥 ……………… 160
西安市地铁10号线泾河大桥 ……………… 160
西安地铁10号线渭河大桥 ……………… 160
黄沙沥大桥 ……………… 161
香山大桥 ……………… 161
重庆金凤立交钢箱梁项目 ……………… 161
黑水河大桥 ……………… 161
·工程机械· ……………… 161
中铁工业工程机械概况 ……………… 161
2022年中铁工业主要工程机械类产品 ……………… 161
·城市轨道交通产品· ……………… 163
光谷生态大走廊旅游配套设施——旅游专线
　项目 ……………… 163
曲江轻轨迁移改造提升项目 ……………… 163
兴国永磁磁浮技术工程试验线项目 ……………… 163
·装配式建筑品部件· ……………… 163
中铁装配核心产品 ……………… 163
装配式墙体材料 ……………… 163
装配式装饰材料 ……………… 163
装配式结构材料 ……………… 163
集成房屋 ……………… 164
装配式建筑部品部件及生产情况 ……………… 164
2022年中铁装配主要装配式建筑品部件 ……………… 164

·轨道交通电气化器材· ……………… 170
中铁电气化局砼制品生产 ……………… 170
中铁电气化局钢结构生产 ……………… 170
中铁电气化局接触线及承力索生产 ……………… 170
中铁电气化局变压器类生产 ……………… 170
中铁电气化局接触网零部件生产 ……………… 170
中铁电气化局声屏障类生产、安装 ……………… 170
中铁电气化局瓷绝缘子类生产 ……………… 170
中铁电气化局服务类产品 ……………… 170
2022年中铁电工主要经济技术指标完成情况
　 ……………… 171

生产工艺及技术创新

中铁工业生产工艺及技术创新 ……………… 172
中铁电气化工业生产工艺和技术创新 ……………… 175

海外业务

海外机构情况 ……………… 178
海外工程新签合同额 ……………… 178
国际业务营业额 ……………… 178
海外业务分类情况 ……………… 178
海外生产 ……………… 178
"一带一路"精品工程 ……………… 178
　印度尼西亚雅加达—万隆高铁项目（印度
　　尼西亚雅万高铁） ……………… 178
　肖罗克莎尔（含）—克莱比奥（边境）铁路
　　升级采购EPC合同（匈塞铁路项目匈牙
　　利段） ……………… 178
　孟加拉国帕德玛大桥铁路连接线项目 ……………… 179
　埃及斋月十日城铁路项目 ……………… 179
　孟加拉国帕德玛多功能大桥项目 ……………… 179
　孟加拉国阿考拉—拉克萨姆增建套轨二线
　　项目 ……………… 180
　孟加拉国多哈扎里—考克斯巴扎尔铁路
　　项目第一标段 ……………… 180
　以色列特拉维夫轻轨红线系统及轨道设计
　　施工维护项目 ……………… 180

孟加拉国马杜卡利—马古拉经由卡马卡利
　宽轨铁路项目 ……………………………… 180
马来西亚金马士至新山双轨电气化铁路
　项目 ………………………………………… 180
中国—东盟投资峰会 …………………………… 181
澳门国际基础设施投资与建设高峰论坛 ……… 181
ENR 排名 ………………………………………… 181

实业投资及金融物贸

全公司实业投资完成情况 ……………………… 184
投资开发及成果 ………………………………… 184
市场布局 ………………………………………… 184
新兴领域投资开发 ……………………………… 184

基础设施投资

基础设施投资完成情况 ………………………… 184
基础设施典型投资项目情况 …………………… 184
2022 年中国中铁基础设施投资项目汇总 ……… 185
湖北省宜昌市三峡枢纽江南成品油翻坝项目
　……………………………………………… 186
汕头市濠江"一江两岸"生态环境治理及
　产城融合开发建设 PPP 项目 ……………… 186
广西南宁上林县国家储备林 PPP 项目 ……… 186
湖南省岳阳市湘阴县河湖生态环境治理及
　产业绿色发展项目 ………………………… 186
海南省五指山市昌化江上游滨河雨林生态修复
　（南圣至通什段）综合治理 PPP 项目 ……… 187
广东省中山市深中合作创新区启动区和万亩
　农田特色农业生态区 EOD 及配套设施项目
　……………………………………………… 187
基础设施投资管理体系建设 …………………… 187
运营项目 ………………………………………… 187
2022 年中国中铁表内运营项目 ………………… 187

房地产开发投资

房地产开发业务概况 …………………………… 189
房地产业务板块总体情况 ……………………… 189

房地产项目总体情况 …………………………… 189
房地产新增项目 ………………………………… 189
新增土地储备 …………………………………… 190
房地产销售 ……………………………………… 190
中国中铁房地产销售区域销售额统计 ………… 190
房地产主要在售项目 …………………………… 190
2022 年中国中铁主要在售房地产项目统计 …… 190
房地产企业合并重组 …………………………… 191
出台《中国中铁股份有限公司境内房地产
　项目投资管理办法》 ……………………… 191
重大项目 ………………………………………… 191

矿产资源开发投资

矿产资源开发投资 ……………………………… 191
2022 年中国中铁矿产资源板块项目统计 ……… 192

金融信托

金融业务 ………………………………………… 193
资本性开支投资完成情况 ……………………… 193
金融工具投资完成总体情况 …………………… 193

物资贸易

物贸企业概况 …………………………………… 193
物资贸易业务 …………………………………… 193

科技创新

科技创新概述 …………………………………… 196
重大科技创新成果 ……………………………… 196
博士后工作站建设情况 ………………………… 196
科研开发技术课题立项 ………………………… 196
实用技术课题立项 ……………………………… 196
实用技术评选和推广应用 ……………………… 197
重大项目科研攻关 ……………………………… 197
科研课题验收 …………………………………… 197
科技成果鉴定与评审 …………………………… 197
科技创新平台立体化建设 ……………………… 197
软件开发建设 …………………………………… 197

专利与工法管理 198
数字化建设 198
中国中铁获第二十届第一批中国土木工程
　詹天佑奖情况 198
中国中铁获第二十三届中国专利奖情况 199

股份公司总部工作

董事会办公室

公司治理机制 202
子企业治理 202
制度体系建设 202
会议筹备和服务 202
信息披露 202
定期报告编制与披露 203
投资者关系管理 203
市值管理 203
公司治理经验推广 203
产权代表履职管理 203
资本市场获奖情况及宣传 203

办公室（党委办公室、信访办公室、保密办公室）

服务保障 204
服务企业落实重点工作 204
落实"深化改革三年行动"任务 204
协助党委履行主体责任 204
督查督办 204
会议管理 204
信息工作 204
志鉴工作 204
值班工作 204
以文辅政 205
文书工作 205
信访稳定 205
档案工作 205
支部建设 206

规划发展部（全面深化改革领导小组办公室、企业管理实验室）

战略规划管理 206
战略合作 206
国企改革三年行动完成情况 206
全面加强董事会建设 206
推进落实董事会职权 207
全面深化改革成果 207
中国中铁产业集群疏解雄安新区 207
"富油区块"布局 207
规范二级企业领导班子职数管理 207
对标一流管理提升工作 207
三级工程公司建设 207
亏损企业治理 208
企业压减工作 208
解决历史遗留问题 208
"两非"企业剥离 208
编制品牌规划 208
QC小组活动 208
协会管理 208

财务与金融管理部（北京财务共享服务中心）

财务制度建设 208
全面预算（目标）管理 209
财务资源配置 209
财务决算 209
权益性融资 209
资金集中管理 209
金融资源管理 210
担保管理 210
资产经营 210
产权管理 210
金融和类金融业务风险防范 210
税务管理 211
境外财务资金监管 211
财务共享数智升级 211

司库体系建设 ……………………… 211
双清工作 …………………………… 212
经营性现金流常态化管控 ………… 212
经济运行预警 ……………………… 212
内部"三角债"清理 ……………… 212
工程项目现金流自平衡管理 ……… 212
经济运行分析会 …………………… 212
财务工作会 ………………………… 213
境外现金管理专题会议 …………… 213
中国中铁首届财税高端人才班 …… 213
建筑财税论文及案例获奖 ………… 213

人力资源部
（党委干部部）

干部人才工作会议 ………………… 213
制度建设 …………………………… 213
深化三项制度改革工作情况 ……… 214
集团公司及股份公司领导班子建设 … 214
所属单位领导班子建设 …………… 214
领导人员培训 ……………………… 214
干部考核监督 ……………………… 215
高层次专家人才队伍建设 ………… 215
高技能人才队伍建设 ……………… 215
职称评审管理 ……………………… 215
干部档案管理 ……………………… 216
对口支援工作 ……………………… 216
企业年金管理 ……………………… 216
企业补充医疗保险 ………………… 216
履行社保代办机构职责 …………… 216
总部及派出机构员工管理 ………… 216

考核分配部

业绩考核评价管理 ………………… 217
二级企业负责人薪酬管理 ………… 217
履职待遇、业务支出 ……………… 217
工资总额管理 ……………………… 217
中长期激励 ………………………… 217

科技创新与数字化部
（技术中心、专家办公室、网信办）

学术交流活动 ……………………… 218
期刊管理 …………………………… 218

国际部

外事管理 …………………………… 218
海外合规管理 ……………………… 219
海外改革推进情况 ………………… 219
境外安全应急指挥中心平台建设 … 220
境外疫情防控 ……………………… 220
国际业务统一管理平台建设 ……… 220

党建工作部
（党委组织部、党委宣传部、
企业文化部、统战部、跨文化融合办、
团委、融媒体中心）

迎接党的二十大和学习宣传贯彻党的二十大
　精神 ……………………………… 220
学思践悟习近平新时代中国特色社会主义
　思想 ……………………………… 220
落实党建工作责任制 ……………… 220
加强"三基建设" ………………… 221
落实意识形态工作责任制 ………… 221
加强思想政治和文化建设 ………… 221
新闻宣传工作 ……………………… 221
深化党建带团建 …………………… 222

经营开发中心

2022年经营成果 …………………… 222
区域经营工作体系建设 …………… 223
"第二曲线"经营 ………………… 223
经营政策研究分析 ………………… 224
经营工作调研督导 ………………… 224
经营成效 …………………………… 224
经营资质建设 ……………………… 224

投资管理中心

高速公路项目运营业务改革……………… 224
"抓回款"专项行动………………………… 224
黄河项目……………………………………… 225
参股股权投资整体情况…………………… 225
参股问题整改………………………………… 225
云隐项目……………………………………… 225

生产监管中心
（采购管理中心、战备办公室）

物贸风险处置………………………………… 226
采购对标……………………………………… 226
集中采购……………………………………… 226
物资集中采购供应………………………… 226
两级招标采购管理………………………… 226
商旅集中采购管理………………………… 226
供应商管理…………………………………… 226
物资管理……………………………………… 226
采购业务监管………………………………… 226
物贸业务管理………………………………… 226
内部产品管控………………………………… 226
闲置施工设备内部调剂…………………… 226
机车车辆驾驶人员考试…………………… 226
路用车审批…………………………………… 226
劳务管理……………………………………… 226
转包和违法分包专项治理………………… 227
欠薪欠款专项治理………………………… 227
铁路信用评价………………………………… 227
项目管理提升会……………………………… 227
久竣未结项目专项治理…………………… 227
项目管理效益提升三年行动……………… 227
项目监管……………………………………… 227
信息系统……………………………………… 228

法律合规部

落实法治建设第一责任人职责…………… 228
完善企业合规管理体系…………………… 228
境外合规管理………………………………… 228
强化合规审核和风险防控………………… 228
提升化解重大合规风险能力……………… 228
合规培训……………………………………… 228
2022年中国中铁合规管理工作会………… 229

审计部（监事会办公室）

审计工作概况………………………………… 229
"5501"专项审计…………………………… 229
专项审计调查………………………………… 229
经济责任审计………………………………… 229
境外和财务收支审计……………………… 229
开展投资项目后评价……………………… 230
审计整改"回头看"………………………… 230
违规经营投资责任追究…………………… 230
审计警示教育活动………………………… 230
审计队伍能力建设………………………… 230
监事会工作概况……………………………… 230
监事会会议…………………………………… 230
信息披露……………………………………… 230
开展调研检查………………………………… 230
监事业务培训………………………………… 230
编报企业年报………………………………… 230

安全质量环保监督部
（应急管理办公室、安全质量稽查总队）

自建房安全专项整治……………………… 230
安全教育培训………………………………… 231
能源与生态环境保护……………………… 231
常态化疫情防控和处置…………………… 232

党委巡视工作领导小组办公室
（巡视组）

开展常规巡视………………………………… 232
开展巡视"回头看"………………………… 232
巡视监督能力提升………………………… 232
巡视整改工作………………………………… 232
深化上下联动工作格局…………………… 232

纪委

政治监督…………………………………………… 233
作风建设…………………………………………… 233
日常监督…………………………………………… 233
一体推进三不腐…………………………………… 233
纪检干部队伍建设………………………………… 234

工会

组织机构…………………………………………… 234
年度工作综述……………………………………… 234
企业民主管理……………………………………… 235
组织建设…………………………………………… 235
职工思想教育……………………………………… 235
劳动竞赛…………………………………………… 235
职工队伍建设……………………………………… 235
群众保安全………………………………………… 236
劳模管理…………………………………………… 236
权益维护…………………………………………… 236
普惠服务体系建设………………………………… 236
员工关爱…………………………………………… 236
女职工管理………………………………………… 236
职工文体…………………………………………… 237
财务和经费审查…………………………………… 237
1 个集体荣获全国五一劳动奖状………………… 237
10 人荣获全国五一劳动奖章……………………… 237
14 个集体荣获全国工人先锋号…………………… 237
24 个集体荣获省部级五一劳动奖状……………… 237
9 个集体荣获全国"安康杯"竞赛活动优胜
　　单位…………………………………………… 238
17 个集体荣获全国"安康杯"竞赛活动优胜
　　班组…………………………………………… 238
1 个集体荣获全国"安康杯"竞赛活动优胜
　　组织单位……………………………………… 238
4 人荣获全国"安康杯"竞赛活动优秀个人…… 238
13 人荣获省级劳动模范…………………………… 238
76 人荣获省级五一劳动奖章……………………… 238
63 个集体荣获省级工人先锋号…………………… 240

29 个集体荣获火车头奖杯………………………… 241
93 人荣获火车头奖章……………………………… 241
1 个集体获全国十大最美职工…………………… 243
1 人获感动交通十大年度人物…………………… 243
1 人获大国工匠年度人物………………………… 243
12 人荣获省级工匠………………………………… 243
2 人获新时代·"铁路榜样"提名奖……………… 243
1 个集体荣获全国职工职业道德建设先进单位
　………………………………………………… 243
2 人荣获全国职工职业道德建设先进个人……… 243
29 个集体（含家庭）荣获省部级以上先进
　　女职工集体………………………………… 243
45 人荣获省部级以上女职工先进个人…………… 244
8 个集体荣获全国工会职工书屋示范点………… 244
7 个集体荣获火车头体育运动先进单位………… 245
12 人荣获火车头体育运动先进个人……………… 245
1 个集体荣获全总工会财务先进单位…………… 245
6 个集体荣获铁总工会财务先进单位…………… 245
1 个集体荣获铁总工会财务知识竞赛先进集体
　………………………………………………… 245
1 人荣获铁总工会财务知识竞赛先进个人……… 245
1 个集体荣获铁总工会经审工作规范化建设
　　考核一等奖………………………………… 245

总部事务管理中心（基建办公室、离退休人员管理部、保卫部、机关党委、机关纪委、机关工会）

工作综述…………………………………………… 245
制度建设…………………………………………… 245
行政管理与服务工作……………………………… 245
企业内部治安保卫工作…………………………… 245
离退休人员管理与服务工作……………………… 246
总部疫情防控工作………………………………… 246
总部基建与后勤保障工作………………………… 246
总部党的思想政治建设…………………………… 246
总部党建工作科学化……………………………… 246
总部党的组织建设………………………………… 247
总部党风廉政建设………………………………… 247

总部"家"文化建设 247

信息化中心

信息贯通 2.0 247
数字施工与智慧建造 247
全球组网 247
网络安全防控体系建设 247

人　物

新闻人物

中铁建工集团北京 2022 年冬奥会奥运村及场馆群
　　工程项目经理部·全国十大最美职工 250
母永奇·2022 年大国工匠年度人物 250
陈发亚·感动交通十大年度人物 250

模范集体及人物

中铁上海工程局集团第六工程有限公司·
　　全国五一劳动奖状 251
胡彬·全国五一劳动奖章获得者 251
王帅·全国五一劳动奖章获得者 251
陈航·全国五一劳动奖章获得者 252
张杰胜·全国五一劳动奖章获得者 252
王磊·全国五一劳动奖章获得者 252
艾江临·全国五一劳动奖章获得者 252
肖世波·全国五一劳动奖章获得者 252
王立天·全国五一劳动奖章获得者 253
李治国·全国五一劳动奖章获得者 253
王刚·全国五一劳动奖章获得者 253

所属单位

中铁一局集团有限公司

简况 256
主要指标 256
2021—2022 年中铁一局主要经济指标 256
改革发展 257
重大项目 257
走向海外 258
工程创优 258
重大创新 258
企业文化 258
党建工作 258
信息化建设 259
履行社会责任 260

中铁二局集团有限公司

简况 260
主要指标 261
2021—2022 年中铁二局主要经济指标 261
重大项目 261
安全质量 261
改革发展 262
走向海外 262
重大创新 262
工程创优 262
企业文化 262
党建工作 263
群团工作 263
信息化建设 263
履行社会责任 263

中铁三局集团有限公司

简况 263
主要指标 264
2021—2022 年中铁三局主要经济指标 265
改革发展 265
重大项目 265
走向海外 266
重大创新 266
工程创优 266
企业文化 267
党建工作 267
信息化建设 267

履行社会责任 ………………………… 268

中铁四局集团有限公司

简况 …………………………………… 268
生产能力 ……………………………… 269
市场经营 ……………………………… 269
主要指标 ……………………………… 269
2021—2022年中铁四局主要经济指标 …… 270
安全质量环保 ………………………… 270
大商务管理 …………………………… 270
科技进步与开发 ……………………… 270
企业改革与管理 ……………………… 271
品牌信誉 ……………………………… 271
党建工作 ……………………………… 271
企业文化建设 ………………………… 272
和谐企业建设及履行社会责任 ……… 272

中铁五局集团有限公司

简况 …………………………………… 272
主要技术设备 ………………………… 273
员工队伍 ……………………………… 273
主要指标 ……………………………… 273
2021—2022年中铁五局主要经济指标 …… 273
重大改革事项 ………………………… 273
重大项目 ……………………………… 274
工程创优 ……………………………… 274
企业文化 ……………………………… 274
党建工作 ……………………………… 275
信息化建设 …………………………… 275
履行社会责任 ………………………… 275

中铁六局集团有限公司

简况 …………………………………… 276
主要指标 ……………………………… 276
2021—2022年中铁六局主要经济指标 …… 276
改革发展 ……………………………… 277
重大项目 ……………………………… 277
走向海外 ……………………………… 277

重大创新 ……………………………… 277
工程创优 ……………………………… 278
企业文化 ……………………………… 278
党建工作 ……………………………… 279
信息化建设 …………………………… 279
履行社会责任 ………………………… 279

中铁七局集团有限公司

简况 …………………………………… 280
主要指标 ……………………………… 280
2021—2022年中铁七局主要经济指标 …… 281
改革发展 ……………………………… 281
重大项目 ……………………………… 282
走向海外 ……………………………… 283
重大创新 ……………………………… 283
工程创优 ……………………………… 284
企业文化 ……………………………… 284
党建工作 ……………………………… 284
信息化建设 …………………………… 285
履行社会责任 ………………………… 285

中铁八局集团有限公司

简况 …………………………………… 286
主要指标 ……………………………… 286
2021—2022年中铁八局主要经济指标 …… 286
职工队伍 ……………………………… 287
技术设备 ……………………………… 287
工程施工 ……………………………… 287
改革发展 ……………………………… 287
经营指标 ……………………………… 287
科技创新 ……………………………… 287
工程创优 ……………………………… 288
党建工作 ……………………………… 288
企业文化 ……………………………… 288
纪检工作 ……………………………… 288
工会工作 ……………………………… 289
共青团工作 …………………………… 289
履行社会责任 ………………………… 289

中铁九局集团有限公司

条目	页码
简况	289
主要指标	290
2021—2022年中铁九局主要经济指标	290
改革发展	290
重大项目	290
走向海外	291
重大创新	291
工程创优	291
企业文化	292
党建工作	292
信息化建设	292
履行社会责任	292

中铁十局集团有限公司

条目	页码
简况	293
主要指标	293
2021—2022年中铁十局主要经济指标	293
改革发展	294
重大项目	294
走向海外	295
重大创新	295
工程创优	295
企业文化	296
党建工作	296
信息化建设	297
履行社会责任	297

中铁大桥局集团有限公司

条目	页码
简况	297
主要指标	297
2021—2022年中铁大桥局主要经济指标	298
改革发展	298
重大项目	298
走向海外	299
重大创新	299
工程创优	299
企业文化	300
党建工作	300
信息化建设	300
履行社会责任	300

中铁隧道局集团有限公司

条目	页码
简况	300
主要指标	301
2021—2022年中铁隧道局主要经济指标	301
改革发展	302
重大项目	302
走向海外	302
重大创新	302
工程创优	302
企业文化	303
党建工作	303
信息化建设	303
履行社会责任	304

中铁电气化局集团有限公司

条目	页码
简况	304
主要指标	304
2021—2022年中铁电气化局主要经济指标	304
改革发展	305
重大项目	305
走向海外	306
重大创新	306
工程创优	306
企业文化	307
党建工作	307
信息化建设	308

中铁武汉电气化局集团有限公司

条目	页码
简况	308
主要指标	309
2021—2022年中铁武汉电气化局主要经济指标	309
改革发展	309
重大项目	310

走向海外	310
重大创新	310
工程创优	310
企业文化	311
党建工作	311
信息化建设	312
履行社会责任	312

中铁建工集团有限公司

简况	312
主要指标	312
2021—2022年中铁建工主要经济指标	313
改革发展	313
重大项目	313
走向海外	314
重大创新	314
工程创优	314
企业文化	315
党建工作	315
信息化建设	316
履行社会责任	316

中铁广州工程局集团有限公司

简况	317
主要指标	318
2021—2022年中铁广州局主要经济指标	318
改革发展	318
重大项目	319
走向海外	319
重大创新	319
工程创优	319
企业文化	320
党建工作	320
信息化建设	321
履行社会责任	321

中铁北京工程局集团有限公司

简况	321

主要指标	322
2021—2022年中铁北京局主要经济指标	322
改革发展	322
重大项目	324
走向海外	324
工程创优	324
重大创新	324
企业文化	325
党建工作	326
信息化建设	326
履行社会责任	327

中铁上海工程局集团有限公司

简况	327
主要指标	327
2021—2022年中铁上海局主要经济指标	328
改革发展	328
重大项目	328
走向海外	329
重大创新	329
工程创优	330
企业文化	330
党建工作	330
信息化建设	331
履行社会责任	331

中铁投资集团有限公司

简况	331
主要指标	332
2021—2022年中铁投资主要经济指标	332
改革发展	332
重大项目	333
重大创新	333
工程创优	333
企业文化	334
党建工作	334
信息化建设	335
履行社会责任	335

中铁南方投资集团有限公司

项目	页码
简况	336
主要指标	336
2021—2022年中铁南方主要经济指标	337
改革发展	337
重大项目	337
重大创新	338
工程创优	338
党建工作	338
信息化建设	338
企业文化	339
履行社会责任	339

中铁交通投资集团有限公司

项目	页码
简况	339
主要指标	340
2021—2022年中铁交通主要经济指标	340
改革发展	341
重大项目	341
重大创新	341
工程创优	341
党建工作	341
信息化建设	342
企业文化	342
履行社会责任	342

中铁开发投资集团有限公司

项目	页码
简况	343
主要指标	343
2021—2022年中铁开投主要经济指标	344
改革发展	344
重大项目	344
实业投资	345
重大创新	345
工程创优	345
企业文化	346
党建工作	346
信息化建设	346
履行社会责任	347

中铁城市发展投资集团有限公司

项目	页码
简况	347
主要指标	347
2021—2022年中铁城投主要经济指标	348
改革发展	348
重大项目	348
重大创新	349
工程创优	349
企业文化	349
党建工作	349
信息化建设	350
履行社会责任	350

中铁（上海）投资集团有限公司

项目	页码
简况	350
主要指标	351
2021—2022年中铁上投主要经济指标	351
改革发展	352
重大项目	352
重大创新	353
工程创优	354
企业文化	354
党建工作	354
信息化建设	355
履行社会责任	355

中国铁工投资建设集团有限公司

项目	页码
简况	355
主要指标	355
2021—2022年中国铁工投资主要经济指标	355
改革发展	356
重大项目	356
重大创新	357
工程创优	358
企业文化	358

党建工作	359
信息化建设	359
履行社会责任	359

中铁（广州）投资发展有限公司

简况	360
主要指标	360
2021—2022年中铁广投主要经济指标	361
改革发展	361
重大项目	361
重大创新	361
工程创优	362
企业文化	362
党建工作	362
信息化建设	362
履行社会责任	362

中铁二院工程集团有限责任公司

简况	362
主要指标	363
2021—2022年中铁二院主要经济指标	363
改革发展	364
重大项目	364
走向海外	364
重大创新	364
工程创优	365
企业文化	365
党建工作	365
信息化建设	366
履行社会责任	366

中铁第六勘察设计院集团有限公司

简况	366
主要指标	367
2021—2022年中铁六院主要经济指标	367
改革发展	368
重大项目	368
走向海外	368

重大创新	369
工程创优	369
企业文化	369
党建工作	369
信息化建设	369
履行社会责任	369

中铁工程设计咨询集团有限公司

简况	370
主要指标	370
2021—2022年中铁设计主要经济指标	370
改革发展	371
重大项目	371
走向海外	372
重大创新	372
工程创优	372
企业文化	372
党建工作	372
信息化建设	373
履行社会责任	373

中铁大桥勘测设计院集团有限公司

简况	374
主要指标	374
2021—2022年中铁大桥院主要经济指标	374
改革发展	375
重大项目	375
走向海外	375
重大创新	376
工程创优	376
企业文化	376
党建工作	376
信息化建设	377
履行社会责任	377

中铁科学研究院有限公司

| 简况 | 378 |
| 主要指标 | 378 |

2021—2022年中铁科研院主要经济指标	379
改革发展	379
重大项目	379
走向海外	380
重大创新	381
工程创优	381
企业文化	381
党建工作	381
信息化建设	382
履行社会责任	382

中铁华铁工程设计集团有限公司

简况	382
主要指标	382
2021—2022年中铁华铁主要经济指标	382
改革发展	383
重大项目	383
走向海外	383
重大创新	383
工程创优	383
企业文化	383
党建工作	383
信息化建设	384
履行社会责任	384

中铁长江交通设计集团有限公司

简况	384
主要指标	385
2021—2022年中铁长江设计主要经济指标	385
改革发展	385
重大项目	385
重大创新	387
工程创优	387
企业文化	387
党建工作	387
信息化建设	388
履行社会责任	388

中铁水利水电规划设计集团有限公司

简况	388
主要指标	388
2021—2022年中铁水利设计主要经济指标	389
改革发展	389
重大项目	389
重大创新	389
工程创优	390
企业文化	390
党建工作	390
信息化建设	390
履行社会责任	390

中铁国际集团有限公司

简况	391
主要指标	391
2021—2022年中铁国际主要经济指标	391
改革发展	392
重大项目	392
走向海外	392
重大创新	393
工程创优	393
企业文化	394
党建工作	394
信息化建设	394
履行社会责任	394

中国海外工程有限责任公司

简况	394
主要指标	395
2021—2022年中海外主要经济指标	395
改革发展	396
重大项目	396
走向海外	396
重大创新	396
企业文化	397
党建工作	397

信息化建设 …… 398
履行社会责任 …… 398

中国中铁股份有限公司国际工程分公司

简况 …… 398
主要指标 …… 398
2021—2022年国际工程分公司主要经济指标 …… 398
改革发展 …… 398
重大项目 …… 399
走向海外 …… 399
企业文化 …… 399
党建工作 …… 399
信息化建设 …… 399
履行社会责任 …… 400

中铁高新工业股份有限公司

简况 …… 400
主要指标 …… 400
2021—2022年中铁工业主要经济指标 …… 400
改革发展 …… 401
重大项目 …… 401
走向海外 …… 402
重大创新 …… 402
工程创优 …… 402
企业文化 …… 403
党建工作 …… 404
信息化建设 …… 404
履行社会责任 …… 404

中铁置业集团有限公司

简况 …… 404
主要指标 …… 405
2021—2022年中铁置业主要经济指标 …… 405
改革发展 …… 405
重大项目 …… 405
重大创新 …… 405
工程创优 …… 406

企业文化 …… 406
党建工作 …… 406
信息化建设 …… 407
履行社会责任 …… 407

中铁资源集团有限公司

简况 …… 407
主要指标 …… 407
2021—2022年中铁资源主要经济指标 …… 408
矿山生产 …… 408
改革发展 …… 408
重大创新 …… 408
资质建设 …… 408
企业文化 …… 408
党建工作 …… 409
信息化建设 …… 409
履行社会责任 …… 409

中铁信托有限责任公司

简况 …… 409
主要指标 …… 410
2021—2022年中铁信托主要经济指标 …… 410
改革发展 …… 410
重大项目 …… 411
重大创新 …… 411
企业文化 …… 411
党建工作 …… 411
信息化建设 …… 412
履行社会责任 …… 412

中铁财务有限责任公司

简况 …… 413
主要指标 …… 413
2021—2022年中铁财务主要经济指标 …… 413
改革发展 …… 414
信贷业务 …… 414
资金业务 …… 414
投资业务 …… 414

票据业务 …… 414
外汇业务 …… 414
资金集中 …… 414
重大创新 …… 414
风险管理和内部控制 …… 414
人力资源管理 …… 414
企业文化 …… 415
党建工作 …… 415
信息化建设 …… 415
履行社会责任 …… 415

中铁资本有限公司

简况 …… 415
主要指标 …… 415
2021—2022年中铁资本主要经济指标 …… 416
基金业务 …… 416
证券化业务 …… 416
融资业务 …… 416
保险经纪业务 …… 416
保理业务 …… 417
跨境投融资业务 …… 417
规划发展 …… 418
风险与合规管理 …… 418
协同经营 …… 418
人才队伍建设 …… 418
企业文化 …… 419
党建工作 …… 419
履行社会责任 …… 419

中铁物贸集团有限公司

简况 …… 419
主要指标 …… 420
2021—2022年中铁物贸主要经济指标 …… 420
改革发展 …… 420
物资供应服务 …… 421
区域集中采购 …… 421
战略采购 …… 421

走向海外 …… 421
重大创新 …… 421
企业文化 …… 421
党建工作 …… 422
信息化建设 …… 422
履行社会责任 …… 422

中铁云网信息科技有限公司

简况 …… 422
主要指标 …… 423
2021—2022年中铁信科主要经济指标 …… 423
改革发展 …… 423
信息贯通工程 …… 424
数智升级工程 …… 424
全球组网项目 …… 424
"安全中国"战略 …… 424
北斗系统应用 …… 424
数据资产管理 …… 424
年度会议系统 …… 424
惠园超市平台 …… 425
审计监督 …… 425
企业文化 …… 425
党建工作 …… 425
履行社会责任 …… 426

中铁国资资产管理有限公司

简况 …… 426
主要指标 …… 426
2021—2022年中铁国资主要经济指标 …… 426
改革发展 …… 427
职业教育和职业培训 …… 427
资产经营 …… 427
医管公司 …… 427
党建工作 …… 427

中国铁路工程集团有限公司党校

简况 …… 428

主要指标……428
2021—2022年集团公司党校主要经济指标……429
改革发展……429
教育培训……429
理论研究……429
党建工作……429

统计资料

中国铁路工程集团有限公司2022年新签合同额（一）……432
中国铁路工程集团有限公司2022年新签合同额（二）……440
中国铁路工程集团有限公司2022年新签合同额（三）……449
2022年中国中铁股份有限公司所属单位新签合同额排名……458
2022年中国铁路工程集团有限公司营业额完成情况一览表（一）……460
2022年中国铁路工程集团有限公司营业额完成情况一览表（二）……462
2022年中国铁路工程集团有限公司营业额完成情况一览表（三）……464
2022年中国中铁二级公司营业额同比完成情况统计……466
2022年中国铁路工程集团有限公司劳动工资统计（一）……468
2022年中国铁路工程集团有限公司劳动工资统计（二）……469
2022年中国铁路工程集团有限公司劳动工资统计（三）……470
2022年中国中铁股份公司技术动力装备情况年报……471
2022年中国中铁股份公司施工机械设备资产变动情况……473
2022年中国中铁股份公司主要施工机械设备实有、完好情况统计……475

附 录

文件辑要

2022年中国铁路工程集团有限公司党委文件目录……480
2022年中国铁路工程集团有限公司文件目录……480
2022年中国中铁股份有限公司党委文件目录……484
2022年中国中铁股份有限公司文件目录……486

企业名录

中国中铁所属单位名录……492

索 引

0~9（数字）……522
A~Z（英文）……524
A……524
B……524
C……524
D……525
E~F……526
G……527
H……528
J……529
K……530
L……531
M……531
N……531
O~P……532
Q~R……532
S……532
T……534
U~W……535
X……535
Y……536
Z……537

锚定高质量发展首要任务
围绕"效益提升、价值创造"聚力攻坚

——中国中铁党委书记、董事长陈云在公司2023年工作会议暨四届一次职代会上的讲话

（摘要）

（2023年1月13日）

会议以习近平新时代中国特色社会主义思想为指导，全面贯彻党的二十大精神，深入落实中央经济工作会议部署，全面落实中央企业负责人会议要求，总结2022年工作，分析当前形势，部署2023年重点任务，动员全公司干部职工锚定高质量发展首要任务，聚焦"效益提升、价值创造"，聚力攻坚，提质增效，在建设世界一流企业的宏伟征程上，不断取得新进展，努力为全面建设社会主义现代化国家作出新贡献！

一、在大战大考中迎难而上，高质量发展取得显著成效

2022年是党和国家历史上极为重要的一年，也是中国中铁发展史上极不容易、极不平凡的一年。面对极为复杂多变的国际国内外部环境、面对经济下行压力陡然加大的宏观形势、面对艰巨繁重的改革发展稳定任务，全公司以习近平新时代中国特色社会主义思想为指导，全面落实党中央、国务院决策部署及国资委工作要求，全面贯彻"疫情要防住、经济要稳住、发展要安全"要求，坚持以"十四五"规划为引领，认真学习贯彻党的二十大精神，统筹量的合理增长和质的稳步提升，统筹发展和安全，统筹疫情防控和生产经营，全力推动企业高质量发展取得新成效。

中国中铁着力优化市场布局、产业结构，不断强化推动高质量发展的源头支撑。 聚焦深耕发展潜力区域，加密"富油区块"布局落子，战略性转移或新设二级、三级企业43家，向雄安新区疏解央企首个产业集群，市场资源布局进一步优化。因势制定经营策略，明确"开局要早、下手要快、出手要准、动手要狠"的经营战术，抓住稳增长政策机遇，稳固铁路业务优势地位，优化区域经营工作体系，强化工程局市场主体地位，着力提高首位度、集中度和大订单占比，实现了市场开发量质齐升。加快拓展新兴领域，战略性并购滇中引水项目，集中资源进军水利水电、清洁能源市场，"第二曲线"新签合同额占基建业务新签合同总额的11.6%，发展"新赛道"正逐步形成增长新支撑。坚持海外"双优"战略，深耕"一带一路"市场，境外新签合同额同比增长18.2%。

中国中铁聚焦"效益提升、价值创造"，持续完善推动高质量发展的系列举措。 坚持"党建引领、科学治理"，强化重大经营管理事项党委会前置研究、董事会决策职能，现代企业治理优势充分发挥。坚持"一切工作到项目"，围绕补短板、强弱项、固根本、利长远，部署开展项目管理效益提升三年行动，构建大商务管理体系，推动管理变革、流程变革、机制变革。坚持投入产出效率考核导向，构建以"现金流、净利润、营业收入"为主体的指标考核体系，进一步增强了各单位创收创效意识。坚持开源节流，扎实开展"双清"，推进"压减""治亏"，抢抓留抵退税窗口期，引入政策性金融工具支持，强化预算刚性管理，有序压降永续债规模，有效管控融资和担保规模，三项费用率同比降低0.03个百分点，年末经营性现金流有较大改善，货币资金存量创历史新高。

中国中铁统筹深化改革、守正创新，不断增强推动高质量发展的内生动力。 决胜国企改革三年行动，围绕做优公司治理，加强母子公司治理"上下协同"，完善外部董事履职考核评价制度，二级企业董事会全部实现"外部董事占多数"，中国特色现代企业制度更加成熟定型。围绕做实"三能"目标，动真碰硬推进"三项制度"改革，健全市场化经营机制，全面实现经理层任期制契约化管理，在股份公司总部率先实施薪酬改革，首次实施骨干人员限制性股权激励。围绕做精专业优势，实施区域总部和投资公司改革，强化区域总部高端经营、统筹协调、支持服务和公共关系维护职能，按照"四化""四自"目标推动投资公司组织重塑、业务重塑、管理重塑。围绕做强骨干主力，加大"王牌工程局"建设力度，首批7家工程局梯次攻坚，改革"三级工程公司20强"评选标准，鲜明树立"发展优先、质量第一"的发展导向。

中国中铁坚持研以致用、协同创新，不断提高推动高质量发展的科技含量。 深入开展核心技术攻关，圆满完成3项重大专项任务，7项任

务入选"央企攻坚工程"二期。大力开展前沿原创型技术攻关，加快实用型和追赶型技术研究，依托滇中引水等重大难点工程，突破了一批长大桥梁隧道、高铁建造等施工关键技术。夯实数字化转型基础，信息贯通工程建设初步完成，数智升级工程加快推进。强化研发平台支撑作用，3个国家级实验室建设力度加大，高质量发展研究院实质性运转，智能建造、"双碳"专业研发中心挂牌成立，全年研发投入较上年提升0.34%。

中国中铁突出风险防控、合规管理，努力构筑推动高质量发展的安全屏障。 深入推进"8+4"综合治理，解决了一批固有顽疾，化解了一批潜在风险，健全了一系列防控风险的长效机制。坚持加大审计监督力度，不断前移审计关口，严肃审计发现问题整改，加大结果应用力度，促进了堵塞漏洞和管理提升。深入推进"法治中铁"建设，构建"四位一体"大监督格局，健全合规管理体系，筑牢了风险防控的外部屏障。深入推进本质安全型企业建设，出台安全质量管理系统提升方案，实现了由"管监分离"向"管监合力"转变，全年未出现较大以上安全事故，初步扭转了安全事故频发的被动局面。

中国中铁认真落实全面从严治党主体责任，不断厚植推动高质量发展的政治优势。 深入落实"第一议题"制度，坚持不懈用习近平新时代中国特色社会主义思想凝心铸魂。深刻领悟"两个确立"的决定性意义，把迎接党的二十大、学习宣传贯彻党的二十大精神作为首要政治任务，扎实开展"建功新时代、喜迎二十大""理想信念情怀 爱党爱国爱企"等主题活动，掀起党的二十大精神在中国中铁落地生根的热潮。建立高端人才多元职业发展体系，打破了优秀专业技术人才和管理人员职业发展"天花板"，聘任首批次中国中铁首席科学家2人、高级专家9人、专家34人。创新深化"三基建设"，压茬推进党建创新拓展年专项行动。广泛开展"开路先锋"企业文化推进年活动，构建"九位一体"宣传格局，频频亮相中央主流媒体，扩大了企业影响力。纵深推进全面从严治党，一体推进"三不腐"，加强"一把手"和领导班子监督，完成巡视全覆盖任务，出台行贿人"黑名单"制度。积极履行社会责任，在疫情防控、定点帮扶、抢险救灾、稳岗拓就业等民生保障中主动作为，彰显了中铁担当。

二、认清问题、把握形势，明确2023年工作目标

（一）找准当前存在问题

一是经济运行质量不高。主要体现在结构失衡：从资产负债表看，"两金"居高不下且增长速度快于营业收入，投资形成资产快速增长且周转率低，显示出合同资产夯实、房地产存货去化、投资资产变现未取得良好成果。带息负债过快增长，全年净增加额超过900亿元，年内更是突破千亿元，隐性或有债务增加额亦不容忽视，非投资类企业新增债务占比超过1/3，个别企业债台高筑，长期靠"输血救济"维系生存；增量债务带动转化为增量利润的比例过低，盈利积累对资产负债率改善还较弱，依赖少数股东权益增加，显示出投入产出效率依然不高，被动举债成为常态，债务驱动发展的现状未得到趋势性改变。从利润表看，18家工程局总计利润贡献不足总量一半，其中7家工程局净利润不足3亿元；8家设计院净利润分布差异过大，总额不足行业龙头企业的2/3；8家投资公司总计利润贡献虽超过40%，但利润形成机制仍严重依赖建设期，净利润总量仅为全年完成投资额2400亿元的5%左右，需要进一步分析成因；受益于钼矿价格持续暴涨、国际铜价维持高位等利好因素，中铁资源贡献全公司净利润增加额的50%以上；海外板块营收、利润贡献仍长期在低位徘徊；工业、金融服务等板块基本保持平稳。以上结构显示出企业的现代产业体系尚未成形，子公司之间发展不平衡不充分的问题依然突出，提质增效仍有较大空间。从现金流量表看，经营性现金流全年走势呈"U"形曲线，年内大部分时间持续大量流出，年末虽有较大改善，但主要还是源于受到留抵退税返还等政策影响和使用相关金融工具，没有从根本上改变资金持续紧张的状态。

二是体制机制活力不足。主要表现在资源错配：首先是经营资源错配。部分区域经营机构过密但高端资源缺乏，部分企业对传统领域经营投入过多但对"第二曲线"投入相对不足；一些区域总部站位不高，干预传统项目过深过细，抓重大项目、"第二曲线"的能力和意愿不足；工程局市场主体责任、三级

▲图1-1 中国中铁承建的新成昆铁路通车

公司自主经营能力有待进一步加强，各类经营机构参差交错、亟待优化；个别投资公司大包大揽、单打独斗，协同意识不强，全产业链优势发挥不够。其次是财务资源错配。各板块间财务资源贡献度差异较大，全公司半数财务资源沉淀在发展滞后企业和去化困难的地产项目，PPP、BOT等投资项目占用资金周期过长；以投入产出为导向的利润总额和薪酬分配机制有待优化，"高水平大锅饭"牢固不破；遵循市场经济规律和企业发展规律的内部扶优扶强、优胜劣汰体制机制还没有形成。最后是人力资源错配。关公舞长矛、张飞耍大刀，累得呼哧带喘，始终不得要领。人才结构失衡、专业人才不足、高等院校毕业生流失率偏高成为制约企业高质量发展的最大短板。

三是基础管理能力不强。主要表现在执行衰减：顾流程完整，不顾责任履行。一方面，各层级仍不同程度存在程序空转、流程烦琐问题，部分管理人员签批文件特别是重要法律文书不看内容、不负其责，只为留痕；另一方面，部分单位对于上级文件层层转发，不结合实际贯彻落实，更有甚者，我行我素，无视规章制度随意决策。顾表面文章，不顾执行效果。基层项目盈利能力改善不达预期，管理粗放、效益流失问题依然严峻，原因就在于在落实大商务管理中舍本逐末，只顾整章建制和组织建立，不问执行情况和落地效果，以手段作为目的，以过程取代结果现象突出。顾发现问题，不顾整改落实。部分单位对综合治理、审计监督、巡视反馈、风险预警、安全检查等揭示的问题认识不到位、跟进整改不到位，既缺乏系统部署，也缺少专项跟进，导致问题越积越多、风险隐患越拖越大。

四是思想作风转变不快。主要表现在理念陈旧：理论学习空泛。突出表现在基层党组织学用结合不够、战斗力不强，基础不牢、基层不稳、基本功不强问题依然突出，党建工作没有与生产经营工作深度融合。商业模式守旧。突出表现在格局不大、视野不宽、战法不精，对宏观经济政策、产业政策理解力领悟力不足，对行业热点、新兴领域研究不深不透，对商业模式的迭代升级缺乏前瞻性思考和全局性谋划。创新驱动乏力。突出表现在技术创新对企业发展引领力、驱动力不足，传统专业领域"护城河"优势不再，新兴领域行业壁垒尚未突破，被迫陷入"低水平竞争"。

（二）把握外部机遇和挑战

一是要把握外部环境风险。百年变局呼啸演变，俄乌战争延宕发酵，逆全球化思潮加剧，大宗商品价格高位波动，粮食和能源安全问题突出，全球贸易形势不容乐观；发达国家仍处于加息周期，经济复苏乏力，跨境资产避险情绪明显，资产价格波动加剧，世界经济面临滞胀局面。国内经济恢复基础尚不牢固，中美博弈影响加剧，需求收缩、供给冲击、预期转弱三重压力仍然较大，产业链和供应链运行不畅、企业生产经营活动受阻等问题依旧存在，经济社会风险点明显增多；特别是在疫情影响下，地方政府税收降低、支出加大、财政自给率进一步下降，部分地区财力近乎枯竭。要着重分析内外部环境变化和风险挑战，积极研究措施加以应对。

二是要把握政策发力方向。中央经济工作会议指出，中国经济韧性强、潜力大、活力足，各项政策效果持续显现，2023年经济运行有望总体回升。国家将稳增长置于首位，第四次提出扩大内需战略，显示出通过政策、资金拉动经济增长的决心；财政政策加力提效，就是要加大财政扩张力度，在赤字、专项债、贴息等工具的综合运用下，用于基础设施建设的财政资金将保持高位增长，特别是专项债资金投向领域和用作资本金范围进一步扩大，将撬动更多增量资金；货币政策精准有力，重点支持基础设施和重大项目建设，预计信贷环境将进一步宽松、市场化利率水平继续走低、政策性开发性金融工具新增规模不减；房地产政策全面优化，首付比例、贷款利率进一步下调，房企资金风险将得到化解，去库存迎来有利时机。存量政策和增量政策的叠加发力，为企业发展创造了良好机遇。

三是要把握行业变化趋势。市场竞争态势日趋激烈，现汇市场投标报价整体走低，投资项目风险加大且回报降低；铁路市场2022年招标创历史新高但储备项目不足，城轨、市政、公路等传统领域规模缩减且赛道拥挤，房建市场虽总量增长但质量普遍不佳，水利水电、清洁能源、生态环保投资总量保持高位增长，成为必争之地。因此，各单位要着重分析自身业务结构和资源禀赋优势，不断优化市场竞争策略，以应对行业变化挑战。

（三）明确2023年工作目标

综合研判形势，做好2023年工作总的要求是：以习近平新时代中国特色社会主义思想为指导，全面贯彻党的二十大精神和中央经济工作会议精神，深入落实中央企业负责人会议要求，坚持稳中求进工作总基调，完整、准确、全面贯彻新发展理念，服务构建新发展格局，聚焦高质量发展这一首要任务，坚定"十四五"规划战略引领不动摇，咬定"123456"发展策略不放松，笃定增长方式"两个转化"不松懈，全面加快世界一流企业建设步伐，全方位推进管理强企、改革强企、科技强企、人才强企、党建强企，着力构建现代化产业体系、着力防范化解重大风险、着力实现质的有效提升和量的合理增长，不断提升企业核心竞争力，在推动经济运行整体好转上勇挑大梁，为全面建设社会主义现代化国家开好局起好步贡献中铁力量！

根据国资委"一利五率"考核指标体系，结合中国中铁实际，**2023年公司发展目标为"三增两控四提升"。"三增"**，即确保完成新签合同额3.2万亿元，确保实现营业收入1.2万亿元，确保实现利润总额

460亿元，同比增速快于国内生产总值增速。"两控"，即资产负债率同比不增高，"两金"占营业收入比重在2022年基数上下降1个百分点。"四提升"，即净资产收益率有所提升，全员劳动生产率同比提高5%，营业现金比率要达到1.5%以上，研发投入要在2022年基础上有所增长。相较2022年，调整后的目标更好贯彻了国资委考核要求，也进一步强化了"效益提升、价值创造"导向。以净资产收益率替换净利润，更能准确衡量权益资本的投入产出效率，反映国有资产保值增值能力和为股东创造价值能力；以营业现金比率替换营业收入利润率、项目平均利润率，聚焦现金流安全，突出"有利润的营收、有现金流的利润"导向，更紧密实现了财务三张主表的统一融合，也更好度量；继续保留新签合同额、营业收入、利润总额、资产负债率、全员劳动生产率、"两金"管控、研发经费投入7项指标，要在保持规模发展的基础上，进一步强化债务风险管控、提升人均效率、夯实资产质量、突出创新贡献。

"三增两控四提升"体现了规模与质量、速度和效益、发展和安全的有机统一，是中国中铁致力高质量发展、助力国民经济健康发展的重要标尺。在确保上述指标绝对值达标的基础上，还要从两个方面重点加强：一方面要注重结构优化，重点是对净资产收益率、新签合同额、"两金"等指标的构成进行逐项拆解、逐项分析，找到业务发展和资产质量的薄弱环节并着重加以优化提高；另一方面要注重边际改善，努力夯实经济运行质量趋势向好的态势，通过增量的持续积累带动质量的逐步提高，重点是要确保各板块毛利率水平真实且较2022年有所提升，为持续夯实资产质量、化解遗留问题提供腾挪空间。

三、锚定高质量发展目标，围绕"效益提升、价值创造"聚力攻坚

（一）在深化提质增效方面要确保新成效

提质增效是高质量发展的主题，要重点从经营、生产、财务三个维度抓好落实。

一是持续强化经营开发。 经营是提质增效的先决条件。要加快补齐资源要素短板，以市场竞争为导向，迅速积累各业务领域经营所需的资质业绩、技术装备、高端资源、专家人才、合作伙伴，为在传统领域拓宽"护城河"、在新兴领域锻造"攻城锤"提供资源保障。要加大产业结构转型升级力度，根据潜在市场规模和行业平均利润率明确主攻方向，动态调控优化业务结构比重；大力拓展水利水电、清洁能源、生态环保、城市运营、机场航道等"第二曲线"业务市场，充分保障资源配置需求，力争2023年"第二曲线"市场份额比重比2022年提高5个百分点以上。要加大海外市场开发力度，努力抓住疫情后国际市场复苏需求和"一带一路"倡议十周年有利契机，利用好国内国际两个市场、两种资源深度拓展海外市场，持续深化"一体两翼N驱"海外经营体制改革，努力构建海外业务发展新格局；力争海外新签合同额占比达到10%以上。要强化工程局市场竞争主体意识，根据自身资源禀赋重塑市场经营架构，重点强化三级公司自主经营能力，进一步发挥其经营生产一体化优势，激发其传统经营、根据地经营、滚动经营活力。

▲图1-2　中铁大桥局承建的五峰山长江特大桥获中国建设工程鲁班奖

二是持续强化生产组织。生产是提质增效的实现基础。要坚持"一切工作到项目",坚持目标导向、问题导向,抓好方案策划、设计优化、施组编排、成本管控、二次经营、决算销号等关键环节,建立"成本领先"优势,以大商务管理为抓手,务实高效纵深推进项目管理效益提升行动,确保实现项目平均利润率再提高0.5个百分点以上的目标。要强化物资集中采购,充分利用集中采购在降低物资成本、平抑价格波动、改善供需矛盾、遏制购销领域腐败等方面的优势,按照分类分项、做实做细原则提高两级集采成效,降低项目层面非必要自采材料比例,真正实现降本增效。中铁物贸要扛起保持主材供应链稳定责任,扎实用好供应链金融工具,坚决做到集采降价、按需保供、畅通物流;采购单位要平衡好付款周期和采购价格,做到综合成本最低。要深化技术体系建设,落实好股份公司《施工企业技术体系建设和项目技术管理工作的指导意见》,强化工艺工法创新、强化技术方案审查和交底,在项目建设中进一步凸显技术支撑作用和综合保障作用。要深化专项行动力度,持续巩固深化2022年综合治理成效,在久竣未结项目专项整治、违法转包分包专项治理、铁路项目亏损治理、低效无效资产处置方面,进一步加大力度、加快速度,确保专项行动取得更大成效。

三是持续强化财务管理。财务管理是提质增效的综合保障。要未雨绸缪增加现金储备,加大资金归集力度,常态化开展"双清"工作,全力压降"两金"规模,持续改善年内经营性现金流量,努力实现货币资金与营业收入占比要达到15%以上,力争达到20%。要跟紧吃透政策红利,进一步降低综合税负、置换高息贷款、加快留抵退税返还、加大政策性开发性金融工具引入力度、研究政府专项债作为资本金实施路径。要从严从紧预算管理,严禁铺张浪费,压降各项非生产性费用支出,确保"三项费用"整体保持2022年水平,力争有所下降。

(二)在全面深化改革方面要实现新突破

改革是增强发展内驱力的关键一招。2023年要深入贯彻好新一轮国企改革部署,巩固深化国企改革三年行动成果,以提高市场核心竞争力和增强主体核心功能为重点,调整生产关系,激发体制机制活力。

一是系统优化现行管理体系。当前,非生产机构过多、管理流程过长、管理人员冗余的现状严重制约管理效率,导致管理成本高企。要按照"如无必要、勿增实体"原则进一步开展机构优化和组织变革,在结合市场变化、系统梳理管理流程的基础上进一步推进各级总部精兵简政、项目部精干高效,坚决遏制各级总部机构变相扩容、项目管理团队野蛮生长。

二是重塑现行分配制度。要以业绩为根本、以效益为导向改革工资总额分配机制和薪酬分配制度,完善中长期激励措施,在精准考核的基础上,将各单位工资总额与经营业绩、投入产出效率、劳动生产率挂钩;将负责人薪酬与企业业绩挂钩,刚性执行任期制和契约化协议;将项目人员收入与项目盈利水平挂钩,进一步扩大模拟股权、超额分红、项目效益承包等激励制度应用范围;将员工薪酬与岗位价值、绩效贡献挂钩,进一步拉大固浮比,不养闲人,不搞"高水平大锅饭"。

三是改革干部人事制度。综合任期表现、履职评价、年度考核结果,加大企业领导人员优胜劣汰力度,2023年末位调整和不胜任退出的领导干部比例要不低于5%;进一步贯通专业人才职业发展通道;健全外部董监事考核体系,明确留任、淘汰标准,探索外部董监事与子公司负责人双向交流机制。

四是加强全产业链协同机制改革。持续优化股份公司和区域总部高端经营、集团公司主体经营、三级公司自主经营、项目部滚动经营职能,构建协同经营的全新格局。进一步理顺内部管理和经济关系,持续开展内部"三角债"专项清理,严防内部公关和组织内耗。整固全产业链和多元业务优势,充分挖掘投资、设计、工业、金融、地产、资源等各板块资源禀赋,重点加强行业整体解决方案提供能力。

五是持续推进投资业务和投资公司改革。2023年投资业务重点要控总量、控质量,在科学测定投资能力的基础上确定投资预算并刚性执行,多措并举引入外部权益资金,突破资本金支出瓶颈;要将项目可融资性、可退出性、全周期财务生存能力、资金回收期限作为重要评审原则,严把投资超概风险、政府履约风险、合同缺陷风险、运营缺口风险,确保投资安全、达到预期。投资公司要坚持"四化""四自"改革目标,迭代升级商业模式和盈利模式,锻造市场深耕能力、建设管理能力、项目运营能力和资产经营能力,无法适应生存压力的将被淘汰退出。

六是着力打造核心竞争主体。要一手抓"扶优扶强",全面加快"王牌企业""专精特新企业""主力三级公司"建设,进一步解放和发展生产力,努力锻造搏击市场的钢铁之师;一手抓"瘦身健体",坚决淘汰落后产能,坚决清理空壳公司、"僵尸企业",坚决撤并重组长年亏损、扭亏无望的三级企业,让企业卸下包袱、轻装前进。持续加大扭亏治亏工作力度,综合施策、一体推进。2023年,子企业亏损面和亏损额要在2022年基础上压降20%以上。

七是优化完善治理机制。部署开展4家上市公司质量提升专项行动,内强质地、外塑形象,提高资本市场价值认同。深化子公司治理机制,明确二级、三级公司各治理主体权责边界,以加强二级公司董事会建设为前提,加大授权放权力度,推进二级公司董事会从"有形管理"向"有为治理"转变。

八是抓好"十四五"规划修编。"十四五"时间过半,要结合贯彻党的二十大精神、内外部形势环境新

▲ 图1-3　北京丰台站快速进站厅

变化、建设世界一流企业新要求和公司发展实际，对"十四五"规划进行修编完善，不断增强规划的战略性、科学性、引领性。

（三）在服务国家战略方面要彰显新担当

要深刻领会党的二十大报告中的新论断新战略新要求，聚焦主责主业，找准企业定位，在服务国家重大战略上彰显新担当。

一是以生产经营新成绩服务经济"稳增长"。这是国有企业的政治责任，也是经济责任。要强化对国家和各省市"全力拼经济、稳增长"的政策研判，抢抓以基建投资拉动经济发展的系列支持政策，进一步压实各级企业稳增长责任，确保实现新签合同额、营业收入、利润总额"三增"年度目标。各单位要前移经营节奏，通盘考虑经营重点，早谋划、早部署、早行动，聚焦发达和潜力区域，聚焦规模快速增长领域，聚焦重大综合项目，强攻突破、尽锐出击；要抢抓一季度、奋战二季度，确保实现开门早、开门快、开门红，力争上半年完成全年经营任务的60%以上。要抓住当前疫情政策全面优化、需求逐步回暖的时机，加快推进施工生产，多形成实物工作量。

二是以"开路先锋"新作为服务国家重大战略实施。要紧紧围绕党的二十大报告中关于着力推动高质量发展而制定和实施的系列重大战略部署，主动对接交通强国、制造强国、质量强国、网络强国、数字中国等国家战略建设要求，主动对接区域协调发展战略、区域重大战略、主体功能区战略、新型城镇化战略和"一带一路"倡议沿线国家，进一步优化生产力布局，推动资源要素向党中央重大决策部署、国家重大战略集聚。要进一步强化主业核心竞争力、打造现代产业体系、升级商业模式，以高质量的工程项目和产品服务保障国家重大战略落地。

三是以世界一流企业建设新姿态服务中国式现代化建设。建设世界一流企业，是党的二十大报告中对国有企业的明确要求，也是新时代新征程上的奋斗目标。要围绕"产品卓越、品牌卓著、创新领先、治理现代"总目标，做好建设世界一流企业的顶层设计；聚焦提高竞争力、创新力、控制力、影响力、抗风险能力，持续开展与国内外先进企业的全面对标，按照国资委创建示范行动、管理提升行动、价值创造行动、品牌提升行动目标和标准，补强企业在资产质量、盈利能力、产业布局、核心技术、国际化指数等方面短板，力争进入第二批示范名单。

（四）在创新驱动发展方面要创造新业绩

创新是企业发展的不竭动力。要通过科技创新、管理创新、模式创新等立体多元创新方式推动企业向价值链更高端演进。

一是勇当国家战略科技力量。要通过科技创新从根本上解决生产规模不断扩大和生产资源相对短缺之间的矛盾，解决产品科技含量与企业市场地位不匹配的矛盾，成为真正的创新主体和可靠的国家战略科技力量。深入落实"三个转变"，围绕产业链部署创新链，围绕创新链布局产业链，加强企业主导的产学研深度融合，强化各级企业创新主体地位，加快提升技术牵引和产业变革的创新力。主动融入国家创新体系，围绕解决"卡脖子"难题，持续打好关键核心技术攻坚战，努力取得新的突破；充分发挥3个国家级实验室的创新引领作用，主动承担国家重大创新任务。全力打造原创技术策源地和现代产业链"链长"，跟踪推动9个领域策源地项目和3个链长申报取得实质性成果，争取尽早入围。依托重大工程项目建设，在技术、装备、工艺工法等方面强化创新创造，努力在院士培养、国家级科技进步奖上实现新的突破。强化科研经费投入产出效果评估，将切实推动生产效率提高和经济效益提升作为衡量企业科技创新的标准，坚决杜绝"花架子""伪创新"。

二是加快"数智中铁"建设和绿色转型发展。要抓住数字化转型这个风口，融合5G、大数据、人工智能、数字孪生等技术打造数智化的工程产品和服务体系，努力实现从规模化应用到产业升级再到商业模式重塑的数字化转型"三级跳"。要加快建立企业数据标准，提高数据集成能力，构建企业核心数据资产；强化数字治理能力，深入挖掘数据价值，强化大数据对管理提升和研究决策的支撑作用。要发力智能化升级，抢跑智能建造"新赛道"，打造"数智中铁"新品牌，大力发展智慧设计、智慧制造、智慧采供、智慧施工、智慧运维、智慧服务。要贯彻"双碳"目标指引，积极落实公司碳达峰行动方案，构建绿色低碳生产方式，加快提升绿色建造能力，2023年综合能耗和万元产值二氧化碳排放同比分别下降

3%和3.6%以上;加快发展方式绿色转型,加快布局绿色建筑、绿色交通和绿色城市产业,加速突破新能源行业壁垒,抢滩低碳经济、绿色金融、碳汇交易等政策前沿领域,争做行业绿色发展标杆。

三是以商业模式创新塑造发展优势。要围绕产品服务开展模式创新,有效发挥全产业链和业务多元优势,供给更具性价比的产品、更加差异化的服务、更为综合性的解决方案;围绕客户营销开展模式创新,深挖客户痛点、探寻市场需求,构建新型客户关系管理体系,提升信息收集准确性、产品服务针对性、营销方式多样性、沟通交流有效性,进而持续增强客户黏性;围绕关键能力开展模式创新,系统提升资产经营和资本运营能力,借助多层次资本市场开拓产融结合领域、加快资金周转速度、提高直接融资比例,以资金流动、资产盘活、资本增值为有效手段,加速"三资"循环转化;围绕外部资源开展模式创新,把握第四次工业革命发展趋势,充分运用现代数字技术、联手科技巨头,赋能企业数字化转型、智能化升级、绿色化发展,不断塑造新业态新动能新优势。

(五)在防控重大风险方面要取得新进展

稳定是发展的基础,安全是发展的前提。要深入贯彻落实习近平总书记统筹发展和安全的重要论述,以系统思维树立企业发展"大安全观",防范化解各类重大风险。

一是严防生产安全风险。2022年公司安全生产形势总体平稳可控,但仍险情不断,须臾不可放松。要着重在"转观念、守规矩、严程序、强落实"上下功夫,转观念就是要彻底扭转"事后摆平"的惯性思维、错误观念,由"事后摆平"转向"事前防范";守规矩就是要严格执行施工组织设计方案,按图施工、依规作业;严程序就是要该专家论证要论证、该组织评审要评审、该设计变更要变更,绝不能胡干蛮干;强落实就是要落实安全生产责任制,强化"时时放心不下"的责任感,推动安全质量系统管理提升,加快本质安全型企业建设,有效遏制较大及以上安全事故,坚决杜绝重特大事故。

二是严防合规风险。巩固深化合规和风险管理体系建设成果,重点防范好投资并购等重点领域合规风险,将依法合规全面嵌入到决策执行流程中;加强"法商融合",聚

▲图1-4 中铁工业参建的雅康高速泸定大渡河大桥获中国建设工程鲁班奖

焦企业管理和项目管理全过程，提供全环节、全要素法律合规支持保障。健全高素质法律合规人员培养机制，加快补齐基层企业法规人才紧缺的短板。

三是严防债务风险。 坚持有息负债规模和资产负债率"双严控"，全面排查表外负债规模和潜在风险，建立"双清"倒逼机制，严格控制应收账款高的企业新增带息负债。实行更加严格的债务风险管控责任制，严防债务违约风险，确保债务零违约，严守资金链不断链的底线。

四是严防金融风险。 全面摸排、科学评估涉投资、信托、地产、基金、资产证券化、供应链金融等业务的潜在风险，并根据评估结果准确设定各类业务风险阈值，严防过度运用金融工具推高债务、抬高成本、粉饰报表；对于已经浮出水面的风险要强化风险主体化解责任，特别是涉及民营地产企业欠款的要抓住难得的政策窗口期尽最大可能降低损失，对于涉及违法违规的行为，要严肃开展追责问责。

五是严防投资风险。 关键在"去库存、收欠款"，2022年房地产去化没有完成既定目标，投资项目政府履约回款也存在较大缺口。2023年要落实房地产去化和投资项目清收清欠刚性责任，纳入各级企业专项考核指标，确保完成回款350亿元以上总目标任务。要加强对参股企业、参股投资项目管理，探索实现统一集中管理的方法路径，落实管理责任，不留管理空白。

（六）在全面从严治党方面要展现新作为

2023年要以学习宣传贯彻党的二十大精神为主线，深入落实新时代党的建设总要求和全国国企党建会精神，以加强政治建设为统领，持续强化全面从严治党"两个责任"落实，以高质量党建引领保障企业高质量发展。

一是以干部作风的根本好转营造风清气正的政治生态和干事创业的发展环境。 当前中国中铁高质量发展正处于"逆水行舟、不进则退"的关键时期和吃劲阶段，成在干部作风、败也在干部作风。要建立科学规范的干部考核评价体系，突出讲担当、重担当的用人导向，坚决落实"下"的措施，真正让有为者有位、能干者能上、优秀者优先，让"躺平""卧倒""佛系"干部受惩戒、有压力、谋转变，让风清气正的政治生态成为常态。加强对干部作风的全方位管理和经常性监督，严肃整治纪律松散、拖沓散漫、懒政庸政、履职不力、以权谋私等作风"顽疾"，牢牢抓住"关键少数"，越是重点选拔的干部越要重点管理，越是有培养潜力的干部越要从严要求，让干事创业的环境更加优良。持续深化"理想信念情怀　爱党爱国爱企"主题活动，不断唤醒各级领导干部的党性意识和理想信念情怀，激发全体员工爱党爱国爱企的热情，汇聚企业高质量发展的磅礴动力。突出加强工匠、高技能人才、卓越工程师"三支人才队伍"建设，努力培育堪当高质量发展重任的高素质人才队伍。

二是加强一线员工关心关爱和青年员工思想政治引导。 一线员工是企业发展的主力军，各级组织要树牢以人民为中心的发展思想，热情关爱一线员工，尽力为他们办实事、解难事，让他们安心扎根一线、奉献企业。青年员工是企业发展的希望，干部部门和共青团组织要做好深入调研，全面掌握青年员工思想和诉求，健全青年员工成长成才的通道设计，大力营造"事业留人、待遇留人、感情留人"的良好氛围，引导青年员工在企业改革发展中建功立业。

三是进一步凸显正风肃纪反腐工作成效。 进一步前移审计关口，开展好重大项目、潜亏项目过程审计，深挖细查"靠企吃企、靠项目吃项目"问题，从根本上堵塞效益流失的"黑洞"；深化"大监督"工作格局，研究谋划好新一轮巡视工作，高压整治群众身边的腐败问题和作风陋习，加强境外廉洁合规建设，持续深化境外佣金中介费专项整治，一体推进"三不腐"同时发力、同向发力、综合发力。

四是聚焦基层，进一步打通党建"最后一公里"。 持续强化"三基建设"，全面提升基层党组织功能，尤其要选优配强项目党组织书记，优先从基层技术管理骨干当中选拔培养复合型项目党组织书记，强化"头雁"效应。要压实项目党建责任制，促进党建工作与生产经营同频共振、同向发力。

五是大力弘扬新时代中国中铁主人翁意识。 让"在安全上不放松一时一刻，在进度上不拖延一分一秒，在质量上不让步一丝一毫，在效益上不浪费一分一厘"的新时代中国中铁主人翁意识，成为全体员工的共同价值观，不断拓展"开路先锋"文化的时代内涵。

埋头苦干实干　深化提质增效
奋力谱写中国中铁高质量发展新篇章

——中国中铁总裁陈文健在公司 2023 年工作会议暨四届一次职代会上的报告

（摘要）

（2023 年 1 月 13 日）

一、关于 2022 年的主要工作

2022 年是中国中铁发展史上极为不易、极不寻常的一年。面对复杂严峻的外部环境和艰巨繁重的改革发展任务，全公司上下紧紧围绕迎接党的二十大、学习宣传贯彻党的二十大精神工作主线，认真落实党中央、国务院和国资委各项决策部署，全面贯彻"疫情要防住、经济要稳住、发展要安全"重要要求，抢抓机遇、攻坚克难、苦干实干，圆满完成年度各项任务目标，保持了稳中有进、进中提质的良好发展态势，高质量发展迈出坚实步伐。

（一）重大使命任务圆满完成

党中央有号召，中国中铁就有坚决行动。**全力保障党和国家重大活动。**将迎接和保障党的二十大召开作为首要政治任务，多次进行专题部署，全力做好疫情防控、安全稳定、舆论宣传等工作，为党的二十大胜利召开营造良好环境和浓厚氛围。公司党委书记、董事长陈云光荣当选党的二十大代表。认真做好冬奥会保障工作，习近平总书记考察了中国中铁设计的北京冬奥会重点工程二七厂冰雪项目训练基地并看望慰问相关人员，令全体干部职工备受鼓舞。高质量建设雅万高铁并做好运行服务保障，习近平总书记出席 G20 峰会期间亲自观摩雅万高铁试验运行，向全世界展示"中国建造"风采。**全力推动重大工程建设。**积极服务国家战略，北京丰台站、郑渝高铁、杭台高铁、深圳地铁"两线三枢纽"、玉楚高速等

▲图 1-5　2022 年 12 月 30 日，北京至唐山城际铁路正式开通运营

国内标志性工程建成投用，孟加拉国帕德玛大桥、埃及斋月十日城铁路等海外重点工程顺利完工。拉林铁路等39项工程入选"2022中国新时代100大建筑"。**主动履行央企社会责任。** 先后驰援上海、吉林、广州等15个省市抗疫设施建设，建成抗疫用房4.9万余间。在东航空难、泸定地震、重庆山火等灾难中主动请缨，累计投入3.4万余人次、近3千台套设备组织救援。落实稳就业要求，接收应届高校毕业生2.1万余人，提供劳务就业岗位200余万个。坚持"四个不摘"，投入8040万元帮扶资金巩固拓展脱贫成果，展现了央企担当和中铁作为。

（二）稳增长"柱石"作用充分发挥

始终牢记"国之大者"，全面落实"八个全力以赴"举措，确保在稳经济大盘中"顶梁柱"顶得住、"压舱石"压得实。**市场营销再攀新高。** 坚持开局快、开门早、开门红，全面发力抓经营，戴着口罩跑市场，全年新签合同额30323.9亿元，同比增长11.1%，首次迈上3万亿元台阶；中铁建工、中铁四局、中铁一局全年新签合同额均超2500亿元，排名前三位。核心主业优势持续巩固，铁路市场份额稳居第一，8家工程局超300亿元，其中中铁三局超600亿元；城轨、公路市场份额以及大跨桥梁、长大隧道、电气化等领域均居领先地位。"第二曲线"市场加快蓄势，水利水电市场新签合同额985.6亿元，同比增长218.6%，"第六极"地位基本确立。勘察设计板块同比大幅增长35.7%，全断面盾构市场份额连续11年国内第一、6年世界第一。海外市场开发成绩斐然，中标匈塞铁路、瑞典地铁、蒙古国煤矿采剥等一批重点项目，新签合同额275.91亿美元，同比增长18.2%；中铁十局、中铁资源、中铁一局、中铁四局海外新签合同额超25亿美元。**施工生产高效推进。** 强化组织策划，优化资源配置，加快合同转化，全力推动稳产增产，全年完成营业收入11301亿元，同比增长5.2%。基建、勘察设计、工业板块持续发力，分别增长4.9%、7.6%、7.9%；中铁四局、中铁一局营业收入超千亿元，发挥了重要支撑作用。**经济效益稳中有升。** 全年实现利润总额412亿元、净利润331亿元，分别同比增长9.9%、8.7%，利润增幅在建筑央企名列前茅；全公司33家二级企业实现净利润正增长，中铁资源超50亿元、中铁开投超40亿元、中铁城投28亿元。实现中央企业年度业绩考核"9连A"和任期经营业绩"5连A"，获评任期业绩优秀企业和科技创新突出贡献企业。

（三）国企改革三年行动圆满收官

中国中铁以决战决胜的姿态，以期到必成的信心决心，坚决打赢国企改革三年行动收官攻坚战。总部层面221项、所属各级企业2.8万余项改革任务全部完成。**治理体系持续完善。** 健全"1+5+N"治理制度体系，严格落实"三重一大"决策议事规则，认真执行董事会决议和董事会授权，优化总裁办公会决策流程，完善经理层行权方式，决策质量和效能进一步提升。经理层及时向董事会报告重大经营事项，定期报告执行和授权行使情况。**市场化经营机制更加健全。** 全面推行经理层任期制和契约化管理，健全市场化用工机制，拓宽中长期激励渠道，完成覆盖747名核心骨干人员的首批限制性股权激励，实施13家科技型企业关键核心人才岗位分红激励；建立领导人员、专家、职业经理三条通道并行互通的高端人才多元职业发展体系。实施总部"大部制"和审计管理体制改革，完善安质环保监管体制，全面完成二级企业"三办合一"和商务管理部设立；扎实推进专项改革任务，所属"科改""双百"企业在国资委考核中获"标杆""优秀"评级。**产业转型升级加力提速。** 实施区域总部与投资公司改革，推进组织分立和资源整合，形成区域总部"5+2"和投资公司"5+3"布局。加大机构布局调整力度，首批以10家三级企业为主的产业集群疏解落地雄安新区，全年在"富油区块"和经济发达地区设立法人企业43户；高效完成东方国际注销整合，优化完成22个境外区域总部布局。深入推进产业结构调整，加快经营性资产专业化整合，实现33个高速公路项目均由中铁交通集中运营管理；高效推进云隐项目，战略并购滇中引水项目，合资成立中铁云投，央地合作探索出新路径。

（四）科技创新成果丰硕

牢记习近平总书记嘱托，以践行者的使命和排头兵的担当，带头践行"三个转变"重要指示。**创造了一批硬核科技成果。** 实施央企攻坚工程，成功攻克"卡脖子"关键核心技术，三大专项任务攻关取得世界领先成果，盾构机核心零部件具备了国产化替代能力和持续性创新能力。世界首条稀土永磁磁浮轨道交通工程试验线"红轨"顺利建成，铁路大跨度中承式钢管混凝土拱桥关键技术研究等44项成果达到国际领先水平。全公司统建的38套信息系统实现互联互通，数智升级探索实践走在行业前列。**锻造了一批国之重器。** 连续3年举办中国智造品牌论坛暨中央企业装备制造创新成就展；研发的世界首台桩梁一体造桥机"共工号"入选"央企十大国之重器"，研制了国内首条山地轨道交通工程首台大直径TBM"蜀通号"、国内首辆磁浮空轨车辆"兴国号"、中国第六代桥梁拉索高端智能检测机器人等一批高端装备。全年获中国建设工程鲁班奖19项、国家优质工程奖54项；获中国专利奖银奖2项、省部级科技奖500项、授权专利7718项。拉林铁路藏木雅鲁藏布江大桥、深圳市黄木岗交通枢纽V柱空间分别摘得国际桥梁大会和国际隧协最高奖。

（五）提质增效成效凸显

全面贯彻国资委提质增效专项

行动要求，聚焦"效益提升、价值创造"，持续提升企业经济运行质量。**大商务管理和项目管理效益提升三年行动强力推进。**全面推行大商务管理，构建大商务管理体系，成立工程经济研究院指导创效工作，分层级、全覆盖组织大商务管理培训，实施两轮次综合督导检查，强化经营开发、项目履约、收尾结算各环节提质增效，工程项目平均利润率较2021年提高0.65个百分点。**现金流管理成效显著。**强化现金流管理，考核导向作用明显，年末货币资金创历史新高，公司连续10年实现正向经营性现金流。用足用好国家政策，引入政策性开发资金135亿元，资金规模、项目数量均位居建筑央企前列。加强企业财税筹划，通过留抵退税、税收优惠节税节约资金支出355亿元。积极稳妥推进资产盘活，通过资产证券化盘活资产286亿元。**降本增效扩大盈利空间。**98户亏损企业实现扭亏减亏，减亏47.1亿元，亏损额、亏损面"双下降"50%以上。落实项目治亏包保责任，48个项目扭亏为盈，全系统亏损项目减亏34.3亿元。召开铁路建造业务高质量发展专题会，实施重大项目挂牌督办，14个铁路项目扭亏为盈，减亏23.37亿元。实现变更索赔创效241亿元，创效率为2.3%。三项费用率降低0.03个百分点。有效降低资金筹集成本、资产持有成本和上税成本，带息负债平均成本率降至3.87%。推进物资设备采购集中化、劳务队伍管理规范化，有效降低企业采购成本。

（六）风险防控全面加强

统筹发展和安全，坚持系统观念、底线思维，增强风险管控和处置精准性、有效性，守牢不发生系统性风险底线。**安质环保基础不断夯实。**认真落实安全生产十五条措施、铁腕治安硬十条和安质环保刚性标准，扎实推进安全质量管理系统提升，实现较大及以上事故"零发生"。**专项治理行动取得实效。**扎实开展"8+4"综合治理，狠抓问

▲图1-6 2022年9月26日，中铁装备研制的"中铁1197号"高原高寒大直径（直径10.23米）TBM下线

题排查和整改提升，取得较好成效。其中，削减"久竣未结"项目516个，销号项目平均结算利润率为1.83%；清理内部"三角债"25.07亿元，占已确权金额的60.75%；投资领域清理处置低效无效资产70项，回收资金43亿元；排查整改转包和违法分包问题316个。**合规企业建设有序推进。**深入开展"合规管理强化年"活动，大力推进法商融合，把合规管理贯穿于资本运作、并购重组、投融资等重大经济活动全过程，"法治中铁、合规中铁"建设取得新成效。组织开展"5501"专项审计57项，促进项目管理纠偏导正，推动项目增收节支12.43亿元。**金融债务风险有效控制。**审慎开展各类金融业务，完善投融资项目运作管控机制，稳妥处置存量PPP项目风险，实施负债规模和资产负债率双重管控，严格控制投资规模、资本金出资、大额度资金使用和对外担保。**境外安全保障有力。**完成境外安全应急指挥中心平台建设；有序推进境外人员轮换专项工作，加强疫情防控，未发生聚集性疫情和群体事件。

（七）企业党建活跃有力

坚持党对企业的全面领导，加强党的建设，着力筑牢"根""魂"优势。**引领保障作用充分发挥。**系统部署学习宣传贯彻党的二十大精神各项工作，深入开展"理想信念情怀 爱党爱国爱企"主题教育。举办首届"开路先锋"文化节，命名中铁装备郑州盾构总装车间等18家单位为首批"开路先锋"文化教育基地。纵深推进全面从严治党，开展亏损项目履职不力问题专项治理，驰而不息纠治"四风"，构建了风清气正的发展环境。获央企党建工作责任制考评A级。**品牌影响力持续提升。**国企党建探索创新研究成果得到国资委充分肯定；系列理论研究文章在《求是》《人民日报》《学习时报》等重要宣传阵地刊发，2.3万余次亮相中央主流媒体。"中国中铁"品牌荣获"华谱奖"，获评"叱咤全球的国家名片"。公司《财富》世界500强排名提升至第34位、ENR全球最大250家承包商中排名第2位。**和谐企业建设成效显著。**全力维护职工权益，有效解决劳动合同纠纷、工资拖欠和养老保险欠缴等一大批职工切身利益问题。广泛开展员工普惠关爱行动，累计发放"两节"送温暖资金1.56亿元，慰问职（民）工36.9万人次，使员工获得感、幸福感更加充实、更有保障。加强社会保障、信访维稳、治安保卫、交通战备等工作，推动企业健康稳定发展。

站在新的更高起点上，对标高质量发展目标，还存在一些问题和短板，突出表现在：**一是改革发展活力有待进一步释放。**企业市场化、商业化程度不高，市场化经营机制不健全，资源要素市场化配置能力

水平仍有提升空间，三项制度改革还需进一步深化。**二是创新发展能力有待进一步增强**。关键核心技术及现场实用技术存在短板，科技投入产出效益不协调、产出比不高，全产业链协同创新不充分，集成创新成果不丰富。**三是子企业整体发展质量水平有待进一步提升**。各单位发展不平衡不充分、分化明显，部分单位自主发展能力不足，盈利水平不高。前10位二级子企业年净利润超过260亿元，占全部净利润的79%；三级工程公司年净利润超2亿元的有22家，占比仅为11%，净利润低于3000万元及亏损的有64家，占比达31%。**四是经济运行状况有待进一步改善**。资金链持续紧绷，经营性现金流长时间处于净流出状态；"两金"总额高达5240亿元，房地产存货居高不下，去化困难，减值余额达88亿元。

二、关于2023年的重点工作

2023年是全面贯彻党的二十大精神的开局之年，是实施"十四五"规划承上启下的关键之年。中国中铁2023年"三增两控四提升"的奋斗目标："三增"，即确保完成新签合同额3.2万亿元，确保实现营业收入1.2万亿元，确保实现利润总额460亿元，同比增速快于国内生产总值增速。"两控"，即资产负债率同比不增高，"两金"占营业收入比重在2022年基数上下降1个百分点。"四提升"，即净资产收益率有所提升，全员劳动生产率同比提高5%，营业现金比率要达到1.5%以上，研发投入在2022年基础上有所增长。

实现上述奋斗目标，中国中铁要坚持以习近平新时代中国特色社会主义思想为指导，全面贯彻落实党的二十大精神和中央经济工作会议精神，深入贯彻党中央决策部署及中央企业负责人工作会议要求，聚焦高质量发展这一首要任务，全面强化"十四五"战略引领，深入实施"123456"发展策略，大力推进"两个转化"，突出稳增长、增效益、深改革、强管理、促创新、防风险，增强工作韧劲，强化责任担当，全力以赴抓好各项工作落实落地，不断提升企业核心竞争力，更好实现质的有效提升和量的合理增长。

（一）强化营销管理，做实稳增长的硬支撑

牢固树立经营龙头地位，聚力服务国家重大战略，优化经营布局，强化经营机制，早谋划、快动手、抢开局，力争第一季度完成全年任务的25%以上、上半年完成全年任务的60%以上，全力实现"开局快、开门红"，确保高质量完成年度经营目标。**一要推动各专业板块协同发展**。铁路市场要巩固领军地位，既要确保应揽尽揽，也要力争在铁路维保运营等涉铁领域实现新提升。公路市场要保持领先优势，做优高速公路投建营一体化品牌。城轨市场要强化行业研判，加快打造轨道交通第一品牌；市政、房建市场要抢抓城市更新、"新城建"发展机遇，提升城市经营能力，打造城市经营特色品牌；水利水电、生态环保等"第二曲线"市场要加快补充资质、业绩、资源等经营短板，力争取得更大突破。**二要提升各单位经营成效**。综合工程局要立足自身战略定位、区位优势、重点领域和核心专业，突出主业和主营业务，不断提升市场占有率和行业话语权；专业工程局要突破做精主业与多元发展的困局，做强王牌专业、王牌队伍和核心品牌，抢占行业和技术制高点，在大直径盾构、大跨度桥梁、"四电"集成等领域形

▲图1-7 2022年8月1日，中铁七局开展新员工团建拓展活动

成专业领跑"集群优势";投资公司要聚焦投资价值,加快从"投资经营"向"经营投资"转变,提高解决方案的专业度和供给力,力争在百亿级大项目投资经营方面取得更大突破;设计单位要充分发挥产业链的前端优势,积极策划项目、前端卡位,以技术先行助力全系统协同发展;工业、金融、物贸、资源等单位要专注各自赛道,发挥资源优势和专业优势,全力服务主业发展,提升品牌影响力。**三要发挥立体协同经营优势**。统筹各板块、各层级立体协同,强化补位经营和联合经营,实现中国中铁利益最大化的目标。区域总部要发挥高端经营和增量市场拓展的牵头引领作用,提升区域经营协同能力。各二级企业要注重协同作战,增强系统分进合击能力,同时三级公司要发挥市场开发主力军作用,提升属地经营、滚动经营效能。要发挥全公司产业链优势,强化各板块合作纽带关系,共同"搭台唱戏"。**四要着力提高订单质量**。树立正确的业绩观和价值导向,坚决杜绝先天亏损项目入账,从源头上确保经营工作"量质双升""质量为先"。全面贯彻大商务管理理念,强化营销策划,做实标前联动,突出营销团队主体责任,"铁三角"团队全程参与;加强与设计、业主对接,力争提前介入,赢得竞争话语权和主动权;深入研究行业政策、招标文件、设计图纸,深度挖掘项目盈利点、机会点,为可能存在的亏损点、风险点做好预案。强化对营销质量的考核,将营销团队的奖惩与中标质量密切挂钩,倒逼营销团队坚守投标底线,高质量跑好大商务管理"第一棒"。明确营销指标,严肃考核指标落实情况,注重考核订单结构和毛利率水平,提升项目营销质量。

(二)强化履约管理,夯实企业发展基石

履约是施工企业的"天职",是企业发展的生命线。如果履约不好,不仅投入大、效益低、结算慢、收款难,还会毁信誉、砸牌子、丢饭碗。**一要狠抓项目策划与执行**。巩固提高营销成果,针对组织模式、施组方案、临建工程、分包分供、收入组织、成本管控、二次经营、资金税筹及竣工结算等履约全过程进行重点策划,注重经济比选和动态调整,做到优质履约与成本最优并重,切实提升策划方案"含金量"。强化后台的策划主体责任,铁路项目和重难点项目由二级公司分管领导带队组织策划。**二要确保工期进度目标**。按照"促开工、抢在建、保开通、快收尾"思路,细化目标任务,优化生产组织,加快生产进度,保障项目高质量履约。全面加强技术支撑保障,认真落实《关于加强技术体系建设和项目技术管理工作指导意见》,确保技术先导、方案主导支撑保障作用有效发挥。大力推广项目集群式管理、机械化自动化施工和工厂化规模化生产,深挖生产潜能,有效降低现场风险,提升生产效率。**三要全面强化重点项目履约**。确保重点项目快速有序推进、年内开通项目按期交付运营。雅万高铁要坚决落实习近平总书记重要指示,全力确保"6·30"目标。国道109高速、西昭高速、本桓高速、滇中引水、甬舟铁路、成都地铁10号线等项目要争取进度匹配工期。海外项目要实施分级分类管控,强化国内后台资源支撑,建好存量项目,做优增量项目。**四要牢牢坚守安全质量环保底线**。坚持从零开始、向零奋斗,着眼本质安全,树牢大安全观,着力抓理念提升、抓系统管理、抓责任落实,以高水平安全管理保障高质量发展。坚决摒弃"事故不可避免论",强化"零事故""零伤亡"理念,推动管理理念由事后应急向事前预防转变。持续推动安全质量管理系统提升,严格落实铁腕治安硬十条、安全质量环保刚性标准,有效遏制较大及以上安全事故,坚决杜绝重特大事故。突出分包安全管控和隐患排查治理,突出强化专职安全责任和派驻督查组专职职能,压紧压实各层级、各岗位安全质量责任。深入研究在隧道等安全隐患高发领域推进"机械化换人、自动化减人"工作,提升科技对安全生产的支撑和保障作用。严格落实质量卡控红线,加强工序质量检验验收,避免返工返修和缺陷整治导致的工期和效益损失,确保工程产品一次成优、全程创优,做到"普遍好、出精品、绝次品"。持续落实"双碳"目标,加快绿色低碳转型,积极推广应用节能降碳先进技术。

(三)强化提质增效,提升企业经济效益

聚焦效益提升和价值创造,坚持"一切工作到项目",持续推进大商务管理和项目管理效益提升三年行动,不断提升项目创效能力和水平。**一要持续完善大商务管理体系**。2023年是大商务管理深化年,要聚焦重点环节和短板弱项,在协同性穿透性上持续用力、走深走实。股份公司将制定发布《大商务管理指导手册》,牵头建立大商务管理数据体系;各二级企业要制定完善企业内部定额,建立造价指标、成本指标数据库。探索工程项目财务集约化管理新模式和项目层面财法商管理有机融合机制,有效提升项目成本协同管控能力。**二要狠抓责任成本管理**。责任成本下达要科学合理,既要让项目管理团队"够得着"、有动力,又要"踮起脚"、有压力。原则上下达的项目目标利润率要高于中标利润率,通过目标责任书的形式将指标压实到项目管理团队身上。充分发挥财务、审计部门在成本监控预警的"哨点"作用,对潜亏苗头及早发现、及早处置、及早预防;出现重大成本隐患,必须提级管理。刚性落实责任成本考核,及时组织对目标利润、目标成本、项目管理重大节点等指标进行考核,强化考核兑现的时效性。**三要强力抓好集中采购**。2023年,要把集中采购作为大商务管理的重点工作,着力从采购环节挖掘效益、提升价值。股份公司要加强总体统筹，制定管理目标和考核措施，进一步强化工程局层面供应链管理和统筹机制，提高大宗材料设备和分包商在局层面的集采比例。继续完善工程局和中铁物贸的有效合作模式，提高服务项目的物资供应能力。研究设立专项集采资金池，探索建立资金保障和清算机制，提高资金使用效率。**四要常态化开展五个专项行动。**开展"久竣未结"清理专项行动，加快竣工结算和收入确权，尽最大可能确保竣工结算利润，严控出现新的久竣未结项目。2023年，久竣未结项目削减率要达到30%以上。开展投资板块低效无效资产处置专项行动，聚焦房地产领域加快去化，推动现金回流，确保完成回款350亿元以上总目标任务。开展内部"三角债"清理专项行动，强化内部"仲裁"权威性，完善长效机制，进一步消化历史欠账，维护债权单位的合法权益和内部正常经济秩序。开展工程项目转包和违法分包治理专项行动，进一步规范分包队伍的选用、管理、评价、退出程序，严格分包合同执行，减少和杜绝"四超额"和"五高"问题。深化亏损治理，开展铁路亏损项目治理专项行动，既要坚定做强做优做大铁路业务的信心决心，又要正视铁路项目大面积亏损的现实，以强力治亏促进铁路项目整体盈利，推动铁路建造业务高质量发展。**五要着力提升竣工项目效益。**竣工项目效益才是真效益，是检验企业效益"含金量"的重要标志。2022年，新修订的中国中铁优质工程和"四优"评选办法设置了竣工盈利"门槛"，旗帜鲜明地建立项目效益要"实"的导向。2023年，要将提高竣工项目效益水平和竣工项目效益在企业效益中所占比例作为重中之重，持之以恒抓出成效。强化竣工项目审计，研究制定实施细则，以抓好业主末次结算、债务封账结算、项目效益实现、绩效考核兑现的"两结两现"为重点，实现审计工作全覆盖。

（四）强化改革攻坚，提高企业发展活力

发展出题目，改革做文章。要以新一轮国企改革深化提升行动为契机，继续围绕"增动力添活力"目标，持续深化重点领域和关键环节改革攻坚，切实用改革的思路解决发展中的问题，用改革的办法破除体制机制障碍。**一要加快建设世界一流企业。**世界一流企业不仅体现在企业资产、营业收入等规模指标上，更体现在效益、潜力等发展质量指标上。结合"十四五"规划企业愿景，加强战略引领和顶层设计，制定出台具体建设方案，设置定性定量指标体系，为创建行动提供目标支撑。对照"产品卓越、品牌卓著、创新领先、治理现代"总要求，对标示范企业，加强对标整改和能力塑造，全面提升企业核心竞争力，打造交通建设领域的世界一流企业。落实国资委"四个专项行动"要求，力争进入创建示范行动的典型示范企业。**二要做强做优做大子企业。**推动子企业高质量发展，提升子企业核心竞争力，既是中国中铁加快建设世界一流企业的必然要求，也是公司应对更加"不确定"的外部市场环境、增强发展韧性、提升抗风险能力的必由之路。加快建设一批率先实现"四强五优"、达到行业领先水平的王牌工程局，建设一批达到行业领先水平的专精特新企业和主力三级公司；全力推进困难企业复兴图强，子企业亏损面和亏损额要在2022年基础上再降低20%以上。建立内部"准市场关系"，完善市场化经营机制，构建内部契约体系和诚信体系建设，让市场的问题归市场、管理的问题归管理，发挥整体合力，实现合作共赢。进一步加强总部授权放权，解决总部事权过多、过程干预过多的问题，把基层的指挥权精准归还基层，不断提高子企业在生产经营工作中的自主权，推动子企业做强做优做大。**三要纵深推进三项制度改革。**坚持以业绩论英雄，聚焦"三能"目标，抓住关键环节发力攻坚，以经理层任期制和契约化管理新突破推进干部能上能下，以差异化劳动合同和全员绩效考核新突破推进员工能进能出，以薪酬分配和激励方式新突破推进收入能增能减。推动大商务管理与三项制度改革有机结合，健全完善以目标责任为导向的业绩考核体系和以价值创造为导向的专项考核体系，强化考核结果应用，刚性落实"能下""能出""能减"机制，最大限度激发员工的动力活力。

（五）强化创新驱动，激发高质量发展引擎

谋科技就是谋未来，抓创新就是抓发展。要践行"三个转变"重要指示，实施创新驱动发展战略，坚持科技创新和管理创新并重，巩固优势、补上短板，为高质量发展加力赋能。**一要充分发挥科技创新引领作用。**以交通强国、制造强国、质量强国等战略为牵引，集聚科技创新要素，全力做好"十四五"国家重点课题研究，扎实推进央企攻坚二期工程，积极参与国资委创新联合体工作和千家创新型国有企业培育工程。加强3个国家级实验室建设，强化原创性、引领性、关键共性技术创新，努力打造建筑行业原创技术策源地和现代产业链"链长"。**二要提升科技创新服务现场能力。**坚持场景驱动，突出实践性、实用性和可推广性，聚焦高寒铁路、长大隧道、深水桥梁等存在的难题开展技术攻关，形成一批能够解决实际问题、满足生产需求、改善作业环境的实用技术成果。依托重点在建项目开展创新，推动滇中引水等项目重大技术攻关取得突破。**三要强化科技成果转化效能。**紧紧围绕提升科研经费投入产出效率，建立健全科技成果转化机制和平台，推动科技成果尽快转化为生产力，为提高效率、保安创优、降本增效赢得更大空间。坚持"系统统筹、突出重点、注重实效"原则，稳步实施"信息贯通工程"和"数

▲图1-8 世界首台U盾架管机应用于雄安新区建设

智升级工程",不断提升数字化赋能水平。落实国资委相关要求,开展对科研经费投入效果后评估和考核工作。**四要增强创新发展动力活力。**统筹推进理念创新、方式创新、管理创新,大力推进先进理念在企业发展实践中的创新应用,坚持走内涵式发展道路,持续推动企业转变发展方式,实现企业由债务驱动发展向积累和创新驱动发展转化、由传统生产经营向资产经营和资本运营转化。聚焦体系建构、机制运行、制度设计、路径方法等方面,持续加强以"效益提升、价值创造"为导向的管理创新和实践应用,持续完善管理创新的激励机制,让创新源泉充分涌流。

(六)强化资金管理,改善企业资产质量

要进一步树牢"现金为王"理念,充分发挥财务管理效能,在抓好资金安全方面取得新成效。一要**巩固深化降杠杆成果。**坚持降杠杆、减负债的有效做法,保持合理杠杆水平,经营性负债、带息负债总额增幅不得高于营业收入增幅。强化分类管控,资产负债率低于74.8%且完成2022年降杠杆目标的二级企业,2023年杠杆率要努力保持稳定;其他二级企业要进一步降低杠杆率。二要持续加大"双清"力度。坚守"两金"管控底线要求,结合生产投资节奏、财务资源供给能力、风险防控能力,"常专结合"抓好清收清欠,推进将"两金"规模与投融资执行规模相挂钩;优化考核细则,增加考核权重;加快"两金"周转变现,有效压降存量、严控增量。三要加大现金流管控力度。坚持源头策划,加强过程管控,确保"应验尽验、应收尽收、收支平衡",强力推动工程项目现金流自平衡管理落地见效。各单位要建立项目负流管控机制,实现闭环管理,推动负流项目规模、数量"双下降"。四

要加强预警风险管理。结合司库体系建设,建立债务风险监测预警机制,对债务融资、供应链金融业务、担保等进行全方面监测,对触发预警条件的单位及时通报,督促整改,严防债务融资风险。

(七)强化投资管控,提升价值转化效能

投资是企业资产经营的重要手段,对于促进产业结构调整升级、优化资本结构、做强产业链具有重要催化作用和正向放大效应。要着力强化投资过程管理和风险防控,提升资产经营价值转化效能,努力实现中国中铁整体利益最大化。一要**强化投资板块大商务管理。**制定出台投资领域大商务管理实施方案和投资项目大商务管理创效指南,坚持"投资思维"理念,统筹考虑投资、建设和运营各环节效益,通过合理奖惩激励机制将项目实施全过程、各个团队贯穿起来,实现大

商务管理创效。紧紧抓住投资领域建设期成本与可研偏差较大、运营期收款难两大难点痛点问题，细化投资管理的颗粒度，提升投资项目价值创造能力。**二要强化投资全生命周期管控**。投资项目生命周期短则数年，长则数十年，必须将"长期思维"贯穿投资业务全周期，紧盯投资价值链，聚焦价值点，推进"投融建营退"良性循环，实现全程价值创造。投前阶段要充分研究论证项目的合规性和经济性，避免把"可研报告"变成"过会报告"，经营源头不留隐患，确保选优投资项目；建设阶段要强化各方协同，调配充足专业化设计、施工力量，高度动态关注建设期实际成本和可研之间的偏差，坚决避免建设成本超标和投资超预算情况；运营阶段要增强经营性资产运营管理能力，大力探索路衍经济、TOD、配套资源开发等领域价值创造，拓展投资项目"第二收益曲线"。**三要强化补短板控风险意识**。严控投资全过程风险，坚持"投得准、融得到、收得回、有效益"原则，严格对前期调研单位、投资主体和运营主体进行过程评价和绩效考核，增强监管、预警、纠偏能力。严格落实投资负面清单制度，完善投资管理和后评价机制。坚持审计关口前移，开展投资项目专项审计调查，揭示存在的问题和风险，强化审计成果应用。提升投资项目运营期风险防控能力，明确投资项目专业化运营的目标方向、实施路径，加快探索形成专业化运营的新模式。**四要提升房地产发展质量**。严格落实董事会要求，房地产企业要转变经营理念，积极稳妥地开展经营，做到以销定产、以销定投。积极应对市场变化，坚持专业化、市场化发展方向，坚定去库存、防风险、增效益。加强精细化管理，优化经营布局，着力获取优质低价土地，提高规划设计、营销策划、招商运营、成本管理、财务管理、物业服务、品牌管理等各方面能力，促进房地产业务转型升级和平稳健康发展。**五要持续发挥矿产资源投资引擎作用**。坚持既有生产矿山利润与现金流并重，保持矿山企业内涵式效益稳定增长态势。探索"矿产资源+基础设施"联动开发模式，稳步开拓绿色建材、矿山生态治理等新型业务，进一步延伸基础设施产业链条。

（八）强化海外管理，提升国际竞争实力

2022年海外系统坚定落实海外"双优"发展战略，克服诸多困难挑战，奋力拓展市场，大力推进项目履约，付出了艰辛努力，取得了良好成绩，实属不易。面对更趋复杂的国际环境，要保持战略定力，稳扎稳打开展工作，推进海外事业行稳致远。**一要坚定"走出去"的信心决心**。要站在服务党和国家事业大局的高度，深刻认识海外事业至关重要、不可或缺，海外业务不但要发展，而且要高质量发展。坚定走好专业化、品牌化、属地化发展之路，着力建设高素质专业化海外人才队伍，确保"市场在哪里人就扎根在哪里""人在哪里就建功在哪里"，不断推动海外业务做强做优做大。**二要积极稳妥拓展海外市场**。系统研究勾画中国中铁"国别市场地图"，健全完善市场体系，建立根据地，巩固战略区，做实做强传统优势国别区域市场。强化"一带一路"沿线重点国家、重点领域、重点项目布局，深化传统基础设施项目合作，推动周边基础设施互联互通重点项目，谋划落地更多投入少、见效快、效益好的"小而美"项目，推动共建"一带一路"走深走实。发挥全产业链和核心技术优势，加强内部联动，聚焦优势市场，提升方案和产品供给能力，构建系统性竞争优势。**三要加强国际化品牌建设**。对标国际知名企业，深入开展品牌引领行动，强化品牌管理，以ESG管理为抓手，促进企业品牌价值与市场价值共同成长；用足用好各类媒体阵地，讲好中国故事和中铁故事，因地施策做好跨文化融合，持续增强海外传播和品牌推广能力，塑造负责任的企业国际形象。**四要统筹做好发展和安全**。坚持危地不往、乱地不去，严控在高风险、高债务、局势动荡国家和地区开展业务；增强风险识别意识和能力，重点关注工期拖延、潜亏治理、廉洁从业、属地政治风险等突出风险点。着力提升海外安防水平和保密工作意识，运用信息化手段提升反应能力，充分发挥境外安全应急指挥中心平台与"四位一体"境外医疗保障体系的作用，有效应对海外武装冲突、暴恐袭击等公共安全事件，全力守护海外员工生命安全和身体健康。

实践证明，坚持党的领导、加强党的建设，是企业实现高质量发展的根本保证和力量所在。要坚持不懈用习近平新时代中国特色社会主义思想凝心铸魂，做到学思用贯通、知信行合一，努力推动党的二十大作出的决策部署转化为中国中铁高质量发展的生动实践。要突出大抓基层的鲜明导向，坚持抓生产经营从党建入手，抓党建从生产经营出发，努力把基层党组织打造成为"效益提升、价值创造"的坚强战斗堡垒。要充分发挥企业文化独特优势，大力弘扬"开路先锋"精神，锤炼良好作风，不断增强斗争本领，努力把中铁精神、中铁价值转化为推动高质量发展的中铁担当和中铁力量。要一刻不停推进全面从严治党，始终坚持问题导向，把严的基调、严的措施、严的氛围长期坚持下去，以干部作风的根本转变，营造风清气正的政治生态和干事创业的发展环境。要全面实施人才强企战略，统筹推进"六支人才队伍"建设，深化人才培养、使用、评价、激励等工作机制，激发人才创新创造活力，努力让更多"千里马"在高质量发展的赛道上竞相奔腾。要大力推进"幸福中铁"建设，用心用情用力解决好职工群众急难愁盼问题，不断提升职工群众生活品质，努力把高质量发展成果绽放在职工群众笑脸上。

在现代化铁路建设中勇当开路先锋

中国铁路工程集团有限公司党委

铁路是国家重要的基础设施、国民经济的大动脉，在国家综合交通体系建设中处于骨干地位。党的十八大以来，习近平总书记十分关心中国铁路建设，多次视察铁路建设工程，多次对铁路建设作出重要指示批示，为新时代铁路建设指明了前进方向、提供了根本遵循、注入了强大动力。中国铁路工程集团有限公司（以下简称"中国中铁"）牢牢把握高质量发展主题，紧紧围绕国家重大战略，在现代化铁路建设中勇当开路先锋，努力在全面建设社会主义现代化国家、实现第二个百年奋斗目标进程中实现更大发展、发挥更大作用。

一、铁路建设对经济社会发展具有重要支撑作用

交通强国，铁路先行。中国幅员辽阔、内陆深广、人口众多，资源分布及工业布局不平衡。铁路作为国民经济大动脉，是优化资源配置、畅通全国市场、拉动地区发展的重要基础设施保障，在促进社会发展、服务经济建设中发挥着重要作用。

铁路建设为构建现代化基础设施体系提供有力支撑。 习近平总书记强调，"基础设施是经济社会发展的重要支撑，要统筹发展和安全，优化基础设施布局、结构、功能和发展模式，构建现代化基础设施体系，为全面建设社会主义现代化国家打下坚实基础"。铁路是构建现代化基础设施体系的重要组成部分，

▲图 2-1　中铁大桥局承建的沪苏通长江公铁大桥

▲图2-2 2022年12月26日，中国中铁承建的新成昆铁路全线贯通运营，列车通过小相岭隧道

是国家综合立体交通网的主干，在畅通市场中发挥着巨大作用。铁路网络的畅通可以扩大市场、促进区域产业分工协作和资源配置优化，有利于推动全国统一大市场建设。如果说铁路干线是主动脉，那么城市交通就是毛细血管，铁路综合交通枢纽就是它们的连接点。站城一体化的建设理念，让铁路与城市交通完美融合。雄安站就是这方面的典范之作，对外连接多条高铁，对接京津冀、联系全国，以高铁枢纽带动城市发展；对内采用立体交通组织方式，使车站城市空间与枢纽、城轨、地下空间有效融合。

铁路建设为实施区域协调发展战略提供有力支撑。 2020年11月12日，习近平总书记到南通考察，谈到沪苏通长江公铁大桥时说："当年，你们这里和上海隔江相望，南通不好'通'，现在跨江大桥建起来，一桥飞架南北，天堑变通途，从此'南通就好通'了。"习近平总书记用生动的话语阐明了基础设施"通"起来对区域协调发展的重要作用。2020年7月1日，沪苏通长江公铁大桥通车，有力推动了长三角一体化发展。中国各地区自然资源禀赋差别之大在世界上是少有的，统筹区域发展从来都是一个重大问题。铁路建设不仅能为京津冀协同发展、粤港澳大湾区建设、长三角一体化发展等区域重大战略的实施打通关节，疏通堵点，强化中心城市对周边地区的辐射和带动作用，还能形成纵横全国的运输大通道，更好发挥东西南北中各地区的比较优势，促进能源、粮食、产品、人力资源等合理流动和高效聚集，为增强区域平衡性提供有力支撑。

铁路建设为推进全体人民共同富裕提供有力支撑。 2018年2月12日，习近平总书记在打好精准脱贫攻坚战座谈会上的讲话中盛赞中铁隧道局集团参加成昆铁路扩能改造工程建设的青年党员："他们接过先辈的旗帜，承担了新成昆铁路全线最长、难度最高的小相岭隧道建设重任，决心传承好老成昆精神，不忘初心、砥砺前行，使铁路早日成为沿线人民脱贫致富的'加速器'。"经过6年多的施工建设，位于大凉

▲图2-3 中老铁路全线通车运营

山的小相岭隧道于2022年6月21日贯通；新成昆铁路通车后，将大大方便沿线大小凉山老百姓出行，有利于巩固拓展脱贫攻坚成果和全面推进乡村振兴。要想富，先修路。交通运输基础设施是推进全体人民共同富裕的重要支撑。在新疆建设的和若、南疆、格库三段铁路，围着塔克拉玛干沙漠"画"了一个长达2712千米的圈，极大便利了沿线各族人民群众出行和货物运输；在西藏建设的拉林铁路，是西藏首条电气化铁路，结束了藏东南地区不通铁路的历史，成为一条团结线、幸福路。

铁路建设为推动共建"一带一路"高质量发展提供有力支撑。 2021年12月3日，习近平总书记视频出席中老铁路通车仪式时指出，中老铁路是高质量共建"一带一路"的标志性工程。中老铁路北起中国昆明，南至老挝万象，跨越三山四水，全长1035千米，是首条全线采用中国技术标准、使用中国设备并与中国铁路网直接连通的国际铁路，给老挝经济发展带来了巨大机遇。除中老铁路外，中国中铁还深度参与建设了亚吉铁路、印度尼西亚雅万高铁、匈塞铁路、孟加拉国帕德玛大桥及其铁路连接线、乌兹别克斯坦"安格连—帕普"铁路卡姆奇克隧道等"一带一路"重点工程，以实际行动诠释了构建人类命运共同体的深刻内涵。志合者，不以山海为远。近年来，中方以高标准、可持续、惠民生为目标，不断提升共建"一带一路"水平，实现了同共建国家互利共赢，为世界经济发展开辟了新空间。

二、中国铁路建设取得历史性成就

党的十八大以来，中国中铁等铁路建设企业深入贯彻落实习近平总书记重要指示批示精神，推动中国铁路建设能力、技术水平、装备制造实现世界领先。

铁路建设规模能力均实现大幅提升。 新时代铁路建设无论在规模

▲图2-4 大柱山隧道的高地热使施工环境达到41℃以上

上，还是在能力上，都可谓突飞猛进，实现了重大突破。

从建设规模看，十年来，全国铁路新增里程5.2万千米，占全国铁路营业总里程的1/3以上。目前，铁路已经覆盖了全国81%的县，基本形成了布局合理、覆盖广泛、层次分明、安全高效的铁路网络。其中，一大批高铁建成开通，年均投产3500千米，高铁网从"四纵四横"扩展到"八纵八横"，从2012年的9000多千米增加到目前4万多千米，高铁通达93%的50万人口以上城市。中国已成为世界上高铁运营里程最长、在建规模最大、商业运营速度最高的国家。

从气候适应性看，中国中铁具备应对各种复杂气候环境的建设能力。建成了哈佳、哈牡、牡佳等严寒地区铁路，确保在-40℃的高寒天气下，能够克服冻胀、雪害等气候难题，保持高速运行。建成的海南环岛高铁，位于热带地区，能够应对高温、潮湿、台风、雷电、暴雨等恶劣气候的影响。建成的平潭海峡公铁大桥是中国首座公铁两用跨海大桥，所处海域是"世界级风口"，每年6级以上大风超过300天；中国中铁建设者通过安装风屏障等措施，使桥面风力减弱为3级，助力中国高铁走向海洋。

从地质环境适应性看，中国中铁拥有在不同复杂地质条件下的铁路建设能力。中国铁路建设跨越三级阶梯，面对世界上最具多样性的地形地貌和自然环境。2022年7月22日开通的大瑞铁路大保段，有一座隧道被称为"史上最难掘进隧道"，这就是位于横断山南段的大柱山隧道。该隧道穿越6条断裂带、3条褶皱构造、5处岩溶发育及放射性区域、低高温带等。中国中铁在建设中攻克了冻土、软土、岩溶、滑坡、泥石流、地震断裂带、黄土湿陷沉降区等各类复杂地质难题。

铁路建设技术水平进入世界先进行列。 2014年5月10日，习近平总书记视察中铁工程装备集团有限公司时强调，要"推动中国制造向中国创造转变、中国速度向中国质量转变、中国产品向中国品牌转变"。中国中铁认真践行"三个转变"重要指示，大力实施创新驱动发展战略，不断提升铁路建设的自主创新能力，形成了具有自主知识产权的世界先进铁路建设技术。

在高速铁路建设方面，实现从追赶到领跑的跨越。系统掌握了高速铁路建设成套技术，特别是开展智能铁路建造技术攻关，设计并建成世界首条智能高铁京张高铁，向世界展示了中国高铁建设水平。在京雄城际铁路建设中继续突破，首次实现铁路从设计、施工到运营的三维数字化智能管理，树立了世界智能高铁建设的新标杆。

在重载铁路建设方面，掌握了新建30吨轴重重载铁路建造关键技术，攻克了重载路基、桥梁加固、编组站扩能、跨江跨湖、长大隧道掘进等一系列重大科技难题，建成了浩吉铁路、瓦日铁路等多条重载铁路，既填补了世界重载铁路建设技术的多项空白，也构建了中国新的能源运输大通道。

在铁路桥梁隧道建设方面，不断刷新"最高、最长、最大、最难"的世界纪录。高桥隧比在中国铁路建设中已十分常见。例如，郑渝高铁襄万段全线新建桥梁91座、隧道57座，桥隧比超过98%。中国中铁坚持以原始创新为主，在铁路桥隧建设中攻克了大量世界性难题。连镇高铁五峰山长江大桥首次实现了铁路桥梁一跨过长江，也是世界上运行速度最快、运行荷载最大的公铁桥。深江铁路珠江口隧道水下最大埋深115米，是中国最深水下隧道。一大批铁路桥梁和隧道工程获得国际桥梁大会、国际隧道与地下空间协会颁布的行业最高奖项。

铁路建设带动相关产业发展作用显著。十年来，中国铁路固定资产投资累计超过7万亿元，对相关产业发展发挥了巨大的带动作用。

带动建筑材料优化升级。铁路建设不仅拉动了对钢材、水泥等基础建材的需求，更带动了基础建材产品结构的优化升级。中国中铁在铁路道岔研制中，进行了高锰钢的纯净化研究、含纳米原子团的高锰钢研发制造，大幅提高了锰钢性能；在拉林铁路藏木特大桥首次采用免涂装耐候钢，在雄安站大规模应用清水混凝土等，为这些新产品的发展提供了广阔平台。

带动施工装备迈向高端。施工装备现代化已成为铁路建设现代化的重要标志之一。中国中铁攻克了盾构主轴承、控制系统等核心技术，自主研制了各类型号的盾构机、架桥机、大吨位起重船、智能焊接机器人等高端装备。应用于大瑞铁路高黎贡山隧道的"彩云号"盾构机入选"央企十大国之重器"；杭甬高铁使用了世界最大吨位整孔预制箱梁架桥机"越海号"；还有世界首台桩梁一体智能造桥机"共工号"、国内首台建筑构件装配机器人"赤沙号"、国产首台高原高寒大直径硬岩掘进机"雪域先锋号"……中国装备制造正迈向产业链价值链的中高端。

带动绿色技术蓬勃发展。中国中铁在铁路建设中坚持以"生态优先、绿色发展"为导向，制定铁路工程绿色施工规范及评价标准，将绿色低碳生态理念融入工程规划设计施工全过程，大力推广绿色施工技术和节能低碳技术。比如在铁路站房建设中，大量采用光伏、地源热泵等技术。亚洲最大铁路站北京丰台站屋面采用了光伏发电系统、自然照明系统、自然通风系统，每年可节省用电量90多万度，减少碳排放900余吨。

三、努力建设现代化铁路网

2021年1月19日，习近平总书记在京张高铁太子城站考察时强调，中国自主创新的一个成功范例就是高铁，从无到有，从引进、消化、吸收再创新到自主创新，现在已经领跑世界；要总结经验，继续努力，争取在"十四五"期间有更大发展。中国中铁将深入实施创新驱动发展战略，围绕铁路建设一体化、绿色化、智能化的发展方向，为中国率先建成现代化铁路网贡献力量。

高质量建设一体化综合铁路网络。按照《新时代交通强国铁路先行规划纲要》，到2035年，中国将率先建成现代化铁路网。主要包括"三网一枢纽"，即现代高效的高速铁路网、覆盖广泛的普速铁路网、快捷融合的城际和市域铁路网、以铁路客站为中心的城市综合客运枢纽。中国中铁将紧紧围绕现代化铁路网建设需求，加强对前沿引领技术的攻关，奋力打造原创技术策源地和产业链"链长"。积极推动高质量铁路网络建设，助推京津冀、长三角、粤港澳大湾区、成渝地区双城经济圈建成四大国际性综合交通枢纽集群；积极打通区域协调发展的交通堵点，以都市圈的一体化铁路网络推动中心城市和城市群的一体化发展；积极畅通城乡铁路连接，助力乡村振兴，解决好人民群众出行"最后一公里"的问题。

高质量推进铁路建设绿色化发展。习近平总书记强调，要加快形成绿色低碳交通运输方式，加强绿色基础设施建设，推广新能源、智能化、数字化、轻量化交通装备，鼓励引导绿色出行，让交通更加环保、出行更加低碳。中国中铁将从节约能源资源、保护生态环境、推广绿色建造技术等方面推动铁路建设绿色化发展。在勘察设计阶段，进一步强化生态环保设计选线选址，依法落实生态保护和水土保持措施；在建设中，提升能源综合使用效能和清洁能源、可再生能源使用率，推广施工材料、废旧材料等回收循环利用，推进建设渣土、污泥、污水等资源化利用；建设完成后，严格实施生态环境修复、地质环境治理恢复和土地复垦，推进铁路沿线生态绿化，建设绿色铁路廊道。同时，加快绿色建造技术研究应用，积极开展低碳零碳负碳新材料、新技术、新装备的科技攻关，打造更多绿色可持续发展的铁路工程。

高质量推动铁路建造技术智能化升级。智能建造技术已在中国高铁建设中得到广泛应用。中国中铁将大力实施铁路建造技术"数智升级工程"，重点在建筑信息模型（BIM）技术推动设计施工协同、智慧工厂提高制造水平、智慧工地提升生产效率、智慧运维提升服务保障能力等领域下功夫，为现代化铁路建设提供科技支撑。大力发展"空天地"一体化铁路勘察设计技术，提升勘察设计的准确性、精密性、经济性。大力发展铁路施工数字化集成系统，实现施工过程可视化和现场管控智能化。利用智能建造技术的优势，打造铁路建设全寿命周期的质量管理体系，不断提升铁路建设质量。

（发表于2022年第20期《求是》）

奋力书写世界一流企业建设新篇章
——中国中铁贯彻落实"三个转变"重要指示的实践与启示

中国中铁股份有限公司党委

2014年5月10日，习近平总书记在中铁工程装备集团有限公司考察时，作出了"推动中国制造向中国创造转变、中国速度向中国质量转变、中国产品向中国品牌转变"的重要指示，为引领中国制造高质量发展和打造中国品牌指明了方向、明确了目标、坚定了信心。2017年4月24日，国务院批准将每年5月10日设立为"中国品牌日"。中国中铁始终牢记习近平总书记的殷殷嘱托，在做强做优做大中国品牌上下功夫、求实效，切实把"三个转变"重要指示转化为推动高质量发展、建设世界一流企业的生动实践。2021年，公司营业总收入首次突破万亿元大关，连续8年荣获中央企业业绩考核A级，连续16年进入世界500强，排名35位，实现了"十四五"开门红。

贯彻落实"三个转变"重要指示的实践

八年来，中国中铁始终把贯彻落实"三个转变"重要指示作为义不容辞的历史使命和时代责任，以科技创新为突破、以质量提升为根本、以品牌塑造为目标，以一流的中国建造、中国创造、中国智造打造一流的中国品牌。

着力在自主创新中做强中国品牌。自主创新是增强企业核心竞争力、实现企业高质量发展的必由之路。拥有自主知识产权和核心技术，才能生产具有核心竞争力的产品，才能在激烈的竞争中立于不败

▲图2-5　2022年6月30日，中铁工业参建的广东东莞滨海湾大桥通车

之地,才能打造出高质量、高价值的国家品牌。中国中铁紧紧围绕构建新发展格局,把自主创新作为落实"三个转变"重要指示的"一号工程",认真落实党中央和国务院国资委有关部署,深入推进"科改示范行动",积极与国家攻关计划对接,主动承担重大项目,努力打造原创技术策源地,攻克了盾构主轴承等"卡脖子"技术,为民族盾构装上了"中国芯",研制的国内最大直径硬岩掘进机"彩云号"入选"央企十大国之重器"。推动盾构机等高端装备实现了从无到有、从有到优、从优到强的历史性跨越,远销世界30多个国家和地区,产销量连续5年世界第一。进一步加大自主创新研发投入,联合产业上下游、产学研力量,围绕产业链部署创新链,围绕创新链布局产业链,在智能高铁、智能高速公路、智慧城市、装备制造等方面,加快突破一批前沿技术,加快锻造一批长板技术,加快新技术在国家重点工程建设中的实践运用,努力打造现代产业链"链长",不断推动中国智造品牌强起来。累计获得国家科学技术进步奖和发明奖134项,其中特等奖5项、一等奖16项。参建的京张高铁、拉林铁路、沪苏通长江公铁大桥、平潭跨海大桥、大柱山隧道等一大批重点工程创造了诸多世界第一。

着力在质量提升中做优中国品牌。高质量发展是"十四五"乃至更长时期中国经济社会发展的主题。从某种意义上讲,大国与强国的根本区别就在于质量。要促进中国产业迈向全球价值链中高端,必须全面提升质量水平,奠定坚实质量基础。对于企业而言,质量更是立身之本。中国中铁紧紧围绕高质量发展,把产品和服务质量提升作为落实"三个转变"重要指示的基本保证,把"质量立企、工匠精神"作为企业文化融入管理,使企业产品成为行业高质量发展的标志。大力推广应用数字技术和智慧建造,进行生产流程再造和管理变革,努力把每一项工程都建设成为国际一流建筑。累计荣获中国质量奖及提名奖5项,中国建设工程鲁班奖218项,国家优质工程奖480项。坚持把绿色发展作为提高质量的重要内容,加快全方位绿色转型,切实把党中央和国务院国资委关于碳达峰、碳中和的部署落到实处。深度参与"千年大计"雄安新区建设,高质量高标准推进京雄城际、雄安站、千年秀林等工程,打造推动高质量发展的全国样板。成立"三个转变"研究院,进一步加强理论研究和实践探索,先后有两项研究成果荣获中国企业改革发展优秀成果一等奖;两次参与国务院国资委"揭榜挂帅"重大课题研究;参与研究制定了两项涉及企业高质量发展的团体标准,积极为中国企业高质量发展作出贡献。

着力在国际合作中做大中国品牌。随着国家不断扩大高水平对外开放,特别是"一带一路"国际合作,为中国中铁推动优质产能和装备走向世界大舞台、国际大市场提供了大量机会,也为中国中铁把"中国品牌"推向世界提供了难得机遇。中国中铁紧紧围绕"一带一路"建设,把扩大国际合作作为落实"三个转变"重要指示的重要途径,坚持海外"双优"战略,发挥技术、人才、管理等方面的综合优势,开展中国技术与所在国适用标准的融合研究,推动中国标准"走出去"。建设科技创新基地,积极与国际机构、跨国公司实施联合开发,因地制宜为海外客户提供定制化服务,开创互利共赢的国际合作新模式,为90多个国家和地区提供优质产品和服务。近年来,努力克服境外疫情持续蔓延等困难,积极推动中老铁路、亚吉铁路、雅万高铁、匈塞铁路、安琶隧道、孟加拉国帕德玛大桥及铁路连接线等"一带一路"重点工程建设,倾心打造"中国高铁""中国大桥""中国隧道""中国装备"等系列"硬核"产品,推动国家品牌形象实现大幅提升,特别是中铁盾构装备为巴黎地铁项目、奥地利Kuehtai引水隧道项目、葡萄牙里斯本排水隧道项目、格鲁吉亚KK公路隧道项目等提供"中铁方案",标志着中国盾构进入全球顶级高端市场,得到各方一致好评,彰显了"中国力量",打响了"中国品牌"。

贯彻落实"三个转变"重要指示的启示

八年来,中国中铁在国务院国资委的正确领导下,矢志奋斗、勇毅前行,认真践行"三个转变"重要指示,特别是2020年以来,中国中铁与国资委连续3年共同举办相关活动,推动"三个转变"重要指示在国资央企落实落地,取得了大量成果,同时也积累了宝贵经验,收获了重要启示。

必须坚持创新理论武装,高举践行"三个转变"思想旗帜。思想是行动的先导。中国中铁始终坚持以习近平新时代中国特色社会主义思想武装头脑、指导实践、推动工作,高举"三个转变"思想旗帜,在学懂弄通做实中坚定实业报国信念。新征程上,必须坚定不移用"两个确立"凝心聚魂,进一步增强"四个意识"、坚定"四个自信"、做到"两个维护",在学思践悟中牢记初心使命,在知行合一中主动担当作为,使全体员工始终保持统一的思想、坚定的意志、强大的战斗力,切实把科学思想理论转化为推进企业高质量发展的强大力量。

必须服务国家重大战略,把准践行"三个转变"前进方向。作为拥有百年红色基因的中央企业,中国中铁始终听党话、跟党走,胸怀"国之大者",服务"国之大事"。从建设交通强国、制造强国、质量强国、品牌强国,到碳达峰碳中和、清洁能源、美丽中国、乡村振兴,中国中铁践行"三个转变"的每一步都紧随并服务于党和国家重大战略的发展方向。新征程上,必须进一步强化使命担当,进一步完善国内市场区域布局,积极推动企业战略和资源向中央重大决策部署集中，发挥超大规模和全产业链带动优势，在加快构建新发展格局中当好践行"三个转变"重要指示的开路先锋。

必须聚焦企业高质量发展，激发践行"三个转变"动力活力。"三个转变"归根结底是发展方式的转变，其出发点和落脚点都是推进企业高质量发展。中国中铁坚持把科技创新与赋能主业深入结合，在传统领域保持技术引领、在新兴领域实现技术突破；聚焦强基固本，坚持"一切工作到项目"的理念，开展项目管理效益提升三年行动，聚精会神抓管理，致力以基础管理水平提升带动质量提升，夯实支撑高质量发展的管理根基。新征程上，必须坚持创新驱动发展，做好前沿引领技术、产业高新技术、关键共性技术、实用新型技术"四个布局"，激发践行"三个转变"的强大动力。

必须全面深化国企改革，完善践行"三个转变"机制保障。改革是释放企业高质量发展动能的关键一招。中国中铁坚持"两个一以贯之"，不断完善中国特色现代国有企业制度，大力实施国企改革三年行动，有序推进混合所有制改革，为践行"三个转变"提供了强有力的体制机制保障。新征程上，必须深入贯彻落实习近平总书记关于国有企业改革的重要论述，瞄准"产品卓越、品牌卓著、创新领先、治理现代"的世界一流企业建设目标，加快推进企业治理体系和治理能力现代化，推动"三个转变"重要指示在国有企业落地生根、见到实效。

必须坚持精神文化引领，凝聚践行"三个转变"智慧力量。逢山开路、遇水架桥的"开路先锋"精神和文化是中国中铁的宝贵精神财富。"三个转变"重要指示赋予了"开路先锋"文化新的时代内涵，帮助中国中铁进一步统一思想、凝聚人心，并以重点工程建设为载体，不断刷新"最长、最高、最大、最快"纪录。在共建"一带一路"中，致力于把每个海外项目打造成文化交流、民心沟通的平台，积极展现、传播、维护中国品牌形象，为构建人类命运共同体添砖加瓦。新征程上，必须坚持用好优秀企业文化这一攻坚克难的制胜法宝，进一步汇聚践行"三个转变"的强大智慧和磅礴力量。

站在新的历史起点上，中国中铁将继续坚持以习近平新时代中国特色社会主义思想为指导，坚决扛起践行"三个转变"的使命担当，勇当建功新时代的"开路先锋"，奋力书写建设世界一流企业的新篇章。

（发表于2022年5月2日《学习时报》）

▲ 图2-6　高铁电气工业园俯瞰图

用好思政工作"传家宝" 推动企业高质量发展

中国铁路工程集团有限公司党委

中国铁路工程集团有限公司（以下简称"中国中铁"）是一家有着百年历史渊源的特大型建筑产业集团。早在1922年，党的一大代表王尽美就以中铁山桥工人的身份领导了京奉铁路工人大罢工，成为中国共产党领导早期工人运动的典范。百年来，中国中铁始终听党话、跟党走，在企业发展中始终发挥思想政治工作"传家宝"和"生命线"作用，积累形成了思政工作上桥头、进洞口、下工班、到宿舍、入人心的优良传统。党的十九届六中全会审议通过的《中共中央关于党的百年奋斗重大成就和历史经验的决议》（以下简称《决议》）为新时代进一步加强和改进思想政治工作提供了根本遵循和行动指南，更为中国中铁进一步深化思想政治工作的理论认识和工作实践提供了思想指导和具体路径。

坚持举旗帜，做习近平新时代中国特色社会主义思想的忠实践行者

《决议》确立了习近平同志党中央的核心、全党的核心地位，确立习近平新时代中国特色社会主义思想的指导地位，这是深刻总结党的百年奋斗、深刻总结党的十八大以来伟大实践得出的重大历史结论，对进一步加强新时代思想政治工作有着决定性意义。党的十八大以来，中国中铁党委不断增强"四个意识"、坚定"四个自信"、做到"两个维护"，把学习贯彻习近平新时代中国特色社会主义思想当作首要政治任务，扎实落实党委常委会、党委理论学习中心组学习"第一议题"机制。认真贯彻落实习近平总书记作出的"三个转变"的要求，加强理论学习和理论研究，撰写的10余篇理论文章先后在《人民日报》《经济日报》上刊发，努力打造中央企业学习贯彻习近平新时代中国特色社会主义思想的先锋阵地。

坚持聚民心，做持续深化党史学习教育的坚定推动者

《决议》全面回顾总结了党百年奋斗的重大成就、历史经验，党的百年奋斗史是最生动最有说服力的教科书。坚持用党的历史教育广大党员干部，切实解决"总开关"问题是思想政治工作的重要抓手。党史学习教育以来，中国中铁党委以"四史"和企业百年奋斗史为主要内容，制定了《新时代加强和改进企业思想政治工作的意见》，坚持分类指导，积极构建思想教育工作体系，努力实现全覆盖。党委领导班子率先垂范，深挖王尽美同志在中铁山桥领导革命的事迹，通过深入实地开展践学活动，集体向王尽美塑像敬献花篮、重温入党誓词，邀请王尽美亲属讲述王尽美同志的革命事迹，增强领导班子党性意识。利用井冈山、延安、北京等地的红色教育资源，举办多期领导干部理想信念培训班、党史学习教育专题培训班、中青年干部培训班、基层党组织书记培训班和"青马工程"培训班。邀请中央宣讲团成员开展3次覆盖全公司8万余人的专题宣讲报告会。坚持基层项目全覆盖，制定《加强和改进项目党建和现场思想政治工作的意见》，实现了思想政治教育纳入项目管理体系、纳入项目部领导班子业绩考核的"双纳入"；在一线创新开展了"理想信

▲图2-7 中铁五局项目部热烈庆祝党的二十大胜利召开

念情怀　爱党爱国爱企"主题教育。积极向境外项目延伸，制定《加强和改进海外党建思想政治工作的指导意见》，特别是针对境外党员学习难的问题，举办了境外党员回国集中轮训示范班。

坚持育新人，做新时期高素质专业化人才的积极培育者

《决议》指出，要源源不断培养造就爱国奉献、勇于创新的优秀人才。培养担当大任的时代新人，始终是思想政治工作的一项重要使命任务。党的十八大以来，中国中铁党委高度重视高素质专业化人才培养，大力弘扬劳模精神、劳动精神、工匠精神，坚持每年评选专家员工、金牌员工，每两年评选"十大专家型工人""十大新型农民工""十大杰出青年""十大杰出女性""十大优秀海外员工"等，每三年召开一次劳模表彰大会，先后推出了"全国知识型产业工人、共和国双百人物、最美奋斗者"窦铁成，"全国总工会副主席、全国农民工楷模、改革先锋、最美奋斗者"巨晓林，"全国最美职工、首届央企楷模"白芝勇，"全国劳动模范、全国优秀共产党员"王中美，"国际隧道协会主席、全国三八红旗手"严金秀等一大批全国重大先进典型，特别是2021年，中国中铁设立了企业最高荣誉"开路先锋"卓越人物奖项，并表彰了中华人民共和国成立以来为企业改革发展作出突出贡献的141名先进典型。"七一"期间，王中美、白芝勇参加了庆祝中国共产党成立100周年现场活动，王中美作为全国优秀共产党员的唯一央企代表，参加了中宣部"传递榜样力量　争取新的光荣"中外记者见面会。

坚持兴文化，做新时期赓续党的红色血脉的积极引领者

《决议》强调，没有高度文化自信、没有文化繁荣兴盛就没有中华

▲图2-8　中国中铁"开路先锋"文化展览馆暨"开路先锋"精神教育基地揭牌

民族伟大复兴。以文化人是思想政治工作的独特优势。党的十八大以来，中国中铁党委高度重视企业文化建设，不断深挖企业百年历史渊源的历史意义和时代价值。中国中铁党委以庆祝党的百年华诞为契机，大力弘扬伟大建党精神，认真总结百余年来听党话跟党走的文化积淀，传承老一辈革命家邓小平、贺龙同志授予中国中铁人"开路先锋"旗帜的精神内涵，提炼并发布了"开路先锋"企业文化理念体系，建成了"开路先锋"文化展览馆和精神教育基地。大力开展"开路先锋"企业文化宣贯工作，举办"永远的开路先锋——红色故事会"，生动讲述了11个不同历史时期的红色故事。推出《闪亮的"开路先锋"旗帜》纪录片，生动讲述中国中铁"开路先锋"的由来和传承"开路先锋"精神的生动故事。制作五集专题片《永远的开路先锋》，在央视国际频道黄金时段连续5天播出。同时，与时俱进修订《意识形态工作责任制实施规定》，加强对意识形态领域工作的领导和工作指导，不断巩固广大干部职工团结奋斗的共同思想基础。

坚持展形象，做党和国家伟大建设成就的积极传播者

《决议》指出，党高度重视传播手段建设和创新，推动媒体融合发展，提高新闻舆论传播力、引导力、影响力、公信力。党的十八大以来，中国中铁党委高度重视阵地建设和媒体融合发展，成立了融媒体中心，整合总部14个平台及所属企业51家企业新媒体平台，构建了集微信公众号、强国号、抖音、微博、头条号、官方网站、报纸、杂志、海外社交媒体等于一体的融媒体宣传集群矩阵。深刻把握党和国家发展大势、央企改革发展实际，总结策划了建党100周年、党史学习教育、牢记"国之大者"、高质量发展、科技创新、"开路先锋"文化、抗疫复工、脱贫攻坚、"一带一路"建设、重点项目"十大主题宣传"。对外宣传数量、中央媒体播发新闻数量和质量不断迈上新台阶，2021年对外报道超33万篇，其中中央媒体9000多篇。中央电视台播放的《敢教日月换新天》《奋斗百年路　启航新征程·今日中国》等专题节目，集中展示了中国中铁在推进国家重点工程建设历程中的突出成绩。创新开展"十百千道德讲堂"建设工程和形式多样的"开放日"活动，多家所属企业荣获全国文明单位，中国中铁装备郑州盾构总装车间入选全国爱国主义教育基地。

（发表于2022年第6期《思想政治工作研究》）

深入践行"三个转变" 建设世界一流企业

——国资委学习贯彻习近平总书记关于发展国有经济重要论述优秀理论研究成果

中国中铁党委理论学习中心组

2014年5月10日，习近平总书记在视察中铁工程装备集团有限公司时强调，要"推动中国制造向中国创造转变、中国速度向中国质量转变、中国产品向中国品牌转变"。八年来，在国资委的正确领导下，中国中铁认真践行"三个转变"重要指示，特别是2020年以来与国资委连续3年共同举办相关活动，推动"三个转变"重要指示在国资央企落实落好，取得一系列重大成果。2022年，习近平总书记在中央全面深化改革委员会第二十四次会议上提出，加快建设一批"产品卓越、品牌卓著、创新领先、治理现代"的世界一流企业。这16字标准与"三个转变"重要指示一脉相承、内涵深刻，为中国中铁实现高质量发展提供了根本遵循。

一、准确把握"三个转变"与建设世界一流企业的内在联系

"三个转变"重要指示与建设世界一流企业重要论述，是习近平总书记深刻洞悉世情国情和经济新常态的时代特征、把握经济社会发展基本规律作出的重大理论创新，为企业解决现实问题和结构性矛盾、实现做强做优做大、走好新征程提供了根本遵循和行动指南。

（一）"三个转变"与建设世界一流企业具有共同目标

企业是财富创造的基础，是促进经济发展的基石，世界一流企业是国家在世界经济体系中的话语权和世界产业链主导权的决定力量。习近平总书记"三个转变"重要指示与建设世界一流企业重要论述都是习近平经济思想的重要组成部分，都以实现企业的高质量发展为共同目标。目的就是要激发各类市场主体活力，充分发挥企业在全面建设社会主义现代化国家、实现第二个百年奋斗目标进程中的支撑作用，为实现中华民族伟大复兴的中国梦奠定更加坚实的基础。

（二）"三个转变"是建设世界一流企业的必由之路

全面建设社会主义现代化国家，必须有一批世界一流企业做支撑。世界一流企业要在运营效率、品牌建设、国际化程度和现代管理等方面处于领先地位。"三个转变"正是解决企业改革发展深层次矛盾问题的根本途径。推进"三个转变"，能够强化企业的创新主体地位，打造具有全球竞争力的中国产品和中国品牌。只有率先实现"三个转变"，才能在根本上实现"产品卓越、品牌卓著、创新领先、治理现代"。

（三）建设世界一流企业是"三个转变"的实践标准

建设世界一流企业的16字标准是衡量"三个转变"实践水平的标尺。产品卓越是世界一流企业的基础，也是"由中国速度向中国质量转变"的重要标志；品牌卓著是世界一流企业的重要体现，也是"由中国产品向中国品牌转变"的具体目标；创新领先是引领发展的第一动力，治理现代是企业实现创新发展的体制保障，二者是"由中国制造向中国创造转变"的重要支撑。建设世界一流企业为践行"三个转变"提出了鲜明的目标和标准体系。

二、切实把"三个转变"转化为建设世界一流企业的生动实践

作为"三个转变"重要指示的发源地，中国中铁始终牢记嘱托，切实把"三个转变"重要指示转化为建设世界一流企业的生动实践。2021年，公司营业收入首次突破万亿元大关，连续9年和5个任期荣获中央企业业绩考核A级，连续17年进入世界500强，排名34位。

（一）紧紧抓住自主创新这个关键，培育建设世界一流企业的新动能

自主创新是企业核心竞争力的源泉。作为全国首批创新型企业，中国中铁大力实施创新驱动发展战略，不断强化自主创新能力。**坚决打赢关键核心技术攻坚战**。全面系统掌握了高速铁路勘察设计施工及关键装备制造成套技术，铸就了高铁这个中国自主创新的成功范例。攻克了盾构主轴承、控制系统等"卡脖子"技术，为民族盾构装上了"中国芯"，研制的"彩云号"硬岩掘进机入选"央企十大国之重器"，自主研制的盾构机远销世界30多个国家，产销量连续5年世界第一。**努力打造原创技术"策源地"**。聚焦国家重大需求，在智能高铁、智能高速公路、智慧城市、高端装备制造等方面，加快突破一批前沿技术，加快锻造一批长板技术。累计获得国家科学技术进步奖和发明奖134项，其中特等奖5项、一等奖16项。全断面隧道掘进机、桥梁用钢结

构、道岔、电气化铁路接触网、架桥机等五项产品荣获制造业单项冠军。**充分发挥企业创新主体作用。**实施人才强企战略,构建"六支人才队伍建设+四大人才专项工程"的长效培养发展体系,自主培养一批顶尖科技人才,培养更多高素质创新团队。深入推进"科改示范行动",积极与国家攻关计划对接,联合产业上下游、产学研力量,加快技术突破、产品制造、产业发展的"一条龙"转化,提升创新整体效果。

(二)努力夯实提质增效这个基础,激发建设世界一流企业的新活力

质量是企业立身之本,管理是企业生存之基。中国中铁紧紧围绕高质量发展,开展提质增效行动,夯实企业发展基础。**以管理水平提升带动质量提升。**深入开展国企改革三年行动,以改革推动管理变革、质量提升。坚持"一切工作到项目",开展项目管理效益提升三年行动,聚精会神抓管理,建成京张高铁、拉林铁路、北京冬奥会场馆、沪苏通长江大桥、平潭跨海大桥等一大批精品工程。**全力提升中国建造品质。**坚持"中国建造、铁肩担当"企业使命,把质量立企、工匠精神作为文化融入管理,形成"匠心品质 精心建造"的质量理念,全面加强质量管理,努力把每一项工程都建设成为国际一流建筑。累计荣获中国质量奖及提名奖5项,中国建设工程鲁班奖218项,国家优质工程奖480项。**积极打造高质量发展样板。**高标准建成京雄城际、雄安站、千年秀林等雄安新区标志性工程,打造高质量发展的全国样板。成立"三个转变"研究院,先后有两项研究成果荣获中国企业改革发展优秀成果一等奖;连续2年主持国资委"揭榜挂帅"重大课题;作为主要起草单位,研究制定两项国家行业团体标准。在高质量发展中拿出了中国中铁方案、树立了中国中铁形象、贡献了中国中铁力量。

(三)不断强化品牌建设这个支撑,塑造建设世界一流企业的新优势

品牌是企业乃至国家竞争力的重要体现。中国中铁作为中国品牌日发源地,在服务国家重大战略和"一带一路"建设中探索形成了符合时代要求、体现国家形象、具有央企特色的品牌建设模式。**大力培育自主品牌。**制定品牌战略,将民族品格、优秀传统、品牌理念充分融入生产经营全过程,促进品牌建设与业务发展协同推进,以质量创品牌、以服务优品牌、以文化强品牌,打造了"中国高铁""中国大桥""中国隧道""中国装备"等系列国家名片。**打造享誉世界的中国品牌。**坚持海外"双优"战略,以中老铁路、亚吉铁路、雅万高铁、匈塞铁路等"一带一路"重点工程建设为契机,广泛开展国际合作,为基础设施互联互通提供"中国方案",打造全球建造的新典范、国家形象的新名片。**塑造"开路先锋"品牌形象。**坚持以企业文化提升品牌感召力,将汇聚企业百年红色基因、70多年精神传承和新时代责任担当的"开路先锋"文化与品牌建设结合起来,加强企业形象和品牌传播策划,讲好品牌故事,以文化自觉增强品牌意识,以文化自信塑造品牌形象,以文化自强提升品牌价值。

三、以"三个转变"推进世界一流企业建设的启示

在认真贯彻落实习近平总书记"三个转变"重要指示,加快建设世界一流企业的实践中,中国中铁积累了宝贵经验,收获了重要启示。

(一)必须坚持创新理论武装,高举践行"三个转变"思想旗帜

思想是行动的先导。中国中铁始终坚持以习近平新时代中国特色社会主义思想武装头脑、指导实践、推动工作,高举"三个转变"思想旗帜,在学懂弄通做实中坚定实业报国信念。新征程上,必须坚定不移用"两个确立"凝心聚魂,进一步增强"四个意识"、坚定"四个自信"、做到"两个维护",在学思践悟中牢记初心使命,在知行合一中主动担当作为,使全体员工始终保持统一的思想、坚定的意志、强大的战

▲图2-9 中铁工业参建的鄱阳湖二桥获中国建设工程鲁班奖

斗力，切实把科学思想理论转化为推进企业高质量发展的强大力量。

（二）必须服务国家重大战略，把准践行"三个转变"前进方向

作为拥有百年红色基因的中央企业，中国中铁始终听党话、跟党走，胸怀"国之大者"，服务"国之大事"。从建设交通强国、制造强国、质量强国、品牌强国，到碳达峰碳中和、清洁能源、美丽中国、乡村振兴，中国中铁践行"三个转变"的每一步都紧随并服务于党和国家重大战略的发展方向。新征程上，必须进一步强化使命担当，进一步完善国内市场区域布局，积极推动企业战略和资源向中央重大决策部署集中，发挥超大规模和全产业链带动优势，在加快构建新发展格局中当好践行"三个转变"重要指示的开路先锋。

（三）必须聚焦企业高质量发展，激发践行"三个转变"动力活力

"三个转变"归根结底是发展方式的转变，其出发点和落脚点都是推进企业高质量发展。中国中铁坚持把科技创新与赋能主业深入结合，在传统领域保持技术引领、在新兴领域实现技术突破；聚焦强基固本，致力以深化改革促进基础管理提升、以基础管理提升带动质量提升，夯实支撑高质量发展的管理根基。新征程上，必须坚持创新驱动发展，坚持"四个面向"，进一步强化国有企业的科技策源功能，激发践行"三个转变"的强大动力。

（四）必须全面深化国企改革，完善践行"三个转变"机制保障

改革是释放企业高质量发展动能的关键一招。中国中铁坚持"两个一以贯之"，不断完善中国特色现代国有企业制度，大力实施国企改革三年行动，有序推进混合所有制改革，为践行"三个转变"提供了强有力的体制机制保障。新征程上，必须坚持贯彻落实习近平总书记关于国有企业改革重要论述，瞄准"产品卓越、品牌卓著、创新领先、治理现代"的世界一流企业建设目标，加快推进企业治理体系和治理能力现代化，推动"三个转变"重要指示在国有企业落地生根、见到实效。

（五）必须坚持精神文化引领，凝聚践行"三个转变"智慧力量

逢山开路、遇水架桥的"开路先锋"精神和文化是中国中铁的宝贵精神财富。"三个转变"重要指示赋予了"开路先锋"文化新的时代内涵，帮助中国中铁进一步统一思想、凝聚人心，并以重点工程建设为载体，不断刷新"最长、最高、最大、最快"纪录。在共建"一带一路"中，致力于把每个海外项目打造成文化交流、民心沟通的平台，积极创造、传播、维护中国品牌形象，为构建人类命运共同体添砖加瓦。新征程上，必须坚持用好优秀企业文化这一攻坚克难的制胜法宝，进一步汇聚践行"三个转变"的强大智慧和磅礴力量。

四、奋力谱写加快建设世界一流企业的新篇章

加快建设世界一流企业是"两个维护"最直接、最具体、最生动的体现。中央企业作为中国共产党执政兴国的重要经济基础和物质基础，要进一步增强责任感使命感紧迫感，全力推进"三个转变"，认真落实"三个领军、三个领先、三个典范"具体要求，建设世界一流企业，在全面建成社会主义现代化强国中发挥国家队、主力军和排头兵作用。

（一）当好高水平自立自强的国家队

新征程上，中央企业要不断强化科技创新策源功能，强化国家战略科技力量。中国中铁将聚焦国家重大需求及关键技术开发、聚焦创新能力与体系平台建设、聚焦成果转化和知识产权建设，积极布局前沿引领技术、产业高新技术、关键共性技术、变革性技术创新和应用，以技术创新打造产品优势。强化体制机制创新，整合资源配置，提升引领行业技术发展能力。把握新一轮科技革命和产业变革带来的重大机遇，加快推进数字产业化、产业数字化，推进基础固链、技术补链、融合强链、优化塑链，为国家安全、产业基础和现代产业体系建设提供科技支撑。

（二）当好推动产业链现代化的主力军

新征程上，中央企业必须肩负起打造现代产业链"链长"的重任。中国中铁将加快传统产业的转型升级和价值再造，努力成为产业发展方向的引领者、产业基础能力提升的支撑者、产业协同合作的组织者，带动形成具有更强创新力、更高附加值、更安全可靠的产业链体系，打造更多的"拳头产品""看家技术"，不断提升产业链整体竞争能力。同时加快生态环保、新基建、清洁能源等新兴产业布局，积极开拓"第二曲线"，努力构建上中下游衔接、各类资源聚集、共商共建共享的发展格局。

（三）当好世界一流企业建设的排头兵

建设世界一流企业是中央企业的重大使命。中国中铁将按照16字标准，深入开展对标提升行动、创建示范行动、价值创造行动，加快补齐短板，巩固提升优势领域的领先地位，积极参与国际标准制定，增强在行业标准和管理标准制定上的国际话语权，累积放大品牌效应，更好融入全球供应链、产业链、价值链，努力打造一流的可持续发展能力、一流的产品生产能力、一流的品牌塑造能力、一流的科技创新能力、一流的现代治理能力、一流的国际化运营能力，为塑造中国国际合作和竞争新优势作出更大贡献。

新征程上，中国中铁将坚持以习近平新时代中国特色社会主义思想为指导，坚决扛起"三个转变"历史使命，当好建功新时代的"开路先锋"，奋力书写建设世界一流企业的新篇章。

（发表于2022年11月《企业管理》）

加快建设世界一流企业

中国铁路工程集团有限公司党委书记、董事长 陈云

在中央全面深化改革委员会第二十四次会议上，习近平总书记强调，"加快建设一批产品卓越、品牌卓著、创新领先、治理现代的世界一流企业，在全面建设社会主义现代化国家、实现第二个百年奋斗目标进程中实现更大发展、发挥更大作用"，为中国中铁在新征程上加快建设世界一流企业指明了前进方向、提供了根本遵循。

企业强则国家强，企业兴则国家兴。中国经济要实现高质量发展，需要培育一批世界一流企业。中国中铁在国务院国资委的指导下，切实肩负起央企使命，朝着建设世界一流企业目标坚实前行。

坚持党的领导，筑牢国有企业的"根"和"魂"。坚持党的领导、加强党的建设，是中国国有企业的光荣传统，是国有企业的"根"和"魂"，是中国国有企业的独特优势。坚持党对国有企业的领导是重大政治原则，必须一以贯之；建立现代企业制度是国有企业改革的方向，也必须一以贯之。中国中铁作为首家完成"党建进章程"的境内外上市央企，始终坚持把党的领导融入公司治理各环节，把企业党组织内嵌到公司治理结构之中，做到"四同步""四对接"，实现加强党的领导和完善公司治理的有机融合。认真贯彻国有企业改革三年行动工作要求，加强制度创新，抓住董事会"定编""落权""行权"三个关键，推动党的领导融入公司治理制度化、规范化、程序化，完善重大事项决策的权责清单并建立动态调整机制，积极构建权责法定、权责透明、协调运转、有效制衡的公司治理机制。既发挥党委"把方向、管大局、促落实"的领导作用，又充分发挥董事会"定战略、作决策、防风险"的决策作用和经理层"谋经营、抓落实、强管理"的执行作用，大力推进企业治理体系和管理能力现代化，全方位打造治理高效、充满活力、客户推崇的现代企业和可信、可爱、可敬的一流企业形象。

聚焦"产品卓越"，当好中国建造的国家队。产品卓越是世界一流企业的基础。习近平总书记强调，立足新发展阶段、贯彻新发展理念、构建新发展格局，推动高质量发展，是当前和今后一个时期全党全国必须抓紧抓好的工作。高质量发展是"十四五"乃至更长时期中国经济社会发展的主题。中国中铁始终坚持以"中国建造 铁肩担当"为企业使命，把质量作为立身之本，聚焦"高质量发展、建设世界一流企业"这一任务，坚持"发展优先、质量第一"这一原则，深入开展质量提升行动，提高质量标准，全面加强质量管理，努力把每一项工程都建设成为国际一流建筑和百年精品工程。大力弘扬工匠精神，以高质量高标准的基础设施建设推进京津冀协同发展、粤港澳大湾区建设、长三角一体化发展、雄安新区建设等国家重大战略落实，以数字技术和智慧施工不断提升中国建造品质，为中国建造增光添彩。同时，坚决担负起现代产业链"链长"的重任，加快数字化转型，加快生态环保等新兴产业链布局，加快传统建筑产业的转型升级和价值再造，发挥企业全产业链优势，带动形成具有更强创新力、更高附加值、更安全可靠的产业链体系，不断提升产业链整体竞争能力。

聚焦"品牌卓著"，打造中国建造的新名片。品牌是企业乃至国家竞争力的重要体现。品牌卓著体现了中国建设现代化经济体系、加快构建新发展格局的内在要求。习近平总书记在中铁工程装备集团有限公司考察时指出，"推动中国制造向中国创造转变、中国速度向中国质量转变、中国产品向中国品牌转变"。中国中铁始终牢记习近平总书记嘱托，加强品牌战略研究，将民族品格、优秀传统、品牌理念充分融入生产经营全过程，促进品牌建设与业务发展协同推进，大力培育发展知名自主品牌，打造了京张高铁、京雄城际铁路等世界智能高铁范例，自主研制的盾构机产销量连续5年位居世界第一。同时在扩大高水平开放中，积极参与"一带一路"重点工程建设，推动优质产能和装备走向世界大舞台、国际大市场，以质量创品牌，以服务优品牌，讲好品牌故事，塑造品牌形象，提升品牌价值，努力把"中国高铁""中国大桥""中国隧道""中国装备"打造成为享誉世界的国际知名品牌。以建设中老铁路、雅万高铁、匈塞铁路、亚吉铁路等"一带一路"重点工程为契机，积极推动中国标准"走出去"，打造全球建造的新典范、国家形象的新名片。

聚焦"创新领先"，当好中国创造的主力军。创新是引领发展的第一动力，是企业核心竞争力的源

泉。习近平总书记强调，企业是创新的主体，是推动创新创造的生力军。核心技术是国之重器。国有企业必须不断加强自主创新能力，努力成为核心技术能力突出、集成创新能力强的创新型领军企业。中国中铁作为全国首批创新型企业，大力实施创新驱动发展战略，强化自主创新，集中力量在解决"卡脖子"问题上实现突破，全面系统掌握了高速铁路勘察设计施工及关键装备制造成套技术，铸就了高铁这个中国自主创新的成功范例。积极打造原创技术"策源地"，聚焦国家重大需求，在智能高铁、智能高速公路、智慧城市、高端装备制造等方面，加快突破一批前沿技术，加快锻造一批长板技术。聚焦创新能力和体系平台建设，依托国家重大科研项目、重大工程和重点实验室，自主培养一批具有世界影响力的顶尖科技人才，培养更多高素质创新团队。聚焦成果转化和知识产权建设，加快技术突破、产品制造、产业发展的"一条龙"转化，打造更多大国重器。同时，牢牢把握新一轮科技革命和产业变革带来的重大机遇，坚持市场导向，加快推进数字产业化、产业数字化，推进基础固链、技术补链、融合强链、优化塑链，打造中国创造的新标杆。

新征程上，中国中铁将奋力拼搏、勇创一流，加快建设世界一流企业步伐，以更好质量、更高效益、更强竞争力、更大影响力的发展，为实现第二个百年奋斗目标、实现中华民族伟大复兴的中国梦作出更大贡献。

（发表于2022年4月29日《人民日报》）

▲图2-10 2022年12月5日，中铁四局参建的南宁至凭祥高铁南宁至崇左段（南崇铁路）开通运营

▲图2-11 中铁建工承建的华为苏州企业业务项目

争创优质品牌　勇当开路先锋

中国铁路工程集团有限公司党委书记、董事长　陈云

"推动中国制造向中国创造转变、中国速度向中国质量转变、中国产品向中国品牌转变"。近年来，中国中铁深入践行"三个转变"重要指示，全力打造"四色品牌"，加快建设世界一流企业。

全力打造"中国建造"金色品牌。建成京张高铁、拉林铁路、北京冬奥会配套设施等一大批品牌工程。累计荣获中国质量奖及提名奖5项，中国建设工程鲁班奖218项，国家优质工程奖480项，累计获得国家科学技术进步奖和发明奖134项。建设了雅万高铁、中老铁路、亚吉铁路等一批"一带一路"重点工程，自主研制的盾构机产销量连续5年世界第一。

全力打造"低碳环保"绿色品牌。将绿色发展理念融入工程的规划、设计、建设、运营全过程，建设绿色交通基础设施和绿色城市。围绕节能环保、清洁生产、清洁能源等领域布局一批科技攻关项目。加快构建绿色产业链供应链，打通生态价值与经济价值转化通道，在30多个省份投资建设运营了一批生态环境、水务环保、绿色资源项目。

全力打造"数字中铁"蓝色品牌。完成总部及二级企业近2000套系统分类贯通，实现"全业态、全级次、全范围"的信息共享。成立智能建造专业研发中心及7个分中心，在智慧工地、智慧工厂、智能制造等领域取得突破。推动产业的数字化迭代升级，融合"云计算、物联网、大数据"等技术，建立了保障城市生命线的可视化智慧防控平台。

全力打造"开路先锋"红色品牌。把"开路先锋"企业文化建设与品牌建设结合起来，"永远的开路先锋"宣传语亮相近万个工程项目，成为企业第二品牌标识。以企业文化提升品牌高度，多渠道讲好"开路先锋"故事，制作纪录片《开路先锋》在央视《国家记忆》节目播出，引发广泛关注。

（发表于2022年12月13日《人民日报》）

▲图2-12　中铁上海局参建的苏州市轨道交通2号线及延伸线工程获中国土木工程詹天佑奖

走上建设交通强国新征程

中国铁路工程集团有限公司党委书记、董事长 陈云

党的二十大报告对党和国家事业发展作出了全面部署，特别是关于推动新型工业化、加快建设交通强国等一系列重大部署，对于中国铁路工程集团有限公司（以下简称"中国中铁"）这样一个集勘察设计、施工安装、工业制造、房地产开发、资源利用、金融投资和其他新兴业务于一体的特大型企业集团来说，意义极为重大，影响极其深远。

中国中铁要认真学习贯彻党的二十大精神，深刻领悟"两个确立"的决定性意义，增强"四个意识"、坚定"四个自信"、做到"两个维护"，在加快建设交通强国的征程上实现更大发展，发挥更大作用。

更加注重产业布局优化。紧紧围绕交通强国战略总体布局，着力完善产业布局、均衡资产结构，有序退出非主业、非优势业务，做大做实高科技含量、高经济附加值业务，发展更多战略性新兴产业，不断增强"第二曲线"新动能。

更加注重改革创新。坚持向改革创新要活力、要动力。系统推进理念创新、技术创新、商业模式创新、管理创新，以质量变革、效率变革、动力变革推动企业实现高质量发展。聚焦"效益提升、价值创造"，深入开展管理提升行动和提质增效专项行动，提升企业发展整体质量和水平。坚持以"大商务"体系建设为切入点，着力完善经济运行、市场营销、生产管理等体系建设，全面提升价值创造力。

更加注重原创技术供给。紧紧围绕服务国家战略和行业发展需求，瞄准世界科技前沿，统筹运用战略思维、领跑思维、系统思维、底线思维，以提升价值创造力和核心竞争力为着力点，超前布局原创性引领性技术，努力打造一批原创技术策源地，推动中国制造向中国创造转变。优化创新生态，集聚创新要素，深化创新协同，促进成果转化，加强与全球高端科研机构和世界一流高校战略合作，开展跨界协同创新，强化关键核心技术联合攻关。

更加注重绿色低碳发展。绿色建造当先锋，"双碳"发展我先行。全面贯彻碳达峰碳中和工作要求，积极探索绿色低碳循环发展模式，促进企业生产与建造方式绿色转型，推进绿色建造，研发绿色技术，发展绿色产业，把生态环保理念贯穿规划、设计、建设、运营全过程，全力打造绿色交通基础设施和绿色城市建造样板，实现绿色低碳高质量发展。

更加注重"中国建造"品牌塑造。"中国建造 铁肩担当"是中国中铁的企业使命。深入推进品牌强企战略，以新时代品牌引领行动为主线，科学构建品牌架构体系，加强品牌保护，增值品牌资产，持续提高企业品牌管理运营能力，充分激发品牌创造价值，深度参与"一带一路"工程项目建设，通过优质产品和服务"走出去"带动企业品牌"走出去"，努力打造享誉全球的世界一流企业品牌。

更加注重人才队伍建设。人才是第一资源。深化尊重人才、发展人才、成就人才的价值导向，构建体现知识、技术等要素的收益分配机制，更加关注"薪酬"与"心酬"的平衡适配，不断完善基于服务人才发展的企业管理制度，做到文化留人、待遇留人和制度留人相结合。结合企业发展和岗位需求，进行更具针对性、系统性和实战性的课程设计和教育培训。科学优化人才结构和梯队，完善市场招才、伯乐荐才、机构猎才、以才引才等多元渠道，统筹推进人才队伍建设。大力推进干部队伍年轻化，持续做大支撑建设交通强国的人力资本积累。

（发表于2022年11月21日《科技日报》）

牢记殷殷嘱托　践行使命担当
奋力打造世界一流企业卓著品牌

中国铁路工程集团有限公司党委书记、董事长　陈云

中国铁路工程集团有限公司（以下简称"中国中铁"）作为习近平总书记关于"三个转变"重要指示的首倡地和"中国品牌日"的发源地，坚持以习近平新时代中国特色社会主义思想为指导，构建以专业优势塑品牌、质量信誉固品牌、科技创新强品牌、全链服务优品牌、杰出人物亮品牌、文化传播扬品牌为核心的"六位一体"品牌管理体系，持续在建设"产品卓越、品牌卓著、创新领先、治理现代"的世界一流企业新征程上踔厉奋发、勇毅前行。2021年，中国中铁在全球最具价值品牌500强中提升至第122位，在《财富》世界500强中提升至第35位，为中国品牌走向世界作出了积极贡献。

聚焦主责主业，以专业优势塑品牌。专业优势是市场认识企业最直接的途径和方式，是卓著品牌建设的重要依托。自1894年山海关造桥厂开办，中国中铁已经走过了128年的光辉历程，在中国民族工业、中国基础设施和中国社会主义现代化建设中发挥了重要作用，经历千难万险、跨越千山万水、历尽千辛万苦，在铁路、公路、城市轨道、跨江跨海大桥、穿山越洋隧道、机场、码头、水电站、市政等领域建设了一大批重点工程，为全面建成小康社会作出了重大贡献。以扎实的专业优势锻造了中国中铁作为基础设施建设领域国之重器的著名品牌，奠定了世界一流品牌建设的坚实基础。按照新阶段、新理念、新格局的总体要求，结合国家重大战略和企业转型升级的迫切需要，中国中铁将做强设计咨询、工程建造和装备制造三大核心，做优特色地产和资产经营两大重点，做专资源利用和金融物贸两大板块，做大水利水电、生态环保、装配式建筑等新兴业务，在中国迈向第二个百年奋斗目标的伟大征程上，努力塑造更加突出的专业优势，将中国中铁打造成全球建造新典范、国家形象新名片。

聚焦品质保障，以质量信誉固品牌。质量信誉是企业安身立命之本，是卓著品牌建设的基本底线。中国中铁作为一家"百年老店"，始终把质量强国、践诺守信作为心系国之大者的应有之义。中国中铁建设的新中国第一条铁路——成渝铁路，历经70年历史检验，仍在高质量运行；历经三代人接续奋斗，终于穿越"生命禁区"建成青藏铁路，兑现了半个世纪前向毛泽东同志许下的庄严承诺；无论在习近平总书记亲自推动的冬奥会、雄安新区等重大任务保障上，还是在川藏铁路等重大项目建设上，中国中铁始终用锲而不舍、精益求精的工匠精神担当奉献，在质量领域累计斩获国家最高奖——中国质量奖及提名奖5项，行业最高奖——中国建设工程鲁班奖218项，国家优质工程奖480项，以及乔治·理查德森奖、菲迪

▲图 2-13　北京2022冬奥会交通保障工程京张高铁官厅水库特大桥

克奖、古斯塔夫·林登少奖等多项国际权威奖项，有效提升了中国中铁的世界品牌地位。在中国高质量发展的时代主题背景下，中国中铁将把产品和服务的质量标准与"双碳"经济下的方式变革统一起来，与差异化、一体化、现代化的产业变革统一起来，以质立信、以信扬名，不断用中国质量和中国信誉提升中国品牌的强大底气和深厚内涵。

聚焦硬核实力，以科技创新强品牌。科技创新是企业永续发展的根本动力，是卓著品牌建设的核心要义。长期以来，中国中铁致力于打造原创技术"策源地"，始终坚持科技自立自强，依托3个国家实验室（研究中心）、18个国家认定技术中心和一系列重大项目，持续加强科研攻关，多项桥梁、隧道、房建、电气化等建造技术达到世界先进水平。盾构机、钢结构、高铁道岔等工业制造技术接连取得重大突破，荣获国家科技进步奖和发明奖127项、中国土木工程詹天佑奖167项，推动中国在工程建造和装备制造领域实现由跟跑到并跑、由并跑到领跑的重大历史性飞跃。在盾构产品研发制造中，成功攻克了主轴承、PLC、大排量泵等多项关键"卡脖子"部件，产品远销26个国家和地区，连续5年产销量世界第一，让中国中铁切实成为世界品牌。在世界政治、经济和产业格局加速演变之下，中国中铁积极贯彻"四个面向"科技创新观，持续在工程建造原创理论和原创技术上，在产业转型升级和发展方式变革上，在生态环保配套技术上，在大江大河大山、深水深坑深海、高速高原高寒等基础设施建设能力上聚力攻关、持续创新，矢志用技术硬核为企业品牌赋能。

聚焦市场需求，以全链服务优品牌。全产业链服务是企业高质量发展的重要优势，是卓著品牌建设的重要支撑。结合改革发展实际，中国中铁聚焦建筑工程、勘察设计、设备制造和地产开发四大核心主业，形成在相关多元战略下建链、延链，积极拓展金融投资、物资贸易、资源利用等上下游产业，快速形成建筑业"纵向一体化"的一揽子交钥匙服务能力。按照供给侧结构性改革的总体设计，中国中铁致力于在现有业务布局上补链、强链，在上游整合重庆交通、江西水利、长沙规划3家设计院，在下游整合企业内部投资和地产类企业，重组设立以国际业务为重心的中国海外、以水务环保为主业的中国铁工投资、以高速公路产业为核心的中铁交通，实现了向全产业链综合服务商的转变，拓展了中国中铁品牌内涵。在全面建设世界一流企业征程上，中国中铁将创新产业协同体制机制，降低内部交易和运行成本，推动要素和产业之间高效链接和内在联动，以更大的创新研发强度，联合产业上下游、产学研力量，围绕产业链部署创新链，围绕创新链布局产业链，不断在智能高铁、智能高速公路、智慧城市等方面，加快突破一批前沿技术，加快锻造一批长板技术，加快新技术在国家重点工程建设中的实践运用，努力打造现代产业链"链长"，持续以一流全产业链服务提升中国中铁品牌价值。

聚焦人才发展，以杰出人物亮品牌。杰出人物是卓越团队的"引擎"，是卓著品牌建设的根本保障。自1922年，党的一大代表王尽美将马克思主义思想带入中铁山海关桥梁厂以来，中国中铁就有了融入血脉、薪火相传的红色基因，引领一代又一代中国中铁人在推动中国基础设施建设和国民经济发展中砥砺拼搏、锐意创新。涌现出以孙永福、秦顺全、高宗余、王梦恕等21名院士、大师为代表的领军人才，以巨晓林、窦铁成、王杜娟、王中美、白芝勇等为代表的一大批"时代楷模"，以首位中国籍国际隧道协会主席严金秀为代表的世界级精英群体。这些杰出人物散发出的"光和热"势如燎原，点燃了无数中铁人心中的创业热情，他们让中国中铁品牌在世人面前更加鲜活生动。在加快推动企业转型升级的事业发展上，中国中铁将持续强化人才的全面发展和人力资本的积累运用，做大做强科技顶尖、行业领军、技能专家、青年科技人才队伍，以扎实有效的"三项制度"改革，为"高精尖缺"人才提供发展舞台、搭建成长平台，让杰出人物不断翻涌，成为中国中铁最具影响力和说服力的品牌代言。

聚焦精神传承，以文化传播扬品牌。文化传播是企业开拓市场、吸引客户、发展客户的重要方法，是卓著品牌建设的制胜关键。自1950年从贺龙同志手中接过"开路先锋"旗帜以来，中国中铁人始终听党话、跟党走，在国家重大工程建设中南征北战、顽强拼搏，用生命、鲜血和汗水铸就了成渝精神、抗美援朝"钢铁大动脉"精神、宝成精神、成昆精神、大瑶山精神、兰新精神、京九精神、南昆精神、风火山精神、青藏铁路建设精神、南极建设精神、抗震救灾精神、高铁建设精神等一座座精神丰碑，构筑起了中国中铁人的精神谱系。2019年，习近平总书记在视察京雄铁路时，用"开路先锋"形容中国中铁建设者的功绩，穿越70年的期寄与评价共同汇聚于"开路先锋"，既是一场历史巧合，也是企业长期坚守的使命追求，更是党和国家领导人对中国中铁的殷殷嘱托。面对跌宕起伏的国际市场形势，以及国内市场的需求变化，中国中铁将致力于把新时期"开路先锋"文化更紧密地融入品牌文化建设，不断续写新时代长征路上的"中铁故事"。

全球经济复苏需要中国经济的强大支撑，中国经济的高质量发展呼唤民族品牌的迅速崛起。中国中铁作为共和国长子、国之重器，将坚定不移贯彻落实"三个转变"重要指示和品牌强国战略，按照《中国中铁品牌建设"十四五"规划》部署，以只争朝夕的奋进姿态、咬定青山的发展韧劲，加快打造中国中铁卓著品牌步伐，为中华民族伟大复兴作出新的更大贡献。

（发表于2022年5月9日国务院国资委网站）

加快建设世界一流企业

中国铁路工程集团有限公司党委副书记、总经理　陈文健

党的二十大报告提出："完善中国特色现代企业制度,弘扬企业家精神,加快建设世界一流企业。"这是以习近平同志为核心的党中央聚焦新时代新征程中国共产党的使命任务,着眼于党和国家事业发展需要作出的重大战略决策。国有企业是中国特色社会主义的重要物质基础和政治基础,是中国共产党执政兴国的重要支柱和依靠力量。前进道路上,国有企业要全面落实党的二十大关于国有企业改革发展的重大部署,努力在加快建设世界一流企业上当先锋、走在前。

新时代十年,在以习近平同志为核心的党中央坚强领导下,在习近平新时代中国特色社会主义思想科学指引下,中国国有企业持续推进世界一流企业建设,为新时代党和国家事业取得历史性成就、发生历史性变革作出重要贡献。在稳经济方面,国有企业营业收入、利润总额持续增长,发挥了国家经济稳定发展的"顶梁柱""压舱石"作用。在科技创新方面,国有企业在建设创新型国家伟大实践中勇于担当作为,着力加强基础研究和原始创新,一些关键核心技术实现突破,推动战略性产业发展壮大。在保民生方面,国有企业勇担社会责任,承担了许多投资大、收益薄的基础设施建设和公共服务供给,开展了许多重大自然灾害、突发事件的抗击救援,实施了许多脱贫攻坚、改善民生的工程项目。

党的二十大报告提出："高质量发展是全面建设社会主义现代化国家的首要任务。"落实这个首要任务,国有企业义不容辞,必须在加快建设世界一流企业中更好推动高质量发展。近年来,中国国有企业发展质量大幅提升,企业自主创新能力、品牌影响力和国际化水平明显增强,一批企业综合实力达到全球同行业领先水平,建设世界一流企业具备了较好条件和基础。但从整体看,中国国有企业经营水平与世界先进企业的差距依然明显,创新能力不强、发展质量不高、盈利能力较弱、竞争力不足、产业结构陈旧等制约企业高质量发展的问题仍不同程度存在。从中国铁路工程集团有限公司(以下简称"中国中铁")的情况来看,虽然近几年中国中铁连续打出深化改革创新、加快发展的"组合拳",打造了许多长板和品牌,成为闪亮的"国家名片",但无论对标行业内优秀企业还是对标国际头部企业,中国中铁在项目管理、科技创新、国际化经营、盈利能力等方面仍然存在差距和不足。前进道路上,必须深入贯彻落实党的二十大精神,坚定决心信心,坚持问题导向,坚持系统观念,坚持稳中求进,坚持改革创新,对标对表"产品卓越、品牌卓著、创新领先、治理现代"的标准,加快建设世界一流企业。

坚持党对国有企业的全面领导。多年来,中国中铁之所以能够战胜各种艰难险阻、化解各种风险挑战,最根本的就是坚定不移听党话、跟党走,始终以党的旗帜为旗帜、以党的意志为意志、以党的方向为方向。前进道路上,中国中铁要学懂弄通做实习近平新时代中国特色社会主义思想,全面学习、全面把握、全面落实党的二十大精神,深刻领悟"两个确立"的决定性意义,始终在思想上政治上行动上同以习近平同志为核心的党中央保持高度一致,使坚持党的领导始终成为中国中铁最鲜明的政治品格和政治底色。

全力推动高质量发展。坚持以推动高质量发展为主题,深入贯彻落实习近平总书记关于"三个转变"的重要指示精神,持续提升企业品牌竞争力和影响力。深刻认识新时代新征程国有企业的战略定位,全力服务国家发展战略,努力创造更大价值,实现更高质量发展。完整、准确、全面贯彻新发展理念,深入推行大商务管理,完善提升全链条价值创造能力的机制,着力优化经营布局,不断提高经营能力,支撑企业高质量发展。

深入推进国企改革。坚持"两个一以贯之",全面落实在完善公司治理中加强党的领导的各项要求,进一步厘清党委、董事会、经理层之间的权责边界,推动中国特色现代企业制度更加成熟定型。做好加快建设世界一流企业顶层设计,科学制定实施路径和量化指标,明确时间表、任务书、路线图,围绕"突出实业、聚焦主业、做精一业"目标,从"进、退、整、合"方面推进专业化发展,着力增强企业活力、创造力、竞争力。

大力推进科技创新。教育、科技、人才是全面建设社会主义现代化国家的基础性、战略性支撑。要持续打好关键核心技术攻坚战,科

学评估好、总结好、展示好、应用好攻坚成果。聚焦国家重点基础设施建设和高端装备制造，对可能遭受"卡脖子"的技术、产业链关键卡点进行重点攻坚，不断提升企业硬实力。加强科技队伍建设，不断积累和提升企业核心人才竞争力。

系统做好风险防控。面对百年变局、世纪疫情、地缘政治冲突等复杂环境，国有企业在"走出去"的过程中要更好统筹发展和安全，强化系统观念和底线思维，把风险防控放在更加突出的位置，持续完善风险防控体系，增强抵御风险的能力和水平，努力实现企业高质量发展和高水平安全互促共进。

（发表于 2022 年 12 月 1 日《人民日报》）

▲图 2-14　2022 年 9 月 9 日，中铁工业参建的芜合高速改扩建工程牛屯河大桥主桥合龙

▲图 2-15　中铁四局参建的黑龙江宝清乡村振兴基础设施项目——翡翠湖矿坑公园

深入实施创新驱动发展战略 当好现代化建设开路先锋

中国铁路工程集团有限公司总经理　陈文健

2022年6月28日，习近平总书记在武汉考察时强调，必须完整、准确、全面贯彻新发展理念，深入实施创新驱动发展战略，把科技的命脉牢牢掌握在自己手中，在科技自立自强上取得更大进展，不断提升中国发展独立性、自主性、安全性，催生更多新技术新产业，开辟经济发展的新领域新赛道，形成国际竞争新优势。

党的十八大以来，习近平总书记以深邃的历史视野和强烈的时代担当，对创新发展提出一系列具有开创性意义的新思想新论断，为中国现代化建设提供根本遵循和行动指南。中国中铁作为全国首批创新型企业，认真贯彻习近平总书记关于创新发展的重要论述，大力实施创新驱动发展战略，以深化改革促进管理提升、以管理提升推动科技创新、以科技创新助力国家交通基础设施建设，坚决当好中国现代化建设的开路先锋。

以加强党的领导作为根本保证。 党的十八大以来，以习近平同志为核心的党中央把科技创新摆在国家发展全局的核心位置。习近平总书记强调，科技创新是核心，抓住了科技创新就抓住了牵动中国发展全局的牛鼻子。中国中铁党委坚持将习近平总书记关于科技创新工作的重要指示批示纳入"第一议题"学习，牢记习近平总书记考察所属中铁装备时作出的"三个转变"重要指示，不断攻关核心领域，大力推进科技自立自强，打造自主品牌、民族品牌。坚持把创新发展作为"一把手"工程，主要领导亲自挂帅，构建"领导小组+专家委员会"科技创新组织体系，以党的全面领导推进创新驱动引领高质量发展。坚持把创新发展纳入企业中长期发展规划，每五年召开一次科技大会，系统部署科技创新工作，围绕服务党和国家战略，强化顶层设计，加快重大专项任务实施。坚持党管干部、党管人才，构建"六支人才队伍建设+四大人才专项工程"的人才长效培养发展体系，发挥院士、大师等高端科技人才作用，依托国家重大科研项目、重大工程和重点实验室，自主培养了一批具有行业影响力的顶尖科技人才和高素质创新团队。坚持强化基层党组织的政治领导力、思想引领力、职工组织力，切实把党员组织起来，把人才凝聚起来，把职工动员起来，把活力激发出来。坚持把贯彻落实上级重要创新工作部署纳入政治巡视巡察，纳入党建责任制考核，加强监督保障，确保创新驱动发展战略全面落地落实。

以改革管理机制激发内在活力。 习近平总书记指出，如果把科技创新比作中国发展的新引擎，那么改革就是点燃这个新引擎必不可少的

▲图2-16　中铁大桥局承建的延庆至崇礼高速公路河北段

点火系。中国中铁要采取更加有效的措施完善点火系，把创新驱动的新引擎全速发动起来。近年来，中国中铁深入开展创新体系深层次变革行动，建立以各级企业为主体、市场为导向的"三级四层"创新体系，坚持"四个面向"，在系统布局、系统组织、系统集成上下功夫，围绕交通强国、制造强国、质量强国、绿色发展等经济社会发展重大需求，不断加大投入，整合优化科技创新资源，培育发展新动能，打造发展新优势。深入推进科改示范企业建设，实施"揭榜挂帅"机制和岗位分工，全方位激励科研人员创新创造；围绕产业链部署创新链、围绕创新链布局产业链，引导设计、施工、工业制造、科研板块开展更加紧密的协同创新；将创新成果转化为生产力作为衡量创新价值的重要标准，积极打造现代产业链"链长"，努力成为产业发展方向的引领者。所属两家"科改示范企业"分获国资委"标杆"和"优秀"评级。深入开展项目管理效益提升三年行动，依托重点项目建设，围绕解决施工难题、提质增效、保安创优等方面，加强技术攻关，形成一批可操作、可复制、可推广的实用技术成果，以创新筑牢企业高质量发展基础。

以强化自主创新赢得发展主动。习近平总书记强调，企业是创新的主体，是推动创新创造的生力军。自主创新是企业核心竞争力的源泉。近年来，中国中铁聚焦攻坚关键核心技术，着力解决工程建造、工业制造等方面的"卡脖子"难题，全面系统掌握了高速铁路勘察设计施工及关键装备制造成套技术，铸就了高铁这个中国自主创新的成功范例。攻克了盾构主轴承、大排量液压泵、密封系统、控制系统等核心技术，不断提高国产化替代率。自主研制的盾构机远销30多个国家，产销量连续5年世界第一。聚焦打造原创技术"策源地"，在智能高铁、智能高速公路、智慧城市、长大桥梁、地下空间、高端装备制造等方面，加快突破一批前沿技术，加快锻造一批长板技术。累计获得国家科学技术进步奖和发明奖134项，其中特等奖5项、一等奖16项。全断面隧道掘进机、桥梁用钢结构、道岔、电气化铁路接触网、架桥机等五项产品荣获制造业单项冠军。聚焦数字化智能化发展，统筹推进"信息贯通工程""数智升级工程"，重点在BIM技术推动设计施工协同、智慧工厂提高制造水平、智慧工地提升生产效率、智慧运维提升服务保障能力等领域下功夫，推动互联网、大数据、人工智能同产业深度融合，重塑企业价值链，升级产品模式和服务能力，为现代化交通建设提供科技支撑。

以开放创新生态助力互联互通。习近平总书记强调，要以全球视野谋划和推动科技创新，积极主动融入全球科技创新网络。近年来，中国中铁积极推动联合创新，聚焦市场和产业发展需求，开展政、产、学、研、用一体化合作创新，打通从基础研究、技术研发到产品研制、产业应用的全链创新，推动产业链与创新链深度融合。积极推动科技创新与标准化互动发展，积极参与国家和行业标准制定，努力构建上中下游衔接、各类资源聚集、共商共建共享的创新格局。积极推动中国标准国际化，坚持海外"双优"战略，不断完善面向全球的生产服务和技术创新网络，以中老铁路、亚吉铁路、雅万高铁、匈塞铁路、安琶隧道、孟加拉国帕德玛大桥及铁路连接线等"一带一路"重点工程建设为载体，广泛开展中国技术与所在国适用标准的融合研究，推进中国铁路、中国高铁、中国桥梁、中国隧道、中国装备等技术标准国际化，擦亮了中国品牌，为全球互联互通提供中国方案，为全球科技治理贡献中国智慧。

（发表于2022年8月12日《科技日报》）

CHAPTER 3
2022年大事记

CHINA RAILWAY ENGINEERING CORPORATION YEARBOOK

1月

1月4日，习近平总书记到中铁华铁设计的北京冬奥会重点工程二七厂冰雪项目训练基地考察调研。

1月5日，高速铁路建造技术国家工程研究中心召开第十三次理事会暨第二届技术委员会第三次会议。中国中铁党委书记、董事长陈云当选新一届理事长。

1月8日，杭台高铁开通运营。该项目是中国首条民营资本控股高铁，中铁一局、中铁三局、中铁四局、中铁大桥局、中铁隧道局、中铁电气化局参与施工建设。

1月10日，由中铁二院勘察设计，中铁二局、中铁五局、中铁八局、中铁九局、中铁十局、中铁隧道局、中铁北京局、中铁武汉电气化局等单位参建的成昆铁路扩能改造工程（成昆铁路复线）冕宁至米易段正式开通运营。

1月10日，由中铁一局、中铁三局等单位参建的新疆阿克苏至阿拉尔铁路正式开通运营。

1月11日，中国中铁党委书记、董事长陈云，总裁、党委副书记陈文健与河北保定市委书记党晓龙、市长闫继红举行会谈。

1月12日，中国中铁股份有限公司召开2021年第一次H股类别股东会。股份公司党委书记、董事长陈云，总裁、党委副书记陈文健，党委副书记、工会主席、执行董事王士奇，非执行董事文利民，独立非执行董事张诚、修龙；监事会主席贾惠平，监事苑宝印、李晓声、王新华、万明；董事会秘书何文、联席公司秘书谭振忠等出席会议。会议由公司董事会秘书何文主持。出席H股类别股东会的H股股东和股东授权委托人代表共4人，合计持有1547712737股H股股份，占公司已发行H股本总额的36.79%。

1月12日，中国中铁党委召开党史学习教育总结会议，对党史学习教育的成效和经验进行认真总结，对不断巩固拓展党史学习教育成果进行安排部署。

1月17日，经中国中铁股份有限公司第五届董事会第十三次会议研究，通过《关于向公司2021年限制性股票激励计划激励对象首次授予限制性股票的议案》。

1月18日，由中铁工业旗下中铁科工联合保利长大研发的世界首台桩梁一体造桥机"共工号"下线。设备整机长92米，自重575吨，破解了线下施工必须依赖施工便道或栈桥的局面，推动了世界桥梁建造工艺迎来重大变革。

1月18日，中国中铁党委召开2022年党的建设工作会议暨党委四届六次全委（扩大）会议，总结2021年公司党委工作，分析企业面临的形势，部署2022年党的建设工作。

1月18日，中国中铁党委召开2021年度党委书记抓基层党建工作述职评议会议。

1月19日，中国中铁召开2022年工作会议暨三届三次职工代表大会，深入学习党的十九届六中全会精神和中央经济工作会议精神，贯彻落实中央企业负责人会议要求，全面总结2021年企业改革发展党建各项工作，对2022年和"十四五"期间重点工作进行安排部署。

1月19日，《中国中铁"十四五"发展规划》正式发布。

1月20日，中国中铁与中国出口信用保险公司签署战略合作协议。

1月22日，中国中铁总裁、党委副书记陈文健带队前往中铁建工

▲图3-2 2022年1月8日，中国首条民营资本控股高铁——杭台高铁开通运营

▲图3-1 二七厂冰雪训练基地速滑馆

集团北京城市副中心图书馆项目开展安全检查，并看望慰问春节前夕坚守岗位、奋战一线的项目建设者。

1月24日，印发《中国中铁大商务管理体系建设指导意见》《中国中铁项目管理效益提升三年行动方案》，全面开展大商务管理和项目管理效益提升工作。

1月25日，中国中铁党委书记、董事长陈云带队前往中铁投资国道109高速公路项目开展安全检查，并看望慰问春节前夕依然坚守岗位、奋战一线的建设者。

1月26日，国际权威品牌价值评估机构Brand Finance在英国伦敦发布《2022年全球品牌价值500强》榜单，中国中铁位列第107，较2021年的第122位提升15位。

1月27日，根据国务院国资委《关于印发国有企业公司治理示范企业名单的通知》（国资厅发改革〔2022〕3号），中国中铁股份有限公司入选国有企业公司治理示范企业名单。

1月27日，中国中铁党委书记、董事长陈云，总裁、党委副书记陈文健，党委副书记、工会主席、执行董事王士奇以视频连线方式，看望慰问北京2022年冬奥会和冬残奥会期间坚守岗位、奋战一线的项目建设者。

1月，中国中铁承建的15项工程获第十九届中国土木工程詹天佑奖。

2月

2月1日，由中铁九局、中铁电气化局与匈牙利企业组成联合体承建的匈塞铁路（匈牙利段）进入实体建设阶段。

2月15日，启动非独立上市二级企业党委办公室、董事会办公室和行政办公室"三办合一"大部制改革。

2月17日，中国中铁党委书记、董事长陈云在总部与新疆维吾尔自治区国资委党委书记、副主任王刚举行会谈。

▲图3-3 中国中铁承建的尼雷尔领导力学院举行竣工启用仪式

2月18日至19日，中国中铁总裁、党委副书记陈文健在山西开展系列商务活动。18日，陈文健与山西省委副书记、省长蓝佛安在太原举行会谈。19日，与山西省委常委、太原市委书记韦韬举行会谈。

2月18日，中国中铁党委召开2022年党风廉政建设和反腐败工作会议暨警示教育大会。

2月20日至22日，中国中铁总裁、党委副书记陈文健带队与中国国家铁路集团有限公司调研组一道深入高原铁路施工现场开展全线检查调研。

2月21日，杭州地铁10号一期首段开通运营。中铁一局、中铁二局、中铁三局、中铁上海局参与施工建设。

2月23日，中国中铁承建的尼雷尔领导力学院举行竣工启用仪式。习近平总书记致贺信。中共中央对外联络部部长宋涛作为中国共产党代表宣读了习近平总书记的贺信。

2月23日至24日，中国中铁党委书记、董事长陈云在云南开展系列商务活动。23日，陈云与云南省委书记王宁、省长王予波在昆明举行会谈。24日，与云南省委常委、昆明市委书记刘洪建，市委副书记、市长刘佳晨在昆明举行会谈。

2月23日，按照公司2021年限制性股票激励计划，完成697名激励对象17072.44万股A股限制性股票首次授予登记。

2月24日，中国中铁总裁、党委副书记陈文健到中铁工业参加指导党史学习教育专题民主生活会，并开展工作调研。

2月28日，中国中铁党委书记、董事长陈云，总裁、党委副书记陈文健与贵州省委书记、省人大常委会主任谌贻琴在贵阳举行会谈。

3月

3月1日，中国中铁总裁、党委副书记陈文健与贵州省委常委、贵阳市委书记、贵安新区党工委书记胡忠雄在贵阳举行会谈。

3月3日，中国中铁党委书记、董事长陈云与中保投资有限责任公司总裁贾飙在总部举行会谈。

3月4日，中国中铁党委书记、董事长陈云到总部数字化管控中心，对公司信息化建设工作进行调研。

3月7日，中国中铁党委书记、董事长陈云与新疆维吾尔自治区阿勒泰地委书记张岩在总部举行会谈。

3月8日，中国铁工投资和中铁五局联合体中标南阳市卧龙区中心城区环境综合提升项目（一期），中标总金额116亿元人民币。

3月10日，中国中铁党委书记、董事长陈云与云南省省长王予波在总部举行会谈。

3月10日，中国中铁召开"黄河项目"专项工作启动会，标志着黄河项目的正式开展。为争取实现盘活存量基础设施资产，促进形成投资良性循环拉开了序幕。

3月12日，中国中铁总裁、党委副书记陈文健与湖北省副省长、宜昌市委书记王立，市委副书记、市长马泽江在总部举行会谈。

3月17日至4月15日，公司党委3个常设巡视组以"一托二"或"一托三"的方式，对中铁长江设计、中铁水利设计、中铁信科3家二级企业党委和中铁东部指挥部、新疆指挥部、西部指挥部、川藏指挥部4家直属指挥部党工委进行了常规巡视。

3月18日，由中国中铁投资建设运营的四川省首条新建双向八车道高速公路——天府国际机场高速公路试运营，正式进入运营收费期。

3月18日，中铁工业旗下中铁装备为滇中引水项目量身定制的大型敞开式掘进设备"弘毅号"TBM在云南昆明下线。

3月19日，中国中铁党委书记、董事长陈云，总裁、党委副书记陈文健分别到中铁上海局北京地铁12号线06标项目和中铁建工中国电科科技创新园项目检查疫情防控和安全生产工作。

3月22日，发布中国中铁首个独立的品牌规划《中国中铁品牌建设"十四五"规划》。

3月24日，中国中铁党委书记、董事长陈云与国家电投党组书记、董事长钱智民举行会谈，就进一步推动战略合作进行深入交流，并达成广泛共识。

3月24日，哥斯达黎加总统阿尔瓦拉多一行出席由中铁四局参建的中国援助哥斯达黎加城市供水项目交接仪式。

3月24日，中铁大桥局、中铁七局承建的坦桑蓝跨海大桥通车典礼。

3月24日，中国中铁召开传达学习习近平总书记重要指示部署安全隐患大排查大整治工作会议。

3月24日，中国中铁召开深化改革三年行动工作推进视频会议，对照国企改革三年行动重点任务，总结2021年改革工作，部署2022年重点工作，动员全公司干部职工凝心聚力、决战决胜，在真改革、动真格、出实招、得实效中推动企业高质量发展，加快建设世界一流综合建筑产业集团。

3月25日，国家安全生产应急救援中心调动国家隧道应急救援中铁二局昆明队，参与"3·21"5735飞行事故救援。主要任务为对紧邻核心区的三面山体开展监测，预警山体变形。28日下午，应急管理部宋元明副部长检查指导边坡雷达监测点，慰问隧道昆明队等现场监测人员。

3月28日，中国中铁党委书记、董事长陈云与国药集团党委书记、董事长刘敬桢在总部举行会谈。会后，中国中铁与国药集团签署战略合作框架协议。

3月29日，中铁工业旗下中铁宝桥、中铁科工参建的世界首条磁浮旅游专线——湖南凤凰磁浮线顺利通过竣工验收。

3月30日，中铁五局、中铁八局、中铁武汉电气化局、中铁建工等单位参建的贵阳环线铁路全线通车。

3月31日，中国中铁股份有限公司获"新财富最佳IR港股公司"和"新财富最佳ESG信披奖"。

3月31日，中国中铁与山东省人民政府签署战略合作协议。

3月，中铁大桥局桥梁博物馆获评中国科学技术协会评选的"全国科普教育基地"。

3月，中国中铁积极响应国资委号召，成立前线指挥部，组织中铁北方、中铁一局、中铁二局、中铁三局、中铁四局、中铁五局、中铁六局、中铁七局、中铁九局、中铁十局、中铁隧道局、中铁电气化局、中铁建工、中铁北京局、中铁上海局、中铁工业、中铁物贸、中铁设计、中铁置业等单位共计9097人参与吉林长春方舱医院建设。

4月

4月1日，杭州地铁7号线后通段（吴山广场站—市民中心站）开通试运营。中铁一局、中铁二局、中铁三局、中铁四局、中铁六局、中铁七局、中铁八局、中铁十局、中铁隧道局、中铁上海局、中铁电气化局、中铁武汉电气化局参与施工建设。

4月2日，印发《中国中铁区域总部和投资公司深化改革方案》，按照"四并一增两调整"的思路改革区域总部，组建新的中国中铁北方区域总部、东部区域总部、华南区域总部、西北区域总部、西南区域总部、海南区域总部、雄安区域总部，改革后区域总部组织机构、人员编制、管理关系与投资公司全面脱钩、独立运行。按照"五并一转型"的思路改革投资公司，合并中铁北方和中铁投资，重组新的中铁投资；合并中铁发展和中铁上投，重组新的中铁上投；合并中铁站城和中铁开投，重组新的中铁开投；合并中铁文旅和中铁置业，重组新的中铁置业；中铁世德并入中铁一

▲图3-4 中铁五局参建的贵阳市域环城快铁开通运营

局；中铁广投转型为专业总承包管理公司。

4月6日，中国中铁股份有限公司荣获董事会杂志"优秀董事会奖"。

4月6日，中国中铁与北京大学光华管理学院签署战略合作协议。

4月8日，中国中铁召开2022年经营工作（视频）会议。会议以习近平新时代中国特色社会主义思想为指导，总结回顾公司2021年开展的经营工作，研判市场形势，细化部署2022年和今后一个时期经营措施，动员全公司上下强化担当、抢抓机遇、奋迎挑战、积极作为，推动经营工作高质量发展再上新台阶。

4月11日，中国中铁党委书记、董事长陈云与新疆维吾尔自治区党委副书记、自治区政府主席艾尔肯·吐尼亚孜在乌鲁木齐举行会谈。

4月13日，中铁四局二公司团委荣获"全国五四红旗团委"称号，中铁四局二公司玉磨铁路二分部团支部荣获"全国五四红旗团支部"称号，中铁隧道局郭璐荣获"全国优秀共青团干部"称号。

4月15日，中国中铁与中国建筑科学研究院有限公司在总部签署战略合作协议。

4月15日，成立中国中铁产教融合联盟。

4月16日，由中国中铁"三个转变"研究院参与起草的《企业ESG披露指南》团体标准正式发布。

4月19日，中国中铁党委书记、董事长陈云与兵器工业集团党组书记、董事长焦开河，总经理、党组副书记刘大山举行会谈。

4月19日，中国中铁融媒体中心揭牌仪式在总部"开路先锋"文化展览馆举行。

4月19日，中国中铁党委召开专题党代会，选举产生了中国中铁党的二十大代表候选人和出席中央企业系统（在京）党代表会议代表候选人提名人选名单。

4月20日，中国中铁总裁、党委副书记陈文健与北京城市副中心投资建设集团党委书记、董事长李长利，总经理陈卫东举行会谈。

4月21日，中国中铁党委书记、董事长陈云，总裁、党委副书记陈文健与中信集团党委书记、董事长朱鹤新，总经理奚国华举行会谈。会后，中国中铁与中信集团签署战略合作协议。

4月22日，中国中铁总部组织开展中国中铁大商务管理暨项目管理效益提升三年行动培训。

4月22日，中国中铁与中国人民保险集团股份有限公司签署战略合作协议。

4月22日，中国中铁参与设计施工的黄冈至黄梅高速铁路开通运营。

4月25日，由中铁二院勘察设计，中铁五局等单位承建的成兰铁路跃龙门隧道全线贯通。

4月26日，中国中铁党委书记、董事长陈云与北京交通大学党委书记黄泰岩、校长王稼琼举行会谈。

4月29日，《人民日报》发表中国中铁党委书记、董事长陈云署名文章《加快建设世界一流企业》，介绍中国中铁深入贯彻落实习近平总书记重要讲话和重要指示批示精神，加快建设世界一流企业的做法。

4月29日，福州轨道交通5号线开通运营，构建了福州中心城区"十字+环"的骨架网络，中铁二局、中铁三局、中铁四局、中铁五局、中铁上海局、中铁隧道局、中铁电气化局参与施工建设。

4月30日，中国中铁作为国资委首批试点单位，完成境外安全应急指挥中心平台建设，实现信息查询、风险提示、一键呼救、突发事件在线处置等功能。

4月30日，中央宣传部、全国总工会向全社会公开发布2022年"最美职工"先进事迹，中铁建工集团北京2022年冬奥会奥运村及场馆群工程项目经理部荣获2022年"最美职工"，成为本年度唯一获得该称号的团队。

4月，由中铁二院勘察设计，中铁广州工程局承建，中铁工业、中铁科研院参建的拉林铁路藏木雅鲁

▲图3-5　黄黄高铁蕲春南站

藏布江大桥荣获2022年国际桥梁大会（IBC）西奥多·库珀（铁路桥）奖。

4月，中铁一局、中铁二局、中铁四局、中铁建工、中铁上海局、中铁广州局6家单位派出参建人员6652人，紧急驰援上海市抗疫用房建设，完成建设床位4万余张。

5月

5月1日，由中铁一局、中铁二局、中铁武汉电气化局参与施工建设的广州市轨道交通7号线一期工程西延顺德段顺利开通试运营，该线路是广州地铁运营的首条连接佛山市顺德区、广州市番禺区的地铁线，是大湾区第二条实现广州与佛山零换乘的地铁线。

5月2日，《学习时报》发表中国中铁党委署名文章《奋力书写世界一流企业建设新篇章》，详细介绍了中国中铁贯彻落实习近平总书记"三个转变"重要指示的实践与启示。

5月4日，中国中铁总裁、党委副书记陈文健与河北省委常委、省政府副省长，雄安新区党工委书记、管委会主任张国华，雄安新区党工委副书记、管委会常务副主任，中国雄安集团党委书记、董事长田金昌举行会谈。

5月5日，中国中铁与唐山市人民政府签署战略合作协议。

5月9日，中国中铁首届"开路先锋"文化节开幕，新版"开路先锋"旗帜正式启用。

5月9日，国务院国资委网站"央企一把手谈品牌"专栏发表中国中铁党委书记、董事长陈云署名文章《牢记殷殷嘱托 践行使命担当 奋力打造世界一流企业卓著品牌》，介绍了中国中铁深入贯彻落实习近平总书记"三个转变"重要指示，着力构建"六位一体"品牌管理体系，加快建设世界一流企业的做法。

5月10日，中国智造品牌论坛暨中央企业装备制造创新成就云展览在总部举行，国务院国资委党委委员、副主任谭作钧出席论坛并讲话。

5月12日，中国中铁股份有限公司获福布斯"全球企业2000强第258位"。

5月13日，在中克建交30周年之际，国家主席习近平同克罗地亚总统米拉诺维奇互致贺电，国务院总理李克强同克罗地亚总理普连科维奇互致贺电。贺电指出，佩列沙茨大桥等互利共赢项目，树立了中克、中欧合作的典范。克罗地亚佩列沙茨大桥项目全长3.94千米，其中桥长2440米，主桥为六塔中央单索面钢箱梁矮塔斜拉桥，中铁宝桥承制81个梁段，1.8万吨钢结构生产任务，该项目已步入收官阶段。

5月15日，中铁一局梁西军家庭荣获第十三届"全国五好家庭"称号，中铁六院赵明家庭荣获2022年"全国最美家庭"称号。

5月18日，中国中铁总裁、党委副书记陈文健应邀参加中国贸促会建会70周年大会暨全球贸易投资促进峰会。

5月20日，国资委党委召开会议，学习贯彻习近平总书记在庆祝中国共产主义青年团成立100周年大会上的重要讲话精神，贯彻落实习近平总书记给航天科技集团空间站建造青年团队重要回信精神，部署实施中央企业青年精神素养提升工程。中国中铁党委书记、董事长陈云，党委副书记、工会主席、执行董事王士奇，中央企业青联副主席、公司党委常委、副总裁任鸿鹏，以及总部有关部门负责人等参加会议。

5月27日，由中铁大桥院设计监理，中铁大桥局、中铁工业参建的世界首座三塔四跨双层钢桁梁悬索桥——温州瓯江北口大桥通车，标志着连接粤闽浙三省的甬莞高速实现全线贯通。

5月30日，中铁隧道局隧道博物馆入选首届科学家精神教育基地名单。

5月30日，中铁五局贵州公司中老铁路项目总工程师陈发亚获得"2021年感动交通十大年度人物"荣誉称号。

5月31日，中国中铁工程建造、设计咨询、装备制造等9项业务规划和人才发展、科技创新、安全生产等12项职能规划完成发布工作。

5月，中华全国铁路总工会印发《关于表彰2021年年度综合项目火车头奖杯和火车头奖章的决定》（铁工发〔2022〕11号），中国中铁共计11个集体荣获火车头奖杯，41名员工荣获火车头奖章。

6月

6月1日，中共中央宣传部主管的《思想政治工作研究》2022年第6期刊发公司党委署名文章《用好思政工作"传家宝" 推动企业高质量发展》，全面介绍了中国中铁始终听党话、跟党走，在企业发展中始终发挥思想政治工作"传家宝"和"生命线"作用的经验做法。

6月，中国中铁开展2022年"安全生产月"活动。6月1日，组织全公司6000多个项目30万员工同步开展视频宣誓，中国中铁党委书记、董事长陈云做重要讲话。

6月2日，中国中铁党委在总部召开青年精神素养提升工程推进会暨专题团课第一课。中国中铁党委书记、董事长陈云出席会议并讲授专题团课第一课，党委副书记、工会主席、执行董事王士奇主持会议。

6月4日，贵南铁路D2809次列车脱线事故后，贵阳救援队及中铁一局、中铁二局、中铁五局、中铁电气化局、中铁武汉电气化局项目部参与抢险。

6月8日，中铁一局青年员工袁格兵荣获担当奉献类"全国向上向善好青年"荣誉称号。

6月9日，中华全国总工会副主席候选人、书记处书记人选、党组成员谭天星一行先后到中国中铁总部和中铁六局，就企业民主管理工作开展调研。中国中铁党委书记、董事长陈云，党委副书记、工会主席、执行董事王士奇参加调研。

▲图3-6 2022年5月27日,中铁大桥院设计监理,中铁大桥局、中铁工业参建的世界首座三塔四跨双层钢桁梁悬索桥——温州瓯江北口大桥通车

6月9日,中国中铁召开稳增长工作推进会。

6月10日,以中国中铁名义中标承建的亚吉铁路EPC项目取得业主颁发的履约证书。

6月13日至14日,中国中铁党委书记、董事长陈云在渝开展系列商务活动。14日,陈云分别与重庆市委副书记、市长胡衡华,市委常委、常务副市长陆克华在渝举行会谈,并与重庆城市交通开发投资(集团)有限公司党委书记、董事长李方宇举行会谈;13日,陈云与重庆市副市长郑向东共同为中国中铁西南区域总部揭牌,并见证中铁西南区域总部与重庆江北区政府签署合作协议;13日,陈云与重庆市江北区委书记滕宏伟、区长陶世祥举行会谈。

6月15日,中国中铁总裁、党委副书记陈文健与新疆维吾尔自治区乌鲁木齐市委副书记、市长买买提明·卡德在总部举行会谈。

6月16日,中铁一局、中铁三局、中铁五局、中铁大桥局、中铁北京局等单位参建的和田至若羌铁路开通运营,形成世界首个沙漠铁路环线——长达2712千米的环塔克拉玛干沙漠铁路环线。

6月17日,中国中铁与中国联通签署战略合作协议。

6月17日,中国中铁党委书记、董事长陈云与中国联通党组书记、董事长刘烈宏举行会谈。

6月17日,中国中铁召开中国中铁干部人才工作会议。会议对近年来公司干部人才工作取得的显著成效进行了全面总结,针对新形势下干部人才工作新任务和存在的突出问题,提出了当前和今后一个时期干部人才工作的总要求,并明确了开创全公司干部人才工作新局面的八方面重点工作。

6月20日,中铁二院勘察设计,中铁一局、中铁二局、中铁三局、中铁五局、中铁八局、中铁隧道局、中铁建工、中铁大桥院等单位参建的郑渝高铁襄阳至万州北段建成通车。郑渝高铁实现全线贯通运营,北京至重庆最快6小时46分可达,郑州至重庆最快4小时23分可达。

6月20日,中铁设计勘察设计,中铁二局、中铁三局、中铁七局、中铁大桥局、中铁电气化局、中铁建工等单位参建的济郑高铁濮阳至郑州段建成通车。郑州至濮阳最快52分钟可达。

6月20日,中铁建工、中铁六局建设的北京丰台站的开通运营,对进一步强化北京综合交通运输服务功能、促进首都经济和社会发展具有重要意义。

6月21日,中国中铁与中铁四局、中铁八局、中铁电气化局4家单位联合体中标福州市轨道交通6号线东调段工程(土建施工)项目,中标额18.1亿元。

6月21日,中铁隧道局施工、中铁二院勘察设计的成昆扩能改造工程全线最长隧道——小相岭隧道胜利贯通。

6月22日,经中国中铁股份有限公司第五届董事会第十七次会议研究,聘任赵斌为中国中铁股份有限公司总经济师,聘任耿树标为中

▲图3-7 贵阳救援队及中铁一局、中铁二局、中铁五局、中铁电气化局、中铁武汉电气化局项目部参与贵南铁路D2809次列车脱线事故抢险工作

▲图 3-8　中铁建工承建的和若铁路且末站

国中铁股份有限公司总裁助理，聘期均自本次董事会通过之日起至第五届董事会届满之日止。解聘马江黔中国中铁股份有限公司总经济师职务，仍任中国中铁股份有限公司副总裁。

6月22日，中国中铁2021年年度股东大会以现场投票和网络投票相结合的方式召开。中国中铁党委书记、董事长陈云，总裁、党委副书记陈文健，党委副书记、工会主席、执行董事王士奇，非执行董事文利民，独立非执行董事钟瑞明、张诚、修龙；监事会主席贾惠平，监事苑宝印、李晓声、万明；董事会秘书何文、联席公司秘书谭振忠出席了会议；党委常委、纪委书记张建强，党委常委、副总裁、总法律顾问于腾群，副总裁任鸿鹏以及有关人员列席会议。会议由党委书记、董事长陈云主持。出席会议的股东及委托代理人共计101位（包括现场会议和网络投票），所持有表决权的股份总数为14657851016股，约占公司总股本的59.24%，其中A股股东或其代理人98位，持有中国中铁A股12750984308股；H股股东或其代理人3位，持有中国中铁H股1906866708股。

6月24日，中国中铁总裁、党委副书记陈文健与石家庄市委书记张超超、市长马宇骏举行会谈。

6月25日，中铁大桥局承建、中铁工业参建的孟加拉国帕德玛大桥建成通车。

6月27日，中国中铁党委在总部召开庆"七一"表彰大会暨党建思想政治工作会议，深入学习习近平总书记关于党建思想政治工作的重要论述，表彰全国五一劳动奖状（章）获得者、中国中铁"两优一先"、中国中铁劳模等先进，命名首批"开路先锋"文化教育基地，总结一年来的党建思想政治工作成效，部署下一步重点任务。

6月28日，中国中铁成功发行5亿美元债券，本次发行是公司时隔5年后重回境外债融资市场，最终定价T5+83基点是央企同年期发行的最低息差水平。

6月29日，中国中铁党委书记、董事长陈云与国家电投党组书记、董事长钱智民举行会谈。

6月29日，中国中铁与国家电投签署战略合作协议及战略合作试点项目启动备忘录。

6月29日，中国中铁与中铝集团举行卡若区交接仪式并签署《对口援藏结对关系调整交接备忘录》。

6月30日，出台《中国中铁关于整合高速公路项目运营业务　推进中铁交通差异化专业化实体化发展的改革方案》，实现了高速公路投资项目集中化、规模化运营，奠定了资产提质增效的基础，实现了运营专业化、投资公司差异化发展的良好开局。

6月30日，广佛江快速通道三江至南门大桥主线PPP项目全线通车，中铁二局、中铁九局、中铁十局、中铁广州局参与施工建设。

7月

7月3日，中国中铁所属中铁

▲图 3-9　2022年6月20日，中铁七局参建的郑州市南四环至郑州南站城郊铁路二期工程郑州南站及城郊铁路二期市政配套工程土建工程ZWDTS-1标段航空港站开通

装备、中铁大桥院在国资委中央企业所属"科改示范企业"2021年度专项考核中分获"标杆"及"优秀"评级，所属中铁九局、中铁二院在国资委中央企业所属"双百企业"2021年度专项考核中分获"优秀"及"良好"评级。

7月3日，由中国中铁参建的埃及斋月十日城轻轨铁路A段、B段正式通车。

7月5日，中国中铁总裁、党委副书记陈文健与中国华融总裁、党委副书记梁强举行会谈。

7月6日，中国共产党中国铁工投资建设集团有限公司第一次代表大会在北京召开。中国中铁党委书记、董事长陈云出席会议并讲话。

7月10日，中央企业系统（在京）党代表会议选举产生出席党的二十大代表51名。中国中铁党委书记、董事长陈云当选党的二十大代表。

7月11日，中国中铁党校北京新校区揭牌仪式在顺义举行。

7月11日，共青团中国中铁第四次代表大会在北京召开。

7月13日，批准与云南省合资成立中铁云南建设投资有限公司。

7月13日至14日，中国中铁党委书记、董事长陈云在广东开展系列商务活动。13日，陈云与广东省委常委、广州市委书记林克庆，广州市委副书记、市长郭永航在广州举行会谈，并共同见证中国中铁与广州市人民政府签署战略合作协议；13日，陈云分别与佛山市委副书记、市长白涛，广东粤海控股集团党委书记、董事长侯外林在佛山举行会谈。14日，陈云与广东省副省长陈良贤，恒健控股公司党委书记、董事长唐军共同出席中国中铁与广东恒健投资控股有限公司战略合作协议签约仪式，并见证签约。

7月13日至14日，中国中铁总裁、党委副书记陈文健一行分别与山西省委常委、太原市委书记韦韬，山西省委常委、大同市委书记卢东亮举行会谈，双方就加速推进政企合作交换了意见，并与太原市人民政府签署了战略合作协议。

▲图3-10 2022年7月11日，中国中铁党校北京新校区揭牌仪式在顺义举行

7月14日，习近平总书记在新疆吐鲁番考察中铁科研院参与的交河故城保护项目时强调，交河故城是丝绸之路的交通要道，是中华五千多年文明史上的一个重要见证，有重要史学价值。要加强文物保护利用和文化遗产保护传承，不断扩大中华文化国际影响力，增强民族自豪感、文化自信心。

7月17日，国务院国资委公布2021年度和2019—2021年任期中央企业负责人经营业绩考核结果，中国中铁获评2021年度和2019—2021年任期经营业绩考核双A级，实现连续9年保持A级和连续5个任期保持A级。同时，公司被评为2019—2021年任期"业绩优秀企业"和"科技创新突出贡献企业"。

7月17日，由中铁北京局参建的全球第四个、亚洲首个专业货运机场——鄂州花湖机场正式投运。

7月18日，国务院国资委干部教育培训中心推出"强国担当·国资央企通识课"系列课程。中国中铁党委书记、董事长陈云应邀授课。陈云以"社会主义现代化强国建设的开路先锋"为题，讲述中国中铁改革发展实践故事。由中国中铁"揭榜挂帅"承担的课题"新时代国有企业党建工作探索创新研究"圆满结题，并由中共中央党校出版社正式出版，这是2021年国务院国资委以"揭榜挂帅"形式开展的2021—2022年度重大课题研究之一。

7月19日，中国中铁党委书记、董事长陈云与北京科技大学党委书记武贵龙、校长杨仁树举行会谈。

7月20日，中国中铁股份有限公司获"财富中国500强第5位"。

7月20日，中铁四局参与建设的杭州地铁3号线通车运营。

7月21日，中国中铁党委书记、董事长陈云与吉林省交通运输厅党组书记、厅长李平在总部举行会谈。

7月21日，中国中铁总裁、党委副书记陈文健在总部会见华远陆港集团党委书记、董事长武强一行，双方就企业合作交换了意见。

7月21日，中国中铁首次公布年度20个品牌建设典型案例和20个优秀品牌故事评选结果。

7月22日，中国中铁党委书记、董事长陈云与安徽省委副书记、省长王清宪在合肥市举行会谈，并共同见证中国中铁与安徽省人民政府签署战略合作协议。

7月22日，国家知识产权局发布了第二十三届中国专利奖授奖的决定，中国中铁获"两银四优"，中铁设计研发的专利"一种钢管混凝土转铰装置、转动系统及确定转动系统参数的方法"，中铁上海工程局研发的专利"一种行进过程自动变跨铺轨机及使用方法"获中国专利奖银奖，中铁二局、中铁三局、中铁大桥院、中铁工业（宝桥）获得优秀奖。

7月22日，由中铁一局、中铁五局、中铁八局、中铁大桥局、中铁武汉电气化局、中铁建工等单位参建的大瑞铁路大保段开通运营，结束了保山不通火车的历史。大瑞铁路大保段控制工程——大柱山隧道，穿越澜沧江大断裂与保山褶皱带交界处、侵入体蚀变带、岩溶等不良地质，中铁一局参建者历经12年的坚守，攻克了"最难掘进的铁路隧道"。

7月25日至8月7日，公司党委第二、第三巡视组以"一托二"的方式，对总部机关党委以及雅万、孟铁、匈塞3个境外项目经理部党工委开展了常规巡视，首次实现对总部机关党委和境外直属项目党组织的巡视。

7月26日，习近平总书记同印度尼西亚总统佐科举行会谈时强调，双方要推动高质量共建"一带一路"合作不断走向深入，结出更多硕果。力争如期高质量建成雅万高铁，实施好"区域综合经济走廊"和"两国双园"等重大合作项目。由中国中铁参建的雅万高铁作为印度尼西亚快速发展的象征，也将成为两国友谊的又一丰碑。

7月27日，印发《中国中铁股份有限公司国际工程分公司实体化运作方案》，推动国际工程分公司实体化运作。

7月29日，中国中铁总裁、党委副书记陈文健在总部会见江苏省交通运输厅党组成员、省交通工程建设局局长、党组书记蒋振雄，双方就深化合作、加快推进重大项目建设等交换了意见。

7月30日，由中铁二院设计，中铁一局、中铁五局、中铁工业承建的国内首个磁浮文化旅游项目——凤凰磁浮观光快线正式开通运营。

8月

8月1日，国资委党建工作局反馈2021年度央企党建工作责任考核结果，中国中铁为A级。

8月2日，中国中铁召开2022年经济运行分析会暨大商务管理推进会，会议围绕"效益提升、价值创造"，分析企业经济运行状况，通报大商务管理暨项目管理效益提升三年行动督导检查情况，总结上半年工作，准确研判形势，部署下半年和今后一个时期重点工作，动员全公司上下进一步担当作为、把握机遇、攻坚克难、稳扎稳打，高质量完成全年目标任务，以优异成绩迎接党的二十大胜利召开。

8月3日，中国中铁党委书记、董事长陈云与青海省委副书记、省长吴晓军在西宁市举行会谈。

8月3日，中铁建工集团号码公司揭牌仪式在北京举行。

8月3日，中国中铁股份有限公司获"财富世界500强第34位"。

8月5日，中国中铁总裁、党委副书记陈文健一行与福建省委常委、厦门市委书记崔永辉在厦门市举行会谈。

8月5日，中国中铁在总部举行仪式，为中国工程院院士秦顺全、高宗余颁发首席科学家聘书，为全国工程勘察设计大师、4位中国中铁高级专家代表徐升桥颁发高级专家聘书。

8月6日至8日，中国中铁总裁、党委副书记陈文健陪同中国国家铁路集团有限公司董事长、党组书记刘振芳到川藏铁路现场检查调研，看望慰问奋战在一线的广大铁路建设者。

8月7日至8日，中国中铁党委书记、董事长陈云在辽宁开展系列商务活动。7日，陈云与辽宁省委副书记、省长李乐成在沈阳举行会谈；8日，辽宁省本溪至集安国家高速公路本溪至桓仁（辽吉界）段、赤峰至绥中国家高速公路凌源（蒙辽界）至绥中段、京哈国家高速公路绥中（冀辽界）至盘锦段改扩建工程3个高速公路项目同时破土动工，辽宁省委副书记、省长李乐成与参建企业代表共同按下开工启动键。陈云应邀出席仪式，并作为参建央企代表致辞。

8月7日至9日，2022年第十六届中国品牌节年会发布系列榜单，中国中铁位列"2022中国品牌500强"榜单第15位，位列"2022世界品牌500强"榜单第65位，并荣获"华谱奖"，被评为"叱咤全球的国家名片"；中铁四局、中铁五局、中铁大桥局、中铁隧道局、中铁电气化局、中铁建工、中铁装备7家单位荣获"金谱奖"。

8月8日至9日，中国中铁党委书记、董事长陈云在吉林省开展系列商务活动。8日，陈云与吉林省交通运输厅党组书记、厅长李平举行会谈；9日，陈云分别与吉林省委副书记、省长韩俊，吉林省委常委、长春市委书记张志军在长春举行会谈。

8月9日，世界首条稀土永磁磁浮轨道交通工程试验线——"红轨"在江西赣州兴国县顺利竣工，中国中铁为"红轨"项目的勘察设计、装备制造、工程施工和运行维护提供了一揽子综合解决方案。

8月10日，中国中铁股份有限公司在ENR"国际设计企业225强"排名第118，在"全球工程设计公司150强"排名第15。

8月11日，中国中铁党委书记、董事长陈云在总部会见安徽省副省长何树山，双方就进一步加强政企合作交换了意见。

8月12日，《科技日报》头版专栏"研习科技创新重要论述"刊发中国中铁总裁、党委副书记陈文健署名文章《深入实施创新驱动发展战略 当好现代化建设开路先锋》，讲述了中国中铁认真贯彻习近平总书记关于创新发展的重要论述，大力实施创新驱动发展战略，坚决当好中国现代化建设开路先锋的生动实践。

8月15日，中国中铁党委书记、董事长陈云与四川省委书记王晓晖在成都举行会谈。

8月16日，中国中铁总裁、党委副书记陈文健与中国进出口银行党委副书记、副董事长、行长任生俊在总部举行会谈。

8月18日，中国中铁党委书记、董事长陈云与国家发展和改革委员会党组成员、副主任胡祖才进行会谈。

8月19日，中国中铁总裁、党委副书记陈文健与南水北调集团总经理汪安南举行会谈。

8月19日，上海证券交易所通报中国中铁股份有限公司2021—2022年度信息披露工作评价结果为A，公司已连续9年获得上交所A类评价结果。

8月22日，中国中铁党委书记、董事长陈云与鞍钢集团党委书记、董事长谭成旭在总部举行会谈。

8月22日至24日，中国中铁总裁、党委副书记陈文健先后到湖南省郴州市汝城县和桂东县调研定点帮扶工作情况。

8月23日，中国中铁党委书记、董事长陈云与中国地质大学（北京）校长孙友宏、副校长刘大猛举行会谈。

8月23日，中国中铁股份有限公司获福布斯"中国ESG50"。

8月24日，中国中铁股份有限公司位列ENR"全球最大250家国际承包商"榜单第2位，位列"国际承包商250强"榜单第11位。

8月25日，中国中铁党委书记、董事长陈云与国家电网总经理、党组副书记张智刚举行会谈。

8月25日，中国中铁党委书记、董事长陈云与中国国际工程咨询有限公司党委书记、董事长、总经理苟护生举行会谈并签署战略合作协议。

8月25日，中国中铁总裁、党委副书记陈文健到中铁五局调研。

8月26日，云南玉溪至楚雄高速公路开通试运营，项目由中铁开投投资建设，中铁一局至中铁十局、中铁大桥局、中铁隧道局、中铁建工、中铁北京局、中国铁工投资及中铁工业等单位负责施工，中铁交通受托运营。

8月26日，滇中引水二期工程建设全面启动。

8月28日，福州轨道交通6号线开通运营，使福州主城区与长乐城区及滨海新城等地建立轴向联系，是福州"东进南下、沿江向海"城市发展战略的保障项目，中铁一局、中铁二局、中铁三局、中铁四局、中铁八局、中铁上海局、中铁电气化局参与施工建设。

8月30日，经中国中铁股份有限公司第五届董事会第十九次会议研究，解聘于腾群中国中铁股份有限公司副总裁、总法律顾问职务。

8月31日，中国中铁总裁、党委副书记陈文健应邀出席2022年中国国际服务贸易交易会（服贸会）开幕式。

8月31日，中国中铁召开2022年中期业绩说明会。

8月，中国中铁在桂东县投入帮扶资金2000万元，捐建X004线

▲图3-11 中铁二院设计，中铁一局、中铁五局、中铁工业承建的国内首个磁浮文化旅游项目——凤凰磁浮观光快线开通运营

▲ 图3-12　中铁六局参建的云南玉溪至楚雄高速公路全线通车

增口至泮溪公路改建工程，助力当地文旅产业发展。在汝城县投入帮扶资金2000万元，其中500万元用于扶持"白毛茶"产业发展；1500万元用于开展美丽乡村建设和人居环境整治，助力当地特色产业发展和人居环境改善。在保德县投入帮扶资金2000万元，捐建神山村5MW光伏电站项目，提升当地产业发展新动能。在昌都市卡若区投入1450万元，其中635万元用于捐建妥坝乡昂通雄牧场通达工程，提高当地居民群众出行便利安全；815万元用于改造约巴乡乃通村小学改扩建，改善当地办学教学条件。

9月

9月1日，由中铁广州局、中铁一局、中铁五局、中铁八局承建的香港科技大学（广州）正式投用。

9月5日，中国中铁位列"中国企业联合会2022年度中国企业500强"榜单第10位。

9月5日，四川泸定发生地震，中铁一局、中铁二局、中铁八局、中铁大桥局、中铁电气化局、中铁科研院等单位参与抗震救灾抢险。共派出800余人次，投入装载机、吊车等1000余台机械设备、350余顶帐篷及其他物资参与现场救援，打通灾区生命通道。中国中铁向地震灾区捐款2000万元。中国中铁全年参与地震灾害、洪涝抢险、台风抢险等应急救援共计334次，参与应急抢险总人数共计63611人次、总设备共计4978台。

9月13日，中国中铁党委书记、董事长陈云分别与江苏省委书记吴政隆，江苏省委常委、南京市委书记韩立明在南京进行了会谈，双方就深化政企合作交换了意见，并与南京市人民政府签署了战略合作协议。

9月14日，中国中铁与中铁广投、中铁一局、中铁三局、中铁四局、中铁六局、中铁十局、中铁隧道局、中铁广州局9家单位联合体中标珠三角城际轨道交通广佛环线佛山西站至广州北站段施工总承包项目，中标额91.9亿元。

9月19日，中国中铁党委书记、董事长陈云应邀出席安徽省与中央企业合作发展座谈会。

9月19日至28日，公司党委第二、第三巡视组以"一托二"的方式，对中铁建工、中铁北京局、中铁六局、中铁电气化局4家二级企业党委开展了巡视"回头看"。这是公司党委首次开展巡视"回头看"，通过实践创新，积累了新的巡视工作经验。

9月19日，中国中铁召开全系统清理拖欠中小企业款项专项督导视频会议，通报清理中小企业款项进展，部署进一步健全长效机制防范化解拖欠中小企业款项有关要求。

9月20日，中国中铁总裁、党委副书记陈文健带队，前往中国铁工投资运营的北京西红门再生水厂项目开展安全生产大检查。

9月20日，中铁工业孟江华荣获"全国青年岗位能手标兵"称号，中铁五局丁岳森、中铁七局李国强、中铁九局尚立勇、中铁十局王明路、中铁隧道局杨延栋5名青年荣获"全国青年岗位能手"称号。

9月21日，中铁一局新运公司铺架队队长郝铎荣获全国"最美退役军人"称号，成为中国中铁首位获此殊荣的员工。

9月22日，中国中铁股份有限公司获"证券时报中国上市公司ESG100强"。

9月22日，中国中铁2个团队、6名个人获得第十六届詹天佑铁道科学技术奖，其中高速铁路大跨度桥梁创新团队、川藏铁路勘察设计技术标准创新团队获创新团队奖，中铁电气化局豆保信、中铁大桥院万田保获成就奖，中铁三局刘志如、中铁四局陈平、中铁七局郭峰、中铁大桥院郑清刚获青年奖。

9月22日，中铁三局、中铁四局、中铁五局、中铁大桥局、中铁电气化局、中铁建工参建的杭州亚运会配套工程——合杭高铁湖杭段、杭州西站、杭州机场轨道快线开通运营并投入使用。

9月23日，中国中铁党委书记、董事长陈云与中国能建党委书记、董事长宋海良举行会谈并签署战略合作协议。

9月28日，由中铁六院参与勘察设计、中铁隧道局联合体设计施工总承包的世界首座地处八度地震烈度区的超大直径盾构海底隧道——汕头海湾隧道正式投入运营。

9月29日，中铁二局承建的中科空天飞行科技产业化基地项目全面竣工并顺利交付使用，标志着国内首个全产业链商业航天产业基地和全国最大的民用自主研制推力固

▲图3-13　2022年9月22日，中国中铁承建的杭州西站投入运营

体火箭生产基地正式落成。

10月

10月6日，中国中铁总裁、党委副书记陈文健率总部及在京单位员工代表走进北京展览馆，参观"奋进新时代"主题成就展。

10月6日，由中铁北京局参建的马尔代夫维拉纳机场飞行区改扩建工程投入使用。

10月10日，中国中铁召开2022年度警示教育大会。会议通报了审计查出的典型问题及整改情况，以案示警、以案促改，充分发挥了审计警示教育的震慑作用。会议要求，深刻反思各类管理乱象形成的内在原因；强化担当作为，进一步压实责任、强化考核、严肃问责，推动审计查出问题整改到位。

10月13日，印度尼西亚总统佐科·维多多视察中铁四局参建的雅（加达）万（隆）高铁德卡鲁尔车站。

10月13日，印发《中国中铁关于支持"王牌工程局"建设的若干意见》，正式启动"王牌工程局"建设工作。

10月14日，由中国中铁投资建设运营的山西静乐丰润至兴县黑峪口高速公路正式通车。

10月16日，中国共产党第二十次全国代表大会在人民大会堂开幕，中国中铁党委书记、董事长陈云作为党的二十大代表在现场出席大会。中国中铁总部举行了升国旗仪式，公司领导和高管、总部副职以上人员在B座报告厅收看了大会直播。会后，公司党委理论学习中心组召开专题会议，第一时间交流收看大会开幕会的心得体会。

10月16日，2022年第20期《求是》刊发中国中铁党委署名文章《在现代化铁路建设中勇当开路先锋》，全面立体展示了党的十八大以来，铁路建设事业在经济社会发展中起到的重要支撑作用、取得的历史性成就，以及中国中铁牢牢把握高质量发展主题，紧紧围绕国家重大战略，勇当现代化铁路建设开路先锋的生动实践。

10月18日至24日，中国中铁总裁、党委副书记陈文健参加由国铁集团副总经理王同军带领的印度尼西亚雅万高铁项目调研组，前往雅万高铁项目建设现场检查调研。调研组实地查看了雅万高铁项目整体进展情况，拜访了中国驻印度尼西亚大使陆慷、印度尼西亚海洋与投资统筹部部长卢胡特，会见了雅万高铁项目业主及当地参建企业，召开了雅万高铁参建中方企业内部会议，重点围绕G20峰会期间先通段运行展示和2023年工期目标等方面研究部署有关工作。

10月20日，中国中铁与中铁南方、中铁一局、中铁二局、中铁四局、中铁电气化局、中铁广州局、广东水电二局8家单位联合体中标新建粤东城际铁路"一环一射线"项目施工总价承包项目，中标额143.33亿元，其中中国中铁承担82.1亿元。

10月26日，中铁贵能智能矿山研究院揭牌暨中铁1200号硬岩掘进机（TBM）下线仪式在贵州省六盘水市高新技术产业开发区举行。中铁1200号（"凉都号"）是世界首台矿用机动型TBM，将应用于贵州省聚鑫煤矿副平硐及运顺底抽巷施工。

10月26日，中国中铁党委在总部召开传达学习贯彻党的二十大精神视频会议，专题传达学习党的二十大精神和习近平总书记重要讲话精神，对全公司学习宣传贯彻党的二十大精神进行动员部署，引导全体干部职工准确把握党的二十大

▲图3-14 深圳地铁14号线罗湖北站

精神的思想精髓和核心要义，切实用党的二十大精神武装头脑、指导实践、推动工作。

10月26日，国家安全生产应急救援中心下发关于成立国家隧道应急救援中铁二局西藏队的函。

10月27日，中国中铁党委书记、董事长陈云署名文章《发扬彻底的自我革命精神 持续筑牢企业高质量发展政治保障》在国资委《党风廉政建设》（2022年第2期）刊发。

10月27日，中国中铁与贵州茅台酒厂（集团）签署战略合作协议。

10月28日，中国中铁党委制定并印发《关于深入学习宣传贯彻党的二十大精神的工作方案》，要求在全公司迅速掀起学习宣传贯彻党的二十大精神热潮，引导广大党员干部职工把思想和行动统一到党的二十大精神上来，踔厉奋发、勇毅前行，奋力开创中国中铁改革发展和党建工作新局面。

10月28日，深圳地铁14号线正式开通运营，作为连接深圳市中心与东部地区的重要交通线，"两线三枢纽"的运营在填补坪山区地铁交通运输空白、缓解东部地区公共交通运输压力的同时，也将优化深圳城市交通网络格局，提高深圳市民出行便捷度。中铁三局、中铁五局、中铁六局、中铁九局、中铁隧道局、中铁电气化局、中铁广州局参与施工建设。

10月28日，中铁二局参与施工建设的国内最大轨道交通单体工程深圳岗厦北综合交通枢纽正式开通。岗厦北枢纽作为深圳地铁14号线的始发站，位于深圳福田区市民中心东侧，深南大道与彩田路交叉口，为"4+1"综合交通枢纽，可实现地铁14号线、11号线、10号线、2号线四线换乘，1号线岗厦站通过南商业区连通。

10月21日，中国中铁总裁、党委副书记陈文健在印度尼西亚雅加达与印度尼西亚海洋事务与渔业部部长瓦赫尤举行会谈。

10月31日，中国中铁党委书记、董事长陈云与德勤中国首席执行官曾顺福在总部举行会谈。

10月31日，中国中铁设计、建设和参建的39项建筑入选"2022中国新时代100大建筑"，彰显了中国中铁作为国家基础设施建设开路先锋的雄厚实力。

10月31日，由中铁大桥院勘察设计、中铁大桥局施工的甬舟铁路西堠门公铁两用大桥正式开工建设。

11月

11月1日，中国中铁印发《中国中铁股份有限公司自然灾害防灾减灾指导意见》，建立健全了全公司防灾减灾机制，提升了各工程项目的防范处置和应急管理能力。

11月4日，中国中铁党委书记、董事长陈云应邀出席第五届中国国际进口博览会开幕式，现场聆听习近平主席发表的主旨演讲。

11月4日，成立中国中铁国际隧道和地下空间研究咨询中心，依托中铁科研院建设与运营。

11月8日，中国中铁股份有限公司获国资委社会责任局"央企ESG风险管理先锋50强第36位""央企ESG社会价值先锋50强第23位"。

11月9日，中国中铁股份有限公司获证券之星"年度最具社会责任上市公司"。

11月9日，中国中铁召开2022年合规管理工作会议，党委书记、董事长陈云，总裁、党委副书记陈文健签署《合规倡议书》，并向全体员工发出合规倡议。

11月10日，中国中铁参建的南通轨道交通1号线一期工程正式开通运营。

11月11日，中铁工业旗下中铁装备设计制造的"高原高寒大直径双结构硬岩掘进机"和"隧道联络通道掘进机"分别获中国优秀工业设计奖金奖和中国好设计金奖。

11月12日至13日，由共青团中央、中央文明办、民政部等7部委联合主办的第六届中国青年志愿服务项目大赛全国赛终评揭晓。中铁四局一公司"'青'心携手，筑梦未来"帮扶儿童项目、中铁建工二公司"牵手关爱 七彩童年"——建设工地"小候鸟"驿站志愿服务项目荣获第六届中国青年志愿服务项目大赛银奖。

11月15日，中国建筑业协会建筑安全与机械分会发布了《关于公布2022年建设工程项目施工工地安全生产标准化学习交流名单的通知》，其中，徐州市公安局将新建业务技术用房项目等22项工程列为"2022年建设工程项目施工工地安全生产标准化学习交流项目"。

11月16日，国家主席习近平和印度尼西亚总统佐科共同视频观摩雅万高铁试验运行。中国中铁参建的雅万高铁是印度尼西亚和东南亚第一条高铁，也是中国高铁首次全系统、全要素、全产业链在海外建设项目。

11月17日，中铁东方国际集团有限公司和中国中铁股份有限公司东方国际建设分公司注销，东方国际所持有的中国铁路工程（马来西亚）公司股权转让至股份公司，并委托国际工程分公司代为管理中铁马来公司和马来西亚区域总部。

11月17日，国际桥梁与结构工程协会（IABSE）举办的2022年度IABSE全球项目与技术奖评选活动在瑞士苏黎世落下帷幕。由中国中铁参建的南京江心洲长江大桥荣获"杰出桥梁结构奖"，参建的平塘特大桥荣获"杰出基础设施奖"；设计承建的沪苏通长江公铁大桥，承建的张吉怀铁路酉水大桥、广州海心桥、淠河总干渠渡槽桥，以及参建的克罗地亚佩列沙茨大桥获提名奖。

11月18日，中国中铁党委书记、董事长陈云应邀出席由商务部、中国国际贸易促进委员会、辽宁省人民政府共同举办的第三届辽宁国际投资贸易洽谈会。中国中铁与辽宁省人民政府签署战略合作协议。

11月21日，《科技日报》"学习贯彻党的二十大精神特刊"刊发中国中铁党委书记、董事长陈云署名文章《走上建设交通强国新征程》。

11月21日至23日，中国中铁总裁、党委副书记陈文健在江苏开展系列商务活动，并到中铁四局二公司及相关在建项目调研。21日，陈文健与江苏省委常委、苏州市委书记曹路宝在苏举行会谈。23日上午，陈文健与常州市委副书记、市长盛蕾在常举行会谈，并共同见证了中国中铁与常州市签署战略合作协议。

11月21日，中国中铁召开2022年度财务工作视频会，总结2022年前10个月工作成效，总结财务管理实践经验，深入剖析当前财务工作存在的问题与矛盾，研究部署2023年和今后一个时期的重点财务金融工作。

11月22日，中国中铁党委书记、董事长陈云拜访住房和城乡建设部党组书记、部长倪虹，双方围绕住房和城乡建设领域打造宜居、韧性、智慧城市，建设宜居宜业和美乡村，努力建设大美城乡等内容进行会谈。

11月23日，中国中铁党委书记、董事长陈云拜访河北省委常委，省政府副省长、党组成员，雄安新区党工委书记、管委会主任张国华，双方就中国中铁参与雄安新区开发建设、助力雄安发展等事宜进行会谈，并共同出席中国中铁产业集群疏解雄安新区揭牌暨启动仪式。

11月23日，中国中铁总裁、党委副书记陈文健与常州市委副书记、市长盛蕾在常州举行会谈。中国中铁与常州市人民政府签署战略合作协议。

11月23日，由中铁建工承建的成都自然博物馆正式对公众开放。

11月24日，中国中铁"全断面隧道掘进装备行业工业互联网平台""盾构产业4.0示范基地"分别入选"世界智能制造十大科技进展"和"中国智能制造十大科技进展"。

11月25日，中国中铁总裁、党委副书记陈文健在广西南宁出席中国—东盟建筑业合作与发展论坛、2022中国—东盟建筑业暨高品质人居环境博览会。其间，陈文健还出席了2020—2021年度鲁班奖颁奖暨行业技术创新大会。中国中铁建设的双辽至洮南高速公路建设项目等28项工程获大会表彰，中铁大桥局申报的"复杂海洋环境公铁两用特大桥建造关键技术"入选中国建筑业协会行业年度十大技术创新。

11月28日，由中国中铁负责全线勘察设计并参与施工的成渝中线高铁——西渝高铁安康至重庆段开工建设。

11月30日，《学习时报》刊发中国中铁党委书记、董事长陈云署名文章《强化学习贯彻党的二十大精神的政治自觉思想自觉行动自觉》。

11月30日，由中国中铁参建的南通至宁波高铁开工建设，由中铁大桥院参与勘察设计、中铁大桥局承建的世界最长跨海高速铁路桥南通至宁波高铁杭州湾跨海大桥也同步开工建设。

12月

12月1日，《人民日报》刊发中国中铁总裁、党委副书记陈文健署名文章《加快建设世界一流企业》。

12月1日，《中国中铁财务共享业务审核（稽核）通用手册》由经济科学出版社出版，该手册根据《企业会计准则》《中国中铁会计核算手册》以及国家有关法律法规，结合中国中铁所属企业实际情况，对中国中铁十大业务板块的财务业务进行了标准化的诠释，为中国中铁当前财务共享业务标准化提供了有效的执行标准和评价准绳。

12月3日，由中铁隧道局承建的中俄东线天然气管道穿越长江隧道贯通。

12月3日，中国中铁召开大商务管理暨项目管理效益提升会，中国中铁党委书记、董事长陈云，总裁、党委副书记陈文健出席会议并讲话。

12月5日，由中铁二院勘察设计，中铁一局、中铁四局、中铁电气化局等单位参建的南凭高铁南崇段开通运营。

12月6日，中国中铁96篇论文和5篇案例获得2022年度建筑财税优秀论文和案例奖。其中，荣获特等奖论文4篇，荣获最佳案例1篇。

12月8日，由《人民日报》社主办的2022中国品牌论坛在北京举行。中国中铁党委书记、董事长陈云受邀出席活动并作了题为"全力打造'四色品牌' 勇当品牌强国建设的开路先锋"主旨发言。

12月8日，中铁隧道局施工并牵头申报、中铁四局参建的"深圳市黄木岗交通枢纽V柱空间"荣获全球隧道行业最高奖——国际隧道协会（ITA）2022年度"地下空间创新贡献奖"。

12月9日，中国中铁党委召开学习贯彻党的二十大精神宣讲报告会，中央委员、中央宣讲团成员、中央党史和文献研究院院长曲青山作宣讲报告。

12月13日，《人民日报》"2022中国品牌论坛"特别报道刊发中国中铁党委书记、董事长陈云署名文章《争创优质品牌　勇当开路先锋》。

12月16日，由中铁二院勘察设计，中铁三局、中铁八局、中铁电气化局参建，中铁华铁担任监理的弥勒至蒙自高速铁路开通运营。

12月20日，中国中铁股份有限公司获"金紫荆—最佳投资者关系管理上市公司"称号。

12月22日，中国中铁股份有限公司获中国上市公司协会"2022年度A股上市公司ESG最佳实践案例"称号。

12月25日，中铁十局参与施工建设的濮阳至阳新高速公路菏泽段项目开通运营，濮新高速公路菏泽段由中国中铁牵头组成的联合体采用BOT模式投资建设运营。

12月26日，连霍二广高速联络线（新安至伊川高速）项目开通运营。中铁二局、中铁三局、中铁七局、中铁九局、中铁十局、中铁隧道局、中铁北京局、中铁上海局、中铁广州局参与施工建设。

12月26日，新成昆铁路峨冕段开通运营，全长915千米的新成昆铁路实现全线通车。中铁二局、中铁五局、中铁八局、中铁十局、中铁隧道局、中铁二院等单位参与设计与施工建设。

12月26日，由中铁四局参建的合肥市轨道交通5号线北段正式开通运营。

12月26日，由中铁设计参与设计的青岛地铁4号线正式开通。

12月26日，中铁一局白芝勇获得第十六届中华技能大奖，中铁二局郭平、中铁工业曲岩获得第十六届"全国技术能手"称号。

12月28日，中铁一局、中铁六局、中铁广州局参与施工建设的佛山地铁3号线首通段正式开通运营。

12月28日，由中铁二局、中铁三局、中铁工业参建的南京地铁1号线北延线、7号线北段正式开通运营。

12月28日，由中铁五局、中铁上海局参建的台州市域铁路S1线正式开通运营。

12月29日，由中铁七局、中铁大桥局、中铁电气化局、中铁北京局参与施工建设的银兰高铁中兰段开通运营，全长431千米的银兰高铁实现全线通车。

12月29日，由中铁一局、中铁七局等单位参建的西安地铁6号线二期工程正式开通运营。

12月29日，中铁大桥局刘琴梅、中铁工业张明入选第二批国务院国资委中央企业"大国工匠"。

12月30日，中国中铁印发《中国中铁股份有限公司碳达峰行动方案》，明晰了中国中铁碳达峰行动总体要求，阐述了中国中铁碳排放现状，明确了中国中铁碳达峰行动目标与战略、重点任务、重大工程，并制定保障措施。

12月30日，中国中铁股份有限公司分别荣获中国上市公司协会、北京上市公司协会"上市公司2021年报业绩说明会最佳实践"。

12月30日，中国中铁荣获中国企业联合会第二十九届全国企业管理现代化创新成果12项，其中一等成果1项。

12月30日，中铁工业旗下中铁科工研制的世界首台桩梁一体造桥机"共工号"成功入选"央企十大国重器"。

12月30日，中铁二院设计，中铁三局、中铁四局、中铁十局、中铁武汉电气化局等单位施工的国内首条市域高铁——济（南）莱（芜）高速铁路开通运营。

12月30日，由中铁一局、中铁二局、中铁四局、中铁六局、中铁电气化局等单位参建的北京至唐山城际铁路、北京至天津滨海新区城际铁路宝坻至北辰段同步开通运营，北京站至唐山站最快1小时3分可达，北京站至北辰站最快1小时32分可达。

12月30日，由中铁二院勘察

▲图3-15　佛山市地铁3号线广教站

▲图3-16　中铁一局、中铁广州局施工的香港科技大学（广州）项目一期工程（核心建筑）投入使用

设计，中铁五局、中铁十局、中铁武汉电气化局、中铁上海局等单位参建的兴国至泉州铁路清流至泉州段建成开通。

12月30日，由中铁二局、中铁八局参建的重庆铁路枢纽东环线正式开通运营。

12月30日，由中铁大桥局等单位参建的武汉地铁16号线二期工程通车。

12月31日，京雄高速（北京段）六环至市界段开通运营，搭建起首都北京连接雄安新区最为便捷的快速交通走廊，对构建京雄1小时交通圈、助力京津冀协同发展具有重大的政治意义和深远的战略意义。同时，京雄高速作为《河北雄安新区规划纲要》中"四纵三横"综合立体网中的重要一纵，对完善雄安新区对外骨干路网、助力京津冀交通一体化进程也具有重要意义。中铁一局、中铁二局、中铁三局、中铁五局、中铁六局、中铁北京局、中铁上海局、中铁广州局参与施工建设。

12月，中国中铁党委常委、总会计师孙璀同志荣获2022年"全国先进会计工作者"荣誉称号。

12月，中国建筑业协会发布了《关于公布2022—2023年度第一批中国建设工程鲁班奖（国家优质工程）入选名单的通知》，其中昆明地铁4号线等19项工程荣获中国建设工程鲁班奖。

12月，中国施工企业管理协会发布了《关于公布2022—2023年度第一批国家优质工程奖入选工程名单的通知》，其中宁波地铁4号线等4项工程荣获国家优质工程金奖，雅安至康定高速公路等50项工程荣获国家优质工程奖。

7月、12月，中国施工企业管理协会分别发布了《关于公布2022年第一批工程建设项目绿色建造施工水平评价结果的通知》《关于公布2022年第二批工程建设项目绿色建造施工水平评价结果的通知》，其中新建安庆至九江铁路鳊鱼洲长江大桥等9项工程荣获绿色建造施工水平星级评价项目。

2022年，冬奥会和冬残奥会期间，中铁六局、中铁电气化局、中铁建工等单位出色完成"三场一村"及配套设施等服务保障任务，受到国资委来信表扬。

2022年下半年，中国中铁16个项目纳入国家开发性金融工具项目清单，获批项目资本金共143.70亿元。

2022年，中国中铁22家二级企业参与了广东、上海、吉林、辽宁、新疆、海南等15个省（自治区、直辖市）抗疫设施建设，主要援建67个抗疫项目，建成各类抗疫用房49600余间。

2022年，境外疫情肆虐期间，中国中铁坚持"人民至上、生命至上"理念，从全球92个国家接回9845人，牵头组织13架包机从老挝、阿联酋、孟加拉国、印度尼西亚等国家接回2418人，无一例输入病例，用实际行动践行"外防输入、万无一失"，有力维护国内疫情防控大局，切实将专项工作打造成为"惠民工程"和"精品工程"。

▲图3-17　2022年12月30日，京唐城际铁路正式开通运营，中铁电气化局参建员工乘坐首趟列车

企业基本情况

【简况】中国铁路工程集团有限公司是集勘察设计、施工安装、房地产开发、工业制造、科研咨询、工程监理、资本经营、金融信托、资源开发和外经外贸于一体的多功能、特大型企业集团，总部设在北京。

中国铁路工程集团有限公司的前身是1950年3月成立的铁道部工程总局和设计总局，以及1952年9月成立的基建总局，后经分合，于1958年3月合并为基本建设总局。1979年5月，基本建设总局对外称"中国铁路工程总公司"。1989年7月，铁道部撤销基本建设总局，正式组建中国铁路工程总公司。2000年9月，经国务院批准，铁道部与中国铁路工程总公司实行政企分开，中国铁路工程总公司整体移交中央企业工委管理。2003年国务院国有资产监督管理委员会（以下简称"国务院国资委"或"国资委"）成立后，中国铁路工程总公司隶属国务院国资委管理。2006年11月，国务院国资委在中国铁路工程总公司总部开展了董事会试点。2007年9月12日，中国铁路工程总公司独家发起设立中国中铁股份有限公司（以下简称"中国中铁"），并于2007年12月3日和12月7日，分别在上海证券交易所和香港联合交易所挂牌上市。作为中国中铁的控股股东，中国铁路工程总公司于2017年12月28日完成公司制改制，工商变更登记为"中国铁路工程集团有限公司"。

中国中铁是中国铁路工程集团有限公司经营业务的运营主体，拥有46家子公司、分公司，主要分布在中国除台湾地区以外的各省、自治区、直辖市、特别行政区，并在90多个国家和地区设有办事处、代表处和项目部等境外机构。主要有中铁一局等19家工程建造企业；中铁二院等8家设计咨询科研企业；中铁工业1家装备制造企业；中铁投资等7家资产经营企业；中铁国际等11家国际业务、金融物贸、特色地产、资源利用、信息化公司。中铁国资资产管理有限公司负责管理中国铁路工程集团有限公司有关学校、医院、主辅分离资产等未进入上市范围的机构和资产，集团公司党校为中国铁路工程集团有限公司直属单位。

中国中铁具有住房和城乡建设部批准的铁路工程施工总承包特级资质、公路工程施工总承包特级资质、市政公用工程施工总承包一级资质以及桥梁工程、隧道工程、公路路面工程、公路路基工程专业承包一级资质。作为全球最大建筑工程承包商之一，自2006年起，中国中铁连续17年进入世界企业500强，2022年位列第34，在中国企业500强中列第10，在2022年ENR全球最大承包商250强中排名第2。连续9年被国务院国资委评定为业绩考核A类企业。

中国中铁业务范围涵盖基本建设各个领域，能够提供建筑业"纵向一体化"的一揽子交钥匙服务。先后参建了京九铁路、青藏铁路、京沪高铁、京张高铁、港珠澳大桥、中老铁路、雅万高铁、川藏铁路等一大批举世瞩目的重大工程，参与建设的铁路占中国铁路总里程的2/3以上；建成电气化铁路占中国电气化铁路的90%；参与建设的高速公路约占中国高速公路总里程的1/8；建设了中国3/5的城市轨道工程。

作为科技部、国务院国资委和中华全国总工会授予的全国首批"创新型企业"，中国中铁拥有"高速铁路建造技术国家工程研究中心""隧道掘进机及智能运维全国重点实验室"和"桥梁结构健康与安全国家重点实验室"3个国家实验室及10个博士后工作站，1个国家地方联合研究中心（数字轨道交通技术研究与应用国家地方联合工程研究中心），49个省部级研发中心（实验室），18个国家认定的技术中心和137个省部级认定的技术中心，并参股建设川藏铁路国家技术创新中心。截至2022年底，中国中铁共获国家科学技术进步奖和发明奖134项，其中特等奖5项，一等奖16项；公司承建的项目累计获得国家优质工程奖533项，中国建设工程鲁班奖236项，中国土木工程詹天佑奖183项，全国优秀工程勘察设计奖154项，全国优秀工程咨询成果奖101项，国际工程咨询（FIDIC）和工程设计大奖34项。获省部级（含国家认可的社会力量设奖）科学技术奖4778项；国家级工法166项，省部级工法5814项；通过省部级科技鉴定的科技成果2695项；拥有有效专利授权32579项，其中发明专利6900项，海外专利354项。

截至2022年末，全公司在册员工300123人，其中：管理人才150329人、各类专业技术人才214730人（含在管理岗位的137059人）、技能人才72123人。高级及以上职称42986人（含正高级3526人），其中，高级工程师34709人（含正高级工程师3026人），高级经济师3351人，高级会计师2204人；中级职称72948人。中国工程院院士2名、全国工程勘察设计大师9名、"百千万人才工程"国家级人选11名、享受国务院政府特殊津贴专家119人，全国杰出专业技术人才2名，中国中铁特级专家9人、中国中铁专家33人。

（王　琳）

【中国铁路工程集团有限公司法人治理结构】中国铁路工程集团有限公司不设股东会。董事会由3名董事组成，分别为董事长、党委书记陈云，董事、总经理、党委副书记陈文健，职工董事、工会主席、党委副书记王士奇；董事会不设专门委员会。经理层由1人组成，为总经理陈文健。

（梁　韵）

【中国中铁股份有限公司法人治理结构】中国中铁股份有限公司建立有包括股东大会、董事会、经理层、监事会、党组织在内的完善的法人治理结构。截至2022年末，董事会成员由7名董事组成，其中执行董事3名，分别为董事长、执行董事、党委书记陈云，总裁、执行董事、党委副书记陈文健，执行董事、党委副书记、工会主席王士奇；非执行董事文利民；独立非执行董事3名，分别为钟瑞明、张诚、修龙；董事会下设战略与投资、审计与风险管理、薪酬与考核、提名、安全健康环保5个专门委员会，其中战略与投资委员会、提名委员会、安全健康环保委员会委员中外部董事占多数，审计与风险管理委员会和薪酬与考核委员会委员全部由外部董事担任。经理层由9人组成，分别为总裁陈文健，总会计师孙瑾，副总裁刘宝龙、任鸿鹏，副总裁、总工程师孔遁，副总裁马江黔，副总裁李新生，总经济师赵斌，总裁助理耿树标。公司设董事会秘书1名，由何文担任。公司经理层成员和董事会秘书均为公司高级管理人员。监事会由5名监事组成，其中股东代表监事贾惠平任监事会主席，4名职工代表监事，分别为苑宝印、李晓声、王新华、万明。　　　　　　　　（梁　韵）

【中国中铁股东情况】限制性股票激励计划：2022年1月17日，公司2021年限制性股票激励计划首次授予697人，授予数量为17072.44万股；2022年11月30日，预留部分授予50人，授予数量为1192.20万股；2022年12月28日，回购5名激励对象已授权但尚未解除限售的全部限制性股票137.97万股。A股限制性股票激励计划累计授予742人，合计18126.67万股，公司总股本由24570929283股增加至24752195983股（其中A股股本由20363539283股增加至20544805983股，占总股本比例约为83%；H股股本为4207390000股，占总股本比例约为17%）。

控股股东增持：2022年3月31日至9月30日，公司控股股东中铁工通过上海证券交易所交易系统累计增持公司A股股份2435.55万股。股东户数及控股股东持股：截至2022年12月31日，公司股东总数502755户（其中A股485939户，H股16816户），其中中国铁路工程集团有限公司合计持有中国中铁11623119890股（其中A股11458725890股，H股164394000股），合计持股比例为46.96%，仍为中国中铁控股股东。
　　　　　　　　　　（张　凡）

【中国中铁股价及市值变动情况】市值是按公司某一日的收盘价格计算出来的所有股份的价值之和，一定程度上反映着公司的价值。2022年，中国中铁股价走势与建筑板块走势基本一致，整体好于上证指数，且与上证50走势基本一致，全年A股股价最高为5月5日收7.08元，最低为11月1日收4.96元，全年下跌0.73%；公司H股股价最高为5月5日收5.62港元，最低为11月1日收3.37港元，全年上涨4.65%。以2022年末收盘时点计算，公司总市值为1297.13亿元，较2021年末下跌1.79%。
　　　　　　　　　　（李　伟）

【中国中铁资本市场评级情况】2022年，中国中铁A股获85篇评级，均为"买入"评级；H股获69篇评级，其中"买入"或"跑赢大市"评级66篇。
　　　　　　　　　　（张　凡）

▲图4-1　2022年8月19日，中铁工业参建的世界第一高山峡谷景观斜拉桥——贵州龙里河大桥合龙

【主要经济技术指标完成情况】2022年，中国铁路工程集团有限公司新签合同额30323.9亿元，同比增长11.1%。其中，海外业务新签合同额1837.8亿元，占新签合同总额的6.1%。基建建设板块新签合同额26659.3亿元，占新签合同总额的87.9%，同比增长10.3%。其中，铁路工程新签合同额5157.8亿元，占基建建设板块的19.3%，同比增长19.0%；公路工程新签合同额3483.1亿元，占基建建设板块的13.1%，同比增长18.0%；市政公用工程新签合同额3149.6亿元，占基建建设板块的11.8%，同比减少24.3%；房建工程新签合同额8418.2亿元，占基建建设板块的31.6%，同比增长6.2%；城市轨道交通工程新签合同额1177.4亿元，占基建建设板块的4.4%，同比减少21.1%；水利水电工程新签合同额1552.0亿元，占基建建设板块的5.8%，同比增长401.6%；港口与航道工程新签合同额132.1亿元，占基建建设板块的0.5%，同比增长29.4%；机场工程新签合同额127.1亿元，占基建建设板块的0.5%，同比减少53.0%；城市综合开发工程新签合同额745.8亿元，占基建建设板块的2.8%；水务环保工程新签合同额752.2亿元，占基建建设板块的2.8%；其他工程新签合同额1964.0亿元，占基建建设板块的7.4%，同比减少25.0%。非基建建设板块新签合同额3664.6亿元，占新签合同总额的12.1%，同比增长17.2%。其中，勘察设计咨询新签合同额278.9亿元，同比增长35.7%；装备制造新签合同额631.9亿元，同比增长3.1%；房地产开发新签合同额751.9亿元，同比增长29.6%；批发零售贸易新签合同额625.1亿元，同比增长14.9%；资源利用新签合同额236.0亿元，同比减少21.3%；金融新签合同额70.4亿元，同比增长0.4%；资产运营新签合同额838.4亿元；其他新签合同额232.0亿元，同比减少71.5%。

2022年，中国铁路工程集团有限公司完成企业营业额13465.9亿元，其中，国内完成12875.7亿元，占总产值的95.6%；海外完成590.2亿元，占总产值的4.4%。在企业营业额中，基建建设11758.7亿元，占87.3%；勘察设计咨询196.4亿元，占1.5%；工业制造187.7亿元，占1.4%；房地产开发560.9亿元，占4.2%；资产经营58.8亿元，占0.4%；矿产资源235.2亿元，占1.7%；物资贸易214.6亿元，占1.6%；金融57.8亿元，占0.4%；其他195.8亿元，占1.5%。

在公司基建建设营业额中，铁路2637.8亿元，占22.4%；公路2049.8亿元，占17.4%；市政2071.3亿元，占17.6%；房建2616.6亿元，占22.3%；城轨1681.3亿元，占14.3%；水利水电238.3亿元，占2.1%；港口与航道34.9亿元，占0.3%；机场51.5亿元，占0.4%；其他工程377.2亿元，占3.2%。

中国铁路工程集团有限公司总产值排名前五位的所属二级单位：中铁四局1526.2亿元、中铁一局1206.7亿元、中铁建工1090.5亿元、中铁三局896.6亿元、中铁十局852.1亿元。

（肖艳敏）

表4-1　2021—2022年中国中铁各业务板块新签合同额完成情况

板块名称		2021年新签合同额/亿元	2022年新签合同额/亿元	增长率/%
合计		27293.2	30323.9	11.1
基建建设	小计	24166.8	26659.3	10.3
	承包经营	19414.8	22279.4	14.8
	投资经营	4752.0	4379.9	-7.8
非基建建设	小计	3126.4	3664.6	17.2
	勘察设计咨询	205.5	278.9	35.7
	装备制造	612.8	631.9	3.1
	房地产开发	580.3	751.9	29.6
	资产运营	—	838.4	—
	资源利用	299.8	236.0	-21.3
	批发零售贸易	543.9	625.1	14.9
	金融	70.1	70.4	0.4
	其他	814.0	232.0	-71.5

制表：肖艳敏

表 4-2　中国中铁基建建设板块新签合同额按工程分类情况

工程类别	2021年新签合同额/亿元	2022年新签合同额/亿元	增长率/%
铁路工程	4335.7	5157.8	19.0
公路工程	2952.6	3483.1	18.0
城市轨道交通工程	1492.7	1177.4	−21.1
市政公用工程	4162.0	3149.6	−24.3
房建工程	7924.2	8418.2	6.2
水利水电工程	309.4	1552.0	401.6
机场工程	270.7	127.1	−53.0
城市综合开发工程	—	745.8	—
港口与航道工程	102.1	132.1	29.4
水务环保工程	—	752.2	—
其他工程	2617.4	1964.0	−25.0
合计	24166.8	26659.3	10.3

制表：肖艳敏

【生产经营】2022年，中国中铁统筹推进工程建设生产，全年完成施工产值11758.7亿元，建成桥梁1912.5千米、隧道1342.2千米。

（肖艳敏）

【企业资质】中国中铁股份有限公司拥有施工资质包括：铁路工程、公路工程施工总承包特级，市政公用工程施工总承包壹级，桥梁工程、隧道工程、公路路面工程、公路路基工程专业承包壹级等资质，同时拥有工程设计公路行业甲级资质。

2022年，中国中铁系统新增资质155项，包括施工总承包特级资质5项、一级资质21项、专业一级资质20项，设计行业甲级34项。完成资质优化转移19项，包括施工总承包一级资质6项，专业承包一级资质9项。

截至2022年12月31日，全系统具备资质的各类企业376家，具有各类别资质共计2990项。其中，施工资质2250项，总承包特级79项，总承包壹级305项，总承包贰叁级530项，专业承包壹级820项，专业承包贰叁级516项。拥有勘察资质67项，其中综合甲级7项，专业甲级17项，专业乙级40项，劳务资质3项。拥有设计资质261项，其中综合甲级4项，行业甲级90项，行业乙级14项，专业甲级48项，专业乙级56项，专业丙级12项，专项甲级21项，专项乙级16项。拥有监理资质70项，综合资质2项，专业甲级43项，专业乙级26项。

（邓小英）

▲图4-2　中铁建工承建的郑州航空港站

【信息化建设】坚持"需通尽通、能改尽改、可废尽废"的总要求，秉持"先通主干、后通支干"的工作方法，明确"业务贯通、数据贯通、技术贯通"的总目标，按照"1358"总体规划，统筹推进"1+3+5"总体方案部署落地。实现中国中铁38套信息系统实现互联互通，人力、财务、生产等关键数据形成共享机制，工程、海外、主数据、法律合规、全球组网等项目完成研发并试点应用，有效强化中国中铁项目管理及风险防范能力。完成股份公司办公自动化、财务共享、成本管控、市场营销、安全隐患排查、人力资源、电子商务等41套全局性信息系统的建设；各二级单位已建成应用子系统1900余套，基本实现业务沟通、生产调度、现场管控和报表统计等信息化过程管理。中国中铁已完成企业私有云、两级数据中心、两级灾备中心、香港接入中心、企业专网、无线网络、桌面云、文档云、日志云、信息安全等基础设施建设工作；完成6个初具规模的区域数据中心建设，服务器装机量超3万台套；启动巴黎、约翰内斯堡及里约3个海外汇聚中心建设，打造全球骨干网络，优化全球分支机构和项目部的企业网络覆盖；完成股份公司和同城灾备中心扩容及设备升级，实现股份公司云桌面及各业务系"7×24"全天候正常运行；完成股份公司和各二级单位网络安全防护体系和安全通报机制建设，部署网络安全态势感知平台。纵深推进"数智升级工程"场景化应用，推进数字施工与智慧建造再提升、再发力，不断促进生产方式变革创新。搭建BIM综合云服务系统、物联网平台等底层通用技术平台，智能化高端装备产业园一期顺利投产，推进智慧公路、智慧城轨场景化应用落地实践，中国中铁23个数智升级示范项目以点带面引领数字化、智能化建设，协同设计、数字工地、智能建造、智慧工厂、智慧运维走在行业发展前列。（谢学文）

▲图4-3 中国中铁参与起草的《企业ESG评价体系》团体标准正式发布

【党建工作】深入落实"第一议题"制度，坚持不懈用习近平新时代中国特色社会主义思想凝心铸魂。深刻领悟"两个确立"的决定性意义，把学习宣传贯彻党的二十大精神作为首要政治任务，扎实开展"建功新时代、喜迎二十大""理想信念情怀 爱党爱国爱企"等主题活动，掀起党的二十大精神在中国中铁落地生根的热潮。建立高端人才多元职业发展体系，打破了优秀专业技术人才和管理人员职业发展"天花板"，聘任首批次中国中铁首席科学家2人、高级专家9人、专家34人。创新深化"三基建设"，压茬推进党建创新拓展年专项行动。广泛开展"开路先锋"企业文化推进年活动，构建"九位一体"宣传格局，频频亮相中央主流媒体，扩大了企业影响力。纵深推进全面从严治党，一体推进"三不腐"，加强"一把手"和领导班子监督，完成巡视全覆盖任务，出台行贿人"黑名单"制度。积极履行社会责任，在疫情防控、定点帮扶、抢险救灾、稳岗拓就业等民生保障中主动作为，彰显了中铁担当。（王琳）

【社会责任管理】编制发布《中国中铁2021年ESG报告暨社会责任报告》，从10个方面客观全面反映了公司在ESG管理和社会责任管理方面的举措和成果成效，荣获《新财富》最佳ESG信息披露奖。参与了企业ESG披露指南、评价体系制定等行业标准制定，填补了国内企业ESG披露的相关体系空白。中国中铁ESG实践案例获上市公司最佳案例，中国中铁入选"央企ESG·社会价值先锋50"和"央企ESG·风险管理先锋50"。坚决执行国家疫情政策，先后组织所属21家企业参与到吉林、上海、海南等地抗疫用房建设，受到当地政府表彰。中国中铁在服务乡村振兴中展现央企担当，投入定点帮扶资金8463万元，引进帮扶资金5.73亿元，培训基层干部406人次，培训乡村振兴带头人123人次，培训专业技术人员1160人次，购买农产品2248.2万元，帮助销售农产品220.8万元。积极参与各地抗灾抢险，组织协调参与了"8·17"重庆森林火灾、"9·5"泸定县地震等抢险救灾，共组织各类应急救援230次。中国中铁鼓励员工参与志愿活动，支持基础教育，重视中华文化的传承和保护，为构建和谐美好社会持续贡献力量。（李巍巍）

职工队伍

【干部构成】截至2022年12月31日，中国中铁拥有干部总数228000人，其中女干部43606人，约占

19.1%；少数民族干部 9743 人，约占 4.3%；党员干部 91706 人，约占 40.2%。学历结构：研究生及以上学历 14884 人，约占 6.5%；本科学历 162725 人，约占 71.3%；专科学历 38893 人，约占 17%；中专及以下学历 11498 人，约占 5%。（林震远）

【工人构成】截至2022年12月31日，中国中铁工人总数 72123 人，其中女职工 6686 人，技术工人 57072 人，其中工匠技师 23 人、特级技师 589 人、高级技师 6141 人、技师 11123 人、高级工 22683 人、中级工 10350 人、初级工 3922 人。高级工及以上的高技能人才 39947 人，占工人总数的 55.4%。工人队伍文化结构：高中、技校、中专共占 79.3%，大专及以上占 20.7%。工人队伍年龄结构：35 岁以下占 15.3%，36~49 岁占 41.9%，50 岁及以上占 42.8%。

（林震远）

中国铁路工程集团有限公司领导名单

党委书记、董事长	陈　云
党委副书记、董事、总经理	陈文健
党委副书记、工会主席、职工董事、集团公司党校校长	王士奇
党委常委	孙　璀
党委常委、纪委书记	张建强
党委常委	于腾群（7月免，调出）
党委常委	刘宝龙
党委常委	任鸿鹏

（任玉超）

中国中铁股份有限公司领导及高管名单

党委书记、董事长	陈　云
党委副书记、执行董事、总裁	陈文健
党委副书记、工会主席、执行董事	王士奇
党委常委、总会计师	孙　璀
党委常委、纪委书记	张建强
党委常委、副总裁、总法律顾问	于腾群（8月免，调出）
党委常委、副总裁	刘宝龙
党委常委、副总裁	任鸿鹏
党委常委、副总裁、总工程师	孔　遁
党委常委、副总裁	马江黔
总经济师	马江黔（6月免）
党委常委、副总裁	李新生
董事会秘书	何　文
监事会主席	贾惠平
安全总监	李凤超（2月免，退休）
总经济师	赵　斌（6月任）
总裁助理	耿树标（6月任）

（任玉超）

中国中铁股份有限公司高级专家名单

高级专家	郑　机（12月免，调出）
	李建斌

（张晓明）

中国中铁股份有限公司外派专职董事监事名单

外派专职董事监事

张建喜　　梁永兴　　梁　勇　　唐　云
姜春林　　周振国　　林承朝　　马元林
王建军　　刘自明　　裴清宁　　李　辉
邓元发　　赵德义　　史金洪　　蔡红生
邓文华　　谭厚斌　　朱定法　　古继洪
陈文鑫　　彭晓华　　李开言　　魏云祥
李　茂　　郭凤芝　　唐　忠　　张亚君
李　宁　　黄晓波　　方　锐　　范经华
汪国明　　杨　峰　　李晓峰　　王宗怀
丁荣富　　姜洪友　　张贺华　　薛　林
张河川　　汪建刚　　曹艳春　　王喜军
汪保华　　毛锁明　　杨马庄

（朱成亮）

中国铁路工程集团有限公司总部部门负责人名单

办公室（党委办公室、保密办公室）
主任　　　　丁荣昌
副主任　　　李聚民
　　　　　　甘　军
　　　　　　付晋德（11月免）
　　　　　　屈　韬（11月任）

财务部
副部长　　　杨　涛

党委干部部
部长　　　　张贺华（11月免，退休）
　　　　　　王文吉（11月任）
副部长　　　张春全（11月免，调出）
　　　　　　胡丁旺（3月任）

审计部
副部长　　　叶智勇

党建工作部（党委组织部、党委宣传部、团委）
部长　　　　　　　　　　陈宝华
副部长　　　　　　　　　刘传刚
副部长、团委书记　　　　杨　飞（4月免，调出）
副部长　　　　　　　　　尚宪鹏（3月任）
副部长、团委副书记（主持日常工作）　樊朝臣（4月任）

纪委
副书记　　　苑宝印
　　　　　　曹　兴

纪委综合室
主任　　　　吕月胜
副主任　　　吕立良

纪委执纪审查一室
 主任   韩凤岩
 副主任   魏　平（8月任）
纪委执纪审查二室
 主任   朱高明
 副主任   杨俊林（3月任）
纪委执纪监督室
 主任   魏心柏（4月免，调出）
 副主任（主持工作）   范中兵（4月任）
 主任   范中兵（7月任）
 副主任   张书泽

工会
 副主席   李晓声
             曹　彬

 副主席，兼团委书记   曹　彬（4月任）
工会综合部
 部长   郑　黎
 副部长   赵家兴
工会权益保障女工部
 部长   李海明
 副部长   章　静

外事办公室
 主任   张永康
 副主任   李建平
             王建军

（左文雄）

中国中铁股份有限公司总部部门负责人名单

董事会办公室
 主任   段银华
 副主任   杨晓东
 副主任   李　凯（11月任）

办公室（党委办公室、信访办公室、保密办公室）
 办公室（党委办公室、保密办公室）主任 丁荣昌
 信访办公室主任   丁荣昌（11月免）
 信访办公室主任   李聚民（11月任）
 办公室（党委办公室、保密办公室）副主任 李聚民
 办公室（党委办公室、信访办公室、保密办公室）副主任
             付晋德（11月免）
 办公室（党委办公室、信访办公室、保密办公室）副主任
             甘　军
 办公室（党委办公室、信访办公室、保密办公室）副主任
             屈　韬（11月任）

规划发展部（改革办、企业管理实验室）

规划发展部部长、企业管理实验室主任	耿树标（兼职）
改革办主任，规划发展部（企业管理实验室）副部长（副主任）	景　象（按部门正职管理）
规划发展部（企业管理实验室）副部长（副主任）	萧新桥
规划发展部（企业管理实验室）副部长（副主任）	王德志
规划发展部（企业管理实验室）副部长（副主任）	付晋德（11月任）

财务与金融管理部（北京财务共享服务中心）

部长（主任）	马永红
副部长（副主任）	于来新
	闫　刚
	刘小勇

人力资源部（党委干部部）

部长	张贺华（11月免，退休）
	王文吉（11月任）
副部长	张春全（11月免，调出）
	胡丁旺（3月任）

考核分配部

部长	何　文（兼职）
副部长	李　敏

科技创新与数字化部（技术中心、专家办公室、网信办）

部长（主任）	伍　军
副部长（副主任）	黄从洽（3月任）
	陈　钧（11月任）

国际部

总经理	张永康
副总经理	李建平
	王建军

党建工作部（党委组织部、党委宣传部、企业文化部、统战部、跨文化融合办、团委、融媒体中心）

部长（主任）	陈宝华
副部长（副主任）	刘传刚
副部长（副主任），团委书记	杨　飞（4月免，调出）
副部长（副主任）	尚宪鹏（3月任）
副部长、团委副书记（主持日常工作）	樊朝臣（4月任）
融媒体中心副主任	谭凤华
融媒体中心副主任	杨朝辉（3月任）

经营开发中心

总经理	赵　斌（兼职）
副总经理	杨文博
	史　洁
	段德荣（12月免，调出）

投资管理中心
总经理　　　　　　　　　　　　　　张学军
执行总经理　　　　　　　　　　　　张超生（3月任）
副总经理　　　　　　　　　　　　　郭　华
　　　　　　　　　　　　　　　　　王永胜
　　　　　　　　　　　　　　　　　汪小庆
　　　　　　　　　　　　　　　　　汪先俊

生产监管中心（采购管理中心、战备办公室、工程经济研究院）
总经理（主任、院长）　　　　　　　肖于太
工经专家、副总经理（副主任）　　　李夏初（按部门正职管理）
副总经理（副主任）　　　　　　　　唐连成
　　　　　　　　　　　　　　　　　杨启兵
　　　　　　　　　　　　　　　　　孟祥红
　　　　　　　　　　　　　　　　　范增国
工程经济研究院副院长　　　　　　　姚　涛（11月任）

法律合规部
部长　　　　　　　　　　　　　　　万　明
副部长　　　　　　　　　　　　　　李永超
　　　　　　　　　　　　　　　　　焦旭红（7月任）

审计部（监事会办公室）
部长（主任）　　　　　　　　　　　王新华
副部长（副主任）　　　　　　　　　叶智勇

安全质量环保监督部（应急管理办公室、安全质量环保督查总队）
部长（主任）　　　　　　　　　　　李凤超（兼职，2月免，退休）
副部长（副主任）　　　　　　　　　何荣康
　　　　　　　　　　　　　　　　　樊玉智
　　　　　　　　　　　　　　　　　李为强（5月任）

党委巡视工作领导小组办公室（巡视组）
主任　　　　　　　　　　　　　　　常玉伟
副主任　　　　　　　　　　　　　　秦伟朋
巡视一组组长　　　　　　　　　　　李　辉（6月免，退休）
巡视二组组长　　　　　　　　　　　张　瀚
巡视三组组长　　　　　　　　　　　王凤君

纪委
副书记　　　　　　　　　　　　　　苑宝印
　　　　　　　　　　　　　　　　　曹　兴

纪委综合室
主任　　　　　　　　　　　　　　　吕月胜
副主任　　　　　　　　　　　　　　吕立良

纪委执纪审查一室
主任　　　　　　　　　　　　　　　韩凤岩
副主任　　　　　　　　　　　　　　魏　平（8月任）

纪委执纪审查二室
主任　　　　　　　　　　　　　　朱高明
副主任　　　　　　　　　　　　　杨俊林（3月任）

纪委执纪监督室
主任　　　　　　　　　　　　　　魏心柏（4月免，调出）
副主任（主持工作）　　　　　　　范中兵（4月任）
主任　　　　　　　　　　　　　　范中兵（7月任）
副主任　　　　　　　　　　　　　张书泽

工会
副主席　　　　　　　　　　　　　李晓声
　　　　　　　　　　　　　　　　曹　彬
副主席，兼团委书记　　　　　　　曹　彬（4月任）

工会综合部（体协）
部长，体协秘书长　　　　　　　　郑　黎
副部长　　　　　　　　　　　　　赵家兴

工会权益保障女工部
部长　　　　　　　　　　　　　　李海明
副部长　　　　　　　　　　　　　章　静

总部事务管理中心（基建办公室、离退休人员管理部、保卫部、机关党委、机关纪委、机关工会）
总经理（主任、部长），机关党委书记　　　韩　东
总部事务管理中心副总经理、离退休人员管理部、保卫部副部长，机关纪委书记、机关工会主席
　　　　　　　　　　　　　　　　刘建锁
总部事务管理中心副总经理、基建办公室副主任　　谢洋斌

信息化中心
主任　　　　　　　　　　　　　　于兴义（12月免）
主任　　　　　　　　　　　　　　伍　军（12月任）
副主任　　　　　　　　　　　　　高　峰（12月免）
副主任　　　　　　　　　　　　　黄从冶（12月任）

（左文雄）

资产和技术设备

【资产及财务状况】2022年，中国铁路工程集团有限公司总资产16205.37亿元，其中：流动资产8980.33亿元，主要构成为货币资金2390.04亿元，应收账款1222.56亿元，其他应收款351.09亿元，预付账款483.29亿元，存货2078.74亿元；非流动资产7225.04亿元，主要构成为债权投资191.39亿元，长期应收款202.22亿元，长期股权投资1138.72亿元，其他权益工具投资154.49亿元，固定资产净值678.32亿元，无形资产1703.09亿元，递延资产121.72亿元，其他非流动资产2188.24亿元。总负债11902.51亿元，其中：流动负债8731.65亿元，主要构成为短期借款712.1亿元，应付票据943.98亿元，应付账款3860.69亿元，其他应付款893.06亿元，合同负债1370.32亿元，应付职工薪酬45.56亿元；非流动负债3170.86亿元，主要构成为长期借款2403.78亿元，应付债券393.73亿元，长期应付款290.72亿元。净资产4302.86亿元，其中：国家资本122.73亿元，资本公积242.19亿元，未分配利润838.71亿元。（樊　伟）

【主要财务指标完成情况】2022年，中国铁路工程集团有限公司实现营业总收入11547.76亿元，同比增长7.55%。其中：基础设施建设实现营业收入9835.33亿元，同比增长6.51%；勘察设计与咨询服务实

收入 534.59 亿元，同比增长 6.39%；其他业务方面实现营业收入合计 733.3 亿元，同比增长 25.24%。全年在境外地区实现收入 584.36 亿元，同比增长 6.66%。公司全年实现利税 686.27 亿元，同比增长 5.08%；实现利润总额 424.7 亿元，同比增长 13.22%；实现净利润 348.22 亿元，同比增长 14.51%。年末资产总额 16205.37 亿元，同比增长 18.16%；负债总额 11902.51 亿元，同比增长 18.62%；所有者权益 4302.86 亿元，同比增长 16.90%，其中归属于母公司股东权益 1312.59 亿元，同比增长 7.43%。年末资产负债率为 73.45%，较 2021 年末的 73.16% 增加 0.29 个百分点。2022 年 12 月 31 日，中国中铁 A 股、H 股总市值 1297 亿元。

（樊　伟）

▲图 4-4　中铁六局承建的天津地铁 10 号线正式开通初期运营

现营业收入 186.16 亿元，同比增长 5.75%；工程设备与零部件制造业务营业收入 258.38 亿元，同比增长 8.42%；房地产开发业务实现营业

表 4-3　2022 年中国铁路工程集团有限公司主要财务指标完成情况

项目	2021 年	2022 年	增长率 /%
资产总额 / 亿元	13715.03	16205.37	18.16
所有者权益 / 亿元	3680.8	4302.86	16.90
负债总额 / 亿元	10034.23	11902.51	18.62
营业总收入 / 亿元	10736.70	11547.76	7.55
利润总额 / 亿元	375.10	424.70	13.22
净利润 / 亿元	304.10	348.22	14.51
归属于母公司所有者的净利润 / 亿元	119.54	136.87	14.50
技术开发投入 / 亿元	247.56	277.42	12.06
利税总额 / 亿元	653.11	686.27	5.08
经济增加值 / 亿元	233.20	248.42	6.53
已交税金总额 / 亿元	349.01	338.05	-3.14
全员劳动生产率 /[万元/(人·年)]	42.13	48.80	15.83
研发费投入强度 /%	2.34	2.45	增加 0.11 个百分点
营业收入利润率 /%	3.60	3.72	增加 0.12 个百分点
净资产收益率 /%	8.81	8.72	减少 0.09 个百分点
总资产报酬率 /%	3.48	3.47	减少 0.01 个百分点
国有资本保值增值率 /%	111.14	111.48	增加 0.34 个百分点
资产负债率 /%	73.16	73.45	增加 0.29 个百分点

制表：樊　伟

【子企业财务指标完成情况】2022年中国铁路工程集团有限公司主要子企业财务指标完成情况见表4-4。

表4-4　2022年中国铁路工程集团有限公司主要子企业财务指标完成情况

单位名称	收入			净利润		
	本年完成/亿元	年度预算/亿元	完成度/%	本年完成/亿元	年度预算/亿元	完成度/%
中铁一局	967.88	1011	95.71	18.82	20.83	90.35
中铁二局	643.39	703	91.52	1.59	1.33	119.55
中铁三局	686.21	786	87.30	16.59	16.07	103.24
中铁四局	1228.69	1150	106.84	23.46	24.21	96.90
中铁五局	702.06	698	100.58	6.27	6.74	93.03
中铁六局	327.29	356	91.95	1.94	1.35	143.70
中铁七局	601.12	589	102.06	10.84	12.72	85.22
中铁八局	410.31	420	97.69	8.66	7.53	115.01
中铁九局	217.02	224	96.88	0.88	0.52	169.23
中铁十局	624.88	594	105.20	10.05	11.55	97.01
中铁大桥局	501.11	475	105.50	5.02	6.94	72.33
中铁隧道局	580.05	545	106.43	5.41	5.36	100.93
中铁电气化局	481.16	530	90.79	17.18	16.27	105.59
中铁武汉电气化局	106.27	115	92.41	2.20	2.15	102.33
中铁建工	1003.91	960	104.57	9.68	12.09	80.07
中铁广州局	312.17	311	100.52	0.94	1.50	62.67
中铁北京局	310.25	312	99.44	0.95	0.20	475.00
中铁上海局	531.39	526	101.03	2.41	2.33	103.43
中铁国际	42.89	43	100.44	0.28	0.28	100.00
中海外	12.15	12	100.54	0.12	0.05	240.00
中铁二院	112.14	111	101.03	1.91	1.50	127.33
中铁六院	36.26	35	104.46	2.32	2.31	100.43
中铁设计	67.54	67	101.41	7.36	7.15	102.94
中铁大桥院	20.38	20	100.39	2.36	2.10	112.38
中铁科研院	16.56	17	97.18	0.26	0.40	65.00
中铁华铁	11.30	12	95.75	0.31	0.31	100.00
中铁水利设计	10.48	10	106.99	0.36	0.33	109.09
中铁长江设计	10.01	10	102.16	0.67	0.40	167.50
中铁交通	181.86	156	116.51	15.87	9.92	159.98
中铁南方	283.85	294	96.55	8.11	6.89	117.71
中铁投资	300.27	228	131.70	19.65	13.42	146.42
中铁云投	405.81	386	105.13	42.66	26.39	161.65
中铁城投	278.17	312	89.16	28.92	33.15	87.24
中铁上投	256.15	272	94.17	13.13	14.66	89.56
中国铁工投资	123.08	142	86.68	6.03	5.66	106.54
中铁广州建设	121.48	119	102.08	0.20	0.55	36.36
中铁置业	357.42	353	101.35	-15.57	14.59	-106.72

续表

单位名称	收入			净利润		
	本年完成/亿元	年度预算/亿元	完成度/%	本年完成/亿元	年度预算/亿元	完成度/%
中铁工业	288.17	275	104.79	18.83	19.80	95.10
中铁信托	22.75	17	133.82	6.08	6.00	101.33
中铁财务	20.29	17	118.65	8.18	6.00	136.33
中铁资本	14.94	11	134.58	7.44	2.34	317.95
中铁资源	248.91	178	139.84	56.01	31.11	180.04
中铁物贸	426.99	426	100.23	6.04	5.76	104.86
中铁信科	2.31	2	100.37	0.07	0.03	233.33
中铁人才	0.06	—	—	0.03	—	—

制表：樊　伟

【资产比重变动】2022年中国铁路工程集团有限公司资产比重变动情况见表4-5。

表4-5　2022年中国铁路工程集团有限公司资产比重变动情况

项目	年末数/亿元	年初数/亿元	增长额/亿元	增幅/%	占总资产比重/%
货币资金	2390.04	1794.67	595.37	33.17	14.75
应收票据	23.33	49.50	-26.17	-52.87	0.14
应收账款	1222.56	1221.28	1.28	0.10	7.54
预付款项	483.29	477.67	5.62	1.18	2.98
其他应收款	351.09	326.23	24.86	7.62	2.17
存货	2078.74	2034.49	44.25	2.17	12.83
合同资产	1697.35	1491.42	205.93	13.81	10.47
一年内到期的非流动资产	117.21	98.31	18.90	19.22	0.72
其他流动资产	505.93	457.88	48.05	10.49	3.12
流动资产合计	8980.33	8029.73	950.60	11.84	55.42
债权投资	191.39	229.60	-38.21	-16.64	1.18
长期应收款	202.22	146.83	55.39	37.72	1.25
长期股权投资	1138.72	998.52	140.20	14.04	7.03
其他权益工具投资	154.49	126.66	27.83	21.97	0.95
其他非流动金融资产	135.43	122.94	12.49	10.16	0.84
投资性房地产	154.29	142.04	12.25	8.62	0.95
固定资产	678.32	686.02	-7.70	-1.12	4.19
在建工程	507.75	68.86	438.89	637.37	3.13
使用权资产	17.65	16.68	0.97	5.82	0.11
无形资产	1703.09	1258.60	444.49	35.32	10.51
商誉	17.71	15.68	2.03	12.95	0.11
递延所得税资产	121.72	104.67	17.05	16.29	0.75
其他非流动资产	2188.24	1754.45	433.79	24.73	13.50
非流动资产合计	7225.04	5685.29	1539.75	27.08	44.58
资产总计	16205.37	13715.03	2490.34	18.16	100.00

制表：樊　伟

▲图4-5 世界首台全断面硬岩竖井掘进机"中铁599号",首次实现井下无人掘进

【主要技术动力装备】截至2022年底,中国中铁拥有机械动力设备124727台(套),设备原值694.86亿元,机械设备总功率1187.1万千瓦,技术装备率9.49万元/人,动力装备率43.42千瓦/人,主要施工机械设备新度系数0.37。主要设备:盾构(含TBM)470台(套),T梁、箱梁搬提运架设备590台(套),铺轨焊轨137台(套),铁路机车、轨道车672台(套),电气化作业车、放线车、轨道吊483台(套),大型机械化整道设备91台(套),隧道凿岩台车、湿喷机械手489台(套)、船舶16艘。主要施工设备实力继续提高,尤其是大直径盾构等大型核心设备保有量稳步提升,提高了股份公司的市场竞争力,在工程投标和完成施工任务中发挥了重要作用。

(姚道雄)

管理体制创新

【区域总部和投资公司改革】按照"四并一增两调整"的思路改革区域总部,组建新的中国中铁北方区域总部、东部区域总部、华南区域总部、西北区域总部、西南区域总部、海南区域总部、雄安区域总部,改革后区域总部组织机构、人员编制、管理关系与投资公司全面脱钩、独立运行。按照"五并一转型"的思路改革投资公司,合并中铁北方和中铁投资,重组新的中铁投资;合并中铁发展和中铁上投,重组新的中铁上投;合并中铁站城和中铁开投,重组新的中铁开投;合并中铁文旅和中铁置业,重组新的中铁置业;中铁世德并入中铁一局;中铁广投转型为专业总承包管理公司。

(郭鑫荣)

【中国中铁产业集群疏解雄安新区】为了响应国家号召,支持雄安新区建设发展,深度参与国家重大战略,股份公司制定"1+6+N"的产业集群导入方案,推动基建投资、智能建造、勘察设计和高端制造等核心

▲图4-6 2022年12月16日,中国中铁参建的弥蒙高铁开通运营

产业企业整体落户雄安，是首家以产业集群方式迁入雄安新区的中央企业。"1+6+N"的产业集群导入方案即1个区域总部、6家实体型产业公司和N个科技研发、设计咨询、高端制造、智慧运营等高科技企业。其中，雄安区域总部作为中国中铁总部职能的延伸，全面代表股份公司统筹协调成员企业，深度对接和服务雄安新区建设，牵头为雄安新区提供特大、重大或涉及多产业多主体的一站式高品质服务。6家实体型产业公司为中铁一局、中铁二局、中铁三局、中铁四局、中铁建工和中铁北京局在"工业化、智能化、绿色化"新型建造领域的优秀单位。N个高科技企业在新区先行设立设计、科创、城市智慧运营等新型组织，服务和推动数字城市、智慧城市建设运营。

（郭鑫荣）

【中国中铁向中铁建工转让中铁装配股份】中国中铁第五届十二次董事会议审议通过了向下属子公司中铁建工转让中铁装配26.51%股份的方案。2021年12月22日，中国中铁与中铁建工签署《股份转让协议》，以12元/股的价格向中铁建工转让公司所持中铁装配65184992股股份，本次交易对价7.82亿元。按照《上市公司管理规定》，公司于2021年12月23日对外发布了中铁装配权益变动报告书。2022年1月7日获得国资委《非公开协议转让备案表》，2022年1月本次股份转让获得深圳证券交易所合规确认并取得《深圳证券交易所上市公司股份协议转让确认书》（2022第10号），2022年3月9日完成交割登记。

（田 均）

【中铁长江设计增资控股重庆双源建设监理咨询有限公司】经中国中铁2022年12月23日第41次总裁办公会批准，同意中铁长江设计通过非公开协议方式对重庆港务集团所属重庆双源建设监理咨询有限公司（以下简称"双源公司"）增资扩股，获得双源公司70%股权。收购完成后，中铁长江设计、重庆港务集团分别持股70%、30%。

（田 均）

【大部制改革】聚焦"效益提升、价值创造"目标，指导、督促二级企业进一步优化本部职能调整和机构设置，顺利完成45家非上市二级企业"三办合一"工作，部分二级企业将大部制改革精神向三级企业纵深推进，大部制改革有序推动，管理效率得到提升，管理成本明显下降。

（郭鑫荣）

【安全质量环保监督体制改革】研究制定《安全质量环保监督部机构编制调整方案》，在不增加股份公司总部定员定编基础上，设立3个安全质量环保派驻督查组，创新派驻督查组管理运行模式，既符合国资委合理控制总部定员要求，又强化了安全质量环保监督力量。

（郭鑫荣）

【管理创新】坚持实践检验标准，激发创新主动性，组织开展2022年度企业管理现代化创新成果评审工作，122项成果评定为2022年度中国中铁企业管理现代化创新优秀成果，其中一等奖32项、二等奖50项、三等奖40项。中国中铁12项成果获得2022年度全国企业管理创新优秀成果，其中一等奖1项，二等奖11项。

（代胜元）

表4-6　第二十九届全国企业管理现代化创新成果获奖名单

序号	等级	成果名称	获奖单位	创造人
1	一等奖	建筑企业集团充分发挥所属企业特色优势的分类管理	中铁建工集团有限公司	王玉生　苏卫东　杨启昉　邓小英 邓延伟　李红岭　李树雄　刘一梦 马艳春　程本垚　姜宝昕
2	二等奖	建筑企业集团以世界一流企业为导向的全过程战略管理	中国中铁股份有限公司	陈　云　陈文健　于腾群　任鸿鹏 耿树标　王德志　张学军　李景贵 程子潇　王　丁　韩　毅　束永保
3	二等奖	施工企业基于资产证券化的PPP项目投融资管理	中铁一局集团有限公司	薛　峰　石晓烽　王桂忠　张　敏 裴贺元　徐生辉　冯可恒　党瑞琪 孙乃泾　董　鑫　王天钧　唐　艳
4	二等奖	国有建筑企业以"五共"为核心的农民工管理	中铁四局集团有限公司	冯善恒　范　敏　邵　刚　陈海如 张　凯　孙明华　任保华　占苏龙 潘　磊
5	二等奖	提升专业化能力的盾构施工优化管理	中铁四局集团有限公司城市轨道交通工程分公司	汤　恕　卜　阳　柯尊伟　黄琦恒 陈　斌　姜学广　廖江培　周　霞 张　誉　张　鹏　连文江　曹　伟
6	二等奖	施工企业以大商务管理为核心的项目管控能力提升	中铁五局集团第六工程有限责任公司	王国庆　陈吉林　朱　健　张　鹏 范刘杰　龚楠富　陈佳　林　平 袁世全　余　波　周　涛　李跟明

续表

序号	等级	成果名称	获奖单位	创造人
7	二等奖	建筑企业集团基于"人机协同"的财务数智化转型	中铁隧道局集团有限公司	孙 璀　李献林　马永红　牛 健 闫 刚　郑 骞　李延春　段伟朝 胡周伟　刘 勇　卢云飞　殷小建
8	二等奖	国有企业深化混合所有制改革的分拆上市管理	中铁高铁电气装备股份有限公司	孙 璀　于腾群　段银华　郭俊亮 庞 洁　李 强　李广明　于迎丰 张厂育　杨春燕　王舒平　王徐策
9	二等奖	基于数据融通的中老铁路"电气化工程"智能建造管理	中铁武汉电气化局集团有限公司	毛明华　冯小鹏　高旭红　丁 芊 刘劲磊　沈曼盛　米 丰　周志强 冯玉华　赖 鹏　朱声学　金沧海
10	二等奖	以建设"投建营"一体化高速公路产业集团为目标的战略转型管理	中铁交通投资集团有限公司	谭世俊　李建光　刘进友　陈 戈 罗 波　林玮鹏　王 画　王 敏 刘正强　胡 宁
11	二等奖	重组新设企业以高质量发展为导向的战略驱动型组织建设	中国铁工投资建设集团有限公司	张建国　耿树标　李 亮　肖 圣 王 刚　年福兵　李 凯　马 林 张荣耀　杨 昊
12	二等奖	基建投资项目以风险防控为重点的"投资合作+EPC"管理	中铁发展投资有限公司	薛 健　王慧丽　任超宇　李世欣 马现祥　曹占东　宋佳蔚　来瑞阳

【成立中国中铁产教融合联盟】4月15日，成立中国中铁产教融合联盟，产教融合联盟是由中国中铁发起，股份公司所属二级企业、中铁国资及所属职业院校、同行业企业、科研单位、院校、社团组织等遵循平等互利的原则组成的产教联合体，按照理事会管理体制运行，秘书处设在中铁国资。主要职能：围绕中国中铁战略目标和建设国家产教融合型企业的各项工作任务，积极推动所属企业、行业与公司所属职业院校及相关高校、科研院所等深度融合、合作；立足服务企业办学，找准企业产业结构和院校专业结构的映射关系、企业人才需求和院校人才供给能力对接关系，主动适应企业转型升级发展，与企业中心工作同频共振；按照"一切工作到项目"的总要求，联合所属单位，紧紧围绕"六支人才队伍"建设，坚持统筹谋划、分工负责，重点突出项目管理、专业技术和技能人才培养培训。

（郭鑫荣）

【成立中铁云南建设投资有限公司】7月13日，股份公司批准同意与云南省人民政府国有资产监督管理委员会、云南省工业投资控股集团有限责任公司、云南省投资控股集团有限公司分别按照70.51%、12.56%、16.28%、0.65%股比合资成立中铁云南建设投资有限公司，注册资本10万元人民币，过渡期内与中铁开投按照"一个机构、两块牌子"合署办公。

（郭鑫荣）

【机构设立审批】

1月29日，股份公司同意中铁资本成立中国中铁环球投资有限公司，注册资本50000美元。

2月17日，股份公司同意中铁二局成立中铁二局上海工程有限公司，注册资本1亿元人民币。

2月17日，股份公司同意中铁隧道局成立中铁隧道局集团爆破工程有限公司，注册资本1亿元人民币。

2月17日，股份公司同意中铁广州局成立中铁广州工程局集团物资有限公司，注册资本5000万元人民币。

2月17日，股份公司同意中铁北京局成立中铁航空港工程建设有限公司，注册资本5亿元人民币。

2月17日，股份公司同意中铁六院成立中铁第六勘察设计院集团有限公司澳门分公司，注册资本2.5万澳元。与中铁六院城市轨道与建筑设计院按照"一个机构、两块牌子"模式运作，不增加人员编制。

2月17日，股份公司同意中铁国际成立中铁国际集团有限公司迪拜分公司。

2月17日，股份公司同意变更中铁七局经营范围，变更后的经营范围为各类工程建设活动；对外承包工程；货物进出口；对外援助成套项目；国际贸易；建设工程设计；建设工程勘察；人防工程设计；住房租赁；建筑工程机械与设备租赁；机械设备租赁；通用设备维修、专用设备维修；工程和技术研究和试验发展；企业管理；城市绿化管理；园林绿化工程施工；工程管理服务；工程技术服务（规划管理、勘察、设计、监理除外）；市政设施管理；铁路运输辅助活动；以自有资金从事投资活动；生态恢复及生态保护服务；人工造林；草种植；人防工程设计；测绘服务；地质灾害治理工程施工；特种设备安装改造治理；矿产资源（非煤矿山）开采水资源管理；水污染治理；太阳能发电技术服务开发；工程管理服务；爆破作业；公路管理与养护；发电、输电、供电业务（具体以登记机关核定为准）。

2月17日，股份公司同意延长中铁成都投资发展有限公司营业期限10年。

2月17日，股份公司同意国际工程分公司注册地址变更为北京市丰台区南四环西路128号院1号楼1008。

3月7日，股份公司同意中铁置业成立三亚子悦酒店管理有限公司，注册资本100万元人民币，与三亚中铁置业有限公司按照"一个机构、两块牌子"模式运作，不增加人员编制。

3月15日，股份公司同意中铁二局成立中铁二局集团（泰国）有限公司，注册资本1亿泰铢。

4月18日，股份公司同意中铁二局以非公开协议转让方式向成都中铁二局资产管理有限公司转让成都中铁恒信投资有限公司、中铁二局集团自贡檀木林宾馆有限责任公司股权。

4月20日，股份公司同意中铁一局成立华陇中铁发展有限公司，注册资本9000万元人民币。

4月20日，股份公司同意中铁四局成立中铁四局集团武汉工程有限公司，注册资本5000万元人民币。与中铁四局三公司按照"一个机构、两块牌子"模式运作，不增加人员编制。

4月20日，股份公司同意中铁四局成立中铁四局集团芜湖工程有限公司，注册资本2000万元人民币。与中铁四局二公司按照"一个机构、两块牌子"模式运作，不增加人员编制。

4月20日，股份公司同意中铁四局成立中铁四局集团有限公司坦桑尼亚分公司。与中铁四局安哥拉分公司按照"一个机构、两块牌子"模式运作，不增加人员编制。

4月20日，股份公司同意中铁五局成立中铁五局集团深圳工程有限责任公司，注册资本1亿元人民币。与中铁五局深圳地铁指挥部按照"一个机构、两块牌子"模式运作，不增加人员编制。

4月20日，股份公司同意中铁六局成立中铁六局集团深圳工程有限公司，注册资本3000万元人民币。与中铁六局广州工程有限公司按照"一个机构、两块牌子"模式运作，不增加人员编制。

4月20日，股份公司同意中铁水利设计所属子公司江西武大扬帆科技有限公司名称变更为"中铁数字水利科技有限公司"。根据国家市场监督管理总局批复意见及更名需要，同意江西武大扬帆科技有限公司在江西省外再另行成立2家子公司（湖南智信科技有限公司、广州凌镀科技有限公司）。

4月20日，股份公司同意中铁六局成立中铁六局集团有限公司菲律宾分公司，注册资本20万美元。

4月22日，股份公司同意中铁五局收购中铁投资所持中铁五局（长沙）市政项目建设管理有限公司46%的股权，股权收购后中铁五局持股90%，长沙经济技术开发集团有限公司持股10%。

4月26日，股份公司同意中铁发展、中铁二局、中铁三局、中铁五局、中铁七局、中铁十局、中铁建工、中铁隧道局、中铁北京局、中铁上海局、中铁二院、中铁六院、济南章丘控股集团有限公司分别按照70.8%∶1%∶1%∶1%∶1%∶1%∶1%∶1%∶1%∶1%∶0.1%∶0.1%∶20%股比合资成立中山东龙山投资有限公司，注册资本5亿元人民币。

4月26日，股份公司同意调整中铁人才交流咨询有限责任公司法人治理结构、经理层设置、注册地变更及日常管理工作等相关事项。法人治理结构：设立董事会，董事会成员为3人。公司不设监事会，设监事1人。经理层：经理层成员由1人调整为3人，总经理兼任法定代表人及董事。注册地：从丰台区迁移至海淀区。日常管理工作：人才公司营业执照、印章及财务处理等日常管理工作交由人才公司自行管理，公司人力资源部不再管理。

4月27日，股份公司同意中铁置业全资子公司深圳市中铁永丰投资发展有限公司与广东天泽置业投资发展有限公司按照51%∶49%股比合资成立深圳市中铁天泽投资发展有限公司，注册资本1亿元人民币。

6月16日，股份公司同意中铁建工全资子公司中铁建工诺德城市投资有限公司以非公开协议转让方式向中铁建工转让章丘中铁诺德置业有限公司、中铁诺德（青岛）产城发展有限公司股权。

7月6日，股份公司同意将中铁隧道局集团青岛市政有限公司转注至厦门并实体运行。

7月18日，股份公司同意中铁建工成立中铁建工集团第一建设有限公司，注册资本1亿元人民币。同意将中铁建工所属的"中铁建工集团山东有限公司""中铁建工集团北方工程有限公司"和"中铁建工集团广东有限公司"分别更名为"中铁建工集团第二建设有限公司""中铁建工集团第三建设有限公司"和"中铁建工集团第五建设有限公司"。根据国家市场监督管理总局批复意见及更名需要，同意"中铁建工集团山东有限公司""中铁建工集团北方工程有限公司"和"中铁建工集团广东有限公司"再分别另行成立2家子公司[杭州鲁越建设有限公司和广州鲁粤建设有限公司、石家庄建厂建筑工程有限公司、中铁建工北方（河南）建筑有限公司、瑞金裕昌建筑有限公司和中铁建工吉首建筑有限公司]。

7月21日，股份公司同意按照辽宁省交通建设投资集团有限责任公司49%、中国中铁7.45%、中铁投资4.16%、中铁交通0.57%、中铁东北投资0.57%、中铁一局2.55%、中铁二局2.55%、中铁三局2.55%、中铁四局2.55%、中铁五局2.55%、中铁六局2.55%、中铁七局2.55%、中铁八局2.55%、中铁九局

2.55%、中铁十局 2.55%、中铁大桥局 2.55%、中铁隧道局 2.55%、中铁北京局 2.55%、中铁广州局 2.55%、中铁上海局 2.55% 的股比结构合资成立中铁（辽宁）本桓高速公路有限公司，注册资本 52.74 亿元人民币，委托中铁投资组建和管理。

7月21日，股份公司成立中国中铁智能建造专业研发中心，主中心依托单位为中铁科研院。

7月21日，股份公司成立中国中铁"双碳"专业研发中心，主中心依托单位为中铁二院。

7月22日，股份公司同意成立中国中铁股份有限公司北方分公司、华东分公司、西南分公司、海南分公司和雄安分公司，分别由中国中铁股份有限公司北方区域总部、东部区域总部、西南区域总部、海南区域总部和雄安区域总部负责管理。

7月22日，股份公司同意将中国中铁股份有限公司西安分公司管理单位由中铁城投变更为中国中铁股份有限公司西北区域总部，更名为"中国中铁股份有限公司西北分公司"。

7月22日，股份公司同意将中国中铁股份有限公司广州分公司管理单位由中铁南方变更为中国中铁股份有限公司华南区域总部，更名为"中国中铁股份有限公司华南分公司"。

7月27日，股份公司同意中铁物贸成立中铁物贸数字科技有限公司，注册资本 1 亿元人民币。与中铁物贸数字化运营中心按照"一个机构、两块牌子"模式运作，不增加人员编制。

7月28日，股份公司同意中铁十局成立中铁十局集团建设工程有限公司，注册资本 3000 万元人民币。与中铁十局一公司按照"一个机构、两块牌子"模式运作，不增加人员编制。

7月28日，股份公司同意中铁一局成立中铁一局集团乌兹别克斯坦有限公司，注册资本 1 万美元。与中铁一局海外事业部按照"一个机构、两块牌子"模式运作，不增加人员编制。

7月29日，股份公司同意中铁一局成立中铁一局集团南宁工程有限公司，注册资本 1 亿元人民币。与中铁一局中南地区指挥部按照"一个机构、两块牌子"模式运作，不增加人员编制。

7月29日，股份公司同意中铁一局成立中铁一局集团丽江工程建设有限公司，注册资本 1 亿元人民币。与中铁一局西南地区指挥部按照"一个机构、两块牌子"模式运作，不增加人员编制。

7月29日，股份公司同意中铁三局成立中铁三局集团阜阳工程有限公司，注册资本 5000 万元人民币。与中铁三局第四工程有限公司按照"一个机构、两块牌子"模式运作，不增加人员编制。

7月29日，股份公司同意中铁四局成立中铁四局集团无锡城市建设科技有限公司，注册资本 1 亿元人民币。与中铁四局建筑公司按照"一个机构、两块牌子"模式运作，不增加人员编制。

7月29日，股份公司同意中铁五局成立中铁五局集团厦门工程有限责任公司，注册资本 1 亿元人民币。与中铁五局一公司按照"一个机构、两块牌子"模式运作，不增加人员编制。

7月29日，股份公司同意中铁七局成立中铁七局集团番禺工程有限公司，注册资本 1 亿元人民币。与中铁七局第一工程有限公司按照"一个机构、两块牌子"模式运作，不增加人员编制。

7月29日，股份公司同意中铁七局成立中铁七局集团湛江工程有限公司，注册资本 5000 万元人民币。与中铁七局郑州工程有限公司按照"一个机构、两块牌子"模式运作，不增加人员编制。

7月29日，股份公司同意中铁七局成立中铁七局集团惠州工程有限公司，注册资本 1 亿元人民币。与中铁七局第一工程有限公司按照"一个机构、两块牌子"模式运作，不增加人员编制。

7月29日，股份公司同意中铁八局成立中铁八局集团厦门工程有限公司，注册资本 1 亿元人民币。与中铁八局华南指挥部按照"一个机构、两块牌子"模式运作，不增加人员编制。

7月29日，股份公司同意中铁八局成立中铁八局集团海南工程有限公司，注册资本 1 亿元人民币。与中铁八局华南指挥部按照"一个机构、两块牌子"模式运作，不增加人员编制。

7月29日，股份公司同意中铁九局成立中铁九局津巴布韦建设有限公司，注册资本 2000 美元。与中铁九局大连分公司按照"一个机构、两块牌子"模式运作，不增加人员编制。

7月29日，股份公司同意中铁建工成立中铁建工集团有限公司刚果（金）分公司。与中铁建工东非公司按照"一个机构、两块牌子"模式运作，不增加人员编制。

8月9日，股份公司同意按照黑龙江省金融控股集团有限公司 49%、中国中铁 26%、中铁北投 15%、中铁一局 3.7%、中铁四局 3.8%、中铁广州局 2.5% 的股比结构合资成立中铁（黑龙江）高速公路投资有限公司，注册资本 2.55 亿元人民币，委托中铁投资组建和管理。

8月9日，股份公司同意中铁一局成立中铁一局集团南昌工程有限公司，注册资本 1 亿元人民币。与中铁一局中南地区指挥部按照"一个机构、两块牌子"模式运作，不增加人员编制。

8月20日，股份公司同意中铁广州局成立中铁广州工程局集团第一工程有限公司，注册资本 1 亿元人民币。

9月3日，股份公司同意中铁二局以不高于 763.69 万元的价格收购四川通达铁路工程有限公司持有的中铁二局集团电务工程有限公司 1.71% 股权。

9月3日，股份公司同意中铁四局成立中铁四局集团雄安工程有限公司，注册资本 5000 万元人民币。与中铁四局四公司按照"一个机构、两块牌子"模式运作，不增加人员编制。

9月3日，股份公司同意中铁四局成立中铁四局集团宁波工程有限公司，注册资本2000万元人民币。与中铁四局二公司按照"一个机构、两块牌子"模式运作，不增加人员编制。

9月3日，股份公司同意中铁五局成立中铁五局集团芜湖工程有限责任公司，注册资本1亿元人民币。与中铁五局华南公司按照"一个机构、两块牌子"模式运作，不增加人员编制。

9月3日，股份公司同意中铁九局成立中铁九局集团淮南建设工程有限公司，注册资本1亿元人民币。与中铁九局一公司按照"一个机构、两块牌子"模式运作，不增加人员编制。

9月3日，股份公司同意中铁九局成立中铁九局集团龙江建设工程有限公司，注册资本1亿元人民币。与中铁九局第四工程有限公司按照"一个机构、两块牌子"模式运作，不增加人员编制。

9月3日，股份公司同意中铁隧道局成立中铁隧道局集团公路养护科技有限公司，注册资本1亿元人民币。

9月3日，股份公司同意中铁建工与中山火炬公有资产经营集团有限公司按照70%：30%股比合资成立中铁建工集团湾区建设有限公司，注册资本1亿元人民币。

9月3日，股份公司同意中铁八局将中铁八局集团有限公司塞内加尔分公司变更为子公司中铁八局集团塞内加尔有限责任公司，注册资本100万西非法郎（约1.2万元人民币）。

9月3日，股份公司同意中铁国际成立中铁国际集团有限公司毛里求斯分公司。

9月3日，股份公司同意中铁国际成立川铁国际经济技术合作有限公司伊拉克分公司。

9月3日，股份公司同意中铁国际变更中铁国际集团泰国有限公司注册资本、股东、董事及股权。注册资本：由原1000万泰铢变更为1亿泰铢。股东：由原股东中铁国际集团有限公司、黄宏、Mrs.Warunee Liu、Mr.Narinsorn Chamnanwet变更为中铁国际集团有限公司、Mr.Narinsorn Chamnanwet、Mr.Ratchayut Thoopthong。董事：由原董事黄宏、黎芝才、Mrs.Warunee Liu，其中，有权代表公司签字的董事为黄宏，现董事变更为乔勇、王增、Mr.Narinsorn Chamnanwet、Mr.Ratchayut Thoopthong，其中，有权代表公司签字的董事为乔勇或王增。股权：由原中铁国际集团有限公司持股98.998%，黄宏持股1%，Mrs.Warunee Liu 和 Mr.Narinsorn Chamnanwet各代持股十万分之一，变更为中铁国际集团有限公司持股49%，Mr.Ratchayut Thoopthong 和 Mr.Narinsorn Chamnanwet各代持股25.5%。

9月6日，股份公司同意中铁隧道局成立中铁隧道局集团黑龙江工程有限公司，注册资本1亿元人民币。与中铁隧道局二处有限公司按照"一个机构、两块牌子"模式运作，不增加人员编制。

9月6日，股份公司同意中铁七局与两位刚果（金）籍自然人股东MULAJ TSHIBWAMBJEAN NOA 和 LOHAYO OMBAPASSY 按照49%：26%（代持）：25%（代持）股比合资成立NENDA MBELE简易股份有限公司，注册资本5000美元。与中铁七局海外公司按照"一个机构、两块牌子"模式运作，不增加人员编制。

10月9日，集团公司同意中铁国资所属中铁干部管理培训学院名称变更为"中铁干部管理培训中心"。

11月2日，股份公司规划发展部同意中铁科研院所属中铁西北院将持有的西北公司股权转让给中铁二院。

11月4日，股份公司成立中国中铁国际隧道和地下空间研究咨询中心，中铁科研院为中心的依托单位，负责中心的建设与运营。

11月29日，股份公司同意中铁二局成立中铁二局青岛工程有限公司，注册资本1亿元人民币。

11月29日，股份公司同意中铁七局成立中铁七局集团中原工程有限公司，注册资本1000万元人民币。与中铁七局第五工程公司按照"一个机构、两块牌子"模式运作，不增加人员编制。

11月29日，股份公司同意中铁隧道局成立中铁隧道局集团（惠州）建设工程有限公司，注册资本4000万元人民币。与中铁隧道局建设公司按照"一个机构、两块牌子"模式运作，不增加人员编制。

11月29日，股份公司同意中铁建工成立中铁建工集团雄安有限公司，注册资本1亿元人民币。新设公司初期采用与中铁建工华北分公司"一个机构、两块牌子"模式运营，在获取高等级资质、积累一定工程业绩后，华北分公司管理重心和资源配置逐步向新设公司转移，将新设公司打造成为属地化实体工程公司。

11月29日，股份公司同意中铁二院与南宁轨道交通集团有限责任公司按照80%：20%股比合资成立中铁北部湾勘察设计有限公司，注册资本5000万元人民币。

11月29日，股份公司同意中铁五局成立中铁五局集团有限公司加勒比公司，注册资本50000东加勒比元（约合18403美元）。与中铁五局多米尼克国际机场项目按照"一个机构、两块牌子"模式运作，不增加人员编制。

11月29日，股份公司同意中铁七局成立中铁七局集团有限公司埃及分公司。与中铁七局国际事业部按照"一个机构、两块牌子"模式运作，不增加人员编制。

11月29日，股份公司同意中铁九局成立中铁九局阿根廷建设股份有限公司。与中铁九局国际事业部按照"一个机构、两块牌子"模式运作，不增加人员编制。

11月29日，股份公司同意中铁大桥局成立中铁大桥局集团有限公司桑给巴尔分公司。与中铁大桥局坦桑尼亚分公司按照"一个机构、两块牌子"模式运作，不增加人员编制。

11月29日，股份公司同意中铁工业成立中铁宝桥集团有限公司泰国代表处。

12月10日，股份公司同意中铁五局成立中铁五局集团珠海工程有限责任公司，注册资本1亿元人民币。与中铁五局五公司按照"一个机构、两块牌子"模式运作，不增加人员编制。

12月10日，股份公司同意中铁五局成立中铁五局集团郑州工程有限责任公司，注册资本1亿元人民币。与中铁五局二公司按照"一个机构、两块牌子"模式运作，不增加人员编制。

12月10日，股份公司同意中铁五局成立中铁五局集团洛阳工程有限责任公司，注册资本1亿元人民币。与中铁五局机械化公司按照"一个机构、两块牌子"模式运作，不增加人员编制。

12月10日，股份公司同意中铁广州局成立中铁广州工程局集团海南工程有限公司，注册资本1亿元人民币。与中铁广州局深圳公司按照"一个机构、两块牌子"模式运作，不增加人员编制。

12月15日，股份公司同意中铁七局成立中铁七局集团海南海口工贸公司，注册资本2100万元人民币。与中铁七局物资贸易公司按照"一个机构、两块牌子"模式运作，不增加人员编制。

12月30日，股份公司同意中铁四局成立中铁四局集团哈尔滨工程有限公司，注册资本5000万元人民币。与中铁四局路桥公司按照"一个机构、两块牌子"模式运作，不增加人员编制。

12月30日，股份公司同意中铁七局成立中铁七局集团佛山工程有限公司，注册资本5000万元人民币。与中铁七局武汉工程公司按照"一个机构、两块牌子"模式运作，不增加人员编制。

12月30日，股份公司同意中铁建工成立中铁建工集团华东建筑安装有限公司，注册资本1亿元人民币。新设公司初期采用与中铁建工建安公司"一个机构、两块牌子"模式运营，逐步打造成属地化专业化工程公司，条件成熟后则独立实体运作。

12月30日，股份公司同意中铁建工成立中铁建工集团西南有限公司，注册资本1亿元人民币。新设公司初期采用与中铁建工西南分公司"一个机构、两块牌子"模式运营，在获取高等级资质、积累一定工程业绩后，西南分公司管理重心和资源配置逐步向新设公司转移，将新设公司打造成为属地化实体工程公司。

（郭鑫荣　王　剑）

【注销机构】1月10日，中铁七局集团有限公司注销陕西黄屿工程材料有限公司。

1月12日，中铁高新工业股份有限公司注销中铁工程装备集团西北有限公司。

1月12日，中铁建工集团有限公司转让兰州华升置业有限责任公司。

1月20日，中铁二局集团有限公司注销成都福瑞置业有限公司。

1月26日，中铁四局集团有限公司注销中铁四局集团江苏投资建设有限公司。

2月4日，中铁资源集团有限公司注销中铁资源（香港）有限公司。

2月24日，中铁城市发展投资集团有限公司注销中铁丝路明珠（银川）开发运营有限公司。

3月4日，中铁五局集团有限公司注销深圳中铁置业有限公司。

3月10日，中铁八局集团有限公司注销中铁八局—万胜好联营私人有限公司。

3月23日，中铁建工集团有限公司注销中铁建工集团武威有限公司。

4月1日，中铁发展投资有限公司按照增资扩股的方式转让中铁（山东）投资有限公司55%股权，转让后股权比例：嘉兴星火私募基金管理有限公司55%，中铁发展投资有限公司45%。

4月7日，中铁三局集团有限公司注销中铁三局集团有限公司三局桑尼亚公司。

4月9日，中铁发投所属中铁中原投资发展有限公司按照增资扩股的方式转让郑州航空港区航盛基础设施建设有限公司31.81%股权，转让后股权比例：郑州航空港国有资产经营管理有限公司51.81%，中铁中原投资发展有限公司48.19%。

4月19日，中铁国资资产管理有限公司注销郑州通达铁路实业有限公司。

4月22日，中铁五局集团有限公司注销湖南中铁长和房地产开发有限公司。

4月27日，中铁建工所属中铁建工集团第三建设有限公司（原名称：中铁建工集团北方工程有限公司）注销石家庄建厂建筑工程有限公司。

5月26日，中铁北京工程局集团有限公司注销西安航天新区发展有限公司。

5月28日，中铁文化旅游投资集团有限公司转让贵州中荣置业有限责任公司95%股权，转让后股权比例：四川大有良行地产有限公司95%，中铁文化旅游投资集团有限公司5%。

6月15日，中铁隧道局集团有限公司注销中铁湾区建设开发有限公司。

6月27日，中铁文化旅游投资集团有限公司注销重庆合景旅游发展有限公司。

6月30日，中铁二局所属中铁二局第四工程有限公司按照增资扩股的方式转让长春明学工程有限公司80%股权，转让后股权比例：吉林省路桥工程（集团）有限公司80%，中铁二局第四工程有限公司20%。

7月5日，中铁建工所属中铁建工集团第五建设有限公司（原名称：中铁建工集团广东有限公司）注销中铁建工吉首建筑有限公司。

7月15日，中铁南方投资集团有限公司注销深圳深汕特别合作区深铁投资发展有限公司。

7月18日，中铁建工所属中铁建工集团第二建设有限公司（原名称：中铁建工集团山东有限公司）注销杭州鲁越建设有限公司。

7月22日，股份公司批准撤销中国中铁股份有限公司陕西榆林神佳米高速公路项目工程指挥部，相关工作由中铁交通负责。

7月27日，中铁建工所属中铁建工集团第三建设有限公司（原名称：中铁建工集团北方工程有限公司）注销中铁建工北方（河南）建筑有限公司。

7月27日，中铁建工所属中铁建工集团第五建设有限公司（原名称：中铁建工集团广东有限公司）注销瑞金裕昌建筑有限公司。

8月18日，中铁水利设计所属中铁数字水利科技有限公司（原名称：江西武大扬帆科技有限公司）注销湖南禾浩科技有限公司（批复名称：湖南智信科技有限公司）。

9月1日，中铁资本有限公司注销济宁港荣投资建设有限公司。

9月5日，中铁六局集团有限公司注销中铁六局集团北京置业有限公司。

9月16日，中铁建工所属中铁建工集团第二建设有限公司（原名称：中铁建工集团山东有限公司）注销广州鲁粤建设有限公司。

9月28日，中铁五局集团有限公司注销长沙铁五房地产开发有限公司。

9月30日，中铁水利设计所属中铁数字水利科技有限公司（原名称：江西武大扬帆科技有限公司）注销广州凌镀科技有限公司。

9月30日，中国铁工投资建设集团有限公司注销银川中铁水务集团河东供水有限公司。

10月24日，中铁建工集团有限公司注销湖北华滨投资有限公司。

11月3日，中铁文化旅游投资集团有限公司注销重庆合景林语房地产开发有限公司。

11月9日，中铁资源集团有限公司注销 CREC RESOURCES LOGISTICS SA（PTY）LTD——中铁资源国际物流（南非）有限公司。

11月17日，股份公司批准注销中铁东方国际集团有限公司和中国中铁股份有限公司东方国际建设分公司。清算注销东方国际，将其所持有的中铁马来公司股权转让给股份公司，并将中铁马来公司委托国际工程分公司代为管理，马来西亚区域总部委托国际工程分公司管理，依托中铁马来公司进行实体化运营。东方国际债权债务转由中铁马来公司承接。清算注销东方建设分公司，东方建设分公司债权债务转由中铁马来公司承接，依法完成注销前由中铁马来公司代为管理。根据在建及追踪项目实际需要，按照"必要经营人员、必要项目管理人员"留用原则，东方国际及所属企业全部中方正式员工转入中铁马来公司，员工劳动及社保等关系转由国际工程分公司代管。东方国际外籍员工由中铁马来公司负责进行安置和管理。

11月15日，中铁置业集团有限公司注销青岛熙越置业有限公司。

11月25日，中铁城市发展投资集团有限公司注销中铁城市（成都）资产管理有限公司。

11月29日，中铁高新工业股份有限公司注销中铁工程装备集团洛阳有限公司。

12月1日，中铁投资集团有限公司注销北京祥顺置业有限公司。

12月2日，中铁八局集团有限公司注销成都融泰地产有限公司。

12月5日，中铁八局集团有限公司注销昆明中铁建设工程质量检测有限公司。

12月5日，中铁建工集团有限公司注销苏州诺德瑞源置地有限公司。

12月12日，中铁二局集团有限公司注销珠海中铁广来商务服务有限公司。

12月14日，中铁八局集团有限公司注销四川铁正建设工程质量检测有限公司。

12月15日，中铁资源集团有限公司注销北京邦盛源国际咨询有限公司。

12月15日，中铁国资资产管理有限公司转让华县中铁养老管理有限公司。

12月21日，中铁物贸集团有限公司注销上海亚太国际商品交易中心有限公司。

12月26日，中铁置业集团有限公司注销北京中铁润丰房地产开发有限公司。

12月27日，中铁置业集团有限公司注销杭州中铁和丰置业有限公司。

12月27日，中铁四局集团有限公司注销南京秋江建设管理有限公司。

12月29日，中铁城市发展投资集团有限公司注销银川中铁天圆房地产有限公司。

12月31日，中铁建工集团有限公司注销上海兴延巨阆投资管理中心。

12月31日，中铁二局集团有限公司注销成都市新川藏路建设开发有限责任公司。（王　剑）

【直属指挥部、区域经营机构设立、变更】1月6日，股份公司成立中国中铁股份有限公司厦门市轨道交通3号线南延段工程土建施工总承包项目部，由中铁南方负责组建和管理。

1月10日，股份公司成立中国中铁股份有限公司青岛市地铁7号线二期土建一标段项目经理部，由中铁发投负责组建和管理。

1月10日，股份公司成立中国中铁股份有限公司南京至马鞍山市（域）郊铁路（南京段）工程施工总承包 D.S02.X-TA01 标项目部，由中铁上投负责组建和管理。

1月19日，股份公司成立中国中铁杭州至德清市域铁路工程土建施工Ⅰ标段总承包项目部，由中铁上投负责组建和管理。

2月17日，股份公司将中国中

铁哈大铁路客运专线工程指挥部委托中铁九局负责管理，哈大铁路客运专线工程指挥部名称不作变更。撤销"中共中国中铁股份有限公司哈大铁路客运专线工程指挥部工作委员会"和"中共中国中铁股份有限公司哈大铁路客运专线工程指挥部纪律检查工作委员会"。

2月17日，股份公司成立中国中铁股份有限公司川藏铁路工程指挥部昌都分指挥部。

4月27日，股份公司成立中国中铁股份有限公司海南区域总部。

4月27日，股份公司将中国中铁股份有限公司北方区域总部主责区域调整为北京、天津、河北（不含雄安新区）、黑龙江、吉林、辽宁、内蒙古。

4月27日，股份公司重组成立中国中铁股份有限公司西北区域总部，重组后西北区域总部主责区域为陕西、甘肃、宁夏、青海、新疆、西藏。

4月27日，股份公司重组成立中国中铁股份有限公司东部区域总部，重组后东部区域总部主责区域为上海、浙江、江苏、安徽、山东、河南、山西。

4月27日，股份公司将中国中铁股份有限公司华南区域总部主责区域调整为广东、广西、江西、湖南、福建。

4月27日，股份公司将中国中铁股份有限公司西南区域总部主责区域调整为四川、贵州、云南、重庆、湖北。

5月5日，股份公司成立中国中铁铁科高速公路尚五段PPP项目总经理部，由中铁投资负责组建和管理。

7月22日，股份公司成立中国中铁股份有限公司西安市地铁2号线二期工程施工总承包项目2标段项目经理部，由中铁电气化局负责组建和管理。

7月22日，股份公司成立中国中铁股份有限公司辽宁省本溪至集安高速公路本溪至桓仁（辽吉界）段PPP项目总经理部，由中铁投资负责组建和管理。

10月19日，股份公司成立中国中铁股份有限公司珠三角城际轨道交通广佛环线佛山西站至广州北站段施工总承包项目经理部，由中铁广投负责组建和管理。

11月1日，股份公司成立中国中铁股份有限公司福州市轨道交通6号线东调段工程（土建施工）项目经理部，由中铁南方负责组建和管理。

11月21日，股份公司成立中国中铁股份有限公司粤东城际"一环一射线"YDZH-8标项目经理部，由中铁南方负责组建和管理。

12月21日，股份公司成立中国中铁股份有限公司十四五新疆区域工程建设指挥部，由中铁十局负责组建和管理。

12月31日，股份公司成立中国中铁甬舟铁路PPP项目工程指挥部，由中铁上投负责组建和管理。

（郭鑫荣）

生产经营发展

【国内工程】2022年，中国中铁高举"开路先锋"大旗，在服务国家重大

▲图4-7 中铁设计设计的济郑高铁濮阳东站站房及站前广场

战略中优化市场布局，年内新建北京枢纽丰台站工程、福州轨道交通5号线、重庆地铁4号线二期、京唐城际、新成昆铁路峨米段、静兴高速公路、青岛地铁4号线、合肥轨道交通5号线、深圳地铁14号线、杭州地铁7号线、云南玉溪至楚雄高速公路等重大项目实现开通目标。中国中铁参与川藏铁路雅安至林芝段中间段、济南城市轨道交通6号线、新建京雄商高铁、成万达铁路、成渝中线铁路、康渝铁路、深圳市轨道交通11号线二期工程、汉广高速公路、沙南高速公路等正式开工建设。

（王 琳）

【海外业务】2022年，中国中铁积极参与"一带一路"建设、基础设施互联互通、国际产能和装备制造合作，全力推动中国铁路"走出去"。公司国际业务新签合同额275.91亿美元，同比增加42.45亿美元，增长率为18.18%。2022年内，公司成功中标蒙古国东戈壁省露天煤矿煤炭剥采和运输、孟加拉国数字联通、匈塞铁路匈牙利段北段枢纽工程、香港新界大埔及湾仔综合商业体等项目。在ENR全球承包商250强排名第2，在全球最大250家国际承包商排名第11，较2021年上升2位。

（余 翔）

【勘察设计与咨询服务业务】中国中铁勘察设计与咨询服务业务涵盖研究、规划、咨询、造价、勘察设计、监理、工程总承包、产品产业化等基本建设全过程服务，主要涉及铁路、城市轨道交通、公路、市政、房建等行业，且通过并购中铁长江院和中铁水利院，合理布局生产要素，开拓了水利水电、水运勘察设计新板块，发挥设计引领前端优势，和既有的业务形成了有效的补充，不断向现代有轨电车、中低速磁悬浮、智能交通、民用机场、港口码头、电力、节能环保等新行业新领域拓展。基本经营模式是在境内外通过市场竞争获得勘察设计订单，按照合同约定完成工程项目的勘察设计及相关服务等任务。同时，公司不断创新勘察设计业务经营模式，充分利用开展城市基础交通设施规划的优势，努力获取设计项目和工程总承包项目，以技术先行助力全系统协同发展。作为中国勘察设计和咨询服务行业的骨干企业，公司在工程建设领域发挥了重要的引领和主导作用，尤其是在协助制定建设施工规范和质量验收等方面的铁路行业标准中发挥着重要作用。在2022年ENR全球150家最大设计企业和225家最大国际设计企业排名中，公司分列第15位和第118位。2022年，勘察设计企业完成营业额288.33亿元，同比增长7.8%。

（雷思遥）

▲图4-8 2022年6月28日，中铁工业承建的深中通道中山大桥成功合龙

【工业制造】中国中铁工业板块主要生产厂家包括中铁工业、高铁电气、中铁装配等企业。中铁工业（股票代码600528.SH）是中国铁路基建装备领域产品最全、A股市场上主营轨道交通及地下掘进高端装备的两家工业企业之一；高铁电气（股票代码873023）是国内电气化接触网零部件及城市轨道交通供电装备重要的研发、生产和系统集成供应商；中铁装配（股票代码300374.SZ）是国内房屋装配式建筑部品部件行业中产品结构丰富并具备装配式建筑集成服务能力的供应商，可提供装配式建筑全套解决方案。工业企业生产的主要产品有道岔、隧道施工设备、工程施工机械、铁路和城市轨道交通电气化器材、装配式建筑和钢结构制造及安装等。2022年，中铁工业新签合同额514.4亿元，同比增长9.89%。通过加快市场布局，寻求重点突破，围绕钢结构智能制造、道岔技术进步、工程施工机械和隧道掘进装备关键零部件国产化替代等方向解决制约公司产业发展的技术瓶颈，加强国内市场开拓和覆盖，隧道施工装备及相关服务业务新签合同额144.2亿元，同比增长12.03%，钢结构制造及安装业务新签合同额246.92亿元，同比增长9.45%，道岔业务新签合同额69.84亿元，同比增长8.25%。海外市场实现逆势增长，中标了韩国龙仁电缆隧道项目、新加坡地铁项目、泰国曼谷供水工程项目等盾构机/TBM订单。

（贤慧）

【房地产开发】房地产开发业务是中国中铁的重点发展板块，是中国中铁品牌多元化的重要载体，公司依托主业优势向"地产＋基建""地产＋产业"模式转变，致力于成为优秀的城市综合开发运营商；加快由传统的商业地产开发向集多业态、多产业、多功能于一体的综合开发模式转变；发挥产业链一体化优势，创新商业模式，在土地获取、产业链协同、产品与服务等方面形成中铁特色。公司房地产开发业务包括土地一级开发和房地产二级开发。土地一级开发经营模式是地方政府或其授权的部门及平台公司通过竞争方式委托公司按照规划要求，对一定区域的土地依法实施征收、城市基础设施建设和社会公共设施建设，使区域内的土地达到规定的供应条件，政府或其授权部门通过有偿出让该土地获取土地出让收入，并按约定支付公司的投资及收益。二级开发经营模式是在境内外通过市场竞争的方式获得房地产开发授权，将新建成的商品房进行出售或出租。2022年，公司房地产开发业务顺应国家政策导向，坚持新发展理念，面向市场需求，发挥产业链一体化优势，重点布局城市群、都市圈，围绕基建主业找项目、谋发展，向文旅、康养、TOD、会展等领域稳步拓展，加快由传统的商业地产开发向集多业态、多产业、多功能于一体的综合开发模式转变，持续提升中国中铁特色的房地产开发核心竞争力；深入研判已进驻区域和城市房地产市场环境，持续优化房地产项目投资布局，审慎优选投资项目，适当增加在一线城市和二线核心城市的投资比重。面对整体市场下行压力，进一步加强房地产板块风险防控体系建设，高度重视项目存货去化，狠抓项目销售回款，加强存量资产盘活；坚持"以销定产、以收定支"，确保房地产业务现金流安全，努力促进企业房地产业务平稳健康发展和转型升级。2022年，公司房地产业务实现新签合同额751.9亿元，同比增长29.6%；新增土地储备面积130.61万平方米。

（陈翔）

践行"三个转变"重要指示

【中国智造品牌论坛暨中央企业装备制造创新成就云展览】5月10日，中国智造品牌论坛暨中央企业装备制造创新成就云展览在股份公司总部举行。21家中央企业在虚拟展厅内展示了高端装备智能制造的最新代表性成就。制造业是立国之本、强国之基。近年来，中央企业在科技创新驱动、大国重器制造、国家名片打造等方面成就瞩目，一批"国之重器"惊艳亮相。本次论坛上，国务院国资委党委委员、副主任谭作钧指出，国资央企紧紧围绕服务国家重大战略，大力推进创新发展、转型升级、提质增效，面向国家重大需求提供关键支撑，面向经济主战场加快技术攻关，面向世界科技前沿强化前瞻布局，面向人民生命健康加强科技供给，在中国智造领域取得了一系列突破性、标志性重大成果。谭作钧强调，国资央企要始终强化创新引领，加快推进"三个转变"，实现从传统生产方式到现代生产方式的飞跃，聚焦高水平自立自强，切实发挥好国资央企对中国智造高质量发展的引领作用。

（王琳）

【全球最大直径全断面硬岩掘进机"高加索号"】由中国中铁研制的世界最大直径全断面硬岩掘进机"高加索号"在格鲁吉亚交通走廊科维谢提至科比段公路隧道项目快速掘进。隧道建成后，该段公路行车时间将从1小时缩短至20分钟，有力带动当地经济发展，造福当地民众。"高加索号"完全采用中国设计、中国标准，由中方独立制造。掘进机直径15.08米，全长182米，总重量3900吨，最大推力2.26万吨，总功率9900千瓦。

（王琳）

【"共工号"引领桥梁建造技术进入3.0时代】由中国中铁研制的桩梁一体智能造桥机"共工号"，实现了工厂化预制、精益化管理、模块化拼装、智能化架设的新型桥梁建造模式，引领桥梁建造技术进入3.0时代。"共工号"采用北斗定位系统打桩，实现了引孔、打桩、架梁、拼装桥墩全套"空中"作业，适合在浅水湖泊、沼泽湿地、环境保护区、城市繁华区等传统施工方式很难施展的区域施工，不仅可以大幅提高施工效率，还能降低施工扬尘和噪声。

（王　琳）

【品牌建设体系】2022年，中国中铁健全品牌建设体系，促使品牌运营管理向规范化、专业化迈进，为打造卓著品牌、加快建设世界一流企业提供有力支持。形成了以《品牌建设"十四五"规划》为总纲，《品牌管理办法》为"1"，《品牌架构与应用规范》《品牌资产目录》为"N"的制度体系，品牌管理基础进一步夯实；构建了以"中国品牌日"为主的立体式、全方位的品牌传播推广体系，3个品牌案例入选国资委品牌建设典型案例和优秀故事名录，1篇署名文章在国资委"一把手谈品牌"栏目刊发，5家单位入选中国施工企业管理协会"中国建造"品牌企业，中国中铁品牌知名度和影响力进一步扩大；确定了以"单一品牌架构"为主体，以"主副品牌架构"和"多品牌架构"为补充的"一主多辅"的品牌架构战略，品牌生态体系进一步优化，促使中国中铁品牌价值排名提升至2022年的第107位，较2021年度提升15位。

（王　琳）

大商务管理

【建立大商务管理基本体系】2022年，中国中铁出台大商务管理体系建设指导意见和项目管理效益提升三年行动方案，对"两大任务"作出系统部署，成立工程经济研究院指导创效工作，组织两轮穿透到项目的督导检查跟踪问效；各二级企业迅速行动，通过落实"一把手"责任、完善组织机构、优化职能职责、加强商务人才队伍建设、健全工作制度等一系列具体措施，大商务管理稳步推进。截至2022年末，18家工程局、200家三级工程公司全部配齐了总经济师，组建了商务管理部，优化了各业务系统大商务管理职能职责；50%以上的项目部配备了商务经理；商务人员达2.28万人，占员工总数的7.95%，项目商务人员占商务人员总数的87.2%，均提前完成年度目标，基本形成了以机构、职能、人员、制度、运行机制为支撑的大商务管理体系。

（杨文斌）

【优化经营工作价值导向】认真落实年度经营工作会精神和经营系统大商务管理要求，坚持战略统筹和具体实践并重、保规模和调结构并重、"敢竞争"和"严慎选"并重、讲分工与强协同并重，狠抓项目信息获取和经营策划，突出订单质量和转化率，努力跑好大商务管理"第一

▲图4-9　2022年11月7日，中铁工业研制的国内首台矿用可变径敞开式TBM"中铁1159号"成功下线

棒"，实现经营工作"量质双升""质量为先"。2022年内先后承揽了北沿江、雄商、珠三角城际广佛环线、广西大藤峡水利枢纽工程等一批具有重要影响力的项目。

（杨文斌）

【强化项目履约管控措施】强化项目履约管理，推动安全质量系统提升，加强重点项目管控，强化难点项目技术支撑，注重科技成果转化应用，扎实推进重大工程建设。各二级、三级企业坚持以大商务管理统领项目履约全过程，做实前期策划，优化资源配置，狠抓方案落地，严格过程执行，守牢安全质量底线，实现优质高效履约。2022年，一批重大工程获"中国建设工程鲁班奖"。郑渝高铁、和若铁路、秦岭输水隧道、孟加拉国帕德玛大桥等一批国内外重大工程建成投用，川藏铁路、滇中引水、京雄高速、雅万高铁等重点项目有序推进，项目履约能力不断增强，企业品牌影响力持续提升。

（杨文斌）

【完善风险防控制度流程】深入开展"严肃财经纪律、依法合规经营"综合治理专项行动，纵深推进"久竣未结"项目专项整治、投资板块低效无效资产处置、"三角债"专项清理、工程项目转包和违法分包专项治理，有效解决了固有顽疾，化解了一些潜在风险，专项治理取得显著成效。

（杨文斌）

【丰富综合创效方法路径】紧盯"开源""节流"两条线，打好"降、减、增"组合拳，逐级分解目标，层层压实责任，不断增强成本管控能力，有效提升项目效益水平。大力推进降本增效，通过分包规范管理、物资集约管理、税务科学筹划等手段，有效堵塞项目效益流失漏洞。大力推进减亏增效，召开推动铁路建造业务高质量发展专题会，牵头督导各层级扎实开展重点铁路亏损项目治理，实行"一项一策"、挂牌督办。

（杨文斌）

【营造全员创效文化氛围】2022年，财务、投资、人力、法规、审计、安质、考核分配、党群等业务系统把"效益提升、价值创造"理念植入本系统大商务管理推进方案或具体措施，加强工作实践，形成综合发力、协同推进的良好局面。财务系统通过资产盘活、留抵退税、引入政策性开发资金等方式增加资金和资本流入，通过支付刚性约束、合规财务管理、落实"勤俭办企"等措施有效降低运营成本，"三项费用率"减少0.22个百分点。投资系统建立"1+9+N"投资业务制度管理体系，推进各类投资业务全过程制度化和规范化。人力系统多次组织举办大商务管理专题培训班，累计培训"铁三角"岗位人员6000多人次。法务系统充分运用法律手段追索债权，实现价值创造。审计系统开展工程项目"久竣未结"、投资项目"逾期回款"等专项审计，有效堵塞成本浪费和效益流失漏洞。安质系统坚持效益优先导向，在新修订的中国中铁优质工程评选办法中，对参评项目专门设置了盈利"门槛"。考分系统夯实基层经济单元的考核分配管理，以"清晰健全的责任体系"保证项目激励约束有效实施。同时，各层级、各单位党组织通过党委会、理论学习中心组学习等形式开展大商务学习宣贯，开展"党建＋大商务""理念体系建设年""效益提升大家谈"等主题活动；群团组织举办"供应链管理比赛"和"商务算量比赛"，开展形式多样的全员降本活动，营造"人人都是成本管理者、人人都是利润创造者"的浓厚氛围，推动大商务管理由思想共识转化为抓落实见实效的具体行动。

（杨文斌）

巩固拓展脱贫攻坚成果，有效衔接乡村振兴

【精准帮扶规划】2022年，中国中铁坚持以习近平新时代中国特色社会主义思想为指导，深入贯彻党中央、国务院和国资委的决策部署，严格落实"产业兴旺、生态宜居、乡风文明、治理有效、生活富裕"工作总要求，合理规划年度工作任务，突出工作重点，创新工作举措，全面有序推动各项工作落实落地，扎实推动巩固拓展脱贫攻坚成果同乡村振兴有效衔接，为全面推进乡村振兴战略持续贡献中铁力量。聚焦产业振兴和美丽乡村建设两大主线，发布《中国中铁2022年定点帮扶工作计划》。组织召开了领导小组会议，公司两位主要领导出席会议，对年度重点项目及资金使用方案进行研究，全面做好年度帮扶工作的部署安排。公司领导高度关注帮扶地区帮扶成效，心系当地百姓和挂职干部。8月22日至24日，公司总裁、党委副书记陈文健带队到汝城县、桂东县调研考察；9月21日，公司党委副书记、工会主席、执行董事王士奇带队到保德县调研考察；两位领导分别与当地政府深入交流，全面了解关于党中央乡村振兴最新要求的贯彻落实情况，及时掌握相关工作开展情况，听取了帮扶地区和挂职干部的工作汇报，走访慰问了脱贫户和困难群众，整理形成调研报告2篇，梳理了相关问题及困难，并提出了整改措施和建议。9月14日至15日，公司总裁助理、规划发展部部长耿树标同志带队前往桂东县、汝城县进行专项调研，提出系统帮扶规划，研究今后一段时期两县帮扶方向，形成专题报告。帮扶项目督办和防止返贫动态监测机制不断健全完善。动态掌握帮扶工作开展情况，特别是帮扶项目建设和资金使用情况，结合现场调研情况，坚持问题导向，向驻帮扶县工作组下达7份督办函，对统筹疫情防控与项目推进、加快项目进度、加大消费帮扶力度等方面提出要求。创新援建资金监管机制，加强援建资金合规管理。成立了由中国中铁为捐赠人、中国志愿服务基金会为委托人、所属金融企业中铁信托为受托人的慈善信托，助力帮

扶资金拨付效率不断提升，沟通机制更加灵活，合规监管水平进一步加强。

（林震远）

【精准帮扶举措及成效】2022年，中国中铁以高度的政治责任感和使命感，认真贯彻实现巩固拓展脱贫攻坚成果同乡村振兴有效衔接工作要求，积极克服疫情影响，顺利完成现场调研、资金调拨、人才培训、消费助农等"规定动作"，不断巩固发展定点帮扶工作新成效。大力扶持产业发展，壮大振兴发展引擎。投入2000万元建设神山村5MW光伏电站项目，预计运转周期25年，年均收益超过250万元，收益将全部用于当地公益事业发展以及贫困户帮扶；成立汝城县白毛茶产业发展基金，计划在"十四五"期间每年投入500万元，用于扶持白毛茶产业发展，通过镇村联动模式，激发当地茶农种植积极性，为乡村振兴增加原动力，该项目受到茶叶院士刘仲华的高度认可和大力支持；投入2000万元用于桂东县X004线增口至泮溪公路改建项目（中铁振兴大道南段），通过疏解附近交通拥堵压力，促进沤江镇增口片区文旅地产项目发展。创建生态文明示范村，打造美丽宜居家园。投入超过1500万元，在汝城县马桥镇外沙村、桂东县光明村等11个村实施乡村建设、人居环境整治专项工程，倾力打造干净、整洁、有序的美丽宜居家园，当地村民积极投身自己的家园建设，内生动力被全面激发。汝城县热水村通过环境改善，依托温泉资源，吸引民企投资4000万元发展高端民宿；东山村获评湖南省美丽乡村示范村。扩大培训覆盖面，提升各类人才能力素质。利用公司党校等培训平台，组织54名帮扶县基层干部参加第二期定点帮扶基层党支书培训班，进一步发挥乡村振兴带头人的"领头雁"作用；发挥公司行业技术优势，定期组织劳模和高端技能人才到帮扶县传授经验，引领当地技术技能进步，助力汝城职中获得全国测量大赛三

▲图4-10 中国中铁以实际行动助力"消费帮扶"

等奖；指导各帮扶县持续做好就业培训工作，继续深入组织开展保德县"保德好司机"和汝城县"人人有技能"两个培训品牌项目，积极打造"保德好物业"新品牌，帮助首批44名脱贫户家庭人员完成相关技能提升培训，为脱贫户劳动力找到了一条致富新门路。深入开展基层党建，助力基层党组织发展。时刻关心、密切联系基层党员群众，中铁五局总部和所属单位党支部多次到当地开展支部共建活动，参观"半条被子的温暖"陈列馆和上将朱良才故居等红色经典教育基地，开展"吾心有爱、伴汝成长"助学帮扶活动，结对延寿乡9名困难学子，资助其至大学毕业，其中2022年1人考取北京大学；保德县猫窝村党支部坚持党建引领，以"喜迎二十大、永远跟党走、奋进新征程"为契机，先后组织10次主题党日活动、5次专题党课、1次组织生活会，制定十五大类100项党建工作清单，实现硬件阵地和软件资料两手抓、两手硬工作格局，以党建引领扎实推进乡村振兴。多措并举，加大帮扶地区农产品购销力度。建立农产品销售"一平台四机制"，进一步疏通销售渠道和保障购买职工的利益。发挥组织优势，号召所属单位工会和食堂沟通帮扶地区农产品，架起了定点帮扶地区和公司之间的"爱心桥"；打通外部渠道，邀请超市、水果连锁店等前来考察，对接展销商、央企帮扶平台等销售平台，拓宽当地农产品的销售渠道；创新采用直播带货新方式，积极参与国资委消费帮扶兴农周活动，借助国资小新网络平台直播带货。

全年共投入定点帮扶资金8463万元（无偿资金6440万元，有偿资金2023万元），引进帮扶资金5.73亿元（无偿资金2.58亿元，有偿资金3.15亿元），培训基层干部406人次，培训乡村振兴带头人123人次，培训专业技术人员1160人次，购买农产品2248.2万元，帮助销售农产品220.8万元。资金投入和相关指标均创新高，高质量完成年度各项工作计划，帮扶工作取得显著成效。

（林震远）

CHAPTER 5

基建建设

基建建设经营开发

【基建建设板块新签合同额】2022年，中国中铁全系统基建建设板块完成新签合同额26659.3亿元，同比增长10.3%。其中，承包经营新签合同额为22279.4亿元，同比增长14.8%；投资业务新签合同额4379.9亿元，同比减少7.8%。（肖艳敏）

【铁路市场经营开发概况】2022年，中国中铁基建建设铁路工程板块新签合同额5157.8亿元，占基建建造板块新签合同总额的19.3%，同比增长19.0%。其中，铁路大中型市场中国中铁累计中标203.5个标段共计4001.7亿元，占市场份额的49.5%，尤其是抢抓四季度铁路市场招标高潮机遇，及时安排部署，系统组织会战，圆满实现了市场份额大、订单质量好、产品结构优等一系列目标。（徐林尧）

【非铁路市场经营开发概况】2022年，中国中铁基建建设非铁路板块新签合同额21501.5亿元，占基建建设板块新签合同总额的80.7%，同比增长8.4%。公路工程新签合同额3483.1亿元，同比增长18.0%；市政工程新签合同额3149.6亿元，同比减少24.3%；房建工程新签合同额8418.2亿元，同比增长6.2%；城市轨道工程新签合同额1177.4亿元，同比减少21.1%；水利水电工程新签合同额1552.0亿元，同比增长401.6%；港口与航道工程新签合同额132.1亿元，同比增长29.4%；机场工程新签合同额127.1亿元，同比减少53.0%；城市综合开发新签合同额745.8亿元；水务环保工程新签合同额752.2亿元；其他工程新签合同额1964.0亿元，同比减少25.0%。（肖艳敏 徐林尧）

【各工程局基建建设板块新签合同额】2022年，各工程局基建建设板块完成新签合同额21069.1亿元，同比增长16.5%。其中，铁路工程新签合同额4725.8亿元，同比增长31.3%；公路工程新签合同额1634.3亿元，同比增长17.3%；城轨工程新签合同额919.9亿元，同比降低12.1%；市政工程新签合同额2616.4亿元，同比降低4.6%；房建工程新签合同额8101.1亿元，同比增长5.7%；水利水电工程新签合同额606.7亿元，同比增长107%；机场工程新签合同额119.3亿元，同比降低55.9%；城市综合开发新签合同额57.2亿元；港口与航道工程新签合同额94亿元，同比增长3.9%；水务环保工程新签合同额489.6亿元；其他工程新签合同额1704.8亿元，同比增长72.1%。（徐林尧）

表 5-1　2022年度以股份公司资质名义中标的总承包项目汇总

序号	工程项目名称	总包合同签订单位	建设单位名称	合同金额/万元	合同工期/日历天
1	西安市地铁2号线二期工程施工总承包项目2标段	中国中铁（牵头） 中铁电气化局 中铁一局建安公司	西安市轨道交通集团有限公司	61440.61	472日历天
2	福州市轨道交通6号线东调段工程（土建施工）	中国中铁（牵头） 中铁四局 中铁八局 中铁电气化局	福州地铁集团有限公司	180984.64	1644日历天
3	珠三角城际轨道交通广佛环线佛山西站至广州北站段施工总承包 GFXH-1 标段	中国中铁（牵头） 中铁广投 中铁一局 中铁三局 中铁四局 中铁六局 中铁十局 中铁广州局 中铁隧道局	广州地铁集团有限公司	919016.50	1826日历天
4	新建粤东城际铁路"一环一射线"项目施工总价承包 YDZH-8 标段	中国中铁（牵头） 中铁南方 中铁一局 中铁二局 中铁四局 中铁广州局 中铁电气化局 广东水电二局	广东粤东城际铁路有限公司	1433268.37 （中铁方承担820974.48）	1643日历天

制表：徐林尧

▲图 5-1　中铁四局承建的南宁玉洞大道综合管廊项目

【西安市地铁 2 号线二期工程施工总承包项目 2 标段】2022 年 3 月 4 日，中国中铁、中铁电气化局、中铁一局建安公司联合体中标西安市地铁 2 号线二期工程施工总承包项目 2 标段。建设单位：西安市轨道交通集团有限公司。公开招标方式中标，中标价 61440.61 万元。计划工期 472 日历天，计划 2023 年 6 月 30 日竣工。项目线路总长 6.922 千米，为地下线，共设 4 座车站。其中，北延段（草滩北站至北客站）3.505 千米，新设 2 座车站（草滩北站、正阳大道站）；南延段（韦曲南站至常宁站）3.417 千米，新设 2 座车站（何家营站、常宁站）。施工内容包括设备安装及装修、系统设备安装及部分设备采购等工程。其中，安装装修工程：包含给排水及消防工程（含水泵设备采购）、通风空调与采暖系统工程、气体灭火系统工程（含设备采购）、低压配电与照明工程（含 EPS 设备采购）、火灾自动报警系统与气灭控制系统工程（含设备采购）、环境与设备监控系统、门禁系统（含设备采购）、建筑装修和车站安装装修工程、站内和站外导向标识系统等；系统设备工程：包含供电系统、站台门、专用通信、公安通信、乘客信息系统（PIS）、信号、综合监控、自动售检票（AFC）、安防等系统工程采购及安装；线网云平台综合测试设备房安装装修。

（徐林尧）

【福州市轨道交通 6 号线东调段工程（土建施工）施工总承包】2022 年 6 月 21 日，中国中铁、中铁四局、中铁八局、中铁电气化局联合体中标福州市轨道交通 6 号线东调段工程（土建施工）项目。建设单位：福州地铁集团有限公司。公开招标方式中标，中标价 180984.64 万元。工期 1644 日历天，计划 2026 年 12 月 30 日竣工。福州市轨道交通 6 号线东调段工程北起万寿站（不含），南至十八孔闸站（含），全长 5.55 千米，共设 5 站 5 区间，全地下敷设。项目包含 6 号线东调段工程万寿站（不含）—万沙·滨海三中站（原滨海北站）—滨海中央商务区站（原滨海新城站）（不含已委托代建部分）—沙尾站—文武砂·国际学校站（原金滨路站）—十八孔闸站（原国际学校站），前期及土建共 4 站 5 区间，风水电及人防等共 5 站 5 区间。线路全长约 5.55 千米，均为地下敷设。主要包含土建工程和风水电、装修工程。主要工程内容包含租借地（含农林用地的复垦、租借地范围内建构筑物拆除及恢复）、土建工程（含人防工程），与福州市轨道交通 6 号线东调段工程同步实施及配套的工程，与工程质量、安全、文明施工相关措施等。

（徐林尧）

【珠三角城际轨道交通广佛环线佛山西站至广州北站段施工总承包 GFXH-1 标段】2022 年 9 月 14 日，中国中铁、中铁广投、中铁一局、中铁三局、中铁四局、中铁六局、中铁十局、中铁广州局、中铁隧道局联合体中标珠三角城际轨道交通广佛环线佛山西站至广州北站段施工总承包 GFXH-1 标段。建设单位：广州地铁集团有限公司。公开招标方式中标，中标价 919016.50 万元。计划工期 60 个月，计划 2027 年 9 月 30 日开通运营。项目经南海区、花都区、白云区，止于广州北站。线路全长 47.023 千米，全线共设 9 站，分别为佛山西（不含）、狮山东、大榄、官窑南、和桂、炭步、花都港、神山北、广州北（不含）等车站，新建车站 7 座。施工内容包括设备安装及装修、系统设备安装及部分设备采购等工程。其中，通信、信号、信息及灾害监测仅含灾害监测、门禁系统，电力及电力牵引供电仅含供电线路（低压电缆安装）、其他电力（站场照明、低压动力配电、防雷及接地）、综合自动化（BAS、FAS）。

（徐林尧）

【新建粤东城际铁路"一环一射线"项目施工总价承包 YDZH-8 标段】2022 年 10 月 20 日，中国中铁、中铁南方、中铁一局、中铁二局、中铁四局、中铁广州局、中铁电气化局、广东水电二局联合体中标新建粤东城际铁路"一环一射线"项目施工总价承包 YDZH-8 标段。建设单位：广东粤东城际铁路有限公司。公开招标方式中标，中标价 1433268.37 万元（中铁方承担 820974.48 万元）。工期 4.5 年，计划 2027 年 4 月 30 日竣工。项目标段包括汕头至潮汕机场段、潮汕机场至揭阳南段、潮州东至潮汕机场段、潮州东至汕头段，共4条线路。其中，汕头至潮汕机场段起讫里程为SDK38+589（右线SDYK38+590）—SDK41+325.595、LDK40+865—LDK41+056.728，段落长度2.928千米，设隧道2座，路基1段；汕头至潮汕机场段起讫里程为JDK0+000—JDK3+443.279，段落长度3.443千米，设隧道1座，路基1段；潮州东至潮汕机场段起讫里程为CDK0+870—CDK24+520，段落长度23.65千米，设隧道2座，桥梁7座，车站6座，路基2段；潮州东至汕头段起讫里程为DK0+000—DK42+035，段落长度42.035千米，设隧道2座，桥梁21座，车站8座，路基7段。YDZH-8标段正线总长73.88千米，其中路基长2291.8米/11段，占正线总长比例为3.1%；隧道长20728.5米/7座，占正线总长比例为28.1%；桥梁长50855.1米/28座，占正线总长比例为68.8%，其中特大桥8座，大桥4座；土石方量共计409932立方米，其中土方287557立方米，石方122375立方米；车站有14座，其中高架9座，地下5座。施工范围为道路导改、交通疏解、砍树挖根、临时用地、路基、桥梁、隧道及明洞、轨道（含线路备料）、通信、信号、信息及灾害监测（含中心接入、备品备件及仪器仪表费用）、电力及电力牵引供电（含中心接入、备品备件费用及仪器仪表费用）、房屋、其他运营生产设备及建筑物、大型临时设施和过渡工程、其他费用、总承包风险费以及施工图文件包含的内容等。

（徐林尧）

表5-2 2022年度签署的承包类重大合同

序号	签订单位	合同名称	合同签署日期	合同金额/万元	合同工期
铁路					
1	中铁一局 中铁四局 中铁十局 中铁大桥局 中铁隧道局 中铁上海局	新建上海至南京至合肥高速铁路沪宁段站前及相关工程施工总价承包HSZQ-2、HSZQ-4、HSZQ-5、HSZQ-6、HSZQ-7、HSZQ-12标段	2022年11月	3260782	60~84个月
2	中铁一局 中铁二局 中铁三局 中铁四局 中铁十局 中铁大桥局 中铁隧道局	新建西宁至成都铁路（甘青段）站前工程施工单价承包XCTJ1、XCTJ3、XCTJ5、XCTJ6、XCTJ9、XCTJ11、XCTJ13标段	2022年11月	1987147	2191~2556日历天
3	中铁三局 中铁四局 中铁六局 中铁十局 中铁大桥局 中铁广州局	新建深圳至江门铁路站前工程施工总价承包SJSG-4、SJSG-5、SJSG-6、SJSG-8、SJSG-9、SJSG-10标段	2022年11月	1488925	1461~2009日历天
4	中铁一局 中铁三局 中铁四局 中铁六局 中铁十局	新建北京至雄安新区至商丘高速铁路雄安新区至商丘段站前工程施工XSZQ-01、XSZQ-5、XSZQ-10、XSZQ-11、XSZQ-12标段施工总价承包	2022年9月	1305108	1460日历天
5	中铁大桥局 中铁隧道局	新建南通至宁波高速铁路先开段站前及相关工程施工总价承包TYZQ-2、TYZQ-3标段	2022年11月中标，合同暂未签订	1249343	60个月
公路					
1	中铁十局	G0321德州至上饶高速公路祁门至皖赣界段1标	2022年2月中标，合同暂未签订	386415	42个月

续表

序号	签订单位	合同名称	合同签署日期	合同金额/万元	合同工期
2	中铁隧道局	河南郑州至洛阳高速公路 ZLGSTJ-4 标段	2022年11月	225675	3年
3	中铁一局及其他方	国道 G230 通化至武汉公路钳屯弯道至老夏安线段建设工程设计施工总承包	2022年6月	213877	21个月
市政及其他					
1	中国中铁 中铁广投 中铁一局 中铁三局 中铁四局 中铁六局 中铁十局 中铁隧道局 中铁广州局	珠三角城际轨道交通广佛环线佛山西站至广州北站段施工总承包项目	2022年10月	919017	60个月
2	中国中铁 中铁南方 中铁一局 中铁二局 中铁四局 中铁电气化局 中铁广州局及其他方	新建粤东城际铁路"一环一射线"项目施工总价承包 YDZH-8 标段	2022年11月	820974	54个月
3	中铁二局 中铁三局 中铁四局 中铁隧道局	胶州湾第二海底隧道工程 TJ-01、TJ-02、TJ-03、TJ-04 标段	2022年9月	484708	1552日历天

制表：徐林尧

基建建设生产管理

【二次经营】2022年，全系统各单位共完成施工产值11243.5亿元，实现变更索赔额1349亿元，变更索赔率为12.83%；变更索赔创效额241亿元，变更索赔创效率为2.3%。

（李正山）

【施工产值完成情况】2022年，中国中铁所属18家施工企业完成施工产值11243.5亿元，占年度产值计划的105.7%，同比增长11.5%。各施工企业中，中铁四局完成1431.0亿元，中铁一局完成1238.2亿元，中铁建工完成923.8亿元，中铁三局完成862.8亿元，中铁五局完成785.1亿元，中铁十局完成760.5亿元，中铁二局完成745.4亿元，中铁隧道局完成576.4亿元，中铁七局完成573.7亿元，中铁上海局完成527.8亿元，中铁大桥局完成480.0亿元，中铁电气化局完成442.5亿元，中铁八局完成418.7亿元，中铁六局完成407.7亿元，中铁北京局完成362.7亿元，中铁广州局完成352.3亿元，中铁九局完成234.1亿元，中铁武汉电气化局完成120.7亿元。各投资集团企业中，中铁开投完成396.5亿元，中铁投资完成340.0亿元，中铁城投完成316.6亿元，中铁上投完成272.7亿元，中铁南方完成270.3亿元，中铁交通（含山西高速）完成249.3亿元，中国铁工投资完成154.9亿元，中铁置业完成94.4亿元。（杨斌）

【新开工重点项目】·渝康高铁工程·渝康高铁正线长度449.3千米，同步开通樊哙至万州连接线（长88.99千米），项目总投资1213.1亿元。中国中铁承建渝康高铁在施项目共有10个，合同总额350.04亿元，项目于2022年11月中标，截至2022年末，项目的各标段正处于筹划、准备和临建工程施工阶段。

·本溪至集安高速公路本溪至桓仁（辽吉界）段PPP项目·工程采用PPP投资建设模式，项目路线总长254.940千米，总投资263.7亿元（其中建安费总额171.5亿元）。合同工期44年，其中，建设期：4

年，2022 年 9 月 1 日至 2026 年 8 月 31 日；运营期：40 年，2026 年 9 月 1 日至 2066 年 8 月 31 日。工程位于辽宁省本溪市，路线总长 254.940 千米，其中本桓主线路线全长 208.212 千米，包括本溪至桓仁段新建 131.625 千米、桓仁至集安段新建 44.587 千米，完全利用段 32 千米。新建宽甸支线全长 46.728 千米，其中主要工程数量有：特大桥 726 米 /1 座；大桥 21149.5 米 /71 座；中桥 1899 米 /30 座；主线上跨分离式 7333.75 米 /40 座，主线下穿分离式立交桥 340 米 /3 座；天桥 235 米 /3 座；涵洞 256 座；通道 110 道；隧道 46471.3 米 /27 座；互通立交 15 座；新建监控分中心 1 处；服务区 4 处；养护工区 5 处；收费站 11 处（改建 1 处）；停车区 4 处；监控通信站 4 处。施工单位：中铁七局、中铁八局、中铁上海局、中铁六局、中铁隧道局、中铁二局、中铁大桥局、中铁广州局、中铁九局、中铁北京局。

·滇中引水二期配套工程· 工程采用"股权投资＋施工总承包"模式，滇中引水二期配套工程是滇中引水工程的重要组成部分，是输水总干渠分水口门至水厂、灌区、湖泊等配水节点的骨干输水工程（含提水泵站），以及连通在线和充蓄调节工程的输水线路，二期工程划分为二期骨干工程和二期配套工程。沿线涉及云南省大理州、楚雄州、昆明市、玉溪市、红河州 5 个州（市），共布置各级干支线 164 条，其中干线 31 条，分干线 90 条，支线 43 条，线路全长 1736.641 千米。布置调蓄水库 1 座，总库容 530 万立方米；共布置 583 个输水建筑物，其中暗涵（明渠）60 条，长 31.35 千米，占线路总长的 1.81%；管道 389 条，长 1203.63 千米，占线路总长的 69.31%；倒虹吸 26 条，长 81.63 千米，占线路总长的 4.70%；隧洞 72 条，长 135.13 千米，占线路总长的 7.78%；渡槽 19 座，长 1.696 千米，占线路总长的 0.10%；利用天然河道或现有输水系统 17 条，长

▲图 5-2 2022 年 3 月 13 日，中国工程院院地合作重大咨询研究项目——"滇中引水工程质量控制与效益提升咨询研究活动"在中铁五局滇中引水大理I段6标老马槽隧洞开展

283.20 千米，占线路总长的 16.31%。提水工程共布置泵站 50 座，总装机 157374 千瓦。施工单位：中铁一局、中铁二局、中铁三局、中铁五局、中铁七局、中铁八局、中铁隧道局。

·南京至马鞍山城际铁路（马鞍山段）PPP 项目· 工程采用 PPP 投资建设模式，项目位于安徽省马鞍山市，项目起自江苏省与安徽省省界，终点止于当涂南站，全线共设 8 座车站，全部为高架站，设当涂南车辆段 1 座。线路全长 27.726 千米，其中高架线 26.48 千米，隧道 0.66 千米，路基 0.58 千米。施工内容包含合同范围内所有土建、机电设备系统、全线综合工程等。施工合同额 52.30 亿元。合同工期：2021 年 10 月 15 日至 2025 年 2 月 14 日。标段划分：项目共划分为 6 个分部，其中土建分部 4 个、电气化分部 1 个、铺架分部 1 个。施工单位：中铁四局、中铁八局。

·南京至马鞍山市域（郊）铁路（南京段）工程施工总承包 D.S02.X-TA01 标施工总承包项目· 工程采用施工总承包建设模式，项目位于江苏省南京市，全线共设 8 座车站，其中地下站 4 座、高架站 4 座，设滨江车辆基地 1 座。标线路全长 26.51 千米，其中地下线 10.82 千米，高架线 14.28 千米，地面线 1.01 千米，过渡段 0.40 千米。施工合同额 58.37 亿元。合同工期：2022 年 1 月 10 日至 2025 年 3 月 31 日。标段划分：项目共划分为 7 个土建工区，3 个安装装修工区。施工单位：中铁三局、中铁四局、中铁五局、中铁七局、中铁十局、中铁隧道局、中铁电气化局、中铁上海局、中铁广州局。

·青岛市地铁 5 号线工程土建二标段施工总承包项目· 工程采用施工总承包模式实施，项目位于山东省青岛市，工程起于麦岛路站，止于云岭路站，线路位于崂山区、市南区、市北区，线路长约 32.6 千米，均为地下线。全线共设站 28 座，平均站间距 1.18 千米，换乘站 12 座。2022 年 12 月 31 日开工，计划 2027 年 3 月 31 日完工，完工日期为乙方承包范围全部工程完工，并且全部完成（子）单位工程验收的日期。计划 2028 年 3 月 31 日竣工，竣工日期为工程竣工验收通过的日期。合同额：67.72 亿元。主要工程量：共 15 站 15 区间，标段长度约 17.56 千米，15 座车站中暗挖车站 5 座，明挖车站 8 座，半明半暗车站 1 座，半盖挖车站 1 座。盾构 /TBM 法区间 13 个（计划共投入 12 台设备用于区间掘进，设计 TBM 4 台，双模式 TBM 6 台，复合式盾构 2 台），盾构 /TBM+矿山法区间 1 个，矿山法区间 1 个；机械法区间占标段区间总长度的 92%。项目由中国中铁、中铁发展、中铁一局、中铁

二局、中铁三局、中铁四局、中铁五局、中铁十局、中铁隧道局、中铁上海局等工程局和青岛市政空间开发集团有限责任公司组成联合体共同实施。（雷思遥）

【在建重点工程进展情况】·G2003太原绕城高速公路义望至凌井店段（太原西北二环）工程· 项目概算总投资255.45亿元（其中建安工程费197.25亿元），合同建设期4年，自2020年3月1日至2024年2月28日（预计主线2023年底建成通车）。该项目是中国中铁和山西省政府首次以PPP模式投资建设，也是目前在建的山西省单体量最大的高速公路项目。股权结构：中国中铁股份有限公司占80%、其他中铁二级单位联合体共占20%。中铁交通成立太原西北二环高速公路发展有限公司及西北二环项目工程指挥部，按照"两块牌子、一套人马"模式开展建设管理工作。项目负责人：何大为。项目全长160.34千米，分西二环和北二环两部分。西二环路线途经太原市清徐县、古交市、吕梁市交城县、忻州市静乐县，设计速度80千米/时，双向4车道，线路全长99.04千米，其中太古高速联络线全长13.34千米，将既有太古高速延伸至该项目西二环主线，设冷泉枢纽互通相接。北二环路线位于太原市阳曲县境内，设计速度100千米/时，双向4/6车道，路线全长61.3千米。合同期：34年，其中建设期4年、运营收费期30年。项目划分12个标段共9家单位参建，其中中铁二级单位7家：中铁三局、中铁六局、中铁八局、中铁九局、中铁隧道局、中铁北京局、中铁广州局，公开招标施工单位2家：山西建工、山西路桥。截至2022年底，项目开累完成投资171亿元，完成总额的66%。路基土石方开累完成6062.70万立方米，完成设计量7387万立方米的82.07%；涵洞开累完成13373.17延米，占设计总量15901.65延米的84.10%。桥梁桩基累计完成7356根，占设计总量7882根的93.33%；墩柱累计完成2597根，占设计总量3184根的81.56%；制梁累计完成8005片，占设计总量12022片的66.59%；架梁累计完成6178片，占设计总量12022片的51.39%；现浇连续梁累计完成2158.88米，占设计总量5942.88米的36.33%；隧道开挖支护累计完成61628.70米，占设计总量72462米的85.05%；二衬累计完成58403.30米，占设计总量72462米的80.60%；底基层开累完成18.448千米，完成设计量232.297千米的7.94%；上基层开累完成摊铺单幅16.062千米，完成设计量232.297千米的6.91%；沥青下面层开累完成摊铺单幅4.628千米，完成设计量203.143千米的2.28%；中面层开累完成摊铺单幅4.003千米，完成设计量367.947千米的1.09%。

重点工程：太徐隧道，左线8742米，右线8796米，斜井1656米，按进口、出口、斜井进正洞8个工作面组织施工。截至2022年底，开累完成12542成洞米，占设计总量17538米的71.51%。

骆驼山隧道，左线7171米，右线7185米，斜井1467米，按进口、出口、斜井进正洞8个工作面组织施工。截至2022年底，开累完成8737.30成洞米，占设计14356米的60.86%。

·深圳地铁14号线· 为中国中铁施工总承包项目，起自深圳福田中心区岗厦北枢纽，经罗湖区、龙岗区，止于坪山区沙田站，预留延伸至惠州，线路全长50.34千米。项目合同额235.07亿元。合同工期：2018年1月10日至2022年8月10日。主要施工内容：车站18座（枢纽站4座，换乘站10座，标准站4座，平均站间距3.1千米），全地下敷设；车辆基地按1段1场布置（福新停车场、昂鹅车辆段）；主变电所共4座（新建2座、利用既有1座、预留1座）；盾构区间21个，盾构区间单线总长88.86千米。重点工程及特点：建设标准高，地铁14号线设计最高运行速度为120千米/时，具备地铁快线功能，采用自动化无人驾驶模式；征拆迁改量大，全线征拆量约41.1万平方米；盾构资源投入强度大，盾构区间长大区间多，平均站间距3.1千米，投入50台盾构机，其中6台双模盾构机施工在深圳轨道建设中首次应用；地质复杂，岩溶地质施工风险高。深圳地铁14号线岩溶主要分布于二站三区间，合计约4.7千米，约占线路总长度的9.4%；沿线枢纽多（新建黄木岗枢纽、大运枢纽、穿越岗厦北枢纽）枢纽体量大、施工难度高。指挥机构：中国中铁深圳地铁14号线联合体项目经理部，由中铁南方牵头、联合体成员单位联合组建。项目负责人：刘恒。参建单位：中铁隧道局、中铁六局、中铁五局、中铁九局、中铁广州局、中铁三局、中铁电气化局。

2022年度完成产值65.2亿元，占年度产值计划64.3亿元的101%；开累完成产值264亿元，占合同额272亿元的97.06%。项目累计完成：全线车站主体、附属、车辆段、停车场均已施工完成，大运枢纽剩余既有3号线改造部分施工，2022年9月25日完成竣工验收，2022年10月28日实现开通运营。

·深圳市春风隧道工程· 为中国中铁EPC项目，合同额38.75亿元。合同工期：2017年2月23日至2023年5月17日。项目位于深圳市罗湖区、福田区，线路西起滨河大道上步立交东侧与滨河大道相接，自西向东布线，自滨河路上步立交与红岭立交之间进入地下，先后穿越红岭立交、地铁9号线A出入口通道、宝安南路立交、布吉河、船步桥、春风路高架；绕行深港共管区域、港逸豪庭、渔景大厦，穿越深圳海关宿舍区及大滩大厦、广珅大酒店、广深铁路股道及深圳站、地铁1号线罗湖站；下穿边检宿舍区、文锦渡口岸；线位于北斗路东侧归入沿河南路，新秀立交以南穿出地面，在新秀立交西侧与东部过境高速公路市政连接线配套工程相接，路线全长5.078千米，其中隧道

▲图 5-3　中国中铁建设的深圳地铁 14 号线福新地下停车场

长 4.82 千米。指挥机构：中铁南方市政指挥部。项目负责人：倪家祥。参建单位：中铁隧道局。

2022 年度完成产值 5.1 亿元，占年度计划 4.2 亿元的 121.4%。开累完成产值 26.3 亿元，占合同额 38.7 亿元的 68.0%。累计完成：西明挖主体结构已全部完成；东明挖土方 11.3 万立方米，占总量的 71.5%；盾构掘进 1502.64 米，占总量的 67%。

· 福州滨海快线（F1 线）施工总承包 1 标项目 · 项目合同额 68.28 亿元，建安投资额：60.07 亿元。合同工期：2019 年 12 月 31 日至 2024 年 6 月 30 日。项目起自福州火车站，经晋安区、鼓楼区、台江区、仓山区，止于盖帝区间明挖段，与高架段接壤，线路全长 13.3 千米。主要施工内容：车站 6 座（换乘站 4 座，标准站 2 座，平均站间距 2.2 千米）6 区间，全地下敷设；停车场 1 座。重点工程及特点：建设标准高，设计最高运行速度为 140 千米/时；专业多、环境复杂、协调量大、施工组织复杂；盾构资源投入强度大，计划投入 9 台盾构机，其中 2 台土压泥水双模盾构机及 2 台土压 TBM 双模盾构机施工在福州地铁建设首次应用；地质情况复杂，砂层、淤泥地质施工风险高。指挥机构为中国中铁福州滨海快线联合体项目经理部，由中铁南方牵头、联合体成员单位联合组建，项目负责人为陈思明。参建单位：中铁上海局、中铁七局、中铁八局、中铁四局、中铁六局、中铁二局。

2022 年度完成产值 18.96 亿元，占年度产值计划 19 亿元的 99.79%；开累完成产值 32.8 亿元，占建安投资额 60.07 亿元的 54.60%。项目共有 15 个工点，已开工 10 个工点。累计完成：地连墙 896 幅，占总量的 93%；咬合桩 958 根，占总量的 84%；土方 44.8 万立方米，占总量的 11%；主体结构板 59 块，占总量的 28%；已有 2 个车站封顶，占总量的 33%；盾构掘进 396 米，占总量的 2%。

· 北京市国道 109（新线）高速公路工程 PPP 项目 · 项目线路总长 65.5 千米，总投资 220.9239 亿元（其中建安费总额 159.3774 亿元）。合同工期：2020 年 4 月 1 日至 2023 年 12 月 16 日。工程采用 PPP 投资建设模式。项目公司：中铁京西（北京）高速公路发展有限公司。总承包部：中国中铁股份有限公司国道 109 高速公路工程总承包部。工程位于北京市门头沟区，施工里程为 A1K13+527.894—A1K51+543.5，全长 38.016 千米。主要施工内容为路基、桥梁、隧道、房建及服务区；主要实物工程量：路基土石方 206 万立方米（填方 105.3 万立方米、挖方 100.7 万立方米），桥梁 31082 米/16 座，隧道 44507 米/10 座，涵洞 26 座，路面铺设 1031593 平方米，房建 1539 平方米，互通式立交 3 处，服务区 1 处等。中国中铁施工任务占比份额 63.33%，建安投资额 100.93 亿元，中国中铁承建 8 个标段施工任务，施工单位：中铁一局、中铁上海局、中铁三局、中铁六局、中铁二局、中铁北京局、中铁十局、中铁广州局。项目 2022 年度完成投资 52.74 亿元，开累完成投资 157.32 亿元，占合同额 220.9239 亿元的 71.21%。2022 年度完成产值 31.02 亿元，占年度计划 24 亿元的 129.25%；开累完成产值 74.83 亿元，占建安费总额 100.93 亿元的 74.14%。截至 2022 年末，全线共 16 座主线桥梁，军响特大桥、清水河大桥、东胡林特大桥、斋堂互通立交桥、西胡林右幅桥 5 座架梁全部完成，雁翅互通立交匝道桥现浇梁全部完成，军庄互通立交匝道桥、陈家庄特大桥、谷山村大桥、下苇甸大桥、安家庄特大桥、十八潭桥、黄岩沟桥、杏树台桥、西胡林中桥、服务区通道桥 10 座正在施工；全线共 10 座隧道，其中谷山村隧道、青白口隧道、黄岩沟 1 号隧道、黄岩沟 2 号隧道、塔岭沟隧道、西胡林隧道 6 座双线贯通，下苇甸隧道左线 1 座单线贯通。路基土石方年度完成 101.93 万立方米，开累完成 190.44 万立方米，占设计总量 206 万立方米的 92.44%。桥梁工程年度完成 11422.37 成桥米，开累完成 25742.17 成桥米，占设计总量 31082 米的 82.82%。重点工程安家庄特大桥桩基年累完成 347 根，开累完成 745 根；承台年累完成 32 个，开累完成 70 个；系梁年累完成 24 个，开累完成 24 个；墩柱年累完成 32 个，开累完成 35 个，钢桁梁左幅安装 18%，左幅钢塔完成 60%，钢桁梁右幅安装 5%。隧道工程洞身开挖，年度完成 16041 成洞米，开累完成 33375 成洞米，占设计总量 44507 米的 74.99%；重点工程下苇甸隧道开挖年累完成 2197 成洞米，开累完成 6179 成洞米，完成设计长度

▲图5-4 2022年10月20日,中铁五局参建的宜威高速全线最长隧道贯通

6880米的89.81%。黄台隧道开挖年累完成3178成洞米,开累完成5540成洞米,完成设计长度7995米的69.29%。饮马鞍隧道开挖年累完成4547成洞米,开累完成8221成洞米,完成设计长度13184米的62.36%。

各课题已完成工法1项、标准1项、专利6项、软件著作权4项、QC成果1项。"同墩双幅大跨曲梁墩顶同步转体桥建造关键术研究"为项目重点课题,已在集团公司立项。依据总承包合同中创优目标要求,加入了北京市市政工程行业协会并申报长城杯。

·京雄高速公路(北京段)政府和社会资本合作(PPP)项目·
项目线路总长27.043千米。总投资122.1190亿元(其中建安费总额82.3143亿元)。合同工期:2020年12月25日至2022年12月31日。工程采用PPP投资建设模式,由股份公司、政府资本双方出资。股权结构:首发集团占49%、中国中铁占35%、中铁一局占4%、中铁五局占4%、中铁六局占4%、中铁北京局占4%。项目公司:中铁京雄(北京)高速公路发展有限公司,主要负责人:崔根群;指挥部:中国中铁股份有限公司京雄高速公路(北京段)工程建设指挥部,主要负责人:汪德志。全线设置特大桥1座(永定河特大桥)、高架桥5段、互通式立交5座,主线桥梁总长度24.243千米,匝道桥总长度14.487千米。全线共涵洞78座,设置主线收费站1处,进京检查站1处,主线收费管理中心1处,匝道收费站3处,停车区1处,养护工区1处,全线占地面积约2195924.31平方米;主要实物工程量:路基土石方93万立方米,桥梁24242米,涵洞78座,路面铺设147151平方米。项目共划分8个标段,均由中国中铁承建。施工单位:中铁上海局、中铁二局、中铁三局、中铁六局、中铁广州局、中铁一局、中铁五局、中铁北京局。

项目2022年度完成投资38.09亿元,开累完成投资114.80亿元,占总投资122.12亿元的94%。2022年累计完成产值34.10亿元,占年度计划28亿元的121.79%;开累完成产值79.21亿元,占建安费总额82.31亿元的96.23%。六环至市界段于2022年12月31日实现开通运营。五环至六环段(除征地拆迁影响部分)下部结构已全部完成,架梁作业正平行快速推进。

截至2022年末,路基土石方开累完成153万立方米,完成总量161万立方米的95.03%。桥梁工程年累完成8203米,开累完成23437米,完成设计总量24407米的96.03%。重点工程:永定河特大桥主桥拱座、下拱肋浇筑完成,主孔钢梁架设全部完成,上拱肋风撑架设全部完成,上拱肋首个节段吊装完成。

完成专利申报5项,其中发明专利1项,实用新型专利4项。取得实用新型专利授权4项,其中发明1项,实用新型专利3项。

·天津地铁4号线PPP项目·
天津地铁4号线北段工程北起北辰区小街,南至红桥区河北大街。沿线经过北辰区、河北区、红桥区,正线全长约22千米,设17座车站,设小街停车场和1座主变电所,控制中心接入天津轨道交通指挥中心(华苑综合控制中心)。项目合同额165.5336亿元,建安费总额133.6222亿元。建设期:2020年7月24日至2025年7月23日。施工单位:中铁一局、中铁二局、中铁三局、中铁四局、中铁六局、中铁七局、中铁十局、中铁北京局、中铁上海局、中铁隧道局、中铁电气化局。项目2022年度完成投资37.21亿元,开累完成投资78.94亿元,占合同额165.53亿元的47.69%。2022年度完成产值31.25亿元,占年度计划24亿元的130.02%;开累完成产值68.26亿元,占项目建安费总额133.62亿元的51.09%。全线土建8个标段17座车站及小街停车场已全部开工,其中小街停车场正在进行站场工程、单体结构工程施工,2座车站正在进行主体结构施工,13座车站主体结构施工完成,2座车站一期主体结构施工完成,8条区间双线贯通,2条区间单线贯通,5条单线区间正在盾构施工。全线共完成地下连续墙1580幅,土方开挖214.7万立方米,主体结构40.78万立方米,盾构区间21435米,管片生产16600环。全线各标段已申报科研课题立项10项、工法11项、发明专利7项、实用新型专利49项,QC 18项,"高承压水软土地区深埋盾构隧道高风险近接施工安全控制技术研究与应用"顺利通过中期评审,"基于AI识别的地铁运营线路保护区智慧管理系统"顺利通过科技成果鉴定,鉴定级别为"国际领先"。全线共17车站16区间,通过市级文明工地评审车站和区间共16站14区间1个出入线段，3个标段取得股份公司安标工地，下一步优质结构评价开始逐步开展。

·**吉林高速公路PPP项目**· 项目位于吉林省敦化市、抚松县、桦甸市、磐石市、长春市、集安市境内，包含蒲烟线（大蒲柴河至烟筒山）、烟长线（烟筒山至长春）、桓集线［集安至桓仁（省界）］3个子项目，总长341.699千米。估算总投资280.4216亿元（其中建安费总额227.4614亿元）。建设期：2021年3月1日至2025年2月28日。内控建设期：2021年3月1日至2023年11月15日。运营期：2025年3月1日至2055年2月28日。工程采用PPP投资建设模式。主要工程量：桓集线，路基土石方1113.536万立方米，特殊路基处理1.122千米；桥梁8487.74千米/43座（特大桥1267米/1座、大桥6092.2米/24座、中桥1035.5米/14座、小桥93.04米/4座）、分离立交3米/3座、天桥97米/1座、通道322.08米/12座，涵洞共78道；隧道15490米/10座（3千米以上隧道2座，2千米~3千米隧道2座，1千米~2千米隧道2座，1千米以下隧道4座）；互通立交4处、路段监控通信站1处、隧道变电所12处、养护工区1处、服务区1处、停车区1处、收费站3处；路面工程142.0709万平方米。桥梁钻孔桩2234根，3291片预制梁（其中箱梁2852片、T梁433片、空心板梁6片）。蒲烟线，路基土石方4570.33万立方米，特殊路基处理35.28千米；桥梁18260米/95座，涵洞508道；隧道15648米/10座（3千米以上隧道1座，2千米~3千米隧道2座，1千米~2千米隧道1座，1千米以下隧道6座）；互通立交10处、监控通信中心3处、养护工区2处、服务区4处、停车区3处、收费站7处、隧道管理站1处、变电所7处。路面工程437.421万平方米。桥梁钻孔桩5651根，8254片预制梁（其中箱梁5651片、T梁2504片、空心板梁99片）。烟长线，路基土石方2131万立方米，特殊路基处理18千米；桥梁16314.5米/134座［大桥7131米/33座（双幅下同）、中桥2177米/34座、小桥73.5米/4座、分离立交3807米/14座、天桥1776米/19座、通道1350米/30座］，涵洞183道（含通道涵15道）；互通立交5处（其中枢纽兼服务型互通1处、服务型互通4处）、服务区2处、停车区2处、运营管理分中心1处、匝道收费站5处、养护工区2处；路面工程237万平方米；桥梁钻孔桩4143根，6215片预制梁（其中箱梁3254片、T梁2961片）。项目共划分14个工区，均由中国中铁承建，施工单位：中铁九局（蒲烟01工区）、中铁广州局（蒲烟02工区）、中铁六局（蒲烟03工区）、中铁二局（蒲烟04工区）、中铁五局（蒲烟05工区）、中铁大桥局（蒲烟06工区）、中铁四局（蒲烟07工区）、中铁二局（烟长01工区）、中铁四局（烟长02工区）、中国中铁（烟长03工区）、中铁上海局（烟长04工区）、中铁三局（桓集01工区）、中铁七局（桓集02工区）、中铁一局（桓集03工区）。项目年度完成投资79.13亿元，开累完成投资151.08亿元，占合同额280.42亿元的53.88%。年累完成产值79.86亿元，占年度计划49.58亿元的161.07%；开累完成产值132.82亿元，占建安费总额227.46亿元的58.39%。截至2022年末，路基土石方年累完成3437万立方米，开累完成7189万立方米，完成设计7528万立方米的95.50%；桥梁工程年累完成15493延米，开累完成31019延米，完成设计总量33015米的93.95%；重点工程东金沟松花江特大桥、江沿屯松花江大桥均实现双幅合龙；21座隧道已双幅贯通17座（包括红石隧道、丸都山隧道2座特长隧道），单幅贯通2座。其中洞身开挖年累完成22483米，开累完成57578米，完成设计总量60517米的95.14%；二衬浇筑年累完成33348米，开累完成55860米，完成设计总量61276米的91.16%。

项目在股份公司立项1项重大课题和1项重点课题，2项课题试验室理论研究已完成，现场试验段已开展，并已形成6项专利（其中2项海外专利正在申报）。在吉林省交通厅立项7项重点课题，均已完成大纲评审，下一步将开展现场试验段。项目公司及所属各工区已经完成各项科技创新成果共计50项。其中发明专利9项，工法5项，实用新型专利31项，软件著作权5项。

依据PPP合同创优目标，项目积极开展创优工作，项目公司荣获吉林省建筑协会颁发"副会长单位"及吉林省总工会、吉林省应急管理厅联合举办吉林省"安康杯"竞赛优胜单位等荣誉称号，为后续项目桓集线争取"鲁班奖"奠定了基础。

·**天津市轨道交通Z2线一期工程（滨海机场站至北塘站）PPP项目**· 天津市轨道交通Z2线一期工程西起滨海机场，东至北塘，与地铁2号线、B1线、Z4线换乘，是一条连接津滨双城的重要交通干线。线路全长约39.268千米，共设14座车站，新建车辆段1座。项目合同额167.4718亿元，建安费总额153.3428亿元。建设期：2021年12月9日至2025年9月8日。施工单位：中铁一局、中铁二局、中铁三局、中铁四局、中铁五局、中铁六局、中铁七局、中铁八局、中铁北京局、中铁上海局、中铁广州局、中铁建工、中铁电气化局。项目年度完成投资26.92亿元，开累完成投资27.46亿元，占合同额167.47亿元的16.40%。2022年度完成产值24.08元，占年度计划14亿元的172%；开累完成产值24.08万元，占项目建安费总额153.34亿元的15.70%。截至2022年底，全线已有中心大道站、东六道站、经三路站、高新一路站、渤龙湖站、春华路站、宁海路站、渤龙湖主变电站8个站点，滨海机场站—中心大道站区间变电所、东六道站—经三路站、经三路站—高新一路站、高新一路—渤龙湖站、渤龙湖—春华路站、春华路—海平路站、海平路站—滨海

▲图 5-5 中铁一局参建的平潭高铁中心站前城市综合体工程获华东地区优质工程奖

西站 7 个区间,开展主体施工,开工点位里程已占全线总长度的 60%。全线地连墙共完成 469 幅,占总量的 61%;桩基完成 2512 根,占总量的 41%;高架区间承台完成 289 个,占总量的 41%;高架区间墩柱完成 217 个,占总量的 32%。预制梁场、管片厂开始批量生产,开累生产管片 3950 环,预制梁 131 片。重点工程滨海机场站—中心大道站区间全长 3034 米,采用盾构法施工,由中铁四局负责施工。左线计划 2023 年 9 月 30 日盾构始发,右线计划 2023 年 10 月 30 日盾构始发。

2022 年,项目公司制订了 2023 年全线科研计划,计划完成省(部)级工法 2 项,专利申报 20 项(其中发明专利 5 项),发表论文 10 篇。围绕"国家优质工程"总体创建目标,编制完善了创优规划,对"国优"前置条件进行了分解,明确了科技创新、安标工地等阶段创建目标。荣获 2022 年天津市建设工程质量安全文明施工观摩工地。

· 大连地铁 5 号线 PPP 项目 ·

大连地铁 5 号线线路南起虎滩新区站,北至后关村站,全长 24.484 千米,采用地下线敷设,设车站 18 座,其中近期换乘站 6 座,区间 19 个,变电所 2 座及控制中心 1 座,后关村车辆段综合维修基地 1 处。项目投资合同总额 182.7461 亿元,建安费总额(总包合同额)122.6252 亿元。建设期:2017 年 10 月 26 日至 2023 年 4 月 30 日。项目公司:中铁大连地铁五号线有限公司,主要负责人:李世安。总承包部:中国中铁股份有限公司大连地铁五号线总承包管理部,主要负责人:侯保俊。施工单位:中铁一局、中铁二局、中铁三局、中铁七局、中铁八局、中铁九局、中铁十局、中铁北京局、中铁上海局、中铁隧道局、中铁建工、中铁电气化局。项目 2022 年度完成投资 31.04 亿元,开累完成投资 158.78 亿元,占投资额 182.75 亿元的 86.88%;2022 年度完成产值 24.25 亿元,占年度计划 16.1 亿元的 150.62%,开累完成产值 106.60 亿元,占建安总产值 122.63 亿元的 86.93%。全线 18 座车站,已实现全部封顶,剩余部分附属工程正在施工,土建工程总体完成 98%,轨道工程完成 100%,常规设备及装饰装修工程完成 95%,各系统单调、综合联调有序开展,并出具了综合联调报告。11 月 28 日,项目工程验收完成,12 月 1 日,全线开通空载试运行。车站土石方年度完成 4 万立方米,开累完成 269.29 万立方米,占总量的 100%;车站砼年度完成 79466 立方米,开累完成 433050 立方米,占总量的 100%;附属工程土石方年度完成 97 万立方米,开累完成 398 万立方米,占总量的 99%;附属工程砼年度完成 161870 立方米,开累完成 215549 立方米,占总量的 89%;盾构区间年度完成 787 米,开累完成 36313 米,占总量的 100%;设备安装年度完成 65549 套,开累完成 92524 套,占总量的 93%;铺轨年度完成 30949 米,开累完成 51857 米,占总量的 100%。

全线取得了 184 项科技成果,其中科研 1 项,工法 13 项,实用新型专利 63 项,发明专利 2 项,QC 成果 23 项,安标、示范绿色工地及其他 60 项,技术改进成果 8 项,BIM 技术应用 6 项,软件著作权 9 项。

· 云南省滇中引水工程大理Ⅰ段至楚雄段引入社会资本建设项目 ·

云南省滇中引水工程大理Ⅰ段至楚雄段引入社会资本建设项目总体线路沿金沙江右岸由北向南经丽江至大理转向东。起点位于石鼓渠首,终点为禄丰县罗茨坝子观音山倒虹吸末端,起止里程为 DLⅠ63+342-CX106+081.771,线路全长为 142.816 千米,项目建设模式为"股权投资+施工总承包"。合同工期:2019 年 12 月 1 日至 2026 年 7 月 16 日。合同总额 1654070 万元。主要施工内容:全线的隧洞(含支洞)、渡槽、倒虹吸、暗涵等。施工线路总长 162.848 千米,共包括 31 座输水建筑物:隧洞 153.557 千米/18 座(共布置 30 座施工支洞),其中芹河隧道为 20.94 千米,大转弯隧洞为 22.698 千米,凤凰山隧洞 24.991 千米;渡槽 0.989 千米/4 座;倒虹吸 6.886 千米/5 座;暗涵 1.419 千米/4 座。建设单位为云南省滇中引水工程建设管理局、云南省滇中引水工程有限公司。设计单位为长江勘测规划设计研究有限责任公司、云南省水利水电勘测设计研究院、中国电建集团昆明勘测设计研究院有限公司。监理单位为中水东北勘测设计研究有限责任公司、浙江华东工程咨询有限公司、中国电建集团昆明勘测设计研究院有限公司、中水北方勘测设计研究有限责任公司、中国水利水电建设工程咨询西北有限公司、中国电建集团贵阳勘测设计研究院有限公司。施工单位为中铁隧道局、中铁一局、中铁二局、中铁三局、中铁五局、中铁七局、中铁八局、中铁十局。截至2022年12月，全线30座支洞，其中30座支洞已进入主洞，3座退水洞（其中2座均已施工完成，1座交通洞，已进入主洞）；18座隧洞，正洞已进洞18座；倒虹吸5座，已开工3座；暗涵4座，已开工3座。开累完成：隧洞开挖支护完成134756米，占设计长度180093米的74.83%；倒虹吸衬砌完成4292.9米，占设计长度6886米的62.34%；暗涵完成510米，占设计长度1419米的35.94%。

·云南省滇中引水工程楚雄至红河段引入社会资本建设项目· 滇中引水工程楚雄段至红河段引入社会资本建设项目总体线路途经楚雄州、昆明市、玉溪市、红河州4个行政区域，起点为楚雄市禄丰县龙潭隧洞中部，终点为红河个旧市小燕塘隧洞出口，起止里程为LTT3+868—HH108+530.151，线路全长244.6千米。承包模式：股权投资+施工总承包。合同额：1199505万元。合同工期：2019年12月1日至2026年7月1日。主要施工内容：全线的隧洞（含支洞）、渡槽、倒虹吸、暗涵、消能电站、供电等。主要实物工程量：隧洞207.208千米/33座（共布置38座施工支洞）；倒虹吸33.976千米/16座，渡槽1.428千米/9座；暗涵0.662千米/5座；消能电站2座。供电工程包括35千伏变电站10座，35千伏供电线路203.45千米，10千伏供电线路234千米。参建单位为中铁一局、中铁二局、中铁三局、中铁五局、中铁七局、中铁八局、中铁十局、中铁隧道。

截至2022年12月，全线37座支洞，其中37座已进入主洞；33座主洞，其中33座已进洞；倒虹吸16座，已开工10座；暗涵5座，已开工3座。开累完成：隧洞开挖支护完成193585米，占设计长度234433米的82.58%；倒虹吸暗挖隧洞完成2087米，占设计长度2571米的81.17%；盾构掘进完成5071.7米，占设计长度5071.7米的100%；倒虹吸镇支墩完成852个，占设计数量1509个的56.46%；压力钢管制作完成64716吨，占设计数量97933吨的66.08%，压力钢管安装完成51353吨，占设计数量97933吨的52.44%。

·成都地铁10号线三期及13号线一期· 工程采用施工总承包模式，合同额212.49亿元，合同工期10号线三期1635日历天（2019年10月10日至2024年3月31日），13号线一期1767日历天（2019年10月10日至2024年8月10日），项目2020年2月开工。项目含成都地铁10号线三期及13号线一期两个项目，10号线三期线路长5.80千米，均为地下线，设5站6区间，车站主要为明挖、半盖挖法施工，区间主要为盾构法施工。13号线一期线路长29.074千米，均为地下线，设21站23区间，车站主要为明挖、半盖挖法施工，区间主要为盾构法施工。车辆段1座，变电所2座，工程内容包括土建、轨道、机电、车辆段及停车场工程。中铁成都轨道交通工程指挥部负责总承包管理，主要负责人：赵养基、张强。中铁二局、中铁三局、中铁四局、中铁五局、中铁六局、中铁七局、中铁八局、中铁十局、中铁北京局、中铁广州局、中铁隧道局、中铁武汉电气化局、中铁建工承建。2022年完成施工产值39.25亿元，开累完成95.35亿元，占合同额212.49亿元的44.87%。

10号线三期完成：土石方开累完成61.26万立方米，占设计总量116.00万立方米的52.81%。结构混凝土开累完成21.54万立方米，占设计总量96.00万立方米的22.43%。车站主体结构开累完成45798平方米，占设计总量71210平方米的64.30%。车站附属结构开累完成3765平方米，占设计总量23870平方米的15.77%。盾构区间开累完成3220米，占设计总量8878米的36.26%。5座车站全部开工，主体结构封顶2座；共45个出入口，开工1个；12个盾构区间，计划投入6台盾构，已下井4台，洞通4个；1个暗挖区间已完工。

13号线一期完成：土石方开累完成728.611万立方米，占设计总量964万立方米的75.58%；结构混凝土开累完成145.039万立方米，占设计总量146万立方米的99.34%。车站主体结构开累完成34.18万平方米，占设计总量56.14万平方米的60.88%；车站附属结构开累完成10984平方米，占设计总量98641平方米的11.14%；车辆段及停车场开累完成204356平方米，占设计总量275933平方米的74.06%；盾构区间开累完成22116米，占设计总量42893米的51.56%；明挖区间开累完成525米，占设计总量601米的87.35%；暗挖区间开累完成52米，占设计总量190米的27.37%；场段铺轨开累完成3.865千米，占设计总量19.024千米的20.32%。车站共23座全部开工，主体结构封顶11座；共91个出入口，开工18个，完工6个；44个盾构区间，计划投入22台盾构，已下井21台，洞通区间15个；3个暗挖区间，已开工2个，完工1个；车辆段共21个单体结构，开工15个，完工7个。

·G7611线昭通（川滇界）至西昌段高速公路· 工程采用PPP投资建设模式，总投资300.12亿元，建安投资额267.95亿元，项目位于四川省西南部凉山彝族自治州境内，是G7611四川段的一段。经金阳县、马鞍山、昭觉、乐西高速、昭觉、贡觉高山、西昌城市规划北外围，路线止点设小庙枢纽立交与西攀高速相接，独立建设166.147千米。主要工程量为路基土石方2409万立方米，特大桥13342米/7.5座，大桥32265米/84.5座，中桥697米/10.5座，桥梁占比27.9%；特长隧道60078米/10座，长隧道11686米/

7座，中短隧道2500米/6座，隧道占比44.7%；桥隧比例72.6%。项目以中国中铁股份有限公司和中铁城投联合体中标，准备期240天，建设期5年，收费期28年10个月23天。主要负责人：刘喜英、周晓华。由中铁一局、中铁二局、中铁三局、中铁四局、中铁五局、中铁六局、中铁八局、中铁十局、中铁隧道局、中铁广州局承建。

2022年完成施工产值47.03亿元，开累完成56.07亿元，占建安投资额的20.9%，路基总共149段，已开工63段。桥梁共101座，开工49座；隧道共22座，开工19座，互通立交共10座，开工4座。机电永临结合供电在施工。土石方开累完成789.745万立方米，占设计总量3554.824万立方米的22.22%。混凝土开累完成377.00万立方米，占设计总量1260.00万立方米的29.92%。桥梁工程开累完成10747折合米，占设计总量46304折合米的23.21%。隧道工程开累完成47554折合米，占设计总量150704折合米的31.55%。机电设备（永临结合）开累完成24千米，占设计总量166.409千米的14.42%。贡觉高山隧道2#斜井右线于2022年4月15日贯通，左线于2022年4月27日贯通，转向正洞施工。2022年，西昭高速公路SG2标被评为中国中铁绿色施工科技示范工程。

· 广州市轨道交通11号线及同步实施工程· 广州市轨道交通11号线为环形线路，穿越广州市主城区，串联天河区、白云区、越秀区、荔湾区和海珠区，全长约44.2千米，全部采用地下敷设方式。全线共设车站32座，代建1座车站（城轨琶洲站），其中换乘站24座（15座既有线换乘），平均站间距1.38千米；设半埋式双层装配化车辆段1座；主变电站3座；32个区间中有6个暗挖区间。主要工程量：车站地连墙3749幅，土石方959万立方米，主体结构158万立方米；区间盾构66千米；车辆段房建30万平方米。工程主要特点：全部位于老城区，施工组织难度大、安全风险高、信访投诉量大、管线迁改量大、渣土外运难、每天作业时长受限；车站工艺工法多样，实施难度大，有洞桩法车站4座、明暗挖结合车站4座、半铺盖法车站14座、逆作法车站1座、装配式车站1座；盾构下穿上跨建（构）筑物多，3过珠江，9穿铁路，2穿湖泊，12次下穿、9次侧穿高架或隧道，与既有地铁线路交叉9处，实施风险高。工程采用中国中铁和广州建筑联合体投标模式，由股份公司作为联合体牵头单位成立总承包项目经理部，总包部主要负责人：何晓春。参建单位：中铁一局、中铁二局、中铁三局、中铁四局、中铁五局、中铁隧道局、中铁广州局、中铁上海局、中铁建工、中铁电气化局。项目合同额218.67亿元。合同工期：2016年12月28日至2024年12月31日。

2022年度完成产值419590万元，占年度计划390000万元的107.59%，开累完成1785257万元，占合同额2186695万元的81.64%。总体形象进度：全线32座车站中有1座车站（田心村站）拟取消、2座车站（员村站、天河公园站）由其他地铁线代建，其余29座全部开工，16座主体结构已封顶；32个区间（1个由其他地铁线代建），30个已开始施工，23个区间已实现双线贯通；

赤沙车辆段和出入段线进行土建施工。开累完成：车站围护桩9070根，占总量的77%；连续墙2783幅，占总量的75%；土石方7735506立方米，占总量的81%；区间围护桩1004根，占总量的90%；连续墙145幅，占总量的90%；土石方1160860立方米，占总量的72%；盾构掘进61614米，占总量的91%；车辆段地连墙、钻孔桩、土石方、底板全部完成，箱梁完成7017孔，占总量的80%。

2022年，全线获得发明专利3项、实用新型专利10项、股份公司级工法5项；上涌公园站永临结合预制装配式地下车站设计和施工技术结题，经评审，成果达"国际先进"水平，获2022年信息技术服务业应用技能大赛建筑信息模型（BIM）赛项一等奖；三分部土建工程获评"广东省房屋市政工程安全生产文明施工示范工地""中国中铁股份有限公司安全生产优秀集体"；二分部土建工程（第二批次）获评"广州市市政工程安全文明绿色施工样板工地"；广州地铁建设管理有限公司组织广州地铁新线各总包部在五分部举行盖挖逆作车站现场质量观摩会。

· 广州市轨道交通13号线二期及同步实施工程· 线路北起朝阳站，东至鱼珠站，经广州市5个主

▲图5-6 2022年10月31日，中铁广州局承建的前海桂湾公园步行景观桥C1桥投入使用

城区，主要沿规划的槎神大道，现状的增槎路、东风路、黄埔大道、中山大道敷设，全长33.45千米，均为地下线敷设。全线设23座车站（9座换乘站）、23个区间、6个盾构井、2个停车场。主要工程量：车站地连墙2010幅，钻孔桩6046根，土石方667.78万立方米，主体结构144.54万立方米；区间钻孔桩820根，主体结构33.57万立方米，盾构51666米；车辆段钻孔桩5189根，主体结构40.66万立方米。工程主要特点：征拆体量大，其中征借地59.5万平方米，拆迁27.5万平方米；暗挖车站多，工艺工法多样，全线23座车站中有13座涉及暗挖施工，其中6座洞桩法车站、4座分离岛式暗挖车站、3座明暗结合车站；盾构穿越不良地质种类多、段落长（其中岩溶地层7.9千米、上软下硬地层6.3千米、断裂带9处、全断面砂层5.9千米），施工风险高；区间下穿上跨建（构）筑物多（其中下穿铁路2处、BRT天桥10座、市政设施31处/河涌11处，下穿或上跨运营地铁线路7次），施工控制要求高。工程采用"1+N"联合体投标模式；由股份公司成立总承包项目经理部，总包部主要负责人：王江卡；参建各局设项目经理部，下设工区。参建单位：中铁一局、中铁二局、中铁三局、中铁四局、中铁五局、中铁六局、中铁七局、中铁八局、中铁十局、中铁隧道局、中铁北京局、中铁上海局、中铁广州局、中铁建工、中铁电气化局。项目合同额179.85亿元。合同工期：2018年6月28日至2025年12月31日。

2022年度完成产值327132万元，占年度计划315000万元的103.85%；开累完成产值1078541万元，占项目投资额179.85亿元的60.42%。总体形象进度：全线23座车站，其中2座车站（彩虹桥站、天河公园站）由其他地铁线代建，其余21座车站均已开工，朝阳、庆丰、凰岗、西洲、罗冲围、天河公园、棠下、珠村8座车站已封顶；23个区间均已开工，14台盾构机正在掘进，10个区间已实现双线贯通；凰岗停车场、鱼珠停车场进行站后施工。开累完成：车站地连墙1859幅，占总量的87%；车站钻孔桩完成4255根，占总量的70%；车站土石方473.13万立方米，占总量的71%；车站主体结构82.46万立方米，占总量的57%；区间钻孔桩完成820根，占总量的100%；区间主体结构完成21.76万立方米，占总量的65%；区间盾构掘进38800米，占总量的75%；停车场钻孔桩全部完成，主体结构完成32.53万立方米，占总量的80%。2022年，获得省级协会科技进步奖2项、实用新型专利8项；三项目部一工区、十四项目部、天河公园站项目部获评"广东省房屋市政工程安全生产文明施工示范工地"；广州地铁13号线二期获评"中国中铁股份有限公司绿色施工科技示范工程"；业主在本工程组织举行质量、安全文明施工等现场观摩会4次，参加单位有业主建管部、广州地铁新线各总包部及监理部。

·川藏铁路雅林段工程· 川藏铁路雅林段正线长度1018.6千米，项目总投资3198亿元，川藏铁路雅林段土建及配套工程分三阶段进行招标，中国中铁承建川藏铁路雅林段在施项目共有14个，中标合同总额781.51亿元，开累完成产值123.21亿元，占合同总额的15.77%。中国中铁所属的中铁一局、中铁二局、中铁三局、中铁四局、中铁五局、中铁八局、中铁十局、中铁大桥局、中铁隧道局、中铁电气化局、中铁武汉电气化局、中铁广州局12家施工企业参与工程建设，中铁大桥局承建的大渡河特大桥，开累完成产值81505万元，占合同额的30.1%；中铁隧道承建的色季拉山隧道，开累完成产值124870万元，占合同额的28.8%；除中铁大桥局的CZXZZQ-9B标段（怒江特大桥）前期受道路施工影响，工期略有滞后外，其余项目正有序推进。

·大瑞铁路保瑞段工程· 保瑞段线路全长196.4千米，计划2025年11月竣工，中国中铁所属的中铁三局、中铁五局、中铁隧道局、中铁武汉电气化局参与工程建设，中标合同总额73.7亿元。国内在建的第一特长单线铁路隧道——高黎贡山隧道，全长34.538千米（中铁隧道局承建29.307千米），全隧采用"贯通平导+1座斜井+2座竖井"的辅助坑道设置方案，隧道地质环境特殊，工程建设规模宏大，施工技术要求高，为大瑞铁路的关键控制性工程。中铁隧道局开累完成产值206621万元，占合同额的57%；中铁三局承建三台山隧道等项目，开累完成181439万元，占合同总额的91.9%；中铁五局承担的保山隧道等项目主体已完成。

·新建渝昆高速铁路工程· 渝昆高速铁路全长698千米，项目总投资1416亿元，合同工期为2020年12月至2025年6月，中国中铁所属的中铁二局、中铁三局、中铁四局、中铁五局、中铁八局、中铁九局、中铁大桥局、中铁隧道局、中铁电气化局、中铁上海局10家施工企业参与建设，中标合同总额289.5亿元。中铁二局承建大山隧道、平山隧道、江底牛栏江特大桥等项目，开累完成317744万元，占合同额的36.86%；中铁三局承建黄沙河特大桥、沙坪镇特大桥、龙家榜特大桥、来福隧道等项目，开累完成315697万元，占合同额的59.02%；中铁隧道局承建昭通隧道等项目，开累完成产值82174万元，占合同额的47.11%；中铁四局、中铁五局、中铁八局、中铁九局、中铁大桥局、中铁电气化局、中铁上海局承建的项目正有序推进。

（游利平　雷思瑶）

【竣工项目】4月1日，中铁一局、中铁二局、中铁三局、中铁四局、中铁六局、中铁七局、中铁八局、中铁十局、中铁隧道局、中铁上海局、中铁电气化局、中铁武汉电气化局参建的杭州地铁7号线后通段（吴山广场站至市民中心站）开通试运营。

▲ 图5-7　2022年9月1日，中铁二局新成昆铁路峨冕段架梁现场

4月22日，由中铁二局承建的蒲丹快速路（S401蒲江绕城段）正式通车。

4月29日，由中铁三局承建的绍兴市轨道交通1号线工程土建施工（SXGD1-11标段）交付运营。

4月29日，中铁二局、中铁三局、中铁四局、中铁五局、中铁上海局、中铁隧道局、中铁电气化局参建的福州轨道交通5号线开通运营。

5月1日，中铁一局、中铁二局、中铁武汉电气化局参建的广州市轨道交通7号线一期工程西延顺德段顺利开通试运营。

5月20日，由中铁一局施工的国道318线康定市过境段公路项目开通运营。

5月27日，中铁大桥局参建的世界首座三塔四跨双层钢桁梁悬索桥温州瓯江北口大桥通车，标志着连接粤闽浙三省的甬莞高速实现全线贯通。

6月30日，中铁二局、中铁九局、中铁十局、中铁广州局参建的广佛江快速通道三江至南门大桥主线项目全线通车。

7月22日，由中铁一局、中铁五局、中铁八局、中铁武汉电气化局、中铁建工参建的大瑞铁路大保段开通运营，结束了保山不通火车的历史。大瑞铁路大保段控制工程——大柱山隧道，穿越澜沧江深大断裂与保山褶皱带交界处，穿过含断层破碎带、侵入体蚀变带、岩溶等不良地质，中铁一局参建者历经12年的坚守，攻克了"最难掘进的铁路隧道"。

7月30日，中铁一局施工的湖南凤凰磁浮文旅项目开通运营。

8月10日，中铁二局承建的辽宁省本溪至集安高速公路本溪至桓仁（辽吉界）段PPP项目竣工交付。

8月10日，中铁隧道局承建的辽宁省本溪至集安高速公路本溪至桓仁（辽吉界）段PPP项目（高速公路）建成开通。

8月26日，云南玉溪至楚雄高速公路开通试运营，玉楚高速贯通玉溪、昆明、楚雄3州市7区（县），对完善滇中路网、打通滇中地区交通命脉具有以重点突破之功推动全局之效，项目由中国中铁所属中铁开投投资建设，中铁一局、中铁二局、中铁三局、中铁四局、中铁五局、中铁六局、中铁七局、中铁八局、中铁九局、中铁十局、中铁大桥局、中铁隧道局、中铁建工、中铁北京局、中国铁工投资及中铁工业等单位负责施工，中铁交通受托运营。

8月28日，福州轨道交通6号线开通运营，使福州主城区与长乐城区及滨海新城等地建立轴向联系，是福州"东进南下、沿江向海"城市发展战略的保障项目，中国中铁所属中铁一局、中铁二局、中铁三局、中铁四局、中铁八局、中铁上海局、中铁电气化局参与施工建设。

8月28日，中铁广州局承建的蒙苏经济开发区零碳产业园工业污水处理厂及水资源再生利用项目（EPC模式）交付运营。

8月30日，中铁建工承建的香港科技大学（广州）项目一期工程（核心建筑）（勘察设计施工总承包项目）交付运营。

9月28日，中铁隧道局承建的汕头苏埃通道工程海湾隧道开通运营。

10月28日，中铁三局、中铁五局、中铁六局、中铁九局、中铁隧道局、中铁广州局、中铁电气化局参与施工建设的深圳地铁14号线正式开通运营。

12月25日，中铁十局参建的濮阳至阳新高速公路菏泽段项目开通运营。

12月26日，中国中铁所属10家二级企业参建的连霍二广高速联络线（新安至伊川高速）项目开通运营。

12月28日，中铁一局、中铁六局、中铁广州局参与施工建设的佛山地铁3号线首通段正式开通运营。

12月31日，中铁一局、中铁二局、中铁三局、中铁五局、中铁六局、中铁北京局、中铁上海局、中铁广州局参与施工建设的京雄高速（北京段）六环至市界段开通运营。

（杨文斌）

安全质量监督管理

【安全质量环保工作综述】2022年，中国中铁坚持生命至上、安全第一，树牢安全发展理念，强化红线意识和底线思维，始终把员工的生命安全和身体健康放在第一位，继续推动"管""监"系统责任落实，持续强化安全生产管控，全面加强和规范安全生产教育培训，严格落实安全生产述职机制，促进自控体系有效运行。公司设有安全生产（质量）委员会，统筹负责公司安全生产各项工作。委员会设主任2名，由公司党委书记、董事长和总裁担任；设副主任1名，由分管安全质量的副总裁担任；委员若干名，包含公司领导班子其他成员和高管、安全生产总监（高管）、总部相关部门负责人。从公司总部到项目部，各级组织都设有安全生产总监和安全生产监督部门。

（任乐春）

【落实安全责任】中国中铁持续强化主体责任落实，完善管理体系，夯实管理基础，落实《进一步落实安全生产"管""监"责任暨构建风险和隐患双重预防长效机制的通知》要求，研究发布《关于开展安全生产提升年行动的通知》和《中国中铁安全质量管理系统提升实施方案》。落实国务院安委会"十五条"重要措施，修订发布《中国中铁铁腕治安硬十条》。公司不断加强安全生产体系建设，加大安全生产投入和管控力度，构建了体系化、立体化、常态化管控机制。成立了安全质量环保督查总队、综合督查处、3个派驻督查组，各单位成立了123支管控稽查队、290个管控组。实现了营业收入大幅增长，百亿元营业额死亡人数大幅下降。

（任乐春）

【"管""监"系统责任落实】2022年，中国中铁严格执行《关于建立安全生产述职机制的通知》要求，完善了企业安全生产考核评价体系，督促安全生产第一责任人和分管负责人履职尽责。通过开展安全生产"管""监"责任大宣贯大培训活动、安全生产"管""监"责任落实专项检查活动、筑牢安全生产管理基础专项行动、生产安全惯性事故防控专项行动、本质安全保障能力提升行动等五大主题活动，进一步推动安全生产"管""监"系统责任落实，不断提升企业和项目本质安全保障能力。

（任乐春）

【安全生产提升年行动】按照国资委关于安全生产提升年行动的部署，公司研究下发了《中国中铁关于开展安全生产提升年行动的通知》，成立了以陈云书记、陈文健总裁为组长的安全生产提升年的行动领导小组，部署全公司推进思想认识、管理系统、责任落实、专项整治三年行动效果、重点领域管控、本质安全水平再提升等六大提升行动。

（任乐春）

【安全质量管理系统提升】完善安全质量管理体系，研究出台《中国中铁安全质量管理系统提升实施方案》，实现生产要素部门"横向配合协同、纵向有效衔接"工作局面，构建了"大安全"生产格局。公司深入贯彻《中共中央　国务院关于推进安全生产领域改革发展的意见》，认真落实GB/T28001标准，把生产要素系统（组织指挥、技术保障、资源配置）的常态管控作为安全生产的基础，采取有效措施，加强安全生产的源头管控和预防预控。同时，运用顶层设计、制度建立、监督检查等手段对安全生产情况进行纠偏，建立起层层预防、纠偏补充的多重保障体系，真正形成安全生产的长效机制，提高企业和项目本质安全保障能力。

2022年，全面构建"总制度+专项制度+刚性标准"制度体系。制定出台安全质量纲领性文件《中国中铁安全质量环保管理办法》，对现有管理制度梳理、完善形成9个专项管理制度；印发《安全质量环保刚性标准》和《中国中铁铁腕治安硬十条》，全面构建中国中铁安全质量环保管理制度体系。公司组成了4个派出督查组，公司各施工成员企业均成立了稽查总队和片区稽查队，建立了监督情况定期报告制度，及时消除现场安全质量环保各项隐患。

重塑各层级工作机制，促使系统发挥合力。按照时间维度和项目全生命周期维度，重塑了4个管理层级（股份公司、二级公司、三级公司、项目部）必须坚持的工作机制，并通过工作机制有效执行，促使安全生产要素系统发挥合力。全面强化安全生产风险分级管控，针对安全风险辨识评估清单，明确各层级安全风险管控等级、范围、重点和责任人，明确落实每一处重大安全风险和重大危险源的安全管理与监管责任，严格落实风险控制方案和措施，强化风险管控技术、制度的刚性落实与执行。

（任乐春）

【《中国中铁铁腕治安硬十条》】2022年，股份公司依据有关法律法规、规章制度、行业标准和相关要求，结合《中国中铁股份有限公司安全质量管理系统提升实施方案》和企业近年来安全生产管理实践中取得的成果，对原《中国中铁铁腕治安全硬十条》进行了修订，更名为"中国中铁铁腕治安硬十条"。《中国中铁铁腕治安硬十条》紧密结合全公司发展实际和新时期建筑业安全生产特点，语言简明扼要、核心提纲挈领、内涵系统丰富、重点工作突出，企业各级要不断完善安全生产体制机制，持续加强执行能力建设，不断夯实安全生产基础工作，全面规范和深入开展安全生产活动，提升企业新时期本质安全水平，进一步稳定和扩大安全生产工作成效，不断巩固全公司"体系健全、运行有效、管理规范、风险受控"的安全生产态势。

（任乐春）

【安全生产大检查】按照国务院安全生产委员会《关于进一步强化安全生产责任落实　坚决防范遏制重特大事故的若干措施》和《关于开展全国安全生产大检查工作的通知》工作部署，结合推进安全生产专项整治三年行动，制定《中国中铁开展安全生产大检查工作实施方案》，并经股份公司2022年第九次党委常委（扩大）会议研究通过后发布实施，部署自本方案印发之日起至党的二十大结束,在全公司范围内开展安全生产大检查工作。公司成立以党政主要领导为组长的安全生产大检查工作领导组,负责全公司安全生产大检查工作的组织领导、协调指导、督导检查等工作。全公司制定方案与动员部署、自查自纠与督导检查、"回头看"与总结提高3个阶段开展工作,各项目部要由项目经理带队开展自查自纠,持续深入开展安全隐患大排查大整治,每月对所有工点工序、设备设施等检查覆盖要达到100%;各三级公司、二级公司稽查队(管控组)每季度对所辖在建项目的检查覆盖要达到100%;各二级公司对高风险项目、重难点项目、北京地区项目的检查覆盖要达到100%。

自8月开始,股份公司安全生产大检查工作组对所属施工单位、投资公司、中铁资源和重难点项目按"齿轮推动、层级覆盖"的原则开展安全生产督导检查。督导检查共分维护稳定检查、北京地区安全生产检查、安全生产综合检查、境外综合检查4个工作组。其中,安全生产综合检查工作组下设9个检查小组,由股份公司领导和高管任组长,小组下设专家组,由股份公司抽调二级单位37名专家,采取"四不两直"方式和"1+2+4"(1个二级单位、2个三级单位、4个项目)模式,以听取汇报、检查现场、查阅资料、座谈交流等方式对各单位和项目综合管理、生产组织、技术管理、分包管理、物资设备管理5个方面开展了全方位督导检查。发现的一般事故隐患、重大事故隐患均已整改闭合。

(任乐春)

【质量管理制度体系建设】修订出台《中国中铁优质工程评选规定》,在"严格把关、优中选优"的基础上,通过规范优质工程评审工作流程,深入开展工程创优活动,推动企业和施工现场加强工程质量管理,评选出中国中铁优质工程金杯奖38项、中国中铁杯奖60项,确保工程质量水平的持续改进与提高。2022年,公司获中国建设工程鲁班奖19项;获国家优质工程奖54项,其中金奖4项。

(任乐春)

【应急管理】全面提升应急能力。出台《自然灾害防灾减灾指导意见》,成立国家隧道应急救援中铁二局西藏队。先后参与东航飞行事故、贵广脱线事故、重庆森林火灾、四川泸定地震等抢险救灾。在应急管理方面,制定《安全质量、生态环境及灾害事故(事件)应急预案》,采用桌面演练、功能演练和全面演练三种方式进行应急演练。2022年6月"安全生产月"期间,公司广泛组织开展了应急演练活动。

(任乐春)

▲图5-8 中国中铁参建的郑州市轨道交通4号线工程荣获国家优质工程奖

表 5-3 2022 年中国中铁获中国建设工程鲁班奖情况

序号	工程名称	承建单位	参建单位
1	昆明市轨道交通 4 号线工程 PPP 项目	中国中铁股份有限公司 中铁电气化局集团有限公司 中铁八局集团有限公司 中铁九局集团有限公司 中铁上海工程局集团有限公司	中铁七局集团武汉工程有限公司 中铁四局集团有限公司 中铁二局集团有限公司 中铁北京工程局集团有限公司 中铁建工集团有限公司 中铁广州工程局集团有限公司 中铁隧道集团二处有限公司 中铁五局集团有限公司 中铁十局集团有限公司 中铁一局集团建筑安装工程有限公司 中铁三局集团第四工程有限公司
2	银川经济技术开发区年产 15GW 单晶硅棒项目	中铁三局集团建筑安装工程有限公司	
3	无锡地铁 3 号线一期工程	中铁四局集团有限公司 中铁一局集团有限公司 中铁二局集团有限公司 中铁隧道局集团有限公司	中铁一局集团电务工程有限公司 中铁四局集团电气化工程有限公司 中铁电气化局集团第一工程有限公司
4	新建连云港至镇江铁路五峰山长江特大桥	中铁大桥局集团有限公司	中铁大桥局集团第二工程有限公司 中铁大桥局集团第四工程有限公司 中铁九桥工程有限公司 中铁宝桥集团有限公司
5	延庆至崇礼高速公路河北段	中铁大桥局集团有限公司	中铁四局集团有限公司
6	新建福州至平潭铁路平潭海峡公铁大桥	中铁大桥局集团有限公司	中铁大桥局集团第四工程有限公司 中铁大桥局集团第五工程有限公司 中铁大桥局集团第六工程有限公司
7	新建北京至雄安新区城际铁路雄安站站房工程	中铁建工集团有限公司	中铁电气化局集团第一工程有限公司
8	新建福州至平潭铁路站房及相关工程平潭站	中铁建工集团有限公司	
9	国家跳台滑雪中心	中铁建工集团有限公司	
10	华晨宝马汽车有限公司产品升级项目（铁西厂区）	中铁建工集团有限公司	中铁建工集团建筑安装有限公司
11	徐州市城市轨道交通 3 号线一期工程		中铁九局集团电务工程有限公司
12	成都天府国际机场		中铁二局集团有限公司
13	重庆两江桥隧连接线		中铁大桥局集团第八工程有限公司 中铁九桥工程有限公司 中铁宝桥集团有限公司
14	新建商丘至合肥至杭州铁路亳州特大桥		中铁电气化局集团有限公司
15	平塘特大桥		中铁山桥集团有限公司

续表

序号	工程名称	承建单位	参建单位
16	宜昌市伍家岗长江大桥		中铁九桥工程有限公司
17	斯里兰卡南部高速延长线项目2/3/4标段新建工程		川铁国际经济技术合作有限公司
18	越南河内城市轨道交通吉灵—河东线项目	中铁六局集团有限公司	中铁六局集团电务工程有限公司 中铁六局集团建筑安装工程有限公司 中铁六局集团丰桥桥梁有限公司
19	坦桑尼亚尼雷尔基金会广场项目		中铁建工集团东非有限公司

制表：胡科敏

表5-4 2022年中国中铁获国家优质工程奖情况

序号	工程名称	获奖等级	获奖单位
1	宁波市轨道交通4号线工程	国家优质工程金奖	勘察及设计单位： 中铁电气化勘测设计研究院有限公司 中铁二院工程集团有限责任公司 中铁工程设计咨询集团有限公司 工程监理单位： 中铁华铁工程设计集团有限公司 施工总承包单位： 中铁一局集团有限公司 中铁四局集团有限公司 中铁上海工程局集团有限公司 中铁隧道局集团有限公司 参建单位： 中铁七局集团电务工程有限公司 中铁电气化局集团有限公司 中铁二局集团有限公司 中铁一局集团城市轨道交通工程有限公司 中铁一局集团新运工程有限公司 中铁一局集团建筑安装工程有限公司 中铁一局集团电务工程有限公司 中铁一局集团华东建设工程有限公司
2	雅安至康定高速公路	国家优质工程金奖	参建单位： 中铁隧道股份有限公司 中铁隧道局集团有限公司 中铁二局第四工程有限公司
3	云南省牛栏江—滇池补水工程	国家优质工程金奖	参建单位： 中铁五局集团有限公司
4	北京新机场飞行区工程	国家优质工程金奖	参建单位： 中铁北京局工程局集团有限公司
5	新建蒙西至华中地区铁路煤运通道工程龙门黄河大桥	国家优质工程奖	工程监理单位： 中铁二院（成都）咨询监理有限责任公司 施工总承包单位： 中铁一局集团有限公司 参建单位： 中铁一局集团厦门建设工程有限公司

续表

序号	工程名称	获奖等级	获奖单位
6	新建银川至西安铁路彬县隧道	国家优质工程奖	工程监理单位： 北京中铁诚业工程建设监理有限公司 施工总承包单位： 中铁一局集团有限公司
7	杭州湾跨海大桥杭甬高速连接线公路工程	国家优质工程奖	参建单位： 中铁二局集团有限公司
8	新建南昌至赣州铁路CGZQ-9标万安隧道	国家优质工程奖	工程监理单位： 中铁华铁工程设计集团有限公司 施工总承包单位： 中铁三局集团有限公司 中铁三局集团广东建设工程有限公司
9	新建北京至沈阳铁路客运专线辽宁段	国家优质工程奖	工程监理单位： 中铁济南工程建设监理有限公司 参建单位： 中铁三局集团有限公司 中铁电气化局集团有限公司 中铁五局集团有限公司 中铁九局集团有限公司 中铁四局集团有限公司
10	九洲高架二期延伸工程（洪都大道快速化改造工程）	国家优质工程奖	施工总承包单位： 中铁交通投资集团有限公司 参建单位： 中铁四局集团有限公司 中铁八局集团有限公司 中铁大桥局集团有限公司
11	新建银川至西安铁路陕西段站前工程施工YXZQ-1标段咸阳渭河特大桥	国家优质工程奖	工程监理单位： 四川铁科建设监理有限公司 施工总承包单位： 中铁五局集团有限公司 参建单位： 中铁五局集团华南工程有限责任公司 中铁五局集团第四工程有限责任公司 中铁五局集团第六工程有限责任公司
12	新建太原至焦作铁路山西段襄垣隧道	国家优质工程奖	施工总承包单位： 中铁五局集团有限公司 参建单位： 中铁五局集团贵州工程有限公司
13	新建商丘至合肥至杭州铁路SHZQ-16标水阳江特大桥工程	国家优质工程奖	工程监理单位： 中铁武汉大桥工程咨询监理有限公司 施工总承包单位： 中铁六局集团有限公司 参建单位： 中铁六局集团天津铁路建设有限公司 中铁六局集团石家庄铁路建设有限公司 中铁六局集团呼和浩特铁路建设有限公司 中铁六局集团丰桥桥梁有限公司
14	广东省仁化（湘粤界）至博罗公路新丰至博罗段	国家优质工程奖	参建单位： 中国中铁股份有限公司 中铁七局集团有限公司

续表

序号	工程名称	获奖等级	获奖单位
15	新建商丘至合肥至杭州铁路（安徽、浙江段）站前工程淮河特大桥	国家优质工程奖	施工总承包单位： 中铁八局集团有限公司 参建单位： 中铁八局集团第一工程有限公司 中铁八局集团第三工程有限公司
16	新建鲁南高铁临沂至曲阜段	国家优质工程奖	勘察及设计单位： 中铁二院工程集团有限责任公司 工程监理单位： 中铁济南工程建设监理有限公司 参建单位： 中铁十局集团有限公司 中铁十局集团第八工程有限公司 中铁电气化局集团有限公司 中铁建工集团有限公司 中铁建工集团第二建设有限公司
17	新建武汉至十堰铁路孝感至十堰段综合工程	国家优质工程奖	工程监理单位： 中铁华铁工程设计集团有限公司 中铁武汉大桥工程咨询监理有限公司 施工总承包单位： 中铁大桥局集团有限公司 中铁建工集团有限公司 中铁电气化局集团有限公司 中铁武汉电气化局集团有限公司 中铁一局集团有限公司 参建单位： 中铁大桥局第一工程有限公司 中铁隧道局集团有限公司 中铁七局集团有限公司 中铁七局集团第一工程有限公司 中铁七局集团第三工程有限公司 中铁七局集团第四工程有限公司 中铁七局集团武汉工程有限公司 中铁电气化局集团有限公司第二工程分公司 中铁电气化局集团北京建筑工程有限公司 中铁一局集团第五工程有限公司
18	新建盐城至南通铁路站前工程海安特大桥	国家优质工程奖	施工总承包单位： 中铁北京工程局集团有限公司 参建单位： 中铁三局集团有限公司 中铁北京工程局集团第五工程有限公司 中铁北京工程局集团第六工程有限公司 中铁三局集团华东建设有限公司
19	湖南省临湘至岳阳高速公路洞庭湖大桥	国家优质工程奖	参建单位： 中铁宝桥集团有限公司
20	武汉市轨道交通8号线二期、三期工程	国家优质工程奖	施工总承包单位： 中铁四局集团有限公司 中铁一局集团有限公司 中铁大桥局集团有限公司 中铁隧道集团机电工程有限公司 中铁一局集团电务工程有限公司 中铁四局集团第五工程有限公司

续表

序号	工程名称	获奖等级	获奖单位
21	杭州大毛坞—仁和大道供水管道工程	国家优质工程奖	施工总承包单位： 中铁七局集团有限公司（非主申报）
22	邕江综合整治和开发利用工程（南岸：清川大桥—五象大桥）景观工程（桃源大桥—滨江丽景花园）标段	国家优质工程奖	施工总承包单位： 中铁七局集团有限公司
23	赣州中心城区快速路工程—赣南大道（新世纪大桥至贡江大桥段）	国家优质工程奖	勘察及设计单位： 江西省水利规划设计研究院（中铁水利设计） 施工总承包单位： 中铁十局集团有限公司 参建单位： 中铁十局集团第三建设有限公司 中铁科工集团有限公司
24	繁华大道集贤路互通立交二期工程	国家优质工程奖	施工总承包单位： 中铁十局集团有限公司 参建单位： 中铁十局集团第三建设有限公司
25	怀来县城市道路工程（沙城—东花园）跨官厅水库特大桥工程	国家优质工程奖	勘察及设计单位： 中铁工程设计咨询集团有限公司 施工总承包单位： 中铁大桥局集团有限公司 参建单位： 中铁大桥局集团第六工程有限公司
26	江汉七桥（解放大道—汉阳大道）工程	国家优质工程奖	勘察及设计单位： 中铁大桥勘测设计院集团有限公司 工程监理单位： 中铁武汉大桥工程咨询监理有限公司 施工总承包单位： 中铁大桥局集团有限公司 参建单位： 中铁大桥局第七工程有限公司 中铁宝桥集团有限公司
27	郑州市轨道交通4号线工程	国家优质工程奖	勘察及设计单位： 中铁第六勘察设计院集团有限公司 中铁电气化勘测设计研究院有限公司 中铁通信信号勘测设计院有限公司 工程监理单位： 中铁路安工程咨询有限公司 参建单位： 中铁北京工程局集团有限公司 中铁隧道局集团有限公司 中铁七局集团有限公司 中铁五局集团有限公司 中铁四局集团有限公司 中铁一局集团有限公司 中铁一局集团电务工程有限公司 中铁四局集团机电设备安装有限公司 中铁隧道集团机电工程有限公司 中铁七局集团电务工程有限公司 中铁电气化局集团第三工程有限公司 中铁电气化局集团有限公司

续表

续表

序号	工程名称	获奖等级	获奖单位
28	深圳市城市轨道交通6号线工程	国家优质工程奖	勘察及设计单位： 中铁二院工程集团有限责任公司 工程监理单位： 中铁华铁工程设计集团有限公司 中铁二院（成都）咨询监理有限责任公司 施工总承包单位： 中国中铁股份有限公司 中铁南方投资集团有限公司 参建单位： 中铁三局集团有限公司 中铁一局集团有限公司 中铁二局集团有限公司 中铁四局集团有限公司 中铁五局集团有限公司 中铁七局集团有限公司 中铁隧道局集团有限公司 中铁北京工程局集团有限公司 中铁上海工程局集团有限公司 中铁广州工程局集团有限公司
29	青岛市地铁8号线工程北段	国家优质工程奖	勘察及设计单位： 中铁第六勘察设计院集团有限公司 中铁科学研究院有限公司 施工总承包单位： 中铁（上海）投资集团有限公司 中铁五局集团有限公司 中铁一局集团有限公司 中铁二局集团有限公司 中铁八局集团有限公司 中铁四局集团电气化工程有限公司 中铁武汉电气化局集团有限公司
30	武汉市轨道交通蔡甸线工程	国家优质工程奖	勘察及设计单位： 中铁第六勘察设计院集团有限公司 工程监理单位： 四川铁科建设监理有限公司 施工总承包单位： 中铁隧道股份有限公司 中铁上海工程局集团有限公司 中铁四局集团有限公司 中铁四局集团第五工程有限公司 中铁一局集团电务工程有限公司 中铁市政环境建设有限公司
31	贵安新区腾讯七星数据中心项目（一期）	国家优质工程奖	施工总承包单位： 中铁隧道局集团有限公司 参建单位： 中铁隧道集团二处有限公司
32	青岛市红岛—胶南城际（井冈山路—大珠山段）轨道交通工程	国家优质工程奖	勘察及设计单位： 中铁电气化勘测设计研究院有限公司 参建单位： 中铁电气化局集团有限公司
33	新建珠海市区至珠海机场城际轨道交通工程拱北至横琴段BT项目	国家优质工程奖	参建单位： 中铁电气化局集团有限公司

续表

序号	工程名称	获奖等级	获奖单位
34	柳州市白沙大桥工程	国家优质工程奖	勘察及设计单位： 中铁大桥勘测设计院集团有限公司 施工总承包单位： 中铁上海工程局集团有限公司 参建单位： 中铁上海工程局集团第五工程有限公司 中铁山桥集团有限公司
35	大东湖核心区污水传输系统与北湖污水处理厂及其附属工程	国家优质工程奖	施工总承包单位： 中铁上海工程局集团有限公司
36	石洞口污水处理厂二期工程	国家优质工程奖	参建单位： 中铁上海工程局集团有限公司
37	合肥市清溪净水厂PPP项目	国家优质工程奖	参建单位： 中国铁工投资建设集团有限公司 施工总承包单位： 中铁市政环境建设有限公司
38	贵州省工伤职业康复医院	国家优质工程奖	施工总承包单位： 中铁二局集团有限公司 参建单位： 中铁二局集团装饰装修工程有限公司
39	中国中铁·诺德名府北区	国家优质工程奖	建设单位： 章丘中铁诺德置业有限公司 勘察及设计单位： 中铁工程设计咨询集团有限公司 施工总承包单位： 中铁建工集团第二建设有限公司
40	新建北京至沈阳铁路客运专线星火站站区、动车运用所生产生活房屋及相关工程XHFJSG-1标段	国家优质工程奖	施工总承包单位： 中铁建工集团有限公司
41	新建上海至南通铁路（南通至安亭段）南通西站等6座站房、生产生活房屋及相关工程HTFJ-1标段南通西站	国家优质工程奖	勘察及设计单位： 中铁时代建筑设计院有限公司 施工总承包单位： 中铁建工集团有限公司
42	华为苏州企业业务项目（DK20110310地块）之A1、E1（部分）	国家优质工程奖	参建单位： 中铁建工集团建筑安装有限公司
43	襄阳东站综合枢纽工程	国家优质工程奖	施工总承包单位： 中铁建工集团有限公司 中铁一局集团有限公司 参建单位： 中铁建工集团建筑安装有限公司
44	中共海口市委党校（市行政学院、社会主义学院）新校区项目	国家优质工程奖	施工总承包单位： 中铁广州工程局集团有限公司 中铁海南投资建设有限公司 参建单位： 中铁广州工程局集团深圳工程有限公司 中铁南方投资集团有限公司
45	渝怀铁路涪陵至梅江段增建二线新圆梁山隧道	国家优质工程奖	勘察及设计单位： 中铁二院工程集团有限责任公司
46	新建郑州至周口至阜阳铁路周淮特大桥	国家优质工程奖	工程监理单位： 中铁济南工程建设监理有限公司

续表

序号	工程名称	获奖等级	获奖单位
47	新建蒙西至华中地区铁路煤运通道四电工程MHSD-2标段	国家优质工程奖	勘察及设计单位： 中铁工程设计咨询集团有限公司
48	广州南沙新区明珠湾区起步区灵山岛尖区域城市开发与建设项目	国家优质工程奖	工程监理单位： 中铁武汉大桥工程咨询监理有限公司
49	武汉市仙女山路（墨水湖北路—四新南路）工程	国家优质工程奖	设计单位： 中铁大桥勘测设计院集团有限公司
50	石家庄市城市轨道交通3号线	国家优质工程奖	工程监理单位： 中铁华铁工程设计集团有限公司
51	北京市冰上项目训练基地综合训练馆	国家优质工程奖	勘察及设计单位： 中铁华铁工程设计集团有限公司
52	2#实验及综合业务楼等2项（国家核与辐射安全监管技术研发基地）	国家优质工程奖	勘察及设计单位： 中铁华铁工程设计集团有限公司
53	重庆南川至贵州道真高速公路（重庆段）项目	国家优质工程奖	勘察及设计单位： 中铁长江交通设计集团有限公司
54	尼日利亚阿布贾城铁一期工程	国家优质工程奖	勘察及设计单位： 中铁二院工程集团有限责任公司

制表：胡科敏

表5-5　2022年度中国中铁获建设工程项目施工安全生产标准化工地名单

序号	工程名称	获奖单位
1	哈尔滨市轨道交通3号线二期"四电"及铺轨总承包工程	中铁一局集团有限公司
2	中国电子科技集团公司第二十八研究所仙林新所区建设项目BC地块一期工程	中铁建工集团有限公司
3	苏州市轨道交通6号线工程土建施工项目（第二批）VI-TS-12标	中铁九局集团有限公司
4	徐州市公安局新建业务技术用房项目	中铁建工集团有限公司
5	新建济南至莱芜高速铁路工程站房工程及相关配套工程JLZFSG-1标	中铁十局集团有限公司
6	山东大学齐鲁医院（青岛）二期	中铁建工集团有限公司
7	青岛市地铁6号线一期工程抓马山车辆基地	中铁建工集团有限公司
8	国家大数据产业基地二期项目1号楼	中铁建工集团有限公司
9	深圳市前海—南山排水深隧系统工程土建I标项目	中铁隧道局集团有限公司
10	海南银行总部大楼	中铁广州局集团深圳工程有限公司
11	贵州国际旅游体育休闲度假中心—悦龙城学校项目	中铁五局集团建筑工程有限公司
12	深圳岗厦北综合交通枢纽工程	中铁二局集团有限公司
13	石河子市大剧院建设项目EPC总承包	中铁三局集团建筑安装工程有限公司
14	国道G316线长乐漳港至营前段工程董奉山隧道	中铁五局集团机械化工程有限公司
15	青岛市地铁8号线工程PPP项目（B2包）土建05工区	中铁隧道局集团有限公司
16	城市副中心图书馆工程	中铁建工集团有限公司
17	深圳市轨道交通14号线共建管廊工程14GL-101标六工区	中铁上海工程局集团有限公司
18	郑州机场至许昌市域铁路工程（郑州段）供电系统安装工程	中铁电气化局集团第三工程有限公司
19	新建张家界至吉首至怀化铁路四电及相关工程ZJHSD-1标	中铁武汉电气化局集团有限公司
20	流亭街道白沙湾足球基地文化中心新建工程	中铁建工集团第二建设有限公司
21	聊城市新旧动能转换产业孵化园区项目（一期）	中铁建工集团有限公司
22	济南地铁6号线梁王车辆基地3工区项目	中铁建工集团有限公司

制表：胡科敏

CHAPTER 6

勘察设计与咨询服务

勘察设计生产经营

【全公司勘察设计工作概况】中国中铁勘察设计与咨询服务业务涵盖研究、规划、咨询、造价、勘察设计、监理、工程总承包、产品产业化等基本建设全过程服务，主要涉及铁路、城市轨道交通、公路、市政、房建、水利水电等行业，并向新型轨道交通、智能交通、民用机场、港口码头、电力、节能环保等非传统领域实现拓展。公司基本经营模式是在境内外通过市场竞争获得勘察设计订单，按照合同约定完成工程项目的勘察设计及相关服务等任务。同时，公司不断创新勘察设计业务经营模式，充分利用开展城市基础交通设施规划的优势，努力获取设计项目和工程总承包项目，促进全产业链发展。作为中国勘察设计和咨询服务行业的骨干企业，公司在工程建设领域发挥了重要的引领和主导作用，尤其是在协助制定建设施工规范和质量验收等方面的铁路行业标准中发挥着重要作用。在勘察设计工作方面，中国中铁作为川藏铁路雅安至林芝段的总体设计单位，负责雅安至昌都段勘察设计，施工图已完成批复，施工单位全面进场，已开展施工配合工作；参与设计的西昆高铁重庆至安康段站前、站后施工图已批复，项目建设顺利推进中；成渝中线站前、站后施工图已批复，项目建设顺利推进中；参与设计的沪渝蓉高铁有序推进。

（雷思遥）

【勘察设计与咨询生产经营概况】2022年勘察设计企业完成营业额196.4亿元，占年度计划171亿元的114.9%，较2021年增加4.3亿元，同比增长2.2%。

（肖艳敏）

【重点工程勘察设计】2022年，各勘察设计企业开展项目6309项，其中，勘察设计项目3384项、咨询2100项、监理354项、国外项目110项，其他项目361项。中铁二院作为川藏铁路雅安至林芝段的总体设计单位，负责雅安至昌都段勘察设计，施工图已完成批复，施工单位全面进场，开展施工配合工作。中铁二院负责成渝中线的勘察设计工作，10月完成站前、站后施工图批复，施工单位全面进场。2022年12月26日，由中铁二院设计的成昆铁路复线的最后一段——峨眉至

▲ 图6-1 中铁设计勘察设计的济郑高铁郑州万滩黄河公铁大桥

冕宁段开通投运,标志着全长915千米的新成昆铁路实现全线通车运营。该条铁路线路起于成都,止于昆明,是"十三五"规划的重点工程,也是国家"一带一路"倡议中连接东南亚国际贸易口岸的重要通道。2022年6月20日,由中铁设计总体勘察设计的济郑高铁濮郑段开通运营,该项目填补了豫东北地区高铁的空白,全国首个"米"字形高铁网络全面形成。2022年6月20日,由中铁二院设计的郑州至重庆高速铁路襄阳东至万州北段建成开通,中国西南地区外出的又一快速客运通道——郑渝高铁实现全线1068千米贯通运营。这一高铁的全线贯通,将进一步完善华中、西南地区铁路网结构,极大便利沿线人民群众出行,促进旅游资源开发和产业发展,释放襄渝普速铁路货运能力,更好地推动地区物流发展,对加快中原城市群、成渝地区双城经济圈的发展,具有十分重要的意义。2022年7月22日,由中铁二院设计的大理至瑞丽铁路大理至保山段正式开通运营。大瑞铁路大保段穿越横断山脉纵谷区,横跨漾濞江、澜沧江等多条河流,沿线山高谷深、河流密布,具有高地热、高地应力、高地震烈度等特点,是目前国内地形地质条件最为复杂的铁路之一,桥隧比为86.6%。这一铁路的建成通车,结束了保山等地不通铁路的历史,进一步完善了西部边疆铁路网结构,极大便利沿线各族人民群众出行和货物运输,加快滇西旅游资源开发,对促进民族团结、乡村振兴具有十分重要的意义。2022年12月30日,由中铁二院设计的济南至莱芜高速铁路正式开通运营,线路全长117.49千米,设计时速350千米,是山东济南"米"字形高铁网的重要组成部分。2022年12月12日,由中国中铁—中航国际联合体承建的埃及"斋月十日城"市郊铁路项目一期、二期线路正式投入运营,该项目线路总长约70千米,最高运行时速为120千米,是连接开罗市区与新行政首都、斋月十日城和东部沿线卫星城的重要纽带,也是中埃"一带一路"合作旗舰项目之一,大幅提高埃及首都开罗与各重点新城之间的运输能力,对埃及开罗的城市发展发挥着重要作用,也将在中东地区、阿拉伯世界、非洲国家产生良好的示范作用。2022年1月30日,由中铁大桥院设计的国内最大跨度连续钢桁梁桥——福州道庆洲大桥正式通车运营;2022年5月27日,由中铁大桥院设计,

中铁大桥局施工的世界首座三塔四跨双层钢桁梁悬索桥——温州瓯江北口大桥正式建成通车；2022年6月25日，由中铁大桥院参与勘察设计，中铁大桥局施工的孟加拉国帕德玛大桥通车。

（雷思遥）

【中铁二院勘察设计生产经营】2022年，中铁二院实现新签合同额185.75亿元，为年度计划236亿元的78.7%。从市场板块来看，工程勘察设计占比39.7%，工程总承包占比42%，工程技术服务占比8.0%，产品产业化占比7.7%，房地产及其他占比2.6%。企业发展总体呈现良好的态势。完成收款145.7亿元，为年度计划126亿元的115.63%，较2021年139.59亿元增长4.4%。

（刘燕敏）

【中铁二院勘察设计工作进展情况】国内项目：2022年，中铁二院完成实物工作量4991.2折算千米，其中：铁路板块完成6个项目可行性研究、13个项目初步设计、14个项目施工图、9个项目概算清理；开展19个项目配合施工工作；确保5个项目按期开工建设；确保了郑万铁路湖北段、大瑞丽铁路大保段、兴泉铁路宁化至泉州段共计3个项目如期开通运营。城市轨道交通板块完成6个项目工可设计、13个项目初步设计、21个项目施工图设计；确保了杭州10号线（首通段）、杭州地铁3号线一期工程、杭州地铁7号线（江北段）、凤凰磁浮文化旅游项目、重庆市郊铁路江跳线等5个项目建成通车。公路及市政板块完成3个项目初步设计、8个项目施工图设计；开展巴布亚新几内亚莱城—纳扎布2A段、莆炎高速公路尤溪至建宁段2个项目配合施工。

国外项目：2022年，中铁二院海外业务完成新签合同额20.4747亿元，完成营业额1.17亿美元。参与建设的埃及斋月十日城铁路于2022年7月3日建成通车。成功中标巴基斯坦—阿富汗—乌兹别克斯坦铁路通道巴基斯坦境内段项目可行性研究现汇项目。深度参加国家外向通道的研究，成功中标国家发展改革委出资委托国家开发银行牵头组织的《中欧基于铁路的可持续综合运输通道研究：运量测算与项目分析》。通过参与尼日利亚拉各斯高层公寓项目、加纳大学城项目、几内亚科纳克里安居房项目、坦桑尼亚普瓦尼地区旱港建设项目，稳步提升非洲市场份额。签订波兰格鲁耶茨波中产业园一期工程项目分包合

▲图6-2 2022年10月31日，中铁科研院四川铁科参与监理的浩吉铁路获评"2022中国新时代100大建筑"

同、克罗地亚有轨电车维修项目合同，在欧洲高端市场实现新突破。

工程总承包：2022年，中铁二院工程总承包业务新签济莱高铁沿线车站综合配套建设等57个项目，完成新签合同额61.6亿元，较2021年的46.9亿元增加14.7亿元，增长31.3%；丽江城市综合轨道交通项目一期工程（1号线）等61个项目在建；贵阳龙洞堡国际机场三期扩建工程涉铁EPC等10个项目完工、停缓建项目4个，完成营业收入41亿元，较2021年的23.2亿元增加17.8亿元，增长76.7%；完成收款43.5亿元，较2021年的24.5亿元增加19亿元，增长77.6%。

（刘燕敏 孟美辰 卿 鹏）

【中铁六院勘察设计生产经营】2022年，中铁六院累计完成营业额37.48亿元，为股份公司年度预算目标36.00亿元的104.11%，同比增长4.11%。全年执行生产项目共计3938项。其中，勘察设计2452项、工程总承包（含施工）53项、境外项目18项、技术咨询（含施工图审核、设计咨询、集成服务等）1251项、工程监理108项、产品产业化56项。完成地质钻探15.2万实钻米。全年新增生产项目1852项，完工或投运项目1282项。

铁路工程方面。承担勘察设计项目846项；承担设计咨询、施工图审核123项。

城市轨道交通工程方面。承担总体总包（设计总承包）项目10项，工点设计项目268项，系统设计项目336项；承担设计咨询、施工图审核项目262项；承担勘察、测绘及第三方监测项目320项。项目主要分布在北京、天津、石家庄、沈阳、大连、哈尔滨、长春、广州、深圳、东莞、佛山、上海、成都、重庆、西安、乌鲁木齐、资阳、长沙、武汉、郑州、洛阳、太原、青岛、济南、南京、徐州、无锡、南通、杭州、苏州、温州、宁波、合肥、南昌、南宁、福州、厦门、昆明、贵阳等城市。

公路市政工程方面。承担勘察设计项目319项；承担设计咨询、施工图审核项目108项；其他1项。项目主要分布在西安、咸阳、广州、深圳、南京、厦门、龙岩、郑州、洛阳、长沙、合肥、安庆、成都、汕头、台州、宁波、杭州、无锡、重庆、武汉、温州、南昌、福州、贵阳、烟台、绍兴、济南、青岛、张家界、伊利、衡阳、沈阳、大连等地区。

▲图6-3 中铁二院参建的贵阳龙洞堡机场地下综合交通枢纽隧道工程获中国土木工程詹天佑奖

工程总承包方面。承担工程总承包和施工项目53项,其中,城轨项目23项、铁路项目13项、建筑项目6项、市政项目10项、其他1项。主要分布在天津、河南、辽宁、陕西、湖北、内蒙古、黑龙江、河北、北京、江西等地区。

建筑工程方面。承担勘察设计项目352项;承担设计咨询、施工图审核项目758项。主要分布在合肥、芜湖、阜阳、淮南、蚌埠、六安、广州等地区。

海外工程方面。承担海外工程项目18项。其中,铁路项目3项、城轨项目12项、市政项目3项。主要分布在以色列、马来西亚、乌兹别克斯坦、巴基斯坦、圭亚那、新加坡等国家和中国香港、中国澳门地区。

工程监理方面。共承担工程监理108项,其中,铁路项目监理25项、城轨项目监理62项、市政项目监理9项、建筑工程12项。

配合经营前期研究和投标项目方面。配合经营前期研究项目387项,其中,海外工程4项、境内工程383项。投标项目677项。

（李 昂）

【中铁六院勘察设计工作进展情况】铁路项目方面。北黑线（龙镇至黑河段）铁路升级改造工程:线路全长239.934千米,主要开展了施工图设计、施工配合等工作;深圳至茂名铁路越珠江口工程:国内最长的高速铁路水下隧道,隧道长13.74千米,主要开展了施工配合等工作;重庆至昆明高速铁路会泽（不含）至寻甸（不含）段工程:线路全长约51.3千米,主要开展了施工图变更设计、地质补勘。同时,开展了将军庙至乌拉斯台至漕湖铁路等项目的前期工作。

城市轨道交通方面。天津中心城区至宁河市域（郊）铁路一期工程（经三路站至淮淀站）勘察设计项目:线路全长约17.3千米,设4座高架站,主要开展了项目初步设计等工作;南京至马鞍山城际铁路勘察设计总体总包项目:线路全长65.15千米,设地下站9座、高架站11座,主要开展了项目施工图设计等工作;滨海新区轨道交通B1线一期工程（黄港车辆段至于家堡站段）:线路全长约22.4千米,设地下站15座,主要开展了施工图设计、配合施工等工作;滨海新区B1线一期工程（于家堡站至盐田停车场）:线路全长约8.9千米,设地下站7座,主要开展了施工图设计、配合施工等工作;北京轨道交通28号线（原CBD线）工程:线路长度8.88千米,设9站9区间、1出入段线及1座车辆基地,主要优化施工图方案、施工图设计等工作;以色列特拉维夫地铁红线系统工程:线路全长24千米,主要负责供电系统、通信系统、屏蔽门、AFC和PSCADA等系统设计,主要开展了施工图设计、配合施工、协调系统进入单体调试和系统调试工作。

（帅六妹）

【中铁设计勘察设计生产经营】2022年,中铁设计完成新签合同额112.42亿元,同比增长11.31;完成营业额67.09亿元,同比增长12%。开展不同阶段的勘测设计、咨询项目共计428项,累计完成工程设计（或实物工作量）3383折算千米;工程测量2371标准平方千米;工程地质86.53万实钻米。

（赵 勇 韩 宁）

【中铁设计勘察设计工作进展情况】铁路重点工程:承担国铁集团项目14项（2321.9千米）,其中,前期工作（预可研、可研）项目3项（433.1千米）,初步设计、施工图设计及配合施工项目11项（1888.8千米）;承担铁路局及地方铁路项目87项,其中,前期工作（预可研、可研）项目21项（1979千米）,初步设计、施工图设计及配合施工项目38项（1848千米）,铁路规划、方案研究项目28项。

城市轨道交通重点工程:承担城市轨道交通主要设计项目64项,主要分布在北京、上海、天津、广东、四川等18个省（自治区、直辖市）。截至2022年底,传统轨道交通项目大部分处于初步设计和施工图设计阶段,新型跨座式轨道交通项目继续开展规划、勘察设计。

（赵 勇）

【中铁大桥院勘察设计生产经营】2022年,中铁大桥院全年实现新签合同额33.1亿元、利润总额2.73亿元、净利润2.36亿元。年内中标佛山经广州至东莞城际土建设计项目五标、池州长江公铁大桥工程勘察设计、加纳阿克拉独立大道升级工程设计咨询、重庆市郊铁路跳磴至

▲ 图6-4 中铁设计设计的大瑞铁路澜沧江特大桥

江津（圣泉寺至鼎山段）工程勘察设计、宁波至象山市域（郊）铁路工程工点设计SJXS05标段、沿江高速前海段与南坪快速衔接工程监理1标、沿江高速前海段与南坪快速衔接工程监理1标、G347通江大道快速化改造工程勘察设计等一大批重大工程项目的勘察设计。

桥梁工程领域。继续保持技术领先优势，温州瓯江北口大桥、鳊鱼洲长江大桥、福州道庆洲大桥、孟加拉国帕德玛大桥、珠海香海大桥、闽侯白龙洲大桥等大桥相继建成通车。川藏铁路大渡河特大桥、常泰长江大桥、甬州铁路西堰门大桥、马鞍山长江公铁大桥、G3铜陵长江公铁大桥、池州长江公铁大桥、北沿江崇启公铁长江大桥、龙潭长江大桥、仙新路长江大桥等一批重要桥梁项目施工高效推进。通苏嘉甬铁路杭州湾跨海大桥、宜昌东艳路长江大桥、武汉白沙洲公铁大桥、双柳长江大桥、浙江象山湾跨海大桥等一批重要桥梁项目研究设计工作稳步开展。

隧道工程领域。北沿江崇太长江隧道、江阴靖江长江隧道、南京仙新路乌龙山隧道、龙潭青山隧道顺利开工。海太通道铁路隧道、深南高铁、重庆江跳线、佛穗莞城际隧道部分设计工作稳步推进。马鞍山湖北路过江通道、澳门轻轨东线西延等工程工可研究有序进行。鄂黄三通道、金口过江通道、靖澄通道等一批项目开展前期研究和桥隧比选相关工作。

铁路工程领域。深南高铁、宁象市域铁路、北沿江高铁等项目进展顺利。坚持以铁水联运技术为抓手，承担百余项涉铁规划研究，涵盖铁路网规划、物流规划、多式联运、运输通道、四网融合、战略研究等多个领域。积极发挥涉铁政策优势及新型转体桥技术优势，进一步扩大涉铁项目的规模及范围。

公路工程领域。宜宾至威信高速公路、乐山至西昌高速公路、昭通至西昌高速公路施工配合工作顺利推进，以现场保市场。谋划跟踪G72泉南高速全桂段改建、四川金口河至西昌高速公路、珠海至江门高速扩建、成汶高速第二通道等项目。

市政工程领域。九江市新建快速路系统工程、南宁牛湾岛大桥及接线、武汉江汉十桥及接线、江夏北华街东延线、蚌埠解放路快速化提升等项目相关工作稳妥推进，以优质的设计产品和服务不断扩大市场占有份额。

城轨交通领域。紧抓城轨交通市场发展机遇，积极争取重大项目，努力挖掘新业务增长点，澳门、武汉、南京、广州等城轨交通项目稳妥推进。在巩固既有优质市场滚动发展、良性循环的同时，持续加强对宁波、南宁、重庆等重点市场的跟踪维护。

城乡规划领域。中标芜湖市城市更新专项规划、芜湖市绿地系统规划、芜湖市国土空间生态修复规划、芜湖市中心城区中小学校幼儿园国土空间专项规划等一系列专项规划和芜湖市镜湖区、鸠江区、弋江区、江北产业集中区、经济技术开发区、三山开发区等多个区（开发区）的单元控规等，进一步巩固了本土市场优势，并在单元控规创新、城市更新业务和生态修复等方面取得良好进展。

建筑设计领域。发挥站房设计优势，从站前片区、广场、市政配套入手，积极开展二次经营、滚动开发，先后中标西十高铁蓝田站站前广场方案设计、溪口站基础设施配套工程方案设计等项目。积极开拓新的设计业务领域，2022年与芜湖中燃合作，实现燃气供暖专项设计业务新突破。

工程勘察领域。不断创新工艺，攻克多项恶劣海洋环境下钻探和CPTU的关键技术难题，成功进入海上风电及新能源勘察市场，完成国家电投海上风电项目、海阳核电站海上配套工程的勘察工作，为后续进入海南、汕头海上风电及新能源市场打下坚实基础。

工程测绘领域。坚持既有领域深耕与新业务开拓两手抓，发挥跨海水准测量的技术优势，自主开发黄茅海跨海通道测量平台跨海水准项目。在铁路测绘咨询方面加大项目跟踪和开发力度，中标G3铜陵长江公铁大桥沉降变形观测评估项目。

工程监理领域。不断巩固桥梁工程监理优势，在铁路、公路市场持续保持良好衔接，顺利承接北沿江高铁、甬舟铁路、昌九铁路等多个重点项目。严格把控在监工程质量，通过打造精品项目进一步巩固"大桥监理"的良好口碑。

桥隧诊治领域。充分发挥全产业链优势，承接川藏铁路特大桥健康监测、南京长江二桥防撞诊治、南京栖霞大桥吊索更换、武汉城市桥梁智慧系统建设等项目。推进BIM技术在桥梁运维阶段的应用，在大渡河大桥、南通城市桥梁等项目中取得新突破。

交通规划领域。开展长江干线过江通道湖北段规划布局优化、厦门东海域公轨合建等项目研究，为后续承揽项目抢得先机、奠定基础。中标重庆江跳线项目，实现市域铁路设计总包零的突破。

海外业务领域。稳妥推进海外经营，孟加拉国帕德玛公铁两用大桥、孟中友谊八桥先后竣工通车。加大市场开发力度，继续深耕加纳市场，签约加纳阿克拉MF跨线桥、加纳阿克拉独立大道。谋划港澳区域市场，签约香港青龙大桥项目，初步形成港澳、孟加拉国、加纳三大海外根据地。（余　萌）

【中铁大桥院勘察设计工作进展情况】·阿克拉奥凡科（Ofankor）至恩萨瓦（Nsawam）道路综合工程·路线全长19.8千米，主线设计速度100千米/时，双向6车道高速公路技术标准，辅道设计速度50千米/时，双向4车道，城市次干路技术标准，总投资1.89亿美元，主要交叉路口节点采用立交或地下通道；设计咨询服务工程范围为5处互通式立交节点设计、1处人行通道、11座人行天桥的设计咨询及施工配合服务。2023年完成施工图设计，预计2025年建成通车。

·南京仙新路长江大桥（施工配合）市政工程项目·　路线全长13.17千米，城市快速路，设计速度80千米/时，双向6车道，项目概算总投资110.9亿元。大桥跨长江主桥为主跨1760米单跨钢箱梁悬索桥，为世界最大跨度单跨单层悬索桥。2022年，主要完成大桥主塔施工、猫道架设等施工配合，以及大桥部分科研及专题结题、部分接线设计等工作。

·白沙洲公铁两用长江大桥工程·　桥梁全长2623米，主桥全长1258米，引桥全长1365米。大桥为公铁合建桥梁，铁路通行4线高铁、公路通行6车道城市道路，铁路设计行车速度为250千米/时，公路设计行车速度为80千米/时。项目总投资49.28亿元。主桥采用（80+230+618+230+100）米双索面钢桁结合梁斜拉桥，江中引桥采用3×80米、8×100米连续钢桁梁，跨大堤引桥主跨75米，上层桥采用结合钢箱梁，下层桥采用预应力混凝土箱梁。已完成项目可行性研究。

·狮子洋通道工程·　位于粤港澳大湾区几何中心，是该区域重要的战略性通道，总长约35千米。过江段采用双层桥方案，长约12.5千米，跨江主桥为主跨2180米钢桁梁悬索桥。中铁大桥院承担狮子洋通道工程勘察设计及勘察设计咨询A2-2标工作，主要工作内容为狮子洋大桥、小虎沥水道桥、沙仔沥水道桥初步设计平行设计，狮子洋大桥锚碇、小虎沥水道桥和沙仔沥水道桥施工图设计及主桥标段A2-1标的勘察设计全过程咨询工作。2022年，该项目主要是初步设计与狮子洋大桥锚碇、小虎沥水道桥和沙仔沥水道桥下部结构施工图设计工作。

·巢马铁路马鞍山长江公铁大桥公铁合建项目·　该项目为"吴4线铁路+6车道市政道路"。跨江合建段桥梁全长9.8千米，分主汊航道桥、副汊航道桥及引桥，主汊航道桥为2×1120米三塔斜拉桥，为目前最大跨三塔斜拉桥；副汊为主跨392米两塔斜拉桥，为目前最大跨无砟轨道桥。项目2021年5月正式开工，预计2025年正式通车运营。

·川藏铁路怒江特大桥·　大桥位于邦达车站至夏里车站之间，桥长1200米，桥高610米，双线铁路桥，线间距为12米。怒江特大桥主缆跨度布置为170米+1000米+260米，加劲梁跨度布置为120米+1000米+80米，加劲梁采用连续布置，全长1200米。加劲梁采用上承式钢桁梁主塔采用小时形钢管混凝土格构式组合结构，成都岸主塔塔座顶面高程+3580米，拉萨侧主塔塔座顶面高程+3585米，均采用群桩基础。成都岸锚碇为重力式锚碇，拉萨岸锚碇为隧道锚锚碇。2021年，已完成初步设计和施工图设计，项目于2021年底正式开工。2022年主要开展道路施工，2023年开始施工边坡防护工程。

·武汉新港高速双柳长江大桥项目·　公路项目，项目总里程34.686千米，其中双柳长江大桥为主跨1430米悬索桥，采用高速公路标准，设计速度120千米/时，双向8车道，项目总投资约185.04亿元。截至2022年末，主塔墩桩基已施工完成，开展施工配合工作。

·海太过江通道工程·　海太过江通道位于苏通大桥下游8千米处，采用公路、铁路三管隧道方式穿越长江，其公路部分为《江苏省高速公路网规划》中南通至常熟高速公路的重要组成部分，铁路部分为《江苏省沿江城市群城际铁路建设规划》中如通苏湖城际铁路过江设施。中铁大桥院负责勘察的越江段公路采用双管隧道穿越，全长约11.2千米，其中盾构段约9.3千米；负责勘察的铁路隧道采用单管隧道穿越，全长约11.4千米，其中盾构段长约9.3千米。中铁大桥院和中铁二院联合体负责盾构隧道勘察工作，勘察工作已完成。

·市郊铁路跳磴至江津线（圣泉寺至鼎山段）工程·　线路全长约4.524千米，包含高架、跨江大桥、隧道和车站等工点结构。设置几江站、鼎山站2座车站以及1座跨江轨道专用桥，桥梁最大单跨跨径610米，最高设计速度为120千米/时，项目总投资38亿元。截至2022年末，为施工图设计阶段，初勘完成94.5%，详勘完成92.7%。

·沪渝蓉高铁宜昌长江公铁大桥·　沿江高铁、呼南高铁、城市道路、轨道交通共用的过江通道。工程全长2.8千米，总投资66.6亿元，采用"4线铁路+2线轨道交通+6车道城市主干路"标准设计，跨江主桥采用主跨800米钢桁梁斜拉桥，南汊通航孔桥采用168米钢桁拱桥。2022年，完成项目可行性研究，国铁集团鉴定中心完成可研审查。

·**新建通苏嘉甬铁路杭州湾跨海大桥**· 铁路等级为高速铁路，设计行车速度为 350 千米 / 时，正线数目为双线。全线总工期 60 个月，全线总投资 1081 亿元，静态投资 996.6 亿元。浙江段工程由中国铁设与中铁大桥院联合体承担，中铁大桥院设计范围长度约 36 千米，负责 22.6 千米杭州湾跨海大桥和南岸 13.5 千米陆地引桥设计工作。2022 年，完成了主体结构施工图，完成了国铁集团"复杂海洋环境下高速铁路超长跨海大桥总体设计及建设方案关键技术研究"重大课题报告，正在配合施工。

·**甬舟铁路**· 线路全长 77.006 千米，其中新建长度约 70.741 千米，利用既有线 6.265 千米，项目总投资约 305 亿元，静态投资约 276 亿元。设计标准为双线高速铁路，设计行车速度 250 千米 / 时，双向 6 车道高速公路，设计行车速度 100 千米 / 时。西堠门公铁两用大桥为甬舟铁路及甬舟高速公路复线跨越西堠门水道的共用跨海桥梁，主桥采用主跨 1488 米斜拉悬索协作体系，桃夭门公铁两用大桥为跨越桃夭门水道的共用跨海桥梁，主桥采用主跨 666 米混合梁斜拉桥，截至 2022 年末，已完成西堠门大桥施工图审查，桃夭门大桥正在做工管中心的审查准备工作。

·**川藏铁路大渡河特大桥**· 川藏铁路大渡河特大桥为主跨 1060 米双线铁路钢桁梁悬索桥，是川藏铁路最大跨度桥梁，项目自 2020 年 11 月 8 日开工以来，施工进展顺利，已完成了边坡防护施工和所有桩基础施工，拉萨岸主塔已封顶，拉萨岸隧道锚已完成开挖，成都岸主塔已浇筑设计高度的 12%，成都岸隧道锚已开挖至设计深度的 92%。中铁大桥院做好配合施工工作。

（余　萌）

【**中铁科研院勘察设计生产经营**】2022 年，中铁科研院勘察设计板块新签合同额总额 20598 万元，完成营业额 8319 万元。（刘　涛　伍海艳）

【**中铁科研院勘察设计工作进展情况**】**成都轨道交通 17 号线二期工程车站 2 标项目**· 项目合同额 2278.27 万元，合同工期为 2018 年 8 月至工程完工。主要工作内容：阳公桥站、龙爪堰站（与运营的 7 号线换乘）、清水河共 3 座车站（含车站配线、车站盾构井）土建、装修、风水电设计，主变电所至相邻车站及区间的 35 千伏电力廊道设计。具体内容为工程设计、报建、工程招标（含设备系统）、施工配合、系统联调和后续服务各阶段所必需的全部设计文件的编制及相关工作。进展情况：完成清水河大桥站 D4 号出入口与 DN1600 给水管冲突方案调整研究，待方案明确后开展施工图设计；阳公桥站 C 号出入口与物业接口变更图工程量清单与咨询、地块对接工作；完成初步设计概算与咨询对接工作；提交阳公桥站、龙爪堰站、清水河大桥站三站动照专业第一、第二、第四分册施工蓝图。

·**青岛市地铁 4 号线土建工点设计二标项目**· 合同额 2926 万元，合同工期：2015 年 5 月 1 日至通过政府验收且缺陷责任期结束。主要工作内容：昌乐路站、内蒙古路站、静港路站、沙子口站、九静区间、静沙区间 4 个车站 2 个区间。进展情况：项目已通车，截至 2022 年末，开展设计消缺工作。

·**青岛市地铁 6 号线一期工程土建工点设计四标项目**· 合同额 2662.8223 万元，合同工期：2017 年 2 月起到工程竣工验收合格为止。主要工作内容：港头站、黄河路站、淮河西路站、可洛石站、港头站—黄河路站、黄河路站—淮河西路站、淮河西路站—可洛石站、可洛石站—抓马山站的建筑、结构、通风空调、动力照明、给排水等专业初步设计、施工图设计及施工配合工作。进展情况：淮河西路站出入口防淹标高变更图已出图；港头站建筑孔洞图纸、防淹标高变更图已出图；港头站、黄河路站、淮河西路站、可洛石站装修图开展设计；港头站、黄河路站、淮河西路站动照图纸开展设计。

·**广州轨道交通 12 号线设计 14 标项目**· 合同额 2263 万元，合同工期：2017 年 11 月起到工程竣工验收合格为止。主要工作内容：仑头站、仑头站—官洲站、官洲站—大学城北站、大学城北站—大学城南站、大学城南停车场出入场线区间共 1 车站、4 区间初步设计、施工图设计及施工配合工作。进展情况：2022 年仑头站附属建筑、附属结构图出正式施工图；大学城南停车场出入场线盾构区间隧道第四、第六分册施工图设计。

·**广州市城市轨道交通第三期建设规划调整线路［8 号线东延段（万胜围—莲花）］土建设计二标项目**· 合同额 3185 万元，合同工期：2021 年 2 月起到工程竣工验收合格为止。主要工作内容：含莲花—龙泽路、龙泽路—仙岭、仙岭—化龙、化龙—沙亭、沙亭—长洲、长洲—新洲、新洲—黄埔古港、黄埔古港—万胜围、化龙出入段线区间的初步设计及修编、招标图设计、施工图设计、施工配合和后续服务各阶段所必需的全部设计文件的编制等工作。进展情况：进行配合施工及设计变更工作。

·**成都轨道交通 13 号线一期工程 13CZ8 标项目**· 合同额暂定 682.5552 万元（总包涵件中预估最终价为 1259.00552 万元）。合同工期：预计为 4 年。主要工作内容：工程设计、报建、招标、施工配合和后续服务所必需的全部设计文件的编制等合同中约定的相关工作。进展情况：已完成净居寺站和三官堂站主体、附属建筑和主体、附属结构的施工图。

·**石家庄市城市轨道交通 4 号线一期工程设计总承包**· 合同额暂定 1500 万元（项目为固定费率合同，最终合同价与最终批复概算相关）。合同工期预计为 6 年。主要工作内容：仓丰路留村站、建设南大街站、南焦枢纽站及新客运总站—仓丰路

▲图6-5 2022年10月31日，中铁科研院四川铁科参与监理的祁连山隧道获评"2022中国新时代100大建筑"

留村站—建设南大街站—南焦枢纽站区间（3站3区间）的土建、通风空调、给排水及消防、动力照明、BIM的相关设计工作。进展情况：开展初步设计修编，下一步计划开展招标图设计工作。

（伍海艳　杨　洋）

【中铁华铁勘察设计生产经营】2022年，中铁华铁始终秉持"经营开发为龙头，市场经营为兴企强企的第一要务"的经营工作理念，认真贯彻落实中国中铁年度工作会议、经济运行分析会、经营工作年中推进会等会议精神，经营工作稳中有进。全年实现新签合同额30.87亿元，完成年度指标109.16%。（郭宗明）

【中铁华铁勘察设计工作进展情况】2022年，中铁华铁勘察设计业务持续稳定发展。主要项目如下：

· 生物医药产业园七期工程项目设计项目· 合同额3206万元，项目在建阶段。

· 三明市尤溪县—国家储备林森林质量精准提升（乡村振兴）工程林业加工产业园及基础设施项目规划及建筑设计· 合同额2552万元，项目在建阶段。

· 2022年南园街道老旧小区改造工程代建合同项目· 合同额2471万元，项目在建阶段。

· DK20200257地块方案及施工图设计项目· 合同额2157万元，项目在建阶段。

· 北京轨道交通M101线工程设计07合同段· 合同额2149万元，项目在建阶段。

· 贵阳轨道交通3号线一期工程PPP项目工艺设备及供电车间设备公开竞争性谈判采购· 合同额6161万元，项目在建阶段。

· 深圳地铁16号线工程车辆段工艺设备采购项目· 合同额4492万元，项目在建阶段。 （郭宗明）

【中铁长江设计勘察设计生产经营】2022年，中铁长江设计完成新签合同金额17.74亿元，同比增长18%。公司始终深入实施本土重点经营策略，以本土资源为依托，强化与政府和业主单位对接，独立承揽恩施至广元国家高速公路万州至开江段施工图设计、重庆高新区至荣昌区改扩建工程初设、沿江南线万州至巴东段工可等一批重大高速公路项目，勘察设计主业合同额呈现稳健增长趋势。依托本地深厚资源，引入系统内单位成功中标黄礁作业区一期工程EPC项目，合同金额4.23亿元，持续扩大中国中铁重庆水运市场份额，助推中国中铁开启"第二曲线"成绩明显。市外区域经营指挥部逐步迈向正轨，市外新签合同同比增长146%，且均为勘察设计项目，其中公路勘察设计成果最多，检测、高速公路投资评估等业务增长势头良好。 （汪洋）

【中铁长江设计勘察设计工作进展情况】2022年，中铁长江设计共承担重大交通规划、咨询及勘察设计67项，其中，交通规划5项、高速公路35项、水运工程18项，承担工程总承包9项。2022年，交通规划板块完成《重庆市高速公路网规划修编及规划环评编制》《重庆市县乡道规划（2021—2035年）》《重庆市"十四五"非收费公路快速物流通道建设规划》《重庆市综合货运枢纽（物流园区）及集疏运体系建设实施方案》等一批重大交通规划。高速公路板块开展可行性研究16项、初步设计9项、施工图设计10项，其中完成了沿江高速公路南线万州至巴东段、梁西高速公路石柱西沱至县城段等工可研究，重庆至赤水至叙永（重庆段）高速公路通过设计审查并顺利开工建设，广东阳春至信宜（粤桂界）高速公路施工图设计顺利通过广东省交通厅审查，确保了项目开工建设时间。水运板块开展工可研究6项、设计项目12项，其中乌江白马至彭水航道整治工程工可、重庆港洛碛作业区一期工程初设、肇庆港新港港区新基湾作业区一期工程初设等5个项目获得批复，为后续工作奠定基础。水运总承包项目9项，重庆主城港区果园作业区重大件码头工程，三峡库区重庆重要支流航道黛溪河、鳊鱼溪航道整治利用工程，长寿重钢原料码头2#泊位设备升级改造工程3个项目通过交工验收。 （徐浩娟）

【中铁水利设计勘察设计生产经营】2022年，中铁水利设计业绩再创新高，完成新签合同额17.2亿元，完成股份公司下达计划17亿元的101%，其中勘测设计咨询信息化（含子公司）合同额7.1亿元，占比41.3%；实现营业收入10.48亿元，完成股份公司下达计划9.8亿元的107%，其中勘察设计咨询信息化收入5.19亿元，占比49.5%；实现财务到账10.33亿元，其中勘察设计咨询信息化到账5.38亿元，占比52.1%。

重点勘察设计项目经营方面。2022年，中标设计费千万元以上项目15项，包括吉安市南溪水库、西藏那曲市普索水库、新余市江口水库防洪提升工程等，经营合同额、新签合同数实现量质双升。在规划引领方面持续发力，中标江西省五河一湖采砂规划、抚河信江饶河修河及太泊湖岸线保护和开发利用规划等省级规划项目，承揽的江西省水利厅前期工作经费超4000万元，全面支撑江西省水利高质量发展，为项目储备谋划蓝图。

省外市场开拓方面。稳住省内市场"压舱石"的同时，拓宽经营窗口，逐步破局省外市场，业务范围遍布全国10余个省（自治区、直辖市），2022年，省外新签勘测设计业务体量近30%，尤其是安徽瓦埠湖、云南宣威城乡供水一体化等大体量项目落地，省外经营质量趋势向好。

新业务领域探索方面。组建抽蓄、光伏两个专班，主动对接服务五大发电集团和地方能源集团，完成抽水蓄能选点200余处，开展了6项光伏项目的前期勘察设计咨询工作，在新能源领域积累了良好基础。

（陈　卫）

【中铁水利设计勘察设计工作进展情况】2022年，勘察设计板块新增项目265项（不含部门自揽），工程总承包项目新增12项，智慧水利等其他板块8项。项目主要分布在江西省境内，省内项目占比约为80%，省外项目占比约为20%，省外项目主要分布在四川、云南、安徽、广东、西藏、浙江等地。在秘鲁和苏丹开展了2项海外项目。

2022年，中铁水利设计承揽重大重点勘察设计项目近30项，抚河尾闾综合整治与水系连通工程完成初设并已批复，景德镇市乐平水利枢纽工程基本完成可研，上饶市大

▲图6-6　中铁水利设计参建的乐安县水系连通及农村水系综合整治试点工程

坳灌区、康山蓄滞洪区建设工程、安徽省瓦埠湖泵站、西藏那曲市普索水库工程、安福县南溪水库、德安县木环水库、六安市仙人桥水库等项目前期工作已基本完成；吉泰盆地灌区工程规划、江西省部分设区市（南昌、抚州、九江、抚州、萍乡等）水网规划、江西省部分设区市城市防洪规划、江西省水利基础设施空间布局规划等工作均取得重大进展，江西省湖泊情况调查、长江干流江西段流域保护治理控制性规划和江西省水利厅鄱湖安澜百姓安居专项工程专项规划均已完成。部分中小型水库（宜黄县君山水库、南城县高桥水库、乐安县龚坊水库、石城县龙潭下水库等）的前期策划论证工作进展良好，为后续承接勘察设计工作奠定了良好的基础。

（陈　卫）

技术咨询与服务

【全公司技术咨询和服务情况】2022年，勘察设计板块技术咨询与服务营业额49.16亿元，占比17%，同比增长11.12%；新签合同额74.44亿元，占比14.37%，同比增长37.19%。充分发挥股份公司专家委员会作用，广泛开展技术咨询服务，相继组织技术专家研究对川藏铁路拉月隧道高地温超高温热水隧道总体方案进行专业指导，提出了设计优化、施组优化等多项方案。组织参与了本桓高速项目策划并提出完善总体策划和设计专项策划等要求，促进了投资、设计、咨询、施工等单位统筹协调和沟通配合，充分发挥设计先导，院局联动，提前介入，降本增效。

（雷思遥）

【中铁二院技术咨询和服务情况】2022年，中铁二院（成都）工程咨询有限责任公司新签合同总额8505.99万元。获取了昌景黄铁路站房及相关工程补充协议、新建珠海至肇庆高铁高明至肇庆东段、珠海至江门段施工图审核等项目。2022年，中铁二院（成都）咨询监理有限责任公司技术管理服务板块完成新签合同总额4.33亿元，超额完成年度目标3.1%。获取了新建成都至达州至万州铁路营山西至万州北段施工监理CDWJL-8标段、新建西宁至成都铁路（甘青段）XCJL1-6标段、新建上海至南京至合肥高速铁路沪宁段站前工程HSJL-6标段等项目。

（刘广峰　吴小娟）

【中铁六院技术咨询和服务与监理项目情况】2022年，中铁六院承揽了广州东至花都天贵城际工程监理服务项目2标、成都轨道交通30号线一期工程机电安装与装修监理、广梅汕铁路汕头站至汕头广澳港区铁路工程施工监理、新建北京至雄安至商丘高速铁路雄安新区至商丘段监理9标等50余个监理项目，完

成新签合同额3.12亿元,占总合同额的4.79%。咨询业务承揽了"一带一路"国际物流体系创新发展先行先试公路铁路口岸建设项目—铁路专用线(代建制全过程工程咨询服务)、长沙市轨道交通5号线一期工程综合联调咨询服务及实施项目、天津市轨道交通Z2线一期工程(滨海机场站—北塘站)PPP项目技术咨询服务项目、广东省江门市台山市大广海湾经贸科技创新基地基础设施项目(一期)全过程咨询等项目424余个,完成新签合同额10.04亿元,占总合同额的15.41%。

(李 昂)

【中铁设计技术咨询与服务】技术咨询业务:中标新建成都至达州至万州高速铁路招标控制价、工程量清单编制、概算清理等造价咨询、铁伊铁路先行工程沉降观测项目技术服务、新建上海至南京至合肥高速铁路(安徽段)施工图审核HNSH1标、芳村至白云机场城际第三方检测服务项目2标、嘉善至西塘市域铁路工程设计咨询服务等项目。技术咨询完成新签合同额7.51亿元,企业营业额3.83亿元。

工程监理业务:中标新建重庆至万州高速铁路工程施工监理YWJL-2标段、新建柳州至广州铁路柳州至梧州段LWJL-3标段、新建沪渝蓉高速铁路武汉至宜昌段汉川东至宜昌北(不含先开段)施工监理WYJL-4标段、鲁南高速铁路日照至临沂段日照站客运设施改造工程Ⅰ类变更设计监理RZJL-1标段、新建包头至银川高铁临河至省界段站前及房建工程施工监理BYJL-8标段、淮北至宿州至蚌埠城际铁路施工监理HSBJL-4标等项目。工程监理完成新签合同额6.05亿元,营业额3.39亿元。

(韩 宁)

【中铁大桥院重大咨询与监理项目情况】·常泰长江大桥· 常泰长江大桥采用"高速公路+城际铁路+普通公路""三位一体"合并方式过江,跨江采用桥梁方案,其中主航道桥采用142+490+1176+490+142=2440米双层斜拉桥,桥梁上层为高速公路,下层为城际铁路和普通公路;录安洲、天星洲专用航道桥采用169.5+388+169.5=727米钢桁拱桥,录安洲非通航孔桥采用124+124+124=372米连续钢桁梁桥,两岸引桥采用预应力混凝土梁桥。项目普通公路接线工程包含泰兴侧2.34千米和常州侧2.39千米,采用一级公路标准。该桥建成后将成为世界上首座集高速公路、城际铁路、一级公路于一体的过江通道,最大跨度斜拉桥。中铁大桥院承担常泰长江大桥工程全线(含公铁合建段、普通公路接线)桥梁、路基、涵洞、通道、路面、铁路道砟工程、交通工程相关预留预埋、铁路桥后续工程相关预留预埋、交通安全设施、景观绿化及可能发生的声屏障等环保工程的施工监理和缺陷责任期监理服务。

·龙潭过江通道工程· 龙潭过江通道路线全长约5千米,按双向6车道高速公路标准建设,设计速度100千米/时。设置特大桥4963米/1座,龙潭互通立交1处和必要的交通工程及沿线设施。北引桥标准段采用35~53.75米钢混组合梁,跨江北长江大堤、北锚采用90米变高度钢混组合梁。跨江主桥采用主跨1560米单跨吊钢箱梁悬索桥+100米简支钢箱梁跨江南长江大堤。中铁大桥院主要负责全线路基、桥梁、边坡防护及排水、线外三改工程等质量、安全、环保、水保监理工作内容。

·广州万龙大桥项目· 大桥全长1150米,主桥主跨608米,是目前世界首座采用椭圆钢桥塔的空间主缆自锚式悬索桥,全线设置2座跨涌桥,万顷沙侧设置1对平行匝道,龙穴岛侧设置1座互通立交(含A、B、C、D匝道)。在结构体系方面,大桥首次采用椭圆塔空间缆结构体系,椭圆塔结合空间缆,针对主塔弯矩大、结合段构造复杂的特点,桥塔采用缓黏结预应力组合形式钢混结合段,方便施工。施工过程采用支架顶推先梁后缆主梁架设、超高钢圆塔施工、大跨空间缆自锚式悬索桥线形控制等成套施工新技术。中铁大桥院负责主桥施工监理,包括分体式钢箱梁、钢索塔、主缆、吊索(钢丝绳)、索夹、主索鞍、散索套、锚固系统等。

·狮子洋通道· 狮子洋通道工程包含狮子洋通道工程主体工程(含上下层)、下层桂阁大道段及下层轮渡路改扩建工程,路线全长约35千米,其中双层桥长约15.25千米,主桥采用主跨2180米双层钢桁梁悬索桥,过江段为双向16车道高速公路标准。东西索塔均推荐采用三横梁钢混组合结构,钢壳采用Q355D钢材,其中钢壳外壁板采用18毫米钢板,内壁采用8毫米钢板,索塔采用C80混凝土。索塔基础为大直径钻孔灌注桩基础、大体积承台及塔座;东西锚碇均采用圆形地下连续墙深基础重力锚、外侧及墙基底设止水帷幕并高压注浆封水,型钢锚固系统。中铁大桥院负责主桥施工监理,包括分体式钢箱梁、钢索塔、主缆、吊索(钢丝绳)、索夹、主索鞍、散索套、锚固系统等。

·南京仙新路过江通道工程· 南京仙新路过江通道工程主线全长约13.17千米,其中:主线桥梁长约11810.5米、隧道长约241米、道路长约1118.5米。工程建设栖霞大道互通、江北沿江互通2座,管养中心业务用道,设计车速80千米/时。辅道采用双向4~8车道,设计车速50千米/时。跨江大桥主桥采用主跨1760米的单跨门型塔整体钢箱梁悬索桥,主桥跨度采用580米+1760米+580米。采用加劲梁在主塔下横梁处设置支座、纵向阻尼器及限位装置,主缆和加劲梁之间在跨中设置柔性中央扣索的结构支撑体系。主缆采用标准抗拉强度2100兆帕的高强钢丝,吊索采用标准抗拉强度1770兆帕高强钢丝组成的预制平行钢丝束,主塔采用门型框架混凝土结构,上横梁采用钢外包"N"字造型,采用群桩基础方案。南锚碇采用地下连续墙基础,北锚碇采用沉井基础，采用钢结构锚固系统方案。公司负责仙新路过江通道跨江大桥主桥主缆、吊索、索鞍、索夹、钢箱梁制作、运输、工地连接及交通工程、机电工程等预留预埋监理。

· 巢马铁路马鞍山公铁两用长江大桥 · 新建巢湖至马鞍山高速铁路新线线路全长 73.2 千米，其中巢马铁路正线全长 60.756 千米，马鞍山南至马鞍山东站联络线长 11.711 千米，马鞍山南站东端预留正线至禄口机场与江苏南沿江城际铁路相接。全线新设含山站、郑蒲港站、马鞍山南站 3 座站房。马鞍山公铁两用长江大桥在常合高速马鞍山长江公路大桥上游约 2.3 千米处，桥位跨越长江，跨江段采用"巢马铁路+预留铁路+城市快速路"多通道合建的桥梁方案，跨江段总长 9.799 千米。跨江主汊航道桥为三塔两大跨三索面斜拉桥，副汊航道桥为两塔斜拉桥。中铁大桥院负责新建巢湖至马鞍山城际铁路马鞍山公铁两用大桥 CMSG-2 标段监理工作，线路全长约 5642 米。（余 萌）

【中铁科研院重大咨询与监理项目情况】2022 年，中铁科研院技术咨询服务板块新签合同额总额 164336 万元，技术咨询服务板块完成营业额 109985 万元。主要项目如下：

· 滇中引水工程隧洞超前地质预报及监控量测项目 · 合同价 3236.78 万元，合同工期约 48 个月。该标段共有 7 座隧道、15 个工点，其中小路南 2# 隧洞（14099 米）、龙树隧洞（10648 米）属长大隧道。合同主要服务内容为临时安全监测工作。临时安全监测工作主要内容包括洞内外观察、周边位移、拱顶下沉、地表下沉（浅埋段）等。截至 2022 年底，进度完成 69%。

· 国道 216 线（西藏境）区界至改则段公路新改建工程检测 · 合同价 2666 万元，线路全长 746.427 千米，铺筑沥青混凝土路面，增设必要的交通安全设施等，项目采用三级公路标准建设，设计速度采用 30 千米/时，路基宽度采用 7.5 米，桥涵设计汽车荷载等级采用公路 II 级。其他技术指标应符合《公路工程技术标准》（JTG B01—2014）中的相关规定。具体检测内容为全线土建、桥梁和交安工程交工质量鉴定检测，桥梁动静载检测及桩基检测等。截至 2022 年底，进度完成 79%。

· 成都市武侯区桥梁管养项目 · 在 2020 年至 2022 年的 3 年服务期内，对成都市武侯区范围内的 144 座桥梁、4 座下穿隧道进行管养服务工作。工作内容为既有病害整治、桥梁检查、日常管养、专项养护、日常监测等。在 3 年服务期内，新移交及减少桥隧的相关费用按中标人的投标价进行核算。截至 2022 年底，进度完成 100%，续签 3 年管养合同。

· 马来西亚吉隆坡地铁二期监测项目 · 合同额 4278.37 万林吉特，主要工作内容：完成 Titiwangsa 车站、Hospital KL 车站、1# 中央通风井与 1# 渡线（IVS1&Crossover 1）和 C 段的施工监测，监测项目包含地面沉降、建筑物倾斜及沉降、墙（土）体测斜、轴力、地下水位、水压、自动监测等内容。截至 2022 年底，进度完成 90%。

· 重庆轨道交通 18 号线（富华路—跳蹬南）工程施工监理 1 标段项目 · 监理合同额 4473.39 万元。线路位于重庆渝中区、九龙坡区，线路终点为李家沱长江复线桥北侧，含富华路停车场及出入线区间，里程约 12 千米，包括土建 1 标至 4 标及站后常规系统工程 1 标（土建 1 标至土建 4 标范围内）的范围。截至 2022 年底，进度完成 67%。

· 新建重庆至黔江铁路施工监理 CQQJJL-3 标段项目 · 监理合同额 4474.51 万元，标段全长 53.709 千米，主要工程内容包括范围内的征地拆迁、路基、桥涵、隧道及明洞、轨道工程、通信信号及信息、电力及牵引供电、房屋、其他运营生产设备及建筑物、大型临时设施和过渡工程、配合辅助工程等所有站前、站后工程项目，以及协助建设单位做好项目开工准备工作、竣工验收工作和按中国铁路总公司现行规定应纳入监理范围的其他内容。截至 2022 年底，进度完成 61%。

· 成都轨道交通 27 号线一期工程土建施工监理项目 · 监理合同额 6346.81 万元，监理范围为 27 号线一期全部地下车站、高架车站及盾构区间、高架区间、中间风井、明挖法区间、矿山法区间、场段及其出入场线等土建施工监理。包括但不限于：车站主体工程及附属工程，盾构工作井与通风井主体工程及附属工程，高架区间、明挖法区间、矿山法区间、盾构法区间、区间联络通道、竖井、洞门、区间泵站及附属工程、场段及其出入场线主体工程及附属工程，排洪工程施工；既有建（构）筑物的保护、加固工作；管片及其他预制构件的验收；与地铁同体或同步实施的电力廊道等对应线路的土建施工范围的所有工程内容。截至 2022 年底，进度完成 58%。

· 广州铁路枢纽新建广州白云站（棠溪站）工程白云站站房及相关工程 BYZJL3 标项目 · 监理合同额 7126.43 万元，站区生产生活综合楼总建筑面积约 9.5 万平方米，白云站上盖盖板 6.8 万平方米；工程投资总额：建安工程费约 68 亿元。截至 2022 年底，进度完成 58%。

· 重庆轨道交通 15 号线一期工程（K72+824—K92+369.955）施工监理项目 · 监理合同额 6000 万元，线路长 19.545 千米，主要包括 CQ15TJ05—CQ15TJ10 等 6 个施工标段。监理工点内容为铜锣山隧道及相邻高架、地下区间，龙骏大道站—两江大道站—复盛站（不含）及区间工程 2 站 2 区间，复盛站—现代大道站—两江影视城站及区间工程，铜锣山停车场（龙兴停车场），轨道工程，全线风水电工程、装饰装修。截至 2022 年底，进度完成 33%。

· 广州东至花都天贵城际工程监理服务项目 5 标项目 · 监

理合同额4567.45万元，标段自广花城际工程YCK97+775.239至YCK101+522.899，共含2座车站、1段区间。2座车站为马鞍山公园站及花城街站，两站均采用明挖法实施，马鞍山公园站长约265米，花城街站长约740米，均为地下三层站，其中马鞍山公园站含2号风亭预留商业开发同步实施连续墙、原9号线马鞍山公园站2号出入口工程，花城街站含同步实施市政过节天桥工程。1段区间为马鞍山公园至花城街区间，采用盾构法实施，盾构内径7.7米，外径8.5米。截至2022年底，进度完成4%。

· 新建重庆至万州高速铁路工程施工监理1标项目· 监理合同额4778.55万元，里程范围：DK14+233.2至D1K80+989.2，长66.613千米，对应施工站前1标、2标。主要包括隧道44.05千米/14座，桥梁16.9千米/32座；路基4.92千米，预制梁场2座（响水镇梁场、忠县梁场）等相关工程站前、站后（"四电"、房屋）的全部工程。截至2022年底，进度完成9%。

· 新建成都至自贡高速铁路（不含DK24+055至DK39+406）施工监理1标段· 合同价4296万元。项目于四川省成都市天府新区，主要工程包括：①正线：站前、站后工程42.048千米，其中桥梁32.682千米/12座，隧道5.757千米/3座，路基2.573千米/14处，涵洞0.069.94横延米/3座，箱梁制架878孔、T梁制架55孔。②成都南联络线：桥梁（单线）2.068千米/3座；路基0.704千米/1处，含华兴村线路所改造工程。③铺轨：成自线、自宜线全线铺轨、铺砟（有砟道床）、铺岔。截至2022年底，进度完成69%。

（刘　涛　伍海艳）

【中铁华铁重大咨询与监理项目情况】2022年，中铁华铁技术咨询服务业务持续稳定发展，主要项目如下：

· 厦门市轨道交通6号线集美至同安段工程土建施工监理项目3标段· 合同额4518万元，项目在建阶段。

· 新建重庆至万州高速铁路工程施工监理3标· 合同额约4205万元，项目在建阶段。

▲图6-7　2022年4月6日，中铁科研院西南院参建的拉林铁路藏木雅鲁藏布江特大桥获2022年国际桥梁大会西奥多·库珀奖

·新建上海至南京至合肥高速铁路沪宁段站前及相关工程监理—HSJL-5标· 合同额3742万元，项目在建阶段。

·哈尔滨至铁力铁路工程监理HTJL-3标段· 合同额2752万元，项目在建阶段。

·无锡地铁5号线一期工程土建监理01标· 合同额2302万元，项目在建阶段。

·长沙机场改扩建工程民航专业工程监理MHJL-2标段· 合同额2278万元，项目在建阶段。

（郭宗明）

【中铁水利设计技术咨询和服务情况】2022年度，面对国家水网建设重大战略机遇，在技术咨询业务方面，注重强化省、市、县水网的互联互通，承接了江西水网工程规划及5个市级水网、多个县级水网规划；持续推进重大水利工程前期工作，吉泰盆地大井冈灌区建设项目规划、江西省平江灌区工程规划、江西省中小河流治理总体方案、鄱湖安澜百姓安居专项工程专项规划取得突破进展；深度耕耘江西市场，持续巩固省内规划主体地位，承接江西省水利厅技术咨询类业务达80%以上，如山丘区中小河流洪水淹没图、中央及省级水利专项资金绩效评价、流域防洪规划修编、"五河一湖"采砂规划（2024—2028年）、水利基础设施规划，抚河、信江、饶河、修河及太泊湖岸线保护与利用规划，湖泊情况调查，水资源综合规划，抚河流域防洪规划，赣州市城防防洪总体规划，抚河下游尾闾综合整治工程等咨询类业务；加强水生态类业务拓展，承揽宜春和新余2个市本级幸福河湖建设实施规划；严格落实重点任务，积极打造"第二曲线"，配合上级部门完成中小抽蓄技术咨询，选点200余处。

（陈敬玮）

优秀工程勘察设计奖

【优秀工程勘察设计奖】2022年，中国中铁共获得省部级优秀工程勘察设计奖282项，其中：优秀工程勘察奖59项，优秀工程设计奖203项，优秀工程设计奖12项，优秀工程计算机软件奖8项。 （雷思遥）

表6-1 2022年度中国中铁获省部级优秀工程勘察设计奖

序号	项目名称	奖项名称	获奖单位	评选单位	获奖等级
1	成昆铁路米易至广通段扩能改造工程地质勘察	省部级优秀工程勘察奖	中铁二院	四川省勘察设计协会	一等奖
2	成都轨道交通18号线岩土工程勘察	省部级优秀工程勘察奖	中铁二院	四川省勘察设计协会	一等奖
3	川南城际铁路内自泸线工程地质勘察	省部级优秀工程勘察奖	中铁二院	四川省勘察设计协会	一等奖
4	深圳城市轨道交通6号线工程岩土工程勘察	省部级优秀工程勘察奖	中铁二院	四川省勘察设计协会	一等奖
5	广州至湛江高速铁路工程测量	省部级优秀工程勘察奖	中铁二院	四川省勘察设计协会	一等奖
6	贵阳市轨道交通1号线运营期结构变形监测	省部级优秀工程勘察奖	中铁二院	四川省勘察设计协会	二等奖
7	新建铁路都江堰至四姑娘山山地轨道交通工程测量	省部级优秀工程勘察奖	中铁二院	四川省勘察设计协会	二等奖
8	渝怀铁路涪陵至怀化段增建二线工程地质勘察	省部级优秀工程勘察奖	中铁二院	四川省勘察设计协会	二等奖
9	青海鱼卡（红柳）至一里坪铁路工程地质勘察	省部级优秀工程勘察奖	中铁二院	四川省勘察设计协会	二等奖
10	攀枝花至大理高速公路（四川境）工程勘察	省部级优秀工程勘察奖	中铁二院	四川省勘察设计协会	二等奖
11	新建铜仁至玉屏铁路工程地质勘察	省部级优秀工程勘察奖	中铁二院	四川省勘察设计协会	二等奖
12	昭通至泸州高速公路彝良至镇雄段SJ-2标工程勘察	省部级优秀工程勘察奖	中铁二院	四川省勘察设计协会	二等奖

续表

序号	项目名称	奖项名称	获奖单位	评选单位	获奖等级
13	成都轨道交通9号线一期工程设计	省部级优秀工程设计奖	中铁二院	四川省勘察设计协会	一等奖
14	昆明市轨道交通4号线工程设计	省部级优秀工程设计奖	中铁二院	四川省勘察设计协会	一等奖
15	成都轨道交通18号线工程设计	省部级优秀工程设计奖	中铁二院	四川省勘察设计协会	一等奖
16	深圳市地铁6号线工程设计	省部级优秀工程设计奖	中铁二院	四川省勘察设计协会	一等奖
17	杭州地铁7号线首通段工程设计	省部级优秀工程设计奖	中铁二院	四川省勘察设计协会	一等奖
18	青岛地铁基于大数据平台的线网运营管理与应急指挥中心工程设计	省部级优秀工程设计奖	中铁二院	四川省勘察设计协会	一等奖
19	成都市成洛大道（三环至四环路）快速路改造工程设计	省部级优秀工程设计奖	中铁二院	四川省勘察设计协会	一等奖
20	成都天府国际机场航站区道路交通系统工程设计	省部级优秀工程设计奖	中铁二院	四川省勘察设计协会	一等奖
21	成渝高速入城段（三环路—绕城高速）改造工程设计	省部级优秀工程设计奖	中铁二院	四川省勘察设计协会	一等奖
22	韶关市翁源至新丰高速公路工程设计	省部级优秀工程设计奖	中铁二院	四川省勘察设计协会	一等奖
23	拉林铁路高原艰险山区路基工程设计	省部级优秀工程设计奖	中铁二院	四川省勘察设计协会	一等奖
24	拉萨至林芝铁路藏木雅鲁藏布江大桥设计	省部级优秀工程设计奖	中铁二院	四川省勘察设计协会	一等奖
25	成都市域铁路公交化运营改造一期信息、通信工程设计	省部级优秀工程设计奖	中铁二院	四川省勘察设计协会	一等奖
26	成昆铁路米易至攀枝花段扩能工程保安营1号隧道设计	省部级优秀工程设计奖	中铁二院	四川省勘察设计协会	一等奖
27	重庆北特大型客运站工程	省部级优秀工程设计奖	中铁二院	四川省勘察设计协会	一等奖
28	长沙市轨道交通1号线一期工程设计	省部级优秀工程设计奖	中铁二院	四川省勘察设计协会	二等奖
29	成都市轨道交通17号线一期工程供电系统设计	省部级优秀工程设计奖	中铁二院	四川省勘察设计协会	二等奖
30	贵阳市轨道交通2号线工程2、5标土建结构设计	省部级优秀工程设计奖	中铁二院	四川省勘察设计协会	二等奖
31	成都市轨道交通17号线一期工程弱电系统设计	省部级优秀工程设计奖	中铁二院	四川省勘察设计协会	二等奖
32	宁波3号线一期工程及宁奉线工程首通段信号系统和AFC系统设计	省部级优秀工程设计奖	中铁二院	四川省勘察设计协会	二等奖
33	攀枝花小沙坝污水处理厂改扩建工程设计	省部级优秀工程设计奖	中铁二院	四川省勘察设计协会	二等奖

续表

序号	项目名称	奖项名称	获奖单位	评选单位	获奖等级
34	中铁交通取消省界站 EPC 项目机电工程设计	省部级优秀工程设计奖	中铁二院	四川省勘察设计协会	二等奖
35	青海红柳至一里坪铁路总体设计	省部级优秀工程设计奖	中铁二院	四川省勘察设计协会	二等奖
36	成渝客专提质改造工程通信、信号、信息、灾害监测工程设计	省部级优秀工程设计奖	中铁二院	四川省勘察设计协会	二等奖
37	昆明轨道交通 3 号线工程金太区间下穿人民东路延长线暗挖隧道设计	省部级优秀工程设计奖	中铁二院	四川省勘察设计协会	三等奖
38	重庆市轨道交通五号线一期工程南北段通信及综合监控系统设计	省部级优秀工程设计奖	中铁二院	四川省勘察设计协会	三等奖
39	青岛市红岛—胶南城际轨道交通工程通信系统设计	省部级优秀工程设计奖	中铁二院	四川省勘察设计协会	三等奖
40	宁波地铁 2 号线一期工程通信、信号系统设计	省部级优秀工程设计奖	中铁二院	四川省勘察设计协会	三等奖
41	攀枝花至大理高速公路（四川境）工程设计	省部级优秀工程设计奖	中铁二院	四川省勘察设计协会	三等奖
42	轨道 BIM 正向设计软件 V1.0	省部级优秀工程计算机软件奖	中铁二院	四川省勘察设计协会	一等奖
43	基于 BIM 的 ProjectWise 协同设计软件 V1.0	省部级优秀工程计算机软件奖	中铁二院	四川省勘察设计协会	二等奖
44	铁路隧道结构极限状态设计与可靠性分析软件	省部级优秀工程计算机软件奖	中铁二院	四川省勘察设计协会	二等奖
45	精测网复测稳定性分析数据处理软件	省部级优秀工程计算机软件奖	中铁二院	四川省勘察设计协会	三等奖
46	城市轨道交通配线能力计算系统	省部级优秀工程计算机软件奖	中铁二院	四川省勘察设计协会	三等奖
47	铁路桥梁常用墩设计绘图软件	省部级优秀工程计算机软件奖	中铁二院	四川省勘察设计协会	三等奖
48	《成都现代有轨电车工程设计规范》	省部级优秀工程标准奖	中铁二院	四川省勘察设计协会	一等奖
49	《铁路隧道设计规范》	省部级优秀工程标准奖	中铁二院	四川省勘察设计协会	一等奖
50	《铁路瓦斯隧道技术规范》	省部级优秀工程标准奖	中铁二院	四川省勘察设计协会	一等奖
51	《地铁快线设计标准》	省部级优秀工程标准奖	中铁二院	四川省勘察设计协会	一等奖
52	《铁路路基支挡结构设计规范》	省部级优秀工程标准奖	中铁二院	四川省勘察设计协会	一等奖
53	《城市轨道交通用电综合评定指标》	省部级优秀工程标准奖	中铁二院	四川省勘察设计协会	一等奖
54	《铁路工程测量规范》	省部级优秀工程标准奖	中铁二院	四川省勘察设计协会	一等奖
55	铁路路基基床设计（时速 250 千米有砟轨道）	省部级优秀工程标准奖	中铁二院	四川省勘察设计协会	二等奖

续表

序号	项目名称	奖项名称	获奖单位	评选单位	获奖等级
56	高速铁路 ZPW-2000R 半定型、模板电路模板图册	省部级优秀工程标准奖	中铁二院	四川省勘察设计协会	二等奖
57	《时速 200 千米客货共线铁路双线铁路隧道复合式衬砌初期支护钢架》通用参考图	省部级优秀工程标准奖	中铁二院	四川省勘察设计协会	二等奖
58	时速 250 千米高速铁路（预制有砟简支箱梁）单线圆端形实体桥墩	省部级优秀工程标准奖	中铁二院	四川省勘察设计协会	二等奖
59	铁路路基锚固桩锁口护壁设计通用图	省部级优秀工程标准奖	中铁二院	四川省勘察设计协会	三等奖
60	成都轨道交通 8 号线一期工程车站装饰装修设计	省部级优秀工程设计奖	中铁二院	四川省勘察设计协会	二等奖
61	成都天府国际机场综合换乘中心北区结构设计	省部级优秀工程设计奖	中铁二院	四川省勘察设计协会	三等奖
62	东莞轨道交通线网控制中心综合体岩土工程勘察	省部级优秀工程勘察奖	中铁二院成都公司	四川省勘察设计协会	二等奖
63	成都国际铁路港城厢铁路物流中心工程	省部级优秀工程设计奖	中铁二院成都公司	四川省勘察设计协会	二等奖
64	青白江物流园区铁路专用线工程	省部级优秀工程设计奖	中铁二院成都公司	四川省勘察设计协会	三等奖
65	新建安顺至六盘水铁路工程地质勘察	省部级优秀工程勘察奖	中铁二院	贵州省工程勘察设计协会	一等奖
66	贵阳市轨道交通 2 号线一期工程观水路站设计	省部级优秀工程设计奖	中铁二院	贵州省工程勘察设计协会	一等奖
67	安顺至六盘水铁路总体设计	省部级优秀工程设计奖	中铁二院	贵州省工程勘察设计协会	二等奖
68	川黔铁路遵义城区段线路外迁路基工程	省部级优秀工程设计奖	中铁二院	贵州省工程勘察设计协会	二等奖
69	贵阳市轨道交通 2 号线一期工程观水路站—油榨街站区间隧道设计	省部级优秀工程设计奖	中铁二院	贵州省工程勘察设计协会	二等奖
70	贵阳市轨道交通 2 号线一期工程省医站—观水路站区间隧道设计	省部级优秀工程设计奖	中铁二院	贵州省工程勘察设计协会	三等奖
71	贵阳市轨道交通 2 号线一期工程七机路口站—云峰路站区间隧道设计	省部级优秀工程设计奖	中铁二院	贵州省工程勘察设计协会	三等奖
72	改建铁路重庆至怀化线涪陵至梅江段增建第二线总体设计	省部级优秀工程设计奖	中铁二院	重庆市勘察设计协会	一等奖
73	渝怀线 K158+837 白马 1# 隧道进口仰坡危岩体增设防护设施工程	省部级优秀工程设计奖	中铁二院重庆公司	重庆市勘察设计协会	一等奖
74	重庆轨道交通五号线一期工程南段地下工程设计	省部级优秀工程设计奖	中铁二院重庆公司	重庆市勘察设计协会	二等奖

续表

序号	项目名称	奖项名称	获奖单位	评选单位	获奖等级
75	新建成都至重庆铁路客运专线及提质改造电气化接触网工程	省部级优秀工程设计奖	中铁二院重庆公司	重庆市勘察设计协会	二等奖
76	杭州地铁6号线一期工程	省部级优秀工程设计奖	中铁二院华东公司	浙江省勘察设计行业协会	一等奖
77	杭州地铁7号线奥体站（不含）—建设三路站（含）三站三区间工点土建设计	省部级优秀工程设计奖	中铁二院华东公司	浙江省勘察设计行业协会	二等奖
78	杭州地铁6号线及9号线三堡站基坑工程设计	省部级优秀工程设计奖	中铁二院华东公司	浙江省勘察设计行业协会	二等奖
79	杭州地铁6号线及机场快线（19号线）火车东站基坑工程设计	省部级优秀工程设计奖	中铁二院华东公司	浙江省勘察设计行业协会	二等奖
80	西安市地铁4号线TJSG-11标火车站站南竖井及一期暗挖隧道下穿国铁站场施工期间自动化监测项目—勘察	省部级优秀工程勘察奖	中铁六院	中国勘察设计协会	二等奖
81	广州市轨道交通21号线岩土工程勘察（含勘察总体、工可勘察、初勘、详勘以及超前地质预报）	省部级优秀工程勘察奖	中铁六院	中国勘察设计协会	二等奖
82	宝鸡至兰州铁路客运专线朱家山隧道综合地质勘察—勘察	省部级优秀工程勘察奖	中铁六院	中国勘察设计协会	三等奖
83	郑州市轨道交通5号线工程控制测量检测（含工后监测）项目	省部级优秀工程勘察奖	中铁六院	天津市勘察设计协会	一等奖
84	成都轨道交通8号线一期工程施工监测2标服务合同	省部级优秀工程勘察奖	中铁六院	天津市勘察设计协会	一等奖
85	长春地铁2号线一期工程解放桥站—建设街站区间暗挖段、解放桥站换乘通道暗挖段下穿京哈铁路专项监测项目	省部级优秀工程勘察奖	中铁六院	天津市勘察设计协会	一等奖
86	太原市城市轨道交通2号线一期工程（人民南路—西涧河）工程测量	省部级优秀工程勘察奖	中铁六院	天津市勘察设计协会	二等奖
87	深圳市城市轨道交通10号线工程控制测量与测量检测项目	省部级优秀工程勘察奖	中铁六院	天津市勘察设计协会	二等奖
88	徐州市城市轨道交通2号线一期工程第三方测量项目	省部级优秀工程勘察奖	中铁六院	天津市勘察设计协会	三等奖
89	无锡地铁3号线一期工程第三方测量	省部级优秀工程勘察奖	中铁六院	天津市勘察设计协会	三等奖
90	沈阳至铁岭城际铁路工程（松山路—道义）测量检测和第三方监测	省部级优秀工程勘察奖	中铁六院	天津市勘察设计协会	三等奖
91	杭州地铁1号线三期工程第三方监测	省部级优秀工程勘察奖	中铁六院	天津市勘察设计协会	三等奖

续表

序号	项目名称	奖项名称	获奖单位	评选单位	获奖等级
92	北黑铁路（龙镇至黑河段）升级改造工程精密控制测量	省部级优秀工程勘察奖	中铁六院	天津市勘察设计协会	三等奖
93	徐州市轨道交通1号线一期工程勘察01合同段	省部级优秀工程勘察奖	中铁六院	天津市勘察设计协会	一等奖
94	郑州市轨道交通4号线龙湖段市政配套工程勘察	省部级优秀工程勘察奖	中铁六院	天津市勘察设计协会	二等奖
95	衡阳市合江套湘江隧道工程岩土工程勘察	省部级优秀工程勘察奖	中铁六院	天津市勘察设计协会	二等奖
96	广州市轨道交通21号线控制测量及施工测量检测工程项目及第三方监测项目	省部级优秀工程勘察奖	中铁六院	中国测绘学会	三等奖
97	郑州市轨道交通3号线一期工程控制测量检测（含工后监测）项目	省部级优秀工程勘察奖	中铁六院	天津市测绘学会	二等奖
98	无锡地铁3号线一期工程第三方测量	省部级优秀工程勘察奖	中铁六院	天津市测绘学会	三等奖
99	沈阳至铁岭城际铁路工程（松山路—道义）测量检测和第三方监测	省部级优秀工程勘察奖	中铁六院	天津市测绘学会	三等奖
100	深圳市城市轨道交通8号线一期工程控制测量与测量检测项目	省部级优秀工程勘察奖	中铁六院	天津市测绘学会	三等奖
101	北京地铁6号线西延工程设计总体总包	省部级优秀工程设计奖	中铁六院	北京工程勘察设计协会	一等奖
102	合肥市包河区BH16-42A金融小镇启动区A地块项目	省部级优秀工程设计奖	中铁六院	安徽省住房和城乡建设厅	一等奖
103	六安大学科技园核心区二期工程	省部级优秀工程设计奖	中铁六院	安徽省住房和城乡建设厅	二等奖
104	金瓯徽府	省部级优秀工程设计奖	中铁六院	安徽省住房和城乡建设厅	二等奖
105	合肥市滨湖新区核心区第一小学	省部级优秀工程设计奖	中铁六院	安徽省住房和城乡建设厅	三等奖
106	合肥上海世界外国语学校	省部级优秀工程设计奖	中铁六院	安徽省住房和城乡建设厅	三等奖
107	万茂城项目（万茂华府）	省部级优秀工程设计奖	中铁六院	安徽省住房和城乡建设厅	三等奖
108	合肥市青海路道路排水工程（繁华大道—花园大道）	省部级优秀工程设计奖	中铁六院	安徽省住房和城乡建设厅	三等奖
109	安徽国际商务学院校园景观设计	省部级优秀工程设计奖	中铁六院	安徽省住房和城乡建设厅	三等奖
110	固镇县地下空间暨人防工程综合利用规划（2019—2030年）	省部级优秀工程设计奖	中铁六院	安徽省城市规划学会	三等奖
111	金华南站站前广场景观设计	省部级优秀工程设计奖	中铁六院	安徽省风景园林行业协会	一等奖
112	五溪润城—王坦溪景观提升工程	省部级优秀工程设计奖	中铁六院	安徽省风景园林行业协会	二等奖

优秀工程勘察设计奖

续表

序号	项目名称	奖项名称	获奖单位	评选单位	获奖等级
113	厦门市轨道交通2号线五缘湾站主体基坑支护设计—勘察	省部级优秀工程设计奖	中铁六院	中国勘察设计协会	三等奖
114	北京地铁8号线三期工点设计04合同段	省部级优秀工程设计奖	中铁六院	中国勘察设计协会	三等奖
115	徐州市轨道交通1号线一期工程彭城广场站设计	省部级优秀工程设计奖	中铁六院	江苏省住房和城乡建设厅	二等奖
116	苏州市轨道交通3号线工程跨阳路站	省部级优秀工程设计奖	中铁六院	江苏省住房和城乡建设厅	三等奖
117	徐州市轨道交通1号线一期工程彭城广场站—文化宫站（民主北路站）区间设计项目	省部级优秀工程设计奖	中铁六院	江苏省住房和城乡建设厅	三等奖
118	合肥学院设计创意产业实验实训平台与建筑与交通工程实验实训平台	省部级优秀工程设计奖	中铁六院	安徽省工程勘察设计协会	一等奖
119	阜南县奥莱壹号院西区	省部级优秀工程设计奖	中铁六院	安徽省工程勘察设计协会	一等奖
120	六安经开区和平小学及附属幼儿园	省部级优秀工程设计奖	中铁六院	安徽省工程勘察设计协会	二等奖
121	合肥包河区BH16-42A金融小镇启动区A地块项目	省部级优秀工程设计奖	中铁六院	安徽省工程勘察设计协会	二等奖
122	安徽省现代智能综合交通创新基地（一期）	省部级优秀工程设计奖	中铁六院	安徽省工程勘察设计协会	二等奖
123	智能装备科技园标准厂房设计总承包项目	省部级优秀工程设计奖	中铁六院	安徽省工程勘察设计协会	三等奖
124	安庆市太湖县人民路（法华路—外环路）改造工程	省部级优秀工程设计奖	中铁六院	安徽省工程勘察设计协会	三等奖
125	明光经济开发区城区岐阳大道（抹山大道—女山大道）新建工程	省部级优秀工程设计奖	中铁六院	安徽省工程勘察设计协会	三等奖
126	合肥市轨道交通3号线、合肥西站（清溪路站）	省部级优秀工程设计奖	中铁六院	安徽省工程勘察设计协会	三等奖
127	六安东都绿洲	省部级优秀工程设计奖	中铁六院	安徽省工程勘察设计协会	三等奖
128	北京轨道交通28号线（原CBD线）01标BIM多专业正向协同设计	省部级优秀工程设计奖	中铁六院	天津市勘察设计协会	一等奖
129	北京地铁8号线二期工程工点设计04合同段（土建设计）	省部级优秀工程设计奖	中铁六院	天津市勘察设计协会	一等奖
130	北京地铁16号线工程设计05合同段	省部级优秀工程设计奖	中铁六院	天津市勘察设计协会	一等奖
131	青岛地铁1号线江苏路站主体深基坑设计	省部级优秀工程设计奖	中铁六院	天津市勘察设计协会	一等奖

勘察设计与咨询服务

续表

序号	项目名称	奖项名称	获奖单位	评选单位	获奖等级
132	青岛市地铁 8 号线土建工点设计五标段	省部级优秀工程设计奖	中铁六院	天津市勘察设计协会	一等奖
133	郑州市轨道交通 3 号线一期工程单项设计 04 标	省部级优秀工程设计奖	中铁六院	天津市勘察设计协会	二等奖
134	石家庄市城市轨道交通 2 号线一期工程工点设计 7 标段	省部级优秀工程设计奖	中铁六院	天津市勘察设计协会	二等奖
135	成都市轨道交通 17 号线一期工程工点设计车站 1 标	省部级优秀工程设计奖	中铁六院	天津市勘察设计协会	二等奖
136	济南城市轨道交通 4 号线一期工程彭家庄站主体深基坑设计	省部级优秀工程设计奖	中铁六院	天津市勘察设计协会	二等奖
137	洞库式数据中心园区规划及概念性方案设计 BIM 技术应用	省部级优秀工程设计奖	中铁六院	天津市勘察设计协会	二等奖
138	无锡地铁 3 号线一期工程土建设计 05 标	省部级优秀工程设计奖	中铁六院	天津市勘察设计协会	三等奖
139	武汉市轨道交通 11 号线东段（光谷火车站—左岭站）工程第七标段左岭站地面站厅及地下侧式站台通风空调系统	省部级优秀工程设计奖	中铁六院	天津市勘察设计协会	三等奖
140	南昌市轨道交通 3 号线工程土建工点设计 02 标段	省部级优秀工程设计奖	中铁六院	天津市勘察设计协会	三等奖
141	洛阳市轨道交通 1 号线工程设计 LYGD-SJ-05 标段（土建单项设计）	省部级优秀工程设计奖	中铁六院	天津市勘察设计协会	三等奖
142	杭州地铁 7 号线工程工点设计［红垦站（不含）—坎山站—机场西站—萧山机场站（不含）—靖江站］	省部级优秀工程设计奖	中铁六院	天津市勘察设计协会	三等奖
143	济南市轨道交通 R2 线一期工程土建工点设计六标段	省部级优秀工程设计奖	中铁六院	天津市勘察设计协会	三等奖
144	太原市城市轨道交通 2 号线一期工程（小店南—西涧河）供电系统、综合监控系统设计	省部级优秀工程设计奖	中铁六院	天津市勘察设计协会	一等奖
145	宁波市轨道交通 4 号线工程供电系统设计（SJ4007 标段）	省部级优秀工程设计奖	中铁六院	天津市勘察设计协会	一等奖
146	长沙市轨道交通 5 号线一期工程综合联调咨询服务及实施项目	省部级优秀工程设计奖	中铁六院	天津市勘察设计协会	一等奖
147	济南市轨道交通 R2 线一期工程供电、自动售检票、机电系统设计	省部级优秀工程设计奖	中铁六院	天津市勘察设计协会	二等奖
148	长沙市轨道交通 3 号线一期工程供电系统设计项目	省部级优秀工程设计奖	中铁六院	天津市勘察设计协会	二等奖

续表

序号	项目名称	奖项名称	获奖单位	评选单位	获奖等级
149	宁波市轨道交通4号线工程通风与空调、给排水及消防、动力照明与配电、车站管线综合系统设计	省部级优秀工程设计奖	中铁六院	天津市勘察设计协会	二等奖
150	南昌市轨道交通3号线工程系统设计05标段（供电、机电、综合监控系统设计）	省部级优秀工程设计奖	中铁六院	天津市勘察设计协会	二等奖
151	徐州市城市轨道交通1号线一期工程供电系统集成服务项目	省部级优秀工程设计奖	中铁六院	天津市勘察设计协会	二等奖
152	杂散电流腐蚀防护土建施工通用图（20BGQD5）	省部级优秀工程设计奖	中铁六院	天津市勘察设计协会	二等奖
153	基于BIM技术的智能铁路牵引供电设备可视化大数据综合维修管理平台	省部级优秀工程设计奖	中铁六院	天津市勘察设计协会	二等奖
154	郑州市轨道交通4号线工程供电系统设计	省部级优秀工程设计奖	中铁六院	天津市勘察设计协会	三等奖
155	长沙市轨道交通5号线一期工程工可、勘察及设计项目系统设计标段（标段号：XTSJ-6）供电系统设计	省部级优秀工程设计奖	中铁六院	天津市勘察设计协会	三等奖
156	无锡地铁3号线一期工程供电系统	省部级优秀工程设计奖	中铁六院	天津市勘察设计协会	三等奖
157	沈阳地铁10号线工程（丁香公园—张沙布）供电及机电系统	省部级优秀工程设计奖	中铁六院	天津市勘察设计协会	三等奖
158	南宁市轨道交通4号线一期工程供电系统	省部级优秀工程设计奖	中铁六院	天津市勘察设计协会	三等奖
159	广州市轨道交通八号线北延段工程综合监控系统设计（含综合监控、FAS、BAS、门禁、安防系统）	省部级优秀工程设计奖	中铁六院	天津市勘察设计协会	三等奖
160	杭州地铁5号线一期工程车站设备集成管理服务	省部级优秀工程设计奖	中铁六院	天津市勘察设计协会	三等奖
161	西安地铁5号线二期［交大创新港—和平村（不含）］机电设备咨询集成服务	省部级优秀工程设计奖	中铁六院	天津市勘察设计协会	三等奖
162	长沙市轨道交通3号线一期工程供电系统集成服务项目	省部级优秀工程设计奖	中铁六院	天津市勘察设计协会	三等奖
163	专用回流轨牵引供电仿真平台	省部级优秀工程设计奖	中铁六院	天津市勘察设计协会	三等奖
164	深圳市城市轨道交通10号线工程	省部级优秀工程设计奖	中铁六院	天津市勘察设计协会	二等奖
165	广州市轨道交通八号线北延段工程合同段	省部级优秀工程设计奖	中铁六院	天津市勘察设计协会	二等奖

续表

序号	项目名称	奖项名称	获奖单位	评选单位	获奖等级
166	深圳市城市轨道交通四号线三期工程4301标长湖站、观澜站、长湖站—观澜站区间、观澜站—松元厦区间	省部级优秀工程设计奖	中铁六院	天津市勘察设计协会	三等奖
167	巢湖市柘皋镇大树刘行政村大树刘中心村美丽乡村建设规划	省部级优秀工程设计奖	中铁六院	天津市勘察设计协会	一等奖
168	六安大学科技园核心区二期工程	省部级优秀工程设计奖	中铁六院	天津市勘察设计协会	二等奖
169	中科院合肥技术创新工程院科技支撑中心	省部级优秀工程设计奖	中铁六院	天津市勘察设计协会	三等奖
170	南湖学府	省部级优秀工程设计奖	中铁六院	天津市勘察设计协会	三等奖
171	合肥科技实业园众望分园1#、2#楼	省部级优秀工程设计奖	中铁六院	天津市勘察设计协会	三等奖
172	包河区中直省直老旧小区环境综合整治道路工程—合工大宿舍（西村、南村）	省部级优秀工程设计奖	中铁六院	天津市勘察设计协会	三等奖
173	兰州局陇海线天兰段GSM-R数字移动通信系统改造工程设计	省部级优秀工程设计奖	中铁六院	天津市勘察设计协会	三等奖
174	金华南站站前广场景观设计	省部级优秀工程设计奖	中铁六院	中国风景园林学会	三等奖
175	青岛市地铁8号线工程北段	省部级优秀工程设计奖	中铁六院	中国施工企业管理协会	二等奖
176	新建张家口至呼和浩特铁路桥梁设计	省部级优秀工程设计奖	中铁设计	中国施工企业管理协会	三等奖
177	铁路轨道三维设计软件	省部级优秀工程计算机软件奖	中铁设计	铁路BIM联盟/中国铁道工程建设协会	一等奖
178	新建北京至张家口铁路（含崇礼铁路）工程设计	省部级优秀工程设计奖	中铁设计	中国施工企业管理协会绿色建造工作委员会	一等奖
179	改建铁路安李线综合扩能改造区间电化及水冶站改扩建工程	省部级优秀工程设计奖	中铁设计	河南省勘察设计协会	一等奖
180	石家庄市城市轨道交通3号线二期系统工程设计	省部级优秀工程设计奖	中铁设计	河北省工程勘察设计咨询协会	一等奖
181	新建靖边至神木集运铁路孟家湾至靖边北段	省部级优秀工程设计奖	中铁设计	河南省勘察设计协会	一等奖
182	连霍高速公路商丘至兰考段改扩建工程主线上跨京九铁路立交桥	省部级优秀工程设计奖	中铁设计	中国施工企业管理协会绿色建造工作委员会	三等奖
183	许昌市瑞贝卡大道与阳光大道连通（下穿京广铁路）工程设计	省部级优秀工程设计奖	中铁设计	中国施工企业管理协会绿色建造工作委员会	三等奖
184	石太线北京铁路局管内设备设施改造工程设计	省部级优秀工程设计奖	中铁设计	山西省勘察设计协会	一等奖
185	南同蒲铁路风陵渡至华山段电气化改造工程设计	省部级优秀工程设计奖	中铁设计	山西省勘察设计协会	一等奖

续表

序号	项目名称	奖项名称	获奖单位	评选单位	获奖等级
186	静乐至静游地方铁路工程设计	省部级优秀工程设计奖	中铁设计	山西省勘察设计协会	一等奖
187	山西中炜巨田煤炭运销有限公司石城铁路专用线工程设计	省部级优秀工程设计奖	中铁设计	山西省勘察设计协会	一等奖
188	同煤阳高 2×350MW 热电厂项目铁路专用线工程设计	省部级优秀工程设计奖	中铁设计	山西省勘察设计协会	二等奖
189	河北陆港保税物流有限公司铁路专用线扩建工程设计	省部级优秀工程设计奖	中铁设计	山西省勘察设计协会	二等奖
190	古交三期 2×66 万千瓦低热值煤热电项目铁路专用线工程设计	省部级优秀工程设计奖	中铁设计	山西省勘察设计协会	二等奖
191	山西怀仁峙峰山煤业有限责任公司铁路专用线改造工程设计	省部级优秀工程设计奖	中铁设计	山西省勘察设计协会	二等奖
192	合肥轨道交通 5 号线工程土建 TJSJ03 标设计	省部级优秀工程设计奖	中铁设计	山西省勘察设计协会	三等奖
193	大同煤矿集团忻州煤炭运销岢岚安塘有限公司铁路专用线工程设计	省部级优秀工程设计奖	中铁设计	山西省勘察设计协会	三等奖
194	山西省焦炭集团益兴铁路专用线工程设计	省部级优秀工程设计奖	中铁设计	山西省勘察设计协会	三等奖
195	太原煤气化龙泉能源发展有限公司铁路专用线工程设计	省部级优秀工程设计奖	中铁设计	山西省勘察设计协会	三等奖
196	南同蒲铁路风陵渡至华山段电气化改造工程设计	省部级优秀工程设计奖	中铁设计	山西省铁道学会	一等奖
197	静乐至静游地方铁路工程设计	省部级优秀工程设计奖	中铁设计	山西省铁道学会	一等奖
198	合肥市轨道交通 5 号线（南段）TJSJ03 标土建设计	省部级优秀工程设计奖	中铁设计	山西省铁道学会	一等奖
199	山西中炜巨田煤炭运销有限公司石城铁路专用线工程设计	省部级优秀工程设计奖	中铁设计	山西省铁道学会	一等奖
200	同煤阳高 2×350MW 热电厂项目铁路专用线工程设计	省部级优秀工程设计奖	中铁设计	山西省铁道学会	一等奖
201	太北牵引变电所改造工程设计	省部级优秀工程设计奖	中铁设计	山西省铁道学会	二等奖
202	太原煤气化龙泉能源发展有限公司铁路专用线工程设计	省部级优秀工程设计奖	中铁设计	山西省铁道学会	二等奖
203	灵石县正博瑞煤焦有限公司铁路专用线环保封闭工程设计	省部级优秀工程设计奖	中铁设计	山西省铁道学会	二等奖
204	河北陆港保税物流有限公司铁路专用线扩建工程设计	省部级优秀工程设计奖	中铁设计	山西省铁道学会	二等奖
205	城市轨道交通用内置式泵房轨道技术	省部级优秀工程设计奖	中铁设计	中国施工企业管理协会	一等奖

续表

序号	项目名称	奖项名称	获奖单位	评选单位	获奖等级
206	石家庄至武汉铁路客运专线（河南段）运营期精测网复测和结构变形监测	省部级优秀工程勘察奖	中铁设计	河南省勘察设计协会	二等奖
207	高要档案馆综合大楼工程勘察	省部级优秀工程勘察奖	中铁设计	河南省工程勘察设计行业协会	二等奖
208	周口市周商连接通道建设八一路打通工程勘察	省部级优秀工程勘察奖	中铁设计	河南省工程勘察设计行业协会	二等奖
209	新建新郑机场至郑州南站城际铁路隧道工程设计	省部级优秀工程设计奖	中铁设计	河南省工程勘察设计行业协会	一等奖
210	连霍高速公路商丘至兰考段改扩建工程主线上跨陇海铁路立交桥	省部级优秀工程设计奖	中铁设计	河南省勘察设计协会	一等奖
211	民权县江山大道跨陇海铁路立交桥工程	省部级优秀工程设计奖	中铁设计	河南省勘察设计协会	二等奖
212	华电南雄"上大压小"热电联产工程（2×35万千瓦）铁路专用线	省部级优秀工程设计奖	中铁设计	河南省勘察设计协会	三等奖
213	郑州市轨道交通3号线一期工程土建05标单项设计	省部级优秀工程设计奖	中铁设计	河南省工程勘察设计行业协会	一等奖
214	S238常付线漯河市郾城区小王庄至漯河周口交界段改建工程上跨京广铁路立交桥工程	省部级优秀工程设计奖	中铁设计	河南省工程勘察设计行业协会	二等奖
215	安阳县产业集聚区中轴线（东灵路）公路工程穿越安李铁路立交工程	省部级优秀工程设计奖	中铁设计	河南省工程勘察设计行业协会	二等奖
216	巩义七里铺至韩门道路工程	省部级优秀工程设计奖	中铁设计	河南省工程勘察设计行业协会	二等奖
217	安阳西北绕城高速公路上跨京广铁路立交工程	省部级优秀工程设计奖	中铁设计	河南省勘察设计协会	二等奖
218	豫北煤炭物流储配基地铁路专用线	省部级优秀工程设计奖	中铁设计	河南省勘察设计协会	二等奖
219	新建郑州至济南铁路濮阳至济南段附属工程下穿铁路段铁路监测	省部级优秀工程勘察奖	中铁设计	山东省测绘地理信息行业协会	一等奖
220	济南市轨道交通R2线一期姜家庄停车场35kV义铁线电力迁改工程（下穿胶济铁路段和胶济客专段）变形监测服务工程	省部级优秀工程勘察奖	中铁设计	山东省测绘地理信息行业协会	二等奖
221	G577线精河至伊宁县公路工程测绘	省部级优秀工程勘察奖	中铁设计	山东省测绘地理信息行业协会	二等奖
222	京沪高铁K346+255–K556+000精测网复测及基础变形监测工程	省部级优秀工程勘察奖	中铁设计	山东省测绘地理信息行业协会	二等奖

优秀工程勘察设计奖

续表

序号	项目名称	奖项名称	获奖单位	评选单位	获奖等级
223	徐州矿务集团有限公司煤炭销售运输公司铁路线路复测工程	省部级优秀工程勘察奖	中铁设计	山东省测绘地理信息行业协会	三等奖
224	青岛地铁1号线安顺路站A出入口下穿胶济线、胶济客专隧道工程第三方监测	省部级优秀工程勘察奖	中铁设计	山东省测绘地理信息行业协会	三等奖
225	武汉市轨道交通7号线一期工程勘察	省部级优秀工程勘察奖	中铁大桥院	中国勘察设计协会	一等奖
226	杨泗港长江大桥设计	省部级优秀工程设计奖	中铁大桥院	中国勘察设计协会	一等奖
227	重庆寸滩长江大桥	省部级优秀工程设计奖	中铁大桥院	中国勘察设计协会	一等奖
228	北京地铁7号线二期（东延）工程	省部级优秀工程设计奖	中铁大桥院	中国勘察设计协会	一等奖
229	港珠澳大桥海中桥隧主体工程勘察	省部级优秀工程勘察奖	中铁大桥院	中国勘察设计协会	二等奖
230	援马尔代夫中马友谊大桥工程设计	省部级优秀工程设计奖	中铁大桥院	中国勘察设计协会	二等奖
231	新建铁路连云港至镇江线五峰山长江特大桥勘察	省部级优秀工程勘察奖	中铁大桥院	中国勘察设计协会	三等奖
232	厦门市轨道交通2号线跨海段勘察	省部级优秀工程勘察奖	中铁大桥院	中国勘察设计协会	三等奖
233	武汉市江汉四桥拓宽工程设计（琴台大道—京汉大道）	省部级优秀工程设计奖	中铁大桥院	中国勘察设计协会	三等奖
234	杨泗港长江大桥工程设计	省部级优秀工程设计奖	中铁大桥院	中国公路勘察设计协会	一等奖
235	湘府路（湘江大道—浏阳河西岸）快速化改造工程	省部级优秀工程设计奖	中铁大桥院	中国公路勘察设计协会	二等奖
236	南京长江大桥公路桥维修改造工程设计	省部级优秀工程设计奖	中铁大桥院	中国公路勘察设计协会	二等奖
237	安徽省池州长江公路大桥工程设计	省部级优秀工程设计奖	中铁大桥院	中国公路勘察设计协会	二等奖
238	武汉市青山长江公路大桥工程设计	省部级优秀工程设计奖	中铁大桥院	中国公路勘察设计协会	二等奖
239	五峰山长江大桥工程设计	省部级优秀工程设计奖	中铁大桥院	湖北省勘察设计协会	一等奖
240	商合杭铁路芜湖长江公铁大桥工程设计	省部级优秀工程设计奖	中铁大桥院	湖北省勘察设计协会	一等奖
241	武汉市四环线青山长江公路大桥工程设计	省部级优秀工程设计奖	中铁大桥院	湖北省勘察设计协会	一等奖
242	沪苏通长江公铁大桥设计	省部级优秀工程设计奖	中铁大桥院	湖北省勘察设计协会	一等奖
243	平潭海峡公铁两用大桥设计	省部级优秀工程设计奖	中铁大桥院	湖北省勘察设计协会	一等奖

勘察设计与咨询服务

续表

序号	项目名称	奖项名称	获奖单位	评选单位	获奖等级
244	福平铁路平潭海峡公铁两用大桥综合勘察	省部级优秀工程勘察奖	中铁大桥院	湖北省勘察设计协会	一等奖
245	厦门轨道交通3号线跨海段综合勘察	省部级优秀工程勘察奖	中铁大桥院	湖北省勘察设计协会	一等奖
246	南宁轨道交通三号线岩土工程勘察E标段	省部级优秀工程勘察奖	中铁大桥院	湖北省勘察设计协会	一等奖
247	新建上海至南通铁路（南通至安亭段）沪苏通长江大桥工程勘察	省部级优秀工程勘察奖	中铁大桥院	湖北省勘察设计协会	一等奖
248	新建铁路深圳至江门铁路先行开工段珠江口隧道精密控制网建立与复测	省部级优秀工程勘察奖	中铁大桥院	湖北省勘察设计协会	一等奖
249	杨泗港长江大桥两岸接线工程设计	省部级优秀工程设计奖	中铁大桥院	湖北省勘察设计协会	一等奖
250	赤壁长江公路大桥工程设计	省部级优秀工程设计奖	中铁大桥院	湖北省勘察设计协会	二等奖
251	珠海市洪鹤大桥工程	省部级优秀工程设计奖	中铁大桥院	湖北省勘察设计协会	二等奖
252	阿克苏纺织大桥设计	省部级优秀工程设计奖	中铁大桥院	湖北省勘察设计协会	二等奖
253	新建成都至贵阳铁路乐山至贵阳段鸭池河特大桥工程综合勘察	省部级优秀工程勘察奖	中铁大桥院	湖北省勘察设计协会	二等奖
254	武汉市轨道交通8号线二期工程第Ⅲ标段详勘	省部级优秀工程勘察奖	中铁大桥院	湖北省勘察设计协会	二等奖
255	遵余高速公路工程施工控制网建立与复测	省部级优秀工程勘察奖	中铁大桥院	湖北省勘察设计协会	二等奖
256	仙女山路（墨水湖北路—四新南路）工程	省部级优秀工程设计奖	中铁大桥院	湖北省勘察设计协会	二等奖
257	黄石新港大道北延道路工程设计	省部级优秀工程设计奖	中铁大桥院	湖北省勘察设计协会	二等奖
258	构件分析软件CSAN	省部级优秀工程计算机软件奖	中铁大桥院	湖北省勘察设计协会	二等奖
259	万州区长江三桥（牌楼长江大桥）工程	省部级优秀工程设计奖	中铁大桥院	重庆市勘察设计协会	一等奖
260	年产铁路专用设备355759套项目——华铁经纬智能工厂	省部级优秀工程设计奖	中铁华铁	中国勘察设计协会	三等奖
261	狮山派出所、交警中队业务用房及狮山消防站	省部级优秀工程设计奖	中铁华铁	江苏省住房和城乡建设厅	二等奖
262	苏州高新区成大实验初级中学校	省部级优秀工程设计奖	中铁华铁	江苏省住房和城乡建设厅	三等奖
263	包头市远大昭华·TOUCH悦城项目	省部级优秀工程设计奖	中铁华铁	中国建材工程建设协会	二等奖

续表

序号	项目名称	奖项名称	获奖单位	评选单位	获奖等级
264	重庆南川至两江新区高速公路工程地质详细勘察	省部级优秀工程勘察奖	中铁长江设计	重庆市勘察设计协会	二等奖
265	重庆南川至两江新区高速公路	省部级优秀工程设计奖	中铁长江设计	重庆市勘察设计协会	一等奖
266	重庆沿江高速公路支线白涛隧道工程	省部级优秀工程设计奖	中铁长江设计	重庆市勘察设计协会	三等奖
267	重庆港忠县港区新生作业区一期工程	省部级优秀工程设计奖	中铁长江设计	重庆市勘察设计协会	一等奖
268	重庆港合川港区渭沱作业区（一期）工程	省部级优秀工程设计奖	中铁长江设计	重庆市勘察设计协会	二等奖
269	重庆港江津港区兰家沱作业区粮食码头技改工程	省部级优秀工程设计奖	中铁长江设计	重庆市勘察设计协会	二等奖
270	洛碛复建码头船舶水污染物接收设施及船用岸电设施工程	省部级优秀工程设计奖	中铁长江设计	重庆市勘察设计协会	三等奖
271	重庆江津至贵州习水高速公路（重庆境）工程笋溪河特大桥	省部级优秀工程设计奖	中铁长江设计	重庆市勘察设计协会	三等奖
272	重庆港主城港区佛耳岩作业区二期工程	省部级优秀工程设计奖	中铁长江设计	重庆市勘察设计协会	三等奖
273	BIM技术在奉节至巫山高速公路建设中的综合应用	省部级优秀工程设计奖	中铁长江设计	中国公路学会	一等奖
274	重庆港主城港区果园作业区二期工程	省部级优秀工程设计奖	中铁长江设计	中国水运建设行业协会	二等奖
275	涪江梯级渠化富金坝航运枢纽工程	省部级优秀工程设计奖	中铁长江设计	中国水运建设行业协会	三等奖
276	石柱至黔江高速公路工程设计	省部级优秀工程设计奖	中铁长江设计	中国公路勘察设计协会	一等奖
277	重庆南川至两江新区高速公路太洪长江大桥工程设计	省部级优秀工程设计奖	中铁长江设计	中国公路勘察设计协会	二等奖
278	重庆新田港二期工程BIM设计应用	省部级优秀工程设计奖	中铁长江设计	重庆市勘察设计协会	特等奖
279	蓼子特大桥基于BIM的数智化设计施工综合应用	省部级优秀工程设计奖	中铁长江设计	重庆市勘察设计协会	一等奖
280	基于"BIM+GIS+IOT"的交通数字资产可视化管理平台	省部级优秀工程设计奖	中铁长江设计	重庆市勘察设计协会	二等奖
281	百里昌江风光带昌江（景德镇段）综合治理工程测量项目	省部级优秀工程勘察奖	中铁水利水电规划设计集团有限公司	江西省测绘地理信息学会	一等奖
282	信丰县2020年河道管理范围划定项目	省部级优秀工程勘察奖	中铁水利水电规划设计集团有限公司	江西省测绘地理信息学会	三等奖

制表：雷思遥

优秀工程咨询成果奖

【优秀工程咨询成果奖】2022年，中国中铁获得省部级优秀工程咨询成果奖29项。

（雷思遥）

表6-2 2022年度中国中铁获省部级以上优秀工程咨询成果奖

序号	项目名称	获奖类别	获奖单位	评选单位	获奖等级
1	昆明西客站综合交通枢纽项目	省部级优秀工程咨询成果奖	中铁二院	云南省工程咨询协会	一等奖
2	呈贡区古滇路（呈祥街至金桂街段）建设项目可行性研究报告	省部级优秀工程咨询成果奖	中铁二院	云南省工程咨询协会	一等奖
3	鹤庆兴鹤工业园区西邑铁路货场专用线工程可行性研究	省部级优秀工程咨询成果奖	中铁二院	云南省工程咨询协会	二等奖
4	临沧火车站物流园区基础设施建设项目	省部级优秀工程咨询成果奖	中铁二院	云南省工程咨询协会	二等奖
5	昆明铁路国际班列海关监管作业场所工程	省部级优秀工程咨询成果奖	中铁二院	云南省工程咨询协会	三等奖
6	重庆至昆明高速铁路（寻甸站）站前广场及附属设施建设项目可行性研究报告	省部级优秀工程咨询成果奖	中铁二院	云南省工程咨询协会	三等奖
7	勐满口岸经济区工业园市政道路工程项目	省部级优秀工程咨询成果奖	中铁二院	云南省工程咨询协会	优秀奖
8	昆明市综合交通国际枢纽建设项目附属工程菊华立交二环匝道工程可行性研究报告	省部级优秀工程咨询成果奖	中铁二院	云南省工程咨询协会	优秀奖
9	新建铁路深圳至茂名铁路深圳至江门段越珠江口隧道工程可行性研究报告	省部级优秀工程咨询成果奖	中铁六院	天津市工程咨询协会	一等奖
10	城市轨道交通专用轨回流供电制式重大专题研究	省部级优秀工程咨询成果奖	中铁六院	天津市工程咨询协会	一等奖
11	北黑铁路（龙镇至黑河段）升级改造工程可行性研究报告	省部级优秀工程咨询成果奖	中铁六院	天津市工程咨询协会	一等奖
12	长沙市轨道交通4号线一期工程供电系统集成管理服务项目	省部级优秀工程咨询成果奖	中铁六院	天津市工程咨询协会	二等奖
13	紫云地方铁路后评价	省部级优秀工程咨询成果奖	中铁设计	河南省工程咨询协会	三等奖
14	郑州市宏达街（西三环北延—京广快速路）道路工程可行性研究	省部级优秀工程咨询成果奖	中铁设计	河南省工程咨询协会	一等奖

续表

序号	项目名称	获奖类别	获奖单位	评选单位	获奖等级
15	郑州火车站东、西广场片区交通总体改善工程—东西广场地下人行联络通道工程可行性研究	省部级优秀工程咨询成果奖	中铁设计	河南省工程咨询协会	二等奖
16	207国道襄阳市襄州至宜城段改建工程跨焦柳铁路和浩吉铁路立交工程方案设计	省部级优秀工程咨询成果奖	中铁设计	河南省工程咨询协会	二等奖
17	沿大别山高速公路鸡公山至商城（豫皖界）段上跨京九铁路立交工程可行性研究	省部级优秀工程咨询成果奖	中铁设计	河南省工程咨询协会	二等奖
18	郑州市经开第二十二大街（经北四路—商都路）道路工程可行性研究	省部级优秀工程咨询成果奖	中铁设计	河南省工程咨询协会	二等奖
19	焦作至平顶山高速公路荥阳至新密段新建工程—涉铁部分上跨陇海铁路立交工程方案设计	省部级优秀工程咨询成果奖	中铁设计	河南省工程咨询协会	二等奖
20	神木能源集团锦界铁路集运有限公司铁路专用线可行性研究	省部级优秀工程咨询成果奖	中铁设计	河南省工程咨询协会	二等奖
21	郑州市凯旋路（建设西路—化工路）道路工程项目可行性研究	省部级优秀工程咨询成果奖	中铁设计	河南省工程咨询协会	三等奖
22	矿工路东延工程（东环路—科技路）涉铁节点工程可行性研究	省部级优秀工程咨询成果奖	中铁设计	河南省工程咨询协会	三等奖
23	S541郑州南四环至G343连接线新建工程（南四环—G310段）工程可行性研究	省部级优秀工程咨询成果奖	中铁设计	河南省工程咨询协会	三等奖
24	华汪热力铁路专用线项目申请报告	省部级优秀工程咨询成果奖	中铁设计	河南省工程咨询协会	三等奖
25	兴宁市高铁干线路网及站前综合广场和配套工程可行性研究	省部级优秀工程咨询成果奖	中铁设计	河南省工程咨询协会	三等奖
26	巢马铁路马鞍山长江公铁大桥可行性研究报告	省部级优秀工程咨询成果奖	中铁大桥院	湖北省工程咨询协会	一等奖
27	周口临港铁路建设开发有限公司周口中心港集疏运铁路专用线可行性研究报告	省部级优秀工程咨询成果奖	中铁大桥院	湖北省工程咨询协会	二等奖
28	G3铜陵长江公铁大桥工程可行性研究报告	省部级优秀工程咨询成果奖	中铁大桥院	湖北省工程咨询协会	三等奖
29	重庆港总体规划（2035年）	省部级优秀工程咨询成果奖	中铁长江设计	中国水运建设行业协会	二等奖

制表：雷思遥

工业企业生产经营

【工业制造概况】中国中铁装备制造业务主要服务于境内外基础设施建设,产品涵盖道岔、隧道施工设备、桥梁建筑钢结构、工程施工机械、装配式建筑品部件以及轨道交通电气化器材等。基本经营模式主要是在境内外通过市场竞争获取订单,根据合同按期、保质保量提供相关产品及服务。在道岔产品方面,中国中铁拥有从设计研发到制造的全产业链核心竞争优势,具备年产各类道岔 2 万组的能力,产品广泛应用于铁路、地铁及有轨电车等领域。在钢结构制造及安装方面,中国中铁桥梁钢结构制造与安装业务以制造、安装各类大型桥梁钢结构为主,在跨江跨河的桥梁钢结构市场优势明显,生产制造的桥梁钢结构、钢索塔产品已达国际先进水平。在隧道施工设备及服务方面,能够提供涵盖复合盾构机、硬岩隧道掘进机(TBM)等各系列隧道掘进机及配套设备、隧道施工机械的相关产品和配套服务,并已构建了零部件及配套设备设计研发、生产制造及配套服务的全产业链布局。在工程施工机械方面,中国中铁是国内乃至世界领先的专业从事铁路、公路、城市轨道交通等领域专用施工机械的制造与研发的大型科技型企业,产品包括铺轨机、架桥机、运梁车及搬运机等铁路施工专用设备以及起重机械等其他大型工程机械。在铁路和城市轨道交通电气化器材方面,公司轨道交通电气化器材主要产品包括普速铁路、提速铁路、高速铁路接触网成套器材以及城市轨道交通所有供电形式的成套供电器材,其中铁路客运专线、高速铁路接触网器材处于国际先进水平。在装配式建筑方面,中国中铁是国内房屋装配式建筑部品部件行业中产品结构丰富并可提供装配式建筑全套解决方案的供应商,致力于打造高科技创新型装配式建筑业务平台。

公司在铁路、公路、城市轨道交通、地下工程等交通基建相关的高端装备制造领域处于全国乃至世界领先地位,在科技创新实力、核心技术优势、生产制造水平、品牌知名度等方面竞争力突出。公司是全球销量最大的盾构机/TBM研发制造商,是全球最大的道岔和桥梁钢结构制造商、国内最大的铁路专用施工设备制造商、世界领先的基础设施建设服务型装备制造商。在国内市场,公司在技术要求较高的高速道岔(时速 250 千米以上)、重载道岔业务市场的占有率均超过 50%,普速道岔市场占有率超过 45%,城市轨道交通业务领域道岔市场的占有率超过 70%,大型钢结构桥梁市场的占有率为 60% 以上,高速铁路接触网零部件市场的占有率为 60% 以上,城市轨道交通供电产品市场占有率约 50%。中国中铁旗下控股子公司中铁工业(股票代码 600528.SH)是中国铁路基建装备领域产品最全、A 股主板唯一主营轨道交通及地下掘进高端装备的工业企业;高铁电气(股票代码 688285)是国内电气化接触网零部件及城市轨道交通供电装备重要的研发、生产和系统集成供应商;中铁装配(股票代码 300374.SZ)是国内房屋装配式建筑部品部件行业中产品结构丰富并具备装配式建筑集成服务能力的供应商,可提供装配式建筑全套解决方案。

作为工程建造高端装备制造龙头企业,中国中铁研发制造的隧道掘进机、隧道机械化专用设备、工程施工机械、道岔、钢桥梁等产品市场需求充盈稳定。2022 年,公司工程设备与零部件制造业务新签合同额 631.9 亿元,同比增长 3.1%,其中,国内新签合同额完成 623.8 亿元,海外新签合同额完成 8.1 亿元。

(王 琳)

【中铁工业生产经营概况】2022 年,中铁工业累计完成新签合同额 514.36 亿元,较 2021 年的 468 亿元增长 9.89%,其中境外新签合同额 2.22 亿美元。从各业务板块来看,钢结构产业完成新签合同额 246.92 亿元,同比增长 9.45%。隧道施工装备完成新签合同额 144.2 亿元,同比增长 12.03%。道岔完成新签合同额 69.84 亿元,同比增长 8.25%。工程施工机械产业完成新签合同额 20.15 亿元,同比增长 5.7%。2022 年,公司累计完成营业额 288.52 亿元,较 2021 年的 275.16 亿元增长 4.86%,其中境外营业额 1.86 亿美元,同比增长 13.41%。从各业务板块来看,钢结构产业完成营业额 119.01 亿元,同比增长 0.14%;钢结构产品产量达到 138.9 万吨,同比增长 6.19%。隧道施工装备完成营业额 78.2 亿元,同比降低 2.57%。道岔完成营业额 36.09 亿元,同比增长 10.55%;完成整组道岔 7801 组,同比降低 9.76%。工程施工机械产业完成营业额 10.61 亿元,同比增长 26.2%。

(张飞羽 李声伟)

【中铁电气化局工业生产经营概况】2022 年,中铁电气工业有限公司完成新签合同额 63.43 亿元,其中:铁路市场新签合同额 36.92 亿元,占比 58.21%;城市轨道交通市场新签合同额 16.04 亿元,占比 25.29%;海外市场新签合同额 8072 万元,占比 1.27%;轨外市场新签合同额 9.66 亿元,占比 15.23%。实现营业收入 37.85 亿元,完成工业产值 36.80 亿元,利润总额 1.71 亿元,产品出厂合格率 100%。

(陈 楠)

【中铁装配生产经营概况】2022 年,中铁装配加强系统内部和外部的市场开拓,战略转型初见成效。新签订单合同额约 32.84 亿元,同比增长约 548%。资产总额 29.58 亿元,营业收入 6.35 亿元,同比增长约 50%,利润总额 -3.08 亿元,净利润 -2.6 亿元,归属于母公司所有者的净利润 -2.6 亿元。确认归属于上市公司股东的净亏损 2.6 亿元,同比减亏 27.98%。

(杨 征)

主要产品

· 隧道施工设备及服务 ·

【中铁工业隧道施工设备概况】盾构产品领域,中铁工业2022年重点完成应用于土耳其的直径11.16米当地最大直径土压平衡盾构机(中铁1079号),应用于聚鑫煤矿的直径4.53米世界首台矿用机动型硬岩掘进机(中铁1200号),应用于川藏铁路项目的直径10.23米高原高寒大直径硬岩掘进机(中铁1197号),应用于季华路西延线的直径15.58米广佛地区最大直径泥水平衡盾构机(中铁1078号),应用于洛宁抽水蓄能电站引水斜井工程的直径7.23米国产首台大倾角斜井TBM(中铁1158号),应用于成都四姑娘山紫荆隧道项目的直径10.23米国内首条山地轨道交通工程首台大直径硬岩掘进机(中铁1098号),应用于武汉两湖隧道的直径15.094米超大直径泥水平衡盾构机(中铁1100号)。

隧道专用设备产品领域,中铁工业2022年重点完成应用于川藏铁路邦达隧道的高原型凿岩台车DJ3G和高原型湿喷机HP3017G,应用于渝昆铁路威宁隧道的自主版权电脑凿岩台车DJ3E,应用于韩国大邱市市政下穿隧道的悬臂式隧道掘进机CTR450,应用于川藏铁路嘎益隧道的智能锚注一体台车GM3G。

(孙晓伟)

表7-1 2022年中铁工业隧道掘进设备、专用设备产品

序号	产品类别	应用领域/技术特点
1	土压平衡盾构机	中铁1079号土压平衡盾构机应用于土耳其锡尔万排水隧道项目。 适用于含有多种岩层的复合地质隧道开挖,主要用于城市地铁隧道建设,应用于国内外多个城市地铁项目的掘进,形成了盾构族群。 现有产品适用范围直径为4~17米
2	泥水平衡盾构机	中铁1078号泥水平衡盾构机应用于季华路西延线项目。 适用于含水量大的过江、跨海隧道施工,现主要用于公路、地铁、铁路工程,典型代表为下穿长江隧道工程以及规划中的渤海海峡、琼州海峡、台湾海峡跨海隧道工程。 与土压平衡盾构机外观相似,出渣方式和平衡方式不同。 现有产品适用范围直径为4~17米
3	硬岩掘进机(TBM)	中铁1197号硬岩掘进机(TBM)应用于川藏铁路项目。 适用于围岩相对稳定,以Ⅱ类、Ⅲ类围岩为主的硬岩地层开挖,采用锚喷支护形式,常用于水利、水电、铁路、公路等山岭隧道建设。 现有产品适用范围直径为3.5~15米

续表

序号	产品类别	应用领域/技术特点
4	矩形顶管机	中铁1179号矩形顶管机应用于深圳地铁12号线工程。 适用于矩形断面隧道开挖，主要用于城市交通下穿隧道建设和地下横通道建设。 现有产品最大断面为114.82米×9.446米
5	顶管机	中铁1117号顶管机应用于龙华管网项目。 适用于浅覆土隧道开挖，主要用于城市地下共同管廊建设和油气输送管道建设。 现有产品适用范围直径为0.8~4米。产品类型包括泥水平衡顶管机、土压平衡顶管机
6	隧道凿岩台车	DJ-0099号隧道凿岩台车应用于渝昆铁路威宁隧道项目。 隧道凿岩台车广泛应用于铁路、公路、水利等钻爆法隧道施工领域，可用于隧道全断面或微台阶开挖等地下工程爆破孔钻设，还可用于超前地质钻探、超前管棚钻设、超前注浆钻设、径向锚杆钻设、辅助装药及撬毛等多种作业。设备具有信息化智能化程度高、作业效率高、经济性好、作业人员少、劳动强度低、安全性好、断面覆盖范围广、爬坡角度大、转场灵活等特点

续表

序号	产品类别	应用领域/技术特点
7	混凝土湿喷台车	HP-0107 混凝土湿喷台车，应用于高原铁路邦达隧道项目。 HP 系列混凝土湿喷台车是由中铁工业所属中铁装备完全自主研发的混凝土喷射支护设备，具有喷射效率高、覆盖范围广、综合回弹率低、操作灵活方便等优点，已广泛应用于隧道、铁路、公路以及水利水电等施工领域
8	悬臂式隧道掘进机	CTR450 悬臂式隧道掘进机应用于韩国大邱市市政下穿隧道。 悬臂式隧道掘进机是一种集截割、装载运输、自行走及喷雾除尘等功能于一体的高效联合作业机械。广泛应用于地铁、市政、公路、水利等隧道施工，具有机械化程度高、围岩损伤扰动少、超欠挖易控制、开挖出碴连续、作业人员少、劳动强度低、安全性高、适应断面灵活等特点。因其履带式的行走机构，便于转弯、爬坡，对复杂地质条件适应性强
9	智能锚注一体台车	GM3G 智能锚注一体台车应用于川藏铁路嘎益隧道项目。 智能锚注一体台车具有完全自主知识产权，集钻孔、注浆、安装锚杆等功能于一体，广泛应用于隧道掘进、地下硐室开挖等各项地下工程领域，具有适应性强、智能化程度高、施工安全可靠、操作人性化等特点，经过针对性设计，可在 3500 米以上海拔高度的极端环境下高效完成各类型锚杆支护作业

制表：马鹏凛

· 道 岔 ·

【中铁工业承揽道岔产品及生产情况】2022年,中铁工业完成整组道岔7801组,高锰钢辙叉17681个。年内道岔重大中标项目包括新建上海经苏州至湖州铁路、汕汕铁路、上海局维修备料、铁伊铁路、新建梅龙铁路、包银铁路内蒙古段、京滨城际备件、新建贵阳至南宁铁路引入贵阳枢纽工程、国铁联采等项目。海外中标蒙古国道岔、孟加拉国铁路道岔、印度尼西亚道岔、美国辙叉等项目。

（李声伟　赵轶楠　张　鹏）

表7-2　2022年中铁工业主要道岔产品

序号	产品名称	应用领域/技术特点
1	 统型道岔60千克/米钢轨12号5米交叉渡线道岔（研线2102JD5.0）	60千克/米钢轨12号5米交叉渡线道岔是国铁道岔统型系列产品的一种,其设计结构和设计理念吸取了国内重载铁路的成功经验。新型交叉渡线道岔采用60N钢轨制造,为"直曲复合线型",应用了刨切基本轨加厚尖轨技术、高锰钢组合辙叉;扣件系统采用分开式预埋铁座扣件,所有钢轨件使用智能化数字加工,通过系统化的新技术、新工艺、新设备的应用,进一步提高了加工精度和加工质量,提升了列车的运行安全水平,有效减少现场养护维修工作量
2	 新型统型合金钢组合辙叉	针对不同厂家生产的合金钢组合辙叉之间不能实现裸叉互换,中铁工业参与合金钢统型辙叉的研制工作,针对不同类型的合金钢组合辙叉,同一零部件的规格、结构尺寸、接口尺寸、钢轨件刨切方法、弯折方法,设计研发不同类型辙叉共用的铁垫板,实现不同类型辙叉的组合轨件互换,极大简化现场养护维修工作。 新设计图纸解决了翼轨顶面磨耗严重、翼轨顶面压溃、翼轨与心轨剥落掉块、心轨折断、叉跟轨与心轨的拉开等问题,统型产品包含50-9、50-12、60-9、60-12系列常用产品
3	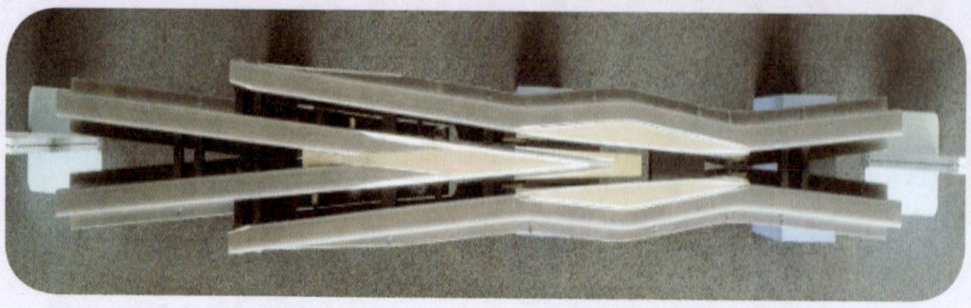 高淬透性合金钢辙叉	这种高淬透性合金钢钢轨各项性能均远超行业标准,具有各断面性能差异性小的特点。由于高淬透性合金钢钢轨加工心轨具有材料利用率高、加工量小、生产成本低的特点,便于合金钢钢轨组合辙叉量产,提高合金钢钢轨组合辙叉的市场竞争力

续表

序号	产品名称	应用领域/技术特点
4	蒙古国 UIC60 钢轨 11 号道岔（SCW2126）	专为蒙古国设计的 UIC60 钢轨 11 号道岔。轨距为 1520 毫米，直向通过速度为 100 千米/时，侧向通过速度为 25 千米/时，轴重 25 吨；道岔的轨下基础采用混凝土岔枕，有砟道床。基本轨采用 UIC60 钢轨，尖轨采用 60AT2 钢轨，尖轨采用弹性可弯结构，尖端为藏尖式，跟端采用间隔铁结构。道岔设置 1：20 轨底坡。该道岔于 2022 年 5 月完成试铺，并通过业主验收
5	孟加拉国 60E1 钢轨 8.5 号 D 变形对称道岔（SCW2105）	根据孟加拉国设计客户设计要求，开发设计了 60E1 钢轨 8.5 号 D 变形对称道岔。道岔宽股轨距为 1676 毫米，窄股轨距为 1000 毫米，道岔允许通过速度为 30 千米/时；基本轨采用 60E1 钢轨，尖轨采用 ATW 钢轨，尖轨跟端为间隔铁式活接头联结。该道岔于 2022 年 12 月完成试铺，并通过业主验收
6	港铁 60E1 钢轨 7 号单开道岔（SCW2141）	该道岔专为香港小蚝湾站场设计。道岔基本轨采用 60E1 钢轨，设置 1：20 轨底坡；转辙器采用一机多点进行牵引，部分位置采用滚轮滑床板；尖轨轨型为 60E1A4，跟端轧制成 60E1 轨；辙叉采用固定型高锰钢焊接辙叉；垫板使用螺纹道钉、双层弹性垫圈，以及平垫圈组合固定，垫板孔为锥形，安装时在其中放置衬套；轨下基础为合成枕，能简化施工，且经久耐用

续表

序号	产品名称	应用领域/技术特点
7	1435毫米轨距60E1钢轨9号单开道岔	该道岔专为尼日利亚拉各斯轻轨蓝线设计，适用于无缝线路、轴重17吨的轻轨线路。道岔设1：20轨底坡或轨顶坡，设计直线通过速度为80千米/时、侧向35千米/时，采用焊接高锰钢辙叉、Ⅲ型扣件系统、混凝土岔枕，用于有砟道岔
8	客货共线铁路60千克/米钢轨9号5米间距交叉渡线	适用于客货共线铁路。该产品是在前期60千克/米钢轨9号单开道岔试制试铺及上道试验基础上研制的60千克/米钢轨9号交叉渡线，可与既有同型号交叉道岔实现整组互换，实现了最大限度的简化统型。新型渡线道岔采用"直曲组合型"曲线尖轨、刨切基本轨加厚尖轨技术、预埋铁座分开式扣件系统、辊轮滑床板、新型混凝土岔枕、统型固定型辙叉等结构优化技术
9	技术引进道岔电务设备防击打装置	适用于技术引进高速道岔。针对技术引进高速道岔在运营过程中，由于车体脱落的冰块在惯性作用下出现砸伤、砸坏电务设备等状况，研发了电务设备防击打装置。该装置结构简单，现场安装方便，防护效果好，已在郑西线上道应用

续表

序号	产品名称	应用领域/技术特点
10	丽江有轨电车 59R2 槽型钢轨 6 号单开道岔	适用于丽江城市综合轨道交通项目一期工程（1号线）。正线道岔采用 59R2 槽型钢轨 6 号道岔，转辙器采用整体式结构，尖轨采用合金钢材质的弹性可弯式结构，转辙器设置一个牵引点，辙叉采用上下层焊接的合金钢辙叉；车场线道岔采用 50 千克/米钢轨 6 号道岔，尖轨采用 50AT1 钢轨跟端弹性可弯结构，转辙器设置一个牵引点，辙叉采用上下层焊接的合金钢辙叉
11	自主研发高速铁路道岔	适用于高速铁路线路建设。该系列产品由铁科院牵头组织，在既有高速铁路道岔基础上进行了标准化设计。产品涵盖了时速 250 千米、350 千米的 60 千克/米钢轨 12 号、18 号、42 号等全系列产品，满足了高速铁路线路建设需要
12	焊接翼轨式合金钢组合辙叉	适用于客货共线铁路。该类型辙叉均为既有道岔配套设计，与高锰钢辙叉可整体互换使用，由合金钢心轨、叉跟轨、翼轨及间隔铁通过高强度螺栓连接而成，翼轨采用两段标准钢轨之间焊接一段相同轨型的合金钢钢轨，以提高翼轨磨耗严重区间耐磨性，从而延长辙叉的整体寿命。为保证焊接接头的安全，增加辙叉的安全系数，焊缝处采用夹板保护，从而提高辙叉的安全性及稳定性

工程设备与零（部）件制造

续表

序号	产品名称	应用领域/技术特点
13	60千克/米钢轨12号道岔镶嵌翼轨式锻造高锰钢组合辙叉	该产品适配研线1115、专线4249道岔，辙叉心轨和翼轨镶块部分可采用PM钢坯或HM锻造钢坯；适用于重载铁路、客货混跑铁路，具有良好的耐磨性和冲击韧性，预期使用寿命可达3.5亿吨以上
14	60-5m-9号交叉渡线用镶嵌翼轨式锐角、钝角锻造高锰钢组合辙叉	该产品适配国铁统型60-5m-9号交叉渡线（研线2101JD5.0），钝角和锐角辙叉心轨和翼轨镶块采用HM钢坯，适用于重载铁路、客货混跑铁路，具有良好的耐磨性和冲击韧性。该产品2022年6月铺设于京广线武汉北站，使用效果良好，预期使用寿命可达3.5亿吨以上
15	新型高铬高氮高锰钢组合辙叉	该产品依托国铁集团"CZ铁路高原铁路轨道用钢性能提升关键技术研究"项目、股份公司"CZ铁路高锰钢辙叉研究"项目开发，适配专线4249道岔，辙叉心轨和翼轨镶块部分采用新型锻造高锰高铬高氮奥氏体钢，拟用于CZ、青藏等高原铁路，具有良好的抗冲击、抗磨损、抗疲劳、耐腐蚀性能，预期使用寿命可达3.5亿吨以上

续表

序号	产品名称	应用领域/技术特点
16	 国铁统型研线系列高锰钢组合辙叉	该产品适配国铁统型设计60千克/米钢轨12号、18号道岔（研线1115、1302），75千克/米钢轨12号、18号道岔（研线1116、1303），60千克/米钢轨9号道岔（研线2101），采用Ⅱ代高锰钢技术制造，预期使用寿命可达2亿吨以上。除研线2101外，其余辙叉均已通过CRCC认证

制表：孙　野　张　鹏

· 钢结构制造与安装 ·

【中铁工业承揽重点钢梁钢结构项目情况】2022年，中铁工业钢结构产品产量达138.9万吨，同比增长6.19%，钢结构产品中标安罗黄河大桥、张靖皋长江大桥、CZ线大渡河桥、马鞍山公铁两用长江大桥、济南黄河公路大桥、西安地铁10号线渭河大桥、乳山口大桥、祥峒江特大桥、黑水河大桥、四川卡哈洛金沙江大桥、暮坪湘江特大桥、小清河特大桥、铜陵桥、黄沙沥桥等项目。　（李声伟　赵轶楠　张　鹏）

【克罗地亚佩列沙茨大桥】由中铁工业承制的克罗地亚佩列沙茨大桥横跨克罗地亚南部亚得里亚海的小斯通湾，连接该国大陆与佩列沙茨半岛，为一座长2440米、宽22.5米的公路斜拉桥，大桥项目是中国企业首次中标欧盟基金项目，也是中企承建的由欧盟基金出资的单体最大项目，被誉为中国、克罗地亚、欧盟三方合作的典范，公司承制了大桥约1.8万吨的钢结构生产任务。克罗地亚佩列沙茨大桥通车仪式于当地时间2022年7月26日晚举行，国务院总理李克强以视频方式出席通车仪式并发表致辞，克罗地亚总统米拉诺维奇、总理普连科维奇、议长扬德罗科维奇以及克罗地亚各界人士千余人现场出席了通车仪式。　（张　鹏）

【加拿大帕特洛桥项目】由中铁工业承制的新建帕特洛桥位于加拿大不列颠哥伦比亚省，在现有帕特洛桥北侧，是连接萨里和新西敏两座城市的重要交通纽带。加拿大帕特洛桥项目包括主桥、钢塔、北引桥、南引桥及匝道桥五个部分。主桥为独塔斜拉桥结构，跨度578米，全桥均采用纵、横梁体系结构。全桥合同重量共计约12725吨，主要采用HPS485WF、HPS485WT、HPS345WF三种材质，采用加拿大及美国标准制造。　（尤元霞）

【常泰长江大桥】由中铁工业承制的常泰长江大桥是长江经济带综合立体交通走廊重要项目，连通江苏常州、泰兴两市，项目路线起自泰兴市六圩港大道，跨长江主航道，经录安洲，跨长江夹江，止于常州市新北区港区大道，全长10.03千米。桥梁采用"高速公路+城际铁路+普通公路"方式过江，其中主航道桥采用双层斜拉桥，桥梁上层为高速公路，下层为城际铁路和普通公路；录安洲、天星洲专用航道桥采用钢桁拱桥，录安洲非通航孔桥采用连续钢桁梁桥。该桥拥有6项"世界之最"：最大规模多功能荷载非对称布置桥梁；最大跨度斜拉桥；最长连续长度钢桁梁；最大尺度碳纤维复合材料拉索；最大跨度公铁两用钢桁拱桥；最高强度桥用平行钢丝斜拉索。　（刘志雄）

【马鞍山公铁两用长江大桥】由中铁工业承制的马鞍山公铁两用长江大桥是国家"八纵八横"高速铁路主通道沪汉蓉铁路新建巢湖至马鞍山段控制性工程，是集高速公路、城际铁路、轨道交通及管廊于一体的跨江通道项目，主跨1120米，双跨连续跨度2240米，为世界上跨度最大的三塔两主跨钢桁梁斜拉桥。大桥采用公铁合建双层箱桁组合结构设计，上层为双向6车道城市快速公路，下层为双线城际铁路，并预留轨道交通线及管廊过江功能，公司负责钢结构工程总量约5.8万吨。　（张　鹏）

【四川卡哈洛金沙江大桥】由中铁工业承制的卡哈洛金沙江大桥主桥为1030米单跨钢桁梁悬索桥。钢桁梁包含钢桁架和钢—混凝土组合桥面板两部分，组合桥面板的钢底板与钢桁架通过焊接方式组成整体。公司主要负责主桥钢桁梁及附属设

施加工制造，其中，主桥钢桁梁约10000吨，钢底板约2000吨，附属设施约1000吨。　　（张　鹏）

【安罗高速黄河特大桥】由中铁工业承制的安罗高速黄河特大桥项目是《河南省高速公路网调整规划（2016—2030）》中12条南北纵向通道之一，起于河南新乡原阳县梁寨乡虎张村西北与兰考至原阳高速封丘至原阳段交叉处，路线向南跨越黄河至中牟县雁鸣湖镇，与连霍高速交叉并顺接已建的机西高速，全长约21.655千米。　　（李小松）

【济阳黄河公铁两用特大桥】由中铁工业承制的新建天津至潍坊高速铁路济南联络线济阳黄河公铁两用特大桥为四塔三主跨的矮塔钢桁梁斜拉桥，主桥全长1178米。主桥采用双层布置，即在下层布置双线铁路，上层为G308公路6车道，总重约25660吨。　（柴　飞　邢　扬）

【济南绕城高速黄河大桥】由中铁工业承制的济南绕城高速公路二环线北环段工程一标段路线全长11.28千米，主桥为世界上最大跨径的独塔自锚式悬索桥，主跨350米，主跨桥面宽47米，边跨桥面宽43.5米，全桥钢箱梁包括主缆锚固段总长799.6米，钢箱梁共划分为65个梁段，全桥重约1.2万吨。　（杨立群）

【G104济南黄河公路大桥】由中铁工业承制的G104京岚线济南黄河公路大桥扩建工程位于山东济南历城区和动能转换先行区，是济南市"三桥一隧"新一批跨黄河通道的重要组成部分。该桥紧邻济南黄河公路大桥，主线继续向东北方向以桥梁形式延伸，止于与G220平面交叉口，项目主线总长约7.748千米，结构均采用双层等高钢桁梁，钢梁钢结构共计约7万吨，其中公司承制本标段钢结构总量约3.5万吨。　　（张　鹏）

【临猗黄河大桥】由中铁工业承制的临猗黄河大桥全长5427米，主桥采用等高度连续钢箱组合梁，单跨最大长度为128米，从山西、陕西两侧顶推平台对向顶推施工，连续顶推重量2.9万吨，创下连续顶推长度、最大顶推长度、顶推施工时同步控制千斤顶数量、耐候钢使用量4项指标世界第一的纪录。公司主要承接该桥主桥第二联（陕西侧）钢结构、检修机构箱轨道、附属结构共计约3.03万吨工程量。
　（张妹妹）

【安家庄特大桥】由中铁工业承制的安家庄特大桥位于北京市门头沟区王平镇安家庄村西南，为国道109新线高速公路工程全线创建的亮点工程之一，大桥呈东西走向，起于永定河北侧，止于安家庄村西，并与安家庄隧道相接，全长2.2千米，其中左幅主桥采用双主桁下变高钢桁斜拉桥，右幅主桥采用双主桁下变高连续钢桁梁。公司承接该桥左右两幅桥主体共计约2.2万吨钢结构制安任务。　（张妹妹）

【暮坪湘江特大桥】由中铁工业承制的暮坪湘江特大桥桥梁总长500米，主跨2×180米，为四跨连续中承飞燕式钢桁拱桥，全桥钢结构总重量约1.6万吨，桥梁结构复杂，整体制作精度、焊接要求高。
　（张妹妹）

【广西武宣黔江特大桥】由中铁工业承制的广西武宣黔江特大桥是武宣—来宾—合山—忻城高速公路跨越黔江的控制性工程，桥长1000米，为双塔双索面斜拉桥，中跨、次边跨及边跨均布设斜拉索，钢箱梁总重8556吨。　　（邢　扬）

【纳晴高速牂牁江特大桥】由中铁工业承制的牂牁江特大桥位于贵州省晴隆县和普安县交界处，主桥为主跨1080米的双塔单跨简支钢桁悬索桥，横跨北盘江（牂牁江景区），两岸主塔位于"V"形峡谷岸坡上，桥面至水面高度达313米。牂牁江特大桥主缆跨度布置为"265米+1080米+435米"，桥梁钢结构重量总计约19920吨。　　（苏　甜）

【滹沱河特大桥】由中铁工业承制的滹沱河特大桥隶属石家庄市复兴大街城区节点市政化改造工程，大桥主桥采用扭索面空间曲塔斜拉桥，主桥跨径380米，主梁总重6182.4吨；索塔总高度146.5米，重2063吨。
　（李　峰）

【祁婺高速南山路特大桥】由中铁工业承制的赣皖界至婺源段高速公路A1标起于婺源县沱川乡与安徽祁门县交界处，全长9.86千米，南山路特大桥为其重点工程之一，全桥采用钢混组合梁结构，为双向4车道钢—混工字形组合梁桥，分为左右两幅，各19跨，左幅长1119米，右幅长1149米，桥面全宽12.75米。单榀跨度高达60米，为目前国内跨度最大的π型钢混组合梁，单片梁最大重量达380吨，共计约11576吨。公司承接了该桥所有钢混组合梁的钢梁制造、运输、现场组拼任务。
　（张妹妹）

【西安市地铁10号线泾河大桥】由中铁工业承制的西安市地铁10号线一期工程（杨家庄—水景公园）泾河大桥位于泾渭站—绳刘站高架区间，为公轨合建项目。泾河桥主桥长400米，主跨为120米连续钢桁梁桥，全桥重约15807吨，结构为上下双层布置公轨两用桥，上层布置6车道公路，下层布置四线公路、两线地铁，并悬臂布置两侧人行道。
　（刘永良）

【西安地铁10号线渭河大桥】由中铁工业承制的西安市地铁10号线一期工程（杨家庄—水景公园）渭河大桥位于水流路站—泾渭站高架区间。该桥为上下双层布置公轨两用桥，主梁为曲线上加劲连续钢桁梁结构，上层为6车道公路，下层为双线地铁及四线辅道公路，双线地铁位于下层桥面中间，线路中心间距4.2米，在下层桥面外侧悬臂设置人行走道。公司承制渭河大桥E0~E55节间南岸部分钢梁构件，钢结构总重约3万吨。（张 鹏）

【黄沙沥大桥】由中铁工业承制的中山黄圃至翠亨高速公路黄沙沥大桥为跨度202米的简支下承式钢桁梁+柔性拱的三主拱三主桁桥梁，全桥钢结构总重11138吨。（于红杰）

【香山大桥】由中铁工业承制的中山东部外环高速香山大桥主桥全长1776米，为五跨双层桁架梁斜拉桥，全桥钢结构约重39000吨。
（陈 正 杨立群）

【重庆金凤立交钢箱梁项目】由中铁工业承制的金凤立交工程所在的道路系统是重庆璧山规划的5条主要"融城通道"之一，贯穿璧山区至主城核心区，是主城西部骨架路网中的结构性大通道，起点与璧山区黛山大道相交，向东穿越缙云山，终点与高新区高新大道相接，项目钢结构总重约5667吨。（郑建明）

【黑水河大桥】由中铁工业承制的黑水河大桥是国高网G4216成都至丽江高速公路的重要组成部分，采用主跨550米的单跨简支钢桁梁悬索桥，主桥工程总量约9000吨，附属结构总重约1500吨。（张 鹏）

· 工程机械 ·

【中铁工业工程机械概况】2022年，中铁工业工程机械及相关服务业务完成新签合同额24.67亿元，同比增长15.5%。中铁工业积极布局未来工程机械领域，针对客户的施工痛点诉求，探索一体化施工技术，努力为客户提供智慧施工的技术和解决方案，年内主要中标了服务川藏线项目的多功能钻机、除尘净化车设备、张皋过江通道项目中铁九局1000吨过隧运架设备、中铁四局宁马、巢马铁路550吨提梁机等系列合同。（伍 艺）

表7-3　2022年中铁工业主要工程机械类产品

序号	产品类别	应用领域/技术参数
1	 长钢轨群吊	由中铁工业自主研制的长钢轨群吊智能集控系统，可满足500米长钢轨整体装卸，横向移位吊运，吊装钢轨时多台群吊同时作业，具有同步动作、准确定位、集中控制等优点。同时，建立了智能集控系统，通过可视化界面对钢轨仓位信息进行直观管理
2	 全电驱大吨位轮胎式搬运机	由中铁工业自主研制的全电驱大吨位轮胎式搬运机在国内首次采用全电机驱动系统替代液压驱动走行系统，用国产电机替代了进口液压减速机和马达，让中国高铁搬运机第一次摆脱对进口液压零件的依赖，摆脱了被"卡脖子"的风险。由于电机驱动能量传递损失更低，相较于传统900吨级提梁机直接降低30%燃油消耗，相较于传统搬运机，减少了25%的走行轮胎使用量，为项目提质增效作出积极贡献。通过创新设计，在保证重载走行平稳的同时，新型搬运机减少8组走行机构，较传统设备少用16个专用轮胎，设备整体重量、用钢量也相应减少

续表

序号	产品类别	应用领域/技术参数
3	跨座式智能轨检仪	中铁工业基于惯性导航技术、线激光检测技术，整合已有空轨轨道检测车技术成功研制出轨检仪。设备采用无线遥控，能够自主行走，可高效对跨座式轨道梁几何参数进行精密测量，包括轨道梁不平度、宽度、横坡角、伸缩缝缝宽、供电轨接头处高差等，测量精度达到亚毫米级。设备在有线路控制网的情况下，可实现线路绝对偏差高精度检测，可扩展应用于空轨、云轨等新制式轨道交通的轨道检测
4	800吨起重船	由中铁工业联合浙江交工研制的单甲板非自航起重船，船长102米，型宽36米，型深6.8米，作业吃水4米，具有固定起吊、全回转起吊两种模式，最大起重量分别为800吨、650吨。船底为双层结构，可大幅减少特殊情况下搁浅对起重船造成的损伤，起重船的起重机臂可平行甲板放置，满足通航限高50米的要求，作业时可经受8级大风考验，可在10级大风时现场安全锚泊，入级中国船级社
5	双线180型搅拌船	由中铁工业自主研制的双线180型搅拌船是海上移动式混凝土生产工厂，船长80米，宽30米，满载作业排水量8372吨，最大载重量5196吨，每小时可生产360立方米混凝土。该搅拌船集物料储存、计量、搅拌、泵送功能于一体，适用于跨海、跨江桥梁及沿海、沿江港口、码头等水上工程的混凝土生产
6	全装配式地铁车站拼装机	由中铁工业自主研制的全装配式地铁车站拼装机是国内首套应用于地铁车站装配化的施工设备。地铁车站型腔断面结构由三层预制构件拼装而成，并由底层拼装机、中层拼装机、顶层拼装机三台拼装设备呈阶梯分布，各层进行流水化同步独立拼装作业。拼装设备通过结构上的模块化设计，结合分布式控制技术，依托高精度定位系统，实现了预制构件拼装调整过程的精准、灵活，从而提高了施工的效率和安全

续表

序号	产品类别	应用领域/技术参数
7	 马鞍山公铁两用长江大桥 CQ1800B 型步履式架梁起重机	中铁工业参建的马鞍山公铁两用长江大桥采用公司自主研制的 CQ1800B 型步履式架梁起重机进行钢梁架设。CQ1800B 型步履式架梁起重机在工况适应、机架结构模块化、自动过锚箱装置以及电气控制系统等方面较前代产品进行了大幅升级，可适用于不同锚跨距离、不同锚箱朝向的吊装工作，充分满足马鞍山公铁两用长江大桥副汊航道桥边跨顶推架设、中跨悬臂架设的需求。同时，在安全监控管理系统上进行了优化完善，能够实现启动前系统自检、运行中数据采集、全过程信息传输等信息化监控功能，充分满足起重机操作人员、现场办公室、远程管理者等不同层次的监控管理需求

制表：伍 艺 张妹妹

·城市轨道交通产品·

【光谷生态大走廊旅游配套设施——旅游专线项目】光谷空轨是武汉光谷生态大走廊旅游配套设施，中铁工业完成了项目8种类型、33组可动芯道岔研发设计工作，以及轨道梁间连接、梁柱连接等附属件设计开发。

（张　鹏）

【曲江轻轨迁移改造提升项目】曲江轻轨项目位于陕西省西安市，项目是公司大型游乐设施取证后承揽的第一个项目，也是国内最长的旅游轨道观光线路提升改造工程，截至2022年末，公司已完成型式试验相关技术准备与配合工作，并顺利通过中国特检院专家认证。

（张　鹏）

【兴国永磁磁浮技术工程试验线项目】由中铁工业联合江西省兴国县人民政府、江西理工大学、中铁六院、中铁工业、国家稀土功能材料创新中心等单位共同研制的，国内首条稀土永磁磁浮轨道交通工程试验线——"红轨"，2022年8月在江西赣州兴国县竣工。项目正线全长约800米，均为高架线路，采用单线设计，预留双线及远期运营条件。公司承担了车辆、道岔、轨道梁、钢立柱等研制任务，以及全线土建施工、综合联调和试运行等工作。该项目实现了永磁悬浮技术与空轨技术的完美结合，是继电磁悬浮、超导磁浮之后，开辟的一种新的磁悬浮技术路线，是稀土材料应用及永磁磁浮轨道系统研究的又一重大成果，具有中国完全自主知识产权。

（张　鹏）

·装配式建筑品部件·

【中铁装配核心产品】中铁装配核心产品包括装配式墙体材料、装配式装饰材料、装配式结构材料和集成房屋。

（杨　征）

【装配式墙体材料】中铁装配研发生产的装配式墙体材料分为两类：无机集料阻燃木塑复合条板和纤维增强水泥挤出成型中空墙板，两种墙体材料均出版了国家图集。

无机集料阻燃木塑复合条板主要应用在3层及以下的低层建筑中，其突出优点在于：墙板重量轻，强度高，工人安装方便，安装时不需要任何机械，效率是传统墙体的3倍；保温性能好，150毫米厚墙板的保温性能相当于500毫米加气混凝土墙体，可大大减少墙体厚度，增加使用空间；墙板尺寸和平整度非常好，可以直接在工厂进行涂装，实现装饰一体化，减少装修工作量，特别适合于模块化建筑和集成房屋；由于重量轻，施工方便，运费和人工费上优势明显，因此出口优势明显。

纤维增强水泥挤出成型中空墙板，其燃烧性能为A级，其适用范围大大拓宽。与加气板相比：强度高，现场基本没有破损率；墙面平整度好，基本不需要抹灰找平，可以直接刮腻子；吸水率低，可以直接用于卫生间、厨房等潮湿环境。

（杨　征）

【装配式装饰材料】中铁装配研发的装配式装饰材料包括高分子共挤外墙挂板、无机防火装饰板、PSC石塑锁扣地板、纤维水泥外墙挂板等。其中纤维水泥外墙挂板为核心产品，该产品引进日本生产线，同时在此基础上进行集中技术攻关、改进，生产的装饰板可以实现装饰保温一体化，技术达到国际先进水平。产品广泛应用于别墅、高档办公楼、住宅楼等的外墙装饰。

（杨　征）

【装配式结构材料】装配式结构材

料主要包括装配式钢结构体系、PC构件。目前，装配式结构材料以钢结构为主，结构体系包括门式钢架、大跨度桁架、重型钢框架等。

（杨 征）

【集成房屋】快速装配式房屋体系是中铁装配核心集成技术，主要有两种产品：打包箱房和快速装配式低层房屋体系。打包箱房大量应用于工地临建、方舱医院、旅游用房等。快速装配式低层房屋体系采用轻钢结构承重，以无机集料阻燃木塑复合条板或纤维增强水泥挤出成型中空墙板作为维护结构，钢筋桁架楼承板为楼面结构，同时采用预制快装基础，最大限度提高装配化水平，缩短施工工期。该体系采用的部品部件90%以上为中铁装配自主生产，集成优势明显，已在新农村改造建设、别墅、公寓宿舍、办公楼等领域应用。

（杨 征）

【装配式建筑部品部件及生产情况】2022年，中铁装配全年完成装配式钢结构构件60000吨，装配式墙体材料23000平方米，装配式外装饰材料22000平方米，装配式装饰材料13000平方米，园林景观材料3000平方米，装配式集成房屋18000平方米。各类装配式建筑部品部件主要应用于时尚艺术大厦、中法国际客厅、广州视源、重庆八中等项目。

（杨 征 王利鹏）

表7-4 2022年中铁装配主要装配式建筑品部件

序号	产品类别	应用领域/技术参数
1	 陶粒混凝土轻质隔墙板  应用场景——建筑外墙	陶粒混凝土轻质隔墙板是一种政府大力推行的新型环保节能墙体材料。隔墙板外形像空心楼板，但墙板两边有公母榫槽，安装时只需将板材立起，公、母榫涂上少量嵌缝砂浆后成对拼装起来即可，安装简单便捷。陶粒混凝土轻质隔墙板应用范围十分广泛，适合在工业用房、商品用房、居民住房以及旧房改造、家庭装修中作为室内隔墙和外墙，完工之后还可粘贴各种瓷砖/壁纸等，是完美替代传统墙体的新型墙体材料

序号	产品类别	应用领域／技术参数
2	纤维增强水泥挤出成型中空墙板 应用场景——内隔墙	纤维增强水泥挤出成型中空墙板主要用于卫生间隔断、厨房隔断及吊装式整体房屋等内墙隔墙，该项技术已投入实际生产并广泛应到在建项目当中，可使住宅、厨房、卫生间实际使用面积增加10%
3	一体化木塑复合墙板 应用场景——建筑外墙	一体化木塑复合墙板广泛应用于木屋、海景房、活动房屋、建筑物隔断墙、围挡等。保温、隔热性能好；施工速度快，实现墙体免装修，简化施工工艺；周转次数多，拆除后可重复利用；性能稳定，防水、防火、防蛀，使用过程中无翘曲变形；绿色环保，无甲醛释放，不产生建筑垃圾

续表

序号	产品类别	应用领域/技术参数
3	应用场景——建筑内隔墙	
4	SPC装饰板 应用场景——室内装饰	SPC装饰板是以聚氯乙烯、重钙、加工助剂等材料按照一定比例混合，经塑化后利用挤出机和特定模具制成基材，用四辊压延机将耐磨层、UV层、彩膜纹理层和基材加热贴合、压纹成型而制成的具备绿色环保、防水防潮等性能的内装地板材料。主要应用于家居地饰，绿色环保零甲醛、超强耐磨、防火阻燃、防水防潮、免胶易安装、易保养。产品有木纹系列、石纹系列、地毯纹系列。 产品规格：150毫米×925毫米×4.5毫米、183毫米×925毫米×4.5毫米、200毫米×3000毫米×2.7毫米。另根据客户要求可私人定制

续表

序号	产品类别	应用领域/技术参数
5	硅酸钙板 应用场景——室内装饰	硅酸钙板主要应用于酒店、会所等室内家居装饰，绿色环保零甲醛、超强耐磨、防火阻燃、防水防潮、免胶、易安装、易保养、颜色多样性。产品有木纹系列、石纹系列。 产品规格：600毫米×2400毫米、900毫米×2400毫米，厚度为8毫米、9毫米、10毫米
6	生态外墙挂板 应用场景——外墙装饰	生态外墙挂板主要应用于新旧建筑幕墙、外墙，室内大厅、卫生间、建筑门面和裙楼，地铁、车站、隧道等地下工程及环境要求特别高的场合，如手术室、洁净室、医药和食品无尘无菌生产车间围壁等。通过3D打印机能模仿大理石、花岗岩、石纹、木纹等肌理。板材具有自洁功能，板材表面的微粒子防护层具有比黏附物更强的亲水性，有效防止煤烟废气等疏水性物质直接黏附在挂板上。板材采用企口结构，安装方便快捷，无湿作业，施工不受季节影响，施工周期短。维修方便，出现损坏可无色差更换。属于三星绿色建材，配合幕墙结构可在装配式建筑评分中获得相应分数。 产品厚度：16毫米~18毫米。 产品重量：25千克~28千克/平方米。 产品规格：标准板材宽度455毫米×长度3030毫米，拼接板缝少。 降噪性能：在声频率250~1000赫兹范围内，可使噪声降低30%~70%

续表

序号	产品类别	应用领域/技术参数
7	钢结构 应用场景——结构主体	钢结构产品以工程生产的经济钢型材构件作为承重骨架。特点是强度高、自重轻、整体刚性好、变形能力强，故特别适用于建造大跨度和超高、超重型的建筑物；材料匀质性和各向同性好，属理想弹性体，最符合一般工程力学的基本假定；材料塑性、韧性好，可有较大变形，能很好地承受动力荷载；建筑工期短；其工业化程度高，可进行批量的专业化生产

续表

序号	产品类别	应用领域/技术参数
8	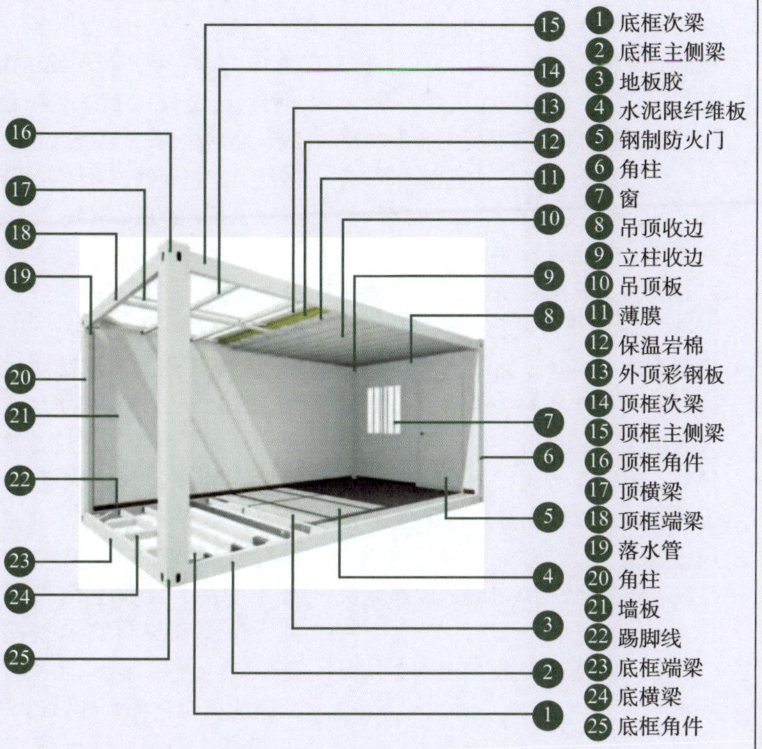 集成房屋  1 底框次梁　2 底框主侧梁　3 地板胶　4 水泥阻纤维板　5 钢制防火门　6 角柱　7 窗　8 吊顶收边　9 立柱收边　10 吊顶板　11 薄膜　12 保温岩棉　13 外顶彩钢板　14 顶框次梁　15 顶框主侧梁　16 顶框角件　17 顶横梁　18 顶框端梁　19 落水管　20 角柱　21 墙板　22 踢脚线　23 底框端梁　24 底横梁　25 底框角件 应用场景——各类建筑	集成房屋是一种新型绿色建筑，以标准箱体为基本单元，像搭积木一样可以进行横向或纵向自由多样形式组合，空间布局灵活、功能预制，实现了使用功能多样化，应用领域多元化。特点是组合多样化、工业化、节能环保、周转便捷、使用范围广、安全耐用

制表：杨　征

· 轨道交通电气化器材 ·

【中铁电气化局砼制品生产】2022年，砼制品生产新签合同额5847万元，完成产值5788万元，完成产量40769根。主要供货线路：金华至宁波铁路、阳泉至涉县电化改造、包头至银川高速铁路、北京至唐山城际铁路、北京至通辽铁路、焦柳线改造、西宁至成都铁路、成昆线提质改造、南昆铁路改造、京广铁路改造、南通港铁路等。 （陈 楠）

【中铁电气化局钢结构生产】2022年，钢结构生产完成新签合同额12.95亿元，完成产值4.46亿元，完成产量88119根。主要供货线路：青岛莱西至荣成高速铁路、廊坊至大兴机场线、汉巴南高铁巴中至南充段、贵阳至南宁高速铁路、龙岩市至龙川高速铁路、梅州至龙川高速铁路、成都至昆明铁路、池州至黄山高速铁路、集宁经大同至原平高速铁路、广州至湛江高速铁路、焦柳线改造、京广线改造、朔黄铁路、温州市域铁路S2线、长春地铁4号线、杭海城际、张家口至唐山铁路、大连地铁5号线、长沙地铁6号线、雄安市政等。 （陈 楠）

【中铁电气化局接触线及承力索生产】2022年，接触线及承力索完成新签合同额10.25亿元，完成产值7.83亿元，完成导线承力索10736吨，完成全年计划的108.45%。主要供货线路：贵阳至南宁高速铁路、上海至苏州至湖州高速铁路、渝昆高铁昆明枢纽、天津至大兴机场线、廊坊至大兴机场线、阳泉至涉县电化改造、南昌至景德镇至黄山铁路、南宁至玉林铁路、合肥至新沂高铁、汉巴南高铁巴中至南充段、贵广铁路提质改造、长春地铁4号线、长春地铁6号线、苏州地铁6号线、苏州地铁7号线、南通地铁2号线、西安地铁2号线、深圳地铁8号线、深圳地铁13号线、东莞地铁1号线、佛山地铁3号线等。 （陈 楠）

【中铁电气化局变压器类生产】2022年，变压器类生产完成新签合同额11.57亿元，完成产量2274台，完成产值5.04亿元，完成全年计划的77.60%。主要供货线路：乌鲁木齐至将军庙铁路、成都至兰州铁路、贵阳至南宁高速铁路、焦柳铁路改造、阳泉至涉县电化改造、天津至大兴机场线、青岛莱西至荣成高速铁路、廊坊至大兴机场线、南宁至玉林铁路、汉巴南高铁巴中至南充段、金华至宁波铁路、天津地铁4号线、西安地铁10号线、成都地铁18号线、贵阳商贸管廊、长春地铁6号线、雄安管廊、昆明地铁2号线等。 （陈 楠）

【中铁电气化局接触网零部件生产】2022年，接触网零部件生产完成新签合同额19.2亿元，完成工业产值15.32亿元，完成接触网零件2626.98万套，完成全年计划的138.99%。主要供货线路：广州至汕尾铁路、乌鲁木齐至将军庙铁路、天津至大兴机场线、贵阳至南宁高速铁路、汉巴南高铁巴中至南充段、青岛莱西至荣成高速铁路、京广铁大修、上海至苏州至湖州高速铁路、廊坊至大兴机场线、兰考至菏泽高铁、郑州济南高铁、成都至自贡至宜宾铁路、金华至宁波铁路、南宁至玉林铁路、龙岩市至龙川高速铁路、重庆至昆明高速铁路、阳泉至涉县电化改造、南昌至景德镇至黄山铁路、贵广高铁提质改造、合肥至新沂高铁、池州至黄山高速铁路、深圳地铁12号线、深圳地铁13号线、深圳地铁14号线、苏州地铁S1线、武汉地铁7号线、武汉光谷空轨、西安地铁2号线、西安地铁16号线、杭州机场线、福州地铁4号线、温州S2线、贵阳地铁3号线、北京地铁12号线、北京地铁13号线、广州地铁5号线、长春地铁4号线、长春地铁6号线、沈阳地铁2号线、苏州地铁6号线、天津轨道交通Z2等。 （陈 楠）

【中铁电气化局声屏障类生产、安装】2022年，声屏障类生产完成新签合同额8.04亿元，完成产值2.36亿元，完成声屏障产量107512平方米。主要供货线路：北京至唐山城际铁路、温州市域S2线、杭州海宁城际、杭州至绍兴至台州铁路、包头至银川高速铁路、北京地铁13号线、池州至黄山高速铁路、沈阳至白河高速铁路、广州至湛江高速铁路、太子城至锡林浩特铁路、贵阳至广州高铁提质改造等。 （陈 楠）

【中铁电气化局瓷绝缘子类生产】2022年，瓷绝缘子类生产实现新签合同额6123万元。主要供货线路：汉巴南高铁巴中至南充段、贵阳至南宁高速铁路、成都至自贡至宜宾铁路、南宁至玉林铁路、阳涉电化改造、青岛莱西至荣成高速铁路、西安地铁2号线、长春地铁6号线等。 （陈 楠）

【中铁电气化局服务类产品】2022年，服务类产品实现新签合同额2208万元，实现检测营业收入1310.02万元，完成全年计划的100.08%。 （陈 楠）

表 7-5　2022 年中铁电工主要经济技术指标完成情况

主要经济技术指标	单位	中铁电工合计		
		计划	完成	完成率 %
产值				
现行价格	万元	413400.00	381649.23	92.30
销售产值	万元	400000.00	368008.23	92.00
主要产品产量				
接触网配件	万套	—	2626.98	—
砼支柱	根	—	40769.00	—
钢结构	根	—	88119.00	—
变压器	台	—	2274.00	—
声屏障	平方米	—	107512.00	—
承力索和接触线	吨	—	10410.00	—
低压开关柜	面	—	1829.00	—
质量				
混凝土制品一次交验合格率	%	96	99.90	104.06
钢结构产品一次交验合格率	%	96	99.04	103.17
H 型钢柱一次交验合格率	%	96	98.49	102.59
绝缘子类产成品一次交验合格率	%	94	94.57	100.61
电力变电类产成品一次交验合格率	%	95	98.10	103.26
声屏障板产成品一次交验合格率	%	95	99.26	104.48
导线、承力索类产成品一次交验合格率	%	98	99.96	102.00
铁路和城市轨道交通供电产成品一次交验合格率	%	98	99.86	101.90
单位工程一次交验合格率	%	100	100.00	100.00
劳动生产率				
全员劳动生产率	元/(人·年)	—	397000.00	—
安全				
千人负伤率	‰	6	0	—
利润				
利润总额	万元	—	—	—
设备				
机械利用率	%	100.00	85.00	85.00
主要设备完好率	%	100.00	97.00	97.00

制表：陈　楠

▲图7-1 2022年4月22日,中铁工业研制的直径15.09米的超大直径泥水平衡盾构机"争先号"(中铁1100号)下线。设备用于武汉两湖隧道项目东湖段施工建设

生产工艺及技术创新

【中铁工业生产工艺及技术创新】2022年,中铁工业聚焦国家重大工程项目需求,围绕桥梁及隧道施工装备和环保产品等领域,以市场需求为导向,以科研项目为载体,全面展开技术研究,着力推动产业产品升级与新产品开发,突破行业技术瓶颈,研发出具有国际水平的装备设计制造技术,并大力推动成果转化应用,抢占市场先机。

隧道掘进装备技术攻关取得新突破。攻克了全断面硬岩竖井掘进机世界级技术难题,研制出世界首台全断面硬岩竖井掘进机"中铁599号",应用于浙江宁海抽水蓄能电站,首次实现井下无人掘进,在竖井掘进机领域取得突破性进展;研制的超大直径(直径15.01米)泥水平衡盾构机"开拓号"成功下线,应用于珠海隧道工程建设,针对性研发搭载了伸缩式主驱动、气垫直排掘进系统,有效解决了轴承偏载、堵仓滞排、穿越风险源等施工难题,为隧道安全高效建设保驾护航;成功研制国内首台矿用可变径敞开式TBM,应用于淮北矿业临涣煤矿巷道施工,开创了矿用TBM变径设计先河,根据施工需求可完成4.88米到5.53米变径,满足了同一台设备开挖不同巷道断面的实际需求;世界首台大坡度超小转弯半径矿用TBM"资金建设号"成功下线,应用于黑龙江多宝山铜(钼)矿,解决了大坡度物料运输与掘进控制、反坡排水止水等工程难题,极大提升了矿山开拓效率和机械化作业水平;高原大直径(直径10.23米)硬岩掘进机"高原先锋号"成功研制,搭载了TBM-SMART智能辅助掘进、主驱动振动监测、刀盘红外监测等技术,研制了新一代主动支护施工关键装备——高原型智能锚注一体台车,为高原铁路建设提供了强大的设备支撑。

道岔产业技术升级开拓新路径。研发了海外轻轨无缝线路用54E1钢轨4号及6号等小号码道岔产品,解决了活接头结构病害多、无缝化适应性差等问题,产品用于菲律宾

▲图7-2 2022年5月10日,中铁工业自主研制的新一代合金钢辙叉产品——Ⅲ代合金钢辙叉正式发布

▲图7-3 2022年7月25日，中铁工业参建的中国最大跨度多功能斜拉桥广州红莲大桥成功合龙

马尼拉轻轨项目，有效提高和延长了轻轨小号码道岔整体性能和使用寿命；研发了孟加拉国铁路首组套线变形道岔，该道岔结构复杂，涉及多股道、多轨距交叉变化，设计制造难度极大，形成了多项新成果，为海外道岔产品开发积累了宝贵技术经验；研制了新型钢轨客货共线铁路60-12号5米交叉渡线道岔，实现了与现有同型号交叉渡线道岔的整组互换，推动道岔简统化迈出重要一步；开发了道岔钢轨自动配料与涂装数智化生产线，集钢轨自动拉料锯切、输送、除锈、涂装、烘干、防尘清洁等功能于一体，显著提高了钢轨表面涂装质量，实现了钢轨涂装的自动化生产作业和生产信息化管理；攻克了高性能高锰钢辙叉精炼技术、快速凝固技术，首创了高锰钢合金化冶炼工艺，有效延长了合金化高锰钢辙叉的使用寿命，提高了高锰钢辙叉产品整体质量；研究开发了道岔垫板自动涂装技术，解决了产品喷风、喷漆、烘干、除尘效率低下、污染大的难题，全面降低了劳动强度，改善了工作环境，大幅提升了产品涂装质量。

钢桥梁制造安装技术提升实现新高度。基于CATIA开发了钢桥构件库、格式化提料、规范出图、虚

▲图7-4 2022年7月8日，中铁工业研制的1100吨提梁机成功应用

▲ 图7-5 中铁工业隧道专用设备建功高原铁路建设

拟组装动画工艺，成果在深中通道工程、廊坊光明道上跨铁路立交桥项目成功应用，大幅提高了桥梁设计绘图效率，有效降低了制造成本，促进产业创新深度融合；自主研发了钢桥梁横隔板智能焊接机器人，实现了钢桥梁横隔板焊接任务自动规划、焊缝智能识别定位检测，大幅提升了桥梁焊接效率和质量；完成了Q345qEH-Q420qEH耐候钢焊接与应用技术研究，成果在临猗黄河大桥钢梁制造中应用，减少了防腐涂装对环境的污染，推进了钢结构绿色制造技术进步；突破了高原铁路大跨度悬索桥钢梁安装技术瓶颈，实现了牵引钢丝绳恒张力与行走机构同步控制，解决了缆载吊机长行程同步行走和自动控制难题，为高原铁路大跨度悬索桥钢梁安装提供了关键技术储备；开发了大跨度钢箱系杆拱桥斜拉扣挂缆索吊装先拱后梁施工工法，形成了少扣索悬臂安装拱肋成套施工技术，工法成功应用于金鸡达旦大桥，解决了大跨度系杆拱桥施工技术难题；研发了钢桥梁绿色环保涂装新技术，成功应用于深中通道、瓯江北口桥项目，解决了水性涂料施工、钢桥梁智能化涂装等诸多技术难题；研发了钢桥梁全水性重防腐涂层配套体系及施工工艺，解决了全水性涂层施工的质量缺陷，降低了"三废"排放，在钢桥梁涂装领域从源头开辟了一个绿色环保的涂装技术方案。

工程机械技术研发应用取得新成绩。研制了世界首台桩梁一体造桥机"共工号"，破解了线下施工必须依赖施工便道或栈桥的局面，实现了引孔、打桩、架梁、拼装桥墩全套"空中"作业，引领桥梁建造技术进入3.0时代；研制了国内首台混合动力搬运机，创新应用了油电混动驱动技术，设备应用于怀宿蚌铁路制梁场，节省燃油消耗25%，大幅降低了设备使用和维护成本，推动了工程机械的绿色化发展；研制了国内最大、起重能力最强的100吨爬拱吊机，设备应用于常泰长江大桥天星洲专用航道桥建设，解决了双层钢桁梁架桥施工的痛点，为中国桥梁建设提供了新的技术解决方案；研制了国内大型海上混凝土搅拌船"浙交工砼1"，在江苏南通成功下水，其集物料储存、计量、搅拌、泵送于一体，用于相关桥梁的桥墩和梁片的浇筑，进一步丰富了公司海工产品序列，为公司海工装备市场开拓提供创新保障。研制了世界首台U盾架管机，应用于雄安新区建设，推进了新一代信息技术与智能装备的深度融合。

新产业关键技术开发取得重大突破。攻克了盾构渣土多相分级处理成套技术，研制了盾构渣土处理装备，设备在深圳地铁6号线、14号线成功应用，实现了盾构渣土的资源化利用；研发了有机污染土壤增溶—化学氧化修复技术，开发了土壤修复施工装备，在深圳地铁14号线成功应用，泡沫剂去除率达到90%以上，有利于缓解中国城市周边土地资源紧张的状况；研发了隧道施工污水治理成套技术装备，可在多种极端条件下有效去除施工污水中的各类污染物；研发了铁路旅客列车粪污废水处理技术系统，建立了以资源化利用为导向的铁路旅客列车便污废水综合治理及生态优化新模式，有效解决了铁路旅客列车高浓度便污废水达标难问题；开发了分散式生活污水快速处理一体化设备，可多场景应用并解决施工营地生活污水及铁路站段生活污水处理难题；攻克了永磁磁浮悬挂式轨道交通悬浮架结构、导向机构、直线电机牵引、基础制动等技术难题，首次实现了永磁技术与悬挂式技术创新融合，研制了世界首列永磁磁浮空轨"兴国号"，并在兴国永磁磁浮技术工程试验线始发，推动了新型轨道交通产业化发展步伐；开发了悬挂式轨道交通轨道梁、立柱生产制作工艺及现场安装技术，进一步提高了轨道梁柱的制造及安装精度；研发了新型悬挂式可动芯道岔，应用于武汉光谷生态大走廊旅游专线，实现了在线路接口多、结构复杂、驱动机构多、受力工况恶劣等情况下的可靠运行；研发了齿轨车辆转向架关键技术，形成成套转向架技术储备，助力企业进入山地旅游轨道市场领域。

▲图7-6 中铁电气化局工业公司城市轨道交通产品生产车间

【中铁电气化工业生产工艺和技术创新】2022年，中铁电工QC成果再创佳绩。首次获得国家级优秀QC小组称号，且该小组作为全国各行业的代表受邀参加中国质量协会年会并进行成果分享。全年公司QC小组获得的荣誉有：国家级优秀QC小组1个；省部级及行业内优秀QC小组26个，其中，北京市4个一等奖、4个二等奖、1个三等奖，铁道建设协会1个一等奖、1个二等奖，股份公司3个一等奖、1个二等奖、1个三等奖，集团公司4个三等奖、6个优秀奖。

工艺改进方面。开展干式变压器电磁计算、绝缘结构等技术改进，铜、硅钢片、树脂液主材料的成本降低约6%~16%；完成跨座式单轨用过渡弯头等产品结构优化，提高产品可靠性；应用石墨保护技术，优化铜合金熔炼过程，延长炉体感

▲图7-7 中铁电气化局工业公司技术人员对简统化腕臂进行加工

应器的使用寿命，降低接触线生产成本；优化H形钢柱生产线布局、机器人焊接及火焰切割参数，提升焊接效率，应用于雅万、贵南等项目；研制金属吸声板开卷冲压一体化生产线，降低成本消耗。

工装模具改进方面。完成槽道转换底座结构改进，一模两腔设计优化改进为一模六腔，单套模具产品数量提高3倍；开发吊弦级进模工装，解决人员和设备占有率高、产品质量不稳定问题，生产效率提高6倍；开发接触网钢管硬横梁折弯工装，提高折弯效率与产品质量；对绝缘子真空练泥、修坯成型等工序设计了配套工装，提高生产效率。

检测试验改进方面。制作简易变压器空载测试平台，调节不同电压等级满足铁芯空载试验；改进汇流排下垂度专用测量工具，解决人工校核两端高度差大于2毫米的问题；改进支柱卧式试验受力支撑台、拉力转向装置，解决实验场地老旧、操作复杂等问题；研发瓷绝缘子自动检测工艺，解决漏检、错检问题；新建声学实验室，满足声屏障、隔声窗、声学材料等声学性能检测、试验。

（陈 楠）

【海外机构情况】截至2022年底，中国中铁在104个国家和地区设立境外机构381个（子公司135个、分公司200个、代表处46个）。境外机构分布如下：亚洲154个，占比40.42%；非洲141个，占比37.01%；美洲46个，占比12.07%；欧洲24个，占比6.30%；大洋洲16个，占比4.20%。中国中铁从事国际业务的员工有7280人。其中，国内员工3052人，派往境外工作员工总数4228人；国内外派劳务5374人，雇用当地人员52085人。（张 佳）

【海外工程新签合同额】2022年，国际业务完成新签合同931个，实现新签合同额275.91亿美元，完成年度计划235亿美元的117.41%；同比增加42.45亿美元，增长率为18.18%。（张 佳）

【国际业务营业额】2022年，国际业务完成营业额86.11亿美元，完成年度计划81亿美元的106.31%；同比增加2.11亿美元，增长率为2.51%。（张 佳）

【海外业务分类情况】2022年，中国中铁国际业务新签合同额从业务类别来看，房建、境外开矿、贸易、其他、公路新签合同额占比较大，分别为62.82亿美元、55.58亿美元、43.85亿美元、36.32亿美元和26.73亿美元，合计占新签合同总额的81.66%。从洲别来看，亚洲和非洲地区依然是公司新签合同的主要集中区域，其中，亚洲区域新签合同额为87.65亿美元，非洲区域新签合同额为122.18亿美元，分别占公司国际业务新签合同总额的31.77%和44.28%；拉美区域新签合同额增长迅速，2022年实现新签合同额48.69亿美元，占公司新签合同总额的17.65%。从业务板块来看，承包工程、进出口贸易、境外开矿位列新签合同的前三名，分别实现新签合同额158.79亿美元、43.74亿美元和41.21亿美元，合计占公司国际业务新签合同额的88.34%。

2022年，中国中铁国际业务营业额从洲别来看，主要发生在非洲和亚洲，营业额分别为48.92亿美元和25.36亿美元，合计营业额为74.28亿美元，占营业总额的86.26%。从业务板块分析，境外开矿及其他占比不断加大，"矿建矿采"品牌不断做大做强，原有承包工程占比有所下降。从业务类别来看，贸易、公路、铁路营业额位列前三，分别为31.86亿美元、13.52亿美元和10.76亿美元，合计占营业总额的65.19%。（张 佳）

【海外生产】截至2022年12月，公司境外在建项目804个，涉及合同总额482亿美元，分布在全球91个国家和地区（包含港澳台）。从地域分布上看，非洲和亚洲的在建项目分别占项目总数的47.83%和33.48%。从承包模式上看，主要包括设计咨询、施工总包、施工分包、DB（设计施工总承包）和EPC（设计采购施工总承包）等，其中施工总承包项目占项目总数的58.06%。从工程类别上看，主要覆盖轨道交通、公路、桥梁等基础设施类和房屋建筑类、市政工程类等。从项目资金来源上看，主要包括当地政府及商业机构出资、业主自筹资金、中国金融机构融资、中国政府援助资金、国际金融机构资金及投资资金等。

公司境外在建项目的整体履约情况较好，其中履约正常项目占总数的97.26%；有9个项目由于疫情处于停工或半停工状态，占项目总数的1.12%；有13个项目合同已终止，占项目总数的1.62%。公司境外在建项目进度整体可控，在考虑业主延期的情况下，其中进度正常项目占总数的87.31%；进度滞后的项目有102个，占项目总数的12.69%。在考虑业主已批复变更及索赔的基础上，有62.32%的项目盈利，33.33%的项目收支基本持平，4.35%的项目亏损。

严格履行境外工程安全、质量、环保和职业健康管理职责。按照安全风险管控"分级管理、分级负责"的原则，着力构建风险分级管控和隐患排查治理双重预防机制，严防风险演变、隐患升级导致事故。2022年，海外项目未发生安全、质量、环保和职业健康责任事故。（王伟克）

【"一带一路"精品工程】2022年，中国中铁勇当高质量共建"一带一路"的开路先锋，肩负国家重大战略任务，建设了一大批具有重大影响力的"一带一路"标志性工程，高水平、高质量铸造精品工程。

·印度尼西亚雅加达—万隆高铁项目（印度尼西亚雅万高铁）· 正线全长142.3千米，设计时速350千米，总投资为60.71亿美元（其中，25%的资金来源为业主印中高铁公司自筹资本金，75%的资金来源为中国国家开发银行贷款），合同工期为3年。中国中铁承建的EPC标段于2017年4月4日签订合同，于2018年6月9日正式开工建设，合同额为13.65亿美元。2022年，累计完成产值27340.6万美元，开累完成产值124175.7万美元，占合同额136500万美元（不含指数调差、变更增加等内容）的91%。2022年，项目实现了"5月25日完成大里程制梁、架梁工作""9月7日完成支援中国电建管段2#梁场架梁到DK81+045"等关键节点目标。11月16日，国家主席习近平在出席G20峰会期间与印度尼西亚总统佐科共同观摩雅万高铁试验运行。此次试验运行的线路由中国中铁承建，承担着示范引导全线建设并在G20峰会期间向外界展示雅万高铁建设成果的重要任务，向全世界展示"中国建造"风采。

·肖罗克莎尔（含）—克莱比奥（边境）铁路升级采购EPC合同（匈塞铁路项目匈牙利段）· 正线全长约152千米，设计时速160千米，合同额为207863.6973万美元（其中85%的资金来源为中国进出口银行融资，15%的资金来源为业主自筹资金），中国中铁占50%，约

▲图8-1 2022年11月13日，在印度尼西亚万隆，印度尼西亚员工在中铁电气化局雅万高铁资源管理中心学习中国标准简统化接触网零部件装配工艺

▲图8-2 雅万高铁进入电气化专业核心技术施工阶段

为103937万美元。中铁九局（匈牙利公司）、中铁电气化局（匈牙利公司）、RM international.Zrt联合体于2019年5月24日与业主签订合同，合同工期为5年，项目于2020年7月6日开工建设。2022年累计完成产值11029万美元，开累完成产值15840万美元，占合同额103937万美元的15.24%。2022年，中国中铁段开始考古、排爆和伐树工作，标志着项目正式进入实体建设阶段。5月1日，启动现场测量等工作，路基、桥涵及站场施工开始启动，道砟、轨枕、钢轨等主要材料开始进场，标志着站前土建施工正式开工。11月18日，组立接触网支柱"第一杆"，标志着站后"四电"专业开始建设。

· 孟加拉国帕德玛大桥铁路连接线项目· 正线全长168.6千米，设计客运时速120千米，货运时速80千米，项目于2016年8月8日签署合同，合同额为31.4亿美元（其中15%的资金来源为孟加拉国政府自筹，85%的资金来源为中国进出口银行贷款），业主为孟加拉国国家铁路局，承包商为中国中铁，合同工期为4.5年，项目于2018年7月3日正式开工建设。截至2022年末，业主已正式签发决定，将先开段（马瓦至邦嘎段）工期延长至2023年9月16日，将后开段（达卡至马瓦段和邦嘎至杰索尔段）工期延长至2024年4月4日。2022年，累计完成产值55473万美元，开累完成产值202540万美元，占预计项目总收入266300万美元的76.06%。2022年4月，V1、V2和V3高架桥节段梁全部预制完成。7月17日，孟加拉国桥梁局和项目业主孟加拉国铁路局举行帕德玛大桥桥面交接仪式。8月20日，帕德玛大桥无砟轨道和邦嘎枢纽有砟铺轨正式启动。10月27日，邦嘎站至马瓦段完成有砟轨道与V3高架桥无砟轨道无缝衔接，实现邦嘎站到帕德玛大桥的轨道连通。

· 埃及斋月十日城铁路项目· 线路全长65.63千米，最高运行时速120千米，项目模式为"EPC（总承包）+F（贷款）+O&M（运营监管及维保，合同另签）"，变更后EPC合同额为12.49亿美元（其中12亿美元为进出口银行优贷+部分无息贷款，土建及轨道差额部分4900万美元由业主自筹）。项目于2016年1月21日签署合同，业主为埃及国家隧道局，承包商为中国中铁—中航国际联合体，合同工期为24个月。产值完成情况：开累完成产值111341万美元，占合同额12.49亿美元的89.14%。2022年7月3日，顺利举行A段、B段通车仪式。

· 孟加拉国帕德玛多功能大桥项目· 大桥全长约7.7千米，主桥由41孔跨度为150米的钢混结合连续梁组成，桥面下层为单线米轨铁路，上层为双向4车道公路，被誉为孟加拉国人民的"梦想之桥"。项目于2014年6月2日签署合同，合同额为15.49亿美元（资金来源为孟加拉国政府自筹），业主为孟加拉国公路运输与桥梁部桥梁局，承包商为中铁大桥局，项目自2014年11月26日正式开工建设，2022年6月25日，

▲ 图8-3 中国中铁承建的孟加拉国帕德玛大桥通车

帕德玛大桥公路桥面建成通车。铁路桥面已于7月16日完成移交，后期主要推进剩余小项工程和缺陷修复。2022年，累计完成产值10589.1万美元，开累完成产值154407.97万美元，占合同额154959.93万美元的99.64%。

· 孟加拉国阿考拉—拉克萨姆增建套轨二线项目· 线路全长72千米，设计时速120千米，项目于2016年6月15日签署合同，合同额为4.46亿美元（其中68.3%的资金为亚洲开发银行贷款，27.6%的资金为欧洲投资银行贷款，剩余4.1%的资金为孟加拉国政府出资），业主为孟加拉国国家铁路局，承包商为中国中铁与外国企业联合体，项目自2016年11月正式开工建设，最新批复的竣工日期为2023年6月30日。2022年，累计完成产值1872万美元，开累完成产值11743万美元，占合同额12876万美元（中国中铁部分）的91.2%。

· 孟加拉国多哈扎里—考克斯巴扎尔铁路项目第一标段· 线路全长52.4千米，设计时速100千米，项目于2017年9月16日签署合同，合同额约为3.42亿美元（资金来源为亚洲开发银行贷款），业主为孟加拉国国家铁路局，承包商为中国中铁与外国企业联合体，项目自2018年7月1日正式开工建设，合同工期为1092天，经过4次工期索赔，最新的竣工日期为2023年4月27日。2022年，累计完成产值1361.03万美元，开累完成产值11667.66万美元，占合同额16761.48万美元（中国中铁部分）的69.61%。

· 以色列特拉维夫轻轨红线系统及轨道设计施工维护项目· 轻轨全长约24千米，项目于2018年3月21日签署合同，合同额为6.62亿美元，业主为以色列特拉维夫城市公共交通系统有限公司，承包单位为中国中铁所属中铁隧道局和中铁电气化局联合体。项目于2018年3月22日正式开工，最新批复合同竣工日期为2023年2月28日（不含维管）。2022年，累计完成产值26848万美元，开累完成产值85733万美元，占合同额87399万美元的98.09%。2022年，全线已完成安装总量的99%，各系统处于调试最后阶段。

· 孟加拉国马杜卡利—马古拉经由卡马卡利宽轨铁路项目· 铁路宽轨主线19.9千米，站场线4.9千米，业主为孟加拉国铁道部西部铁路局，承包商为中国中铁和卡塞尔建设有限公司组成的联营体，合同额为5115万美元（合同份额占比为75∶25），项目资金来源于孟加拉国政府，项目于2021年5月27日开工，因征地拆迁因素影响，竣工日期暂时确认延期至2023年3月。2022年，累计完成产值1334万美元，开累完成产值1871万美元，占合同额3836万美元的48.77%。

· 马来西亚金马士至新山双轨电气化铁路项目· 线路全长191.14千米，全线新建车站11座，预留车站3座，配套新建综合机辆段1处。合同类型为DB（Design Build）总承包合同，内容包括设计、施工、供应、安装、调试、试运营和维护。

业主为马来西亚交通部,总承包商为中国铁建—中国中铁—中国交建联合体公司,合同工期 48 个月,项目于 2016 年 12 月 1 日开工建设,经过第四次延期变更,竣工日期延长至 2025 年 4 月 21 日。2022 年,累计完成产值 6634 万美元,开累完成产值 57067 万美元,占合同额 67500 万美元的 84.54%。

(王伟克)

【中国—东盟投资峰会】中国中铁积极参与第十九届中国—东盟博览会暨中国—东盟商务投资峰会。参展期间,公司借助视频、模型、图文等多样化形式介绍企业经营管理、战略规划、工程建设、装备制造、社会责任和"一带一路"建设成果等内容,全面系统展示了中国中铁在推进国家重点工程建设历程中的成绩和责任担当。国务院国资委秘书长彭华岗、对外工程承包商会会长房秋晨一行莅临中国中铁展区参观,详细观摩了中老铁路老挝段沙盘模型。中国中铁代表介绍了中国中铁在"十三五"期间深入践行"三个转变",锚定高质量发展目标所取得的成果及企业的"十四五"规划情况。中国中铁是中国与东盟经贸合作的深度参与者,是高质量推动东盟区域互联互通建设的主力军,企业坚持高标准、可持续、惠民生目标,围绕中国中铁的全产业链优势,先后参与了中老铁路、印度尼西亚雅万高铁、中泰铁路等"一带一路"重点基础设施建设项目,推动基础设施"硬联通"、规则标准"软联通"、共建国家人民"心联通",打造了中国铁路、中国大桥、中国隧道、中国装备、中国方案、中国标准等一系列亮丽的国家品牌,为高质量共建"一带一路"建设行稳致远贡献力量。

(田文翰)

【澳门国际基础设施投资与建设高峰论坛】中国中铁积极参与第十三届国际基础设施投资与建设高峰论坛(澳门基建论坛)。公司积极宣讲企业故事、传播企业声音、切实提高中国中铁品牌知名度。论坛期间,由中国对外承包工程商会、亚洲基础设施投资银行、德国国际合作机构、联合国环境规划署和世界自然基金会共同发起成立的"国际可持续基础设施促进机制"(MISIP)正式启动,该机制旨在共同推动基础设施项目朝着更加多元包容、更加绿色低碳、更具气候韧性的可持续方向发展。中国中铁作为机制伙伴会员出席启动仪式,致力于为实现联合国 2030 年可持续发展目标贡献企业力量。

(田文翰)

【ENR 排名】在 2022 年度 ENR "全球承包商 250 强"榜单中,中国中铁排名第 2 位。在 ENR "全球最大 250 家国际承包商"榜单中,中国中铁排名第 11 位,较 2021 年同期上升 2 位。

(张 佳)

▲图 8-4 中国中铁建设的印度尼西亚雅万高铁德卡鲁尔变电所施工

CHAPTER 9

实业投资及金融物贸

CHINA RAILWAY ENGINEERING CORPORATION YEARBOOK

【全公司实业投资完成情况】截至2022年12月31日，公司基础设施、房地产和矿产资源存量投资项目770个，项目总投资35478亿元。其中，境内基础设施建设期投资项目448个，总投资规模21745亿元、权属投资规模12467亿元、开累完成5252亿元；境内房地产投资项目314个，总投资规模13316亿元、开累完成5688亿元；全公司矿产资源投资项目8个，总投资规模417亿元、权属投资规模173亿元、开累完成160亿元。

（赵 达）

【投资开发及成果】深入贯彻落实打造投建营一体化平台工作要求，紧跟国家重大战略、区域发展规划，把握市场形势，引领投资方向，全面提升投资项目前期策划，着重加强对重大项目筹划协调和指导支持，不断提升投资开发水平，年内扎实推进辽宁省本溪至集安高速公路本溪至桓仁（辽吉界）段PPP项目、佛肇云高速公路肇庆高要至云浮罗定段、广西龙胜—峒中口岸公路（宜州至上林段）PPP项目、岑溪（粤桂界）至大新公路（南宁至大新段）PPP项目、云南省滇中引水工程二期工程、G341线胶南至海晏公路辘辘坝（甘宁界）至白银段公路工程PPP项目、G85G76重庆（川渝界）至成都高速公路扩容工程、遂宁至重庆高速公路（四川境）扩容工程、大竹至垫江高速公路（四川境）项目、四川省自贡至永川高速公路（四川境）项目、新建宁波至舟山铁路PPP项目等百亿元以上的大型项目如期落地。全年新中标项目87个，合同额3754亿元，其中百亿元以上的大型项目10个，合同额2290亿元，规模占比61%。积极打造特色地产，年内新增南阳市卧龙区中心城区环境综合提升项目（一期）、上海松江区石湖荡镇金盛村塔汇等地块城中村改造项目、深圳光明区马田街道根竹园社区土地整备利益统筹项目等城市综合建设类项目7个，投资规模666亿元。

（张华丞 陈 翔）

【市场布局】积极适应国家政策变化和战略部署，多措并举应对市场变化，持续发力加强投资经营，巩固公路、城轨、市政等传统优势领域，围绕主业大力拓展水务水利、生态环保、固废处理、储备林等新兴领域。传统领域，全年新中标公路项目1775.8亿元，规模占比47.3%；水利水电工程项目895.5亿元，规模占比23.9%；水务及生态环保项目275.3亿元，规模占比7.3%；市政项目254.1亿元，规模占比6.8%；铁路项目209.5亿元，规模占比5.6%；城市建设综合开发项目157.4亿元，规模占比4.2%；其他项目96.4亿元，规模占比2.6%；房屋建筑工程90亿元，规模占比2.3%。

（张华丞）

【新兴领域投资开发】落实中国中铁"十四五"规划及"123456"工作策略要求，在筑牢传统业务发展优势的基础上，结合主业和市场需求孵化培育新优势业务，培育壮大新业务，推动业务结构优化升级，稳步推进"第二曲线"新兴领域拓展，重点推进水务及生态环保、水利水电、能源设施、储备林项目的有序落地，成功投资运作了都江堰市供排水系统提升PPP项目、云南省滇中引水工程、泰州市海陵区城市生态水环境治理PPP项目、三峡枢纽江南成品油翻坝项目、安徽省旌德县国家储备林建设项目、山东省济南市中心城区雨污合流管网改造和城市内涝治理PPP项目等。

（张华丞）

基础设施投资

【基础设施投资完成情况】2022年，中国中铁基础设施投资完成1703亿元，为年度计划1728亿元的98.53%。

（张华丞）

【基础设施典型投资项目情况】截至2022年12月31日，中国中铁基础设施投资既有项目612个，项目总投资规模27576亿元，其中权属投资规模16929亿元，开累完成权属投资9508亿元，剩余权属投资7421亿元。其中：

BT项目共245个，项目总投资规模6462亿元，其中权属投资规模2674亿元，开累完成权属投资2098亿元，剩余权属投资576亿元。按实施阶段来看：待建项目73个，项目总投资规模1667亿元，其中权属投资规模186亿元，完成权属投资51亿元，剩余权属投资135亿元；在建项目98个，项目总投资规模2517亿元，其中权属投资规模478亿元，开累完成权属投资175亿元，剩余权属投资303亿元；在购项目59个，项目总投资规模1817亿元，其中权属投资规模1647亿元，开累完成权属投资1573亿元，剩余权属投资74亿元；在建在购15个，项

▲图9-1 中铁建工参建的成都自然博物馆

目总投资规模460亿元,其中权属投资规模363亿元,开累完成权属投资约300亿元,剩余权属投资64亿元。

BOT项目共61个,项目总投资规模3829亿元,其中权属投资规模2990亿元,开累完成权属投资1143亿元,剩余权属投资1847亿元。待建项目21个,项目总投资规模1961亿元,其中权属投资规模1543亿元,开累完成权属投资36亿元,剩余权属投资1507亿元;在建项目15个,项目总投资规模761亿元,其中权属投资规模701亿元,开累完成权属投资414亿元,剩余权属投资287亿元;在建运营项目2个,项目总投资规模268亿元,其中权属投资规模268亿元,开累完成权属投资248亿元,剩余权属投资20亿元;运营项目23个,项目总投资规模840亿元,其中权属投资规模479亿元,开累完成权属投资446亿元,剩余权属投资33亿元。

PPP项目共284个,项目总投资规模15725亿元,其中权属投资规模10478亿元,开累完成权属投资5924亿元,剩余权属投资4554亿元。待建项目59个,项目总投资规模3162亿元,其中权属投资规模2013亿元,开累完成权属投资88亿元,剩余权属投资1925亿元;在建项目138个,项目总投资规模9012亿元,其中权属投资规模5739亿元,开累完成权属投资3302亿元,剩余权属投资2437亿元;待运营项目6个,项目总投资规模223亿元,其中权属投资规模179亿元,开累完成权属投资176亿元,剩余权属投资3亿元;在建运营项目14个,项目总投资规模534亿元,其中权属投资规模417亿元,开累完成权属投资323亿元,剩余权属投资94亿元;建成运营项目67个,项目总投资规模2794亿元,其中权属投资规模2130亿元,开累完成权属投资2035亿元,剩余权属投资95亿元。

其他类型项目共22个,项目总投资规模1560亿元,其中权属投资规模787亿元,开累完成权属投资343亿元,剩余权属投资444亿元。待建项目3个,项目总投资规模369亿元,其中权属投资规模329亿元,开累完成权属投资1亿元,剩余权属投资328亿元;在建项目10个,项目总投资规模1033亿元,其中权属投资规模431亿元,开累完成权属投资316亿元,剩余权属投资115亿元;待运营项目2个,项目总投资规模44亿元,其中权属投资规模7亿元,开累完成权属投资7亿元;建成运营项目7个,项目总投资规模113亿元,其中权属投资规模19亿元,开累完成权属投资18亿元,剩余权属投资1亿元。

(张华丞)

表9-1 2022年中国中铁基础设施投资项目汇总　　　　　　　　　　　　　　　　　　　单位:亿元

序号	实施单位	项目投资规模	权属投资规模	本年完成权属投资	开累完成权属投资
	基础设施项目合计	27576	16929	1703	9508
1	中铁投资	2403	1773	280	1022
2	中铁南方	1934	1356	62	572
3	中铁交通	2869	2316	229	1409
4	中铁开投	5707	2978	478	1883
5	中铁城投	3748	3183	179	1930
6	中铁上投	2061	1007	181	533
7	中国铁工投资	799	467	32	242
8	中铁广投	75	61	10	53
9	中铁置业	395	392	0	0
10	中铁一局	1069	479	49	364
11	中铁二局	90	26	4	14
12	中铁三局	637	432	11	216
13	中铁四局	1307	536	38	384
14	中铁五局	800	333	36	111
15	中铁六局	153	80	4	12
16	中铁七局	395	221	17	75

续表

序号	实施单位	项目投资规模	权属投资规模	本年完成权属投资	开累完成权属投资
17	中铁八局	168	66	12	42
18	中铁九局	129	11	2	10
19	中铁十局	534	291	22	117
20	中铁大桥局	651	233	9	140
21	中铁隧道局	270	157	8	63
22	中铁电气化局	480	170	2	103
23	中铁武汉电气化局	40	6	4	5
24	中铁建工	142	54	7	29
25	中铁广州局	50	37	7	26
26	中铁北京局	135	80	2	35
27	中铁上海局	230	98	10	77
28	中铁二院	139	30	6	13
29	中铁设计	132	29	0	10
30	中铁工业	11	6	0	0
31	中铁国际	22	21	2	17
32	中铁长江设计	1	0	0	0

制表：张华丞

【湖北省宜昌市三峡枢纽江南成品油翻坝项目】项目位于湖北省宜昌市，包括码头、油库、管道3个子项目，设计成品油转运量为500万吨/年，工程主要内容包括上下游码头分别新建6个5000吨级油品及液体化工品泊位、油库及相关配套设施等，估算总投资78.76亿元。宜昌市人民政府授权宜昌市能源局作为项目业主，通过公开招标方式确定中国中铁方为社会投资人暨施工总承包单位。中国中铁方与中交第二航务工程局有限公司、中国化学工程第十六建设有限公司、中国葛洲坝集团机电建设有限公司组成联合体参股投资项目公司。项目公司通过收取成品油转运服务费收回投资并获取合理回报。（张华丞）

【汕头市濠江"一江两岸"生态环境治理及产城融合开发建设PPP项目】项目位于汕头市濠江区，分为产城融合基础设施和濠江生态环境治理两大部分，包含26个子项，主要建设内容包括濠江生态修复及万里碧道工程、支流整治、智慧河湖治理信息系统建设等，估算总投资51.55亿元。濠江区人民政府授权区住房和城乡建设局作为项目业主，采用PPP模式通过公开招标方式确定中国中铁方为社会投资人，与政府出资代表汕头市粤鑫资产投资有限公司共同出资成立项目公司。项目合作期23～25年，建设期1～3年，运营期22年。项目公司通过使用者付费和可行性缺口补助收回投资并获取合理回报。（张华丞）

【广西南宁上林县国家储备林PPP项目】该项目是广西壮族自治区第一个以PPP模式实施的国储林项目，位于广西壮族自治区南宁市上林县，建设内容包括国家储备林基地建设、林下经济建设及配套八角香料产业园基础设施建设等，其中国家储备林及林下经济建设共计10万亩（约6670万平方米）。项目估算总投资12.82亿元。上林县人民政府授权上林县自然资源局作为项目实施机构，采用PPP模式通过公开招标方式选择中国中铁方为社会投资人，与政府方出资代表上林县振林投资发展集团有限责任公司共同出资成立项目公司。项目合作期30年，建设期8年，运营期22年。项目公司通过木材收入、林下经济收入等使用者付费并获取可行性缺口补助收回投资及合理回报。该项目是中国中铁积极拓展以BOT模式实施国家储备林"第二曲线"业务的有力尝试。（张华丞）

【湖南省岳阳市湘阴县河湖生态环境治理及产业绿色发展项目】项目位于湖南省岳阳市湘阴县，包括农村内河内湖功能修复工程、文旅产业基础设施和服务设施建设及运营、产业通道项目建设（S508湘阴县樟树港至羊古脑公路及樟树港湘江大桥）和新城镇配套建设工程4个子项目，估算总投资20.83亿元。项目以"投资人+EPC+文旅产业运营"模式实施，湘阴县人民政府授权湘阴县交通运输局、文化旅游广电体育局和水利局作为项目实施机构，由文化旅游广电体育局通过公开招标确定中国中铁方为社会投资人，与政府方出资代表湖南洞庭资源控股集团有限公司共同出资成立项目公司。项目整体合作期10年，其中建设期暂定5年。项目公司通过企业付费（洞庭控股清淤疏浚活动产生的砂砾石销售收入）和文旅产业运营收入收回投资并获取合理回报。该项目是中国中铁积极拓展"资源开发+基础设施投资建设"新模式业务的有力尝试。（张华丞）

【海南省五指山市昌化江上游滨河雨林生态修复（南圣至通什段）综合治理PPP项目】项目位于海南省五指山市（县级市），主要建设内容包括生态修复工程与污水主管网工程。生态修复工程包括190公顷流域治理；污水主管网工程包括新建4.82千米污水总管，修复3.80千米既有污水总管。项目估算总投资6.19亿元。五指山市人民政府授权五指山市水务局作为项目实施机构，采用PPP模式通过公开招标方式确定中国中铁方为社会投资人，与政府出资代表五指山市顺达扶贫开发有限公司共同出资成立项目公司。项目合作期15年，建设期2年，运营期13年。项目公司通过使用者付费和可行性缺口补助收回投资并获取合理回报。（张华丞）

【广东省中山市深中合作创新区启动区和万亩农田特色农业生态区EOD及配套设施项目】项目位于广东省中山市火炬开发区，包含EOD项目包和配套设施项目包，EOD项目包主要建设内容包括5个子项目，分别为给排水管网建设工程、水体治理工程、乡村振兴及岭南水乡农耕文化生态旅游项目、康养综合体、生态型农田综合治理等，估算总投资81.27亿元。项目采用"政府投资+授权开发+投资合作服务"模式实施。政府直投子项目由火炬区管委会授权中山火炬民众经济开发有限公司作为代建主体通过筹集专项债等财政资金采用施工总承包模式招标实施；非政府直投子项目由火炬区管委会授权中山火炬民众经济开发有限公司作为实施主体，采用"授权开发+投资合作服务"模式实施，通过公开招标方式确定中国中铁方为社会合作服务方，共同出资成立项目公司。项目合作期暂定10年，其中建设期5年、付费期5年。项目公司通过民众经开公司支付的合作缺口付费和使用者付费收益收回投资并获取合理回报，其中使用者付费收益主要为康养综合体、生态农业休闲旅游综合体、水乡农耕文化博物馆、生态型农田综合治理、游客服务中心、科技服务中心等经营性收益。该项目是中国中铁探索实施EOD生态环境治理项目的一次有力尝试。（张华丞）

【基础设施投资管理体系建设】2022年，为进一步强化基础设施投资管理体系建设，持续完善制度体系，对《中国中铁股份有限公司投资管理办法》《中国中铁股份有限公司境内基础设施项目投资管理办法》等制度进行全面修订。不断强化政策研究引领，深入分析国家大政方针，鼓励引导企业投资方向，积极拓展"第二曲线"市场。加大投资项目过程管控力度，持续开展投资问题治理，有效处置投资问题，化解投资风险。（张华丞）

【运营项目】基础设施运营业务范围为轨道交通、高速公路、水务、市政道路、产业园区、地下管廊等类型。（禾志鹏）

表9-2　2022年中国中铁表内运营项目

序号	单位名称	项目名称
1	中铁一局	乌兰察布七苏木中欧班列枢纽物流基地配套PPP项目
2	中铁一局	河源市西环路旅游大道南段升级改造PPP项目
3	中铁一局	湛江乾塘至龙头道路工程及湛江市实验小学PPP项目
4	中铁一局	新疆哈密市伊州区西区道路工程PPP项目（二标段）
5	中铁三局	海口国家高新区PPP项目包（一）
6	中铁四局	柳州市西外环工程PPP项目
7	中铁四局	江北滨江大道（西江路至绿水湾南路）建设工程PPP项目
8	中铁四局	景德镇市地下综合管廊PPP项目
9	中铁四局	黄山G205国道及梅林南路改扩建工程PPP项目
10	中铁四局	六安市体育中心PPP项目
11	中铁四局	邳州港搬迁工程铁路专用线PPP项目
12	中铁四局	淮南山南新区道路（南经十六路及南纬十三路）PPP项目
13	中铁五局	长沙经济技术开发区盼盼路及其片区改造PPP项目

续表

序号	单位名称	项目名称
14	中铁九局	宜宾临港经济技术开发区产业园区基础设施（一期）PPP 项目
15	中铁十局	省道 233 焦桐线宝丰县周庄镇至鲁山县张良镇段改建 PPP 项目
16	中铁电气化局	太原市轨道交通 2 号线一期工程（B 部分）
17	中铁上海局	新沂市棚户区改造金唐新城安置房 PPP 项目
18	中铁交通	山西省静乐丰润至兴县黑峪口高速项目
19	中铁南方	江门市广佛江快速通道江门段（江门大道）PPP 改造项目
20	中铁南方	佛山（云浮）产业转移工业园标准厂房（一期）工程 PPP 项目
21	中铁南方	佛山（云浮）产业转移工业园基础设施及产业配套 PPP 项目
22	中铁南方	佛山顺德区菊花湾大桥等 PPP 项目
23	中铁南方	广佛江快速通道江门段（三江至南门大桥）PPP 项目
24	中铁北方	呼和浩特市城市轨道交通 1 号线一期工程 PPP 项目
25	中铁开投	G8012 弥勒至楚雄高速公路玉溪至楚雄段工程 PPP 项目
26	中铁开投	寻甸至沾益高速公路（昆明段）政府和社会资本合作项目
27	中铁开投	昆明市东川至格勒高速公路 PPP 项目
28	中铁开投	昆明至倘甸高速公路特许经营项目
29	中铁城投	泸州市江阳区农村公路提档升级三年攻坚江北片区干线公路及联网道路 PPP 项目
30	中铁城投	新疆塔城地区 S101 线等国省干线及农村公路包 PPP 项目
31	中铁城投	乌鲁木齐市老城区改造提升建设工程（B2 项目包）PPP 项目
32	中铁城投	广元市西二环一期
33	中铁城投	西昌市瑶山棚户区改造安置点 ABC 区 PPP 项目
34	中铁城投	宜宾城市过境高速公路西段和宜宾至彝良高速公路 PPP 项目
35	中铁城投	巴音郭楞蒙古自治州 G0612 若羌至民丰高速公路、G216 轮台至民丰公路及国有农林牧场道路 PPP 项目
36	中铁上投	连霍二广高速联络线（新安至伊川高速）项目
37	中铁上投	濮阳至阳新高速菏泽段 BOT 项目
38	中国铁工投资	长江、沙湖水环境提升工程 PPP 项目
39	中国铁工投资	兵团十二师三坪新区排水（污水处理厂）工程项目（PPP）
40	中国铁工投资	石家庄市滹沱河生态修复工程 PPP 项目二标段
41	中国铁工投资	泰城水生态环境治理工程 PPP 项目
42	中国铁工投资	唐山市东湖片区生态修复和基础设施建设 PPP 项目
43	中国铁工投资	广德县新杭镇污水处理厂 BOT 项目
44	中国铁工投资	银川自来水股权转让项目（与西线供水合并）
45	中国铁工投资	马鞍山市第二污水处理厂扩建及提标改造（DBFOT）工程
46	中国铁工投资	河南漯河市经开区污水处理厂 BOT 项目
47	中国铁工投资	兰州盐场污水处理厂 BOT 项目
48	中国铁工投资	广德县第二污水处理厂 BOT 项目
49	中国铁工投资	北京大兴区西红门再生水厂 BOT 项目
50	中国铁工投资	河南漯河市源汇区马沟污水处理厂 BOT 项目
51	中国铁工投资	马鞍山市第二污水处理厂 TOT 项目

制表人：禾志鹏

房地产开发投资

【房地产开发业务概况】中国中铁是国务院国资委认定以房地产开发为主业的中央企业之一。依托中国中铁产业链一体化优势，公司充分发挥"地产+基建""地产+产业"投资协同作用，积极调整经营策略，深入打造特色地产业务，创新商业模式，加快由传统的商业地产开发向多业态、多产业、多功能一体的综合开发模式转变，持续提升中国中铁特色的房地产开发核心竞争力。2022年，公司坚决贯彻落实党中央、国务院及国务院国资委各项决策部署，坚持"房住不炒"，贯彻"三稳"要求，积极参与配合保交楼、保民生、保稳定相关工作。主动服务国家重要战略，积极参与京津冀、长三角、粤港澳大湾区、长江中游、成渝双城等主要城市群、都市圈、国家中心城市的建设，优化项目投资布局；同时，进一步加强风险防控体系建设，注重房地产板块存货去化和现金流安全，努力促进企业房地产业务平稳健康发展和转型升级。公司特色地产业务主要包括与"地产+基建""地产+产业"等高度关联的城市更新项目、棚改旧改项目、城市轨道交通上盖物业、会展地产、文旅康养地产和传统的商品住宅、商业办公项目。

（陈翔）

【房地产业务板块总体情况】2022年，全公司房地产板块实现全口径新签合同额1378亿元（含物业费、租赁等经营性合同额23亿元），为年度计划1406亿元的97.99%，同比下降34.83%，其中房地产二级开发项目销售额729亿元，一级及棚改旧改等类地产项目新签合同额626亿元；完成投资额733亿元，为年度预算1254亿元的58.45%，同比下降8.60%，其中新增项目完成投资170亿元，既有项目完成投资563亿元；实现回款557亿元，为年度计划868亿元的64.17%，同比下降6.86%；实现营业收入578亿元，为年度计划576亿元的100.35%，同比增长7.04%。根据中国指数研究院数据，2022年，中国中铁销售额排名第24位，比2021年上升30位。

（陈翔）

【房地产项目总体情况】2022年，中国中铁境内在开房地产项目总计312个，其中，房地产二级开发项目253个（包括表内项目226个、表外项目27个）、土地一级开发和棚户区改造及城市综合建设类项目59个。

（陈翔）

【房地产新增项目】全年新增房地产项目20个，新增项目总投资规模1021亿元，其中：二级开发项目

▲图9-2　中国中铁·诺德名府北区

▲图 9-3　中铁置业·中铁长春博览城沙盘

（含安置房）13 个，总投资规模 355 亿元；城市更新及片区开发类项目 7 个，总投资规模 666 亿元。

（陈　翔）

【新增土地储备】 全年新增土地储备面积 131 万平方米，新增储备计容建筑面积 328 万平方米，土地成交总价 198 亿元，平均溢价率约 2.57%，平均楼面价约 6030 元 / 平方米，中铁方按股权比例需支付土地价款 175 亿元。

（陈　翔）

【房地产销售】 2022 年，在国内房地产市场整体下行的背景下，公司全年在一线城市销售额达 200.48 亿元，同比增长 49%；二线城市销售额达 416.53 亿元，同比减少 3%；三线、四线城市销售额达 111.96 亿元，同比减少 12%。一线城市销售额占比明显提升。一方面是一线城市房地产市场本身韧性较强，在疫情反复和供应放缓的影响下，一线城市仍具备一定规模的需求量和活跃度；另一方面是公司始终高度关注房地产市场变化，加强市场研判，优化调整投资布局，适当增加一线和二线核心城市投资比重，审慎择优布局三线、四线城市。（陈　翔）

表 9-3　中国中铁房地产销售区域销售额统计

区域	2022 年		同比变化 /%	2021 年	
	销售额 / 亿元	占比 /%		销售额 / 亿元	占比 /%
一线城市	200.48	28	49	134.49	19
二线城市	416.53	57	-3	430.46	62
三线、四线城市	111.96	15	-12	126.56	18
海外区域	—	—	—	—	—
合计	728.97	100	5	691.51	100

制表：陈　翔

【房地产主要在售项目】

表 9-4　2022 年中国中铁主要在售房地产项目统计

序号	项目	地点	单位	销售额 / 亿元	占公司总量比例 /%
1	北京大兴橡树湾	北京市	中铁置业	53.03	7
2	上海虹桥中铁逸都	上海市	中铁置业	44.14	6
3	无锡愉樾天成	无锡市	中铁四局	32.18	4
4	磨店家园三期安置型商品房一标段	合肥市	中铁四局	28.00	4
5	磨店家园三期安置型商品房二标段	合肥市	中铁四局	26.95	4
6	西安沣明苑	西安市	中铁四局	25.30	3
7	中铁·天逸泷府	南京市	中铁置业	20.05	3
8	中铁阅山湖	贵阳市	中铁置业	19.82	3
9	北京诺德彩璟	北京市	中铁置业	18.86	3
10	西安沣美居	西安市	中铁四局	17.98	2
	合计			286.31	39

制表：陈　翔

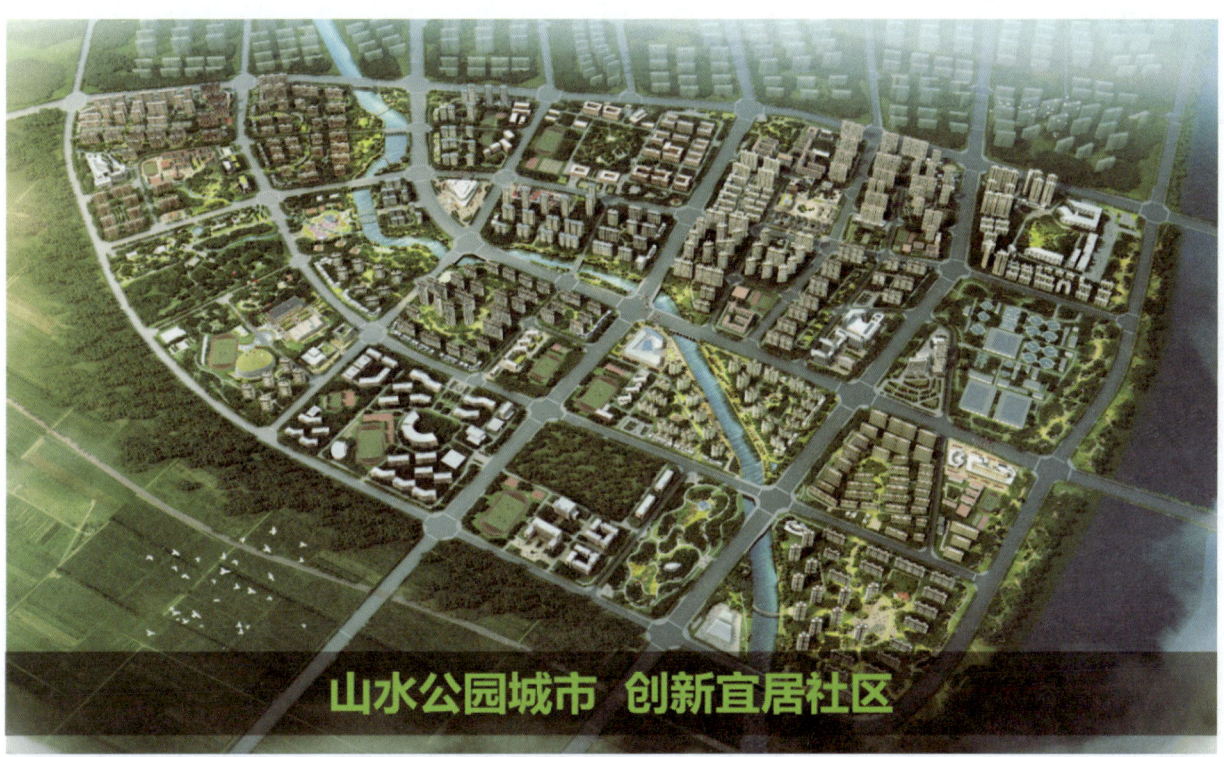

▲图9-4　南阳市卧龙区中心城区环境综合提升项目鸟瞰图

【房地产企业合并重组】为快速提升中国中铁城市综合开发能力，形成一级、二级、三级联动开发的协同优势，增强特色地产、城市更新、片区开发等业务融合发展的竞争力，打造中国中铁特色地产和城乡综合开发的旗舰品牌，2022年4月2日，中铁置业集团有限公司与中铁文化旅游投资集团有限公司合并重组成立中铁置业集团有限公司。

（陈　翔）

【出台《中国中铁股份有限公司境内房地产项目投资管理办法》】2022年7月8日，印发了《中国中铁股份有限公司境内房地产项目投资管理办法》（中铁投资〔2022〕154号）文件。

（陈　翔）

【重大项目】南阳市卧龙区中心城区环境综合提升项目（一期），规划面积约9.02平方千米，涉及卧龙岗、光武、武侯、七一4个街道办事处共计9个社区，各类建筑面积约294万平方米，需安置建筑面积约159.2万平方米，项目一期计划总投资约需116.79亿元。该项目是卧龙区落实市委、市政府"四改一治"工作部署的重要实践，更是进一步完善城市功能、优化产业结构、改善人居环境，推进土地、环境与资源的节约、集约利用，促进经济和社会可持续发展，提升市民的获得感和幸福感的具体行动，为助力建设河南省副中心城市、南阳高质量跨越发展作出新的贡献，也为央企与地方投资平台合作提供了经验。

（陈　翔）

矿产资源开发投资

【矿产资源开发投资】矿产资源板块共有投资项目8个，项目计划总投资规模417亿元，中国中铁计划投资规模为173亿元。2022年，矿产资源板块完成投资1161万元，截至2022年末，中国中铁开累完成投资160亿元。

公司在国内外基础设施建设过程中，通过"资源财政化""资源换项目"，以收购、并购等方式获得了一批矿产资源项目，由全资子公司中铁资源集团有限公司具体负责矿产资源开发业务。目前在境内外全资、控股或参股投资建成5座现代化矿山，分别为黑龙江鹿鸣钼矿，刚果（金）绿纱铜钴矿、MKM铜钴矿、华刚矿业SICOMINE铜钴矿以及蒙古国乌兰铅锌矿，主要生产阴极铜金属产品及硫化铜精矿、硫化钼精矿、氢氧化钴精矿、铅精矿、锌精矿矿产品等。2022年，公司矿产资源开发总体保持稳定增长态势。矿山企业生产稳定，主产品铜产量创新高。其中：生产铜金属302012吨，同2021年相比增加23%；生产钴金属5119吨，同比增加42%；生产钼金属14953吨，与2021年持平；生产铅金属10243吨，同比减少6%；生产锌金属23807吨，同比增加11%；生产银金属46983千克，同比增加21%。营业收入与利润大幅增长，资源板块整体效益再上新台阶，资源板块全年共实现营业收入249亿元，较2021年同期增长28%，实现利润总额68.2亿元，较2021年同期增长70.3%，实现净利润56.1亿元，较2021年同期增长64%。

（王圣明）

▲图9-5　2022年11月11日，中铁七局刚果（金）绿纱矿建项目浸渣库二期工程俯瞰图

表9-5　2022年中国中铁矿产资源板块项目统计

序号	项目名称	项目地点	项目状态	中铁持有项目公司股权比例/%	中铁投资情况				
					预计投资规模/万元	截至2021年末投资累计/万元	2022年投资/万元	截至报告期投资累计/万元	后续剩余投资/万元
1	伊春鹿鸣钼矿	黑龙江	建成	83.00	601700	602579	—	602579	—
2	刚果（金）MKM铜钴矿	刚果（金）	建成	80.20	119525	123524	—	123524	
3	刚果（金）绿纱铜钴矿	刚果（金）	建成	72.00	213780	216134	—	216134	
4	刚果国际钴盐厂	刚果（金）	停产	51.00	29447	26505	—	26505	
5	刚果（金）华刚矿业SICOMINES铜钴矿	刚果（金）	建成	41.72	458689	328516	—	328516	
6	刚果（金）布桑架水电站	刚果（金）	建成	46.70	86986	81907	1161	83068	
7	刚果（金）阳极板加工厂	刚果（金）	建成	60.00	1257	1289	—	1289	
8	蒙古国乌兰铅锌矿—查夫银多金属矿	蒙古国	建成	100.00	219136	219817	—	219817	
	总计				1730520	1600271	1161	1601432	

制表：王圣明

▲图9-6 2022年11月15日，中国中铁刚果（金）矿业建设联合体庞比铜钴矿项目露天采场第二期采剥工程

金融信托

【金融业务】中国中铁开展金融业务过程中，始终严格落实"一委一行两会"监管政策，坚持产融结合整体方针，金融业务坚持以服务内部金融需求为基础、以促进建筑主业发展为中心、以创造价值为导向，坚持金融资源配置效益优先原则，促使金融资源流向高效资产，牢牢守住不发生金融风险的底线。中国中铁目前已持有信托、财务公司、公募基金等金融牌照，获批开展的资产管理、私募基金、保险经纪、融资租赁、商业保理等业务，均属于国资委允许审慎规范开展的金融业务，构建了以中铁信托有限责任公司、中铁财务有限责任公司、中铁资本有限公司为代表的多层次、广覆盖、差异化的"金融、类金融"机构服务体系。2022年是信托行业资管新规结束过渡期后正式执行的第一年，行业转型之下，配套的制度改革接踵而来，银保监会2月发布《信托业保障基金和流动性互助基金管理办法（征求意见稿）》，6月发布《关于信托公司做好金融稳定保障基金、信托行业稳定基金和信托业筹集工作有关事项的通知》，12月发布《关于规范信托公司信托业务分类有关事项的通知（征求意见稿）》，将对信托行业产生深远影响。预计随着经济复苏和房地产市场回暖，行业信托资产规模呈现企稳回升态势。在财务公司行业，银保监会新修订的《企业集团财务公司管理办法》正式施行，通过"向上延伸监管、收缩业务范围、明确监管指标"等方面对财务公司行业进行了再规范、再完善。在基金行业，中国证券投资基金业协会先后发布《私募基金备案案例公示》等多项规范性文件，进一步完善私募基金登记备案规则体系，优化私募基金登记备案和自律管理工作，引导私募行业高质量发展。
（李 娟）

【资本性开支投资完成情况】2022年，中国中铁资本性开支完成129亿元，为年度预算170.9亿元的75.5%。其中：①固定资产投资完成122.7亿元，为年度预算156.9亿元的78.2%。包括：房屋建筑物投资完成24.4亿元，为年度预算38.1亿元的64%；机械生产设备投资完成74.5亿元，为年度预算93.3亿元的79.9%；其他固定资产投资完成23.8亿元，为年度预算25.5亿元的93.3%。②无形资产投资完成6.3亿元，为年度预算14亿元的45%。
（梁世琨）

【金融工具投资完成总体情况】2022年，中国中铁金融工具增量投资预算（不含与主业投资项目匹配的金融投资，下同）为133.40亿元，预算完成数为66.28亿元，完成率为49.69%。
（李 娟）

物资贸易

【物贸企业概况】中国中铁共有二级、三级物贸子企业20家，其中二级企业1家，为中铁物贸；三级企业19家（不含中铁物贸所属子公司），包括中铁一局至十局、中铁大桥局、中铁隧道局、中铁电气化局、中铁武汉电气化局、中铁上海局、中铁北京局、中铁国际、中铁资源所属物资公司。中铁物贸集团是中国中铁唯一专业从事物资贸易和物资集中采购供应的二级成员企业。以围绕中国中铁基建主业开展工程物资集中采购以及电商平台建设与运营维护为主要职能，实现为中国中铁基建主业"降本增效、服务保障"的作用，并承担部分中国铁路总公司、大型地铁项目等的物资供应、代理服务等业务，同时开展对大型央企、上市公司等的市场贸易业务。其他各二级公司所属物贸企业按照股份公司和各二级公司对其功能地位，主要业务为内部集中采购供应，部分企业开展了系统外贸易业务。
（段永理）

【物资贸易业务】公司引导两级物贸企业发挥专业化优势，立足并服务于股份公司主业开展物资贸易，促进物资贸易业务持续健康发展，物贸企业内部集采供应规模不断扩大，经营状况不断好转，经营利润明显提升。物贸企业累计完成内部集采供应约916亿元，外部市场经营约227亿元。持续加强物贸业务风险管控，发布《中国中铁2022年度物资贸易业务负面清单》，督导各单位严守禁令，严防新增贸易业务风险，本年度各单位未开展融资性贸易等高风险贸易业务，无新增融资性贸易业务风险。
（段永理）

CHAPTER 10
科技创新

CHINA RAILWAY ENGINEERING CORPORATION YEARBOOK

【科技创新概述】深入学习宣传贯彻习近平总书记关于科技创新的重要讲话重要指示批示精神以及第六届科技创新大会精神，大力实施创新驱动发展战略，加强科技创新统筹协调，持续完善体制机制，全面推行"揭榜挂帅"形式，有效释放科技创新效能。严格执行"十四五"科研立项指南，自上而下确定科技攻关方向，并聚集内外专业领域力量持续开展研究，对立项指南坚持动态更新，最大限度减少低水平重复研发。对年度科研开发计划课题、实用技术课题、专业研发中心优化整合等均通过"揭榜挂帅"确定承担单位，倒逼科研资源优化整合，突出实用技术应用、产业化应用，提升市场核心竞争力，发挥了很好的导向作用。2022年，中国中铁获中国专利奖银奖2项、优秀奖4项，可获国资委业绩考核加分0.2分。获中施企协科技奖118项，其中特等奖2项，杰出成就奖1项。获省部级工法794项；授权专利7718项，其中发明专利1592项，美日欧等海外专利149项。（黄佳强）

▲图10-2　7月20日，中铁大桥局集团有限公司院士工作站揭牌仪式在桥梁科技大厦举行

【重大科技创新成果】2022年，开展关键核心技术攻关，专项攻关任务取得世界领先成果，盾构机核心零部件具备了国产化替代能力和持续创新能力。世界首条稀土永磁磁浮轨道交通工程试验线"红轨"顺利建成，铁路大跨度中承式钢管混凝土拱桥关键技术研究等成果达到国际领先水平。中国中铁研发的世界首台桩梁一体造桥机"共工号"入选"央企十大国之重器"，研制了国内首条山地轨道交通工程首台大直径TBM"蜀通号"、国内首辆磁浮空轨车辆"兴国号"、中国第六代桥梁拉索高端智能检测机器人等高端装备。（黄佳强）

【博士后工作站建设情况】2022年，中国铁路工程集团有限公司博士后科研工作站共有韦小泉、熊浩、王磊、董志强和张茜5名博士后在站工作。截至2022年底，中国中铁系统拥有集团公司、中铁一局、中铁四局、中铁五局、中铁大桥局、中铁二院、中铁大桥院、中铁山桥、中铁装备、中铁时代建筑设计院10家博士后工作站。（刘建廷　李永全）

【科研开发技术课题立项】持续落实股份公司科技创新要面向现场、坚持不懈赋能企业发展的要求，进一步强化以需求为牵引、聚焦行业和企业生产经营中的重点难点问题，强化技术本身研究，强化成果考核指标的量化，强化对科研立项的统筹，在主营业务重点方向上布局，聚焦重大专项任务，通过"揭榜挂帅""赛马"等方式发挥二级单位科技创新主体作用要求，中国中铁股份有限公司印发《2022年度科技研究开发计划》。该计划A类课题共87项，其中重大专项课题11项、重大课题24项、重点课题52项。

（刘建廷　李永全）

【实用技术课题立项】充分发挥实用技术保安全、提质量、降成本、增效益的重要作用，根据"统筹规划、集中管理、需求牵引、工程依托、项目引领、系统推进、分级实施"的原则，结合企业"十四五"科技发展规划确定的攻关领域和关键技术，股份公司研究制定了《2022年度科技研究开发计划》（实用技术课

▲图10-1　9月2日，中铁工业研发的国内首台套边缘端智能化数据中心应用于高原铁路色季拉山隧道

题）。该计划 A 类课题共 30 项，其中重大专项课题 1 项、重大课题 4 项、重点课题 25 项。

（刘建廷　李永全）

【实用技术评选和推广应用】组织开展第二届实用技术创新大赛活动，共有 51 项技术类成果及 8 项软科学类成果通过发布评审。2022 年 11 月 26 日，股份公司组织召开实用技术创新大赛成果评奖会，技术类成果共评选出特等奖 5 项、一等奖 10 项、二等奖 18 项，软科学类成果共评选出特等奖 1 项、一等奖 2 项、二等奖 5 项。2022 年，股份公司各单位实用技术推广应用共产生效益 3.07 亿元。

（梁崇双）

【重大项目科研攻关】股份公司承担的 3 项国资委专项攻关任务均顺利通过国资委组织的验收评估，1 名先进个人和 1 个先进集体入选国资委表彰名单。积极申报国资委央企攻坚工程（二期）攻关任务，最终有 7 项任务（14 项子课题）入选。在研的 18 项重大专项课题和 60 项重大课题基于川藏铁路、滇中引水工程、成渝中线高铁、浙江舟山西堠门公铁两用大桥、崇启公铁长江大桥等重难点工程，开展了桥梁、地下工程与隧道修建等关键技术研究，攻克了复杂海域公铁大桥设计与施工关键技术等世界级难题，取得了系列国际领先、先进水平科技成果。

（刘建廷　李永全）

▲图 10-4　中铁一局、中铁二局、中铁三局参建的广州市轨道交通 14 号线一期工程获中国土木工程詹天佑奖

【科研课题验收】2022 年 11 月，股份公司组织专家对 2021 年 12 月 31 日前达到结题验收条件的科研课题进行了结题验收。经评审，共有 66 项课题完成了合同规定的主要研究内容，达到了预期目标，同意通过结题验收。其中重大专项课题 2 项、重大课题 14 项、重点课题 50 项。有 1 项重大专项课题未通过结题验收。

（刘建廷　李永全）

【科技成果鉴定与评审】2022 年，共有 399 项科技成果通过了股份公司组织的科技成果评审。"铁路有砟轨道智能铺轨关键技术及成套装备研发"等 48 项成果达到国际领先水平；"机场大型复杂并行明挖隧道群设计施工关键技术研究"等 119 项成果达到国际先进水平；"分离式框架桥下穿铁路站场岔区快速顶进施工关键技术研究"等 232 项成果达到国内领先或国内先进水平。（黄佳强）

【科技创新平台立体化建设】加大 3 个国家级实验室的建设力度，进一步理顺管理体制，完善运行机制，确保经费、人员、课题、成果"四落实"。高铁实验室、盾构实验室已正式通过国家优化整合评估审核，桥梁实验室已完成评审答辩。加快省级研发平台和各级企业技术中心建设，新增 22 个省（市）认定的企业技术中心和研发平台。完善了各类专业技术研发平台，新建中国中铁股份有限公司智能建造、"双碳"专业研发中心，为中国中铁抢占新兴市场做好技术引领。对既有 21 家专业研发中心进行优化整合，首批撤销 2 家运营不合格的中心，合并 2 家业务相对交叉的中心，对部分中心组织开展"揭榜挂帅"，重新择优选择依托单位。

截至 2022 年末，中国中铁共有国家企业技术中心 18 家，省部级企业技术中心 137 家，省部级工程技术研究中心（实验室）49 家。（黄佳强）

【软件开发建设】组织编制了《中国中铁信息化建设"十四五"规划》

▲图 10-3　中铁装备"新一代多维度多介质融合破岩的隧道掘进技术项目"获首届全国颠覆性科技大赛优秀项目

▲图10-5 "一种钢管混凝土转铰装置、转动系统及确定转动系统参数的方法"获第二十三届中国专利银奖

▲图10-6 "一种行进过程自动变跨铺轨机及使用方法"获第二十三届中国专利银奖

《中国中铁股份有限公司2022年信息化工作要点》《中国中铁"十四五"信息化建设任务清单》，部署2022—2025年中国中铁软件开发领域关键核心技术方向，着力股份公司亟待解决的痛点、难点，形成核心技术标准，建立符合公司发展需要的中国中铁软件开发标准体系。

（于　波）

【专利与工法管理】2022年，中国中铁新增授权专利9256项，其中发明专利1875项，PCT等海外专利201项。"一种钢管混凝土转铰装置、转动系统及确定转动系统参数的方法"及"一种行进过程自动变跨铺轨机及使用方法"2项专利获第二十三届中国专利银奖，"一种桥梁空心墩封顶施工工法"等4项专利获中国专利优秀奖。全年获省部级工法863项（国家级工法未评选），授权专利和工法的数量和质量得到进一步提升。

（梁崇双）

【数字化建设】推进中国中铁数据资产体系建设。制定《中国中铁数据资产管理规定》，形成1个管理规定、8项数据标准、16项数据采集共享流程，形成"1+N"的立体保障体系。组织参加国资委首届国企数字场景创新专业赛，共推荐38项参赛；组织BIM综合云服务系统、北斗时空综合服务平台、物联网（视频监控）平台等项目建设，加快数字化施工基础平台建设；通过第三届卓越杯BIM大赛和数字孪生专题培训会等形式引导BIM技术在基层项目的推广应用，助力数字升级工程落地实施。

（于　波）

表10-1　中国中铁获第二十届第一批中国土木工程詹天佑奖情况

序号	项目名称	获奖单位
1	北京至张家口高速铁路工程	中铁工程设计咨询集团有限公司 中铁三局集团有限公司 中铁五局集团有限公司 中铁大桥局集团有限公司 中铁建工集团有限公司 中铁电气化局集团有限公司 北京中铁诚业工程建设监理有限公司
2	波音737MAX飞机完工及交付中心工程	中铁建工集团有限公司
3	杨泗港长江大桥	中铁大桥局集团有限公司 中铁大桥勘测设计院集团有限公司 中铁九桥工程有限公司 中铁大桥局集团第一工程有限公司 中铁大桥局集团第六工程有限公司
4	沪昆高速铁路北盘江特大桥	中铁广州工程局集团有限公司 中铁二院工程集团有限责任公司 中铁广州工程局集团第二工程有限公司
5	雅安至康定高速公路二郎山隧道	中铁隧道局集团有限公司

续表

序号	项目名称	获奖单位
6	成贵铁路玉京山隧道	中铁二院工程集团有限责任公司 中铁五局集团有限公司 四川铁科建设监理有限公司
7	成都地铁7号线工程	中铁城市发展投资集团有限公司 中铁二局集团有限公司 中铁二院工程集团有限责任公司 中铁八局集团有限公司 中铁四局集团有限公司 中铁一局集团有限公司 中铁上海工程局集团有限公司 中铁九局集团有限公司
8	青岛地铁2号线一期工程	中铁二院工程集团有限责任公司 中铁（上海）投资集团有限公司 中铁隧道局集团有限公司 中铁十局集团有限公司 中铁三局集团有限公司
9	芜湖长江公路二桥工程	中铁大桥局集团有限公司 中铁三局集团有限公司 中铁一局集团有限公司
10	浙江省乐清湾大桥及接线工程	中铁四局集团第二工程有限公司 中铁四局集团第一工程有限公司
11	汉十铁路崔家营汉江特大桥	中铁大桥局集团有限公司
12	保定市乐凯大街南延工程跨保定南站斜拉桥工程	中铁工程设计咨询集团有限公司
13	新建浩吉铁路工程	中铁五局集团有限公司 中铁四局集团有限公司 中铁武汉电气化局集团有限公司
14	云南省牛栏江—滇池补水工程	中铁五局集团有限公司
15	南宁市轨道交通3号线一期工程 （科园大道—平乐大道）	中铁交通投资集团有限公司 中铁三局集团有限公司 中铁隧道局集团有限公司 中铁第六勘察设计院集团有限公司
16	深港莲塘/香园围口岸及配套东部过境交通枢纽	中铁二局集团有限公司

制表：耿治平

表10-2 中国中铁获第二十三届中国专利奖情况

序号	专利名称	获奖单位	获奖级别
1	一种钢管混凝土转铰装置、转动系统及确定转动系统参数的方法	中铁设计	银奖
2	一种行进过程自动变跨铺轨机及使用方法	中铁上海局	银奖
3	一种桥梁空心墩封顶施工工法	中铁二局	优秀奖
4	桥梁深水基础钻孔桩与围堰平行施工的方法	中铁三局	优秀奖
5	一种多主桁钢桁梁结构的悬臂拼装施工方法	中铁大桥院	优秀奖
6	一种大型组合梁钢主梁总拼自动化焊接装置及自动焊接方法	中铁工业（中铁宝桥）	优秀奖

制表：梁崇双

董事会办公室

【公司治理机制】持续健全制度体系，完成公司《章程》及6项议事规则修订工作，将国资证券监管最新要求和国企改革三年行动重要成果纳入其中，通过优化董事会向经理层授权决策事项清单加大授权力度，各治理主体的权责边界更加清晰，决策效率进一步提升，"1+5+N"公司治理制度体系更趋完善。及时更新公司治理制度修订汇编，形成结构合理、层次清晰、要素齐全的六大类66个制度体系图谱。积极向全国人大、证监会、上交所提出60余项政策建议，为加快完善中国特色现代企业制度贡献中铁智慧。持续规范董事会运作，以定期报告为轴制订全年会议计划，尽早发布征集议案通知，引导提高全公司决策会议的计划性；加强董事会与办公室及相关业务部门的对接，确保董事会与党委会、监事会、总裁会的顺畅衔接；强化决议执行监督，董事会2次听取决议执行情况汇报，借调研之机实地了解22项董事会决议执行情况。公司入选国资委"国有企业公司治理示范企业"，公司董事会2021年度再次获评国资委"中央企业优秀董事会"。持续优化董监高履职支持，建立外部董事意见建议督查督办机制，组织开展集中或专项调研4次；加强内外部董事沟通协调和对外部董事的履职支持保障，组织董事长与外部董事沟通会、全体外部董事务虚会各1次；组织外部董事与执行董事进行董事会前沟通、独立董事与外部审计机构沟通会各1次，为董事提供12期经营管理月报；组织董监高参加国资证券监管机构专题培训24人次，并及时办理新任及离任高管变动手续。

（梁　韵）

【子企业治理】强化子公司治理顶层设计和督促执行，要求子公司严格执行董事会建设10方面50条具体措施，推动45家二级子公司全部建立"1+3+N"治理制度体系，从机制上解决子企业公司治理规范意识不强、履职能力不够、角色定位不准、支撑力量不足、运作机制不规范等问题。通过146次"三会"议案审查强化对控股参股公司的管控力度，指导3家控股上市公司制定提高质量工作方案。同时，挖掘并宣传2家子公司治理实践经验和16家子公司董事会建设做法，搭建平台促进横向交流，营造良好的公司治理氛围。强化子公司董办系统能力建设，发布年度工作要点、公司治理制度文件清单及50余份工作提示，指导子公司建立健全董事会运行全链条配套制度，推动子公司提升治理水平。举办子公司董事会日常业务培训班，组织董办系统300余人次参加公司治理专题培训，帮助子公司董办系统拓宽思路、开阔视野。利用协会、高校培训平台为控股上市公司提供学习机会，切实提升控股上市公司董办系统履职支撑能力。随机列席14家子公司董事会，采取"上门问诊"的方式了解子公司董事会运作情况，为二级企业提升公司治理水平提供专业支持服务。强化对控股参股公司的议案审查管理，及时总结控股参股企业议案审查工作，进一步规范总部各部门、代管机构审查职责和审查程序，动态更新控股参股公司治理结构和会议台账。牵头办理146次议案审查和参会手续，对3个事项投反对票，对2个事项提出暂缓审议，增强对控股参股公司管控力度。

（梁　韵）

【制度体系建设】董事会严格遵守国资证券监管要求，积极参与制度建设顶层设计，并在实践中不断健全以公司章程为基础、以议事规则为框架、以业务管理制度为支撑的"1+5+N"公司治理制度体系。2022年，通过对公司章程进行第16次修订，将国资证券监管最新要求和国企改革三年行动重点内容纳入其中，进一步明晰各治理主体职能定位及权责内容，推动各治理主体在决策、执行、监督各环节依章履职、按章办事；通过修订董事会及相关治理主体议事规则等8项制度，确保会议审议程序依法合规，决策流程科学规范；通过修订《董事会向经理层授权事项清单》，进一步厘清董事会与经理层的权责边界，提升董事会决策效率。

（郭　飞）

【会议筹备和服务】2022年，集团公司组织召开董事会会议9次，审议通过议案及报告事项12项，对需集团公司履行必要决策程序的重大事项依法合规进行了审议决策。股份公司组织召开董事会会议10次，审议通过议案及报告事项130项，主要包括规章制度24项、管理报告17项、投资管理15项、战略管理8项、定期报告8项、财务管理8项、薪酬考核8项、对外担保6项、法人治理结构6项、风险管理4项、股权激励3项、关联交易2项等，做到了应审必审。根据监管要求，于2022年3月组织股份公司独立董事与年审机构的见面沟通，针对年度事项进行沟通，及时了解公司年度审计工作开展情况。12月30日，股份公司董事长陈云与外部董事举行沟通会，就公司治理、风险管控及董事会建设等事项进行了沟通。

（郭　飞）

【信息披露】中国中铁全年严格遵守境内外上市规则，服务生产经营，依法合规开展信息披露，全年起草并发布公告通函316项，其中A股公告125项，包括临时公告62项（含4项经营数据公告和11项工程中标公告）、定期报告4项、其他披露文件59项；H股公告及通函191项，包括公告36项、海外监管公告123项、通函13项和其他19项，全年无重大失误、无违规。优化信息披露制度体系，根据证券监管制度新修情况完成《信息披露管理办法》《内幕信息知情人登记管理规定》修订工作。积极开展中国中铁上市15年发展成就宣传,协调党建工作部转发公告信息20条,扩大公告事项宣传效果,有效对接资本市场展现公司良好上市央企形象。配合证券监管机构调研,持续加强资本市场舆情监测,协调处理北京证监局及外部董事问询事项,为企业赢得良好的资本市场环境和证券监管环境,在上交所组织开展的上市公司2021—2022年度信息披露工作评价中,公司再次且已连续9年获得A类评价。

（李 强）

【定期报告编制与披露】全年合规编制并披露2021年年度报告、2022年第一季度报告、2022年中期报告以及2022年第三季度报告共四期定期报告,完成年度和中期两期《业绩路演模拟问答》、路演推介PPT等推介材料和2021年度业绩宣传片（中英文）的制作,公司2020年年报荣获Mercury Awards"2021/2022年度报告整体呈现荣誉奖"。为深入配合每期定期报告的披露工作,组织编写新闻通稿、邀请资深分析师撰写点评文章向主流财经媒体投放,进一步增强公司定期报告披露的效果,积极引导资本市场舆论方向,引导资本市场正面理解公司情况,增加对公司的投资信心。

（张 凡）

【投资者关系管理】持续深化和完善"大投关""立体投关"理念体系,全方位、多层次提升投资者关系管理工作,结合疫情防控要求及投资者类型特点、关注重点,持续丰富投资者沟通交流形式。年内累计召开6场业绩说明会、140余场次视频电话以及现场会议,充分覆盖境内外投资者、分析师,尤其是中小投资者;累计接听投资者热线电话897话次,回复上证E互动平台投资者问题117个,处理IR邮件1173件,并及时汇总梳理投资者关注重点与诉求,通过《每日股价市值动态信息》《资本市场监测周报》《资本市场观点汇总及管理建议》《年度市值管理报告》等形式反馈管理层,持续提升投资者关系管理工作的深度和广度,助推高质量发展目标实现。

（张 凡）

【市值管理】积极推进市值管理研究和维护,深化资本市场情况及政策研究,密切关注公司与可比公司的股价和市值变动情况,撰写年度市值管理报告,提出关于市值管理意见建议,促企业高质量发展。聚焦上市公司质量提升,根据国资委文件要求,参与制定《中国中铁提高控股上市公司质量工作方案》,统筹优化中国中铁、中铁工业、中铁装配、高铁电气4个上市平台建设安排,强化同业竞争问题管控,开展资本市场公开承诺事项和上市平台治理现状摸排,助推中国中铁所属上市公司合规运行。开展中铁四局及中铁资源等业务板块分拆上市问题研究,梳理了发展现状,摸排了分拆障碍,并结合现状提出了合理化建议。积极开展市值维护,根据监管要求实施了控股股东增持,按当年可供分配利润的17.5%实施年度分红回馈境内外广大股东,完成限制性股票激励,增进上市公司市场认同和价值实现。

（李 伟）

【公司治理经验推广】董事会不断探索总结建立中国特色国有企业公司治理和央企上市公司治理的最佳实践,2022年总结提炼的董事会授权管理、分拆高铁电气至科创板上市、科改示范企业实践、母子公司治理实践共4项经验在国资委相关刊物上发表,董事会提案管理经验入选中央企业公司治理案例范本;受邀在国资委国企改革讲堂和天津国资系统分享中铁治理经验,接待中国建筑、中国建材等央企交流学习,获得国资证券监管机构、兄弟央企和资本市场的充分认可;董办工作实践、ESG管理实践、年报业绩说明会实践经验入选中国上市公司协会最佳实践案例,不断为中国国有企业现代公司治理贡献中铁智慧和中铁力量。

（郭 飞）

【产权代表履职管理】完善信息沟通机制,组织产权代表参加股份公司年度工作会议、经济运行分析会等重要会议,举办产权代表年度培训会议,日常组织开展多层次、多维度各类培训,建立股份公司总部与产权代表定期和专项沟通会机制,建立股份公司、任职公司两级工作简报制度,以信息化手段与产权代表建立快速、高效的沟通联系,及时提供行业、股份公司有关宏观微观政策解读等履职所需信息。增强考核评价实效,完善履职信息台账工作,定期开展履职情况分析,促进履职效果评价公平准确,有效提升产权代表履职积极性。加强履职成果运用,将产权代表通过履职报告、调研报告、沟通会等途径提出的意见建议进行整理分析并呈送股份公司有关领导,并分解至有关部门、任职公司进行研究落实、定期反馈,充分发挥产权代表"智囊团"作用,有效提高全公司各级对产权代表工作的重视程度,促进管理提升和价值创造。

（周 睿）

【资本市场获奖情况及宣传】自上海证券交易所开展信息披露评价工作以来,公司连续9年荣获A类评价;总结提炼的《中国中铁:健全ESG管治体系 促进企业可持续发展》《中国中铁高质量召开2021年度业绩说明会实践》均荣获中上协及北上协"2022年度A股上市公司ESG最佳实践""上市公司年报业绩说明会最佳实践";入选国资委"央企ESG先锋50指数"、福布斯"中国ESG50"榜单;连续4年蝉联《新财富》"最佳IR港股公司（A+H股）",荣获"最佳ESG信披奖";年内还荣获《证券时报》"中国上市公司ESG100强"、金紫荆"最佳投资者关系管理上市公司"、金圆桌"优秀董事会"、证券之星"年度最具社会责任上市公司"等多个奖项;《中国中铁:累计现金分红超300亿元 稳定回馈投资者》获中上协刊发,进一步树立了公司在资本市场的良好形象。

（张 凡）

办公室（党委办公室、信访办公室、保密办公室）

【服务保障】周密细致做好高端对接与服务领导工作。圆满完成公司领导各类高端商务活动、区域经营、业主对接、项目洽谈、签署战略合作协议等服务工作，统筹服务公司领导拜访多个地方政府领导，以及接待有关地方政府、地方企业领导来访等高端对接活动90场次。累计协调安排公司领导出席各层级会议、活动200余人次，累计陪同出差480余天。

（綦 虎）

【服务企业落实重点工作】围绕高质量落实习近平总书记重要指示批示工作，印发《中国中铁高质量落实"第一议题"工作指引》，整理编发习近平总书记重要指示批示参阅汇编6期，2022年共传达学习贯彻习近平总书记重要指示批示"第一议题"34项，起草公司党委关于习近平总书记考察调研发表重要讲话贯彻落实情况的报告、2021年深入学习贯彻落实习近平总书记重要指示批示精神情况报告、"回头看"专题报告等。公司深入学习贯彻落实习近平总书记"三个转变"重要指示做法在国资委有关会议上作书面交流。

（侯 素）

【落实"深化改革三年行动"任务】按期完成由办公室主责的15项改革任务，起草报国资委《国有企业党委前置研究讨论的实践与探索》《持续完善"四制"工作路径 推进党委前置研究更加规范有效》典型案例材料。根据国资委专项治理要求，将境外机构（项目）"三重一大"重点事项纳入企业重大事项决策权责清单实行提级管理。

（侯 素）

【协助党委履行主体责任】根据国资委工作安排，组织全公司开展整治形式主义、官僚主义为基层减负"回头看"工作，明确中国中铁为基层减负的11项重点任务，协调总部各部门查摆存在问题，制定整改措施，填报工作台账。编制为基层减负工作调查问卷，组织二级单位对总部近年来为基层减负工作的成效进行评价。配合有关部门完成了国资委专项巡视以及股份公司2022年巡视工作、违规挂靠专项巡视等工作，对主责的41项巡视发现问题进行督办验收。

（侯 素）

【督查督办】坚持以督办强管理、保服务、促落实。建立健全公司督办工作机制，全年督查督办涉及公司2022年工作会议、党的建设工作会议、经济运行分析会、经营工作会和季度例会部署的250项年度重点工作。优化督办平台管理系统，实时掌握办理进度，精准把握办理要求，客观评价办理结果，切实发挥督查"利剑"作用，真督实查、敢督严查，确保企业政令畅通、决策落地生根。进一步健全完善国务院"互联网+督查"平台留言转办督办流程，所涉及事项均按照职责分工转交对口业务部门并要求限时反馈，确保督办的及时性、合规性和专业性，2022年，371条留言全部得到落实和回复。

（唐 刚 王 琳）

【会议管理】制定《关于进一步精简文件会议和规范出差管理的通知》，修订出台《股份公司会议管理规定》，加强会议统筹协调和计划管理，坚持少开会、开短会、少陪会，积极推行网络视频会议，积极采取"多会合一""议题合并""集中时段召开"等方式安排会议，从源头控制会议总量。强化会风监督，严控会议的规模规格，明确扩大会议范围必须经主要领导审批，职代会、党风廉政建设会、经营会、大商务管理会、警示教育会等重要会议均采用了视频形式，切实为基层减负，提高会议效率。全年共召开全局性会议1个、系统性会议22个、业务专题会9个，比2021年总量下降34.6%。牵头组织好党委常委会、总裁办公会等决策类会议。推动新版"三重一大"决策制度、议事规则规范执行落地，动态调整《重大事项决策权责清单》，优化决策会议议案备案程序，进一步规范决策行为、提高决策水平、提升决策效率、防范决策风险。全年共组织召开股份公司党委常委会24次、集团公司党委常委会13次，总裁办公会41次，总经理办公会12次，季度工作例会4次。

（侯 素 唐 刚）

【信息工作】坚持"突出重点、提升质量"，全力提升信息采编及时性、准确性、全面性，有效发挥了以文辅政、促进工作重要作用，全年编发《中国中铁简报》137期，向国资委报送信息191篇，被采用102篇，有25篇信息得到中共中央办公厅、国务院办公厅采用，其中6篇得到党中央、国务院领导批示8次，年度排名位列中央企业第6，创历史最好成绩。

（吴晓婧）

【志鉴工作】编辑出版发行《中国中铁年鉴（2022）》。本卷采用四色全彩印刷，编辑成书188万字，刊用图片320幅。结合年度重大活动和企业实际，增设了践行"三个转变"重要指示、筑梦冬奥、中国中铁"开路先锋"文化理念体系等分目，全书图文并茂，较好地展示了中国中铁及所属企业2021年生产经营、改革发展、科技创新、党的建设等方面取得的新成果和新经验。组织完成《国资年鉴（2022）》编纂工作，完成了2021年中国中铁大事记的编报。

（王 琳）

【值班工作】上线运行中国中铁值班应急系统，细致做好党的二十大和重大节假日期间的值班工作，严格落实领导带班、专人值班、24小时应急值班值守制度，建立健全公司值班报告及信息报送等制度，制发《值班手册》，确保应急值守工作规范有序有效守护企业安全。

（唐 刚 王 琳）

【以文辅政】充分发挥以文辅政的职能，积极建言献策，为公司领导科学决策当好参谋助手。以高质量文稿服务高质量决策、推动高质量发展。悉心领会、准确把握党委和领导的工作思路和决策取向，起草或参与起草股份公司领导在年度系列会议、经济运行分析会、经营工作会等各类综合会议，以及安全稳定、疫情防控、党风廉政建设暨反腐败工作、"严肃财经纪律、依法合规经营"综合治理专项行动等各类专题会议上的讲话以及各类工作总结、交流材料、调研报告、工作函件等综合文字材料120余篇、90万字，切实做到"谋之有方"。切实发挥"参谋员""情报员"作用。准确把握影响全局的新情况、新问题，把握领导关注和群众反映的热点、难点问题，统筹安排了2022年度领导调研检查工作，围绕国企改革三年行动、母子公司治理、大商务管理、"第二曲线"新业务开拓等方面，深入开展问题对策研究，通过深入一线寻良策、谋实招，找到了很多问题的症结所在，提出有针对性、可操作性的意见和建议，转化为科学决策的重要依据，努力做到"参之有道"。（范勤学）

【文书工作】着力做好优质拟文、精准发文，规范高效运转。严把审核关口，力求"精准发文""减少普发""杜绝滥发"，坚决杜绝"撒网式"征求意见、"大水漫灌式"发文；紧盯发文"大户"，坚持季度预警管理，严控发文总量，确保发文总量只减不增；编印了《公文印章知识问答手册》《总部发文指南》《2021年度公文处理情况通报》等指南手册，进一步强化公文管理的实用性和指导性；积极协调各部门及时办理文件，切实提升了办文效率，实现了发文数量和质量的"一降一升"，1—12月总部正式发文同比下降12.5%，文件数量压减效果显著；二级单位来文准确率达96.5%，文件质量明显提升。结合实际制定《中国中铁总部涉密公文管理工作指引》及密件共享动态流转台账，确保密件安全可控，实现了2021年度涉密公文全部归档。（钟芳林）

【信访稳定】2022年，累计接待群众越级来访130批538人次，同比批次上升0.77%，人次下降5.1%，其中集体访24批335人次，同比批次下降4%，人次下降11.3%，办理群众来信416件，督办信访事项9件。针对党的二十大、冬残奥会等重大活动和重大节日期间的关键时期，坚持提前部署，早做预案，特别是在党的二十大期间，成立了以两位主要领导任组长的党的二十大安全稳定工作领导小组，印发《中国中铁党的二十大期间信访稳定保障工作方案》，召开党的二十大期间重点信访问题安全稳定工作专题会，组织召开北京地区信访维稳工作专题会暨处置非正常上访进行桌面推演等方式，明确工作要求和责任，从严落实信访值班和"零报告"制度，联动所属各单位做好相关工作，全力确保"三个不发生"工作目标，保障了敏感特殊时期信访形势平稳可控。有序推进信访督查督办，在全系统组织开展信访维稳视频培训，召开中铁四局、中铁二院重点事项信访维稳工作专题会，针对2021年以来信访维稳事件多发的4家单位开展专项约谈，推动重难点事项切实将责任落到实处。通过实地观摩考察、典型问题调查、视频会议与书面材料相结合的方式，以改进和破解信访工作体制机制建设为重点，对部分单位开展信访专项调研，协助国资委撰写"拖欠中小企业账款和拖欠农民工工资"信访问题专项调研报告，得到国资委充分肯定。2022年在全公司深入开展了矛盾纠纷隐患排查化解工作，通过采取领导包案、责任到人、一案一策的方式，确保及时就地妥善处置各类信访问题，提前化解潜在的矛盾纠纷。加大信访积案化解工作力度，提前半年完成了所有74项信访积案化解工作，实现信访积案"清仓见底"任务目标，化解数量和化解率居央企首位，得到国资委肯定。（张昊云）

【档案工作】坚持以"业务协同、管理融合、基础提升、价值创造"为着力点，统筹推进档案工作发展，充分发挥档案在服务企业发展中的重要作用。结合国家档案局"喜迎二十大、档案颂辉煌"的国际档案日宣传主题，举办了"发展与跨越——中国中铁年度档案记忆（1949—2022）"档案图片展，深入挖掘全公司档案资源，按年度遴选出138件记载着中国中铁历史与辉煌的珍贵档案进行展出，生动展示了中国中铁七十多年来在党领导下取得的发展足迹和光辉业绩。（周 慧）

▲图11-1 2022年9月22日，办公室党支部组织全体党员参观中国中铁十年辉煌成就展

【支部建设】加强党的创新理论武装。坚持每月集中学习交流，扎实推进党史学习教育常态化制度化，组织全体党员干部通过党员大会、办公室例会、网络课程、自学等方式认真学习领会党的二十大精神、习近平总书记在各类会议上的重要讲话以及习近平总书记有关重要指示批示精神。规范"三会一课"。组织全体党员参观京西山区中共第一党支部纪念馆、"开路先锋"文化展览馆，组织参加机关党委组织的参观中国共产党历史展览馆、北大红楼、"奋进新时代"展览等主题活动。党支部书记为支部党员上了专题党课，按规定组织召开了支部专题组织生活会，形成了10项整改措施。扎实开展"我为群众办实事"，广泛听取基层对公司办公室工作的意见建议。统筹做好部门疫情防控常态化工作。特别是在疫情发生的特殊时期，克服困难，认真履职，全力保障企业正常运转和部门人员安全。全力支持配合机关党委和机关工会工作。积极配合公司党委第三巡视组巡视机关党委工作，积极参加总部机关第二届趣味运动会和经典传颂活动，均取得了第二名的好成绩，部门凝聚力得到进一步提升。部门1名同志获评中国中铁党委"优秀共产党员"荣誉。 （高奥璇）

规划发展部（全面深化改革领导小组办公室、企业管理实验室）

【战略规划管理】围绕战略编制、宣贯、分解实施、督导考评等重点工作，深入推进战略规划闭环管理工作。高标准编制战略规划：对子企业"十四五"规划进行"集中审核、交叉复审、研讨审定、逐一批复"；指导重组后投资公司贯彻落实股份公司深化改革工作精神，组织完成规划修订、评审、批复等工作，形成了总体规划、专项规划和子规划统分有序、上下衔接、协同贯通、支持落地的战略规划体系。全覆盖开展战略宣贯：将战略宣贯作为规划实施落地的助推器，通过以总体规划为重点的集中宣贯、以专项规划为重点的业务宣贯、将股份公司与各级企业规划结合的融合宣贯、将战略宣贯纳入党校培训课程的常态宣贯等形式，建立了多角度、全覆盖的战略宣贯体系，使规划在各层级达成战略共识，凝聚发展合力。高质量推进规划执行：建立了以"重点任务书"为载体的战略执行机制，通过引入战略解码方法，对十二大类、219项战略重点任务细化分解到年、到季度，形成覆盖全层级、按年更新的"重点任务书"，实现"一书管全局、一书管全年"。全方位统筹督导考评：建立了主责部门牵头抓总与业务部门监督纠偏相结合的督导机制，并将战略执行情况纳入信息化督办系统，做实过程督导。搭建全景战略考评体系，将规划目标融入各级绩效考核指标体系，对"重点任务书"执行情况进行专项考评、对规划执行情况进行评估。 （吴梦溪）

【战略合作】将战略合作作为企业服务国家战略、实现产业协同、价值创造和转型升级的重要抓手，围绕主责主业和培育壮大新增长点，积极牵头开展战略合作，全年与9家央企、7家地方政府、3家咨询机构和高端院校共签署19份战略合作协议，进一步填补发达省市和关键领域的战略伙伴缺口，丰富战略合作资源，推动资源要素进一步向国家战略指向、企业发展急需、市场潜力巨大的"富油区块"聚集。 （吴梦溪）

【国企改革三年行动完成情况】国企改革三年行动开展以来，中国中铁高举习近平新时代中国特色社会主义思想伟大旗帜，进入新时期、贯彻新理念、构建新格局，紧紧围绕"三个明显成效"目标，全面落实改革三年行动首要任务，重点突破、协同推进、形神俱抓，实现高质量收官的改革目标，为推进企业高质量发展持续注入新的更强动能。截至2022年底，总部层面，六大改革领域31个改革方面共计221项改革任务已全部完成，各项重点任务相关的83项配套制度已全部制定/修订完成；二级企业层面，46家企业共5104项改革任务已全部完成，各项重点任务相关的1259项配套制度已全部制定/修订完成；三级及以下企业层面，527家实体企业共23147项改革任务已全部完成，完善配套制度13052项。 （田　均）

【全面加强董事会建设】改革三年行动以来，中国中铁从规范董事会会议安排、强化董事会提案管理、优化董事会决议执行管理、加强外部董事沟通、落实外部董事意见建议等方面入手，进一步提升董事会运作规范性、有效性，同时将加强董

▲图11-2　3月24日，中国中铁召开深化改革三年行动工作推进视频会议

事会建设的各项改革要求向子企业进行传导延伸。制定《出资企业法人治理结构编制及定员标准》，落实"双向进入、交叉任职"，系统明确党、纪、工等组织在法人治理结构中的职数、职责、权限等；实施《加强子企业董事会建设实施方案》，合理划定、全部完成121家企业董事会"应建""尽建"，同步落实"外部董事占多数、董事会向经理层授权"等任务，并建立应建董事会企业动态调整机制，2022年调整后企业为119家，全部实现董事会应建尽建和外部董事占多数。（田　均）

【推进落实董事会职权】实施《落实子企业董事会职权工作实施方案》《落实子企业董事会职权管理规定》，创新形成"一案一规一清单"的中铁"落权"管理模式，评估所属企业"落权"资格及行权能力，重点落实经理层选聘、业绩考核、薪酬、重大财务及投资事项管理等方面职权，对具备"落权"条件的16家重要子企业，"一企一策"形成单位"落权"事项清单；组织定期评估"落权"成效，动态调整"落权"企业范围及"落权"事项内容，形成有序"落权"、有效"行权"的管理长效机制，确保"落得下、接得住、行得稳"，充分发挥各级子企业决策主体作用。（田　均）

【全面深化改革成果】全面深化改革以来，中国中铁连续9年获国资委年度业绩考核A级和5个任期考核A级，2021年，改革三年行动重点任务年度考核结果为A级。2020年度、2021年度连续2年获评国务院国资委"中央企业优秀董事会"称号，2022年入评"国有企业公司治理示范企业"；公司在母子公司治理、分拆上市等5个方面形成了一批可复制可推广的经验，并在国资委平台刊发；中铁设计为试点的员工持股成效显著，作为央企先进经验，在"国企改革大讲堂"上交流推广；所属中铁四局、中铁大桥局、中铁上海局入选国资委"管理提升标杆企业"，中国中铁项目现金流自平衡入选"管理提升标杆项目"；所属中铁装备、中铁大桥院分获"科改示范行动"专项评估"标杆"及"优秀"评级，中铁九局、中铁二院分获"双百企业"专项评估"优秀"及"良好"评级，中铁装备纳入国资委"国企改革优秀企业重点宣传范围"并作为央企典型案例推广；2021年、2022年，连续2年获国资委党委巡视巡察年度考核A级；在中宣部、国家发展改革委、中央军委和北京市委、市政府联合主办的"奋进新时代"主题成就展中，中国中铁职工代表大会做法作为唯一的企业民主管理典型在"坚持巩固基层政权，完善基层民主制度"板块展出。（田　均）

【中国中铁产业集群疏解雄安新区】11月23日，中国中铁产业集群疏解雄安新区揭牌暨启动仪式在雄安新区举行。河北省委常委、省政府副省长，雄安新区党工委书记、管委会主任张国华，中国中铁党委书记、董事长陈云参加启动仪式。为了响应国家号召，支持雄安新区建设发展，深度参与国家重大战略，股份公司制定"1+6+N"的产业集群导入方案，推动基建投资、智能建造、勘察设计和高端制造等核心产业企业整体落户雄安，是首家以产业集群方式迁入雄安新区的中央企业。"1+6+N"的产业集群导入方案即1个区域总部、6家实体型产业公司和N个科技研发、设计咨询、高端制造、智慧运营等高科技企业。其中，雄安区域总部作为中国中铁总部职能的延伸，全面代表股份公司统筹协调成员企业，深度对接和服务雄安新区建设，牵头为雄安新区提供特大、重大或涉及多产业多主体的一站式高品质服务。6家实体型产业公司为中铁一局、中铁二局、中铁三局、中铁四局、中铁建工和中铁北京局等在"工业化、智能化、绿色化"新型建造领域的优秀单位。N个高科技企业在新区先行设立设计、科创、城市智慧运营等新型组织，服务和推动数字城市、智慧城市建设运营。（郭鑫荣）

【"富油区块"布局】指导、推动二级企业研究制定全局性、系统性的经营生产布局优化方案，不断调整生产力和生产要素等资源配置向发达区域、潜力区域转移，通过合理配置资源要素，深度融入国家重大战略、融入城市群都市圈新的经济增长极，将区域发展势能转化为企业发展动能，确保优势资源要素向主业汇聚、向优势业务板块集中，供给侧结构性调整取得实效。2022年，为填补经济发达地区市场主体空白设立的实体子公司15户，优化市场布局，积极向"富油区块"集中的新设子公司28户。（王　剑）

【规范二级企业领导班子职数管理】为进一步加强和规范中国中铁全资、控股子企业领导班子职数管理，研究制定《中国中铁子企业领导班子职数管理方案》，中国中铁股份有限公司二级企业领导班子职数标准，统筹考虑子企业所处业务板块、发展质量、历史沿革等因素，逐户核定子企业领导班子职数配置标准。标准实施后，子企业领导班子职数控制在7～13人之内，平均压减比例达到13%。（郭鑫荣）

【对标一流管理提升工作】依据《中国中铁对标世界一流管理提升行动实施方案》《中国中铁对标世界一流管理提升行动工作清单》，对标世界一流管理提升行动清单确定的50项工作任务全部圆满完成，各项任务推进进度和工作成果完成率均已达到100%，形成对标成果250项，其中：制度办法146项，工作方案31项，研究报告32项，规划22项，纪要7项，其他12项。（代胜元）

【三级工程公司建设】立足新发展阶段，贯彻新发展理念，构建新发展格局，明确标杆企业和困难企业的分类治理原则，以及差异化的政策导向，为进一步做强工程施工业务、做优主业资产质量奠定了坚实基础。改革"三级工程公司20强"评选标准，鲜明树立"发展优先、质量第一"的发展导向，开展中国中铁三级工程公司20强评选及对标活动，20家单位获得2021年度"中国中铁三级工程公司20强"。（代胜元）

【亏损企业治理】按照"分类施策、消灭存量、遏制增效"的工作方针，以高质量发展为主题，以提质增效专项行动为载体，全面推进各项治亏目标落地。全公司140户亏损企业中，100户实现了减亏扭亏目标，减亏扭亏完成率达71.4%；全年实现减亏48.9亿元，减亏比例57.1%，圆满完成年度亏损额和亏损面双下降50%以上的治理目标。（代胜元）

【企业压减工作】2022年，根据国资委《关于印发〈中央企业压减工作"回头看"专项行动工作方案〉的通知》要求，全面总结2016年5月以来压减工作情况，认真组织开展了压减工作"回头看"专项行动，研究下发了《中国中铁关于进一步深化压减工作和上报2022年工作计划的通知》《中国中铁关于下达2022年度"压减"计划的通知》和《中国中铁关于开展压减工作"回头看"专项行动、"控股不控权"问题专项整治及混合所有制改革问题整治等有关工作的通知》，加大非主业和低效无效资产处置力度，有序推进"两非"剥离工作，对照产权系统和财务决算报表合同范围的企业，与压减系统填报数据逐一核实比对，全面真实掌握公司"家底"，保证压减系统数据的及时性、准确性和完整性。2022年度，完成压减法人企业28户，超额完成全年度25户压减计划，完成率为112%，节约管理费用4557万元，回收资金12.5亿元，有力助推了企业高质量发展，为建设具有全球竞争力的世界一流企业奠定了坚实基础。（王　剑）

【解决历史遗留问题】全面完成"三供一业"分离移交、53家医疗机构改革、11家教育机构整合和厂办大集体职工安置工作，退休人员社会化移交完成比例达99.8%。（田　均）

【"两非"企业剥离】坚决贯彻国资委决策部署，将"两非"剥离作为调整企业结构、提升资产质量的重要手段，坚持"一企一策"原则，细化处置节点，推进剥离处置，超前完成了全部5户"两非"企业剥离处置任务，完成率位列79户涉及"两非"工作央企前列。（吴梦溪）

【编制品牌规划】以夯基础、展形象、提价值为主线，完善品牌管理制度体系，发布了《中国中铁品牌建设"十四五"规划》《中国中铁股份有限公司品牌管理办法》《中国中铁股份有限公司品牌架构与应用规范》。参与各类别品牌活动，在国资委"一把手谈品牌"刊发了公司党委书记、董事长陈云的署名文章《牢记殷殷嘱托 践行使命担当 奋力打造世界一流企业卓著品牌》；出席了中国广告主协会"加强自主品牌建设，助力高质量发展"专题座谈会，并作经验交流；参加了中国施工企业协会主办的"中国建造"品牌企业评选活动，5家单位获评（专业）品牌企业称号；参与了国资委2021年度品牌建设典型案例和优秀品牌故事征集活动，3个品牌案例故事入选。BRAND FINANCE发布的"全球品牌价值500强"榜单中，中国中铁位列第107，较2021年的第122位提升15位。（王晓刚）

【QC小组活动】加强全面质量管理，激励开拓创新，组织开展2022年度第四十二届质量管理小组成果评审发布会，促进企业高质量发展，263项成果被评定为2022年度中国中铁优秀质量管理成果，其中一等奖80项，二等奖103项，三等奖80项。60项成果获得2022年度全国优秀质量管理成果，其中：一等奖12项，二等奖26项，三等奖22项。（代胜元）

【协会管理】规范股份公司外部协会管理，加强与外部协会的联系，使其成为企业对外交流的重要窗口和获取信息的畅通渠道，2022年股份公司共参加协会38个，缴纳会费183万元。股份公司领导班子成员依法合规履行协会兼职职务，加强对外宣传企业形象，提高了企业知名度，维护了企业利益，促进了企业发展。（代胜元）

财务与金融管理部（北京财务共享服务中心）

【财务制度建设】2022年，认真贯彻国资委要求，落实股份公司战略规划和发展目标，牢牢把握企业高质量发展主线，落实大商务管理体系建设及项目管理效益提升三年行动等重点工作要求，制定《中国中铁关于加快建设世界一流财务管理体系实施方案》（中国中铁财金函〔2022〕250号），深入查找存在的差距和问题，详细分解目标任务，确立了中国中铁"12347"财务管理体系框架，即坚持"一个目标"，围绕"两条主线"，构建"三大能力"，严守"四条底线"，完善"七大职能"，力争通过5年左右的努力，公司整体财务管理水平明显跃上新台阶，在行业内保持领先，通过10年左右的努力，建成与世界一流企业相适应的世界一流财务管理体系，财务管理水平位居世界前列；下发《关于持续加强经营性现金流常态化管控的通知》，强化源头管控、加大"双清"力度、推动工程项目现金流自平衡管理、加快投资项目现金回流、加速房地产项目销售回款、有效盘活资产、加强考核激励；印发《中国中铁表外项目财务风险防控指导意见》（中国中铁财金〔2022〕150号），加大表外项目融资业务、担保业务、债务管理、资产管理、会计信息质量、税务管理等财务管控力度，提高表外项目财务风险防范能力，防止表外项目

财务风险表内化；印发《中国中铁财务共享业务审核（稽核）通用手册》，为中国中铁当前财务共享业务标准化提供有效的执行标准和评价准绳，有效促进财务共享业务合规、合法、合理地高效运行；修订《中国中铁股份有限公司全面预算管理办法》（中国中铁财金〔2022〕231号），加强企业经济运行管理，促进实现企业发展战略和资产保值、增值，全面提升发展质量；修订《中国中铁担保管理办法》（中国中铁财金〔2022〕80号），规范担保行为，加强信用和担保管理，保护投资者合法权益，维护企业财产安全，有效防范和控制担保风险；修订《中国中铁股份有限公司金融投资管理规定》，规范金融投资行为，防范投资风险，提高投资效益，促进金融业务更好地服务主业发展。（马飞祥）

【全面预算（目标）管理】2022年，公司以习近平新时代中国特色社会主义思想为指导，深入贯彻落实党的十九届六中全会、中央经济工作会、中央企业负责人会议、中央企业预算布置会等重要会议精神，坚持稳字当头、稳中求进工作总基调，以国资委"两增一控三提高"和公司"十四五"发展规划、"四增两控四提高"目标为指引，基于整体宏观经济情况和行业发展形势、公司经济运行情况，围绕提质增效、风险管控等重点工作，按照"目标引领、追赶先进、债务风险可控、勤俭办企"原则，制定2022年度预算目标及二级单位预算目标方案。

2022年底，公司贯彻党的二十大和中央经济工作会议精神，落实国资委2023年度预算部署工作要求，组织制定下发公司2023年度预算编制原则，并遵循国资委"一增一稳四提升"预算总体目标导向，围绕"一利五率"考核指标体系，以"三增两控四提升"为目标，着力构建现代化产业体系、着力防范化解重大风险、着力实现质的有效提升和量的合理增长，坚持提质增效、勤俭办企原则，基于对宏观经济和行业发展形势的研判，结合公司生产经营实际，以及各项业务预算和上年预计完成情况，拟定2023年度预算方案。（梁世琨）

【财务资源配置】针对板块、单位、业态由上而下建立、健全以投入产出效率高低为中心的财务资源配置机制、制度。严格执行二级企业财务资源分配政策，推动财务资源向优势产业、优势单位、优势项目倾斜；加强融资逐步审批，加强各类刚性债务管控，确保刚性债务如期兑付；以"存量换增量"、严格管控融资资金流向、落实工程项目"现金流自平衡"管理，提高以内生资源进行财务资源调配的功能。发挥金融企业平台作用，为财务资源的有效配置提供有力的决策支持，促进实现企业财务资源利用和财务绩效的最优化、最大化。通过内部金融企业提供融资带动施工总承包业务，模式为"内部金融企业对外融资＋推荐系统内产业单位施工投标＋系统内产业单位协助管理"。完善财务资源配置评价体系，提高财务资源的投资回报率，促进各单位提升财务资源的投入与产出效率，最大限度地增加公司整体价值。（梁世琨）

【财务决算】始终坚守"不做假账、不出假数"铁律，持之以恒抓实会计核算与报表编制，不断夯实财务管理基础。在完善会计核算制度方面：一是结合准则变化、业务发展、监管政策、监督检查发现的问题，动态更新会计核算制度；二是完善集团内财务政策和标准，做到核算制度集中、统一、标准、规范；三是完善财务稽核机制，强化制度执行，加强制度执行监督检查，对违规问题严肃惩戒，维护制度权威、严肃财经纪律，全面树立全员合规理念和对制度的"敬畏"之心，筑牢合规防线。在决算管理方面：一是全力提高财务报告编报质量。完善会计报告内控制度，加大会计报告层层编制、审核力度，客观、真实、准确地总结、反映、披露企业各季度和年度经营成果。二是狠抓决算发现问题整改和责任追究，根据上级整改要求压实整改责任，发挥责任追究的警示震慑作用，逐级督导问题单位落实整改责任。三是提升报表编报手段。积极主动运用现代化信息技术手段，更新报表平台提升报表编报自动化水平，规范报表平台管理流程及体系，不断提升财务报告处理效率。四是按照既定的决算工作计划，股份公司各单位加班加点，共同出具了一份优质的2021年度财务决算报告，总结了2021年度业绩特点，分析挖掘财务指标增减变化背后的业务实质，指出子企业盈利不平衡、房地产市场相关减值风险大、资金紧张的局面未彻底扭转、资产负债率管控压力大等问题，提出了相关建议。完成了报表编报分析、上交所披露、国资委和财政部报送，2021年度公司决算和快报工作均获得了财政部通报表扬。（樊伟）

【权益性融资】中国中铁全年完成权益融资142亿元，其中股份公司本部发行永续债券合计84亿元，均为可续期公司债券，加权平均票面利率为3.0%，为公司筹集了长期限、低成本资金；积极组织协调所属单位（中铁工业、中铁一局、中铁北京局等）发行永续类债券合计58亿元。永续债规模较2021年末压降28亿元，为完成国资委资产管控任务作出了积极贡献。（李博）

【资金集中管理】深入推进以"财务公司＋铁工财资"为平台的境内外资金集中管理机制，优化资金集中模式，不断加大资金集中力度，稳步提升公司整体资金集中管理水平，畅通资金内部循环，提升资金使用效率。

财务公司资金集中方面：2022年，财务公司以司库建设为契机，统筹优化集团内账户和资金管理体系。财务公司以提升资金集中度及日均吸存为目标，全力打破监管资金归集限制，发布了制式三方监管合同模板，建立业主—施工单位—

财务公司三方资金监管机制，拓宽资金归集渠道；以提升服务体验感为抓手，落实"主动接单、快速响应"服务宗旨，持续完善服务体系，以优质服务进一步促进资金集中。截至2022年末，通过财务公司归集资金（本外币）1905亿元，全集团日均吸收存款1304亿元。

铁工财资资金集中方面：2022年，铁工财资上线了中国中铁境外资金管理系统，与中银、渣打、工银3家境外银行建立了银企直联系统，可覆盖境外大部分银行账户和资金，提升了铁工财资境外资金集中管理的能力，实现了境外资金可视、可控和可集中，为境外司库建设奠定了基础。铁工财资在迪拜区域建立了资金池，推动境外单位签署资金归集授权协议，刚果（金）、安哥拉等高风险地区单位在香港银行跨境开户实现突破，为境外资金集中管理提供了新途径。截至2022年末，通过铁工（香港）财资管理有限公司归集境外资金折算人民币27.88亿元，其中归集3.58亿美元、0.96亿港元、1.68亿元人民币和少量欧元；年末发放贷款规模1.38亿美元，满足境外单位的融资需求。

（李 博）

【金融资源管理】加强金融投资管理，要求股份公司所属非金融企业法人原则上不得从事与主业无关的金融投资。经股份公司第五届董事会第六次会议审议同意的批准中铁资本认缴分期出资中国诚通发起的中国国有企业结构调整基金二期股份有限公司（以下简称"国调二期基金"）股权人民币40亿元，截至2022年末，中铁资本已实缴20亿元，国调二期基金已完成对中铁七局集团武汉工程有限公司、中铁十局集团第一工程有限公司、中铁一局集团建筑安装工程有限公司、中铁五局集团第一工程有限责任公司、中铁八局集团第三工程有限公司、中铁市政环境建设有限公司实施合计30亿元市场化债转股返投。

（李 娟）

【担保管理】公司全面贯彻国资委关于担保管理的各项最新规定和要求，修订了公司担保管理制度，进一步强化担保管控和风险防范。公司依法合规开展对外担保业务，内部决策程序和信息披露符合国资委、证券监管机构和《公司章程》有关规定。对外担保坚持"同股同权、同股同责"原则，避免公司超股权比例承担担保义务，保证公司担保业务安全。严格融资担保预算目标管控和担保业务过程监控。加强公司资产证券化和永续债规模管控，对差额补足承诺规模实行从严控制，防止逾期和违约事项产生，坚决杜绝触发担保（差额补足承诺）风险。截至2022年末，公司对外担保有效余额为155.8亿元，较2021年末减少13.44亿元，对外担保规模未突破2022年度公司（合并）净资产的50%，公司担保金额得到了有效控制，对外担保风险整体可控。

（成雅琪）

【资产经营】积极指导所属单位开展无增信或部分增信资产证券化业务，2022年，全公司发行资产证券化规模286亿元，为盘活存量资产、增加经营性现金流作出了积极贡献。业务开展过程中强化从源头上管控差额补足担保，积极引导投资者回归资产本源。

（李 博）

【产权管理】加强组织领导、完善工作机制、建立健全各项制度和配套措施，全力以赴推动国有产权管理问题专项治理，工作取得良好进展。梳理排查出产权登记问题272项，整改完成262项，整改完成率为96.79%；对外转让本企业国有产权、收购外部股东持有本企业产权和引入外部股东增资等三类国有产权问题40项，整改完成率为100%。利用专项治理活动下发了《关于加强国有产权基础管理工作有关事项的通知》《关于加强个人代持境外国有产权和特殊目的公司管理有关事项的通知》《关于进一步加强产权登记工作有关事项的通知》《关于进一步规范资产评估管理有关事项的通知》等文件弥补制度缺陷，编写了《中国中铁产权登记业务操作指南》《中国中铁所属全资子企业无偿划转业务指南》《中国中铁产权登记智能系统2.0使用手册》等文件，加强产权业务指导。

坚持依法合规，夯实产权基础管理。截至2022年末，中国中铁产权登记企业总户数1879户，登记企业实收资本总额达7628.56亿元，其中国有实缴资本7014.80亿元。2022年全年完成产权登记业务1166项，较2021年的406项有较大幅度增长。完成资产评估备案项目88个，净资产账面值合计639.57亿元，较2021年增加547.74亿元；净资产评估值合计757.41亿元，较2021年增加636.44亿元，评估增值117.84亿元，增资率为18.42%。其中与国资国企改革相关的评估项目44个，净资产账面值合计534.15亿元，净资产评估值631.77亿元，评估增值率为18.28%。全年进场交易项目66项，成交总价84026.15万元，成交增值率为88.57%。产权基础管理在推动流转、防止流失、提升价值方面发挥了积极作用。

有效利用产权政策，优化结构助力企业高质量发展。2022年通过非公开协议转让方式完成中国中铁投资公司的重组；完成中铁二局建设有限公司向中国中铁股份有限公司无偿划转中铁工业上市股权项目。

（曾 晶）

【金融和类金融业务风险防范】按时组织召开中国中铁防控金融风险领导小组会议，进一步提升中国中铁金融风险防控能力、融资能力和资金使用效率，促进中国中铁融资和金融业务健康发展。根据国资委相关要求，开展金融业务风险问题专项治理工作。根据国资委《关于开展中央企业财务公司专项检查的通知》要求，配合国资委对中铁财务开展专项检查，督促落实国资委关于规范财务公司经营管理的有关要求，强化合规经营。继续推进金融业务优化调整工作，按前期方案进行金融股权的清理退出工作，按要求报送中期、季度、月度报告。按照国资委要求组织好信托业务月度跟踪报告、中央企业金融业务季报、基金年度报告的相关收集、整理、核对、报送等工作，按要求做好金融季度相关风险监控。（李　娟）

【税务管理】组织编制下发《中国中铁适用主要税收优惠政策汇编（2022）》，帮助指导各单位合规充分享受各类税收优惠，大力享受增值税留抵退税政策红利，充分发挥增值税留抵退税对改善企业资金状况的正向作用。在税务管理信息化建设需求报告的基础上初步开发完成税务管理信息系统，并将税务风险管理、筹划管理嵌入前端业务管理环节。根据国资委《关于开展依法纳税情况自查自纠专项行动的通知》要求，迅速安排部署，印发工作方案并督导落实，相关问题均已整改到位。完成千户集团风险管理应对工作，形成并印发《税务风险事项清单（2022）》。编制《印花税法关注要点》，指导各单位做好衔接及后续管理工作。组织开展并购重组和基础设施REITs业务涉税专题研究，形成并印发《中国中铁并购重组业务涉税工作指引》和《中国中铁基础设施REITs业务涉税工作指引》。按时完成集团公司、股份公司2022年增值税、企业所得税、个人所得税等各税种申报纳税以及发票管理等日常相关工作。及时规范完成总部两个主体2022年的印花税申报纳税工作，完善印花税台账。按时组织完成2021年度汇算清缴、国别报告申报等工作，梳理税务管理工作中的问题、风险，总结经验并提出管理建议。组织各单位分析税负情况并制定应对措施，落实各类税收优惠备查资料，确保各项优惠在合规的前提下实现应享尽享。联合国家税务总局税务干部学院开展中国中铁2022年组合式税费支持政策解析线上培训，组织各单位分管税务工作人员开展多次线上、线下税务专题培训，按月解读税收新政，按期编辑制作财税政策电子专刊。

（魏勇明）

【境外财务资金监管】下发《中国中铁关于进一步强化境外财务资金管控　夯实派出财务主管人员工作的通知》，要求各单位有效发挥派出财务主管人员"探头"作用，落实境外财务资金监管责任，加强监督检查。正式启动境外财务资金监管网络报表系统，通过建立境外财务资金监管报表网报系统及季度动态上报管理机制，重点关注境外机构派出财务人员管理、派出财务负责人发挥"探头"作用、境外财务资金内控关键环节风险控制等方面情况，进一步提高公司各级财务管理机构在境外财务资金监管工作中及时掌握信息、动态分析、风险管控等方面的能力。

严格落实派出财务主管人员述职相关制度，财务与金融管理部对总部管理的境外直属机构财务负责人开展书面述职4人、4次，现场述职2人、2次。于3月、8月组织人员参加中海外、中铁国际集团境外单位财务负责人岗位履职情况述职工作会，听取境外财务人员的现场述职，给予工作指导并提出工作要求。2022年，中国中铁所属各级境外机构直派财务主管人员完成现场述职人数191人、现场述职次数253次，书面述职人数251人、述职次数398次，共报告发现派驻单位问题数量123个，推动派驻单位修订完善制度办法196个，直派财务负责人报告制度进一步得到落实。

（马志强）

【财务共享数智升级】持续优化业财共享平台建设，完成功能改造升级105项。提升系统智能化应用，分4个批次在全公司全面推广上线智能报销和智能审核，截至2022年末，已按计划完成第一、第二批次单位上线；研发上线"资金重推机器人"，对于超时资金支付指令自动重新推送，大幅提升了用户使用体验、释放了人力资源。开发工程项目现金流自平衡管理系统，促进工程项目现金流自平衡管理理念落地，截至2022年末，已进行试点测试。搭建全新稽核管理平台，提升系统平台穿透和稽核业务处理能力，有效加强稽核手段和稽核效率。开发建设中铁财务数据中心（一期）工程，构建"采、存、治、用"平台总体架构，搭建财务数据集中管理、自主BI分析、数据模型共享、预警闭环管理、数据采集低代码等功能。建成全公司经济运行、全账户可视化、现金流等专题应用场景，完成领导视窗开发，推动资金、投资等数据的融合分析和可视化呈现，初步实现了"一屏览全局"。实现了全股份范围内资金智能化平台部署上线，共计4.4万个银行账户（含内部虚拟户）纳入统一管理，有效提升资金安全防控水平。接入各级财务共享、资金智能化等平台数据，共计1631张表，1.7万个字段，12.8亿条数据，日增入库数据约360万条，完成G6、共享系统中33张表单、932个字段名称的梳理、标签化工作。

（张雨佳）

【司库体系建设】认真贯彻落实国务院国资委《关于推动中央企业加快司库体系建设　进一步加强资金管理的意见》（国资发财评规〔2022〕1号）要求，统筹推进司库信息系统建设工作。2022年，中国中铁统筹设计司库体系建设总体方案，明确工作目标、建设内容、建设思路、实施路径，组建工作专班，构建运转高效的管理机制，聚焦系统集成和数智赋能，全面启动司库信息系统建设。截至2022年末，融资、担保、授信试运行，完成资金管理模块标准版建设，境外资金模块完成和香港财资系统的集成，预算和双清管理模块重点推进工程项目现金流自平衡系统的开发和试运行，借助财务数据中心开展数据决策分析，实现资金余额信息动态反映、资金业务全面监控、银行账户系统分析、现金流实时展示等专题大数据分析。

（刘鹏会）

【双清工作】贯彻落实国资委"两金"增幅不高于收入增幅要求，结合上年末"两金"余额及年度资产负债率预算目标，制定年度整体及各二级单位"两金"管控目标。积极推进常专结合双清工作，通报清收清欠季度计划完成情况，批复年度"两金"重点管控单位和挂牌督办项目清单，联合现金流管控、经济运行综合督导，督促所属单位多维度分析"两金"成因、明确工作目标、落实工作责任，促进实现"两金"管控目标；利用集中结算支付重要节点、国家稳经济有利政策、金融及法律有效工具，开展中秋国庆节假日、政府专项债项目、年末双清攻坚战等一系列清收清欠专项行动，加快应收款项变现，促进改善现金流状况。

（梁世锟）

【经营性现金流常态化管控】2022年，中国中铁进一步强化经营性现金流常态化管控，下发《中国中铁关于持续加强经营性现金流常态化管控的通知》，把握"1221"总体工作思路，建立长效机制。严格项目投标财务评审和资金税务管理策划，强化源头管控；组织开展双清专项行动，扩大项目回款成效，严控项目资金支付，落实工程项目现金流自平衡管理；适度开展出表业务，有效盘活资产；优化指标考核体系，对经营性现金流既考核年累时点数，又考核季度期间数，突出有效益的规模和有现金流支撑的效益导向，实现连续10年正向经营性现金流。

（马飞祥）

【经济运行预警】深化过程监控与预警，结合预算、考核指标完善经济运行监测预警机制。强化监测，基于"财务快报"反映的经济运行情况，及时掌握关键指标序时进度，做到心中有数、心中有底、心中有责，发现倾向性、苗头性问题，实现经营、财务风险精准识别、及时预警、有效处置，促进经济运行在轨、可控在控，为企业持续健康发展保驾护航。2022年通过财务快报

▲图11-3　中国中铁召开2022年度财务工作视频会

载体，针对二级单位经济指标反映的重要问题隐患按月开展经济预警分析并形成预警通报和信息简报，本年度已连续预警10个月，通报了160个预警问题。7月，组织对上半年经营、生产、财务等指标完成不理想的14家二级单位由股份公司领导面对面进行了综合督导、15家单位进行了书面督导，被督导单位均制定了整改方案和工作措施，促进了年度指标的提升，同时对被督导单位提出的诉求及时整理分类并交由相关部门处理。

（樊伟）

【内部"三角债"清理】为进一步畅通内部经济循环，促进生产经营顺利进行，加速资金回笼，提升资金使用效率，防范化解企业运营风险，提高企业资产质量，2022年在全公司上下深入开展了内部"三角债"清理专项行动。股份公司统筹规划，充分开展调研工作，科学制定工作方案，各相关单位能够攻坚克难，加强部门协同配合，认真研究梳理合同，加大结算争议处理力度，不断推动争议协商解决。加快推进融资落地，大力协同推进清收清欠管理工作，千方百计解决好外部资金来源，统筹制订本单位资金计划，高效地完成阶段性内部"三角债"清理工作。截至12月31日，累计支付清理总额为25.07亿元，总清理率为60.75%。其中投资项目支付清理11.12亿元，清理率为76.03%；总承包项目支付清理13.95亿元，清理率为52.36%。

（马志强）

【工程项目现金流自平衡管理】在2021年工作成果的基础上，财务与金融管理部于2022年2月22日召开部门专题会议，形成了上半年"专项督导"工作方案，对督导方式、内容、工作组等进行详细安排部署。2022年第二季度对部分单位进行了线上和现场专项督导，并随机抽取部分项目部进行督导，同时收集所有二级单位自平衡开展情况工作总结，现场督导和书面汇报相结合。结合大商务管理专项督导对部分单位的自平衡管理进一步督导检查，确保自平衡工作深入开展并取得实效。结合信息化手段，落实抓牢自平衡管理工作。

（李晓）

【经济运行分析会】2022年8月2日，召开2022年度经济运行分析会暨大商务管理推进会。中国中铁党委书记、董事长陈云，总裁、党委副书记陈文健出席会议并讲话，中国中铁党委常委、总会计师孙璀作中国中铁2021年度暨2022年上半年经济运行分析报告，对股份公司及二级单位2021年度和2022年上半年经济运行情况进行了总结分析，客观分析了存在的问题，并提出了解决措施和下一步的工作要求，为高

质量完成全年各项目标任务奠定了基础。（樊伟）

【财务工作会】2022年11月21日，召开2022年度财务工作视频会。会议全面总结了2022年财务工作，总结分析当前面临的形势和任务要求，安排部署2023年重点财务工作，全面助力企业高质量发展迈向新阶段。中国中铁党委书记、董事长陈云作重要讲话，中国中铁党委常委、总会计师孙璀作2022年度财务工作报告，财务与金融管理部部长马永红传达了国资委有关会议精神，中铁四局、中国铁工投资、中铁国际、中铁电气化局、中铁信托5家单位做了交流发言。财务与金融管理部副部长杨涛、于来新、刘小勇、闫刚分别就"资金、金融、税务、财务共享"等方面的具体工作进行了安排布置。各二级单位总会计师、财务部长、副部长及相关人员，共计612人参加会议。（高洋）

【境外现金管理专题会议】为进一步加强公司境外现金管控，防范境外财税风险，公司于2022年9月7日组织召开中国中铁境外现金管理专题会议，中国中铁党委常委、总会计师孙璀出席会议并对境外现金管理工作提出明确要求。各单位要清醒认识到目前境外现金管理中存在的主要问题及风险，切实提高境外财税风险防范意识，不断完善制度体系、落实内控管理，充分发挥境外直派财务负责人在深入业务前端、参与决策、把好关口中的关键作用。（张雨佳）

【中国中铁首届财税高端人才班】根据中国中铁财税高端人才培养工作安排，于2022年8月9日至8月20日在北京举办中国中铁首期财税高端人才第三次集中培训，培训的授课老师包括高校知名教授、大型企业财务高管等，除每次11天的课堂授课外，还组织"学员讲堂""移动课堂（走进阿里）""财税辩论赛"及"成果分享会"等活动。同时，8月17日晚在北京国家会计学院组织开展中国中铁首期财税高端人才培训班汇报交流会，高端班10位学员代表对标世界一流财务管理体系的建设要求，结合企业的热点、难点、痛点做了管理现状、问题分析、措施建议的专题汇报。（魏勇明）

【建筑财税论文及案例获奖】中国中铁在2022年度建筑财税优秀论文和典型案例征集评选中获得优秀论文96篇（其中：特等奖4篇、一等奖30篇、二等奖25篇、三等奖37篇），获奖典型案例5项（其中：最佳案例1项、优秀案例4项）。（魏勇明）

人力资源部（党委干部部）

【干部人才工作会议】6月17日，中国中铁干部人才工作会议在总部召开。公司党委书记、董事长陈云出席会议并讲话，总裁、党委副书记陈文健主持会议。会议全面总结了近年来公司干部人才工作取得的显著成效，针对新形势下干部人才工作新任务和存在的突出问题，提出了当前和今后一个时期做好干部人才工作的总要求：深入学习贯彻习近平新时代中国特色社会主义思想，坚持党管干部、党管人才原则，强化战略引领，突出问题导向，以从严管理干部为主线，以提升人才质量为目标，加强干部思想政治建设，加大干部管理监督力度，增强科技创新力量，强化人才教育培训，加速推进人力资源管理信息化，推动干部人才工作再上新台阶、迈向新高度，为企业高质量发展提供坚实有力的组织保障和人才支撑。重点要求抓好8个方面工作：一是不断完善顶层设计，着力推进"人才强企"战略。二是持续深化改革攻坚，着力激发人才动力活力。三是突出能力和通道建设，着力打造高素质领导人员队伍。四是统分有序、整体推进，着力形成人才竞相迸发新局面。五是强化从严管理监督，着力落实干部考核激励机制。六是完善人才培训机制，着力提高培训工作赋能质效。七是全面加强党的领导，着力筑牢干部人才工作组织保证。八是主动接受属地党委、政府的领导，着力加强与地方人才和业务的双向交流。中铁二局、中铁四局、中铁六局、中铁七局、中铁大桥院作了经验交流发言。股份公司在京领导班子成员及高管出席会议，总部各部门副职及以上人员，人力资源部全体员工，二级单位主要领导、分管领导和人力资源部全体员工在分会场参会。（左文雄）

【制度建设】围绕深化改革三年行动和三项制度改革工作，不断健全完

▲图11-4　6月17日，中国中铁召开干部人才工作会议

善干部人才管理机制。以规范化、创新性为目标，制定发布了专家管理、领导人员管理、年轻干部、干部监督、大商务人才、职评、培训等10余项管理制度和文件。特别是通过制定《专家管理办法》《职业经理管理办法》，建立全公司上下贯通的专家岗位路径，打破了优秀专业技术人才和管理人员职业发展"天花板"，建立形成了领导人员、专家、职业经理三条通道并行互通的高端人才多元职业发展体系，更好激发各类核心骨干人才工作热情。出台《关于进一步加强年轻领导人员队伍建设的通知》，深入贯彻落实国资委党委优秀年轻领导人员队伍建设精神，进一步明确年轻干部选用、培训、考核、监督等工作要求。下发《关于加强大商务管理人才队伍建设的通知》，对商务人才队伍制度建设、引进培养、项目关键岗位人员达标认证、职业项目经理建设等事项提出明确要求，压紧压实责任，有力促进大商务管理和项目管理效益提升三年行动两大任务落地。全面统筹推进领导人员管理、职称评审、总部员工管理等10余项重要制度的修订完善工作，深入贯彻落实党的二十大精神和干部人才工作最新要求，完善制度体系，创新工作机制，不断增强干部人才制度的引领性、科学性、规范性和可操作性。　　（左文雄）

【深化三项制度改革工作情况】全公司持续深入贯彻落实三项制度改革"1235"工作要求，从狠抓落实、健全体系、完善机制等方面积极努力，工作力度不断加大，工作举措更加务实。截至2022年末，公司及各层级企业市场化运营管理体系已经建立形成并持续完善，改革工作不断深化并取得新成效。顺利完成了中央企业三项制度改革2021年度迎检评估工作，各类指标水平较往年有明显改善，其中制度建设、任期制和契约化管理的经理层成员人数占比、管理人员退出比例三项指标为"较高"等级；公开招聘、员工市场化退出率、浮动工资占比三项指标为"中上"等级。总体评估结果为二级（B类），在建筑类央企中排名靠前。首次开展所属二级企业评估工作，根据评估结果对二级企业进行经营业绩考核得分奖罚，促进实现以评促改、以评促管、以评促升，推动全公司各层级企业市场化用工理念更加深入人心，以改革激发活力的作用发挥更加明显。截至2022年底，全公司三项制度改革重点指标较2021年进一步提升，其中管理人员退出比例提高至7.08%，员工市场化退出率提高至2.99%，改革成效指标较2021年明显好转，改革成效进一步显现。　　（左文雄）

【集团公司及股份公司领导班子建设】配合国资委党委完成对1名领导班子副职作为国资委党委管理的中央企业提拔交流人选的干部考察工作。配合国资委党委完成了公司领导班子年度综合考核评价、董事会和董事年度考核、干部选拔任用"一报告两评议"等工作。

（任玉超）

【所属单位领导班子建设】公司党委坚持以习近平新时代中国特色社会主义思想为指导，深入贯彻落实党的二十大精神，坚定执行党的干部工作路线方针政策和国资委党委有关要求，不断健全完善工作机制，持续推动改革深化，着力增强各级企业领导班子和领导人员队伍建设能力和水平，为企业圆满完成年度目标任务、实现更高质量发展提供了坚强组织保证。2022年，公司党委始终坚持正确导向，因时因势、统筹谋划干部选拔任用工作，共提拔任用总部和二级单位领导人员81人，进一步任用14人，轮岗交流70人，改任非领导职务36人，选任专职董事监事8人。

公司党委牢牢把握企业改革发展面临的新形势、新挑战，坚持选拔任用和严管厚爱相结合，持续锻造高素质专业化领导人员队伍。坚持与时俱进，持续推动领导人员管理制度体系更新升级，通过修订根本性制度、完善执行性制度、构建创新型制度，使管理制度体系更加具有时代性、更符合管理需要。制定《职业经理管理办法》，构建了职业经理职务发展序列，打破优秀管理人员职业发展"天花板"，与领导人员、专家等职务序列共同搭建起多条并行、彼此兼顾、相对独立、互通衔接的职业发展路径体系。紧密围绕加强领导班子建设目标，积极采取改革举措和创新做法，在领导人员选拔任用过程中，将集中调研产生的"人才库"人选作为重要来源，将调研过程中了解到的人选任职经历、能力素质、群众认可度作为分析研判的重要参考，人选考察的准确性不断提升。在各单位领导班子缺员补充和调整的过程中，公司党委充分结合各单位班子现状，着重考虑优化班子年龄、经历结构，特别是在正职的性格互补性、副职的专业针对性等方面全面考量，促进班子整体合力的显著提升。持续推进干部年轻化工作，加强二级企业年轻干部工作指导和监督，全公司各级领导人员队伍年龄结构不断优化，活力显著增强；截至2022年底，公司二级企业领导班子成员中，45岁及以下的人员占比达到14.65%，较2019年底提高7.69%；55岁以上的人员占比为17.36%，较2019年底下降10.46%。　　（李　根）

【领导人员培训】坚持以习近平新时代中国特色社会主义思想为指导，深入学习贯彻党的二十大精神，教育引导企业领导人员强化党的理论武装，切实增强"四个意识"、坚定"四个自信"、做到"两个维护"，牢记"国之大者"，不断提高政治判断力、政治领悟力、政治执行力。进一步丰富"补钙、筑基、提能"三维一体领导人员培训班内涵，成功举办了四期领导人员培训班，共计培训二级企业领导班子成员和总部部门负责人192人，占公司党委管理干部的31.78%；通过系统化的培训，全方位培养打造高素质专业化领导人员队伍。根据青年干部特点和人才成长规律，对中国中铁领导干部"五力"模型进行迭代优化，将党性教育贯穿培训始终，先后举办了第三期中青年干部培训班和第二期青年干部培训班，对50名40周岁以下二级企业中层正职和54名35周岁以下中层副职进行了为期两个月的系统培训，进一步坚定年轻干部理论信仰，促进自身履职担当能力和综合素养的快速提升。　　（李巧娟）

【干部考核监督】公司党委在做好领导人员日常监督管理的同时，持续强化各类考核监督结果的精准运用，综合分析研判履职考察、综合考评、个人事项报告等结果，将考核评价结果作为领导人员选拔任用、管理监督和退出的重要依据，促进干部考核监督工作效能持续提升。深化运用综合考核评价结果，结合日常了解掌握的各方面情况，进行全面深入的分析研判，使结果运用更加精准；对考核测评下降幅度较大的方面和上年工作中存在的短板和弱项进行了重点提示，并根据考核结果，对30名领导人员进行了诫勉或提醒谈话，有效激发了领导人员队伍担当尽责意识。深入落实经理层任期制和契约化管理要求，组织开展2021年度经营业绩考核，由二级企业董事会严格按照授权和程序，形成了考核结果运用建议，严格按照考核结果兑现绩效薪酬、决定去留，改革成效逐步显现。深入开展二级单位日常履职考察，通过调阅材料、个别谈话、民主测评等方式，全面分析企业发展质量、班子运行情况、干部履职情况及存在问题，多维度、多角度进行考察和打分评价，"定性定量相结合"进行深入分析研判，提高考察效果，确保考准察实。持续做好"一报告两评议"、选人用人检查等结果反馈和运用，加强问题整改，特别是通过对各二级企业"一报告两评议"结果的横向对比分析，将对满意率较低的新提拔干部进行"点名"分析，促进各二级企业党委全面检视自身问题，有效传导压力，促进选人用人工作水平不断提升。多措并举提升个人事项报告工作质量，通过召开专题会议通报个人事项报告查核处理情况和典型案例，加强政策讲解和培训，压实二级企业党委审核把关主体责任；2022年完成778人报告审核、录入工作，查核一致率达到95%以上，在上年提升10个百分点的基础上又提升了2个百分点；同时加大未如实报告处理力度，对未如实报告的5人批评教育，6人诫勉处理，1人免职、改任非领导职务。加大领导人员违规违纪违法问责追究力度，全年共对38名股份公司党委管理的干部予以政纪处分。进一步规范领导干部配偶、子女及其配偶经商办企业、国（境）外机构领导岗位和关键岗位任职备案等工作，强化监管要求，加大监管力度，避免发生违规现象。

（朱成亮　谢延庆）

【高层次专家人才队伍建设】2022年，中国中铁2个团队、6名个人获得第十六届詹天佑铁道科学技术奖，其中高速铁路大跨度桥梁创新团队、川藏铁路勘察设计技术标准创新团队荣获创新团队奖，中铁电气化局集团有限公司豆保信、中铁大桥勘测设计院集团有限公司万田保荣获成就奖，中铁三局集团有限公司刘志如、中铁四局集团有限公司陈平、中铁七局集团有限公司郭峰、中铁大桥勘测设计院集团有限公司郑清刚荣获青年奖。1个团队、1名个人荣获国资委专项科技攻关表彰。中铁隧道局集团有限公司洪开荣荣获中华国际科学交流基金会第五届杰出工程师奖。中铁高新工业股份有限公司贾连辉荣获2022年"最美铁道科技工作者"称号。中铁大桥局集团有限公司代皓、中铁隧道局集团有限公司刘永胜、中铁长江交通设计集团有限公司冯玉涛3人荣获交通运输部2022年度交通运输青年科技英才。中铁科学研究院有限公司韩侃荣获2022年度茅以升铁道科学技术奖，中铁一局集团有限公司闵拥军等19人荣获2022年度茅以升铁道科学奖—建造师奖。中铁工程设计咨询集团有限公司王洪宇、中铁二院工程集团有限责任公司薛元荣分别荣获中国施工企业管理协会工程建设科学技术杰出成就奖、科学技术青年创新奖。中铁隧道局集团有限公司吕乾乾、中铁大桥局集团有限公司梁玉坤入选"第八届中国科协青年人才托举工程"。中铁三局集团有限公司孙伯乐等11人入选中国施工企业管理协会第二批工程建设科技创新青年拔尖人才培育计划。中铁大桥局集团有限公司周功建、中铁上海工程局集团有限公司何鹏当选中国公路建设行业协会科学技术英才。

（缪九龙）

【高技能人才队伍建设】加强高技能人才培养力度，中铁一局集团有限公司白芝勇荣获第十六届中华技能大奖，中铁二局集团有限公司郭平、中铁高新工业股份有限公司曲岩荣获第十六届全国技术能手。中铁大桥局集团有限公司刘琴梅、中铁高新工业股份有限公司张明入选第二批国务院国资委中央企业"大国工匠"。评选产生了第三批2个中国中铁技能大师工作室——中国中铁曲岩电焊工技能大师工作室和中国中铁何军接触网技能大师工作室。推进高技能人才评审，2022年共评审通过工匠技师3人、特级技师100人、高级技师496人。弘扬工匠精神，提升高技能人才理论水平，全年举办了3期高技能人才培训班，对193名高级技师进行"四新"技能培训，促进高技能人员素质的全面提升。持续抓好施工现场专业人员培训考核工作，共举办90个班次5753人的培训考核，考核合格人数5440人，合格率为99%，进一步提升施工现场专业人员能力素质，促进安全生产和工程质量不断提升。

（仝　婕　李巧娟）

【职称评审管理】开发新版中国中铁职称评审管理系统，更好满足全公司职称评审实际工作需要。修订完善职称评审系列制度，增加了系统外引进人员职称评审通道，贯通了高技能人才与专业技术人才职业发展通道。2022年度4个系列职称评审工作顺利高效完成，全年共评审通过正高级工程师439人、高级工程师4101人；正高级经济师74人、高级经济师120人；正高级会计师61人、高级会计师237人；高级政工师401人。　　　　　　（韩明哲）

【干部档案管理】 按照中组部、国资委要求，进一步提升干部人事档案基础管理工作，健全完善干部档案标准化、规范化、数字化管理机制。按照年度档案管理专项整改计划和提升行动要求，下发专项通知，明确了档案材料填写、收集、审核的最新要求。启动人事档案管理人员业务能力培训计划，采用以干带练、以学促干、参与课题等形式，加大培养力度，创新培养方式，确保从严管理干部人事档案要求落实落地。
（林震远）

【对口支援工作】 公司深入学习贯彻习近平总书记关于援疆援藏系列重要指示批示精神，认真落实党中央、国务院决策部署和国资委有关工作要求，高质量开展援疆援藏工作，承接西藏昌都市卡若区结对帮扶任务，选派7名优秀干部分别到新疆和西藏地区关键岗位挂职，依托重点项目和专业技术保障，主动发挥桥梁纽带作用，助力当地基础建设发展。
（林震远）

【企业年金管理】 企业年金基金规模持续扩大，2022年底，公司共有47家单位建立企业年金计划，资产规模达到152.4亿元，其中29家建立企业年金单一计划，设立投资组合72个，资产规模合计144.15亿元，分别归属10个投资管理人进行投资管理，平均收益 –2.38%；28家加入集合计划，设立专属投资组合3个，资产规模合计8.24亿元，归属1个投资管理人进行投资管理，收益区间为 –2.85%~0.01%；总部年金基金规模1.42亿元，投资收益 –2.52%，位列全系统29个单一计划投资收益第18名。
（段　鹏）

【企业补充医疗保险】 为方便所属各级企业建立对职工的终身重疾医疗保障，避免重复进行招标竞谈等采购程序，经2022年1月27日公司采购与物资贸易领导小组2022年第一次会议审议通过：确定各级企业如有需求，可直接作为所属企业使用公司签订的《团体重疾补充医疗保险协议》，直接采购公司总部同款团体长期重大疾病补充医疗保险服务。印发《关于规范团体长期重大疾病补充医疗保险采购的通知》，确保团体长期重大疾病补充医疗保险在各二级企业顺利推进，先后有13家二级企业和7家区域总部加入团体终身重疾保障体系。为总部在职员工、2021年之前退休人员和区域总部基本医保在京人员统一购买了北京普惠健康保，降低补充医疗基金负担，提高个人费用报销额度，打造由北京市基本医疗保险（社保）、北京市大额医疗费用互助资金（社保补充）、北京普惠健康保（社保补充）、企业补充医疗保险（自建委托管理）、团体长期重疾补充医疗保险（商业）共计五部分组成，更为健全完善的医疗保障体系。
（段　鹏）

【履行社保代办机构职责】 严格履行社保代办机构服务职能，贯彻养老保险收支两条线要求，办理了在京地区二级、三级单位4028人次社保增员及3427人次社保减员，2022年累计上缴"三险"社保费45.6万人次合计18.41亿元；办理养老保险转入338人次共计4292.14万元；养老保险转出247人次共计2624.69万元；2022年养老保险支出7.89亿元；调整在京单位社保待遇，为在京单位9581万名退休人员月增加养老金1350.24万元；完成2022年退休人员遗属申领2672人，共支付金额1.47亿元；完成2022年度工伤伤残津贴及供养亲属抚恤金调整共计214人39605元；支付工伤职工及工亡供养遗属3515人待遇医疗费等增加2252.19万元；出具社保缴费证明1590人次，满足企业生产经营需要。完成0.9万领取社保待遇人员资格认证，确保养老金及工伤待遇等按时足额发放，保障参保人员权益，维护企业和社会稳定。
（段　鹏）

【总部及派出机构员工管理】 规范有序开展好总部及派出机构员工管理。紧密结合工作需要，优化总部人员配置工作。根据总部员工队伍结构和缺员状况，及时组织做好人选酝酿、干部考察和公示、任免手续等相关工作。全年累计选拔部门副职以上领导人员16人、处长4人，职员晋级29人。截至2022年底，公司总部共有职能部门20个，正式员工326人。学历结构：博士7人，硕士62人，本科254人，大专3人。专业技术职务：正高级技术职务51人，高级技术职务199人，中级技术职务55人，助理及以下21人。年龄结构：40岁及以下146人，41~45岁83人，46~50岁43人，51~55岁34人，56岁及以上20人。持续健全规范总部派出机构员工管理，稳妥有序做好人员配齐配强工作。制定了《总部派出机构员工管理规定》，全面梳理所属区域总部、派驻纪检组、审计中心、派驻督查组等派出机构人员情况，对人员职级、管理关系、工作机制等进行了明确，实现派出机构员工管理的科学化和制度化。同时，积极配合做好审计中心、派驻督查组等员工公开招聘工作，及时开展区域总部工作人员81人配置和就位工作，推动新设立派出机构尽快正常运行、发挥作用。员工市场化选用导向更加鲜明。先后组织完成总部部门、审计中心、工经院、高科院、派驻督查组等多批次公开招聘共91人，其中部门副职、处长等管理岗位招聘力度进一步加大，全年共招聘部门副职层级岗位9人，处长层级岗位9人，占比达到19.8%；总部及派出

机构公开化、市场化、业绩化的选人用人导向更加鲜明，为切实引进高素质人才、优化总部及派出机构人才结构打好基础。（左文雄）

考核分配部

【业绩考核评价管理】按照国资委和公司业绩考核管理要求，做好国资委对公司、内部二级单位业绩考核及制度修订工作。结合2021年财务决算数据，完成国资委对集团公司业绩考核工作，获得2021年度考核A级（连续9年考核A级）和连续5个任期保持A级。同时，公司被国务院国资委评为2019—2021年任期"业绩优秀企业"和"科技创新突出贡献企业"。按照《中央企业经营业绩考核办法》规定，结合公司财务快报数据，上报国资委2022年度集团公司经营业绩考核目标值，签订年度经营业绩责任书；上报业绩考核中期完成情况报告并取得A级预考核结果。认真贯彻落实"一利五率"考核导向，坚持"价值创造、投入产出效率"理念，重塑互为因果、深度融合的考核分配制度体系，制定出台《二级单位经营业绩考核暨负责人薪酬管理办法》《三级公司业绩考核与收入（薪酬）分配管理指引》《工程项目经理部业绩考核与薪酬分配操作指引》《总部部门业绩考核与薪酬管理规定》等制度，构建形成"统一理念、目标明确、分级管理"的中国中铁"经营业绩考核与薪酬管理"制度体系，充分激发各级经济组织动力活力，推动公司各管理层级将价值创造与投入产出效率的理念与要求，"上下衔接、纵向到底"落到实处。组织开展二级单位2022年度业绩考核工作，推进任期制和契约化管理改革与企业经营业绩考核工作相互配合、相互促进、相辅相成。（石晓烽）

【二级企业负责人薪酬管理】始终坚持正向激励导向，匹配"经理层成员任期制和契约化管理"要求，根据经营业绩考核结果，合理拉开经理层成员薪酬差距，健全二级单位领导班子基于业绩的"能高能低、能增能减"薪酬激励分配机制。差异化确定绩效薪酬业绩考核系数，根据二级单位其他负责人不同的岗位类别，设置不同的考核系数；设置任期绩效薪酬，依据二级单位任期考核评定档次确定负责人任期绩效薪酬额度；根据契约约定刚性兑现薪酬，年度考核不合格的予以扣减当年全部绩效年薪，超额完成考核目标任务作出突出贡献的，按照约定确保激励到位。2021年度，二级单位主要负责人薪酬最高最低差155.88万元，收入差距倍数为5倍，差距倍数为2020年度（2.42倍）的2.07倍。（石晓烽）

【履职待遇、业务支出】认真落实中央八项规定及其实施细则精神，坚决执行公司企业负责人、总部人员及所出资企业负责人履职待遇、业务支出制度办法的规定和工作要求，合理确定并严格规范履职待遇、业务支出管理。在严格执行"勤俭办企业十不准"和重大节日期间"十五个严禁"相关要求的基础上，制定出台《关于对内部违规吃请送礼等问题加强监督问责的九条措施》，狠刹内部违规吃请送礼之风，锲而不舍纠治"四风"，各级企业负责人率先垂范、以身作则，严格执行履职待遇、业务支出各项标准，坚持厉行节约，从严控制费用支出。（石晓烽）

【工资总额管理】按照国务院《关于改革国有企业工资决定机制的意见》要求，以增强国有企业活力、提升国有企业效率为中心，建立健全与劳动力市场基本适应、与国有企业经济效益和劳动生产率挂钩的工资决定和正常增长机制，持续优化工资总额管理，推动薪酬资源向有突出贡献的人才和一线关键苦脏险累岗位倾斜。实施灵活高效的工资总额管理方式，根据二级单位行业特点及管理能力等，推进工资总额备案制管理，2022年批准公司下属中铁四局、中铁大桥院（科改示范企业）实行工资总额备案制管理，赋予企业更大的薪酬管理自主权。依据二级单位功能定位及发展阶段等，新增效益工资复合挂钩指标包括利润总额、净利润、营业收入、研发费用等，同时突出效率调整，根据企业与所在板块全员劳动生产率、人工成本利润率和人事费用率等3个指标的对比情况，在0.85~1.1的区间内分12类情形确定调节系数，精准确定核准制工资总额的挂钩指标。加强过程管控，严格落实工资总额执行情况分析及预警机制，对工资效益增长不匹配、职工平均工资增长过快、工资总额发放进度超前等情况进行提示和预警，督促二级单位聚焦"效益提升、价值创造"。2021年度，公司职工平均工资16.58万元，较2020年增长6.7%。（石晓烽）

【中长期激励】按照"管理、技术、知识等生产要素由市场评价贡献，按贡献参与分配"原则，公司不断完善按要素分配制度，积极稳妥推进中长期激励工作。有序推进上市公司股权激励，成功实施了中国中铁2021年限制性股票激励计划，分别于2022年2月23日、11月30日完成697名、50名激励对象17072.44万股、1192.2万股A股限制性股票首次和预留股权授予登记；于2022年12月28日完成不再属于激励对象范围的5人137.97万股限制性股票的回购注销。扎实开展科技型企业岗位分红，指导符合实施科技型企业股权和分红激励条件的各级子公司（共13家）施行了岗位分红，实现了符合条件企业全覆盖，提升科技型企业活力，激发科技研发人才动力。稳妥推进混合所有制员工持股，中铁设计2022年完成现金红利11310.91万元分配，调动了员工干事创业积极性；中铁建工所属长规院也实施了混合所有制员工持股激励。（石晓烽）

▲图11-5 11月26日，中国中铁盾构隧道智能建造技术论坛在上海举办

科技创新与数字化部（技术中心、专家办公室、网信办）

【学术交流活动】组织召开2022年铁路工程爆破技术研讨会；举办了第七届全国桥梁结构健康与安全技术大会暨桥梁工程与技术创新高端论坛，邀请了中国工程院院士、桥梁结构健康与安全国家重点实验室学术委员会主任聂建国等专家作主题报告；承办了盾构隧道智能建造技术论坛，邀请了何华武、丁烈云、朱合华院士等专家学者进行交流研讨。编辑出版月刊《铁道工程学报》12期，总共发稿217篇。

（耿治平　冯莎莎）

【期刊管理】完成集团公司主办科技期刊《铁道工程学报》的年检、年报、社会效益评价等工作；督导集团公司主管的《桥梁建设》《世界桥梁》《现代隧道技术》《隧道建设》《路基工程》《铁道标准设计》《铁道勘察》《电气化铁道》《高速铁路技术》9个期刊的主办单位按时完成年检、年报、社会效益评价以及出版、发行工作。

（耿治平）

国际部

【外事管理】中国中铁外事工作始终坚持党的集中统一领导，积极落实外交部、国务院港澳办、国资委对中央企业外事工作要求，不断提升外事管理质量。严格因公出国（境）审批，经过申请，取得外交部授予集团公司外事办公室一定的出访来访外事审批权，即在公司业务范围内，根据人事隶属关系和人员管理权限，自行审批除集团公司领导班子成员、总部部门领导及各下属单位领导班子成员以外的人员因公临时出国和邀请外国相应级别人员来华事项。严格邀请外国人员来华访问审批，组织各单位对国资委、外交部通报的典型案例进行学习，要求各单位以案为鉴，切实履行主体责任，对邀请人员和事由的真实性和必要性进行审查，经审批后方可开展后续工作。2022年共审批出国（境）团组2196个，7135人次，共审批邀请外国人来华访问团组4个10人次，未出现违规情况。

稳妥推进境外非生产性安全工作，成立股份公司主要领导为组长、分管领导为副组长的专项工作领导小组，组建工作专班设在国际部（外事办公室）。境外业务相关各二级单位成立公司主要领导为组长、分管海外业务副总经理具体负责的领导小组，组建工作专班，建立7×24值班机制；各境外项目（机构）建立安全保障工作小组，由项目（机构）主要负责人或分管安全负责人具体负责；健全境外安全工作组织体系，建设完成中国中铁境外安全应急指挥中心平台并与国资委平台对接；实现境外项目及人员信息统一查询、风险提示及风险预警实时推送、国别分析报告共享、境外员工一键呼救、突发事件在线处置等功能。

加强境外安全基础工作，持续完善境外项目（机构）安全基础文件，对124个高风险国别的项目（机构）制定安保方案、应急预案等基础文件，推进高风险地区以及确有必要的中风险地区项目非必要人员压减。明确17个高风险国别的牵头单位，建立周报制度，构建同一国别兄弟单位及同其他央企联防联保良好安保生态，形成联防联保新局面。扎实推进应急演练和安全评估工作，69个国别（地区）的414个项目（机构），以桌面演练和实战演练相结合的形式，开展应急演练；387个项目（机构）结合安防指引开展安全风险评估及安保措施匹配度评估，提升境外项目（机构）的安保能力。持续完善制度体系，修订《中国中铁股份有限公司境外非生产性安全管理办法》《中国中铁股份有限公司突发事件应急处置预案》2项制度。强化工作督导，通过"四不两直"完成对102个（含3个直属境外项目）境外项目（机构）安全视频巡检，及时对发现问题反馈改进意见，开展"回头看"工作，有效督导各二级单位及境外项目（机构）查短板、补弱项，化解安全风险。持续强化安全培训，开展两轮境外中方员工安全风险防范专项培训，通过线上（中铁E通）、线下（集中培训）相结合的形式分层级、分批次开展培训，课程内容包含管理层、操作层两类；共有17618人次参加培训，其中管理层8739人次，操作层8879人次。

（赵 磊）

【海外合规管理】持续完善海外合规管理体系，开展重点领域合规管理研究，2022年发布《多边开发银行合规风险防范指南》及《多边开发银行制裁体系与制裁应对指南》等文件，出版《"一带一路"项目法律风险及合规管理典型案例精析》等书籍，有效提升涉外法治工作能力。完善排查机制，连续5年开展境外法律合规风险年度排查，组织开展"合规管理强化年"系列活动，不定期开展各类专项排查，重点加大对南美、非洲等重点领域的排查力度，发布涉外合规风险提示函，梳理合规风险清单及合规岗位职责，督促全公司各层级识别、防范各类合规风险。稳步推进合规管理信息化建设，推动将合规要求融入业务流程，强化重点环节的合规管控。持续培育合规文化，召开2022年中国中铁合规管理工作会，总结近年来公司境外合规管理取得的成绩，分析目前面临的严峻复杂的国际形势，对下一年度合规管理工作作出新部署，提出要求，指明方向，为境外合规工作提供重要指导；组织公司相关单位参加国资委法治讲堂、亚行合规培训会等培训活动；通过中铁海外合规微信公众号，推送境外业务合规资讯，积极开展合规文化宣贯。

（张 佳）

【海外改革推进情况】2022年境外区域总部实质化运行取得新发展，总部统筹协调及经营管理水平不断提高，各经营主体协同配合开发市场能力不断提升，重点项目牵头经营能力持续加强，境外经营业务保持持续增长势头，通过完善区域总部机构运行体系建设、深化制度建设、健全区域总部工作机制、加强重大项目推进等措施，打造了一批核心区域总部群。2022年前十大区域总部完成新签235.96亿美元，占比85.52%，形成10个合计新签合同额200亿美元规模的区域总部基本盘。

2022年7月印发《中国中铁国际工程分公司实体化运作方案》，确定了国际工程分公司职能定位、运

▲图11-6 3月26日，中铁七局承建西非最长海湾大桥塞内加尔方久尼大桥通车

行模式、发展目标、组织机构及资源配置、考核管理等重点事项。2022年11月印发《中国中铁关于注销中铁东方国际集团有限公司和中国中铁股份有限公司东方国际建设分公司有关事宜的批复》，进一步理顺经营管理关系，精简管理层级，优化整合经营要素，为实现马来西亚区域可持续健康发展铺平道路。

（田文翰　张　佳）

【境外安全应急指挥中心平台建设】为进一步提升公司境外安全保障工作能力，有效化解突出安全风险，建设完成中国中铁境外安全应急指挥中心平台（以下简称"平台"）并与国资委平台对接。平台建立"五级联动"运行机制，即股份公司总部、二级单位总部、境外区域总部、三级单位、境外项目（机构），各层级成立境外突发事件应急处置领导小组（工作小组），积极履行主体责任，坚持预防为主、防范与处置并重的工作原则，建立分级负责的应急管理体系。平台与海康系统、项目管理系统实现数据贯通，实现境外项目及人员信息统一查询、风险提示及风险预警实时推送、国别分析报告共享、境外员工一键呼救、突发事件在线处置等功能，稳步建立境外风险管控长效机制。

（赵　磊）

【境外疫情防控】2022年，在境外疫情持续肆虐期间，公司始终坚持"人民至上、生命至上"理念，在全力做好境外疫情防控和"双稳"工作的同时，统筹协调资源从全球92个国家和地区接回9845人，牵头组织13架包机从老挝、阿联酋、孟加拉国、印度尼西亚等国家接回2418人，无一例输入病例，用实际行动践行"外防输入、万无一失"，有力维护国内疫情防控大局，受到国资委、外交部多次表扬。

（余　翔）

【国际业务统一管理平台建设】为支撑海外经营业务健康稳定发展，国际部统筹资源，推进国际业务信息化管理、合规管理、财务共享等多项功能集于一体的国际业务统一管理平台建设，国际业务统一管理平台于2020年12月启动，经过两年多的建设，截至2022年末，各模块基本建设完成并上线，涵盖海外营销、投资、合规、生产调度、财务共享等功能，覆盖各二三级单位，服务中国中铁10000+境外人员。依托平台实现海外营销、投资、生产调度线上全流程管理；建立了海外合规风险管理体系，降低了海外合规管控风险；通过报表系统，全面替代线下繁杂工作；通过财务系统，提升境外财税管控水平，推动公司财务管理转型。

（张　佳）

党建工作部（党委组织部、党委宣传部、企业文化部、统战部、跨文化融合办、团委、融媒体中心）

【迎接党的二十大和学习宣传贯彻党的二十大精神】将迎接党的二十大和学习宣传贯彻党的二十大精神作为首要政治任务。喜迎党的二十大系列活动推进扎实，高质量完成党的二十大代表候选人和出席央企系统（在京）党代表会议代表候选人推荐，陈云同志光荣当选党的二十大代表；生动展示新时代企业改革发展党建成效，策划推出"见证卓越"主题展2场、"中国中铁这十年"主题融媒体产品14期，编辑出版《中国中铁这十年·图鉴》，相关成就登上央媒"足迹""瞬间中国""中国坐标"等栏目，70余项成果亮相"奋进新时代"主题成就展。在基层广泛开展"奋进新征程、喜迎二十大、永远当先锋"主题系列宣教活动。全覆盖收听收看党的二十大盛况，组织30万名员工热情收听收看、热议党的二十大盛况，各级党委理论学习中心组第一时间传达学习研讨开幕会精神，快速掀起学习宣传热潮；《求是》在开幕会当天刊发公司党委文章《在现代化铁路建设中勇当开路先锋》。深入学习宣传贯彻党的二十大精神，印发工作方案，对相关工作作出部署；通过党委会、理论学习中心组学习、专题辅导等形式深入传达学习大会精神，创新举办了主题展；组织专题读书班，中层以上领导干部集中两天读原文、悟原理、写收获、谈体会；党委书记、董事长陈云作专题宣讲，覆盖党员干部3万余人。

（李巍巍）

【学思践悟习近平新时代中国特色社会主义思想】系统"学"，组织党委理论学习中心组学习12次，通过与下级党委联学、分专题研讨等创新形式，深入领会习近平新时代中国特色社会主义思想，以及习近平总书记有关中国中铁的重要指示批示精神；公司党委中心组学习成果被国资委评为优秀理论研究成果。扎实"践"，连续第3年联合国资委举办中国智造品牌论坛和创新成就展；开展习近平总书记重要指示批示精神再学习再落实再提升，受到国资委督导组充分肯定；在融媒体平台开设"牢记嘱托"专栏，分7个专题展示公司践行成果成效。用心"悟"，加强经验总结和理论阐释，公司党委和领导12篇署名文章在《人民日报》《学习时报》《科技日报》《思想政治工作研究》《党建研究》等刊发，创历史新高。

（李巍巍）

【落实党建工作责任制】压实党建责任，推进党建创新拓展年专项行动，深入61家单位开展党建责任制考评，组织党委书记抓基层党建述职评议，公司党委在央企年度党建责任制考评中获评A级，《贯通"述、评、考、用"，推动抓党建述职评议考核工作取得实效》经验被国资委推广。健全党建制度体系，修订制定党建工作责任制考评、深化新形势下项目党建、加强混合所有制企业党建、加强川藏铁路党建等一批制度文件。

（李巍巍）

党建工作部（党委组织部、党委宣传部、企业文化部、统战部、跨文化融合办、团委、融媒体中心）

▲图11-7　6月15日，中铁一局启动"传承筑路精神　为党争光有我　以优异成绩向党的二十大献礼"精神传递主题活动（兰州站）

【加强"三基建设"】推进党支部晋位升级常态化建设、动态化考核，开展规范党务工作专项整治、巡视发现问题督办、"五不公开"自查自纠等工作。广泛推行党支部书记持证上岗，举办5期基层党组织书记示范培训班、能力提升培训班，培养复合型党务干部780余人。党支部晋位升级经验在《国资工作交流》刊发。打造党建工作品牌，揭榜挂帅完成国资委重点课题"新时代国有企业党建工作探索创新研究"，出版案例选编，在川藏铁路推出"1345"党建规划，培育出"蜂巢式党建""桥头堡·党建""电化红雁""经纬党建""生态效能"等一批基层党建品牌。（李巍巍）

【落实意识形态工作责任制】制定网络舆论阵地管理、重要风险防范化解等文件，深入开展舆论阵地意识形态问题集中清查整改。建立新闻宣传通气机制，先后4次对全公司网络舆情管理、风险防范等工作专题部署。提升舆情监测信息化水平，对二级单位网站、新媒体账号等定期巡检通报，与权威机构合作构建境内外24小时舆情监测系统。全年分析研判负面信息1897条，及时处置应对多起涉疫、双拖欠、安全生产等舆情，确保舆情形势平稳可控。加强统战工作，在央企统战工作会作"用好统战法宝　凝心聚力推动高质量发展"经验交流。（李巍巍）

【加强思想政治和文化建设】召开党建思想政治工作会，提出"六个突出"重点任务。在基层开展"理想信念情怀　爱党爱国爱企"主题系列"有我"行动，发起"川藏有我　请党放心"精神传递。《思想政治工作研究》刊发公司党委文章《用好思想政治工作"传家宝"　推动企业高质量发展》；央企思想政治工作会上书面交流公司典型经验。开展"开路先锋"企业文化推进年活动，发布《企业文化建设"十四五"规划》《VI手册》《体系手册》，对视觉识别全面升级。命名首批18家文化教育基地、开发首批文创产品、出版新时代"开路先锋"典型人物故事汇。中铁隧道博物馆获评全国首批"科学家精神教育基地"。2项成果获中国企业文化研究会典型经验、优秀案例。（李巍巍）

【新闻宣传工作】开展了十年改革发展党建成果、国企改革三年行动、大商务管理进行时、高质量发展、科技创新、"一带一路"建设等主题宣传。全年对外报道超30万篇，登上新闻联播83次、《人民日报》91次。央视4集纪录片《总师传奇》，中国中铁独占2集；《焦点访谈》6次聚焦中国中铁；纪录片《开路先锋（海外篇）》完成制作；精心策划中国中铁产业集群入驻雄安专题宣传，上百家主流媒体集中报道，产生强烈反响。深化跨文化融合，3部作品在"一带一路"百国印记短视频大赛中获奖。融媒

▲图11-8 中铁一局承建的蒙西至华中地区铁路煤运通道工程龙门黄河大桥获国家优质工程奖

体中心挂牌运行,融媒体矩阵阅读量达3000万人次。在"国企好新闻"评选中,9部作品分获一、二、三等奖,中国中铁获组织奖,1人获"十大新闻创客",名列央企前茅。

(李巍巍)

【深化党建带团建】发布中国中铁首个五年青年发展纲要,启动青年精神素养提升工程,党委书记、董事长陈云讲授专题团课,2名青年现场参加庆祝建团100周年大会,1名青年在国资委作交流。组织青安岗查隐患"吹哨"行动;鼓励青年创新创效,在全国青年职业技能大赛创新创效专项赛中获3金2银9铜,居央企前列;1人入选中国青年科技工作者协会会员;1人获"全国向上向善好青年";1人获全国"最美退役军人";6人获"全国青年岗位能手"。召开中国中铁第四次团代会,完善团组织负责人管理办法、推优入党实施细则等制度6项;举办青马工程培训班和基层团干部网络培训班。两集体分获全国五四红旗团委、团支部称号,1人获"全国优秀共青团干部"。

(李巍巍)

经营开发中心

【2022年经营成果】经营规模持续创新高,传统优势稳固,新兴业务快速增长。公司新签合同额突破3万亿元大关,全年承揽订单总额30323.9亿元,为年度计划的103.5%,同比增长11.1%。从结构上看,铁路5157.8亿元,其中作为主战场的大中型市场中标4001.7亿元,占整体大中型市场份额的49.5%,继续保持第一;公路3483.1亿元,处于领先地位;"第二曲线"总额突破3000亿元,同比增长81.2%,其中水利水电985.6亿元(不含股权收购的滇中引水项目566.4亿元),同比增长218.6%,"第六极"地位基本确立;水务环保752.2亿元,清洁能源新签合同额超400亿元,发展"新赛道"正逐步形成增长新支撑。抢占行业和技术制高点。在长大桥梁、大直径盾构、铁路"四电"等业务厚植竞争优势,经营成效显著。资质建设扎实推进。全年新增资质155

项，主要包括三级公司新获施工总承包特级资质5项，新增设计行业甲级34项，并完成资质转移19项。管理制度体系更趋完善。围绕推动区域总部改革落实、经营大商务管理等重点工作，持续完善"1+N"制度体系，印发了《中国中铁区域总部经营工作管理规定（试行）》《中国中铁区域总部经营工作指导手册（试行）》，起草修订了《中国中铁经营开发管理办法》《中国中铁投标（合同）评审管理规定》，并指导各单位完善本级经营管理制度，同时对中铁营销信息管理系统进行了重构升级，推动营销信息化建设管理效能提升，进一步夯实了全公司经营开发工作基础。（徐林尧）

【区域经营工作体系建设】以顶层设计和规范日常管理为出发点，持续完善"1+N"制度体系，印发了《中国中铁区域总部经营工作管理规定（试行）》《中国中铁区域总部经营工作指导手册（试行）》，明确了区域总部经营职责，理顺内部经营关系，指明重点工作路径。以重点工作机制提升运行实效。定期督促重点项目经营进展，召开区域总部重点项目经营研讨会、调度会等专题会议20余次，发挥公司全产业链优势和立体经营效能，督导、推动重点工作落实。以职能效用发挥力促辖区经营成效。增强了项目信息挖掘能力，项目信息进一步扩容提质，丰富项目信息储备，并整理相关市场分析报告、行业发展报告、对标分析报告10余期，提升政策研究和市场分析引领作用；积极加强公共关系维护，完善与区域内公共关系主体、内外部市场竞争主体等分类分层分级经营网络。（徐林尧）

【"第二曲线"经营】2022年公司"第二曲线"经营成效显著，完成新签合同额3018.9亿元，同比增长81.2%。从顶层上明确经营目标和方法路径。综合研判"十四五"新兴业务发展规划、水利水电清洁能源市场发展趋势和企业经营基础资源禀赋，下达了1000亿元水利水电清洁能源年度指标；印发了《关于进一步加强"第二曲线"建设的指导意见》《2022年水利水电清洁能源市场经营开发实施方案》等指导文件，优化了各层级、各业态单位经营分工，锚定重点领域、重要客户、重点项目，循序渐进、分类突破。加速补齐补强要素能力短板。组织各单位加快补齐水利水电施工总承包、稀缺专包资质和作业许可，举全力协助中铁五局申报特级资质，推进中铁隧道局申报一级资质，中铁一局通过收购方式成功获取了水利水电一级资质。中铁四局、中铁隧道局凭借宁夏固原地区城乡饮水安全水源工程成功获评了大禹奖。推进专题专班差异化经营。组织了阶段性总结汇报会、专题推进会和重点项目专题调度会20余次，成功中标了黄河宁夏段综合治理工程等多个重点项目先行标，为承揽后续主体工程奠定了坚实基础；注重引导差异化经营，发挥中铁水利设计规划设计先导优势，发挥各工程局、投资公司在水利水电、港口航道、机场工程、海上风电、油气管网、水务环保等领域的差异化优势。加强相关人才队伍建设。举办了中国中铁水利水电清洁能源领域市场开发专项培训班，培训处职及骨干业务人员150余人，全面提升经营队伍在"第二曲线"市场开拓等方面的综合能力和专业素养。全力打入水利水电经营圈厚植了经营基础，突

▲图11-9　4月8日，中国中铁召开2022年经营工作会议

破性地建立了与水利部有关司局及7个直属流域机构、国家发展改革委有关司局、国家能源局有关司局、水规总院等单位的沟通机制。（徐林尧）

【经营政策研究分析】建立各层级各单位共建共享的政策研究工作机制，推动经营开发由经验型向智慧型加快转变。强化对国家、部委和行业总体政策分析，区域总部负责区域、省级政府实施性政策和重点项目，分层级统筹指导二级单位加强政策分析成果运用。高频次输出政策研究成果。以5月下旬国常会部署稳经济一揽子政策为契机，面向公司领导及高管、总部部门和二级公司发布"稳经济一揽子措施利好建筑业政策要点周报（汇编）"28期；紧扣年度中央经济工作会议主题，发布《"扩内需稳增长"利好建筑业政策要点半月报（汇编）》1期；发布《建筑业市场政策研究分析季报》《全国城市轨道交通、市（域）郊铁路整体情况报告》《全国公路市场整体情况报告》《第二曲线新签合同额分析报告》等各类专题报告，带动二级公司针对性深入研究分析，指导各单位抢抓机遇、优化产品结构和区域布局。（徐林尧）

【经营工作调研督导】聚焦公司年度重点工作，结合二级单位经营管理和行业市场运行情况，分类开展了调查研究。开展专题调研，对中铁五局、中铁北京局、中铁物贸以及北方、华东、华南等区域总部专题调研，交流"王牌工程局"建设、"第二曲线"经营、区域总部职责落实及重点工作推进等工作，指导相关单位理清思路，提出改进工作的路径措施。落实公司领导关于三级公司"揽干一体"工作部署，组织对驻广州、郑州的2家二级公司、12家三级单位进行调研，宣贯区域总部和投资公司改革、三级公司加强属地化专业化差异化经营、"第二曲线"经营以及资质建设和使用管理等要求，并撰写了专项调研报告。落实公司主要领导关于反映盾构销售、重点项目经营领域低价无序竞争情况的要求，在翔实摸清有关情况后，向国资委上报了《关于促进建筑市场良性发展的请示》《关于加强监督指导 逐步消除中央建筑企业恶性竞争的请示》，推动了国资委系统性研究解决相关问题。（徐林尧）

【经营成效】长大桥梁经营成果突出。中铁大桥局2022年重点跟踪的23座特大桥全部中标，实现长江特大桥100%参建，公铁特大桥100%参建，黄河铁路特大桥75%参建；中铁四局成功中标甬舟高铁西堰门公铁跨海桥和雄商高铁黄河桥；中铁广州局成功中标广佛西环官窑西南涌特大桥等4座典型桥梁；中铁一局中标2项铁路矮塔斜拉桥。大直径盾构守住隧道掘进技术制高点和市场份额。直径12米以上大盾构，中铁隧道局中标市政和铁路各2项，中铁二局、中铁三局、中铁四局和中铁上海局合计中标铁路7项，共计占全部18项的61.1%。铁路"四电"保持领先优势，占据市场整体份额54.2%；中铁武汉电气化局牵头，分别联合中铁一局、中铁二局、中铁三局成功中标高铁"四电"订单，丰富了3家电务公司350千米/时高铁"四电"业绩。盾构装备等工业产品销售捷报频传。成功中标川藏铁路10台TBM中的6台，全断面盾构份额连续10年国内第一、连续5年世界第一；水利领域，累计提供72台盾构，占全部119台的60.5%；抽蓄电站地下洞室领域，累计提供13台盾构用于18个项目，累计份额82%；钢梁产品竞争力强，继包揽常泰、龙潭长江桥全部钢梁订单后，又斩获世界最长悬索桥——张靖皋长江桥全部主桥钢梁订单。（徐林尧）

【经营资质建设】把握建筑市场准入政策变化趋势，针对不同企业性质，全面引导各单位积极制定差异化的《资质建设规划》；精准对接有关部委、地方政府和资质评审专家沟通情况，为企业获得更多政策支持；灵活运用重组、收购、吸收合并等国家许可的政策规定，不断促进企业转型，拓展企业经营范围；扎实推进一企一策，激发内生动力，助力三级公司积极获取高等级资质。根据"公路王"建设的需要，指导一批三级公司成功获取了公路特级资质；围绕增厚"第二曲线"，弥补稀缺资质，开展了一系列激励性措施，针对稀缺、紧缺资质的实际，统筹规划、专项布置，有效推进了水利水电、电力施工总承包、水利水电机电安装、水工金属结构制作与安装专业承包、压力管道安装生产许可等稀缺资质的申报获取，极大地巩固和拓展了企业的经营范围。全年新增资质155项，包含三级公司新增公路工程施工总承包特级资质5项，施工总承包一级资质21项、专业承包一级资质20项，新增设计行业甲级34项，完成资质转移19项，其中施工总承包一级资质6项，专业承包一级资质9项。（徐林尧）

投资管理中心

【高速公路项目运营业务改革】2022年圆满完成了高速公路运营业务改革的年度目标，其中已运营项目签订了委托运营协议并进场开展运营工作；筹备运营项目签订了委托运营协议并与主责单位共同开展运营筹备工作；在建及待建项目签订提前介入协议，中铁交通提供运营相关咨询工作；新增项目在投标阶段将中铁交通作为联合体成员全程参与运营相关工作。交接工作的完成，实现了高速公路投资项目集中化、规模化运营，奠定了资产提质增效的基础，实现了运营专业化、投资公司差异化发展的良好开局。（宋建华）

【"抓回款"专项行动】将逾期项目清收作为2022年专项任务，积极开展"促回款、保收益"专项行动，遵循"谁牵头投资，谁负责建设和运营及投资回收"的原则，监督主责单位落实主体责任，制定切实有效的清收措施，将清收任务落实到人、将清收时间落实到月，将项目回款和新增项目结合起来，促成投资回款的良性循环；将投资项目回款纳入二级单位年度业绩考核体系（在专项考核中占6分），同时鼓励各主责单位相应建立项目回款奖罚激励机制。　　　　　　　（宋建华）

【黄河项目】2022年3月10日，召开"黄河项目"专项工作启动会，标志着黄河项目的正式开展，为争取实现盘活存量基础设施资产、促进形成投资良性循环拉开了序幕。目前，黄河项目已完成全部合规问题、红线问题、权益并表论证，项目已列入水利部和上交所重点推荐项目。　　　　　　　　　（宋建华）

【参股股权投资整体情况】截至2022年12月31日，中国中铁参股公司（不含基金类业务）共计577户，认缴696亿元，实缴553亿元，其中：参股项目公司399户，认缴606亿元，实缴480亿元；参股金融类公司28户，认缴18亿元，实缴17亿元；参股合资公司150户，认缴72亿元，实缴56亿元。（毕宇桐）

【参股问题整改】自2019年开展参股经营投资自查整改工作以来，共计发现问题192项，截至2022年12月31日已完成整改158项，问题整改完成率达到82%。其中：产权登记问题108项、数量占比56%，已全部完成整改、整改完成率为100%，确权金额38.8亿元；低效无效参股投资问题51项，占比27%，完成整改22项，整改完成率为43%，收回资金9264万元；违规使用"中铁"字号问题16项，占比8%，完成整改15项，整改完成率为94%；决策程序不规范问题5项，占比3%，已全部完成整改，整改完成率为100%；与主业关联度不高、收益不及预期、"参股不参管"等问题共9项，占比4%，整改完成率为56%；超股比担保、股权代持、他方股东出资不到位问题共3项，占比2%，已全部完成整改，整改完成率为100%。　　　　　（毕宇桐）

【云隐项目】2022年顺利完成对滇中引水公司的股权收购，与云南省合

▲图11-10　中铁二局参建的雄安新区公路特大桥——雄（县）白（沟）连接线（一期）工程新盖房分洪道特大桥

资成立了中铁云投，设立了中铁北京资产管理有限公司，深度介入昆明长水机场、磨憨国际口岸、滇池环湖区域发展等重点项目，对中国中铁实施企业转型、提升资产质量、深耕云南市场等有重要战略意义。

（毕宇桐）

生产监管中心（采购管理中心、战备办公室）

【物贸风险处置】制定下发《中国中铁开展虚假贸易业务专项整治行动工作方案》，在全公司开展为期一年的虚假贸易业务专项治理工作。加快既有贸易风险处置和敞口压降工作，全年相关单位累计收回债权2.2亿元，风险敞口进一步降低。

（段永理）

【采购对标】按照国资委2022年中央企业采购管理提升对标活动总体安排，精准开展对标工作，推动采购管理水平提升。在国资委发布的2022年采购管理提升对标评估排名中，中国中铁位列第七组12家中央企业第5名。

（段永理）

【集中采购】加强采购管理，推动集中采购提质增效。2022年全公司两级物资集中采购供应额（含甲供、甲控，下同）为3578亿元，占物资采购供应总额3687亿元的97.1%。各单位在鲁班商城完成办公用品、计算机软硬件累计采购金额2.85亿元，同比增长66.6%；在商旅平台完成商旅服务集中采购金额总计1.24亿元，同比下降24.8%。

（段永理）

【物资集中采购供应】两级物贸企业全年完成内部物资集采供应额916亿元，同比下降7.1%。其中，中铁物贸完成集采供应金额384亿元，同比下降13.7%；二级公司物资公司完成集采供应金额532亿元，同比下降1.7%。

（段永理）

【两级招标采购管理】2022年，全公司累计开展招标采购20194次，其中鲁班平台招标19054次；招标采购成交总金额2692亿元，其中鲁班平台招标2616亿元，公共交易平台招标58亿元，电子招标率达到99.4%。

（段永理）

【商旅集中采购管理】截至2022年12月，已绑定TMC开通支付权限、具备正式运行商旅平台的单位总计1539家（包含独立法人单位及有独立核算要求的指挥部、项目部等），平台注册用户17.18万人，中铁商旅App下载次数25.3万次，年累采购总金额12396万元。

（段永理）

【供应商管理】加强供应商管理，持续优化采购渠道。2022年分7批发布《中国中铁股份有限公司限制交易供应商名单》，对393家供应商进行限制交易处理，持续加强采购风险预控、源头控制，净化采购渠道，保证产品和服务质量。

（段永理）

【物资管理】全公司共采购物资3687亿元，同比下降1.8%；全年共消耗各类物资3663亿元，同比下降2.2%；年末物资库存为183亿元，与上年末相比增长15.2%。

（段永理）

【采购业务监管】按照国资委《关于切实做好中央企业采购招投标领域风险防范有关工作的通知》要求，推进招投标违法违规问题风险排查及问题整改等专项工作，全年共计排查各类招标采购项目13723项，排查发现存在问题862项，完成问题整改812项，各单位累计修订制度8项，完善内控工作流程97项，追责问责108人次。开展采购管理风险问题督查督办，年内共计督导整改问题111项。

（段永理）

【物贸业务管理】强化业务督导，推动物贸板块高质量发展。2022年，中铁物贸及各二级单位所属物资公司全年完成物资供应额1143亿元，同比下降0.7%，其中，系统外市场供应额227亿元，同比增长37.4%。中铁物贸全年系统外市场供应额95亿元，同比增长66.7%。2022年，各单位严守禁令，未开展融资性贸易等高风险业务，无新增融资性贸易业务风险。

（段永理）

【内部产品管控】2022年，采购内部企业设备约6.3亿元，促进了各业务板块协调发展。修订《中国中铁内部产品和服务采购管理规定》，进一步严格内部产品准入评审，建立内部必采价格体系和协商机制，内部服务由政策性扶持转向合规性管控，为股份公司全产业链高质量发展奠定了基础。

（姚道雄）

【闲置施工设备内部调剂】2022年，审批大型设备租赁报告209台（套）、预计合同金额36.91亿元，调剂使用内部单位闲置盾构（含TBM）、搬提运架设备等大型设备共计39台（套），合同金额约7.13亿元，同比增加215.5%，超过历年度调剂水平。通过内部调剂，提高了自有设备利用效率，盘活了企业闲置资产。

（姚道雄）

【机车车辆驾驶人员考试】2022年，指导衡水电路电气化学校举行2期计1585人次理论和3期计344人次实作培训考试，其中理论考试通过率为59.69%，实作考试通过率为29.82%。

（姚道雄）

【路用车审批】2022年，组织各单位申报并获批国铁集团用于铁路施工长钢轨和路料运输、电气化作业等用途路用车超64.8万车/天，节省项目成本1.43余亿元。

（姚道雄）

【劳务管理】组织修订并印发《中国中铁股份有限公司工程施工分包管理规定》《中国中铁股份有限公司工程施工分包采购管理实施细则》；全公司年累开展工程施工分包招采29896次，招采总金额2776亿元，其中专业分包 1065 亿元，劳务分包 1711 亿元；联合北京市人力资源和社会保障局举办了中国中铁劳务管理培训活动，举办了在京三级公司、项目部劳务管理业务座谈会；动态更新 37 家二级单位与地方劳动监察部门对接责任矩阵，督促相关单位积极主动开展农民工欠薪舆情对接和处置工作；加大优秀分包企业的培育力度，各单位各类优秀分包企业的数量逐步增加，股份公司 A 级资信分包企业占 B 级的数量比例由 2022 年第一季度的 13.6% 提高至第四季度的 20% 以上。

（李　根）

【转包和违法分包专项治理】制定印发《中国中铁建设工程转包和违法分包专项治理工作方案》，自 2022 年 4 月至 9 月，在全公司开展了建设工程转包和违法分包专项治理工作。为对专项治理的开展情况及时进行督导纠偏，分别于 8 月 4 日和 10 月 26 日下发《关于转包和违法分包专项治理及分包信息化管理情况的通报》《关于建设工程转包和违法分包专项治理的总结通报》，对各单位开展专项治理的情况及时进行总结分析，指出存在的问题和改进措施，并对下一步持续开展转包和违法分包治理工作提出要求。截至 9 月底专项治理工作结束，二级、三级单位自查抽查共发现的 316 个转包和违法分包问题均已完成整改，同时对负有责任的 88 人次进行了组织处理或政务处分，对 25 人次进行了经济处罚（罚款金额合计 6.43 万元），对 5 家责任单位进行了经济处罚（罚款金额合计 39.98 万元）。

（李　根）

【欠薪欠款专项治理】下发《中国中铁关于开展集中整治拖欠农民工工资问题专项行动的通知》，牵头组织下发《中国中铁关于开展根治欠薪欠款专项行动的通知》《关于梳理欠薪欠款线索情况的紧急通知》，在全公司再次组织开展了根治欠薪欠款的专项行动。自 10 月开始，每月牵头组织分析所属单位欠薪欠款线索情况，累计下发了 64 次的"点对点"通报，督导责任单位进一步提高政治站位，以问题和目标为导向，深入分析问题产生的原因，制定有效措施、建立台账、逐级排查、源头化解、举一反三排查整改，加大力度压减欠薪欠款线索数量。

（李　根）

【铁路信用评价】在 2022 年上半年铁路信用评价中，中铁三局、中铁四局、中铁北京局、中铁电气化局等 4 家施工企业获 A 级；在下半年评价中（公示中），有中铁三局、中铁四局、中铁七局、中铁电气化局、中铁上海局等 5 家施工企业获 A 级，取得较好成绩。

（游利平）

【项目管理提升会】12 月 3 日，股份公司在北京召开大商务管理暨项目管理效益提升视频会，股份公司领导及高管，总部机关各部门，所属二级、三级企业领导及相关部门负责人参会。会议充分肯定了推行大商务管理和项目管理效益提升以来取得的初步成效，进一步强调公司全体员工要聚焦"效益提升、价值创造"工作导向，确保企业经营质量得以提升，价值创造稳中有进，盈利能力有所改观，风险防控不断强化。

（游利平）

【久竣未结项目专项治理】下发《中国中铁关于开展久竣未结项目专项治理工作的通知》和《中国中铁关于进一步加强久竣未结项目专项治理工作的通知》，从组织领导、目标管理、台账管理、常专结合、考核监督等 5 个方面进行了强化，采取措施逐个销号。各单位久竣未结项目年累完成销号 516 个，完成年度销号目标计划 348 个的 148%，销号项目平均结算利润率为 1.83%。

（张海义）

【项目管理效益提升三年行动】编制《中国中铁项目管理效益提升三年行动方案》，明确项目平均利润率每年提高 0.5% 以上的总体目标，制定 36 项定量指标和 13 项定性指标，梳理重点解决承包经营、投资经营、项目管理策划、资源要素管控、履约管理、收入组织、财金管理、合规管理、科研应用、考核激励、队伍建设、监督管理、党建工作等 13 方面问题，总结重点抓好经营开发底线、三个高端市场、投标工作机制、全生命周期管理、商业模式、项目管理策划、组织机构策划、设计方案优化、临建工程管理、分包管理、采购管理、生产要素配置、责任成本管理、工期履约管控、安质环保管控、收入组织、收尾管理、久竣未结专项行动、现金流管控机制、资产管理、费用管理、合规管理、科技研发、成果转化、激励机制、考核兑现、关键岗位能力建设、人才引进培养、审计监督、民主监督、监督检查、增强凝聚力等 32 项工作。

（雷思遥）

【项目监管】2022 年，中国中铁以股份公司为合同主体的境内投资和总承包在建项目共 112 个，总合同额（建安）8356 亿元。2022 年初对在建涉及股份公司资质的项目管理现状进行了系统梳理，坚持"一切工作到项目"，贯彻大商务管理理念，聚焦"效益提升和价值创造"，坚持"层级管理、系统联动、问题导向和依法合规"的监管原则，按照"监管+服务"职能定位和"抓两头、带中间"的工作思路，突出项目履约和效益提升，加强问题项目的督导，加强引导和选树好典型并组织推广，以"三抓、两促、一强化"为手段，持续开展涉及股份公司资质的项目监管。组织了辽宁本桓高速公路、滇中引水二期、甬舟铁路 PPP 项目等新中标的重难点工程的现场查勘和项目管理策划。采取现场检查推进与日常督导相结合方式，对涉及股份公司资质的重点项目和 2022 年拟开通项目的工程进展、安全质量及大商务管理方面实施了现场监管检查，并召开了 109 国道新线和京雄高速等重点项目现场推进会。深圳地铁 14 号线在监管督导下充分发挥总承包的统筹协调作用，提前两个月顺利完成了全线及同步开通工程初期运营前安全评估，2022年10月28日已正式开通运营，得到了业主和社会的充分肯定和广泛赞誉。

（雷思遥）

【信息系统】推进采购电子商务平台（二期）、项目物资管理信息系统、项目设备管理信息系统、劳务管理信息系统、商旅管理平台的建设与应用，进一步提升采购和物资设备管理信息化、数字化水平。截至2022年底，鲁班平台供应商档案库累计有各类供应商约29.71万家；全年各单位累计完成物资设备上网采购4262.05亿元，上网采购率达到97%；所属单位分包电子化采购总体比例达88.3%，农民工实名制录入率为86.5%；系统中已准入分包企业6.43万家，基本覆盖中国中铁当前在用分包企业。

（李　根　段永理）

法律合规部

【落实法治建设第一责任人职责】积极贯彻落实《中央企业主要负责人履行推进法治建设第一责任人职责规定》的要求，按照国资委综合治理专项行动和"合规管理强化年"工作要求，结合公司实际，自我加压，部署开展了"7+4"综合治理专项行动。公司主要领导积极履行法治建设第一责任人职责，担任综合治理专项行动领导小组组长，对综合治理和"合规管理强化年"工作亲自部署、亲自推进，及时研究重点任务、解决重大问题，组织开展全级次、全领域、全方位的排查，坚持治标和治本相结合，通过完善制度、健全机制，堵塞管理漏洞，各业务领域风险内控和合规管理体系不断健全，推动了依法治企能力不断增强。

（余　爽）

【完善企业合规管理体系】先后制定《中国中铁股份有限公司合规管理办法》《中国中铁股份有限公司海外业务合规管理规定》及配套细则，构建了"三防一查"运行机制。积极推动党委巡视、纪委监督、审计监督、法律合规监督贯通协同，推动构建全面覆盖、权威高效的"四位一体"大监督格局。持续推进总法律顾问制度建设，设置总法律顾问的二级单位达到40家，其中18家已设置首席合规官。43家二级单位和265家重要三级子公司设立了独立的法律合规管理机构。截至2022年，全公司共有专职法律顾问1226人，专兼职法律顾问1686人。通过国家司法考试698余人，其中有240人取得公司律师证书。积极探索实施项目法律合规专员制度，在工程项目设置兼职法律合规专员，推动合规防线关口前移。

（余　爽）

【境外合规管理】基于境外合规管理面临的特殊环境，有针对性地建章立制，加强合规风险排查，发布涉外合规风险提示，聚焦佣金管理等重点领域合规风险，加强对多边开发银行、重要国际协定和重点国别的合规规则、执法案例研究，妥善应对境外合规风险事件，制定合规风险防范指南，不断提升涉外法治工作能力。先后与中石油、中建集团开展境外合规经验交流，互学互鉴，共同提高。2022年4月，首次召开全系统的境外合规管理会议，会议的成功举办得到国务院国资委政策法规局领导高度好评。

（余　爽）

【强化合规审核和风险防控】坚持"决策先问法、违法不决策""未经法律合规审核议题不上会"的原则，对存在重大或系统性合规风险的项目，做到"不予上会"或"一票否决"。会议议案、规章制度、经济合同、重要决策做到应审必审，审核率达到100%。2022年，全系统审核规章制度1.6万余项、合同41万余份、重要决策2.6万余项。积极推进法律合规与商务管理的融合，把合规管理贯穿于资本运作、并购重组、投融资等重大经济活动全过程，合规管理积极支持保障大商务管理体系建设和项目管理效益提升三年行动，促进提质增效。加强规章制度合规审核，规范制度制定流程，提高规范性、严谨性。

（余　爽）

【提升化解重大合规风险能力】按照市场化法治化原则，积极妥善处置国内外重大合规风险事件及违法违规案件；大力开展案件压减专项活动，依法处置境内外市场主体违法冒用、挂靠"中铁"字号和虚假宣传违法行为；积极应对多边开发银行制裁案件，有关案件均按时或提前解除制裁；坚持重遏制、强高压、长震慑，对境外问题线索进行提级管理，针对突出违规违纪问题，予以追责问责。

（余　爽）

【合规培训】积极组织全员开展合规培训，每年举办全系统合规培训班，邀请最高人民法院法官，中国社会科学院、清华大学等权威机关、著名高校的资深专家，对民法典、合规管理知识与实践进行系统的讲解。与北京外国语大学合作，举办为期1个月的全脱产海外合规骨干人才培训班，来自海外业务及合规管理一线的100余名专业人员参加了培训，成效明显，反响强烈。积极参与《铁路法》《证券法》《建筑法》等法律法规的修订，向有关立法机关提出意见和建议，反映中铁声音、行业诉求。利用中铁海外合规公众号发布涉外合规规则标准、专业分析研究成果、实践案例，参加FIDIC中国用户大会，参与国际条约、协定涉国企议题的征求意见与研讨，积极宣传中国中铁合规政策、合规理念、合规价值，引起业内广泛关注。全公司法治意识显著增强，法治理念逐步深入人心，崇法治、讲程序的氛围进一步浓郁，办事依法、遇事找法、解决问题用法、化解矛盾靠法的自觉意识进一步提高。

（余　爽）

▲ 图11-11 中国中铁合规倡议书

【2022年中国中铁合规管理工作会】2022年11月9日，股份公司召开2022年合规管理工作会。国务院国资委政策法规局林庆苗局长和三处处长王超到会指导，公司党委书记、董事长陈云，党委副书记、总裁陈文健出席会议，党委常委、副总裁任鸿鹏视频出席会议。会议由公司党委常委、总会计师孙璆主持。

陈云书记代表公司党委、董事会、管理层向全公司发起了合规倡议并发表重要讲话，对当前及今后一个时期的合规管理工作，提出要做好"七着力七增强"具体工作。陈文健总裁回顾了公司近年来合规管理工作进展和成效，分析了新形势下企业合规管理所面临的"四大机遇"和"四大挑战"，并就加强公司合规管理提出"七完善七提升"的具体要求。会议采取"现场+视频方式"进行。公司领导、总部各部门负责人、法律合规部全体在主会场参会，各二级、三级公司主要领导、分管领导、部门负责人以及法律合规部全体人员共计7000余人在470个视频分会场参加会议。

（余爽）

审计部（监事会办公室）

【审计工作概况】2022年，中国中铁各级审计机构全面贯彻国资委、审计署内部审计工作精神，聚焦"效益提升、价值创造"，坚持"一切工作到项目"工作导向，持续加大审计监督力度，强化审计发现问题整改，切实发挥内部审计促进管理提升、防范化解风险、推进企业治理体系和治理能力现代化的重要作用。全年完成审计任务3471项（含境外审计176项），为年度审计计划的111.79%，审计覆盖子企业931户。在国资委对中央企业内部审计工作综合考评中，中国中铁内部审计工作名列中央企业第一方阵。

（于艳芹）

【"5501"专项审计】中国中铁贯彻落实"一切工作到项目"的工作理念，根据年度审计计划和公司主要领导管理要求，按照"纵向贯通、横向对标、审深查透、立行立改"的审计思路，组织实施川藏铁路、滇中引水、帕德玛大桥连接线、天津地铁4号线、吉林高速公路等"5501"专项审计，全面揭示了工程项目管理存在的管理风险和共性问题，促进项目管理纠偏导正，推动项目增收节支。

（于艳芹）

【专项审计调查】实施投资项目"逾期回款"、中老铁路变更索赔等专项审计调查。通过专项审计调查，推动防范化解投资业务风险，促进投资业务回归本质，为有效组织项目变更索赔、减亏增效创造了有利条件。

（于艳芹）

【经济责任审计】全面落实审计"全覆盖"要求，盯紧"关键少数"，围绕规范权力运行和促进领导人员干事担当，采取"1+N"融合审计的方式，深入开展经济责任审计，督导促进国家重大决策部署、国资委重点关注事项、股份公司重点工作目标的贯彻落实。全公司开展经济责任审计892项，覆盖子企业265户，覆盖资产总额5681.4亿元。

（于艳芹）

【境外和财务收支审计】组织开展部

分直属指挥部财务收支审计，全面揭示了在贯彻落实上级政策措施、合同履约、薪酬管理等方面的共性问题以及合同转化、安全质量管理、竣工结算办理等方面的重大风险，推动了相关项目合同履约和风险防范，引起强烈反响。持续强化境外重要企业和重点项目的审计监督，2022年全公司实施境外审计项目60项，覆盖境外资产总额138.4亿元。

（于艳芹）

【开展投资项目后评价】中国中铁开展投资项目后评价工作68项，紧扣"经济效益、投资收益率"两项核心指标，注重揭示管理问题和风险，强化投资项目全生命周期"四项能力"提升，促进投资业务精细化管理水平和经济效益不断提升。

（于艳芹）

【审计整改"回头看"】2022年11月，中国中铁在全公司范围内组织开展了审计整改"回头看"专项工作，对2020—2022年所属单位接受审计署和国资委等国家机关监督检查，以及股份公司历次审计监督指出问题的整改情况进行了全面梳理，聚焦重点难点问题，全力打好审计整改"组合拳""歼灭战"，推动以前年度审计查出问题整改率提升。

（于艳芹）

【违规经营投资责任追究】2022年，中国中铁各级违规经营投资责任追究机构共计受理问题线索1007件，进行责任追究5335人次，有效发挥了监督追责的震慑作用和倒逼整改作用。

（于艳芹）

【审计警示教育活动】2022年，中国中铁各单位共计召开审计警示教育大会172次，通报审计查处问题3702项。其中，股份公司总部警示教育大会总结通报了国家审计、内部审计发现的重大共性问题、重大共性风险等典型案例，并通报了相关责任单位。

（于艳芹）

【审计队伍能力建设】坚持从严治审，通过加强培训交流，审计人员透过现象看本质的能力持续提升。坚持做好审计项目和审计工作组织方式两统筹。强化"以上率下"，突出中国中铁审计部对全公司内部审计工作的统筹、部署、指导职能，坚持"上下联动"，形成重大项目共同实施、重大课题共同研究、重要成果共同分享的良好局面。

（于艳芹）

【监事会工作概况】2022年，中国中铁监事会根据《公司法》《证券法》《上市公司监事会工作指引》以及《中国中铁股份有限公司章程》赋予的职责，以客观公正、求真务实的态度，主动作为，全面履行了监事会各项工作职能，充分发挥了监事会的作用。

（卢国政）

【监事会会议】2022年，中国中铁共计召开8次监事会会议，会议坚持一事一议、一事一决、决议公告的程序，对公司依法规范运作情况、财务状况、内部控制和董事、高管履职情况进行监督并发表独立意见。全年共审议议案和报告事项57项，其中审议并表决议案35项，听取报告事项22项。会议的召集、召开程序均符合公司章程及《监事会会议规则》规定。

（卢国政）

【信息披露】监事会以把好信息披露关口作为维护股东权益的重要抓手，做好法定披露和自愿性信息披露，监督财务信息真实、准确、完整、及时披露。2022年，监事会审议通过的财务决算报告等9项定期报告以及利润分配方案等9项财务管理类信息均已按要求进行了信息披露。

（卢国政）

【开展调研检查】2022年8月，监事会组成调研组，围绕企业高质量发展，对公司房地产投资二级开发项目开展了调研。调研组前期对公司投资管理中心进行了业务咨询，了解了公司房地产投资项目的总体现状。调研采取了听取汇报、座谈交流、个别访谈、查验资料等方式，查找房地产投资管理中存在的问题和风险。

（卢国政）

【监事业务培训】持续采用以会代培的形式，对监事进行业务培训，先后学习了《国务院办公厅关于印发要素市场化配置综合改革试点总体方案的通知》等7项国家发布的政策规定。同时，组织部分监事先后参加了由中国上市公司协会、国务院国资委干教中心、上交所、深交所举办的中央企业控股上市公司专题培训和北京上市公司协会举办的董监事专题培训班，提升监事履职能力。

（卢国政）

【编报企业年报】认真落实审计署《工作报告》编报要求，压实工作责任，强化沟通联系，组织所属81家单位，按期高质量完成了2021年度《工作报告》编报任务，得到了审计署和国资委的一致认可。

（卢国政）

安全质量环保监督部（应急管理办公室、安全质量稽查总队）

【自建房安全专项整治】下发专项网络电报要求各单位进一步提高政治站位，不折不扣地落实好习近平总书记重要指示，落实党中央、国务院的决策部署，狠抓安全生产责任落实，统筹发展和安全"两件大事"，切实把安全生产作为企业发展的前提和基础，从讲政治的高度做好安全生产工作。要求全面排查历史既有房屋安全隐患，全面排查项目自建房、租用自建房的安全隐患，尤其是系统梳理历史积累的既有房屋，重点是经营性自建房，通过自查与第三方机构专业评估相结合的方式，开展自建房安全隐患排查，全面摸清自建房的建设合法合规性、结构安全性、经营安全性等情况，对安全隐患进行初步判定，要建立

▲图11-12 各基层项目秉承"永临结合""临建一次性到位"的理念，在项目驻地、拌和站、钢筋加工场等临建工程中做到统一规划、分区设置、同步实施、封闭管理

基础台账，实行分类整治，一户一策、一栋一策，督促产权人或使用人抓紧整改，对存在结构坍塌风险、威胁公共安全的要立即停用，并疏散建筑内和周边的群众，封闭处置、现场排险，该加固整改的加固整改，无法进行加固整改的，要坚决依法拆除。对一般性隐患要立查立改，明确整改责任措施，实行挂销号管理。（任乐春）

【安全教育培训】开展安全教育培训，完善项目安全教育培训体系，持续推广应用安全教育培训微课堂，编写和补充质量通病预防课件，利用多媒体安全培训工具箱对现场作业人员进行培训，实现安全教育培训的趣味化、信息化、系统化和规范化以及培训内容的多样化、专业化。2022年，组织开展《安全生产法》、安全生产管理制度及要求等应知应会考试，股份公司派员对18家工程局的领导、高管及机关全员进行现场督考，有效提升了全员安全生产知识能力。组织开展注安师继续教育、"三类人员"继续教育培训，3300余名专职人员参加培训；全公司各层级通过线上与线下相结合，共培训企业主要及分管领导、项目经理、安全质量专职人员及作业人员计34.2万余人次，持续提升了专职队伍和员工安全素质。（任乐春）

【能源与生态环境保护】大力推进碳达峰碳中和工作，加强节能环保管理能力。2022年公司成立碳达峰碳中和工作领导小组，贯彻落实中共中央、国务院关于碳达峰、碳中和重大战略决策，全面执行国资委关于碳达峰、碳中和统筹工作部署，印发碳达峰行动方案，保障能源节约与生态环境保护工作全面开展。提升统计监测水平，节能环保数据持续优化。根据国资委中央企业碳达峰、碳中和工作最新要求，升级能源节约与生态环境保护统计系统，优化系统功能，新增公司所属二级单位、三级单位及四级项目部填报功能，完善数据来源，提升数据准确度。优化节能环保目标管理。公司根据国资委关于做好中央企业碳达峰行动方案编制工作的通知，综合调研企业各级单位碳排放现状，经与专家沟通研判，优化企业"十四五"节能环保碳排放目标，对所属各单位分批下达目标指标，圆满完成每年度能源节约考核目标。重视生态环保问题过程监督。定期对各单位因生态环保问题，受属地政府、行业主管部门处罚事项进行统计分析，统筹各级单位开展生态环保问题排查自查，督导各单位对发现问题进行整改落实，并在公司安全环保季度视频会议上通报问责情况、问题整改情况。常态化开展节能环保示范评比工作。2022年度持续开展中国中铁节能低碳技术、中国中铁绿色施工科技示范工程评选工作，以节能环保科技创新为抓手、正向激励为促进，提升工程项目节能环保管理水平。2022年公司共评比中国中铁绿色施工科技示范

工程100项，节能低碳技术43项。2022年公司共有新建安庆至九江铁路鳊鱼洲长江大桥等9个项目获得中施企协绿色建造施工水平星级评价。强化能源节约与生态环境保护宣传工作。组织做好2022年度全国节能宣传周和低碳日规定宣传工作，及时上传下达宣传活动要点，活动全面覆盖公司总部、二级集团、三级工程处、四级项目部，活动氛围浓厚，宣传效果显著。（任乐春）

【常态化疫情防控和处置】坚决执行落实疫情防控政策。全年坚定执行国家疫情防控政策，重点关注做好北京、上海、广州等地区疫情防控，先后组织所属21家企业参与吉林、上海、海南等地抗疫用房建设，受到国资委党委、吉林省委省政府等上级部门的表彰。（任乐春）

党委巡视工作领导小组办公室（巡视组）

【开展常规巡视】2022年，组织3个常设巡视组分2批以"一托二"或"一托三"方式，对东部指挥部、新疆指挥部、中铁长江设计、中铁水利设计、中铁信科、西部指挥部、川藏指挥部、机关党委、孟铁项目部、印度尼西亚雅万项目部、匈塞项目部11家尚未巡视的二级企业党组织开展常规巡视，在党的二十大前圆满完成巡视全覆盖。在2021年实现境外巡视破题基础上，组织对境外项目进行巡视，体现了党内监督无例外的坚定立场。首次组织对总部机关党委进行巡视，结合"四个落实"监督重点和"四个对照"监督标准，紧扣机关党委"九项职能"，深入查找机关党委管党治党责任落实情况，督促总部各党支部在企业高质量发展进程中走在前、做表率，积累了巡视总部机关的工作经验。2批常规巡视共发现各类问题137个，形成问题底稿311个，提出整改意见建议153条。加强上下联动，指导各二级企业开展巡察工作，巡察全覆盖率达到98.1%。（陈妍汝）

【开展巡视"回头看"】着眼有形覆盖和有效覆盖相统一，首次组织2个常设巡视组以"一托二"的方式，对中铁六局、中铁电气化局、中铁建工、中铁北京局4家二级企业党组织开展巡视"回头看"。认真学习国资委党委巡视"回头看"经验做法，明确"回头看"工作定位，既紧盯"老问题"不放，对没见底的问题"再了解"，查找落实公司党委新一轮常规巡视和违规挂靠专项巡视反馈意见整改上的差距，又坚持再进一步围绕"四个落实"监督内容，对被巡视党组织进行全面"政治复检"。巡视"回头看"共发现各类问题41个，形成问题底稿91个，提出整改意见建议15条，促进了巡视中发现问题的整改落实，增强了巡视震慑力和实效性，彰显了巡视利剑作用。（陈妍汝）

【巡视监督能力提升】注重边巡视、边总结、边提升，建立了每批巡视结束及时总结的工作机制，推动巡视工作在坚持中深化、在深化中发展。坚持对标对表，全面学习中央巡视工作方式方法，充分运用派员参加十九届中央第九轮巡视"以干代训"工作成果，精心编制巡视工作方案、交底问题清单、巡视实施方案、下沉方案、谈话提纲，体现规范高效。突出问题导向，坚持与时俱进，突出围绕"国之大者"强化政治监督，推动习近平总书记关于本企业本行业领域重要指示批示、"三新一高""十四五"规划落实、国企改革三年行动收官、对标世界一流管理提升等党中央重大决策部署在企业落实落地；坚持围绕中心、服务大局，将项目管理效益提升三年行动、大商务管理、"四增两控四提升"、"7+4"专项行动等重点工作纳入巡视监督范围，把加强政治监督与推动改革发展深度融合，查找政治偏差，精准发现问题。针对疫情影响，采取"线上集中＋分组学习"方式开展巡前培训交底，建立问题和政策"双清单"，优化巡视周报机制，统筹协调解决实际问题。科学合理分工，压实岗位责任，根据工作需要成立联络组、谈话组、材料组；围绕监督重点，设立4个专题小组，有效发挥了巡视组成员各自优势，切实提高巡视组工作质效。（陈妍汝）

【巡视整改工作】认真贯彻落实中央办公厅《关于加强巡视整改和成果运用的意见》及国资委党委相关通知精神，结合实际向公司党委提出工作建议，强化纪委、组织人事部门落实整改日常监督责任，研究起草具体实施办法，推进巡视整改规范化制度化。灵活采取"现场＋书面"方式做好巡视反馈，及时向被巡视党组织反馈巡视问题，传达公司党委关于巡视整改的意见要求。加强巡视成果运用，全年向职能部门通报巡视发现问题222个，推进监督、整改、治理有机贯通。认真抓好2021年公司党委开展境外巡视反馈问题集中整改情况的督导，狠抓违规挂靠专项巡视发现问题的持续整改，推动解决一批重难点问题。主动谋划，系统组织，对党的十九大以来公司党委常规巡视集中整改未销号问题"大起底"，推动问题整改应销尽销、清仓见底，前6批完成集中整改的巡视反馈问题整改完成率达到94.1%。（陈妍汝）

【深化上下联动工作格局】按照分级负责要求，不断推进巡视巡察工作责任体系建设，督促各二级单位党组织落实主体责任，加强对巡察工作的组织领导，有45家党组织单独设立了巡察办，4家党组织设常设巡察组组长7个，全系统专职巡察干部增至92名。加强对二级企业巡察工作的指导督导，有效利用信息贯通工程建设成果，搭建与二级单位巡察机构全天候信息交流平台，提供理论和实践指导。为二级单位开展巡察提供业务辅导，面对面传导政治巡视要求、工作制度机制和经验做法。重点加强对二级单位巡察全覆盖的督导，定期了解、统计有关工作信息。推动巡视监督与其他监督贯通融合，持续加强巡视监督与业务工作的统筹衔接，在情况通报、政策咨询、专业支持等方面，形成全过程协同配合工作机制。

（陈妍汝）

纪委

【政治监督】坚持把深入学习贯彻习近平新时代中国特色社会主义思想贯穿工作始终，监督推动广大党员干部特别是各级班子成员读原著、学原文、悟原理、知原义，带头学深悟透、学以致用，在思想上政治上行动上始终同党中央保持高度一致。以迎接党的二十大胜利召开为主线加强监督，协助党委组织开展"建功新时代 喜迎二十大"等系列活动，营造浓厚氛围；党的二十大召开后，第一时间学习贯彻会议精神，把监督推动学习贯彻党的二十大精神作为政治监督重要内容，细化监督措施，及时跟进监督，迅速掀起学习宣传贯彻热潮。严格落实"第一议题"制度，不断提高"第一议题"质量。认真落实"三个转变"，聚焦改革重点任务，推动国企改革三年行动高质量收官。出台对混合所有制企业加强监督的制度办法，不断完善监督机制。研究制定关于加强川藏铁路工程建设政治监督的实施意见，服务保障北京冬奥会工程、雄安新区建设等重点工程项目，建设"廉洁工程"。坚决落实中央疫情防控政策，及时、精准、妥善处置涉疫问题线索，把"疫情要防住、经济要稳住、发展要安全"总体要求落到实处。结合企业实际制定境外腐败治理重点工作任务台账，聚焦重点问题，协调联动各方，扎实开展专项整治，防范化解廉政风险。进一步规范佣金管理，认真处置中铁隧道局新加坡分公司涉外案件，通过监督发现问题促进境外业务制度建设不断完善，合规经营意识得到强化，境外腐败治理逐步走深走实。

（吕立良）

【作风建设】锲而不舍贯彻落实中央八项规定精神，在全公司范围内开展违规收送礼品礼金问题线索"大起底"，切实加大对内部违规吃请送礼问题的整治力度；紧盯"关键少数"，突出对春节、端午节、中秋节等重点节日节点的监督检查，不断铸牢过紧日子思想，严格落实"勤俭办企业十不准"，坚决反对铺张浪费。充分运用"四风"监督举报平台，驰而不息整治公车私用、公款吃喝、违规发放津贴补贴、违规操办婚丧嫁娶等顽症痼疾，严肃查处不担当不作为乱作为问题，对反弹回潮、冒头萌芽的动辄则咎，对风腐交织、隐形变异的精准处置，对不知敬畏、屡教不改的严肃惩治。结合企业实际制定有效措施，完善内控机制，涉及"四风"问题线索一律优先核查、限时办结，从严从快处置。对内部违规吃请送礼的，既查收礼的，也查送礼的；既查请吃的，也查被请的；既追究直接责任人责任，也追究有关领导责任，全年共查处违反中央八项规定精神问题23起，给予党政纪处分51人次。印发关于进一步精简文件会议和规范出差管理的通知，提出关于做好整治形式主义为基层减负工作要求，持续加强总部机关化问题整治。制定《对内部违规吃请送礼等问题加强监督问责的九条措施》，压实各级纪检组织监督责任；印发《领导人员操办婚丧喜庆事宜若干规定实施细则》，强化领导干部带头作用，弘扬新风正气。党的二十大召开后，公司纪委结合实际对全公司纪检组织深化纠治"四风"工作提出要求，推动党的二十大关于加强作风建设的战略部署及时在企业得到落实。

（吕立良）

【日常监督】公司纪委书记与二级企业班子成员谈话165人次，其中"一把手"78人次，谈话提醒常态化。加强对选人用人的监督，公司纪委书记全程参与重要人事安排初始酝酿，针对干部选拔任用、评先评优等出具廉政意见682人次，提出否定或暂缓使用意见11人次；对95名新提拔任用领导干部开展廉洁谈话，做到警钟长鸣、防患未然。各级纪检组织对涉及"一把手"问题线索立案103件，涉及166人次，监督力度持续增强。公司纪委坚持一切工作到项目理念，服务保障大商务管理落实落地，持续加大对亏损项目"再监督"力度。组织各级纪检组织核查亏损项目202个，针对发现问题，严查失职失责、以权谋私、损公肥私问题线索，移送司法机关追究刑事责任9人。各级纪检组织坚持结果与过程并重，先后召开警示教育大会160次，督促完善内控管理制度306个。公司纪委牵头组织有关职能部门召开反腐败工作协调会、监督专题研讨会等会议5次，推动财务、人事、投资管理、生产监管、法律、审计等部门开展各类专项治理或专项监督检查9次，职能部门向公司纪委移交问题线索7件，纪检监督与各类监督形成合力，大监督体系作用有效发挥。

（吕立良）

【一体推进三不腐】2022年，公司各级纪检组织主动向地方监委移送涉嫌违法犯罪问题线索涉及26人。精准运用"四种形态"，坚持"三个区分开来"。公司各级纪检组织共接收信访举报2151件次，处置问题线索1581件，立案574件，结案559件，给予党纪政纪处分1079人次，组织处理1068人次。股份公司党委管理的干部有40人受到党政纪处分，其中"一把手"28人。各级纪检组织运用监督执纪"四种形态"共处理2607人次。始终坚持"三个区分开来"，不断完善容错纠错机制，做到为担当者担当，为负责者负责。公司纪委针对监督发现问题，提出监督建议46条，督促完善管理制度办法11项。结合企业实际制定工程建设领域"行贿人"黑名单制度，加大对行贿人的问责惩处力度，进一步营造风清气正的营商环境。始终注重发挥教育引领作用，不断加强廉洁文化建设。巩固拓展党史学习教育成果，推动理想信念教育常态化制度化，把牢理想信念"总开关"。不断加强廉洁警示教育，召开警示教育大会对7个典型案例进行深入剖析、通报曝光。编印《中国中铁领导人员廉洁从业若干规定实施细则》"口袋书"，向公司总部、45家二级企业领导人员发放900余册。收集近两年来违反中央八项规定精神和党的六大纪律、违法犯罪典型案例44个，编印廉洁教育读本《鉴戒（2022）》，发放32000余册。

（吕立良）

【纪检干部队伍建设】教育引领广大纪检干部坚定政治立场、敢于动真碰硬，不断提升政治素养。进一步规范二级企业纪委书记年度履职考核，将履职考核结果与个人薪酬、评先评优挂钩。组织全公司60余名纪检业务骨干参加各级组织举办的业务培训班，选派14名纪检干部到中央纪委国家监委、驻委纪检监察组参与案件调查或协助工作，不断加强实践锻炼，切实提高履职能力。公司纪委2个派驻纪检组与所联系单位纪委密切配合，形成监督合力，派驻作用有效发挥。在全公司范围内评选"中国中铁纪检系统先进集体"15个、"中国中铁纪检系统先进工作者"50人，大力营造见贤思齐、争当先进氛围。公司纪委连续5年履职考核被驻委纪检监察组评为优秀，1名纪检干部被中央纪委国家监委予以嘉奖。规范内部管理，严格执行问题线索处置集体研究和审批制度，加强执纪审查及纪律处分决定执行情况监督检查，压实办案安全责任。不断加强自我监督，查处纪检干部违规违纪问题9件，其中给予党政纪处分2人次，组织处理13人次。

（吕立良）

工会

【组织机构】中国铁路工程集团有限公司工会隶属中华全国铁路总工会和国务院国资委党建局群工处领导，下属46个工会（工委）组织，集团公司工会总部设：综合部（体协）、权益保障女工部。

（于金显）

【年度工作综述】2022年，中国中铁工会工作总体思路是：深入学习贯彻党的十九届六中全会精神，认真落实上级工会和公司党委各项决策部署，以迎接党的二十大、学习宣传贯彻党的二十大精神为主线，服务工作大局、服务经营生产、服务职工群众，聚焦企业提质增效，做实做优工会服务，抓品牌建机制，强基层增活力，为企业高质量发展迈出新步伐、价值创造效益提升实现稳中向好提供坚实的群众支撑，以优异成绩迎接党的二十大和公司党代会胜利召开。2022年，全公司各级工会组织认真贯彻中央、上级工会和公司党委各项工作部署，紧紧围绕"四增两控四提高"年度奋斗目标，深度聚焦"效益提升、价值创造"，深度融入中心、服务大局，各项工作取得了显著成效，尤

▲图11-13 滇中引水工程启动项目廉洁文化建设活动

其是产改、典型选树、民主管理等工作走在了央企前列。2022年度公司会员评价98.91分。滇中引水劳动竞赛、三届二次职代会、全国最美职工表彰等三张图片荣登国家级展览"奋进新时代"主题成就展。

（马萌）

【企业民主管理】利用中铁E通首次在线上成功召开三届三次职代会，215项立案提案全部办复，成功召开四届一次职代会并实现顺利换届。指导8家单位完成职代会新建和换届工作，年内47家二级单位均规范召开了职代会。在央企率先制定《企业民主管理办法》认真总结职代会建设经验，在《工人日报》刊发了《运用职代会制度优势 促进企业高质量发展》署名文章，全国《产改专报》向各省（自治区、直辖市）印发中国中铁创新实践企业民主管理专题报告，并上报中央全面改革委员会。全国总工会副主席谭天星率队专程到公司调研，全总原党组书记、副主席陈刚作出批示，充分肯定全国《厂务公开信息》专版刊发中国中铁企业民主管理、中铁四局云端职代会、中铁六局项目民主管理的经验做法。

（于金显）

【组织建设】1人当选全国总工会执委，3人当选铁路总工会执委、1人当选经审会常委。指导16家单位完成工会组建和换届改选工作；指导中铁文旅、中铁装配2家重组企业完成工会组织关系转接工作；推动企地工会共建，指导中铁水利设计工会完成与地方工会组织关系对接。加强制度体系建设，研究制定《中国中铁工会委员会工作规则》等文件。召开了工会四届二次全委（扩大）会议，并同步召开了中国中铁职工项目创效行动启动会、企业民主管理推进会。加强工会干部队伍建设，组织300名工会干部参加全国总工会、铁路总工会和国资委网络培训班。

（于金显）

【职工思想教育】扎实开展群众性主题教育，以迎接党的二十大、学习宣传贯彻党的二十大精神为主线，广泛开展"当好主力军，喜迎二十大"群众性宣传教育活动，引导职工持续深化党史学习教育和"理想信念情怀 爱党爱国爱企"主题活动。及时下发学习宣传贯彻党的二十大精神的通知，组织参加全国职工学习党的二十大精神知识竞赛，6万多名职工答题16万人次，在15家央企专场位居第一，获得全国总决赛个人二等奖和团体三等奖。

（马萌）

【劳动竞赛】围绕"八个全力以赴"，开展"六比三增两保一树"稳增长专项劳动竞赛和"决战决胜四季度"综合劳动竞赛，持续开展川藏铁路、滇中引水、雄安新区和粤港澳大湾区等重点工程劳动竞赛，评选表彰2021年度劳动竞赛10个优胜单位、200名先进个人和川藏铁路建设5个优胜单位、15个先进集体、30名先进个人。玉磨铁路、川藏铁路2项劳动竞赛案例入编《新时代劳动和技能竞赛创新指南》。

（唐海军）

【职工队伍建设】以"增强意识、营造氛围、塑造文化、提升能力"为

▲图11-14　2022年9月27日，中国铁工投资南京龙袍项目指挥部第二届"龙袍杯"运动会闭幕

目标，协同生产监管中心、人力资源部举办首届职工岗位胜任力大赛供应链管理和商务算量比赛，28家单位7100多人参加培训和比赛，人均学习超过100课时；81支队伍324名选手参加决赛，培养选拔了一大批优秀供应链管理和商务算量人才。深化职工创新活动，全公司有各类创新工作室975个，省部级以上106个。高质量推进劳模创新工作室联盟建设，组建了工程测量创新联盟，指导桥梁、隧道、城轨、四电、测量五大创新联盟，广泛开展技术交流合作、成果转化鉴赏活动，劳模创新工作室联盟建设经验被中国铁路总公司通报转发，并获全总征文三等奖。推进职工创新成果共享。开展首届劳模创新工作室创新成果推介交流活动，命名表彰108个劳模创新工作室和60项优秀创新成果，编印《劳模创新工作室优秀创新成果汇编》；举办劳模创新成果云展览，展出239项创新成果；各级工会广泛开展创新成果推介交流"六个一"活动，推动创新成果共享与推广应用。全年有20多项创新成果参展首届大国工匠创新交流大会，1项创新成果申报中国专利奖，1个职工创新项目获得全国总工会10万元创新补助资金支持。　　（唐海军）

【群众保安全】围绕"安全生产月"主题，联合安质环保监督部开展了安全生产知识网上答题竞赛活动，5.6万人参与学习答题60多万人次；创新安全生产知识宣教载体，开展了安全生产系列漫画创作和展播活动；深入开展以"七个强化"为主要内容的"安康杯"竞赛，评选表彰了40名优秀安全卫士。各单位结合施工现场实际，严格落实《群众保安全工作硬十条》，广泛开展了安全教育培训、群安员技能大赛、安全班组竞赛、安全卫士竞赛、群安工作互检、隐患随手拍等活动，充分发挥了群众保安全作用。荣获全国安康杯竞赛9个优胜单位、17个优胜班组、1个优秀组织单位、4名优秀个人。　　（唐海军）

【劳模管理】大力弘扬劳模精神、劳动精神、工匠精神，开展"劳动礼赞"晒图和"身边榜样"有奖征文活动，举办劳模事迹报告会、云宣讲和劳模疗休养活动。全年评选表彰219名中铁劳模、22名中铁工匠、10名优秀农民工；荣获全国五一劳动奖状1个、奖章10个、工人先锋号14个；省级劳模13个、劳动奖状24个、奖章76个、工人先锋号63个、火车头奖杯29个、奖章92个；省级工匠12人。特别是重大典型再创新高，中铁建工北京冬奥项目部获"全国十大最美职工"称号并在全国"五一"表彰大会上发言，中铁隧道局母永奇当选2022年"大国工匠年度人物"，中铁五局陈发亚获"感动交通十大年度人物"，中铁二局彭祥华、中铁隧道局母永奇及中铁工业王中美、李刚等4名劳模工匠受邀参加首届大国工匠论坛，彰显了中国中铁的发展成就和员工形象。　　（唐海军）

【权益维护】开展2022年集体合同履约情况检查，通过线上检查方式对15家基层单位集体合同履约情况进行了抽查调研，并同步开展"两拖欠"情况专项检查和"三不让"专项资金使用情况督导检查。全年处理职工信访11件次，依法合规调查处置违规解除劳动合同、非法取消职工代表资格、拖欠职工养老保险和公积金、拖欠农民工工资、职工休息休假等信访问题，有效维护了职工合法权益。　　（邵颖妮）

【普惠服务体系建设】制定《关于推进幸福企业建设　深化职工保障服务工作的指导意见》《项目部星级幸福之家评比管理办法》，开展六级职工生活保障体系建设情况调研和11.7万人参与的职工综合状况网络问卷调研，向公司党委提交了调研报告和问卷分析报告，为构建全方位服务职工体系提供了参考依据。开展提升职工生活品质试点工作，1家单位被铁路总工会列为提升品质试点单位，2家单位被铁路总工会列为职工之家重点建设单位。广泛开展"四季送"活动，股份公司工会年内拨付冬送温暖、夏送清凉、灾害防治等慰问款1438万元；精准帮困基金兜底帮扶特困职工424户、大病职工35人，共发放救助金341.3万元。全公司累计发放"两节"送温暖资金1.56亿元，慰问职（民）工36.9万人次；金秋助学款564万元，资助困难职工子女2214人；一线送清凉、受灾慰问支出9425万元；积极组织消费帮扶，累计采购农副产品2200万元。中铁二局消费帮扶助乡村振兴入选国家发展改革委优秀典型案例。　　（邵颖妮）

【员工关爱】加强员工健康关爱服务，举办第二届EAP团辅大赛，108名选手参加选拔赛，为职工婚姻家庭、亲子教育、有效沟通、心理减压等方面提供解决方案。全公司年内累计开展线上线下心理关爱服务7万余人次。加大单身职工关爱力度，开展红娘招募和最美红娘评选活动，表彰了105名"最美红娘"，组建了214人的红娘队伍，为单身职工搭建婚恋交友桥梁，帮助286名职工步入婚姻殿堂。加强一线职工服务站建设，中铁四局四公司工会户外劳动者服务站、中铁七局三公司西康高铁项目"建设者之家"、中铁置业贵阳中铁国际生态城户外劳动者综合服务站3个服务站荣获2022年"最美工会户外劳动者服务站点"称号，组织21名重点工程参建职工参加云南省总工会职工健康疗养，有力传递了企业的关怀与温暖。　　（邵颖妮）

【女职工管理】召开女工委四届一次全委会，总结部署新时期女工工作，交流女工工作经验，表彰中国中铁十大先进女工组织和十大先进女工工作者，开展"巾帼心向党·奋斗新征程"主题宣讲。开展基层女职工组织和女职工状况网络问卷调查，做好铁路女职工队伍基本状况及发展趋势课题调研。部署开展庆"三八"系列活动，评选表彰100名巾帼学习标兵，组织开展全国第十届"书香三八"读书和"阅读经典好书 争做中国好网民"诵读活动，共83部作品获奖，中国中铁工会获特别组织奖，所属8家单位获优秀组织奖，4人获优秀领读人，王中美、王杜娟、严金秀3人事迹入选指定阅读书目《巾帼书香》。组织开展第八届"书香铁路"读书活动和铁路女职工视频大赛，共11部作品获奖。各级女工组织升级打造"书香"品牌，拓展延伸"女职工阅读+"活动，促进了女职工素质提升。组织开展"巾帼建新功 奋斗新征程"科技创新巾帼行动，在中央企业科技创新巾帼行动工作座谈会上作重点交流发言，《中国妇女报》专题报道《中国中铁：为女科技工作者成长发展保驾护航》。举办"劳动创造幸福 争做时代新人"巾帼劳模工匠宣讲活动，线上展播20期女劳模工匠故事，10部作品参加铁路总工会集中成果展示。大力选树女职工先进典型，评选表彰了25个先进女职工集体、70名先进女职工、23个先进女职工组织、33名先进女职工工作者。全年全公司荣获省部级以上女职工先进集体29个、先进个人45个，并在《人民铁道》报、《中国中铁》报、微信公众号等平台进行了集中宣传。认真落实女职工专项集体合同，开展女职工维权行动月活动。做好困难女职工帮扶救助，建好用好爱心屋。深化家庭文明建设，举办"情暖重阳·感恩父母"职工微视频征集与投票活动，参赛作品580个，累计点赞7.7万次，活动访问量超19万人次。全公司荣获省部级以上先进家庭11个，中铁一局梁西军家庭、中铁六院赵明家庭分别荣获"全国五好家庭"和"全国最美家庭"称号。 （邵颖妮）

【职工文体】新组建音乐、朗诵、舞蹈、篆刻等职工兴趣协会，开展诗歌、书法、摄影、漫画、短视频和网络桥牌、全民健身等系列文体活动，会同党建工作部举办首届企业文化节职工书画摄影展。全年荣获全国职业道德建设先进单位1个、先进个人2人，全国职工书屋示范点8个，火车头体育先进单位7个、先进个人12人，28项职工文化作品在全国全路比赛中获奖，1项作品获第十三届中国艺术节暨第十九届群星奖决赛入围奖。 （马萌）

【财务和经费审查】加强资金集中管理，全公司工会经费归集80%以上，达到20多亿元；顺利完成铁总经费审计和整改，完成12家二级工会经费审计；开展工会财务知识答题竞赛，在铁总竞赛中荣获团体二等奖和个人优秀奖。全年对下经费补助6151万元，同比增长23%。中国中铁工会荣获全国工会财务工作先进单位、铁总财务先进单位、铁总经审规范化考核一等奖和优秀审计项目，5家二级单位荣获铁总财务先进单位。 （刘光华）

【1个集体荣获全国五一劳动奖状】
中铁上海局第六工程公司

【10人荣获全国五一劳动奖章】

胡 彬	中铁二局集团新运工程有限公司项目党支部书记兼项目经理
王 帅	中铁二局集团电务工程有限公司项目党支部书记兼项目经理
陈 航	中铁四局集团第四工程有限公司钢结构分公司电焊工
张杰胜	中铁四局集团第一工程有限公司副总工程师
王 磊	中铁六局集团丰桥桥梁有限公司宣城分公司项目经理
艾江临	中铁八局集团第三工程有限公司贵阳轨道交通3号线土建8标段项目经理
肖世波	中铁大桥局集团有限公司新能源工程指挥部（大企业事业部）常务副指挥长
李治国	中铁隧道局盾构及掘进技术国家重点实验室党工委书记、常务副主任
王 刚	中铁二院工程集团有限责任公司党委副书记、工会主席、副总经理
王立天	中铁第六勘察设计院集团有限公司电气化设计院分公司首席专家、副总经理，兼中铁六院副总工程师

【14个集体荣获全国工人先锋号】
中铁二局第一工程有限公司贵阳轨道交通3号线一期工程土建一标段项目经理部
中铁三局集团有限公司运输工程分公司第二运输段
中铁四局集团第四工程有限公司科学大道一期EPC项目经理部
中铁五局集团有限公司磨万铁路第Ⅰ标项目经理部
中铁七局集团第三工程有限公司盾构分公司"蛟龙"掘进班
中铁八局集团电务工程有限公司供电一项目部
中铁八局集团昆明铁路建设有限公司云南省滇中引水工程楚雄段施工8标项目部
中铁九局集团有限公司路桥分公司预制梁台座法试验班
中铁十局集团第一工程有限公司盾构掘进班组
中铁建工集团北京2022年冬奥会奥运村及场馆群工程项目经理部
中铁上海工程局集团第五工程有限公司柳州市凤凰岭大桥工程项目经理部
中铁电气化（武汉）设计研究院有限公司试验中心
中铁工程机械研究设计院有限公司预制构件智能生产线项目团队
中铁贵州旅游文化发展有限公司工程管理部

【24个集体荣获省部级五一劳动奖状】
中铁一局集团第五工程有限公司
中铁一局集团电务工程有限公司
中铁一局集团市政环保工程有限公司
中铁一局集团建筑安装工程有限公司
中铁二局拉林铁路工程指挥部

中铁三局集团建筑安装工程有限公司
中铁三局集团华东建设有限公司
中铁四局集团电气化公司
中铁四局集团二公司
中铁四局五公司惠清高速项目TJ13标项目经理部
中铁五局集团拉林铁路工程指挥部
中铁七局集团第三工程有限公司
中铁九局集团拉林铁路工程指挥部
中铁十局集团有限公司济南勘察设计院
中铁大桥局集团第四工程有限公司
中铁电气化局集团拉林项目铁路站后四电工程指挥部
中铁建工集团北方工程有限公司
中铁广州工程局集团港航工程有限公司
中铁广州工程局集团有限公司拉林铁路工程指挥部
中铁上海工程局集团有限公司
中铁二院工程集团有限责任公司
中铁二院地勘院拉林项目部
中铁武汉电气化局集团有限公司
中铁开投贵阳轨道交通3号线一期工程建设管理有限公司

【9个集体荣获全国"安康杯"竞赛活动优胜单位】
中铁三局集团广东建设工程有限公司
中铁四局集团钢结构建筑有限公司
中铁四局集团电气化工程有限公司安徽铁路分公司
中铁武汉电气化局集团城铁分公司
中铁八局集团第一工程有限公司
中铁二局电务公司
中铁八局集团第二工程有限公司
中铁隧道局川藏铁路2标项目部
中铁七局集团电务工程有限公司

【17个集体荣获全国"安康杯"竞赛活动优胜班组】
中铁六局集团天津铁路建设有限公司天津地铁10号线项目部
中铁上海工程局集团华海工程有限公司胥涛路对接横山路隧道工程项目部
中铁四局市政公司六安市城区水环境综合治理项目经理部
中铁大桥局集团有限公司新建川藏铁路雅安至林芝段CZSCZQ-1标段项目经理部
中铁隧道集团三处有限公司深中通道S03标项目经理部
中铁八局集团第七工程有限公司重庆分公司转运班
中铁七局集团有限公司石梁河大桥4#墩架子队
中铁二院图文中心
中铁八局三公司贵阳轨道交通3号线一期土建八标项目部
中铁隧道一处有限公司林城东路延伸段实验三中隧道工程项目部开挖班组
中铁贵州旅游文化发展有限公司工程管理部
中铁五局集团建筑工程有限责任公司悦龙国际城——悦龙东郡一组团三期项目部
中国中铁贵阳轨道交通3号线一期工程指挥部中铁一局轨道一标段项目部
中铁隧道局川藏铁路2标TBM工区
中铁四局新建川藏铁路雅安至林芝CZXDL-3标段经理部二分部路基班组
中铁宝桥（扬州）公司智能焊接组
中铁一局建安公司西安站改车场及东配楼等工程项目部工程部

【1个集体荣获全国"安康杯"竞赛活动优胜组织单位】
中铁七局集团有限公司

【4人荣获全国"安康杯"竞赛活动优秀个人】
张建波　中铁大桥局工会副主席
查京屏　中铁大桥勘测设计院集团有限公司副总经理
胡　勇　中铁四局工程建设分公司总经理
王志祥　中铁上海工程局集团第一工程有限公司安全质量环保部部长

【13人荣获省级劳动模范】
郝　铎　中铁一局新运工程有限公司架梁队队长
别红亮　中铁一局建筑安装工程有限公司项目经理
董高峰　中铁一局第三工程分公司党委书记
魏珍珍　中铁一局物资工贸有限公司生产技术部副部长
徐　宏　中铁一局集团有限公司科技信息化部部长
陈　平　中铁四局集团技术管理部部长
罗　浩　中铁七局集团第三工程有限公司盾构分公司盾构操作工
姚　斌　中铁七局集团西安铁路工程有限公司水电分公司电工、作业队长
吕文发　中铁九局三公司伊春采矿厂运输车间修理工
鲁晓帆　中铁九局大连分公司白俄罗斯项目高级桥梁工
张　宏　中铁上海工程局集团第一工程有限公司芜湖轨道交通一期工程项目部党支部书记
王寿庚　中铁上海工程局集团第七工程有限公司副总经理
李宗民　中铁工业宝桥集团党委副书记、总经理

【76人荣获省级五一劳动奖章】
张勇利　中铁一局市政环保公司靖远七馆一中心项目部项目经理
高　博　中铁一局集团新运工程有限公司铺架三公司玉磨项目部党工委副书记
刘　奇　中铁一局城轨公司武汉地铁12号线3标项目部项目经理
李家强　中铁一局五公司临金项目部技术员
杨　志　中铁一局五公司精测分公司测量工
冯　靖　中铁一局第三工程分公司项目经理
丁志文　中铁二局六公司昌景黄项目部总工程师
来　琼　中铁二局新运公司成蒲项目部项目经理

陈利伟	中铁二局电务公司接触网分公司高级工		路工程项目经理部项目经理	罗先刚	中铁隧道集团一处有限公司成昆铁路项目部项目经理
黄翼	中铁二局渝昆2标指挥部党委书记	姚立平	中铁八局集团第一工程有限公司拉林项目部项目经理	田智	中铁电气化局京沪高铁维管公司济南维管段枣庄工区周营变电所所长
高晓刚	中铁三局集团广东建设工程有限公司广州地铁十一号线项目经理部项目经理	崔丽娟	中铁八局三公司贵阳轨道交通3号线项目部项目总经济师	李建波	中铁电气化局建筑公司项目副经理
王建斌	中铁四局集团四公司项目经理	罗时举	中铁八局三公司贵阳轨道交通3号线项目部党支部书记、工会主席	梁建秋	中铁电气化局建筑公司放线工
辛奇	中铁四局集团五公司常务副经理	秦晨	中铁九局集团第一建设有限公司贵阳悦龙国际城项目经理部党支部书记	陈林	中铁武汉电气化局集团有限公司城市建设分公司武汉滨湖项目部项目经理
王伟	中铁四局集团四公司电焊工	胡波	中铁十局济莱高铁JLZQTJ-1标项目经理部项目经理	李辉	中铁武汉电气化局机电分公司中老铁路玉磨段项目部总工程师
郝国宇	中铁四局集团四公司职员	吴奇	中铁十局城轨公司贵阳轨道交通三号线一期工程土建13标项目部项目经理	陆剑峰	中铁建工集团上海分公司南京公司副总经理
陈娟	中铁四局工程材料公司技术中心副主任	刘永	中铁十局一公司雄商高铁五分部工程部部长	张磊	中铁建工集团北方公司西藏自治区医院项目部项目经理
李铁军	中铁四局二公司玉磨铁路三分部项目经理	李汉江	中铁大桥局集团物资有限公司党委书记、执行董事	王艳虎	中铁建工集团北方公司徐州陆港大厦项目部总工程师
张鹏	中铁五局六公司总经济师、副总经理	赵子龙	中铁大桥局集团有限公司新建川藏铁路雅安至林芝段CZSCZQ-1标项目部常务副经理	安振山	中铁建工集团中铁装配公司党委书记、总经理
刘远	中铁五局集团物资实业有限责任公司天威公司总工程师	苏宗华	中铁大桥局集团第二工程有限公司副总工程师、龙潭项目部经理	孙军	中铁广州工程局集团桥梁工程有限公司副总经理
龚琳	中铁五局一公司隧机分公司作业队副队长	杨伦	中铁大桥局集团第五工程有限公司新建福厦铁路1标项目部经理	郭红磊	中铁北京局城轨公司盾构管理中心济南地铁架子队队长
杨涛	中铁五局集团贵州工程有限公司贵阳枢纽西南环线工程项目经理部经理	曾勇	中铁隧道股份有限公司大瑞铁路工程项目经理部二分部TBM维修电工	姚运军	中铁北京局机场分公司贵阳机场项目常务副经理
邱公成	中铁六局集团交通工程分公司沈阳地铁1号线项目电工班班组长	李韵雯	中铁隧道局集团有限公司投资发展事业部商务合约部部员	丰光亚	中铁上海工程局集团第六工程有限公司总经理、党委副书记
米振增	中铁六局集团交通工程分公司贵阳地铁项目党支部书记	赵旭斌	中铁隧道局集团有限公司设备分公司新乡制造公司电器车间主修人	罗亮亮	中铁二院工程经济设计研究院副所长
鹿林	中铁六局太原公司工会主席、副总经理	刘坤	中铁隧道集团三处有限公司深中通道S03标项目部常务副经理	赵全超	中铁二院土建一院
李璟	中铁六局路桥公司金仁桐项目部党委书记			方钱宝	中铁二院贵阳勘察设计研究院有限责任公司副总经理兼隧道专业副总工程师
李旭	中铁六局天津公司东海钢铁项目部总工程师	齐广飞	中铁隧道集团一处有限公司揭阳项目部副经理	费曼利	中铁六院隧道院纪委书记、总工程师
姜春平	中铁七局集团兰合铁路项目部安质部副部长	聂叙平	中铁隧道集团一处有限公司水源项目部常务副经理	朱志鹏	中铁工程设计咨询集团有限公司建筑院院长
李亚栋	中铁七局集团郑州工程有限公司巩义市康芝路项目测量工			王虎	中铁大桥勘测设计院工会副主席
苏银峰	中铁七局集团郑州工程有限公司珠肇高铁项目试验工			王腾飞	中铁大桥勘测设计院副总工程师
付位勇	中铁八局集团涪秀二线铁				

王浩	中铁工程装备集团隧道设备制造有限公司班组长
刘招华	中铁工业工程服务有限公司党委副书记、纪委书记、工会主席
苑庆峰	中铁开投贵阳轨道交通3号线一期工程指挥部党工委副书记、工会工委主任
谢可为	中铁开投贵阳轨道交通3号线一期工程指挥部安全、技术总责
范育辉	中铁开投贵阳轨道交通3号线一期工程指挥部工程部部长
王向锋	中铁开投贵阳轨道交通3号线一期工程指挥部综合部副部长
刘万林	中铁开投云南滇中引水项目总指挥部副指挥长
高晟晖	中铁置业集团贵州有限公司副总经理

【63个集体荣获省级工人先锋号】

中铁一局集团市政环保公司兰州市盐场污水处理厂项目部
中铁二局集团城通分公司技术研究院
中铁二局集团一公司杜洪均工班
中铁三局集团贵阳轨道交通3号线一期工程轨道二标段项目经理部
中铁三局集团贵阳轨道交通3号线一期工程土建十二标段项目经理部
中铁三局集团南通港通海港区至通州湾港区铁路专用线一期站前工程3标项目经理部
中铁三局集团渝昆高铁川渝段站前5标项目经理部
中铁三局集团昆明市轨道交通1号线西北延项目部
中铁四局集团市政公司景德镇望陶家园项目部
中铁四局集团四公司巢马铁路马鞍山制梁场
中铁四局集团五公司贵阳轨道交通3号线董家堰工区
中铁四局建筑公司工会
中铁四局建筑公司南京小汤经济适用房项目

中铁四局二公司渝昆高铁川渝段江阳制梁场
中铁五局集团一公司雅林项目部一分部
中铁五局集团建筑公司悦龙东郡一组团三期项目部
中铁六局集团建筑安装公司新建京张铁路崇礼支线太子城站站房及相关工程项目经理部
中铁六局集团广州工程有限公司番禺区化龙镇复甦新村（一期）安置区ABC区工程总承包项目经理部
中铁七局集团四公司设备分公司混凝土作业班组
中铁七局集团广州公司广州黄埔区开放大道项目部
中铁七局集团有限公司定临高速施工总承包项目经理部
中铁八局集团有限公司重庆至黔江铁路站前13标项目部
中铁八局集团有限公司成都至自贡高速铁路工程指挥部
中铁八局集团有限公司重庆铁路枢纽东环线项目经理部
中铁八局电务公司重庆轨道交通4号线二期站后常规系统1标项目经理部
中铁九局电务公司城轨分公司吉林项目部
中铁十局集团第四工程有限公司徐州桥梁厂
中铁大桥局集团有限公司新建川藏铁路雅安至林芝段CZSCZQ-1标段项目经理部
中铁大桥局集团有限公司第六工程有限公司宜来高速鹤峰东段土建二标项目经理部
中铁大桥局集团有限公司第二工程有限公司龙潭长江大桥北锚碇施工班组
中铁大桥局集团有限公司二公司常泰长江大桥主桥南索塔6#墩架子队
中铁大桥局集团有限公司五公司九江港湖口港区洗舱站项目部
中铁隧道股份有限公司郑州市轨道交通7号线一期工程土建施工08工区项目经理部

中铁隧道局集团有限公司色季拉山隧道TBM掘进班组新建川藏铁路雅安至林芝段CZXZZQ-2标段项目经理部
中铁隧道局集团有限公司成昆铁路峨眉至米易段扩能工程EMZQ-9标项目部
中铁电气化局北京建筑公司铁路物流园河西住宅项目部土建班组
中铁电气化局太原中铁轨道交通建设运营有限公司太原地铁2号线大南门地铁站
中铁电气化局集团北京建筑公司铁路物流园河西住宅项目部土建班组
中铁电气化局集团北京建筑公司江苏中汇岩土工程有限公司铁路物流园河西住宅项目部桩基班组
中铁电气化局集团北京建筑公司江苏润祥建筑工程有限公司铁路物流园河西住宅项目部木工班组
中铁武汉电气化设计研究院有限公司巾帼创新团队
中铁建工集团北方工程有限公司容东E组团项目第一管理分部
中铁建工集团北方工程有限公司2019-56铁路物流园苏山河西地块——陆港大厦项目工程技术部
中铁建工集团上海分公司新合肥西站项目部
中铁建工集团西南分公司贵阳轨道交通3号线一期工程项目
中铁建工集团第一建设公司成都铁路科技创新中心项目部
中铁建工集团西北分公司拉林站房工程项目部
中铁北京工程局集团有限公司东阳制梁场
中铁广州工程局集团有限公司贵阳轨道交通3号线一期工程土建6标段项目经理部
中铁上海局集团城轨分公司台州市域铁路S1线项目部
中铁上海局集团城轨分公司贵阳轨道交通3号线项目部
中铁上海局集团华海公司上海地铁维保项目部工程部
中铁上海局集团一公司鄂州燕花路市政工程项目部工程部

中铁上海局集团潍烟铁路 ZQSG-6 项目部

中铁二院（成都）咨询监理有限责任公司玉磨铁路监理项目部

中铁二院工程集团有限责任公司贵州铁路项目部

中铁第六勘察设计院集团有限公司测绘院

中铁武汉大桥工程咨询监理有限公司深中通道项目 JL1 标总监办

中铁科研院成都分公司锦江区住宅小区管网普查项目部

中铁科工工程机械研究设计院有限公司桥隧装备研究院

中铁城投宜宾投资建设有限公司宜威工程指挥部

中铁濮新（菏泽）高速公路有限公司建设管理部（指挥部工程管理部）

中铁开投贵阳轨道交通 3 号线一期工程指挥部财务部

【29 个集体荣获火车头奖杯】

中铁一局建安公司西安市中医医院南院区项目部

中铁一局玉磨铁路铺架制梁项目部

中铁一局太焦铁路 TJZQ-5 标项目经理部

中铁一局集团有限公司联合体贵南客专贵州段工程项目经理部

中铁二局集团有限公司成兰铁路工程指挥部

中铁三局集团电务工程有限公司

中铁三局川藏铁路 CZXZZQ-12 标项目经理部

中铁三局联合体和若铁路 SDJC2 标项目经理部

中铁四局集团第一工程有限公司雅万高速铁路项目部

中铁四局川藏铁路 CZXZZQ-6 标项目经理部

中铁四局集团京唐铁路项目部

中铁四局集团有限公司湖杭铁路项目经理部

中铁六局集团有限公司丰台站改建工程站区站前工程一标段项目经理部一分部

中铁七局集团第五工程有限公司

中铁十局集团有限公司鲁南高铁 QHTJ-4 标项目经理部

中铁十局集团有限公司赣深客专（GSSG-10 标）工程指挥部

中铁大桥局集团有限公司赣皖界至婺源高速公路 A2 标项目经理部

中铁大桥局集团有限公司五峰山长江大桥（连镇铁路）项目经理部

中铁大桥局集团有限公司福平铁路 FPZQ-3 标项目部

中铁大桥局川藏铁路 CZSCZQ-1 标段项目经理部

中铁大桥局集团有限公司重庆至黔江铁路站前 9 标项目经理部

中铁隧道局集团有限公司渝昆高铁云贵段站前四标项目经理部

中铁上海工程局集团有限公司潍烟铁路 ZQSG-6 项目经理部

中铁上海工程局安九铁路安徽段项目部

中铁二院测绘工程设计研究院

中铁二院土建一院隧道所

中铁大桥院集团公司第三设计院

中铁工业中铁装备集团公司

中铁武汉电气化局集团有限公司新建大理至瑞丽铁路四电及相关工程 DRSD-1 标项目部

【93 人荣获火车头奖章】

高　博	中铁一局集团新运工程有限公司铺架三公司玉磨项目部党工委副书记
杨　志	中铁一局集团第五工程有限公司测量工
李卫兵	中铁一局新运工程有限公司阿富准项目经理部副经理
常　亚	中铁一局川藏铁路项目五分部常务副经理
靳海强	中铁一局集团有限公司第三工程分公司副总经理
胡卓安	中铁一局有限公司沪苏湖铁路 7 标项目部工会主席
赵海平	中铁二局集团四公司中铁生态城项目部党支部副书记、项目经理
靳海宽	中铁二局集团城通公司尼泊尔逊科西马林项目部 TBM 盾构机维修专家
杨　明	中铁二局集团有限公司拉林铁路工程指挥部常务副指挥长
胡　彬	中铁二局磨万铁路铺轨标项目部经理
王　军	中铁二局集团有限公司新运公司项目经理
黄　钢	中铁二局川藏铁路 4 标项目经理部二工区项目经理
张延峰	中铁三局集团有限公司兰张三四线铁路兰武段 XQ2 标项目经理部副经理、总工程师
申燕校	中铁三局集团第五工程有限公司宜彝、宜威项目经理部项目经理
孔祥鹏	中铁三局集团线桥工程有限公司第四分公司辅架机组机长
朱延学	中铁三局集团有限公司太焦铁路 TJZQ-1 标项目经理部工程部部长
刘继国	中铁三局新疆格库铁路 S5 标项目经理部高级工程师
袁利佳	中铁三局集团有限公司沪苏湖铁路 1 标项目部总工程师
韩付亮	中铁三局集团有限公司集大原铁路站前 3 标项目部项目经理
甄　文	中铁三局兰张三四线铁路 XQ2 标项目部项目经理
温建刚	中铁三局集团大瑞铁路工程项目经理部党工委书记
王建华	中铁四局集团第二工程有限公司渝昆高铁引入昆明枢纽工程项目经理部常务副经理
卞卫东	中铁四局集团巢马铁路 CMSG-3 标项目经理部党支部副书记
刘长军	中铁四局牡佳客专一标项目经理部高级工程师
张晓娜	中铁四局集团有限公司涪秀二线铁路工程项目经理部总经济师
陈　亮	中铁四局五公司副处级职业项目经理兼任福厦铁路项目经理
高尚信	中铁四局集团哈尔滨分公

	司项目经理
阚剑锋	中铁四局集团有限公司赣深客专（GSSG-9标）工程指挥部常务副指挥长
颜冬华	中铁五局集团电务城通公司佛山地铁三号线3224标四电项目部副总工程师兼项目经理
周小霞	中铁五局磨万铁路项目部经理
余祖斌	中铁五局大瑞铺架项目部项目经理
杨　曾	中铁五局川藏铁路项目经理部工程部部长
张主勋	中铁五局浦梅铁路PM-4标工程指挥部总工程师
戴焕民	中铁六局集团天津铁路建设有限公司生产管理部部长
于广涛	中铁六局北京公司副总经理
杨　博	中铁六局集团有限公司赣深客专（GSSG-3标）工程指挥部四分部项目经理
未文河	中铁七局集团郑州工程有限公司太焦抢险项目部党支部书记
张东升	中铁八局郑万铁路重庆段站房1标项目部项目经理
胡　建	中铁八局集团有限公司城市轨道交通分公司工程管理部部长
张国友	中铁九局集团电务工程有限公司商务管理部部长
韩晓东	中铁十局集团八公司枣菏高速上跨京沪转体桥工程项目经理
全　斐	中铁十局集团有限公司大临铁路项目部副总工程师
徐小刚	中铁十局川藏道路项目部工区经理
宋　宁	中铁十局鲁南高铁HLTJ-1标项目经理部工程部长
王　波	中铁大桥局集团桥梁结构健康与安全国家重点实验室带头人
王贵明	中铁大桥局集团有限公司高级工程师
李军堂	中铁大桥局集团有限公司沪通长江大桥项目部总工程师
熊开兵	中铁大桥局集团有限公司湖杭铁路项目经理部高级工程师
许维青	中铁隧道集团二处有限公司中俄东线天然气管道长江盾构项目部项目经理
巴国焱	中铁隧道局川藏铁路CZXZZQ-2标段项目经理部党工委书记
陈　浩	中铁隧道局集团有限公司高级工程师
张宏波	中铁电气化局集团第三工程有限公司鲁南高铁项目部项目经理
樊建飞	中铁电气化局集团有限公司弥蒙铁路四电系统集成项目经理部常务副经理
谢　伟	中铁电气化局集团有限公司项目经理
张云杰	中铁电气化局集通项目经理部项目经理
景国锋	中铁电气化局集团郑济铁路CJSD-11标四电工程项目部项目经理
于旭伟	中铁电气化集团有限公司新建福厦铁路房建3标项目部项目经理
谢　雷	中铁武汉电气化局集团有限公司运营管理分公司玉磨项目部总工程师兼副经理
李海明	中铁建工集团北京分公司中南公司副总经理
路海勇	中铁建工集团第三建设公司玉磨铁路站房一标YMZF1B项目部项目经理
郁特立	中铁建工集团第四建设公司副总经理
朱　健	中铁建工集团第四建设公司南昌东站项目生产副经理
朱志钢	中铁广州工程局集团有限公司广湛铁路站前三标项目部总工程师
许兆交	中铁广州局磨万铁路土建2标项目部经理
李　军	中铁北京工程局集团第一工程有限公司中兰项目部项目经理
王　飞	中铁上海局集团有限公司贵南高铁项目经理部项目经理
陈晓辉	中铁上海局工程局集团有限公司郑济铁路（山东段）工程项目部项目经理
郑　龙	中铁上海工程局安九铁路安徽段项目部项目经理
徐　康	中铁上海工程局一公司朝凌高铁项目部项目常务副指挥长
魏忠伟	中铁上海工程局常益长铁路项目部党工委副书记（主持工作）
蒋　林	中铁二院成都勘察设计研究院有限责任公司副总工程师
张　涛	中铁二院工程集团有限责任公司高级工程师
李济良	中铁二院土建一院渝昆高铁施工项目部副经理
王洪战	中铁第六勘察设计院集团有限公司测绘院四分院副院长兼总工程师
王国君	中铁工程设计咨询集团有限公司线站院副总工程师
孙世胜	中铁大桥勘测设计院集团有限公司建筑设计院总建筑师
孙　强	中铁西南院磨万铁路检测2标项目部经理
仵占海	中铁华铁集团城市轨道交通监理公司总监理工程师
魏明霞	中铁工业山桥集团孟加拉国帕德玛桥项目部项目总工
赵　凯	中铁宝桥（宝鸡）路桥建设有限公司电焊工
姚　刚	中铁资源刚果（金）MKM矿业股份有限公司副总经理、总工程师
郭　斌	中铁信托有限责任公司房地产信托部项目经理
李雨纯	中铁财务有限责任公司高级经理
吴业强	中铁香港投资有限公司总经理助理、投融资业务部

	总经理
于全胜	中铁投资集团中铁（天津）轨道交通投资建设有限公司副总工程师
董 川	中铁南方投资集团有限公司投资经营开发中心副主任
雷 熙	中铁开发投资集团有限公司昆倘高速公路工程指挥部工程部副部长
冯慧君	中铁发展青岛地铁8号线项目总部经理
陈 文	中铁大连地铁五号线有限公司合同管理部职员
万 丽	中国铁工投资中铁水务集团马鞍山中铁水务有限公司副总经理
何智勇	中铁物贸集团深圳有限公司深圳物供中心主任
张雨翔	中国中铁印度尼西亚雅万高铁项目经理部物资设备部经理
文 武	中铁国际川铁公司磨万铁路项目部经理

【1个集体获全国十大最美职工】
中铁建工集团北京2022年冬奥会奥运村及场馆群项目

【1人获感动交通十大年度人物】
陈发亚　中铁五局集团贵州工程有限公司汉广项目LJ-3标总工程师

【1人获大国工匠年度人物】
母永奇　中铁隧道局集团盾构主司机

【12人荣获省级工匠】
许力刚	中铁七局集团郑州工程有限公司测绘项目部测量工
刘会强	中铁七局集团第五工程有限公司专业化盾构分公司总工程师
李国强	中铁七局集团西安铁路工程有限公司盾构分公司测量工、高级技师
师庆伟	中铁七局集团郑州工程有限公司洛阳西韩立交项目部总工程师
贾春良	中铁十局电务公司电气化第二项目部作业队长/高级技师
王效知	中铁大桥局集团有限公司机械化施工分公司大型设备部部长
母永奇	中铁隧道局集团盾构主司机
陈红中	中铁隧道局集团路桥公司雄安新区启动区项目部砌筑工组长
袁晨曦	中铁武汉电气化局一公司技术员
陈克坚	中铁二院副总工程师
马行川	中铁大桥勘测设计院集团有限公司武汉分公司副总工程师、研发中心部长
张先仪	中铁科工集团轨道交通装备有限公司铆焊班班长

【2人获新时代·"铁路榜样"提名奖】
熊秋虎	中铁四局钢结构建筑公司制造分公司焊接班组组长
贺开伟	中铁工程装备集团有限公司设计研究总院总工程师

【1个集体荣获全国职工职业道德建设先进单位】
中铁大桥局集团第六工程有限公司

【2人荣获全国职工职业道德建设先进个人】
李鑫强	中铁大桥局集团武汉地产有限公司副总经理、高级工程师
郑宗溪	中铁二院工程集团有限责任公司副指挥长

【29个集体（含家庭）荣获省部级以上先进女职工集体】
全国五好家庭
中铁一局城轨公司梁西军家庭
全国最美家庭
中铁六院电化院赵明家庭
陕西省五一巾帼标兵岗
中铁一局厦门公司成本管理部
中铁一局新运公司培训中心

安徽省五一巾帼标兵岗
中铁四局四公司成本管理部
贵州省五一巾帼标兵岗
中铁五局建筑公司财会部
陕西省五一巾帼标兵岗
中铁七局西安公司港务区项目群工经部
河南省巾帼文明岗
中铁七局工程质量检测中心
上海市巾帼文明岗
中铁上海局市政环保公司市场营销部
湖北省女职工建功立业标兵岗
中铁大桥局设计分公司定额室
中铁大桥局七公司经营开发部
中铁武汉电气化局设计研究院巾帼创新团队
中铁大桥院第三设计院建筑景观所
中铁工业科工集团轨道公司高新装备制造厂桁车班组
安徽省工会先进女职工组织
中铁四局工会女职工委员会
河南省示范性女劳模和人才创新工作室、全国建筑行业示范性劳模和工匠创新工作室
中铁七局郑州公司臻美—于新巧巾帼创新工作室
四川省五一巾帼创新工作室创建工作优秀组织单位
中铁八局工会女职工委员会
四川省家庭工作先进集体
中铁二局六公司工会女职工委员会
四川省家庭友好型工作场所
中铁八局七公司女职工委员会
四川省五好家庭
中铁二局四公司李学友家庭
中铁二院国际公司郝新卫家庭
十大首都最美家庭
中铁六局北京公司李国胜家庭
三秦最美家庭
中铁七局西安公司西安地铁6号线项目赵丹妮家庭
辽宁省最美家庭
中铁九局大连分公司秘鲁项目部徐培培家庭
中铁九局七公司鸡西项目部葛润广家庭
江西省最美家庭
中铁水利设计徐永兵家庭

北京职工幸福家庭
中铁六局北京公司李国胜家庭
中铁六局电务公司丰台站改项目安小伟家庭
中铁六局交通分公司展学莉家庭

【45人荣获省部级以上女职工先进个人】

全国档案开发利用领域工匠型人才
周　慧　中国中铁办公室档案处处长
王明莉　中铁大桥局公司办公室档案科科长

全国档案整理鉴定领域工匠型人才
廖爱忠　中铁大桥局六公司办公室档案室主任
宋　茜　中铁大桥局一公司办公室档案室主任

全国青年档案业务骨干
干　泉　中铁大桥局武汉地产公司馆员

全国"安康杯"竞赛安全文化宣传先进个人
罗誉灵　中铁八局三公司安质部部员

贵州省三八红旗手
任　梅　中铁五局贵州公司女工委主任、宣传部部长

四川省三八红旗手
王　燕　中铁信托资产证券化部副总经理（主持工作）

重庆市巾帼建功标兵
李雪婵　中铁七局三公司重黔铁路项目商务副经理

辽宁省巾帼建功标兵
徐培培　中铁九局大连分公司秘鲁项目部党支部书记

上海市巾帼建功标兵
刘婵媛　中铁上海局华海公司经济稽查队队长

重庆市铁路建设领域巾帼建功标兵
李　岩　中铁设计建筑院副所长

四川省家庭工作先进个人
李　雪　中铁二局建筑公司工会办主任

安徽省家庭工作先进个人
储润梅　中铁四局女工委主任

十佳四川省五一巾帼标兵
来　琼　中铁二局新运公司成蒲项目部项目经理

陕西省五一巾帼标兵
王　萍　中铁一局广州分公司工会副主席、女工委主任
张金玲　中铁一局西北地区指挥部高级工程师

安徽省五一巾帼标兵
黄金花　中铁四局钢结构公司制造分公司大型特种设备驾驶员

四川省五一巾帼标兵
叶　萍　中铁八局法律合规部合规管理科科长
张　燕　中铁城投女工委主任、人力资源部（党委干部部）高级经理
耿玉洁　中铁二院地铁院建筑分院主任工程师、深圳城轨交通项目部总建筑师
杨　燕　中铁科研院西南院康管公司党支部书记、董事长

贵州省五一巾帼标兵、贵州省五一劳动奖章
崔丽娟　中铁八局三公司贵阳轨道交通3号线项目总经济师

陕西省五一巾帼标兵
张亚娟　中铁工业宝桥集团技术中心桥梁结构研究院高级工程师

山东省女职工建功立业标兵
王银东　中铁十局青岛公司工程技术服务中心工程师

湖北省女职工建功立业标兵
孙　逊　中铁大桥局财务共享服务中心副主任
王寒芳　中铁大桥局四公司副总经理、总经济师
宋诗琪　中铁武汉电气化局科工装备公司钢结构事业部副经理、女工委主任

湖北省女职工建功立业标兵
付岚岚　中铁大桥院第二设计院主任工程师

安徽省最美职工
陈　娟　中铁四局工程材料公司研发中心副主任

贵州省最美劳动者
张　静　中铁八局三公司贵州轻工职业技术学院项目部党支部书记、工会主席、常务副经理
曾雪梅　中铁八局三公司贵阳市太金线道路工程项目一工区财务部部长
余恒怡　中铁置业文旅贵州公司中悦公司副总经理
唐　蕾　中铁置业文旅贵州公司品牌部副部长兼女工委委员
李胜英　中铁置业文旅贵州公司房开分公司营销策划部签约备案经理

湖北省优秀学习型职工
王　颖　中铁武汉电气化局设计研究院巾帼创新团队队长、女工委主任
邓桂华　中铁武汉电气化局人力资源部综合科科长
王　敏　中铁武汉电气化局北京分公司办公室副主任

湖北省优秀带徒名师
王艳鸽　中铁武汉电气化局一公司信号女子突击队队长

陕西省技术能手
杨　丽　中铁七局三公司西安地铁八号线项目商务部长
黄洋洋　中铁七局三公司永柳高速项目商务部长
张晓梅　中铁七局三公司西十高铁项目商务部长

辽宁省优秀工会工作者
代　颖　中铁置业沈阳公司工会办公室主任兼女工委主任

河南青年五四奖章
靳荣兴　中铁七局海外公司刚果（金）地区商务部长

上海市青年五四奖章
王　赫　中铁上海局华海公司商务部副部长

【8个集体荣获全国工会职工书屋示范点】

中铁一局城市轨道交通工程有限公司
中铁二局一公司
中铁二局城通分公司工会
中铁四局市政工程园林绿化分公司
中铁大桥局燕矶长江大桥 YJTJ-2 项目经理部

总部事务管理中心（基建办公室、离退休人员管理部、保卫部、机关党委、机关纪委、机关工会）

中铁隧道局滇中引水工程大理段3标项目部
中铁二院公路与市政设计研究院
中铁置业贵州有限公司

【7个集体荣获火车头体育运动先进单位】
中铁一局集团有限公司第三工程分公司
中铁三局集团有限公司
中铁四局集团第五工程有限公司
中铁十局集团有限公司
中铁大桥局集团有限公司
中铁二院工程集团有限责任公司
中铁物贸集团有限公司

【12人荣获火车头体育运动先进个人】
李　雪　中铁二局集团建筑公司工会办公室主任
杨　婷　中铁五局集团华南公司工会工作部部长、体协秘书长
姜金雨　中铁七局集团二公司工会干事
廖　坚　中铁八局集团工会工作部部长、体协秘书长
吕朝阳　中铁九局集团一公司工会主席
宋连持　中铁电气化局集团有限公司工会主席、副总经理
王　强　中铁建工集团体协秘书长
王　浩　中铁北京工程局集团工会工作部一级职员
宋华翔　中铁广州工程局集团深圳公司人力资源部职员
路甲申　中铁上海工程局集团有限公司工会权益保障、体协秘书长
古　鑫　北京中铁慧生活科技服务有限公司总经理、党委副书记
刘博豪　中国铁工投资中铁水务集团投资经营中心华南区域经营部职员

【1个集体荣获全总工会财务先进单位】
中国铁路工会中国铁路工程集团有限公司委员会

【6个集体荣获铁总工会财务先进单位】
中国铁路工会中国铁路工程集团有限公司委员会
中铁三局集团有限公司工会
中铁五局集团有限公司工会
中铁七局集团有限公司工会
中铁十局集团有限公司工会
中铁第六勘察设计院集团有限公司工会

【1个集体荣获铁总工会财务知识竞赛先进集体】
中国铁路工会中国铁路工程集团有限公司委员会

【1人荣获铁总工会财务知识竞赛先进个人】
谢佳晔（女）　中铁隧道局建设公司工会财务主管

【1个集体荣获铁总工会经审工作规范化建设考核一等奖】
中国铁路工会中国铁路工程集团有限公司委员会

总部事务管理中心（基建办公室、离退休人员管理部、保卫部、机关党委、机关纪委、机关工会）

【工作综述】2022年，在公司党委的正确领导和分管领导及各部门大力支持下，部门全员坚持把融入中心、服务大局作为定位，在全年工作中始终坚持服务中心、坚持系统观念、坚持以人为本、坚持统筹协调、坚持依法合规，紧密围绕企业改革发展中心任务，对标一流，攻坚克难，高效推进，较好实现了各项目标任务，较好地履行了各项职能职责，为总部规范高效运行提供有力服务保障。
（韩　东　刘建锁　谢洋斌）

【制度建设】有效制度清单共18项，其中二级制度6项，三级制度12项。原二级制度《中国中铁总部员工租房补贴管理办法》（中铁办发劳社〔2019〕47号）废止，制定三级制度《中国中铁总部人员租房补贴管理实施细则》（中铁办发总务〔2022〕34号）。
（夏玉民　王馈华）

【行政管理与服务工作】建立合格供应商名录及优选机制，完成"一卡通"系统升级，落实总部物业、餐饮一体化管理，制定制止餐饮浪费行为工作实施方案，定期召开餐厅质量提升会，推出"餐饮主题月"，组织相关人员参加中国烹饪协会团餐项目管理师和膳食管理师学习培训并顺利取得资格证书。抓好总部办公室调整、工位搬迁、电话网络安装及办公设备设施配置，全年调整及搬迁办公室35间次。完成办公用房、保密会议室、电动车自行车停车棚改造，做好水、电、气、暖设备设施维保，实施总部办公楼围合院落改造，A、B、C座屋顶花园装饰建造等工程。全年累计服务保障总部承接承办各类会议活动1874场次，服务贵宾接待27次，服务参会人员22450人次。重点抓好驾驶员培训及车辆日常维保管理，确保安全、文明行车，实现安全行车18万余公里。推动落实"健康总部"建设工作，结合员工需求开展中医名家进中铁诊疗活动，总部健康中心累计开展代取药、针灸理疗等日常诊疗服务逾4000人次。组织在职员工健康体检，协调解决总部员工子女入学问题，抓好总部供暖费、工装、生日慰问、公园年票、节日慰问、图书电影卡、防疫防护用品发放等员工福利管理工作，做好总部办公用品、会议服务、文印管理、电话信息管理等保障工作。配合完成国资委重大任务的保障服务，加大与属地政府部门、友邻单位的协调沟通，不断深化企地共建工作。
（刘　刚　邵光存　王艳虎　王馈华）

【企业内部治安保卫工作】以"平安企业"建设为目标，落实总部疫情防控规定，强化技防安装疫情防

控电子门岗。进一步强化规范来访登记管理，加大对总部大楼内消防设施检查巡查，配齐人员设备，打造总部功能型微型消防站。加大培训力度，坚持每季度、每月、每周组织各类专题培训，通过培训提高总部安保人员法律意识和业务技能。9月举办了第七届保卫人员培训班，公司所属单位专兼职保卫人员82人参加了系统培训。高质量承办了国资委各类重要会议、中国制造品牌论坛等重大活动期间安保任务；圆满完成了"七一"和党的二十大前夕总部升旗仪式等大型活动，门岗接待访客18565人次，妥善处置了16起174人次闹访、群体性上访秩序的维护，总部顺利实现了年度"三零"目标。　　　（夏玉民）

【离退休人员管理与服务工作】贯彻落实中共中央办公厅《关于加强新时代离退休干部党的建设工作的意见》，开展发放书籍、收听收看专题报告会、送学上门等，引导离退休党员干部保持政治坚定。开展"建言二十大""我看中国特色社会主义新时代"专题调研活动，全公司共组织座谈会20余场，个别访谈60余人次，电话微信等方式访谈300余人次。落实"两项待遇"，在重要纪念日、重大庆典和老年节、元旦春节期间集中走访慰问，在离退休干部生病住院、家庭出现重大变故时及时关心看望。按时做好总部离退休人员节日慰问金、体检费、供暖费的发放工作，全年发放金额490余万元。办理总部去世退休人员遗属待遇申领、清算等事宜，为总部新退休人员办理相关手续，精心精细做好信息填报、政策解读、档案移交、党组织关系转接、档案查询、医疗报销、房产登记、外调材料开具等工作，确保退休人员队伍稳定。　　（杨云峰）

【总部疫情防控工作】从严落实"双控""双查"全员管控、全面消杀机制，落实总部A、B、C座"联防联控一体化"制度，下发防疫工作各类通知90余份。把好总部大楼"出入关"，织密"防控网"，建立动态台账，联合物业、餐厅及C座办公相关单位建立工作群，全年共推送防疫政策、制度、信息210余条。做好特殊时期就餐安排，每周对餐厅重点部位进行环境采样核酸检测。积极筹备防控物资和相关设备，快速落实属地政策，先后开展20余次总部人员（含物业餐厅人员）防疫专项排查，对总部150余名出现疫情隐患及特殊情况的人员进行及时跟踪处置。全年完成总部人员核酸检测共5100余人次，组织上门核酸检测110余人次，积极组织总部人员接种疫苗，加强属地政府部门疫情联防联控联动，及时报送相关数据报表。全年为总部员工及服务保障人员发放各类消毒防护用品4批次，发放隔离应急物资1批次，累计发放防疫口罩25万枚。（谭坤朋）

【总部基建与后勤保障工作】督导推进顺义总部基地建设，集团公司党校已顺利入驻，定期召开专题协调会报送工作动态简报65期。积极主动多渠道为职工解决住宅问题提供服务，组织开展共产房、长租房、集租房的需求调查、政策解读、报名申购等工作。开展在京单位承租公有住房管理和使用调查统计以及在京单位年度土地变更调查相关统计工作。参加国管局举办的2022年中央国家机关房改业务线上培训班，向北京市规自委、市建委、海淀区人大争取住房保障相关政策支持，向丰台区争取到35套人才公租房。协调推进万寿路2号院项目开发前期工作，做好中铁四局万寿路16号院及广渠路3号院、莲宝路7号院、集团公司老旧小区改造等遗留问题的协调工作。（刘刚　谭坤朋）

【总部党的思想政治建设】学习宣传贯彻党的二十大精神，制定下发《党的二十大精神学习宣传贯彻工作方案》，发放《党的二十大报告学习辅导百问》《二十大党章修正案学习问答》《党的二十大文件汇编》《二十大学习笔记本》等学习资料2300余册。开展"喜迎二十大、奋进新征程、永远当先锋"主题活动，组织开展红色教育行、专题党课、经典传颂文艺比赛、职工文体比赛、专题读书、走访慰问、企业文化宣贯等"七个一"活动。开展《中国共产党章程》《习近平谈治国理政》第四卷、《习近平经济思想学习纲要》《习近平关于发展国有经济论述摘编》以及习近平总书记对本行业本企业重要指示精神学习贯彻活动，制定下发《学习方案》，采取多种方式学习，掀起学习贯彻习近平新时代中国特色社会主义思想的热潮。
（常金盛　郭凌云）

【总部党建工作科学化】召开总部党的工作会议，下发《2022年总部党的工作要点》，明确了总部党的建设和反腐倡廉工作13项年度重点工作任务。聚焦强化"三基建设"，制定了《总部党支部建设晋位升级考评管理实施细则》，建立了"量化考评、分类定级、动态管理、晋位升级"党支部创优晋级管理机制。规范公司派出机构党组织建设，制定下发《区域总部党组织建设实施细则》，设立7个区域总部党支部。大力推进学习型党组织建设，强化"学习强国"和《中办通讯》学习，持续开展"强素质、作表率"读书活动，累计发放各类学习资料5000余册。进一步规范组织生活，持续做好《党支部工作手册》《党员学习工作笔记》的管理与使用。持续做好离退休党组织建设，制定下发《关于学习贯彻〈关于加强新时代离退休干部党的建设工作的意见〉的通知》，开展了"建言二十大""我看中国特色社会主义新时代"两项专题调研活动，征集离退休干部心声感受、意见建议400余条。党的二十大前夕，走访慰问总部离休党员、生活困难党员以及荣获全国先进的退休党员24人。
（常金盛　郭凌云）

【总部党的组织建设】机关党委目前管理的党组织36个，其中，总部部门党支部19个、离退休人员党支部1个、区域总部7个、公司直属单位党工委（含党校）9个。做好党组织换届选举，指导6个党支部进行了换届改选、7个党支部补选了支部委员，撤销党支部1个。开展"双评"工作，评定为优秀的党员105名、合格党员211名。召开庆"七一"表彰大会，表彰10名优秀共产党员、10名优秀党支部工作者、7个先进党支部，推荐评选中国中铁先进基层党组织1个、优秀共产党员2名、优秀党务工作者1名。开展"喜迎二十大"主题党日活动，组织总部党员干部集中参观"奋进新时代"主题成就展和中国共产党历史展览馆，开展爱党爱国红色主题教育15次。全力推进公司党委巡视整改工作，针对19项问题制定了29项整改措施。制发各类文件34项，编发《机关党建》23期，在《中国中铁简报》《中国中铁》报发表各类信息10余篇。

（常金盛　郭凌云）

【总部党风廉政建设】严格贯彻落实中央八项规定精神，召开党支部纪检委员专题会议，制定下发《关于坚决抵制内部违规吃请送礼等不正之风的通知》，建立总部党员干部参加公务接待向支部书记报备制度，开展内部违规吃请送礼等问题自查自纠活动，开展元旦、春节、中秋、国庆等重要节日节点纠治"四风"专项活动。组织开展《力戒形式主义官僚主义与加强党的政治建设》专题学习。持续开展"亮身份、明职责、转作风、创佳绩"主题实践活动，继续推行员工身份牌制度。从严开展执纪审查，2022年机关纪委处置上级移交信访举报问题线索5件（其中重复件2件），总部给予诫勉谈话的1人、批评教育的2人。完成党员干部提拔任用廉洁从业情况审查16名，完成各类评先评优推荐人选以及员工业绩考核廉洁从业审查118人次。

（常金盛　郭凌云）

【总部"家"文化建设】深化企地共建，中国中铁"开路先锋"文化展览馆被海淀区万寿路学区授予学生社会实践教育基地。设立7个区域总部工会支会，配齐配强支会主席。制定下发《中国中铁机关工会财务管理规定》《关于进一步明确机关工会经费使用范围及标准的通知》《中国中铁总部职工联席会议管理规定》，年内召开职工联席会3次，审议事项4项。持续加强李夏初劳模创新工作室建设与管理，选树表彰劳动模范10名、优秀工会工作者6名、模范会员之家7个，推荐评选股份公司优秀工会工作者1名，选树表彰先进女职工10名，评选表彰青年岗位能手、优秀专兼职团干部5名，青年文明号、优秀团支部2个。举办第二届总部员工趣味运动会，开展"厚植绿色希望　共建美丽中国"主题义务植树、疫情居家隔离员工专项慰问、定点扶贫、员工生日慰问活动，全年走访慰问困难职工、党员等50余人次，广大员工凝聚力和向心力得到进一步提升。

（常金盛　郭凌云）

信息化中心

【信息贯通2.0】全面启动微服务架构研发技术管控平台、IT共享服务中心建设、中国中铁信息化统一填报系统、广域网安全运营中心、非结构化数据管理平台、国资监管平台、PKI/CA基础设施管理系统等重点项目建设，为实现技术贯通夯实基础。构筑中铁e通生态，实现100%中铁e通全覆盖，2022年中铁e通累计激活账号超35万，累计激活率超97.25%，日活用户超22万，日活率超62.5%，接入应用超500个，日均消息发送量超11万条，工作台日均访问人次超45万次，一体化工作平台用户日均访问量由年初平均1万人增长至3.4万人，提升2.4倍；深化业务流程融合力度，待办中心日点击量由年初平均3.5万次增长至平均14.7万次，增长3.2倍。

（于　波）

【数字施工与智慧建造】组织参加国资委首届国企数字场景创新专业赛，共推荐38项参赛；组织BIM综合云服务系统、北斗时空综合服务平台、物联网（视频监控）平台等项目建设，加快数字化施工基础平台建设；通过第三届卓越杯BIM大赛和数字孪生专题培训会等形式引导BIM技术在基层项目的推广应用，助力数字升级工程落地实施。

（于　波）

【全球组网】通过专网提速优化各二级单位至股份公司总部双链路建设，完成巴黎、约翰内斯堡、里约热内卢三地网络汇聚中心新建及香港数据中心优化改造，实现覆盖亚洲、欧洲、西非、北非、南非、中非、东非、南美洲和中北美洲区域，提供核心业务信息系统海外应用加速服务，实现了海外业务数据安全高效回传，有效保障了海外机构基础办公网络需求。

（于　波）

【网络安全防控体系建设】上下协同、联防联动，组建专业团队，通过安全监测、分析研判、事件上报、事件处置和溯源分析等全链条跟踪处置工作，完成了重要节点网络安全重保工作，全力保障全公司业务信息系统和信息化基础设施的安全稳定运行。组织开展互联网出口收敛建设工作，结合全球组网项目，形成了按东、西、中3个片区实现互联网出口收敛技术方案，以北京、成都、武汉和香港汇聚中心作为中国中铁互联网四大出口，减少全公司互联网出口暴露面和风险点。

（于　波）

CHAPTER 12

人 物

CHINA RAILWAY ENGINEERING CORPORATION YEARBOOK

新闻人物

【中铁建工集团北京2022年冬奥会奥运村及场馆群工程项目经理部·全国十大最美职工】中铁建工集团北京2022年冬奥会奥运村及场馆群工程项目经理部，承建了国家冬季两项中心、国家跳台滑雪中心、国家越野滑雪中心及冬奥村。建设中，项目部克服极寒天气、新冠疫情等困难，经过1000多天日夜奋战，交付了精品工程，保障了北京冬奥会胜利召开。项目部共有职工120人，其中党员36人，先后荣获2019年张家口市模范集体、2019—2020年度中央企业青年文明号等荣誉。项目部全体职工牢记习近平总书记参观及慰问冬奥会项目建设时给予的嘱托，当好开路先锋，全力保证项目安全"零事故"，工程质量"零缺陷"，勇担"冬奥建设，使命必达"的光荣使命。特别是国家跳台滑雪中心，作为全球首个钢筋混凝土框架结构的跳台滑雪场，为解决其施工过程中诸多技术难题，项目部经过大量理论论证，通过"山地转换梁支撑体系"等多个专项方案逐步攻克难点，保证了施工精度和质量。2022年北京冬奥会期间，项目部组建4支先锋队，分别进入国家跳台滑雪中心、国家越野滑雪中心、冬季两项中心、冬奥村封闭区进行服务保障，主要负责建筑设施维护和安装工程维护，并配合冬奥组委完成了现场临建设施改造、水暖电线路调整，以及国外技术官员和运动员提出的各种设施使用需求变更工作，保障了冬奥会期间各项基础设施平稳安全运行。2022年，作为唯一的集体荣获"全国十大最美职工"称号。

（吕　森）

【母永奇·2022年大国工匠年度人物】母永奇，男，37岁，中共党员，隧道工高级技师，中铁隧道局集团盾构主司机。他是成昆精神的传承者，他的外祖父韩礼芳同志在建设老成昆铁路沙木拉达隧道中奉献了年轻的生命。在中华人民共和国成立70周年的时候，团中央组织拍摄了《一种相思两段传奇》专题片讲述他和外祖父的故事。其本人先后参加了宁波地铁、郑州地铁、成都地铁、世界最大直径水下铁路盾构隧道佛莞城际狮子洋海底隧道、世界上输水压力最高和盾构隧洞最长的调水工程珠三角水资源配置工程、国内最大直径盾构隧道深圳春风隧道的建设工作，目前正在参与新建川藏铁路色季拉山隧道的建设工作。参加工作十二年来，母永奇驾驶着盾构机累计掘进里程达到了28千米，参与盾构机拆装12次，负责拆装机5次，先后参与攻克宁波地铁软土地层沉降控制技术、郑州地铁砂质地层盾构掘进渣土改良技术、大直径水下铁路盾构隧道建设等多项重大难题，是国内少数几个能够全面掌握当前隧道施工主流盾构机型的专家人才。先后荣获"全国五一劳动奖章""全国技术能手"、第25届"中国青年五四奖章""全国青年岗位能手"等荣誉称号，享受国务院政府特殊津贴，入选庆祝中华人民共和国成立70周年"功勋工匠"名录。2022年4月，受邀参加第二十四届中国科协年会并作闭幕式主旨报告。荣获2022年"大国工匠年度人物"称号。

（王育飞）

【陈发亚·感动交通十大年度人物】陈发亚，男，33岁，中共党员，工程师，中铁五局集团贵州工程有限公司汉广项目LJ-3标总工程师。他是筑梦中老铁路的"线上爸爸"，是扎根现场创新前行的实干者，先后参建了织纳铁路、浩吉铁路、中老铁路、汉广高速公路等重点工程。自2013年参加工作以来，他扎根现场，不断学习，不断总结，先后完成了6篇局级工法，3篇省部级工法，主编发表QC成果2篇，1篇被2018年"中国建筑业协会建筑质量管理光荣册"收录；1篇被评为"湖南省优秀质量管理小组"，参与新型实用专利发明2项。在中老铁路建设中，他负责施工的重点控制性工程"空琅村隧道"正洞全长9020米，为全线第

二长隧，集断层、暗河、涌水、突泥、瓦斯、高温等不良地质于一身，实为"地质博物馆"。为了攻克围岩破碎难题，他扎根掌子面，不断优化施工方案，创新研究出"微台阶"法；为解决47℃高地温，他提出使用制冰机、雾炮机、洒水机、通风转换冰柜机等一系列措施，大大降低了隧道温度。他是不折不扣的工程创新型专家，通过创新工艺工法，开展科研攻关，确保了空琅村隧道提前43天顺利贯通。先后荣获中国中铁"劳动模范""十大最美家庭"、贵州省"五一劳动奖章""2021年中国感动交通十大人物"等称号。

（赵　林）

模范集体及人物

【中铁上海工程局集团第六工程有限公司·全国五一劳动奖状】中铁上海工程局集团第六工程有限公司于2012年6月5日在云南昆明注册成立，是中铁上海工程局集团有限公司的全资子公司，在岗职工825人。公司成立以来，多措并举，改革攻坚，不断适应新形势，实现了公司又好又快发展。公司营销额、营业额、利润总额、员工收入等连年稳步增长。公司先后荣获国家"AAA级安全文明标准化诚信工地""云南省安全文明标准化工地"、上海市守合同重信用企业、上海市用户满意施工企业、昆明市"五一劳动奖状"、云南省"五一劳动奖状"等荣誉称号。公司积极响应国家号召，先后参与玉磨铁路、东格高速、勐绿高速、渝昆高铁等重要铁路干线及高速铁路工程建设；参建了昆明、贵阳、成都、宜宾、渭南、颍上等多个城市地铁、污水处理、房建、人防工程等市政建设项目。由公司承建的昆明市环湖南路古城段景观及道路提升改造项目，荣获2020—2021年度第二批中国建设工程鲁班奖（国家优质工程）。参建的昆明地铁线网控制工程项目，荣获国家优质工程金奖。东格高速、曲靖污水厂、昆明地铁4号线、富民污泥搬迁4个项目，荣获云南省市政工程金杯一等奖。昆明地铁4号线、遂宁涪江通善大桥项目，荣获2021年中国中铁杯优质工程奖。在玉磨铁路建功"一带一路"的工程建设中，以顽强的玉磨精神，刷新了玉磨铁路建设新速度，实现会岗山隧道斜井正洞工区月进尺突破了125米大关，圆满完成了麻栗坪隧道、会排山隧道、会岗山隧道、普文隧道4条长大隧道的顺利贯通。2022年荣获"全国五一劳动奖状"。

（陈　昕）

【胡彬·全国五一劳动奖章获得者】胡彬，男，1971年8月出生，中共党员，高级工程师。中铁二局新运公司磨万铁路项目部党支部书记兼项目经理。工作以来，先后参与尼日利亚铁路、中国榆神公路、林织铁路、老挝磨万铁路等建设，为企业生产经营和改革发展作出了突出贡献。特别是在老挝磨万铁路建设中，征战海外，攻坚克难，组织"大干100天""保开通大决战"等劳动竞赛，带领团队高起点布局、高标准建设、高效率推进，全面实现项目管理目标，并创造技术和管理多项第一，为"一带一路"建设贡献了卓越功勋。积极参与老挝"阿速坡"抢险救援，增进老中友谊。项目受到老挝领导人的多次赞扬。先后荣获"中国中铁劳动模范""火车头奖章""中国感动交通年度人物"等荣誉称号。2022年荣获"全国五一劳动奖章"。

（李晓桔）

【王帅·全国五一劳动奖章获得者】王帅，男，1988年12月出生，中共党员，工程师。中铁二局电务公司洛阳地铁2号线机电03标项目部党支部书记兼项目经理。九年来，先后参与成都、昆明、北京、洛阳等城市地铁和市政工程建设，他把清华人"自强不息、厚德载物"精神践行到施工一线，脚踏实地潜精研思，很快成长为电务技术骨干和项目管理人才，成功申请4项实用新型和发明专利；首次任职洛阳地铁1号线项目经理便获得业主认可，各项履约考评中均排名第一，项目实现20%的盈利率，助力公司再次中标洛阳地铁2号线项目，他也成为业主点名要求继续任职的年轻项目经理。先后荣获"中铁二局劳动模范""中国中铁青年岗位能手""四川省五一劳动奖章"等荣誉称号。2022年荣获"全国五一劳动奖章"、四川省"最美职工家庭"。

（李晓桔）

【陈航·全国五一劳动奖章获得者】

陈航，男，1991年11月出生，高级电焊工，中铁四局四公司钢结构分公司电焊工。十三年来坚守一线，刻苦钻研焊接技术，凭着自身顽强的毅力，在参加徐连高铁建设中，大胆采用拼接定位焊接，保证了所有焊缝段与设计线路横、纵轴线一致，焊缝百分之百合格。他带领班组在南沿江铁路、昌景黄铁路等连续梁挂篮制造、预制梁模板加工等方面不断取得技术突破，先后攻克"大跨度连续梁钢管拱桥焊接技术""铁路营业线焊接安全防护等"等10余项高铁工程焊接工艺难题。参建的合福铁路、合肥铁路枢纽南环线、连徐铁路均获评为全国优秀焊接工程。先后荣获安徽省重点工程农民工（电焊工）岗位技能竞赛一等奖、江苏省铁路重点工程电焊工岗位技能竞赛二等奖、"安徽省五一劳动奖章"等荣誉称号。2022年荣获"全国五一劳动奖章"。

（孙丹丹）

【张杰胜·全国五一劳动奖章获得者】

张杰胜，男，1968年7月出生，中共党员，正高级工程师。中铁四局一公司副总工程师。作为中施协科技专家，履职工程测量岗位二十八年来，专心计较"毫厘之差"，创造了千余公里的桥梁、隧道、20余座大型试车场精密测量的"零"差错。曾带领团队荣获7项"全国工程建设优秀质量管理小组一等奖""全国质量信得过班组""中国中铁青年创新小组""中国中铁明星师徒"等荣誉。在高铁、试车场和数字化测量等领域，运用"逆向工程"思维进行多项技术创新，取得了10余项国内领先水平，为企业节本创效2000万元以上。获得国家发明专利25项，国际专利2项。先后荣获"合肥市五一劳动奖章""火车头奖章"等荣誉称号。2022年荣获"全国五一劳动奖章"。

（孙丹丹）

【王磊·全国五一劳动奖章获得者】

王磊，男，1988年2月出生，中共党员，工程师。中铁六局集团丰桥桥梁有限公司宣城分公司项目经理。工作10余年一直扎根施工生产一线，先后参与了津秦客专、邯黄铁路、京津城际延伸线、天津西南环、商合杭高铁、宣绩高铁等重点铁路项目建设。他在平凡的工作岗位上严谨求实、勤奋刻苦、兢兢业业，勇拼搏、讲实干、率先垂范做榜样，精益求精勤钻研，获得多项"国家实用型发明专利""山西省省部级工法""中国设备管理协会"创新成果奖。先后荣获安徽省"合杭高铁合湖段联调联试先进个人"、中国中铁"大干100天"劳动竞赛先进个人、"首都劳动奖章"等荣誉称号。2022年荣获"全国五一劳动奖章"。

（董尔松）

【艾江临·全国五一劳动奖章获得者】

艾江临，男，1978年11月出生，中共党员，高级工程师。中铁八局集团贵阳轨道交通3号线土建八标段项目经理。工作28年以来，他一直扎根现场、任劳任怨，先后从事过铁路、公路、市政、地铁等工程的建设，锤炼了过硬的综合素质和业务能力。他围绕"抓形象、抓进度、保质量、保安全、出效益、出人才"的思路，带领团队攻坚克难，确保了项目经济效益。在干好本职工作的同时，他带领团队积极履行社会责任，多次参与贵阳市抢险任务，取得了良好的社会效益。他领衔的艾江临劳模创新工作室先后取得国家级专利4项、贵州省职工优秀技术创新成果一等奖1个。先后荣获"贵州省五一劳动奖章""贵州省建设工匠""贵州省最美劳动者"等荣誉称号。2022年荣获"全国五一劳动奖章"。

（雷成宸）

【肖世波·全国五一劳动奖章获得者】

肖世波，男，1979年11月出生，中共党员，正高级工程师。

中铁大桥局新能源工程指挥部常务副指挥长。20年如一日，扎根基层、扑在现场，从西南边陲到东南沿海，从桥上到海上，始终坚守质量，精益求精，践行大国工匠精神，是彰显朴素家国情怀的建桥楷模；他在主持港珠澳大桥、平潭海峡公铁两用大桥工程建设中，克服多项世界级施工难题，创下多项桥梁施工纪录，为桥梁技术创新、桥梁人才培养、桥梁事业发展作出了重要贡献。他逐梦深海、点亮未来，带领全局风电项目诚信履约，进一步巩固了大桥局在海上风电施工行业的领军地位，为积极推动新能源事业发展，助力国家"双碳"目标实现贡献大桥力量。先后荣获中国中铁优秀项目经理、"火车头奖章"等荣誉称号。2022年荣获"全国五一劳动奖章"。

（孙　晨）

【王立天·全国五一劳动奖章获得者】王立天，男，1965年8月出生，中共党员，正高级工程师。中铁六院集团首席专家、副总工程师。从事中国电气化铁道、城市轨道交通及磁悬浮铁路的牵引供电系统工程勘测设计和科研工作30余年。主持完成京津城际、京沪高铁等多项国家重点工程，以及国内30多座城市的城市轨道交通设计咨询服务，主持香港西部铁路、以色列特拉维夫红线等设计项目，率先引领中国技术"走出去"。主创研发接触网导线，支撑实现了时速486.1千米的世界最高运营试验速度，达到世界最高水平。主持完善了中国地铁供电系统的设计理论体系；首创接触网系统雷电防护机理技术标准；主持地铁柔性、刚性、钢铝复合轨、直线电机牵引、独轨牵引网系统国产化并填补国内空白。获发明专利18项，编写国家标准10项等。先后荣获"詹天佑铁道科学技术奖成就奖""火车头奖章""天津市工程勘察设计大师"等荣誉称号。2022年荣获"全国五一劳动奖章"。

（黄　琳）

【李治国·全国五一劳动奖章获得者】李治国，男，1967年9月出生，中共党员，正高级工程师。盾构及掘进技术国家重点实验室党工委书记、常务副主任。参加工作36年以来，他一直从事隧道及地下工程领域技术工作，先后参加铁路隧道、地铁隧道、海底隧道、引水隧道等重点难点项目的施工、科研、技术服务等工作，传承和发扬了中铁隧道人的"开路先锋"精神和科技工作者的"科学家精神"。先后荣获第六届"詹天佑铁道科学技术青年奖"、河南省科学技术进步奖一等奖、教育部科学技术进步奖一等奖、天津市科技进步二等奖、中铁工程总公司科学技术奖特等奖，获得国家发明专利15项、国家级工法1项，参编国家规范2部，发表论文20余篇、专著5本。先后荣获"河南省五一劳动奖章""中国中铁劳动模范"等荣誉称号。2022年荣获"全国五一劳动奖章"。

（王育飞）

【王刚·全国五一劳动奖章获得者】王刚，男，1966年5月出生，中共党员，高级经济师。中铁二院党委副书记、工会主席、副总经理。他精准发力强党建，坚持党建"主阵地"，种好党建"责任田"，全面推进各项党建重点任务落实；创新实干抓生产，积极主动开展经营工作，强化督导检查，分管区域多次获业主单位表扬，公司获评多项先进；有力推动了世纪性战略工程——川藏铁路、"一带一路"建设标志性工程——中老铁路、成渝双城经济圈标志性工程——成渝中线高铁等国家重难点工程建设；他贴心暖心建家园，创新性提出"13588"工会工作方略，开创了中铁二院工运事业蓬勃向上发展新局面；他恪守初心显担当，打好脱贫攻坚战、助力乡村全面振兴。先后荣获"中国中铁优秀党务工作者""四川省优秀工会工作者""四川省五一劳动奖章"等荣誉称号。2022年荣获"全国五一劳动奖章"。

（张　璞）

中铁一局集团有限公司

【简况】中铁一局集团有限公司（以下简称"中铁一局"）是中国中铁股份有限公司的全资子公司。中铁一局前身为铁道部西北铁路干线工程局，1950年5月始建于甘肃天水，后迁至兰州、乌鲁木齐，1970年由乌鲁木齐迁至西安，2000年改制为中铁一局集团有限公司。中铁一局具有铁路、公路、市政公用、建筑工程施工总承包4项特级资质；具有铁路铺轨架梁、桥梁、隧道、公路路基、路面、环保工程专业承包一级资质等；所属建安公司具有建筑工程施工总承包特级资质，所属二公司、四公司具有公路工程施工总承包特级资质。截至2022年底，中铁一局下辖19个实体子（分）公司及3个事业部。公司员工共24805人，其中各类专业技术人员15666人，技能工人为8156人。高级职称2236人，其中正高级职称132人，享受国家级政府津贴4人。2022年末，中铁一局资产总额665.38亿元，较2021年末的597.88亿元增加了67.5亿元，增长11.29%。其中，流动资产较年初增加56.32亿元，增长12.71%。非流动资产较年初增加11.19亿元，增长7.23%。非流动资产中，固定资产44.72亿元，较2021年末的46.91亿元减少2.19亿元。公司保有各类型号机械设备7614台（不含公务用车），设备资产原值656274.36万元，净值217169.88万元，设备新度系数0.33，机械总功率1361800千瓦，技术装备率8.76万元/人，动力装备率54.90千瓦/人，主要施工机械实有完好率94.48%，利用率84.40%。
（薛刚 李颖飞 舒凡 张浩杰 乔治）

▲图13-1 中铁一局参建的宁波轨道交通4号线慈城停车场工程项目获得国家优质工程奖金质奖

【主要指标】2022年，实现营业收入967.88亿元，较2021年的901.52亿元增加了66.36亿元，同比增长7.36%。实现净利润18.82亿元，较2021年的13.13亿元增加了5.69亿元，同比增长43.34%。实现经营性净现金流入29.56亿元，较2021年的25.55亿元增加4.01亿元，同比增长15.69%。企业综合毛利率6.88%，较2021年的6.84%增加了0.04个百分点。净资产收益率14.08%，较2021年的10.39%增加了3.69个百分点。企业资产规模持续增加，经营风险可控，盈利能力不断向好，各项财务指标屡创新高。
（张浩杰）

表13-1 2021—2022年中铁一局主要经济指标

项目	2021年	2022年	增长率/%
资产总额/亿元	597.88	665.38	11.29
所有者权益/亿元	126.35	141.08	11.66
营业收入/亿元	901.52	967.88	7.36
利润总额/亿元	15.27	22.00	44.07
净利润/亿元	13.13	18.82	43.34
归属于母公司所有者的净利润/亿元	12.99	18.80	44.73
技术开发投入/亿元	20.21	23.06	14.10
利税总额/亿元	29.01	35.07	20.89
应交税金总额/亿元	8.62	18.51	114.73
全员劳动生产率/[万元/（人·年）]	36.33	39.38	8.40
净资产收益率/%	10.39	14.08	增加3.69个百分点
总资产报酬率/%	2.91	3.68	增加0.77个百分点
国有资本保值增值率/%	114.81	116.53	增加1.72个百分点

制表：张浩杰

【改革发展】成立宝鸡华陇中铁建设有限公司、中铁一局集团丽江工程建设有限公司、广西建设工程有限公司、南昌工程有限公司、乌兹别克斯坦有限公司5家法人单位。突出业绩导向，充分发挥绩效考核的激励与约束作用，综合运用个人经营业绩指标和民主测评相结合方式，对中铁一局经理层成员、中层干部进行年度综合考核。全年共完成338名中层干部及488名员工考核评价工作，给予194人薪酬晋档，积极发挥考核的激励和约束作用。制定印发《中铁一局集团有限公司本部员工管理办法》，严把机关本部人员"进口关"，组织商务部、物设部、工会、经开部等6个部门、11个岗位公开招聘，进一步优化本部职名职级和选人用人程序。结合企业发展和管理需求，进一步优化完善体现以"发展质量、投入产出效率和价值创造"为导向的考核指标体系，突出对"发展质量"的考核，其中，基础指标中与"现金流"相关指标考核占比达50%，树立"效益优先，现金为王"的考核理念，提升业绩考核对企业经营发展的激励导向作用，推动各层级企业高质量发展。

（李颖飞　舒凡　张浩杰）

【重大项目】全面完成国企改革三年行动部署，推动企业治理体系和治理能力现代化。坚持落实党委常委会"第一议题"机制，确保习近平总书记重要讲话精神和重要指示批示在企业不折不扣落到实处。以决策事项清单为准绳，科学界定各治理主体权责边界，组织召开党委常委（扩大）会议15次，研究议题218项，前置研究生产经营重大事项113项，充分发挥党委在企业治理中的领导作用。聚焦企业改革三年行动和对标世界一流管理提升，全力推进各项重点改革事项，提前7个月完成163项改革任务。优化本部薪酬体系设计，推动职称与薪酬脱钩，形成了"以岗定薪，岗变薪变"的分配体系。推进本部"大部制改革"，完成两级办公室合并；推动设计公司与监理公司重组，内部资源实现有效整合。坚持严守决策程序，不断规范董事会运作，全年召开董事会会议12次，审议议案135项。落实董事会职权，发挥专门委员会作用，建立经理层定期报告机制；重视外部董事作用发挥，加强和改进调研工作；加强对控股公司、参股公司的治理管控，积极开展董监高人员的年度和任期考核评价。深入开展"合规管理强化年""经营业务合规管理问题专项治理"行动，全级次、全领域、全方位排查整改，系统补强改进，合规管理能力全面加强。

围绕国家重大战略，锚定"富油区块"，聚焦核心专业，系统策划部署，集中资源投入，实现多点突破。将大商务管理与"强基增效"行动深度融合，实施专项整治，强化督导检查，堵塞各类"出血点"，项目平均利润率较2021年增加0.54个百分点。坚持现金流常态化管控，现金流自平衡项目占80.85%。加强企业资质建设，中铁一局四公司公路特级资质成功获批，中铁一局迈入"七特"行列；落地水利水电一级资质，及时补齐战略短板；中铁一局环保公司获取股份公司首个压力管道许可（GA2），成功填补资质空白。全面推进创新平台建设，成立发展研究院和12个专业研究所，组建中国中铁轨道技术研发中心，新增省部级科技创新平台，不断提升科技创新水平。

2022年，中铁一局参建的杭绍台铁路、新疆阿阿铁路、和若铁路、郑万高铁湖北段及重庆段、大瑞铁路、渝利铁路沙子站、重庆东环、南崇铁路、京滨铁路、乌将扩能改造、津石高速、国道318线康定过境公路、京沪高速改扩建、玉楚高速、武九高速、京雄高速（北京段）、大凭高速、贺巴高速、绍兴轨道交通1号线一期、重庆轨道交通4号线二期、杭州轨道交通3号线、杭州轨道交通4号线二期及机场线、湖南凤凰磁浮、广州市轨道交通1号线一期西延及8号线北延、郑州市轨道交通6号线一期西段、南通市轨道交通1号线一期、北京市轨道交通昌平线南延、西安市轨道交通6号线二期、佛山市轨道交通3号线、台州市域铁路S1线、天峨县四桥等项目按期实现开通；南天高速2标、郑州市政控制性（地下交通）工程11标、临金高速TJ05标、合新高铁5标等项目工厂化施工，标准化管理，树立企业良好形象；长春市轨道交通5号线九工区、西安市长安区中医医院南院区建设项目、海花岛3号桥等地铁、房建、市政项目，重视管理创新、突出技术攻关，赢得各方好评。

2022年中铁一局共完成投资

▲图13-2　中铁一局三公司承建的和若铁路塔特勒克若民高速特大桥

额52.23亿元，完成计划51.33亿元的101.75%；收回回购款7.08亿元，完成计划20.62亿元的34.34%；投资新签合同额222.70亿元（均为自主投资项目），占年度计划151.6亿元的146.90%。

2022年1月10日，中铁一局全资收购广东福盛建设有限公司，将其市政一级和钢结构一级资质并入中铁一局集团广州建设有限公司后，于2022年8月9日注销。2022年3月14日，中铁一局控股收购宁波弘源建设有限公司（控股55%），于2022年4月2日更名为"中铁一局集团华东建设工程有限公司"。2022年4月，为进一步优化资源配置，实现工程全过程咨询的产业链整合，精简管理机构和精减人员，降低管理成本，将中铁一局设计分公司与监理公司合并管理，按照"一套人马、两块牌子"进行运营管理。

2022年，中铁一局依托重难点工程，开展了81项重点课题技术攻关，承担科技部"交通基础设施"重点专项课题——陆路交通基础设施耐久性提升关键技术研究，开展严酷环境下桥隧结构混凝土延寿与修复一体化关键技术、严酷条件下高性能钢轨强韧性协同及服役寿命提升关键技术、环境适配型铺面材料结构一体化设计与延寿修复关键技术等研究。承担陕西省秦创原项目——交通基础设施数字化"科学家+工程师"队伍，开展基于物理信息系统的自动化制造与数字建造关键技术、基于交通大数据的道路基础设施预防性养护智能决策技术等研究。开展博士后科学基金面上资助课题——基于多源数据的施工安全知识传递效率提升研究，提出自适应安全培训系统，实现安全学习能力模型的理论创新和个性化培训的技术创新。

（苟耀辉　郭雨萌　杨　倩　李颖飞）

【走向海外】2022年，公司中标海外项目32个，完成新签合同额208.42亿元。公司顺利通过商务部对外援助项目总承包企业资格复审，被陕西省商务厅评为服务贸易示范企业，连续7年被评为中国对外承包工程商会企业信用等级评价AAA级企业。成功获批3个香港建筑业最高级别牌照，连续3年居股份公司香港区域榜首；成功中标新加坡CR150项目，新加坡最大轨道施工企业地位持续巩固；以海南国际公司为平台，"中铁E购"跨境电商平台成功上线，海外业务"一商"转"多商"迈出重要一步。

（司　蓓）

【工程创优】2022年，中铁一局获国家级质量安全奖15项（中国建设工程鲁班奖2项、中国土木工程詹天佑奖2项、国家优质工程金质奖1项、国家优质工程奖9项、国家级安全生产标准化工地1项）；获省部级优质工程16项、中国中铁金杯7项和中国中铁杯7项；获省部级及股份公司安标工地58项、安康杯4项；获省部级及股份公司青年安全生产示范岗4项。

（张　锋）

【重大创新】2022年，中铁一局通过认定陕西省企业技术中心1个，组建中国中铁轨道专业研发中心，成立公司桥梁、隧道、铺架、信息化与工程大数据等12个专业研究所并开展建设工作。截至2022年末，中铁一局拥有1个国家企业技术中心、1个博士后工作站、10个省级企业技术中心、3个省级工程（技术）研究中心、2个中国中铁专业研发中心、1个江苏省博士后创新实践基地、1个陕西省重点科技创新团队、2个市级工程（技术）研究中心、12个集团公司级专业化研究所、5个国家计量认证试验室、2个甲级资质测绘中心、1个专业化计量试验检测中心、1个CNAS实验室，形成了从新产品、新技术、新工法的开发应用、工艺改进到成果转化的较为完整的创新平台体系。中铁一局制定、修订《技术创新工作管理办法》《科技创新激励管理办法》《科技成果转化管理办法》《实用技术创新与推广应用管理办法》等10余项；编制了《中铁一局"十四五"科技创新规划》和《中铁一局"十四五"信息化战略规划》。大力推广实用技术和科技成果，实现科技创效。全年完成科技成果转化63项，转化率达88%。组织完成8项实用技术成果在20个项目的工程化推广应用。科技成果转化与实用技术推广应用实现创效4974万元。组织实施了2022年度管理创新课题及成果评审工作，评选出公司级管理创新成果奖21项；择优推荐参评股份公司及各级协会"企业管理现代化创新成果奖"，共获得国家级管理创新成果奖1项、省部级管理创新成果奖7项、股份公司级管理创新成果奖4项，有力地促进了集团公司管理水平的提升和经济效益的提高。

（杨　倩　李颖飞）

【企业文化】发布《中铁一局"十四五"企业文化建设规划》，全面宣贯中铁一局新版企业文化理念体系，强化广大干部职工对企业文化的认知、认同，推动新版企业文化理念入脑入心，增强企业归属感、荣誉感。重新修订了公司企业标识和形象文化手册，设计编印《员工文化手册》，制作《中铁一局　一路争先》宣传片和新版企业文化理念体系专题片。设计制作企业文化理念、项目管理十二大理念海报、公司新版企业文化理念体系宣贯PPT课件等。组织开展对企业文化建设文创产品的学习培训，推进新版企业文化理念体系宣贯落实，营造全员参与、人人知晓、个个践行的良好氛围，使企业文化融入企业机体、深入员工心灵、落实到企业的经营管理实践和员工的工作行为之中，凝心聚力，强基增效。

（曾广愁）

【党建工作】加强党的建设。坚持把严要求贯彻到企业管党治党全过程、落实到党的建设各方面，深刻领悟"两个确立"的决定性意义，不断增强"四个意识"、坚定"四个自信"、做到"两个维护"。紧紧扭住责任制这个"牛鼻子"，认真执行《中铁一局党委全面从严治党"两个责任"

实施办法》，党委书记带头履行第一责任人职责，班子成员落实"一岗双责"，纪委履行监督责任，本部职能部门根据分工履行监督管理职责。认真贯彻《驻委纪检监察组监察建议整改落实方案》，召开专题会议对施工转包和违法分包专项治理等重点工作整改提出要求；围绕疫情防控、安全生产、纠治"四风"、欠薪欠款等，制发监督工作提示4份，督促落实相关工作；成立2个检查组，对9个方面重点工作进行监督检查，确保重点工作在基层落实落地；督促相关部门围绕利益输送、设租寻租、化公为私、违规挂靠、影子公司等问题深入开展排查整治。制定下发中铁一局《2022年党风廉政建设和反腐败重点工作任务分工清单》，列出7个类别71项重点督办事项，督促职能部门做好监督落实；加强与公司党委会商，拟定16个方面53条工作建议，推动党委、纪委在全面从严治党重大事项重大问题上同向发力；组织召开反腐败协调会2次，推动纪检监督与巡察监督、审计监督，以及其他职能部门业务监督相互贯通融合。对股份公司督办的4个亏损项目和2022年计划内的3个亏损项目开展了专项核查，挽回经济损失；研究制定《中铁一局纪委关于加强年轻干部监督的若干措施》《年轻干部"涉网"腐败监督管理办法》，引导年轻干部扣好廉洁从业的"第一粒扣子"；派员参加所属15家单位的巡察整改专题民主生活会，责令4家单位对会议材料进行补充修改，体现从严要求。两级纪委紧盯节假日等关键时间节点，对西安、咸阳、广州及华东、华中等城市和地区所属单位区域指挥部、项目部及内部食堂进行监督检查，防止"四风"问题反弹回潮；2022年查处收受管服对象礼品礼金及挽金、接受管服对象宴请等违反中央八项规定精神问题线索2起，持续释放越往后执纪越严的信号；制定下发《中铁一局集团管理人员操办婚丧喜庆事宜若干规定实施细则》《关于严肃纠治党员干部酒驾醉驾问题的通知》，用制度和规矩约束党员干部行为。召开2022年党风廉政建设工作会议，通报5起违纪违规违法典型案例及党风廉政建设工作中存在的突出问题，进一步形成震慑；组织开展党的十九大以来全公司纪律审查工作分析，梳理出4个特点，研判出存在的7个主要问题，坚持问题导向，针对纪律审查工作提出6条工作建议；制定《关于加强企业廉洁文化建设 打造"一路清风"廉洁文化品牌的实施意见》，提出打造"一路清风"廉洁文化品牌。加强纪检组织建设。抽调15名纪检业务骨干配合上级纪委查办案件、参加内部巡察和交叉办案；对所属22个单位派驻纪检组，其中包括9个地区指挥部、7个直管项目部、6个体量较小的单位，实现了纪律审查全覆盖；与陕西省纪委及咸阳市、宝鸡市、武汉市纪委监委积极推进"企地共建"，在警示教育、工作指导、共同惩治违纪违规以及推动重点工程建设等方面达成共识。

（王文琳　刘萌）

【信息化建设】制定信息贯通工程年度工作计划和重点任务清单，完成5项核心系统一体化入驻和8项自建业务系统数据入仓；完成财务共享和工程项目管理系统数据贯通；开展互联网收敛、区域数据中心建设。以施工信息化为抓手，开发应用施工进度管理、专家远程支持、铁路营业线施工安全预警等4项系统。智慧工地管理平台在12个项目应用，盾构远程监控系统在57个盾构项目推广应用，采集台次120余台，全年实现营业收入3145万元；即时租赁平台实现交易额49.22亿元。制订了数智升级示范项目计划，组织实施数智升级示范项目6项，覆盖通用技术平台、智慧工地、路基路面数字化施工、智能钢结构加工等多项数智应用点；推广应用数智升级成果25项。开展BIM技术应用项目54个，获各类BIM大赛奖32项。

数字智能化技术为传统工程施工转型升级赋能。宜兴高铁智能化控制中心：中铁一局充分运用隧道智能化建造协同管理平台，组建集安全、质量、进度、设备管理四大模块于一体的远程控制中心，通过现代隧道机械化大断面修建技术与信息化、大数据、工业化智能工装的深度融合，以标准化施工、流程化作业、规范化建模、网络化交互、可视化认知、高性能计算及智能辅助决策为支持，实现"围岩智能分级、设计参数智能优选、衬砌质量智能监测、隧道结构智能设计"等功能。通过数据采集、预警分析、辅助决策，实现了对各主要作业区域24小时不间断监管。合新高铁跨京沪高铁特大桥自动化监测系统：中铁一局合新铁路项目部跨京沪高铁特大桥邻近营业线施工采用智能全站仪系统、数据采集系统、监测数据平台、太阳能供电系统、短信预警系统及视频监控系统等融合应用，对施工全过程进行实时监测监控、定时数据采集并上传，实现施工单位、建设单位及路局各设备管理单位数据共享查看，利用信息化手段实现施工过程全方位监控，确保了营业线施工安全。合新高铁定远智慧梁场：打造梁场智慧控制中心，实现指挥调度可视化、梁片质量数字化、安全监测智能化、决策管理智慧化。接入智慧喷淋养生系统、智能张拉压浆系统、拌和站原材料测温系统、搬提运架设备安全监测系统，通过手机云平台App，实时掌控人员、设备、物资、进度、质量、安全等各模块之间的数据。投入使用全国首台预埋件智能检测平台，对工件关键指标以系统智能检测代替人工检测，大大提高检测效率，原始检测信息自动存储到数据库，自动生成检测序列号和二维码，实现高效、减人、高精度的智能检测。建设可视化标准养护室，改变传统标准养护室控制系统，有效地保证混凝土试件的养护质量以及试验的及时性。采用全自动定位网焊接机，运用电阻焊配合固定卡具进行定位网片加工，全程实现智能化，保证定位网孔径大小均匀，

▲图13-3 2022年3月4日,全国"向上向善好青年"郝铎为西安引镇中心小学的学生上了一堂生动的铁路知识科普课

同时达到焊接速度快、成本低、焊点牢固、焊接过程无烟安全环保等效果。智能喷淋养护系统：利用温湿度感应探头控制，通过设置温湿度临界值，自动启停喷淋。具有控制措施强、养护质量高、全天候无死角、及时有效、节水、节约人工、便捷性高的优点，成为真正意义上的智能养生系统。

（杨倩）

【履行社会责任】2022年，中铁一局贯彻落实《陕西省定点帮扶计划书》的要求，投入专项帮扶资金20万元，通过产业帮扶、消费帮扶、帮困助学等形式持续推进周至县竹峪镇东大墙村乡村振兴建设，在2022年度省级定点帮扶单位考核中获评"好"等次，受到省、市、县各级部门的表扬和肯定。积极落实陕西省总工会百万职工消费帮扶行动，全年消费帮扶支出142万元。2022年，中铁一局被授予第十六届中国品牌助力乡村振兴优秀案例；中铁一局工会获得"陕西工会百万职工消费帮扶行动"优秀组织单位。新冠疫情期间，中铁一局及所属各单位积极参与援建方舱医院建设，累计提供志愿服务1849人次，捐款捐物约330万元。2022年，中铁一局积极参与地方抗洪及各铁路线路抢险，履行央企社会责任，得到了地方政府、成都铁路局、广州铁路局、北京铁路局、西安铁路局、济南铁路局集团公司等业主单位的认可和嘉奖。

（曾广慈　史　凯　张　锋　苟耀辉）

中铁二局集团有限公司

【简况】中铁二局集团有限公司（简称"中铁二局"）的前身是成立于1950年6月12日的西南铁路工程局，是邓小平、贺龙等老一辈革命家亲手缔造并授予"开路先锋"大旗的新中国第一批铁路施工企业，是第一家建立现代企业制度和股票上市的铁路施工企业，也是中国中铁旗下的核心成员企业。

七十多年来，中铁二局始终秉承"干一项工程，树一座丰碑"的理念，转战南北，东进西移，从修建新中国第一条铁路——成渝铁路开始，先后参加了宝成、成昆、南昆、京九、青藏、京广、京津、京沪、哈大、京福、兰渝、贵广、西成、杭黄、川藏等350多条重点铁路建设，累计里程近17000千米，占全国铁路总里程的1/8，为中国铁路建设作出了重要贡献。同时，公司参建400余条高速公路、40余项水利水电、20余项机场港口、数千项市政与房建以及国内51个城市的轨道交通等工程，盾构、TBM和顶管隧道掘进总里程突破500千米，公司工程项目足迹遍布中国大陆及海外50多个国家和地区。

公司现有全资及控股子公司27家，业务涵盖工程施工、基础设施建设管理、房地产开发、国际业务、勘察设计咨询、商业物业、物贸等板块，资质覆盖传统及新兴建筑行业各个领域，拥有铁路、建筑、公路等5个施工总承包特级资质，建筑、公路、市政等7个设计行业甲级资质，拥有市政公用、水利水电等19项施工总承包一级资质，机场场道、钢结构等99项专业承包一级资质，1项房地产开发一级资质，1项爆破作业单位许可证（营业性）一级资质。公司总资产超1100亿元，年综合生产能力达1000亿元以上；现有各类人才近2万人，其中，享受国务院政府特殊津贴9人，省部级专家20人。

公司先后荣获国家级优质工程奖180项，其中：鲁班奖36项、国家优质工程奖59项、詹天佑奖29项、中国建筑工程装饰奖34项、中国安装优质工程奖3项、全国市政金杯示范工程奖14项、全国优秀焊接工程奖3项、中国钢结构金奖2项。荣获省部级优质工程奖740项、国家及省部级科技进步奖93项，授权国家专利1168件、海外专利34件，主编和参编国家、行业、地方、团体标准108项，创建国家级和省部级企业技术中心、博士后创新实践基地等13个科技研发平台。公司拥有国家隧道应急救援昆明队、西藏队，是国内唯一拥有2支国家级隧道专业救援队的企业，昆明救援队被评为首届全国应急救援管理系统先进集体，受到习近平总书记亲切接见。先后荣膺"全国抗震救灾英雄集体""全国五一劳动奖状""全国优秀施工企业""中国工程建设诚信典型企业""国家级知识产权优势企业""中施企协AAA级信用企业""创建鲁班奖工程突出贡献单位"等称号；获评"四川省优秀企业""四川省建筑业先进企业""成都市建筑业对外开拓先进企业"。

截至2022年底,中铁二局共有设备6101台,固定资产原值44.48亿元,净值17.12亿元,设备新度系数0.39,设备完好率88.41%,利用率87.27%,机械设备总功率68.01万千瓦,其中海外设备756台(套),原值4.84亿元,净值1.15亿元,总功率11.17万千瓦,2022年中铁二局共新投入施工生产设备原值2.76亿元。

(张春明 曹 伟)

【主要指标】2021—2022年中铁二局主要经济指标见表13-2。

表13-2 2021—2022年中铁二局主要经济指标

项目	2021年	2022年	增长率/%
资产总额/亿元	1044.97	1101.54	5.41
所有者权益/亿元	145.26	180.84	24.49
营业收入/亿元	702.78	643.39	-8.45
利润总额/亿元	-18.77	1.51	—
净利润/亿元	-19.78	1.59	—
归属于母公司所有者的净利润/亿元	-20.74	1.73	—
技术开发投入/亿元	14.99	14.34	-4.35
利税总额/亿元	-3.73	15.04	—
应交税金总额/亿元	11.84	20.13	70.04
全员劳动生产率/[万元/(人·年)]	16.56	33.18	100.12
净资产收益率/%	-12.47	0.99	增加13.46个百分点
总资产报酬率/%	-1.04	0.68	增加1.72个百分点
国有资本保值增值率/%	86.37	101.10	增加14.73个百分点

制表:王颖涛

【重大项目】全年组织开展重点项目策划19次,成达万、新西成、昌九等项目高起点开局、高标准推进。实施以"工期节点分级管控"为核心的施组动态管理,郑济、成蒲、新成昆铁路等41个项目按期优质开通,郑万铁路、玉楚高速、深圳地铁"两线三枢纽"入选"2022年度中国中铁十大超级工程",莆田涉铁项目多项技术难度和施工规模创全国之最,尼泊尔引水隧道项目创造了6米级双护盾TBM试掘进世界纪录,公司盾构、TBM和顶管隧道掘进总里程突破500千米大关。

(邱 林)

【安全质量】深刻吸取各类事故教训,深入推进安全质量管理系统提升工作,在安全生产领域铁腕重拳治理,实现安全生产全年平稳可控。建立健全专职安全质量管控稽查体系,布局9个区域管控稽查队,配备71名专职管控稽查人员,子公司成立27个项目管控组;推行25项管理机制,"大安全"管理格局逐步形成。高度重视安全风险分级管控,细化安全条件验收制度,分工程类型、工序建立安全生产条件验收内容及标准,全局49个高风险项目始终处于受控状态。常态化推进安全检查与隐患排查,强推隐患排查治

▲图13-4 2022年6月20日,中铁二局建设的国内首条桥隧比超90%的复杂险峻山区高速铁路——郑(州)渝(重庆)高速铁路正式开通运营

▲图13-5 中铁二局参建的亚洲在建最长双线合修隧道——成（都）兰（州）铁路云屯堡隧道

理积分制考核，全年排查治理隐患40万条。安全质量教育培训持续开展，组织2万多名管理人员参加安全生产应知应会知识学习考试，考试不合格人员停岗降职，组织15万名作业人员培训交底，作业人员基本安全生产素养持续提升。全年开展5起隐患比照事故处理，对7家责任单位和26名责任人进行问责处理，经济处罚197.6万元。 （傅昌林）

【改革发展】扎实推进国企改革三年行动，160项改革任务圆满收官，完成新城指挥部、同基公司与房地产公司，瑞隆公司与物资公司2项专业化整合，企业发展活力和内生动力不断增强；持续优化公司生产经营布局，青岛、雄安公司筹建工作有序推进，西安、广州、上海公司稳定运营；深化机构职能改革，完成经营开发、国际业务、大商务管理、"三办合一"（行政办公室、党委办公室、董事会办公室）等业务系统机构职责优化调整。加强队伍建设，全年招聘高校毕业生1269人，转录劳务人员237人，劳务人员压减1061人，减少非在岗员工225人；优先从考核评价结果为优秀的人员中选拔任用干部，累计选拔79人；优先从业绩突出的年轻人中选拔任用干部，选拔"80后""90后"干部48人，占同期提拔干部的61%；健全工程技术专家队伍管理体系，聘任公司和子公司一级、二级工程技术专家88人；新增正高级职称16人、高级职称206人；通过资格认证培训13755人，队伍素质提升明显。 （白 重）

【走向海外】2022年，海外项目新签及二次经营26项，累计完成新签合同额81.23亿元人民币（折合11.69亿美元），为股份公司年度任务4.5亿美元的259.78%、集团公司中期调整计划70亿元的116.04%；较2021年增长132%，股份公司排名由2021年的第10名上升至第5名。新市场、新领域取得突破，中标墨西哥铁矿合作开采和运输项目5.7亿美元，实现新领域和新国别的双重突破，迈出矿业板块发展第一步；积极融入股份公司"大区+国别+项目"的营销格局，主动参与印度尼西亚、柬埔寨、中非、南非、坦桑尼亚等新国别的经营开发，为未来经营发展打下基础。 （陈 靖）

【重大创新】认真贯彻创新驱动发展战略，严格落实《2022年科技部重点工作规划方案》，加强川藏铁路等重点专业领域科技攻关，开展技术创新标杆示范项目创建活动，推动基层项目技术创新创效工作，为企业高质量发展提供科技支撑。2022年，中铁二局通过中国中铁及以上成果评审（评价）20项；获省（部）级、中国中铁及社会力量科技成果奖18项；获得省部级工法52项；申请专利169项，授权专利166项；推广先进工法、科技成果及实用新技术60项；研发费用加计扣除减免税费及享受科技创新补贴6980万元。 （蔡以智）

【工程创优】2022年获国家级优质工程奖16项，其中，中国建设工程鲁班奖3项、中国土木工程詹天佑奖2项、国家优质工程奖6项、中国建筑工程装饰奖4项及中国安装之星奖1项；获省部级优质工程奖41项；荣获国家级安标工地1项、省部级安标工地27项。 （蔡以智）

【企业文化】贯彻落实"开路先锋"文化建设实施纲要和《中铁二局"十四五"企业文化建设规划》，在全公司统一阐释、宣贯、建设以"勇于跨越 追求卓越"企业精神、"开路先锋"企业文化等五大核心要素为主要内涵的企业文化理念系统。完善"开路先锋"文化体系，树立"开路先锋"先进典型，提炼"开路先锋"格言金句，拓展"开路先锋"教育基地，创作"开路先锋"文化产品。公司荣获中国中铁首届文创大赛优秀组织奖。派员赴青岛胶州湾二隧、包银铁路、西安永安中心、松江棚户区、资潼高速公路、成达万等10多个项目开展形象策划工作。制作企业视频彩铃、微信电子名片，征求各相关部门意见进行修改优化，视频彩铃已在各单位宣传系统试用；加强爱国主义基地建设，制定公司陈列馆局部更新方案，完成陈列馆现场勘测，为升级基地条件奠定基础。陈列馆获评中

▲图13-6 中铁二局党委坚持党对青年工作的指导,抓好共青团建设,引导青年立足岗位,履职尽责,争做贡献,为建设新时代开路先锋注入青春动力

国中铁首批"开路先锋"文化教育基地。

（魏　潘）

【党建工作】强化发展引领,推动党建与企业改革相融互促。深入学习贯彻党的二十大精神,落实"第一议题"制度,从严"前置研究讨论"重大经营管理事项。坚持一切工作到支部,"三基建设"不断夯实。企业文化培根铸魂,宣传工作凝心聚力,意识形态阵地不断巩固。全面从严治党纵深推进,党风廉政建设持续强化,作风建设抓严抓实,内部政治生态显著改善。以企业治理效能衡量党建成效,既报"党建账",又报"经济账",建立"考核指标相互捆绑、考核结果互为系数、评价等级嵌入否决"的考核评价体系,推动党的领导、党的建设和企业改革发展同频共振、同轴共速。

（刘姿颖）

【群团工作】深入推进"我为群众办实事"实践活动,大力开展劳动竞赛、技术比武等活动,积极宣传先进典型事迹,共发放"三不让"资金1530万元、金秋助学款67万元,筹集"两节"送温暖资金1600万元。共青团聚焦企业改革发展,心系青年员工需求,选树"中铁二局十大杰出青年",推出《无奋斗、不青春》《先锋青年》等原创视频歌曲。全年公司党群系统获"中央企业先进党组织"等省部级以上集体荣誉73项,获"全国五一劳动奖章"等省部级以上个人荣誉134人次。

（陈　刚）

【信息化建设】全面启动公司大商务数字一体化平台建设,完成18类主数据、若干通用数据字典和7个业务专用数据字典的梳理及入库应用；完成8个新建、2个改造的系统开发和5个项目应用试点；完成川藏13标项目部工点级系统部署及与大商务数字一体化平台的数据贯通；以成达万3标项目数据为基础,组织开发人员和业务人员现场驻点,依次验证各业务系统逻辑的合理性、功能的可用性、报表数据的准确性。完成全公司视频会议值机与服务保障工作,开展公司视频会议质量整改工作,公司视频会议数量和质量明显提升。全年值机公司级视频会议已超400场次,同比增长20%以上。全年OA系统完成节点任务677735人次。利用视频、文件等多种方式,提升广大员工网络信息安全意识；全年拦截不明或恶意访问、攻击23000余次,调查处置上级督办重要安全事件3项,网络安全事件稳定在较低水平。

（陡明婕）

【履行社会责任】积极履行社会责任,深入实施员工关爱工程,全力投入疫情防控、抢险救援和乡村振兴,受到社会各界广泛赞誉。圆满完成吉林、上海、广州等地3065个房间、8718张床位等抗疫用房抢建任务,拨发防疫慰问金237万元；各单位闻险而动,积极参与勐绿高速、滇中引水等10余起抢险救灾；国家隧道应急救援西藏队挂牌成立,公司成为国内唯一拥有2支国家级隧道专业救援队的企业,救援队表现突出,在应急部、国资委召开的中央企业安全会议上受到点名表扬。持续结对帮扶通江县毛浴镇迎春村集体经济发展壮大,公司乡村振兴帮扶案例入选国家发展改革委优秀典型案例。

（阳　鸿）

中铁三局集团有限公司

【简况】中铁三局集团有限公司（简称"中铁三局"）的前身是铁道部库图段铁路工程处,成立于中华人民共和国成立初期,当时正值国民经济快速恢复时期,为开发东北森林资源,铁道部抽调刚参加完来镇铁路建设的衡阳铁路局1200名钢铁战士北上林海雪原,修建东北铁路。1954年1月,更名为"哈尔滨铁路管理局牙克石工程分局"。当年,为完成图根段铁路施工任务,抗美援朝铁路工程总队第一、第二、第三大队共计4058名战士,调入牙克石工程分局。这支英雄的队伍在抗美援朝战场上,为了保障战争补给线的畅通,以血肉之躯筑就起"打不断、炸不烂"的钢铁运输线。回国后,他们又担负起修建大兴安岭林区森林铁路的艰巨任务。1968年,根据建设需要,铁道部第三工程局进入山西,修建3201线（宁苛铁路）、3202线（太焦铁路）。1972年,总部由哈尔滨搬迁至山西省太原市。2000年,改制成为中铁三局集团有限公司,是中国中铁股份有限公司的全资子公司,主要从事新（改、扩）建铁路,电气化铁路、临管运营及公路、桥梁、隧道、市政、城市轻轨、地下铁道、水利水电、工业与民用建筑等土木工程的投资、施工及勘测设计,是全国首批工程总承包和首家取得铁路运输许可证的建筑企业。截至 2022 年底,中铁三局具有施工、设计、勘察、测绘、行政许可资质总计 139 项(集团公司及所属三级子公司共拥有施工类资质 120 项,勘察设计及行政许可等 19 项)。其中:施工总承包资质 54 项;专业承包资质 66 项;勘察、设计资质 10 项;测绘甲级 1 项;其他行政许可资质 8 项。

截至 2022 年底,中铁三局所属实体子公司 15 家,分公司 2 家。按企业类别统计,综合类施工企业 9 家(二公司、三公司、四公司、五公司、六公司、天津公司、华东公司、广东公司、桥隧公司);专业类施工企业 4 家(线桥公司、建安公司、电务公司、运输工程分公司);投资公司 1 家;物资公司 1 家;勘测设计分公司 1 家;其他非施工企业 1 家(测绘检测公司)。中铁三局在册员工总数 21124 人,其中:在岗员工 20385 人,非在岗员工 739 人;干部 15543 人,其中技术干部 14175 人,占比为 91.20%;工人 5581 人,其中技术工人 4150 人,占比为 74.36%。员工总数较 2021 年末减少 10 人。中铁三局员工年龄结构:35 岁及以下 10707 人、36~40 岁 3030 人、41~45 岁 1827 人、46~50 岁 2258 人、51~55 岁 2433 人、56 岁及以上 869 人。学历结构:硕士 304 人、本科 10136 人、专科 4254 人、中专及以下 6430 人。职称结构:正高级 110 人、副高级 1974 人、中级 4884 人、初级 6116 人。能级结构:特级技师 10 人、高级技师 586 人、技师 995 人、高级工 1415 人、中级工 884 人、初级工 260 人。

2022 年末,中铁三局保有机械设备 8798 台/套,设备原值 657716.27 万元,设备净值 243200.54 万元,总功率 1641338.44 千瓦。技术装备率 10.37 万元/人,动力装备率 62.78 千瓦/人,机械设备完好率 91.49%,机械设备利用率 90.42%,年施工生产能力 800 亿元。保有土石方机械、动力机械、起重机械等十大类机械,机械类别齐全,在铁路、公路、市政、铁路运输等领域保有较强机械化综合施工能力。其中大型设备有 450 吨以上混凝土箱梁提运架设备 16 台/套,盾构机组 27 台/套,三臂凿岩台车 15 台套,铺轨机 8 台,移动式焊轨机 7 台,电气化放线车、作业车 20 台,沥青拌和站 6 台,铁路运输机车 120 辆。公司成立以来,累计获得省部级及以上优质工程总计 611 项,其中省部级优质工程 538 项,中国建设工程鲁班奖 24 项,国家优质工程奖 49 项。2022 年,中铁三局新签合同额 1940 亿元,完成营业收入 786 亿元,净利润 16.6 亿元,铁路信用评价连续 7 个年度 12 个评价期获评 A 类。2022 年,中铁三局集团有限公司由国家知识产权优势企业成功升级为示范企业。

公司自成立以来,严格落实企业安全生产主体责任,致力防范重特大生产安全事故。突出"八抓""八查",夯实项目安全质量管理基础,完善内部安全防控体系,落实安全风险分级管控和安全隐患排查治理"双重预防"机制;全面提升项目安全质量本质受控水平,筑牢高质量发展和新发展根基,中铁三局顺利通过了三体系四标准监督审核。根据股份公司《2022 年提质增效专项行动方案》工作部署和要求,坚持稳中求进工作总基调,聚焦高质量发展,以建设行业领先、国内一流企业为目标,以"项目管理提升"为主线,加强党的领导,深化改革创新,强供给、增收入、降成本、控支出、调存量、优增量、促创新、强管理、守底线、防风险,扎实开展提质增效专项行动,持续增强企业竞争力、控制力、影响力和抗风险能力,全面开展提质增效行动。对标一流管理提升活动全面推进,各业务部门从企业管控、生产管理、财务审计、成本管控、技术创新、营销管理、海外经营等 9 个业务板块深入开展对标分析,查找不足和差距,制定了相应的措施,通过借鉴先进一流企业的管理经验,加快企业管理体系和管理能力现代化,推进企业管理变革、效率变革、动力变革。2022 年全面完成对标 18 项行动清单。

七十年来,中铁三局凭借雄厚的实力和优秀的企业文化,赢得了社会广泛赞誉,获得"全国质量效益型先进企业""全国用户满意施工企业""国家高新技术企业""全国施工设备管理先进单位""全国守合同重信用企业""全国文明单位""全国五一劳动奖状""山西省企业文化建设优秀单位""山西省优秀建筑企业""全国优秀施工企业""全国用户满意施工企业""全国建筑技术创新先进企业""全国工程建设质量管理优秀企业""全国企业文化建设先进企业""全国安康杯竞赛活动优胜企业"等荣誉;连续 15 年被山西省评为"AAA"级资信等级企业。
（聂 玺 张建 尚丽 董菁 李英杰）

【主要指标】2022 年末,公司资产总额为 483.23 亿元,较 2021 年的 385.90 亿元增加 97.33 亿元,增长 25.22%;所有者权益为 110.99 亿元,较 2021 年的 103.33 亿元增加 7.66 亿元,增长 7.41%;营业收入为 786.21 亿元,完成股份公司预算指标 786 亿元的 100.03%;实际净利润为 16.59 亿元,较 2021 年 14.14 亿元增长 17.33%,完成年度预算 16.07 亿元的 103.24%;技术开发投入总额为 23.81 亿元,较 2021 年 22.63 亿元增加 1.18 亿元,同比增长 5.21%;利税总额为 27.65 亿元,同比增长 0.55%;应交税金总额 10.70 亿元,较 2021 年 8.24 亿元增加 2.46 亿元,同比增长 29.85%;全员劳动生产率为 33.94 万元/(人·年),较 2021 年增加 1.28 万元/(人·年);净资产收益率为 14.95%;总资产报酬率为 3.43%;国有资本保值增值率为 117.10%。
（李 帆）

表 13-3　2021—2022 年中铁三局主要经济指标

项目	2021 年	2022 年	增长率 /%
资产总额 / 亿元	385.90	483.23	25.22
所有者权益 / 亿元	103.33	110.99	7.41
营业收入 / 亿元	701.48	786.21	12.08
利润总额 / 亿元	17.67	18.24	3.23
净利润 / 亿元	14.14	16.59	17.33
归属于母公司所有者的净利润 / 亿元	14.12	16.59	17.49
技术开发投入 / 亿元	22.63	23.81	5.21
利税总额 / 亿元	27.50	27.65	0.55
应交税金总额 / 亿元	8.24	10.70	29.85
全员劳动生产率 /［万元 /（人·年）］	32.66	33.94	3.92
净资产收益率 /%	13.68	14.95	增加 1.27 个百分点
总资产报酬率 /%	5.59	3.43	减少 2.16 个百分点
国有资本保值增值率 /%	104.97	117.10	增加 12.13 个百分点

制表：李　帆

【改革发展】优化调整本部机构设置，提高机关管理效能。构建和完善中铁三局大商务管理组织体系，撤销工程经济部，成立了商务管理部；优化管理体制，落实大部制改革，党委办公室（保密办、董监办、机关党委）与公司办公室（信访办）进行合并，成立中铁三局集团有限公司办公室（党委办公室、董监办、保密办、信访办、机关党委）。完善经理层成员业绩考核体系，推进经理层任期制和契约化管理。按照股份公司经理层成员任期制和契约化管理有关部署，修订了《中铁三局集团有限公司经理层成员业绩考核办法》《中铁三局集团有限公司三级企业经理层成员业绩考核与薪酬管理办法》，同时组织二级、三级企业负责人与经理层成员签订了《2022年度经营业绩责任书》，使业绩考核结果成为经理层成员"一岗一薪"和薪酬"能增能减、能高能低"的主要依据。

2022 年，中铁三局《深化改革三年行动任务清单》和《深化改革三年行动任务台账》涵盖 4 个改革领域，涉及 23 个改革方向，共计 117 项改革任务，已全面完成。在加强董事会建设方面，按照股份公司规定，除 14 家设执行董事的子企业外，中铁三局及三级公司应建企业有 2 家，即集团公司及投资公司，目前已实现外部董事占多数。推行经理层成员任期制和契约化管理。中铁三局及 17 家子企业已全部完成经理层成员实行任期制和契约化管理。认真总结深化改革三年行动的好经验、好模式、好做法，各系统、各部门、各三级公司梳理总结经验做法，形成各类经验材料 50 余篇。中铁三局紧紧围绕改革工作的着力点，定点爆破、靶向攻关，力求改革成果真固化、务求改革真实效。

（洪　路　尚　丽）

【重大项目】2022 年，中铁三局完成营业额 896.5 亿元，同比增长 17.14%。全年按期开通（交付）98 个项目。在建项目共 401 个，其中：铁路 84 个、公路 57 个、城轨 83 个、市政 79 个、房建 64 个、水利 20 个、海外 8 个、其他 6 个。重点项目有：新建常德经益阳至长沙铁路站前工程 CYCZQ-1 标，新建川藏铁路雅安至林芝段中间段站前工程 CZXZZQ-12 标，新建铁路兰州至张掖三线、四线中川机场至武威段 XQ2 标，新建铁路合肥至新

▲图 13-7　中铁三局承建的沅江特大桥

沂铁路安徽段站前三标，新建盘州至兴义铁路 PXZQ-3、PXZQ-XQ 标段，新建金华至建德高速铁路 JJGTSG-Ⅰ标，新建大理至瑞丽铁路保山至瑞丽段土建 5 标，新建重庆至宜宾段站前工程 YKCYZQ-6 标，新建贵阳至南宁铁路贵州段站前工程 GNZQ-3 标段，新建川南城际铁路自贡至宜宾线 ZYZQ-3 标，新建江苏南沿江城际铁路站前工程 NYJZQ-8 标。

2022 年，中铁三局实现投资营销额 121.2 亿元，包括新港高速双柳长江大桥及接线工程投资人 XGTJ-1 标段项目、西安沣邑大桥项目、托克托电厂至呼和浩特市长输供热管网工程特许经营项目、长治市东南外环快速通道改扩建工程（太行东街—光明路）PPP 项目、宜昌市清江水系连通生态修复工程（二期）及高铁新城水源保障工程 PPP 项目等。在郑济高铁项目，建设了国内首条大中型装配式混凝土预制品智能生产线，实现装配式桥墩构件智能工厂预制，作为桥梁建造创新技术，在"全路建设系统铁路桥梁工程建造技术创新交流会"上进行了交流；小型预制构件智能生产线日趋成熟，相继建成广湛、渝昆、国道 109 共计 3 个小型预制构件厂，智控系统不断迭代升级，实现多原材、多品种、多规格小型预制构件的柔性智能生产。

（刘士波　龙晓东　李英杰）

【走向海外】截至 2022 年底，中铁三局境外子分公司注册资本总额约为 50.1 万美元，境外机构资产总额为 172797 万元，海外从业中方人员共 224 人。在建项目 16 个，共计合同额约 15 亿美元。2022 年，重点追踪项目 16 个，完成项目投标报价 11 个，中标项目 7 个。完成境外新签合同额 49.22 亿元人民币，完成年度营销额目标 48 亿元的 102.54%。累计完成营业额 15692 万美元，占中铁三局年度境外项目 10000 万美元产值指标的 156.92%。2022 年，中铁三局在稳固马来西亚、加纳、尼日利亚、埃塞俄比亚、乌干达、巴基斯坦等既有海外国别市场的同时，积极开拓印度尼西亚、菲律宾、伊拉克、沙特阿拉伯、吉尔吉斯斯坦、哈萨克斯坦等有潜力的"一带一路"沿线的国别市场，形成了"国际业务部主管，其他相关部门负责各专业方面的管理，海外事业部牵头主揽（工程公司配合），工程公司主干"的国际业务管理体系。采取多种举措加大海外市场开拓力度，有效实现了业务发展。重点开拓的亚洲市场业务增势明显，继续巩固发展非洲市场，业务总体平稳增长。参与境外业务的子分公司（工程公司）有 4 家，经股份公司、商务部审批，在亚洲、非洲等 12 个国家和地区设立了境外机构，经营范围辐射至伊拉克、沙特阿拉伯、蒙古国、俄罗斯、哈萨克斯坦、吉尔吉斯斯坦等国家和地区。

（徐良昊）

【重大创新】2022 年，中铁三局集团有限公司 1 项专利成果获中国专利优秀奖，通过各级鉴定评审的科技成果 32 项，14 项达到国际先进及以上水平，获得股份公司及以上的科技进步奖 33 项，获省部级工法 75 项，新增授权专利 478 项。中铁三局主导的"中国中铁智能工程建造研发分中心"经中国中铁批复通过；中铁三局"公路路面施工省技术创新中心""铁路桥梁智能制造技术创新中心""铁路专用线运维技术创新中心"3 个平台获批山西省创新中心。2022 年，针对企业管理中的重点，狠抓管理创新工作，《城市轨道交通大体量道床作业智慧化管理提升》《运输公司数字化全过程控制的列车运行组织管理》《建筑企业项目差异化考核的绩效管理》3 项优秀管理创新成果推荐至股份公司，获二等奖 1 项、三等奖 2 项。

（尚　丽　李英杰）

【工程创优】2022 年，中铁三局承建的银川经济技术开发区年产 15GW 单晶硅棒项目获得中国建设工程鲁班奖，参建的昆明市轨道交通 4 号线工程 PPP 项目获得中国建设工程鲁班奖。参建的新建南昌至赣州铁路 CGZQ-9 标万安隧道、深圳市城市轨道 6 号线工程、新建盐城至南通铁路站前工程海安特大桥、新建北京至沈阳铁路客运专线辽宁段 4 项工程获得国家优质工程奖。

（董云鹏）

▲图 13-8　中铁三局集大原铁路项目党建联创共建答案仪式暨"联创共建守初心""高铁建设担使命"主题实践活动正式启动

【企业文化】持续推动中铁三局特色企业文化建设向文化管理纵深发展，形成了以知行文化体系为核心，中铁三局"善"文化、"运"文化、"达"文化、"融"文化为架构的特色企业文化矩阵。完成了集大原、高原铁路等重点工程的党建主题活动策划。对雄商高铁10标、雄忻高铁河北段1标及山西段4标，以及杭衢、金建、昌九、西成、成达万高铁等在建和新建项目进行党建策划，完成了基层党建文化建设策划，丰富了基层文化内涵。积极参与中国企业文化管理协会课题研究，成为《企业智慧党建信息化建设工作指引》《企业绿色文化建设评价标准》联合起草单位。中铁三局《汇聚企业品牌力量》入选中国文化管理协会《创新者说——文化强企优秀案例》，并被评为品牌强企优秀案例一等奖；《国有企业党建工作与生产经营深度创新机制研究》被评为企业党建实践创新成果一等奖。企业宣传画册《光影》被评为"最美品牌之声"金奖代言作品；企业宣传片《征程》被评为"最美形象之声"银奖代言作品。中铁三局广东公司党委《以"精工"践"建善""红色引擎"点燃"蓝色发展" 以高质量党建引领企业高质量发展的实践探索》入选中国文化管理协会《奋进者说——党建强企优秀案例》，中铁三局党委书记、董事长郝刚入选中国文化管理协会《奋进者说—企业党建实践创新成果》书籍。中铁三局宣传部长山旭鸿被评为全国企业文化实践创新典范人物。（徐建军）

【党建工作】中铁三局广泛开展"以优异成绩迎接党的二十大胜利召开"主题宣传，组织职工收听收看并热议党的二十大盛况。通过党委会、中心组学习、省委宣传部专家辅导等形式，深入学习领会党的二十大精神。公司主要领导带头讲授党的二十大精神专题党课，领导班子成员带头撰写心得体会、理论文章，以上率下，在全局迅速掀起学习宣传贯彻党的二十大精神的热潮。全面贯彻落实中国特色现代企业制度，持续把经营管理责任内嵌到管党治党要求中，压实党建工作责任和发展责任，推动党建工作与生产经营互融共进，认真落实"三重一大"集体决策制度、党委常委会议事规则，对于涉及企业方向性、战略性、原则性等重大事项，严格落实前置程序，集体研究决策。全年召开党委会11次，前置研究生产经营事项66余项，"把方向、管大局、保落实"工作水平进一步提高。坚持正确选人用人导向。突出讲原则、守规矩，注重工作业绩、年轻化和基层经历，定量考核与定性考核有机结合，重点抓好三级单位领导班子建设，认真落实"三步走"目标任务，统筹梯队建设，稳步推进了干部队伍新老交替。积极搭建锻炼成长平台。全年交流调整干部166人，其中，提拔任用"80后"干部18人，占全年提拔干部人数的60%。充分发挥基层党组织战斗堡垒作用，制定下发《关于进一步深化新形势下项目党建工作的实施意见》《中铁三局党委关于进一步加强和改进区域指挥部党建工作的实施办法》，分级制定实施方案。全面建强基本队伍。选优配强基层党组织书记，保持每年对党务干部开展不少于7天、对党员不少于32学时的线上和线下培训。推进党建融合走深走实。相继开展了"川藏铁路党旗红、雪域高原立新功""建功'十四五'、提质增效当先锋""喜迎二十大、安全我先行"等一系列具有针对性、阶段性的主题实践活动。加强宣传思想工作。全面严格落实意识形态工作责任制和网络意识形态工作责任制，加强对全公司自有媒体和个人自媒体的管理引导，管好用好各类舆论阵地；加强形势任务教育，持续深入开展"喜迎二十大""理想信念情怀 爱党爱国爱企"等主题活动，为全局凝聚了积极向上的热烈氛围。持续强化企业文化建设。大力弘扬"开路先锋"精神，不断丰富"知行"文化内涵，注重培育具有时代性的先进典型，扩大企业知名度和影响力。聚焦全年重点工程、重大成果、重要节点，加大新闻宣传力度，提升企业品牌形象。全年完成省部级以上各大媒体刊稿约13860篇。纵深推进党风廉政建设。坚持标本兼治，加快完善不敢腐、不能腐、不想腐的长效机制，净化企业政治生态。持续性细化和完善党委主体责任、纪委监督责任、党委班子成员"一岗双责"清单，推动全面从严治党向纵深发展。有效发挥大监督格局联动作用。健全以党内监督为主，纪委再监督、审计、法律、财务等监督力量贯通协调的工作机制，认真开展"严肃财经纪律、依法合规经营"综合治理活动，深化管理监督，堵塞管理漏洞。扎实抓好巡察全覆盖。坚持刀刃向内，持续发力，有效发挥巡视巡察利剑作用，推动巡视巡察上下联动、同向发力。开展了对局指项目部、区域指挥部和机关党委的巡察工作，完成了巡察工作全覆盖。深挖细查"四风"隐形变异的种种表现，全年各级纪检组织共收到信访举报件76件，共处置反映问题线索68件，共立案13件，结案13件，给予党纪政纪处分28人。大力弘扬劳模精神、劳动精神和职工首创精神，深入开展群团组织活动，发挥职工建设者、主力军作用，中铁三局运输工程分公司第二运输段荣获"全国工人先锋号"称号，中铁三局广东公司荣获全国"安康杯"竞赛活动优胜单位称号。大力推行普惠职工服务，通过"两节"送温暖、"夏送清凉"等活动，慰问各类人员9.5万余人次，累计发放慰问品、慰问金1200余万元；开展"金秋助学"活动，资助困难职工子女84人，发放助学金30余万元；服务社会、服务人民，为党分忧、为国尽责，主动投身乡村振兴等工作，维护巩固脱贫攻坚成果。（郝桂琴 纪强 郝鹏程 赵钰涛 杨文）

【信息化建设】构建全公司信息数据统一的交互基础平台，推动主要业务系统与主数据平台的集成衔接，为建立企业数据仓库和大数据分析提供基础,将"互联网+"、物联网、大数据、人工智能、5G、GIS、BIM、VR等信息化手段在铁路工程建设中融合应用,基本实现"智能"建造。通过云平台计算技术,对数据中心的服务器计算资源、储存资源、云视频会议资源和网络资源的运行状态实现智能监控和服务管理监测,强化对各类网络信息安全风险的预警能力和管控水平。积极开展项目部信息化促标准化工作,探索数智化工地试点建设,推动以综合项目管理为核心的项目部"一套软件"管控业务的体系化建设,制定项目部信息化标准规范,编制项目数智化管控手册,推进信息化工具的一线业务替代作用,促进信息技术在智能建造、智慧工地、绿色建筑、安全检测等方面的创新应用。以管理制度为基础、以信息系统为抓手,深入开展财务共享、物资设备、人力资源、电子商务、安全隐患排查等各重点业务系统推广应用,推进业务与信息系统深度融合。完成核心业务和所属单位灾备系统升级改造工作,以安全管控平台和相关安全管理规定为依据落实等级保护和信息安全策略。适时开展所属单位网络信息安全的检查评估,推动所属单位加强信息安全管控,满足国家对国有企业网络信息安全的相关要求,推进异地灾备中心业务覆盖范围,提高重要系统容错容灾能力,降低企业信息数据资产的安全风险。结合各板块特点,开展移动互联、物联网、施工可视化、共享服务、大数据等行业信息化创新研究,鼓励各级单位主动探索信息化建设的新思维、新路径、新方法。搭建满足业务发展需要的资源共享、协同设计、协同管理的信息化管理体系,构建云计算、大数据、知识管理等BIM云平台,推进技术升级,提高生产效率和质量,提升企业基础管理水平。 （冯栋梁）

【履行社会责任】2022年4月14日,大秦铁路天津市蓟州区铁路段(大同至秦皇岛方向)两列火车发生碰撞,严重危及行车安全及周边安全,中铁三局所属天津公司积极参与抢险救援工作。4月14日,天津蓟州区境内大秦铁路翠屏山站内停留的保留车列溜入区间线路,与正在运行的71043次货物列车相撞,导致16辆货车、1台机车脱轨,中断上下行运输,中铁三局所属线桥公司立即组织抢险小组赶往现场救援。5月26日,由于连日降雨影响京广线棠溪北场I道K2260+847至K2260+850道心,致使道心出现坍塌,严重危及行车安全,中铁三局所属线桥公司积极组织参与抢险工作。6月4日,贵广线动车组在榕江站进站前的月寨隧道口撞上突发溜坍侵入线路的泥石流,发生脱线,中铁三局所属贵南项目部积极参与抢险。6月18日,贵广铁路何家庄隧道进口仰坡栅栏外侧出现塌陷,直接威胁到贵广铁路的行车安全,中铁三局所属贵南项目积极组织抢险工作。6月21日,沪昆普速铁路上饶至广丰区间发生水漫钢轨、线路道床冲空等水害,造成行车中断,中铁三局所属昌景黄2标项目积极赶赴现场投入抢险抗洪攻坚战。6月26日,红岛高新区突降暴雨,红岛国际会展中心出现险情,严重威胁变电站安全运行,中铁三局所属四公司青岛地铁6号线项目快速反应,第一时间组织抢险队携带专业排水设备紧急赶赴现场救援。8月9日,受强降雨影响,宁岢线岢岚站至秦家庄站区间出现一涵洞边坡坍塌及部分路基边坡水毁现象,导致列车无法正常通行,中铁三局所属六公司迅速调集集大原、太原西二环、隰吉高速、静兴高速等项目抢险人员奔赴现场开展抢险工作。8月11日,岢岚至瓦塘铁路线受连续强降雨影响,苛瓦线K11+850至K11+920与K12+050至K12+120区间有4处路基边坡出现水毁现象,导致铁路运营中断,中铁三局所属三公司兴保项目经理部迅速组织人员、设备投入救援抢险工作。8月11日,山西省吕梁市中阳县金罗镇沟底村鼻子峁沟遭遇历史同期罕见大暴雨引发特大山洪,导致离隰高速公路项目突发洪灾险情,中铁三局立即启动应急预案,并成立抢险救援领导小组,中铁三局主要领导、分管领导及相关部门人员立即赶赴现场进行应急抢险救援工作。8月21日,由于晚间连降大雨,导致朔黄铁路神池南站K3公里处高边坡局部产生位移、滑塌,严重威胁朔黄铁路运输安全,中铁三局所属运输公司运输段迅速抵达现场参与抢险工作。9月25日,广东省棠溪站信号楼房屋基础坍塌,墙体及地面开裂,中铁三局所属线桥公司积极组织人员、设备赶赴现场参与抢险工作。

定点帮扶山西省神池县龙泉镇板井村、邵家窊村的乡村振兴工作,重点加大优质农产品消费帮扶力度,做好"羊主题公园"项目的开发建设工作,累计投入企业专项帮扶资金30万元,招商引资60余万元,购买当地农产品60余万元,村民收入持续增加、生活环境持续改善、生活品质稳步提高。

（范京文　张　建）

中铁四局集团有限公司

【简况】中铁四局集团有限公司（简称"中铁四局"）诞生于抗美援朝时期,前身是1950年11月成立的中国人民志愿军铁道工程总队。在抗美援朝战场,中国人民志愿军铁道工程总队跨过鸭绿江,承担京义（平壤—新义州）、京浦（平壤—满浦）铁路线的抢修任务。1953年,铁道工程总队顺利完成任务凯旋。此后,经过铁道部西北铁路工程局和华北铁路工程局两部分10余次较大规模的分立、组合的机构演变,于1966年正式更名为"铁道部第四工程局",随后,为响应党中央号召,积极参与西南三线铁路建设,局机关从北京市迁址到云南省富源县。1970年,铁道部第四铁路工程局与铁道部第四设计院合并，组建新建制的铁道部第四铁路工程局，机关设址湖北省武汉市。1977年，铁道部第四工程局按原局、院建制重新组建铁道部第四工程局和铁道部第四设计院，铁道部第四工程局在安徽省合肥市新址正式办公。1984年，铁道部第四工程局更名为"铁道部第四工程公司"。1985年，复更名"铁道部第四工程局"。2000年6月，铁道部第四工程局与铁道部正式脱钩，转企改制为"中铁四局集团有限公司"。

中铁四局是具有综合施工能力的大型建筑企业，是中国中铁股份有限公司的"标杆"成员企业。截至2022年底，中铁四局年生产能力超1500亿元，年经营能力超2500亿元。

中铁四局拥有24个实体性子分公司、5个直属单位、3个事业部制单位，以及10个国内区域指挥部和一大批国内外经营机构、工程指挥部（项目经理部）。局总部设有19个行政、党群职能部门。中铁四局持有铁路、公路、房屋建筑、市政公用工程4项施工总承包特级资质和铁道行业甲（Ⅱ）级、公路行业甲级、市政行业甲级、建筑行业甲级、风景园林专项甲级、岩土工程（勘察）甲级、测绘甲级7项设计、勘察、测绘甲级资质，是全国建筑行业为数不多、安徽省唯一"四特七甲"施工企业。此外，全局还在众多领域拥有总承包及专业承包资质100多项，并具有国外承包工程资质和对外经营权。业务范围涵盖建筑安装业绝大部分领域，以及新材料研发生产、工程设计与监理、物流贸易与服务业、房地产、基础设施BT和PPP等投资项目。中铁四局业务范围分布在全国近30个省（自治区、直辖市），以及海外安哥拉、埃塞俄比亚、蒙古国、印度尼西亚、巴拿马、斯里兰卡、孟加拉国、哥斯达黎加、莫桑比克等近20个国家。截至2022年底，中铁四局在册员工24423人；管理人员及专业技术人员19429人，其中高级职称2159人（其中正高级159人）、中级职称6728人；各类技能人员4994人，其中工匠技师1人，特级技师80人，高级技师581人；研究生552人；拥有双师型人才1838人，局级以上各类专家103人（4人享受国务院政府特殊津贴）、一级注册建造师1932人。

（汪大灿）

【生产能力】2022年，中铁四局完成企业营业额1526亿元，继续位列股份公司系统内第一。全年完成施工产值1486亿元，同比增长12.5%。参建的雅万高铁先行段首辆动车在中国和印度尼西亚两国元首视频见证下成功试验运行，承建的合杭高铁湖杭段、杭台高铁、北京至唐山城际铁路等一批重点工程如期交付。沪渝蓉高铁等10个项目年产值超10亿元；全局年人均产值605万元。

（汪大灿）

【市场经营】2022年，中铁四局完成新签合同额2599亿元。全年承揽20亿元以上的大项目共22项，完成新签合同总额675亿元，同比增长64%。获取战略性项目27个，尤其是胶州湾海底隧道、西堠门大桥等项目，拉升了桥隧品牌的新能级。完成海外新签合同额26.5亿美元。投资业务完成新签合同额突破500亿元。以市政和房建市场为主的"大城建"市场，全年完成新签合同额867亿元，占国内基建订单的39%。以铁路、公路、城轨为主的"大交通"市场，全年完成新签合同额1093亿元。其中，铁路市场完成新签合同额679亿元，在铁路大中型基建市场的占比为5.5%。以水利水电、生态环保为主的"大生态"市场完成新签合同额165亿元。其中，水利水电首超70亿元，承揽了首个单体超10亿元的韩江榕江练江连通后续优化水利工程。经营要素建设取得进步，全年新增特级资质2项、总承包一级资质4项，专业承包一级资质9项。

（汪大灿）

【主要指标】2022年中铁四局共实现营业收入1228.69亿元，完成股份公司下达预算目标1150亿元的106.84%；实现净利润23.46亿元，完成股份公司下达预算目标24.21亿元的96.90%；实现经营性现金净流量26.10亿元，完成股份公司下达预算目标24.21亿元的107.81%；年末"两金"余额369.02亿元，控制在股份公司下达的管控目标392.50亿元以内；年末资产负债率79.38%，控制在股份公司下达的管控目标80.46%以内。

（尹亮）

▲图13-9　11月25日，中铁四局与中铁隧道局、中铁上海局组成集体展厅，代表中国中铁亮相2022中国—东盟建筑业暨高品质人居环境博览会

表13-4 2021—2022年中铁四局主要经济指标

项目	2021年	2022年	增长率/%
资产总额/亿元	963.47	1060.06	10.03
所有者权益/亿元	196.35	216.54	10.28
营业收入/亿元	1130.68	1228.69	8.67
利润总额/亿元	26.23	28.89	10.14
净利润/亿元	21.85	23.46	7.37
归属于母公司所有者的净利润/亿元	21.89	23.48	7.26
技术开发投入/亿元	22.52	23.42	4.00
利税总额/亿元	—	—	—
应交税金总额/亿元	19.54	22.87	17.04
全员劳动生产率/[万元/(人·年)]	48.49	50.62	4.39
净资产收益率/%	12.22	11.36	减少0.86个百分点
总资产报酬率/%	3.09	3.24	增加0.15个百分点
国有资本保值增值率/%	113.83	112.15	减少1.68个百分点

制表：尹　亮

【安全质量环保】制定了本级安全质量管理系统提升实施方案，编制了《工程质量创优指南》，全面推行现场安全网格化管理，并完善安全警示曝光信息化平台，辅以"曝光警示""安全信用记录"等形式，强化了源头治理。　（汪大灿）

【大商务管理】2022年，中铁四局深化大商务管理，全面打造中铁四局特色的大商务管理体系，建立了铁路、公路、市政、房建、城轨五大专业商务策划模板，形成了规范统一、全面覆盖的"四点四线六阶段"工作模式。纵深推进开源创效与成本管控，全年通过战略集采等方式采购物资402亿元，降本率5.6%。其中，战略采购160亿元，降本7.9亿元；水泥置换商混94万吨，创效3585万元；161个项目外加剂置换商混，创效1832万元。全年开展施组优化项目232个，设计优化项目364个，创效合计34亿元。聚焦铁路亏损项目治理，签订责任状的10个单位累计减亏7.1亿元，完成年度治亏目标。全年完成二次经营收入144亿元，变更索赔率11.6%。3年以上竣工未结项目削减77个；处置投资板块低效无效资产4040万元，超额完成年度计划；盘活投资项目资产，年回款70亿元。　（汪大灿）

【科技进步与开发】大力推进科研体系建设和成果转化，全年新增安徽省科技进步奖4项，行业和省部级科技奖31项、发明专利84项；"玉磨铁路元江特大桥关键施工技术"以及"太湖隧道""宁波甬江特大桥"等多项技术成果，亮相2022年首届桥隧技术创新和产业高质量发展大会。渝昆高铁江阳制梁场研发的"预制构件管理平台"获中国施工企业协会第二届工程建造微创新技术大赛特等奖。全局首个"智慧悬臂造桥机"在沪渝蓉高铁正式投入试用，玉岑等11个铁路隧道项目打造光面爆破示范

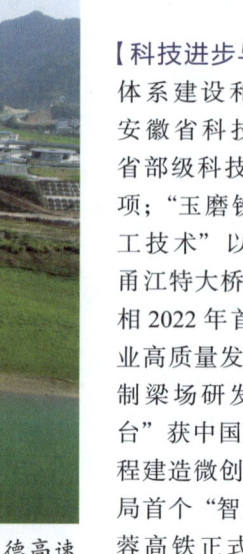

▲图13-10　2022年12月30日，中铁四局参建的G4012溧阳至宁德高速公路黄山至千岛湖安徽段（简称"黄千高速"）开通运营

▲图 13-11　2022 年 12 月 30 日，中铁四局参建的北京至天津滨海新区城际铁路（宝坻至北辰段）正式开通运营

点。中铁四局顺利通过"国家级知识产权示范企业"复审，所属数智建造研究院跻身"高新技术企业"序列。
（汪大灿）

【企业改革与管理】2022 年，中铁四局持续加强改革管理，深化改革三年行动工作 146 项任务全部完成，累计发布两批共 50 项局总部授权放权事项；推进第二总部建设、子分公司开发式搬迁进程，上海、徐州、南通、青岛等地取得进展；积极推进区域分公司建设步伐，明确了子企业、区域公司/事业部和项目部三者权责清单，全年共设立区域分公司 24 个；加速两大投资平台专业化进程，房地产公司自主新签房地产开发项目超 80 亿元，投资运营公司自主运营项目达 20 个，首个实体化试点的宿州体育中心项目开工建设；加大分配激励力度，建立了局总部"KPI+ 定性考核 + 专项考核"的绩效管理体系，实现了部门考核的精准量化；59 个项目实施多元化考核模式；深入推进经理层任期制和契约化管理，差异化设置考核指标。
（汪大灿）

【品牌信誉】2022 年，中铁四局被股份公司树为"王牌工程局"创建单位。全年新增中国建设工程鲁班奖 3 项、国家优质工程奖 8 项，45 项工程被评为省部级"安全文明标准化示范工地"。铁路信用评价累计 32 次获评 A 类。8 项工程入选"2022 中国新时代 100 大建筑"榜单；获评"2022 年度'中国建造'铁路工程品牌企业""全国工程建设行业质量领军企业"；获评第十六届中国品牌节"金谱奖·铁路建设行业影响力品牌"；首获中施协典型诚信企业和中建协 AAA 级信用企业。《以"五共"为核心的农民工管理》等 2 项成果获全国管理创新二等奖，《智慧党建平台建设》等 3 项成果获评安徽省管理创新一等奖。全年获"全国五一劳动奖章" 2 个、"工人先锋号" 1 个、"火车头奖杯" 4 个、"火车头奖章" 4 个。
（汪大灿）

【党建工作】截至 2022 年底，中铁四局党委共有 27 个三级单位党委，32 个党总支，898 个党支部，共有 11427 名党员（在岗 11211 名），开展了"践行初心使命　争当沪通先锋"等活动，制作党建宣传片 4 部，营造浓厚氛围；通过两级领导班子成员深入联系点讲党课、开展"学好新党章　永远当先锋""学习贯彻二十大　决战决胜四季度"活动，确保大会精神在基层落地；新成立党支部 282 个、撤销 225 个党支部，指导 112 个党支部规范换届。印发《关于印发中铁四局党委进一步深化新形势下项目党建工作实施意见的通知》等制度；组织 460 人参加党支部书记任职资格培训，累计取证 863 人；组织 35 名组工干部参加清华大学"党务工作者胜任力提升班"；培训入党积极分子、新党员 758 人，发展新党员 222 名；使用 102 万元党费慰问 337 名困难党员。在中国中铁 2021 年度党建工作责任制考核中获得"优秀"。对所属 27 家单位党委进行党建工作责任制考核，审定 9 家"优秀"，17 家"良好"，1 家"一般"；层层开展抓基层党建述职评议。中国中铁党史学习教育指导组通过视频连线，对中铁四局党委及市政公司党委专题民主生活会进行指导。905 个党支部召开组织生活会，10510 名党员开展民主评议，其中优秀 3185 人，合格 7302 人，基本合格 19 人，不合格 4 人。两级领导班子建立 292 个党建联系点，开展工作 904 项次。召开党员代表大会，选举出中国中铁党代会代表 11 名。总结提炼"先锋党建"品牌，建设党建文化馆，策划"项目管理　提升有我""解放思想大讨论"等主题党日，开展"巢马铁路党旗红　强基增效争先锋"等活动 50 余次。自主研发智慧党建系统，推广至安徽广电等10余家外部单位，相关成果获安徽省企业管理现代化创新成果一等奖；推动党建与业务工作深度融合的做法获中国中铁企业管理创新成果一等奖；"六安法则"入选《中国中铁党建探索创新典型案例选编》。

（刘为洋）

【企业文化建设】2022年，中铁四局持续巩固党史学习教育成果，大力开展"理想信念情怀　爱党爱国爱企"主题活动，常态化开展道德讲堂、红色教育，强化了理想信念；围绕"品牌提升年"主题，策划"攻坚创效　品牌提升"形势任务教育，厚植争先意识，凝聚了思想共识；落实"两个所有"要求，出台《意识形态工作责任制实施规定》，推动意识形态工作与业务工作融合推进，压实了主体责任。聚焦重点工程、重大节点、重要荣誉、客户需求，策划开展集中宣传，全年在中央主流媒体亮相超千次，在中央电视台出镜逾百次，在国资委"国资小新"登榜22期。其中，《95后女塔吊手》登顶微博热搜榜前十，《云端上的工地》点阅超5000万次，再创现象级宣传力作；川藏铁路专刊《高原战歌》受到西藏公司高度评价；昌景黄铁路铺轨信息在中央电视台《新闻联播》播出后，受到皖赣公司A级通报表扬。大力弘扬开路先锋和争先文化，发布《奋斗》三部曲，落成"三大展馆"，表彰"十岗百佳"等各类典型，丰富了争先文化内涵。7项文创作品在股份公司首届"开路先锋"企业文化节上受到表彰；中铁四局展览馆跻身全国交通文博馆30强，获评安徽省关工委爱国主义教育基地、中国中铁首批"开路先锋"文化教育基地；新增中施协企业文化建设专家5名，全国交通运输行业创新力文化品牌1项，中铁四局荣获中国企业文化管理协会"新时代党建＋企业文化示范单位"，中铁四局总经理韩永刚当选第十四届全国人大代表。

（汪大灿）

【和谐企业建设及履行社会责任】2022年，中铁四局以"我为群众办实事"活动为抓手，常态化推进"三让三不让"、金秋助学等工作，创新开展员工退休"四个一"暖心活动，全年走访慰问职工超5万人次，投入各类资金4482万元；接续举办百对新人集体婚礼，组织13次"缘分天空"交友活动，塑造了幸福四局的企业新名片。中铁四局企业展览馆、党建文化馆、抗美援朝纪念馆"落成开馆"。聚力乡村振兴，选派4名优秀干部到阜阳、滁州、郴州三市四村驻点帮扶；投入专项资金超百万元，完成洪单村韩庄道路等4项重点帮扶项目；累计购买定点帮扶村农副产品26.4万元。投身疫情防控，如期完成安徽、河南、上海等地15座方舱医院建设；参与贵州榕江站、韶关洪涝灾害抢险救援，践行了"国企为民"的担当情怀。

（汪大灿）

中铁五局集团有限公司

【简况】中铁五局集团有限公司（简称"中铁五局"）是中国中铁股份有限公司骨干成员企业，始建于1950年，原为铁道部第五工程局，1999年改制为中铁五局集团有限公司；下辖18个子分公司、8个区域总部、33个经营性分公司、20个中国境外派驻机构。拥有1个高铁建造技术国家工程研究中心，3个省级工程研究中心，11个省级企业技术中心；1个博士后科研工作站；2个国家级技能大师工作室，3个省级技能大师工作室，1个设计院，1个工程经济研究院；1支国家隧道施工应急救援队，2个国防交通物资储备库。公司注册资本金56.15亿元人民币，总资产568亿元人民币。在册员工2.1万人，享受国务院政府特殊津贴2人。机械设备8720台套，年施工生产能力1000亿元人民币以上。公司主要从事国内外建筑工程投资、设计、施工及运营管理，经营范围涵盖铁路、公路、建筑、市政、城市轨道、水利水电、港口航道、机场、水环境治理、林业生态、房地产开发、文旅、酒店经营、机械制造、物资贸易等业务。拥有铁路、建筑、公路、市政工程等施工总承包特级资质6项；水利、机电工程等施工总承包一级资质15项，其他施工总承包资质18项；机场、桥梁、隧道、路基、路面、铁路铺架、预拌混凝土等各类专业施工承包资质65项；铁道行业甲（Ⅱ）级、建筑、公路、市政行业等甲级设计资质6项。享有对外工程承包和进出口经营权，市场遍及28个国家和地区。先后参加中国境内170多条铁路、320多条公路以及各地城市轨道、水利水电、市政公用、房屋建筑、机场码头、地下管廊等领域的建设，是中国基础设施建设的重要力量。公司施工技术实力雄厚，掌握铁路、公路、城市轨道、市政公用、水利水电、房屋建筑等工程关键前沿技术，特别是在长大复杂隧道施工等领域处于世界领先水平，并在磁悬浮、地下管廊、输油管道、水务工程、林业生态、土地治理等领域拥有丰富的施工经验。近年来，承建的京张高铁八达岭长城地下车站、川藏铁路拉林段桑珠岭隧道、成兰铁路跃龙门隧道、成贵高铁玉京山隧道跨越巨型溶厅暗河工程、深圳地铁大运综合交通枢纽、银西铁路渭河四线特大桥、陕西省商洛市全域污水处理、大理洱海水环境治理、贵阳新庄污水处理厂、株机磁悬浮试运线、中缅输油管道等工程具有较强行业代表性。公司积极投身京津冀、长江经济带、粤港澳大湾区、黄河流域等国家区域发展战略，助力乡村振兴、"双碳"经济战略发展，在高速公路、市政工程、城市轨道、水利工程、林业生态、抽水蓄能电站、污水处理、生态治理、棚户区改造、城市更新及片区综合开发等领域，投资建设了一大批国家和地方重点工程，累计投资逾1500亿元。先后荣获国家科学技术进步奖特等奖1项、一等奖2项，中国建设工程鲁班奖 26 项，国家优质工程奖 57 项，全国用户满意工程等国家级奖项 46 项，中国土木工程詹天佑奖 12 项，省部级科学技术奖 57 项，国际隧协（ITA）年度大奖 1 项。公司始终秉承"勇于跨越、追求卓越"的企业精神，大力弘扬"开路先锋"文化，打造中国中铁"王牌工程局"，长期致力于企业品牌建设，以管理科学、技术精湛、装备优良回馈社会，享誉业界。公司是国务院表彰的全国 14 家先进企业和单位之一，先后荣获中国建筑行业百强企业、全国优秀施工企业、中国建筑业科技进步与技术创新先进企业、全国诚信典型企业、全国五一劳动奖状、全国文明单位、全国劳动关系和谐企业等国家级荣誉。

（沙雨萱　黎小欧　石　琨　陈　明　梁雪银　谭文峰　李　芬）

【主要技术设备】截至 2022 年底，中铁五局共有机械设备 7765 台，原值 43.22 亿元，净值 13.84 亿元。其中 200 万元以上大型设备 217 台/套。自有设备总功率 84.69 万千瓦，装备生产率 48.97 千瓦/人，设备新度系数为 0.37。2022 年，机械设备集中采购率 100%，累计采购设备 851 台，价值 5.68 亿元。审核报废机电设备 452 台，原值 3.67 亿元。

（程　锐）

【员工队伍】中铁五局员工总数为 20505 人。其中，干部 15583 人，工人 4922 人；在岗 18977 人，非在岗 1528 人；男员工 17045 人，女员工 3460 人；硕士及以上文化程度 193 人，本科 10133 人，大专 3496 人，中专及以下 6683 人；35 岁及以下 7886 人，36~40 岁 2172 人，41~50 岁 5401 人，51~55 岁 3410 人，56 岁及以上 1636 人；高级专业技术职称 2478 人（含正高级 145 人），中级 4737 人，初级 4943 人。公司拥有各类专家 124 人，其中，享受国务院政府特殊津贴 2 人，享受贵州省特殊津贴 2 人，湖南省创新人才 1 人，贵州省省管专家 1 人，茅以升铁道工程师奖 3 人，詹天佑青年奖 1 人，行业协会专家 16 人，局级专家 98 人。

（梁雪银）

【主要指标】2022 年，中铁五局资产总额 568.31 亿元。货币资金 75.84 亿元，固定资产原值 59.14 亿元，净值 19.26 亿元。营业收入 702.06 亿元，其中主营业务收入 699.12 亿元，营业利润 6.66 亿元，利润总额 6.81 亿元。

（张瑞雪）

表 13-5　2021—2022 年中铁五局主要经济指标

项目	2021 年	2022 年	增长率 /%
资产总额 / 亿元	494.90	568.31	14.83
所有者权益 / 亿元	100.97	108.83	7.78
营业收入 / 亿元	625.16	702.06	12.30
利润总额 / 亿元	4.44	6.81	53.38
净利润 / 亿元	4.37	6.27	43.48
归属于母公司所有者的净利润 / 亿元	4.37	6.26	43.25
技术开发投入 / 亿元	11.91	13.80	15.87
利税总额 / 亿元	15.22	15.47	1.64
应交税金总额 / 亿元	11.43	10.27	-10.15
全员劳动生产率 /[万元 /（人·年）]	30.99	29.76	-3.97
净资产收益率 /%	4.27	5.98	提高 1.71 个百分点
总资产报酬率 /%	1.89	2.12	提高 0.23 个百分点
国有资本保值增值率 /%	104.32	104.39	提高 0.07 个百分点

制表：张瑞雪

【重大改革事项】全面推进王牌工程局建设。加强政策对接，广泛征求意见，研究制定了建设王牌工程局工作方案，明确总体目标、工作思路和实施路径。打好国企改革三年行动"组合拳"，114 项改革任务全面完成；推进机构"瘦身健体"，注销分公司 3 家，完成局机关"五办合一"、国际事业部与海外分公司合署办公，局机关部门由 21 个减至 19 个。推动经理层成员任期制和契约化管理，局处两级经理层成员"两书"签订和考核兑现率100%；突出业绩决定薪酬导向，出台市场化薪酬管理指导意见和关键人才薪酬分配方案，完善业绩考核分配制度，激活职工干事创业原动力。优化管理模式。新上铁路项目原则上不设立局指，实行代局指模式，有效压缩管理层级。全面推行区域化项目群管理，精简机构和精减人员编制，资源整合和管理效能极大提升。2022年，9项管理创新成果荣获省部级及以上荣誉12项，其中《施工企业以大商务管理为核心的项目管控能力提升》荣获国家级二等奖，《基于智慧云仓的供应链管理创新》入选2022年"中国管理年度价值案例"，《建筑企业拓展国家储备林投资建设新领域》荣获股份公司软科学一等奖。 （李安勇　申志远）

▲图13-12　中铁五局参建的云南省牛栏江—滇池补水工程（德泽水库）

▲图13-13　中铁五局参建的京张高铁太子城站

【重大项目】2022年，中铁五局完成企业营业额825.2亿元，完成股份公司年度计划820亿元的100.6%。年内在建项目共计704个。按工程专业类别划分：铁路工程76个、地铁工程72个、市政工程144个、公路工程96个、房建工程227个、水利水电工程59个、机场码头5个、其他工程25个。公司在建隧道共290座，设计长度806千米，开累完成486千米，剩余320千米（40%）。共有桥梁861座，施工任务总长为345.5千米，开累完成175.7千米，剩余施工长度169.8千米。全年完成土石方8290万立方米、桥梁76千米、隧道155.1千米、铺轨359.5千米、房屋建筑511万平方米。重点项目全年完工、开通项目共计112个，含铁路项目12个、公路项目19个、城市轨道项目13个、市政工程26个、房建工程39个、水利水电项目2个、其他工程1个。年内郑万、湖杭、和若等10多条铁路项目如期开通；渝昆、成兰、广汕等铁路项目，广州、深圳、南京等地铁项目，滇中引水、广绵高速等重点项目有序推进；格芒、玉楚等投资建设项目顺利转入运营期；西渝、成渝中线等一批新上铁路项目快速进场。 （汪　亮）

【工程创优】2022年，中铁五局共获得国家级优质工程奖8项（其中，参建鲁班奖1项、参建国家优质工程金奖1项、主申报国家优质工程奖2项、参建国家优质工程奖4项），获全国实施用户满意工程奖4项，获省部级优质工程奖31项（其中，中国中铁金杯3项、中国中铁杯6项、其他省部级优质工程奖22项）；获全国建设工程施工安全生产标准化工地（原AAA工地）2项，获现场管理星级评价奖1项，获省部级安标工地奖31项（其中，股份公司安标工地8项、其他省部级安标工地23项）；获国家级QC小组成果5项，获班组成果2项，省部级QC小组成果87项，班组成果10项。（谈李茵）

【企业文化】中铁五局坚持以习近平新时代中国特色社会主义思想为指导，深化理论武装，夯实思想根基。严格落实"第一议题"机制，中铁五局党委组织理论学习中心组集中学习6次。扎实做好党的二十大精神学习宣贯工作，开展理论研究阐释，印发《关于深入学习宣传贯彻党的二十大精神的工作方案》（中铁五党宣〔2022〕70号）、《关于进一步做好思想政治工作与企业文化研究会工作的通知》（中铁五党宣〔2022〕75号），局党委《国企党建工作与生产经营深度融合研究》成果入选《新时代国有企业党建工作探索创新研究》书籍，并申报国资委实践案例。在全局组织开展"五局如何发展、效益从哪里来、人员到哪里去"思想大讨论活动,落实意识形态工作责任制,开展"理想信念情怀　爱党爱国爱企"主题活动。围绕"迎接、宣传、贯彻党的二十大精神"工作主线,聚焦生产经营中心任务,广泛开展"喜迎二十大,奋进新时代"主题宣传,在《人民日报》、新华社、中央电视台等中央级媒体刊播稿件912篇次。全年共编辑《铁道开发》报50期,中铁五局微信公众号、视频号、抖音号共推送650多条。中国中铁新媒体平台推送249条。在第九届国企好新闻推介活动中,报送的文字作品《"盾构工匠"炼成记》获通讯类二等奖,《让农民工"薪"满意足过好年》获消息类三等奖。大力弘扬"开路先锋"企业文化,组织开展"企业文化推进年"活动。完成中铁五局文化馆建设,被授予中国中铁首批"开路先锋"文化教育基地。拍摄、制作12部中铁五局"开路先锋"精神谱系系列纪录片以及"开路先锋"精神谱系文集,隆重举行发布仪式。编印《迎春》"开路先锋"文艺作品专辑,制作中铁五局形象宣传片《永远的开路先锋》、党建工作专题片《铸牢根魂强党建擎旗奋进谱新篇》,成昆复线建设成果专题片《决战横断山脉》,《新成昆》《不朽成昆魂》两首歌曲微视频。《大国重器——龙祥号盾构机成长记》获"讲好中国建造故事"短视频大赛一等奖,中铁五局文联获得2022年度贵州省文联系统先进集体。加强企业品牌建设,设计制作《中铁五局企业文化手册》,修改完善并印制《中铁五局经营宣传画册（2022版）》,中铁五局荣获"2022中国品牌节金谱奖·水利工程行业新锐品牌"。

（谭文峰）

【党建工作】深入学习宣传贯彻党的二十大精神。组织432名副处以上领导干部（含局领导班子成员）参加2022年学习贯彻习近平新时代中国特色社会主义思想网络培训班。抓好党的组织和工作覆盖。清理撤销33个局管项目部党工委、纪检组织,督导16家单位及时组建党组织和调整两委成员。现场指导四公司（华南公司）、二公司召开党代会。做好出席贵州省第十三次党代会和股份公司第五次党代会的党代表推选工作。推选蒲青松、董志红出席贵州省第十三次党代会,选举出席股份公司第五次党代会代表11名。抓好党务干部和党员培训。向股份公司、贵州省国资委送培18人。全年共发展党员185名。健全完善党建工作制度。制定《中铁五局党委关于进一步深化新形势下项目党建工作的实施意见》,提出"12366"基层党建工作规划并开展贯彻文件精神培训。认真落实中国中铁党委加强川藏铁路工程党建工作文件精神,全面开展党建责任制考核。对18家三级公司、15个指挥部、8个区域指挥部开展2021年度党建责任制考核。制定机关党委学习宣传贯彻党的二十大精神实施措施,机关党支部落实"三勇"活动实施措施,检查各支部严格落实"第一议题"制度。

（冷国强）

【信息化建设】开展全局网络安全宣传周活动和护网工作。加大信息化建设投入,完成数据中心核心网络改造和网络安全体系的建设,强化网络安全保障和信息化应用,稳步推进中铁五局网络安全和信息化建设工作。根据国家计算机等级保护要求和2021年护网行动暴露出来的问题,结合网络和应用系统现状,新购置交换机、防火墙、奇安信天擎V10、服务器虚拟化安全、数据库审计、日志审计、运维审计、态势感知平台和探针、SD-WAN中心网关、上网行为管理、漏扫系统、运维管理平台、VPN和准入控制等设备,完成数据中心核心网络改造和网络安全体系的建设,完成公安部组织的"HW2022"网络攻防实战演练工作,保障本部网络的安全运行。异地备案公司业务系统域名网站crwj.cn和门户网站域名ztwj.cn；申请和认证中铁五局门户网站企业型SSL数字证书。撰写计算机机房管理流程、计算机系统安全管理流程、网络与信息安全事件响应流程等流程图的绘制、流程步骤描述、风险描述、控制措施等。完成《中铁五局信息贯通工程实施方案》和《中铁五局信息贯通工程2022年工作计划》等文件的制定、修改、汇编工作,梳理并制定中铁五局业务贯通任务清单和工作计划,全面推广信息贯通工程工作。完成协同办公平台、财务共享、档案管理、印章管理、督查督办、工会互保等系统的一体化平台入驻工作。信息化基础设施调研统计工作,完善全球组网方案,指导子公司网络安全、全球组网和一体化平台入驻工作,为信息贯通工程的顺利实施提供保障。云平台老集群SSD的扩容和新集群的建设。共享平台新增的智能填单、资金预算、机器人云台和客户端、管理应用、数据库、分析平台、公共资源服务和BIM等24台服务器部署、测试和上线工作。原刀柜服务器中财务系统数据库服务器和成本管理系统5台web服务器的迁移和测试工作。

（伍设初）

【履行社会责任】组织贵阳地区单位和职工直接购买帮扶村各种农副产品46万余元,驻村第一书记帮助村民销售农副产品180多万元。2022年6月1日,中铁五局贵州公司向台辰村8户困难家庭的儿童和7名品学兼优的学生发放慰问金。帮助村民消化滞销蔬菜,出资8.6万元修建750米机耕道路。12月8日,中铁五局副总经理张宇在丹寨县台辰村开展乡村振兴帮扶工作调研,代表局党委向台辰村捐款37700元,对台辰村22名贫困学生进行捐助,为10户孤寡老人送去过冬防寒衣物。积极履行央企责任。参与大秦、黄织、贵广铁路线等多起抢险救援,圆满完成宣城健康城、吉林方舱医院、海南乐东防疫隔离用房等抗疫抢建任务,得到了社会各界的充分认可。

（唐　玮　卢建存　莫　军　沙雨萱）

中铁六局集团有限公司

【简况】中铁六局集团有限公司（简称"中铁六局"）是依据国资委、原铁道部和中国铁路工程总公司有关企业重组规划和部署，由原属北京铁路局的北京铁建集团、太原铁建集团，原属呼和铁路局的呼和铁建集团和原属中国铁路工程总公司的丰台桥梁工厂4家企业重组，于2004年1月6日正式挂牌成立，为中国中铁股份有限公司的全资子公司，注册所在地为北京市海淀区，注册资本金22亿元。中铁六局总部位于北京市海淀区万寿路2号，公司下设北京、太原、呼和、天津、石家庄、电务、丰桥、建安、路桥、广州、信达置业、物贸、云南双百13个子公司，交通、海外、设计院3个分公司。拥有铁路工程、建筑工程、公路工程施工总承包特级资质，多领域施工总承包、专业承包一级，以及工程勘察、工程设计、测绘、公路养护、试验检测等各类资质、许可共131项。截至2022年底，中铁六局共有员工13892人（正式员工12848人，市场化聘用1044人），干部与技术干部比例为1.04 : 1（8818/8478），工人与技术工人比例为1.08 : 1（4027/3731），资产总额239.13亿元（包括固定资产净值13.43亿元、流动资产186.18亿元、其他资产39.52亿元）。保有各类施工设备6817台（套），设备原值22.97亿元，设备净值7.26亿元，设备总功率42.1万千瓦，动力装备率31.59千瓦/人，技术装备率5.43万元/人；全局主要施工机械完好率为91.9%，利用率为80.9%。机械化施工程度高，装备生产能力覆盖了高速铁路、既有线施工、公路、地铁、市政、房建、四电等众多施工领域，在各施工领域保有具有竞争实力的大型设备130余台。保有116座大容量混凝土拌和机组，140个钢筋加工厂，为施工生产提供资源保障。2022年，完成900吨箱梁架设1563孔，盾构掘进21千米，轨道铺设228.5千米，混凝土生产715.3万立方米，钢筋加工61.8万吨。

中铁六局自成立以来，先后获得"中国建设工程鲁班奖""中国土木工程詹天佑奖""国家优质工程奖""全国用户满意工程奖"等国家优质工程及优质专项工程奖80项，省部级优质工程奖266项；获得国家和省部级科技进步奖145项，国家和省部级工法627项，专利1497项；参与或主编了铁路通信、信号、电力、电力牵引供电工程施工安全技术规程等40余项行业标准；承建的北京西站无站台柱雨棚改造工程等14项工程被载入"中国企业新纪录"名册。通过了质量、环境、职业健康安全管理体系认证。多次获得全国优秀施工企业、全国工程建设质量管理优秀企业、中国优秀诚信企业、全国建筑业诚信企业、中国公路建设行业先进企业、全国用户满意企业、工程建设企业AAA信用等级、AAA级信用等级单位、质量AAA级单位、守合同重信用企业、纳税信用A级企业等荣誉。

（张　华　齐　明　郑志敏　王　锋　刘小辉　胡云飞　宋大伟）

【主要指标】截至2022年12月31日，中铁六局资产总额239.13亿元，较2021年增长5.31%；所有者权益51.63亿元，较2021年增长3.18%；实现营业收入327.29亿元，同比增长3.70%；实现利润总额2.32亿元，同比增长236.23%；归属于母公司所有者的净利润1.90亿元，同比增长280.00%；技术开发投入7.02亿元，同比下降4.62%；利税总额2.32亿元，同比下降21.62%；应交税金总额5.80亿元，同比增长104.23%；全员劳动生产率31.56万元/（人·年），同比增长21.62%；净资产收益率3.82%，与2021年相比增加2.81个百分点；总资产报酬率1.85%，与2021年相比增加1个百分点；国有资本保值增值率103.04%，与2021年相比增加2.33个百分点。

（齐　明）

表13-6　2021—2022年中铁六局主要经济指标

项目	2021年	2022年	增长率/%
资产总额/亿元	227.07	239.13	5.31
所有者权益/亿元	50.04	51.63	3.18
营业收入/亿元	315.60	327.29	3.70
利润总额/亿元	0.69	2.32	236.23
净利润/亿元	0.51	1.94	280.39
归属于母公司所有者的净利润/亿元	0.50	1.90	280.00
技术开发投入/亿元	7.35	7.02	-4.62
利税总额/亿元	2.96	2.32	-21.62

续表

项目	2021 年	2022 年	增长率 /%
应交税金总额 / 亿元	2.84	5.80	104.23
全员劳动生产率 /［万元 /（人·年）］	25.95	31.56	21.62
净资产收益率 /%	1.01	3.82	增加 2.81 个百分点
总资产报酬率 /%	0.85	1.85	增加 1.00 个百分点
国有资本保值增值率 /%	100.71	103.04	增加 2.33 个百分点

制表：齐　明

【改革发展】深入推进组织结构优化，统筹开展中铁六局本部大部制改革，深化企业"经费人口"清理，完善全员考核退出机制，本部机构数量、定员总量均压减 20% 以上，10 家三级公司以下机构实现了清理整合；11 家工程公司全部实施子分并存管理，信达公司、置业公司完成战略重组，构建了房产、旅服、学前教育等特色产业链条。深入开展管理创新升级，深入贯彻国企改革三年行动部署，126 项改革任务全部圆满完成。不断健全法人治理结构、厘清治理主体权责；深化三项制度改革，完善了各主要层级"业绩化、市场化、差异化"的薪酬考核分配体系，构建了工程项目工资总额包干、项目模拟股权等创新激励方式，激发了全员创效活力；以"效益提升、价值创造"为导向开展现代化管理创新和职工创新创效，荣获国家级管理创新成果、北京市市级（示范性）职工创新工作室等奖项称号。

（王召辉　齐明　雷辉　张笑）

【重大项目】重大决策。坚持以战略布局为核心导向，加快推动既有成熟、具备改革条件的企业内部的瘦身健体。年内对中铁六局信达公司、置业公司这两家规模体量较小、非主业的独立法人企业实施了内部战略重组整合，推动两家企业内部资源和业务的深度整合，激发协同发展、互补发展、融合发展效应，努力培育房地产、旅游服务业、学前教育、物业管理全产业链条，着力将其打造成为中铁六局的一个特色板块，拓展新的经济增长点。2022 年 12 月 29 日，顺利完成工商变更，正式更名为"中铁六局信达置业有限公司"。

重大项目。2022 年，中铁六局参建的宿州站改、深圳地铁等 122 个项目顺利开通完工，宣绩高铁、京雄高速等 43 个局重点项目有序推进，天津、成都等 9 个地铁盾构区间顺利贯通，18 个铁路局内 5.4 万次营业线及邻近营业线施工全部安全正点；12 月 31 日，中铁六局参建的亚洲最大铁路枢纽北京丰台站实现开通投用，京唐铁路 42 号道岔要点施工全国首次采用液压同步走行动力设备，与京哈线实现互通，玉楚高速全线通车仪式在中铁六局承建的标段圆满举行。

对外投资与经营。2022 年 8 月 5 日，中铁六局牵头，与中铁二院及中铁资本组成的联合体中标湖南湘江新区湘阴片区河湖生态环境治理及产业绿色发展项目（一期）。中铁六局获得 20.83 亿元新签合同额。项目建设期 5 年，整体合作期 10 年。项目运用"投资人 +EPC+ 文旅产业运营"模式，成功撬动湖南湘江新区湘阴片区河湖生态环境治理落地实施，创新投资领域和模式，为进一步产融结合开展经营生产提供了良好的示范作用。

（胡云飞　王义龙　于立荣）

【走向海外】加快境外布局，不断创新海外经营体系，在菲律宾、伊拉克分别注册了分公司。截至 2022 年底，中铁六局境外业务网络覆盖了越南、菲律宾、乌兹别克斯坦、伊拉克、刚果（金）、几内亚、巴基斯坦等 20 个国别。重点参与了乌兹别克斯坦 A380 公路项目 3 个标段的投标工作，完成了几内亚西芒杜 70 千米铁路项目、伊拉克学校分包项目、巴基斯坦拉合尔机场扩建项目、几内亚西芒杜土方标 4 个标段的投标；联合中铁设计赴蒙古国实地考察推进乌兰巴托轻轨 1 号线项目；联合中铁国际积极推进蒙古国博格达汗绕行铁路特大桥和超长隧道项目；联合中国广电积极推进利比里亚新建广播电台制播大楼项目；联合天津水泥工业设计研究院积极推进缅甸曼德勒水泥厂项目；联合中铁建工推进菲律宾江苏大厦超高层房建。同步在越南、菲律宾、巴基斯坦、伊拉克、刚果（金）推进多个新能源、工业厂房、永久营地、桥梁、矿业、污水处理等各领域基建项目。2022 年 1 月 13 日，中铁六局以 EPC 总承包模式实施的越南首条城市轻轨落成仪式在越南首都河内隆重举行，中越两国官员为轻轨项目共同剪彩。该项目荣获 2022 年度中建协境外工程鲁班奖、中施协科技进步二等奖和中国中铁优质工程金杯奖。

（贾佩韦）

【重大创新】2022 年，中铁六局获各级科技进步奖 15 项。其中，省部级（河南省）科学技术进步奖二等奖 1 项；中国公路学会科学技术奖二等奖 1 项；股份公司科技进步奖一等奖 2 项，二等奖 4 项；中国施工企业管理协会科技进步奖一等奖 1 项，

▲图13-14 中铁六局EPC总承包越南河内城市轨道交通吉灵—河东线项目荣获2022年中国建设工程鲁班奖（境外工程）

▲图13-15 中铁六局承建的新建商丘至合肥至杭州铁路工程SHZQ-16标水阳江特大桥工程获得国家优质工程奖

二等奖6项。"大号码道岔智能纵横移精确就位施工技术"获得中国中铁第二届实用技术创新大赛一等奖。全年获省部级工法38项；授权专利252项，其中发明专利31项，海外专利7项，海外专利授权取得持续突破。2022年，在国际标准编制方面实现了零的突破，取得了国际标准《智慧城市基础设施—智慧建筑信息化系统建造指南》（ISO 37173）的编制单位资格，为提高企业在行业和市场的知名度起到了促进作用。10项创新成果获省部级及股份公司成果奖，其中，省部级管理创新成果一等奖3项、二等奖2项、三等奖1项；股份公司级管理创新成果一等奖1项、二等奖1项、三等奖2项。

（刘小辉 裴涛）

【工程创优】全年获得国家优质工程奖4项、省部级优质工程奖15项、中国中铁杯优质工程7项；安标工地9项，其中省部级2项、中国中铁安标工地7项；国家级优秀质量管理小组称号23个，省部级优秀质量管理小组称号57个。其中，中铁六局承建的越南河内城市轨道交通吉灵—河东线项目获得中建协境外鲁班奖；中铁六局承建的新建商丘至合肥至杭州铁路工程SHZQ-16标水阳江特大桥工程获得中施协国家优质工程奖；中铁六局参建的延崇高速公路（北京段）工程第五标段获得中国公路交通优质工程李春奖。中铁六局承建的淮南孔李淮河大桥工程获得市政工程最高质量水平评价奖。

（王锋）

【企业文化】编制印发《中铁六局企业文化建设"十四五"规划》，引导广大干部职工牢固树立共同理想、价值追求和行为规范，提升企业生产经营管理水平，以优秀文化"软实力"推动企业高质量发展。打造企业精神教育基地，揭牌运营中铁六局展馆，获批中国中铁首批挂牌评估的"开路先锋"企业精神教育基地。开展"喜迎二十大、奋进新征程、永远当先锋"主题活动，联动开展中国中铁首届"开路先锋"企业文化节系列活动，结合企业年度重点工作任务，开展一系列建品牌、展形象、树典型、强阵地、聚精神活动，进一步弘扬和传承"开路先锋"精神，厚植"开路先锋"企业文化根基，为企业高质量发展凝心聚力。围绕铁路营业线施工品牌，以京唐铁路工程为契机，在中央电视台5档栏目6个时段滚动报道了国内首次采用液压同步走行动力设备42号道岔插铺施工；聚焦行业媒体，在《人民铁道》刊发专版文章《铁路营业线施工王牌军》，以及《顶层跑高铁 地面跑普速 地下通地铁——探访建设中的亚洲最大铁路枢纽客站北京丰台站》等通讯报道。围绕海外品牌，以越南河内轻轨项目移交和落成典礼为契机，通过中越主流媒体广泛宣传报道中铁六局在"一带一路"倡议下"中国标准、中国技术、中国装备"全产业链输出，以及工程建设过程中的大国担当、科技创新、绿色环保、跨国友谊。其中新华社驻越南分社在海外YouTube平台播出2个轻轨视频观看人数超6000万人次，《"中国标准"点亮越南城市之光》《一带一路上的跨国情缘》《我曾在北京学习开轻轨列车》等文章被主流媒体

广泛转载。　　（刘　璇　郭晶晶）

【党建工作】不断完善"第一议题"制度，深刻领悟"两个确立"的决定性意义，扎实开展"喜迎二十大、奋进新征程、永远当先锋"等主题活动。创新拓展基层党组织建设，突出政治功能和组织力，强化"三基建设"和党支部晋位升级。压实国安保密和意识形态工作责任，联动开展"开路先锋"企业文化节系列活动，持之以恒推进全面从严治党，标本兼治推进"三不腐"，高质量全覆盖完成党委巡察。强化执纪问责、严厉正风肃纪，全年查处问责111人次，党政纪处分56人次，实名通报曝光典型案例9件，营造了风清气正的政治生态。推进加强党的领导和完善公司治理相统一，全面厘清党委会、董事会、经理层等治理主体权责职能，全力支持外部董事监事履行职权，推动董事会建设走深走实。深入推进治理体系改革，明确各治理主体权责边界，形成了权责法定、权责透明、协调运转、有效制衡的治理机制。
（陈　勇）

【信息化建设】全力保障北京冬奥会、残奥会以及党的二十大会议期间网络信息安全；开展打击治理电信网络新型违法犯罪宣传工作，增强公司职工对电信网络诈骗犯罪的识别能力和防范意识；组织完成重要资产服务器的漏洞扫描和安全加固工作，顺利完成2022护网演练工作，提升了网络安全应急处置与安全防护水平；完成网络安全态势感知平台建设，组织中铁六局态势感知平台应用培训，提升技术人员的态感平台应用分析能力，提高集团公司整体网络安全实时监测及防护能力。数字施工、智慧建造及BIM技术应用工作：深入开展BIM技术应用工作，重点在BIM+GIS、BIM工程算量、三维技术交底、数字化加工等方向进行应用深化。中铁六局北京公司、交通分公司、丰桥公司开展了数智技术项目应用试点，取得了一定应用成效。2022年，中铁六局共获得各类BIM奖项17项，包括国家级"中施企协建设工程BIM大赛"和"中国建筑装饰协会BIM大赛"一等奖各1项，"中国信息协会BIM大赛"二等奖2项，"中国建筑装饰协会BIM大赛"二等奖1项，省部级"燕赵杯"和"卓越杯"一等奖各1项。
（邵　军）

【履行社会责任】救援抢险方面。2022年4月14日，太原铁路局管段大秦铁路K413+600车辆溜逸事故，行车中断，中铁六局投入抢险人员384人、大型机械19台，历时116小时，顺利完成抢险及恢复工作。2022年6月21日，广州铁路局管段京广铁路下行线K2069+400边坡泥石流侵入轨道，行车中断，中铁六局投入抢险人员120人、大型机械6台，历时26小时，顺利完成抢险及恢复工作。2022年7月12日，济南铁路局京沪五线K153+276至K531+200段边坡溜坍，行车中断，中铁六局投入人员52人，历时16小时，顺利完成抢险及恢复工作。2022年8月9日，太原铁路局管段南同蒲铁路静游站路基边坡出现坍塌，行车中断，中铁六局投入抢险人员287人、大型机械11台，历时94小时，顺利完成抢险及恢复工作。

捐赠方面。2022年2月28日，中铁六局向北京詹天佑土木工程科学技术发展基金会捐款3万元；2022年9月1日，中铁六局向天津市北辰区红十字会捐款10万元。

帮扶方面。加大帮扶力度，结合慰问工作，投入22万元，从中国中铁定点帮扶县湖南汝城县购买农副产品，用于慰问职工。
（王义龙　齐　明　周雅茹）

▲图13-16　2022年6月20日，中铁七局参建的河南"米"字形高铁郑济铁路建成通车

中铁七局集团有限公司

【简况】中铁七局集团有限公司（简称"中铁七局"）是以工程施工总承包为主的跨行业跨国经营的大型综合性施工企业，总部设在河南省郑州市。2003年12月25日，按照铁路主辅分离的改革部署，中铁七局集团有限公司由原郑州铁路建设集团有限公司、武汉铁路建设集团有限公司、洛阳铁路工程有限公司、襄樊铁路工程有限公司、安康铁路工程有限公司、中铁一局集团第三工程有限公司6家单位重组成立；2014年8月，按照中国中铁股份有限公司深化企业改革总体安排，原中铁电气化局西安铁路工程公司整体并入中铁七局。经过多年发展，中铁七局业务覆盖铁路、公路、市政、城市轨道、房建及房地产开发、物资贸易、投融资、勘察设计、水利水电等业务，足迹遍布全国各地及海外近20个国家；集团本部及其所属子公司拥有铁路、建筑、公路工程施工总承包4项特级资质，市政、机电安装工程施工总承包一级等130余项施工、设计资质及境外工程承包经营权。

截至2022年底，企业注册资本金26.1亿元，资产总额359.12亿元，其中流动资产285.50亿元，占资产总额的79.50%，非流动资产73.60亿元，占资产总额的20.49%；企业年营销额1500亿元以上、营业收入630亿元以上。下设12个全资子公司、3个分公司、1个国家级技术中心，主要分布在河南、湖北、陕西、辽宁、广州、江苏等地区；在册职工人数为15987人，技能人员4749人，占在册职工人数的29.71%；各类专业技术人员11238人，占在册职工人数的70.29%，其中，正高级职称93人，高级职称1866人，中级职称4066人，享受国务院政府特殊津贴2人；拥有大型成套设备8109台（套），资产原值42.18亿元，净值14.65亿元，总功率87.59万千瓦，动力装备率64.97千瓦/人，技术装备率10.87万元/人，完好率91.71%，利用率90.73%。施工技术及装备实力居行业领先地位。

多年来，中铁七局秉承"勇于跨越、追求卓越"的企业精神，持续推动项目管理升级和企业管理全面升级，全方位参与市场竞争，在铁路、公路、市政、房建施工和房地产开发等诸多领域取得辉煌业绩。先后参与了郑州至西安高速铁路、北京至广州高速铁路、郑州至徐州高速铁路、山西中南部通道、青海至西藏铁路、兰州至重庆铁路、贵阳至广州高速铁路、海南西环铁路、巴中至达州铁路、广通至大理铁路、娄底至邵阳铁路、呼和浩特至准格尔至鄂尔多斯铁路、昆明铁路枢纽工程、武汉至九江高速铁路、郑州至万州高速铁路、浩勒报吉至吉安铁路、武汉至十堰高速铁路、南京至西安铁路二线、阳平关至安康铁路二线、郑州至焦作城际铁路、太原至焦作高速铁路、郑州至济南高速铁路、新建敦化至白河高速铁路、新建中卫至兰州高速铁路、重庆至黔江高速铁路、新建菏泽至兰考高速铁路、广州至湛江高速铁路、新建沪渝蓉高速铁路、新建西安至十堰高速铁路、西安至安康高速铁路、新建兰州至合作铁路、新建合肥至新沂铁路、新建珠海至肇庆高速铁路、新建西宁至成都高速铁路、新建西安至重庆高速铁路、新建天津至潍坊高速铁路、新建平顶山至漯河至周口高速铁路、四川至西藏铁路等多条高速铁路、重载铁路、重要铁路建设；参建了北京、上海、广东、湖北、陕西、河南、河北、四川、辽宁、安徽、江苏等25个省（市）的地铁及城轨项目；实施了郑州航空港、广西桂钦高速公路、韶关曲江大道、巩义骨干路网、国道107线新乡境改建工程、武威雷台景区文化旅游综合体、江南中心绿道武九线综合管廊、新乡市平原城乡一体化示范区平原医院、德化红旗坊·文旅产业园、焦作中铁太行生态城、科学谷数字小镇和贵阳市天河潭景区等投融资、生态环保项目。先后完成了一大批高速公路、市政、房建、通信、电力等重点工程施工，合同履约率、质量合格率均为100%，荣获"中国土木工程詹天佑奖""中国建设工程鲁班奖""李春奖""国家级优质工程奖"103项，"省部级优质工程奖"274项。拥有国家专利授权1197项、国家级工法8项，主编、参编国家行业标准和规范9项，省部级以上科技成果192项。中铁七局多次获得"全国优秀施工企业""全国最佳施工企业""全国守合同重信用企业""全国五一劳动奖状""河南省省长质量奖""全国建筑业AAA级信用企业"等荣誉，先后获评"铁路建设项目施工企业信用评价A级""公路综合信用评价AA级"等。

（季　旭）

【主要指标】2022年，中铁七局实现营业收入601.12亿元，同比增加69.26亿元，增长13.02%，完成预算目标589.00亿元的102.06%；实现利润总额13.15亿元；实现净利润10.84亿元，同比增加0.24亿元，增长2.26%，完成预算目标12.72亿元的85.22%。2022年，经营性净现金流量25亿元，完成预算目标12.72亿元的196.54%，连续10年保持10亿元以上；盈余现金保障倍数为2.31倍，盈利能力指标良好；现金流动负债比率为9.48%，同比增加1.52个百分点，保持良好的偿债能力。2022年末，资产总额359.12亿元，负债总额277.23亿元，所有者权益总额81.89亿元，资产负债率77.20%，较预算目标76.41%增加0.79个百分点，主要原因为2022年归还永续债后，未再续作。应收账款周转率8.78次，较预算目标9.76次减少0.98次。"两金"余额为135.4亿元，较预算目标114.8亿元增加20.6亿元，主要原因为"两金"统计口径发生变化，将"一年内到期的应收质保金"纳入统计范畴。带息负债控制在预算目标以内。

（贾雪锋）

表 13-7　2021—2022 年中铁七局主要经济指标

项目	2021 年	2022 年	增长率 /%
资产总额 / 亿元	312.67	359.12	14.86
所有者权益 / 亿元	76.91	81.89	6.48
营业收入 / 亿元	531.86	601.12	13.02
利润总额 / 亿元	12.70	13.15	3.54
净利润 / 亿元	10.60	10.84	2.26
归属于母公司净利润 / 亿元	10.60	9.89	−6.70
技术开发投入 / 亿元	9.84	11.28	14.63
利税总额 / 亿元	18.30	18.89	3.22
应交税金总额 / 亿元	7.97	9.95	24.84
全员劳动生产率 /[万元 /（人·年）]	34.34	37.95	10.51
净资产收益率 /%	14.93	13.65	减少 1.28 个百分点
总资产报酬率 /%	4.61	4.23	减少 0.38 个百分点
国有资本保值增值率 /%	116.48	115.24	减少 1.24 个百分点

制表：贾雪锋

【改革发展】深入开展"深化改革三年行动"。截至 2022 年末，128 项改革任务全部完成。优化调整总部机构与职能，董事会办公室、党委办公室、行政办公室、保密办公室、信访办公室合并为办公室；撤销工程经济管理部，成立商务管理部；充分发挥企业技术中心平台作用，实体化运作技术中心。中铁七局本部定员 209 人，含公司领导班子及专属三总师副职 26 人，职能部门 18 个，其中党群部门 6 个，定员 26 人；行政部门 12 个，定员 157 人。截至 2022 年底，中铁七局完成营业额 633 亿元，超额完成股份公司计划 610 亿元的 3.8%。

出台《中铁七局集团有限公司工程项目经理部业绩考核与薪酬分配实施意见（试行）》，明确"强激励、硬约束"的管理要求，突出"创收、创利、创现"的考核导向，进一步激发项目活力与创造力，提高项目盈利水平和盈利质量。印发《关于实施一线员工工资集中支付管理的通知》，对一线员工基本工资实施公司统筹发放，将工资保障支付纳入绩效考核和民主监督管理体系，切实维护职工合法权益。

全年新提拔领导人员 33 名，平级交流调整 176 人次，改任非领导职务 15 人；提拔人员中"80 后"有 18 人，占比达 54.5%。组织开展两

▲ 图 13-17　中铁七局新建武汉至十堰铁路孝感至十堰段综合工程——浪河特大桥水中墩

级"四好"领导班子创建工作，中铁七局获中国中铁 2021 年度"四好"领导班子称号，授予三公司等 4 家单位中铁七局 2021 年度"四好"领导班子称号，营造了"比学赶超"的良好氛围。对中铁七局本部部门副职及以下人员实行"全员起立，竞聘上岗"，32 名部门副职与 98 名一般管理人员重新竞聘上岗，14 名人员获得提拔任职（其中提拔部门副职级 1 名、科级管理人员 13 名），2 名部门副职及 4 名一般人员落聘后调整岗位。分批次对项目"铁三角"人员实行横向挂职培养，有计划地让年轻干部在不同岗位磨砺本领、增长才干，在实践中"墩苗壮骨"。优化培训体系建设，明晰中铁七局集团公司、三级公司、项目部三级培训平台定位，制定培训项目实施全流程标准化工作手册，统筹实施"三鹰计划"12 班次，遴选培训优秀年轻干部 857 人次；借助清华大学、井冈山干部学院等外部资源，举办领导人员经营管理培训班、理想信念培训班，培训领导人员 220 人次；组织 7 个业务系统开展大商务管理系统培训，累计培训 1028 人次。对上一轮履职考察中发现的不在状态、不适合现职的 4 名领导人员进行岗位调整，"能者上、平者让、庸者下"的选人用人导向更加鲜明。深化经理层成员任期制和契约化管理，修订两级企业负责人业绩考核与薪酬管理制度，完成 140 名领导人员经营业绩责任书签订，按照约定刚性兑现薪酬，同级企业负责人收入差距达到 2 倍以上，企业内部负责人绩效薪酬差距达到 1.5 倍；创新超额利润分享机制，25 个试点实施模拟股权激励机制的项目中，压减定员最高达到 35%，已完项目平均超额利润率达 12.1%，人员收入较同职级增长 15%~200%；推行本部差异化分配，员工绩效薪酬与部门 KPI 考核挂钩，赋予部门自主分配权，年内本部部门间绩效工资差异达到 9.5%，同职级员工绩效工资差异达到 20%。

（李成江　孟妍　张刚　付锦涛）

【重大项目】2022 年，中铁七局召开董事会会议 4 次，审议各类议案 59 项，形成决议 59 项。决策事项中，涉及财务类 12 项、投资类 21 项、机构设置类 6 项、制度管理类 7 项、人事任免类 2 项、其他 11 项，对其中 33 项决议事项履行了上报股东审批或备案程序。决议事项中，已执行完毕或基本执行完毕且执行情况良好的决议共 44 项，为总决议数量的 75%；正在实施的决议 9 项，为总决议数量的 15%；因条件发生变化，中止执行的决议 6 项，为总决议数量的 10%。年度决议事项整体执行情况良好。全年召开监事会会议 4 次，其中，定期会议 2 次，对公司财务预决算、利润分配、重大投融资、内控风险管理、薪酬考核以及涉及职工切身利益等重要事项进行审议。全年共对涉及企业重大投融资、内控风险管理及职工切身利益等 40 项重大事项开展审议决议，并作出决议 40 项，形成会议纪要 4 份。2022 年，根据《公司章程》规定，中铁七局监事会成员全年受邀列席董事会会议 4 次，参与审议董事会各类议案 63 项，对董事会决策过程的合规性、决议执行的有效性实现了全过程参与和监督。

2022 年，中铁七局参建的新建郑州至济南铁路郑州至濮阳段站前工程 ZPZQ-Ⅷ标，新建中卫至兰州铁路（甘肃段）工程 5 标、7 标，杭州地铁 3 号线一期工程 12 标、西安地铁六号线二期土建 20 标、G8012 弥勒至楚雄国家高速公路玉溪至楚雄段 4 标、西安外环高速公路南段 7 标、濮阳至卫辉高速公路滑县至卫辉段 3 标、连霍二广高速联络线（新安至伊川高速）、抚松至长春高速公路人民大街出口改移工程 GC01-4 标等国内 125 个项目按期开通或完工。截至 2022 年末，国内在建项目共 282 个，合同造价共计 1979 亿元，其中铁路项目 22 个，路外项目 260 个。重点项目有：重黔铁路 8 标、广湛铁路 8 标、菏兰铁路河南段Ⅰ标、西康高铁 3 标、珠肇高铁 6 标、兰合铁路 1 标、西十铁路（陕西段）3 标、沪渝蓉铁路 7 标、合新铁路安徽段 4 标、西成铁路 4 标、西渝铁路 14 标、平漯周铁路 8 标、雄商铁路 1 标、郑州地铁 7 号线工程、西安地铁 8 号线工程、广州轨道交通 13 号线二期、武汉市轨道交通 12 号线、长春市城市轨道交通 5 号线一期工程、福州滨海快线 1 标、沈阳地铁 3 号线一期土建十二标、深大城际 2 标、天津地铁 Z2 线一期 PPP 项目 7 标段、佛山地铁 4 号线一期工程 4207、青岛地铁 6 号线二期土建 03 工区、深圳妈湾跨海通道工程 2 标、杭州市环城北路—天目山路提升改造工程、广州市黄埔开放大道工程、长春国家区域创新中心创新产业园二期基础设施项目、濮新高速公路宁沈段Ⅵ标、本溪至集安高速公路本溪至桓仁（辽吉界）段 PPP 项目、云南省勐醒至江城至绿春高速公路土建 4 标、定西至临洮高速公路 2 标和 3 标、沿黄高速武陟至济源段 1 标、南阳至邓州高速公路 1 标、阳春至信宜（粤桂界）高速公路 SG10 标、桂林至钦州港公路（永福三皇至柳州段）PPP 项目、郑东新区科学谷数字小镇建设项目、云南省滇中引水工程楚雄段至红河段引入社会资本建设项目楚雄段施工 9 标、云南省滇中引水工程大理Ⅰ段至楚雄段项目大理Ⅱ段施工 5 标、三峡枢纽江南成品油翻坝项目等。

2022 年，中铁七局中标当阳经枝江至松滋高速公路（含枝江百里洲长江大桥）项目，南京至盐城高速公路路基桥涵工程暨股权投资项目 NY-TZ5 标段，襄阳至宜昌高速公路宜昌段项目 XYYCTJ-6 标段，新密市古城保护暨城市有机更新项目，新增省道 230 沿南太行线方庄至寨豁段建设工程（一期）PPP 项目 5 个投融资项目，自主投资新签合同额 59.68 亿元，占中铁七局新签合同额的 4.28%。跟投股份公司中标辽宁省沈阳市城区动静态交通融合提升 PPP 项目、辽宁省本溪至集安高速公路本溪至桓仁（辽吉界）段 PPP 项目社会资本及北京至哈尔

▲图13-18　2022年1月21日，中铁七局承建的坦桑尼亚新赛兰登桥（引道）

滨高速公路绥中（冀辽界）至盘锦段改扩建工程施工总承包项目、重庆市武隆区仙女山"碳中和"景区及配套项目、广东省佛肇云高速公路肇庆高要至云浮罗定段项目、辽宁省鞍山市城市综合提升PPP项目、云南省滇中引水二期配套工程共6个项目。中铁七局共有投融资项目44个，总投资规模950亿元。

2022年，中铁七局科技开发计划课题共196项，其中新立课题62项，结转课题134项。在股份公司课题立项取得新进展，"秦岭山区高铁隧道施工可视化智能交通运输体系开发研究与应用"课题被列为股份公司重点课题，"高寒缺氧条件下便道施工作业对策关键技术"课题被列为股份公司重大专项子课题。

（刘　冰　黄　鹏　商　泉　贾春玲　宋　恒　武进广）

【走向海外】推动海外业务板块整体改革，构建海外立体经营新机制，形成了国际事业部、海外分公司双轮驱动，三级工程公司协同参与的海外经营格局，充分释放了改革动能，取得了良好的经营效果。截至2022年末，中铁七局海外签订合同共计78个，合同总额20.04亿美元；海外在建项目122个，分布在坦桑尼亚、赞比亚、刚果（金）、埃塞俄比亚、塞内加尔、塞拉利昂、利比里亚、乌干达、肯尼亚、纳米比亚、玻利维亚、苏丹12个国家，全年完成产值64929万美元，完工项目7个。2022年，重大海外中标项目有：刚果（金）新矿业股份公司新矿PE13235铜钴矿露天采场基建剥离及生产期采剥工程，合同额2.2亿美元；塞拉利昂庆华铁矿采剥二期项目，合同额2亿美元；苏丹盖布（Gabgaba）金矿采矿一体化服务项目露天采场铲运工程施工，合同额1.76亿美元；赞比亚中央省HIPPO铜矿矿区建设及矿石采剥项目，合同额1.5亿美元；坦桑尼亚鲁伍马省姆宾加区拉卡煤炭开采项目，合同额1.17亿美元。在建重点项目有：刚果（金）SICOMINES铜钴矿D坑基建剥离工程施工、刚果（金）庞比矿剥采项目、刚果（金）绿纱铜钴矿剥离项目、乌干达油区道路第五标段设计和施工合同（97千米）、坦桑尼亚Moronga-Makete（53.5千米）道路升级项目、埃塞俄比亚Sodo-Dinke道路升级项目（86.3千米）、塞拉利昂庆华铁矿露天采剥工程、赞比亚Isoka-Nakonde107千米公路项目、纳米比亚机场高速项目。

（贾春玲　潘全山）

【重大创新】2022年，中铁七局向中国中铁推荐了4项优秀企业管理创新成果，"'经纬党建'工作体系的构建与实施""国有施工企业以提质增效为目标的规章制度管理与运行""施工企业多主体不安全行为正向干预的'三安平台'建设""大型施工企业基于'BIM+智能化建造技术'的项目创新管理"均获中国中铁管理创新二等奖。公司组织开展2022年度企业管理现代化创新成果评选，共收到申报成果34项，涵盖人力资源、财务管理、物资设备、劳务队伍、国际工程、工程技术等企业生产经营管理要求，经评审，"施工企业以政府足额付费为导向的投资类项目绩效考核体系构建"等6项成果获得表彰，其中一等奖1项、二等奖2项、三等奖3项。完成省部级科技成果评审20项，其中5项达到国际先进、11项达到国内领先、4项达到国内先进。获得省部级科学技术奖14项，其中参与研发的"滨海复杂环境结构混凝土性能劣化

▲图13-19　2022年9月28日，中铁七局参建的西安外环高速开通运营

机制与绿色低碳化设计应用"成果获天津市科学技术三等奖，该奖项是中铁七局首次获得；参与研发的"复杂气象条件下大跨桥梁行车安全协同防控关键技术及应用"成果获中国公路学会科学技术奖一等奖；主持研发的"富水超厚砂卵石层城市轨道交通修建关键技术""基于九宫格仿古结构医院设计的施工关键技术"2项成果获中国铁路工程集团有限公司科学技术奖一等奖；主持研发的"大跨径波形钢腹板PC组合梁桥异步施工关键技术"等3项成果获中国铁路工程集团有限公司科学技术奖二等奖；主持研发的"地铁暗挖隧道下穿大型管线及调坡换拱施工技术"等4项成果获中国施工企业管理协会科学技术奖二等奖；主持研发的"蒙华铁路黄土隧道511成套化机械设备和工法配合施工组织技术"成果获中国铁道学会科学技术奖三等奖；主持研发的"城市核心区域高架桥绿色智慧快速建造关键技术""千米级非对称悬浇多跨长联PC连续梁桥建造关键技术研究"2项成果获中国公路建设行业协会科学技术奖三等奖。　（邹栋佳　武进广）

【工程创优】2022年，中铁七局共创建省部级以上优质工程55项，其中国家级优质工程18项、省部级优质工程37项；共创建省部级及以上安标工地36项，其中获得省级安标工地29项、中国中铁安标工地7项；共创建国家级绿色奖项5项、省部级绿色奖项10项。其中昆明市轨道交通4号线工程PPP项目获中国建设工程鲁班奖，宁波市轨道交通4号线工程获国家优质工程金奖，杭州大毛坞—仁和大道供水管道工程等6项工程获国家优质工程奖；曲江大道获优秀焊接工程一等奖，长沙市机场大道工程（黄花收费站—厦航路）等7项工程获全国优秀焊接工程奖，曲江大道、滁州至淮南高速公路滁州至定远段2项工程获公路交通优质工程奖（李春奖），苏州市轨道交通3号线工程等32项工程获省级优质工程奖，苏州市轨道交通5号线工程等6项工程获中国中铁杯优质工程；滁州至淮南高速滁州至定远段CDLG-02标段项目等29个项目获省部级安标工地，桂林榕湖饭店改造提升项目等7项目获中国中铁安标工地；埃塞俄比亚Felegebrihan–Bahirdar（82.8千米）道路项目获中施企协2022年工程建设项目设计水平评价"二等成果"，郑州市轨道交通4号线工程获中施企协2022年工程建设项目绿色建造施工水平评价"二星项目"，重庆轨道交通4号线（民安大道—石船）PPP项目土建8标等3个项目获2022年第二批工程建设项目绿色建造施工水平评价三星、二星、一星，郑州市轨道交通4号线土建8标获河南省工程建设协会2022年度第一批河南省工程建设绿色建造（施工）示范工程三星级（优秀）、新技术应用示范工程评价优秀等级，郑州市轨道交通6号线一期工程西段风水电安装及装修工程施工01标段获河南省建筑业协会2022年第一批河南省建筑业绿色施工示范工程，洛阳市西韩立交建设工程和洛阳市王城大道瀍洞大道立交西向南右转匝道工程EPC项目获得河南省建筑业协会2022年度第二批河南省建筑业绿色施工示范工程，郑州市南四环至郑州南站城郊铁路二期工程郑州南站及城郊铁路二期市政配套工程土建工程ZWDTS-1标段获2022年第一批河南省工程建设绿色建造（施工）示范工程二星级，广州市轨道交通13号线二期及同步实施工程等5个项目获中国中铁2022年度绿色施工科技示范工程。　（吴晓波）

【企业文化】印发《中铁七局企业文化建设"十四五"规划》，全面推进中铁七局"家"文化提质升级，发布以"民族复兴　企业兴旺　员工幸福"为宗旨的"家"文化2.0版，举办"家"文化升级发布会，开展"家"文化文艺作品，持续扩大企业文化影响力。编发涵盖视觉识别系统和企业文化要素的VIS手册，进一步规范企业标识使用和企业文化元素推广。完成"初心使命"馆更新改造，馆内通过视频、图片、实物及3D全息影像，沉浸式体验，全面展现了中铁七局辉煌历程和初心使命，获评首批中国中铁"'开路先锋'文化教育基地"称号。深入推进文明单位创建工作，中铁七局获评"2021年郑州市文明单位""2020—2021年度国家交通运输行业文明单位"，同步指导中铁七局五公司、中铁七局电务公司获评"2021年郑州市文明单位"。修订印发《中铁七局集团有限公司新闻宣传工作通报表彰实施细则》，增加主流媒体上稿率，重黔项目在《人民日报》、新华社、中央电视台、《工人日报》等主流媒体及其他媒体刊稿106篇次，获评业主单位统计排名第1名，信用评价加2分。2022年，中铁七局累计实现外部宣传15900篇次，其中，中央主流媒体1014篇次，较2021年558篇次增长81.7%。　（岳琦）

【党建工作】中铁七局党委以"经纬党建"工作体系建设为抓手，突出"稳增长、控风险、强作风、向未来"工作主线，增强企业竞争力、创新力、控制力、影响力和抗风险能力。严格落实"第一议题"机制，全年常委会列入"第一议题"21篇，累计分解任务35项，完成率100%。郑州新冠疫情多点暴发之际，组织党员干部15天完成红旗渠车站改造专项任务，10天完成郑州航空港富士康公寓改建重大任务。进一步压实党委、董事会、经理层的职责，精准落实"前置程序"，把好企业发展的正确方向。坚定提出创建中国中铁"王牌工程局"目标，并及时修订"十四五"规划。认真研究党中央、国务院稳经济重大战略部署，及时提出"六个全力以赴"的工作要求，"第二曲线"新签合同额取得了历史性突破。深入宣讲、科学谋划，全力推动"工程思维"向"项目思维"特别是"经营思维"的转变，努力实现全员理念的根本性提升。组织召开"经纬党建"工作体系推进会，与河南省委组织部、河南省国资委共同研究深化"经纬党建"建设的具体方式，推动基层党建制度化体系化。2022年共有3个基层党组织、8名个人分别获得中国中铁先进集体和优秀个人称号，中铁七局党委连续3年党建考核位居中国中铁优秀行列。不断抓实"党员身边无违章"活动，有效解决安全生产"最后一公尺"问题。加大融入地方政治生活力度，中铁七局进入属地政协、人大、青联或党代表共计38人次。突出工程项目党组织监督职责，督导288个工程项目党组织全面建立《监督清单》，推进工程项目依法合规。狠抓14个重点亏损项目专项治理，有效提升项目创效能力。

推动治党管企从严从紧，召开2次党风廉政建设和反腐败工作会部署工作任务；召开2次党委纪委落实全面从严治党"两个责任"沟通会商会，跟踪督促工作措施有效落实，问题整改深入彻底。政治巡察动真碰硬，巡察10家单位党组织，完成一届任期内党组织巡察全覆盖，推动巡视巡察反馈问题整改应销尽销。加强企业廉洁文化建设，开展"十廉"主题廉洁文化月活动，相关稿件在《中国中铁》报、《中国中铁纪检信息》刊登。推行党风廉政监督员工作制度，选聘党风廉政监督员284人，进一步延伸监督触角。加强对"一把手"和领导班子的监督，抽查领导干部经商办企业情况，未发现违规情况。开展亏损项目违规违纪与履职不力专项治理，实现亏损效益应挽尽挽，精准问责有关人员。开展纠"四风"树新风工作检查，传达学习典型案例278次，开展明察暗访134次，受教育人员达1.26万人次，录制倡廉动画2部。一体推进"三不腐"，增强不敢腐的震慑力，严惩违规违纪和损害企业利益行为，查办案件实现"快查快办快结"；加大不能腐的约束力，督促职能部门制定管理制度49个，织密制度笼子；提升不敢腐的号召力，两级组织开展党风廉政教育264场次、覆盖1.86万余人次。选树表彰2家廉洁示范单位、3个标杆集体、8名从业标兵，开展向廉洁从业标兵学习活动。2022年，中铁七局纪委荣获"中国中铁纪检系统先进集体"称号，2名纪检干部荣获"中国中铁纪检系统先进工作者"称号。

（刘 磊 宋 玉）

【信息化建设】2022年，中铁七局BIM技术应用和科研成果取得新突破，共有一级建模师604人，二级建模师125人，完全满足企业施工生产需要。按照新的总体部署，新开工重点项目均通过企业BIM平台进行相关技术应用，重点在设计优化、碰撞检测、机电安装、安全质量检查、动画施工交底等方面进行了更深入的应用。在辅助施工生产的同时，中铁七局还积极参与国内各大BIM奖项评比活动。中铁七局三公司的《基于BIM云服务的滇中引水工程施工应用实践》获铁路BIM"联盟杯"一等奖，取得了历史性突破。圆满完成2022年国家信息安全攻防演练和党的二十大重要时期安全防护两次重保行动。在现有视频会议的基础上引入"腾讯会议"软件端备用会议系统，作为视频会议的"第二道防线"，加强了云视频会议保障能力。在一体化平台推进方面，中铁七局与研发单位积极沟通，对生产需求、架构体系、授权范围、应用测试、用户调研反馈等多方面积极探讨和配合，其中，国际业务统一管理平台和工程项目综合管理系统的试点应用工作正在重点项目持续推进，全力确保股份公司信息贯通工程要求落到实处，全面提升了信息化水平。（齐国璞）

【履行社会责任】2022年，中铁七局万元营业收入综合能耗（可比价）为0.031吨标准煤/万元，同期相比下降3.43%，完成中国中铁年度考核目标，资源利用率进一步提高，全年无环境责任事故和节能减排违规违纪事件。累计投入援建抗疫人员7300余人，各类机械设备300余台（套），先后参与沈阳市苏家屯区国展中心方舱医院、改建红旗渠站、河南富士康公寓、开封市城乡一体化示范区健康关爱中心等项目建设，彰显了中央企业的责任与担当，得到了各级地方政府及部门的高度评价；6月20日，黔桂线六甲隧道遇暴雨衬砌开裂，危及行车安全，中铁七局武汉公司接到柳州工务段紧急电话后，立即组织50余人、小型机具12套，赶赴现场抢险，抢险作业历经16天，有效作业时间历时102小时，于7月6日23时结束，有力保障了铁路行车安全。7月7日，受台风"暹芭"影响，持续强降雨导致广茂线K325+600至K325+680段出现边坡滑塌，中铁七局广湛八标指挥部接到抢险救援电话后，立即组织抢险人员150余名、大型设备10余台（套），并调用其他必需抢险物资、工具迅速赶赴现场，经过近22小时的艰苦鏖战，完成了抢险任务，线路及时开通，受到当地政府、广铁集团、肇庆工务段的一致好评；7月28日上午5时20分，连续强降雨导致陇海线上行K1319+855拓石至石家滩区间线路右侧边坡垮塌，塌方长度约25米，造成线路中断，且塌方处有居民房屋。上午5时25分，中铁七局路桥公司接到宝鸡工务段紧急抢险通知，先后调集240余人和5台挖掘机、1台装载机、1台压路机、1台打桩机及抢险物资赶赴现场，开展抢险工作，于7月29日上午7时40分通车；10月4日，中铁七局接到国铁集团改建红旗渠车站重大专项紧急任务，连夜调集千余名员工和设备跑步进场，经过15天艰苦奋战，于10月20日按期优质全面完成了改建任务，受到国铁集团特别是主要领导的高度肯定和高度赞扬，股份公司党委对集团公司及全体参建人员在重大专项任务中的突出表现予以全公司通报表扬；7月23日，中铁七局工会组织号召广大职工及家属共计3000余人参与到"央企消费帮扶兴农周"活动中，购买了近20万元的消费帮扶助农产品，巩固拓展脱贫攻坚成果；8月25日，中铁七局工会开展"七彩阳光·助你成长"暨金秋助学"四个一"活动，为67名农民工子女助学圆梦。

在海外项目经营管理过程中，中铁七局严格遵守项目所在国环境保护要求，最大限度减少施工对环境的不利影响，坚持绿色施工，控制"三废"及污染物的排放，做好资源合理利用，持续加强水土保持和生态保护工作，保护工程所在地生态环境。加强预防疾病宣传，为雇用的当地工人发放防范新冠疫情的物资以及预防艾滋病、血吸虫病、疟疾等疾病的宣传手册和备品。积极参与社区公益事业，协助使馆装卸物资、帮助当地居民平整场地修缮道路、协助附近村庄修理设备、为当地小学提供车辆运输饮用水、为项目沿线居民提供医疗防疫用品等，全年共计收获来自当地民众感谢信6封，塞拉利昂地区收到驻塞使馆致信感谢，乌干达地区荣获乌干达中国商会2022年度企业社会责任贡献企业称号。（吴晓波　刘　冰　商　泉　赵红燕　慎栗恒）

中铁八局集团有限公司

【简况】中铁八局集团有限公司（简称"中铁八局"）总部位于四川省成都市，是集建筑施工、工程勘察设计、投资及管理、工业设备制造、房地产开发、仓储物流、混凝土制品等业务为一体的国有特大型企业集团，权益资本59亿元。中铁八局持有建筑业企业资质123项，含铁路、公路、建筑总承包特级资质3项；含水利水电工程施工总承包、市政公用工程施工总承包、桥梁工程专业承包、隧道工程专业承包等一级资质55项。中铁八局下辖9个全资子公司、3个分公司（含勘察设计研究院）、7个区域指挥部、1个国家级技术中心。现有员工近1.1万人，其中一级建造师900余人，正高级工程师、正高级经济师、正高级会计师80余人，拥有高级、中级专业技术及管理人员近7000人。中铁八局保有各类施工设备4400余台（套），年施工能力800亿元以上。在高速铁路、城市轨道交通、长大隧道、高等级公路、高层建筑、新型桥梁、深水基础、水利水电等方面居行业领先地位。中铁八局是高铁建设的领军企业，主建中国第一条高铁遂渝线无砟轨道综合试验段，参与创立中国高铁建设标准体系，主编或参编了多项高速铁路建设技术标准规范。主要技术成果"遂渝线无砟轨道关键技术及应用研究"获得国家科技进步奖一等奖，完成了中国高铁"引进技术—中国制造—中国创造"的跨越式发展，形成了自主知识产权。

（雷成宸）

【主要指标】2022年，企业新签合同额、营业收入、经营性现金流等指标再创新高。完成新签合同额1083.94亿元，为股份公司下达年度计划1070亿元的101.30%；完成营业收入410.31亿元，为股份公司年度预算计划420亿元的97.69%，同比增长2.57%；实现经营性净现金流量-55.32亿元。（马春芝　许　迪）

表13-8　2021—2022年中铁八局主要经济指标

项目	2021年	2022年	增长率/%
资产总额/亿元	388.12	413.30	6.49
所有者权益/亿元	88.84	99.29	11.76
营业收入/亿元	400.01	410.31	2.57
利润总额/亿元	8.82	10.49	18.93
净利润/亿元	6.97	8.66	24.25
归属于母公司所有者的净利润/亿元	6.99	8.67	24.03
技术开发投入/亿元	5.12	7.77	51.76
利税总额/亿元	17.65	19.50	10.48
应交税金总额/亿元	8.82	9.01	2.15
净资产收益率/%	7.85	9.20	增加1.35个百分点
总资产报酬率%	0.63	2.95	增加2.32个百分点
国有资本保值增值率%	103.98	110.73	增加6.75个百分点

制表：许　迪

【职工队伍】截至 2022 年底，中铁八局共有员工 10518 人，其中干部 6922 人，占员工总数的 65.8%；工人 3596 人，占员工总数的 34.2%。学历结构：硕士研究生 140 人，占员工总数的 1.3%；大学本科 5982 人，占员工总数的 56.9%；大学专科 1703 人，占员工总数的 16.2%；中专 630 人，占员工总数的 6.0%；高中及以下 2063 人，占员工总数的 19.6%。年龄结构：35 岁及以下 4500 人，占员工总数的 42.8%；36~40 岁 1274 人，占员工总数的 12.1%；41~45 岁 758 人，占员工总数的 7.2%；46~50 岁 1748 人，占员工总数的 16.6%；51~55 岁 1153 人，占员工总数的 11%；55~59 岁 1058 人，占员工总数的 10.06%。执业结构：一级注册建筑师 2 人，一级注册结构工程师 3 人，注册土木工程师（岩土）3 人，一级注册建造师 806 人，注册造价工程师 118 人，注册监理工程师 7 人，注册安全工程师 125 人，注册公用设备工程师 2 人，注册质量工程师 5 人，注册咨询工程师 4 人，注册测绘师 4 人，注册会计师 5 人，企业法律顾问 25 人。

（卢瑞峰）

【技术设备】截至 2022 年 12 月底，中铁八局施工设备保有量 4415 台套，原值 220655.83 万元，净值 83121.64 万元，设备新度系数 0.38。2022 年，发生机械事故 0 件。计划大修 2 台，完成 1 台，大修金额 41.15 万元。特种设备定检计划 72 台，完成 72 台，在用设备定检完成率 100%。

（张召博）

【工程施工】2022 年，中铁八局在建项目 373 个，其中：铁路 53 个、市政 106 个、公路 32 个、房建 129 个、城轨 42 个、水利水电 11 个。国内项目 347 个，主要分布于四川省、贵州省、云南省、重庆市、江苏省、广东省、河南省等地；国外项目 26 个，分布于刚果（金）、菲律宾、印度尼西亚、巴西、尼日利亚、埃塞俄比亚、塞内加尔 7 个国家。2022 年，中铁八局参建的大瑞铁路、成昆铁路、郑万铁路、弥蒙铁路、重庆东环线、云南玉楚高速、云南昆倘高速、重庆轨道交通 4 号线、杭州地铁 7 号线、福州地铁 6 号线等 14 个项目如期开通。

（骨　敏）

【改革发展】全面完成 1042 项改革任务，423 项对标提升任务，进一步完善了各项规章制度，有效助推了企业高质量发展。以建设三级公司高质量发展示范企业为重点，制定完善常态化工作机制，务实高效推进三级工程公司持续健康发展。中铁八局三公司获股份公司 2021 年度三级公司 20 强第 10 名。着眼于全球布局，在华南、华中、西南、西北、东北 5 个境内区域及 1 个境外国别区域布局优化经营资源，落户 10 家子分公司，为中铁八局拓展市场经营提供了有力保障。按照"应压尽压、应减尽减"的要求，整合检测业务实现"一业一企"，全年压减 11 家子分公司，超额完成股份公司下达的计划目标。2022 年，中铁八局获得中国中铁企业管理现代化创新成果奖 2 项、省级管理现代化创新成果 11 项。连续 7 年获得中国企联信用评价 AAA 级，中国水利建设市场主体信用评价 AAA 级，被东方金诚国际信用评估有限公司评定为公司主体信用等级 AAA；获得四川省对外开拓成绩突出建筑业企业 20 强第 5 名、成都市建筑业综合实力 10 强第 8 名、2022 年四川省百强企业第 21 名。按照股份公司落子布局"富油区块"的要求，牵头开展收购马建公司尽职调查工作，为中铁八局领导决策提供支撑，有效控制了企业并购风险，为中铁八局践行"走出去"战略作出有益尝试。

（张　桀　齐　亮）

【经营指标】2022 年，中铁八局完成新签合同额 1083.94 亿元，为股份公司下达年度计划 1070 亿元的 101.30%。其中：完成国内建筑工程新签合同额 1001.57 亿元；完成海外业务新签合同额 33.71 亿元人民币；完成房地产业务新签合同额 2.90 亿元；完成勘察设计、物资贸易和其他经营共计 45.76 亿元。

（马春芝）

【科技创新】2022 年，中铁八局完成局级科技成果 42 项，通过省部级科技成果评价及评审 19 项，其中 1 项达到国际领先水平、3 项达到国际先进水平、7 项达到国内领先水平、8 项达到国内先进水平；获得省部级科技进步奖 8 项，其中获得中国施工企业管理协会一等奖 1 项、二等奖 1 项，获得中国铁路工程集团有限公司科技进步奖一等奖 1 项、二等奖 5 项；获得股份公司第二届实用技术大赛二等奖 2 项；申请国家专利受理 180 项，其中发明专利受理 43 项，申请国际专利 18 项；获得国家专利授权 217 项，其中发明专利授权 15 项，截至 2022 年末，累计获得国家专利授权 918 项，其中发明专利 127 项；获得国际专利授权 20 项，累计获得国际专利授权 28 项；获得软件著作权 18 项，累计获得软件著作权 93 项；主编、参编国家行业标准规范 4 项，累计主编、参编国家行业标准规范 53 项；获得中国施工企业管理协会第二届工程建设行业高推广价值专利大赛二等奖 1 项、三等奖 4 项、优胜奖 4 项；获得中国施工企业管理协会第二届工程建造微创新技术大赛一等奖 6 项、二等奖 1 项、优胜奖 3 项；获得中国建筑业协会第六届 BIM 大赛二等奖 1 项；获得中国施工企业管理协会第三届 BIM 大赛一等奖 1 项、三等奖 1 项；获得股份公司第三届卓越杯 BIM 大赛银奖 1 项。

2022 年，中铁八局荣获股份公司以上的省部级科技进步奖 8 项，其中，"海南环岛高速铁路设计关键技术研究与应用"获中国施工企业管理协会科技创新成果一等奖，"地质缝合带复杂地应力软岩隧道大变形控制技术研究"获中国施工企业管理协会科技创新成果二等奖，"热带山区双线铁路高墩节段梁预制拼装施工技术研究"获中国铁路工程集团有限公司科技进步奖一等奖，"既有高速铁路车站咽喉区提质达速综合技术研究""特长隧道洞内平面控制网测量技术研究""邻近高铁双线大断面隧道悬臂掘进机施工技术研究""既有铁路大型编组站综合自动化（SAM）系统施工关键技术研究""大跨度曲面双层网壳结构顶升施工技术研究"获中国铁路工程集团有限公司科技进步奖二等奖。

（赵代强）

【工程创优】2022年，中铁八局获市级及以上安全质量奖共112项。其中，国家级奖（荣誉）21项（昆明地铁4号线获评中国建设工程鲁班奖，商合杭淮河特大桥、青岛地铁8号线、南昌洪都大道获评国家优质工程奖）、省级奖65项、市级奖26项。中铁八局获中央在川企业安全生产先进单位称号，顺利通过水利安全生产标准化一级达标认证，企业品牌影响力持续提升。（胡芬蓉）

【党建工作】中铁八局共有党员4520名，党组织360个，其中，党委13个，党总支19个，党支部328个。2022年，公司组织开展"喜迎二十大、奋进新征程、永远当先锋""建功新时代、喜迎二十大""习近平总书记重要指示批示精神再学习再落实再提升"等主题活动，以及《反对自由主义》大学习、大讨论、大反思活动，持续提升"第一议题"质量，始终用习近平新时代中国特色社会主义思想武装头脑、凝心铸魂。开展专项调研活动和专项督导帮扶，强化干部能上能下，精准培养优秀年轻干部，以更大力度激励干部担当作为。围绕基层项目党组织书记队伍建设、项目部"三重一大"决策事项和"三基"建设等重点任务，全面实施"121齐步走"强基工程，推动基层党建工作进一步夯实，获评股份公司党建考核优秀单位。紧盯党风廉政建设和反腐败重点难点，常态化实施清单管理；打造廉心正道、拍摄《迷途》系列警教片、发布廉洁警示标语，开展"沉浸式"廉洁警示教育，扎实推进"清廉八局"建设，一体推进"三不腐"走深走实，企业发展环境持续净化。充分发挥群团作用，深化企业民主管理，扎实推进建功立业，积极开展职工普惠活动，连续7年实现职工"五险两金"零拖欠，职工获得感、幸福感和安全感明显提升。 （王　良　罗　亮　雷成宸）

【企业文化】2022年，中铁八局共组织党委中心组理论学习7次，通过优化中心组学习内容、创新学习方式，深入基层单位开展参学督学，不断把学习贯彻习近平新时代中国特色社会主义思想引向深入。持续做好党史学习教育成果的转化，常态化开展基层理论宣讲，成立"孙贻荪基层理论宣讲工作室"和"开路先锋"企业精神教育基地及"孙贻荪基层理论宣讲工作室"云南分室。深入实施"开路先锋"企业文化"示范"工程，"成桥1966主题文化基地"获批首批中国中铁"开路先锋"文化教育基地；2篇工作成果被中国企业文化促进会评为"献礼建党100周年高质量企业文化优秀案例"，1篇党建成果获评四川省企业文化建设优秀成果二等奖。成功推送城通公司青年员工倮伍克的子获评"第三届四川省家庭工作先进个人"称号。积极探索统战工作新机制，与成都市金牛区委统战部创新探索建立"统战政企共建联系点"，成为"金牛区区域统战工作联盟"首批成员单位。 （许　静）

【纪检工作】中铁八局纪委以纪检系统"六个融合"工作策略为指引，突出政治监督，持续推动深化改革三年行动、"严肃财经纪律、依法合规经营"、深化靠企吃企问题整治等专项工作有效落实。强化选人用人、推优评先监督，出具廉洁回复意见332批次，对25个集体和40名个人亮了"红灯"。对4家三级公司开展督导帮扶，推动解决制约改革发展问题160项；规范职能部门向纪检组织移交问题线索会商机制，"双向移交"问题线索22件；与地方监委建立查办"双管"公职人员案件协作机制。制定纪检组织对亏损项目治理专项监督及核查审查等办法，推动亏损项目违规违纪与履职不力问题专项核查深入开展，全力追赃挽损。对股份纪委督导的4个项目、局纪委督导的7个项目开展拉网式、穿透式核查，全年发现违规违纪和履职不力问题98个，挽损1.17亿元。组织开展亏损项目专项警示教育11场次，推动完善制度41个，发出监督建议书5份。持续加强作风建设，在节假日前发送廉洁信息约2.9万条，开展各类监督检查130次，查处违反中央八项规定精神问题7人。加大对内部违规吃请送礼和操办婚丧喜庆事宜等规定的宣贯力度，从严查处违反规定1人。

扎实推进"清廉八局"建设，制定实施"清廉八局"建设方案，以九廉促久廉，久久为功。改版扩充纪检信息，创建"清廉八局"微信公众号，打造清廉文化阵地"廉心正道"并发布宣传片，摄制警教系列片《迷途》两部，摄制《清廉八局在路上》宣传片，制作14类36幅廉洁警示标语在基层一线张贴，要求项目部将标语宣讲提纲作为新年开班"第一课"，推动形成全局业务培训、大型会议必须进行廉洁警示教育机制，打出"线上＋线下"廉洁警教"组合拳"，不断丰富廉洁警示教育载体。2022年，两级纪检组织共受理纪检内信访举报43件，处置问题线索118件，立案49件，结案38件，开展"一案双查"6人次。精准运用"四种形态"处理140人次，其中第一种形态占50.7%；第二种形态占32.9%；第三种形态占9.3%；第四种形态10人次，占7.1%，同比增加9人次。针对系统性问题，共发出纪律检查和监督建议书76份，推动完善制度办法87个。

强化纪检干部队伍建设，组织纪检干部13人次到省、区监委和局纪委跟案跟班学习。制定问题线索处置及督办等制度5个，赋予投资（房开）、物流2家三级公司执纪审查职能，轮岗交流三级公司纪委书记7人，进一步规范了纪检工作，局纪委新增定员3人，加强了执纪监督和审查力量。（段述敏）

【工会工作】2022年，中铁八局表彰了"三工建设"各类先进50个，实现了一线职工体面劳动、舒心工作、全面发展；筹集"送温暖"资金398.38万元，慰问了困难职工、劳模先进、老干部、离退休人员和一线农民工；筹集"送清凉"资金145.66万元，确保一线员工平安度夏。金秋时节，全局共计资助157名困难职工子女，发放助学款63.44万元，兑现了"不让一名困难职工子女上不起学"的承诺；下拨"冬季项目送温暖"慰问金124万元，为高原寒冷地区项目职工添置保暖御寒物品。表彰了17个女职工先进集体（组织）、20名先进女职工工作者；连续6年获得全国"书香三八"读书活动优秀组织奖并喜获14项单项表彰；公司工会获评第四批"四川省五一巾帼创新工作室"创建工作优秀组织单位；选派2名工会干部奔赴项目部蹲点开展工作，其中1名荣获"全省工会干部赴基层蹲点工作先进个人"称号（全省蹲点干部1185名）；表彰了一批中铁八局模范职工之家、模范职工小家、优秀工会工作者和工会积极分子。

2022年，中铁八局工会信息考核名列四川省总工会71家行业产业、企业集团第一名；工会信息在中央媒体报道561条次，其中《疫情影响下企业安全生产存在的突出问题及建议》分别被中办信息和国办信息单条采用，6条信息被全总信息综合采用，1条信息得到全总领导批示，2条信息受到四川省领导批示。

2022年，中铁八局获得全国五一劳动奖章1个、全国工人先锋号2个；获得国家级单项奖18个、获得省部级五一劳动奖章15个、省部级单项奖11个、成都市五一劳动奖章35个；3人获评"成都工匠"、2人获评贵阳"筑城工匠"、2人获评"火车头奖章"、8人获评"中国中铁劳模"、1人获评"中国中铁工匠"。（肖玉鹏）

【共青团工作】中铁八局团委下辖14个团委，2个团工委。共有青年员工（含劳务派遣）6592人，其中团员（含劳务派遣）3144人；共有团干部478人。2022年，围绕"喜迎党的二十大"这一主线，组织开展专题学习精神宣讲活动300场次，覆盖5055名青年。加强"青马工程"送外培训工作，选送优秀三级单位团干部参加四川省企业团工委"2022年四川省青年马克思主义者培养工程国企班"集中培训1批次。通过编制《正青春》青年教育读本、召开三级单位团委书记"奋斗为本，奉献为荣"主题座谈会，开展青年素养提升工程座谈会5场次。

全年有15个集体、43名个人获得股份公司及以上先进表彰，中铁八局二公司熊苏琳获四川省"优秀共青团干部"表彰，2个集体和2名青年骨干分别获得四川省企业系统"两红两优"荣誉表彰。积极联系金牛区团委开展疫情防控志愿者注册认证工作，3名青年参加了金牛区政府统一抗疫行动。中铁八局建筑公司廖飞荣获2022年度"四川省百名优秀志愿者"称号。积极开展青安岗查隐患"吹哨"行动，中铁八局宜彝高速公路项目部被授予2021—2022年度四川省青安岗创建青年突击队队旗。

2022年，召开中铁八局第四次团代会，积极开展推优入党工作，累计推优入党54人。与共青团四川省委、共青团金牛区委建立定点培养机制，连续抽调2名青年骨干、1名新入职员工到共青团省委、金牛区委学习助勤和挂职锻炼。（冯云骢）

【履行社会责任】2022年9月5日12时52分，四川甘孜州泸定县发生6.8级地震，波及范围广、受灾程度深。中铁八局第一时间响应习近平总书记和李克强总理对抗震救灾工作分别作出的重要指示和批示，组织距离震中较近的项目部，在开展隐患排查和生产自救的同时，积极支援地方政府，全力参与抢险救灾；由中铁八局党政工团发出捐款倡议，号召全体员工伸出援助之手，帮助灾区群众渡过难关、重建家园。中铁八局所属各单位迅速响应，结合当时疫情防控形势，采取"现场+线上"结合的形式，广泛开展爱心捐助，全公司10750名员工捐款共计105余万元。（雷成宸）

中铁九局集团有限公司

【简况】中铁九局集团有限公司（简称"中铁九局"）是一家集工程设计、施工、科研、投资和海外工程于一体的多功能、大型中央建筑企业，是中国中铁股份有限公司的全资子公司，年施工能力500亿元以上。按照国务院部署，由原沈阳铁路局所属的沈阳铁路工程建设集团有限公司、锦州工程（集团）有限责任公司和吉林建设工程集团有限公司3家施工企业重组而成，于2003年12月26日正式挂牌成立。

中铁九局总部位于沈阳，下设6家全资子公司、3家分公司。此外，在马来西亚、沙特阿拉伯、刚果（金）、匈牙利、白俄罗斯、厄瓜多尔、委内瑞拉、玻利维亚、秘鲁和巴拿马等17个国家和地区设立了23个境外机构。截至2022年末，公司有员工9357人，其中，各类管理人员6229人，占在册职工人数的66.6%；作业人员3128人，占在册职工人数的33.4%。现有各类专业技术人员6195人，其中：正高级职称37人、副高级职称1100余人、中级职称2200余人、中级以下2500余人；取得国家各类执（职）业资格证书的有1300余人。

中铁九局具有中华人民共和国住房和城乡建设部批准的铁路工程、公路工程、建筑工程、市政公用工程施工总承包特级资质，以及机电工程施工总承包等多项一级资质，是东北地区唯一拥有4个特级资质的建筑施工企业。此外，还具有铁道行业甲（Ⅱ）级、公路行业甲级、建筑行业甲级、市政行业甲级工程设计等资质。公司拥有各类设备7902台（套），资产原值达到25.57亿元，净值8.48亿元。其中，国内保有各类机械设备6360台（套），主要包括地铁盾构机及后配套设备、铁路公路制运架设备、矿山剥采设备等。境外保有各类机械设备1542台（套），主要集中在所属境外工程，以矿山剥离、公路施工等专业机械设备为主。

近年来，中铁九局承揽的工程项目分布在全国25个省（自治区、直辖市），其中参建的京雄城际、川藏铁路、哈大客专、京新高速等多项工程创造了"世界第一"，高速铁路轨道板智能制造技术世界领先，参与了多项大型铁路营业线施工任务。同时，中铁九局积极"走出去"，广泛参与"一带一路"建设。截至2022年末，中铁九局共获得中国建设工程鲁班奖13项、中国土木工程詹天佑奖4项、国家优质工程奖9项、省级优质工程奖177项。主编国家行业标准1项、参编6项。荣获国家和省部级科技进步奖84项、省部级工法329项。国内有效专利485项，其中发明专利90项；海外有效专利59项，发明专利32项。

（孙媛媛　张　艳　孔令顺　焦自香　高鑫磊　张军美）

【主要指标】2022年，中铁九局资产总额228.75亿元，较2021年的207.45亿元增长10.27%；所有者权益32.76亿元，较2021年的31.96亿元增长2.50%；营业收入217.02亿元，较2021年的200.44亿元增长8.27%；利润总额0.67亿元，较2021年的0.53亿元增长26.42%；净利润0.67亿元，较2021年的0.45亿元增长48.89%；归属于母公司所有者的净利润0.82亿元，较2021年的1.12亿元下降26.79%。（徐明宇）

表13-9　2021—2022年中铁九局主要经济指标

项目	2021年	2022年	增长率/%
资产总额/亿元	207.45	228.75	10.27
所有者权益/亿元	31.96	32.76	2.50
营业收入/亿元	200.44	217.02	8.27
利润总额/亿元	0.53	0.67	26.42
净利润/亿元	0.45	0.67	48.89
归属于母公司所有者的净利润/亿元	1.12	0.82	-26.79
技术开发投入/亿元	7.10	7.27	2.39
利税总额/亿元	2.42	2.65	9.50
应交税金总额/亿元	3.83	3.09	-19.32
全员劳动生产率/[万元/（人·年）]	25.62	27.17	6.05
净资产收益率/%	1.43	2.06	增加0.63个百分点
总资产报酬率/%	0.92	0.77	减少0.15个百分点
国有资本保值增值率/%	103.40	102.46	减少0.94个百分点

制表：徐明宇

【改革发展】实施"双百"综合改革，16项重点任务全部如期完成。通过实施优化三级公司经营布局、持续完善公司治理机制、加大市场化改革力度、扎实推进分配制度改革、坚持科技创新赋能等系列改革措施，初步得到成效，在国资委双百专项考核中获得优秀。开展改革三年行动，对照任务清单台账，严格落实工作机制，逐级压实改革责任，确保各重点领域改革任务有序推进，中铁九局总部98项改革任务和各三级公司599项改革任务均如期全部完成。

（孔令顺）

【重大项目】持续实施经营优先战略，推行高端经营、主责经营、属地经营、滚动经营，实现经营布局和经营能力双提升。2022年，中铁九局在东北、中南、西南区域新签合同额超过100亿元；不断巩固东北区域市场"首位度"，新签额度在

▲图 13-20 中铁九局承建的国高网 G8012 弥勒至楚雄国家高速公路宝山互通工程

股份公司北方区域排名首位。在传统优势领域，中标了都四山地轨道交通项目、沈白高铁通化西外迁、长春东北亚国际博览中心、坪西路市政等项目；在新兴市场领域，中标了牡丹江干流莲花以下河段水电站等项目，拓展及巩固"第二曲线"经营成果。

2022 年，中铁九局参建的多项工程实现里程碑节点或按期开通运营。5 月 22 日，新建江苏南沿江城际铁路站前工程（轨道板预制）NYJZQ-4 标，轨道板预制全部完成；8 月 26 日，国高网 G8012 弥勒至楚雄国家高速公路玉溪至楚雄段开通；8 月 30 日，鸡西机场改扩建工程竣工验收；9 月 19 日，大郑线水害抢险工程顺利开通；9 月 27 日，福州市工业北路延伸线工程南段（工业路—梅峰路段）开通；10 月 1 日，沈阳方舱医院二期项目竣工移交；10 月 28 日，深圳市城市轨道交通 14 号线工程开通；11 月 20 日，沈阳市皇姑区老旧小区改造工程竣工交付；12 月 1 日，大连地铁 5 号线 5 标、6 标开始试运行；12 月 12 日，改建铁路沈丹铁路凤凰城至金山湾段扩能改造及相关工程正线开通；12 月 12 日，沈吉水害整治项目开通；12 月 28 日，台州市域铁路 S1 线一期土建工程 1 标段开通运营；12 月 31 日，新建潍坊至烟台铁路工程 WYTLSG-5 标段 369 孔箱梁架设完成。

（张枢 顾博）

【走向海外】全年实现海外新签合同额 7.26 亿美元，中标单体合同 500 万美元以上海外项目 25 项；完成营业额 5.11 亿美元，在建项目 30 项，在建项目未完合同额 11 亿美元。未发生海外员工重伤以上事故，境外项目未发生质量一般及以上事故，未发生聚集性疫情，未发生影响企业和国家形象的境外事件，员工队伍稳定。获得国家、省、市外经贸专项资金共计 2222.48 万元，所获份额排名分列辽宁省、沈阳市第 1 名。坚持"市场经营区域化、资源配置全球化、项目管理属地化、人才培养复合化"，深耕亚洲、非洲、欧洲和南美洲既有四大区域。2022 年，与刚果（金）实现新签合同额 4.75 亿美元，完成营业额 3.49 亿美元，占据当地矿建市场首位。成立中铁九局津巴布韦建设有限公司，中标津巴布韦 Arcadia 锂矿采选场土建及道路工程合同，实现中铁九局"矿采矿建"从铜矿向锂矿开采的跨越。中标尼日利亚夸拉州（Kwara）37988EL 锂矿地质勘查合同，实现从矿建矿采向选矿勘查、选矿设计等矿业产业链上游的拓展。2022 年 5 月 27 日，匈塞铁路（匈牙利段）项目德姆舍德站开工建设，标志着中方段土建工程施工开始。

（孙媛媛）

【重大创新】坚持技术创新引领，加大科技研发投入，全年实现国内专利授权 198 项、课题立项 100 项、创新技术成果 30 项，3 项数据均创历史新高。积极探索机场装配式道面关键技术，在 5 家建筑央企中占据领先地位。2022 年，获第十一届"龙图杯"全国 BIM 大赛二等奖、中国公路学会"交通 BIM 工程创新奖"三等奖等 BIM 类奖项共计 18 项。

（张军美 马仲举）

【工程创优】坚持"建造精品、创造价值"，中铁九局参建的昆明轨道交通 4 号线 PPP 项目和徐州市轨道交通 3 号线一期工程获得中国建设工程鲁班奖，新建北京至沈阳客运专线辽宁段获得国家优质工程奖。

（高鑫磊）

【企业文化】开展"弘扬开路先锋精神、践行九局核心价值观"主题活动，引导干部职工践行"开路先锋"文化。积极宣传企业建设成果和先进典型，在中央主流媒体刊稿500余篇，连续2年登上《人民日报》头版，在"首届大国工匠论坛"专题片播放了田桂英事迹；中央电视台新闻联播、朝闻天下等栏目多次播放重大工程进展。围绕展示企业形象，制作了中铁九局形象片，更新了企业宣传片和宣传画册。参加中国企业文化研究会重点课题研究，形成《国有建筑施工企业加强海外项目文化建设的探索与研究报告》，被专家组评为优秀成果。结合中铁九局五公司入驻成都实际，对接中铁城投共同制作原创歌曲，并在国资委和股份公司平台展播。

（吴楠）

【党建工作】深入学习贯彻党的二十大精神，刚性落实"第一议题"制度和前置程序，邀请党的二十大代表走进企业宣讲，党的领导持续深化。强化干部人才队伍建设，推进"三项制度改革"和优秀年轻干部培养，打造忠诚干净有担当的领导团队。坚持"党的一切工作到支部"，组织项目党建工作现场会和党支部书记井冈山实地践学培训班，积极探索党建共建，深入推进党内课题攻关和党建促落实主题实践活动，建立攻关课题218个、党建促落实措施216项，被中国施工企业管理协会评为党建优秀案例。开展2次形势任务教育、2次职工思想调研和1次主题教育，深入解读企业重要会议精神，及时了解员工思想动态，弘扬正能量。驰而不息正风肃纪，加强对"一把手"和领导班子的监督，从严落实中央八项规定精神，维护风清气正的发展环境。深化党建带工建、党建带团建，关心关爱职工群众，积极推动民主管理和职工创新创效，扎实开展"幸福企业"建设，持续提升企业凝聚力。

（柳金海）

【信息化建设】贯彻股份公司《关于加快应用信息贯通工程阶段成果的通知》要求，紧密结合"国企改革三年行动"，面向业务转型升级和管理提质增效，完成股份公司信息化年度工作任务。持续推动"主干贯通""夯实基础，做好支撑"及"深化应用阶段成果"。完成协同办公系统OA升级并入驻一体化工作平台，实现各单位内部高效信息发布、沟通交流、业务办理，进一步加快日常工作与信息系统融合，提升企业管理效率。稳步推进信息化基础建设，完善中铁九局信息化基础环境，逐步提升一体化工作平台和中铁e通的应用管理、流程管理和数据决策三大能力，进一步优化和完善"一网通办"应用体验。

网络安全防护能力进一步提升。完成三级单位全球组网建设，通过整合基础网络资源，形成基础设施"一张网"，实现核心业务数据内网传输，增强网络安全保障能力。构建局与股份公司网络安全态势感知平台贯通联动，使内外网恶意数据流量及流向研判更加精确。完善局总部网络行为管理策略，保障主要业务系统稳定运行，建立信息安全通报机制，实时监测研判网络攻击，发现异常事件立即执行应急处置。

（梁海文）

【履行社会责任】3月10日，云南省曲靖市会泽县发生山林火灾，中铁九局渝昆项目部配合森林火警和当地村民扑灭山火。3月15日，中铁九局支援长春市兴隆山方舱医院建设，3月25日竣工交付。3月20日，支援沈阳健康驿站工程——隔离区南区建设，4月11日竣工交付。7月1日，支援沈阳方舱医院和亚（准）定点救治医院应急工程建设，9月30日竣工交付。

7月28日20时40分，辽宁省锦州市地区突遭大暴雨，强降雨造成管内大郑上行线K37+529桥梁桥墩倾斜、桥梁损毁，中断行车。中铁九局接到抢险通知后，立即组织人员及机械设备赶赴抢险。7月29日3时，抵达现场开展水害抢险工作，经过53个昼夜的奋战，9月19日大郑线比计划提前11天恢复通车。其间，中铁九局累计投入抢险人员105人；投入炮锤3台、挖掘机2台、旋挖钻2台、冲击钻2台、打桩机1台、铲车1台、吊车4台、自卸吊1台、翻斗车4台；共计完成4283吨垃圾清表、56根桩基灌注、13个墩台浇筑、24片T梁架设，为大郑线

▲图13-21 中铁九局积极投身大连市疫情防控工作

提前开通作出了重大贡献。

8月14日至19日，受强降雨影响，丹大下行线K81+340-380路堤边坡溜塌，8月20日至21日2次中断行车，严重危及行车安全。8月19日，中铁九局接到大连工务段抢险通知后，立即组织人员、机具进行抢险救援。现场采用人工配合机械方式，修建长30米、宽4米的临时便道，并对路基及框构涵堆码石块、砂浆封缝，采用沙袋帮填路堤边坡。中铁九局共组织抢险人员140人，投入挖掘机1台、翻斗车4台、装载机1台，历时20小时，累计完成人工拌和、浇筑混凝土500立方米，人工装填、堆码沙袋4700袋，为丹大线开通作出突出贡献。

（顾　博）

中铁十局集团有限公司

【简况】中铁十局集团有限公司（简称"中铁十局"）是以工程施工总承包为主的跨国跨行业经营的特大型企业集团，是中国中铁旗下骨干成员单位，总部设在山东省济南市。2003年12月26日，根据国资委、铁道部《关于将铁道部第二第三勘察设计院等22户企业划转中国铁路工程总公司有关问题的批复》（国资改革函〔2003〕373号）以及中国铁路工程总公司《关于筹备成立中铁十局集团有限公司的通知》（中铁程劳〔2003〕385号），在原济南铁路工程（集团）有限责任公司、中铁三局集团第三工程有限公司、中铁四局集团第三工程有限公司基础上重组成立中铁十局。

截至2022年底，中铁十局注册资本金38.36亿元，资产总额419.79亿元，年施工能力700亿元以上。中铁十局下设22家子、分公司，主要分布在济南、南京、郑州、西安、合肥、广州、天津、青岛、苏州等经济发达城市，以及拉美、非洲、东南亚等地区。职工总数15219人，中级职称及以上专业技术人员6402人，高级专业技术人员1868人，其中，正高级职称96人，副高级职称1772人，一级建造师1060人，享受国务院政府特殊津贴1人。中铁十局拥有各类资质115项，包括设计资质5项、勘察资质2项、总承包资质52项、专业承包资质56项。中铁十局保有施工设备5101台套，原值25.2亿元，净值10.52亿元，总功率55.18万千瓦，技术装备率6.46万元/人，动力装备率35.89千瓦/人，装备生产率72.84万元。综合完好率93%，利用率86%。

中铁十局秉承"勇于跨越，追求卓越"的企业精神，先后参与国家大型高铁、客专、重载铁路工程建设，参与新客站和铁路枢纽工程、高速公路项目，完成多个城市地铁、轻轨、高层建筑、电气化、环保水务等工程项目。境外市场分布在20多个国家，业务涵盖公路、铁路、房建、港口、矿产资源、石油炼化和国际贸易等领域。中铁十局承建的项目先后获得"中国建设工程鲁班奖（国家优质工程）""中国土木工程詹天佑奖""国家优质工程奖"等国家级优质工程奖44项，"泰山杯""扬子杯""龙江杯""黄山杯"等省部级优质工程奖247项。获得国家级工法13项、省部级工法354项、专利授权1015项。中铁十局通过"质量管理体系""环境管理体系""职业健康安全管理体系"认证，先后被授予"全国优秀施工企业""全国优秀诚信企业""全国精神文明建设工作先进单位""全国公路行业优秀施工企业""全国质量效益型先进施工企业""重合同守信用企业""全国科技进步与技术创新先进企业""山东省企业文化建设十佳单位""山东省劳动关系和谐企业""富民兴鲁劳动奖状"等多项荣誉称号，连续多年保持山东省"最佳信贷诚信企业"称号。

（魏　洁　韩　卜　张海霞　李　晗　李海鹏）

【主要指标】2022年，中铁十局实现营业收入624.89亿元，同比增长10.80%；实现归属于母公司所有者的净利润11.85亿元，同比增长18.26%；实现经营性净现金流量30.62亿元，同比增长3.59%；主要经济指标同比实现增长。

（李　哲）

表13-10　2021—2022年中铁十局主要经济指标

项目	2021年	2022年	增长率/%
资产总额/亿元	380.37	419.79	10.36
所有者权益/亿元	81.16	83.81	3.27
营业收入/亿元	564.00	624.89	10.80
利润总额/亿元	12.18	13.79	13.22
净利润/亿元	10.04	12.22	21.71
归属于母公司所有者的净利润/亿元	10.02	11.85	18.26
技术开发投入/亿元	12.41	14.41	16.12

续表

项目	2021年	2022年	增长率/%
利税总额/亿元	30.93	34.19	10.54
应交税金总额/亿元	19.63	19.68	0.25
全员劳动生产率/[万元/(人·年)]	38.50	47.85	24.29
净资产收益率/%	12.37	14.81	增加2.44个百分点
总资产报酬率/%	2.64	3.05	增加0.41个百分点
国有资本保值增值率/%	110.00	114.90	增加4.90个百分点

制表：李 哲

【改革发展】2022年，中铁十局做好深化改革三年行动收官工作，158项改革任务全面完成。推动对标世界一流管理提升行动，37项对标任务全面完成，形成系列对标成果。开展"管理标杆"创建活动，评选出10个标杆项目和10个标杆范式。修订《中铁十局企业管理现代化创新成果管理办法》，开展企业管理现代化创新，2项成果获"中国中铁优秀成果奖"，12项成果获"第三十六届山东省企业管理现代化创新优秀成果奖"。优化生产力布局和产业结构，开展生产力布局优化研究，制定优化方案，明确时间表和路线图，巩固传统基建优势，深化布局新兴产业，持续优化资源配置。重组合并运营公司和物业公司，优化生态资源公司职能，加强战略协同，制定《关于支持运维物业业务发展的通知》，扶持运营（物业）公司做大做强，助力"第二曲线"高质量发展。推动管理效能提升，年内3次调整总部部门设置及定员编制，以任期制和契约化管理为核心，对两级总部员工进行全解重聘，调整人员76人次；推动区域总部、省级经营中心优化整合，激活经营潜能。规范机构管理工作，修订《中铁十局子分公司设立、变更及注销管理办法》，新设北京生态资源建设分公司、华东分公司2家实体性分公司，（山东）建设工程有限公司1家经营性子公司，鲁南分公司、阜阳分公司、丽水分公司、漯河分公司、苏州工业园区、招远分公司、泉州分公司、三建公司庐江分公司、三建公司临泉分公司、山东铁工科技江苏分公司10家经营性分公司。

（魏 洁）

【重大项目】2022年，中铁十局完成施工产值785亿元，超额完成计划的14%，较2021年同比增长13.6%，创历年新高。在建工程项目435个，其中铁路项目53个、公路项目69个、市政项目119个、地铁项目31个、房建项目97个、水利项目11个、海外项目55个（主要分布在亚洲的泰国，拉丁美洲的秘鲁、委内瑞拉、阿根廷、巴西、智利，非洲的肯尼亚、乌干达等国家）。年内完成铁路架梁3186孔，正线铺轨200.2千米，站线铺轨81.5千米，隧道30.6千米，营业线施工折合完成152.4千米；公路工程完成架梁3285片，隧道15.3千米，路面1258万平方米；城轨工程完成盾构36.6千米，车站19座；房建工程折合完成511万平方米。在建项目：新建川藏铁路雅安至林芝段10标、郑州至济南铁路山东段1标、池州至黄山高速铁路站前工程HCZQ-2标、雄安新区至北京大兴国际机场快线三标段、城际铁路联络线一期工程站前5标、龙岩至龙川铁路龙岩至武平段站前工程LLZQ-1标段、濮新高速公路、济南轨道交通6号线、济南轨道交通3号线延长线、青岛地铁8号线土建6标、广州轨道交通13号线二期工程—石牌南站洗村站、广州地

▲图13-22 中铁十局承建的智利圣佩德罗铁路改造项目获智利国家优秀铁路工程奖

铁 7 号线二期、贵阳轨道交通 3 号线一期土建 13 标、苏州市轨道交通 S1 线 13 标、杭州机场轨道快线土建施工 SGJC-6 标段、成都地铁 13 号线一期工程土建 8 工区；云南省滇中引水工程大理Ⅰ段至楚雄段引入社会资本建设项目楚雄段施工 6 标工程、云南省滇中引水工程红河段施工 1 标、2 标，济南东站枢纽优化提升相关工程 JNDSN-1 标段，新建济南至莱芜高速铁路工程站房工程及相关配套工程施工总价承包 JLZFSG-1 标段。开通项目：新建济南枢纽胶济铁路至济青高铁联络线工程、新建兴国至泉州铁路宁化至泉州段站前工程 XQNQ-3 标段、济南至莱芜高速铁路工程站前工程施工 JLZQTJ-1 标、成昆铁路峨眉至米易段扩能工程站前工程 EMZQ-6 标、邹平铁路专用线工程 2 标。新开工项目：新建包头至银川高速铁路工程 9 标段、新建衢州至丽水铁路松阳至丽水段 QLTLSLDSG-Ⅱ标和Ⅲ标、新建上海至南京至合肥高速铁路南京枢纽（江北地区）和南通地区站前 1 标、广佛环线佛山西站至广州北站段、新建西宁至成都铁路（甘青段）站前工程 XCTJ3 标、新建上海至南京至合肥高速铁路沪宁段站前Ⅻ标、新建深圳至江门铁路站前工程施工总承包 SJSG-9 标、新建北京至雄安新区至商丘高速铁路雄安新区至商丘段站前工程 12 标、新建北京至雄安新区至商丘高速铁路雄安新区至商丘段 LYZH 标段、新建西安至重庆高速铁路安康至重庆段陕渝省界至合川及樊哙经开州至万州连接线站前工程 11 标。

（花　蓉）

【走向海外】2022 年，中铁十局完成海外新签合同额 222.77 亿元，超额完成年度计划的 65.6%；完成营业额 71.05 亿元，超额完成年度计划的 50%；完成国际贸易新签合同额 101.63 亿元、营业额 44.42 亿元；中国对外承包工程商会年度对外承包工程企业信用评级结果为 AAA；完成出口退税收款 537 万元。在拉美地区，市场覆盖委内瑞拉、巴西、秘鲁、阿根廷、智利、哥伦比亚、墨西哥 7 个国家，巴西铌矿剥采项目和阿根廷赣锋锂业盐田项目启动实施，实现中国中铁在两个国别工程项目零的突破；智利铁路项目主体工程完工，获智利"国家优秀铁路工程奖"；在非洲地区，站稳肯尼亚、乌干达、几内亚和科特迪瓦 4 个国别市场，开拓津巴布韦和利比里亚 2 个新国别市场，中标利比里亚邦州铁矿铁路恢复及运营项目，填补中铁十局非洲地区铁路运营的空白；在亚太地区，进入印度尼西亚市场，中标印度尼西亚红土镍矿 BSM 矿区项目。2022 年，中铁十局境外疫情防控涉及 14 个国别，中方员工 520 余人，坚持常态化疫情防控，解决长期滞留境外人员轮换、物资药品储备、疫苗接种等问题。针对秘鲁、斯里兰卡、肯尼亚东北部、泰国南部存在的非生产性安全风险，研究部署安全风险评估、应急预案、紧急撤离等工作，保障境外员工的生命财产安全。

（徐文国）

【重大创新】2022 年，中铁十局申报中国中铁科研课题 13 项，其中重点课题 1 项，参与重大专项课题 2 项；申报中国中铁实用技术课题 9 项，其中重点课题 3 项；新增 40 项局级科技开发计划，其中重大专项课题 2 项，重大课题 4 项。获省部级以上科技奖 22 项，包括山东省技术发明奖 1 项、中国岩石力学与工程学会自然科学奖一等奖 1 项、中施企协科技奖 5 项、机械工业科学技术奖 1 项、广东省土木建筑学会科学技术奖 1 项、河南省建筑业协会施工技术创新成果 4 项、山东土木建筑学会科技奖 9 项，其中山东省技术发明奖是中铁十局第一个省级科技一等奖。联合山东大学等单位申报"铁路基础设施隐蔽缺陷精准辨识与智能诊治关键技术"国家重点课题，联合中国科学院空天信息创新研究院等单位申报"航空协同透视探测技术系统"国家重点课题，联合中国科学院海洋研究所等单位申报"海气交互关键层大剖面综合同步观测浮标研制与应用示范"国家重点课题，均成功立项。联合中国建筑第八工程局有限公司等单位成立山东省建筑与交通产业低碳发展创新创业共同体，联合高速铁路建造技术国家工程研究中心成立基础设施绿色运维分研究中心，经山东省科学技术协会批复，成立中铁十局集团有限公司科学技术协会，经股份公司批复，承担中国中铁"双碳"专业研发中心分中心建设，经集团公司批复，成立中铁十局集团有限公司川藏铁路技术创新中心。

（张海霞）

【工程创优】2022 年，中铁十局获

▲图 13-23　中铁十局承建的繁华大道集贤路互通立交二期工程获国家优质工程奖

国家级优质工程奖5项，获省部级优质工程奖10项。其中：昆明地铁4号线工程获"中国建设工程鲁班奖"；繁华大道集贤路互通立交二期工程、赣州中心城区快速路赣南大道（新世纪大桥至贡江大桥段）、新建鲁南高铁临沂至曲阜段、广东省仁华至博罗公路新丰至博罗段工程获"国家优质工程奖"；嘉兴市域外配水（杭州方向）下穿铁路工程获浙江省建设工程"钱江杯优质工程奖"；吴起至定边高速公路工程获陕西省建设工程"长安杯奖"；合肥市习友路（石莲南路—文曲路）道路及管廊工程、大汶河流域泮河（天泽湖）人工湿地水质净化改造提升建设项目工程、苏州市轨道交通5号线获评"中国中铁金杯优质工程"；济南市刘长山路下穿京沪高铁济沪联络线、济南南站铁路立交桥、嘉兴市域外配水工程（杭州方向）下穿铁路工程、合肥高新区2019年第二批市政工程、委内瑞拉RPLC场平项目A包等获评"中国中铁杯优质工程"。

（韩　卜）

【企业文化】围绕党的二十大、重点工程建设、疫情防控、抢险救灾等大事要事，策划系列具有影响力的新闻宣传报道，提升企业美誉度。开展全国文明单位申报工作，完成省直机关第七届全国文明单位第一次跟踪考核及山东省级文明单位2022年复查。推动"开路先锋"文化落地，贯彻落实"开路先锋"文化建设实施纲要，制定印发《中铁十局企业文化建设"十四五"规划》，普及和推广国旗、司旗、开路先锋旗组合使用规范和开路先锋旗帜传递活动旗帜规范，弘扬争先文化，丰富争先文化内涵，拟定中铁十局争先文化体系。开展"喜迎二十大、奋进新征程、永远当先锋"活动，制定印发《关于开展"喜迎二十大、奋进新征程、永远当先锋"主题活动的工作方案》，组织开展习近平总书记重要指示批示精神再学习再落实再提升活动、川藏铁路党建主题活动、"开路先锋"文创产品创意设计大赛、"两优一先"表彰、"喜迎二十大、今天我开讲"总部大讲堂、"喜迎二十大"五个"好"评选等活动。围绕中心工作开展群众性主题教育、"理想信念情怀　爱党爱国爱企"主题活动，参与中国中铁"开路先锋"首届企业文化节活动，参与企业形象宣传工作，整合完善工地形象宣传标准规范，策划包银高铁、衢丽铁路、雄商高铁、深江铁路、广佛城际铁路、遥墙机场轨道交通枢纽等项目前期形象宣传工作。

（许　冲）

【党建工作】截至2022年底，中铁十局有基层党组织604个，其中党委24个、党总支9个、党工委25个、党支部546个，党员6608名。2022年，中铁十局召开中共中铁十局第五次代表大会，在中国中铁党委2021年度党建工作责任制考评中被评定为"优秀"；学习宣传贯彻党的二十大精神，开展"喜迎二十大、奋进新征程、永远当先锋"党建主题活动，组织好新闻、好微信、好短视频、好微电影、好理论文章"五个好"评选活动和"学习二十大永远跟党走　奋进新征程"主题征文活动，编发《十局党建》3期，开辟"喜迎二十大"专栏和"政工论坛"专栏。

2022年，中铁十局落实全面从严治党从严治企，推动"两个责任"落实，定期研究党风廉政建设和反腐败工作，聚焦"三新一高"战略部署、川藏铁路"五个工程"建设开展监督，开展政治生态分析评估，全面客观廉政画像，动态更新廉洁档案。落实"勤俭办企业十不准"要求，规范项目驻地建设，非生产性支出刚性压缩10%目标全面实现。落实中央八项规定精神，出台内部违规吃请送礼等问题加强监督问责九条措施，修订领导干部严格执行婚丧喜庆事宜有关规定；开展工程项目应扣未扣专项监督和亏损项目违规违纪与履职不力专项治理，推进靠企吃企问题专项工作整改落实、深化整治，监督治理效能更加释放发挥。开展"奋进新征程·护航新发展"大学习大讨论大研究活动、纪检干部规范履职监督检查、廉政宣讲和党纪法规知识测试，参观警示教育基地，召开2次警示教育大会，"三不腐"一体推进协同深入。处置问题线索151件，立案85件，给予党政纪处分200人次。

2022年，中铁十局对所属11家单位党（工）委开展常规巡察，发现重点问题234个，移交立行立改问题62个，制定整改措施253项，完善各类规章制度187个，给予党政纪处分及组织处理24人次，

▲图13-24　中铁十局上罗高速项目举办喜迎党的二十大暨"大别山下党旗红　薪火相传当先锋"党建主题活动

挽回经济损失69万元。创新巡察工作方式，对34个工程项目开展专项巡察，挽回直接经济损失6055万元，给予党政纪处分93人次，组织处理283人次，扣减薪酬48万元，项目经理降职、撤职7人，业务系统人员受到党政纪处分7人次，三级公司班子成员受到问责12人，该做法被国资委和中国中铁刊发推广。

（许　冲　杨春雷　赵培全）

【信息化建设】2022年，中铁十局完成OA平台、业财共享平台、劳务系统、法规系统入驻一体化工作平台，各单位协同办公平台均按计划入驻中国中铁一体化工作平台，完成信息贯通工程指标任务。组建网络安全专业团队进行7×24小时监控，通过梳理暴露在互联网端资产、安全加固各信息系统、扫描漏洞、渗透测试、边界防护，提升信息系统的网络安全防护能力，保障冬奥会和党的二十大期间网络安全。年内更新9台服务器、1台机房精密空调设备，检修机房七氟丙烷灭火设备。利用视频、中铁e通云会议、V2软件会议、腾讯会议等多种会议方式，提高工作效率。推进信息化建设，制定《中铁十局集团有限公司信息化建设"十四五"规划》《中铁十局集团有限公司网络信息安全管理办法》。BIM技术在多个项目应用中取得成绩，武汉儿童医院西院项目获第十届"龙图杯"综合组一等奖；上罗高速项目施工阶段BIM+智慧绿色建造获第五届"中原杯"二等奖、第十届"龙图杯"施工组二等奖；新建济南至莱芜高速铁路历城站站房工程获山东省数字建造创新大赛第1名；淄博站客运改造工程获第十届"龙图杯"施工组三等奖。

（张海霞）

【履行社会责任】中铁十局投身疫情防控一线，支援石家庄黄庄公寓集中隔离点项目建设，先后参与郑州、苏州、天津、西安等地疫情防控工作，成立抗疫青年突击队38支，693名青年协助社区做好疫情防控工作；面对全国各地突发自然灾害，先后参与苏州和武汉龙卷风救援、武汉暴雨抢险、云南大理州地质灾害救援、郑州市严重内涝抢险救援、湖北黄冈麻城市洪涝抢险救灾等数次救援，救出受灾群众54人，妥善安置近270人；融入贫困地区脱贫攻坚、捐资助学、道路改造、劳务就业、消费扶贫等工作，响应共青团山东省委"希望小屋"工程，在聊城、济宁等地定向捐赠5所小屋，助力教育振兴；参与所在地方文明城市创建、乡村振兴、社区共建共治、重大赛会服务等工作，与菏泽市巨野县章缝镇樊楼村结为"双联共建"对子，投入22万余元，建设排水沟、村内道路及水井等基础设施。围绕文明节俭、关爱老人、关注儿童、无偿献血等工作，开展弘扬雷锋精神、"点亮微心愿　携手公益行"等主题活动，2名职工先后捐献造血干细胞配对成功，助患者获得重生。中铁十局在上下两级组织创建志愿者服务队100余支，开展各类志愿服务活动200余次，延伸服务触角，提升服务质量，形成常态机制，持续向社会各界传递责任担当正能量。

（韩志勇　冯华俊）

中铁大桥局集团有限公司

【简况】中铁大桥局集团有限公司（简称"中铁大桥局"）是中国中铁股份有限公司的全资子公司，前身为1953年4月为修建武汉长江大桥经政务院批准创立的铁道部大桥工程局（2001年改制为现名），位于武汉市汉阳区四新大道6号，是中国唯一的集桥梁科学研究、工程设计、土建施工、装备研发四位于一体的承包商兼投资商，具备在各种江、河、湖、海及恶劣地质、水文等环境下修建各类型桥梁的能力。

中铁大桥局具有铁路工程施工总承包特级、公路工程施工总承包特级、市政公用工程施工总承包特级及建筑、电力、机电工程施工总承包一级资质，桥梁、隧道、港口与海岸、铁路铺轨架梁、公路路基、输变电、钢结构、地基基础、起重设备安装、消防设施、防水防腐保温、建筑装修装饰、建筑机电安装、建筑幕墙、古建筑、城市及道路照明、环保、电子与智能化工程等专业承包一级资质，特种工程（结构补强）（建筑物纠偏和平移）（特殊设备起重吊装）专业承包不分等级；设计类资质有铁道行业甲（Ⅱ）级、公路行业甲级、市政行业甲级；测绘类资质有测绘甲级；勘察类资质有工程测量乙级、水文地质勘察乙级。

2022年，中铁大桥局下设三级子公司24家、四级子公司9家、分公司43家（其中备案类24家），直属项目部46个、授权项目部550个，片区指挥部9个。期末职工12805人，其中，在岗12287人，非在岗518人；干部人数9735人，工人3070人；正高级职称263人，高级职称2075人；特级技师25人，高级技师479人，技师564人。自有机械设备14175台（套），净值18.36亿元，总功率60.70万千瓦。技术装备率14.48万元/人，动力装备率47.87千瓦/人，主要设备完好率89.75%，利用率85.61%，机械化施工程度高。累计荣获国家科学技术进步奖33项、国际桥梁大会（IBC）乔治·理查德森大奖8项、中国建设工程鲁班奖49项（含桥梁科技大厦）、中国土木工程詹天佑大奖35项，拥有国内外专利2200余项。

（李涵宁）

【主要指标】中铁大桥局新签合同额964亿元，较2021年增加62亿元，增长6.90%；企业营业额548亿元，较2021年增加47.30亿元，增长9.44%；利润总额5.58亿元；净利润5.02亿元；综合毛利润率5.38%。

（张　彤）

表 13-11　2021—2022 年中铁大桥局主要经济指标

项目	2021 年	2022 年	增长率 /%
资产总额 / 亿元	449.59	479.52	6.66
所有者权益 / 亿元	88.73	91.00	2.56
营业收入 / 亿元	450.59	501.11	11.21
利润总额 / 亿元	8.05	5.58	−30.68
净利润 / 亿元	6.36	5.02	−21.07
归属于母公司所有者的净利润 / 亿元	5.78	4.82	−16.61
技术开发投入 / 亿元	8.49	9.30	9.54
利税总额 / 亿元	20.36	18.48	−9.23
应交税金总额 / 亿元	4.86	5.45	121.40
全员劳动生产率 /[万元 /（人·年）]	35.18	37.44	6.42
净资产收益率 /%	7.24	5.59	减少 1.65 个百分点
总资产报酬率 /%	2.11	1.45	减少 0.66 个百分点
国有资本保值增值率 /%	106.91	106.60	减少 0.31 个百分点

制表：张　彤

【改革发展】国企改革三年行动圆满收官，完成 106 项重点改革任务及 93 项配套制度清单；推进三项制度改革；建立"双达标"经理层考核退出机制；试点开展项目全员风险抵押；因考核不合格等情形市场化退出 366 人；入选国务院国资委国有重点企业管理标杆创建行动标杆企业；制定《经营生产布局优化方案》；设立各工程分公司；完成"三办合一"及各子公司"两办"合一、成立商务管理中心、设立 5 个区域管控稽查队和 2 个专业管控组；撤销授权项目部 44 个、筹备组 2 个。

（李　倩）

【重大项目】新增项目 97 项，完工 61 项，在建 315 项，分布在全国 28 个省（自治区、直辖市）。

重点工程：新建福州至厦门铁路站前工程 FX-1 标；新建珠海市金海公路大桥代建工程 HJZQ-1 标段；宿迁市迎宾大道二期（浦东路合欢路）快速化改造工程（YBDD-1I-SG1 标段）；新建川藏铁路雅安至林芝段中间段站前工程；甬舟铁路西堠门公铁两用大桥项目；G3 铜陵长江公铁大桥项目；郑州彩虹桥及接线拆解工程与新建工程；新建沈阳至白河高速铁路 SBJL-TJ-7 标；新建荆门至荆州铁路站前工程；新建兰州至合作铁路站前工程；渝昆高铁云贵段站前工程；新建重黔铁路 CQQJZQ-9 标；新建巢湖至马鞍山城际铁路马鞍山公铁两用长江大桥；新建潍坊至烟台铁路站前工程 WYTLSG-3 标；杭温铁路义乌至温站前工程 HWZQ-6 标；常泰长江大桥（跨江段）主体工程；丰城市紫云大桥新建工程；黄茅海跨海通道项目；南昌市绕城高速公路西二环（厚田至乐化段）新建工程；栾卢豫陕 LLYSSG-1 标；鄂黄第二过江通道燕矶长江大桥 TJTJ-2 标；宜来高速鹤峰东段土建二标；张靖皋长江大桥 ZJG-A2 标段；新港高速双柳长江大桥；京港澳高速公路湖

▲图 13-25　2022 年 6 月 30 日，中铁大桥局参建的世界首座采用钢壳混凝土——钢混塔结构大桥滨海湾大桥通车

▲图 13-26　2022 年 9 月 22 日，中铁大桥局参建的亚运会配套工程合杭高铁湖杭段开通

北境鄂豫界至军山段改扩建工程 JGATJ-5 标段；滨州黄河大桥 PPP 项目；武汉至大悟高速公路武汉至河口段第一合同段工程；清远清新至广州花都高速公路项目；深圳至中山跨江通道；汕头牛田洋快速通道 PPP 项目；南沙至中山高速公路项目；佛山市季华路西延线工程；孟加拉国帕德玛铁路连接线；莫图莫蒂特大桥；马来西亚沙捞越沿海大道 Lupar 跨海大桥项目。

（李涵宁）

【走向海外】中标澳门嘉乐庇总督大桥下部结构维修工程、孟加拉国帕德玛大桥及配套工程 5 年期运营维护项目、澳门内港码头重建项目技术服务、坦桑尼亚姆科阿尼码头升级改造设计—施工项目、维多利亚湖港口现代化扩建等项目。海外新签合同额 4.14 亿美元，完成中国中铁下达的 4 亿美元新签指标的 103.5%。

四大区域营销中心（港澳、南亚、东南亚、非洲）均派员驻扎。属地化经营在孟加拉国（3 个）、坦桑尼亚（2 个）、加纳（2 个）、中国澳门（2 个）等实现滚动经营。

海外项目：孟加拉国帕德玛大桥；孟加拉国帕德玛铁路连接线；孟加拉国多哈扎里至考克斯巴扎新建单线套轨铁路；澳门完善新口岸区污水截流管设计连建造承包工程；香港设计、建造及运作将军澳海水化淡厂第一阶段工程；加纳滨海大道升级改造工程第二标段；马来西亚沙捞越州沿海大道 D2B 标段鲁巴跨海大桥；孟加拉国达卡—阿苏利亚高架桥项目第一标段项目；孟加拉国帕德玛大桥运维工程项目；坦桑尼亚姆科阿尼码头升级改造设计施工总承包。

（张伟）

【重大创新】15 项外部科研课题完成研究工作并顺利通过结题验收，其中国家重点研发计划课题 1 项、湖北省科技项目 1 项。承担国家重点研发计划课题 1 项、国家自然科学基金项目 3 项、国家档案局科技项目 1 项、湖北省科技项目 2 项。新增授权专利 582 项。荣获省部级、各协会科技奖项 62 项。"交通基础设施智慧康养实用技术"成功入选国务院国资委发布的《中央企业科技创新成果推荐目录（2022 年版）》。

（舒海华　李倩）

【工程创优】怀来县城市道路工程（沙城—东花园）跨官厅水库特大桥工程、江汉七桥（解放大道—汉阳大道）工程、九洲高架二期延伸工程（洪都大道快速化改造工程）、武汉市轨道交通 8 号线二期和三期工程、新建武汉至十堰铁路孝感至十堰段综合工程获 2022—2023 年度第一批国家优质工程奖；新建福州至平潭铁路平潭海峡公铁大桥、新建连云港至镇江铁路五峰山长江特大桥、重庆两江桥隧连接线、延庆至崇礼高速公路河北段获 2022—2023 年度第一批中国建设工程鲁班奖（国家优质工程）。

广东省仁化（湘粤界）至博罗公路仁化至新丰段、延庆至崇礼高速公路河北段、辽宁中部环线高速公路铁岭至本溪项目获 2022—2023 年度（第一批）公路交通优质工程奖；新建福州至平潭铁路站前工程 FPZQ-3 标段、漳州市东环城路及其接线工程 A3 合同段、武汉江汉七桥（解放大道—汉阳大道）工程获 2022 年度优秀焊接工程一等奖，湛江市调顺跨海大桥一期工程 PPP 项目、景海高速公路 1 标段澜沧江特大桥、潇河产业园太远起步区大运路潇河大桥建设工程获优秀焊接工程奖。

（付红艳）

▲图 13-27　中铁大桥局承建的重庆南纪门轨道专用桥

【企业文化】制定公司深入学习贯彻落实党的二十大精神工作方案，发动全员"迅速学"、组织干部"研讨学"、带动一线"实践学"、用好阵地"跟进学"、创新方法"比拼学"的"五学"方式。官方抖音号粉丝量突破40万，"建桥国家队版小鸡恰恰舞"登上抖音热搜榜并被"国资小新"转发。在中央级媒体上发稿1833篇（中央电视台196条，《新闻联播》11条）。境内关于"帕德玛大桥通车"相关信息总量达3475条，相关内容在短视频平台观看量超500万人次。

打造中铁大桥局"桥头堡·党建"品牌。《发挥品牌引领作用 提升党建工作质效》荣获首届新时代企业党建创新案例二等奖、"最美品牌之声"金奖代言作品。组织撰写、出版《天堑变通途——中铁大桥局"四位一体"质量管理模式》书籍。公司荣获"2022中国品牌节金谱奖·桥梁建设行业领导品牌"和"中国建造"桥梁工程专业品牌企业。

发布公司《"十四五"企业文化建设规划》和《"十四五"品牌发展规划》。桥梁博物馆新增为全国科普教育基地、武汉市科普教育基地、中国中铁"开路先锋"文化教育基地及第一批湖北省青少年思政教育基地。设计编印《丰碑——中铁大桥局创造的百项"中国第一""世界之最"》等文化书籍十余册。自主研发百余款桥梁文创产品，同时为中南建筑设计院、湖北交投、江苏省交建局等单位提供文化创意服务。荣获中国中铁首届"开路先锋"文创大赛二等奖1项、优秀奖3项。"桥文化"荣获中国文化管理协会"文化强企优秀案例一等奖"。

（孙　晨）

【党建工作】组织全体干部职工集中观看党的二十大开幕会。全年学习贯彻习近平总书记重要指示批示精神30条，贯彻落实举措67项。发布"桥头堡·党建"品牌，为在鄂央企首次成建制发布的党建品牌。"桥头堡·党建"创建案例获湖北省首届新时代企业党建创新案例二等奖，经验文章登上国务院国资委官方网站。调整领导干部70余人次。2名党员当选湖北省第十二次党代会代表。举办"大桥杯"劳动与技能竞赛、青年员工"项目管理策划沙盘推演赛"等。扎实做好"六送"活动，累计发放慰问金1200余万元。

开展上级纪委对下级"一把手"和领导班子谈话90余人次；开展专项检查13次制定处置措施27项；督促提醒2939名党员干部公开承诺；"正风提效"专项监督查改问题72个；通报系统内部典型案例，组织党的十九大以来违规收送礼品礼金问题线索"大起底"；制定领导人员操办婚丧喜庆事宜实施细则。配合江西赣州等地方纪委监委办案。召开警示教育大会16场，组织3650人次观看警示教育片。开展2批次巡察，对4个项目及1家单位实行常规巡察、2个项目实行治亏专项巡察，累计发现问题101个，移交问题线索1件。坚持问题整改"四个一并推进"，巡察整改完成率为100%。

（张　琦　韦怡华）

【信息化建设】完成市场营销系统和综合项目管理平台上线及数据迁移工作；完成"大桥云"数据中心计算资源扩容、国资国企网络信息安全在线监管平台、全流量审计系统、云桌面项目（二期）等项目的实施。参与《工业互联网平台应用实施指南》《信息化和工业化融合管理体系数字化转型价值效益参考模型》2项国家标准、广东省《公路工程信息模型施工应用标准》和深圳市《市政道路工程信息模型施工应用标准》2项地方标准的编制及发布。"基于工业互联网 Handle 标识解析二级节点（桥梁行业）的 IPv6 网络标识解析创新应用"入选国资委中央企业 IPv6 技术创新和融合应用试点；"基于物联网的智慧桥梁解决方案"入选工信部2021年度物联网示范项目名单。入选2022年湖北省信息化和工业化融合试点示范企业名单、被评为2022年度全国信息化和工业化融合管理标准化技术委员会（SAC/TC573）两化融合标准化工作先进集体。获中国施工企业管理协会2022年工程建设行业互联网发展最佳实践案例2项、优秀实践案例4项，"基于工业互联网的智慧桥梁解决方案"获第三届中国工业互联网大赛建筑业（领军组）二等奖。获中国公路学会"交通BIM工程创新奖"特等奖1项、一等奖2项、二等奖1项。

（宋　军）

【履行社会责任】在"央企消费帮扶"平台购买农产品35.37万元；采购定点援扶县农产品72.95万元、宣恩农产品9.62万元、当地帮扶农特产品12.4万元。在全国各地项目成立"抗疫先锋"党员示范岗和志愿服务队，迅速落实防疫措施冲锋战"疫"一线任务。兰州铁路局红会支线吴家川至靖远西区间一辆卡车撞击桥梁致使货物列车脱轨，中兰客专（甘肃段）2标项目部立即组织抢险救援。四川省甘孜州泸定县发生6.8级地震后，大渡河桥项目部第一时间启动应急预案并参与震后救援工作。

（孙　晨）

中铁隧道局集团有限公司

【简况】中铁隧道局集团有限公司（简称"中铁隧道局"）是中国中铁股份有限公司的骨干成员企业，前身为1978年10月经国务院批准成立的铁道部隧道工程局。

四十五年来，中铁隧道人秉承"开路先锋"精神，铭记"忠诚担当"嘱托，不断践行"隧贯山河、道通天下"使命，引领中国隧道科技实现4次跨越。已成为集设计、科研、投资、施工、修造、运维六大功能于一体的全产业链服务商，业务涵盖全部基建领域。年隧道施工能力超过500千米，累计建设各类隧道突破10000千米，约占全国隧道总长的10%，修建20千米以上铁路隧道数量占全国总数的 80%，30 千米以上铁路隧道全部参与建设。承建穿江越洋工程 112 项，居同业之首。创造了 11 次穿长江黄河，15 次穿黄海、东海、南海，19 次穿珠江，29 次穿钱塘江、湘江、赣江、闽江、邕江水下隧道施工纪录。参与了中国 42 座城市的地铁建设。拥有 TBM、盾构 130 台，是国内保有数量最多、门类最齐全的同类施工企业。在上海机场联络线首次实现盾构智能掘进，形成了以盾构 TBM 工程大数据为基础，工程智能管控为核心，集智能互联、智能掘进、智能拼装、智能诊断、智能检测于一体的盾构隧道智能建造体系。

中铁隧道局具有铁路、公路、市政施工总承包特级资质，铁道、公路、市政行业甲级设计资质，甲级测绘资质，获得了中国建筑业协会、中国水利工程协会 AAA 级信用评价。

公司注册资本 29.98 亿元，在建工程 300 余项，遍布世界各地。员工总数 14824 人，拥有专业技术人员 8494 人。公司成立以来，共培育出中国工程院院士 1 名、全国工程勘察设计大师 1 名、全国劳模 5 名、国家级有突出贡献专家 1 名、国家百千万人才工程 1 名、中国青年五四奖章 1 名、享受国务院政府特殊津贴 25 名等模范先进。

在中亚、西亚、东南亚、南美、北欧、非洲等地区拥有在建工程 24 项。已建成的乌兹别克斯坦卡姆奇克隧道是乌兹别克斯坦"总统一号工程"，被公认为"一带一路"倡议先期成果，是中国企业"走出去"的一面旗帜，两国领导人共同见证隧道通车。施工设计总承包的以色列特拉维夫轻轨红线工程，以中国工程的"走出去"带动了中国设备、中国物资、中国技术"走出去"，是中国企业承建的首个海外高端市场轻轨项目。格鲁吉亚南北公路 KK 隧道刷新世界最大直径 TBM 施工纪录。在秘鲁、智利形成集群效应，中国隧道享誉南美。

投资项目总额近千亿元，涉足市政工程、公路工程、城市轨道、片区开发、环境治理等多个业务领域，业务范围遍布广东、浙江、河南、重庆、云南、贵州、湖南、福建等 18 个省（自治区、直辖市），成功投资建设了 40 多个具有前瞻性和战略意义的基础设施项目，创造了良好的社会效益和经济效益。

迄今共有 890 余项科研成果通过鉴定、评审或验收，其中国家科技进步奖 17 项（含特等奖 1 项、一等奖 3 项、二等奖 10 项、三等奖 3 项），省部级科技进步奖 459 项；拥有国家级工法 27 项，获得知识产权 800 余项；累计获鲁班奖 25 项，詹天佑大奖 42 项，国家优质工程奖 75 项，国际项目管理银奖 1 项，特殊国际荣誉奖 1 项，国际工程项目优秀奖 1 项。

拥有隧道掘进机及智能运维全国重点实验室、国家级企业技术中心、博士后科研工作站、广东省重点实验室。中国土木工程学会隧道及地下工程分会挂设在企业。经中国工程机械工业协会、中国工程机械学会授权成立"全断面隧道掘进机状态监测与评估中心"。（王育飞）

【主要指标】2022 年，中铁隧道局实现新签合同额 1100.3 亿元，完成预算目标 1000 亿元的 110%；实现营业收入 580.05 亿元，完成年度预算 545 亿元的 106.43%；实现净利润 5.41 亿元，完成年度预算 5.36 亿元的 100.93%；实现经营性净现金流量 10.01 亿元，完成年度预算 5.36 亿元的 186.75%；年末有息负债 40.46 亿元；资产负债率 80.36%。年末"两金"规模 225.09 亿元，较年初增加 14.67 亿元，增长 6.97%，不超过营业收入增长幅度。（王冉冉）

表 13-12　2021—2022 年中铁隧道局主要经济指标

项目	2021 年	2022 年	增长率 /%
资产总额 / 亿元	451.61	480.51	6.40
所有者权益 / 亿元	93.62	94.38	0.81
营业收入 / 亿元	542.29	580.05	6.96
利润总额 / 亿元	5.38	6.63	23.23
净利润 / 亿元	4.69	5.41	15.35
归属于母公司所有者的净利润 / 亿元	4.57	5.38	17.72
技术开发投入 / 亿元	10.98	11.18	1.82
利税总额 / 亿元	15.96	13.22	-17.17
应交税金总额 / 亿元	12.02	8.03	-33.19
全员劳动生产率 /[万元 /（人·年）]	36.51	42.58	16.63
净资产收益率 /%	5.57	5.76	增加 0.19 个百分点
总资产报酬率 /%	1.47	1.66	增加 0.19 个百分点
国有资本保值增值率 /%	107.11	107.17	增加 0.06 个百分点

制表：王冉冉

【改革发展】2022年，中铁隧道局积极构建以"大培训、大经营、大商务、大赋能、大创新、大生态、大品牌、大监督"为核心的"八大体系"，聚力提质增效：成立人才发展研究院，对项目"10+4"关键岗位人员全覆盖培训；形成"7+2+25+N"国内经营工作格局；聚焦企业价值创造与能力提升，明确大商务管理体系的运行逻辑、整体架构、管理接口和运行机制；深化经理层任期制契约化改革和三项制度改革，完成区域营销系统和投资板块的薪酬考核体系重构，清单式优化各层级机构管理权责；聚焦科技创新、管理创新、模式创新，培育三大核心产业；发挥广州市链长制示范企业、广州轨道交通联盟副理事长单位优势，强化外部链接；做精做优特色产品，构建"4+4+N"的"大专业、小综合"发展格局；强化后台监督保障，优化安全质量环境监督体系，形成党委巡视、纪委监督、审计监督、法律合规贯通协同的大监督格局；深入推进国企改革三年行动和对标世界一流工作，健全完善新时代中国特色社会主义现代化企业管理体系，完成全部157项改革任务。
（蒋永强）

【重大项目】2022年，中铁隧道局共承建工程项目357个，其中铁路项目35个、公路项目60个、市政项目113个、轨道交通项目64个、水电项目14个、房建项目23个、其他项目48个。以成昆铁路小相岭隧道、中俄长江隧道、丽香铁路玉龙雪山隧道、引汉济渭秦岭隧道、西延铁路新延安隧道、珠三角水资源项目、杭州天目山路项目等为代表的重难点项目的83个重难点隧道贯通；以杭州之江路、上海机场联络线、武汉地铁12号线等为代表的多个大盾构项目顺利始发掘进，以中俄、水资源项目等为代表的63个盾构/TBM区间顺利接收；以郑万高铁、深圳地铁14号线、汕头苏埃海湾隧道等为代表的48个项目年内顺利开通运营；川藏铁路9A标、宜兴铁路、西十铁路湖北段等重难点项目年内逐步扭转被动，稳中向好；年内新上项目成达万铁路、雄忻铁路河北和山西段、沪宁铁路、西渝铁路及西成铁路等推进顺利，实现良好开局。
（孙祥惠）

【走向海外】2022年，中铁隧道局海外市场新签合同额23.55亿元人民币（折合3.69亿美元），为中国中铁年度计划3.5亿美元的105.4%。中标秘鲁胡宁大区万卡约至古班蒂亚公路维护项目，合同金额0.8亿元人民币；中标秘鲁阿班凯至阿亚维里公路维养项目，合同金额2.8亿元人民币；中标秘鲁帕斯科大区尼纳卡卡至瓦琼公路改造项目，合同金额1.4亿元人民币；中标瑞典斯德哥尔摩地铁蓝线延长线8715项目，合同金额4.1亿元人民币；中标智利圣地亚哥地铁7号线2-3标项目，合同金额13.2亿元人民币；中标以色列Yarkon Safari Line–Arlozorov–Ramat Gan—综合管道项目，合同金额1亿元人民币。境外项目完成施工营业额4.41亿美元，完成股份公司下达年度营业额计划3亿美元的147%。
（马力）

【重大创新】2022年，中铁隧道局累计获得各类科技进步奖39项，其中省级政府奖6项，行业学会、协会科技奖27项，总公司科技奖6项。评选出第二批中铁隧道局实用技术优秀成果8项，其中泥水盾构泥浆"高效绿色零排"集成处理技术成果获得中国中铁第二届实用技术创新大赛一等奖。累计33项科技成果通过省部级评审或评价。其中达到国际领先水平4项、国际先进水平27项、国内领先及先进水平2项；38项科技成果通过中铁隧道局评审或验收。在知识产权方面，2022年中铁隧道局获发明专利64项，PCT国际专利5项，省部级工法31项，企业级工法32项。全国重点实验室成功重组，并纳入科技部正常运行序列，重组后名称为"隧道掘进机及智能运维全国重点实验室"，依托单位为中铁隧道局、中铁装备、郑州大学3家单位。成功举办中国中铁盾构隧道智能建造现场观摩交流会，组织观摩了由集团公司盾构隧道智能建造示范工程——上海机场联络线11标项目。
（余纪伟）

【工程创优】2022年，中铁隧道局承建的昆明市轨道交通4号线工程、无锡地铁3号线一期工程荣获"中国建设工程鲁班奖"；雅安至康定高

▲图13-28 2022年9月28日，中铁隧道局承建的中国首条地处8度地震烈度区的大直径盾构汕头海湾隧道建成通车

速公路、宁波市轨道交通4号线工程获得"国家优质工程金质奖";贵安新区腾讯七星数据中心项目、郑州市轨道交通4号线工程、武汉市轨道交通8号线工程、武汉市轨道交通蔡甸线工程、深圳市轨道交通6号线工程、新建武汉至十堰铁路综合工程共6项工程获得"国家优质工程奖"。公司承建的深圳市黄木岗综合交通枢纽工程获得了2022年度国际隧道和地下空间协会"地下空间创新贡献奖"。

2022年,中铁隧道局承建的青岛市地铁8号线工程PPP项目(B2包)土建05工区、前海—南山排水深隧系统工程土建1标工程荣获全国建设工程项目施工安全生产标准化工地(原AAA级安全文明标准化诚信工地);珠江三角洲水资源配置工程土建施工B4标荣获广东省水利建设工程文明工地;上海轨道交通市域线路机场联络线工程JCXSG-11标荣获上海市交通行业文明工地、上海市文明工地、华东地区建筑施工安全生产标准化工地;郑州市至巩义市域铁路市政配套工程土建施工06标荣获河南省建设工程施工安全生产标准化工地;郑州高新智慧产业园二期项目荣获河南省安全生产示范单位;南宁城市轨道交通机场线引入机场隧道工程荣获广西壮族自治区建设工程施工安全文明标准化工地;妈湾跨海通道(月亮湾大道—沿江高速)工程施工总承包2标荣获广东省房屋市政工程安全生产文明施工示范工地;珠海市鹤洲至高栏港高速公路荣获广东省公路水运工程省级"平安工地"典型项目;重庆市曾家岩嘉陵江大桥隧道工程荣获重庆市市级安全文明工地;广东省龙川至怀集公路TJ13合同段、广东三堡至水口公路改扩建工程、广东省龙川至怀集公路TJ23合同段荣获公路水运建设"平安工地";深圳市黄木岗综合交通枢纽工程一工区主体结构工程、珠海环屏路工程、东莞市轨道交通1号线[(新源路站、新源路站—东城南站区间、东城南站)、(东城南站、同沙公园站区间、同沙公园站)土建工程]、大岗镇5号地块安置区项目荣获广东省房屋市政工程安全生产文明施工示范工地;武陟建业天玺项目1-6#、11-15#楼荣获河南省建筑工程安全文明标准化示范工地;贵阳轨道交通3号线一期工程荣获贵州省房屋市政工程安全文明样板工地;青海省西海(海晏)至察汗诺公路工程XC1标TJ-2标等11个项目获得中国中铁2022年度安全标准工地。

(巩建军)

【企业文化】开展企业文化体系更新提升工作。提炼形成以"五大核心价值理念""十项具体工作观"为核心统领的中铁隧道局"忠诚担当"企业文化理念系统;设计制作了《中铁隧道局"忠诚担当"企业文化理念系统》宣传手册,制定印发了《中铁隧道局"忠诚担当"企业文化理念系统暨建设实施纲要》。建设的隧道博物馆获评由中国科协、教育部、科技部、国务院国资委、中国科学院、中国工程院、国防科工局七部门联合评审认定的全国首批"科学家精神教育基地",是中国隧道行业唯一获得认定的单位,同时获评中国中铁"开路先锋"文化教育基地。摄制的《中隧梦的X度》荣获国资委第五届中央企业优秀故事创作"三等奖",摄制的《我希望》荣获中国文化管理协会最美传播之声"金奖代言作品"和国资委第三届中央企业社会主义核心价值观主题微电影(微视频)优秀作品;《烹文化影视盛宴助隧道品牌飘香》文化理论成果获"文化强企优秀案例一等奖""企业文化实践创新成果一等奖"。开发生产完成10个类别17款文化创意产品,累计获得国家专利20余项。充分发挥现场项目文化建设集采优势和设计纵深的品质优势,高品质打造了珠肇铁路、白云机场T3枢纽、明珠湾隧道项目文化示范点。中铁隧道局成功获评广州市南沙区"文明单位",获评2022年中国文化管理协会"新时代党建+企业文化标杆单位"。

(秦清海)

【党建工作】2022年,中铁隧道局党委坚持以习近平新时代中国特色社会主义思想为指导,深入学习贯彻党的十九届六中全会精神和党的二十大精神,聚焦高质量发展任务,紧紧围绕构建"八大体系"开展工作,有效推进了党建工作责任制的落实。联合中铁装备开展了"建功新时代 喜迎二十大"贯彻落实习近平总书记重要指示批示精神中心组联学活动,再次重温学习习近平总书记"三个转变"重要指示和"忠诚担当"厚望嘱托。在川藏铁路2标召开中铁隧道局党建思想政治工作现场会,进一步树立了"党的一切工作到项目"的鲜明导向。深入开展习近平总书记重要指示批示精神再学习再落实再提升主题活动,在全局范围内进行了"回头看"。全年学习习近平总书记重要指示批示精神32篇,制定落实"第一议题"督办事项90余项,持续跟踪问效,制度落实形神兼备。坚持工作数量与质量并重、进度与效果兼顾原则,高效完成了16个单位党组织巡察工作,共发现问题518个,积极推进问题整改和成果运用,着力解决管理深层次问题,顺利实现党的一届任期内巡察工作全覆盖目标。深入推进亏损项目违规违纪和履职不力问题专项治理,成立12个工作组,深入核算项目分部分项具体工程量、设备、物资、人工费等数据,共为集团挽回经济损失约1.9亿元,追究相关人员责任469人次。大力弘扬中国中铁"开路先锋"精神和中铁隧道局"忠诚担当"精神,提炼形成新版中铁隧道局企业文化理念系统。深入开展"决战决胜四季度"劳动竞赛,成功实现经营形势逆转。顺利举办2022年网络新媒体技术员暨第二届"笔杆子"大赛。

(包荣明)

【信息化建设】指导各子分公司完成了各单位OA在一体化平台入驻,并打通了OA与统一身份平台机构与人员数据壁垒实现数据贯通。举办中铁隧道局第二十八届青年技能竞赛BIM技能大赛，全国图学学会BIM技能等级通过率近80%。扩容中铁隧道局总部数据中心内部云，为下一步子分公司业务系统收敛上云打下坚实的基础；公司通过了国家信息安全体系认证（ISO 27000）年度审核，并顺利通过了国家三级等级保护年度复审（集团公司数据中心云平台），进一步夯实了信息安全。

（李 岩）

【履行社会责任】参与吉林长春方舱医院建设，组织580余名干部职工完成10个医护消杀区房间、160个隔离房间建设，在沈阳苏家屯区组织627余名干部职工修建应急隔离板房160余间，在昆山宋家港应急隔离点投入40余人参加96个隔离间水电安装，在海珠区组织450余名干部职工修建应急隔离板房340余间、化粪池及污水处理等设施6组，在南沙区组织600余名干部职工修建应急隔离板房1800余间、垃圾站2座。

（巩建军）

中铁电气化局集团有限公司

【简况】中铁电气化局集团有限公司（简称"中铁电气化局"）成立于1958年，前身是铁道部电气化工程局，历经7次沿革变更，2001年更名为"中铁电气化局集团有限公司"，总部位于北京市丰台区万寿路南口金家村1号。中铁电气化局是集工程建设、勘察设计、科研开发、工业制造、试验检测、工程监理、物贸物流、运营维管、房地产开发、投融资"十位一体"的大型企业集团，主要管辖单位55家，下设一公司、北京电化公司、建筑公司、运管公司、工业公司等24个子公司和城铁公司、铁路公司、设计研究院、国际公司等15个分公司。

截至2022年末，中铁电气化局拥有施工资质69项，其中总承包资质30项，含特级资质2项、一级资质8项，二、三级资质20项；专业承包资质39项，含专业一级资质18项，二、三级资质21项；拥有铁道行业甲Ⅱ级、建筑行业甲级、铁道行业（电气化）专业甲级、建筑行业（建筑工程）专业甲级设计资质；拥有承装一级、承修一级、承试二级等电力设施许可15项；拥有测绘乙级资质；拥有铁路运输许可证：铁路货物运输资质；拥有安防工程企业设计施工维护能力证书一级资质。公司累计获得国家级优质工程奖160项，国家级安全标准化工地奖10项，省部级优质工程奖382项。获得科学技术奖励共计221项，其中国家级17项、省部级172项、市级及行业级32项。建立国家级和省部级创新平台17个。研发的中国高铁电气化技术装备成果成功亮相2022年"奋进新时代"主题成就展。"中国中铁电气化"品牌获第16届中国品牌节"金谱奖"。

截至2022年末，中铁电气化局拥有机械设备类固定资产4308台（套），设备原值17863.9万元，设备净值59162.2万元，总功率406704.15千瓦，技术装备率3.33万元/人，动力装备率22.89千瓦/人，装备生产率83.47万元/人，设备新度系数0.33。设备完好率95.96%，设备利用率85.29%。其中，大型设备盾构机8台（套），电气化轨行设备（含国铁、地铁、平车设备）438台（套）。机械化施工程度88%，年施工生产能力为442.51亿元。

截至2022年末，中铁电气化局员工总人数为12205人，其中，管理人员、专业技术人员9087人，工人3118人，分别占职工总数的74.5%和25.5%。中级及以上专业技术职务人员4843人，其中正高级职称60人，高级技术职称1758人，中级技术职称3025人。员工的年龄结构：35岁及以下4759人，占39%；36~45岁3247人，占26.6%；46~55岁3174人，占26%；56岁及以上1025人，占8.4%。员工的文化结构：大专以上9681人，占79.3%；中专及高中1832人，占15%；高中以下692人，占5.7%。

（刘宏音 刘啸辰 张雄飞 王 桢 杨 兰 孙震红）

【主要指标】2022年，中铁电气化局完成自揽新签合同额827.87亿元，为股份公司下达年度计划的100.96%，较2021年增长5.63%；完成营业收入481.16亿元，较2021年增长2.70%；实现净利润17.18亿元，较2021年增长18.32%。

（吴 疆 郑旭东）

表13-13　2021—2022年中铁电气化局主要经济指标

项目	2021年	2022年	增长率/%
资产总额/亿元	491.92	518.22	5.35
所有者权益/亿元	117.97	130.82	10.89
营业收入/亿元	468.52	481.16	2.70
利润总额/亿元	16.81	19.83	17.97
净利润/亿元	14.52	17.18	18.32
归属于母公司所有者的净利润/亿元	14.29	16.37	14.56

续表

项目	2021 年	2022 年	增长率 /%
技术开发投入 / 亿元	13.96	17.62	26.22
利税总额 / 亿元	26.38	33.10	25.47
应交税金总额 / 亿元	12.41	16.29	31.27
全员劳动生产率 /［万元 /（人·年）］	27.63	32.13	16.29
净资产收益率 /%	13.25	13.81	增加 0.56 个百分点
总资产报酬率 /%	4.04	4.36	增加 0.32 个百分点
国有资本保值增值率 /%	118.58	116.09	减少 2.49 个百分点

制表：郑旭东　陈海南

【改革发展】持续完善公司治理结构，提升公司治理能力，制定、印发《中铁电气化局集团有限公司董事会议事规则》《中铁电气化局集团有限公司董事会秘书工作规则》等，印发《中铁电气化局"十四五"发展规划》及子规划。完成"对标世界一流管理提升行动"各项工作目标，7 篇优秀管理实践成果在《中国中铁改革简报》刊发。国企改革三年行动完美收官，《改革三年行动台账清单》90 项改革任务全部完成。积极推进"大部制"改革，设立商务管理部，推进党委办公室、董事会办公室、办公室合并，完成"三办合一"。持续优化经营机构布局，撤销东南、海南、厦门、山西 4 个经营性分公司。

根据中铁电气化局深化改革三年行动任务清单，进一步完善经理层成员任期制与契约化管理，发布了《中铁电气化局集团有限公司经理层成员业绩考核管理办法》《中铁电气化局集团有限公司经理层成员薪酬管理办法》的补充通知；进一步完善市场化体制机制，修订了《中铁电气化局集团有限公司子分公司绩效考核管理制度》《中铁电气化局集团有限公司所属单位负责人薪酬管理制度》；完善市场化薪酬分配机制，制定了《中铁电气化局集团有限公司子分公司经营开发奖惩办法》，修订了《中铁电气化局集团有限公司经营开发项目一标一奖管理办法》；结合经济运行监控分析预警工作需要，制定了《中铁电气化局集团有限公司经济运行监控分析预警系统推行考核管理办法》；结合改任企业非领导人员管理情况，制定了《中铁电气化局集团有限公司业务总监、业务经理绩效考核管理办法》，修订了《中铁电气化局集团有限公司改任企业非领导人员绩效考核管理办法》，进一步明确改非人员的薪酬标准及考核管理。

加快健全管理人员能上能下、员工能进能出、收入能增能减的市场化经营机制，修订了《中铁电气化局集团有限公司本部绩效考核管理办法》《中铁电气化局集团有限公司独立核算中心及编辑部绩效考核管理办法》《中铁电气化局集团有限公司区域指挥部绩效考核管理制度（修订）》《中铁电气化局集团有限公司片区管控稽查队绩效考核管理办法》，明确了管理人员和员工退出方式；出台了《中铁电气化局集团有限公司工程项目超额利润奖励指导办法》，进一步完善了中长期激励机制；制定了《中铁电气化局集团有限公司境外员工薪酬管理指导办法》，发布了《中铁电气化局集团公司关于进一步做好职工工资发放工作的通知》，进一步加强内部收入分配管理，推动薪酬分配向作出突出贡献的人才和一线关键苦脏险累岗位倾斜；制定了《中铁电气化局集团有限公司工费管理办法》，修订了《中铁电气化局集团有限公司工资总额管理办法》，将工资总额以及保险费用、福利费用、教育培训经费、住房费用、工会经费、劳动保护费用等其他人工成本项目均纳入考核管理。

（刘宏音　孙霞红）

【重大项目】2022 年，中铁电气化局党委根据《中铁电气化局集团有限公司党委常委会议事规则》《中铁电气化局集团有限公司"三重一大"决策制度实施办法》《中铁电气化局重大决策事项权责清单》，全年召开党委常委会（扩大）会议 20 次，对投资、预算、资本运作、改革管理等 55 个企业重大经营管理事项进行了前置研究；召开总经理办公会 19 次，决策事项 127 项；召开董事会会议 7 次，决策事项 60 项。

参与建设工程项目 350 项，其中已开通工程 74 项、国内在建工程 213 项、运维工程 53 项、国际主要工程 10 项。国内在建工程中，铁路工程 80 项、城市轨道交通工程 68 项、市政工程 33 项、公路工程 2 项、工民建房建工程 29 项、水利水电工程 1 项。建成开通电气化铁路正线 2241 千米，完成接触线架设 3611 条千米、变电所亭 78 座、变配电所 60 座、光电缆敷设 12142 条千米，铁路房建 37.3 万平方米，隧道 3591 折合洞米，铁路桥梁 4606 折合延长米，铺轨 17 千米、铺设道岔 25 组；开通城市轨道交通 573 千米，完成接触网380千米、变电所26座，房建18.3万平方米，铺轨67千米、铺设道岔82组；完成工民建房建65.6万平方米，市政房建11.1万平方米，水利水电隧道199折合洞米。2022年，中铁电气化局完成施工产值461.69亿元，为股份公司下达年度施工产值计划468.5亿元的98.5%。

2022年，中国中铁股份有限公司重大课题（2022—重大—15）"四电工程新技术与新产品—B"已完成技术调研与创新分析，确定了整体研究方案与关键技术；重点课题（2022—重点—57）"四电施工设备机械化智能化升级"完成了课题内施工设备升级的理论研究，确定了升级方向与创新点；实用技术课题（2022实用技术—重点—24）"新能源地铁作业车技术研究"已完成燃料及电源系统测试。

（张雄飞　杨　兰　刘啸辰）

【走向海外】2022年，中铁电气化局海外业务实现新签合同额4.55亿美元，完成新签合同20份，主要分布在东南亚（含港澳地区）、中亚、中东地区，主要中标了马来西亚沙捞越古晋智能快运系统（ART）项目、乌兹别克斯坦BX02 SCADA项目、以色列海法车辆段项目的分包合同以及港澳地区多个改造项目。积极落实"十四五"战略海外子规划，在马来西亚注册成立子公司，持续扩大重点国别建点布局；持续跟踪经营项目20余个，包括澳门轻轨东线项目、新加坡N153南北通道供电项目、马来西亚东海岸铁路项目、中泰铁路合作项目一期（曼谷—呵叻段）、马来西亚MRT3系统标项目等"一带一路"国家和地区重点项目。中铁电气化局在建海外项目13个，其中印度尼西亚雅万高铁项目先导段顺利完成G20峰会展示任务，实现了中国高铁全系统、全要素、全产业链落地海外，为如期高质量建成雅万高铁奠定了基础。成立劳模创新工作室，加强管理创新成果总结和推广，以色列特拉维夫轻轨红线项目总结提炼的《国际大型轨道交通项目建设系统集成管理》创新成果课题获中国铁道企业管理协会2022年度企业管理创新成果二等奖。

（万明明）

【重大创新】2022年，中铁电气化局新增科研立项110项，其中重大项目23项，重点项目78项。获得授权专利206项，其中发明专利35项。新增行业标准2项，完成中国中铁股份有限公司级工法20项，其中优秀工法5项。中铁电气化局结合体系运行的有效性和标准与业务活动的相融性，通过了质量、环境、职业健康安全管理体系三体系认证和卓越质量管理体系（3A级）认证。2022年，企业管理创新成果获股份公司奖4项、北京市奖5项、铁道行业协会3项，首次获得国家级企业管理创新成果1项。荣获国际QC小组1个、全国优秀QC小组2个、省部级及股份公司级优秀QC小组76个。组织集团公司高新技术企业认定并通过，获"守合同重信用企业"认定。积极组织向国资委申报"创建世界一流专精特新示范企业"。所属4家子公司获评"中国中铁三级工程公司20强"。

（刘啸辰　刘宏音）

【工程创优】企业工程项目获奖情况。在质量管理方面，集团公司交验工程质量达到了国家、行业质量验收标准，符合设计文件和有关技术规范要求。工程施工质量验收合格率达到100%，单位工程一次验收合格率达到100%，客运专线主体工程质量零缺陷。未发生工程质量事故。2022年，获得优质工程奖共计76项，其中国家级17项（国家优质工程金奖1项、国家优质工程奖6项、鲁班奖4项、安装之星6项）、省部级23项（省、直辖市共计17项，中国中铁6项）、市局级36项（市级6项、集团公司30项）。安全标准工地建设方面，获得安全标准化工地奖共计63项，其中国家级1项、省部级15项（省、直辖市共计11项，中国中铁4项）、市局级54项（市级10项、集团公司44项）。在生态环境保护与节能减排方面，2022年集团公司1个项目被授予中施企协绿色建造施工水平评价三星级项目，5个项目被授予中施企协绿色建造施工水平评价二星级项目，5个项目被授予中国中铁绿色施工科技示范工程，2个项目被授予地方省部级绿色示范项目，获得中国中铁节能低碳技术奖1项。

（王　桢）

▲图13-29　2022年8月28日，中铁电气化局城铁公司参建的福州地铁6号线开通运营，图为营前站

中铁电气化局集团有限公司

【企业文化】深入宣贯"开路先锋"文化，组织召开企业文化提升专题座谈研讨会，明确企业文化提升目标和路径。印发《中铁电气化局"添翼文化"建设实施方案》，系统梳理60余年砥砺征程积淀形成的精神谱系，明确电气化人"敢为人先争一流、勇于担当做先锋"的价值追求。"添翼文化"高擎"开路先锋"文化旗帜，包含四大核心理念、九项践行理念，彰显"添翼交通强国、添翼高质量发展、添翼高品质生活"的新时代使命责任。设计制作添翼文化系列海报和展板，设计制作"添翼文化"理念手册，设计新版企业视觉识别系统。开展"中国电气化"品牌形象传播，参加2022年第16届中国品牌节年会，荣获代表行业品牌形象的"金谱奖"，被评为"电气化安装行业影响力品牌"；中铁电气化局申报的《为品质生活提速　打造"中国中铁电气化"卓著品牌》荣获"2022中国十大优秀品牌案例"。组织智能巡检机器人亮相2022年中国国际服务贸易交易会。参加中国中铁"开路先锋"企业文化节系列活动，报送"开路先锋"原创文艺作品7部。联合中国工人出版社出版发行《改革先锋、最美奋斗者巨晓林》专题画册，围绕中国中铁"开路先锋"卓越人物开展报告文学创作，并载入中国中铁企业文化教育手册《永远的开路先锋》。"弘扬添翼文化　建设享誉全球的轨道交通系统集成企业集团"成果获得"文化强企优秀案例"一等奖、"企业文化实践创新成果"一等奖。

（张林强）

【党建工作】中铁电气化局坚持把迎接党的二十大和学习宣传贯彻党的二十大精神作为首要政治任务，精心策划"喜迎二十大、奋进新征程、永远当先锋"等主题活动，扎实推进"我为电气化局代言"视频展播、"喜迎二十大　奋进新征程"职工文化作品展，两级党组织邀请专家学者宣讲党的二十大精神27场次，组建124个宣讲团深入基层一线开展宣讲342场次。以局处联学、专家辅导等多种形式，开展中心组学习9次。理论文章《理论素养与理论思维》在《学习时报》刊发，《学习贯彻习近平经济思想　勇当"三个转变"排头兵》在《时事报告》刊发。注重理论联系实际，推动编制并发布企业"十四五"科技创新、营销建设等8个子规划。

正式发布《中铁电气化局"十四五"人才发展规划》，制定修订《优秀年轻干部培养选拔实施办法》《所属单位领导人员不胜任或不适宜担任现职退出管理规定》等规章制度。扎实开展三项制度改革，推动实现185名经理层成员"两书"签订全覆盖，并按考核结果刚性兑现绩效薪酬。不断拓宽干部历练渠道，选派6名干部到地方党政机关挂职锻炼。召开干部人才工作会议，进一步明确今后干部人才队伍建设方向。全年累计调整中层干部148人次，其中横向、纵向交流中层干部53名；提拔中层干部36名，其中40岁以下20名，占比为56%。不断加强班子监管考核，根据年度综合考评结果，对17名干部进行提醒谈话，对8名干部进行诫勉谈话。全面加强高层次专家队伍建设，1人获评"詹天佑铁道科学技术奖"，1人获评"茅以升科学技术奖"，5人获评"詹天佑铁道电气化专项奖"。

持续深化落实党建工作责任制，对所属34个基层党组织开展党建工作责任制年度考核，考核结果与领导班子成员年薪挂钩。完善党建质量进阶管理系统，大力推进党支部"1+4+N"标准化建设，标准化党员活动室建成率达90%。深入开展党支部"星级达标，晋位升级"工作，命名表彰第四批"五星级"党支部60个。举办第一届党群知识技能大赛。发挥党职校"四个基地"作用，举办党组织书记、党务干部等培训班8期。深入推进"电化红雁"党建品牌建设，发布"电化红雁"党建品牌创建规划及实施方案。指导各单位大力开展"电化红雁"党建子品牌创建工作，召开子品牌创建成果观摩交流会，对"红翼党建""电化先锋"等23个党建子品牌进行集中展示。探索开展领航型、把关型、规范型、廉洁型、聚能型"五型党委"建设。

召开党委、纪委落实全面从严治党"两个责任"沟通会商会议2次，首次召开监督体系协调工作联席会议。配合股份公司党委巡视组完成巡视"回头看"工作；扎实推进政治巡察，对4家单位党组织开展常规巡察，对4家单位党组织开展巡察"回头看"。印发《关于对内部违规吃请送礼等问题加强监督问责的九条措施》《领导人员操办婚丧喜庆事宜若干规定实施细则》。召开警示教育大会，通报曝光13个典型案例。全年处置信访举报线索87件次，给予党纪政纪处分37人次，组织处理86人，精准运用"四种形态"处理169人次。对4个重点亏损项目开展治理，累计挽回经济损失9800余万元。完成27个亏损项目、投资项目等审计，发现问题356个，累计挽回经济损失2570万元。

系统梳理企业积淀形成的精神谱系，升级形成独具特色的"添翼文化"。"添翼文化"荣获中国文化管理协会"文化强企优秀案例"一等奖、"企业文化实践创新成果"一等奖。着眼上央视、上大报，重点项目新闻报道78次在中央电视台播出，10次登上《人民日报》。全年在中央级新闻媒体发稿1735篇，较上年度增长56%。围绕"中国品牌日"开展品牌传播策划，"中国中铁电气化"品牌荣获2022年中国品牌节"金谱奖"，获评"电气化安装行业影响力品牌"。

举办首届职工岗位胜任力大赛，开展"我为企业献一策"合理化建议征集活动，精心策划"决战决胜四季度"劳动竞赛，深入开展"安康杯"竞赛活动。全集团5个集体和个人荣获省部级奖状（奖章）、5个集体被授予省部级工人先锋号。全年支出"三不让"资金136.71万元、"两节"送温暖资金1584.93万元。深入开展项目部"幸福之家"

建设，全集团投入"三工"建设资金6260万元。职工福祉不断增强，在岗职工平均工资18.81万元，较上年增长6.55%。先行先试开展中央企业青年精神素养提升工程，为股份公司提供了电化经验。召开第五次团代会，完成首届"十大杰出青年""向上向善好青年"评选，首次启动"青马工程"培训。在全国青年职业技能大赛创新创效专项赛中斩获铜奖，1名个人获中国中铁"十大杰出青年"殊荣。

中铁电气化局聚焦生产经营、科技创新、管理改革、党的建设等开展新闻宣传工作，在省部级新闻媒体发稿5000余篇，其中，中央级新闻媒体发稿1569篇。聚焦"一带一路"标志性工程雅万高铁，累计在中央电视台、《人民日报》、新华社、《科技日报》《工人日报》等中央主流媒体发稿110余篇，连续2次在中央电视台《新闻联播》播出。

（张雄飞　张林强）

【信息化建设】中铁电气化局持续落实"信息贯通工程"工作要求，2022年完成管理"三化"与股份统一身份平台组织机构和人员账号等基础数据的数据贯通；完成管理"三化"与股份一体化平台和中铁e通的技术对接，实现业务代办信息在股份平台处理的技术贯通；技术上实现将集团相关业务推送到股份系统的业务贯通。2022年，持续优化建设智慧项目管理平台，完成《智慧项目管理平台业务开发规范》和《智慧项目管理平台数据接口规范》，打造施工企业项目业务全覆盖的工程项目管理系统。围绕重点业务板块，初步建设完成"大商务"信息化平台；配合完成预警系统二期、协同中心整体方案，配合完成物资采购信息共享与监控系统；推进数智化升级和高铁四电智能建造相关工作，建设四电知识文库"掌上电化"，促进知识共享。2022年，中铁电气化局优化基础平台业务流程，管理"三化"平台已建设24499个机构、47998个账号、73260个应用岗位，建设业务模块数1822个、表单数3466个、发起业务数512595个，2022年优化业务次数1942次；对OA系统进行了全面升级，提升功能点51个、优化业务功能点57项、解决问题数量127个、优化业务流程33项，有效提升工作效率。

（王　巍）

中铁武汉电气化局集团有限公司

【简况】中铁武汉电气化局集团有限公司（简称"中铁武汉电气化局"）于2014年8月18日在湖北省武汉市工商行政管理局注册成立，由中铁电气化局集团第二工程有限公司整体、中铁一局集团电务工程有限公司、中铁二局集团电务工程有限公司、中铁三局集团电务工程有限公司、中铁四局集团电气化工程有限公司、中铁五局集团电务城通工程有限公司部分人员和项目重组成立。中铁六局至十局集团有限公司下属电务公司分别以现金形式向中铁武汉电气化局增资入股，重组方式为以更名和增资扩股为主吸收式合并，将原中铁电气化局二公司资质整体平移至新设的中铁武汉电气化局。2019年，中国中铁股份有限公司通过内部股份转让的方式，受让中铁六局至十局电务公司各出资的3.34%股权，中国中铁成为公司独资股东。2020年，中国中铁增资296万元，中铁武汉电气化局注册资本金90296万元。中铁武汉电气化局注册地为湖北省武汉市东湖新技术开发区光谷创业街71号。

中铁武汉电气化局下设第一工程有限公司、上海电气有限公司、物资贸易有限公司、科工装备有限公司、设计研究院、中铁新基建（河南）建设有限公司6个子公司和北京分公司、城市建设分公司、运营管理分公司、机电分公司、城铁分公司、香港分公司6个分公司。主要从事铁路电气化、电力、通信、信号和城市轨道交通、公路交通、机电设备、输变电、楼宇智能化、工业和民用建筑等工程建设，是集科研开发、设计咨询、工程施工、运营维护、产品制造和商务开发于一体的"四电"系统集成商和工程总承包商，具备为业主提供一站式综合服务的能力。目前拥有"6总14专"等20项资质，涵盖铁路、市政、房建、通信、机电、输变电、铁路电务、铁路电气化、电子与智能化、消防、环保、电力设施承装（修、试）等设计施工领域，具有中华人民共和国对外承包工程资格证。具有年施工2000千米电气化铁路及相关通信、信号、电力变电和房屋建筑工程的能力。

中铁武汉电气化局现有员工4741人，其中：干部2969人，占员工总数的62.62%，包括专业技术干部2582人（正高级专业技术资格23人、高级专业技术资格536人、中级专业技术资格886人、初级专业技术资格1137人）；工人1769人，占员工总数的37.31%，其中技术工人1563人（初级工41人、中级工151人、高级工627人、技师463人、高级技师270人、特级技师11人）。

2022年，实收资本9.03亿元，全部为股份公司投资。资产总额81.52亿元，其中流动资产68.98亿元、非流动资产12.54亿元。

保有机械设备1259台（套），总功率7.6万千瓦，总原值2.67亿元，净值0.62亿元。其中，铁路电气化施工机械94台，原值1.42亿元，净值0.34亿元。设备平均新度系数0.23，动力装备率16.04千瓦/人，技术装备率1.31万元/人，设备完好率97.8%，利用率84.8%。

全年完成营业额126.25亿元，建成开通峨米、黄黄、济莱、大瑞铁路大保段等铁路项目，总里程达621.4正线千米；建成开通绍兴地铁1号线、重庆地铁4号线、郑州地铁10号线等地铁项目，总里程达94.9千米。获得国家级奖励21项，包括全国"3A"级安全文明标准化工地1项,全国安全生产标准化交流项目2个,中国建设工程鲁班奖3项,中国土木工程詹天佑奖1项,国家优质工程10项,国家安装之星3项,全国市政金奖1项;省部级奖励78项。2022年,扎实开展安全质量管理系统提升工作,加强完善体系建设,梳理修订管理制度,深化安全质量管理工作机制,落实全员安全质量责任制,提升企业安全质量环保监管水平,连续第9年实现安全生产年。(丁芊 辛佳明 康国辉 张博宇 徐晨旭 任美燕)

【主要指标】截至2022年末,中铁武汉电气化局完成营业收入106.27亿元,完成年度预算的92.41%;实现净利润2.20亿元,较2021年下降12.35%;资产负债率71.57%,低于年度预算目标0.89%;经营性净现金流2.25亿元,现金盈余保障倍数1.02;实现经济增加值(EVA)3.37亿元。
(康国辉)

表13-14　2021—2022年中铁武汉电气化局主要经济指标

项目	2021年	2022年	增长率/%
资产总额/亿元	77.53	81.52	5.15
所有者权益/亿元	21.90	23.18	5.84
营业收入/亿元	105.14	106.27	1.07
利润总额/亿元	2.91	2.54	-12.71
净利润/亿元	2.51	2.20	-12.35
归属于母公司所有者的净利润/亿元	2.51	2.20	-12.35
技术开发投入/亿元	3.45	3.50	1.45
利税总额/亿元	4.32	3.99	-7.64
应交税金总额/亿元	2.17	2.02	-6.91
全员劳动生产率/[万元/(人·年)]	32.61	31.05	-4.78
净资产收益率/%	11.89	9.77	减少2.12个百分点
总资产报酬率/%	3.38	3.19	减少0.19个百分点
国有资本保值增值率/%	107.04	108.07	增加1.03个百分点

制表:康国辉

【改革发展】深化国企改革三年行动,按照国资委和股份公司深化改革要求,完善深化改革三年行动各项工作机制,组织召开改革领导小组会议6次、专题会议12次,督导各专项组召开改革专题会议48次,制定《中铁武汉电气化局集团有限公司深化改革三年行动(2020—2022年)任务清单和台账》,全部完成6大改革领域117项重点任务,出台重点配套制度21项,制度建设完成率100%。

统筹推进专业化分公司建设、作业队(班组)标准化建设、核心劳务工规范管理、核心劳务企业培育"四位一体"工作,搭建了"工程公司本部管总、专业化分公司主建、工程项目部主干"的组织架构体系,形成了"工程公司为管控和服务主体,专业化分公司为施工和服务主体,项目部为施工主体"的施工生产责任体系。全年共优化28家专业化分公司,整合组建97个作业队、218个班组,筛选出14家劳务公司纳入核心劳务企业管理,提升自有施工作业管控能力,提高现场施工水平,增强企业核心竞争力。

以推进大商务管理体系建设为引擎,聚焦"效益提升、价值创造",开展"项目管理效益提升三年行动",推行成本管理标准化,制定《商务管理手册》等38项配套制度,构建科学规范、权责清晰、考核到位的大商务管理机制,配齐配强子分公司总经济师和项目"铁三角"团队,分层级、全覆盖组织大商务管理培训,强化经营开发、项目履约、收尾结算各环节提质增效,促进项目成本管控水平持续提升。

持续推进经理层成员任期制和契约化管理,经理层人员76人签订《岗位聘任协议书》,并按要求签订《经营业绩责任书》,专职党委副书记和纪委书记签订业绩责任书,实现全覆盖签约、全级次落实责任、逐级负责和评价;全面推进市场化用工取得较大突破,完善以业绩考核及市场化薪酬分配机制为导向的总部员工薪酬管理办法及员工管理办法，强力实施末等调整和不胜任退出制度，通过加强考核，全年退出管理岗位人员8人，解除劳动合同106人，招聘高校毕业生251人（"双一流"高校毕业生61人）；市场化薪酬分配机制基本完善，构建了全方位的正向薪酬激励体系，各层级不同岗位管理人员收入差距达到1.8倍以上，浮动工资占比超60%，激发了全员的创新创效活力。

坚持以"十四五"发展规划目标为基本指引，在聚焦"两利三金四率"考核指标基础上，以综合毛利率符合高质量发展目标为引领，进一步突出投入产出效率，进一步突出不同板块、不同业态差异化考核。

（丁　芊　辛佳明　康国辉　张　强）

【重大项目】中铁武汉电气化局以完善体制机制为着力点，有针对性地修订了《"三重一大"决策制度实施办法》和《重大事项决策权责清单》，进一步明确各治理主体的决策范围、决策边界，厘清了经理层、党委会、执行董事的权责边界，推进了企业重大事项决策规范化、科学化。全年共召开总经理办公会12次，研究议案123项；召开党委常委会16次，研究议案184项，其中前置研究讨论议案48项；召开董事会7次，听取和审议议案67项。

全年完成新签合同额240.27亿元，较2021年增长14.07%。其中，铁路工程板块新签合同额84.99亿元，占比为35.37%；城市轨道交通板块新签合同额31.87亿元，占比为13.26%；市政板块新签合同额45.36亿元，占比为18.88%；房建板块新签合同额41.02亿元，占比为17.07%；新型能源板块新签合同额27.91亿元，占比为11.62%。在持续巩固传统板块的基础上，以"三智一新"为重点突破口，积极拓展新基建领域，新签合同额达30.29亿元；首次进入城市污水处理市场，中标南湖锦绣良缘周边初雨调蓄及景观提升工程（1.5亿元）；首次进入公用建筑市场，中标光谷第四十二小EPC项目（2.31亿元）。中标铁路大中型站后项目主要包括哈尔滨至铁力铁路"四电"、西安至十堰（陕西段）高速铁路"四电"、贵阳至南宁铁路荔波（不含）至南宁东"四电"及客服、贵阳至南宁铁路贵州段、川藏铁路引入成都枢纽、成都至自贡高速铁路至宜宾线"四电"、荆门至荆州铁路、杭州至温州铁路杭州至义乌段等；中标城市轨道交通项目主要包括苏州轨道8号线车站机电安装及装修SRT8-13-7标、成都轨道8号线二期及27号线一期综合监控（含通信）系统、成都轨道17号线二期清水河110kV主变电所及轨道资阳线110kV主变电所、郑州轨道7号线一期风水电安装及装修03标段、天津中心城区至静海市域（郊）铁路首开段主变电所及供电系统、贵阳轨道3号线一期PPP项目AFC自动售检票系统设备与站台门系统等。

2022年，中铁武汉电气化局参与了国家重点研发计划项目"复杂艰险地区超大型铁路工程建设风险识别与综合防控技术"，主持项目课题"基于全生命周期的川藏铁路大型辅助工程建管与保持技术研究"中的子课题"川藏铁路供电工程建维一体化管理及智能运维系统示范应用"，参与子课题"川藏铁路大型辅助工程技术标准优化、利用技术及养修模式"研究，并通过课题牵头单位川藏铁路有限公司获得中央财政专项经费支持100万元。

（张　强　兰　婷　刘　方　陈珊珊）

【走向海外】大力推进海外经营开发，持续完善境外机构建设，推动属地化建设纵深发展，实现了后疫情时期海外业务发展的既定目标，2022年成功中标海外项目10项，分布在老挝、孟加拉国、南非等国家和中国香港地区，签约金额合计1.228亿美元。年内，中老铁路磨段项目年累完成产值960.65万美元，开累完成产值14012.3万美元，占合同总金额14012.3万美元（含变更1029.87万美元）的100%；万万段年累完成产值36.08万美元，开累完成产值1174.35万美元，占合同总金额1174.35万美元的100%；香港CCTV改造工程，年累完成产值1.24万美元，开累完成产值231.58万美元，占合同总金额1496.28万美元的15.48%；香港方舱医院及隔离中心项目年累完成产值746.16万美元，开累完成产值746.16万美元，占合同总金额746.16万美元的100%；香港TCSS公路项目年累完成产值394.67万美元，开累完成产值418.48万美元，占合同总金额958.31万美元的43.67%。海外各在建工程顺利完成全年的各项施工任务，安全形势稳定。

（陈　乐）

【重大创新】申报了国家铁路局"四电工程电气化铁路智能建造铁路行业工程研究中心""智能牵引供电铁路行业重点实验室"，"中国中铁'双碳'专业研发中心城市运维分中心""城市轨道四电工程研究分中心"；参与国家重点科研课题"复杂艰险地区超大型铁路工程建设风险识别与综合防控技术"的研发；获中国铁道学会科技进步奖一等奖1项、二等奖1项，湖北省科技进步奖二等奖1项，中国铁路工程集团有限公司科学技术奖一等奖1项、二等奖1项，中施企协微创新奖6项、高推广价值专利奖8项；获湖北省级工法10项，中国中铁工法7项，申报铁路部级工法8项；获专利授权73项（其中发明专利4项）。

2022年，中铁武汉电气化局管理创新成果《中老铁路基于数据融通的"电气化工程"智能建造》获全国第29届（2022年度）企业管理现代化创新成果二等奖；《建筑施工企业财务集中管理变革》获中国中铁2022年管理创新成果二等奖。

（陈珊珊　丁　芊）

【工程创优】2022年，中铁武汉电气化局参建的汉十高铁、青岛地铁8号线获"国家优质工程奖"，合肥地铁3号线获"全国安装之星优质工程奖"。获省部级优质工程5项，全国安全文明标准化工地1项，中国中铁安标工地、节能低碳技术各1项，中国中铁绿色施工科技示范工程2项。

（徐晨旭）

【企业文化】全力推行合创文化，《"合创"文化体系研究》在《新时代党建与企业文化创新》一书刊登，《构建"知行合一"的合创文化体系》在中外企业文化峰会上获得"企业文化与经营管理深度融合"典型经验一等奖。建立健全自媒体宣传矩阵，改版升级公司门户网站，企业网站、OA平台、微信公众号新闻实现互通；推出《言论》专栏，针对重点工作发声宣传，针砭时弊，旗帜鲜明；开设《电气化英雄谱》《三十六城记》等专栏，以小切口展现企业新风貌，"中铁武汉电气化局"官微公众号获"2022年全国建筑业优秀微信公众号"。强化对外宣传，围绕企业重点工作和重点建设项目开展对外宣传报道，中央电视台、《人民日报》等中央级媒体发布报道147篇，地方和行业媒体发布报道1794篇，在中国中铁各平台刊发报道88篇，其中贵南高铁受到央视聚焦，在央视4套《中国新闻》栏目和《今日环球》栏目面向全球首播、重播；反映中老铁路建设的原创微电影《彩练当空锦路来》获得"我们的新时代"湖北省主题原创网络视听作品创作展播大赛最佳作品；组织参加西安第六届丝博会，在绿色产业展馆展出了七大智能工装、两大信息化平台，企业知名度与品牌美誉度不断提升。

（贺玉琴）

【党建工作】迅速掀起党的二十大精神学习热潮。公司党委第一时间制定宣贯党的二十大精神工作方案，参与国资委、股份公司专题学习宣讲4次，公司主要领导带头在自宜项目讲授专题党课，举办党的二十大精神学习宣贯暨第四次电气化大讲堂，邀请专家教授进行专题宣讲；开辟党的二十大精神学习微信公众号专栏、广讯通宣传专栏，制作宣贯展板和学习"小册子"，定制党的二十大学习书籍覆盖全体员工，推动党的二十大精神在基层走深走实，落地生根。夯实制度建设和组织建设，修订《党建工作责任制考核评价办法》《进一步深化新形势下项目党建工作实施办法》，为党建工作规范化开展提供了坚强的制度保障；落实党支部晋位升级管理要求，完成39个优秀党支部的首次评定，解决了长期困扰基层组织建设的涣散、迟滞及不匹配问题。注重理论阐释和成果提炼，《"多维双向"党建融合机制》入编中国中铁重点课题成果，央企服务数字中国建设的战略研究课题"基于数据贯通机制的铁路智能建造模式研究"在国家核心期刊《工程技术》发表。开展党建品牌创建活动。推行"党建+"，开展"电化先锋"党建品牌创建，在潍烟、贵南、自宜等重点工程开展"重点工程党旗红""红旗项目部""示范党支部""创岗建区""党员双创"主题实践活动。

认真贯彻落实党风廉政建设责任制，制定《2022年党风廉政建设和反腐败重点工作任务分工清单》，对7个方面69个事项重点督办，完善落实措施216个。持续强化政治监督，督促落实疫情防控措施，专项督查推进股份公司"大商务"体系、"严肃财经纪律、依法合规经营"和"四位一体"重点工作。持续完善领导干部廉政档案，出具《廉洁回复意见》45份，提出暂缓提拔意见3份。精准开展违规插手劳务企业、机械设备租赁、劳务招标、物资采购及违规安排劳务用工等行为"靠企吃企"专项整治行动，清除不合格分包企业10家，清退准入后未施工分包企业32家。精准开展人工成本、物资成本监察再监督，将21家供应商及法人列入企业黑名单。精准开展亏损项目专项治理，选取8个项目进行专项整治，其中4个项目收缴违纪所得105.59万元，挽回直接经济损失2435.71万元，直接避免经济损失1097.77万元。

按照"四个落实"工作要求，聚焦"关键少数"，立足方案设计、队伍组建、要点编制、信息交底、练兵备战等巡前工作"基础作业面"，在巡察"机制导引、载体保障、审查管控"上策发力，对所属6家三级单位党委、10家区域经营（工程）指挥部党工委、总部机关党委17家党组织开展常规巡察，圆满完成党的十九大以来党委巡察全覆盖，达到了有形、有效"双覆盖"效果。在整改过程中，着眼"整改+"主线，以"2+N"整改跟踪督办模式抓紧抓牢被巡察单位制定整改方案、实施推进整改、配合验收评估、加强成果运用等整改重点环节，全面实行"清单化"整改、"责任化"管理，着力在延伸拓展整改广度深度上下功夫。2022年以来，向17家被巡察党组织反馈问题184项，督促指导完成问题整改销号173项，完成率为94.02%；按照干部管理权限给予相关责任人政纪处分1人，诫勉谈话3人，批评教育24人，各单位完善规章制度117项；2022年，巡察移交7项信访举报均已办结，给予党政纪处分1人，组织处理4人；通过2022年警示教育大会通报巡察典型案例8起。

强化劳模创新工作，5个成果登陆中国中铁创新成果云展播，2个工作室被湖北省命名，15个工作室获评股份公司五星级创新工作室，信号女子突击队两项成果代表湖北省亮相"首届大国工匠创新交流会"；围绕重难点项目组建了18支"青年突击队"。持续开展"四季送温暖"活动，落实"三让三不让"、员工关爱工程，将"幸福之家十个一工程"延伸至作业队和班组；培育核心内训师队伍，推出"家庭幸福力"工程，"萤火虫心理咨询室"为海外归国员工开展专项心理辅导，员工健康关爱工作在湖北省总工会职工心理关爱现场推进会上进行交流。中铁武汉电气化局设计研究院试验中心获"全国工人先锋号"，中铁武汉电气化局城铁公司获全国"安康杯"竞赛优胜单位，20个集体获省部级先进集体，47人获省部级（含股份公司）先进个人。

开展青年精神素养提升工程，中铁武汉电气化局党委书记、董事长毛明华和各子分公司党委书记讲授专题团课第一课9次，全年17个优秀集体和31名优秀青年个人获中国中铁及湖北省企业团工委表彰。

（张艳 刘文洁 邵梦颖 于沁）

【信息化建设】围绕"重效果、强应用、抓重点、齐推进"的工作思路，聚焦业务贯通目标，推动深化应用，加强宣传引导，认真落实业务贯通、数据贯通、技术贯通三大板块任务，实现了财务共享、营销管理、工程项目综合管理等系统入驻一体化平台，完成了人力资源系统组织机构数据贯通，部署了商秘文档安全防护系统；以中铁武汉电气化局OA平台为互信单位扩容用户授权，10家互信单位OA系统全部迁移到中铁武汉电气化局平台，实现了全公司OA系统的数据贯通和集中统一管理。（徐灏）

【履行社会责任】坚持疫情常态化防控，积极参加上海、武汉等地方舱援建工作，主动参与贵广线榕江站抢险救灾，得到地方铁路局集团的高度评价，切实履行央企责任担当。持续开展"学雷锋志愿行"主题实践活动，全年在疫情防控、生态环保、扶贫帮困、助力高考等方面广泛开展志愿活动近20次，中铁武汉电气化局机电分公司连续3年开展"助力高考"活动，获得西安市表彰，相关事迹被共青团中央进行报道。

（徐晨旭 于沁）

中铁建工集团有限公司

【简况】中铁建工集团有限公司（简称"中铁建工"）是中国中铁股份有限公司的全资子公司，前身是1953年成立的铁道部建厂公司和铁道部工厂设计事务所，1965年整编为铁道部第五设计院，1998年更名为"中铁建厂工程局"，2002年改制为中铁建工集团有限公司。中铁建工总部位于北京市丰台区南四环西路128号。中铁建工具有建筑、铁路、公路3项施工总承包特级资质，30项施工一级资质，8项工程设计甲级资质，1项工程勘察甲级资质，1项城乡规划甲级资质，2项房地产开发一级资质。中铁建工立足于房建工程总承包、基础设施总承包、房地产、设计四大业务板块，统筹协调路内、路外、海外三大市场，形成了投资、设计、施工、安装装饰、物业管理一体化的全产业链发展优势。中铁建工总部共设18个职能部门，下属17家分子公司、6个区域总部、6个事业部和1个社管后勤机构。

截至2022年底，中铁建工共有职工15202名，其中在岗职工15041名，占职工总数的98.94%；非在岗职工161名，占职工总数的1.06%。干部14508名，占职工总数的95.43%，工人694名，占职工总数的4.57%。中铁建工共有各类专业技术人员14132名。其中，高级专业技术职务1788名，中级专业技术职务4005名，分别占技术人员总数的12.65%和28.34%。在专业技术人员中，工程技术人员11865名，占技术人员总数的83.96%；会计人员1253名，占技术人员总数的8.87%；经济人员656名，占技术人员总数的4.64%；政工人员306名，占技术人员总数的2.17%。

2022年，中铁建工资产总额1217.22亿元，较2021年增加123.82亿元，增长11.32%。流动资产993.11亿元，较2021年增加107.38亿元，增长12.12%。非流动资产224.11亿元，较2021年增加16.43亿元，增长7.91%，其中：投资性房地产69.74亿元，较2021年增加0.37亿元，增长0.53%；固定资产净额36.57亿元，较2021年增加0.51亿元，增长1.41%；递延所得税资产17.04亿元，较2021年增加0.63亿元，增长3.84%；债权投资14.32亿元，较2021年增加3.92亿元，增长37.69%；长期股权投资8.88亿元，较2021年减少0.47亿元，降低5.03%。

2022年，中铁建工机械设备2497台，设备原值69217万元，设备净值30445万元，总功率98250千瓦，技术装备率1.69万元/人，动力装备率5.45千瓦/人，装备生产率309万元，主要设备完好率81.76%，主要设备利用率86.83%。

中铁建工先后获得了一系列重大荣誉。在工程创优方面，共获得省部级及以上优质工程1017项，其中国家级奖235项，省部级奖782项。在科技攻关方面，共获得省部级以上科技进步奖176项，发明专利169项，省部级以上工法262项。在安全生产方面，中铁建工共获得省部级及以上安全文明标准化工地649项，其中国家级56项、省部级593项。在党群工作方面，共获全国文明单位称号（中铁建工总部连续四届获得"全国文明单位"称号，所属山东公司获得第六届"全国文明单位"称号）2项、中宣部全国百优项目称号1项、全国五一劳动奖状7个、全国工人先锋号4个、中央企业先进集体4个、全国劳动模范1名、全国五一劳动奖章10人、共青团国家级奖项3个、央企团工委奖项3个。

（马艳春 史晓斌 左星 李双伟 李玉琴 张永芝 李帅帅）

【主要指标】2022年，中铁建工完成新签合同额2621亿元，同比增长24%，完成股份公司年度新签合同额计划的104%；完成企业营业额1090.5亿元，同比增长8.2%，完成股份公司年度企业营业额计划的106.9%。实现营业收入1000.79亿元，同比增长7.28%；实现利润总额15.18亿元，同比增长38.50%；实现净利润10.16亿元，同比增长103.20%，其中归属于母公司所有者的净利润为12.56亿元，同比增长39.87%；年末所有者权益222.49亿元，同比增长3.65%。净资产收益率4.65%，总资产报酬率1.57%，国有资本保值增值率106.34%。

（左星 朱晓燕）

表 13-15　2021—2022 年中铁建工主要经济指标

项目	2021 年	2022 年	增长率 /%
资产总额 / 亿元	1093.40	1217.22	11.32
所有者权益 / 亿元	214.65	222.49	3.65
营业收入 / 亿元	932.84	1000.79	7.28
利润总额 / 亿元	10.96	15.18	38.50
净利润 / 亿元	5.00	10.16	103.20
归属于母公司所有者的净利润 / 亿元	8.98	12.56	39.87
技术开发投入 / 亿元	27.15	33.23	22.39
利税总额 / 亿元	26.78	43.58	62.73
应交税金总额 / 亿元	22.21	28.40	27.87
全员劳动生产率 /［万元 /（人·年）］	45.77	55.30	20.82
净资产收益率 /%	2.40	4.65	增加 2.25 个百分点
总资产报酬率 /%	1.19	1.57	增加 0.38 个百分点
国有资本保值增值率 /%	104.71	106.34	增加 1.63 个百分点

注：因 2022 年同一控制下收购中铁装配式建筑股份有限公司，2021 年主要经济指标进行了追溯调整。

制表：左　星

【改革发展】遵循"可衡量、可考核、可检验、要办事"的要求，分阶段、分领域、分层次协同推动国企改革三年行动，四大改革领域、21 个改革方向共计 159 项改革主体任务全部完成，中国特色现代企业制度不断巩固深化，企业布局和产业结构不断优化，市场化经营机制深入推行，党的领导、党的建设不断加强，有效解决了管理粗放、效率不高、体系不顺、活力不足、创新能力不强等问题，为企业高质量发展注入了生机活力。2022 年 8 月 3 日，号码公司揭牌仪式在京举行，5 家支柱型公司实行子分并存运行模式，为支柱型公司转型升级扫清体制障碍。持续深化国有资产监管，强化对产权登记、资产评估和产权交易相关程序管控监督，全年完成产权登记业务 73 项；对所属各单位产权登记工作开展核查，督促及时做好问题整改，大力提升产权登记及时性、准确性、完整性；配合推进企业压降工作，全年完成资产评估备案 5 项，为股权变更做好前置手续。坚持在企业改革发展大局中谋划推动干部人才工作，召开干部人才工作会议，明确"1458"干部人才发展总体思路，弘扬"奋斗者、实干者"人才文化。树牢"德行为先、基层优先、业绩贡献"的选人用人导向，全年共计调整使用中层干部 107 人次。围绕"建标准、摸现状、挖高潜"三大目标，聚焦 312 名中层干部、18 家领导班子、6 个业务系统开展人才盘点。持续压实任期制契约化管理，修订制度"关键事项"，强化经理层强激励、硬约束的市场化分配机制。人才引进模式转型升级，不断提高毕业生 A 类院校占比。出台职业项目经理管理办法，拓宽项目经理发展通道。贯通职业发展路径，建立人才发展四通道，构建三个维度任职资格体系，完成 17 家单位 6237 人次专业级别评审定级和 240 名项目经理评审定级。着力构建大培训体系，组织 13 个专业系统 32 期培训，中层干部轮训全覆盖。召开员工总量和工资总额管理工作推进会，聚焦人均效能，推进从"规模扩张"向"品质提升"转变。优化考核评价和薪酬分配机制，所属单位薪酬分配机制改革落地，建立保障职工工资支付长效机制。推进员工信息系统建设，完成试点单位业务流程和关键业务模块测试，组织人事信息上线。全面完成"深化改革三年行动"任务举措，2021 年度中铁建工评估结果位列股份公司第一。

（马艳春　左　星　史晓斌）

【重大项目】进一步明确发展规划，结合国家调控政策，积极探索投资新模式，拓展投资新领域，合理控制投资规模和投资节奏，加大存量去化力度，强化风险管控，董事会全年审议通过 5 项房地产和基础设施投资类议案。审慎推进优质项目落地，实行多级评审流程，提交中铁建工决策会议审议前，召开立项会、部门预评会、投资评审会，对项目进行内部评审严格把关，并深入项目现场进行实地调研考察，全面提高项目综合研判能力。2022 年，获取了上海临港、上海青浦、昆明福德村房地产投资项目以及烟台快速路 PPP 项目。全年新增参股合资公司3项，5月与广东省铁投增资参股广东地方铁路有限公司和广东省铁投置业发展有限公司，分别持股5%和2%，预计合作期限内可获取200亿元施工任务；10月与越秀集团合作成立广州湾区建工有限公司，持股49%，预计合作期限内可获取300亿元施工任务。按照股份公司统一部署安排，顺利完成受让中国中铁持有中铁装配26.51%股份的过户工作，中铁装配正式成为中铁建工所属上市子企业。

（王　蒙　左　星　马艳春　孟　妮）

【走向海外】出台国际业务"十四五"发展规划，加强统筹协调，优化组织管理，理顺机构职责，提高管理效能。巩固既有市场，推进开拓刚果（金）、所罗门市场，完成坦桑尼亚外交部驻刚果（金）综合大楼、所罗门群岛霍尼亚拉机场跑道和照明维护项目开发，同时开展伊拉克国别驻点办公，加强外拓营销，积极开展东南亚、中亚相关国别市场调研和经营投标工作，并加大办事处经营人员配备，完善组织架构。积极开拓"第二曲线"业务，以巴新西新不列颠省高速公路、卢旺达基加利集中排污系统、坦桑尼亚伊林加灌溉等项目为代表，实现公路、水务等新业态的签约。境内外机构联动配合，中标华新水泥厂和大雅集团帐篷酒店项目，与长城工业集团和红宝石基金签署合作协议，战略客户再添成果。亮相第十九届中国—东盟博览会，企业品牌影响力显著提升。全年实施项目53个，重点项目16个，实现15个项目竣工交验，交验合格率达100%。阿尔及利亚巴哈吉体育场交付使用，助力非洲国家足球锦标赛盛大开幕。

（姬　婧）

【重大创新】加强管理创新工作的顶层设计和统筹策划，以经营生产为重点，以问题为导向，征集管理创新课题137项，重点课题立项72项，形成管理创新成果55项。全年获得省部级一等成果7项，其中股份公司级一等成果1项、北京市一等成果4项、山东省一等成果1项、江苏省一等成果1项；省部级二等成果17项；省部级三等成果4项。"大型建筑集团充分发挥所属企业特色优势的分类管理"系统总结了支柱型、品质型、专业型工程公司的分类管理理念，强化"集团总部配资源建机制、工程公司强能力创品牌、工程项目部抓履约重创效"的功能定位，该成果荣获国家级一等奖。中铁建工成为股份公司荣获国家级一等奖的首家二级单位。

依托重点工程项目持续进行"十四五"期间六大技术重点领域科技研究，精准开展综合交通枢纽、高层建筑与地下空间利用、装配式建筑及绿色建筑建造专业研发领域课题群研究和技术创新。承担中国中铁2022年科技研究开发计划重大课题3项、重点课题2项，其中博士后重大课题1项，实用技术重大课题1项。在产学研合作方面，主导与企业、高校并行合作深度融合，有组织地与北京交通大学、同济大学、青岛理工大学、北京科技大学、太原理工大学等高校加强研发管理，助力技术成果转化与创效。

23项成果通过股份公司科技成果评审，其中"冬奥场馆国家跳台滑雪中心施工关键技术研究"被鉴定为国际领先水平；"复杂条件下超深超大基坑工程关键技术研究与应用""超大型复杂商务综合体施工技术研究与应用""超大超深地下空间施工关键技术研究与应用""岩石地质铁路站场上跨地铁区间隧道桩拱转换结构施工技术研究""大型双层车场铁路站房综合体施工关键技术研究""地铁车辆段移动吊装设备研发与应用"6项成果被鉴定为国际先进水平。"混凝土结构强震灾变机理及性能改善与提升技术"获得陕西省科学技术二等奖；获得中国施工企业管理协会科学技术奖7项，其中"清河站综合交通枢纽关键技术及应用"获一等奖；获得华夏建设科学技术奖5项；获得2022年中国安装协会科学技术进步奖2项。

获发明专利100项、实用新型专利758项，获省部级工法23项。组织参加BIM技术等比赛，共计获奖181项。第七届建设工程BIM大赛中一类成果5项，第十一届"龙图杯"全国BIM大赛一等奖7项，第五届"优路杯"全国BIM技术大赛金奖2项，2022年信息技术服务业应用技能大赛BIM技术应用一等奖3项，第三届"共创杯"智能建造技术创新大赛一等奖3项，第四届"联盟杯"铁路工程BIM应用大赛二等奖2项。信息与金融产业示范区一（东李商圈改造二期项目9-2-2地块）项目通过住建部组织的专家验收，被授予"住房和城乡建设部绿色施工科技示范工程"。中国施工企业管理协会组织的工程建设行业高推广价值专利大赛获一等奖3项、三等奖5项。

（马艳春　赵晓娜）

【工程创优】2022年，中铁建工获国家级优质工程27项：国家跳台滑雪中心；新建北京至雄安新区城际铁路雄安站站房及相关工程；新建福州至平潭铁路站房及相关工程平潭站；华晨宝马汽车有限公司产品升级项目（铁西厂区）；昆明市轨道交通4号线工程PPP项目/昆明地铁4号线（参建奖）；尼雷尔基金会广场项目（境外）获得中国建设工程鲁班奖；襄阳东站综合枢纽工程；新建上海至南通铁路（南通至安亭段）南通西站等6座站房；新建北京至沈阳铁路客运专线星火站站区和动车运用所生产生活房屋及相关工程XHFJSG-1标段；新建武汉至十堰铁路孝感至十堰段综合工程；中国中铁·诺德名府北区；新建鲁南高铁临沂至曲阜段（参建奖）；华为苏州企业业务项目（DK20110310地块）之A1、E1（部分）（参建奖）获国家优质工程奖；北京铁路枢纽丰台站改建工程（站房）；大学城公共场馆（体育馆）项目；襄阳东站综合枢纽工程；新建湖州至杭州西至杭黄高铁连接线杭州西站站房及相关工程剩余工程HH1LJXZF-2标段；新建连云港至镇江铁路淮安东站站房雨棚及相关工程；北京城市副中心城市绿色三大建筑（城市副中心剧院、首都博物馆东馆和城市副中心图书馆）；北京市海淀区西八里庄 071 1-653 地块 B4 综合性商业金融服务业用地项目 L07-A 栋办公楼等 3 项；北京 2022 年冬奥会和冬残奥会张家口赛区奥运村结构工程三、四标段钢结构工程；北欧中心跳台滑雪场；中铁大厦工程获中国钢结构金奖；丰台区南苑乡槐房村和新宫村项目金府大院三期、四期总承包工程；1# 住宅楼（定向安置）等 9 项（通州西站货场铁路职工房）（1# 楼、2# 楼、3# 楼、4# 楼、8# 楼、9# 楼、10# 楼及地下车库）；襄阳东站综合枢纽工程获全国用户满意工程；济南市明水眼科医院门诊病房综合楼工程获中国建筑工程装饰奖。2022 年获国家级 QC 小组奖 42 项，获全国建设工程项目施工安全生产标准化学习交流项目 10 项，获中国安全产业建筑行业安全生产标准化项目奖项 6 项。参与建设的工程获省部级优质工程奖 110 项，获省部级 QC 小组奖 273 项，获省部级安全文明工地奖 67 项。

（李玉琴　李双伟）

【企业文化】持续推进"理想信念情怀　爱党爱国爱企"主题活动，在 40 余个重点工程开展"开路先锋"精神传递活动，干部职工知企爱企、兴企强企的责任感和使命感显著提升。年内刊发中央媒体报道百余次，北京丰台站和杭州西站建设历程和亮点受到《新闻联播》《人民日报》等中央媒体大力报道，成为社会热点话题。做优做强自有媒体平台，上线视频号平台，集中推出"牢记嘱托""全力以赴稳增长"等专题策划，阅读量、点赞量等创历史新高。提升品牌影响力，荣获"2022 中国品牌节金谱奖·房屋建筑行业影响力品牌"，3 项课题获中国中铁品牌建设典型案例。推出企业文创产品 20 余项，3 项文创产品获中国中铁文创产品创意设计大赛奖项。企业故事生动演绎，《我们与群山共同见证"冰雪盛宴"》等入选第五届中央企业优秀故事，并在国资委进行展演。推出经营画册、业绩视频片等一系列文化产品，品牌文化影响力显著提升。组织开展"十大特约通讯员、评论员、摄影师、融媒体创客"评选、融媒体作品展播，进一步加强全媒体传播体系人才队伍建设，积极构建全方位、多层次、立体化宣传工作新格局。

（李子锐）

【党建工作】以迎接、宣传、贯彻党的二十大精神为主线，开展"喜迎二十大、奋进新征程、勇当王牌军"主题活动，凝聚奋进力量。围绕保障党的二十大胜利召开，聚焦防范化解重大风险，推进落实 6 个方面 40 项具体举措，营造安全稳定的良好环境。深入学习宣传贯彻党的二十大精神，第一时间成立领导小组、制定宣贯方案、部署宣贯工作、邀请专家辅导，采取多种形式组织全体党员学习，用党的二十大精神武装头脑、指导实践。深入开展习近平总书记重要指示批示精神再学习再落实再提升主题活动，系统梳理并专题学习了党的十八大以来习近平总书记作出的与中铁建工相关的 12 条重要指示批示精神，总结回顾并大力宣传贯彻落实的成果经验。开展"达标创好争先"活动，对 24 家所属单位党委、党工委、党总支和 48 个党支部进行现场检查、验收抽查，评选"先进级"党组织 6 个，"良好级"党组织 4 个，"合格级"党组织 14 个。组织两级党群干部开展"走项目、做实事、强作风、促提升"党建行主题实践活动，4 个工作组在 12 个分子公司 37 个项目部开展现场工作；活动期间，开展企业"十四五"发展规划宣讲 37 次、大商务管理宣讲 34 次、"十佳党支部书记"经验交流 32 次、"开路先锋"精神传递 37 次、党员安全生产践诺 36 次、党建业务实操培训 37 次，覆盖项目党员干部职工 1762 人次；开展"送清凉"慰问 37 次，覆盖项目党员干部职工 1881 人次。召开庆"七一"表彰大会，表彰 21 个先进基层党组织、60 名优秀共产党员和 15 名优秀党务工作者，10 名第三届"十佳党支部书记"，共发放表彰奖励 25.5 万元。推荐选举北京市第十三次党代会代表，选举出席北京市第十三次党代会代表陈文志、吴亚东 2 人。健全规范基层党组织设置，变更号码公司党委、纪委名称，成立重庆东站、长沙西站指挥部党工委，指导设计院、国际事业部、东非公司党员（代表）大会换届。完善基层党建制度，修订印发《党建工作纲要》《关于加强境外单位党建工作的实施细则（试行）》《关

▲图 13-30　中铁建工承建的国家跳台滑雪中心"雪如意"被特别授予中国建设工程鲁班奖

于进一步深化新形势下项目党建工作的实施意见》等5项制度文件，进一步规范基层党建、境外党建、混合所有制党建等工作。

聚焦习近平总书记重要指示批示精神和系列重要讲话，聚焦贯彻落实安全发展理念与安全生产责任制落实，聚焦上级和集团公司系列改革举措贯彻落实，全年统一立项的政治监督和专项监督16项。持续贯彻落实党风廉政谈话制度，两级纪委书记与同级领导班子沟通谈话596人次，与下级党政主要负责人谈话873人次。保持惩治腐败高压态势，全年处置问题线索78件，立案审查34件，处理处分242人次，运用第一种形态批评教育147人次，占比为60.49%；运用第二种形态处理75人次，占比为30.87%；运用第三种形态处理21人次，占比为8.64%，不断筑牢四道防线。组织召开警示教育大会，通报违规违纪典型案例和普遍性问题；利用开展党建行主题实践活动，深入37个项目开展典型案例警示教育。启动9个亏损项目违规违纪与履职不力问题专项治理，完成对昆明康养项目核查调查，处理处分违规违纪与履职不力人员41名，挽回经济损失2658.03万元。持之以恒纠治"四风"问题，在重大节假日期间开展突击检查、暗访、自查，两级纪检组织突击检查66次，暗访108次，自查1170次；深入贯彻落实中央八项规定精神，研究制定制度措施，严格规范企业领导人员操办婚丧喜庆事宜；发布关于内部违规吃请送礼等问题加强监督问责的九条措施，刹歪风、扬正气。组建两个巡察组对所属建研院党总支和长规院党委开展常规巡察。创新巡检模式，提级开展亏损项目专项巡检工作。

组织开展"五保一促""决战决胜四季度"专项劳动竞赛。1项创新成果荣获首都职工自主创新成果二等奖。开展"群安员百日竞赛"，启动"安康杯"竞赛活动，1个集体荣获2021年度北京市"安康杯"竞赛优胜班组。制定职工队伍建设"十四五"规划，组织开展电工技能竞赛、铁路工程试验人员职业技能竞赛活动。组织召开青年精神素养提升工程推进会暨专题团课。持续开展农民工走访慰问工作，编制《农民工生活区标准化图集》。开展"四送"文艺宣讲活动，全年共拨付工会经费1134万元，累计慰问项目部668个，职民工54000余人。开展学习党的二十大精神主题征文、知识问答、职工书画摄影展、第二十届"建工杯"篮球赛、线上运动会等系列文体活动，开展"四送"文艺演出、大商务演讲竞赛和群团干部走访慰问活动。

（徐 灿 李子锐 贾 冀 李帅帅 伊琳娜）

【信息化建设】加快推进中国中铁北京区域云计算平台推广运营工作，完成中铁设计、中铁六局、中铁九局等局智能审单机器人系统，中铁设计、中铁置业资产管理系统，华铁智能资金系统，中铁建工智能审单机器人、员工管理系统、投资销售系统、电子合同签约平台等12套系统云平台部署上线运行。抓实推进信息贯通工程，积极推进智慧名片系统、项目综合管理系统、海外管理平台、法律合规系统、电子合同签约平台、安全质量智慧平台系统等9套系统上线运行及推广工作。有序推进大数据系统开发与应用，完成在建项目经理及证书分析模块大数据开发工作，实现项目经理数据和经营板块、商务板块、财务板块数据贯通；完成大数据系统中成本、统计数据和股份公司项目综合管理系统、统计系统数据贯通，实现一键导入。加强网络安全体系建设，完成公安部2022年网络安全专项攻防演练，周密部署、强化值守、协同联动，防御28万多次网络攻击，紧急处置10起安全隐患；圆满完成党的二十大、进博会、国庆节等重大活动期间网络安全防护工作，全年未发生网络安全事件。探索实践数智升级，获得BIM信息化应用大赛奖项32项；编制完成中铁建工房屋建筑工程施工阶段BIM实施标准、智慧工地建设技术标准，智慧工地在重庆东站等24个项目推广应用；自主研发建筑智能施工打磨机器人、打孔机器人、高层建筑智慧施工大脑平台等。

（赵晓娜）

【履行社会责任】在疫情防控、志愿

▲图13-31 中铁建工承建的星火枢纽房建工程获国家优质工程奖

▲图 13-32　中铁建工援建上海方舱医院

服务中勇挑重担，积极参与上海、广州等地防疫支援，同心抗疫展现央企担当。3 月 15 日，经过 72 小时的持续奋战，圆满完成青岛红岛方舱医院建设任务。3 月 24 日，历时 10 天完成长春市兴隆综合保税区隔离点 170 套抗疫用房的建设任务，为长春疫情防控提供有力保障。4 月 20 日，交付四川南充方舱医院改造工程项目。4 月至 5 月，完成上海国家会展中心方舱医院援建及维保工作，历时 57 天完成 13 万平方米的建设任务，提供了超 14000 张床位，维保阶段进舱 537 班次，处理各类故障 6000 余次，用实际行动助力上海疫情防控工作。11 月 22 日，历时 8 天完成黄埔区知识城方舱医院援建任务，为广州市疫情防控工作提供坚强保障，彰显央企责任与担当。中铁建工所属二公司连续 7 年开办"牵手关爱　七彩童年"建设工地小候鸟驿站，帮助农民工与子女团聚，并提供生活照料、学业辅导等关爱帮扶，践行社会责任与担当。10 月 31 日，中铁建工南极建设者，搭乘"雪龙"号考察船出征启航，随中国第 39 次南极科考队第 19 次远征南极，开启南极建设新征程。

（李子锐　李双伟）

中铁广州工程局集团有限公司

【简况】中铁广州工程局集团有限公司（简称"中铁广州局"）原单位组建于 1988 年。1992 年 10 月注册为全民所有制企业，名称为"广东中海工程建设总局"。1999 年划归三九企业集团，后并入华润集团。2008 年 11 月，整体划归中国铁路工程总公司管理。2009 年 4 月，改制并更名为"中铁港航工程局有限公司"。2010 年 3 月，资产整体注入中国中铁股份有限公司，注册地广东省广州市。2010 年 11 月，中国中铁股份有限公司对中铁港航工程局有限公司进行重组，2011 年 1 月，设立企业集团，中铁港航工程局有限公司作为集团母公司名称变更为"中铁港航局集团有限公司"。2016 年 11 月，按照中国中铁战略部署，重组新设中铁广州工程局有限公司，将中铁港航局以及中铁建投下属企业深圳中铁观澜投资有限公司整合重组并入中铁广州工程局。2017 年 3 月 10 日，设立企业集团，中铁广州工程局有限公司作为母公司名称变更为"中铁广州工程局集团有限公司"，因生产经营需要，2017 年中铁广州局进行企业内部重组，将中铁港航局旗下 11 个子公司和 1 个参股公司重组并入中铁广州局。截至 2022 年末，中铁广州局注册资本金为 23 亿元，下设 22 个子公司、7 个指挥部。2022 年，新设 2 个子公司，补充录入国资委产权系统 4 个。

中铁广州局现有各类资质 82 项，其中施工资质 78 项，设计行业甲级资质 5 项。施工资质中，施工总包特级资质 5 项，一级资质 7 项，二级、三级资质共计 22 项；施工专业承包一级资质 23 项，二级、三级资质共计 21 项。2022 年，新增资质 8 项，其中施工总承包资质 4 项，专业承包资质 4 项。

截至 2022 年末，中铁广州局资产总额 241.63 亿元，其中固定资产 12.32 亿元，流动资产 184.86 亿元。在岗员工 5853 人，占员工总数的 95%；非在岗员工 285 人，占员工总数的 4.64%。其中研究生以上学历 88 人、本科学历 4165 人、本科及以上学历占员工总数的 69.28%。各类管理人才 5368 人，占员工总数的 87.45%；各类专业技术人才 4409 人，占员工总数的 71.83%，其中高级职称 787 人（正高级工程师 44 人）、中级职称 1787 人、初级职称 1837 人，分别占专业技术人才的 17.84%、40.53%、41.66%。各类技能人才 978 人，其中高级技师 147 人、技师 223 人、高级工 336 人，高技能人才占工人总数的 63.01%。拥有机械设备固定资产 1480 台套（不含测量、实验仪器及小车），原值 17.05 亿元，净值 6.89 亿元，设备新度系数 0.40，总功率 194888.99 千瓦，技术装备率 10.7 万元 / 人，动力装备率 30.24 千瓦 / 人，装备生产率 50.3 万元。自有设备完好率 92.99%，自有设备利用率 85.97%。

2022 年，中铁广州局获中施企协微创新技术成果奖项 13 项，省部级及国家行业协会科技奖 12 项，获评股份公司工法 20 项，省级工法 21

项，通过股份公司科技成果评审 11 项，通过广东省建筑业协会鉴定 12 项，授权发明专利 46 项、实用新型专利 211 项、海外专利 1 项。获国家级优质工程奖 3 项，省部级优质工程 9 项，中国中铁杯优质工程奖 3 项；1 个项目入选国家级安标工地学习交流名单；获国家级优秀 QC 成果奖 4 项，省部级优秀 QC 成果奖 75 项，股份公司优秀 QC 成果奖 9 项；连续获评广东省市政协会优秀企业、AAAAA 级信用企业、广州市建筑业联合会优秀企业；获中国施工企业协会 AAA 信用评价、诚信典型企业、工程建设行业诚信建设十佳案例、星级企业等荣誉称号。

（杜中超　黄栋　刘洁　缪晨辉　熊格萱　阴庆芳）

【主要指标】截至 2022 年末，中铁广州局资产总额 241.63 亿元，较 2021 增加 24.13 亿元，增长 11.09%；负债总额 202.38 亿元，较年初增加 22.61 亿元，增长 12.58%；所有者权益 39.24 亿元，较 2021 增加 1.52 亿元，增长 4.03%。期末资产负债率 83.76%。2022 年完成营业收入 311.57 亿元，较 2021 年增加 12.25 亿元，增长 4.09%；实现净利润 1.60 亿元，较 2021 年增加 0.39 亿元，增长 32.23%；实现经营活动现金净流入 13.42 亿元。

（王佐兵）

表 13-16　2021—2022 年中铁广州局主要经济指标

项目	2021 年	2022 年	增长率 /%
资产总额 / 亿元	217.50	241.63	11.09
所有者权益 / 亿元	37.72	39.24	4.03
营业收入 / 亿元	299.32	311.57	4.09
利润总额 / 亿元	1.58	2.08	31.65
净利润 / 亿元	1.21	1.60	32.23
归属于母公司所有者的净利润 / 亿元	1.16	1.59	37.07
技术开发投入 / 亿元	6.08	7.31	20.23
利税总额 / 亿元	5.95	6.90	15.97
应交税金总额 / 亿元	4.37	4.82	10.30
全员劳动生产率 /[万元 /（人·年）]	25.90	26.18	1.08
净资产收益率 /%	3.26	4.26	增加 1.00 个百分点
总资产报酬率 /%	0.97	1.26	增加 0.29 个百分点
国有资本保值增值率 /%	102.82	103.40	增加 0.58 个百分点

制表：王佐兵

【改革发展】2022 年，中铁广州局全面落实"四增两控四提高"要求，构建特色鲜明、清晰对路的"1+4+7"大商务管理体系，出台大商务管理体系"三个专项方案"、配套制定"四项清单"，强化合同、设计和概算"三优化"。制定《关于开展国有产权管理四项问题专项治理工作推进措施》，开展民企挂靠国资、压减工作"回头看"、控股不控权、大股东对等、混合所有制改革、法人基本信息统计等自查清理任务，并建立 4 项问题专项治理台账，涉及 4 项 19 个问题的整改工作。制定出台项目经理内部承包、公开竞聘、业绩考核和薪酬分配等制度，修订工效联动工资增幅规则，企业经理层成员 100% 签订聘任协议和任期经营业绩责任书，明确奖惩规则，完善正向考核激励体系。严格设备物资管控，开展集中采购。制定"十四五"法治建设规划，启动"合规管理强化年"专项工作。扎实开展"7+4"综合治理；全面推行项目分级预警管控，做深做实项目管理策划，强化三级公司总经理现场履职，生产组织能力和攻坚克难能力不断攀升。全力推动生产经营体制机制变革，强化"大经营、大商务、大合规、大监督"体系建设；及时优化经营布局，撤销 5 个区域工程指挥部，调整为 7 个生产经营一体化指挥部，在华东地区新设立一公司，实现经营承揽稳步拓展。

（向小亚）

【重大项目】2022年，中铁广州局完成新签合同总额817.4亿元，其中自主经营601.7亿元，同比增长20%。铁路板块，坚持深耕大湾区铁路市场，承揽了深江铁路、粤东城际、莞惠城际；房建板块，承揽了西咸江渡科创方舟、海南南港"二线口岸"项目、贵阳东数西算等重大房建项目；市政板块，承揽了南沙横沥地下空间、保定市东二环、通化西站交通枢纽、南宁兴宁区PPP项目等项目；港航板块，发挥爆破技术优势，合计承揽82.5亿元，在广州港、盐城港、重庆港、厦门港等大业主滚动成效显著，新进入肇庆港、宁波港、徐州港、南昌港，并重返中广核市场；公路板块，中标宜上、佛肇云高速公路项目；桥梁板块，在鹅城大桥、海心桥的基础上滚动开发了南沙畅享湾、惠州金山湖等城市景观桥；在"第二曲线"方面，中标永吉水库项目，水务环保中标毕节威宁水厂、赣江桑海水厂、黄埔九龙水厂，补强了公司在水利水电、水厂项目的业绩短板；深度服务国家乡村振兴战略，中标雄安百花田农业、青海特色农产业示范基地、资阳垦造水田项目，合计金额38.6亿元。全年新开工项目95个，完工项目74个，在建项目258个，完成产值352.70亿元，其中：铁路项目完成65.1亿元；公路项目完成57.5亿元；市政项目完成92.8亿元；城轨项目完成37.3亿元；房建项目本年完成66.6亿元；其他水工项目本年完成产值33.4亿元。2022年，新签投资项目3个。其中自主投资项目1个，投资额11.5亿元；参股类投资项目2个，新签合同额96亿元。

（阴庆芳　赵雪梅　余嘉铭）

【走向海外】全年境外跟踪项目28个，组织境外项目投标议标9次，成功中标香港元朗南第一期发展工地平整及基础设施工程——合约二，新签境外合同1.26亿美元，完成境外新签任务的126%；同时落实大商务管理，成功申请境外项目专项费用325万元人民币。

（谭礼忠）

【重大创新】2022年，中铁广州局完成内部科技成果结题评审35项，通过外部科技成果鉴定23项，取得国际先进及以上水平成果4项；授权海外发明专利1项、国内发明专利46项、实用新型专利211项，有效发明专利数超过150件/万人；获得股份公司工法20项、省部级工法21项、省部级及国家行业协会科技奖12项、中铁实用技术二等奖1项、中施企协微创新成果14项；参与川藏铁路标准编制1项。企业管理现代化创新成果内部立项21项，在股份公司获批立项的"三级工程公司青年人才队伍建设的探索实践""创新成本管理价值链，激发项目效益潜能""'三建'工作法推动企业党建工作与生产经营深度融合"3项成果均获评二等奖。

（缪晨辉　熊格萱）

【工程创优】2022年，中铁广州局参建的昆明市轨道交通4号线工程PPP项目获2022—2023年度第一批中国建设工程鲁班奖；深圳地铁6号线、中共海口市委党校（市行政学院、社会主义学院）新校区项目获2022—2023年度第一批国家优质工程奖；新建银川至西安铁路甘宁段庆阳站、宁县站、藏木雅鲁藏布江双线特大桥、川南城际铁路雷波寺右线特大桥、蒙华铁路MHTJ-30标段大围山隧道工程4项目申报铁路优质工程，已通过初审；新建磨丁至万象线铁路工程施工Ⅱ标二分部、广州市铁路综合交通客运枢纽建设运营管理中心、南宁市轨道交通5号线02标土建6工区获中国中铁杯优质工程奖；广州市铁路综合交通客运枢纽建设运营管理中心获广东省建设工程优质奖、广东省建设工程金匠奖；香港科技大学获广东省优质结构工程奖；中共海口市委党校（市行政学院、社会主义学院）新校区项目获海南省建设工程绿岛杯奖；快环综合整治项目（邕宾立交）改造工程获广西壮族自治区建设工程优质结构奖；拉林铁路藏木特大桥获全国优秀焊接工程一等奖；贵州省江口至都格高速公路瓮安至开阳段PPP项目开州湖大桥工程、遵余湘江大桥获贵州省"黄果树杯"；贵阳市轨道交通3号线一期工程土建施工6标获贵州省建筑工程优质质量结构工程；其他获地市级优质工程奖13项；海口银行总部大楼入选全国建设工程施工工地安全生产标准化学习交流名单；全年获国家级优秀QC成果奖4项、省部级优秀QC成果奖75项。

（刘洁）

▲图13-33　2022年11月17日，中铁广州局承建的广州海心桥成功摘获国际桥梁与结构工程协会（IABSE）2022年度"杰出人行桥"入围奖

▲图13-34　中共海口市委党校（市行政学院、社会主义学院）新校区项目获2022—2023年度第一批国家优质工程奖

【企业文化】构建以"永立潮头、勇于争先"为企业精神、"广通天下、州连百川"为企业愿景、"严谨、团结、执行、创新"为企业作风、"爱岗、敬业、遵纪、守法"为员工行为准则、"人品优先、敬业为本"为企业人才观、"靠诚信打开市场、靠精品占领市场"为企业市场观、"党建引领、高质高效"为企业发展观等在内的特色价值理念体系。启动"开路先锋"企业文化节，以"喜迎二十大，永当开路先锋"为主题，开展中铁广州特色的"九个一"系列文化活动；制作《喜迎党的二十大　开路先锋永担当》主题宣传片和宣传展板，在重点工程项目开展"开路先锋"旗帜授旗签名活动，把"永远的开路先锋"宣传语打造成特有文化品牌，多形式、多层次、多渠道讲好讲活品牌故事；组织开展职工书法、美术、摄影等作品征集和"建功二十大"征文活动，展示企业改革发展取得的成就，进一步弘扬优秀企业文化，凝聚成企业发展的强大动力。

（郭爱华）

【党建工作】坚持以习近平新时代中国特色社会主义思想为指导，把学习宣传贯彻党的二十大精神作为首要政治任务，将学习党的二十大精神同习近平总书记关于国有企业改革发展和党的建设的重要论述精神结合起来，弘扬伟大建党精神，掀起学习宣传贯彻热潮。"第一议题"机制全面落实，全公司上下政治上更加先进、思想上更加统一、行动上更加坚定。周密制定学习方案，推动广大党员干部坚持用新思想新理论指导实践、破解难题、推动工作，不断增强"四个意识"、坚定"四个自信"、做到"两个维护"。牢固树立"一切管理到项目，一切工作到支部"和"大党建思维"的鲜明导向，全面落实股份公司"1266"党建工作规划，夯实基本党组织建设，严肃基层党建生活，不断打牢基层党建基础。制定《关于进一步深化新形势下项目党建工作的实施办法》，明确新形势下项目党建工作的重点内容，制定《项目党组织重要事项管理权限导引》，完善《项目重要事项管理权限导引》。严格干部选拔任用，全年提拔任用中层副职及以上领导人员20人，调整、交流中层副职及以上领导人员74人次；深化干部监督管理，首次对集团本部55名中层干部开展履职巡察工作，有效运用考核结果。抓好青年干部党性教育，在古田干部学院举办第二期青年干部培训暨"青马工程"培训班。在全集团开展"广州局要发展，我们怎么办？"大讨论活动，干部职工撰写大讨论文章330余篇，并召开大讨论理论成果报告会，持续梳理总结固化大讨论优秀成果，编制大讨论理论文集，形成公司党建和管理工作研究理论成果。持续推进大监督格局，将纪委监督、审计监督、巡察监督、各业务部门职能监督有机结合起来，实现监督优势互补、监督资源共享、监督信息互通、监督工作协同互联，形成一张立体监督网络。着力开展亏损项目专项治理工作，编制《工程项目治理成果转化口袋书》，全年通过对延长高速、贵南2标、川南城际

▲图13-35　2022年5月26日，中铁广州局第二期青年干部培训暨"青马工程"培训班在古田干部学院正式开班

和新伊高速4个项目亏损治理。深化政治巡察，如期实现十九届中央任期巡察全覆盖，通过成立巡察组，采取"一托N"方式，开展常规巡察，并及时开展巡察反馈。坚定不移维护职工合法权益，强化群团组织建设，广泛开展劳动竞赛、送温暖送清凉、导师带徒、青年岗位建功达标活动，企业改革发展的群众基础更加坚实。2022年，中铁广州局下属港航公司获"广东省五一劳动奖状"、桥梁公司拉林铁路工程指挥部获"西藏五一劳动奖状"，桥梁公司孙军获"广东省五一劳动奖章"、朱志钢获"中华全国铁路总工会火车头奖章"。

（朱斯佳）

【信息化建设】编制印发《中铁广州工程局集团有限公司信息化建设"十四五"规划》，明确中铁广州局未来几年信息化发展目标及重点任务。推广应用中铁e通、一体化工作平台，逐步完善手机端移动办公各项功能；开展工程项目综合管理系统、新营销管理系统等新上线股份统建系统初期配置、推广应用及培训；在重点项目开展智能化试点应用；结合信息贯通工程开展OA系统大集中项目，实现公司及全部子公司OA系统资源数据集中、统一运维管理；加强视频会议系统建设及应用，持续完善全集团网络安全体系建设。

（李毅）

【履行社会责任】大力推进乡村建设工程，多次组织定点帮扶工作领导小组成员到建饶镇开展实地调研考察，形成《建饶镇镇域情况调研报告暨乡村振兴框架思路》，制定《驻建饶镇乡村振兴帮扶工作队2022年至2024年工作规划》，落实具体帮扶项目，并组织了两次与广东省国安厅党建共建活动，召开了4次定点帮扶工作座谈会，及时解决建饶镇乡村振兴帮扶工作问题难点。选派干部挂职湖南省汝城县马桥镇外沙村驻村第一书记，组织召开村总支部党员大会；筹集修路资金4万多元建设乡村通组路；确定农业产业基地，积极实施帮扶项目建设，共计投入44.7万元资金，完成外沙村沙园组道路硬化及排水项目、银行口组背屋道路硬化、梨树组排水沟改建及涵洞清淤等惠民生项目建设，切实解决群众所需所求。积极主动多轮次参与疫情防控和集中隔离用房建设，青年志愿者累计志愿服务时长超过3000小时，充分彰显了央企的社会责任与担当。

（郭爱华　曾雪莹）

▲图13-36　2022年12月14日，中铁广州局助力乡村振兴"消费帮扶"购销签约仪式在潮州市饶平县建饶镇举行

中铁北京工程局集团有限公司

【简况】中铁北京工程局集团有限公司（简称"中铁北京局"）是中国中铁股份有限公司的全资子公司，总部位于北京市门头沟区。公司成立于1987年，成立之时名称为中国航空港建设总公司。1998年12月，整体移交地方并入三九企业集团。2008年1月4日，随三九企业集团整体并入中国华润总公司。2009年11月，经国资委批准整体划入中国铁路工程总公司。2010年10月，中铁一局一公司、中铁三局一公司、中铁建工北京公司整建制并入，11月29日，改制更名为"中国航空港建设有限公司"，12月28日，正式进入中国中铁股份有限公司。2011年1月31日，更名为"中国中铁航空港建设集团有限公司"，同年4月1日，启动子分公司重组，成立中铁航空港集团第二工程有限公司、北京机场工程分公司、深圳分公司及北京第五、第六、第七、第八分公司和辽宁工程有限公司。2012年，组建新中铁航空港集团三公司、中铁航空港集团重庆第四分公司和中铁航空港集团杭州分公司3个新公司。2015年6月，企业内部再次进行重组整合，将深圳分公司与二公司的业务、资产和人员进行整体合并，成立中铁航空港第二工程有限公司；将第八分公司与机场分公司业务、资产和人员进行整体合并，成立中铁航空港机场工程分公司；将第五、第六、第七分公司业务、资产和人员进行整体合并，成立中铁航空港北京建筑工程分公司，新设物贸公司。2016年，成立了华中、西北、华南、华东、东北、华北、西南7个区域指挥部。2017年3月，更名为"中铁北京工程局集团有限公司"，6月，成立雄安新区投资建设指挥部，10月，中铁天丰建筑工程有限公司重组至中铁北京

局，12月，成立国际分公司。2018年8月，下属北京颐和监理公司重组至中铁华铁设计集团。2020年9月，成立晋鲁豫区域指挥部。2021年6月，设立检测公司。2022年6月，设立中铁航空港建设有限公司。截至2022年末，中铁北京局下设9个区域指挥部，辖13个子分公司和16个直管项目部，拥有总承包特级资质3项、总承包一级资质2项、专业承包一级资质3项、设计资质4项、公路工程试验检测综合乙级资质和测绘乙级资质。企业注册资本32亿元，资产总额266.07亿元，其中固定资产净值9.58亿元、流动资产199.78亿元。拥有各类施工机械设备1691台/套，设备总原值107502.96万元，净值51410.45万元，设备新度系数为0.48，技术装备率5.96万元/人，设备总功率21.78万千瓦，动力装备率25.27千瓦/人；其中国内设备1586台/套，原值103992.62万元，占设备总原值的96.73%；国外设备105台/套，原值3510.34万元，占设备总原值的3.27%。公司在册员工8491人，其中管理及专业技术人员7262人，占比85.53%，技能人员1229人，占比14.47%。非在岗员工415人，员工在岗率达94.5%。

（蒋清怡　付炬昌　史学博　王怡楠）

【主要指标】截至2022年底，中铁北京局资产总额266.07亿元，决算反映所有者权益53.67亿元；全年完成营业收入310.25亿元，同比增长2.98%；实现净利润0.96亿元，同比增长2.13%；经营性现金流持续保持净流入。全年技术开发投入5.61亿元，同比增长1.45%；实现利税总额5.27亿元，应交税金总额4.14亿元，全员劳动生产率27.83万元/（人·年）；实现净资产收益率1.78%，总资产报酬率1.12%，国有资本保值增值率100.11%，实现国有资本保值增值。

（付炬昌）

表13-17　2021—2022年中铁北京局主要经济指标

项目	2021年	2022年	增长率/%
资产总额/亿元	239.70	266.07	11.00
所有者权益/亿元	53.62	53.67	0.09
营业收入/亿元	301.26	310.25	2.98
利润总额/亿元	1.11	1.13	1.80
净利润/亿元	0.94	0.96	2.13
归属于母公司所有者的净利润/亿元	0.94	0.95	1.06
技术开发投入/亿元	5.53	5.61	1.45
利税总额/亿元	7.09	5.27	-25.67
应交税金总额/亿元	5.98	4.14	-30.77
全员劳动生产率/[万元/（人·年）]	28.14	27.83	-1.10
净资产收益率/%	1.75	1.78	增加0.03个百分点
总资产报酬率/%	1.12	1.12	持平
国有资本保值增值率/%	100.76	100.11	减少0.65个百分点

制表：王　飞

【改革发展】建立人才工作新格局。研究制定《中铁北京局"十四五"人才发展规划》，明确人才队伍建设原则、目标和路径。各业务系统紧扣重点任务清单，组织编制本系统人才队伍建设方案，建立完善系统人才准入、培养、选用、激励和退出机制，形成了集团公司党委统一领导、各级人力资源部门牵头、各级系统部门主建的人才队伍建设工作新格局。

规范人才公开招聘标准。修订《人才引进与培养管理办法》，优化提升人才引进标准，简化录用审批流程，实行急需紧缺成熟人才公开招聘"一人一策"，开辟"高精尖"人才绿色通道等，有效提升人才引进市场化水平，严格执行引进人才试用期考核制度，人才引进的数量和质量有效提升。2022年，通过公开招聘引进成熟人才101名，其中

43人持有一级建造师证书，9人持有一级造价工程师证书，5人持有注册安全工程师证书，19人具备高级以上职称；招收毕业生630人，其中硕士研究生43人，"双一流"及重点交通类院校毕业生157人，占比达25%。

拓宽职业发展通道。研究制定《职业项目经理管理办法》，建立了项目经理能力素质模型，完善了项目经理任职负面清单，规范了项目经理资格准入、培训培养、选拔任用和激励约束等重点环节，构建"纵向分级、横向分类"的职业项目经理分级动态管理机制，将职业项目经理分为正处级、副处级，不同级别配套相应的资格评审、任用管理、薪酬待遇等政策，对发生责任亏损、廉洁问题的终生禁入，形成了"晋升靠业绩、收入凭贡献"的竞争机制。2022年，通过基层推荐、资格审查、专题评审、会议决定、公示等环节，评选副处级职业项目经理2人。研究制定了《主任工程师管理办法》，率先在工程技术、工程测量、工程试验、工程物资、工程机械5个专业实行五级评定，打通"管理序列+专业序列"职业发展双通道。通过设立刚性评选标准、实行年度考核、完善退出机制，实现了"晋升靠业绩"的竞争机制，2022年评选主任工程师66人。完善专家管理体系，组建专家委员会，技术专家扩容到设计、投融资、商务等17个专业，2022年评选各类专家人才195人，一级和二级技术专家12人。

优化选人用人机制。修订完善《企业领导人员选拔任用办法》《员工任用管理办法》，打破论资排辈的壁垒，聚焦"效益和信誉"，树立"以业绩论英雄"导向，实现了由组织提拔为主向组织提拔、内部竞聘并重的重要转变。2022年，16名业绩考核优秀的干部得到提拔重用，其中从项目经理岗位提拔的有3人，从市场营销岗位提拔的有5人。通过市场化选聘、内部公开选拔、揭榜挂帅等方式选拔并按照契约化进行管理的项目经理33人，达到13.52%。

强化青年人才培养。重点制定了《关于大力培养选拔使用优秀年轻干部的实施方案》，推进实施"1357英才计划""80、90、00"培养工程，对优秀年轻干部通过外挂锻炼与多岗历练相结合。2022年，新提拔40岁以下干部11人，占提拔总人数的68.75%。对于优秀高校毕业生，通过"全周期培养+四阶段考核"，"集团总部+子分公司"双挂，"职业导师+业务导师+领导人员联系机制"等措施跟踪培养，引导青年干部争做业务"高手"、专业"强人"，一批"90后""00后"在实践锻炼中成长、成才。

建立刚性退出机制。研究制定《子分公司经理层成员任期制和契约化管理办法》《子分公司负责人经营业绩考核与薪酬管理办法》《区域指挥部绩效考核与薪酬管理办法》等，实行经营业绩责任书一年一签，有序推进任期制和契约化管理。通过强化考核、刚性兑现，解决了干部能上不能下的问题。2022年，通过业绩考核和履职考察，对领导干部提醒谈话16人，降职、调整岗位及提前改任非领导职务14人。通过三期考核、末等调整、不胜任退出，依法清退326人。

试点业绩考核"两分类"。坚持"一企一策"分类细化考核指标，科学合理开展业绩考核。在子分公司推行薪酬与业绩双对标，修订《子分公司负责人经营业绩考核与薪酬管理办法》，设定企业经营绩效（规模、质量、运行效率）、管理绩效、战略绩效、专项绩效四大类考核指标，结合所属单位实际情况，进行差异化指标设置、差异化指标下达，财务指标占比70%以上，量化指标占比90%以上。在工程项目部推行自主选聘，制定了《工程项目经理部业绩考核与薪酬管理办法》《岗位价值评估薪酬管理办法》《劳动生产率奖罚试行办法》等，探索现场经费包干，现场管理费结余部分作为项目团队奖励基金，鼓励减人不减工资。通过分类实施多元化分配激励模式，收入进一步向技术、管理和技能骨干人才倾斜，拉大收入差距，改变了干多干少一个样、干与不干一个样"大锅饭"的分配局面，有效地调动了员工的主观能动性、工作积极性。

针对不同职级风险承担能力对薪酬结构进行调整，所属单位和派出机构领导班子实行年薪制、工程项目部领导班子实行期薪制、其他人员实行岗薪制，对固定部分、绩效部分均按4∶6比例进行刚性设置。围绕重要事项、关键业绩指标，设置了额现款上缴奖、超额营销奖、超额利润奖、生产经营专项奖励等特殊奖励单元，建立横向宽带薪酬制度和薪档动态调整机制，改变了只能通过职位晋升才能实现薪酬增加的状况，进一步激发了员工的积极性。2022年，集团公司不同层级管理人员收入差距倍数均值达到1.89，浮动工资占比均值为60%。

推动"十四五"规划落地实施。各系统利用系统会议、工作调研宣贯职能规划，企业官方微信和平台及时发布北京局发展理念和重大事件，借助新开项目策划和新入职员工培训，将企业"四大核心价值观念"和"八项具体工作理念"传递到基层，规划的宣贯实现了全覆盖。持续推进深化改革，提前完成国企改革三年行动的975项改革任务。坚持在完善公司治理中加强党的领导，修订重大事项决策权责清单，进一步厘清各治理主体权责边界，完善了权责法定、权责透明、协调运转、有效制衡的公司治理机制。落实两级经理层任期制与契约化管理，实现全业业绩考核全覆盖，强化绩效考核结果的刚性运用，"三项制度"改革破冰破局。制定《优化生产力布局》方案，帮助子分公司建立"第二总部"，推动天丰公司搬迁雄安。注册设立航空港公司，做强做大机场板块迈出坚实一步；在西南、晋鲁豫、华南区域增设城轨公司、六公司、二公司"第二总部"；实施雄安新区战略布局。实行

▲图13-37 中铁北京局参建昆明长水国际机场改扩建工程举行开工仪式

党办、董办、办公室"三办合一",统一由办公室(党办、董办)履行原"三办"职能。推动大商务管理,成本部更名为商务部,优化了职能职责,调整了定编定员。加强物资设备管理,将物资设备管理职能从商务部剥离,成立了物资设备部。

(付炬昌 王怡楠 蒋清怡)

【重大项目】2022年,中铁北京局完成新签合同额827.25亿元,同比增长20.44%,其中国内基建完成新签合同额805.36亿元,海外业务板块完成新签合同额21.73亿元,房地产板块完成新签合同额0.16亿元。铁路板块新签合同额首次突破120亿元,机场板块新签合同额首次突破70亿元,新兴领域板块新签合同额首次突破100亿元。完成施工产值362.65亿元,同比增长5.5%。新开工重大项目10个,分别是新建西安至十堰高速铁路(陕西段)站前工程XSZQ-7标段、新建贵阳至南宁铁路广西段站房及相关工程GNZF-1标段、新建包头至银川高铁临河至省界段站前及房建工程BYZQ-06标、新建成都至达州至万州铁路站前工程CDWZQ-15标、新建西安至重庆高速铁路安康至重庆段陕渝省界至合川及樊哙经开州至万州连接线站前工程XYKYZQ-5标、新建襄阳至荆门高速铁路站前工程XJZQ-2标、新建天津至潍坊高速铁路站前工程JWZQ-2标、本溪至集安高速公路本溪至桓仁(辽吉界)段十工区、岑溪(粤桂界)至大新公路(横县至南宁段)BOT项目路面2标、昆明长水国际机场改扩建工程T2航站楼及附属工程岩土工程。

2022年,中铁北京局参建的10个重点保开通项目按期开通运营,其中铁路项目3个:成昆铁路峨眉至米易段扩能工程(四川段)站前工程项目14标、中卫至兰州铁路(宁夏段)工程ZLZQ-2标段、新建和田至若羌铁路先期开工段站前工程S1标段;高速公路项目5个:G8012弥勒至楚雄高速公路玉溪至楚雄段TJ-12标、吕梁市静乐丰润至兴县黑峪口高速公路5标段、陕西省宁陕至石泉高速公路施工第4标段、连霍二广高速联络线(新安至伊川)高速公路七工区、京雄高速公路(北京段)八工区;城轨项目1个:西安市地铁6号线二期工程土建D6TJSG-26标;机场项目1个:新建湖北鄂州民用机场工程飞行区场道工程。9个重点保完工项目全部按期完工,主要有新建贵阳至南宁铁路广西段站前工程GNZQ-7标段、容西片区A单元安置房及配套设施项目A2标段、北京市轨道交通昌平线南延工程土建施工03合同段、中铁青岛世界博览城1#地块(A04-3)商业项目。

(包宇泽 牛乐)

【走向海外】围绕"聚焦海外经营生产,扩大企业海外业务规模,持续提升企业品牌海外影响力"的工作主线,完成新签合同额4.76亿美元,折合33.11亿元人民币,完成股份公司年度计划3亿美元的159%,完成公司年度计划30亿元人民币的110%。完成海外营业额7亿元人民币,完成公司年度计划7.5亿元的93%。全年重点参与了乌干达驻尼日利亚大使馆、亚美尼亚公路项目、孟加拉国机场项目、乌兹别克斯坦污水管网建设和修复项目等项目经营投标,援巴基斯坦瓜达尔新国际机场、尼日利亚安南布拉州机场等在建项目高效履约,企业海外机场建设品牌影响力持续扩大。

(闫 颖)

【工程创优】全年在建工程质量合格率达100%,未发生工程质量事故。公司通过北京市及全国安全文化建设示范企业复审,获得北京市及全国安全文化建设示范企业称号;参建的昆明城市轨道交通4号线PPP项目入选2022—2023年度第一批中国建设工程鲁班奖(国家优质工程奖);承建的新建盐城至南通铁路站前工程海安特大桥、参建的深圳城市轨道交通6号线工程、郑州轨道交通4号线工程入选2022—2023年度第一批国家优质工程奖;参建的北京新机场飞行区工程入选2022—2023年度第一批国家优质工程金奖,汶马高速公路米亚罗至马尔康段等18项工程获省级、股份公司级优质工程,肥西县第二中学改扩建工程等12项工程(项目)获省部级、股份公司级安标工地;安九铁路安徽段项目攀登QC小组、合经区2019-13-5号地块项目筑梦QC小组获得"全国优秀质量管理小组奖",获省部级"QC小组成果奖"48项。

(刘政美)

【重大创新】中铁北京局认真贯彻落实国家创新驱动发展战略,全面实施股份公司科技创新驱动发展的决定,提升科技创新能力,探索符合企业特色的科技创新驱动模式,促进企业提质增效和转型升级。2022年，科技研发课题132个，组织对19项进行了结题验收，其中16个课题通过验收，18项科技成果通过集团公司专家评审；15项科技成果通过股份公司或外部机构评审；组织评审公司级工法55项。2022年，积极组织科技成果奖项申报，获得省部级工法25项，授权专利158项，其中授权发明专利23项；获得股份级及以上科学技术进步奖9项，参编标准12项，已颁布2项。组织召开企业管理现代化创新成果评审会，在23项参评成果中择优选择了3项优秀成果推荐至股份公司参评，分别获得股份公司一等奖1项、三等奖2项。2022年度公司企业管理现代化创新成果共有12项成果获得优秀成果奖，其中一等奖1项、二等奖4项、三等奖7项。制定《中铁北京工程局集团有限公司一次经营业务指导手册》，实现经营、商务、技术、生产、安全、财务、法规、人力、"铁三角"等管理团队深度融合参与一次经营全过程，实现了优揽创效。坚持贯彻一切工作到项目，紧扣项目利润率提升目标，推进大商务管理落地实施。创建样板推进大商务管理。在项目全周期的"营销、策划、履约、收尾"阶段现场办公，传帮带建立工作标准和作风态度样板，制定《一次经营业务指导手册》《经济运行分析管理规定》《收尾项目管理规定》等制度，并启动《施工调查和管理策划管理办法》《工程项目管理交底》等制度的修订细化。集团公司、子分公司两级主要领导、分管领导带队，选取长水机场落实一次经营，选取襄荆铁路开展项目策划，选取广湛、汕汕、容东容西开展履约过程中的经济运行分析，部署贵南项目实施收尾策划，强推子分公司及项目部对标学习。坚持落实降本增收措施。组织项目签订全周期、年度和收尾经济承包责任书，按规定缴纳风险抵押金，压实目标责任；持续治理"四超额""四违规"，整治"跑冒滴漏"；各工程公司均成立算量中心，工程数量管控持续加强。

（蒋清怡　李　鹏　牛　乐　李慧慧）

【企业文化】组织开展首届"开路先锋"企业文化节，推进"十个一"活动，举办"开路先锋"文创产品征集展示、"喜迎二十大　永远当先锋"道德讲堂和"开路先锋"旗帜签名传递、制作发布文化理念视频片《先锋》3项活动，进一步引导基层规范开展文化建设工作，认真践行"开路先锋"文化，争当新时代的开路先锋。中铁北京局一公司历史文化展览馆被命名为首批中国中铁"开路先锋"文化教育基地。更新完善企业展厅、宣传册、宣传片等文化产品，启动新版宣传片和企业文化VIS手册制作工作，搭建对外彰显品牌形象、对内宣传企业精神的文化桥梁，增强企业市场竞争软实力。制作了2021年发展成就回顾总结片《攻坚》、先进典型事迹展播片《先锋》及18块展板，在两会期间进行展出；编印了《员工行为手册》、先进模范事迹汇编《先锋》，协助工会工作部制作了劳模专题片《榜样》，教育引导广大员工坚守"三个是否"价值标准、发扬"三个敢于"实干精神。加强精神文

▲图13-38　中铁北京局参建北京新机场飞行区工程荣获国家优质工程金奖

明创建,参加了门头沟区2022年精神文明建设工作大会,并在会上作经验交流。加强联创共建,协助组织2022年"门头沟道德模范"先进事迹宣讲报告团走进中铁北京局,得到门头沟区文明办肯定。积极参与中国企业联合会组织的文化成果申报工作,中铁北京局、中铁北京局一公司申报的文化成果分别荣获全国企业文化优秀成果一等奖、二等奖。

（兀拓辛）

【党建工作】坚持和加强党的全面领导,将迎接保障党的二十大召开和学习宣传贯彻的二十大精神作为首要政治任务,全力以赴为大会召开营造安全稳定的良好环境,迅速在全公司掀起学习宣传贯彻党的二十大精神热潮,把广大党员、干部职工的思想统一到党的二十大精神上来。规范落实"第一议题"机制,推动学习贯彻习近平总书记重要指示批示上下联动、一贯到底。在完善公司治理中加强党的领导,修订重大事项决策权责清单,进一步厘清各治理主体权责边界,召开党委常委会10次,前置研究重大经营事项57项,有效发挥了党委的领导作用。加强党的创新理论武装,开展党委中心组学习研讨7次,系统学习习近平经济思想等内容,做到学原文、悟原理、深研讨、出实招。加强干部人才队伍建设,修订两级《经理层经营业绩考核与薪酬管理办法》等制度,健全选人用人机制。全年任免干部138人,其中提拔16人,调整83人,改任非领导职务8人,降职6人；提拔40岁以下年轻干部11人,占比为68.8%,优化了干部队伍结构。评选表彰2家单位为2021年度"四好"班子。落实两级经理层任期制与契约化管理,实现全员业绩考核全覆盖,强化绩效考核结果的刚性运用,"三项制度"改革破冰破局。加大人才引进力度,招聘2022届硕士研究生43人,"双一流"及重点交通类院校毕业生157人,引进成熟人才101人。加强和改进总部作风建设,提升总部管理效能和服务水平。大力弘扬真抓实干的优良作风,狠抓执行落实,营造了浓厚的干事创业氛围。持续夯实基层党建基础,坚持一切工作到项目、到支部,积极探索实施党员积分制管理,开展党支部晋位升级管理复查、党务工作规范性清查整治和党建工作风险隐患排查,实现党组织"应建尽建"、任期制"应换尽换"、党务干部"应配尽配"、党员"应管尽管"。培训基层党支部书记及党务干部67人次。制定党建工作深度融入生产经营、深化新形势下项目党建工作"两个实施意见",推行"党建+"模式,广泛开展党建主题实践活动,充分发挥了基层党组织的战斗堡垒作用和党员先锋模范作用。评选表彰先进基层党组织26个、优秀共产党员和优秀党务工作者111名。抓实党建工作述评考用,压紧压实了管党治党责任。加强党风廉政建设,召开党风廉政建设和反腐败工作会、推进会和警示教育大会,通报典型案例,深化以案为鉴、以案促改。加强廉洁项目建设,评选5个廉洁示范项目。加强对"一把手"和领导班子"关键少数"的监督,围绕"四违规""四超额"等问题开展再监督,深入开展内部违规吃请送礼、化公为私、利益输送等专项整治。对公司机关党委开展专项巡察,解决好总部党建"灯下黑"的问题。开展思想政治工作,组织"喜迎二十大、奋进新征程、永远当先锋""理想信念情怀　爱党爱国爱企""学先进、争先锋、促发展"等主题活动,汇聚起企业发展的强大动力。落实意识形态责任制,开展舆论阵地意识形态问题集中清查整改,做好负面舆情监控。在中央及省部级媒体刊稿1700余篇,其中登录央视新闻19次、央广电台4次,提升了企业社会知名度。坚持党建带工建带团建,开展劳动竞赛、创新创效、群安员、供应链管理和商务算量比赛、商务知识竞答等活动,做实劳模创新工作室,6个集体、28人次获得省级和地市级"工人先锋号"、劳动奖章等称号。开展精准帮扶和职工慰问活动,救助困难职工65人次,发放救助金70.65万元,投入慰问金948万元。推进青年精神素养提升工程,举办"开路先锋"杯职业技能大赛暨首届"笔杆子"大赛,打造"青"字头品牌,充分发挥了青年生力军、突击队作用。同时,信访维稳、保密、疫情防控等工作在企业稳定发展中也发挥了积极作用。

（张京京）

【信息化建设】构筑中铁北京云,推动IT基础资源整合取得新突破。正式上线"中铁北京云"一期,通过服务化、储存虚拟化、软件定义网络、运维自动化等技术综合应用,实现IT基础虚拟设施"云化",提升数据交互能力,节约IT初始成本,提高了IT基础设施使用效率。布局业务生成器应用,推动业务线上审批取得新突破。推广业务生成器在全公司应用,创建各类业务审批表单45项,实现施工方案、施组设计、印章管理、财经业务、投资项目管理、电子签章等多项核心业务线上审批,全年流转审批事项14757次,有效提升各类业务审批时效。部署效率统计模块,推动公文流转效率。在中铁北京局总部OA平台部署效率统计模块,对总部所有线上公文流程办结时效进行统计分析,全年累计流转各类公文流程12471次,通过在平台首页进行排名展示,推动公文流转办结效率进一步提升。部署督查督办管理平台,公司总部部署督查督办管理平台,实现重点工作任务线上督查督办,全年共流转督办事项1273项,有效提升重点工作督查督办效果。部署新档案信息系统,实现档案管理工作统一平台、分别存储、分别管理、集中发布,实现档案收集、整编、保管、统计、利用及电子文件归档等业务管理自动化,实现档案信息资源共享,进一步提高档案利用效率。加强全公司网络信息安全系统建设,提高全员网络信息安全意识,加大安防基础设施投入,持续优化网络

架构，形成上下联动、动态防御、纵深防御的"安全防护一张网"；积极参与各层级网络安全专项活动，以战促防、以战促改，持续提高全公司网络信息安防水平。探索前沿技术创新，积极探索大数据、企业云、数据中台、人工智能等前沿技术在集团公司可应用场景，积极推进全球网络通达、互联网收敛、智能建造、辅助决策、网信工作等事项迈入新阶段。（常　宁）

【履行社会责任】2022年，中铁北京局所属东北指挥部、天丰公司、六公司等驰援长春、沈阳方舱医院建设；天丰公司、一公司、二公司驰援海南乐东抗疫救援隔离房建设；各单位志愿者积极行动，协助驻地社区搭建疫情检测点帐篷、核酸检测、运送防疫物资等，助力打好疫情防控攻坚战。天津公司、贵南高铁、自宜铁路参与大秦铁路、贵广线、黔桂线、成贵铁路抢险救援工作；各单位走进当地敬老院、福利院、贫困地区小学等开展志愿服务，各地高考期间开展爱心送考助考；全年多次向中国中铁对口扶贫县（湖南汝城县、湖南桂东县、山西保德县）采购价值共计27.85万元的农产品，彰显央企社会责任和担当。（兀拓卒　廖　涌）

中铁上海工程局集团有限公司

【简况】中铁上海工程局集团有限公司（简称"中铁上海局"）是中国中铁股份有限公司的全资子公司，2010年12月，由原中铁三局华海公司、中铁四局六公司、中铁四局市政分公司、中国中铁上海分公司重组而成，总部位于上海市宝山区。2014年，中国中铁将中铁九局一公司整体并入中铁上海局。中铁上海局下辖11个子公司和2个分公司。其中，一公司（南京）、三公司（合肥）、四公司（天津）、五公司（南宁）、六公司（昆明）和七公司（西安）6家为综合型工程公司；市政环保公司、华海公司、建筑公司、华南市政公司、投资分公司、城建分公司、物贸公司7家为专业化公司，华南市政公司位于广州，其余6家专业化公司设在上海。另有控股合资公司2家，分别为南京水务环保发展有限公司和天津滨海建投项目管理有限公司。集团公司总部共设16个职能部门、3个附属机构、8个区域总部（不含马来西亚代表处、匈牙利代表处）、10个直管项目部。

中铁上海局注册资本金23亿元，企业总资产288.52亿元，净资产60.25亿元（不含少数股东权益），企业综合授信325亿元。2022年，新签合同额1078亿元，年综合生产能力526亿元，拥有各类施工机械设备3300余台套。主营业务范围包括高速铁路、城市轨道交通、高速公路、市政水务环保、建筑安装、投融资业务和海外业务等。

中铁上海局坚持以加快发展、高质量发展为第一要务，抢抓机遇、接续奋斗，推动企业发展质量不断提升。五年来，企业新签合同额复合增长率13.57%、营业收入复合增长率16.2%、净资产复合增长率15.3%、净利润复合增长率15.7%。始终坚持"现金为王"的资金管理理念，密切银企关系，共获得13家银行综合授信总额378亿元；全集团平均资金集中度达84%；连续多年保持零有息负债。在中国中铁业绩考核中，连续7年排名最高等级"A级"。铁路信用评价累计9次进入A类企业，近5期铁路信用评价连续进入A类企业。上海市百强企业排名第38，入选国务院国资委国有重点企业管理标杆创建行动标杆企业。

中铁上海局现有各类资质135项，其中，铁路、建筑、公路、市政工程施工总承包特级资质4项，隧道、桥梁、机电安装、钢结构等一级资质39项，甲级设计资质4项。资质的等级和类别涵盖企业主营业务，具备参与各类建筑领域施工的能力。现有项目422个，涵盖建筑行业各业务类别，项目遍布全国31个省（自治区、直辖市）以及马来西亚、匈牙利、所罗门群岛等国家。

中铁上海局以"筑时代精品，树历史丰碑"为己任，先后荣获国家级奖项151项、省部级奖项256项，其中，"中国建设工程鲁班奖"24项、"中国土木工程詹天佑奖"26项、"国家优质工程奖"31项、"全国用户满意工程"13项、"全国市政金杯示范工程"21项、"全国优秀焊接工程"29项、"中国钢结构金奖"3项、"国家优质环保工程"4项。获得"全国文明单位""全国五一劳动奖状""全国模范职工之家""国家级高新技术企业"以及上海市"合同信用等级AAA级、守合同重信用企业、用户满意施工企业、建筑施工安全生产先进企业、企业创新文化优秀品牌"等荣誉。拥有国家专利1201项、中国专利奖2项、国家级工法6项、省部级工法230项、省部级科技进步奖150项，参编国家及行业技术规范（规程）17项。（陈　昕）

【主要指标】2022年末，中铁上海局资产总额407.65亿元，负债总额346.27亿元，所有者权益61.38亿元，较2021年60.94亿元增加0.44亿元。年末货币资金存量76.60亿元，经营性净现金流量27.04亿元。

2022年完成营业收入514.05亿元，比2021年同期增长8.78%；利润总额2.79亿元，比2021年同期增长19.74%；归属于母公司所有者的净利润2.39亿元，比2021年同期增长13.27%；总资产报酬率0.88%，比2021年同期1.03%减少了0.15个百分点；净资产收益率3.95%，比2021年同期4.01%减少了0.06个百分点；国有资本保值增值率103.72%，比2021年同期104.97%减少1.25个百分点。（焦云飞）

表 13-18　2021—2022 年中铁上海局主要经济指标

项目	2021 年	2022 年	增长 /%
资产总额 / 亿元	290.64	407.65	40.26
所有者权益 / 亿元	60.94	61.38	0.72
营业收入 / 亿元	472.57	514.05	8.78
利润总额 / 亿元	2.33	2.79	19.74
净利润 / 亿元	2.09	2.41	15.31
归属于母公司所有者的净利润 / 亿元	2.11	2.39	13.27
技术开发投入 / 亿元	8.20	9.73	18.66
利税总额 / 亿元	3.53	3.89	10.20
应交税金总额 / 亿元	0.55	0.68	23.64
净资产收益率 /%	4.01	3.95	减少 0.06 个百分点
总资产报酬率 /%	1.03	0.88	减少 0.15 个百分点
国有资本保值增值率 /%	104.97	103.72	减少 1.25 个百分点

制表：焦云飞

【改革发展】整合区域内生产经营资源，将原有 10 个区域经营总部和 8 个生产片区管控组，优化调整为 8 个区域总部，实行生产经营一体化管理，实现区域内部生产和经营工作"统一领导、分工明确、步调一致"的战略目标，提升了区域战斗力；整合境外经营资源，设立了国际事业部及境外区域营销中心，为进军海外市场提前布局。坚持"独立核算、资源共享、降本增效、滚动发展"的原则，对于满足区域化管理的项目严格按照区域化项目标准下达机构定员，全年共下达 183 个项目组织机构令。

编制了《中铁上海工程局集团有限公司"十四五"人才发展规划》，明晰了未来 5 年干部人才队伍的发展目标、方式和路径。完善制度体系，修订或制定了《领导人员管理办法》等多项管理制度。组织召开中铁上海局 2022 年干部人才工作会议，明确了干部工作的方向及要求。树立"业绩贡献"的用人导向，坚持分管生产、区域、商务的副职领导从业绩突出的项目经理中选拔；凡造成责任亏损的项目经理，一律不上会研究；实施新提拔干部落实签字背书和业绩公示。同时项目经理作为提拔人选的，必须持有一级建造师证书，旗帜鲜明地树立项目经理持证上岗的导向。2022 年，3 名优秀项目经理被提拔为子分公司班子副职。严格选拔程序，坚持"一票否决""两个不得""凡提四必""五个不准""五不上会"等原则。狠抓经理层契约化管理，实现中铁上海局及所属子分公司、140 名负责人经营业绩指标"全覆盖"。加强履职能力提升，全年推荐 9 名领导人员参加中国中铁各类培训班。大胆创新任前谈话机制，将外单位调入和重要岗位任用的领导人员同步纳入任前谈话人员范围，引导干部迈好新任职的"第一步"。

构建大商务管理体系，强化机构设置，优化管理职能，基本形成六大业务系统协同联动，覆盖项目管理全周期的大商务管理格局，"效益提升、价值创造"理念得到普遍认同，项目管理效益提升得到逐步推进。截至 2022 年末，中铁上海局项目平均利润率 2.67%，较 2021 年增加 0.75 个百分点；项目变更索赔率 14.6%，变更索赔创效率 2.54%；久竣未结项目削减 13 个，占年度计划的 163%；竣工清算项目完成 84 个，占计划 71 个的 120%；商务系统人员数量占企业员工总数的 8.55%，基本完成项目管理效益提升三年行动 2022 年度阶段目标。

推进国企改革三年行动重点任务，圆满完成 133 项改革目标；按照股份公司部署制定提质增效专项行动方案，明确 25 项任务要点，有序推动 2022 年度各项提质增效举措及任务落实；扎实开展对标世界一流行动，积极主动学习中建八局、中铁建工等优秀头部企业的管理经验，组织推动并完成集团公司两级对标提升行动任务目标。扎实开展制度体系建设。通过"废改留并立"，公司制度由 505 项精简至 372 项，其中对 264 项制度进行了修订，更新率 71%。新制度体系系统完备、权责明晰、简洁适用，有效解决了制度"多泛松散"、系统性不够、依法合规性差、操作性不强等问题。

（曹翠玲　张　潇　王峰光　程小维）

【重大项目】推动区域生产经营一体化，加快区域总部实体化管理，区域经营架构不断完善，进一步凝聚区域经营合力；健全完善经营考核评价体系，引导各单位做实订单，努力跑好"第一棒"；践行"海外双优"战略，成立国际事业部，整

▲图 13-39　中铁上海局援建的广州市南沙区健康驿站

合海外资源，给予政策支持，海外业务明显提升，在马来西亚首次中标海外水利水电项目，不断做深做实属地经营、滚动经营。坚持城市经营不动摇，大力开拓城市经营新模式，深汕铁路首次挺进大直径盾构施工领域；浙江丽水 EPC 总承包项目创新性实施"产业导入+施工总承包"，开创了投资运营新模式；核心市场优势持续巩固，铁路、公路、城轨、市政、房建五大传统业务新签合同额 1072 亿元，同比增长 6.5%，其中一级铁路市场营销再创新高，先后中标淮宿蚌、巢马、柳梧、成达万、北沿江铁路等多个优质标段，合计中标额 243 亿元。全年完成投资营销 66 亿元，带动施工板块合同额 37 亿元，研究制定"第二曲线"发展规划和奖励标准，全面加强专精特新经营，加快布局水利水电和生态环保等新业务，首次中标矿山修复、湿地修复、煤矿塌陷治理、水电站等新兴领域项目，累计新签合同额 23 亿元，同比增长 60%。

组织开展改革三年行动"回头看"，聚焦问题"再出发"。深化生产经营体制机制改革，区域总部由 10 个调整为 8 个，并与管控组合并，生产经营一体化迈出坚实一步；优化项目管理模式，区域项目一体化管理成熟定型，直代管经理部统筹能力逐步增强。深化两级总部机构改革，总部实行"三办合一"，全员竞聘上岗，末位退出；两级机关设置商务管理部，三级公司审计和法务系统独立运行，优化组合项目管理中心，独立设置工程管理、技术管理部门。深化"三项制度"改革。科学量化分解生产经营指标，经理层任期制契约化管理全面落地；严格落实考核评价，畅通干部职工市场化退出渠道。2022 年，4 名中层干部被降职处理，1 名中层干部纳入待岗交流中心管理；管理人员、正式员工退出率分别达到 4.3%、2.2%。优化考核激励机制。坚持正向激励，对各业务系统奖励事项进行全面梳理，修订 9 项涉及薪酬、奖励文件制度，合理设置考核指标、奖励范围标准和处罚措施，着力提升激励机制效能。

召开首届科技创新大会，规划了"十四五"科技创新蓝图；先后有 8 家单位被认定为省级技术中心，市政环保公司获评中国中铁"双碳"专业研发中心材料分中心；首次获得中国专利奖银奖，获得省部级及以上科技进步奖、工法和授权专利等科技成果 350 项，科技创新实力显著提升。

（何文涛）

【走向海外】聚焦"一体两翼"平台，坚持"抱团出海"原则，中铁上海局首次进入水利水电领域，中标马来西亚吉兰丹能吉利水电站项目（合同额 5.5 亿林吉特）以及瓦努阿图润泊城开发设计、采购、施工（EPC）项目（合同额 2 亿美元）。2022 年，中铁上海局在建海外项目 5 个，累计完成营业额 3835 万美元。统筹推进海外项目疫情防控和施工生产工作，科学有序组织海外项目施工生产，未发生海外聚集性疫情，确保安全质量、工期进度、成本效益可控。

（俞　敏）

【重大创新】2022 年，中铁上海局获省部级以上科技奖 25 项，其中江西

▲图 13-40　中铁上海局参建的常益长铁路开通运营

省科技进步奖1项、上海市技术发明奖1项、股份公司科学技术奖10项、其他社会力量奖13项，另获中国专利银奖1项、中国土木工程詹天佑奖3项，评选出企业级科技进步奖10项。

2022年，下达两批工法开发计划，共21项，形成企业级工法22项；获得省部级工法35项。通过深入挖掘、查新，共申请发明专利126项，PCT发明专利7项，实用新型专利244项，PCT实用新型专利23项；发明专利授权25项，实用新型专利授权254项，国际专利授权24项。参编的10项标准正式发布实施，其中国家标准5项。

2022年，中铁上海局获得国家知识产权优势企业认定，获批中国中铁"双碳"专业研发中心建筑材料分中心建设。编发了"铁路箱梁预制场标准图集""拌和站标准图集"等4个标准化丛书。以问题为导向，通过制度修订优化、加强后台管控、培养基础业务能力、总工下基层等活动持续推进系统"三基建设"。

（李小虎）

【工程创优】全年获得中国建设工程鲁班奖1项、国家优质工程奖6项，获得省部级优质工程21项。首次获得"中国专利奖优秀奖"。守护者联盟QC小组、沈阳北站QC小组等11个QC小组获得国家级优秀质量管理小组奖；获省部级QC成果奖28项。坚持安全发展理念，坚守安全生产红线意识和底线思维，坚持问题导向、目标导向和结果导向，深化安全生产源头治理、系统治理和综合治理。通过狠抓安全风险分级管控和隐患排查治理工作，扎实推动安全质量管理系统提升。全年获国家级安标工地1项、省部级安标工地26项、股份级安标工地8项。各单位深入践行习近平生态文明思想，贯彻落实国家"创新、协调、绿色、开放、共享"的新发展理念。聚焦绿色低碳促转型，强化能源节约和生态环境保护工作，推动节能环保技术应用。重点做好临近旅游风景区、水源地，泥浆排放与扬尘控制、噪声控制和防震等环保水保措施的落实。2022年，创建完成"中环协生态环境保护示范工程"1项、股份绿色施工科技示范工程4项、集团公司绿色施工科技示范工程11项。

（肖宏刚）

【企业文化】持续加强"一报一微一网一厅"宣传阵地建设，组织开展"开路先锋"道德讲堂，举办了"开路先锋"文化、"六种文化理念"授旗仪式和传递活动，创建优秀企业文化。弘扬清风正气。通过扎实做好日常教育、适时召开警示教育大会、完善制度体系、强化执纪监督、落实问题整改等举措，层层压实党风廉政建设"两个责任"，营造了风清气正的发展环境。

旗帜鲜明地提出要坚决反对把规模与质量割裂开来的提法，消除了"发展规模与发展质量"的争议，形成了"统筹规模增长与质量提升、实现企业规模有质量的增长"发展共识；坚持以先进文化理念凝聚全员奋进力量，大力倡导培育"团结务实、守正创新、包容进取、精致卓越、执行担当、奋斗奉献"六种文化理念，为全体干部职工团结一心、步调一致高效推进全年工作打下了坚实的思想基础。组织全局广大干部职工围绕"如何实现精致、精细、精益管理"开展了大讨论活动，并多次与系统内外标杆单位对标学习，引导干部职工打破固有思维、建立成长型思维，有效形成了高质量发展的理念基础。

（张笑铭）

【党建工作】加强党的领导。严格落实"第一议题"机制，通过党委常委会、中心组学习、举办专题党课辅导班等方式，认真学习宣传贯彻党的二十大精神。严格落实"三重一大"决策，召开党委常委会10次，前置研究生产经营管理重大事项84项，党委"把方向、管大局、保落实"的作用不断增强。夯实党建基础。有序推进党支部晋位升级管理，2个党组织获评中国中铁"先进基层党组织"称号；加强"三支队伍"建设，举办培训班14期，累计培训987人次；组织召开了全局项目党建现场会，精心策划开展了"富春江畔党旗红"等一批富有影响力的党建主题活动，扩大了企业影响力；围绕中心工作，广泛推行"党建+"工作模式，创新推动党建深度融合。建强干部人才队伍。持续优化干部考核评价体系，推动干部"能上能下"；探索实施对干部评价画像，新提拔干部全部落实签字背书和业绩公示；完善职业项目经理选任机制，项目经理职业化迈出坚实一步。引进2022届高校毕业生1207人，其中"双一流"高校、传统铁路和战略合作院校占比44%，创历史新高；引进成熟人才177人，缓解了人才供需矛盾。创新开展了"青春激荡谱写华章"2022届新员工培训会，促进新员工融入企业、成长成才。抓实宣传文化。

持续构建"四位一体"大监督格局。党委巡察从严从实。有序开展了新一轮第三批巡察，实现了对17家党组织全覆盖，累计问责150人次；对4家单位、5个总部部门开展了管理提升专项巡察，累计发现问题403项，提出优化建议48条，推进"管理提升年"要求落地。纪委监督靶向发力。聚焦亏损项目专项治理，两级纪委组织业务骨干进驻18个亏损项目，深挖细查亏损背后的违规违纪与履职不力问题。已挽回经济损失7862万元，问责112人次；督促各责任单位对12个方面的系统管理共性问题和突出问题长效整改，切实提升后台管理能力。审计监督全面加强。成立审计工作领导小组，增加两级审计系统定编，配齐配强审计力量；全面加强对重大亏损项目、大体量在建项目、投资项目的审计工作，推动各级公司对所属项目审计全覆盖，直接促进增收节支5508万元，审计工作"自我监督"功能全面提升。法律合规持续强化。优化法律合规机构设置，加强专兼职队伍建设，在建项目合规管理专员全部配置到位；通过法律合规讲堂累计培训2835人次，不断提升合规意识和工作能力。强化法商联动，依法维护企业权益，年度依法清欠、保险索赔回款达2.5亿元。

（张笑铭　刘琼）

【信息化建设】稳步实施"信息贯通工程"和"数智升级工程"，全面应用工程项目综合管理系统、营销管理系统等，初步实现了统一身份和成本、物资、机械、劳务、营销以及OA、财务共享、合同等主要业务管理的信息贯通。大力推广BIM技术应用，积极申报各类奖项，全年有102个项目应用了BIM技术，获BIM奖项102项，228人获得国家部委颁发的BIM证书。组织开展网络安全"重保"、专项攻防演练、安全培训工作，全年未发生各级网络安全事件。进一步挖掘视频会议潜力，其中云视频会议分会场增加至375个，初步实现集团全覆盖；全年召开视频会议239场，较2021年上升30%。高效开展信息化运维，创新制定"本地+远程协作"运维管理策略，动态调整总部基地网络资源分配，满足多场景办公需求，并对疫情期间企业办公发挥了独特保障作用。

（杨波　刘丁丁　张刘永）

【履行社会责任】在大疫大考中彰显担当。2022年，中铁上海局高效统筹，所属各单位服从大局，主动投身抗疫抗涝、抢险救灾，紧急驰援了长春、上海、广州南沙等地方舱医院建设。其中，中铁上海局牵头建设的广州南沙健康驿站，由中国中铁11个二级单位、770余名管理人员、6700余名建设工人参与建设，先后克服规模最大、时间最紧、参建单位最多、协调难度最复杂、防疫管控最艰巨等诸多困难，铸就了不负时代、不辱使命的广州方舱精神，在大疫大考中充分发挥了中央企业主力军、"顶梁柱"作用。

广泛开展劳动竞赛、职工创效主题实践活动，推动广大员工建功立业。大力推进长租房建设，深入开展幸福企业、项目部幸福之家创建活动，努力提升职工幸福指数；落实"十惠工程"，先后投入2639万元用于"两节"送温暖、夏送清凉、金秋助学、精准帮扶、员工及家属慰问以及疫情专项慰问。2022年，在岗职工平均工资18.48万元，较2021年增长8.07%。一批先进单位、集体和个人荣获多个国家级荣誉称号；其中，中铁上海局六公司获得"全国五一劳动奖状"，是中国中铁系统唯一获得"全国五一劳动奖状"的单位。各级工会、共青团组织广泛开展技能比武、创先争优等活动，信访、维稳、保密、离退休和综合治理等各条战线均取得了良好工作实效，为企业高质量发展作出了积极贡献。

（谢传甲　肖宏刚）

中铁投资集团有限公司

【简况】中铁投资集团有限公司（简称"中铁投资"）成立于2014年，注册资本金50亿元，与中国中铁工程建设分公司"一个机构、两块牌子"运作，是中国中铁股份有限公司的全资子公司。中铁投资作为中国中铁旗下的综合型投资企业，深度对接服务京津冀协同发展和东北全面振兴国家战略，代表中国中铁在京、津、冀、黑、吉、辽、蒙7省（自治区、直辖市）开展各类项目的投资、建设、运营管理以及重大项目的总承包经营业务。主要业务涉及高速公路、城市轨道交通、市域（郊）铁路、市政工程、城市综合开发以及房地产一级、二级开发等领域，初步形成了基础设施投资建设和城市综合开发"两轮驱动"的发展格局。

截至2022年末，中铁投资正式员工512人（含外派专职董监事1人），挂职1人，助勤员工121人，管理人员及专业技术人员共计634人。现有管理人员中，博士3人、硕士107人、本科504人、专科及以下20人，本科及以上学历占比97%；正高级职称36人、副高级职称253人、中级职称238人、初级职称67人，中级及以上职称占比83%；35岁及以下209人、36~40岁158人、41~45岁105人、46~50岁99人、51~55岁37人、56岁及以上25人，年龄45岁及以下占比74%。

作为中关村高新技术企业，中铁投资通过了质量、环境、职业健康与安全管理体系认证，拥有市政公用工程施工总承包一级、公路工程施工总承包一级资质，拥有各类注册人员50人。公司具有基础设施

▲图13-41　2022年6月27日，中铁上海局三公司济南水发、吉利本项目开展七一纪念活动

和城市开发投资、融资、建设、总承包、运营管理的"五位一体"的能力,能够有效整合中国中铁在技术、资金、人才、管理、品牌等方面的资源,协调发挥中国中铁在勘察设计、施工建造、房地产开发、投资融资、工业制造、物资贸易、运营维护等全产业链优势,为各类客户提供建筑业"纵向一体化"的一揽子交钥匙服务。

中铁投资具有丰富的市场资源和商业创新能力,与地方政府、各大银行、中国政企PPP基金、各类金融和咨询机构建立了紧密的战略合作关系,积极开展投融资模式创新,探索形成了一批可复制的投融资管理经验,先后以PPP、BOT、EPC、ABO、股权投资+总承包、PPP+土地开发等模式投资建设了一大批轨道交通、高速公路、市政工程、片区综合开发等重大项目,截至2022年末,在建项目年累完成施工产值339.91亿元。获得国家级优质工程奖11项,省部级优质工程奖27项,为各地基础设施和经济社会发展作出了突出贡献。

(法明杰 周 凯 陆记霞 王晓普)

【主要指标】2022年,中铁投资经济运行总体特征表现为"两增一稳三提升","两增"即营业收入、利润总额增长较快;"一稳"即企业资产负债率稳定在65%左右,控制在股份公司管控目标内;"三提升"即净利润、全员劳动生产率、速动比率的提升,反映出中铁投资盈利能力、劳动生产效率得到较大提升,企业短期债务偿付能力进一步提升,企业总体经济运行情况较好。

2022年,中铁投资管理口径资产总额964.47亿元,较2021年的286.85亿元增长236.23%;所有者权益332.78亿元,较2021年的90.49亿元增长267.75%;实现营业收入300.27亿元,完成预算228亿元的131.70%,较2021年的109.10亿元增长175.22%,主要构成为投资集团口径实现营业收入156.35亿元,占整体收入的52.07%,建设分公司口径实现营业收入143.92亿元,占整体收入的47.93%;实现净利润19.65亿元,完成预算13.42亿元的146.39%,较2021年的7.16亿元增长174.44%,主要构成为投资集团口径实现净利润5.39亿元,占整体净利润的27.43%,建设分公司口径实现净利润14.26亿元,占归属于母公司所有者的净利润的72.57%。

(雷晓林)

表13-19 2021—2022年中铁投资主要经济指标

项目	2021年	2022年	增长率/%
资产总额/亿元	286.85	964.47	236.23
所有者权益/亿元	90.49	332.78	267.75
营业收入/亿元	109.10	300.27	175.22
利润总额/亿元	7.66	20.18	163.45
净利润/亿元	7.16	19.65	174.44
归属于母公司所有者的净利润/亿元	7.42	19.65	164.82
技术开发投入/亿元	0.00	0.17	100.00
利税总额/亿元	1.10	3.73	239.09
应交税金总额/亿元	1.10	5.21	373.64
全员劳动生产率/[万元/(人·年)]	261.11	339.47	30.01
净资产收益率/%	10.86	7.17	减少3.69个百分点
总资产报酬率/%	4.96	3.79	减少1.17个百分点
国有资本保值增值率/%	105.57	105.18	减少0.39个百分点

制表:雷晓林

【改革发展】按照深化三项制度改革重点工作要求,结合中铁投资实际,研究、制定一套满足企业发展需要、科学实用的市场化用工制度,重点对员工管理、薪酬激励、绩效考核、履职待遇、劳动用工、社保福利等方面的制度进行优化,共完成了20余项制度办法的修订(制定)工作。

2022年,根据股份公司决策部署,中铁投资与中铁北方投资有限公司进行改革重组。新组建的中铁投资在重组过程中,坚持战略导

▲图13-42　2022年8月9日，辽宁省本桓、凌绥、京哈改扩建高速公路项目集中开工仪式

向和目标导向，确保将股份公司决策部署落实到思想上和行动上，坚持"公平、高效、稳妥、审慎"的原则，高效推进改革重组工作，一体推进改革重组与企业生产经营工作，既确保改革重组任务按期优质完成，又确保了企业正常的生产经营管理工作有序可控，确保两手抓、两不误。修订完成《中铁投资集团有限公司"十四五"发展规划》，坚持打造国内一流基础设施投资运营商的企业愿景，坚决贯彻"两个转化"发展要求，努力实现"四自"发展模式，打造资产质量实、专业能力强、运营效益佳、投资回报高的"投建营"一体化平台。

（周　凯　张晓东）

【重大项目】2022年，中铁投资参建的重大项目有26个，位于北京、天津、河北、辽宁、吉林、黑龙江、内蒙古7地，建安费总额2009.04亿元。其中公路项目6个，建安费总额671.26亿元，分别是国道109新线高速公路PPP项目、京雄高速公路（北京段）PPP项目、吉林高速公路项目（PPP）项目、辽宁省本溪至集安高速公路本溪至桓仁（辽吉界）段PPP项目、铁科高速公路（延寿尚志界—五常段）政府和社会资本合作（PPP）项目和甘海线高速公路PPP项目；城市轨道交通项目5个，建安费总额487.35亿元，分别是天津地铁4号线PPP项目、天津市轨道交通Z2线一期工程（滨海机场站—北塘站）PPP项目、大连地铁5号线PPP项目、长春市城市轨道交通5号线一期工程和长春市城市轨道交通6号线工程02标段；市政公用项目8个，建安费总额299.07亿元，分别是沧州市园博园项目、长春新区东北亚国际物流港PPP、长春新区新型城镇化项目、长春新凯河综合治理项目、长春创新产业园项目、吉林南部新城PPP项目、沈阳中德产业园项目和沈阳市城区动静态交通融合提升PPP项目；房建项目5个，建安费总额284.92亿元，分别是廊坊临空经济区29个村街回迁安置项目（广阳片区）设计施工总承包、廊坊临空经济区29个村街回迁安置项目（永清片区）设计施工总承包、保定市主城区城中村连片开发ABO项目（一标段）、天津市北辰区双口示范小城镇、承德市双滦区棚户区（城中村）改造安置项目；城市更新项目2个，建安费总额266.44亿元，分别是沧州市中心城区城市更新运河区（城西片区）城中村改造项目和沧州市中心城区城市更新新华区（南部片区）城中村改造项目。

中铁投资组织所属各单位积极申报科研课题立项，并严格把关课题质量。2022年，审核批准立项课题5项，审核批准专利申报6项，审核批准软件著作权申报7项。根据发展需要和各课题进度，组织各单位填报科研课题执行情况表、阶段研究报告、自查评估报告等，梳理课题进度与成果。通过专题会、现场检查等方式对"东北严寒区公路隧道冻害防治关键技术研究及新材料、新设备研发""严寒区高速公路高性能路面新材料研发、应用及其产业化""大跨度空间异形拱肋飞燕式钢箱提篮拱桥综合技术研究"等多个课题的研究方案、课题进度等进行专项检查。对具有技术特点或成果突出的科研课题鼓励积极申报科技奖项，"严寒区高速公路高性能路面新材料研发、应用及其产业化"（2021—重点—42）、"东北严寒区公路隧道冻害防治关键技术研究及新材料、新设备研发"（2021—重大—19）已完成股份公司立项。

（陆记霞　岳　庭）

【重大创新】积极开展外部协助，激发创新活力。中铁投资先后与中铁二院、中铁西南院、中铁开投、中铁四局等多家单位进行了调研和交流。交流内容包括组织框架、体系建设、制度建设、技术管理、人才培养、专家管理、平台建设、成果运用、资质维护、科研费用等。系统外与中国铁道科学研究院、北京交通大学、北京工业大学和西南交通大学等单位进行了交流，提升中铁投资在系统外单位的知名度；推进投建营平台建设，促进转型升级。中铁投资积极推进投建营一体化平台建设，实现以投资项目为主线，围绕投资项目决策、融资、设计、进度、安全、质量、合同及运营等全生命周期业务管控。平台建设旨在实现项目全过程控制，有效提升项目管理，形成企业数据资产，实现业务优化再造，支撑企业数字化战略落地，推进企业数字化转型升级。

（岳　庭）

【工程创优】2022年，获得省部级以上奖项4项，分别是沈阳中德园基础及公共设施建设项目（浑河

▲图13-43　沈阳快速路胜利大街与浑南大道立交桥夜景

二十六街综合管廊工程）获2022年度辽宁省优质结构奖，沈阳中德园基础及公共设施建设项目（中德公园一期）获2022年度辽宁省优质结构奖，沈阳快速路PPP项目获2022年辽宁省"世纪杯"优质工程、中国中铁金杯奖及京雄高速、吉林高速入选交通运输部第一批平安百年品质创建示范项目。

（王晓普）

【企业文化】严格落实意识形态责任制和网络意识形态责任制，加强中铁投资文化产品、网站、微信公众号、微信群等相关平台的内容把关。制定《关于进一步加强和改进中铁投资新闻舆论工作的通知》《关于进一步严格单位及个人网络社交媒体管理的通知》《关于印发中铁投资集团党委意识形态工作责任制的通知》，落实区域媒体负责制，加强与首都和北方区域新闻主管部门及各类媒体的日常沟通，不断丰富区域媒体资源；持续在网上摸排公司舆情、信用情况，做好党的二十大网络舆情管理工作，及时化解突发事件的舆情风险。深入推进"理想信念情怀 爱党爱国爱企""党旗在基层一线高高飘扬"主题活动，扎实开展形势任务教育，为企业改革重组、管理整合、人员磨合、文化融合营造了良好氛围。开展"向钱海军同志学习"活动，深入宣传钱海军同志的先进事迹和高尚品格，大力弘扬劳模精神、劳动精神、工匠精神和志愿服务精神，激励中铁投资广大党员干部职工在企业重组改革发展中当先锋、作表率。跟进企业改革形势，筹划改造文化展厅，更新调整官网内容，倾情录制七一宣誓、上半年企业回眸短片，重新设计宣传画册，有序推进本部办公楼内部宣传，全方位"点亮"新投资集团形象。组织主流媒体进项目、走基层，集中宣传一批彰显时代特色、铁投本色的先进典型，选送京雄高速等重点项目上央视、上联播，协调国道109高速项目在《北京日报》出整版、上头条，指导各单位加强内外部宣传，深入挖掘新闻线索，积极讲好新铁投故事、唱响新铁投声音、树立新铁投品牌。截至2022年10月底，中铁投资在中央级主流媒体刊发报道100余篇，10余次登上央视，在省部级媒体刊稿300余篇，更新公众号信号150余期，创同期历史新高。

（王晓芳）

【党建工作】在党的建设方面，坚持全面从严治党，充分发挥党委"把方向、管大局、保落实"职责，始终把政治建设放在首位，着力加强理论武装，深入贯彻落实"第一议题"制度，引导广大党员干部深刻领悟"两个确立"的决定性意义，增强"四个意识"、坚定"四个自信"、做到"两个维护"，不断提高政治判断力、政治领悟力、政治执行力，奋力支持推动企业改革重组，建设更高质量的中铁投资。全面加强"三基建设"，按照"四同步、四对接"要求，建立健全基层党组织，实现了基层党组织全覆盖。组织召开了2022年党的建设工作会议暨党委（扩大）会议、2021年度党组织书记抓基层党建工作述职评议会议；进一步建立健全制度，结合企业改革重组实际，制定修订10余个党群制度办法；结合新上项目，进一步完善党组织机构设置；结合新变化新要求，印发党建工作要点，对党建重点工作进行安排部署；结合党员发展实际，对各单位发展党员情况摸底调查，稳步推进党员发展工作。开展规范党务工作清查专项整治工作，扎实做好集团公司党的建设风险隐患防范化解工作，紧密结合改革发展和党的建设实际，加强风险防控工作摸底排查、分析研判和化解处置等各项工作，维护企业和谐稳定，为党的二十大胜利召开营造良好环境。全面实施中国中铁党委"1266"党建工作规划，以"效益提升、价值创造"为主题，以"一切工作到项目、一切工作到支部"为主线，牢固树立"融合思维""大党建思维"的鲜明导向，围绕中心，服务大局，积极探索党建标准化建设，认真开展党支部晋位升级工作，筹备召开集团公司党委"两优一先"表彰大会暨专题党课会议；围绕"新形势下如何加强和创新投资项目党建工作"课题深入开展项目党建工作调研，组织专班到中铁建工、中铁电气化局进行党建宣传思想文化工作对标学习，形成专项调研报告，探索提出企业党建工作提升思路；严格程序，选举产生出席中国铁路工程集团有限公司第五次（中国中铁股份有限公司第三次）党代会代表。一系列措施让抓基层强党建的思想更加统一、目标更加明确、措施更加具体、执行更加有力。

在反腐倡廉方面，坚持以习近

平新时代中国特色社会主义思想为指导，认真学习贯彻党的二十大精神和十九届中央纪委六次全会精神，强监督、正风气、保落实，持续深化监督执纪工作。扎实推进政治监督。发布纪检组织和纪检干部学习宣贯党的二十大精神工作方案，第一时间安排学报告、讲党课、写体会，在网上办公平台开设纪委学习专栏，认真抓好学习宣传贯彻党的二十大精神的监督推动工作。围绕推动上级决策部署的贯彻落实开展监督，做好落实股份公司党风廉政建设和反腐败工作会议精神、企业改革重组方案等监督工作，保障上级重要会议精神和重大决策部署落地见效。抓细抓实监督责任。召开两次工作会议，对党风廉政建设和反腐败工作作出系统安排，细化分解为48项任务清单，抓好推进落实。定期与党委班子成员进行沟通谈话，提出58条意见建议。严把廉洁意见回复关，对干部选拔任用、评优评先等出具廉政意见16人次，开展任职前廉洁谈话5批60人次。加强纪检制度体系建设，修订、发布12项纪检工作制度。健全完善监督机制。修订了大监督工作格局实施办法，召开大监督工作联席会、专题会各1次，统筹协调各类监督力量精准聚焦、同向发力。围绕"7+4"专项行动，发布《监督工作提示》11份，梳理问题清单300多项，建立监督台账，推动问题整改。持续深化廉洁教育。认真落实股份公司对内部违规吃请送礼等问题加强问责的9条措施，严格执行操办婚丧喜庆事宜"一事一报"制度，经常性开展日常谈话、约谈提醒；深化节日纠治"四风"，坚持常提醒、常警示、常教育；开展廉洁文化作品征集活动，征集作品500余件，做好评选表彰、集中展览，营造了浓厚的廉洁氛围。规范执纪审查工作。增设了执纪审查室，提高一体推进"三不腐"的能力。针对上级转办、兄弟单位移交和自收问题线索，认真进行分析研判，规范做好处置工作。精准运用监督执纪"四种形态"，开展各类谈话、批评教育18人次。坚决落实股份公司关于配合地方监委开展执纪任务的指示和要求，做好提供书证、协调谈话、现场调查等工作。

（王晓芳　张书光）

【信息化建设】多维度协同，推进信息贯通。根据股份公司信息贯通工程工作相关要求，中铁投资快速响应，成立信息贯通工程工作领导小组，制定了信息贯通工程实施方案，明确各方责任，多维度协同，高标准、高质量地完成了各项工作。安全为纲，开展网络安全建设。引入专业机构，加强网络安全检查，对存在的问题及时发现、及时整改。专业机构对公司机房环境、硬件设备、系统漏洞等进行了全面检查，对发现的漏洞及时进行修复，对发现的问题及时进行整改，减少中铁投资网络安全隐患；加强网络安全宣传，提升职工对网络安全事故危害的认识以及对网络安全隐患的防范意识。积极推进数字升级与智慧建造及BIM工作。按照股份公司科技系列工作会议精神要求，中铁投资以大商务管理为基础，持续推进降本增效、全面提升安全质量管理水平、有效降低施工生产资源投入和作业人员劳动强度，全面推进企业数字化、智慧化转型，中铁投资所属吉林高速、京雄高速、公主岭管廊、大连地铁5号线、天津地铁4号线和长春地铁5号线被股份公司列入中国中铁"数智升级工程第一批示范项目"，逐步提升中铁投资数智管理整体水平；为充分发挥信息技术在项目管理提升中的作用，紧扣信息技术发展前沿，中铁投资与中铁信科、中铁电气化局就开发投建营一体化数字化管理系统开展了前期合作，正在开展投资管理、数字施工、智能装备、智慧管理、智慧运营等功能模块及设施设备的开发研究；在BIM技术、新工装、新工艺、智慧工地、项目现场自动化监测、风险超前预警预报、集成综合管理信息系统、物联网、移动互联等方面进行了应用探索。

（岳　庭）

【履行社会责任】1月10日，中铁投资天津指挥部协调中铁上海局、中铁建工、中铁隧道局在津项目成立60人的志愿服务队，第一时间奔赴滨海新区杭州道街道各社区核酸筛查检测点现场，全力协助地方政府落实防疫措施，帮助维持检测现场秩序，做好扫码登记、政策解释、畅通老弱妇孺绿色防疫通道等工作，于凛冽寒风中坚守防疫岗位，获得杭州道街道群众的一致好评，切实彰显中国中铁企业责任感，树立良好社会形象。

1月13日，中铁滨海（天津）轨道交通投资发展有限公司接到天津市滨海新区政府援建疫情防控隔离场所工程的号令后，闻令而动，争分夺秒，"逆行"而上！至1月14日，项目公司及各标段已到位管理、施工人员188人。完成酒店走廊0.8毫米聚乙烯塑料薄膜和1.7毫米地胶铺设1871平方米；封堵排风口318个；安装石膏板隔断55平方米、宽0.9米单开木门3樘；安装电子门禁22套（内外开）；安装门磁156个；安装窗户限位器160个；封堵电梯口（0.8毫米聚乙烯塑料薄膜）9个、安置集装箱1个带一台空调。在极限工期内圆满完成首个节点目标任务。

3—4月，中铁投资（原中铁北方投资有限公司）主体主责牵头各参建工程局负责吉林省长春市抗疫用房建设，总计新建方舱2420套、维修改造隔离用房1125套，均按期完工交付，全面完成抗疫援建工作任务，吉林省委、省政府向股份公司发送了感谢信，中铁投资（原中铁北方投资有限公司）荣获"中国中铁抗击新冠肺炎疫情先进集体"称号。

中铁投资认真履行央企社会责任，响应上级号召，全年投入20万余元开展了消费扶贫，积极帮助困难地区人民解决心头之急之忧。

（法明杰　王晓普　王晓芳）

中铁南方投资集团有限公司

【简况】中铁南方投资集团有限公司（简称"中铁南方"）是中国中铁股份有限公司在广东、福建及海南的投融资经营平台和建设运营管理主体，全权代表中国中铁开展区域内基础设施的投资、建设、运营管理业务，总部设在深圳。公司前身是成立于2008年1月的中铁南方投资发展有限公司（深圳地铁5号线BT项目公司）。2013年3月25日，经国家工商总局核准，组建中铁建设投资集团有限公司（简称"中铁建投"）。2014年7月，根据股份公司战略部署，中铁海西投资发展有限公司整体并入中铁建投。2016年8月，中铁珠三角投资发展有限公司整体并入中铁建投。2017年9月29日，为整合华南地区市场，股份公司将中铁华南工程指挥部机构及人员并入中铁建投，实行"一套人马、两块牌子"管理模式，由中铁建投履行中国中铁华南工程指挥部相关职能。2018年4月8日，为传承"中铁南方"品牌和企业发展需要，企业更名为"中铁南方投资集团有限公司"。2018年12月，股份公司设立中铁海南投资建设有限公司，委托中铁南方组建和管理。2019年12月20日，股份公司设立中国中铁华南区域总部，与中铁南方合署办公，实行"一个机构、两块牌子"管理模式。2020年9月7日，股份公司将中铁珠三角城际工程建设指挥部划转中铁南方管理。2021年11月4日，股份公司批复同意将中铁南方全资子公司中铁（厦门）投资有限公司变更为"中铁东南投资有限公司"，并加挂中国中铁东南区域总部牌子，与中铁南方实行"一个机构、多块牌子"管理。2022年3月，股份公司深化机构改革，将华南区域总部和海南区域总部从中铁南方剥离，按照各自定位，独立平行发展。

中铁南方主要经营业务包括项目投资、项目管理、基础设施建设、房地产开发、土地一级开发整理、市政公用工程、设计咨询、工程咨询、机械设备租赁、房屋建筑工程、机电安装工程、铁路工程施工总承包、城市轨道交通工程专业承包、物业管理、自有物业租赁、房地产经纪与代理、股权投资等。截至2022年底，中铁南方具有市政公用工程施工总承包壹级、建筑工程施工总承包壹级、公路工程施工总承包壹级、机电工程施工总承包贰级、房地产开发贰级、铁路工程施工总承包叁级6项资质。所属6家全资子公司拥有6个市政公用工程施工总承包壹级资质、1个环保工程专业承包壹级资质、1个城市及道路照明工程专业承包壹级资质、1个建筑工程施工总承包壹级资质。代管的海南公司现有市政公用、公路2项施工总承包壹级资质。

中铁南方机关本部设行政管理部门12个、党群机构4个、事业部1个、直属单位2个；下设建设指挥部1个、区域实体子公司3个、分公司5个。管理的法人机构共48家，包括控股公司24家、参股公司17家、分公司3家、代表股份公司管理子分公司4家；其中，项目公司（BT/BOT/PPP）28家。依托在建项目，成立各类项目经理部（指挥部）共计87个，其中以股份公司名义成立的项目经理部（指挥部）48个。公司在册职工568人，比2021年增加了41人。年龄结构方面：35岁以下占总人数的29.2%，35~45岁占总人数的36.5%，45岁以上占总人数的34.3%。学历结构方面：研究生占总人数的14.4%，本科占总人数的81.4%，大专及以下占总人数的4.2%。职称结构方面：正高级职称占总人数的6.1%，副高级职称占总人数的41.3%，中级职称占总人数的35.8%，初级职称占总人数的12.7%。专业结构方面：工程系列占总人数的55.4%，经济系列占总人数的28.2%，财务系列占总人数的10.7%，政工系列占总人数的5.7%。

截至2022年末，中铁南方资产总额354.17亿元，较2021年末的276.24亿元增长28.21%；负债总额259.34亿元，较2021年末的189.90亿元增长36.57%；资产负债率73.22%，较2021年底增加4.48个百分点；所有者权益总额94.83亿元，较2021年末的86.34亿元增长9.83%。流动资产合计184.09亿元，其中：货币资金71.83亿元、应收账款40.98亿元、预付账款5.04亿元、其他应收款28.65亿元、存货22.25亿元、合同资产5.96亿元、其他流动资产9.38亿元。非流动资产合计170.08亿元，其中：长期应收款8.33亿元、长期股权投资26.99亿元、其他权益工具投资6.08亿元、投资性房地产4.71亿元、固定资产净值2.00亿元、使用权资产0.17亿元、无形资产2.51亿元、递延所得税资产1.27亿元、其他非流动资产118.02亿元。

中铁南方自成立以来，始终坚持"百年大计，质量第一"的方针，打造了诸多精品工程。在工程创优、安全生产、科技攻关、质量认证、企业管理等方面共获得省部级以上奖励105项，其中中国建筑工程鲁班奖3项，詹天佑土木工程大奖3项，国家优质工程奖5项；坚持科技创新工作为企业经营生产服务，累计有20多项科研成果达到国际先进或国内领先水平，拥有有效专利37项，其中发明专利13项、实用新型专利24项。

（刘 湘 苏 杭 苗润泽 王绍华）

【主要指标】2022年，中铁南方实现营业收入283.64亿元，较2021年增长0.48%；利润总额10.71亿元，净利润8.15亿元（其中：归属于母公司净利润7.61亿元，归属小股东净利润0.54亿元），较2021年增长16.76%，完成股份公司批复年度预算6.89亿元的118.29%，净利润增长高于收入增长，企业盈利能力进一步提升。2022年末，所有者权益总额94.83亿元，剔除上缴利润等客观因素影响后，国有资本保值增值率为114.61%。

（王绍华）

中铁南方投资集团有限公司

表 13-20　2021—2022 年中铁南方主要经济指标

项目	2021 年	2022 年	增长率 /%
资产总额 / 亿元	276.24	354.17	28.21
所有者权益 / 亿元	86.34	94.83	9.83
营业收入 / 亿元	282.28	283.64	0.48
利润总额 / 亿元	9.10	10.71	17.69
净利润 / 亿元	6.98	8.15	16.76
归属于母公司所有者的净利润 / 亿元	6.86	7.61	10.93
技术开发投入 / 亿元	0.17	0.13	−23.53
利税总额 / 亿元	9.41	12.54	33.26
应交税金总额 / 亿元	4.49	4.39	−2.23
全员劳动生产率 /［万元 /（人·年）］	232.48	275.98	18.71
净资产收益率 /%	8.50	9.00	增加 0.50 个百分点
总资产报酬率 /%	3.72	4.00	增加 0.28 个百分点
国有资本保值增值率 /%	115.09	114.61	减少 0.48 个百分点

制表：王绍华

【改革发展】坚持以国企深化改革三年行动、提质增效行动、对标世界一流管理提升行动、深化"三项制度"改革等为重要抓手，动态梳理分析公司人事管理、劳动用工、收入分配等方面问题症结，有针对性地进行改革，不断优化治理结构、增强治理能力、提升治理水平，推动企业转型升级、高质量发展。

动态校正企业战略规划。根据股份公司对投资公司新的定位，重新修订完善中铁南方"十四五"战略发展规划，并编制印发投资经营、财务管理、人才发展等五项职能战略作为总战略的支撑和保障，擘画企业高质量发展蓝图，明确"致力于成为'资产质量实、专业能力强、运营效益佳、投资回报高、品牌信誉强''投建营运'一体化的中国中铁投资领域创新性领军企业"企业发展目标。

纵深推进组织机构改革。按照"四化""四自"综合型投资公司发展定位，开启新一轮机构改革，2022 年，完成"三办合一"改革，组建商务管理部和产业运营部，新设深圳、厦门、广东、海南分公司等，重新校准公司未来发展定位和目标方向，进一步调整优化经营布局、明晰经营范围、重塑组织阵型、理顺关系界面、优化职能和要素配置，投资公司功能属性更加突出，内部运转效率更为顺畅。

深入推进"三项制度"改革。重新修订完善中铁南方经理层成员经营业绩考核管理办法，以权责清单和岗位说明书形式细化压实经理层成员责任；以制度运行过程中反馈问题为导向，有针对性调整优化各层级、各岗位薪酬绩效考核管理办法，确保考核分配更加科学有效。年内新提拔任用中层干部 18 人，退出领导岗位 8 人，推动干部能上能下。通过校招、商调、内部转岗、公开竞聘上岗等方式，引进成熟专业人才和"双一流"高校应届毕业生 64 人，充实人才队伍，激发内部活力。

顺利完成改革三年行动。坚持问题导向、目标导向，督促指导相关部门及单位对照既定工作方案和任务清单，优质高效推进未完任务目标完成，对于已完任务目标全面开展"回头看"，实施过程中有针对性地将对标世界一流管理提升行动、提质增效专项行动与深化改革三年行动相嵌开展，公司 93 项改革任务年内全部完成，深化改革三年行动圆满收官。　　（苗润泽　苏　杭）

【重大项目】认真落实"前置程序"和"三重一大"决策制度实施办法，在重大项目投资建设、标段划分、资金筹措、人事任免等事项决策上充分发挥公司经理层"谋经营、抓落实、强管理"、党委"把方向、管大局、促落实"、董事会"定战略、做决策、防风险"作用，全年召开党委会 17 次、总办会 17 次、

所属单位

董事会9次，研究讨论重大议题217项，进一步提高决策的严谨性、科学性、合规性，有效防范风险，有力推动了重大项目落地。2022年，中铁南方新中标项目15个，合计金额484.33亿元，其中：投资类项目3个，合计金额295.09亿元，占比60.33%；施工总承包类项目4个，合计金额163.53亿元，占比32.78%；变更、补充协议、运营新签类项目8个，合计金额25.71亿元，占比6.89%。在建项目35个（广东地区30个、福建地区5个），年度累计完成产值270.29亿元，占年度计划266亿元的102%，开累完成产值1023.82亿元，占合同总额2261.7亿元的45%。其中，年内完工项目有6个，分别是佛山地铁3号线3203标、深圳市前海市政Ⅴ标、安居深乐村项目设计采购施工总承包工程、厦门地铁4号线3标、福州地铁5号线1标、广佛江快速通道江门段（三江至南门大桥）项目，深圳地铁14号线正线于2022年10月28日开通，仅剩余大运枢纽等同步实施的改造工程。

（李云峰　肖云飞）

【重大创新】关键核心技术取得突破。不断加强企校合作，以深圳地铁在建项目为载体，深入开展科研攻关，成功研发了"跨地铁运营隧道地下空间利用成套技术"（获得2021年度广东省科技进步奖一等奖），着力解决了地铁安全保护区空间资源利用的技术难题，并成功应用于深圳地铁前海站、车公庙枢纽、前海双界河工程、桂庙路工程等近地铁工程施工，为项目建设提供了有力技术支撑。

绿色低碳技术广泛应用。积极响应建筑业绿色化、智能化转型升级需求，研发了轨道板柔性生产智能建造技术（入选广东省2022年第一批智能建造新技术新产品创新服务典型范例名单）、装配式整体道床施工技术、城市轨道交通装配式冷水机组施工技术，成果广泛应用于深圳地铁14号线等项目，取得了良好的经济及社会效益。

业务管理创新常态推进。围绕企业中心工作的热点、难点和管理短板，常态化推进管理创新活动，企业管理水平不断提升。2022年，共形成3项管理创新成果，其中"基础设施投资公司基于动态宽带模型的市场化薪酬构建与应用"获得股份公司管理创新二等奖，"基于BIM技术的项目一体化管控平台探索项目档案管理工作的新模式"获得股份公司管理创新三等奖。

施工技术工法不断创新。高度重视施工技艺创新工作，围绕在建项目施工重点难点，有针对性地组织科研立项，通过不断地摸索、试验和创新运用，总结形成了多项工法技术成果并达到国际领先水平（其中"黄木岗交通枢纽Ⅴ柱空间"先后摘获国际桥梁大会和国际隧协最高奖），助力项目建设提质增效。

（苏杭　刘厚朴）

【工程创优】2022年，中铁南方共获得省部级（含中国中铁）以上荣誉19项，其中，省级（含中国中铁）荣誉17项，国家级荣誉2项。深圳市城市轨道交通6号线工程、中共海口市委党校（市行政学院、社会主义学院）新校区项目获得国家优质工程奖。

（王丽平）

【党建工作】2022年，中铁南方各级党组织坚持以习近平新时代中国特色社会主义思想为指导，聚焦迎接党的二十大胜利召开和学习宣传贯彻党的二十大精神这条主线，围绕中心、服务大局，以高质量党建推动企业高质量发展。强化理论武装。组织"第一议题"学习研讨21次、党委理论学习中心组学习6次，与三级党工委联学1次，持续深入开展习近平总书记重要指示批示精神再学习再落实再提升主题活动，切实深刻领会"两个确立"的历史决定性意义，不断增强"四个意识"、坚定"四个自信"、做到"两个维护"。认真学习宣传贯彻党的二十大精神和习近平总书记重要讲话、重要论述、重要指示精神。扎实开展好"喜迎二十大、奋进新征程、永远当先锋"主题活动，以及指导所属各单位党工委通过观看党的二十大开幕盛况、撰写学习心得体会、开展知识竞赛、召开专题学习会、发放学习书籍、主题团日、主题党日等形式多样活动，全面掀起党的二十大精神学习热潮。不断加强"三基建设"。成功召开公司第二次党代会，同步结合机构改革，健全各级党纪工团组织，完成所有党支部初次等级评定，合格党支部20个、优秀党支部4个、示范党支部1个，全年发展党员3名，预备党员转正7名，不断提升党组织战斗力。坚持全面从严治党，发力纠治"四风"。定期召开党委与纪委定期沟通会商会、党风廉政建设和反腐败工作暨警示教育大会，与所属各单位党纪组织签订党风廉政建设责任书7份，与同级领导班子成员和所属单位"一把手"开展谈话68人次，并组织公司中层干部以上人员签订廉洁从业承诺书。全年在重要节日开展廉洁谈话226人次，发送清廉过节提醒短信2000余条，开展专项监督检查56次，暗察暗访43次，持续营造风清气正的政治环境。

（李小勇　许为国）

【信息化建设】强化项目投标阶段信息化、BIM技术应用、智慧建造等相关内容的技术审查，在智慧工地建设上积极探索企业智慧工地数据接口标准，重点推进深圳地铁14号线、黄木岗枢纽等数智升级工程示范项目建设，进一步提高了项目数字化管控能力。稳步推进信息贯通和数智升级工程，"综合业务一体化平台"上线运行，"工程项目一体化管控平台"实现在建项目进度计划线上填报及统计，"投建营一体化管控平台"完成前期内外部调研，"施工监测与重大施工风险信息管理系统"实现重大风险全覆盖及实时动态分析。推进BIM技术应用，深入研究BIM轻量化汇报展示平台，在望海路项目积极推进BIM正向设计，在滨海大道项目试点施工监测与GIS平台整合，研究推动监测数据的三维可视化及风险可视化预警，积极参与属地政府及股份公司BIM标准编写，主动组织在建项目参加全国BIM大赛，BIM技术应用水平进一步提高。2022年，BIM技术应用成果先后获省部级以上荣誉7项，其中妈湾通道项目获"智建杯"国际BIM大赛金奖。从严从细抓好公司网络安全，全力配合股份公司开展"护网2022行动"，完成"综合业务平台""工程管控平台""集团门户网站"等级保护测评，构筑更加严密网络安全防线，全年未出现任何网络安全事件和故障。

（蒋四礼）

【企业文化】编制《中铁南方"十四五"企业文化战略》，并同步拍摄制作企业形象宣传片《征途》，编制完成企业画册。按照中国中铁VIS手册及有关要求，审慎把关深圳分公司、深圳轨道交通建设指挥部等新成立单位新办公地点文化建设策划及深圳地铁8号线三期首台盾构始发仪式等重大工程节点活动策划，确保"开路先锋"文化融入管理、见诸行动。加强新闻宣传和舆论阵地建设，做好重大主题宣传，持续提升中铁南方在区域的品牌影响力，开展迎接党的二十大、学习贯彻党的二十大精神、重点项目重大节点突破、"决战决胜四季度"劳动竞赛、抗击疫情等系列主题宣传，全年在省部级媒体报道超500次，深圳地铁"两线三枢纽"开通盛况获央视《新闻联播》报道，牛田洋大桥合龙登上《人民日报》头版头条，企业品牌影响力不断提升。

（李小勇　许为国）

【履行社会责任】2022年，中铁南方主动服务和融入国家重大发展战略，积极履行社会责任，认真践行央企责任担当，深度参与扶贫助农、疫情防控、文明城市创建等工作。按照中国中铁关于扶贫助农的有关工作部署，全年以消费助扶贫方式购买中国中铁定点扶贫县扶贫物资约53万元，帮助农户增产增收，助力乡村振兴发展。在疫情防控常态化形势下，迅速响应属地政府号召，组织18支青年党员抗疫志愿突击队，500余名青年志愿者参与粤闽琼三省疫情防控志愿服务，并统筹协调区域各方力量援建方舱医院，为广州建设5000张床位的方舱医院，为海南建设1500张床位的隔离用房，用实际行动为打赢疫情防控攻坚战奉献了中铁南方力量。在推进工程项目建设的同时，强化工地文明建设，助力属地文明城市创建工作，积极张贴创建文明城市、社会主义核心价值观等方面的海报1000余幅，工地统一采用新型围挡，设置围挡喷淋，采用全封闭绿色防尘施工厂棚，降低噪声也可减少扬尘，100%全面落实"7个100%"目标，坚决打赢属地蓝天保卫战。

（李小勇　许为国）

中铁交通投资集团有限公司

【简况】中铁交通投资集团有限公司（简称"中铁交通"）前身是中铁西南投资管理有限公司，于2007年12月28日在广西南宁市注册成立。2012年7月更名为"中铁交通投资集团有限公司"，是中国中铁最早成立的专业投资建设、运营服务管理类全资子公司，是中国中铁高速公路板块投资、建设、运营的专业化公司。拥有公路工程、市政公用施工总承包壹级资质，主营高速公路投资、建设、运营，交通、市政等基础设施项目投资、建设，土地整理开发，城市轨道交通及铁路总承包，房地产开发。2022年，中国中铁确定中铁交通"全力建设国内领先、行业一流的高速公路产业集团"专业定位，公司维持现有建制不变，运营业务不受区域限制（综合投资业务重点在湖南、江西、广西）。中铁交通深刻把握"三中心一基地"发展定位，坚定"四化""四自"发展方向，持续做强做优高速公路投资运营业务，全力打造中国中铁高速公路业务"投建营"一体化品牌。截至2022年末，公司注册资本金80亿元，净资产214亿元，管理总资产超过669亿元，项目累计投资及新签合同额3216亿元。

在组织架构上，中铁交通搭建两级管理机构，实施扁平化管理，总部设12个职能部门和2个附属机构；下设二级机构50个，其中：全资子公司7个、控股子公司4个、参股子公司13个、股份公司委管项目公司1个、工程指挥部19个、股份公司委管项目3个、运营管理中心3个；三大运营管理中心下设高速公路管理处若干。

截至2022年末，中铁交通管理资产总额661.13亿元，较2021年末的541.79亿元增长22.03%；负债总额455.43亿元，较2021年末的388.98亿元增长17.08%；资产负债率68.03%，较2021年底下降1.21个百分点；所有者权益总额214.04亿元，较2021年末的171.36亿元增长24.91%。流动资产232.70亿元，非流动资产436.70亿元。

公司在册职工474人，比2021年增加93人。年龄结构方面：35岁以下占比31%，35~45岁占比36%，45岁以上占比33%。学历结构方面：研究生占比10%、本科占比84%、大专及以下占比6%。专业结构方面：工程管理系列占比67%、经济及政工管理系列占比16%、财务管理系列占比17%。职称结构方面：高级及以上职称占比44%、中级职称占比39%、初级及以下职称占比17%。

公司成立以来获"中国建设工程鲁班奖"3项、"中国土木工程詹天佑奖"2项、"国家优质工程奖"3项、"国家AAA级安全文明标准化工地"3项、"交通运输部公路交通优质工程奖（李春奖）"2项、首届中国公路学会"交通BIM工程创新奖"三等奖1项、全国青年文明号2项、省部级和地市级优质工程和安标工地62200余项，获得中国中铁

"四好"班子称号5次，被授予省部级以上荣誉称号120500余人次，收到各类表扬信70300余件，彰显了企业实力和品牌形象。

（周冰心　郭　飞　彭　林）

▲图13-44　中铁交通2022年新员工入职培训现场教学

【主要指标】2022年，中铁交通投资集团有限公司资产总额661.13亿元，较2021年增长22.03%；所有者权益总额214.04亿元，较2021年增长24.91%；营业收入177.65亿元，较2021年增长27.51%；利润总额19.65亿元，较2021年增长80.94%；实现净利润15.83亿元，较2021年增长83.01%；归属于母公司所有者的净利润18.96亿元，较2021年增长102.35%；利税总额28.26亿元，较2021年增长153.00%；应交税金总额12.43亿元，较2021年增长277.81%；全员劳动生产率568.05万元/（人·年），较2021年增长81.67%；净资产收益率8.22%，较2021年增加2.61个百分点；总资产报酬率5.74%，较2021年增加2.49个百分点；国有资本保值增值率113.77%，较2021年增加5.40个百分点。

（彭　林）

▲图13-45　2022年10月14日，中铁交通投资建设运营的山西静兴高速正式通车

表13-21　2021—2022年中铁交通主要经济指标

项目	2021年	2022年	增长率/%
资产总额/亿元	541.79	661.13	22.03
所有者权益/亿元	171.36	214.04	24.91
营业收入/亿元	139.32	177.65	27.51
利润总额/亿元	10.86	19.65	80.94
净利润/亿元	8.65	15.83	83.01
归属于母公司所有者的净利润/亿元	9.37	18.96	102.35
技术开发投入/亿元	0.00	0.01	—
利税总额/亿元	11.17	28.26	153.00
应交税金总额/亿元	3.29	12.43	277.81
全员劳动生产率/[万元/（人·年）]	312.69	568.05	81.67
净资产收益率/%	5.61	8.22	增加2.61个百分点
总资产报酬率/%	3.25	5.74	增加2.49个百分点
国有资本保值增值率/%	108.37	113.77	增加5.40个百分点

制表：彭　林

【改革发展】中铁交通围绕"四化""四自"发展方向,加快转型升级步伐,国企改革三年行动和2022年提质增效专项行动圆满收官,企业高质量发展内生动力进一步增强。以全生命周期理念深入实施大商务管理暨项目管理效益提升三年行动,总结形成"三大原则、八项注意"的投资决策框架以及项目建设"八大管理法则",编制投资建设、运营管理手册,构建"四统一"的运营管理模式,实现"投融建营退"良性循环。优化调整本部机构设置与定员定编,企业"两级管理"更加精干高效。完成高速公路运营整合,搭建"集团总部—运营中心—运营管理处"管理架构,厘清三层级管理界面。拓展高速公路产业链,推进养护公司、实业公司、能源公司组建。强力推进大商务管理建设,大商务管理理念不断深化、制度体系逐步健全、营销质量不断提升、管理策划深入推进、人才引进培养双管齐下、创效能力切实增强,具有投资公司特色的大商务管理体系持续完善。扎实开展综合治理专项行动,有效解决内部"三角债"、低效无效资产去库存、外部单位仿冒国企字号等问题,全面完成治亏任务,推动各业务领域风险内控和合规管理体系不断健全。围绕做实"三能"目标,健全市场化经营机制,全面推行领导人员任期制和契约化管理,开展职业经理人市场化选聘,推行管理岗位公开竞聘机制,建立动态绩效薪酬分配机制,在更深、更广层面实现"三项制度"改革落实落地。全面加强两级企业领导班子建设,抓好"关键少数",扎实开展综合考核评价和日常履职考察,全年交流调整所属企业领导人员80余人次,退出领导岗位2人,领导人员中40岁以下、"投建营"专业等所占比重进一步加大。树立正确的选人用人导向,坚持"以业绩论英雄",优化选拔任用程序,全年民主推荐考察提拔处级干部6人,公开选拔职业经理人7人,年轻干部挂职锻炼24人。积极推行三级企业管理岗位公开竞聘,81人继续留任,21人提拔科级管理岗位。坚持多元化引进人才,切实加强"六支人才队伍"建设,全年引进人才63人,其中高校毕业生25人、紧缺人才38人,为企业改革发展提供了坚实的人才保证。

(林玮鹏　马忠秀)

【重大项目】坚持以大商务管理暨项目管理效益提升三年行动为抓手,搭建数字化大商务"投资云"平台,赋能项目投资经营决策,先后中标南新高速、宜上高速、贵州双龙产业园、南昌九龙湖加密路网等项目,全年完成新签合同额413.01亿元,完成年度计划的105.9%。按照"八大管理法则"大干快干实干,推进项目建设,年内静兴高速公路顺利通车;长沙空城港、南昌九龙湖二期、昌西大道工程如期完工,汕揭高速公路项目、旬凤高速公路项目剩余工程取得较大突破;5条已运营高速顺利接管、筹备运营的6条高速公路如期通车,圆满完成委托运营整合。

(周冰心)

【重大创新】聚焦"效益提升、价值创造",注重企业创新发展。企业管理现代化创新成果"以'投建营'一体化高速公路产业集团为目标的战略转型"获第二十九届全国企业管理现代化创新成果二等奖1项,获实用新型专利1项、发明专利1项。

(林玮鹏　曹承福)

【工程创优】2022年度,中铁交通参建的2项工程获国家级优质工程奖项,其中南宁地铁3号线获"中国土木工程詹天佑奖",南昌洪都大道获"国家优质工程奖";获得中国中铁杯、中国中铁安标工地、中国中铁绿色施工科技示范工程各1项。获得省级绿色施工示范工程1项;获得省级优质工程1项、市级优质工程27项、市优质结构16项;获全国"安康杯"竞赛优胜单位荣誉称号。

(卿红)

【党建工作】充分发挥党建引领作用,大力推进党建工作与生产经营深度融合,通过抓好中铁交通集团公司层面谋划部署、三级公司党组织落实发力和基层党支部落地见效,党建各项工作进一步提能增效。把学习贯彻习近平新时代中国特色社会主义思想和党的二十大精神作为首要政治任务,落实"第一议题"和党中央及上级决策部署49项,研究部署及落实全公司理论学习培训工作,大力开展喜迎党的二十大有关理论践学活动。全年召开党委会13次、党委办公会4次,研究党建工作议题108项,前置研究重大事项112项;完成国企改革三年行动103项任务,其中围绕加强党的领导和党的建设,研究20项重点举措,深入推进"三项制度"改革,全力开展了高速公路运营管理整合、标准化建设、产业链延伸工作,企业党建和公司治理水平均实现了新提升。紧抓"六支人才队伍"建设建强党员干部队伍,促使企业率先迈出投资公司"四化"步伐,率先开启"四自"发展模式;总结企业党建成果经验,总结形成"通心源"红势能价值党建品牌体系,形成11项党建成果;从打造"中铁高速"品牌的战略高度研究形成了"通"文化理念,明确党建是企业工作的重要法宝。坚持围绕生产攻坚、市场开发、运营整合等重点工作,激发基层党组织及党员干部积极性,经过不懈努力全面完成年度任务指标,不辱使命完成高速公路运营整合管理工作,确保年内5条高速公路按期开通运营,平稳高效完成山西地区高速公路项目整体接收工作,创新理念建设"交道云"大商务数字云平台,"南横模式"得到股份公司认可,"投建营"一体化成效初显。赴基层开展党建工作调研,对13家单位开展党建"述职评议"和"考核评价",大力开展创岗建区组队活动,建立完善责任矩阵体系,领导班子充分发挥带头作用,获中国中铁2021年度"四好"领导班子,集体和个人全年获省部级及以上荣誉

17项。　　　　　　（杨敏军）

【信息化建设】积极推动中铁交通大商务数字云平台建设，完成低代码开发平台的私有化部署，正式命名为"交道云"，完成主要板块结构"四云八树"的搭建工作，将各部门业务迁移至线上，完成私有化部署，实现了"交道云"数据底层贯通；积极推动交道云1.0版向2.0版迭代升级，开发任务自助、生产管理系统等专属应用，贯通项目工程管理平台、检监测一体化平台等业务数据，企业管理和运营效率大幅提升。统筹推进"数智升级"工程，开启基于投建营全周期的BIM技术应用和高速公路智慧运营的研究工作，依托公司玉浦高速公路项目立项"基于BIM+GIS技术的高速公路智能勘察设计、建设及运营全过程数字化应用关键技术研究"课题，并作为2022中国中铁科研课题中的重点课题向股份公司申报，完成玉浦高速全线116.9千米GIS实景建模及全线全专业BIM模型，完成BIM+GIS协同可视化平台搭建，实现中铁交通智慧高速"中铁通和"微信小程序的上线运行。重新规划中铁交通信息化基础设施建设工作，使用虚拟化技术调用硬件，运用云计算技术，统筹利用原有的软硬件资源，建设中铁交通数字化底座云平台，实现服务资源的集中管理，建成资源池至少可满足集团公司5年内的信息化建设需要，并以其高灵活、可扩展特性，大幅降低后期升级成本。推动中铁交通网络改造工作，完成对原有网络拓扑结构的优化，节约互联网费用。积极落实股份公司网络安全的相关要求，党的二十大召开期间全面强化网络安全防护措施，保证了零事故发生。积极配合股份公司完成网络安全攻防演练，新部署web应用安全防护系统、日志审计系统、态势感知系统等网络安全设备，实现与股份公司网络安全的联防联控。

（周蓬勃）

【企业文化】中铁交通持续推进企业文化建设，按照股份公司赋予的"中铁高速"开路先锋新目标新定位，结合企业"投建营"产业集团建设实际，建立了一整套CIS系统，包括企业文化手册总册、视觉识别系统应用分册、中国中铁高速公路应用分册，发布了中铁交通"通"文化理念（"四通"："通"愿景、"通"价值、"通"精神、"通"战略；"八达"：达见、达诚、达效、达变、达标、达品、达才、达安），完成企业宣传片《路》及党建宣传片《逐梦　笃行致远》的制作，并按计划推进企业文化展厅及党建文化墙的优化调整改造。

（杨敏军）

【履行社会责任】中铁交通深入贯彻落实习近平总书记关于新一轮西部大开发、广西自贸区建设的重要指示批示精神，主动对接建设需求，紧盯重大项目实施，积极超前运作重大项目，优化资源配置，努力在服务国家重大战略上展现新作为、取得新成效。深入贯彻落实习近平总书记关于安全生产的重要指示批示，树牢安全发展理念，强化安全生产源头预防预控，全面推进安全质量管理系统提升、落实铁腕治安硬十条、安全质量环保刚性标准，大力开展安全风险隐患排查治理，

▲图13-46　中铁交通"通"文化理念发布活动

有效防范各类生产安全事故发生，连续15年保持安全生产责任"零事故"，全面提升了企业本质安全水平。积极践行交通强国战略，2022年实现静兴高速公路（自运营）顺利通车，6条高速公路（委托运营）如期开通运营，为属地提供了大量就业岗位，还有力促进了区域经济发展，彰显了作为中央企业的责任和担当。

（杨敏军）

中铁开发投资集团有限公司

【简况】中铁开发投资集团有限公司（简称"中铁开投"）成立于2011年12月8日，注册地为云南省昆明市，注册资本50亿元。拥有市政公用工程、公路工程、建筑工程三项工程施工总承包壹级资质。经营范围为：投融资；建筑、公路、铁路、市政、轨道交通、机场、水利水电、环保、土地整理、房地产开发（城市综合体开发）领域的工程建设管理及施工；物资设备采购租赁。

中铁开投代表中国中铁全面履行与地方政府签署的战略合作协议，负责云南、贵州、湖北、重庆三省一市以及面向南亚·东南亚多元化投资项目的投融资、建设、运营、移交管理和重大总承包项目承揽，是中国中铁在西南、华中地区及"澜湄五国"投资建设领域的核心力量。

2011年4月8日，中国中铁在昆明成立中国中铁昆明轨道交通工程指挥部和轨道交通3号线西标段项目经理部。2011年12月8日，中国中铁以昆明轨道交通工程指挥部和3号线西标段工程项目经理部为班底，成立"中铁泛亚建设投资有限公司"。2012年3月2日，中铁泛亚建设投资有限公司更名为"中铁昆明建设投资有限公司"。2016年12月8日，中铁昆明建设投资有限公司更名为"中铁开发投资有限公司"。2017年12月26日，昆明中铁总部大厦奠基。2018年1月16日，"中铁开发投资集团有限公司"组建。2019年5月，中铁开投召开第一次党代会；11月，成功中标中国中铁云南滇中引水工程大理Ⅰ段至楚雄段、楚雄段至红河段引入社会资本建设项目；12月，中国中铁西南区域总部设立，与中铁开投按照"一个机构、两块牌子"管理。2020年，中铁开投相继中标重庆渝湘高速、永川永璧高速，填补了中国中铁十年来在重庆高速公路市场上的空白；中标武汉轨道交通12号线，取得武汉轨道交通PPP市场入场券；中标云南瑞丽国际陆港新城、湖北鄂州临空经济区项目、贵州安顺路游公园、昆明安宁大龙山铁路专线、湖北三峡茅坪港翻坝铁路专用线和油气管线，实现自营专用线铁路、油气管网、片区开发、港口建设等业务领域新突破；2021年，武九管廊实现分段运营，遵余、威围、瓮开高速开通运营；2021年10月15日，中铁大厦正式启用。2022年，中铁开投配合中国中铁收购滇中引水优质资产，与云南省共同设立合资公司中铁云南建设投资有限公司；联合7家工程局中标滇中引水二期配套工程；中标武隆区仙女山"碳中和"景区及配套项目、福德村"城市更新+TOD"综合开发项目；三峡枢纽江南成品油翻坝项目通过了股份公司决策；6月18日重庆地铁4号线开通运营，8月26日玉楚高速开通运营，被评为2022年度中国中铁十大超级工程，绿汁江大桥创下世界单塔单跨悬索桥3项纪录；12月26日昆倘高速开通运营。

截至2022年12月31日，公司本部设置职能部门14个，下设事业部（中心）6个、子分公司6家、各类型项目指挥部41个、委管项目1个，公司管理或参股管理的各类型项目公司、合资公司38家。资产总额760.11亿元、年施工生产能力365.07亿元；公司共有全员制员工474人，平均年龄40岁，其中公司领导9人、公司中层层级干部123人、所属单位中层层级203人、其他人员139人；研究生学历80人、本科学历377人、专科学历14人、大专以下学历3人；正高级专业技术职务19人、副高级专业技术职务199人、中级专业技术职务164人、初级及以下专业技术职务92人。

中铁开投先后获得云南省建筑业协会"优秀企业"、云南省"五一劳动奖章"、重庆市"五一劳动奖章"等多项荣誉；投资建设管理的多个重点工程项目先后荣获"中国建筑工程鲁班奖""中国土木工程詹天佑奖""国家优质工程奖""建设工程项目施工安全生产标准化工地"等国家级、省部级荣誉；承担了多项国家级课题研究，获得中国铁路工程总公司科学技术奖二等奖6项；获得发明专利授权15项、实用新型专利授权13项、软件著作权授权7项，获得云南省省级工程建设工法14项，参编云南省行业规程7项，获得股份公司绿色施工科技示范工程3项，截至2023年6月，开通运营的公路项目已全部获得云南省省级优质工程奖、贵州"黄果树杯"等多个奖项；昆明轨道交通4号线获得了2022—2023年度第一批中国建设工程鲁班奖，遵余高速公路飞龙湖乌江大桥、威围高速幺站互通、中铁佳苑、总部大厦分别获得了贵州省"黄果树杯"、贵州省优质工程奖、云南省优质工程奖等称号。

（杨臆蓉　左福生　吴传勇）

【主要指标】2022年，中铁开投实现营业收入405.80亿元，较2021年增长0.66%；归属于母公司的净利润39.76亿元，较2021年增长51.70%，各投资项目盈利情况良好，无亏损项目；年末资产负债率73.25%，较2021年减少2.48个百分点；"两金"余额50.86亿元，较年初余额增长12.82%。管理体系有效运转，安全质量平稳可控，圆满兑现了节点工期和年度目标，收入利润再创历史新高。

（周丽红）

表13-22 2021—2022年中铁开投主要经济指标

项目	2021年	2022年	增长率/%
资产总额/亿元	845.91	999.05	18.10
所有者权益/亿元	204.56	267.22	30.63
营业收入/亿元	403.12	405.80	0.66
利润总额/亿元	32.60	48.06	47.42
净利润/亿元	26.21	39.66	51.32
归属于母公司所有者的净利润/亿元	26.21	39.76	51.70
技术开发投入/亿元	0.09	0.05	−44.44
利税总额/亿元	38.65	59.46	53.84
应交税金总额/亿元	6.05	11.39	88.26
全员劳动生产率/[万元/人·年]	466.64	669.30	43.43
净资产收益率/%	14.07	16.78	19.26
总资产报酬率/%	7.00	6.83	−2.43
国有资本保值增值率/%	121.79	130.00	6.74

制表：周 苹

【改革发展】2022年，实现财务创效超10亿元，抓住国家宽松货币政策的有利时机，新增融资成本低于股份公司平均融资成本，其中一年期低至2.6%、5年期以上低至3.2%，降低存量贷款利率，存量贷款利率低至3.4%；充分利用税收优惠政策降低税负，2022年取得留抵退税87.79亿元，确保西部大开发所得税优惠政策应享尽享，2022年享受西部大开发优惠政策节税3.62亿元；强化资金集中及保函置换工作，确保资金"应集尽集、应收尽收"，本年公司所属64个核算机构，其中表内单位54个、表外单位10个，全部纳入资金池管理，实现资金集中创效5.36亿元。

2022年，中铁开投有效应对了三年疫情带来的持续冲击，化解了错综复杂的市场环境带来的持续挤压，坚持以"14841"为工作主线，围绕大商务管理各项目标，强化经营体制机制建设，优化区域经营战略布局，深化高端经营拜访，加大投资风险防控力度，提升项目"含金量"，推进重大项目有序开展，重点项目依次落地，经营工作呈现出"稳扎稳打、稳中求进、稳中向好"的势头，确保完成新签合同额906亿元，占股份公司下达目标710亿元的128%，超额完成了股份公司下达的年度经营任务目标，同比增长119.4%，并创历史新高，为中铁云投实体化运转筑牢根基。

（林 静 贾小敏）

【重大项目】2022年，中铁开投完成新签合同额906亿元，占股份公司下达预算目标710亿元的128%，转变经营思路，从到市场抢订单转变为发挥"投建营"一体化优势创造订单，配合中国中铁收购滇中引水优质资产，并与云南省共同设立合资公司。从项目单一开发思路转变为产业勾地、成片开发，与呈贡区政府签订投资合作协议，积极对接省属高校资源，开展呈贡活力城全局谋划、方案策划，成功锁定活力城起步区项目。加快推动瑞丽陆港新城建设利用各类资源，积极参与磨憨口岸发展战略研究、产业体系构建、城市空间布局等顶层设计，形成策划规划方案。全年中标滇中引水二期配套工程，中标价较决策多实现收益近5亿元；武隆区仙女山"碳中和"景区及配套项目，投资端和实施端串联并动，通过强有力的合同谈判，消除了投资风险；科学设计三峡枢纽江南成品油翻坝项目的交易结构和盈利模式，开展市场论证，合理控制投资风险，项目顺利通过决策并如期落地。

通过"1+4+N"经营联动工作机制，开展高端会晤活动50余次，签署战略合作协议7份，签署项目主合同38份，完成5个项目营销、合同及管理交底，并对贵州3个整改项目进行了再交底，践行投资端对实施段的动态帮扶。2022年，中铁开投重点项目控制性工程和形象进度多点突破，重庆轨道交通4号线二期工程正式开通初期运营，将串联起两江新区鱼复和龙兴两大片区，衔接唐家沱工业园、鱼复工业园和龙兴工业园，促进唐家沱、鱼复、龙兴、悦来等外围组团与中心城区的联动发展；云南玉楚高速公路绿汁江大桥顺利完工，创下世界单塔单跨悬索桥3项纪录，彰显了中国制造向中国创造转变的又一突破，2022年8月26日，玉楚高速公路通车，连接了玉溪、昆明、楚雄3州市7区县，对完善滇中路网、打通滇中地区交通命脉具有以重点突破之功推动全局之效，玉楚高速入选了中国中铁2022年十大超级工程名单；云南昆倘高速公路顺利通车，作为昆明市区外环和滇中城市圈环之间的北部联络线，弥补了倘甸片区高速公路交通空白，对推动片区旅游交通融合、促进城乡一体化发展具有重要意义；武汉轨道交通12号线环线穿江隧道"江城先锋号"（中铁隧道局、中铁装备共同研发）国产大直径盾构机正式下井开始掘进，助力世界第二、国内最长的武汉首条地铁环线越江攻坚。云南滇中引水项目一期工程聚焦"五个关键"，打好建设攻坚战，在保持高标准建设的前提下，截至2022年12月31日，全线隧洞已完工83座，占设计122座的68%；云南滇中引水二期配套工程按照"精心组织、精细管理、精准攻坚"的原则，于8月26日正式开工建设。

（周 颖 董一初）

【实业投资】2022年，完成投资43.22亿元，其中：固定资产购置0.11亿元，无形资产支出0.12亿元，股权投资完成5.94亿元（不含对滇中引水二期工程出资17.5亿元），基础设施投资完成35.55亿元（含玉楚、昆倘、贵阳管廊），房地产完成投资1.5亿元（含草海项目）。所属中铁惠信基金公司共参与公司投资项目7个，已完成12只基金产品备案，基金管理总规模41.57亿元，其中实缴规模36.38亿元，较好地完成了外部股权资金的引入工作。

（刘 葵 周宇翔）

【重大创新】中铁开投依托云南玉楚高速公路、云南滇中引水一期工程、贵阳轨道交通3号线、贵州遵余高速公路、贵州瓮开高速公路、武汉武九管廊，开展科技攻关项目共11项，解决了项目面临的一系列技术难题，取得了良好的效益。其中，依托云南玉楚高速公路对艰险山区单塔单跨钢箱梁悬索桥施工技术研究，解决了艰险山区单塔单跨钢箱梁悬索桥施工难题，主塔施工工期节省6个月，节省成本390万元；依托贵阳轨道交通3号线对贵阳喀斯特地貌岩溶发育区地铁隧道机械掘进成套技术研究，解决了喀斯特地貌岩溶地层盾构施工难题，经济、社会、环境效益较为显著。全年共获得省级科技进步奖一等奖2项（已公示），股份公司科技进步二等奖1项、管理创新成果二等奖1项、实用技术创新大赛二等奖1项，授权发明专利11项、实用新型专利30项、软件著作权7项，省部级工法2项，绿色施工科技示范工程3项。

（董一初）

▲图13-47 滇中引入二期工程启动全面建设

▲图13-48 中铁开投参建的重庆轨道4号线二期正式开通运营

【工程创优】2022年，中铁开投投资（参建）的重庆轨道交通10号线一期工程获得"中国土木工程詹天佑奖"；重庆交通五号线一期工程获得"国家安装优质工程奖"；云南东格高速获得"昆明市春城杯"和"云南省市政工程金杯奖"；东格高速土建1标铜都隧道、土建2标达朵隧道、云南寻沾高速土建1标小龙潭1号大桥三项单体工程获得"中国中铁杯优质工程奖"；云南玉楚高速和总部大厦获得"全国建设工程项目施工安全生产标准化工地"，武汉武九管廊获评湖北省"安全文明施工现场"，贵州威围高速获评"贵州省基础设施领域PPP样板工程"，重庆轨道交通四号线二期土建1标至土建9标（全线），贵阳轨道交通3号线一期土建4标，云南玉楚高速土建3标、土建16标，遵余高速土建5标共计获得5项"中国中铁安全标准工地"。

（吴传勇）

【企业文化】坚持以企业文化建设为突破口，深入推进"开路先锋"文化建设，将中国中铁企业标识、企业精神，作为企业文化建设的统一标准，广泛宣传股份公司"永远的开路先锋"理念，荟萃亮丽夺目的企业符号集；高度重视文化的传承与延续，总结提炼出公司各个时期形成的"八要、八有、两手抓、三个转变、五个务必"等管理理念和管理要求，使之成为全公司的精神财富和文化内核，作为广大干部职工的行为指引、共同的价值追求；充分发挥企业文化对树立企业品牌形象、增强核心竞争力、打造优秀团队、提升干部队伍素质、规范员工行为的重要作用；建立公司文化展厅作为集中展示平台，成功举办玉楚"品质高速"绿美公路典范打造、重庆地铁4号线"开路先锋"列车启航、中老铁路"通车一周年"中国中铁参展等重大活动，全方位、多层次、立体化展示企业改革发展的成果，提升企业品牌形象；把握意识形态工作的主导权和话语权，加强与社会媒体沟通合作，积极对先进单位、先进典型、重大工程和重大事项进行宣传推广，发挥先进的引领作用，凝聚奋斗的精神力量。

（杨臆蓉）

【党建工作】中铁开投始终把学习贯彻党的十九大、二十大及系列会议精神作为首要政治任务，组织开展多种形式的宣贯活动，全年邀请外部专家开展专题宣讲2次，召开党委中心组学习会6次，专题党委会2次，"第一议题"集中学习9次，领导干部上讲台300余人次，组建宣讲团在全公司开展形势任务教育，将党的重大方针政策及时学习到位，并结合企业重点工作贯彻到位，各级党组织运用党的科学理论解决实际问题、创造性推动工作的能力大幅提升。紧密围绕股份公司"123456"发展策略和公司"14841"工作主线，深入推进新"三个转变"，结合对标世界一流管理提升行动和全面常态化学习，广泛开展"学思想、聚合力、促发展""学懂、弄通、做实"专项活动，着力增强领导干部政治素养和干事创业的本领；持续增强班子成员政治意识、大局意识和忧患意识，打造实干担当、坚强有力的领导集体，公司领导班子连续4年荣获中国中铁"四好"班子称号；认真落实新时代好干部"20字"标准，严把干部入口关、考察关和选拔任用关，大力选拔任用业绩突出、作风优良、组织放心、群众认可的领导干部，年度累计提拔公司中层干部30人（其中40岁及以下18人）；坚持阶段性和长期性相结合，引进"双一流"院校硕士及以上学历应届毕业生22名、各类型"高精尖缺"人才34名。选派359人次参加地方政府、行业协会及股份公司培训，送培属地省委党校学习8人次，举办中层干部政治素质培训班两期，参培114人，干部人才队伍综合素质得到有效提升；组织召开党风廉政建设和反腐败工作会议，对年度党风廉政建设和反腐败工作进行安排部署；针对上半年经营工作"快、准、狠"方案、产值计划完成、缺口补助回收落实情况下发再监督通知书3份；全年开展警示教育2场次，召开警示教育大会1次，通报典型案例3起；与公司党委沟通会商1次，组织召开推进构建大监督工作格局对接会1次；对拟任纪工委书记任前考察1人次，对拟提拔人员出具廉洁意见回复52人次；全年受理问题线索5件，给予党纪政纪重处分2人，党纪政纪轻处分9人，诫勉谈话11人，问责基层党组织1个；修订完善党委巡察工作要点导引，对3家单位党组织开展常规巡察共发现33项主要问题，通过梳理分析整理出5个方面的共性问题和2个方面的突出问题，发出巡察建议书2份；在滇中引水项目组织开展"尚廉若水·与廉同行"廉洁文化建设活动，牵头开展靠企吃企问题专项整治"回头看"和"消暮气、激活力、崇实干、做最好"专项整顿活动。

（卞文清　王秋林　王让勇）

【信息化建设】围绕"14841"战略主线，坚持立足三省一市、辐射南亚东南亚，建设以"数字开投"为信息化的发展主题，结合《中国中铁股份有限公司"十四五"信息化发展规划》的目标要求，科学、合理规划公司信息化建设目标，制定中铁开投"十四五"信息化发展战略规划，以及2023年信息化建设规划，制定《中铁开发投资集团有限公司信息化管理办法（试行）》；建设"智慧中台"，完成23类数据源、超800个数据主题的采集汇聚，建成24类数据模型，设计超800项业务指标，以数据报表、数据即席分析、数据可视化看板、大数据分析、AI智能等功能，实现数据辅助决策，同时支持跨业务、跨部门的数据共享；建设"诚信系统2.0"，在诚信系统1.0基础上完成金票计划审批表、农民工工资管控及分析功能。对公司所属项目参建标段收入、成本、利润、金票流转、农民工工资欠款情况数据收集汇总，对收集的数据进行分析预警，实现公司对项目施工成本、利润、农民工工资欠款情况的过程监管，并减少各层级金票开具审核的工作量。整合"数字化项目管控平台"，基于既有项目级平台完成公司级与项目级数字化管控平台集成整合，将平台中的核心指标、数据进行提取，汇入公司智慧中台，最终实现数据贯通；建立智慧楼宇运营管理中心（IOC），以建筑智能化、三维可视化为基础，集运营、指挥、展示能力于一体，实现对中铁开投总部大厦全局的把握和资源的综合调度。对水电等能源进行科学管理和控制，大大降低了能耗。对繁多的独立机电系统进行数据资源互通、协调联动，大大提高大厦监管、运营效率；完成股份公司2023年的"信息贯通工程"重点工作；完善信息化基础设施建设和云计算平台扩容等建设任务。

（李万里）

【履行社会责任】2022年，中铁开投坚持共建共享的发展方针，努力增进员工福祉，大力落实企业年金、健康体检、教育培训、补充医疗等各项福利待遇，累计缴纳"五险两金"7000余万元，筹措900余万元为全体员工购买了团体重疾险。扎实开展"我为群众办实事"活动，广泛开展送清凉、送温暖、抗疫情等慰问活动，全面增强员工幸福感、获得感、安全感。（杨臆蓉　高培富）

中铁城市发展投资集团有限公司

【简况】中铁城市发展投资集团有限公司（简称"中铁城投"）是中国中铁的全资子公司，在四川、陕西、新疆、甘肃、宁夏、青海、西藏7省（自治区）开展基础设施项目的投资、建设、运营管理和总承包项目承揽。2014年，中铁城投在四川省成都市天府新区注册成立，注册资本金50亿元，拥有3个市政公用工程、2个公路工程、3个建筑工程和1个铁路工程共9个施工总承包壹级资质。本部设在成都市天府新区——中铁卓越中心，现有正式员工570人，其中具有中高级以上职称476人，占比83.5%。资产总额1073.9亿元，其中流动资产332.74亿元，固定资产净值1.22亿元，其他资产739.94亿元。依托中国中铁全产业链优势，中铁城投积极拓展融资渠道，不断深化政企合作，优化整合中国中铁系统内各专业、各板块资源，发挥中国中铁品牌、人才、资金、技术、管理等方面优势，以PPP、BOT、投融建、股权投资、EPC、施工总承包等合作模式，在城市轨道交通、公路、铁路、水利、市政基础设施、城市双修、生态环保、棚户区改造、土地综合开发等领域，以高性价比的优质服务，实施了一大批重点基础设施项目，在投融资、建设管理和运营管理等方面积累了丰富经验。中铁城投自2012年成立以来，累计签合同额5000余亿元，在西部大开发、"一带一路"建设和成渝地区双城经济圈建设中，中国中铁、中铁城投与西部各地方政府和相关企业签订战略合作协议，投资建设项目多次荣获中国建设工程鲁班奖、中国土木工程詹天佑奖、中国安装工程优质奖、四川省建设工程天府杯金奖等奖项。2022年，中铁城投首次取得3A主体信用评级，成功获批四川省企业技术中心，企业投标信誉、综合实力和市场竞争力都得到进一步提升。

（刘华元　戴文博　彭　哲）

【主要指标】2022年，中铁城投完成新签合同额447.01亿元，完成股东下达年度预算410亿元的109.02%；实现营业收入278.17亿元，完成股东下达年度预算312亿元的89.16%；实现净利润28.92亿元，完成股东下达年度预算33.15亿元的87.24%。（彭　哲）

▲图13-49　新疆若民高速——臣河特大桥

表13-23　2021—2022年中铁城投主要经济指标

项目	2021年	2022年	增长率/%
资产总额/亿元	841.75	1073.90	27.58
所有者权益/亿元	223.09	302.79	35.73
营业收入/亿元	334.01	278.17	-16.72
利润总额/亿元	53.93	34.54	-35.95
净利润/亿元	45.88	28.92	-36.97
归属于母公司所有者的净利润/亿元	45.79	28.88	-36.93
技术开发投入/亿元	0.42	1.49	254.76
利税总额/亿元	64.51	39.42	-38.89
应交税金总额/亿元	18.63	10.50	-43.64
全员劳动生产率/[万元/(人·年)]	768.29	576.65	-24.94
净资产收益率/%	24.67	11.00	减少13.67个百分点
总资产报酬率/%	9.41	5.28	减少4.13个百分点
国有资本保值增值率/%	149.73	122.90	减少26.83个百分点

制表：彭　哲

【改革发展】2022年，中铁城投贯彻落实国企改革三年行动实施方案，不断优化企业治理体系，顺利完成改革任务100%。通过三年改革，完善了公司法人治理制度体系，制定、修订了《公司章程》《董事会议事规则》等10余项法人治理制度，将党委"把方向、管大局、保落实"与董事会"定战略、决大事、控风险"的作用发挥有机统一；推进"三化"管理，印发《人力资源管理办法》等14个管理制度办法，坚持工资总额与业绩、个人收入与绩效双挂钩，适度引入市场竞争机制，落实体现收入能增能减；推行任期制和契约化，按照"一企一策、一人一契"原则，完成了中铁城投本部和所属单位两级经理层和领导班子"三法两书"制定、发布和签署，截至2022年12月，完成任期制和契约化管理企业13户，签约人员81人。中铁城投在三年改革中出真招、保质量，狠抓"三项制度"改革这个核心，求实求细求严，完善了中国特色现代企业制度，健全了市场化经营机制，加快了企业管理机制再升级，管理效能得以提升。

（刘华元）

【重大项目】2022年，中铁城投新签合同额447.01亿元，新中标项目4个，其中2个是BOT项目，合同总额237.4亿元，占比为53.11%；1个是PPP项目，合同总额111.97亿元，占比为25.05%；1个是总承包项目，合同总额3.7亿元，占比为0.8%；另外，房屋销售合同额43.08亿元，占比为9.64%；基础设施资产运营新签合同额50.86亿元，占比为11.38%。从项目类型来看，新增项目为公路板块，其中高速公路项目3个，合同总额349.37亿元，占比为98.95%；公路项目1个，合同总额3.7亿元，占比为1.05%。从区域分布来看，新增区域仍然集中在四川境内，共3个，合同总额241.10亿元，占比为68.29%；甘肃区域项目1个，合同总额111.97亿元，占比为31.71%。

全年在建项目29个，建安合同额2119.21亿元，完成施工产值316.60亿元，其中轨道交通工程完成84.29亿元，市政工程完成1.45亿元，公路工程完成175.25亿元，房建工程47.86亿元，水环境治理工程3.24亿元，铁路工程完成4.51亿元。主要项目进展情况如下：

轨道交通工程在建项目4个。截至2022年底，成都地铁10号线三期及13号线一期完成产值95.35亿元，完成合同额的44.9%；成都地铁8号线二期完成产值26.09亿元，完成合同额的59.7%；西安地铁8号线3标完成产值36.70亿元，完成合同额的49.7%；西安地铁10号线3标完成产值18.09亿元，完成合同额的38.8%。

高速公路项目4个。截至2022年底，宜威高速公路项目完成建安投资84.16亿元，完成建安总投资额的84.0%；乐西高速公路项目完成建安投资46.82亿元，完成建安总投资额的41.7%；西昭高速公路项目完成建安投资56.07亿元，完成建安总投资额的20.9%；铜资高速公路项目完成建安投资2.02亿元，完成建安总投资的3.0%。

公路工程项目2个。截至2022

年底，青海西察公路项目（XC-1标段）完成施工产值32.27亿元，完成合同额的100.0%；伊犁G577线精伊公路项目完成建安投资25.49亿元，完成建安合同额的24.8%。

房建项目5个。截至2022年末，西南总部及配套住宅项目完成建安投资额8.56亿元，完成总建安投资额的47.1%；西安中铁丝路总部及配套住宅项目完成建安投资额13.66亿元，完成总建安投资额的73.9%；宜宾蜀南总部及配套住宅项目完成建安投资额10.16亿元，完成总建安投资额的39.6%；宜宾职业技术学院项目完成产值23.64亿元，完成合同额的63.4%；天府中铁城一期完成建安投资额13.27亿元，完成总建安投资额的33.6%。

（安　乐　龙洪明）

【重大创新】统筹推进研发平台建设、实用技术立项、重大课题过程管控、知识产权申报与获取、成果评审验收、奖励申报等各项科技创新工作。立足解决"投建运"管理中重难点问题，培育综合技术能力，提升项目管理水平，增强核心竞争力，助力提质增效。2022年共立项课题21项，验收课题2项，有6项实用新型专利获得授权，有1项发明专利获得授权。获得股份公司科技进步二等奖2项，获得广西壮族自治区科学技术奖三等奖，获得四川省公路科学技术奖二等奖，获得中国施工企业管理协会工程建造微创新技术大赛二等成果等多项荣誉，并成功获批四川省企业技术中心。

（党如蛟）

【工程创优】成都天府国际机场高速公路项目工程、成资渝高速公路成都天府国际机场至潼南（川渝界）段工程、成都地铁7号线工程获四川省建设工程天府杯金奖；成都轨道交通9号线一期黄田坝站、成都西站、培风站站后相关（机电、系统、型号）工程获四川省建设工程天府杯银奖；西安地铁10号线一期工程施工总承包项目3标段获中国中铁安全标准工地；成都市天府国际机场高速公路获四川省绿色施工科技示范工程；成都轨道交通8号线二期工程、西昭高速公路SG2标获中国中铁绿色施工科技示范工程。

（黄　彭）

【企业文化】2022年，中铁城投创建以"法治、合规、执行力"为核心的企业文化。通过制订活动推进计划，加大宣传力度，引导全体员工深入理解"三个文化"企业文化的内涵；坚持问题导向，聚焦核心业务，梳理制约公司生产经营管理发展的"问题清单"，形成管理清单和责任矩阵，制定工作举措，推进整改落实；总结"三个文化"创建活动中的做法和经验，挖掘典型事例和人物，表彰先进单位和优秀个人；巩固活动成效，深化活动内容，形成统一的先进文化价值体系，塑造强大的企业文化软实力，以此推动企业高质量发展。在品牌建设方面，围绕提升"中铁一流投资建设运营商"品牌形象，努力打造分量重、影响大、反响强烈的作品，全年在中央级和省部级媒体发表稿件15篇，在中国中铁媒体发表稿件55篇；对接中央级、省部级媒体，策划《疆内环起来，进出疆快起来G0612高速公路通车》《当好国家基础设施建设的开路先锋》《投建营一体！这条高速公路迎来重要时刻！》《致敬最美劳动者》《助力抗疫的"铁军"志愿队》等高质量宣传片；原创音乐MV《梦想》在国资委官方抖音"国资小新"发布，创造了全平台18万+的点击率纪录。

（石硕岩　谢　悦）

【党建工作】中铁城投设立党委10个，直管党支部2个，党支部44个，党组织应建尽建、全覆盖。现有党员527名，其中流动党员103人；集团本部设4个党群部门，所属各单位设置综合部作为党群职能部门，机关本部专职党群干部21人。2022年，中铁城投党委不断强化思想建设，持续推进《中铁城投贯彻落实2019—2023年全国党员教育培训工作规划举措清单》，组织领导班子成员和广大党员干部深入领会和准确把握习近平总书记关于发展国有经济的重要论述、关于中国中铁的重要指示批示精神；组织开展党委理论学习中心组学习6次，组织订购《习近平经济思想学习纲要》《党的二十大报告学习辅导百问》等书籍500余份；组织100余人次参加"2022年学习习近平新时代中国特色社会主义思想网络培训班""国有企业思想政治工作网络培训班"，年内推荐申报中国中铁"两优一先"候选人3名。不断强化组织建设，组织召开党史学习教育专题民主生活会，征集意见63条；组织开展"理想信念情怀　爱党爱国爱企""喜迎二十大、永当开路先锋"等主题活动；建立党员责任区、示范岗，发挥基层党组织战斗堡垒作用和党员

▲图13-50　青海西察公路项目

先锋模范作用。不断强化队伍建设，组织召开2021年度党组织书记抓基层党建工作述职评议会议，评选出2家"优秀"、5家"良好"、5家"一般"；开展2021年度党建工作责任制考核，对基层党组织进行全覆盖"政治体检"；加强入党积极分子队伍管理，组织13名积极分子参加股份公司入党积极分子示范培训班；关心关爱关怀职工，积极响应上级和各地防疫措施要求，划拨特殊党费5万元。

中铁城投所属11家单位设立纪委9个，配备专职纪委书记9名，另设机关纪委，配备兼职纪委书记1名。2022年，通过全面落实股份公司2022年党风廉政建设和反腐败重点工作任务分工清单，召开2022年党风廉政建设及反腐败工作会议，与所属单位签订《党风廉政建设责任书》11份，层层压紧压实责任。通过召开2次党委纪委定期沟通会商共同研究推进落实全面从严治党"两个责任"的9项具体措施，坚持聚焦学习宣传贯彻党的二十大精神、"第一议题"、重点任务等责任落实情况开展政治监督，强化对"8+4"专项治理的专项监督，突出对"一把手"和领导班子的监督，持续对选人用人、"三重一大"进行监督和再监督工作，做实反腐败工作协调机制，充分发挥大监督体系作用。公司锲而不舍落实中央八项规定精神，坚持作风建设从机关严起，持续"为基层减负"。全面挂牌"纪检监督服务之窗"90余张，有效畅通信访举报渠道。全年共处置问题线索12件，给予党纪政纪处分2人，组织处理2人。出台《抓早抓小纠治党风廉政建设有关苗头性倾向性问题的工作意见》，明确54项苗头性倾向性问题清单，推动抓早抓小制度化，有效解决由风及腐、风腐一体问题。持续发挥"诚廉社"领导干部廉洁教育平台日常教育引导作用，讲廉洁党课、观看警示教育片、案例通报以及每年一次廉洁从业集中辅导等成为规定动作，新上项目任前廉洁集中教育、向参建单位发起廉洁倡议等新动作得到推广。在调研实践基础上，提炼总结《推动投资项目廉洁建设的十点创新做法》，全覆盖的廉洁教育体系持续完善。高质量对宜宾公司党委和川西南分公司党委开展巡察工作，聚焦"四个落实"发现12个方面24项具体问题，圆满完成党的十九大以来对所属单位党组织常规巡察全覆盖。强化巡察整改和成果运用，对两批巡察发现的共性问题进行通报，推动举一反三、自查整改，达到了巡察一处、整改一片、规范一面的效果。

（石硕岩　胡雪峰　谢　悦）

【信息化建设】加强网络安全建设，对服务器、网络设备开展全面检查，对漏洞及时修复；开展软硬件定期巡查，推动最小化安装，收敛互联网暴露面，减小被攻击的可能性；加强网络攻击监测及日常管理，建设网络攻击态势感知平台，实现网络攻击和异常流量的实时监测、及时处置，把网络威胁扼杀在萌芽阶段。推进信息贯通，按照"需通尽通、能改尽改、可废尽废"的原则，严格把关信息系统的开发申请，积极开展数据资产调查、台账建立，开展员工统一身份数据治理，协调营销系统、人力资源系统的信息贯通工作。推动"数智升级"，依托西昭高速进行"建设管理系统"建设，开发完成包含安全管理、质量管理、进度管理、技术管理、监理管理、人员管理、环水保管理、农民工管理、信用评价、绩效考核、前置要件、征拆管理、疫情管理、内部开工管理、法人治理结构管理等功能的建设管理系统并在西昭高速开展试运行。

（何彦君）

【履行社会责任】积极履行社会责任，投资建设的宜宾至彝良高速公路（四川境段）圆满完成试运营，开辟了新的南向出川大通道，助力宜宾市实现"县县通高速"，将高县、珙县、筠连县经济发展和沿线百万群众生产生活带上了高速路。与甘孜职业学院共同设立"贡嘎爱心基金"，首笔54000元捐款用于资助学院36名重病、孤儿、单亲学生；作为宜宾市建筑业协会会长单位向定点学校捐资助学10000元。开展"央企消费帮扶兴农周"活动，通过自行购买和帮扶采购平台购买，全年采购湖南汝城、湖南桂东、山西保德贫困地区农副产品11.82万元。四川省甘孜州泸定6.8级地震期间，第一时间调集抢险机械抢修中断道路，投入抗震救灾工作。西安疫情期间，组建志愿者服务队积极参与西安市抗疫服务保障工作。

（赵艳芳　罗　潇　成　浩）

中铁（上海）投资集团有限公司

【简况】中铁（上海）投资集团有限公司（简称"中铁上投"）是中国中铁股份有限公司的全资子公司。中铁上投成立于2016年7月，2022年3月，为落实中国中铁全面深化改革发展战略，原中铁（上海）投资与原中铁发展投资合并重组为新的中铁上投，布局江苏、浙江、安徽、山东、山西、河南和上海"六省一市"，总部设在上海，服务长三角一体化发展、东部率先发展、黄河流域生态保护和高质量发展战略，是中国中铁在东部及黄河流域高质量的投资集团和资产经营平台。

中铁上投下辖8个子分公司、6个区域经营指挥部、25个项目公司和40个项目总包部。公司本部共设置12个职能部门、2个事业部、1个直属单位，现有正式员工465人，注册资本50亿元，总资产884亿元，净资产207亿元，总投资额近3000亿元。拥有市政、建筑、公路施工总承包一级资质5个，主营业务范围包括大型、综合型项目投资、建设、运营管理和总承包项目承揽，股权投资、基金管理、工程设计咨询等，提供建筑业全产业链产品和服务。截至2022年，中铁上投投资项目共计25个，合同总投资额超过2500亿元。

（巩 成 孙炳娟）

【主要指标】2022年，中铁上投资产总额885.17亿元，较2021年增长660.46%；所有者权益207.69亿元，较2021年增长320.25%。（廖金红）

表13-24　2021—2022年中铁上投主要经济指标

项目	2021年	2022年	增长率/%
资产总额/亿元	116.40	885.17	660.46
所有者权益/亿元	49.42	207.69	320.25
营业收入/亿元	52.68	273.21	418.62
利润总额/亿元	1.14	19.37	1599.12
净利润/亿元	1.07	14.8	1283.18
归属于母公司所有者的净利润/亿元	1.32	14.44	993.94
技术开发投入/亿元	0.00	0.07	1066.67
利税总额/亿元	2.12	32.01	1409.91
应交税金总额/亿元	1.05	12.64	1103.81
全员劳动生产率/[万元/(人·年)]	103.46	390.11	277.06
净资产收益率/%	2.16	8.00	增加5.84个百分点
总资产报酬率/%	0.92	2.59	增加1.67个百分点
国有资本保值增值率/%	107.99	112.77	增加4.78个百分点

制表：廖金红

▲图13-51　南向出川大通道——宜宾至彝良高速公路

【改革发展】中铁上投公司于2022年顺利完成企业改革重组任务。坚决落实股份公司改革部署，推动投资公司与区域总部脱钩，重新构建组织管控体系，优化中铁发展功能定位，设立山西区域指挥部、河南区域经营指挥部，整合安庆片区单位，理顺了管理关系、明确了管理界面；高效推进山西高速项目移交，推动兴北项目一并划转，实现项目利润留存、注册资本金增加等合理诉求，有效维护了企业利益。

国企改革三年行动圆满收官。中铁上投国企改革三年行动任务共计88项，全部按期完成。通过改革，各级子企业全面完成"党建入章"，制定了党委（党组）前置研究讨论重大经营管理事项清单，本级和三级单位层面实现了董事会应建尽建；系统提炼总结了不同类型的总包项目管理实践经验，及时固化总包项目管理成果，升级编制了《项目总承包管理手册》（2.0版）；发布了"长三角一体化发展·投资人"党委党建品牌及10个支部党建子品牌，形成并丰富了中国中铁首个党建业务双融合党建品牌矩阵；积极布局新兴领域，组建中铁城市开发研究院，加大政策、人才倾斜力度，不断完善和延伸企业产业布局，推动产业结构转型升级。通过国企改革三年行动，形成更加成熟更加定型的中国特色现代企业制度，企业产业布局优化和结构调整日趋成熟，企业活力效率取得明显提升。

编制发布《中铁上投"十四五"发展规划》。中铁上投严格落实股份公司深化改革工作会精神，在"十四五"发展规划编制过程中，以改革会议精神为指导，以《中国中铁区域总部和投资公司深化改革方案》为依据，经过充分的政策分析、企业内外部资源分析、对标分析，在内外部专家、股份公司审评的基础上进行了多轮修改，最终明确了"十四五"规划的指导思想、战略导向，确定总体战略、业务战略及重点任务举措，形成《中铁上投"十四五"发展规划》。

完成组织管控设计指引编制。为加快推进中铁上投组织机构、管理路径和控制能力建设，落实股份公司对中铁上投发展定位和需求，明晰各自职能职责，编制了《组织管控设计指引》，确立了中铁上投本部—事业部—子分公司（区域经营机构、区域投资公司、项目公司、项目总包部）的管理架构，一一对应构建后、中、前台权责明确、协调统一、高效运转、管理科学的现代化集团企业管理模式，形成贯通式管理链条。

强化运营体系建设，提升整体运营管理能力。新设投资运营中心，细分基础设施、城市综合开发2个运营部，建立了合理的运营业务管理模块，并通过做好双向提前介入、运营开通筹备、交（竣）工验收、政府绩效考核等重点工作，确保投资收益和可持续性。2022年，新伊高速、濮新高速菏泽段建成通车，江阴新城镇项目、临汾规划三街项目、潍坊高铁新片区项目、张家港客运枢纽项目等5个PPP项目均有子项目进入运营，滁宁城际、濮新高速宁沈段2023年将陆续进入运营期，各项运营管理工作均有序、有效开展。

（王春晖　孙炳娟）

【重大项目】中铁上投主动服务长三角一体化、东部率先发展战略，10月28日中标世界级跨海铁路、"铁路版港珠澳大桥"——宁波至舟山铁路PPP项目，巩固了中国中铁在铁路市场的领先优势，为系统内单位积累了标志性业绩；积极响应股份公司"第二曲线"战略要求，12月23日中标济南中心城区雨污合流管网改造和城市内涝治理大辛河与巨野河PPP项目，成功拓展了"第二曲线"业务；扎根属地经营，积极推进滚动经营工作，中标了包括青岛市地铁6号线二期工程、青岛市地铁9号线一期工程、青岛交通商务区停车场及基础设施配套项目工程等在内的大型施工总承包项目。

全年实现高端拜访及调研活动50余次，签订战略合作协议7份，实现包括各级政府、重要战略客户、重要合作机构在内的重点单位资源

▲图13-52　2022年11月10日，南通轨道交通1号线正式开通运营（和平桥站）

中铁（上海）投资集团有限公司

的开拓及维护，有力夯实营销基础，充分助力市场开发。

公司参建的杭州地铁7号线后通段（吴山广场站至市民中心站）开通试运营，标志着杭州亚运会专线全线通车；南通轨道交通1号线开通试运营，标志着南通迈入"地铁时代"；濮阳至阳新高速公路菏泽段BOT项目按期实现开通运营目标，是中国中铁建设者们始终秉承"逢山开路、遇水架桥"的"开路先锋"精神体现；连霍二广高速联络线（新安至伊川高速）项目开通运营，实现了洛阳西南方向连霍、洛卢、洛栾、二广4条高速公路及多条国省道的互联互通，为洛阳"建强副中心、形成增长极"注入强劲新动能。2022年度纳入股份公司重点项目管理的南京地铁6号线01标、南京地铁7号线02标、合肥地铁8号线、濮新高速宁沈段4个项目均正常推进。　　（贾聿舶　孟　朋）

【重大创新】重塑考核分配体系，健全按业绩贡献决定薪酬的分配机制，提升浮动薪酬占比，建立末位淘汰制度，实行超额奖励机制，树立了"重奖开发创效"的鲜明导向。创新中铁内部合作模式，在宁波至舟山铁路PPP项目上采用股权代持方式，由工程局按施工任务比例实际出资，中铁上投象征性出资，成功解决资本金出资问题。创新运作"城中村"改造项目，以投资策划带动投资开发，提前锁定上海市洞泾镇城中村改造项目，打造中国中铁系统内首个上海城市更新类产品IP。开展企业管理创新工作，2022年组织申报股份公司的7项管理创新成果全部获奖，其中"基于大数据辅助的投资决策模型及算法构建实施"课题获得2022年度中国中铁企业管理现代化创新优秀成果一等奖。积极开展科技创新，"青岛地铁8号线高水压复杂地质海底隧道综合修建技术"科研成果荣获中国铁路工程集团有限公司科学技术奖一等奖；青岛地铁8号线"极小净距下穿既有运营地铁暗挖区间隧道施工技术研究""GIS+BIM数字化项目管控平台"科研成果荣获中国铁路工程集团有限公司科学技术奖二等奖；郑州地铁7号线"既有运营地铁下极小净距深埋盾构水平冷冻加固斜面切入始发施工技术研究"科研成果荣获河南省工程建设协会科学技术成果特等奖；青岛地铁6号线"全预制装配式地铁车站成套建造技术"成果荣获中国中铁第二届实用技术创新大赛一等奖；中铁上投所属单位中铁发展联合青岛地铁集团与中国矿业大学（北京）、山东科技大学等单位共同完成的"大跨隧道高预应力开挖补偿理论与关键技术"科研成果鉴定为国际领先水平。　（王春晖　贾聿舶　井建荣）

▲图13-53　2022年12月25日，濮新高速公路菏泽段开通——航拍的濮新高速公路菏泽段（曹州互通立交）

【工程创优】中铁上投深入学习贯彻习近平总书记关于安全生产重要论述，严格执行"安全第一，质量至上"的工作方针，全面推进安全质量管理系统提升，积极落实铁腕治安硬十条、安全质量环保管理刚性标准等股份公司系列文件要求，不断夯实安全质量管理基础工作，有效推进安全质量创优工作，创优成果丰硕。2022年，青岛地铁8号线北段获得国家优质工程奖；青岛市地铁1号线正阳路站—春阳路站—沟岔村站区间盾构工程获得中国中铁首届优质工程金杯奖；杭州地铁7号线（靖江站—义蓬站）项目获得浙江省钱江杯优质工程奖；南京地铁6号线与濮新高速菏泽段项目分别获得中国中铁安全标准工地；济南地铁6号线、张家港市科创孵化中心工程、连霍二广高速联络线项目与郑州地铁7号线5工区项目分别获得中国中铁绿色施工科技示范工程；连霍二广高速公路联络线项目获得河南省安全文明标准化工地；濮新高速菏泽段项目二项分部分项工程获得河南省高速公路建设项目样板工程；合肥地铁8号线获得安徽省重点生态环境保护示范工程。青岛地铁2号线一期工程获得第二十届第一批中国土木工程詹天佑奖。 （王一孟朋）

【企业文化】开展"理想信念情怀 爱党爱国爱企"主题教育。坚持文化融合创新，弘扬中国中铁"开路先锋"文化理念，出台了《中铁上投关于中国中铁"开路先锋"企业文化建设实施细则》。以完善中铁上投"十四五"发展规划为契机，确定了"让城市更美丽，让生活更美好"的企业使命，"成为城市建设全产业链领军企业"企业愿景和"担当、专业、创新、共赢"的行为准则。举办了《企业文化——企业可持续发展的源泉》专题讲座，拍摄制作了企业宣传片和党建宣传片。高质量建成企业文化展示厅，展陈面积1325平方米，集展示宣传、商务交流、会务接待、文化教育等于一体，打造成为中铁上投企业综合展示中心、中铁上投数智化管理中心和中国中铁"开路先锋"文化教育基地。

公司撰写的《传承"开路先锋"基因 打造特色党建品牌 以PPP项目"快"文化凝聚企业高质量发展正能量》经验材料入选中国企业文化研究会《企业文化与经营管理深度融合经验案例》（选编）。加大先进典型推荐选树力度，安徽区域经营指挥部党工委、青岛地铁6号线总包部党工委被评为中国中铁"先进基层党组织"，2人被评为中国中铁"优秀共产党员"，2人被评为中国中铁优秀党务工作者。济南轨道交通6号线建设者王星堂、侯正建在暴雨中接力救人，获得阿里巴巴天天正能量特别奖。

建立了与主流媒体的日常联络交流机制，修订了《新闻宣传工作管理办法》。南通轨道交通1号线一期工程开通运营、宁马城际、滁宁城际、合肥轨道交通8号线、青岛地铁等重要工程节点施工进展，受到《人民日报》、新华社、中央电视台等中央主流媒体关注。中铁党委书记、董事长王传霖作为全国人大代表围绕助力国家"双碳"目标实现、创新驱动发展战略深入实施方面等认真履职尽责、积极建言献策，受到新华网、《中国交通报》等媒体关注。中铁上投全年在中央主流媒体上稿129篇、省部级及行业媒体上稿322篇。 （陈坤）

【党建工作】学习贯彻党的二十大精神。印发了《关于深入学习宣传贯彻党的二十大精神的工作方案》，编发了党的二十大精神宣传提纲，并利用公司官网、官微、中铁e通"中铁头条"栏目开设了学习党的二十大精神专栏，编发党的二十大精神和习近平总书记近期重要讲话学习资料20期，集中刊发"员工热议党的二十大报告"信息4期、各单位学习宣贯党的二十大精神经验做法3期。下发了《党的二十大报告学习辅导百问》等辅导读物1888册。

中铁上投和所属单位以党委理论学习中心组学习、专题读书班、读书会、辅导报告会、书记讲党课、实地践学、网络培训班、知识竞赛等多种形式开展了学习研讨。中铁上投领导班子成员带头到党建工作联系点宣贯党的二十大精神，用好中宣部印发的《党的二十大精神宣讲提纲》，做到宣讲到项目、进一线。组织干部职工积极参加全国职工学习党的二十大精神知识竞赛活动。

深化党建品牌创建。开展党建品牌创建"研讨工作坊"3期，打磨中铁发展、宁马城际、济南地铁、青岛地铁等第三批党建品牌，指导前二批党建品牌创建单位丰富品牌内涵，打造标杆示范工程。张家港片区党工委强化"PPP·快车手"品牌引领，开展"党员快车手、举旗争先锋"活动，通过"管理基本功""结构性思维""国企青干训练营"培训班带队伍、提素质，形成《张家港项目管理实践总结汇编》。南通轨道交通总包部党工委以"地铁建设·匠人"党建品牌为引领，守匠心、精匠艺，实现南通轨道交通1号线按期开通运营，5个车站被评为南通市优质结构工程。合肥轨道交通8号线总包部党工委坚持"学创总包·践行者"党建品牌的引领作用，聚焦城市轨道交通领域，打造总包一流品牌，探索建立党建联盟载体，积极构建创新型管理团队，总结提炼了涵盖生产管理、质量管理、安全管理、成本管理、党建管理5个方面"管理地图"，积极打造中铁上投可复制、可推广的总包管理模式。项目被评为"安徽省AAA级环保示范工地""安徽省重点生态环境保护示范工程"。

落实党建工作责任制。中铁上投党委修订了《党建工作责任制考核评价办法》，完成了2021年度党建工作责任制考核和党组织书记抓基层党建述职考核评议，所属单位党建考核结果为"优秀"的有5家，结果为"良好"的有10家，结果为"一般"的有11家。

持续推动全面从严治党向纵深发展。修订落实全面从严治党"两个责任"实施办法和党风廉政建设责任制，建立"两个责任"清单；加强"四风"监督，落实股份公司《关于对内部违规吃请送礼等问题加强监督问责的九条措施》，重点推动落实中铁上投公务用车管理和领导人员离岗请假报备制度；落实股份公司"勤俭办企业十不准"要求，督促各级组织和广大党员干部树立"过紧日子"的思想，厉行勤俭节约，严防公务活动铺张浪费、餐饮浪费等问题；严把选人用人政治关、廉洁关，出具党风廉政意见19人次，对18名新任职领导干部开展任前廉洁谈话，与所属单位班子成员日常廉洁谈话67人次；处置并配合股份公司纪委派驻纪检组核查涉所属单位"一把手"问题线索3件，问责3人；落实构建大监督工作格局实施办法，组织召开反腐败工作协调会暨再监督工作会议，向相关部门发送再监督建议书函，督促职能部门履职尽责；坚持常态化开展警示教育，全年通过中铁e通、企业微信公众号发布廉洁提醒、廉洁之声、廉洁文化素材和违规违纪违法典型案例共38期。（陈　坤　杨志强）

【信息化建设】积极开展数字化、智慧化等新技术的运用，建设中铁上投"投建营"一体化平台，完成项目的试点应用。推广股份统建应用、梳理落实"通改废"清单、完成数智升级示范项目场景化应用上报，完成5次重要时期网络安全保障工作。（王梦桐）

【履行社会责任】2022年"两节"期间，中铁上投工会及所属各单位共购买中国中铁定点扶贫汝城县特色农副产品19.73万元；响应央企帮扶"兴农周"活动，拨付资金16.64万元开展消费帮扶。在沪地区党员积极响应上海市委《致全市共产党员的公开信》号召，结合自身实际为疫情防控助力。2022年，各单位共组织员工及参建单位员工参与疫情防控875人次，共收到表扬信12份、锦旗14面，中铁发展洛阳路街道疫情防控突击队获得青岛市市北区战"疫"先锋示范岗荣誉称号。2022年6月，青岛市遭遇连续强降雨，国信集团红岛国际出现险情，青岛地铁6号线总包部党工委迅速调集了一支由党员骨干带领的40余人组成的抢险救援队，经过20小时的高强度奋战，顺利完成抢险任务，避免了更大经济损失。（张凤娇）

中国铁工投资建设集团有限公司

【简况】中国铁工投资建设集团有限公司（简称"中国铁工投资"）成立于2019年12月，注册资本金50亿元，总部设在北京，是中国中铁的全资子公司，是中国中铁在生态环境治理与城市空间建设开发等领域着力打造的新型发展平台，是中国中铁转型升级、高质量发展的新增长极。公司现拥有职工3078人；拥有资产总额360亿元；各种先进机械设备599台（套），总功率6056.1千瓦；拥有施工特级资质1项、施工总承包17项、施工专业承包9项、设计资质7项、运营资质2项；拥有1个国家高新技术企业，1个省级技术创新中心，1个工程研究中心，1个CMA国家检验检测机构。

重组以来，中国铁工投资累计签订合同额1442.86亿元，实现营业收入416.96亿元，实现净利润15.78亿元；其中，2022年完成新签合同额562.78亿元，实现营业收入145.09亿元，实现净利润6.03亿元；新增授权专利95项、参编国家标准1项、地方标准1项、主编团体标准3项；荣获各类安全、质量、环保、工程类奖项国家级15项，省部级82项。

重组以来，中国铁工投资始终秉承"新领域、新业态、新模式、新思维、新组织、新气象"的"六新理念"，聚焦水务、水环境、绿色资源、城市综合开发四大业务板块，全力打造国内一流的生态环境系统服务商和现代城市投资运营商，践行"生态合作，融合发展"的初心，充分发挥产业研究、规划设计、科技研发、投融资、建设管理、运营维护、咨询服务等一体化系统性优势，携手各地政府、企业、高校、科研机构等合作伙伴，共同为社会缔造美好空间、为人民创造幸福生活。（杨　昊　韩雅辉　孙敏芳　王婧玥　张　磊　张忆晨　叶　爽）

【主要指标】2022年，中国铁工投资实现营业收入145.09亿元、净利润6.03亿元、归属于母公司所有者的净利润4.9亿元；12月31日，公司资产总额371.72亿元，所有者权益总额98.55亿元。总体来看，集团公司经济运行总体保持平稳，主要财务指标均完成预算目标值。（钟　威）

表13-25　2021—2022年中国铁工投资主要经济指标

项目	2021年	2022年	增长率/%
资产总额/亿元	310.00	371.72	19.91
所有者权益/亿元	84.52	98.55	16.60
营业收入/亿元	146.23	145.09	-0.78
利润总额/亿元	5.52	6.71	21.56

续表

项目	2021年	2022年	增长率/%
净利润/亿元	5.25	6.03	14.86
归属于母公司所有者的净利润/亿元	4.91	4.90	−0.20
技术开发投入/亿元	2.83	3.63	28.27
利税总额/亿元	6.50	13.53	108.15
应交税金总额/亿元	0.50	7.33	1366.00
全员劳动生产率/[万元/(人·年)]	58.05	59.51	2.52
净资产收益率/%	6.35	6.57	增加0.22个百分点
总资产报酬率/%	3.35	1.78	减少1.57个百分点
国有资本保值增值率/%	105.23	109.47	增加4.24个百分点

制表：钟 威

【改革发展】2022年3月18日，为进一步整合内部资源，将中国铁工投资建设集团有限公司城市建设分公司所属资产、项目（管理口径）等整体注入中铁铁工城市建设有限公司，实施济南、北京两地办公模式；2022年4月6日，为了探索区域管理模式，在山东省泰安市设立中国铁工投资建设集团有限公司山东分公司；2022年5月24日，在北京市石景山区，中国铁工投资建设集团有限公司（35%）与中国南水北调集团新能源投资有限公司（60%）、中水北方勘测设计研究有限责任公司（5%）合资设立南水北调铁工新能源有限公司，注册资本金8000万元。

按照深化改革三年行动工作要求，全面推进企业各项改革工作，全面完成公司108项改革任务。认真落实股份公司"三项制度改革行动"要求，在员工能进能出方面，积极开展市场化人才引进工作，通过社会招聘和校园招聘相结合的方式，2022年新进员工数量390人；及时解除（终止）不能满足岗位任职标准的员工劳动关系93人。在管理人员能上能下方面，突出选用导向，加强契约管理，严格制度执行。自企业重组以来，共提拔任用了40岁以下领导人员34人，占提拔任用总数的56%，配备40岁以下子分公司正职1人；两级企业本部管理人员退出17人，三级企业领导人员退出5人。在收入能增能减方面，持续推进全员绩效考核，实现员工薪酬与企业效益、安全质量、个人绩效紧密挂钩；严格落实所属单位经理层成员年度薪酬与年度业绩考核结果挂钩机制，2022年，公司浮动工资占比达到64%，收入差距倍数达到1.87。

（杨 昊 谢勇强）

【重大项目】中国铁工投资坚持把落实党中央重大决策部署作为捍卫"两个确立"、践行"两个维护"的重要体现，公司党委立足企业生态环境领域行业特点，深入践行习近平生态文明思想，围绕高质量发展目标，扎实推动国家重大战略在企业落实落地。深入贯彻股份公司重组成立中国铁工投资的战略意图，认真践行股份公司开辟"第二增长曲线"的重要使命，初步探索出了一条具有中铁特色的绿色发展之路。修订完善重大事项决策权责清单，进一步界定权责边界，突出了党委研究"能不能干"，董事会决定"干不干"，经理层思考"怎么干"的格局，提升企业重大事项决策效率。全年召开董事会会议6次，作出决议68项；召开党委会14次，研究事项157项，其中前置研究讨论企业重大经营管理事项53项；召开总经理办公会16次，研究事项146项。

截至2022年12月底，中国铁工投资在建项目56个，重大项目分别是南京六合区龙袍新城"四

▲图13-54　2022年9月5日至6日，中国铁工投资开展绿色中票项目路演活动

▲ 图13-55 2022年5月26日，南水北调铁工新能源有限公司在京揭牌

新"建设项目、济宁健康护理学院建设PPP项目、都江堰市供排水系统提升PPP项目、魏县全域水网地表水灌溉项目、合肥波林关键机械摩擦副材料及零部件产业园项目施工总承包（一期）、济宁市农村生活污水治理项目（第一阶段—第2期）EPC、江西省鹰潭市信江新区厂网河湖园一体化海绵城市建设PPP项目、萍乡市主城区排水系统提质增效系统化治理工程（一期）项目、新华广场改造及地下空间互联互通建设项目EPC总承包、武汉沙湖港及周边环境综合整治PPP项目、银川都市圈城乡西线供水水源工程石嘴山支线工程、肇东市城市供水工程特许经营项目等。实施的泰安项目、唐山项目、银川西线供水、沣西大王污水厂、武汉黄家湖等重大项目相继建成投入运营，成为行业领域典型案例。

全面践行立体经营理念，充分发挥协同优势，主动融入中国中铁立体经营体系。积极与各工程局、投资公司、设计院、金融机构、咨询公司、科研机构等建立合作关系，构建中国铁工投资商务朋友圈，以投资带动施工、运营，提供增值的方式，充分发挥各方专业优势，分进合击，资源互补，实现合作共赢。2022年完成新签合同额562.78亿元，完成中国中铁下达调整后年度经营计划确保目标560亿元的100.50%，其中总承包项目108亿元，同比增长21.35%；投资类项目213亿元，同比增长33.96%；运营类项目242亿元，同比降低23.89%。

立足"投建营"全链条一体化发展的特点，推动经营开发、项目履约、成本管控、确权结算、考核激励各环节贯通穿透管理，自上而下、平稳有序推动具有中国铁工投资特色的大商务管理体系构建。充分营造"人人关心商务、人人重视商务，人人都是成本管理者、人人都是利润创造者"的全员商务意识和商务管理氛围。系统开展大商务管理制度体系梳理，编制形成《中国铁工投资商务管理手册1.0版》。

系统推进大商务管理人才队伍建设，出台了《商务人才队伍建设实施方案》《项目经理职业化建设指导意见》，加强项目"铁三角"团队配备，完成三级公司层面总经济师岗位配置。

中国铁工投资研发课题以"固废处理处置及资源化利用技术研究"和"供排水关键技术研究"为主研发方向，结合公司生产经营实际需求，以重点项目为依托，重点开展管道检测机器人及污水管免断流缺陷检测技术、城镇排水系统水质变化规律与污水处理提质增效对策研究等。中国中铁重点课题"管道检测机器人及污水管免断流缺陷检测技术研究""厨余垃圾水解产酸及资源化为污水处理补充碳源的研究""市政污泥干化—热解焚烧残渣资源化利用研究""全库盘铺膜水库运维安全评价的关键技术研究"等研究任务，均进展顺利，取得阶段性成果。"分布式固废碳化成品化装备"课题通过中国环境保护产业协会的技术成果鉴定，达到国内领先技术水平。（胡志华　张忆晨　赵震坤　宿　蕾　王婧玥）

【重大创新】2022年，中国铁工投资成功召开首届科技创新大会，对加快推进科技进步、提升自主创新能力、加快建设国内一流"两商"企

▲ 图13-56 唐山花海项目：北方地区最大的花海田园项目，修复治理300万平方米的采矿塌陷区及污染土壤

业起到重大推动作用。通过"揭榜挂帅"竞争获得中国中铁水务环保工程专业研发中心牵头建设资格；宁夏水润检测技术有限公司通过CMA国家检验检测机构资质认定。有序开展科研立项工作，结合重点工程项目，确定立项集团公司科技研究开发课题14项，申报并立项股份公司重点子课题5项。全年获得中国中铁优秀工法1项，中国发明协会发明创业奖创新奖一等奖1项，中国施工企业管理协会高价值专利大赛和微创新技术大赛优胜成果各1项，中国中铁第二届实用技术创新大赛软科学类一等奖1项。全年申请专利31项，其中发明专利6项；新增授权专利40项，其中发明专利8项；软件著作权5项；参编国家标准1项、地方标准1项，主编团体标准3项。中铁铁工城建围绕项目实际，积极推广应用"建筑业10项新技术"，通过对施工组织的策划、设计方案的深化、施工方案的优化、技术创效工艺工法改进等，提升项目价值创造。中铁市政环境凭借领先的研发创新能力和雄厚的技术底蕴，深入推动BIM技术应用，参加公司市场开发中心组织的施工总承包集中采购投标，编制了12项BIM应用能力案例，10项预制装配式应用能力案例。中铁水务集团在水务环保领域积极推广"四新"技术应用，施工工序优化等措施，提升项目整体效益。其中，沣西污泥项目部污泥处置工艺为两段式干化＋热解气化，是绿色转型重要项目之一，是在市政污泥领域一次全新的探索和突破，采用新的组合工艺，消除污泥对环境的不良影响，提升当地环境质量。　　（张艳枫　王婧玥）

【工程创优】构建整体运行有效的安全质量环保监管体系，开展各项安全质量管理及创优工作。全年无安全质量事故，获得国家级优质工程奖2项，国家级优秀焊接工程奖3项，国家级质量信用AA企业1项，国家级工程建设质量管理小组活动成果大赛二等奖1项、三等奖1项，获省部级优质工程8项，省部级"QC小组成果奖"24项，省部级安全标准化工地2项，省级环保示范工程1项，中国中铁绿色施工科技示范工程1项。　　（孙敏芳）

【企业文化】以企业文化建设为主抓手，不断聚智引力，构建企业文化体系的"四梁八柱"。规划集团公司企业文化体系建设方案，以"开路先锋"文化为指引，持续推进"开路先锋"文化理念的宣传贯彻落实工作，提出企业文化体系建设"五步走"的建设步骤，明确了企业文化体系建设的6项重点任务。完成九大执行理念的提炼和注释。结合企业生态环境和绿色发展特色、"投建营"全链条一体化特点，形成了"战略引领　合作开放"的市场理念、"精控成本　创效争先"的管理理念、"生命至上　全链安全"的安全理念、"专业专注　至精至诚"的质量理念、"生态节能　绿色发展"的环保理念、"稳定高效　品质运营"的运营理念、"唯才是举　奋发有为"的人才理念、"廉洁担当　风清气

▲图13-57　2022—2023年度第一批国家优质工程奖与2022年度市政工程最高质量水平评价工程奖——合肥清溪净水厂

▲图13-58　2022—2023年度第一批国家优质工程奖——武汉轨道交通蔡甸线工程

正"的廉洁理念、"美化环境　创造价值"的品牌理念。深入学习宣传贯彻党的二十大精神，制定下发了《关于深入学习宣传贯彻党的二十大精神的实施方案》，通过开展专题读书班、基层宣讲、中心组学习研讨、座谈交流、专题学习等多种形式深入推动党的二十大精神入脑入心。结合运营特点，在运营的石家庄滹沱河、唐山花海等生态环境项目游客开放区，以及运营的银川供水各处营业服务厅，广泛展播党的二十大开幕盛况、党的二十大精神等内容，把学习宣传贯彻党的二十大精神覆盖范围向广大居民和群众延伸。生动讲好铁工故事，紧密围绕企业中心工作，聚焦重点项目、重大节点、重点工作等内容，策划主题宣传，在各类中央和社会主流媒体刊稿622篇，较2021年增长71%，形成了此起彼伏、高潮迭起的宣传格局。
（吴凯文）

【党建工作】2022年，中国铁工投资党委坚决贯彻习近平总书记关于加强国有企业党建工作的重要指示批示，以习近平生态文明思想为指引，高举生态文明建设旗帜，在中国中铁"开路先锋"文化体系和"1266"党建工作规划总框架下，全力打造具有中国铁工投资特色的"生态效能"党建品牌，扎实推进生态文明型党组织建设，在做好"规定动作"的基础上，不断创新"自选动作"，着力打造党建工作亮点，提升党建工作水平，将党建优势转化为推动企业高质量发展的"红色引擎"，《中国铁工投资以"生态效能"党建为载体，打造企业高质量发展"红色引擎"》入选全国企业党建创新优秀案例成果；中国铁工投资党委成功申报"全国企业党建创新优秀案例示范基地"。以"三学"形式，认真抓好"第一议题"的制度化、常态化、长效化；把迎接党的二十大和学习宣贯党的二十大精神作为首要政治任务，扎实开展"建功新时代、喜迎二十大""理想信念情怀　爱党爱国爱企"等主题活动，扎实抓好党的二十大精神在中国铁工投资的落地生根；坚决落实好党中央重大决策部署，立足企业生态环境领域行业特点，积极融入和服务国家重大战略。高质量召开中国铁工投资首次党代会，系统谋划部署未来五年公司党委重点工作；扎实开展党建工作责任制考核评价、党组织书记抓基层党建述职评议考核，以考核倒逼党建责任落实，中国铁工投资在股份公司2022年组织的党建责任制考核中被评为"优秀"。认真贯彻落实好干部"20字"标准，突出"赛场选马"，坚持"以业绩论英雄"，持续规范选人用人工作；立足企业长远发展，加大优秀年轻干部选拔培养力度，分类建立了公司优秀年轻干部后备人才库，重点加强对入库后备干部的使用；坚持差异化薪酬激励，突出"六大"薪酬分配导向，加强全员绩效考核，分类设定评价要素，推进三项制度改革在企业落实落地。在企业文化核心理念的基础上，结合企业生态环境领域和"投建营"全链条一体化的特点，提炼形成了九大执行理念，初步构建完成了企业文化体系的"四梁八柱"；聚焦重点项目、重大节点、重点工作，策划主题宣传，在各类中央和社会主流媒体刊稿622篇，讲好了铁工故事，塑造了铁工形象，打造了铁工品牌。坚持从严管党治党，扎实落实"两个责任"，健全完善"四责协同"机制，针对玉楚、杭黄等项目，扎实推进亏损项目治理工作，运用四种形态对30余名违规违纪人员进行问责处理，并召开警示教育大会进行通报，持之以恒正风肃纪反腐；建立巡察人员数据库，对中铁水务集团等4家单位党组织开展巡察，督促做好巡察"后半篇文章"。坚持和加强党对群团工作的领导，深入开展生态幸福之家创建，"冬送温暖、夏送清凉、传统节日送慰问"等活动，共筹集拨付防疫慰问、"三不让"帮扶、送温暖等维稳帮扶金249万元，走访慰问职民工6500余人次。公司团委创新"5444""4个up"立体工作法，深入推进青年精神素养提升工程，"美丽中国·青春行动2022净滩行动"等活动得到团中央社联部的充分认可，并开展专题宣传。万丽、沈鹏飞等一批劳动模范和青年典型荣获系统内外各项荣誉称号。
（胡志华　刘嘉骥　谢勇强　吴凯文　韩锡沙　刘元元　叶爽）

【信息化建设】持续加大对信息化基础设施投资，扩大数据中心承载能力，新购置20余台服务器和存储设备，完善网络系统、视频会议系统，保障基础服务。信息贯通工程逐步深入，完成对OA、财务共享、合同管理、物资采购、工程管理、营销管理等中铁e通和一体化工作平台入驻；全球组网工程中，完成包括总部和子分公司、重点项目部9个单位的内网组建工作，提高访问效率，降低安全风险。"数智升级"示范工程取得相应成效，智慧水务建设项目涉及智慧生产、智慧管网、智慧服务、智慧管控等模块应用，均上线运行，并形成了24项技术标准和业务标准，取得了5项软件著作权证书，提升了水务信息化方面的决策、管理和服务能力，实现公司的跨越式发展。BIM技术深入应用，积极参与BIM应用大赛，获各协会BIM奖项7项，其中一等奖2项、二等奖3项、三等奖1项、优秀奖1项。
（张超凡）

【履行社会责任】坚决履行央企社会责任，中铁水务集团、中铁市政环境、中铁铁工城建、南京龙袍项目指挥部等单位，广泛组织党员干部职工组建疫情防控志愿队，投入疫情防控一线中，获地方媒体和社会各方好评，树立了企业良好形象。做好银川地区水务基础设施排查维护，在中高考、雷锋日、世界水日等期间广泛开展了各类志愿活动和运营水厂对公众开放活动，通过组织开展"爱心助农　夏送清凉"慰问活动采购农产品13.8万元。结合运营生态项目特色，在石家庄承办了"学习二十大　启航新征程，共

▲图13-59 2022年7月6日,中国中铁党委书记、董事长陈云出席中国铁工投资第一次党代会

筑健康梦"藁城区职工健步行活动,广泛开展了摄影大赛、共享菜地开耕、学党史主题活动、生态梨园节等丰富的主题活动;在唐山云之苑推广3D实景展示,通过全景VR技术,为商家、游客提供一套基于移动终端的自助导览应用。

(吴凯文 马 瑶)

中铁(广州)投资发展有限公司

【简况】中铁(广州)投资发展有限公司(简称"中铁广投")成立于2020年9月,是中国中铁的全资子公司、二级法人企业,注册地在广州市海珠区,注册资本金30亿元。2022年3月,股份公司对投资公司实行改革后,将中铁广投打造为"专业化、市场化、职业化"总承包公司,代表中国中铁在广州区域履行"统筹协调、开发服务、监管维护、高端经营、立体经营、大项目经营、总承包经营"等职能,负责对重大投资项目、总承包项目经营和管理。公司经营范围中,许可项目为:工程建设活动;房屋建筑和市政基础设施项目工程总承包;房地产开发经营;城市公共交通;公共铁路运输。一般项目为:资产管理服务;土地整治服务;土地使用权租赁;污水处理及其再生利用;水污染治理。中铁广投拥有各类高级管理人员近300人,公司投资建设的广州市中心城区地下综合管廊,地铁11号线、13号线二期、7号线二期,棠溪站综合枢纽工程,白云机场T3枢纽轨道交通预留工程,广佛西环城际铁路等一大批重点工程正在抓紧推进。中铁广投坚持立足广州、面向湾区,聚焦轨道交通、综合管廊、海绵城市、水环境治理、市政、交通、机场等建设领域,协同中国中铁在穗二级、三级公司等资源,集中资本、资产、资源、产业和技术优势,为广州经济社会发展贡献力量。中铁广投秉承中国中铁"勇于跨越,追求卓越"的企业精神,传承"开路先锋"企业文化,致力成为国内一流总承包公司。

(张 杰)

【主要指标】2022年末,中铁广投资产总额70.83亿元,较2021年末资产总额62.43亿元增长13.46%;净资产7.96亿元,较2021年末的7.81亿元微增1.92%;2022年营业收入121.48亿元,比上年119.19亿元增长1.92%;净利润0.20亿元,较上年的0.14亿元增长42.86%。

(张 嫒)

中铁（广州）投资发展有限公司

表13-26　2021—2022年中铁广投主要经济指标

项目	2021年	2022年	增长率/%
资产总额/亿元	62.43	70.83	13.46
所有者权益/亿元	7.81	7.96	1.92
营业收入/亿元	119.19	121.48	1.92
利润总额/亿元	0.17	0.21	23.53
净利润/亿元	0.14	0.20	42.86
归属于母公司所有者的净利润/亿元	0.14	0.20	42.86
技术开发投入/亿元	0.00	0.00	0.00
利税总额/亿元	0.18	0.22	22.22
应交税金总额/亿元	0.56	0.12	−78.57
全员劳动生产率/[万元/(人·年)]	83.48	87.57	4.90
净资产收益率/%	1.16	2.54	增加1.38个百分点
总资产报酬率/%	0.27	0.32	增加0.05个百分点
国有资本保值增值率/%	101.16	101.96	增加0.80个百分点

制表：张　媛

【改革发展】推进组织机构改革和定编定员管理。结合公司向专业总承包管理要求和公司战略发展需要，完成公司总部、事业部（中心）组织机构调整，修订总部部门职能及岗位职责，总部调整为11个部门，撤销轨道交通事业部、经济技术管理中心，将相关管理职能纳入总部部门，进一步压缩了管理层级，有效控制定员，提升了管理效率；结合战略需要，成立物资分公司、机电工程管理中心、广佛西环总承包项目、机场三期指挥部等管理机构；成立相关项目筹备组，将项目管理职能前置到投标过程，有效优化投标跟踪和后续项目组织实施；成立商务管理部，为项目管理效益提升和改革推进工作奠定基础；制定《中铁广投总承包项目经理部组织机构及定编定员管理办法》，为优化总承包项目人力资源配置，挖掘人力资源潜力，提高企业劳动生产率提供依据；完成管廊项目公司治理结构换届工作。

完善薪酬绩效考核体系。高效推进企业经理层契约化和任期制改革。实行任期制和契约化管理的经理层成员100%；制定《中铁广投管理人员考核评价办法》，修订完善《总部员工薪酬管理办法》《公司工程指挥部（项目经理部）领导人员薪酬管理办法》《公司工程指挥部（项目经理部）一般员工薪酬管理办法》3项薪酬制度及《员工职务职级管理办法》，加大浮动工资占比，合理拉开收入差距倍数，持续推动差异化薪酬和岗位定薪力度，激发员工自觉主动为企业创造效益，强化考核结果应用，发挥绩效薪酬的激励和约束作用。

大商务管理。聚焦顶层设计，依据股份公司大商务管理要求，迅速建立了由主要领导挂帅，以总经济师为核心的商务管理领导体系，全面指引公司大商务管理总体策划，建立了业务横向到边、管理纵向到底的大商务管理协同联动机制，推进公司大商务管理体系建设。

（朱灿华　那翔）

【重大项目】中铁广投积极融入粤港澳大湾区重大战略部署，进一步提升"组织大兵团、统筹大经营、运作大项目"的统筹能力，加强与市/区委、市/区政府及各平台公司等主要领导的对接洽谈，顺利完成与广州市政府战略合作协议的签订，全面加强战略指引。紧密对接广州地铁集团、广州市住建局、发展改革委、交通局等单位，探讨实施模式与经济指标测试，为确保中标项目质量，成立了各重点跟踪项目筹备组，并配备专职人员提前介入项目设计、工可编制、合同条件设定等工作，积极参与珠三角城际轨道交通广佛环线佛山西站至广州北站段施工总承包项目（91.9亿元）、白云机场三期扩建工程周边临空经济产业园区基础设施三期工程（南方地块）（第一批）设计施工总承包项目（标段一）项目（17.6亿元）投标工作并顺利中标。结合广州市及各行政区计划投资建设项目清单，筛选重点跟踪项目36个，总投资约6722亿元。

（张政祺）

【重大创新】公司承担的城市复杂环境下穿两条运营线地下六层地铁车站综合施工技术研究、大湾区复杂环境下地铁工程环境微扰动设计施工关键技术与风险预警方法研究、富水浅埋暗挖冷冻法关键技术研究按研究进展均在推进过程中。

（张　兵）

【工程创优】2022年，公司参编的《城市轨道交通工程建设安全风险管控和隐患排查治理规范》获广东省土木建筑领域科学技术一等奖；综合管廊支线获广州市建设工程结构优质奖、广州市建设工程优质奖和"五羊杯"奖；综合管廊支线机电安装工程获广州市建设工程优质奖；广州地铁13号线二期获中国中铁2022年度绿色施工科技示范工程、广州地铁7号线二期获中国中铁2022年度安全标准化工地；各总包部10余个工点获广东省、广州市和中国中铁文明施工示范工地和安全生产标准化工地，安全质量综合管控水平稳定向好。

（邓向东　李柱伟）

【企业文化】编制并发布企业文化手册，建立企业文化体系，确立企业理念识别系统，提炼企业行为识别系统，形成企业视觉识别系统。全年编发微信公众号133期、工作简报48期，聚焦中心工作，在人民网、新华网、《工人日报》《南方日报》《广州日报》等中央级媒体唱响中铁广投声音，展现了公司良好的企业形象。2022年11月上旬，中铁建工在建房地产项目发生疫情，中铁广投在股份公司的正确领导和党建工作部指导下，加强与省市对接，积极处置舆情，在向股份公司报送信息的同时，加强与《人民日报》广东分社对接，连续报送"抗疫情、保增长"等信息，有效控制了负面舆情，展现了中铁声音，在大疫大考中展现了央企担当，获得了市政府和广州地铁的高度认可。

（张　杰）

【党建工作】中铁广投坚持以习近平新时代中国特色社会主义思想为指导，党的基本组织基本队伍基本制度进一步夯实。公司党委压紧压实管党治党责任，坚持大抓基层的鲜明导向，持续增强政治功能和组织功能，党的建设与中心工作深度有机融合。坚持提高"第一议题"质量，用习近平新时代中国特色社会主义思想武装头脑、指导实践、推动工作，紧紧围绕学习贯彻党的二十大精神这条工作主线，不断推动党的二十大精神在公司走深走实。坚持"实干实绩"的选人用人导向，加强青年干部培养，启动"青蓝工程"，干部年轻化取得实质进展。纵深推进全面从严治党，加大对物资采购、劳务队伍等的再监督，推动风气向上向好，为公司改革发展提供了坚强保障。深入开展广州地铁11号线、7号线二期、综合管廊项目的政治巡察工作，督导做好整改的"后半篇文章"。坚持党建带群建，开展粤港澳大湾区劳动竞赛和大干四季度劳动竞赛，多名参建单位项目经理获得省总工会表彰，广州地铁7号线总包部荣获广东省五一劳动奖章先进集体，王江卡、李慧2个劳模和工匠人才创新工作室获得省总工会命名。始终牢记党的依靠方针，扎实开展"我为群众办实事"活动，用心用情用力开展三工建设、三让三不让、夏送清凉、防疫物资发放等关爱行动，着力提升职工群众幸福指数。共青团工作紧跟形势、紧扣主题，出新出彩。对各党工委、党支部党建工作责任制年度开展全面调研考核评价，倒逼履行主体责任，规范基础工作。接受股份公司党建工作考评组的现场考核，获得高度评价。

（付梦祥）

【信息化建设】组建BIM项目部，全面统筹BIM及信息化建设，为推进数字化转型进一步夯实基础，依托广州地铁11号线、7号线二期、13号线二期在建项目，加快推进"智慧工地"建设，提升施工总承包项目的安全、质量、进度、劳务、物资、设备等要素智能化管控能力，实现"全要素、全流程、全覆盖"业务流程管理。

（黄康明）

【履行社会责任】积极履行央企责任，在支援地方抗疫方面，中铁广投于2022年4月、10月和11月共计32次支援广州市多区域抗疫任务，先后投入人员2144人，车辆569辆，水马45548个，1463人次的地铁建设者投身社区支援防疫，筑牢抗击疫情坚固防线，以实际行动为地方政府坚决打赢疫情防控阻击战贡献中国中铁力量。在帮扶脱贫方面，全面落实党中央、国务院东西部协作决策部署，按照海珠区关于《广州市海珠区东西部协作结对帮扶工作方案》的工作安排，在前期帮扶基础上，公司定向帮扶贵州省黔南州贵定县德新镇宝山村建设经营黄桃基地项目的高压喷雾一体化配套设施项目建设。对村现有黄桃种植产业管护、配套设施建设、产业硬化路支援资金8万元，以实际行动彰显了央企担当。

（李承良）

中铁二院工程集团有限责任公司

【简况】中铁二院工程集团有限责任公司（简称"中铁二院"），成立于1952年，隶属中国中铁股份有限公司，是国内最大型综合性勘察设计企业之一，曾两次获得国家科技进步奖。中铁二院业务范围涵盖规划、勘察设计、咨询、监理、产品产业化、工程总承包等基本建设全过程服务，横跨铁路、城市轨道交通、公路、市政、港口码头、民航机场、生态环境等多个领域。

截至2022年末，公司员工5600余人，其中全国工程勘察设计大师3人，省级工程勘察设计大师17人，中国青年科技奖1人，享受国务院政府特殊津贴专家11人，各类省部级专家人才250余人次。公司下设20个全资子公司，6个控股子公司，21个生产院，35个国内经营机构，11个国外分支机构，5个区域指挥部。

中铁二院主持或参与建设的铁路通车里程超过37600千米，占全国铁路通车总里程的1/4，其中高速铁路超过12800千米，占全国高铁通车总里程的1/3；参与建设的城市轨道交通工程通车里程约3200千米，占全国已运营通车里程的1/3；先后参与设计了近7500千米的高速公路，以及一大批大型地标性市政工程。

2022年，中铁二院成立中铁二院工程集团有限责任公司绿色轨道交通设计研究院，为非法人生产单位，与地铁院按"一套人马、两块牌子"方式组建；合并党委办公室（董监办、保密办）和集团公司办公室，成立中铁二院办公室（党办、董监办、保密办）；将雄安新区分院按分公司进行注册，成立"中铁二院工程集团有限责任公司雄安分公司"；成立中铁二院商务管理部，与经计部合署办公；分别依托规划院、建筑院、地铁院和重庆公司成立中铁二院综合开发研究中心、铁路TOD研究中心、城市轨道TOD研究中心和重庆TOD研究中心；成立"中铁北部湾勘察设计有限公司"；成立"中铁二院工程集团有限责任公司峨眉分公司"。（毛海蓉　王彩霞　罗泽辉）

【**主要指标**】2022年，中铁二院资产总额为131.66亿元，较2021年的112.73亿元增加18.93亿元，增长16.79%；其中流动资产增加14.58亿元，主要是货币资金增加12.34亿元，应收票据减少0.62亿元，应收账款增加0.26亿元，预付款项减少0.46亿元，其他应收款增加4.37亿元，存货减少0.14亿元，合同资产减少0.24亿元，一年内到期的非流动资产减少0.04亿元，其他流动资产减少0.89亿元。

非流动资产增加4.35亿元，主要是长期股权投资增加0.54亿元，其他权益工具投资减少0.14亿元，其他非流动金融资产减少0.003亿元，投资性房地产增加2亿元，固定资产减少0.54亿元，在建工程增加3.56亿元，使用权资产减少0.01亿元，无形资产增加0.38亿元，长期待摊费用减少0.04亿元，递延所得税资产减少0.29亿元，其他非流动资产减少1.12亿元。

中铁二院负债总额112.42亿元，较2021年的95.78亿元增加16.64亿元，增长17.37%；其中流动负债增加14.43亿元，主要是短期借款增加1.5亿元，应付票据减少3.2亿元，应付账款增加8.43亿元，合同负债增加8.39亿元，应交税金减少0.41亿元，其他应付款增加1.57亿元，一年内到期的非流动负债减少1.8亿元，其他流动负债减少0.05亿元。非流动负债增加2.21亿元，主要是租赁负债减少0.003亿元，长期应付款增加0.44亿元，长期应付职工薪酬减少0.04亿元，递延收益增加1.62亿元，递延所得税负债增加0.20亿元。

中铁二院所有者权益总额19.24亿元，较2021年的16.95亿元增加2.29亿元，增长13.51%。2022年，营业收入112.14亿元，全年实现利润总额2.46亿元，净利润1.91亿元。

（苏　剑）

表13-27　2021—2022年中铁二院主要经济指标

项目	2021年	2022年	增长率/%
资产总额/亿元	112.73	131.66	16.79
所有者权益/亿元	16.95	19.24	13.51
营业收入/亿元	102.87	112.14	9.01
利润总额/亿元	1.52	2.46	61.84
净利润/亿元	1.84	1.91	3.80
归属于母公司所有者的净利润/亿元	1.83	1.90	3.83
技术开发投入/亿元	4.53	4.94	9.05
利税总额/亿元	5.40	5.86	8.52
应交税金总额/亿元	5.76	5.35	-7.12
全员劳动生产率/[万元/(人·年)]	41.29	64.99	57.40
净资产收益率/%	11.60	10.56	减少1.04个百分点
总资产报酬率/%	3.07	2.99	减少0.08个百分点
国有资本保值增值率/%	115.08	113.51	减少1.57个百分点

制表：苏　剑

【改革发展】全面完成2021—2022年"双百行动"综合改革16项改革任务，并顺利通过国资委对"双百企业"的年度考核。在国资委2021年度"双百企业"改革专项考核中，获评"良好"等级，较上一轮评估提升明显。深化改革三年行动顺利收官，组织各相关单位完成23个领域的全部64项任务。

坚持市场化用工，修订《人才引进管理办法》《社会用工管理办法》，提高人才引进标准，2022年公开招聘比例为100%。持续畅通员工退出渠道，《员工试用期考核与劳动合同期满考核办法》，全员绩效考核覆盖率达100%。完善与效益联动的工资决定机制，各单位工资总额与营业收入（责任成本）和利润总额直接挂钩。聚焦主业推动专项奖励精准激励，对在经营开发、生产管理、科技创新等工作中作出重要贡献的集体和个人进行专项奖励，根据工作贡献大小精准激励到个人。实行与任期制契约化考核挂钩的负责人薪酬决定机制，根据考核结果刚性兑现。完善总部机关员工薪酬决定机制，量化总部机关考核指标，赋予部门薪酬自主分配权，按照员工工作业绩和贡献大小兑现薪酬，人均薪酬增幅不高于生产单位人均增幅。兑现中长期激励激发核心人才动力，指导3家符合条件的科技型企业开展岗位分红，切实落实增量激励、效益导向原则。

（罗泽辉　王彩霞）

【重大项目】铁路板块中标滇藏铁路勘察设计、和田至日喀则铁路勘察设计、川藏铁路引入成都枢纽天府至朝阳湖段等874个项目，累计中标金额约47.4亿元；新签合同额31.4亿元。城轨板块积极开辟新的经营市场，不断拓展业务范围。中标成德市域轨道交通S11线、成眉市域轨道交通S5线、佛山经广州至东莞城际土建设计、佛山经广州至东莞城际广州车辆段设计等202个项目，累计中标金额约18.11亿元；新签合同额21.33亿元。公路、市政板块充分依托"规划、铁路、投资、合作"四大优势资源的引领，持续经营各等级公路项目以及综合性市政项目。中标了珠三角枢纽（广州新）机场交通枢纽市政配套工程可研及勘察设计、奉节县长江南岸库岸修复综合治理工程长江二桥工程半岛隧道及接线工程勘察设计、博望产城融合发展示范区勘察设计、双柏至元江（戛洒）高速公路前期服务工作及勘察设计监理咨询服务、武定至禄丰至双柏高速公路前期工作总承包及勘察设计监理咨询审查服务等402个项目，累计中标金额约20.45亿元；新签合同额26.16亿元。工程监理与业务，中标了新建汉中至巴中至南充铁路南充至巴中段站前工程HBNZQJL-2标、新建济南至莱芜高速铁路工程站前工程施工JLTJJL-2标、新建上海至南通铁路太仓至四团段吴淞口长江隧道越江段及外高桥集装箱办理站站前工程监理Ⅰ标、新建池州至黄山高速铁路工程监理HCJL-4标等41个项目，累计中标金额约2.27亿元；新签合同额4.33亿元。

全年新增科技开发项目313项，其中司控项目45项、引导项目268项，总经费34160.47万元；全力推进川藏国家重点专项2个项目、16个课题及50余项任务的研究工作；持续推进在研科技项目的管理1025项，其中外部项目215项、司控项目188项、引导项目622项；到期结题外部科技项目21项、司控项目48项、引导项目315项；编制发布IFC国际标准1项，企业标准7项。

（刘燕敏　张敏静）

【走向海外】中铁二院获得国家援外成套项目管理企业（公路、市政）资格和援外咨询服务单位顾问咨询（公路、市政）资格，同时加强国际教育培训项目开展和储备工作，成功获批并执行商务部埃及铁路发展官员研修班等3个援外培训项目，实施国家铁路局主办的湄公河流域国家基础设施有关人员培训班等2期援外培训项目。

（孟美辰）

【重大创新】全年获取外部科技项目90项，其中国家级科研项目45项、省部级科研项目6项、标准项目39项；获取外部科研经费支持10780万元；依托国家课题，争取到股份公司4300万元专项经费资助，获取的资助经费占整个股份公司的86%。牵头组织完成四川省"十四五"轨道交通重大专项实施方案。

2022年，公司组织申报省部级科学技术奖93项，获省部级科技进步奖27项，获股份公司科技进步奖

▲图13-60　2022年12月16日，中铁二院勘察设计的弥勒至蒙自高铁正式开通运营

中铁二院工程集团有限责任公司

11项；川藏铁路勘察设计技术标准创新团队荣获詹天佑铁道科学技术创新团队奖。组织国家铁路局成果入库19项。全年申报专利98项（其中发明专利62项、实用新型34项、海外专利2项）；获得国家知识产权局专利授权194项（其中发明专利104项、实用新型专利57项），发明专利占比（65%）与数量均创历史新高。获省部级工法6项，获股份公司实用技术奖1项，获中施企协工程建造微创新技术大赛成果奖6项。

（张敏静　邱燕玲）

【工程创优】2022年，组织申报省部级优秀工程勘察设计奖159项，获得优秀工程勘察设计奖68项。其中，组织申报四川省优秀工程勘察设计成果评定71项，获奖61项（其中一等奖28项），在参与申报的117家单位中排名第1。

（刘　彬）

【企业文化】开展党的意识形态工作。党的二十大召开后，第一时间成立学习宣传贯彻党的二十大精神工作领导小组和工作机构，制定并下发了《中铁二院党委关于深入学习宣传贯彻党的二十大精神的工作方案》，共召开7次集中学习会、4次专题读书班，加强了对保密、统战、法制专题及思想政治工作理论方针政策的学习研讨。

把意识形态和网络意识形态工作与党建思想政治工作、企业改革发展紧密结合，在中铁二院党委四届三次全委（扩大）会、庆"七一"表彰大会暨党建思想政治工作会议上，针对意识形态和网络意识形态进行总结；连续2次党委常委会专题分析研判了企业当前意识形态和网络意识工作形势。广泛开展"理想信念情怀　爱党爱国爱企"主题活动，推动基层思想政治工作与生产经营深度融合，成功获评四川省国企"四心一高"基层思想政治工作示范点。由宣传部牵头完成的"建筑企业思想文化工作探索实施"被股份公司评定为中国中铁2022年度企业管理现代化创新优秀成果二等成果。

挂牌成立党委统战部，同时成立中铁二院党委统一战线工作领导小组，首次构建起党委统一领导，统战部牵头抓总，有关单位各负其责的大统战格局，制定下发了《中铁二院党委关于进一步加强企业统战工作的通知》《中铁二院无党派人士认定登记工作实施办法（试行）》《中铁二院党外代表人士建言献策工作室建设的实施意见（试行）》等10余项相关制度，明确了统战工作的责任和目标。依托自身情况，通过讲座、集中学习、集体研讨、谈心谈话等多种形式组织党外人士开展主题教育。将统战学习内容纳入基层中心组学习范围，实现了全公司1900余名党外人士学习全覆盖。此外，还充分利用"学习强国"等平台，推动党外人士开展"指尖上的学习"，截至2022年末，参与人数已超2000人次。对企业党外知识分子人员情况进行了全面梳理，完成了集团公司党外知识分子人才库的建立，认定于洋等41名同志为建院以来首批"无党派人士"。推荐2名党外知识分子进入市统一战线"同心智库"专家成员，1名党外知识分子参加成都市2022年民主党派骨干成员进修班。中铁二院的统战工作被省国资委统战部誉为"新锐力量"。

充分发挥内网作用，营造积极向上的干事创业氛围，全年内网共刊发新闻稿件4500余篇，发布了《舞好经营"龙头"开创高质量发展新局面》等7篇评论员文章，持续完善"中新标　创佳绩"专题栏目系列报道，进一步增强了干部职工抓好经营生产的责任意识。全年被《焦点访谈》报道3次，首次刊登在《科技日报》头版，多次被《人民日报》整版报道，亮相顶媒频次再创历史新高；5位员工出镜央视《总师传奇》，创造了中铁二院人在顶媒栏目出镜时长、人数历史之最；自主创作的拉林宣传片《绘途新天路》首获国资委央企优秀故事一等奖，累计在中央主流媒体亮相300余次。企业官微助力生产经营更为聚焦，内容形式更为多样，全年发布83篇，7期重点篇目点击量破万，官微粉丝量增至3万余人。

宣传推广"中铁二院始终是'开路先锋第一支队伍'"精神理念，大力弘扬"开路先锋"文化，围绕建院70周年主题，结合老成渝铁路通车70年等热点开展了相关宣传报道，加强项目文化总结和宣传。围绕新成昆开通，进一步宣扬成昆精神，制作完成了《新成昆》MV，为新成昆年底通车造势，充分展示了三代中铁二院"成昆"人的精神风貌。深入开展精神文明建设活动，在道德讲堂等平台深入开展"理想信念情怀　爱党爱国爱企"主题活动，积极组织参加国资委、股份公司举办的卓越人物报告文学、文创产品、"声音里的'四史'"有声诵读等主题活动，增强广大干部职工"国家好企业好我才好"的意识。强化企业文化"名片"作用，及时完成对展厅内容的更新，不断加强展厅讲解队伍建设，全年展厅共接待来访客人80余场次。

大力实施"三让三不让"员工关爱工程，全年投入经费1700余万元用于健康体检、困难帮扶、员工疗休养等，切实维护职工权益；出台高原职工福利保障清单，优化职工福利发放模式，建成职工活动中心，推进海外职工安心工程，加强疫情期间员工关爱，全力确保员工健康安全。

川藏铁路劳动竞赛案例入编全总《新时代劳动和技能竞赛创新指南》；全年共有10个集体、60余名个人获评"全国五一劳动奖章""全国工人先锋号""全国青年职业技能大赛铜奖"等省部级以上奖项。央企责任切实履行。深入推进乡村振兴，开展产业帮扶、金秋助学等帮扶工作，以购代捐农产品180余万元，帮扶金额再创新高，充分彰显了央企担当。

（毛海蓉）

【党建工作】中铁二院党委坚持以习近平新时代中国特色社会主义思

想为指导，全面贯彻落实党的二十大精神，深入开展"迎接党的二十大，喜迎建院70周年，建功新时代，一起向未来"系列活动，引导党员干部职工更加深刻把握"两个确立"的决定性意义，增强"四个意识"、坚定"四个自信"、做到"两个维护"。严格落实"第一议题"制度，推动总书记系列重要指示批示精神在二院落地生根。有效发挥党委"把方向、管大局、保落实"作用，深入推进党的领导融入公司治理，实现制度化、规范化、程序化，深化"两个一以贯之"，认真执行"三重一大"决策制度，全年召开党委常委会19次，研究各类重大事项172项，开展党委理论学习中心组学习7次。全面落实党建工作责任制，首次在股份公司党建工作责任制考核中获得"优秀"，对所属34家党组织开展党建工作责任制考评和书记述职评议考核，督促指导7家单位党委完成换届选举，配齐配强11家单位党组织班子。开展党支部晋位升级复检验收，制定混合所有制企业党建工作实施办法、项目党建工作实施意见等。3名党员同志分别当选全国人大代表、四川省党代表、成都市人大代表。坚持党管干部、党管人才原则，新提拔中层干部51名，其中20世纪80年代出生的占51%，全年新增省部级以上专家15人次，开展各级各类人才培训累计27000余人次。坚持不懈把全面从严治党向纵深推进，坚持以零容忍态度惩治腐败，抓牢抓实党风廉政建设"两个责任"。对9家单位开展常规巡察，对2家单位开展巡察"回头看"，紧抓发现问题整改验收。成立2个派驻纪检组，实现纪检监督全覆盖。构建"六位一体"大监督格局，首批48名廉政监督员选聘到位。坚持务实为民，企业群团工作迈上新台阶。召开了公司第四次工代会，大力实施"三让三不让"关爱工程，积极投身乡村振兴帮扶和泸定抗震救灾工作，广泛开展劳动竞赛、创新创效、劳模（专家）创新工作室创建等活动。10个集体、60余名个人获评"全国五一劳动奖章"等省部级以上奖励。坚持党建带团建，深入实施"青马工程"和青年精神素养提升工程，举办青年演讲汇报等活动，1个集体荣获"成都市青年五四奖章集体"，1名青年荣获中国中铁"十大杰出青年"，1名青年获得全国青年职工技能大赛铜奖。

（张　磊）

【信息化建设】编制、发布《中铁二院"十四五"信息化发展规划》。规划并制订中铁二院信息贯通工程的年度工作计划，借助中铁e通实现中铁二院信息化日常业务的"一网通办"，梳理信息化服务相关的填报和审批单据23个；优化中铁二院信息化底层技术，对接中铁信科并组织召开多场技术研讨会，通过对双方系统的接口层面的对接改造，实现了中铁二院自主开发的应用系统与股份公司统建系统并行运行。以"经营＋合同＋项目＋收款＋支付＋责任成本核算"为重点，进行企业核心运营数字化应用的横向建设，实现了经营信息管理系统、合同收款管理系统、生产管理系统、责任成本核算系统、财务共享系统间的"跨业务流程贯通和数据联通"，助力让企业传统管理模式、运营机制向"数治化"转型升级；通过搭建跨专业、跨地域、跨单位的协同设计平台，进行信息化纵向建设，持续优化应用。开展中铁二院财务共享平台回迁工作，完成财务共享平台回迁方案设计、硬件设备配置方案设计、底层支撑云平台的安装部署、互联网线路接入以及防火墙安装配置等工作；更新改造中铁二院总部大楼多个会议室以及产业园多个会议室的音视频设备工程；布线改造中铁二院总部部分办公区的网络工作，确保中铁二院总部办公网络的开通率达到100%；全年配合召开视频会议917场，普通音视频会议保障559场，全年共完成网络及应用系统维护工作1784项，中铁二院网络系统正常运行率平均保持在99.9%，应用系统的正常运行率平均保持在99.7%；优化完善中铁二院已上线系统，完成包括OA办公系统、校园招聘系统、企业信息管理平台主数据、超融合管理平台等多个业务管理系统的数据更新及部署升级29次。

开展软件立项开发和采购计划上报发布、外购软件统谈、软件共享推进、软件购置专项检查等工作，组织申报2022年度四川省勘协优秀工程计算机软件奖，获得一等奖1项、二等奖2项、三等奖3项，组织办理软件著作权18项。

（汪　妍）

【履行社会责任】中铁二院定点帮扶的泸定县泸桥镇咱里村位于泸定县城以北约8千米处，位于中国革命里程碑式的城市泸定县近郊，现有人口803户、2603人，属泸定县人口第一大村。为确保帮扶方案有效实施，按照四川省委、省政府相关要求，经中铁二院党委研究，选派公路市政院杨立华、地勘院李朝辉两位同志到定点帮扶村开展乡村振兴帮扶工作。结合帮扶村实际需求，围绕企业自身特点，发挥技术优势，按照"查漏补缺、巩固拓展、突出重点、总结提升"的原则，突出优势做好乡村振兴帮扶工作。根据年帮扶工作计划安排，2022年共投入帮扶资金48万元，用于产业帮扶、金秋助学、关爱慰问等项目的落实，为定点帮扶村实现乡村振兴目标贡献中铁二院力量。

（张　璞）

中铁第六勘察设计院集团有限公司

【简况】中铁第六勘察设计院集团有限公司（简称"中铁六院"）成立于2014年8月26日，现注册地为天津自贸试验区（空港经济区）中环西路36号，隶属中国中铁股份有限公司，是一家具有工程设计综合甲级资质的大型、综合性、国际化企业集团，主要业务涵盖勘察、设计、科研、咨询、监理、项目管理、工程总承包等领域。中铁六院2016年被认定为国家高新技术企业、2020年被认定为"天津市瞪羚企业"，组建了"中国中铁智慧城市研发中心""中国中铁地下空间研发中心""天津市轨道交通供电系统技术工程中心""天津市企业技术中心""天津市隧道设计及安全评估企业重点实验室"等科技创新平台。中铁六院下设中铁电化院、中铁隧道院、中铁通号院、中铁西安院、中铁合肥院、路安咨询公司、天津检测公司和天津审图公司8家子公司；设广东分公司、电化分公司、北京分公司、西安分公司、合肥分公司、广西分公司、淮北分公司、海南分公司、烟台分公司、以色列分公司、香港分公司、澳门分公司12家分公司；有铁道院、生态院、工经院3家专业设计院，城交院、勘察院、测绘院、总包部、国际部5家事业部制单位；东、西、南、北、中等区域经营机构；办公室、企业发展规划部等14个职能部门。参股中铁协工程咨询有限公司、中铁（上海）城市规划咨询有限公司等5家企业。

2022年，中铁六院获省部级科技进步奖15项、技术发明（专利）奖4项、微创新大赛成果奖2项、优秀勘察设计奖102项、优秀工程咨询成果奖4项、QC小组成果奖7项。荣获中国中铁科技进步奖7项、实用技术创新大赛成果奖1项、QC小组成果奖10项。获得国内发明专利53项，实用新型专利146项、外观专利3项、计算机软件著作权39项、境外专利5项。承担、参与外部科研课题8项、内部立项重大重点课题21项；主持编写规范标准26项。

截至2022年12月31日，中铁六院共有职工1978人（其中公司本部942人、各子分公司1036人），职工年龄结构较为合理，35岁及以下占比36.3%、40岁及以下占比61.8%，具备正高级专业技术职务213人、高级专业技术职务985人、中级专业技术职务490人、初级专业技术职务207人、技能人才34人（其中高级技师4人、技师9人、高级技工17人、中级技工1人、初级工3人）。同时，按照人次进行统计，拥有新世纪百千万人才工程国家级人选1人，国家有突出贡献中青年专家1人，享受国务院政府特殊津贴6人，省部级工程勘察设计大师3人、有突出贡献中青年专家4人、青年科技拔尖人才3人、詹天佑成就奖2人、贡献奖1人、青年奖5人，茅以升铁道工程师奖8人，中国中铁高级专家1人、中国中铁专家2人；拥有各类注册执业资格人员570人（其中注册造价工程师49人、一级注册建筑师22人、二级注册建筑师5人、一级注册结构工程师41人、注册电气工程师28人、注册公用设备工程师36人、注册土木工程师54人、注册监理工程师112人、注册咨询工程师88人、注册测绘工程师25人、一级注册建造师62人、注册城乡规划师11人、注册安全工程师23人、注册设备监理工程师14人）。

（黄　琳　边少勇　辛振省　李　洁）

【主要指标】截至2022年12月31日，中铁六院累计完成新签合同额65.17亿元，完成股份公司下达的年计划指标的100.26%，较2021年同期的58.53亿元增长11.34%；实现营业收入36.26亿元，较2021年同期的33.47亿元增长8.34%；实现净利润2.32亿元，较2021年同期的2.14亿元增长8.41%；应交税金总额1.01亿元，较2021年同期的1.04亿元降低2.88%；实现利税总额3.51亿元，较2021年同期的3.32亿元增加5.72%；技术开发投入1.48亿元，较2021年同期的1.14亿元增长29.82%；全员劳动生产率71.27万元/（人·年），较2021年同期的68.50万元/（人·年）增长4.04%；净资产收益率19.76%，较2021年同期的20.34%减少0.58个百分点；总资产报酬率10.84%，较2021年同期的11.87%减少1.03个百分点；国有资本保值增值率121.05%，较2021年同期的121.47%减少0.42个百分点。2022年末，资产总额26.82亿元，较2021年同期的22.23亿元增长20.65%；所有者权益总额12.34亿元，较2021年同期的11.16亿元增长10.57%。2022年，企业货币资金存量增加，合同负债略有降低，经营性净现金流增加，资产质量逐渐提高，营业收入规模扩大，盈利质量得到了提升。

表13-28　2021—2022年中铁六院主要经济指标

项目	2021年	2022年	增长率/%
资产总额/亿元	22.23	26.82	20.65
所有者权益/亿元	11.16	12.34	10.57
营业收入/亿元	33.47	36.26	8.34
利润总额/亿元	2.49	2.65	6.43
净利润/亿元	2.14	2.32	8.41
归属于母公司所有者的净利润/亿元	2.14	2.32	8.41
技术开发投入/亿元	1.14	1.48	29.82

续表

项目	2021年	2022年	增长率/%
利税总额/亿元	3.32	3.51	5.72
应交税金总额/亿元	1.04	1.01	−2.88
全员劳动生产率/[万元/(人·年)]	68.50	71.27	4.04
净资产收益率/%	20.34	19.76	减少0.58个百分点
总资产报酬率/%	11.87	10.84	减少1.03个百分点
国有资本保值增值率/%	121.47	121.05	减少0.42个百分点

制表：郝利坤

【改革发展】修订、印发《中铁六院"十四五"发展规划》，组织对所属单位"十四五"发展规划进行评审。推进"深化国企改革三年行动"，圆满完成113项改革任务。组织对公司和所属单位的改革任务支撑材料进行多轮检验，确保改革任务完成质量。同中铁四院开展对标调研，重点在战略板块、经营板块、生产板块、科技板块、人力资源板块、考核板块进行针对性交流。制定对标管理提升清单，圆满完成全年49项任务。制定《关于进一步优化本部职能机构的通知》《生产组织架构优化调整方案》，成立城交院、铁道院、生态院等单位，新设经营计划部、科技创新与数字化部等职能部门，落实大商务、大部制改革等重大战略部署，优化了有关部门主要职能。在重点区域试点实体化运作新模式，组建实体广东分公司。根据改革调整后各部门主要职能，以编制精干、岗位集约、管理高效为原则，编制了《中铁六院行政管理机构编制优化方案》《中铁六院党群管理机构编制优化方案》。 （边少勇）

【重大项目】2022年，中铁六院依托承担全国铁路专用线前期规划研究的有利条件，持续布局资源富集区大型工矿企业、物流园区的支线铁路和铁路专用线等集疏运系统建设，以及具有技术优势的既有线改造、三电迁改、5G通信升级改造市场。全年承揽了"一带一路"国际物流体系创新发展先行先试公路铁路口岸建设项目—铁路专用线（代建制全过程工程咨询服务）、沈白客专（通化段）三电迁改EPC工程、神木市远兴煤业化工有限责任公司厂区高边坡工程总承包、包银高铁巴彦淖尔市境内段落三电及管线迁改工程、菲律宾南线铁路长途运输段设计施工总承包项目、马来西亚沙捞越古晋轨道交通1&2号线系统设计、新建雄安新区至忻州高速铁路忻府区境内"三电"及管线迁改工程等重点项目。重点布局经济发达地区城际轨道交通网建设，充分依托现有的市场布局以及优势专业，继续巩固既有的土建、供电、机电、通信信号系统市场的同时积极拓展施工图审核、第三方监测、运营线路改造等业务的市场份额；积极开拓总体总包、城际铁路、新兴轨道交通业务，努力做大增量市场，先后承揽了佛山经广州至东莞城建土建设计项目二标、天津中心城区至宁河市域（郊）铁路一期工程（经三路站至淮淀站）勘察设计项目、北京轨道交通22号线［东大桥站（含）—高楼站（含）］工程设计10A合同段（机电、供电系统）、厦门市轨道交通9号线工程设计01合同段等项目、佛山经广州至东莞城际通信信号系统设计项目、青岛市地铁15号线一期工程供电系统设计、成都轨道交通30号线一期工程机电安装与装修监理等城轨项目。依托股份公司经营平台，积极融入中国中铁区域经营、立体经营体系中，通过提供技术支持及投资参股等方式，承揽了江阴市青山社区城市更新项目。持续发展总承包业务，承揽了成都轨道交通8号线二期及10号线三期工程车站公共区装修设计施工总承包、阿拉尔经济技术开发区西区绿园路西延段轻纺一路西延段、轻纺二路西延段、纵一路、纵二路建设工程等重点项目。认真贯彻股份公司关于大力发展"第二曲线"市场工作要求，依托设计院在项目规划设计等前期的固有优势，充分利用"双综甲"资质优势，在水利水电、水务环保、清洁能源、港口航道码头、机场建设等新领域新市场大胆突破，撬动项目，承揽了中国天盈风光储能产业园（一期）设计项目、沈阳电网工程勘察电力隧道可研、三门峡市陕州区提水项目EPC、富顺县沱江流域生态修复及环境综合整治项目设计施工总承包、海南（昌江）清洁能源高新技术产业园核电关联及新材料产业先导区区域水土保持方案编制项目等重点项目。 （李昂）

【走向海外】截至2022年12月31日，中铁六院新签圭亚那ECD公路项目、马来西亚沙捞越轨道交通等项目，完成新签合同额1786.67万美元，完成营业额601.18万美元。新签项目中，圭亚那ECD公路项目是中铁六院首次进入新兴的南美洲市场，该项目也是中铁六院第一次运用美国标准设计项目。截至2022年末，中铁六院已在以色列、圭亚那等国家和中国香港地区拥有数个直

中铁第六勘察设计院集团有限公司

管生产项目。　　　　　　（李振波）

【重大创新】中铁六院以"十四五"科技发展规划为指导，深入贯彻"科技兴企"战略，牢固树立科技立院、强院理念，加快技术革新提档升级，为企业高质量发展提供强大动能。"一种水下盾构隧道超高水压条件掘进换刀方法"发明专利首次以主持单位荣获天津市专利金奖，并推荐国家专利奖2项；年内授权发明专利53项，超过"十三五"期间的总和；获得"日内瓦"国际发明展银奖2项、俄罗斯"阿基米德"国际发明新技术展银奖1项；牵头研发的"广州地铁新一轮线网机械法开挖技术专题研究"获得业界高度评价；2022年，全集团科研经费投入1.47亿元，同比增长29%；申报的国家级企业技术中心以第一名的成绩通过天津市评定并顺利通过国家发展改革委组织的国家级企业技术中心认定，成为股份公司两年来唯一获此创新平台的企业，也是中铁六院首个国家级创新平台。

（辛振省）

【工程创优】2022年，中铁六院参建的青岛市地铁8号线工程北段、郑州市轨道交通4号线工程、武汉市轨道交通蔡甸线工程、宁波市轨道交通4号线工程、青岛市红岛—胶南城际（井冈山路—大珠山段）轨道交通工程共5个项目获得国家优质工程奖。南宁市轨道交通3号线一期工程（科园大道—平乐大道）获二十届第一批中国土木工程詹天佑奖。　（吕晗）

【企业文化】中铁六院党委强化"开路先锋"精神及文化的宣传贯彻，进一步增强企业核心价值感召力，提升了员工对企业文化的认同感。深入落实《关于深入宣传贯彻中国中铁"开路先锋"企业文化理念系统的通知》要求，研究制定《中铁六院开展"强合力、优环境"企业文化建设大提升专项行动工作方案》，并利用党课、调研座谈、新员工培训等多种活动形式，宣贯企业文化理念，促进企业文化建设提升，加快企业文化深度融合，增强了企业的凝聚力和向心力。以迎接和庆祝党的二十大为契机，印发了《中铁六院党委关于开展"高擎先锋旗帜、提升文化品牌"企业文化建设主题活动的通知》，组织开展喜迎党的二十大暨"七一"表彰大会、"喜迎二十大　永当开路先锋"主题党日活动、"我来学习宣贯二十大"视频微党课大赛、"喜迎二十大、永远跟党走、奋斗新征程"主题征文、优秀文艺作品征集展播、文创产品创意设计大赛等丰富多样的主题活动，并充分运用媒体资源做好新闻宣传，营造浓厚氛围。同时，开展企业文化体系更新迭代工作，积极与外部"智脑"公司交流调研，开展方案竞选，形成初步方案，取得了阶段性成效。　　　　（王　鑫）

【党建工作】中铁六院党委坚持思想引领，以学习贯彻习近平新时代中国特色社会主义思想和党的二十大精神为契机，制定印发《中铁六院党委关于举办喜迎党的二十大系列活动的通知》《关于印发〈中铁六院学习宣传贯彻党的二十大精神工作方案〉的通知》等文件，落实党委（常委）会、党委中心组学习"第一议题"机制，专题学习习近平总书记重要指示批示精神，深入学习宣传贯彻党的二十大精神，推动了学习贯彻习近平新时代中国特色社会主义思想往实里走、往深里走、往心里走。全年中铁六院党委中心组共开展集中学习12次。贯彻落实全国国有企业党的建设工作会议精神，进一步规范前置程序与法人治理，在公司治理中加强了党的领导，强化党组织对"三重一大"决策事项的定向把关作用，全年召开党委常委（扩大）会议15次，研究讨论重大经营管理议案121项。同时，紧紧围绕改革发展中心工作，以形势任务教育为抓手，扎实开展思想政治教育，统一思想、提高认识，保持员工思想和队伍稳定，增强了企业凝聚力。企业重组八周年之际，中铁六院党委举办了重组八周年座谈会，印发了《传承创新，笃行致远》主题宣传提纲，讲形势、讲任务、讲改革、讲发展，帮助广大干部职工认清形势任务，增强对企业发展的信心。

（季　鲁　王　鑫）

【信息化建设】部署了超融合平台，更新升级网络加速设备和数据备份系统设备，开展中铁六院网络安全攻防专项演练活动，先后2次参加股份公司网络安全重保及网络加固工作，夯实了网络安全防御体系基础，网络运行安全稳定无故障。配合股份公司推进"信息贯通工程"的相关工作，组织召开信息贯通工程专题会，完成了全球组网全覆盖、灾备系统升级、安全态势感知接入等工作，圆满完成股份公司下达的任务指标。积极推进数智升级工程，编制完成《中铁六院数字化转型工作的建议》《新四化理念应用研究报告》以及综合信息集成平台与BIM正向协同设计平台的建设方案，对后续各项数字化转型工作的推进具有指导意义。积极运用信息化手段深入挖掘远程办公的网络资源与服务能力，充分发挥视频会议系统作用，完成各片区指挥部视频会议系统的建设与接入。积极承办中国中铁第三届"卓越杯"BIM大赛，参赛成果《园区规划方案实景可视化与集成大规模洞库BIM技术研究与应用》获得设计组金奖、《基于BIM技术的智能铁路牵引供电设备可视化大数据综合维修管理平台》获得综合组银奖，实现了"卓越杯"金奖零的突破。中铁六院获得优秀组织奖，朱德敏、付功云、王婷3人获得优秀工作者荣誉称号。　（朱德敏）

【履行社会责任】广泛开展夏送清凉、冬送温暖、金秋助学等慰问活动，结合"央企消费兴农周"采购中国中铁定点援扶地区（汝城县、桂东县、保德县、卡若区）的农畜产品作为慰问品，并主动扩大消费援扶地区帮扶面，积极践行央企责任，所属各单位工会累计采购金额达22万余元。在疫情防控期间，多次慰问参加核酸筛查及入户服务的职工志愿者。　　（王　晟）

中铁工程设计咨询集团有限公司

【简况】中铁工程设计咨询集团有限公司（简称"中铁设计"）始建于1953年2月，前身是铁道部专业设计院，2004年7月1日改制重组，注册为现名，公司现位于北京市丰台区广安路15号。2017年完成员工持股及同步混合所有制改革工作，注册资本为73081.8286万元，是集工程规划、勘察、设计、咨询、总承包、监理、产品和科研开发于一体的特大型综合勘察设计咨询企业，是北京市科学技术委员会认定的国家高新技术企业，建有中国中铁"中国单轨交通发展研究中心"、院士专家工作站、北京市设计创新中心和北京市企业技术中心4个科技创新平台，其中院士专家工作站获"全国首批示范院士专家工作站"。

中铁设计持有工程设计综合资质甲级、工程勘察综合资质甲级、城乡规划编制甲级等10多项甲级资质，取得ISO9001质量管理体系、ISO14001环境管理体系和ISO45001职业健康安全管理体系认证证书。主要业务领域涵盖铁路、城市轨道交通、公路、市政道路、房屋建筑等。公司在铁路标准设计、航测遥感、铁路桥梁及道岔、城市轨道交通轨道系统、跨座式单轨交通系统等方面保持领先技术优势。

中铁设计在北京总部设有12个专业分公司，在济南、郑州、太原设有3个综合分公司，拥有从事工程监理、岩土工程、工程检测、工程咨询、建筑规划、智慧交通等业务的7个全资子公司和4个控股子公司。

截至2022年底，中铁设计共有职工3044人，其中勘察设计大师1人，正高级工程师137人，享受国务院政府津贴人员、省部级专家和拔尖人才等101人次，取得国家各类注册执业资格854人次。

中铁设计全面贯彻国家创新驱动发展战略，科技攻关能力取得显著进步。桥梁、轨道、测绘等传统优势专业技术保持国内先进地位，"高速铁路标准梁桥技术与应用"获得国家科学技术进步二等奖；自主设计国内第一条时速350千米智能化高速铁路——京张高铁，形成了智能铁路成套设计体系；跨座式单轨交通系统取得技术、市场双引领地位，在系统集成创新技术、新型单轨道岔技术，悬挂式单轨关键技术等方面处于国内领先地位。截至2022年底，累计主编和参编国家标准18项、行业标准130余项；所承担的勘察、设计、咨询、科研等项目获国家级奖157项，省部级奖1738项。

中铁设计党委认真学习贯彻习近平新时代中国特色社会主义思想和党的二十大精神，贯彻落实党中央、国务院、国资委和中国中铁党委的各项重大决策部署，充分发挥党委"把方向、管大局、保落实"的作用，有力推进企业高质量发展。中铁设计领导班子连续10年荣获中国中铁党委"四好"领导班子称号，连续2年荣获中国中铁党委党建责任制考核优秀单位，中铁设计纪委荣获中国中铁纪检系统先进集体称号，在中国中铁保密工作考核中被评为"优秀"单位，中铁设计荣获中国中铁2021年度经营工作先进单位、经营业绩考核A类（优秀）单位。

（孙程芳　陈佳宁　王　研　代杰民　韩　晶）

【主要指标】2022年，中铁设计完成新签合同额112.42亿元，较2021年的101亿元增加11.42亿元，增长11.31%。资产总额67.22亿元，较2021年增加6.26亿元，增长10.27%，主要是公司业务规模扩大，应收、预付等经营性资产增加所致。所有者权益31.89亿元，较2021年增加2.97亿元，增长10.27%，主要是生产经营积累。实现营业收入67.54亿元，较2021年增加4.79亿元，增长7.63%。实现利润总额8.48亿元，较2021年增加0.47亿元，增长5.87%。实现归属于母公司所有者的净利润7.33亿元，较2021年增加0.53亿元，增长7.79%，主营业务的稳步发展是2022年营业收入和利润增长的主要动力。技术开发投入2.27亿元，较2021年增加0.23亿元，增长11.27%。应交税金总额3.17亿元，较2021年增加0.28亿元，增长9.69%。全员劳动生产率为59.74万元/（人·年），较2021年增加7.12万元/（人·年），增长13.53%。净资产收益率为24.2%，较2021年减少1.21个百分点，总资产报酬率为13.28%，较2021年减少0.86个百分点，国有资产保值增值率为125.90%，较2021年减少1.75个百分点。　（代杰民）

表13-29　2021—2022年中铁设计主要经济指标

项目	2021年	2022年	增长率/%
资产总额/亿元	60.96	67.22	10.27
所有者权益/亿元	28.92	31.89	10.27
营业收入/亿元	62.75	67.54	7.63
利润总额/亿元	8.01	8.48	5.87

续表

项目	2021 年	2022 年	增长率 /%
净利润 / 亿元	6.82	7.36	7.92
归属于母公司所有者的净利润 / 亿元	6.80	7.33	7.79
技术开发投入 / 亿元	2.04	2.27	11.27
应交税金总额 / 亿元	2.89	3.17	9.69
全员劳动生产率 /[万元 /（人·年）]	52.62	59.74	13.53
净资产收益率 /%	25.41	24.20	减少 1.21 个百分点
总资产报酬率 /%	14.14	13.28	减少 0.86 个百分点
国有资本保值增值率 /%	127.65	125.90	减少 1.75 个百分点

制表：代杰民

【改革发展】突出重点、深入攻坚，82 项三年行动改革任务圆满完成。修订《中铁工程设计咨询集团有限公司员工持股系列管理办法》，完善员工激励机制，员工持股试点工作做法在国资委国企改革第 19 期大讲堂上进行经验交流。深化"三项制度"改革，100% 完成两级经理层成员任期制和契约化管理；建立市场化选人用人机制、工资总额内部分配与经济责任制挂钩联动机制，完善职工考核评价机制和职级管理体系，推动干部"能上能下"、员工"能进能出"、收入"能增能减"，在中国中铁三项制度改革工作评比中评定为"一级企业"，取得设计板块第一名。坚持科学合理、精干高效的原则，调整完善机构设置，成立商务管理处。优化整合内部资源，成立党建工作部。按照股随岗变、以岗定股的原则，确定持股员工 756 名。修订《中铁工程设计咨询集团有限公司员工持股管理办法》，形成以《持股管理办法》为根本，《产生实施细则》《流转实施细则》为支撑的员工持股管理制度体系。

（朱红 高威）

【重大项目】铁路方面：中标新建温州至福州高速铁路省界至宁德段、如通苏湖城际铁路苏州至吴江段、郑州枢纽陇海外绕线及小李庄客站勘察设计，承揽宜昌南至红花套港铁路可研、三峡旅游观光轨道可研等项目。

轨道交通方面：中标佛山经广

▲图 13-61　中铁设计设计的济郑高铁濮阳东站站房及站前广场

州至东莞城际轨道工程设计，创造全国城市轨道交通市场最大轨道系统设计项目的纪录；中标石家庄轨道交通4号线一期工程4站2区间工点设计。

总承包方面：全年承揽79个总承包项目，新签合同额87.41亿元；特别是三电及管线迁改业务大幅增长，先后取得沪渝蓉高铁、成达万高铁、粤东城际等迁改项目，合计合同额近20亿元。

新能源方面：中标长乐分布式智能光伏可研、大唐中宁压缩空气储能电站勘察设计等项目。

（赵 勇）

【走向海外】依托项目加快与"一体两翼"区域总部的深层次关系。加强与股份公司各工程局及系统外外经企业如中信建设、北方国际等公司的合作，与外经平台的合作更加紧密。按照股份公司统一安排，完成境外安全保障专项工作。作为中国中铁主要联合体成员之一，参与完成马来西亚MRT3项目、埃及亚历山大轨道交通、坦桑尼亚至布隆迪铁路等重点项目的投标工作。（张金超）

【重大创新】推进国家级创新平台建设，成立"高速铁路建造技术国家工程研究中心—轨道结构建造技术分研究中心"；推动企业级创新平台做实做强，揭牌"中国中铁智能建造专业研发中心—智能勘察设计研发分中心"。工程数字化技术取得突破，自主研发的协同设计平台2.0版在铁路项目中全面推广应用，"路桥隧轨"专业实现正向协同设计，大场景铁路线路设计优化及决策系统研发实现虚拟踏勘。全年获得授权专利91项，其中发明专利20项、海外专利2项，专利授权总数较2021年增长63%；发明专利"一种钢管混凝土转铰装置、转动系统及确定转动系统参数的方法"荣获第23届中国专利奖银奖。

（张 驰）

【工程创优】2022年，获得省部级（含中国中铁）以上勘察设计咨询类奖项135项，其中：山西中南部铁路通道获中国土木工程詹天佑奖；新建北京至张家口铁路（含崇礼铁路）工程、北京轨道交通新机场线一期工程获国家优质工程奖；优秀工程勘察奖17项、优秀工程设计奖76项、优秀工程计算机软件奖4项、优秀工程咨询成果奖35项。其他奖项21项（其中含监理获奖6项，BIM奖8项）。QC成果奖42项。

（王 研）

【企业文化】大力弘扬中国中铁"开路先锋"文化，践行"勇于跨越 追求卓越"企业精神，深入开展形势任务教育，统筹推进"理想信念 情怀 爱党爱国爱企"活动，干部职工知企爱企、兴企强企的责任感和使命感不断增强。充分发挥宣传阵地作用，讲好企业故事，2022年企业微信公众号、视频号刊稿700多篇，坚持内聚合力、外树品牌，在中国中铁官方微信、《中国中铁》报刊稿28篇，在《工人日报》、新华社等主流媒体刊稿97篇；在强化内部宣传的同时，注重全面策划，突出京张高铁、郑济高铁等重点项目的对外宣传力度，组织参与制作央视2套《总师传奇》纪录片，通过5名同志全面讲述中铁设计在京张高铁建设过程中遇到的难点以及采取的创新技术，"中铁设计"品牌知名度和影响力得到有力提升。开展企业文化建设优化提升工程，深化企业文化建设工作，不断增强企业凝聚力，推动企业"专业、务实、包容、创新"核心文化理念根植于职工思想中、体现在职工行动上。

（韩 晶）

【党建工作】坚持把政治建设摆在首位，深入学习贯彻习近平新时代中国特色社会主义思想和党的二十大精神，建立高质量落实"第一议题"工作指引，严格执行党委常委会"第一议题"和党委理论学习中

▲图13-62 中铁设计、中铁一局、中铁七局、中铁三局参建的山西中南部铁路通道获中国土木工程詹天佑奖

心组学习制度,"第一议题"学习贯彻习近平总书记重要讲话重要指示批示精神41篇、专题学习党的二十大精神1次,党委理论学习中心组集中学习研讨8次,自觉以党的创新理论武装头脑、指导实践、推动工作。全面推进党的二十大精神的学习宣传贯彻,组织党员干部和职工收听收看党的二十大开幕会,成立学习宣传贯彻党的二十大精神工作领导小组,制定《深入学习宣传贯彻党的二十大精神工作方案》,组织参观"奋进新时代"主题成就展等活动,教育引导党员干部深刻领悟"两个确立"的决定性意义,增强"四个意识"、坚定"四个自信"、做到"两个维护"。深入开展调查研究,坚持把学习调研成果转化为推动企业发展的具体措施,领导班子成员及高管形成11篇高质量调研报告。总结推广理论成果,《新时代国有企业党委发挥领导作用的实践与探索》《关于进一步规范企业党委前置研究讨论程序的实践探索与思考》等13篇理论文章在光明网《党建思政栏目》、中国中铁《学习与探索》《中铁党建》等刊物上发表,宣传效果明显。强化党委"把方向、管大局、保落实"作用,严格贯彻落实党委前置研究讨论程序,召开党委常委会26次,审议党建及重大经营管理事项270项,前置研究讨论重大经营管理事项57项。完善党建基本制度建设,修订《中铁工程设计咨询集团有限公司党建工作联系点实施办法》,进一步推进领导班子成员党建工作联系点制度化常态化,推动党建工作责任制有效落实;制定《中铁工程设计咨询集团有限公司基层党委书记抓党建工作述职评议考核办法》,强化党委书记抓党建第一责任人职责,进一步提升基层党建工作质量。成立5个项目指挥部(项目部)党工委、纪工委,转变过去以区域经营牵头的模式,改由生产为主开展党建工作,在重点项目成立临时党支部。制定修订《部门领导人员考核评价办法》《所属子公司董事会和董事考核评价办法》《改任非领导职务人员管理办法》《领导人员市场化选聘管理办法》等一系列干部选聘、管理、考核相关制度办法,引进、提拔和交流中层干部87人次,提拔任用30人,其中中层正职6人,中层副职24人,交流任职21人次,改任非领导职务15人,"80"后由24人增至35人。在人才队伍建设上,1人获中施企协"工程建设科技奖—杰出成就奖",2人分别被中国中铁评为专家、高级专家,9人被评为中施企协科技专家,1人被评为中施企协青年拔尖人才,1人获铁道协会茅以升工程师奖,1团队获"北京优秀青年工程师创新工作室"称号。开展领导人员"补钙、筑基、提能"三维一体培训,组织三期领导人员培训班,一期优秀年轻干部培训班,一期科级干部轮训班。定期对党风廉政建设和反腐败工作进行研究部署,切实深化政治监督,对践行"两个维护"、安全生产、疫情防控、国企改革三年行动开展监督。召开党委、纪委沟通会商会议,共同研判监督执纪审查中发现的问题,提出纪律检查建议;开展靠企吃企"回头看"工作。将调研座谈与日常谈心谈话结合,一体化开展"一把手"监督;编发《纪检组织年度主要工作任务清单》,开展格言警句征集、制作廉洁提醒海报,可视化开展日常监督;以"再监督"工作为抓手,定期召开反腐败协调小组例会,融合化开展"再监督"工作。坚持挺纪在前,开展"一案一剖析"。持之以恒纠治"四风",深入开展廉洁文化教育,签订廉洁从业承诺书,推送"纪法小课堂"、对入职新员工进行廉洁授课、首次刊发纪检简报。以党的二十大精神凝心铸魂,大力开展纪检干部业务培训,强化对所属单位纪委书记履职履责考核评价,选优配强纪检队伍。《中铁设计纪委突出"六化"强监督工作方法》在中国中铁简报、中国中铁纪检简报分别予以刊登。

(朱 红 党艺欣 韩 晶 陈佳宁 张广军)

【信息化建设】持续推进信息化建设工作。按照业务数据的访问需求,完成网络安全改造工程,有效提升网络数据传输安全、网络终端使用安全及整体网络运行安全,提高了企业信息化运维效率。对老旧内网网络设备进行更换和策略调优,使汇聚层至核心层的交换速率提升10倍,增强网络的稳定性和可靠性。推进网络安全建设,搭建态势感知平台、完善中间区域安全策略。开展法律合规系统、营销系统、中铁商密系统、党建系统、欧赛平台等多个业务信息系统建设与推广应用。

(张 弛)

【履行社会责任】统一指挥、全面部署疫情防控,密切关注疫情新形势和疫情风险地区的变化,完善应急预案,确保职工生命安全和身体健康。承担京张高铁和崇礼铁路全部勘察设计任务,实现安全、优质、高效运输目标,为冬奥会及冬残奥会的顺利举办提供了强有力的技术服务保障,得到北京市冬奥会工程建设指挥部的表扬;积极参与京包线、大秦线、宁寧线等水灾抢险,高质量完成吉林省长春市和海南省乐东县、河南省郑州市方舱医院以及瓦日线红旗渠站改造工程建设的配合施工任务,受到地方政府、国铁集团、相关铁路局和中国中铁等上级单位的高度评价和表扬;中铁设计长春市经开区临时隔离方舱建设项目部荣获"中国中铁抗击新冠肺炎疫情先进集体"。"七一"期间,中铁设计党委积极参加北京市委组织部、市慈善基金会在全市范围内组织开展的"共产党员献爱心"捐献活动,组织在京地区所属党组织参加捐献活动,捐款全部送交北京市慈善基金会。中铁设计团委深入贯彻落实习近平总书记关于"持之以恒开展义务植树"的重要指示批示精神,组织青年志愿者开展"党建引领 植树添绿"青年精神素养提升义务植树活动。

(察楠楠 杨 修)

中铁大桥勘测设计院集团有限公司

【简况】中铁大桥勘测设计院集团有限公司（简称"中铁大桥院"）始建于1950年8月。2003年，完成公司制改造，成立中铁大桥勘测设计院有限公司；2010年，中铁大桥勘测设计院有限公司升格为正局级单位，由中国中铁股份有限公司直接管理；2011年，成立中铁大桥勘测设计院集团，公司更名为"中铁大桥勘测设计院集团有限公司"。注册地址为湖北省武汉市汉阳区汉阳大道34号，注册资本14833.71万元。

中铁大桥院是国内唯一以桥梁设计为特色的综合设计咨询企业，现已发展成以桥梁勘测设计为核心，集铁道工程、市政工程、公路工程、建筑设计、规划设计、轨道交通设计和咨询监理、桥隧诊治等多项业务于一体的国家高新技术企业集团。持有国家颁发的工程设计（综合类）、工程勘察（综合类）、工程测量、工程咨询、市政公用工程监理、公路工程监理、铁路工程（铁路桥梁工程）监理、城乡规划编制等甲级资格证书。并持有质量、环境、职业健康安全管理体系认证证书。

中铁大桥院下设7家子公司、10家分公司。子公司为中铁武汉大桥工程咨询监理有限公司、中铁桥隧技术有限公司、中铁城市规划设计研究院有限公司、中铁时代建筑设计院有限公司、中铁武汉勘察设计院有限公司、芜湖市建筑工程施工图设计文件审查中心有限公司、中铁大桥勘测设计院集团武汉检测技术有限公司；分公司为华东分公司、武汉分公司、重庆分公司、华南分公司、郑州分公司、安徽分公司、成都分公司、深圳分公司、加纳分公司、澳门分公司。

截至2022年底，中铁大桥院职工总数1278人，专业技术人才1186人，其中教授级高级工程师173人，高级工程师486人，工程师270人；高级技工54人，技师41人。先后培养了4名中国工程院院士、7名全国工程勘察设计大师。获23项国家科技进步奖、21项国际桥梁大奖、200余项省部级以上奖励；取得有效授权专利610项，其中发明专利286项，实用新型专利313项；并取得计算机软件著作权124项。

（余 萌）

【主要指标】2022年，中铁大桥院实现营业收入20.38亿元，同比增长6.59%，近3年平均增长率为8.49%；实现新签合同额33.11亿元，近3年平均增长率为6.47%。

全年实现净利润2.36亿元，同比增长9.77%，近3年平均增长率为17.36%；经营性净现金流量2.39亿元，近3年平均增长率为-6.78%。

截至2022年末，资产总额38.50亿元，同比增长5.05%，近3年平均增长率为10.39%；负债结构合理，一直以来未发生任何融资行为，无财务支付风险。

所有者权益总额10.20亿元，同比增长13.46%，近3年平均增长率为13.86%；国有资本保值增值率为114.24%。

（夏 威）

表13-30　2021—2022年中铁大桥院主要经济指标

项目	2021年	2022年	增长率/%
资产总额/亿元	36.65	38.50	5.05
所有者权益/亿元	8.99	10.20	13.46
营业收入/亿元	19.12	20.38	6.59
利润总额/亿元	2.51	2.73	8.76
净利润/亿元	2.15	2.36	9.77
归属于母公司所有者的净利润/亿元	2.11	2.34	10.90
技术开发投入/亿元	1.25	1.44	15.20
利税总额/亿元	3.45	3.36	-2.61
应交税金总额/亿元	1.68	1.55	-7.74
全员劳动生产率/[万元/(人·年)]	43.55	45.64	4.80
净资产收益率/%	23.92	23.15	减少0.77个百分点
总资产报酬率/%	7.11	7.18	增加0.07个百分点
国有资本保值增值率/%	115.50	114.24	减少1.26个百分点

制表：夏 威

【改革发展】坚持以深化改革为主线，圆满完成"深化改革三年行动"23个改革领域、92项改革重点任务举措和"科改示范行动"9个改革领域、59项改革重点任务举措，连续两年获评"科改示范企业"专项考核优秀等级。

聚焦"以桥为主、多元竞进、综合发展"的发展战略，确定综合能力建设的路径和生产组织体系专业化整合的措施。2022年新设立隧道院、综合交通规划院、华南分公司、城市发展研究院，原城建院重组为公路与市政院，促进中铁大桥院完成专业化整合，完善产业布局；成立商务经营中心、京津冀经营中心、铜陵项目指挥部，做深做实区域经营体系；结合股份公司大部制改革有关要求和企业管理实际，稳妥有序完成机构编制、职能改革工作，精简优化职能管理体系。

中铁大桥院坚持和加强党的全面领导，完善公司法人治理。持续推进党的领导全面贯彻公司治理，不断健全完善党委前置研究讨论制度体系，修订《中铁大桥勘测设计院集团有限公司公司章程》、董事会向经理层授权清单、重大事项决策权责清单，党委与董事会、经理层之间的权责边界更加清晰、决策程序更加规范。规范并加强董事会建设，两级董事会实现外部董事占多数，推动外部董事进入各专门委员会任职，有效提升董事会决策的独立性。修订《中铁大桥院董事会议事规则及各董事会委员会议事规则》，完善董事会职权的行权依据和路径，强化董事会运行的规范性和有效性，形成权责法定、权责透明、协调运转、有效制衡的董事会运行体系。加强外部董事监事管理，对子企业董事会、监事会及委派董事、监事履职明确权责义务，提出工作要求，规范工作机制。

瞄准科技关键领域和技术前沿，聚焦国家重大工程和战略需求，构建以"技术领域、研究方向、研究任务"为基本架构的三级科技研发体系，推动重大科技产出不断涌现。以创新平台为基础，形成"产学研用"多位一体的持续创新运行机制和管理体系，在海洋长大桥梁建造技术、艰险山区桥梁建造技术、桥梁工业化建造、桥梁智能运维等研究方向形成学科优势。2022年，中铁大桥院与中铁大桥局、西南交通大学共同作为依托单位，联合重组"桥梁智能与绿色建造全国重点实验室"。构建科技创新积分考核评价机制和成果转化运行机制，进一步完善创新管理服务体系，积极推进研发机制改革，实现人才、资源的有效调配，提升科技创新能力和核心竞争力。

坚持市场化主方向，提升人才强企赋能。推进经理层成员任期制和契约化管理，规范签订"两书"，严格考核兑现，有效夯实经理层谋经营、抓落实、强管理职责。创新干部选任机制，树立竞聘上岗、竞争择优的用人导向，变"相马"为"赛马"，打破干部"内循环"现象，强化广大干部职工的竞争意识和市场意识，让想干事、能干事、干成事的干部有机会、有舞台，真正实现人尽其才。进一步完善干部退出机制，优化干部考核评价体系，解决干部"能上难下"的问题。实施员工总量目标管理，落实分级管理责任，建立健全员工总量与经济效益、人均劳动效率、企业规模挂钩的控制机制，通过关键人事指标管理、市场化人员选聘、劳动用工形式转变、员工退出机制建设等方式不断优化人才结构，充分调动各类人员工作积极性，促进全员工作效率和企业整体效益的提高。坚持强激励、硬约束原则，健全完善"一岗一薪、易岗易薪"的市场化薪酬体系，采取年薪制、岗位绩效工资制为主的薪酬模式，实行全员绩效考核机制，建立以岗位为主的差别化考核机制，严格按照绩效考核结果兑现薪酬，突出"业绩升，薪酬升；业绩降，薪酬降"，充分发挥薪酬兑现激励作用。丰富专业人才队伍，重点培育技术领军人才，在构建更具核心竞争力的阶梯式专业人才队伍方面持续发力，2022年新增正高级专业职称人员20人，高级专业职称人员100人、中级专业职称人员178人。围绕培育领军人才，大力开展各类高层次专家推荐申报，全年新增湖北省科学技术奖突出贡献奖1人、中国中铁首席科学家2人、中国中铁高级专家1人、中国中铁专家3人、詹天佑科学技术成就奖1人、詹天佑科学技术青年奖1人、詹天佑创新团队奖2项、茅以升科学技术奖桥梁青年奖1人、茅以升科学技术奖铁道工程师奖1人。

（梁　晓）

【重大项目】2022年度，中铁大桥院首次中标铁路线项目——新建深圳至南宁高铁珠三角枢纽机场至省界段项目勘察设计。深南高铁项目位于广东省和广西壮族自治区境内，东起广东省深圳市，途经江门、佛山、肇庆、云浮、罗定、岑溪、玉林等地，西至广西首府南宁市，是践行"一带一路"、交通强国、粤港澳大湾区等国家战略，推动区域高质量发展，加强粤港澳大湾区与珠江—西江经济带、北部湾城市群等联动发展的重大工程；是构建粤港澳大湾区辐射大西南、带动泛珠三角、连接东盟的国内国际运输大通道。中铁大桥院作为牵头单位与中铁设计组成联合体负责云浮至珠三角枢纽机场段的勘察设计工作。

中标了首条市域郊铁路总体总包项目——重庆市郊铁路跳磴至江津线（圣泉寺至鼎山段）工程勘察设计项目，该项目对中铁大桥院拓展市域郊铁路和城市轨道交通市场、稳固跨江桥设计领域、多元竞进综合发展具有重要意义。该项目于2022年12月28日正式开工建设。　（梁　晓）

【走向海外】全年完成海外新签合同额1709.77万美元，为股份公司下达任务指标（1000万美元）的171%，实现海外收款额534.02万美元，为股份公司任务指标（400万美元）的133.5%。2022年境外在建项目共18个，其中孟加拉国5个、加纳6

个，中国港澳地区7个。在建项目中，履约完工项目6个，12个项目仍在建，所有在建项目均安全有序推进中。中铁大桥院优化资源配置，先后成立加纳分公司和澳门分公司，形成了加纳、港澳、孟加拉国三大核心市场格局，以核心市场带动周边和区域滚动开发，夯实境外经营基础。多措并举防控境外风险，先后制定发布多项制度，涉及境外突发事件应急处置、境外新冠疫情防控、境外非生产性安全管理等方面，持续强化非生产性安全管理和生产安全管控。定期开展境外项目安全风险隐患排查整治，持续加强安全生产教育培训，不断提高安全生产和非生产性安全监管工作水平，以确保境外项目进度平稳，安全质量可控。中铁大桥院已向可研、规划、设计咨询、监理和全过程项目管理等多个上游端产业领域发展，由单一的桥梁专业类勘测设计分包向桥梁、道路、市政工程、隧道、铁路、建筑、地下交通等多专业设计咨询领域进军，努力向着优质国际咨询企业迈进。

（吉海燕）

【重大创新】2022年内新承担国家级科研项目6项，中国中铁科研项目3项，自立科研项目46项；19项科研课题完成结题。11项成果通过中国中铁科技成果评审，其中7项成果达到国际领先水平，2项成果达到国际先进水平，2项达到国内领先水平。新申请专利204项，获得专利授权158项，其中授权发明专利76项，授权实用新型专利79项。组织申报的"一种多主桁钢桁梁结构的悬臂拼装施工方法"专利荣获第二十三届中国专利优秀奖，填补了中铁大桥院在中国专利奖领域的空白。由中铁大桥院参编的行业标准《公路跨海通道工程地质勘察规程》（JTG/T 3221-04—2022）、《跨海钢箱梁桥大节段施工技术规程》（JTG/T 3652—2022）于2022年6月28日发布，参编的团体标准《工程勘察土工试验室建设管理标准》（T/CASA0008—2022）于2022年11月29日发布。中铁大桥院"桥梁智能与绿色建造全国重点实验室"组建方案已于2022年9月通过湖北省科技厅的质询，并正式上报科技部。

（刘扬 李明 杨明芳）

【工程创优】2022年，中铁大桥院获得各类科技奖励40项，其中"超千米公铁两用斜拉桥设计关键技术"获中国施工企业管理协会工程建设科学技术特等奖，"高速铁路大跨度钢桥体系创新、建造及维养关键技术与应用"获中国钢结构协会科技进步特等奖，"千米级宽幅重载全漂浮体系斜拉桥建造技术"等8项获得公路学会特等奖、一等奖、二等奖、三等奖，"高烈度地震区重载高墩多跨长联钢桁结合梁桥关键技术"获得铁道学会二等奖，"海洋环境珊瑚礁地质桥梁设计新技术"等10项获得省级科技进步奖特等奖、一等奖、二等奖；"高速铁路大跨度桥梁创新团队"荣获詹天佑铁道科学技术奖创新团队奖；获国家优质工程奖8项。

（卫毓珊）

【企业文化】持续推进文化建设，多元立体打造企业文化新高地。制订2022年度精神文明建设计划，指导各单位开展文明创建活动，努力提高全公司精神文明建设水平，开放"跨江越海，桥见未来"企业文化展厅，全年向社会展示近100次，已成为企业文化、企业精神的主要展示窗口和宣传阵地。

结合生产经营与改革发展，加强与社会新闻媒体的对接，聚焦疫情防控、改革发展、经营生产、"科改示范行动"等重要事件，积极向各类宣传平台投稿，全方面、多层次宣传企业，营造集团公司新时代发展良好氛围。全年在中央主流媒体刊稿226篇，地方及行业媒体转载7500余次。宣传频次及报道刊登中央主流媒体频次较往年有大幅提升，有效提升企业对外"软实力"。

开展中国中铁"开路先锋"卓越人物报告文学创作，完成5位桥梁先贤和3位院士大师报告文学作品。秦顺全院士主讲的《中国桥，为什么能创造诸多世界第一？》在央视2套《中国经济大讲堂》栏目播出。参与湖北日报"企业家全媒体纵横谈"节目访谈，讲述中铁大桥院自主创新突破"卡脖子"核心技术的桥故事，相关微信阅读量突破10万+；《高宗余：创造跨越江海的中国奇迹》上刊《中国组织人事报》头版、《中国人才》杂志（人力资源和社会保障部部级期刊）以及"大国人才"微信公众号；《中国中铁》报半版刊载《我有一个桥DREAM，记中铁大桥院副总经理陈德柱》；高宗余院士荣获湖北省科学技术突出贡献奖、王腾飞获湖北省劳动奖章等报道在地方媒体头版头条刊登；《多项世界第一！"中国桥"何以出圈》登上中央广播电视总台经济之声融媒体报道《追梦路上》，总工程师肖海珠讲述用一个个"世界之最"实现中国桥梁梦想以及背后的故事；《徐恭义：中国何以成为世界桥梁建设强国？》在中国新闻社《东西问》栏目播出；《长江日报》半版刊载《创新突破造就多个"世界之最"，高宗余用50余座桥梁筑起建桥人生》，《楚天都市报》半版刊载《霍学晋博士专访：桥梁博士提升设计"软实力"》等文章，大力加强正面人物宣传，形成崇尚先进、学习先进、争当先进的良好氛围。

（吴希龙）

【党建工作】中铁大桥院党委坚持以习近平新时代中国特色社会主义思想为指导，深入学习贯彻落实党的二十大精神，突出政治功能，加强党的政治建设，以高质量党建引领保障企业高质量发展。公司党建工作在股份公司党建工作责任制考核中连续评为"优秀"等级。持续健全基层组织体系，对党组织体系进行动态健全、及时调整，做到党组织应建尽建、全面覆盖。2022年，新成立华南分公司党总支、重庆分公司党支部、隧道院党支部，调整川藏铁路项目党组织建制。截至

2022年末，中铁大桥院共设置了7个党委、11个党总支、3个直属党支部（二级）。健全完善党组织制度体系，出台《中铁大桥勘测设计院集团有限公司党组织换届选举工作实施细则》，进一步规范全公司各级党组织换届选举工作程序。编制《中铁大桥院党组织设置及党员干部名录》，对基层党组织实行动态管理，确保基层党组织成为企业高质量发展的坚强保障。2022年共指导4家基层单位完成换届工作，督导5家单位进行委员增补工作。全年发展党员20名，引进新大学生党员19名，同时按照股份公司要求认真摸查企业在工人、高技能人才群体、高层次人才中发展党员的情况，并出具高质量调研报告。举办2022年党员理想信念暨党务干部业务培训班，培训覆盖到中铁大桥院近800名党员。组织84名基层党务工作者参加《2022年国有企业基层党务干部网络培训班》，组织29名基层党组织书记参加《国有企业思想政治工作网络培训班》，进一步推动基层提升党务工作水平。大力表彰党内先进，"七一"之际，开展了"两优一先"评选及表彰活动，进一步激励各级党组织和广大党员在把握新发展阶段、贯彻新发展理念、构建新发展格局中奋发有为、建功立业。授予川藏铁路项目、海太过江通道勘察项目、襄北大桥项目、宜昌市伍家岗长江大桥桥梁健康监测设计与实施项目、G3铜陵长江公铁大桥项目"红旗党建责任区"称号，推动项目党建与工程建设同频共振，确保重大项目建设顺利完成。用好考核、评议指挥棒，进一步压实党建工作责任。对16家基层党组织2022年度落实党建工作责任制情况进行考核评价，分析出具《党建责任制考核评价分析报告》，进行近3年考核成绩动态分析，推动基层党建工作质量提升；同时将考核结果与基层单位班子薪酬挂钩、与"四好"班子评选挂钩，进一步压实各级党组织管党治党责任。开展党组织书记抓基层党建工作述职评议，7家单位以"述职、提问、点评、测评"的形式进行现场述职，评议结果及时向各单位进行了反馈，并存入人事档案，成为评优升职的重要参考，推动基层党组织负责人全面履职、全面尽责。唱响"星火党建"品牌，实现党建与生产经营互融互促。策划推出"星火铸魂·献礼党的二十大"活动，先后以《火聚信念，照耀海外奋进路》《礼赞匠心，弘毅守正创新精神》《火聚深情，甘做优质工程的守望者》《初心不改，追寻桥梁强国梦》《乘风破浪，并跑综合发展奋进路》《踔厉奋发，以初心护桥隧康宁》《勇毅前行，测天绘地织蓝图》《桥花绽放，彰显桥梁事业巾帼担当》《点滴平凡，筑梦轨道上的城市建设》《创新创效，提升企业核心竞争力》为主题，汇集130余名奋战在海外一线、项目一线的平凡党员的不平凡故事。以100余期手机报、党建品牌手册等形式立体宣传基层党员用实际行动献礼党的二十大，在平凡岗位上攻坚克难、砥砺奋进、甘于奉献的时代精神，用先进事迹感染人、鼓舞人，通过榜样力量营造企业健康向上、积极奋斗的良好发展生态。聚焦阵地建设，打造"星火传承"红色阵地。下拨40万元党费，为18家基层党组织建设标准化党员活动室，配备图书，突出星火传承、星火铸魂主题打造，营造创示范当先锋的良好氛围，为基层党组织开展党建活动提供了阵地保障。

（邹　茜）

▲图13-63　中铁大桥院"星火党建"品牌手册及文创

【信息化建设】全面开展信息化提档升级工作，升级优化OA系统和项目管理系统，完成了档案系统的一体化平台入驻，对企业文档云系统、企业知网知识库、档案一体化管理平台、软件授权管理系统及商密系统等业务系统进行了建设。扩容提升总部的网络带宽，对总部的SDN网络系统、数据中心机房监控系统、灾备系统进行了功能测试和优化升级。

（谈栩辰）

【履行社会责任】全面贯彻落实党中央关于健全常态化驻村工作机制的决策部署，准确把握新阶段帮扶村工作的新要求，成立乡村振兴工作领导小组，总部职能相关部门联合成立考核组，选好配强挂职驻村干部，4名优秀干部脱产组成驻村工作队；严抓党建和党史学习教育工作，认真贯彻落实巩固拓展脱贫攻坚成果同乡村振兴有效衔接，组织工作队及村"两委"对94项文件精神进行学习并建立学习记录台账。持续推动产业帮扶，编制完成《黄冈市英山县陶家河乡振兴行动规划》方案和陶家河乡《擦亮小城镇》规划方案，助力驻点村建设；协助陶家河乡村两级政府，着力打造以长征国家文化公园项目为依托载体的红色文旅核心区；完成长征国家文化公园与红色美丽村庄及美好环境幸福生活共同缔造项目的整合、红色革命文化与绿色生态产业的结合、近期重点建设与远期目标规划的有机融合。2022年，共投入资金30万元用于帮扶村建设。内购销农户产品15万余元，为33户群众解决产品滞销问题，累计购销农副产品不低于30万元，切实帮助驻点村增加产业收入。

持续开展四季关爱行动、"金秋助学"工作，实现帮扶送温暖常态化制度化。针对因病致困员工，实行"标准化""精准化"帮扶，形成"一般困难及时帮、长期困难制度帮"的帮扶机制。深入开展"我为群众办实事""我为基层办件事"活动，先后为项目一线增添文体设施、运动器材等，用真情为基层一线职工送去服务与关怀。　　（张世聪）

中铁科学研究院有限公司

【简况】中铁科学研究院有限公司（简称"中铁科研院"）是中国中铁旗下唯一的综合性科研企业，致力于隧道、岩土、地质、桥梁等专业领域的科研、咨询、勘察、设计、监理、检测和特种工程施工，提供超前地质预报、监控量测、试验检测、智慧监理、不良地质治理、运营维管、环境监测及评估、文物保护、网络安全、乡村振兴等方面的专业服务，为铁路、公路、轨道交通、市政、水利水电、机场、文物保护及环保等国家基础设施建设作出了突出贡献。中铁科研院"举科研之旗，走产业之路"，聚焦国家发展战略、聚焦中国中铁产业协同、聚焦科研院专业特色、聚焦科技成果转化应用，坚定科技创新和技术服务两个方向，建设中国中铁智能建造专业研发中心主中心、国际隧道和地下空间研究咨询中心、"双碳"专业研发中心基础研究分中心，培育智能建造、科技投资、低碳环保新业务，着力打造中铁文保、中铁隧安、中铁防灾、中铁网安、中铁质检、中铁健康维管、中铁智库、铁科监理、国际隧道咨询等业务品牌，成为科技创新引领能力突出、服务支撑中国中铁主责主业作用显著、科技产业化优势明显的科技产业集团。

中铁科研院源于1959年、1961年铁道部在成都、兰州分别成立的铁道部隧道科学技术研究所和铁科院西北研究所。中铁西南院前身是铁道部隧道科学技术研究所，为攻克修建成昆铁路、川藏铁路面临的复杂隧道和山区泥石流难题而建立；中铁西北院前身是铁科院西北研究所，为攻克修建青藏铁路面临的高海拔冻土、黄土以及滑坡灾害难题而建立。1992年，两院分别更名为"铁道部科学研究院西南分院""铁道部科学研究院西北分院"。2000年，顺应国家科技体制改革，两院双双进入中国铁路工程总公司，由事业单位转制为企业，分别更名为中铁西南科学研究院、中铁西北科学研究院。2005年，改制为国有独资公司，分别更名为"中铁西南科学研究院有限公司"（简称"中铁西南院"）、"中铁西北科学研究院有限公司"（简称"中铁西北院"）。2014年8月，按照中国中铁全面深化改革的总体部署，中铁西南院、中铁西北院合并重组，成立中铁科学研究院有限公司，注册资本金8亿元，注册地成都。

中铁科研院下属中铁西南科学院、中铁西北院、四川铁科建设监理有限公司、甘肃铁科建设工程咨询有限公司、中铁成都科学技术研究院有限公司5家全资子公司和设计院、工程公司、成都分公司3家分公司。截至2022年末，中铁科研院共有职工1042人，其中博士、硕士研究生占比40%，高级及以上职称人员占比47%，拥有各类专家168人（其中国家级专家2人，享受国务院政府特殊津贴专家28人，省部级专家46人，茅以升、詹天佑等行业协会专家33人，中国中铁级专家30人，博士、硕士生导师29人）。现有资质包括工程勘察甲级、工程设计市政行业轨道交通甲级、工程设计铁道行业甲Ⅱ级、施工总承包铁路工程壹级、建筑工程乙级、工程监理甲级、公路水运工程检测综合甲级、资质灾害评估勘察设计施工监理甲级、质量检测机构甲级证书、文物保护勘察设计施工甲级等48项。资产总额22.55亿元，其中固定资产净值3.11亿元、流动资产15.33亿元、其他资产4.11亿元。

中铁科研院在各专业领域累计取得各类科技成果573余项，获得各类科技成果奖534项（其中国家级科技奖37项、省部级科技奖230项），拥有有效国家专利、软件著作权等658项，主持或参编国家、部委和行业规范（标准）113项，主编、参编、翻译著作74部。已建成1个国家级企业技术中心、3个省级企业技术中心、5个省级重点实验室和1个工信部重点实验室分中心。主编的《现代隧道技术》在2022年交通运输工程学科151种期刊影响力指数排名中名列第12。　　（胡典佑）

【主要指标】2022年，中铁科研院年累新签合同额26.8603亿元，完成股份公司下达年度目标（26亿元）的103.3%；中标未签合同额3232万元，承揽合计27.1835亿元。从各板块完成情况来看，非传统施工类业务明显增长，其中技术服务、工程监理和勘察设计分别增长18%、32%和26%，传统施工同比下降91%，特种施工同比增长65%；实现营业收入16.56亿元，为中国中铁下达年度指标的97.42%；实现净利润2634万元，为中国中铁下达年度指标的65.85%；实现经济增加值（EVA）4672万元，为中国中铁下达年度指标的95.34%；全年经营性现金净流入2417万元，为中国中铁下达年度指标的60.43%；资产负债率50.47%，控制在股份公司下达指标53.50%内；年末有息负债2亿元，控制在股份公司下达指标2亿元以内。中铁科研院不断加大科技投入，2022年研发投入10475万元，为中国中铁下达年度指标的123.24%。

（刘　涛　冯　波）

中铁科学研究院有限公司

表 13-31　2021—2022 年中铁科研院主要经济指标

项目	2021 年	2022 年	增长率 /%
资产总额 / 亿元	19.16	22.55	17.69
所有者权益 / 亿元	8.90	11.17	25.51
营业收入 / 亿元	17.42	16.56	-4.94
利润总额 / 亿元	0.51	0.45	-11.76
净利润 / 亿元	0.37	0.26	-29.73
归属于母公司所有者的净利润 / 亿元	0.39	0.26	-33.33
技术开发投入 / 亿元	0.87	1.05	20.69
利税总额 / 亿元	1.58	1.30	-17.72
应交税金总额 / 亿元	1.21	1.03	-14.88
全员劳动生产率 /[万元 /（人·年）]	23.09	30.40	31.66
净资产收益率 /%	4.18	2.62	减少 1.56 个百分点
总资产报酬率 /%	3.20	2.50	减少 0.70 个百分点
国有资本保值增值率 /%	104.50	102.84	减少 1.66 个百分点

制表：冯　波

【改革发展】2022 年，中铁科研院国企改革三年行动顺利收官，118 项改革任务圆满完成。坚持把深入学习贯彻习近平总书记关于国有企业改革发展和党的建设的重要论述作为落实深化改革三年行动的首要任务，全面建立"第一议题"制度，持续在学懂弄通做实上下功夫，教育广大干部职工明确改革方向，领会核心要义，掌握实践要求，并用以武装头脑、指导实践、推动工作。加快完善中国特色现代企业制度，把加强党的领导和完善公司治理相统一，加快建立各司其职、各负其责、协调运转、有效制衡的公司治理机制。不断健全市场化经营机制，全面推行经理层任期制和契约化管理，中铁科研院及所属 8 家子分公司均全面推行任期制和契约化管理。企业机构改革方面，重点对本部、区域经营指挥部、国际事业部及附属机构进行改革，设置本部职能部门 13 个、区域经营指挥部 4 个、事业部 1 个、附属机构 3 个，成立中铁科研院安全质量管控稽查大队、中铁科研院北部湾分院、中铁科研院绿翠乡村振兴研究院、中铁科研院文化遗产保护研究院，提升中铁西北院文保技术中心管理层级，组建中国中铁智能建造专业研发中心主中心、中国中铁国际隧道和地下空间研究咨询中心、中国中铁"双碳"专业研发中心基础研究分中心。加强干部队伍建设，强化干部履职考察与考核评价，全年提拔 8 人、降级 2 人、撤职 1 人、诚勉 4 人、谈话提醒 4 人；强化多岗位历练，轮岗交流领导干部 26 人次；印发《关于进一步加强组织工作管理的通知》，落实从严管理干部要求；印发《关于进一步加强年轻干部队伍建设的通知》，明确实现班子年轻化两个"5020"工作目标。加强人才队伍建设，编制印发《中铁科研院"十四五"人才发展规划》；印发《专家管理办法》《职业经理管理规定》，建立管理、专家、职业经理"三位一体"的人才发展体系；获得专家人才称号与奖励补贴 22 人次，多名管理人才和技术骨干被纳入成都市高层次产业人才库，中铁科研院被认定为"四川省级企业技术中心"，获成都市金牛区"人才协同先进集体"称号；制定《人才引进管理办法》《柔性引进高端人才管理规定》，引进各类人才 57 人、高端人才 3 人；评审通过中级职称 41 人、高级职称 41 人、正高级职称 7 人；修订印发《员工教育培训管理规定》，全公司开展内部培训 311 班次、培训 1.73 万人次。印发《中铁科学研究院有限公司所属单位业绩考核暨负责人薪酬管理办法》《中铁科学研究院有限公司经营开发中心和区域经营指挥部业绩考核与薪酬管理暂行办法》《关于明确川藏铁路建设指挥部业绩考核与薪酬待遇的通知》《中铁科学研究院有限公司社会执业资格管理办法》等制度，持续完善市场化收入分配体系。

（何晓晶　廖洪辉）

【重大项目】2022 年，中铁科研院在研重大科研项目 26 项，其中新立项 9 项，已结题验收 4 项。在研重大科研项目分别为"超大埋深极高地应力隧道大变形演化机理及变形主动控制技术""极复杂地质条件下超前地质预报方法与关键技术""缓倾层状软弱围岩高速铁路隧道底部变形机理及防控技术研究""基于地层与土体参数变异性的深厚非均匀填土场地沉降特性研究""基于盾构破岩（土）震源的实时超前地质预报技术研究""工程施工智能技术研究""高原超长深埋极端复杂地质隧道钻爆法修建技术体系与应用""复杂多变地质TBM装备及智能建造技术""复杂环境路基建造及灾害防治施工技术""城轨交通设计与服务示范项目""隧道工程提质增效关键技术""中国中铁低碳发展技术体系与智能化碳管理平台研究""装配式建筑智能建造技术体系构建及评价研究""钻爆法隧道混凝土降耗技术及应用研究""硬岩大跨地下洞室高效修建技术研究""内蒙古特殊环境公路灾变机理及综合防控成套技术研究""深水环境下岩土文物灾变的演化机理及成套保护关键技术研究""川渝地区露天石质文物浅表部岩体劣化动态评估方法及技术示范研究""滇中引水工程建造关键技术研究""川藏铁路灾害防治技术研究""水土保持技术研究""城市更新背景下文化遗址整体保护与文旅融合创新利用示范研究"。

2022年，中铁科研究院承揽项目1102个，千万元级项目同比增长33%。重点项目包括深圳地铁土建结构缺陷整治、北京市门头沟区永定镇秋坡北路东侧及南侧高边坡加固、成都市蜀龙路污水管下穿西成客专北湖（道岔）特大桥及桥下空间品质提升、成都市东华门遗址本体保护、洛阳市偃师区商城遗址环境整治、安岳石窟圆觉洞摩崖造像保护利用等专项施工项目，市域（郊）铁路成都至眉山线、石家庄市城市轨道交通4号线一期、伊拉克巴格达CAMP HOUSE房建等勘察设计项目，新建川藏铁路雅安至林芝段中间段试验检测中心、新建天水至陇南铁路项目全过程工程咨询、新建重庆至昆明高速铁路云贵段引入昆明枢纽相关工程邻近铁路营业线既有设备自动化监测、南京至马鞍山城际铁路第三方检测、新建天水至陇南铁路中心试验室、云南省滇中引水二期配套工程施工试验检测、厦门市轨道交通3号线土建结构质量保证期渗漏水及缺陷治理、成都轨道交通18号线同步实施工程防水堵漏、深圳地铁运营线路土建结构病害整治与应急抢修、青岛市地铁5号线智慧工地信息化建设、胶州湾第二海底隧道第三方监控量测等技术服务项目，新建兴县至保德县地方铁路瓦塘至冯家川复线、青藏铁路西宁至格尔木段提质工程、新建柳州至广州铁路、新建成都至达州至万州铁路成都至营山段、新建重庆至万州高速铁路、新建西宁至成都铁路、新建深圳至江门铁路、新建成渝中线铁路、新建西安至重庆高速铁路安康至重庆段、粤港澳大湾区深圳都市圈城际铁路、福州市轨道交通2号线东延线、胶州湾第二海底隧道工程等监理项目。

（谷婷 刘涛）

【走向海外】聚焦提升国际化经营能力，组建成立国际事业部以及国际隧道研究咨询中心。2022年，中铁科研究院与川铁国际签订伊拉克巴格达房建勘察设计项目，合同额1052.8万美元，在中老铁路、格鲁吉亚高速公路等项目实现二次经营开发430万元人民币，年内完成海外新签合同额共计1101.85万美元。打造国际隧道咨询中心，积极开拓

▲图13-64 2022年10月31日，中铁科研究院四川铁科参与监理的兰新高速铁路获评"2022中国新时代100大建筑"

国际咨询业务。与挪威、瑞士、芬兰、英国等国际知名公司和专家建立合作关系，初步形成国际咨询能力。持续加强与国际科研单位合作，提升国际咨询实力，完成与挪威SINTEF公司硬岩隧道单层衬砌第一阶段合作，与瑞士HBI公司合作开展了隧道运营通风与应急救援研究。2022年，中铁科研院境外在建项目6个，完成营业额约205万美元。年内做好境外疫情常态化防控，完成23人次轮换手续；开展海外项目安全生产检查，对现场管理、合规管控、非生产性安全管理、保密及舆情管理等进行了视频巡检，制定防范化解境外项目风险专项工作方案，组织开展境外中方员工安全风险防范培训，共计10人参培并取得证书，组织开展海外项目安全风险评估及应急演练，持续提高应对突发事件能力。

（冯 环）

【重大创新】围绕"四化四聚焦"要求，形成了《加强科技创新工作实施方案》，重塑了科技创新管理体系，明晰了科技创新方向和研发重点。持续推进重点工程科技攻关工作，充分发挥中铁科研院在隧道及地下工程、地质灾害防治、智能建造、"双碳"领域的研究优势，持续在川藏铁路、滇中引水等国家重点工程开展和申报科研项目，2022年新获得重点工程科研立项3项、智能建造和"双碳"领域立项10项；联合中铁五局、中国航天九院等10余家单位申报了中国中铁2022年度"揭榜挂帅"课题和实用技术课题，成功申报10项，其中重大专项3项，重大项目3项。强化科技创新平台建设，加强与属地主管部门的沟通交流，成效显著。组织所属单位申报并获批中国中铁智能建造专业研发中心主中心和"双碳"专业研究中心基础研究分中心；成功挂牌高铁建造技术国家工程研究中心工程健康管理分研究中心；成科院"工业互联网安全技术试验与测评重点实验室中铁分中心"通过测评资质复审，同四川省电检所达成战略合作协议，挂牌四川省软件和信息系统工程测评中心中铁分中心。持续开展科技成果转化工作，"隧道HSP三维超前地质预报技术及设备""城市桥梁健康监测及性能评价关键技术""工程信息化平台系列成果"等成果持续在多个项目推广应用；"运营隧道病害整治设备""隧道运维重载搬运智能机器人"分别在成都铁路局和华南市场投入使用；"土遗址与石质文物保护修复成套技术及材料"在西北地区、川渝地区的多个文物保护工程中得到成功应用；以"GIS+BIM数字化项目管控平台"为依托，孵化了智慧工地业务。

（谷 婷 何国东 王泽萍）

【工程创优】截至2022年末，中铁科研院全年在研科研项目215项，其中新立科研项目57项，通过结题验收科研项目41项，通过评审（鉴定）的科技成果21项，其中，国际领先水平2项、国际先进水平13项；获得科技成果奖励20项，其中省部级（一级学会）5项，国家许可的社会力量奖14项，中国中铁实用技术大赛特等奖1项；获2022年度中国中铁优秀QC成果一等奖4项、二等奖1项、三等奖3项；2022年度铁路工程勘察设计优秀QC小组成果一等奖2项、二等奖2项；获得授权专利93项（含软件著作权），其中发明专利20项，主持或参编技术标准40项。

（何国东 谷 婷 伍海艳）

【企业文化】开展"理想信念情怀 爱党爱国爱企"主题教育，围绕主题教育，探索创新学习形式，掀起党史学习教育热潮。举办了"不负韶华 薪火相传"主题活动，讲述公司优秀青年党员的奋斗故事；开展"感悟红色记忆"主题活动，组织员工走进成都战旗村党建馆、兰州营盘岭战役基地开展思想教育学习；开展"缅怀先烈 致敬英雄"网上祭英烈活动，通过学习英烈故事，让英雄精神薪火相传。开展精神文明及企业文化建设。积极参加中国中铁"开路先锋"文化节活动，先后拍摄制作了《在生命禁区书写科研奇迹》演讲视频参加优秀文艺作品评选，成功推荐申报风火山基地申报"开路先锋"文化教育基地，组织撰写了严金秀、王建宇等5名典型人物报告文学作品，作为中国中铁报告文学集的重要作品。

（张 莹）

【党建工作】加强党的政治建设，坚持将迎接党的二十大和学习宣传贯彻党的二十大精神作为首要政治任务，深入开展"喜迎二十大、奋进新征程、科创建新业、永远当先锋"主题活动、"喜迎二十大 决战保目标"专项劳动竞赛等，积极推进党的二十大精神学习宣传走深走实；坚持和完善"第一议题"制度，用习近平新时代中国特色社会主义思想武装头脑、指导实践。组织召开中铁科研院首次干部人才工作会议，推进"引智育才""柔性引才""巾帼人才提升"三大工程，全年引进各类人才57人；强化干部履职考察与监督管理，持续推进落实公司经理层任期制和绩效考核制度，加大人员退出力度，全年调整干部77人次，其中提拔8人，降级退出3人。启动党建示范引领工程，健全完善了项目党建制度，开展川藏项目党建调研、"党旗扬川藏 科创建新功"主题活动，推动党建业务深度融合。智能建造、健康维管、文物保护等主题宣传成效显著，亮点工作频频登上央视及主流媒体，中铁西北院风火山观测站获选中国中铁首批"开路先锋"文化教育基地，中铁西南院超前地质预报技术登上央视科普节目。全面从严治党纵深推进，抓实"两个责任"沟通会商，加强"一把手"和领导班子监督，完成常规巡察和"回头看"，召开两次警示教育大会，对55件典型案例通报曝光。推进和谐幸福企业建设，加强员工关怀慰问，广泛开展"四季送"活动，获得省部级以上先进集体和个人奖项16项，全面启动青年精神素养提升工程。

（王 辰）

【信息化建设】持续推进公司信息化和网络安全建设。2022年完成了股份公司信息贯通工程年度重点任务，持续开展统一身份数据治理、一体化平台和中铁e通的运维保障服务，完成新版营销系统入驻一体化平台；加强了网络安全建设，建成网络安全态势感知平台，开展网络安全专项整治并参加股份公司网络安全专项演练，完成国庆及党的"二十大"期间网络安全重保系列工作；加强"工业互联网安全技术试验与测评实验室"中铁分中心建设，在中国中铁范围内开展网络安全评估、渗透测试、漏洞扫描工作。（王泽萍）

【履行社会责任】积极与扶贫企业共同签订农产品供销协议，全年采购正宁县特色农副产品等，为当地贫困村解决了金秋农产品外销的大事，为贫困村购买太阳能路灯20盏，助力乡村振兴、彰显央企担当。作为友好单位为成都市金牛区石笋街学校捐赠1.4万册书籍，帮助学校孩子们阅读成长。

2022年度，中铁科研院能源消费总量0.2626万吨标准煤，营业收入（可比价）165000万元，万元营业收入综合能耗（可比价）0.0159吨标准煤/万元，全年每万元营业收入综合能耗（可比价）降低3.63%，顺利完成年度目标。

（罗　婷　李庆海）

中铁华铁工程设计集团有限公司

【简况】中铁华铁工程设计集团有限公司（简称"中铁华铁"）是中国中铁股份有限公司的全资子公司，总部位于北京，前身是于1953年在北京成立的铁道部设计总局工厂设计事务所。

中铁华铁作为高新技术企业、北京市设计创新中心、高速铁路建造技术国家工程研究中心理事单位，拥有工程勘察综合资质，建筑、机械、市政等行业的专业设计甲级资质，城乡规划编制甲级资质，工程监理综合资质等，是集勘察设计、监理咨询、EPC总承包、设备集成、岩土工程等于一体的综合型设计咨询企业，业务涵盖了建筑、铁路、机械、城市轨道交通、市政、公路等多个工程领域。1997年通过了质量管理体系认证，2005年通过了环境、职业健康安全管理体系认证。

中铁华铁下设14个单位，分别为铁路工程监理公司（含北京华铁工程管理有限公司）、城市轨道交通监理公司（含沈阳分公司）、工业设计院、北京设计院、轨道交通设计院、城建规划设计院、勘察设计院、上海设计院、苏州设计院、深圳设计院、上海华铁工程咨询有限公司（上海分公司）、广州分公司、北京颐和工程监理有限责任公司（海南分公司）、北京华铁燕丰物业管理有限公司。

中铁华铁先后获得国家科技进步奖7项，国家优秀工程设计金奖1项、银奖4项，行业优秀勘察设计奖3项，中国建设工程鲁班奖12项，国家优质工程奖47项，中国土木工程詹天佑奖17项，全国市政金杯示范工程奖8项，国家专利155项（现有效127项），国家优秀标准设计奖5项，国家优秀工程咨询成果奖8项，各类省部级奖项百余项。（付文博）

【主要指标】2022年，中铁华铁完成营业收入11.30亿元；全年完成净利润0.31亿元，同比增长47.62%；技术开发投入0.43亿元，同比增长7.5%。

（温　馨）

表13-32　2021—2022年中铁华铁主要经济指标

项目	2021年	2022年	增长率/%
资产总额/亿元	11.71	11.51	-1.71
所有者权益/亿元	4.83	4.81	-0.41
营业收入/亿元	11.65	11.30	-3.00
利润总额/亿元	0.23	0.32	39.13
净利润/亿元	0.21	0.31	47.62
归属于母公司所有者的净利润/亿元	0.21	0.31	47.62
技术开发投入/亿元	0.40	0.43	7.50
利税总额/亿元	1.27	1.45	14.17
应交税金总额/亿元	1.04	1.13	8.65
全员劳动生产率/[万元/(人·年)]	24.78	30.66	23.73
净资产收益率/%	4.17	6.47	增加2.30个百分点
总资产报酬率/%	2.68	3.64	增加0.96个百分点
国有资本保值增值率/%	103.95	106.70	增加2.75个百分点

制表：温　馨

中铁华铁工程设计集团有限公司

【改革发展】深入开展国企改革三年行动，锚定"三个明显成效"目标要求，着力抓重点、补短板、强弱项，狠抓改革实效、强化考核督导，推进四大改革领域、21个改革方向和83项改革任务全面完成。制定印发《中铁华铁2022年提质增效专项行动方案》，配套出台制度方案29个，全面完成四大类80项具体任务。开展民企挂靠国资问题综合整治，坚持推进落实"一企一策"方案，完成18家所属单位的治理工作。推进机关机构大部制改革，优化机构设置，调整企业发展规划部与法律合规部、党群工作部与机关党委合署办公，组建商务管理部，设立行政事务管理中心。整合内部资源要素，成立城建规划设计院。优化公开招聘工作标准和程序，建立本部一般岗位常态化竞聘和招聘机制，开展本部员工薪酬体系改革。推进机关干部末位淘汰。落实"三项制度"改革要求，严格考核结果运用。
（刘　畅）

【重大项目】充分发挥勘察设计企业先导优势以及自身专业特色技术优势，围绕中国中铁"设计先行、拓展基建"的理念，主动服务于中国中铁发展需要，顺应形势、顺势而为、顺势而转，成功中标三明市尤溪县国家储备林森林质量精准提升（乡村振兴）工程，合同额0.7亿元，为2022年中铁华铁中标最大勘察设计类项目。重大项目的落地为中铁华铁高质量发展不断向前推进奠定了基础。
（郭宗明）

【走向海外】积极参与"一带一路"建设，伴随国家"走出去"一系列项目，陆续与华刚矿业股份有限公司、上海海优威新材料股份有限公司、中车青岛四方车辆研究所有限公司、川铁国际经济技术合作有限公司等进行深化合作、互利共赢、抱团出海，通过集成优势资源，努力提升综合服务能力，加速中铁华铁走向国际市场。2022年，中铁华铁在建海外重点项目进展情况良好，先后中标刚果（金）采矿监理项目、刚果（金）绿纱铜钴矿建筑工程施工监理、墨西哥工艺设备生产配套合同、伊拉克九区原油中央处理设施项目、海优威越南厂区设计服务等项目，其中刚果（金）采矿监理项目中标金额0.54亿元，为中铁华铁海外单体最大项目。这些项目的推进为中铁华铁海外业务拓展奠定了良好基础。
（郭宗明）

【重大创新】2022年，中铁华铁科技研发投入4305万元，全年开展各类科研项目30项；年内新增专利授权28项，其中发明专利授权3项；获行业优秀勘察设计奖1项，省部级优秀工程设计奖3项，国家优质工程奖8项（其中国家优质工程金质奖2项），中国土木工程詹天佑奖1项，中国安装工程优质奖2项；获优秀QC小组成果奖5项（省部级4项、中国中铁级1项）。
（刘颖颖）

【工程创优】中铁华铁设计的"年产铁路专用设备355759套项目——华铁经纬智能工厂"项目获得中国勘察设计协会行业优秀勘察设计奖机械工业工程设计三等奖；"狮山派出所、交警中队业务用房及狮山消防站"2个项目获得江苏省住房和城乡建设厅优秀勘察设计奖；"包头市远大昭华·TOUCH悦城项目"获得中国建材工程建设协会优秀工程设计二等奖；"中车北京二七机车有限公司国家冰雪运动训练科研基地（西区）改建项目"等5个项目获得中国中铁级优秀工程设计奖；"中铁装配建筑有限公司福建装配式建筑智能制造项目"获得中国中铁级优秀工程咨询成果奖；承担勘察的"北京市冰上项目训练基地综合训练馆"，以及承担监理的"北京新机场飞行区工程"等8项工程获得中国施工企业管理协会评定的2022—2023年度第一批国家优质工程奖，其中承担监理的"北京新机场飞行区工程""宁波市轨道交通4号线工程"获得中国施工企业管理协会评定的2022—2023年度第一批国家优质工程金质奖；承担监理的"苏州市轨道交通2号线及延伸线工程"获得第十九届中国土木工程詹天佑奖。
（刘颖颖）

【企业文化】中铁华铁以习近平新时代中国特色社会主义思想为指导，深入学习贯彻党的二十大精神，围绕企业中心工作，积极开展文化宣传工作，唱响企业改革发展主旋律。新年伊始，习近平总书记考察中铁华铁设计的二七厂冬奥冰雪科训基地，以此为契机，中铁华铁策划主题宣传，国资委、中国中铁等平台都进行了专题报道。7月，新华社报道了中铁华铁监理杭衢铁路全线最长隧道贯通的新闻；9月，学习强国、行业媒体报道了所属苏州设计院"以千为始"中标第1000个项目；选树了中铁华铁首届十大杰出贡献标兵、中国中铁劳模、火车头奖、勘察设计行业协会专家等一批先进典型。策划生产经营业绩、"决战决胜四季度"重点项目获奖等专题报道。全年累计在中国中铁及以上平台发布新闻50余篇，中铁华铁平台发布300余篇。大力宣传贯彻中国中铁"开路先锋"企业文化，制作中铁华铁企业宣传画册、宣传片。开展"喜迎二十大、奋进新征程、永远当先锋"主题活动，组织开展"奋进新征程　建功新时代"重点项目巡礼活动，推进"理想信念情怀　爱党爱国爱企"活动。积极参加中国中铁企业文化节，先后获中国中铁企业文创大赛一等奖、三等奖以及优秀组织奖。
（王振禄）

【党建工作】2022年，中铁华铁党委以习近平新时代中国特色社会主义思想为指导，认真学习贯彻党的二十大精神，紧密围绕中心工作，充分发挥"把方向、管大局、保落实"作用，全面加强党的领导，持续推进党的建设与生产经营工作深度融合，团结带领广大干部职工，完整准确全面贯彻新发展理念，面对疫情防控与经济下行双重压力，克服困难与挑战，坚持夯基础、补短板、拓市场、强管理、凝共识、严监督、齐发力，为中铁华铁各项工作稳步推进提供了坚强保证。坚持以党的政治建设为统领，全面落实新时代党的建设总要求，将坚决拥护"两个确立"作为最高政治原则，将坚决做到"两个维护"作为最根本政治纪律，把"两个确立"真正转化为增强"四个意识"、坚定"四个自信"、做到"两个维护"的思想自觉、政治自觉、行动自觉。认真贯彻习近平总书记关于"推动基层建设全面进步、全面过硬"重要论述，落实《国有企业基层党组织工作条例》，抓基层、打基础，进一步提升基层党建质量。推进党建考核与业绩考核有效对接，推动考核结果与领导人员薪酬奖惩挂钩，完成对13家单位党建责任制年度考核，三级单位党组织书记管党治党"第一责任人"意识不断增强。以组织体系建设为重点，坚持"四同步、四对接"，进一步完善所属党组织设置，基层组织基本实现"应建尽建"。始终牢牢把握习近平总书记关于"两个永远在路上"的重大论断，认真履行全面从严治党主体责任，不断推动全面从严治党向基层延伸、向纵深拓展，一体推进"三不腐"。长效运行党委与纪委定期会商机制，构建主体责任、监督责任贯通联动、一体落实的工作格局。认真贯彻落实中央八项规定精神以及中国中铁党委"勤俭办企业十不准"要求，驰而不息纠治"四风"。以提升监督合力为重点，健全纪委监督、巡察监督、审计监督、法律合规监督"四位一体"的大监督格局。开展了第六批巡察，圆满完成了中央一届任期内党委巡察全覆盖任务。认真落实习近平总书记关于"要把思想政治工作作为一项经常性、基础性工作来抓"的要求，自觉承担起习近平总书记提出的举旗帜、聚民心、育新人、兴文化、展形象的使命任务，筑牢争当"开路先锋"的共同思想基础，凝聚改革发展的智慧力量。同时，国安保密、信访维稳、疫情防控等工作在企业稳定发展中也发挥了积极作用。

（赵海龙　杨必都）

【信息化建设】发布《中铁华铁工程设计集团有限公司"十四五"信息化发展规划》，明确了"十四五"期间信息化发展方向和目标任务。推动信息贯通工程建设，营销系统数据库安全迁移至中国中铁云端，法律合规系统、商旅平台、职称评审系统、新版营销管理系统、境外安全管理等核心业务系统入驻中铁一体化平台，保障信息系统高效、安全运转。积极开展网络及信息化安全专项检查，核心硬件系统统一升级到最新版本。在重大节日期间，强化网络安全监测，做好应急处置准备，中铁华铁OA协同办公系统、视频会议系统、财务共享系统等实现了网络安全零事故。持续完善视频会议系统，以宝利通、腾讯会议、中铁e通云会议等多种方式组织、举办了172场会议、培训、讲座、研讨等，参加人员累计2800余人，极大地节约了时间和往来出差的成本。集中规划网络结构、调整路由分配，指导所属3家单位购买安装组网一体机，加入中铁华铁网络架构，构建中铁内网环境。大力推进软件正版化，集中采购SketchUp、AutoCAD、Revit等专业设计软件，PKPM、盈建科、绿建斯维尔等网络版软件完成节点升级。举办中铁华铁BIM技术培训，组织报送BIM项目参加中国中铁组织的第三届中国中铁"卓越杯"BIM大赛，推进BIM技术在房建项目三维设计审查、三维综合管线施工、工程量计算、VR应用等方面全面应用，实现全专业三维施工图设计。进一步深化和细化OA流程管控，持续完善网络基础设施，通过信息化手段规范管理流程、提高工作效率、降低管控风险，实现信息管理系统与生产经营的有效衔接，提升了中铁华铁网络与信息安全管控能力。

（张　晶）

【履行社会责任】中铁华铁结合企业实际积极履行社会责任，展现央企担当。组建"南极先锋队"，随同极地中心参加中国第39次南极科考；认真开展疫情防控工作，组建抗疫志愿服务队，积极助力苏州、上海等地疫情防控，并向上海及周边地区职工发放防疫专项慰问5.4万元；组织参加"央企消费帮扶兴农周"等活动，为广大职工采购扶贫产品20余万元。

（王振禄）

中铁长江交通设计集团有限公司

【简况】中铁长江交通设计集团有限公司（简称"中铁长江设计"）成立于1984年10月，主要从事公路、桥梁、隧道、交通工程、水运港口、航道、通航建筑工程、市政公用交通及建筑工程的勘察设计、项目管理、工程总承包及其相关的综合规划研究咨询服务等业务，现有3个全资子公司。中铁长江设计共有职工668名，其中高级及以上职称人员294人（正高级职称人员113人），博士硕士271人，专业技术人员占比90%以上。具有工程勘察综合甲级资质，公路行业、水运行业、市政行业（道路）设计甲级资质，工程咨询公路、水运（含港口河海工程）甲级，工程检测公路工程综合甲级，公路工程桥梁隧道工程专项资质，是集公路、水运、市政、建筑等规划咨询、勘察设计、检测养护及工程总承包于一体的综合型设计咨询企业。

成立近40年，公司始终以科技为先导，在公路、桥梁、隧道、水运、市政、建筑等专业的设计与理论研究、岩土工程勘察与应用、检测加固等领域具有雄厚的技术实力，尤其在地形地质复杂、生态环境脆弱、桥梁隧道密集的山区高速公路、特大桥梁、特长隧道以及大水位差的山区航道、港口勘察设计方面积累了丰富的实践经验。先后完成近4000千米高速公路，200余座特大桥（其中长江大桥10座），数十座特长隧道（其中10千米以上3座）的勘察设计工作；完成《中新（重庆）战略性互联互通示范项目交通物流发展战略规划》及成渝双城经济圈、重庆市、各区县综合交通运输相关规划编制工作，以及公路隧道单层衬砌结构关键技术研究、内河大水位差码头结构技术研究等数百项科研和咨询工作。公司先后获得国家级、省部级优秀工程勘察、设计、咨询、科技奖200余项。建立一套完整的企业管理标准和质量、职业健康安全和环境管理体系，自2000年首次取得国家认证机构颁发的ISO9001认证证书，连续通过认证审核。先后获重庆市文明单位、全国交通运输行业文明单位称号，获国家市场监督管理总局国家级守合同重信用单位称号，获交通运输部公路建设领域（设计）守信典型企业荣誉称号。

（黄昌顿）

【主要指标】中铁长江设计2022年完成营业收入10.01亿元，较2021年的9.35亿元增长7.06%。实现净利润0.67亿元，较2021年的0.37亿元增长81.08%。资产总额34.39亿元，同比增长17.69%。净资产收益率3.24%，较2021年增加1.40个百分点。总资产报酬率2.48%，较2021年增加1.18个百分点。国有资本保值增值率102.45%，较2021年的101.85%增加0.60个百分点。2022年，中铁长江设计企业经营性现金净流量4.43亿元，较2021年的2.89亿元增加了1.54亿元，同比增长53.29%。

（卢笑宇）

表13-33　2021—2022年中铁长江设计主要经济指标

项目	2021年	2022年	增长率/%
资产总额/亿元	29.22	34.39	17.69
所有者权益/亿元	20.26	20.76	2.47
营业收入/亿元	9.35	10.01	7.06
利润总额/亿元	0.43	0.78	81.40
净利润/亿元	0.37	0.67	81.08
归属于母公司所有者的净利润/亿元	0.37	0.67	81.08
技术开发投入/亿元	0.30	0.72	140.00
利税总额/亿元	0.37	1.58	327.03
应交税金总额/亿元	0.30	0.80	166.67
全员劳动生产率/[万元/(人·年)]	49.89	64.46	29.20
净资产收益率/%	1.84	3.24	增加1.40个百分点
总资产报酬率/%	1.30	2.48	增加1.18个百分点
国有资本保值增值率/%	101.85	102.45	增加0.60个百分点

制表：卢笑宇

【改革发展】2022年，中铁长江设计顺利完成国企改革三年行动任务，编制实施提质增效专项行动方案，持续巩固改革成果运用，推进企业高质量发展。完成"十四五"发展规划和实施方案的编制、修改完善和印发，开展系列宣贯活动，营造学规划、懂规划、用规划的热烈氛围。完成对重庆双源建设监理咨询有限公司的增资扩股收购工作，全过程工程咨询产业链持续健全；新设广西分公司，为中国中铁提供高效优质的决策咨询、勘察设计、养护检测等技术服务，加快补强补齐中国中铁公路、水运行业短板。承担的"国有设计咨询企业人才队伍建设研究"课题获中国中铁2022年度企业管理现代化创新优秀成果二等奖。

（陈　怡）

【重大项目】2022年，中铁长江设计开展重大生产项目76项，其中规划咨询类项目4项、公路行业类项目26项、水运行业类项目19项、总承包项目9项、检测行业类项目18项。

规划方面：2022年，启动新一轮《重庆市高速公路网规划（2022—2035年）》编修工作，该规划将有力支撑现代化综合立体交通网络、成渝地区双城经济圈、"一区两群"区域协调发展等重大战略实施，助力重庆在国家发展大局中的战略地位跃升；编制的《重庆市"十四五"非收费公路快速物流通道建设规划》在引领重庆市非收费干线公路建设、降低物流成本等方面具开拓性意义；编制的《重庆市县道公路网规划（2021—2035年）》获得重庆市政府批复并正式发布；《重庆市综合货运枢纽（物流园区）及集疏运体系建设实施方案》通过交通运输部、财政部联合评审，重庆成功入围国家综合货运枢纽补链强链首批城市。

公路方面：2022年，中铁长江设计相继中标綦江安稳至贵州习水高速公路、酉阳至永顺（重庆境）高速公路小坝至花田段等项目初步勘察设计和G85银昆高速重庆高新区至荣昌区（川渝界）段改扩建工程等项目的施工图勘察设计。完成了沿江高速公路南线万州至巴东段、梁西高速公路石柱西沱至县城段、十七联线（重庆南岸至涪陵至丰都高速公路、中心城区至武隆高速进出城通道接线方案规划咨询论证）等项目的工程可行性研究。按项目推进要求完成了银昆高速重庆高新区至荣昌区（川渝界）段改扩建工程、酉阳至永顺（重庆境）高速公路小坝至花田段、开州至梁平高速公路工程等项目的初步设计和永川至璧山高速公路、重庆秀山至贵州印江高速公路（重庆段）等项目的初步修编工作。开展了重庆至赤水至叙永（重庆段）高速公路、沪昆国家高速公路安顺至盘州（黔滇界）段、G85银昆高速重庆高新区至荣昌区（川渝界）段改扩建工程等项目的施工图设计及修编工作。同时开展了城口至开州高速公路、奉节至巫山高速公路、巫溪至云阳至开州高速公路等12个重大项目的后服工作。

水运方面：2022年，水运设计按项目进度要求完成乌江白马至彭水航道整治工程、小江航道提升及生态修复工程的可行性研究；稳步推进肇庆港新港港区新基湾作业区一期工程、重庆港奉节港区安坪集镇码头改造工程的初步设计工作；完成重庆港洛碛作业区一期工程、重庆港主城港区黄磏作业区一期工程、重庆港江津兰家沱作业区一期改建工程和重庆港长寿冯家湾作业区化工码头二期工程等项目的施工图设计。开展了龙头二期散货泊位、双江航电枢纽等8个重大项目的后服工作。水运EPC总承包方面，重庆港主城港区果园作业区重大件码头工程、三峡库区重庆重要支流航道黛溪河、鳊鱼溪航道整治利用工程以及长寿重钢原料码头2#泊位设备升级改造项目于2022年完成主体建设，其他项目有序推进。

检测方面：2022年，中铁长江设计检测公司相继中标重庆中渝高速公路有限公司2022年度中渝公司桥隧定期检查（监测）及设计、重庆中渝高速公路有限公司2022年桥隧全寿命周期养护管理、重庆高速集团长大桥梁结构健康监测系统建设及监测技术服务、重庆至贵州赤水至四川叙永高速公路（重庆段）中心试验室（检测公司第一个高速公路中心试验室项目）等项目。完成了重庆中渝高速公路有限公司2022年度中渝公司桥隧定期检查（监测）及设计、重庆中渝高速公路有限公司2022年桥隧全寿命周期养护管理等项目。开展了重庆高速集团长大桥梁结构健康监测系统建设及监测技术服务、重庆高速2022年至2024年桥隧定期检查（监测）及设计项目标段二和标段三、宜宾城市过境高速公路西段、宜宾至彝良高速公路（四川境）2022—2024年公路技术状况监测项目合同段、汕湛高速公路汕头至揭西段2022年营运高速公路定期检查服务、重庆高速公路集团有限公司东北营运分公司2022—2024年隧道技术服务、重

▲图13-65　中铁长江设计《石柱至黔江高速公路工程设计》获得中国公路勘察设计协会2022年度公路交通优秀设计一等奖

▲图13-66　中铁长江设计《BIM技术在奉节至巫山高速公路建设中的综合应用》获得中国公路学会2022年度交通BIM工程创新一等奖

中铁长江交通设计集团有限公司

庆港万州港区新田作业区二期工程工地试验室等项目。（敬洪林）

【重大创新】2022年，中铁长江设计科研及标准项目成功立项48项（其中标准28项），在研项目97项（其中标准47项），完成验收结题53项（其中标准31项）。获得专利8项，其中发明专利1项、实用新型专利7项。全年组织完成科技创新奖项申报29项，获科技奖5项。（陈　静）

【工程创优】中铁长江设计全年共组织申报勘察设计奖75项，已公布获奖32项。其中：《重庆南川至贵州道真高速公路（重庆段）》获得中国施工企业管理协会2022年度国家优质工程奖，《石柱至黔江高速公路工程设计》获得中国公路勘察设计协会2022年度公路交通优秀设计一等奖，《重庆南川至两江新区高速公路太洪长江大桥工程设计》获得中国公路勘察设计协会2022年度公路交通优秀设计二等奖，《BIM技术在奉节至巫山高速公路建设中的综合应用》获得中国公路学会2022年度交通BIM工程创新一等奖，《重庆港主城港区果园作业区二期工程》获得中国水运建设行业协会2022—2023年度第一批水运交通优秀设计二等奖，《重庆港总体规划（2035年）》获得中国水运建设行业协会2022年度水运工程优秀咨询成果二等奖，《重庆南川至两江新区高速公路》《重庆港忠县港区新生作业区一期工程》获得2022年度重庆市勘察设计协会优秀工程勘察设计一等奖，《重庆南川至两江新区高速公路工程地质详细勘察》《重庆港合川港区渭沱作业区（一期）工程》《重庆港江津港区兰家沱作业区粮食码头技改工程》获得2022年度重庆市勘察设计协会优秀工程勘察设计二等奖，《重庆江津至贵州习水高速公路（重庆境）工程笋溪河特大桥》《重庆港主城港区佛耳岩作业区二期工程》获得重庆市勘察设计协会2020—2022年度重庆市优质工程（设计）奖，《重庆新田港二期工程BIM设计应用》获得重庆市勘察设计协会第七届建筑信息模型（BIM）应用竞赛企业组市政工程类设计阶段奖特等奖，《蓼子特大桥基于BIM的数智化设计施工综合应用》获得重庆市勘察设计协会第七届建筑信息模型（BIM）应用竞赛企业组市政工程类跨阶段奖一等奖，《基于"BIM+GIS+IOT"的交通数字资产可视化管理平台》获得重庆市勘察设计协会第七届建筑信息模型（BIM）应用竞赛企业组软件类奖二等奖，《垫江至丰都至武隆高速公路工程可行性研究报告》《重庆港万州港区新田作业区二期工程可行性研究报告》获得重庆工程咨询协会2022年度重庆市优秀工程咨询成果一等奖，《重庆秀山至贵州印江高速公路（重庆段）工程可行性研究报告》《武隆至两江新区高速公路（平桥至大顺段）工程可行性研究报告》《重庆市综合立体交通网规划纲要（2021—2035年）》《重庆新建运输机场综合交通枢纽规划布局方案研究》获得重庆工程咨询协会2022年度重庆市优秀工程咨询成果二等奖，《重庆南川至两江新区高速公路工程（道路+设计）》获得2022年度中国中铁股份有限公司优秀工程勘察设计一等奖，《重庆九龙坡至永川高速公路缙云山隧道（隧道+设计）》《重庆南川至两江新区高速公路太洪长江大桥工程（桥梁+设计）》获得2022年度中国中铁股份有限公司优秀工程勘察设计二等奖，《大水位差码头船用岸电系统关键技术研究》获得2022年度中国航海学会科技进步二等奖，《高水头船闸输水系统射流消能机理与关键技术研究》获得2022年度中国航海学会科技进步二等奖。（慈国凤）

【企业文化】中铁长江设计党委把企业文化及精神文明建设作为党的建设重要内容，在职工队伍中形成了"有精神、在状态、讲方法、求实效"的精神文明新面貌。贯彻落实了企业文化核心价值理念体系，大力弘扬"开路先锋"精神，积极倡导"快乐工作，健康生活"的理念，广泛开展具有群众基础的各类活动，丰富了职工的文化生活，面对生活中存在困难的职工，积极开展帮扶工作，解决燃眉之急，提升职工幸福感。大力挖掘、弘扬中国中铁企业文化，制作企业文化《应知应会手册》1000份，结合"开路先锋"文化内涵进一步完善公司宣传片、宣传册，精心制作集团"H5"企业宣传名片，广泛征集"勇晒成绩单喜迎二十大"短视频，面向全体员工举办"不忘初心使命，勇当开路先锋"专题讲座，组织各党支部集中观看中国中铁企业文化理念片，全方位推进集团融入"开路先锋"文化体系。邀请2016年全国"五一劳动奖章"获得者、2022年中国中铁工匠郭平讲述如何传承发扬"开路先锋"精神，公司工会主席徐生明在新职工入职培训班上以《牢记初心使命，勇当开路先锋》为主题作专题党课，引导员工以实际行动践行新时代中铁员工的使命担当，为公司提质增效、高质量发展凝聚力量。（刘英华）

【党建工作】中铁长江设计党委深入贯彻习近平总书记关于加强国有企业党建工作重要指示批示，深入落实党中央和上级党委工作部署要求，突出党建引领作用发挥，不断加强党的全面领导，强化思想教育，坚持聚焦夯实基础，完善党建责任体系，狠抓"三基建设"，加大宣传力度，做好意识形态引导和统战工作，以"五个聚焦"推动公司党建水平再上新台阶，为党建与生产经营互促共融提供了有力支撑。深入学习贯彻党的十九大和十九届历次全会以及党的二十大精神，组织全体党员干部职工收听收看党的二十大开幕会直播盛况，举办党委理论学习中心组党的二十大精神专题学习研讨会，指导所属各党支部采取主题党日、"三会一课"等方式集中学习研讨党的二十大精神，发放学习用书，全年组织开展中心组学习8次，组织参加股份公司党委和二级单位党委理论学习中心组联学会1次。

通过开展主题教育、专题党课、主题党日等活动，多维度构建"学习型"党组织，不断增强职工的文化素质和政治担当。完善党建工作责任体系建设，修订出台党建工作责任制实施办法、党建责任考核评价办法，针对不同类型党支部差异化定制考核标准，对11个党支部开展党建考核，进一步从制度上压实基层党组织管党治党责任。严格落实党风廉政建设"两个责任"，全面完成股份公司党委巡视，认真组织对下属子公司的巡察监督，持续压实巡察整改责任，督促做好"后半篇文章"。

（刘英华）

【信息化建设】制定发布《中铁长江交通设计集团有限公司信息化建设"十四五"规划》《中铁长江交通设计集团有限公司计算机网络管理规定》《中铁长江交通设计集团有限公司软件系统开发与推广管理规定》等信息化管理制度；推广应用中国中铁营销管理系统、法律合规系统等统建系统；加快推进信息化、数字化与实体业务的深度整合，企业爱数网盘和加密系统持续推广应用；财务共享系统和项目核算系统正式投入使用，强化业务财务融合，并接入一体化工作平台。完成综合交通一张图平台、基于"BIM+GIS+IOT"的交通数字资产可视化管理平台研发，持续推进高速公路智能选线系统研发、总承包项目智慧工地管理系统的应用。对本部网络的核心、互联网出口、安全设施进行了针对性强化建设，新建设虚拟化资源、数据备份系统，并通过重大保障任务的历练，逐步健全了企业的网络安全体系。

（陈 杰）

【履行社会责任】中铁长江设计牵头设计的城开高速、渝湘高速、奉建高速、成渝高速等工程，进一步巩固脱贫攻坚成果，推进乡村振兴，加速助推成渝地区双城经济圈交通互联互通。中铁长江设计党委积极响应股份公司工会号召，组织全体干部职工深度参加"央企消费帮扶"活动，对口帮扶山西保德县，集中采购小米、杂粮、胡麻油等山西特产，2022年消费帮扶支出共计20余万元，以实际行动和担当作为践行央企社会责任，助力乡村振兴战略落实落地。面对疫情反复，公司将广大职工身体健康摆在突出位置，在主动配合属地疫情管理基础上，通过邀请核酸检测机构上门服务、开展抗疫药品关爱行动等方式，切实保障了全体职工身体健康。

（刘英华）

中铁水利水电规划设计集团有限公司

【简况】中铁水利水电规划设计集团有限公司（简称"中铁水利设计"）前身是"江西省水利规划设计研究院"，创建于1958年，曾隶属江西省水利厅。近年来，为贯彻落实江西省委、省政府"央企入赣"战略，成功进行转企改制，2020年9月28日，江西省水利厅、中国中铁股份有限公司、江西省水利投资集团有限公司签署股权转让协议。2021年3月正式更名为"中铁水利水电规划设计集团有限公司"，单位驻地为江西省南昌市青山湖区北京东路1038号。

中铁水利设计持有国务院行业主管部门颁发的甲级资质资信10项，乙级资质4项，是中国水利水电勘测设计行业"AAA+"信用等级单位和水利部水利建设市场主体信用勘察"AAA"设计"AAA"信用等级单位，也是银行授信等级AAA单位、纳税信用等级A级单位。建立了质量、职业健康安全、环境管理体系，拥有江西省水工结构工程技术研究中心研发平台。经营范围涉及水利、水电、市政、建筑、岩土、水生态、环境保护等领域的规划、设计、勘察、咨询、工程总承包等。

截至2022年末，中铁水利设计共有职工586人。其中，研究生及以上学历217人、本科学历313人、专科学历29人，大专及以上学历占员工总数的95.39%。专业技术人才536人，占员工总数的91.47%。其中，高级职称205人（含正高级工程师32人）、中级职称152人、初级职称128人。具有各类执业资格共计270人次。江西省新世纪百千万人才6人。

成立60余年，中铁水利设计承担了江西境内全部"国家172项重大水利工程"项目。先后完成了江西境内五大河流以及鄱阳湖等河流、湖泊的综合及专项规划；完成了以峡江水利枢纽为代表的近百座大中型水库、水电站、排灌站和几千公里各等级圩堤的勘测设计任务。先后荣获省部级以上科技进步奖、优秀勘察设计奖、优秀咨询成果奖300余项。拥有专利71项，软件著作权22项；主导和参与编制多项地方标准和团体标准，出版专著9本，公司职工发表各类学术论文700余篇；建有省级技术研发中心——江西省水工结构工程技术研究中心，为江西水利发展提供了坚实的技术支撑。

中铁水利设计高举中国中铁"开路先锋"旗帜，坚守"传承、创新、高效、和谐"的精神与"精英职工、精品工程、精彩水院"的愿景目标，倾力民生福祉，在水利建设、防汛抢险等方面作出积极贡献，切实履行央企经济责任和社会责任，受到各级领导的赞誉和表扬，荣膺"全国水利系统先进集体""全国勘察设计行业创优型企业""全国优秀水利企业""全国水利系统文明单位""中国青年志愿服务大赛金奖""江西省文明单位""江西省五一劳动奖状"，多个集体先后获得"全国工人先锋号""全国巾帼文明岗"等荣誉称号，实现了物质文明与精神文明双丰收。

（王 凡）

【主要指标】中铁水利设计2022年实现营业收入10.48亿元；2022年末资产总额21.68亿元，负债总额7.61亿元，所有者权益总额14.07亿元，资产负债率35.09%；2022年全年实现利润总额0.39亿元，实现净利润0.36亿元。

（周 涛）

表 13-34　2021—2022 年中铁水利设计主要经济指标

项目	2021 年	2022 年	增长率 /%
资产总额 / 亿元	21.50	21.68	0.84
所有者权益 / 亿元	13.70	14.07	2.70
营业收入 / 亿元	9.50	10.48	10.32
利润总额 / 亿元	0.37	0.39	5.41
净利润 / 亿元	0.34	0.36	5.88
归属于母公司所有者的净利润 / 亿元	0.34	0.36	5.88
技术开发投入 / 亿元	0.33	0.38	15.15
利税总额 / 亿元	0.59	0.80	35.59
应交税金总额 / 亿元	0.27	0.46	70.37
全员劳动生产率 /［万元 /（人·年）］	39.63	42.85	8.13
净资产收益率 /%	2.51	2.59	增加 0.08 个百分点
总资产报酬率 /%	1.75	1.82	增加 0.07 个百分点
国有资本保值增值率 /%	102.54	102.71	增加 0.17 个百分点

注：2021 年利税总额和应交税金总额调整。其中，2021 年利税总额指标缺失，现补齐。2021 年应交税金总额按照缴纳税费总额填报的，现统一按计提数填报调整。

制表：周　涛

【改革发展】重新构建企业薪酬体系，完善市场化收入分配机制。出台《薪酬管理办法（试行）》《岗位序列管理办法（试行）》《岗位序列职级与薪酬初次套改实施方案》，建立了以市场化为导向的岗位职级序列体系、绩效工资体系。完成中铁水利设计 315 人定岗定薪、重新聘任，并签订劳动合同，实现以能定岗、以岗定薪的差异化薪酬制度，有效激发员工工作积极性。全面推行经理层任期制及契约化管理。中铁水利设计经理层成员 12 人，均签订 2022 年度经营业绩责任书，实现经理层成员 100% 任期制及契约化管理，有效激发经理层成员干事创业激情。

（陈钰聪）

【重大项目】中铁水利设计重点工程勘察设计进展情况：江西省水网规划项目获得省政府批复；吉泰盆地灌区工程规划已审查，并按专家审查意见基本修改完成；鄱湖安澜百姓安居专项工程专项规划修编报告已基本修改完成；江西省水利基础设施政府会计核算已完成；抚河、信江、饶河、修河及太泊湖岸线保护与利用规划修编基本完成水文分析计算，正在开展岸线划定，并配合厅建管处完成全省河湖岸线规划编制及审批情况梳理；江西省南昌、九江、抚州、宜春、萍乡 5 个市级水网规划 2022 年底完成初稿；南昌、九江、赣州、上饶 4 个市级城市防洪规划，九江市防洪规划初稿已完成，其他 3 个市的防洪规划正在编制；赣江尾闾综合整治工程和抚河下游尾闾综合整治及河湖水系连通工程可研初设均已批复，进入施工阶段；景德镇市乐平水利枢纽工程可研报告已完成；新余市大岗山水库工程、安福县南溪水库、西藏自治区那曲市普索水库、永新县铁镜山水库工程等水库可研已完成，待审批；疏山水利枢纽工程可研初设均已完成，待审批；康山蓄滞洪区安全建设工程可研已完成，待国家发展改革委审批；江西省上饶市大坳灌区工程可研初设均取得批复，已开工建设。

（陈　卫）

【重大创新】2022 年，中铁水利设计与长江科学院、河海大学、南昌大学、江西省水利科学院、东华理工大学、南昌工程学院、建华建材股份有限公司等高校、企业联合开发、联合申报多个项目，合作申报奖项，"鄱阳湖洪涝灾害防控技术体系创建及应用"获江西省科学技术奖一等奖；"内河航道全域全要素地理空间数据精准获取关键技术及应用"获江西省科学技术奖二等奖；"'我是河小青生态江西行'河湖保护多维载体推广实践"获江西省科学技术奖三等奖；"鄱阳湖流域赣抚尾闾地区水文水环境演变与水系综合整治关键技术"获长江科学技术奖二等奖。与河海大学、南昌工程学院联合培养工程硕士，强化人才的引进，拓宽人才储备。推动专利申请、专著出版、标准编制和创优报奖等方面工作持续开展。在积极做好科研课题研究工作的同时，重视加强与高校、科研院所、企业等单位的合作交流，2022 年度，与中国科学院空天信息创新研究院、河海大学、

南昌大学、长江水利委员会长江科学院等开展了20余项产学研合作项目。（邹　昕）

【工程创优】2022年，获得上级各类优秀项目奖励共55项，其中中国土木工程詹天佑奖1项，省部级科技进步奖5项。（邹　昕）

【企业文化】中铁水利设计党委以习近平新时代中国特色社会主义思想为指导，紧密结合发展实际，坚持"家企同构"的文化建设理念，以传承"开路先锋"文化为核心，着力打造特色"家"文化，营造出关心、关怀、关爱职工个人发展及身心健康的文化氛围。2022年初，结合"开路先锋"文化宣贯开展迎新春送祝福活动。全年围绕"喜迎二十大　建功新时代　永远当先锋"主题，开展了"强国有我""开路先锋有我""强企有我""奋斗圆梦有我"等系列活动，通过征文、选树先进、事迹展播等形式，为党的二十大胜利召开营造浓厚氛围。开展了"十大先进女职工""首届十大杰出青年""首届劳模"等评选，大力宣扬先进事迹，让全公司干部职工学有目标、赶有方向，全公司争先创优氛围日益浓厚。发挥工会、团委桥梁纽带作用，积极开展夏送清凉、冬送温暖等常态化活动，为职工发放防疫物资，关心关爱职工身心健康。利用重大节庆日或纪念日组织开展各类文体活动、技术沙龙和师徒结对等活动，吸引广大职工热情参与、创新创造，在投身企业高质量发展中建功立业。以开展"决战决胜四季度"等主题竞赛为抓手，有力激发职工"主人翁"意识和责任感，推动形成团结紧张活泼的良好氛围，为集团公司干事创业奠定了扎实基础。2022年，中铁水利设计通过了第十六届江西省文明单位的复查、评审。（王　凡）

【党建工作】中铁水利设计共有党支部12个，在岗党员280余人。2022年，公司以习近平新时代中国特色社会主义思想为指导，将喜迎党的二十大以及学习宣传贯彻党的二十大精神作为全年工作主线，成功召开第一次党代会，顺利完成党委换届各项工作。协助配合中国中铁党委第二巡视组对公司的常规巡视，高质量完成巡视整改各项工作任务。全年举办党委理论学习中心组学习班11期，成立学"习"先锋小组，创新"三单一制"党建工作新模式，引导公司全员争创"五个一流"，争当"五个先锋"。持续深化"我为群众办实事"活动，为职工群众解决"急难愁盼"问题24个。围绕"开路先锋"文化宣贯开展"八个一"活动。常态化开展劳动竞赛等建功立业活动，开展健步行、篮球、乒乓球赛、广播体操赛等文体活动及"河小青"等公益活动，关心青年成长成才，开展导师带徒、青年联谊、技术沙龙等活动。

▲图13-67　2022年1月25日，中铁水利设计结合"开路先锋"文化宣贯开展迎新春送祝福活动

党的宣传工作取得新突破。2022年在省级以上媒体发稿48篇（次），其中央级媒体21篇，展示了公司良好的社会形象。职工精神面貌良好，徐永兵家庭荣获江西省"最美家庭"，李静同志荣获南昌市"三八红旗手"，规划院党支部获股份公司先进基层党组织，翟泽冰同志获股份公司优秀共产党员，黄薇同志获股份公司优秀党务工作者。（黎喻辉）

【信息化建设】以BIM+GIS为抓手，大力开展工程项目建设管理运营平台建设，推动水利工程建设管理自动化、智能化改造，小型水库标准化管理业务已覆盖全国8000余座水库，2000余千米堤防以及10余座大型灌区、泵站、水闸、供水工程等标准化管理项目，参与的崇仁县、渝水区、丰城市小型水库标准化项目，被评为全国深化小型水库管理体制改革样板县，并逐步打开了山东、福建、云南、湖南、新疆等地市场。稳步推进智慧水利、河湖管理、工程建设管理、运行管理、智慧流域、智慧灌区、数字孪生、数字乡村等项目的经营工作，承揽了广昌、永修、莲花、宜黄、宁都等10余个县区智慧水利，信江流域、宜黄水、寒山水库、袁惠渠灌区、水文站等近10个数字孪生平台，莲花县闪石乡数字乡村等信息化项目，为开拓智慧水利、幸福河湖、数字孪生、数字乡村业务以及拓宽服务领域提供了契机和支撑。创新研发的数字孪生流域、数字乡村、智慧水利等平台，形成公司业务新增长点，其中广昌智慧水利（数字农业）信息化平台在江西省数字农业产业发展大会亮相。（梁思思）

【履行社会责任】中铁水利设计工会统筹使用工会经费为职工购买3.5万余个口罩和0.27万余个消毒湿巾等相关防疫物资。广大党员、团员积极响应党和国家号召，充分发挥党员先锋模范作用和青年生力军作用，共百余名党员、团员积极主动参与到社区疫情防控志愿服务工作，让

党旗、团旗在抗疫一线高高飘扬。2022年6月以来，江西遭遇持续性暴雨袭击，面对严峻复杂的防汛形势，公司向上饶片区、景德镇乐平市派出多批次技术专家充实到江西省水利厅防汛专家队伍中，为打好打赢防汛抢险救灾攻坚战提供坚实技术支撑。7—11月，面对历史罕见的旱情，专家再次奔赴全省各地指导抗旱工作。10月，选派党员专家驰援南京地铁项目事件处置，获得领导高度评价。2022年，公司向余干县红十字会合计捐赠30万元左右。下属信息科技公司联合铅山水利局与铅山县新滩乡政府开展以"携手扶贫助困，共建美好未来"为主题的帮扶慰问活动，为困难家庭送去米、面、牛奶等慰问品；携手共青城水利局乡政府到苏家垱乡大桥村和泽泉希望学校开展爱心帮扶助学活动，用实际行动温暖乡村，助力学校发展；奔赴南昌县莲塘镇良安社区，慰问辛苦工作的社区防疫人员，为社区带去了食用油、牛奶、纯净水等抗疫物资，激励了社区干部鼓足干劲抗击疫情。

（王 凡 陈 卫 梁思思）

中铁国际集团有限公司

【简况】中铁国际集团有限公司（简称"中铁国际"）是中国中铁为实施"大海外"战略、加快"走出去"步伐而设立的海外平台公司，于2013年11月由原中铁国际经济合作有限公司、中国中铁委内瑞拉分公司、东方国际分公司、老挝分公司4家单位重组设立。2020年4月，按照中国中铁海外体制机制改革，积极构建"一体两翼N驱"的海外发展新格局，将中国海外工程有限责任公司从中铁国际分离。中铁国际具有5个一级资质，分别为建筑工程施工总承包一级、铁路工程施工总承包一级、市政公用工程施工总承包一级、钢结构工程专业承包一级、建筑装修装饰工程专业承包一级。中铁国际下辖施工总承包、EPC总承包、专业承包、投资及投资管理等领域55家子分公司、代表处，业务遍及亚洲、非洲、欧洲、南太、拉美五大区域，在37个国别和地区设有经营及办事机构。

截至2022年底，中铁国际职工人数705人，包括各类专业技术人员641人。其中，具有正高级专业技术职称人员9人，高级、中级专业技术职称人员共247人。

2022年，中铁国际资产总额为72.42亿元，其中流动资产28.43亿元，占资产总额的39.26%，非流动资产43.99亿元，占资产总额的60.74%。

截至2022年底，中铁国际共有常规设备合计1652台套，原值4.16亿元，净值1.27亿元，主要施工设备完好率77.39%，设备利用率60.47%。

（项 婉 方 哲 孟 昕 崔 烨 肖 洒）

【主要指标】2022年，中铁国际完成新签合同60项，新签合同额390.99亿元（59.70亿美元），超额完成年度计划370亿元的5.67%。其中海外新签合同总额58.10亿美元，占新签合同总额的97.32%。中铁国际在非洲区域新签合同额17.58亿美元，在亚洲区域新签合同额23.54亿美元，在欧洲区域新签合同额2.87亿美元，在美洲区域新签合同额14.09亿美元。截至2022年底，中铁国际资产总额为72.42亿元，较2021年的71.51亿元增长1.27%；负债总额为46.74亿元，较2021年的45.86亿元增长1.92%；资产负债率为64.54%，较2021年的64.13%增加0.41个百分点；净资产总额25.67亿元，较2021年的25.65亿元增长0.12%。中铁国际2022年度实现营业收入42.89亿元，较2021年的43.57亿元下降1.56%；实现净利润0.28亿元，较2021年的1.24亿元下降77.42%。

（方 哲 崔 烨）

表13-35 2021—2022年中铁国际主要经济指标

项目	2021年	2022年	增长率/%
资产总额/亿元	71.51	72.42	1.27
所有者权益/亿元	25.65	25.67	0.08
营业收入/亿元	43.57	42.89	-1.56
利润总额/亿元	1.70	0.09	-94.71
净利润/亿元	1.24	0.28	-77.42
归属于母公司所有者的净利润/亿元	1.18	0.25	-78.81
技术开发投入/亿元	0.00	0.00	0.00
利税总额/亿元	1.75	0.18	-89.71
应交税金总额/亿元	0.74	0.60	-18.92

续表

项目	2021 年	2022 年	增长率 /%
全员劳动生产率 /［万元 /（人·年）］	42.71	43.45	1.73
净资产收益率 /%	4.84	1.09	减少 3.75 个百分点
总资产报酬率 /%	3.86	0.39	减少 3.47 个百分点
国有资本保值增值率 /%	100.50	101.11	增加 0.61 个百分点

制表：崔 烨

【改革发展】全面推进"十四五"战略规划。中铁国际制定并印发《中铁国际"十四五"发展规划》，相关规划紧密承接中国中铁"五型中铁"战略定位、"4强5优，世界一流"战略目标、"123456"发展策略以及"两个转化"增长方式等内容，涵盖股份公司重大工作部署，提炼和制定了符合企业自身发展实际的使命、愿景、定位、目标和策略等相关内容。通过全面落实《中铁国际"十四五"发展规划》，研究确立各子分公司发展规划和人才、科技、信息、法治等8项专项规划，系统谋划区域总部和子分公司发展定位，为企业高质量发展提供了科学指引。

推进"国企深化改革三年行动"。围绕深化改革五大方面工作，22条重点改革方向和109项改革措施已全部完成，形成了上下贯通、纵深推进的改革新局面，取得了较好的改革工作成效。实现党的领导与公司治理机制相统一更加清晰，党委决策与其他治理主体相衔接更加顺畅，进一步促进董事会和监事会规范有效运行。持续推进市场化改革，推动经理层从传统"身份管理"向市场化"岗位管理"转变，实现了经理层成员任期制和契约化管理，充分发挥绩效考核分配"指挥棒"作用，持续强化领导班子"头雁效应"。持续完善"选拔竞聘"体系，以人才竞相成长的"鲇鱼效应"激活人才效能。突出效益导向、结果导向，坚持薪酬分配向境外倾斜，建立基于岗位价值贡献的薪酬分配体系，并结合区域总部、市场营销中心、代表处（办事处）等各类单位特点和发展定位，实行差异化薪酬激励机制，以科学激励的"溢出效应"续航企业发展动力。

推进机关机构改革，进一步优化机构管理。按照企业治理体系和治理能力现代化的要求，围绕本部定位，着力提升本部"监ავ、服务"功能，提高本部运行管理效能，中铁国际进一步对机构进行优化调整。为优化"三办"资源配置，提高工作效率，构建大部制工作格局，将党委办公室、董事会办公室、保密办与原办公室合并为办公室；将原党委工作部中党建组织、新闻宣传职能与原群团工作部合并成党群工作部；同时为抓好项目全过程管控，成立商务管理部并调整了工程管理中心部分职能。

深入推进"对标世界一流管理提升行动"。建立"对标世界一流"领导小组和14个专项工作组，严格按照对标提升行动工作机制，对照主责领域工作清单，落实主责管理领域的对标提升行动，有序推进各阶段对标工作目标。2022年，按照《中铁国际党委 中铁国际对标世界一流管理提升行动实施方案》要求，总计清单任务共34项，完成34项，整体完成率为100%，并形成相应的过程证明和成果文件。积极开展对标工作，科学搭建对标长效机制，提炼总结对标亮点，营造企业浓厚的对标学习氛围，积累宝贵的对标学习经验，将对标世界一流管理提升行动作为推动中铁国际高质量发展的重要抓手，为后续中铁国际对标工作常态化建设奠定基础。

推进提质增效专项行动，印发《中铁国际集团有限公司提质增效行动方案》，全面聚焦"效益提升、价值创造"，"强供给增收入、降成本控支出、调存量优增量、促创新强管理、守底线防风险、优机制强考核"，持续推动企业高质量发展。

（项 婉）

【重大项目】2022年5月，中铁国际与孟加拉国政府签订孟加拉国家数字联通项目合同；2022年6月，中铁国际与玻利维亚波多西省政府签订玻利维亚波多西公路项目二期合同；2022年6月，中铁国际与尼日利亚联邦工程部签订尼日利亚科吉州134千米道路修复项目合同；2022年12月，中铁国际与香港特别行政区土木工程拓展署签订元朗南第一期发展工地平整及基础设施工程合约二。

（方 哲）

【走向海外】以中国中铁海外体制机制改革为契机，推进中铁国际境外区域总部建设，按照股份公司统一部署，构建"大区+国别+项目"经营管理体系，实现海外经营点线面立体推进。以新成立的9个区域总部为依托，将部分所属境外经营机构交由各区域总部代管，秉持"共商共建共享""合作共赢"的理念，主动融入对接东道国发展规划，深入对接东道国政府、多边金融机构、属地和行业优势企业等政商各界，充分调动区域市场内N驱的力量，加快培育和发挥区域总部高端经营能力，构建境外立体经营格局，深耕区域市场经营。同时，根据市场开发需要，先后申请设立中铁国际集团有限公司迪拜分公司、中铁国际集团有限公司毛里求斯分公司、川铁国际伊拉克分公司。

中铁国际积极践行"走出去"倡议，9月16日，中铁国际党委书记、董事长毕彦春参加第十九届中国—东盟博览会，中铁国际牵头筹办博览会中国中铁展位获得各界关注。10月24日，中铁国际党委书记、董事长毕彦春拜会阿根廷总统阿尔韦托·费尔南德斯，就企业参与阿根廷基础设施领域投资和建设进行会谈。12月16日，中铁国际总经理郭炜与越南交通部铁路委员会副总经理阮庆松举行会谈，交流越南铁路发展现状、中长期铁路规划与发展模式，以及深化双方合作等事宜。9月27日，中铁国际副总经理方晓乾参加第十三届国际基础设施投资与建设高峰论坛，并作题为《把握合作发展机遇，共创中拉基础设施建设未来》的主旨演讲。

中铁国际牵头的联营体中标菲律宾南部长距离铁路设计施工项目，菲律宾南线铁路长途运输段设计施工总承包项目筹备组组建并统筹推进项目前期工作。中铁国际牵头的联合体参与巴林地铁PPP项目资格预审，联合体包括新加坡、英国、西班牙、巴林当地等国际合作伙伴。中铁国际与孟加拉国政府签订孟加拉国国家数字联通项目合同，实现继孟加拉国政府基础网络三期项目之后市场滚动开发。

（项婉　方哲）

【重大创新】中铁国际"一体式摊铺装置""一种空心薄壁墩拼装内模施工辅助装置"等6项实用专利获得授权。2022年7月，在中国施工企业管理协会第二届工程建设行业高推广价值专利大赛中，中铁国际申报专利"一种低回弹早高强湿喷混凝土及其应用""一种自密实高性能混凝土及其制备方法"获得三等专利，"一种自密实混凝土工作性能测试装置"获得优胜专利。2022年11月，在中国中铁第二届实用技术创新大赛中，中铁国际"高强超微外加剂及应用"技术，经成果发布会及现场审查，已正式发布。2022年11月，中铁国际根据LION跨境并购项目编写的《管理会计在跨境并购财务分析中的运用》，在工信部组织的第六届"中国企业改革发展优秀成果"评选活动中，获得"中国企业改革发展优秀成果"二等奖。2022年12月，中铁国际"一种混凝土裂缝检测装置"发明专利获得授权。

（张远锋　高若璇）

【工程创优】2022年，中铁国际获国家级优质工程3项，省部级优质工程5项，地市级优质工程5项，股份公司安标工地2项。安哥拉SOYO I联合循环电站项目和乌克兰尼科波尔200MW光伏电站项目获得中国建筑业协会颁发的2021—2022年度中国建设工程鲁班奖（境外工程）；斯里兰卡南部高速延长线项目获得中国建筑业协会颁发的2022—2023年度中国建设工程鲁班奖（境外工程）。

香港元朗净水设施——第一阶段主体工程项目获得世界绿色组织"绿色办公室奖励计划"；河北东光县第一中学迁建项目二标段（高一、高二、高三教学楼及实验楼）项目获得河北省住房和城乡建设厅颁发的"河北省结构优质工程"。

香港元朗净水设施——第一阶段主体工程项目获得香港特别行政区职业安全健康局第十七届职业健康大奖比赛好心情@健康工作间大奖（企业/机构组）"良好机构大奖"、获得香港特别行政区建造业议会2022生命第一安全推广活动"优异表现奖"、获得香港特别行政区政府发展局和建造业议会第二十八届公德地盘"杰出环境管理优异奖"；南京中

▲图13-68　斯里兰卡南部高速延长线项目获中国建设工程鲁班奖

燃 NO.2017G17 地块房建项目获得南京市城乡建设委员会颁发的"南京市建筑施工市级标准化文明示范工地"奖；南京航空产业片区棚户区改造横溪安置房（经济适用房）二期项目 B 地块 B-01#–B-16# 楼、B-B 地块地下室项目获得南京建筑业协会颁发的"南京市 2022 年度优质结构工程"。

澳门环松山步行系统设计连建造工程项目和阿布扎比聚合物公司场区 4 项目获得 2022 年度"中国中铁安全标准工地"奖。　（张远锋）

【企业文化】中铁国际积极参与中国—阿根廷"一带一路"合作成果展，获得驻阿根廷使馆两次表扬，彰显了央企担当。精心策划制作反映中老铁路绿色施工的短视频《小象》，获得第四届"一带一路"百国印记"社会公益奖"，成为股份公司系统连续 3 次获得奖单位，短视频《小象》被《人民日报》、中央电视台、新华社等中央主流媒体刊登转载。中铁国际驻外党员李明铭讲述 525 名中铁国际员工撤离伊拉克故事，登上中视六套"祖国不会忘记"栏目。借用当地媒体讲好"中国故事"，加强与驻外央视、环球网等国家级媒体的交流互动，组织拍摄庆祝中阿建交 50 周年微视频 2 条，获得中国公共外交协会三等奖。中铁国际选树宣传先进典型，评选表彰 9 名"国际先锋"卓越人物，为 3 名长期坚守海外党员颁发"奉献海外二十载"奖章，以身边事教育身边人，激励广大干部职工追赶标兵、担当作为。中铁国际注重打造"小而美"精品民生项目，以安哥拉联合循环电站、孟加拉国基础网络、香港元朗净水项目为代表的境外工程赢得属地民众的广泛赞誉，以中秋节为载体的中外文化交流，有效促进了情感融通、价值共振，夯实了民心相通基础。　（谢萌萌）

【党建工作】中铁国际党委围绕主题主线，在保障和学习党的二十大上展现新成效。把学习贯彻习近平新时代中国特色社会主义思想以及党的二十大精神作为首要政治任务，聚焦思想引领，筑牢政治优势。广泛开展"喜迎二十大、奋进新征程、永远当先锋"主题教育，以形式多样的主题宣传教育展示中铁国际改革发展和党建工作成效，进一步振奋精神、凝聚力量，迎接党的二十大胜利召开。深入学习党的二十大精神，收听收看党的二十大开幕会，参加国资委、中国中铁传达学习贯彻党的二十大精神专题课，召开理论学习中心组专题学习，研究制定学习贯彻党的二十大精神工作方案，统筹安排部署企业当前和今后一个时期党的二十大精神学习宣贯工作。组织宣讲团赴南美南部、中北美、中东、东南亚等区域总部和国别公司宣讲，推进党的二十大精神进基层、到一线、到海外、有成效，带动各级领导干部以身作则、率先垂范。组织开辟"微党课"课堂专题专栏，广泛开展网络答题、征文演讲等活动，营造浓厚的学习氛围。通过"实践课堂"融会贯通学，激励广大员工弘扬"开路先锋"精神，努力把党中央战略部署转化为推动企业高质量发展的生动实践。狠抓"三基"建设，在多举措夯实"党建基础"中取得新进展。认真贯彻《国有企业基层党组织工作条例》，抓基层、打基础、强弱项、补短板，提升基层党建工作质量。夯实打牢"三基"建设基础，指导所属单位按期换届，做好中铁国际第二次党代会筹备工作，举办党组织书记和党务干部培训班，制定《关于深化新形势下项目党建工作的实施细则》等制度 9 项，循序构建有境外特色大党建工作制度体系。中铁国际亚洲分公司"五型"港澳党支部经验做法刊登在《中国中铁简报》。积极探索海外党建新思路、新方法，因地制宜开展党建主题实践活动，境外党建课题研究成果收录于中央党校《新时代国有企业党建工作探索创新研究》，不断丰富与属地实际相适应的党建工具包，推动党建工作与企业核心业务深度融合。建立完善《党组织书记抓基层党建工作述职评议考核实施细则》《关于进一步深化新形势下项目党建工作的实施细则》，修订《党建工作责任制考核评价办法》，健全"述评考用"贯通机制，牢牢牵住责任制这个"牛鼻子"，完成所属单位党组织书记抓党建述职评议，实现全覆盖，实现党建考核与业绩评定相挂钩打通全面从严治党"最后一公里"。　（谢萌萌）

【信息化建设】全面推广中铁 e 通及相关应用的使用，日活率高达 92.7%；完成人力资源管理系统组织机构数据贯通工作及中国中铁营销管理系统流程搭建及应用推广工作，纪委大监督平台实施试运行，进一步加强了信息化系统在企业中的应用；统筹推进信息化改革，积极开展了对标世界一流、三年改革、提质增效等一系列专项行动；配合股份公司参加由公安部组织的"2022 年网络安全专项攻防演练"行动等大型重保工作，完善了网络安全保护工作机制。全年举办视频会议 350 余场，本部视频会议实现可覆盖全公司各层级和岗位移动场景；信息发布宣传 40 余次，数据账号及系统权限调整 120 余次；年度新增 OA 公文流程 23 个、业务表单 23 个，基本实现全公司公文流程化、业务信息化。　（闵露莹）

【履行社会责任】中铁国际玻利维亚 ESPINO 公路项目部积极履行社会责任，组织灭火抢险、拯救当地民众生命财产，多次收到当地政府感谢信。2022 年巴基斯坦遭受特大洪灾，造成直接经济损失 280 多亿美元，为支持和帮助巴基斯坦救灾和重建，履行中国中铁在巴基斯坦的社会责任，中铁国际向巴基斯坦洪水救援基金捐赠 10 万美元。　（谢萌萌）

中国海外工程有限责任公司

【简况】中国海外工程有限责任公司

中国海外工程有限责任公司

（简称"中海外"）是中国中铁股份有限公司的全资子公司，作为中国中铁专业商务平台，在海外"一体两翼N驱"发展格局中肩负着"两翼"带飞重要使命。拥有建筑工程、铁路工程、市政公用工程施工总承包壹级资质，公路路面工程、建筑装修装饰工程专业承包壹级资质，业务范围涵盖国际工程承包、境外实业投资、国际贸易、劳务输出等多个领域。

中海外于1987年10月在北京成立，是最早代表国家走出国门的4家外经企业之一。1991年10月，更名为"中国海外工程总公司"，先后隶属国家外经贸部、国资委；2003年12月，经国资委批准，与中国中铁进行战略重组，成为其全资子公司；2006年，整体改制，更名为"中国海外工程有限责任公司"；2015年4月，重组并入中铁国际集团有限公司，成为其全资子公司；2020年8月，应中国中铁海外业务改革重组需要，从中铁国际集团有限公司分离，再次成为中国中铁全资子公司。历经30余年，中海外在全球陆续承建大中型项目逾千个，涵盖交通市政、房屋建筑、机场港口、农田水利、能源电力、矿产资源等领域，累计合同额190.25亿美元，营业额91.14亿美元，进出口贸易额10亿美元，派出各类劳务人员5万余人次。

中海外现有区域公司8个、直属国别公司1个，所属子分公司25家，遍布非洲、亚洲、大洋洲、欧洲、南美洲。根据中国中铁海外体制机制改革总体方案，受中国中铁委托设立并管理中国中铁境外区域总部9个，管理国别市场88个，除北美区域总部暂未成立，由南美北部区域总部代管外，其余8个区域总部已全部设立并履行管理职责。中海外现有员工260人（含内退人员13人），在岗员工247人，其中国内员工88人（含人才中心3人），国外员工159人（含经商处2人）；具有正高级专业技术职称人员8人，高中级专业技术职称人员175人。至2022年底，资产总额26.19亿元，其中固定资产0.81亿元，流动资产22.62亿元，其他资产2.76亿元。

中海外在国际工程承包市场树立了良好的企业信誉和知名度，先后荣获"全国建筑业企业工程总承包先进企业""中国对外承包工程企业市场开拓奖"等奖项。2019年7月，中海外承揽的尼泊尔巴瑞巴贝引水隧道工程荣获美国《工程新闻纪录》（ENR）第七届"全球最佳工程项目"水资源类优秀奖，填补了中国中铁在该奖项上的空白。中海外承揽的博茨瓦纳大学综合教学楼项目和摩洛哥拉巴特斜拉桥先后荣获2011年度及2020年度中国建设工程鲁班奖（境外工程）。

（景瑞琪）

【主要指标】截至2022年末，中海外资产总额为26.20亿元，较2021年的25.28亿元增长3.64%；所有者权益14.03亿元，较2021年的13.73亿元增长2.18%；实现营业收入12.15亿元，较2021年的10.69亿元增长13.66%；实现利润总额0.13亿元，较2021年的-0.51亿元增长125.49%；实现净利润0.12亿元，较2021年的-0.51亿元增长123.53%；归属于母公司的所有者净利润-0.01亿元，较2021年的-0.47亿元增长97.87%；利税总额0.29亿元，较2021年的-0.51亿元增长156.86%；应交税金总额0.46亿元，较2021年的0.13亿元增长253.85%；全员劳动生产率23.74万元/（人·年），较2021年的12.88万元/（人·年）增长84.32%；净资产收益率0.84%，较2021年的-4.15%增长4.99%；总资产报酬率0.52%，较2021年的-2.15%增长2.67%；国有资本保值增值率101.10%，较2021年的91.30%增长9.80%。

（曲鹏昆）

表13-36　2021—2022年中海外主要经济指标

项目	2021年	2022年	增长率/%
资产总额/亿元	25.28	26.20	3.64
所有者权益/亿元	13.73	14.03	2.18
营业收入/亿元	10.69	12.15	13.66
利润总额/亿元	-0.51	0.13	125.49
净利润/亿元	-0.51	0.12	123.53
归属于母公司所有者的净利润/亿元	-0.47	-0.01	97.87
技术开发投入/亿元	0.00	0.00	—
利税总额/亿元	-0.51	0.29	156.86
应交税金总额/亿元	0.13	0.46	253.85
全员劳动生产率/[万元/（人·年）]	12.88	23.74	84.32
净资产收益率/%	-4.15	0.84	增加4.99个百分点
总资产报酬率/%	-2.15	0.52	增加2.67个百分点
国有资本保值增值率/%	91.30	101.10	增加9.80个百分点

制表：曲鹏昆

【改革发展】2022年3月，中海外完成总部机构设置和人力资源配置优化调整，推动党委办公室、董事会办公室及行政办公室的"三办合一"，设立大商务推进办公室，推动公司法律、风险、内控及合规一体化建设，持续强化总部部门职能的专业性和管理系统性。全年完成95项改革任务，特别是国资委及股份公司高度关注的加强党的全面领导、加强董事会建设，落实董事会职权、保证经理层依法行权履职、推进企业产业布局优化和结构调整、健全市场化经营机制、持续深入推动经理层任期制和契约化管理等方面的重点任务按要求完成，并力求取得改革实效，确保企业行稳致远，高质量发展。2022年，中海外深入开展国有产权管理四项问题专项治理工作，清理民企挂靠及假冒国资问题，加强产权登记管理，加强股权管理，深化"压减"工作，中海外所持马里纺织股份有限公司80%股权转让工作在年内取得了实质性进展。

（高 翔）

【重大项目】2022年，中海外新签合同19项，新签合同额30.03亿美元。其中，西非区域新签合同额6.96亿美元，尼泊尔国别市场新签合同额5.46亿美元，南太区域新签合同额4.78亿美元，东非区域新签合同额4.49亿美元，中西亚区域新签合同额3.9亿美元，南美北区域新签合同额2.82亿美元，中非区域新签合同额0.81亿美元，中东欧区域新签合同额0.81亿美元。4月25日，中海外成功签约尼泊尔蒂拉水电站项目一阶工程项目，合同额为2.85亿美元；6月25日，中海外与中铁建工联合体成功签约坦桑尼亚普瓦尼地区刚果（金）旱港建设项目，合同额为2.82亿美元；8月8日，中海外与中铁四局联合体成功签约刚果（金）宽果省肯盖市及周边地区电气化项目合同，合同额为0.8亿美元；11月4日，中海外成功签约特国港口存储设备供货项目和中东某国存储设施项目，合同额分别为1.27亿美元和2.63亿美元；11月8日，中海外成功签约秘鲁坎启劳铁矿采剥项目合同，合同额为2.80亿美元；12月12日，中海外成功签约瓦努阿图润泊城开发设计、采购、施工（EPC）项目合同，合同额为4.45亿美元。

（楚 丹）

【走向海外】2022年，公司完成产值2.137亿美元，相比2021年同期（1.536亿美元）增长39%。公司年内共有海外项目37个，在手任务总额8.86亿美元，分布在南太、西非、东非、中非、西南欧、尼泊尔、南美北、中西亚8个区域，巴新、东帝汶、所罗门、尼泊尔、马里、科特迪瓦、摩洛哥、刚果（金）、赞比亚、博茨瓦纳、肯尼亚、秘鲁、坦桑尼亚、乌兹别克斯坦14个国别。2022年，中海外共完成项目开工6个，开工项目合同额2.16亿美元；全年共有6个项目顺利初交，初交项目合同额1.99亿美元。

其中，尼泊尔逊科西—马林引水隧道项目，2021年5月开工，2022年完成营业额2569万美元。该项目自TBM顺利始发以来，仅用时30天便完成了TBM试掘进500米，创造了6米级双护盾TBM试掘进世界纪录。12月17日，TBM日掘进56.29米，刷新日掘进纪录。业主多次发函，对项目进度和团队的出色表现给予充分肯定和感谢。巴新莫罗贝省Finschaffen公路项目，2020年10月开工，2022年完成营业额1901万美元，完成项目年度计划的127%。该项目是巴新政府"联通巴新"战略规划的重要组成部分。疫情期间，克服重重困难，确保项目顺利推进。9月11日，巴新地震后第一时间组织开展自救互救，在最短时间内实现复工复产，获得业主等多方肯定和高度赞扬。科特迪瓦阿比让市政排水项目，2020年7月开工，2022年7月按期完成交验。该项目为西非公司成立以来在科特迪瓦实施的首个项目，也是科特迪瓦分公司打破发展瓶颈、实现新突破的转折点。项目的高质高效完工，不仅赢得了良好的社会口碑和政府信任，也为后续深度开发科特迪瓦市场，构建互信共赢的政企关系奠定了坚实基础。所罗门群岛金岭金矿项目，是该国目前最大的金矿及综合基础设施项目。自项目开工以来，项目团队克服国内外疫情造成的重重困难，迅速组织首批人员进场，充分利用当地资源，加班加点组织开展机械设备采购、安装和调试工作。2022年8月，实现第四批机械设备和人员顺利到场，项目进入大干局面。11月29日，举行投产庆典仪式，标志着该矿正式进入全面生产阶段。

（吴 珣）

【重大创新】积极开展"项目系统管

▲图13-69 2022年10月14日，中海外承建的尼泊尔逊科西—马林引水隧道项目TBM始发

理检视提升"行动，全面检视公司项目管理制度执行情况，总结成功经验，分析存在不足，持续改进提高，进一步推进公司高质量发展。

（吴　珣）

【企业文化】中海外党委坚持把引领思想舆论、凝聚攻坚合力作为重点工作，围绕四个"聚焦"，结合外经单位特点广泛开展文化宣传工作，围绕"理想信念情怀　爱党爱国爱企"主题活动和中国中铁"开路先锋"文化节主题，通过集中培训、主题教育等形式，教育广大员工爱国爱党爱企，积极建功立业，不断提升企业品牌形象影响力。举办"7·17"人质事件海外勇士事迹报告会，通过海外员工讲述亲身经历，号召全体员工学习勇士团结战斗、拼搏奉献、不怕困难、永不言败的精神；公司团委举办青年精神素养专题课，公司领导亲自讲授分享感悟，培育员工脚踏实地、修身明德、拼搏奋斗的作风；用好微信视频号等新媒体，推送海外员工同唱《我爱你中国》微视频、《我在海外等你》VLOG微视频以及《本草纲目》（中国中铁中非版健身舞视频）等，展现企业员工良好形象，打造富有海外特色的企业文化；在春节、中秋等中国传统节日，境外各单位结合自身实际在境外驻地、办事处及项目部开展"美好中国年"、中秋联谊等庆祝活动，2022年圣诞元旦前夕，东非公司、南美北公司充分结合自身实际，组织开展了当地员工圣诞慰问活动，中外员工在多元文化碰撞、交流与融合中，实现共同发展，推进了企业文化和属地文化的进一步融合。

（孙　静）

【党建工作】2022年，中海外党委深入学习宣传贯彻党的二十大精神，全面压紧压实管党治党责任，为公司积极抵御各类风险挑战、完成年度主要指标提供了坚强的政治保障。认真落实"第一议题"制度，学习近平总书记系列重要讲话和指示批示17项；成立党的二十大精神宣讲团，两级领导班子成员讲授专题党课21次，各基层党组织因地制宜通过中心组学习、"三会一课"等形式掀起学习热潮；持续推进"理想信念情怀　爱党爱国爱企"主题活动，举办了"海外勇士"事迹报告会，组织机关党员参观"奋进新时代"主题成就展览，强化学习效果。深入推进党的领导融入公司治理，完善"三重一大"决策制度和决策主体议事清单；全年召开党委会17次，研究重大经营管理事项50项，召开党委书记专题会15次，确保党委"把方向、管大局、保落实"职能充分发挥。修订印发党建工作制度8项；举办网络培训班5期，培训各级党组织负责人、党务工作者、入党积极分子157人次；发展党员13人，预备党员转正15人。2022年初，对9家境外单位进行党组织书记抓基层党建述职评议和党建责任制考核，把评议考核结果与年薪兑现挂钩；坚持党管干部、党管人才原则，引进调整选拔中层干部26人次；激发人才要素活力，累计培训企业员工290人次；定期与纪委会商，定期组织召开党风廉政建设和反腐败工作会议、警示教育大会；对3家境外单位开展"巡察+审计"联合行动，召开巡察领导小组会议6次、审计领导小组会议4次，全面完成股份公司党委巡视和审计发现问题整改，同步建立抓整改、促改革、强管理长效机制；坚持深化廉洁提醒教育，紧盯"关键少数"人

▲图13-70　2022年9月11日，巴布亚新几内亚发生7.6级地震。中海外南太公司迅速组织挖掘机、推土机等机械设备协助当地清理塌方路段，疏通道路，打通抢险救援通道

员，认真开展日常廉洁谈话，在重要节日节点及时发布违纪违法警示案例，切实提升企业员工"不想腐"的自觉。

（孙 静）

【信息化建设】积极提升中铁e通的业务支撑度，完善与各个业务系统的接口对接，优化多个业务流程。高度重视重大节日网络安全重保工作，认真落实股份公司各项工作要求，全面部署行动，圆满完成网络安全防护任务。部署财务资金智能分析系统、电子档案系统，推动公司高质量数字化转型发展。加强信息化基础建设，部署多项管理系统，提升公司总部网络的管控能力和数据安全防护能力。

（金 路）

【履行社会责任】组织总部员工积极参加社区无偿献血活动；面对巴布亚新几内亚莱城7.6级地震，所属南太公司迅速组织挖机、推土机等机械设备，协助当地快速清理塌方路段，疏通道路，打通抢险救援生命通道；所罗门金岭金矿项目业主选厂储存化学品物资仓库突发大火，在救援极其困难危险的情况下，中海外所属所罗门群岛公司火速调集相关机械设备和操作人员进行救援，经过1小时的奋战，最终将大火成功扑灭，未造成人员伤亡及其他财产损失，受到业主单位特别致函感谢；所属西非公司积极参与马里环境、卫生与可持续发展部发起的马里首都特别卫生行动，整合马里巴马科地区现有人力和设备资源，研究制定专业施组方案，为巴马科重要城市地标巴马科一桥、二桥、三桥路面保养、道路卫生清理以及护栏补漆等城市美化作业提供支持。

（孙 静）

中国中铁股份有限公司国际工程分公司

【简况】2019年10月31日，中国中铁股份有限公司国际工程分公司（简称"国际工程分公司"）在北京注册成立。作为非法人二级单位，国际工程分公司设党委和经理层，党委会和总经理办公会是国际工程分公司的决策机构。国际工程分公司本部设置12个部（处）室和1个特设机构，并授权管理匈牙利、以色列、孟加拉国、印度尼西亚、马来西亚5个境外区域总部。2022年1月1日，国际工程分公司正式启动实体化运作。11月17日，股份公司下发《中国中铁关于撤销中铁东方国际集团有限公司和中国中铁股份有限公司东方国际建设分公司有关事宜的批复》，将原中铁东方国际集团有限公司持有的中国铁路工程（马来西亚）公司股份转让至股份公司，并将中国铁路工程（马来西亚）公司委托国际工程分公司代为管理，马来西亚区域总部委托国际工程分公司管理，依托中国铁路工程（马来西亚）公司进行实体化运营。公司现有员工115人，其中常驻海外65人。截至2022年12月31日，国际工程分公司资产总额14.63亿元（包括固定资产净值0.46亿元、流动资产10.97亿元、其他资产3.2亿元）。

（刘纹好 张振光）

【主要指标】截至2022年12月31日，国际工程分公司资产总额14.63亿元，与2021年相比降低23.76%；所有者权益1.55亿元，较2021年增加6.41亿元；2022年国际工程分公司实现营业收入8.68亿元，同比降低51.10%。实现利润总额-2.4亿元，实现净利润-1.72亿元，归属于母公司所有者的净利润-1.7亿元。

（张振光）

表13-37 2021—2022年国际工程分公司主要经济指标

项目	2021年	2022年	增长率/%
资产总额/亿元	19.19	14.63	-23.76
所有者权益/亿元	-4.86	1.55	—
营业收入/亿元	17.75	8.68	-51.10
利润总额/亿元	-5.40	-2.40	—
净利润/亿元	-4.57	-1.72	—
归属于母公司所有者的净利润/亿元	-4.52	-1.70	—
利税总额/亿元	-4.35	-1.58	—
应交税金总额/亿元	0.06	0.15	—

制表：张振光

【改革发展】根据《中国中铁关于撤销中铁东方国际集团有限公司和中国中铁股份有限公司东方国际建设分公司有关事宜的批复》，制定东方国际注销及中铁马来公司接管重点工作任务推进表，推动调整优化中国中铁马来西亚区域总部（公司）机构及定员，将中铁马来公司及马来西亚区域总部纳入国际工程分公司管理，确保中铁马来西亚区域总部、马来公司并入国际工程分公司工作平稳有序。加强境外区域总部（分支机构）管理。按照大商务管理体系建设和国际工程分公司实体化运行有关要求，印发《关于进一步加强境外区域总部（分支机构）管理的通知》，进一步加强直管境外区域总部的管理，促进境外区域完成

年度经营生产目标。　　（张　佳）

【重大项目】肖罗克莎尔（含）—克莱比奥（边境）铁路升级采购EPC合同（匈塞铁路项目匈牙利段）。正线全长约152千米，设计时速160千米，合同额为207863.6973万美元（85%的资金来源为中国进出口银行融资，15%为业主自筹资金），中国中铁占50%，约为103937万美元。中铁九局（匈牙利公司）、中铁电气化局（匈牙利公司）、RM international.Zrt联合体于2019年5月24日与业主签订合同，合同工期为5年，项目于2020年7月6日开工建设。2022年，累计完成产值11029万美元，开累完成产值15840万美元，占合同额103937万美元的15.24%。

印度尼西亚雅加达—万隆高铁项目（印度尼西亚雅万高铁）。正线全长142.3千米，设计时速350千米，总投资为60.71亿美元（25%的资金来源为业主印中高铁公司自筹资本金，75%为中国国家开发银行贷款），合同工期为3年。中国中铁承建的EPC标段于2017年4月4日签订合同，于2018年6月9日正式开工建设，合同额为13.65亿美元。2022年，累计完成产值27340.6万美元，开累完成产值124175.7万美元，占合同额13.65亿美元（不含指数调差、变更增加等内容）的91%。

孟加拉国帕德玛大桥铁路连接线项目。正线全长168.6千米，设计客运时速120千米，货运时速80千米，项目于2016年8月8日签署合同，合同额为31.4亿美元（15%的资金来源为孟加拉国政府自筹，85%为中国进出口银行贷款），业主为孟加拉国国家铁路局，承包商为中国中铁，合同工期为4.5年，项目于2018年7月3日正式开工建设。截至2022年末，业主已正式签发决定，将先开段（马瓦至邦嘎）工期延长至2023年9月16日，将后开段（达卡至马瓦段和邦嘎至杰索尔段）工期延长至2024年4月4日。2022年，累计完成产值55473万美元，开累完成产值202540万美元，占预计项目总收入266300万美元的76.06%。

马来西亚金马士至新山双轨电气化铁路项目。线路全长191.14千米，全线新建车站11座，预留车站3座，配套新建综合机辆段1处。合同类型为DB（Design Build）总承包合同，内容包括设计、施工、供应、安装、调试、试运营和维护。业主为马来西亚交通部，总承包商为中国铁建—中国中铁—中国交建联合体公司，合同工期48个月，项目于2016年12月1日开工建设，经过第四次延期变更，竣工日期延长至2025年4月21日。2022年累计完成产值6634万美元，开累完成产值57067万美元，占合同额67500万美元的84.54%。　　（王伟克）

【走向海外】2022年是国际工程分公司实体化运转元年，公司重组了境外机构和重大项目，实现自揽新签合同额3.02亿美元，其中，匈牙利区域总部充分发挥匈塞铁路（匈牙利段）项目南段商务资源，成功中标匈塞铁路（匈牙利段）北段枢纽工程（1.74亿美元）；印度尼西亚区域总部充分发挥区域统领统筹职能，集合内部优势资源开展商务经营，成功中标印度尼西亚中加里曼丹BPM煤矿开采运输项目（0.94亿美元）；孟加拉国区域总部立足既有项目开展二次经营，成功运作孟加拉国帕德玛大桥铁路连接线项目合同变更，变更合同金额0.35亿美元。落实股份公司工作要求，推动横琴、前海专项工作组完成调研报告及三年工作规划，积极推动澳门轻轨项目投标工作。　　（田文翰）

【企业文化】结合中国中铁境外项目重大里程碑、履行社会责任、典型事迹案例等，2022年在"中国中铁海外"微信公众号组稿近200篇，充分宣传中国路、中国桥、中国隧、中国高铁、中国盾构为代表的"中国纪录""中国名片"，全面展示中国中铁国际品牌形象。　　（张海新）

【党建工作】筑牢国有企业"根"和"魂"，发挥党委"把方向 管大局 保落实"领导作用，严格执行"三重一大"事项决策制度，全年召开党委会13次，研究审议涉及企业党建、改革发展重大议题79项，其中前置议题29项。树立一切工作到基层鲜明导向，加强基层党组织建设，及时成立境外机构党工委和党支部，截至2022年底，国际工程分公司党委所属党组织为1个党委、5个境外区域党工委和6个党支部，共有党员94名，占员工总数的78%；严肃党内制度，认真开展专题民主生活会和专题组织生活会；通过现场述职和书面述职相结合，组织开展基层党组织书记抓党建现场述职评议，压实党建责任；开展"两优一先"评选活动，发挥示范带动作用，公司推荐的1个党组织和1名党员获得中国中铁党委"先进党支部"和"优秀共产党员"荣誉称号。一体推进"三不腐"，持续纠治"四风"，制定落实《领导人员操办婚丧喜庆事宜若干规定实施细则》《廉洁风险防控手册》等制度办法，营造了风清气正的发展环境，组织观看警示教育典型案例，引导公司各层级管理人员坚定理想信念，践行初心使命，树牢廉洁从业防线，坚守合规经营理念，为分公司发展注入奋进正能量。召开工会第一次会员代表大会，健全工会组织；开展典型培育选树活动，注重挖掘推动企业发展的先进集体和个人，多名个人受到中国中铁表彰，1人获"劳动模范"，2人获"经营先进个人"，1人获"境外先进个人"，1人获"优秀女职工"，1人获"十大杰出青年"，分公司推优工作迈出一大步。　　（张海新）

【信息化建设】推动国际工程分公司信息化建设，搭建国际工程分公司OA系统，建立国际工程分公司一体化分门户，提供PC门户和移动端门户服务，集成公司通知公告、规章制度、常用应用、常用功能，提供会议室预定、工资条、云会议、在线学习、中铁云盘、邮箱等便捷功能，为员工提供个性化专属服务，

满足国际工程分公司日常管理一站式办公需要。　　　　　（张　佳）

【**履行社会责任**】积极参与"央企消费帮扶兴农周"活动，选购中国中铁定点帮扶县农副产品4.5万元。开展系列惠民活动，开展"四季送"、职工之家建设、境外员工"两节"送温暖、抗疫情送药包等活动，拨付专项资金18.8万元。（张海新）

中铁高新工业股份有限公司

【**简况**】中铁高新工业股份有限公司（简称"中铁工业"）是中国中铁股份有限公司旗下的A股上市公司（SH.600528），单位驻地为北京市丰台区，业务范围涵盖隧道掘进设备、铁路道岔、钢桥梁、铁路施工机械、桥梁施工机械、新型轨道交通车辆及高端环保装备的研发设计、生产制造、技术服务和项目投资等。公司主营业务市场占有率和综合实力位居世界前列，全断面隧道掘进机、道岔、桥梁钢结构、架桥机荣获国家"制造业单项冠军"认证。

中铁工业前身是1894年成立的山海关造桥厂，距今已有128年的历史。中国中铁为深入贯彻党中央、国务院深化国企改革战略，践行习近平总书记"三个转变"重要指示，推动产业聚集和转型升级，重组整合旗下中铁山桥、中铁宝桥、中铁科工和中铁装备，通过与中铁二局开展资产置换成立了中铁工业，并于2017年3月在上海证券交易所更名上市。

中铁工业是"中国品牌日"的发源地，也是习近平总书记"三个转变"重要指示精神的诞生地。2014年5月10日，习近平总书记视察了中铁工业成员企业中铁装备，提出了"推动中国制造向中国创造转变、中国速度向中国质量转变、中国产品向中国品牌转变"的重要指示，为中国制造业发展和质量强国指明了新方向。

截至2022年底，公司拥有中铁山桥、中铁宝桥、中铁科工、中铁装备、中铁九桥、中铁工服、中铁环境、中铁重工8家全资子公司和中铁新型交通1家控股子公司及北京分公司、西南分公司，共有职工12100人，其中专业技术人才6679人，技能人才5421人。按照学历层次划分，博士研究生15人、硕士研究生1139人、本科4979人、专科2616人、中专及以下3351人。专业技术人才中具有初级及以上职称5703人，其中正高级职称102人、高级职称1046人、中级职称2244人、初级职称2311人；拥有国家百千万人才2人，国家专项计划专家1人，享受国务院政府津贴人才14人，中国中铁专家6人，茅以升科学技术奖获得者14人，詹天佑科学技术奖获得者5人。技能人才中技术工人5348人，其中工匠技师3人、特级技师31人、高级技师170人、技师551人、高级工1935人、中级工1004人、初级工1710人；中华技能大奖1人，全国技术能手3人。

截至2022年底，公司资产总额535.08亿元，其中流动资产403.23亿元、非流动资产131.85亿元。拥有钢结构制造特级资质，全断面隧道掘进企业生产特级资质，具有建筑工程和市政公用工程总承包一级资质，钢结构工程专业承包、桥梁工程专业承包、隧道工程专业承包、环保工程专业承包、地基基础工程专业承包、起重设备安装工程专业承包、建筑装修装饰工程专业承包一级资质等。（闫　骏　梁　康）

【**主要指标**】中铁工业2022年实现营业收入288.17亿元，同比增长6.11%；实现净利润18.83亿元，同比增长1.29%；归属于母公司所有者的净利润18.67亿元，同比增长0.59%。（刘忠伟）

表13-38　2021—2022年中铁工业主要经济指标

项目	2021年	2022年	增长率/%
资产总额/亿元	491.77	535.08	8.81
所有者权益/亿元	232.61	245.41	5.50
营业收入/亿元	271.57	288.17	6.11
利润总额/亿元	20.80	20.79	-0.05
净利润/亿元	18.59	18.83	1.29
归属于母公司所有者的净利润/亿元	18.56	18.67	0.59
技术开发投入/亿元	13.97	15.37	10.02
利税总额/亿元	22.53	21.83	-3.11
应交税金总额/亿元	7.37	10.26	39.21
全员劳动生产率/[万元/(人·年)]	42.80	47.87	11.85
净资产收益率/%	7.89	7.53	减少0.36个百分点
总资产报酬率/%	4.50	4.09	减少0.41个百分点
国有资本保值增值率/%	108.96	108.60	减少0.36个百分点

制表：刘忠伟

▲图13-71　中铁工业获评2022中国上市公司口碑榜"最佳上市公司董事会"

【改革发展】中铁工业深入推进国企改革三年行动各项任务扎实落地，按照"三个明显成效"和"'数量、质量、考核'三控三胜利"总体目标，100%完成176项改革任务，两次在股份公司交流改革经验；对标世界一流管理提升行动13个领域的52项对标任务100%完成；所属中铁装备100%完成"科改示范行动"66项改革任务，科改示范再次获评国资委标杆。扎实开展三项制度改革，截至2022年末，公司公开招聘比例100%；推动全员考核和结果刚性应用，因考核不胜任岗位等市场化方式解除劳动合同242人；能上能下成为共识，常态化推进不胜任退出机制，全年管理人员不胜任退出22人；能增能减激发动力，提高工资总额资源的分配效能，积极探索实施中长期激励，强化经理层成员任期制和契约化管理，并将契约化管理要求延伸至机关部门；公司全员绩效考核覆盖率100%，考核结果强制比例分布，并与管理人员"上下"、员工"退出"、薪酬"增减"相联动。持续优化产业布局和资源整合，顺利完成所属中铁重工和中铁钢构合并重组，设立了克瑞格韩国分公司、克瑞格意大利分公司、中铁宝桥泰国代表处3个境外机构。完成4户企业治亏，注销双零企业1户，注销厂办大集体企业3户，企业资源效能进一步释放。

（张大永　高瀚月）

【重大项目】中铁工业紧盯国家"特大难新"项目，在钢结构领域，包揽了张靖皋长江大桥主航道南北两岸两个标段钢塔制造项目，累计合同额11.36亿元。该项目建成后将实现最大规模多功能荷载非对称布置桥梁、最大跨度斜拉桥、最长连续长度钢桁梁、最大尺度碳纤维复合材料拉索、最大跨度公铁两用钢桁拱桥、最高强度桥用平行钢丝斜拉索6项"世界之最"。在盾构/TBM领域，公司全力打造适合川藏铁路建设需要的极端装备，在川藏铁路项目实现TBM"10中6"的优异成绩，合同金额11.1亿元。在"第二曲线"市场方面，公司中标中泰金晖兆丰园区配套新能源（20万千瓦光伏）源网荷储一体化项目EPC总承包项目，合同金额8.59亿元。在环保产业方面，公司中标台山市下豆坑生活垃圾卫生填埋场渗滤液全量处理服务项目，合同金额1.87亿元，标志着公司在高浓度有机废水垃圾渗滤液领域取得重要突破。

（张飞羽）

▲图13-72　2022年6月29日，中铁工业参建的国内首座非对称大跨度异型八面体拱桥——舜江大桥通车

【走向海外】中铁工业产品和服务销往丹麦、意大利、塞尔维亚等全球70余个国家和地区，在建项目主要位于亚洲、欧洲、美洲，隧道掘进机、钢桥梁、架桥机、道岔等主营产品保持行业龙头地位。2022年，国际产能合作方面，公司进一步明确了所属香港公司业务发展职能定位，完善了中铁工业老挝重工有限公司内部组织机构架构和人员配置，所属中铁宝桥泰国代表处已落地，并设立泰国维保中心，所属中铁装备于韩国、意大利分别设立分支机构。重大项目进展方面，在盾构/TBM领域，公司出口意大利的首台盾构机"中铁699号"在CEPAV铁路项目完成第一区间贯通；出口葡萄牙的首台土压平衡盾构机"中铁1034号"顺利通过首都里斯本排水隧道项目客户验收；出口韩国的首台单护盾隧道掘进机"中铁1141号"成功下线并应用于韩国龙仁半导体产业园区电缆隧道项目。在钢结构领域，公司参建的孟加拉国帕德玛大桥铁路连接线钢结构项目、摩洛哥阿尤恩栈桥钢结构项目、克罗地亚佩列沙茨大桥钢结构项目所需产品均已交付。在道岔领域，公司为印度尼西亚雅万高铁成功供应全部高速道岔产品，自主设计的乌干达铁路用米轨BS80R钢轨系列道岔和铁路平交道口、尼日利亚拉各斯轻轨蓝线系列道岔，实现了道岔产品在非洲市场的新突破。（梁博）

【重大创新】积极开展企业管理创新现代化创新成果活动，优化组织管控模式和业务管理体系，引入外部管理咨询机构，形成了包含业务滚动规划、组织管控体系、岗位职级体系、薪酬绩效体系、经理层成员任期制契约化等七大类34个项目成果。年内公司获得中国中铁企业管理现代化创新优秀成果5项，其中"全断面隧道掘进装备行业工业互联网平台开发与应用""高端装备制造企业基于'五四四'工作法一体推进'三不'惩防体系构建"获一等成果。

深入贯彻落实习近平总书记"三个转变"重要指示，研制的世界首台U盾架管机应用于雄安新区建设，推进了新一代信息技术与智能装备的深度融合；研制的"雪域先锋号"大直径（直径10.23米）TBM，为高原铁路建设提供了强大设备支撑；研制的世界首台全断面硬岩竖井掘进机"中铁599号"，首次实现井下无人掘进；研发了孟加拉国铁路首组套线变形道岔，攻克了高性能高锰钢辙叉精炼技术、快速凝固技术，首创了高锰钢合金化冶炼工艺；基于CATIA开发了钢桥构件库、格式化提料、规范出图、虚拟组装动画工艺，大幅提高了桥梁设计绘图效率；自主研发了钢桥梁横隔板智能焊接机器人，实现了钢桥梁横隔板焊接任务自动规划、焊缝智能识别定位检测；研制的世界首台桩梁一体造桥机"共工号"，引领桥梁建造技术迈入3.0时代；参建的世界首条永磁磁浮试验线"红轨"顺利竣工，推动了新型轨道交通产业化发展步伐。"共工号"造桥机获评2022年度央企十大国之重器；"隧道联络通道掘进机""高原高寒大直径双结构硬岩掘进机"分获中国好设计金奖、中国优秀工业设计奖金奖；所属中铁科工国家企业技术中心获评全国优秀，位列中国中铁第一；所属中铁装备工业互联网平台及盾构4.0信息化成果获世界智能制造大会表彰。

（张大永　李瑞雨）

【工程创优】中铁工业参建的"一带一路"标志性工程——雅万高铁在两国元首共同见证下开通运行，承制的克罗地亚佩列沙茨大桥由国务院总理李克强及克罗地亚总统、总理共同见证通车。参建的福厦高铁入选"央企十大超级工程"，研制的"共工号"造桥机获评2022年度央企十大国之重器；参建的南京江心洲长江大桥、贵州平塘特大桥获国际桥协IABSE全球项目与技术奖；参建的拉林铁路藏木雅鲁藏布江双线特大桥获国际桥梁大会"西奥多·库珀（铁路桥）奖"；平塘特大桥、重庆两江隧道连接线项目、连镇铁路五峰山长江特大桥项目、东水门长江大桥、千厮门嘉陵江大桥、伍家岗长江大桥荣获"中国建设工程鲁班奖"；参建的柳州白沙大桥、江汉七桥、湖南省临汀至岳阳高速公路洞庭湖特大桥、赣州中心城区快速路工程——赣南大道获

▲图13-73　中铁工业参建的鄱阳湖二桥获中国建设工程鲁班奖

▲图13-74　10月28日，中铁工业参建的红岩村大桥正式通车

"国家优质工程奖"；参建的柳州市凤凰岭大桥、重庆红岩村嘉陵江大桥获"中铁钢结构金奖"；池州市长江公路大桥、南沙大桥（虎门二桥）获"公路交通优质工程奖"；参建的南沙大桥获得"公路交通优质工程奖——李春奖"。

（李声伟）

【企业文化】中铁工业深入践行"三个转变"重要指示，弘扬"开路先锋"文化理念，参与拍摄的《国家记忆·开路先锋》5集系列纪录片获第九届"国企好新闻"影音类一等奖，所属中铁山桥百年红桥文化示范基地、中铁装备郑州盾构总装车间获评中国中铁首批"开路先锋"文化教育基地。提炼形成了中铁工业"三峰四地"文化理念系统，开展了"喜迎二十大、永远当先锋、奋力实现中铁工业高质量发展"主题活动、"理想信念情怀　爱党爱国爱企"主题活动、庆祝中铁山桥党组织成立100周年活动等。在品牌建设方面，2022年中铁工业品牌价值139.05亿元，创历史新高。搭建制作中国品牌博览会线上展厅，配合中国中铁参加了"中央企业装备制造创新成就云展览"。"雪域先锋号"TBM、兴国"红轨"等高端装备模型亮相"奋进新时代"主题成就展，盾构机、架桥机等产品亮相2022德国宝马展，中铁工业荣获"新时代品牌十年·卓越影响力品牌"。《以"三个转变"首倡地担当打造高端装备世界品牌》《从时速35公里到350公里见证百年山桥》两个品牌案例入选国资委国有企业品牌建设典型案例，架桥机和隧道掘进机故事入选中央企业优秀故事创作展，《践行"三个转变"做大盾构机品牌》入选品牌规划院主编的《品牌强国战略研究与思考》，《瑞典"金桥"架起友谊彩虹》入选国资委新闻中心主编的《共向未来——中国企业国际形象建设案例集（2021）》，《报废三根钢轨，成就行业第一》《百年品质传承，争做国之"脊梁"的守护者》获中国品牌创新峰会暨第十届全国品牌故事大赛全国总决赛演讲类一等奖。

（刘万野）

▲图13-75　2022年8月11日，中铁工业研制的国产首台大倾角斜井TBM"永宁号"下线，填补了中国大倾角斜井施工建设领域的技术空白

【党建工作】中铁工业第一时间召开传达学习贯彻党的二十大精神动员部署会，对全系统学习宣传贯彻党的二十大精神作出全面部署安排，各级领导班子成员带头进基层、进车间、进工地、进班组宣讲，用贯彻落实党的二十大精神的生动实践充分释放"红色生产力"。公司党委把学习习近平总书记重要指示批示精神特别是"三个转变"重要指示贯穿始终，与巩固党史学习教育成果相结合，与持续抓实国企改革三年行动相结合，与落实"十四五"规划，确保开好局、起好步相结合，深刻领悟"两个确立"的决定性意义，打造对党忠诚的先锋阵地。公司党委坚持党建与业务深度融合，把学习贯彻习近平总书记重要指示批示精神作为解决"两张皮"问题的突破口，探索建立了"三峰"党建品牌，推动基层党组织全面进步、全面过硬，努力把党建优势转化为发展优势。2021年度党建工作责任制获评"优秀"，荣获"四好班子"荣誉称号。公司党委强化干部管理，坚持把政治标准作为第一标准，在"选育管用"各环节充分发挥党委领导把关和市场机制优化配置的作用，深化三项制度改革，着力锻造忠诚干净担当的干部队伍和矢志爱国奋斗、勇于创新创造的优秀干部人才队伍。公司从严从实加强纪律建设，围绕落实"三个转变"、深化改革三年行动等重点任务开展常态化政治监督检查，紧盯"关键少数"、关键领域、关键节点开展监督，纪检监督职能得到有效发挥。聚焦监督执纪问责主责主业，始终保持惩治腐败压倒性力量常在，公司纪委在中国中铁履职考核连续2年获评"优秀"，荣获"中国中铁纪检系统先进集体"称号；创新廉洁文化建设，"六廉"文化品牌效应日益彰显，中国中铁纪委书记张建强参加厦工中铁"六廉"工作室揭牌仪式，对监企共建成效给予高度评价，公司《廉洁文化助力"三不"一体推进实践研究——以中铁工业"六廉"文化建设为例》获中央企业党建政研会2022年度优秀课题一等奖。

（周楠 孙晓航）

【信息化建设】中铁工业全面推进数智升级工程，完成盾构制造、项目管理、钢桥梁制造、道岔制造及管片制造5个领域7家单位智能制造信息系统推广工作，部署了以PLM（产品生命周期管理）、MES（制造执行系统）、ERP（企业资源计划）为核心的智能制造信息系统，产线数字化程度显著提升。公司初步实现了同业态下的生产数据标准化，初步具备了数据分析与挖掘的条件。年内总体办公效率、车间无纸化水平、钢结构生产效率、生产管控可视化程度、库存物资利用率、业财一体化融合度均实现了较高提升。大力开展信息化项目申报工作，"设备故障诊断与预测""产品数字化研发与设计"获评工信部2022年度智能制造优秀场景试点示范；"全断面隧道掘进装备行业工业互联网平台""盾构产业4.0示范基地"分别入选2022世界智能制造大会"世界智能制造十大科技进展""中国智能制造十大科技进展"；"岩石隧道掘进机（TBM）智能掘进关键技术及应用""基于多源数据融合的管理决策分析"分别荣获2022年中国国际大数据产业博览会领先科技成果"新技术"和"优秀项目"。

（单仲喜）

【履行社会责任】中铁工业积极承担社会责任，支援地方疫情防控，2022年3月驰援吉林省抗疫用房建设，迅速调集240名人员、120套设备机具，克服现场雨雪、严寒等恶劣天气和现场复杂施工环境影响，共完成了160套隔离箱房及走廊箱、10套门厅箱、所有箱体内部内置、室内外水电和2组200吨污水处理设备的采购及安装工作。4月接到武汉市政集团抢建武汉东西湖华新路集中隔离场所的任务后，迅速组织"铁流党员突击队"奔赴东西湖建设现场，不到半个月完成近300套集中隔离用房、集中隔离场所接待中心及其他区域隔离场所配套设施建设。

持续深入做好消费帮扶，全年从帮扶区采购香菇、苹果、红米、红枣等农副产品共计241.59万元，有效促进了当地农民增收。公司所属单位中铁宝桥驻村队逐户排查农户实际生活状况，摸清存在的实际困难和潜在风险，切实防止致贫返贫，结合村民实际需要，捐赠米、面、油等生活物资，口罩、酒精等防疫物资以及防暑降温物资等累计8.95万元。中铁宝桥逐步扩大与帮扶地区民营企业的配套产品合作范围，促进加工基地产值稳步增长，增强项目带贫能力，全年完成道岔配件生产合同额725.35万元，直接带动就业及分红26人。

（刘万野）

中铁置业集团有限公司

【简况】2007年，中国中铁组建成立中铁置业集团有限公司（简称"中铁置业"）。2022年，中国中铁推动中铁置业和中铁文化旅游投资集团有限公司合并重组。重组后，中铁置业注册资本金131亿元，现拥有房地产开发一级资质和物业服务一级资质。

中铁置业现有北京、上海、广州、沈阳、山东、西安、中南、贵州8家区域公司，1家文化旅游综合投资开发公司，会展、物业服务、投资管理、造价咨询、城市运营五大专业公司，以及2个直属公司和3个事业部，现有员工3000余人。公司实施全国性开发战略，重点布局京津冀、长三角、粤港澳大湾区、成渝双城经济圈、长江中下游城市群的核心城市及国家中心城市、省会城市，资产规模达1800亿元，年开发能力超过1000万平方米，年新签合同额近1000亿元。2022年，排行中国房地产企业品牌价值第25位。

中铁置业业务涵盖城市产业、

城市生活、城市更新、城市服务、文旅康养、乡村振兴、生态修复治理等领域，累计开发住宅、商业、会展、文旅、康养、棚改、代建代开发等项目100多个。其中，总投资逾500亿元规模的超大型综合性生态新城项目2个，超400亿元的会展项目2个，相继打造了中铁青岛世博城、贵阳中铁生态城、贵阳中铁云著、北京诺德阅墅、长春中铁博览城、成都中铁春台悦、眉山中铁生态城等多个知名项目，培育了中铁诺德、中铁世博城、中铁生态城、中铁春台悦、中铁慧生活等多个自主品牌，在促进地方经济发展、提升城市形象、改善居民生活、增加劳动就业等方面发挥了积极作用。

（曲 凯）

【主要指标】2022年，中铁置业资产总额1786.62亿元；所有者权益总额450.53亿元；实现营业收入357.42亿元；实现利润总额–7.95亿元；实现净利润–15.57亿元；实现归属于母公司所有者的净利润–19.14亿元；实现技术开发投入0.16亿元；实现利税总额31.19亿元；实现应交税金总额39.14亿元；实现全员劳动生产率91.92万元/（人·年）；实现净资产收益率–5.35%；实现总资产报酬率–0.07%；实现国有资本保值增值率80.44%。

（王瑞喜）

表13-39　2021—2022年中铁置业主要经济指标

项目	2021年	2022年	增长率/%
资产总额/亿元	1765.82	1786.62	1.18
所有者权益/亿元	203.85	450.53	121.01
营业收入/亿元	309.20	357.42	15.60
利润总额/亿元	20.07	–7.95	–139.63
净利润/亿元	12.78	–15.57	–221.85
归属于母公司所有者的净利润/亿元	9.16	–19.14	–308.95
技术开发投入/亿元	0.49	0.16	–67.35
利税总额/亿元	47.65	31.19	–34.54
应交税金总额/亿元	27.58	39.14	41.91
全员劳动生产率/[万元/（人·年）]	129.71	91.92	–29.13
净资产收益率/%	7.76	–5.35	减少13.11个百分点
总资产报酬率/%	1.39	–0.07	减少1.46个百分点
国有资本保值增值率/%	106.17	80.44	减少25.73个百分点

注：因本年中铁置业与中铁文旅合并重组，2021年数据包含中铁文旅期初数。

制表：王瑞喜

【改革发展】完成合并重组，积极推进战略、组织、体系、业务、文化五个融合，实现优势互补、资源共享，明确企业新的发展战略和"三步走"策略，形成一、二、三级联动协同优势，整合"特色地产生态圈"，释放"1+1＞2"的改革综合效应。完善中国特色现代企业制度、推进企业产业布局优化和结构调整、健全市场化经营机制、加强党的领导和党的建设4个改革领域、23个改革方向、129项改革任务100%完成；优化三级管控架构，构建"八家区域公司、一家文化旅游综合投资开发公司、五家专业公司、四家直属公司、三家中心（事业部）"的管理架构，明确三级管控定位，集团本部定位为战略规划、标准制定、服务支持、风险管控；区域公司定位为市场拓展、运营管理、营收创效、品牌维护；项目公司定位为项目实施、销售管理、工程交付、客户服务；聚焦国企改革三年行动，激发三级管控效能，构建"60+12N+18X"定编定员体系，系统梳理内部管理权责体系，关键权责事项由249项减至193项，降幅22.5%，有效提升审批效率。

（高 昕）

【重大项目】成功获取贵阳市花溪区十里河滩二期项目D地块、西安市西咸新区沣东新城安置房定向开发项目、广州市南沙区DG1503020和DG1503021地块房地产项目、贵阳市花溪区十里河滩一期项目G（22）016地块、上海市青浦区西虹桥沪青平公路北侧44-15地块及北京市大兴区西红门镇DX04-0102-6013地块6宗二级房地产开发项目，建设用地面积33.84万平方米，权益土地面积25.09万平方米，地上建筑面积95.05万平方米，权益地上计容建筑面积72.71万平方米，土地投资总额103.99亿元。

（孙 华）

【重大创新】"对标一流打造中铁特色轨交地产（TOD）投资开发管理"与"地产企业产业数字化综合管理"分获企业管理现代化创新优秀成果

二等奖、三等奖，为推动中铁特色轨交地产（TOD）投资开发特色地产创新开发模式实践，探索了可借鉴、可复制、可推广的经验与做法。

完成云著系高端产品线，迭代升级阅系、逸系、彩系产品线，形成"云、阅、逸、彩"全系列住宅产品标准体系及相应的景观设计、室内精装配套标准化成果；出台《中铁置业住宅产品线配置标准区域落地细则》，更新公司标准化产品线应用平台，形成了公司产品线＋区域标准化＋项目落地的产品线体系模式；研发完成《中铁置业智能型生态住宅（第四代住宅）》，形成集科技住宅、健康住宅、绿色建筑、低能耗住宅、生态住宅等理念于一体的中铁置业第四代住宅产品手册；结合四川黑龙滩生态城项目，开展环境敏感区生态环境提升、智慧灯联网和绿色施工措施研究，取得眉山市生态景观环境治理工程技术中心一项，四川省智慧城市优秀解决方案一项，高新技术企业一项成果；结合贵州龙里生态城干沟大桥项目，完成"'芦笙'造型塔墩高墩矮塔斜拉桥建造关键技术研究"课题研究，获得中国施工企业管理协会科学技术进步二等奖及贵州省科学技术进步三等奖；获得"中国风景园林学会科学技术奖""美国IDA设计大奖""人居年度杰出综合设计奖"等国内、国际奖项29项；获得"山体排水回用装置""带预制模块池的空中覆土庭院""水土流失雷达监测装置"等国家专利24项，发表《一卡通管理系统》《中铁文旅智慧党建平台》《减震降噪技术在房建设计中的应用研究》等软著和论文21项；持续贯彻绿色发展理念，《环境敏感区水环境生态治理技术》成果亮相中国第十届科博会。

（高 昕）

【工程创优】全年共有12项工程获得省部级安全、质量、环保奖项，其中：滕州项目六合社区（安置区）A区工程获得2022年度"中国中铁杯优质工程"称号，南通中铁逸都项目获得"中国中铁绿色施工科技示范工程"，长春中铁逸境项目获得"中国中铁绿色施工科技示范工程"，雄东片区A单元安置房及配套设施项目（一标段高中、二标段幼儿园）获得河北省结构优质工程（2021年度）；雄安容东E组团安置房及配套设施项目（25-6#楼、26-15#楼、26-16#楼、27-4#楼）获得河北省结构优质工程（2021年度），滕州项目上善大道及郭河南路工程获得2022年山东省工程建设泰山杯奖，菏泽中铁牡丹城一期4#楼获得"山东省建筑工程优质结构"，成都中铁体育公园被认定为四川省四星级体育服务综合体，中铁阅山湖C组团一期一标段获得"2020—2021年度四川省建设工程天府杯"银奖，北京中铁诺德逸府获得"北京市绿色安全工地"，武汉阅湖郡项目被评为2021—2022年度第三批"湖北省建筑工程安全文明施工现场"，南通中铁逸都项目被评为"2022年江苏省建筑施工标准化星级工地"。

（沈振武）

【企业文化】中铁置业企业文化展厅被命名为中国中铁首批"开路先锋"文化教育基地。以合并重组为契机，启动新时期特色文化体系建设，搭建企业品牌架构，制定《中铁置业"国内一流城市综合投资开发运营商"品牌建设思维导图》，将现有品牌及未来要打造的品牌进行系统规划，不断提升中国中铁房地产品牌价值。

（曲 凯）

【党建工作】坚持以习近平新时代中国特色社会主义思想为统领，全面学习宣传贯彻党的二十大精神。以强基固本、培根铸魂为重点，以"强引领 促融合 保发展 喜迎二十大"主题实践活动为抓手，扎实推进思想理论武装、培育专业党建。

坚持和加强党的全面领导，不断筑牢企业改革发展的"根"和"魂"，以打造"房地产专业化党建"为重点，扎实推动"举旗定向、固本强基、聚才汇智、文化强企、正风肃纪、党群连心"六大工程建设，创新产业链、供应链、服务链共建，企地共建，区域共建，党群共建特色品牌，构建结对互动、多向促进、共同提升的党建新格局，打造增进共识、找准共性、深化共建、促进共享的党建"联合体"，打响了"红钥匙党建""大党建""三型党建""五星党建"等党建特色品牌，中铁置业"红色党建"的做法还得到了股份公司的充分肯定。

▲图13-76　中铁置业企业展厅获评首批中国中铁"开路先锋"文化教育基地

注重抓好党员队伍素质提升工程，认真制订党员教育培训计划，重点深化"班长工程"、提升基层党组织"带头人"整体素质，先后组织13名三级单位、项目党组织、本部职能部门党支部负责人参加股份公司党委举办的基层党组织书记示范培训班和能力提升班；扎实开展"红色铸魂"行动，精心筛选师资力量，举办片区党员教育培训班，实现了党员培训全覆盖。积极做好"一先两优"评选表彰，成功申报股份公司党委先进基层党组织1个、优秀共产党员2人、优秀党务工作者1人。"七一"前夕，中铁置业党委召开表彰大会暨党建主题实践活动推进会，隆重表彰4个"先进基层党组织"、62名"优秀共产党员"、9名"优秀党务工作者"，在全公司形成学习先进、崇尚先进、争当先进的良好风尚。实现了以凝心聚力为核心，以"关键少数"为抓手，激发了党员干部队伍内生动力。

（曲 凯）

【信息化建设】修订完善中铁置业信息化"十四五"职能规划；健全信息贯通工程总体架构，统一标准管理体系。主数据系统与各业务系统实现贯通，相关应用系统实现接口同步、实时共享；完成智能分析系统一期建设，提升经营决策分析支撑能力；销售系统V2.0实现全面上线，提高现场销售和数据统计分析效率；完成内部销售平台（中铁好房）入驻中铁e通，发挥内部"推荐客户"价值；开展投资测算系统、设计管理系统、货值系统、成本管理系统和计划等系统建设。组织开展第三届中国中铁"卓越杯"BIM大赛、首届国企数字场景创新专业赛和开展BIM应用情况调查；推进中铁置业大型会展项目智慧建设运营平台使用技术成果申报，构建公司数智升级工程示范项目落地。参加国家标准（GB/T 20299.3—2006）《建筑及居住区数字化技术应用 第3部分：物业管理》的修订工作，自主研发取得9项计算机软件著作权；建设产业数据中台，建立产业数据管理体系，推动数据价值融合运用；智慧康养平台上线运行，推动康养运营降本增效。

（余 雷）

【履行社会责任】全年累计交房3.8万余套，落实"保交楼、保民生、保稳定"的工作要求；倾力驰援各地抗击疫情，在吉林、长春、广州、青岛、贵阳等地，各区域公司携手属地政府，配合落实流调、接种、巡查、核酸检测等管控举措，增援建方舱、捐赠应急物资，严防疫情规模性反弹。

（曲 凯）

中铁资源集团有限公司

【简况】中铁资源集团有限公司（简称"中铁资源"）是中国中铁股份有限公司从事矿产资源开发的全资子公司，注册资本54.27亿元，总部设在北京。2007年1月18日，经中国铁路工程总公司第一届董事会第二次会议研究，决定设立"中国铁路工程总公司资源开发分公司"，主要负责国际、国内资源项目的开发工作。中国中铁股份有限公司成立后，分公司于2007年9月19日更名为"中国中铁股份有限公司资源开发分公司"。2008年5月12日，经中国中铁股份有限公司第一届董事会第九次会议审议通过，在资源开发分公司基础上改制组建成立"中铁资源有限公司"，作为股份公司的资源开发专业化子公司。2009年4月28日，中国中铁股份有限公司第一届董事会第十九次会议决议：中铁资源有限公司更名为"中铁资源集团有限公司"。

历经10余年发展，中铁资源已成长为集矿山开发、商贸物流、矿山建设服务于一体的国际化企业集团。海外市场主要分布在刚果（金）、蒙古国等国家，国内市场主要分布在黑龙江、内蒙古、青海等地。

公司主要经营范围涉及贵金属、有色金属、黑色金属、非金属等资源开采、加工和销售；国内外自然资源开发的技术研究和咨询、地质勘探及设计；进出口贸易；施工总承包；项目投资等领域。主要资源品种为铜、钴、钼、铅、锌、银等有色金属。截至2022年底，保有铜金属量772.18万吨、钴金属量58.88万吨、钼金属量64.18万吨、铅金属量44.33万吨、锌金属量85.06万吨、银金属量2419吨。

中铁资源拥有实际经营业务的企业16家（全资公司9家、控股公司6家、参股公司1家）；境内企业9家，境外企业7家。核心矿山5座，分别是刚果（金）华刚、绿纱、MKM铜钴矿，蒙古国乌兰铅锌矿，黑龙江伊春鹿鸣钼矿。铜金属产能30.7万吨/年（其中华刚矿业25万吨/年、MKM矿业2.2万吨/年、绿纱矿业3.5万吨/年），钴金属产能7800吨/年，钼金属产能1.15万吨/年，铅锌金属产能2.6万吨/年。

截至2022年底，全公司共有中方员工1163人，其中管理和专业技术人员850人，技能人员313人；研究生及以上学历116人，本科学历665人；正高级职称11人，高级职称207人，中级职称301人。外方员工2066人。

（闫晓楠 宋名功）

【主要指标】2022年，中铁资源实现营业收入248.91亿元，同比增长27.92%；实现净利润56.01亿元，同比增长63.68%；实现经营性净现金流量57.35亿元，同比增长64.56%；资产负债率48.00%，较年初下降10.85个百分点；有息负债余额71.07亿元，较年初下降8.88亿元。截至2022年末，资产总额326.43亿元，其中固定资产净值36.97亿元，流动资产130.36亿元、其他资产159.10亿元。

（任运年）

表13-40　2021—2022年中铁资源主要经济指标

项目	2021年	2022年	增长率/%
资产总额/亿元	254.36	326.43	28.33
所有者权益/亿元	104.68	169.75	62.16
营业收入/亿元	194.59	248.91	27.92
利润总额/亿元	40.03	67.72	69.17
净利润/亿元	34.22	56.01	63.68
归属于母公司所有者的净利润/亿元	30.12	50.79	68.63
技术开发投入/亿元	0.92	1.26	36.96
利税总额/亿元	48.61	80.36	65.32
应交税金总额/亿元	15.13	19.94	31.79
全员劳动生产率/[万元/(人·年)]	223.44	279.25	24.98
净资产收益率/%	38.31	40.82	增长2.51个百分点
总资产报酬率/%	18.43	24.30	增长5.87个百分点
国有资本保值增值率/%	142.97	164.22	增长21.25个百分点

制表：任运年

【矿山生产】2022年，中铁资源强化计划刚性执行，抓好生产全流程管控，强化分析和实时跟踪，矿山生产保持稳产高产态势，主要金属产量均超额完成计划目标。全集团铜金属产量突破30万吨，达到30.29万吨；钴金属产量突破5000吨，达到5156吨；钼金属产量稳定在1.5万吨左右；铅、锌、银金属产量分别完成0.95万吨、2.36万吨、44.74吨。
（宋名功）

【改革发展】持续推进国企改革三年行动，公司层面的110项任务、纳入改革范围的11家子企业共计580项任务全部完成。持续提升营销业务管理的专业性、规范性，商贸分公司、中铁香港作为大宗商品贸易平台先后独立运营。持续推进企业压减治亏工作，3户企业完成压减，6户企业实现扭亏，全集团首次实现亏损企业全面清零。（宋名功）

【重大创新】成功申报"十四五"国家重点研发计划专项课题，实现国家级科研项目零的突破。黑龙江省级企业技术中心落地鹿鸣矿业。公司获得中国有色金属工业科学技术奖一等奖2项、二等奖1项，荣获股份公司2022年度科学技术奖一等奖1项、2022年企业管理现代化创新成果二等奖1项，荣获河北省勘察设计一等奖、二等奖各1项。
（宋名功）

【资质建设】中铁资源勘察设计公司获得工程测量甲级、地质灾害防治等多项资质，并成功入选国铁集团铁路工程质量监督检测机构名录；金港公司获得对外劳务合作经营资格。
（宋名功）

【企业文化】推进"开路先锋"矿文化建设，制定《中铁资源"开路先锋"矿文化理念宣传提纲》，推动文化理念落地。弘扬劳模精神，

▲图13-77　中铁资源华刚矿业选矿厂

评选表彰中铁资源"第三届劳动模范"12名，以及年度先进集体5个、先进班组16个、先进工作（生产）者58名、抗疫工作先进个人40名，中铁资源勘察设计公司"郭有劲劳模创新工作室"被授予"中国中铁劳模（工匠）创新工作室"。强化企业品牌建设，布桑加水电站宣传作品成功入选"2022（第五届）中国企业国际形象建设案例"，华刚矿业视频素材被选入由《中国日报》制作、外交部公众号刊载的国际宣传视频，中铁资源之声得到广泛传播。开展"两节送温暖""金秋助学"等活动，累计筹集资金285.5万元、慰问3587人次。实施青年精神素养提升工程，开展"青安岗""导师带徒"等活动，为青年员工发挥作用搭建平台。积极组织境外员工接返，全年累计接返330人次。（宋名功）

【党建工作】截至2022年底，中铁资源党委会由6名委员组成，其中党委书记1名；下设7个基层党委，8个党工委，1个独立党支部，1个联合党支部，43个基层党支部，共有党员576人。认真落实"第一议题"制度，制定工作指引，规范工作流程，累计组织学习习近平总书记重要讲话、重要指示批示精神56项。严格前置程序要求，对52项涉及企业改革、重大融资安排等方面的议题履行了党委会前置程序。认真履行党建主体责任，中铁资源党委在2021年度股份公司党建责任制考核中获评"优秀"，公司领导班子荣获股份公司2021年度"四好班子"称号。启动"资源先锋"党建品牌创建，制定《中铁资源党委创建"资源先锋"党建品牌工作方案》，加强组织领导和宣传引导，推进党建工作与生产经营深度融合。推动巡视巡察工作，对所属8家单位开展巡察"回头看"，累计发现5个方面共76项问题；推动巡视整改，对近3年股份公司巡视反馈的39项问题集中整改和验收，持续发挥巡视巡察的震慑作用。完善大监督格局，编制《大监督工作手册》，构建"三个五"大监督工作体系。强化企业境外廉洁风险防控，推进刚果（金）片区大监督联防联控工作，保障境外项目依法合规运行。（宋名功）

【信息化建设】推动数字化、绿色化协同发展，鹿鸣矿业成功入选黑龙江省绿色矿山名录，获得黑龙江省首批省级（非煤）智能矿山认定，并被自然资源部确定为《智能矿山建设规范》贯标试点单位。大力推进新技术、新装备应用，华刚矿业利用边坡雷达实现排土场边坡稳定性的高精度监测，新鑫公司可视化遥控出矿装备、地压监测系统投入使用，中铁资源集团总部生产视频监控系统实现优化升级。（宋名功）

【履行社会责任】积极改善周边社区居民生活环境，华刚矿业有序推进《社会责任书》项目，完成了卡巴达工业技术学校建设、农业机械化、部分道路修复、水井与取水点建设、玉米扶持等一批项目，提高了当地民众生活水平。积极支持当地教育事业发展，各境外单位在元旦、国际儿童节、圣诞节等节日期间，走访慰问当地的学校、福利机构等，送上节日祝福和慰问品。积极支持驻在国政府应对突发性自然灾害，参与刚果社会事务部与中国驻刚果大使馆共同举办的受灾物资捐赠仪式，捐赠大米、面粉、食用油等物资，帮助当地民众进行灾后重建。积极响应国家职业教育"走出去"号召，与中国有色金属工业协会及国内有关职业技术学院签订战略合作协议，建立了中铁资源刚果（金）产教融合培训中心、华刚矿业"中文工坊"和新鑫公司"中文工坊"，不断提升属地员工专业技能水平。（宋名功）

中铁信托有限责任公司

【简况】中铁信托有限责任公司（简称"中铁信托"）原名为衡平信托有限责任公司，是经中国银行保险监督管理委员会批准，以金融信托为主营业务的非银行金融机构，注册资本50亿元，2022年资产总额181.79亿元，驻地四川省成都市。2002年12月，由原成都工商信托投资有限责任公司和成都金通信托投资公司合并新设立衡平信托。2005年10月，中国铁路工程总公司控股衡平信托。2007年7月，按照中国银保监会《信托公司管理办法》换发了新的金融许可证，成为全国首批换发金融许可证的信托公司之一。2008年12月，经批准，正式更名为"中铁信托有限责任公司"。中铁信托业务范围涵盖资金信托、动产信托、不动产信托、有价证券信托、投资基金、证券承销、投资银行业务等；办理居间、咨询、资信调查等业务；以存放同业、拆放同业、贷款、租赁、投资方式运用固有财产；以固有财产为他人提供担保，从事同业拆借以及法律法规规定或中国银保监会批准的其他业务。2008年9月，中国银保监会核准中铁信托特定目的信托受托机构资格；2009年11月，经四川银保监局批准，中铁信托获得以固有资产从事股权投资的创新业务资格；2012年12月，经中国银行间市场交易商协会批准，中铁信托获得银行间市场交易商协会会员资格；2016年8月，中铁信托获得银登中心信贷资产收益权转让相关业务资格；2019年1月，中铁信托获得北京金融资产交易所副主承销商资格。

中铁信托控股子公司——宝盈基金管理有限公司成立于2001年5月18日，注册资本1亿元，注册地深圳。宝盈基金主要经营业务包括发起设立证券投资基金、基金管理、特定客户资产管理以及证监会批准的其他业务。

截至2022年12月31日，中铁信托在册职工共495人，其中信托本部318人、宝盈基金177人；其中本部硕士及以上学历159人，占比50%；宝盈基金2022年末，硕士以上学历105人，占比60%；评聘有122名中级、33名高级专业技术职称人员以及67名项目经理。

2022年，中铁信托积极支持国家重大战略、服务地方经济发展，先后荣获四川省和成都市服务企业双料百强、四川省数字经济企业50强、2022年度优秀信托文化建设公司、四川省青年文明号、成都市工人先锋号等荣誉；践行社会责任、彰显央企控股金融机构使命担当，获得"优秀慈善信托产品""年度推动乡村振兴优秀金融机构""2022年度最具爱心企业奖"、第十七届人民企业社会责任奖"年度案例奖"、第十五届上海证券报"诚信托——行业文化奖"与"诚信托——最佳资产证券化信托产品奖"等奖项。

（韦良伟）

【主要指标】截至2022年12月31日，中铁信托资产总额181.79亿元，净资产116.44亿元，财务状况良好。全年实现营业收入22.75亿元，净利润6.08亿元，利税总额8.95亿元，净资产收益率5.32%，盈利能力较好；国有资本保值增值率105.29%，实现了保值增值。

（石光瑞）

表13-41　2021—2022年中铁信托主要经济指标

项目	2021年	2022年	增长率/%
资产总额/亿元	188.53	181.79	-3.58
所有者权益/亿元	112.07	116.44	3.90
营业收入/亿元	23.31	22.75	-2.40
利润总额/亿元	10.69	8.01	-25.07
净利润/亿元	8.39	6.08	-27.53
归属于母公司所有者的净利润/亿元	8.04	5.81	-27.74
技术开发投入/亿元	0.05	0.05	0.00
利税总额/亿元	12.01	8.95	-25.48
应交税金总额/亿元	10.33	10.77	4.26
全员劳动生产率/[万元/(人·年)]	539.88	314.70	-41.71
净资产收益率/%	7.68	5.32	减少2.36个百分点
总资产报酬率/%	5.53	3.28	减少2.25个百分点
国有资本保值增值率/%	107.74	105.29	减少2.45个百分点

制表：石光瑞

【改革发展】2022年，中铁信托全力推动企业改革，结合"转型升级提高年"的年度主题，紧盯资本市场及产融结合两大发展重点，"按照优化前台、做强中台、巩固后台、理顺前中后"的总体思路，大力推进机构改革、大部制改革和资产处置改革，激发各要素活力。重点推进机构调整和职能优化工作。成立经营开发部，统筹经营资源；组建证券投资总部，引进专业化团队，强化以标品业务为重点的资本市场拓展和业务管控；重组资产管理部，理顺职能定位、项目移交、资产评估和责任划断机制，让资产处置更加专注专业；按照"三办合一"要求，完成对综合管理部、董事会办公室、党群工作部等机构及职能的调整；统筹推进"风险、内控、法律、合规"一体化建设；逐步建立起与中铁信托业务转型相匹配的组织架构和运行机制。首次系统性完成定岗定编工作。在行业对标的基础上，结合实际提出"控合同制总量，随着转型升级工作持续推进，逐步实现存量转换及用工模式多元化"的总体思路，全面梳理、优化各部门职责范围，明确内部机构设置及主要职能，妥善完成系统性定岗定编工作，为进一步优化公司人力资源结构、提升经营管理人效奠定良好基础。优化完善公司选人用人、劳动用工、收入分配制度体系。2022年，制定及修订完善相关制度16项，实现经理层成员100%任期制和契约化管理，并将契约化管理推行至部门层级；完善公开招聘和市场化用工机制，全年引进市场化管理人才25人；创新开展管理人员公开竞聘，拓展管理人才"上"的途径，提拔任用中层干部14人、分部负责人20名，成立人力资源中心，建立员工不胜任退出机制，打通全体员工"下"和"出"的通道；重构薪酬分配、绩效考核机制，坚持"低固薪+高绩效"的薪酬结构，并实行薪酬延期支付制度，将员工个人利益与企业利益、短期利益与长期利益相统一，降低企业经营风险。

（刘　曦　巩路遥）

【重大项目】2022年，中铁信托围绕企业高质量发展，项目转型成效凸显。产融结合特色业务体系逐步成熟，新增资产朝向"央国平"版图迁移的任务高效达成，新增规模和贡献占比近90%（交易性证券投资业务除外），资产稳定性、安全性大为提高；融入和服务中国中铁主业的意识更主动、方式更多样、成果更丰硕，新增规模214亿元，存续余额629亿元、同比增长17%；资管新规大力引导的标品投资业务超高速增长，规模较年初增长了16倍，突破250亿元，形成了跨越式增长的良好势头；银保监会和国资委鼓励的资产证券化业务积极进取，总体规模超700亿元、较年初增长29%，迭创新高，银行间市场ABN业务规模跻身行业前五。建立起支持慈善公益的长效机制，落地全国单笔规模最大的乡村振兴慈善信托，首期金额达7930万元，从全国600余项践行社会责任的案例中脱颖而出，被人民网评为第十七届人民企业社会责任"年度案例奖"。

（韦良伟）

【重大创新】在行业转型升级的关键时期，受中国信托业协会委托牵头编制《信托文化建设工作手册》，并面向全行业发布施行，在信托文化建设中具有引领性意义，是创享中国经验、传播中国智慧的有益行为，是推动信托文化时代化、中国化的生动实践；牵头完成了中国信托业协会重点课题"信托业助力共同富裕的模式与路径研究"，为共同富裕贡献信托力量；参加《慈善信托实务问题集》编写工作，结合实务操作经验，围绕慈善信托核心问题进行梳理和总结，为同业机构开展相关业务提供借鉴，彰显企业社会责任和担当。

（钱思淑　王　麟）

【企业文化】以"三破三立"为重点，大力开展主题宣传，设立文化墙，发出转型升级倡议，推动企业主流价值转化为全员一致行动；推进"开路先锋"文化与信托文化融合，牵头编制全行业《信托文化建设工作手册》，拍摄信托文化专题片，连续2年荣获"优秀信托文化建设公司"；针对转型期员工思想状况，开展"从心出发　同向同行"九个一系列活动，推出"三走访四谈心"、业务帮扶、异地专项关爱等措施，凝聚企业转型升级强大合力；全面升级舆情和声誉风险管控，创新推出《工作提示》，建立舆情管理员和网评员队伍，与当地网信办和所属企业建立舆情对接和互补机制，有效处置多起负面舆情，全年未发生一起意识形态事件；构建融媒体宣传大格局，成立融媒体工作领导小组，调整媒体平台管控机制，创新推出系列"身边榜样"、《深度工作法》和《遇见自己》专栏，创作推出优秀企业故事《履行社会责任，践行央企担当》等文创产品6个，全年外部刊稿182篇，官方视频号进一步提升，官方微信公众号成为信托行业影响力前列的自媒体，公司被央视新闻网、人民网等主流媒体报道84次。

（陈世韬）

【党建工作】坚持"一切工作到支部"和"融合思维""大党建思维"的鲜明导向，推进"三亮一做"等特色党建工作，持续深化"4+N"党建联建，全年共开展联建活动20余次，党建与经营工作深度融合，不断彰显特色与实效。首次开展支部建设提升三年行动，构建1+5+3支部工作体系，10个支部围绕"每年至少共同组织一次学习座谈会、组织一次主题党日活动、至少共同上一次党课，至少解决一项实际问题"4项重点工作进行结对共建，形成支部工作一体提升的良好局面。新冠疫情期间，成立现场值守人员临时党支部，做好运营保障和现场统筹，有效发挥了党支部的战斗堡垒作用和党员先锋模范作用；推出防疫关爱10条措施，建立党团员防疫服务队，广泛开展药品互助、核酸检测等服务，贴心织密员工健康防护网，实现在疫情政策全面放开前无一人感染新冠病毒的目标。开展支部书记培训和网络培训班，两级支部书记全部提前1年实现持证上岗。党建研究成果实现突破，第

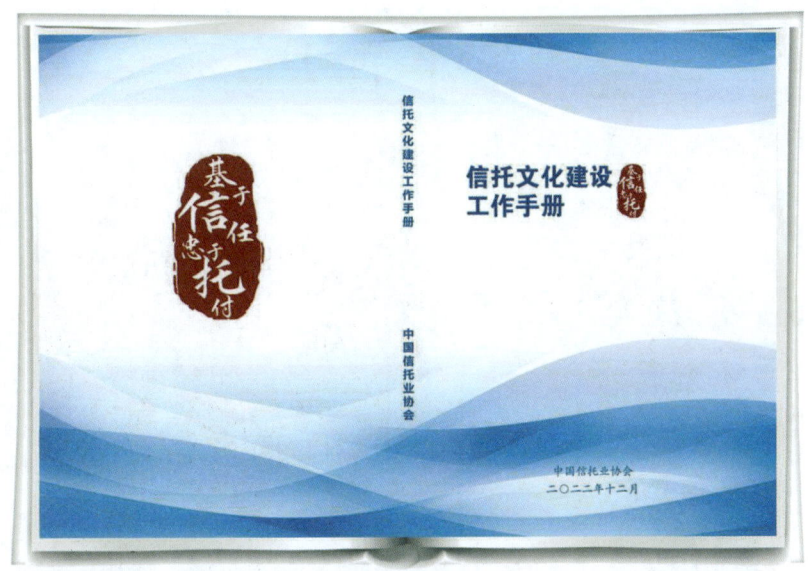

▲图13-78　2022年10月，中铁信托牵头编制《信托文化建设工作手册》

一次中标股份公司党建课题，总结出"1+5+X党建+"工作模式，并荣获管理成果二等奖；将党的建设与企业治理、中心任务、合规建设、和谐企业深度融合，构建了"四融四促"党建发展一体化推进新格局，做到党建工作与中心工作互融共促，相关做法首次在信托业论坛上作党建工作交流发言，"党建+"工作得到协会高度肯定。

加强廉政建设。从严从实抓好主体责任，新建或修订制度5项，"三不腐"体制机制建设迈向深入。抓好巡视巡察"后半篇文章"，确保股份公司党委巡视、公司党委巡察发现问题整改清仓见底、应销尽销，阶段整改已全部完成。开展作风建设年活动，重点整治内卷、内耗、躺平，不断巩固拓展作风建设成效。健全信访处置及案件查办制度，精准运用监督执纪四种形态，全年运用第一种形态进行组织处理和政纪处分14人次，保持问责高压态势。建立"日常监督""大监督"问题库，实行重点工作跟踪督办，全年对18项工作进行了日常监督，发出监督建议书10份，提出管理建议15条。首次在四川银行业协会作廉洁主题发言，并参与其廉洁风险防控体系课题研究，深度打造"廉洁合规伴我行"主题纪检教育品牌。深入推进清廉金融文化进基层活动，常态化开展企检共建、家风家教创建、每日一题、"清廉金融说"等特色活动，"法纪至上、唯廉唯实"的廉洁理念更加深入人心。

（陈世韬）

【信息化建设】优化理财App，全年新注册用户超7000人、日活超千人，交易笔数近2万笔、金额超281亿元，并为疫情防控期间销售业绩的逆势增长提供了科技保障，为财富管理提质增效和转型升级打下了坚实基础。标品信托业务系统及时更新，持续满足公司资本市场业务拓展和业务运营管理系统工作需要，截至2022年底，顺利完成了合计超11280笔、规模逾2446亿元的标品投资业务管理，为公司业务转型升级提供了必要的技术支持和基础保障。全面推广非标资管系统，提高了信托项目的运行质效，建立了项目信息基础数据库，全面再造了107个相关业务流程，优化了资金管理、抵质押物管理等重要环节的管理模式，全年新建信托项目流程534个，流转业务流程9000余个，通过将项目管理要求嵌入信息系统，实现了信托项目运营管理和风险监控的质效提升。

（余翼）

【履行社会责任】建立支持慈善公益的长效机制，将慈善信托的业务领域延伸至乡村振兴、绿色环保、文化教育、扶困助弱等方面，全年备案慈善信托7960万元，同比增长约80倍。积极支持乡村振兴，对口帮扶甘孜州得荣县，全年投入帮扶资金50余万元，并斥资100万元支持当地"新五改三建"幸福工程；落地全国单笔规模最大的乡村振兴慈善信托，首期金额达7930万元，已向湖南、山西、西藏等地划拨帮扶资金6113.48万元，从全国600余项践行社会责任的案例中脱颖而出，被人民网评为第十七届人民企业社会责任"年度案例奖"；积极助残扶弱，向省残疾人福利基金会捐款50万元，并签约共同出资100万元建立省内首单以"助残"命名的慈善信托，落地西南地区首单关爱退役军人慈善信托，先后获评金誉奖·优秀慈善信托产品、成都市年度最具爱心企业、第七届中国西部财经论坛高质量发展贡献奖等荣誉；严谨管理，充分利用信托专户专款专用、定期信息披露和设立监察人等特有制度，实现了委托人所交付信托财产的风险隔离和资金运用的公开透明，不断强化和规范管理工作。

认真落实疫情防控政策要求，坚持以人为本，团结带领全体员工顶住多轮疫情考验，召开专题会议研究13次，出台防控指引等制度16项，累计支出28万元用于疫情防控，

▲图13-79　中铁信托作为受托人参加马家河社区体育发展慈善信托成立仪式

全力保障广大员工的健康安全。统筹疫情防控和复工复产，坚持不等不靠、自力更生、抢前抓早，探索形成了应急值守、远程办公等一整套保运营、保服务的响应机制，尽最大努力保障公司在特殊情况下的经营生产秩序，确保了公司安全稳定的良好局面。

（钱思澈　王　麟　刘春玲）

中铁财务有限责任公司

【简况】中铁财务有限责任公司（简称"中铁财务"）于2013年7月4日由银监会批准筹建（银监复〔2013〕330号），2014年2月27日取得开业批复（京银监复〔2014〕98号），3月16日正式开业运营。2018年注册资本金增至90亿元，其中：中国铁路工程集团有限公司出资4.5亿元，占比5%；中国中铁股份有限公司（简称"中国中铁"）出资85.5亿元，占比95%。截至2022年12月31日，中铁财务现有员工86人，其中研究生以上学历41人，占员工总数的47.7%；中级职称以上65人，占员工总数的75.6%；具有海外留学经历人员18人，占员工总数的20.9%。2022年12月，中铁财务在2022年全国建筑业财税管理优秀论文和典型案例征集评选活动中获得二等奖1项；由中铁财务组织编写的《支持平潭海峡公铁两用大桥建成通车》《精准服务成员单位"去杠杆、降成本"》两个案例入选《中国企业集团财务公司行业社会责任报告（2020—2021）》。2022年，中铁财务以学习宣传贯彻党的二十大精神为主线，全面落实习近平总书记关于国企党建重要论述和金融服务实体经济重要指示批示精神，践行"党心红、宏图蓝、融合绿、基业青、硕果金"五大路径，实施"铸魂、领航、融合、提升、聚力"五大工程，着力打造"五彩党建"品牌，实现党建工作与经营管理工作深度融合，以高质量金融全面服务中国中铁建设世界一流企业。

（胡　策　孙　源　任　祥）

【主要指标】截至2022年12月31日，中铁财务实现营业收入20.29亿元，同比增长7.07%，完成年度预算的118.65%；利润总额10.47亿元，同比增长2.95%；净利润8.10亿元，同比增长3.18%，完成年度预算的135%；归属于母公司所有者的净利润8.10亿元，同比增长3.18%；资产总额1235.63亿元，同比增长37.26%；所有者权益125.89亿元，同比增长2.99%；技术开发投入0.16亿元，同比增长60.00%；利税总额11.83亿元，同比增长6.67%；应交税金总额3.73亿元，同比增长12.69%；全员劳动生产率1399.21万元/（人·年），同比下降8.21%；净资产收益率6.53%，同比减少0.01个百分点；总资产报酬率0.98%，同比减少0.18个百分点；国有资本保值增值率106.64%，同比减少0.01个百分点。

（楚国军）

表13-42　2021—2022年中铁财务主要经济指标

项目	2021年	2022年	增长率/%
资产总额/亿元	900.23	1235.63	37.26
所有者权益/亿元	122.23	125.89	2.99
营业收入/亿元	18.95	20.29	7.07
利润总额/亿元	10.17	10.47	2.95
净利润/亿元	7.85	8.10	3.18
归属于母公司所有者的净利润/亿元	7.85	8.10	3.18
技术开发投入/亿元	0.10	0.16	60.00
利税总额/亿元	11.09	11.83	6.67
应交税金总额/亿元	3.31	3.73	12.69
全员劳动生产率/[万元/（人·年）]	1524.42	1399.21	-8.21
净资产收益率/%	6.54	6.53	减少0.01个百分点
总资产报酬率/%	1.16	0.98	减少0.18个百分点
国有资本保值增值率/%	106.65	106.64	减少0.01个百分点

制表：楚国军

【改革发展】中铁财务深入开展"深化改革三年行动",截至2022年末,72项改革任务已全部完成,在涉及党的领导、公司治理、董事会建设、经理层行权履职、用工市场化、市场化薪酬分配机制等领域取得了一系列重要阶段性成果,制定或修订了各项制度、规定和方案共计30余项,整体推动中国特色现代企业制度更趋规范完善,党建工作与业务经营更加特色融合,市场化经营机制更加科学立体,干部人才队伍建设更加复合化、市场化。

(吴松涛)

【信贷业务】2022年,中铁财务为42家成员企业办理综合授信共计1755亿元,同比上涨15.54%。自营信贷业务日均规模433.77亿元,较2021年的359.48亿元增长20.67%,自营信贷业务余额428.39亿元。全年总计开展各项自营信贷业务95笔,总金额443.27亿元。办理联合保理17笔,为成员单位累计盘活资产超过63亿元,出表资产超过56亿元,切实有效助力成员单位降低资产负债率。委托贷款共计开展32笔,2022年末,余额为73.4亿元,为成员单位间的资金融通提供平台服务。保函认可度进一步提升,办理各类保函451笔,合计金额199.15亿元。全年始终保持0不良贷款率,未发生信用风险事件。

(安 琦)

【资金业务】以保障资金安全为目标,持续优化资金管理工作,多措并举提升流动性管理能力和资金配置能力。持续优化日常流动性管理,加强监管指标日常监测,强化流动性压力测试工作,在以前年度压力测试工作的基础上,通过优化流动性压力测试指标选取,加强对资金头寸变化的现状及趋势分析,构建了更加合理、有针对性的压力测试情景,有效提升了资金流动性管理工作的科学性、有效性,严控流动性风险。完善资金配置,切实采取措施有效应对市场利率持续下行趋势,不断进行结构调整,大力拓展合作银行,充分挖掘同业市场潜能,紧抓关键时点开展同业存款配置,积极提升同业资产收益。

(韩 超)

【投资业务】中铁财务持续跟踪宏观经济环境及货币政策变化,关注可投资品种市场利率走势,充分利用自身的专业优势,合规开展有价证券投资。投资业务严格按照年度投资配置方案中的投资范围、投资预算、投资品种、持仓比例及止盈止损原则,在确保流动性安全的前提下积极拓宽公司投资配置渠道,筛选近3年平均收益率排名靠前、规模较大的货币基金产品,努力增加投资规模,适时分散投资、选择配置,切实提升投资收益水平。截至2022年12月31日,公司共获得投资收益9978.15万元,年化收益率2.01%,税前收益率2.68%。

(韩 超)

【票据业务】中铁财务持续推行票据承兑简化手续、免收保证金、零手续费等多重便利政策,进一步加快票据业务办理效率、降低成员单位融资成本,在处理好成员单位开票需求的同时,结合《企业集团财务公司管理办法》新规严控规模风险。截至2022年12月31日,全年累计承兑出票16577张,总金额141.93亿元,同比增长46.62%,余额79.17亿元,同比增长23.25%。累计办理票据贴现72张,总金额共计1.37亿元。

(安 琦)

【外汇业务】以业务能力建设为重点,积极推进跨境业务。协助中铁建工完成全北京地区首笔财务公司人民币外债资金直接下拨至成员单位自由使用的内保外贷业务,为成员单位获取境外低成本资金开辟新通道。承办人民银行跨境人民币业务推动视频座谈会,研究探讨境外承包工程企业使用跨境人民币的重难点问题,推动跨境人民币便利化政策落地。

(刘 洋)

【资金集中】中铁财务以司库建设为首要任务,在集团统筹安排下组织推进"账户、资金集中、资金结算、票据、境外资金"5个模块的司库建设。以提升资金集中度及日均吸存为工作核心内容,针对监管资金归集开展工作,发布制式三方监管合同模板,拓宽资金归集渠道。深入开展客户服务体验提升,落实"主动接单、快速响应"服务理念,持续完善客户服务体系。截至2022年末,客户规模大幅增加,资金池规模持续扩容,存量客户同比增长19%;年底时点账面吸存1108亿元,同比增长43%,首次突破千亿元大关,日均吸存586亿元,同比增长11%,均创历史新高。

(张 妍)

【重大创新】首次开创"直转闭环"合作模式,与多家银行开展票据业务合作,累计通过"直转闭环"转贴现买入财票251张,总金额6.03亿元,为持票人提供了高效、便捷的融资渠道,为优化配置资产结构提供新的渠道,同时提高了财票在市场的接受度、影响力。首次开展项目前期贷款业务,进一步丰富了信贷业务品种,有效帮助成员单位解决项目前期融资难、成本高的问题。

(安 琦)

【风险管理和内部控制】坚持问题导向、风险导向,严格审核各类业务,稳控各项风险指标,公司风险管控能力持续加强。推进内控风险法律合规一体化建设,梳理各类业务流程,将风险管理和合规管理的要求嵌入各项业务流程。开展各类监管政策和法律法规解读,分析政策变动可能对公司产生的各类影响,确保公司经营依法合规。通过加强规章制度管理、优化业务审批流程、更新业务风险点评估等措施,不断提升公司内部控制管理水平。

(许敏锐)

【人力资源管理】强化制度建设,制定修订了《领导人员管理办法》《公开招聘和人才引进管理规定》《公司业绩考核管理办法》等多项制度办法；严格选人用人，年内公开招聘各类人才5人，其中海外留学归国应届毕业生2人，系统内有基层工作经历的复合型管理人才、党群人才3人，配合股份公司党委完成了1名公司领导班子副职的推选工作，考察任用总经理助理1人、总法律顾问1人，提拔部门副职1人，晋升资深经理1人，对16名一般员工晋升了职级，聘任中级职称11人，推荐并评审通过正高级职称3人、高级职称2人，对4名部门负责人、6名员工进行了岗位轮换交流；加强培训培养，组织开展了为期3天的全体干部职工参加的政治理论与综合能力素质暨"青马工程"培训班，组织开展了为期1天的新入职员工培训班，举办了导师带徒签约仪式，共有13对师徒进行了现场签约，持续推进专家工作室课题创新研究，9项研究课题均已完成结题，并取得了一系列重要研究成果。

（任祥）

【企业文化】中铁财务发布企业文化体系建设纲要，启动"企业文化建设年"活动，拍摄公司宣传片，制作了企业卡通形象，国资委《国企》杂志、中青网、中国网、财协、《中国中铁简报》等内外部媒体对公司党建及经营活动进行刊载报道30余次。通过设计制作宣传展板、企业文化展厅和文化墙，使"先锋文化"外化于行，通过开展意识形态工作、组织形势任务教育、"金融讲堂"、团建拓展等活动，使"先锋文化"内化于心，企业文化引领力进一步提升。

（付蓉）

【党建工作】坚持以习近平新时代中国特色社会主义思想为指导，深入学习贯彻党的二十大精神，组织开展"喜迎二十大、奋进新征程、永远当先锋"等主题活动，引导干部职工深刻领悟"两个确立"的决定性意义，增强"四个意识"、坚定"四个自信"、做到"两个维护"。胜利召开公司党员大会，选举产生新一届"两委"委员，以"五彩党建"品牌创建为抓手，推动党建工作与经营工作同频共振、同向聚合，将基层党建"最后一公里"打造成"最美一公里"。

（吴松涛）

【信息化建设】中铁财务积极推动企业数字化转型，开展司库、新一代票据、远程开户等信息系统建设，实现业务全面线上办理。加快核心业务系统智能升级，自动处理指令571.9万笔，占2022年总指令数的90%，应用流程自动化（RPA）实现票据解付等业务自动处理。持续优化共享支付接口，完成云计算平台扩容，提高系统处理能力，业务高峰单日处理指令突破21.5万笔。开展数字标准化和业务应用，建立数据仓库和分析模型，提高监管数据报送效率和业务分析能力。持续推进信息安全体系建设，认真开展重要信息系统等保三级测评和专项审计，对核心业务系统及基础设施进行测评和安全加固。对标银行业信息科技风险监管要求，加强信息系统风险检测，完善信息科技风险管理工作机制。

（王晓晋）

【履行社会责任】中铁财务积极参加中国中铁"央企富民兴疆消费帮扶行动"，购买新疆特色农产品一批，金额2.1万元。积极响应中国中铁"央企消费帮扶兴农周"活动，购买中国中铁定点帮扶县郴州市汝城县农产品一批，金额1.52万元。

（付蓉）

中铁资本有限公司

【简况】中铁资本有限公司（简称"中铁资本"）成立于2016年8月，注册资本金37.6亿元，公司设在北京，是中国中铁的全资子公司，涵盖产业基金、资产证券化、融资租赁、保险经纪、商业保理、供应链金融、国际投融资、创新创投等八大业务板块。截至2022年12月31日，中铁资本下辖控股公司4家，分别是中铁金控融资租赁有限公司、中铁汇达保险经纪有限公司、中国中铁香港投资有限公司和中铁商业保理有限公司；参股公司12家，分别是中铁建信（北京）投资基金管理有限公司、中铁平安投资有限公司、中铁聚信资产管理有限公司、中铁民通（北京）投资有限公司、中铁光大股权投资基金管理（上海）有限公司、宁夏金融资产管理有限公司、中铁融信（天津）投资管理有限公司、天津闳实股权投资基金管理有限公司、恒邦财产保险股份有限公司、国改双百发展基金管理有限公司、天津恒通基业股权投资有限责任公司、中国国有企业结构调整基金二期股份有限公司。中铁资本共有职工221人，其中本部66人，区域营销中心17人，中铁金控36人，中铁汇达44人，中铁保理35人，中铁香港23人。

中铁资本努力打造中国中铁金融资源整合平台、综合金融服务平台、产融结合协同平台、创新孵化发展平台、境外资本运营平台，致力于为中国中铁主业和社会各界提供全方位金融服务，构筑连接金融市场与工程承包、地产开发、设计咨询、装备制造等产业融合发展的纽带和桥梁。

2022年，中铁资本实现新签合同额25.53亿元，完成股份公司下达预算指标13亿元的196.38%。

（李双双）

【主要指标】2022年中铁资本资产总额156.58亿元，实现营业收入15.11亿元，利润总额4.44亿元，净利润3.58亿元。

表 13-43　2021—2022 年中铁资本主要经济指标

项目	2021 年	2022 年	增长率 /%
资产总额 / 亿元	146.94	156.58	6.56
所有者权益 / 亿元	49.40	52.82	6.92
营业收入 / 亿元	13.03	15.11	15.96
利润总额 / 亿元	3.78	4.44	17.49
净利润 / 亿元	2.91	3.58	23.23
归属于母公司所有者的净利润 / 亿元	2.48	3.15	27.02
利税总额 / 亿元	4.53	5.34	17.88
应交税金总额 / 亿元	1.76	2.27	28.98
全员劳动生产率 /[万元 /（人·年）]	437.51	490.22	12.05
净资产收益率 /%	6.02	7.07	增加 1.05 个百分点
总资产报酬率 /%	3.37	3.80	增加 0.43 个百分点
国有资本保值增值率 /%	106.34	109.43	增加 3.09 个百分点

制表：孙志赢

【基金业务】2022 年，中铁资本基金业务全年经营跟踪项目 46 个，项目总投资 1484.96 亿元，包括基础设施 PPP、城市更新、片区开发等多种项目类型。全年中标项目 23 个，中标项目总投资 1252.98 亿元，预计项目基金应出资 176.7 亿元。截至 2022 年末，全年项目基金实现放款项目 34 个，投放金额 103.24 亿元。2022 年，在与中国人寿、交银人寿等险资成功合作的基础上，全面拓宽与大中型险资机构合作广度，深入对接人保、太平等保险机构，探索合作路径。积极研究存量资产盘活方案，与四大资产管理公司进行了全面对接。与广东恒健投资控股有限公司管理的粤澳合作发展基金开展合作，截至 2022 年末，已对接各类股权投资类金融机构 35 家，其中对接保险机构 17 家、资产管理公司 4 家、信托机构 9 家、政策性金融机构 3 家、银行理财子公司 2 家。年内 20 个项目获得金融机构投资人批复，批复投资金额 105.51 亿元。其中保险资金 5 个项目 17.82 亿元、政策性引导基金 3 个项目 16.73 亿元、信托公司 6 个项目 58.40 亿元、资产管理公司 6 个项目 12.56 亿元。

（蒋佳明）

【证券化业务】中铁资本证券化业务通过扩大资产范围、拓宽融资渠道、优化发行模式等方式破解成员单位的融资难题。经过不断地产品创新升级，设计并发行了系列资产证券化和永续产品，成功为主业募集资金 317 亿元。为中国中铁完成国资委优化企业财务结构的任务作出了重要贡献，有效地发挥了金融服务平台和资产管理平台的作用。

升级代理模式应收账款资产证券化产品，发行中国中铁首单包含工程尾款的资产证券化产品，落地了交易所首单续发模式的应收账款 ABS，荣获上交所"资产证券化业务优秀发起人"的称号。通过广泛对接投资机构，为工程局引入险资，利用永续权益融资产品实现了成员单位"降负 + 融资"的双重目标。

（郭牧涵）

【融资业务】中铁资本所属中铁金控融资租赁有限公司是 2015 年 8 月在天津东疆保税区注册成立的外商融资租赁公司。公司坚持立足主业、以融促产，充分发挥融资租赁在节税创效、盘活存量资产和降低流动性风险等方面优势，围绕中国中铁内部成员单位和产业链上下游企业的中长期资产融资需求提供特色金融服务。公司基于直接租赁、售后回租、经营租赁三大基础业务模式，构建"一体两翼 N 驱"的业务布局，积极创新推动厂商租赁、转租赁、供应商租赁和项目租赁等产融结合模式。在新购设备、施工项目、流动性资金保障等重点领域的关键时期和关键环节，为主业单位提供直接资金支持。

2022 年，中铁资本租赁公司累计完成资金投放 186.54 亿元，累计服务中国中铁 24 家二级单位。重点服务于主业单位大额设备采购，并通过租赁业务为主业单位开拓市场提供支持，其中累计参与盾构机租赁 112 台，累计带动设备销售近 50 亿元，为中国中铁工业板块扩大销售规模发挥了积极作用。公司实施的国企改革三年行动全面完成。公司的产融结合模式和经营成果得到业界肯定，荣获天津市地方金融监督管理局融资租赁公司监管评级 A 级、"西湖论坛杯""租赁企业管理奖"和"租赁企业创新成就奖"、2022 年（第二届）全国融资租赁创新案例大赛"优秀创新案例奖"、全球租赁业竞争力论坛"央企租赁产融结合示范企业"和天津市租赁行业协会"2022 年度优秀企业"等荣誉称号。

（杨　斌）

【保险经纪业务】中铁资本所属中铁汇达保险经纪有限公司经纪业务涉

及国内外铁路、公路、地铁、市政、房建、物流、装备、车辆等资产类型，产品覆盖建筑工程一切险及附加第三者责任险、建筑施工人员团体意外伤害险、出国人员团体意外伤害险、企业财产险、机器设备损失险、船舶险、货运险、车险等传统的主流险种，以及首台套保险、诉讼保全保险、保险保函、保证保险等新型保险业务。

2022年，中铁汇达实现确认投保项目共1357笔，投保金额9466.75亿元，签单保费13.44亿元。全年完成了天津轨道交通Z2线、阳信高速公路、广佛环线、G577精伊线公路、天陇铁路、重庆轨道交通27号线、滇中引水等重大项目投保；完成了临空经济区项目、济源高速公路、几内亚马西铁路等国内外市场化业务。中铁汇达通过完善安责险统保工作的实施方案，以不同形式完成了中铁一局、中铁开投、中铁南方等二级单位或片区的安全生产责任险统保工作。2022年共完成安责险投保314笔，签单佣金1343万元，安全生产责任险已成为中铁汇达除建筑工程一切险及附加第三者责任险、建筑施工人员团体意外伤害险、建意险外的第三大支柱险种。深耕海外市场，积极寻求符合企业实际的海外业务展业模式。2022年签订了中铁十局泰国一揽子项目协议，创新了海外区域项目一揽子投保模式。2022年中铁汇达参与的保险项目全年累计报案5531笔，较2021年增长2.7%。全年累计结案4278笔，较2021年同期增长3.68%。

（陈　浩）

【保理业务】中铁资本所属中铁商业保理有限公司是2018年2月7日在广州市南沙保税港区注册成立的提供市场化、产业化、线上化融资服务的供应链金融服务公司。公司积极践行科技赋能服务实体互利共赢的发展理念，通过"反向保理""中铁E信""反向保理+基金""中铁E信+基金""供应商联合保理""核心企业确权类联合保理"等产品，为中国中铁产业链上下游企业提供一站式供应链金融解决方案。

中铁保理自主研发的保理核心业务系统和中铁供应链金融平台，已累计入驻中铁二级单位34家，覆盖率达到90%，三级单位186家，有效客户覆盖率为60%左右，外部供应商23297家。中铁E信累计开具金额突破116亿元，累计融资金额95亿元，实现了多项业务新突破，以反向保理和E信为重点，实现"应付端"资产的全周期覆盖，确保核心企业在项目经营投标、过程施工和项目尾款结算等环节的融资诉求。针对FEPC、PPP项目资金需求，总结提炼了"反向保理+基金""中铁E信+基金"等业务模式，凸显了保理业务的多场景、多领域和多功能特性。利用"额度流转"，给投资公司类企业所属项目提供资金支持，通过中铁供应链金融平台（中铁E信）打通了多主体、多层级的流转通道，盘活了中国中铁供应链条，助力解决融资难题。为贯彻中国中铁压降融资余额、打通资金路径的方针和要求，中铁保理将中国中铁供应链金融平台由1.0（自融）模式向2.0（平台）模式转型，开辟自融和直融两大场景服务，全年完成6家银行直连，并实现4家银行直融业务落地，在有效开辟融资路径释放头寸的同时，为服务主业的功能延展和普惠金融的业务施展提供了场景平台。

（刘　炜）

【跨境投融资业务】中铁资本所属中国中铁香港投资有限公司是2012年10月在中国香港注册成立的境外投资公司。作为中国中铁旗下唯一的境外投融资企业，公司业务涵盖境内外基础设施建设项目投资、财务顾问、市场开发、跨境基金和跨境并购等。公司在国家"一带一路"倡议指引下，以"优势资金带动主业经营、跨境资金带动投资能力、金融咨询提供专业服务"的思路积极服务构建"国内国际双循环"新发展格局，努力践行中国中铁"海外双优"和"一体两翼N驱"发展战略，持续在中国中铁境内外投资和并购业务中有力发挥跨境综合金融服务的专业优势。依托境外优势资金开展高端经营，主动深耕重点区域，为境内主业增添新动能。持续加大国际资金募集力度，储备整合全球优质金融资源，逐步扩大境外基金管理规模，为中国中铁提升境内外投资能力添砖加瓦。

2022年，中国中铁香港投资有限公司实现了第一笔海外股权投资基金落地，助力主业单位利用表外外资获取45亿元合同额，该基金是中国中铁首单跨境项目投资基金，有力打响了公司跨境金融服务品牌。在中国中铁云隐项目中，发挥投融资及并购方案设计等专业优势，为云隐项目提供全流程一揽子并购咨询服务，协助中国中铁顺利实现了近年来最大的一单并购交易。合理合法保障了中国中铁方利益最大化，

▲图13-80　中铁资本与中国人民保险集团洽谈合作

以较低价格获得了"第二曲线"的朝阳资产，实现了中国中铁传统资产的溢价退出，大幅优化了财务指标，获得了在云南等区域市场的先机及部分重大项目的优先权，创造了央地合作典范，对中国中铁具有重大战略意义。坚持以境外投融资平台定位服务主业的初心，持续加强投融资方案优化和产品创新设计，不断提升全周期、全方位服务主业能力，全面参与了中国中铁年内所有境外投融资及并购项目，为中海外巴库港项目、中铁六局蒙古国首都公路项目、中海外哈萨克斯坦某并购项目等10余个项目提供了卓有成效的专业服务。

（郭灏）

【规划发展】中铁资本持续推动企业发展改革和创新创投工作。完成公司及所属单位的"十四五"发展规划修订、发布、备案编制工作，开展规划宣贯活动，分解并完成2022年规划目标任务；国企改革三年行动高质量收官，贯彻落实八大工作机制，公司及所属单位改革三年行动420项改革任务及其配套制度全部完成，改革取得明显实效；全面完成对标管理提升行动各项任务；进一步推进提质增效行动，全面完成62项任务，形成配套出台制度方案181个，企业质效得到明显提升；科技创新课题成果获奖质量、数量再创历史新高，4项管理现代化创新课题分获股份公司一等奖1项、二等奖1项、三等奖2项，基金业务部课题获得股份公司实用技术创新大赛软科学类唯一特等奖。与中国诚通一揽子（三支）基金合作实质性落地，其中投资国调基金二期10亿元，协调国调基金二期股权投资中国中铁三级工程公司20强——中铁七局武汉公司和中铁十局一公司共10亿元；成立创投基金公司筹备组，筹备组建基金管理公司并发起设立中铁科创基金，旨在推动企业核心技术转型升级、实现企业技术市场化应用、打造企业原创技术策源地，促进相关产业链资源优化配置与产业体系现代化发展。

（汪颖佳）

【风险与合规管理】中铁资本坚持以习近平新时代中国特色社会主义思想、全面依法治国依法治企方略和防范化解金融风险等重要指示精神为指导，高质量落实公司各项决策和股份公司专业管理要求，坚持"保发展合规至上，促经营风控为先"理念，不断强化风险合规管理，持续提升公司发展质量和效益，聚焦重点，继续立足公司发展和专业职责，为公司做强、做优、做大贡献专业力量。聚焦重点，坚持底线思维，多措并举严控风险。深化改革，坚持目标导向，转变思路健全内控体系。依法治企，坚持法治思维，法治中铁建设深入推进。强基固本，坚持合规至上，严守依法合规经营底线不动摇。

（汪莹）

【协同经营】2022年，公司实现新签合同额25.53亿元，完成预算指标13亿元的196.42%，同比增长26.63%。公司新签增长率在股份公司各二级单位中排名第一，新签绝对值在3家金融企业中排名第一，两年新签规模翻一番，实现历史性突破。持续优化经营体系建设，不断完善顶层设计，推动"三层保障""五个区域""八大板块"经营战略布局走深走实，积极打造"区域协同、专业协同、资源协同、能力协同"四驱联动经营体系，探索出一条符合公司业务特性、核心竞争能力突出、服务主业更具效能的产融结合经营道路，为巩固"十三五"经营改革成果和"十四五"期间经营工作打下坚实基础。

（周文博）

【人才队伍建设】全面加强干部人才队伍建设，坚持党管干部、党管人才，充分发挥党委在选人用人中的领导和把关作用，切实做到从严选拔、教育、培养、管理和监督，逐步建立、培养了一支与业务发展相适应的结构合理、素质优良的干部人才队伍，人才基础不断夯实。把好选人用人关口。突出政治标准，鲜明树立重实干重实绩的用人导向和国有企业"好干部"20字标准。综合运用内部推选、外部交流、公开遴选、竞聘上岗、公开招聘等方式选拔任用干部和人才。2022年，共调整配备领导干部52人次，其中提拔15人、调入1人、调出1人、岗位调整及兼职调整35人次；引进"双一流"高校毕业生5人，社会化招聘引进8人，人才队伍进一步充实、增强。持续优化"三项制度"改革，进一步加强管理人员能上能下市场化机制建设，建立多渠道、多维度的管理人员"下"的认定方式，解决管理人员能"上"能"下"问题；进一步加强员工能进能出市场化机制建设，推进人才市场化引进与流动，加强考评体系建设，强化考核结果的应用，解决员工能进能出问题；进一步完善收入能增能

▲图13-81　2022年7月28日，中铁资本首家劳模创新工作室——杜伟丽劳模创新工作室揭牌

减市场化机制建设，加强工资总额的预算管理，大力推行差异化薪酬和高端紧缺人才协议薪酬，解决收入能增能减问题。进一步优化职工医疗保障体系，形成以公司内部补充医疗保险、北京普惠健康宝、泰康团体重疾补充医疗保险为组合的多层次医疗保障体系，真正地把职工的全生命周期健康保障落实到位。

（陈云超）

【企业文化】不断丰富深化中国中铁"开路先锋"文化，精心培育中铁资本企业文化，构建公司"一旗两基四梁八柱"文化理念体系，形成并发布中铁资本"产融先锋"企业文化建设纲要，积极宣贯"产融先锋"文化精神，引导干部职工传承中铁精神、共谋资本事业、服务主业发展。《党建带工建："三聚焦三提升"共绘高质量发展"同心圆"》《坚持党建引领　创建一流产融结合平台》《募集规模2.53亿元！中铁资本设立城市更新项目产业基金》等在《国企》《企业观察报》、人民网、新华网、光明日报客户端、工人日报客户端等重要载体刊发860篇次，受到广泛关注。"升级"微信公众平台，形成"学习二十大　奋进正当时"和"企业文化""企业品牌""党建小课堂""资本课堂"等相对固定的宣传板块；升级平台首页菜单，保留"产品购买"接口，增设"企业介绍"菜单，加强企业品牌传播。官微阅读量较上年同期上涨32.3%，官微粉丝数上涨22.2%，传播范围进一步扩大，企业品牌美誉度进一步增强。

（赵　清）

【党建工作】充分发挥党委"把方向、管大局、促落实"的领导作用，持续推动党建工作与业务经营深度融合，持续深化政治建设，迎接党的二十大、学习贯彻党的二十大精神；坚决落实"第一议题"制度，全年共组织学习26篇次，研究落实举措85项，召开党委会14次，审议"三重一大"事项104项，有效推动党的各项方针政策落地生根。

坚持以系统观念构建大党建格局，通过"大学习、大调研、大党建"建设，深入推进"13456"机制，有力提升了党建工作的价值创造能力、专业管理能力和赋能激励能力。发布进一步深化新形势下企业党建工作的指导性意见、强化党支部建设20条指导意见；"13456"党建机制持续丰富发展，获得《中国中铁党建工作探索创新典型案例选编》收录并出版。发布《标杆党支部案例选编》《党建工作理论研究与实践探索》《产融先锋：中铁资本党建品牌建设纪实》等党建成果，《中铁资本：党建工作与业务经营共融互促的经验做法》获评全国党建研究会国企党建优秀案例。成立劳模创新工作室，组织职工全员创效行动和技能大赛、劳动竞赛等活动。

成立公司首家劳模创新工作室，组织创效行动和技能大赛、劳动竞赛等活动，3名职工获得全国铁路总工会和股份公司表彰，选送作品喜获铁路总工会"书香三八"征文一等奖。全力推进青年精神素养提升，常态化开展职工慰问活动，为职工发放抗原试剂、口罩等防疫物资。

开展"建功新时代、喜迎二十大""学习二十大、奋进新征程"主题活动，组织参观"奋进新时代"成就展，多种形式学习贯彻落实党的二十大精神。组织中层干部撰写学习体会，形成《中铁资本学习贯彻党的二十大精神理论研究和实践探索》。坚决落实"第一议题"制度，组织学习26篇次、研究落实举措85项。召开党委会14次，审议"三重一大"事项104项。开展"促增长、谋发展"业务单位主要领导述讲业务活动。始终坚持党管干部、党管人才，发挥市场作用，着力培养塑造过硬干部人才队伍，调整配备领导干部52人次。

认真履行全面从严治党主体责任，一体推进"三不腐"。召开党风廉政建设工作会，签署《党风廉政建设责任书》。党委纪委定期沟通会商。坚决落实主要领导谈话制度，开展监督检查，有效防范违规公款消费、享乐奢靡问题。建立管理岗位廉洁风险防控体系。开展"弘扬家庭美德，树立良好家风"系列活动，举办青年员工廉洁教育大会暨廉洁从业承诺书签约仪式，进行境外派驻人员离境前廉政教育。建立《政治监督一览表》，切实把贯彻落实党的路线方针政策和重大决策部署、总书记重要指示批示精神等工作落到实处。开展落实"我为群众办实事"、基金项目及合伙企业财务管理情况、"严肃财经纪律、依法合规经营"综合治理等专项监督检查。

（张纪友　赵　清）

【履行社会责任】中铁资本党委坚决贯彻落实党中央、国务院国资委及中国中铁关于常态化疫情防控工作的有关要求，严格配合属地疫情防控政策，采取科学有效的防控措施，在常态化做好疫情防控工作的同时，主动贴近主业、贴近市场，深入推进企业经营管理工作，做到疫情防控与经营管理"两手抓、两不误"，连续6年超额完成年度各项任务。积极履行央企社会责任，全力支持中国中铁定点扶贫县湖南汝城，全年累计扶贫9.34万元，用实际行动助力乡村振兴。

（刘　洋）

中铁物贸集团有限公司

【简况】中铁物贸集团有限公司（简称"中铁物贸"）是中国中铁股份有限公司全资子公司，前身是2007年2月成立的中国中铁物贸分公司，2010年12月18日改制为中铁物贸有限责任公司，2017年2月组建企业集团，注册资本金30亿元。中铁物贸是中国中铁唯一指定专业从事物资集中采购和物资贸易的大型企业集团，在国内物流与物资采购、贸易领域拥有较高的影响力和美誉度。2015年以来，中铁物贸先后成为中国物流与采购联合会副会长单位，中国企业联合会信用评价最优评级AAA企业，北京企业（诚信

创建）评价协会副理事长单位，荣获2019年全国公共采购"优秀集中采购机构""2020年中国物流杰出企业""2020年中国物流创新奖"、2018—2019年度全国企业文化优秀成果一等奖。2021年7月，成为商务部等八部委公布的首批全国供应链创新与应用示范企业，是建筑业央企中唯一入选的二级企业。2022年，中铁物贸成功入选2022年度全国公共采购优秀案例；下属鲁班公司成功入选2022年首批北京市大数据企业，并获得北京市专精特新中小企业认定。

中铁物贸在全国各主要城市及区域设有子分公司、事业部、经营中心，组建了北京、上海、深圳、昆明、武汉、成都、西安、沈阳八大集采中心，拥有物资贸易专业高级管理人员近千人，本科及以上学历达90%以上。公司主要开展钢材、水泥、钢轨、道岔、油品化工、系统设备集成、有色金属、木材、建筑材料、橡胶制品、机械设备等建筑业全品类物资贸易服务，并提供经济信息咨询、仓储服务、设备租赁、项目投资、资产管理、货物进出口、技术进出口、代理进出口等高附加值服务产品。逐渐形成以项目物资供应、区域集中采购、战略采购、部管物资代理服务、招标代理服务、国际国内贸易、电子商务及投资业务八大业务为主的经营格局。

成立十多年来，中铁物贸先后承担了国内外数千项铁路、公路、市政、水利、房建和城轨等工程的物资集采服务，提供了数千亿元的工程建设物资。依托中国中铁系统内部强大的终端需求市场和资源优势，中铁物贸大力开展与上下游客户的战略合作，与国内外主要大型资源厂家、建筑央企、知名互联网企业建立了良好的战略合作关系，拥有丰富、优质的建筑业产业链战略资源，有效提升了市场竞争力和客户体验度。

中铁物贸主动拥抱"互联网+"，持续推进"数字中铁，智慧物贸"战略。由公司自主开发建设的鲁班采购电子商务平台，是中国中铁官方唯一采购电子商务平台，为中国中铁全系统提供采购管理全流程信息化集成服务，同时面向建筑行业内企业提供采购电子商务产品及信息技术服务，是中国建筑行业开展电子商务业务的重大创新典范，在中国建筑业电子商务领域处于领先地位。负责平台建设开发的鲁班公司为全国青年文明号单位、国家高新技术企业，获得中央企业电子商务联盟"十大电商品牌""电商十大创新项目""电商十大新锐产品"等奖项。以"连接、协同、共享"为理念，开发的业务协同平台（BCP）和财务共享系统，实现了业、财、资、税一体化目标，通过上下游客户互联互通，构筑了开放立体的全方位供应链生态圈，引领建筑业供应链集成服务管理变革。（何　佳）

【主要指标】2022年，中铁物贸完成营业收入426.99亿元，完成股份公司下达年度预算426亿元的100.23%，实现净利润6.04亿元，完成股份公司下达年度预算5.76亿元的104.86%。经营性净现金流量为12.5亿元，较2021年的9.9亿元增加2.6亿元，较预算目标5.76亿元增加6.74亿元，资产负债率从2021年末的89.21%降至88.18%。

（聂宗仁）

表13-44　2021—2022年中铁物贸主要经济指标

项目	2021年	2022年	增长率/%
资产总额/亿元	260.26	288.72	10.94
所有者权益/亿元	28.09	34.13	21.50
营业收入/亿元	433.65	426.99	-1.54
利润总额/亿元	7.76	7.52	-3.09
净利润/亿元	6.46	6.04	-6.50
归属于母公司所有者的净利润/亿元	5.97	5.75	-3.69
技术开发投入/亿元	1.03	1.18	14.56
利税总额/亿元	10.75	10.51	-2.23
应交税金总额/亿元	4.51	4.71	4.43
全员劳动生产率/[万元/(人·年)]	141.08	130.43	-7.55
净资产收益率/%	25.94	19.42	减少6.52个百分点
总资产报酬率/%	3.54	2.98	减少0.56个百分点
国有资本保值增值率/%	118.39	115.04	减少3.35个百分点

制表：聂宗仁

【改革发展】全面推进两级企业改革进程，进一步优化治理体系，持续提升治理能力。中铁物贸完成"十四五"战略规划编制发布工作，明确了"构建一个生态、实现双轮驱动、践行三个转变、打造四化链条、培育五种能力"的发展策略，实现高质量发展的路径更加清晰。全力推进国企改革三年行动，围绕完善中国特色现代企业制度、推进企业产业布局优化和结构调整、积极稳妥深化混合所有制改革、健全

市场化经营机制、加强党的领导和党的建设五大改革领域，中铁物贸129项改革任务全部按期完成；聚焦建设国际一流建筑业供应链集成服务领军企业，持续推进对标世界一流提升行动，编制发布提质增效专项行动方案，完成22项对标世界一流和26项提质增效工作任务。推进组织机构改革，筹备成立了招标分公司、集物科技公司、供应链金融事业部，重组成立经营开发中心、商务管理部（采购中心），完成鲁班工业品公司更名及业务调整，为中铁物贸集团转型升级、打造行业领军企业做好了充分的组织准备和体系支撑。深化任期制和契约化管理。先后修订完成《中铁物贸集团有限公司经理层和非经理层考核与薪酬管理办法》，严格落实经理层成员业绩考核与刚性兑付，所属单位负责人薪酬最高增幅78.72%，最大降幅10.88%，初步构建起符合市场化要求、更具激励作用的薪酬体系。

（刘强）

【物资供应服务】2022年，中铁物贸为中国中铁系统内外各项目提供物资供应服务，累计供应金额达524.79亿元。主要物资品种：供应钢材604.90万吨、供应金额282.92亿元，水泥1461.12万吨、供应金额69.25亿元，其他类物资（不含石化产品）供应金额121.22亿元。其中为中国中铁系统内153个直管、投资项目提供工程物资供应服务，累计供应金额287.09亿元，主要物资品种：供应钢材357.01万吨、供应金额172.67亿元，水泥1177.50万吨、供应金额56.52亿元，其他类物资（不含石化产品）供应金额57.90亿元。2022年，新增石化产品集采项目463个（历史累计集采项目达到4593个），年累供应石化产品60.39万吨，供应金额51.40亿元，相较市场价格累计节约成本1.58亿元。其中：成品油46.52万吨，降低1.37亿元；沥青13.53万吨，降低1352万元；润滑油脂3396吨，降低681万元。有力保障了项目物资供应，维护了供应链安全，促进了项目降本增效。

（廉晓阳）

【区域集中采购】2022年，中铁物贸纳入区域集中采购模式的项目共计352个，年内区域集采模式下累计供应总额56.19亿元，其中供应钢材107.35万吨、供应金额50.05亿元，供应水泥141.80万吨、供应金额6.14亿元。中铁物贸通过提供优质的资源渠道、品质可靠的产品、具有竞争力的价格、专业化的服务，吸引工程局融入区域集采的范围。在执行原股份公司区域集采定规则的基础上，大力推进与施工单位"总对总"合作，2022年与20家二级公司、56家三级公司、188个工程项目开展集团公司层面和三级公司层面"总对总"区域集采合作，有力促进了与施工单位的两级集采融合和项目降本增效。

（廉晓阳）

【战略采购】加强战略资源渠道建设，深化与既有战略供应商的合作范围与合作深度，强化对战略供应商的引入、管理与合作评价，战略采购体系不断优化完善。全年新增战略合作厂商资源6家，累计已与84家合作供应商签署战略采购协议，其中：钢材类供应商44家；水泥类27家（钢材水泥的供应商统计数量中各包含3家钢材水泥综合性供应厂商）；润滑油脂类2家；桥梁钢板类2家；钢绞线、锚具类战略合作协议已签署8家；声屏障类2家；混凝土轨枕1家；电缆1家。

（廉晓阳）

【走向海外】中铁物贸始终坚持以习近平新时代中国特色社会主义思想为指导，深入学习贯彻党的二十大精神，全面落实股份公司海外"双优"战略不动摇，在积极做好股份公司孟加拉国帕德玛大桥连接线项目钢轨集采的基础上，不断加强系统内外经营渠道开发，重点跟踪中铁七局、北方国际、中国港湾等单位海外大项目，不断开发适合海外需求的国内上游资源端产品，开发美标螺纹钢、钢绞线、钢板、英标钢材、玻璃幕墙和混凝土聚丙烯粗纤维、输油管道等产品上游端资源，不断强化海外业务制度体系建设，编制了《涉外保密工作管理规定》，修订了《因公证照管理规定》。截至2022年12月31日，中铁物贸实现海外业务新签合同额1.12亿元，完成营业额1.03亿元，圆满完成海外既定目标，供应国家涉及秘鲁、塞内加尔、刚果（金）、孟加拉国、巴布亚新几内亚等，供应品种涵盖钢板、钢轨、型材、工程机械备件和钢绞线等。

（肖旭鹏）

【重大创新】组建大宗平台建设工作"六大专班"，从制度体系、运营规则、平台建设、市场推广、安全策略5个维度全面推进大宗商品交易平台建设工作；成立集物科技公司、供应链金融事业部，打造全新的大宗物资交易平台，创新物贸业务与服务，以终端直采、现货联营、现货自营等主要业务模式及仓储、物流、供应链金融、电子支付、快捷采购、服务订购、资讯等增值服务产品，为推进中铁物贸全面市场化服务奠定基础，推进了平台的运行与升级。

（刘磊）

【企业文化】持续深化"开路先锋"文化建设。举办"高举开路先锋旗帜 弘扬爱党爱国情怀""学习雷锋精神 争做时代新人"道德讲堂等活动，开展形势任务教育暨企业文化理念宣贯培训，推动理想信念教育常态化，积极推动党的创新理论研究、高质量发展和企业文化宣传，先后在中央电视台、《人民日报》、学习强国平台等中央级媒体及学习平台上刊登企业转型发展成果20余篇，大力弘扬"开路先锋"精神谱系。重塑发展新阶段中铁物贸企业文化体系。制定下发《中铁物贸"十四五"企业文化建设规划》，编印中铁物贸2022年"十四五"企业文化宣传手册，在深入践行中国中铁"开路先锋"文化和集团公司企业文化"十大理念"的基础上，不断提升企业文化建设的整体质量和水平，打造体现时代特征、具有公司特色、职工普遍认同的企业文化，印发形势任务手册，制作中铁物贸宣传片《开路先锋 物贸先行》，组织员工参与"这十年奋斗在路上""喜迎二十大、建功新时代"主题征集活动，积极传播物贸声音，为中铁物贸建设国际一流建筑业供应链集成服务领军企业提供强大的精神动力和有力的文化支撑。　　（杨欣臻）

【党建工作】突出政治引领，将党的领导深度融入公司治理各环节，企业高质量发展根强魂固。坚持把落实"第一议题""首要任务"与全面学习贯彻党的二十大精神相结合，始终在思想上政治上行动上同以习近平同志为核心的党中央保持高度一致。坚持把党的领导融入公司治理各环节，坚持党的领导与完善公司治理有机统一。坚持政治性这一巡视巡察的根本属性，坚持把巡察的聚焦点、着力点放到督促增强"四个意识"、坚定"四个自信"、做到"两个维护"上。聚焦战略使命，以稳链固链强链为核心使命，企业转型升级加速推进。把准打造国际一流建筑业供应链集成服务领军企业"千人千亿"战略目标的发展方向，持续推动中铁物贸"12345"发展路径逐年逐项细化分解和落地实施。管好数字化转型、打造特色供应链体系的大局，企业数字化业务平台建设提档加速、初见成效。聚焦项目管理效益提升三年行动"效益提升、价值创造"目标，践行大商务管理和"一切工作到项目"理念，力保中国中铁"大集采"战略有效落实。深化改革创新，以触及思想灵魂为关键，企业发展内生动力活力全面迸发。以牵住"三项制度"改革这个深化改革的"牛鼻子"，打破传统"老三铁"，积极构建中国特色现代企业制度下的新型经营责任制。坚持创新驱动和特色党建创新"两抓两硬"，结合物贸供应链企业和国资央企的双重属性，以创新驱动加速企业转型升级，以党建创新触及思想灵魂赋能企业快速发展。落实"三个区分开来"，激励干部担当作为，全面激发发展内生动力活力。狠抓队伍建设，以治企兴企能力建设为重点，企业高素质人才梯队稳步壮大。强化"党管干部"，狠抓领导班子和干部队伍建设这个关键，"关键少数"示范引领作用有效发挥。坚持"战略导向"，围绕企业转型升级战略需要强化人才梯队建设，专业人才队伍建设日见成效。注重"管培结合"，监督管理与培训提升同抓共进，干部人才治企兴企能力不断凸显。筑牢安全堤坝，以构建协同高效"大监督"格局为抓手，企业发展风险有效防控。强调"知敬畏"，坚决守住不发生系统性风险的底线。做好"强监督"，有效发挥了多手段协同"大监督"的系统作用。大力"树新风"，充分彰显了作风建设对企业长期安全发展的保证作用。建设幸福物贸，将强组织、聚合力、暖人心摆到突出位置，企业党建群建政治优势不断彰显。强化组织、队伍建设，全面提升党组织向心力。强化意识形态、文化宣传，全面提升文化凝聚力。强化工会、团委作用发挥，全面提升群团组织服务力。　　（何　佳）

【信息化建设】2022年，中铁物贸以中国中铁电子采购平台（鲁班平台）、BCP和业财共享平台建设和数字化转型、平台化运营为支撑，进一步筑牢企业"十四五"数字化转型基础。持续推进中国中铁电子采购平台（鲁班平台）迭代升级。全新开发的鲁班电采二期系统已在股份公司全部单位完成部署和稳定运行。电子采购系统上线以来累计认证通过供应商超过29.2万家，开通服务的供应商超过10.5万家，累计成交金额近2.4万亿元；中国中铁网上商城办公频道累计下单22.37万个，成交金额8.85亿元；物料频道累计下单2.37万个，成交金额37.48亿元；所属鲁班工业品（天津）公司承担的专项物资和辅助材料2022年实现销售额8.91亿元。　　（刘　磊）

【履行社会责任】2022年，中铁物贸认真落实党中央、中国中铁的各项决策部署，严格落实常态化疫情防控各项工作，公司工会多次下拨疫情防控慰问专项资金，助力基层单位开展疫情防控工作，确保了广大员工的安全。不断深化员工关爱工程，职工工资和"五险一金"按时足额发放，持续开展夏送清凉、秋送学子、冬送温暖、常年大病送救助、特殊时期送关怀等"六送"活动，扎实推进"幸福之家十个一工程"，推动开展"星级幸福之家"考核评选工作，以各三级单位经营中心为重点，按照"硬件达标、软件高标"的原则评选出"三星级"幸福之家40个；中铁物贸"两节"送温暖慰问金额约53万元，"夏送清凉"及汛期受灾慰问金额约46万元，工会下拨疫情防控专项慰问资金65万元，发放疫情防控慰问品2万余元；加强关爱服务，通过走访、座谈、调查问卷等形式倾听员工的意见建议，做实做好全年员工满意度评价工作及结果运用；开展"员工心理健康关爱走基层"活动，引导员工树立正确的身心健康观；积极开通了员工服务热线，为广大员工反映需求建议畅通直达通道；创新举办了"心灵舒压"辅导课堂，由健康关爱小组牵头，定期开展活动，从"心"出发服务员工，全年共开展心理疏导和咨询活动38场次。认真落实员工健康体检和女职工专项体检，员工体检率达100%。为积极做好消费帮扶工作，助力巩固拓展脱贫攻坚成果，中铁物贸本部及下属单位按照重点购买物流就近帮扶县农产品的原则，共计投入43.76万元购买了湖南桂东、湖南汝城、山西保德、新疆生产建设兵团等帮扶县的助农产品。　　（唐　镠）

中铁云网信息科技有限公司

【简况】中铁云网信息科技有限公司（简称"中铁信科"）是中国中铁股份

中铁云网信息科技有限公司

有限公司的全资子公司，是中国中铁信息化、数字化、智能化的专业建设团队和核心支撑单位。中铁信科落实股份公司信息化发展战略，聚焦建筑行业全产业链信息技术服务，围绕工程建设全生命周期业务，探索和利用物联网、移动互联网、大数据、云计算、区块链、人工智能等技术，打通上下游产业，为设计、施工和建设等参建方提供系统集成、数据安全、智慧建造、BIM应用等服务，在效率、成本、管控等维度创造价值，引领中国中铁信息化、数字化、智能化应用协同发展，公司依托中国中铁的全产业链优势，构建高水平的数字经济产业平台，旨在做中国中铁数字化转型推动者、智能化升级引领者、改革创新先行者。

2020年3月16日，中铁信科完成注册，注册资本金2亿元，2020年12月31日正式揭牌。公司荣获国家级高新技术企业认定、"2022年度北京市创新型中小企业"认定、北京市做优做强高精尖企业奖励、高新技术企业"小升规"培育支持资金奖励；全球组网项目在第八届中国行业互联网大会暨CIO荣获《2022年度数字化转型灯塔案例》；"中国中铁共享云"荣获2022年度IDC中国未来企业优秀奖"未来运营领军者"称号。

中铁信科总部由7个部门组成，其中职能部门3个：党群工作部（党委干部部、人力资源部、巡察办、保密办）、综合管理部［董（监）事会办公室、审计部］、财务金融部（法律合规部）；业务部门4个：软件部、基础网络部、安全合规与数据流程部、智慧建造业务部。

截至2022年12月31日，公司在岗员工135人，含领导班子8人。员工平均年龄34岁；硕士研究生以上学历56人（含博士研究生6人），占全员人数的41%；管理序列人员35人，平均年龄37岁，占全员人数的25.9%；技术序列人员100人，平均年龄34岁，占全员人数的74.1%；中级职称及以上专业技术人员85人，高级专业技术人员32人，其中正高级职称6人，副高级职称26人；公司现有正式党员65人。

（常　亮　袁　野　刘秋实　刘佳琦）

【主要指标】中铁信科资产总额3.77亿元，较2021年增加了0.36亿元，所有者权益2.15亿元，较2021年增加0.08亿元。营业收入2.31亿元，较2021年同期增长8.45%。利润总额实现0.08亿元，与2021年持平。

（关祺瀚）

表13-45　2021—2022年中铁信科主要经济指标

项目	2021年	2022年	增长率/%
资产总额/亿元	3.41	3.77	10.56
所有者权益/亿元	2.07	2.15	3.86
营业收入/亿元	2.13	2.31	8.45
利润总额/亿元	0.08	0.08	0.00
净利润/亿元	0.07	0.07	0.00
归属于母公司所有者的净利润/亿元	0.07	0.07	0.00
技术开发投入/亿元	0.15	0.22	46.67
利税总额/亿元	0.11	0.14	27.27
应交税金总额/亿元	0.07	0.03	0.00
全员劳动生产率/[万元/(人·年)]	68.48	71.79	4.83
净资产收益率/%	3.41	3.40	减少0.01个百分点
总资产报酬率/%	2.07	2.34	增加0.27个百分点
国有资本保值增值率/%	103.53	103.46	减少0.07个百分点

制表：关祺瀚

【改革发展】持续完善现代企业制度，全面推进公司治理体系和治理能力现代化。坚持"两个一以贯之"，把加强党的政治引领与公司治理紧密结合，制定印发《"三重一大"决策实施办法》及权责清单，严格合理控制党委前置研究事项，提升决策效率；实现外部董事占多数，进一步落实董事会职权，明确职权实施方案和事项清单；健全董事会专门委员会工作机制，成立4个专门委员会并确定人员构成，不断提高董事会规范运作水平；全面建立董事会向经理层授权的管理制度，动态调整董事会向经理层授权权限清单，确保经理层合规行权；全面推行经理层任期制和契约化，"三项制度"改革落地扎根，公司活力不减，效率持续提升，实现了国资委国企改革三年行动、激活体制机制的工作目标；以"系统化选聘、契约化管理、差异化考核、立体化考核、全面化激励"为抓手，积极推进职业经理人制度改革，为中国中铁内部第一家建立职业经理人制度的二级单位；在职业经理人制度建立过程中，以中国中铁《选聘管理办法》和《薪酬管理办法》为基本遵循，制定适用于中铁信科的《职业经理人聘任协议》《职业经理人年度经营业绩合同》《职业经理人任期经营业绩合同》。结合系列改革行动，公司积极谋划全力推进制度体系建设、财务规范建设、风险防控能力建设，促进内控、合规、贯标认证等管理体系本质融合，2022年立梁架柱工作取得显著成效。
（王大为 袁野）

【信息贯通工程】围绕信息贯通工程，先后建设完成了一体化平台、中铁e通、营销管理系统、工程项目综合管理系统、研发管控平台等14套系统。其中，一体化平台实现对整个中国中铁各级单位、各业务板块、各业务系统的统一登录管理，实现统一入口、高度集成、高效协作、知识共享满足各层级一站式办公需求；中铁e通基于中国中铁股份有限公司，二级、三级单位及项目部的日常办公场景、业务场景需求，并深度结合互联网前沿技术，构建共享、高效、多样的移动办公应用生态；营销管理系统通过信息化手段支撑中国中铁大商务经营开发模式，助力经营管理向精益化、科学化转变，实现经营业务高质量发展的建设目标；工程项目综合管理系统支撑18个工程局2022年1月1日新开工600+个项目全面推广应用，以工程量清单为主线，融合了成本、物资、机械设备和劳务等业务模块，将工程项目的工料机量价等内容全面纳入项目系统管理范围，实现量价核算自动化、精细化、透明化，降低了工程施工成本，加强了项目成本管控力度；研发管控平台，发布统一的技术架构、研发标准和流程规范，构建统一的核心能力组件。实现研发管理的在线化和流程化，包括研发资源复用化、统一能力共用化、测试自动化、集成部署持续化等技术，实现与各基础系统的整合对接，提升研发效能，降低研发与运维成本，支撑信息贯通并构建企业"稳"+"敏"的业务生态。
（胡峰凡）

【数智升级工程】结合《中国中铁关于实施数智升级工程的指导意见》规划和目标，聚焦开展"示范项目建设、通用技术平台搭建、场景化应用探索"等工作，出版《中国中铁工程信息模型总体标准》等4部BIM企业标准，开展和推进股份公司数智升级工程第一批23个示范项目的建设、评价验收工作，组织召开中国中铁第二届实用技术创新大赛成果评审（数智升级类），牵头组织中标工信部201项目（国产化BIM软件开发和产业化项目），创新打造BIM综合云服务系统、物联网系统、数智资源共享平台、在线教育学习平台等一系列优质通用平台系统，平台+数据共享服务能力有效提升。全过程赋能工程建设、全要素释放数字价值、全方位优化资源配置、全产业链构建数智协同发展体系，汇聚数智成果，树立"智慧中铁"品牌。
（李嘉羽）

【全球组网项目】聚焦建设全球数字高速公路网，支撑中国中铁海外项目数据安全回传，海外项目动态监管，持续做好全球组网的运营，提高全网使用率。2022年全球组网项目保障海外分支机构和移动办公人员安全稳定高效接入，共完成280余家子分公司、项目部的网络接入和海外900余个VPN账号接入，支撑了海外上千名员工对海外营销、海外工程管理等业务系统的访问需求，并通过内容分发网络技术，降低了海外员工访问国内应用的网络时延和丢包率，提升了海外员工对中国中铁官网、法律合规等系统访问效果。全球组网项目还定制研发了融合北斗定位模块的新版组网一体机，并试运行成功。
（张明溪）

【"安全中国"战略】贯彻习近平总书记关于国家安全和网络安全工作的重要指示精神，落实《网络安全法》《数据安全法》等重要法律法规，有序推进总部及二级单位网络安全建设工作，持续提升中国中铁网络安全基础设施水平；持续加强网络安全管理，优化相关审批流程，加强隐患清理工作，共清理安全隐患1.2万余项；积极组织52家二级单位，参与2022年网络安全专项攻防演练并取得较好成绩，开展北京冬奥会、冬残奥会、两会、党的二十大等重要时期网络安全保障，阻断攻击事件163万余次，实现了"零重大安全事件"的年度重保工作目标。
（高园庆）

【北斗系统应用】成功研制中国中铁北斗数字化施工平台，能够为股份公司所有产业板块提供全天候的北斗精准导航、定位、短报文通信等技术支撑服务，并实现了北斗时空平台管理、人/车/物/设备管理和业务应用综合管理服务，建立了相应的数据体系、标准规范体系和安全体系。北斗应用示范项目先后在廊坊市光明道上跨运营高铁钢桁梁桥转体工程、川藏铁路澜沧江特大桥工程、哈尔滨机场等工程中进行了示范应用，为工程项目的管理效益、施工水平、安全监测能力带来有效提升，助力国家基建产业数字化，数字产业化。
（李嘉羽）

【数据资产管理】巩固信息贯通工程成果，打造数据运营基础能力，开展客商主数据、物料主数据建设，完成国内营销系统、工程项目管理系统、电采平台系统主数据贯通；夯实结构化数据底座，编制数据仓库5个规范，累计接入193套系统数据，数据量突破10T，初步完成总部及二级单位核心数据资产颗粒归仓；持续开展非结构化数据中台业务系统集成对接，累计对接中国中铁专业技术职称评审系统、知识共享等18套业务系统，实现累计汇聚文件总量超过1400万个，有力支撑了股份公司数据资产管理。
（高园庆）

【年度会议系统】上线运行中铁信科年度会议系统，系统适用于职代会、团长联席会、团代会、干部测评会、党委书记述职会、董事会、全委会、党委巡视会、党风廉政建设会等多种年度性会议场景。截至2022年末，系统共达成服务协议64份，服务近百家中国中铁各级单位300余场的会议，参会人次达到5万余次。在近300场会议中，共创建了611项会议签到，签到次数达4万余次；建立2600多项测评决策，其中包含题目2万余道，题目的测评投

中铁云网信息科技有限公司

票次数为11.1万余次；上传会议资料1091份，极大地减少了纸张浪费，增加了中国中铁各级单位年度会议效率。

（胡峰凡）

【惠园超市平台】中铁信科通过惠园超市信息化平台为各级工会和职工提供一站式福利发放解决方案，职工可在惠园超市中进行福利兑换、生日蛋糕领取。同时，惠园超市也为扶贫助农提供端到端平台，中国中铁各级单位可在惠园超市采购帮扶农产品等，职工可使用积分兑换商品，实现职工普惠。惠园超市已支持中铁信科5次福利发放、股份公司工会2次活动奖品发放，包括中秋福利、云上健身器材、OKR活动奖品、防疫物资、劳保用品发放以及股份公司工会红娘活动奖品、重阳活动奖品发放等，与3家供应商合作，累计服务用户600人。

（胡峰凡）

【审计监督】以股份公司"5501"专项审计工作精神为指导，围绕公司中心工作，建立完善审计制度体系，制定审计、追责、约谈制度19项；全面开展常态化经济体检，完成审计项目9项，为年初审计计划9项的100%；聚焦防范公司经营风险，规范信息项目作业流程，标准化信息项目管理，充分发挥内部审计促管理、控风险、强监督的重要作用。

（黄建广　史靖宇）

【企业文化】强化思想政治宣传，弘扬"开路先锋"精神文化。召开党建思想政治工作会，动员职工广泛参与"理想信念情怀　爱党爱国爱企"主题系列"有我"行动，践行中国中铁"开路先锋"企业精神。围绕公司两大工程，聚焦人力资源系统项目、年度会议系统等重大项目与平台建设统筹宣传，策划了信息贯通等专题系列报道34期，全年微信公众号推文223篇，粉丝数由年初的1587人增长到年末的5144人，增长率高达224%。23篇文章入选《中国中铁》报、中国中铁学习强国号、微信公众号、职工之声等股份公司新媒体，2篇文章登上《工人日报》《经济日报》等中央级主流媒体；设计制作了党建专题片《学百年党史　强初心使命》、中国中铁劳动模范宣传片《数字化建设的逐梦人和开拓者——中国中铁劳模　任建新》等文化宣传视频，构筑企业精神高地，打造企业品牌价值。深入开展新时代企业文化体系构建，推动企业微信公众号升级改版，制定《企业文化VI手册》、营销宣传册，组建新闻通讯员队伍，举办年度新闻宣传通讯员培训班，聘用各部门11名兼职通讯员，印发了《中铁云网信息科技有限公司新闻宣传工作管理规定》，积极把镜头对准一线员工，积累新闻素材，推动宣传工作不断活起来、实起来、强起来，有效传递企业品牌价值。把好意识形态方向盘，守好舆论宣传主阵地。积极创建学习型组织，组织开展"i阅读"系列活动，"金兔抱福"春节晒节日照，丰富在线学习平台内容，在全公司推行OKR工作法提升管理，创建了责任跟踪、公开透明、团结协作和担当创新的管理文化，人才队伍活力进一步增强。深入开展形势任务教育，制定网络意识形态责任制、新闻宣传管理规定、舆情管理规定等制度文件，成立企业精神文明建设指导委员会，夯实主流意识形态工作话语权，深入开展了舆论阵地意识形态问题自查，加强微信公众号、门户网站等发文审核机制，及时深入宣传股份公司和公司重要会议精神和重大举措，积极占领意识形态舆论主战场。

（鲁淑敏　李　争）

【党建工作】坚持把迎接保障党的二十大召开和学习宣传贯彻党的二十大精神作为首要政治任务，组织开展了"喜迎二十大、奋进新征程、永远当先锋"系列主题活动，组织参观了中国中铁"开路先锋"文化展览馆及"见证卓越"中国中铁十年辉煌成就展，举办道德讲堂暨劳动模范、先进职工宣讲会，组织全员收听收看并热议党的二十大盛况，迅速掀起学习贯彻热潮，建立了"领导带头学、支部专题学、线上拓展学、集体研讨学"模式。提升"第一议题"落实质量，开展了"建功新时代+喜迎二十大"习近平总书记重要指示批示精神再学习再落实再提升主题活动与"回头看"活动，结合高质量落实"第一议题"工作指引制定督办"第一议题"事项29项。坚持"两个一以贯之"，系统修订了《重大事项权责清单》等3个议事清单，严格合理控制党委前置研究事项。

健全基本组织，中铁信科下设6个党支部，党员65人，坚持"四同步、四对接"原则，共增补8名支委委员；持续深化落实党建工作责任制，修订了党支部建设晋位升级、党支部考评办法，持续抓好党支部书记抓党建述职评议考核，推动党建责任制考核、述职评议结果纳入业绩考核。深入开展"创岗建区"活动，评选表彰2022年度优秀共产党员5名、优秀党务工作者2名、先进党支部1个，充分发挥了先进典型示范引领作用。聚焦提升党建工作标准化、规范化水平，发布党支部月度工作指导意见，推动用好支部标准化建设手册，发放学习书籍报刊1908册，各支部累计学习54次，425人次参加学习，覆盖率达100%。积极推行党支部书记持证上岗，截至2022年末，5名党支部书记已取得任职资格证书，筹备"理想信念情怀爱党爱国爱企"三期党员干部实地践学培训班，选送党支部书记、入党积极分子、党务干部等66人次参加各类线上线下培训班，提升了党员干部的政治素质和专业能力。

认真落实股份公司党委纪委定期沟通会商制度，召开党风廉政建设和反腐败工作领导小组会暨党委纪委落实全面从严治党"两个责任"沟通会商会，通报监督中发现问题，推动党委纪委在全面从严治党重大问题上进一步形成共识、同向发力。聚焦靠企吃企、利益输送、设租寻租、关联交易等侵犯企业利益的问题线索，开展靠企吃企"回头看"工作整治。规范领导干部配偶、子女及其配偶经商办企业工作，优化

完善大监督格局，制定年度党风廉政建设与反腐败重点工作任务清单，召开党风廉政建设与反腐败工作推进会暨警示教育大会，组织参观北京市全面从严治党警示教育基地，弘扬风清气正的政治生态。认真落实中央八项规定及其实施细则精神，强化重大节日期间紧盯"四风"问题监督检查工作，针对监督问责内部违规吃请送礼问题、严格落实"勤俭办企十不准"等开展"四不两直"专项检查，进一步严肃党内政治生活。

公司党委扎实落实股份公司党委巡视反馈意见整改要求，认真研究制定了整改工作方案，明确147条整改措施，整改完成率达100%，已全部通过股份公司验收销号，全年健全完善制度76项。加强民主管理，认真落实以职代会为基本形式的民主管理制度，制定民主管理办法，抓好集体合同履行检查，广泛开展职工项目创效行动、"决战决胜四季度"劳动竞赛、创先争优等活动，创建劳模创新工作室，1人获中国中铁劳动模范，1人获中国中铁先进女职工；评选表彰15名中铁信科先进个人、优秀部门，不断激发广大职工干事创业热情。坚持党建带团建，开展了"喜迎二十大 庆建团百年 做数智先锋"活动，全面启动青年精神素养提升工程，引导青年立足岗位发挥作用，营造争优创先的浓厚氛围。

（鲁淑敏 王 帆）

【履行社会责任】面对新冠疫情频发的复杂形势，中铁信科积极响应北京市、中国中铁疫情防控要求，成立疫情防控机构，建立防控体系，多次组织召开疫情防控专题会议，统筹购买发放防疫物资，组织全员（含合作伙伴）进行核酸检测。2022年，通过科学、有力的疫情防控措施和组织保障，有序保障公司运营生产。

（刘 佳）

中铁国资资产管理有限公司

【简况】中铁国资资产管理有限公司（简称"中铁国资"）的前身是2007年5月9日成立的中铁宏达资产管理中心（简称"中铁宏达"），是在国家工商行政管理总局登记注册的全民所有制企业，是中国铁路工程总公司国有独资的重要成员企业。2017年12月28日，中国铁路工程总公司完成公司制改制工商变更，改制后公司名称变更为"中国铁路工程集团有限公司"。2017年12月29日，经中国铁路工程集团有限公司批准，中铁宏达由全民所有制企业改制为一人有限责任公司，中国铁路工程集团有限公司持有100%股权，改制后中铁宏达名称变更为"中铁国资资产管理有限公司"。中铁宏达的全部债权债务和资质证照等由改制后的中铁国资承继。中铁国资注册资本金1亿元。经营范围包括资产经营管理、投资及相关咨询服务；对教育、卫生、健康养老服务机构的投资与管理；物业管理。

中铁国资本部机关共设13个部门，分别为办公室、战略规划部（法律合规部）、人力资源部（党委干部部）、财务部、经营开发部、职教培训部、行政管理部（保卫部）、审计部、股权投资管理部、党委工作部（党委办公室、企业文化部）、纪委综合室、工会工作部（机关党委、机关工会）、团委。有分支机构22个（与中国中铁有关二级企业合署办公），人员204人；直管职教院校9所（高职2所、中职6所、培训学院1所），在册职工1363人，其中干部1194人，技术干部1093人，技术干部占干部总数的91.54%，外聘人员285人，兼职教师（专家）113人，全日制在校生4.5万余人；参股医管公司5个（中铁国资占49%的股份）。（郝广宁 吕新平 张 伟）

【主要指标】2022年中铁国资营业总收入5.70亿元，完成预算目标的116%，归属于母公司所有者的净利润0.41亿元，完成预算目标的144%，管理费用率、业务招待费和资本性投资控制在批复预算之内。2022年12月31日资产总额52.64亿元，负债合计12.16亿元，净资产40.48亿元，资产负债率23%。

（王佳琪）

表13-46　2021—2022年中铁国资主要经济指标

项目	2021年	2022年	增长率/%
资产总额/亿元	53.22	52.64	-1.09
所有者权益/亿元	40.06	40.48	1.05
营业收入/亿元	4.99	5.70	14.23
利润总额/亿元	0.41	0.46	12.20
净利润/亿元	0.29	0.41	41.38
归属于母公司所有者的净利润/亿元	0.29	0.41	41.38
技术开发投入/亿元	—	—	—
利税总额/亿元	0.74	0.65	-12.16
应交税金总额/亿元	0.33	0.2	-39.39
全员劳动生产率/[万元/(人·年)]	24.91	24.98	0.28
净资产收益率/%	0.72	1.02	增长0.30个百分点
总资产报酬率/%	0.79	0.89	增长0.10个百分点
国有资本保值增值率/%	100.71	101.02	增长0.31个百分点

制表：王佳琪

【改革发展】以迈向高质量发展为主题，聚焦主责主业，修订发布《中铁国资"十四五"发展规划》，提炼了企业的使命、愿景，明确了建设"六型国资"战略定位，为公司长远发展提供了方向、路径和目标指引，描绘了美好蓝图；以改革创新为动力，企业深化改革"三年行动"61项改革任务全面完成，中国特色现代企业制度更加成熟定型，产业布局结构优化调整，"三项制度"改革有效激发活力，企业发展规模再创新高，经营效益稳步提升；产教融合成绩斐然，发布了《中国中铁职业教育"十四五"规划》，完成中国中铁产教融合联盟组建，推进"一基地三平台"建设，招生就业目标全面实现，申报中国中铁工匠学院，落实"一切工作到项目"要求，主动服务中国中铁项目管理效益提升，开展大商务、技能提升培训，全年培训收入首次突破亿元；健全完善非上市土地房产管理制度体系，全面完成现场清查工作，进一步规范处置行为，确权办证工作取得新进展，非上市资产管理权责、工作流程更加清晰；完善治理型股权管控机制，出台外派人员履职管理办法，建立外派人员定期和重大事项报告制度，首次召开述职评议会，严格医管公司"三会"议案审查，推进医管公司制度建设，强化风险管控，有效维护了中铁方股东权益；统筹疫情防控和经济发展，压实防疫要求，全面筑牢校园疫情防线，避免了聚集性疫情发生，确保了师生的身体健康和生命安全。
（赵飞宇）

【职业教育和职业培训】组建中国中铁产教融合联盟，发布《中国中铁关于推进国家产教融合型企业建设的指导意见》，明确中铁国资和所属院校在中国中铁职业教育中的地位、职责和任务，明确"一基地三平台"建设重点和院校发展目标，形成企业、行业、产业、专业、就业、职业"六业"联动的职业教育发展新机制。牵头起草了《中国中铁职业教育"十四五"规划》，组织修订公司和各院校"十四五"规划，分解量化任务指标，实现各级战略规划有效衔接。全面贯彻党的教育方针，努力提升办学层次，推动衡水、郑州学校积极申报高职，哈铁学院国家"双高"项目建设中期验收获得优秀，推进贵阳学校迁建新校区。2022年完成招生18219人，就业率达98.64%。全年新建实训基地19个，新增高本贯通试点专业1个，新增"1+X"证书试点项目13个。新增国家级、省级科研课题19项，成功申报省级高水平专业、实训基地8个，开发教材19部，2门课程被认定为国家级职业教育精品在线开放课程，8门课程被认定为省级精品在线课程，获批省级教育教师教学创新团队建设项目2项，发表论文121篇，教师获国家级奖项77人次、省部级奖项297人次。全年培训88897人次，举办培训班582期，培训工种318个，培训收入突破亿元，培训人数、班次、收入均再创新高。
（闫永峰）

【资产经营】根据2022年国务院有关部委通知，央企、国企2022年针对小微企业及个体工商户实施租金减免，出现中高风险地区减免6个月；其他地区减免3个月。各主业单位反映房屋退租空置现象比较严重，即使能够租赁，也是低价出租，加上管理成本没有降低，因此实际租金收入远低于政策规定减免标准。鉴于此，中铁国资组织各资产管理中心与主业单位进行了大量沟通工作，强调说明中铁国资是向主业单位整体租赁，而非面对中小微企业，且租金标准远低于市场水平，因此不能完全适用减免政策。经多次沟通及不懈努力，2022年房屋租赁协议签订工作顺利完成，协议租金1989万元，较2021年仅减少276万元。同时按照审计整改要求，完成医院未作价出资资产租赁收入255万元；资产盘活3项，实现处置收益514万元。全年资产经营工作扎实推进，实现非上市资产盘活、租赁收入2758万元。
（徐光男）

【医管公司】系统构建治理型医疗股权管控机制，补强股权投资管理部人员配备，强化外派人员履职管理，全年调整补充10人次。出台外派董监事和高管履职管理办法，加强日常管理和考核评价，举办首次述职评议会，提升履职意识和能力，优化完善议案审查程序，健全重大事项定期报告机制，实现对医管公司运营的动态监控。完成了通用中铁北京公司6家医院的资产交接工作，收回过渡期损益390万元；资产权属管理全面推进，16家参与改制的医院中有11家已完成确权办证工作。加强经济运行分析，与行业标杆开展对标，着力补短板、强弱项，强化与合作方的优势互补、资源共享，加强特色专科建设，市场化引进急需人才，扩大诊疗规模，提升办医知名度，通过加强集中采购、供应链管理、信息化建设、产业协同等方式，5家医管公司运营能力和盈利水平显著提高，2022年整体股权投资收益率达2.2%，医院资产总额为改制前的2.7倍，净资产为改制前的2.96倍，实现了资产保值增值。制定医管公司制度建设清单，推动医管公司制度体系建设，规范管理行为。各医管公司全年共修订、完善23项制度，进一步明确"三会一层"各管理主体的管理重点，强化风险管控。抓实医管公司议案的审议和管理，全年共审议议案89项，确保了公司管理要求的有效落实。
（史晓丹）

【党建工作】2022年，中铁国资设立党委11个、党总支6个、党支部72个，有党员1239名，其中学生党员224名。公司党委坚持以习近平新时代中国特色社会主义思想为指导，深入学习贯彻习近平总书记关于国有企业改革发展和党的建设的重要论述，认真落实中国中铁党委安排部署，履行全面从严治党政治责任，自觉维护公司党委在企业发展中的领导地位,认真落实公司党委、董事会工作部署,坚持"三重一大"决策机制,公司治理体系运转协调高效。召开公司第一次党代会。扎实开展习近平总书记重要指示批示精神贯彻落实"回头看",高质量落实"第一议题"制度,全年召开党委会23次、党委理论学习中心组学习会6次。树立党的一切工作到支部的鲜明导向,抓严抓细抓实支部建设,评定12个优秀党支部,基层党支部书记持证率达到86.3%,党支部建设晋位升级成效显著。修订党建工作责任制考核评价办法,用好党建考核"指挥棒",对11家基层党组织开展党建责任制考核评价,党建考核与业绩考核有效对接,体现了正向激励,形成了争先氛围,提升了基层党组织整体战斗力。坚持党管干部党管人才原则,坚持从政治上培养、考察、识别人才,持续开展党委巡察、领导人员日常履职考察、选人用人专项检查、"四好"领导班子评比、选拔任用"一报告两评议",组织基层党组织书记和党务干部等培训17期550多人次,干部队伍、专业技术人才队伍建设成效显著。坚持正确选人用人导向,提拔8人、调整交流37人、改非3人、调整选派医管公司外派人员10人,与二级企业党委协商调整资产管理中心领导班子成员10人;引进各类人才61人,市场化人才引进率达100%。持续开展"理想信念情怀 爱党爱国爱企"主题活动,编印《践行新思想 奋进新征程》文集,制作中国中铁产教融合宣传片,在中央主流媒体、中国中铁宣传平台刊发文章16篇。开展职业教育周、企业文化节等一系列具有国资特色的文化活动,推进"开路先锋"文化理念践行见效。深化联建联创,广泛开展劳动竞赛、职业技能大赛、青年精神素养提升工程,引导激励职工和团员青年建功立业。

(左继华)

中国铁路工程集团有限公司党校

【简况】中国铁路工程集团有限公司党校(简称"集团公司党校")成立于1984年7月,主要承担中国中铁系统领导干部的教育培训任务。根据《中国共产党党校工作条例》有关规定,集团公司党校实行校务委员会领导体制,校委会全面领导学校工作,校委会工作由常务副校长主持。党校现有内设部门7个,现有职工41人,其中正高级职称1人、副高级职称9人、中级职称22人。1984年10月,党校成功举办青工政治教育师资培训班,正式开启了干部教育培训事业;1985年9月,举办首届大专班,开启了系统内干部学历教育培训事业。2008年,中国中铁对党校实施整体开发,2010年6月,党校回迁。2013年7月,党校跨入中央党校国资委分校管理序列。2018年4月,由中国铁路工程总公司党校更名为"中国铁路工程集团有限公司党校"。2022年3月党校搬迁北京新校区。新校区占地30000平方米,地上建筑面积4.5万平方米,拥有60~200人的各类教室9个、报告厅1个、网络直播室1个、研讨室10间、学员宿舍385间,并配有阅览室、党员活动室、健身房、羽毛球馆、篮球场、网球场等文体场馆,功能齐全、设施完备、自成一体。党校构建了领导人员培训、政治教育培训、重大专题培训三大培训主序列,形成了"5+3"教学框架,其中"5"指的是政治力、战略力、领导力、执行力、创新力5个模块,"3"指的是党性教育、示范教育、人文教育3个方面。建成了中国中铁党校网络学院,打造了定制化、专业化、智能化的一流网络培训平台,构建起线上培训、线上线下混合培训、异地同步授课新模式,党校的培训业务辐射到30多个国家和地区。党校结合党史学习教育,依托中国中铁所属中铁山桥和李大钊干部学院红色教育资源,挖掘"尽美精神"和"百年山桥"的丰富内涵,设计打造了"追寻尽美足迹"党史学习教育实践教学项目。 (王宏图)

【主要指标】集团公司党校全年营业收入1041万元,较2021年下降67.47%,其中,全年培训收入为665万元,房屋租赁收入为376万元。

(王 珊)

▲图13-82 技能操作

表 13-47 2021—2022 年集团公司党校主要经济指标

项目	2021 年	2022 年	增长率 /%
资产总额 / 亿元	1.70	1.70	−4.87
所有者权益 / 亿元	1.10	0.75	−31.82
营业收入 / 亿元	0.32	0.10	−67.47

制表：王 珊

【改革发展】根据公司党委《关于规范和加强党校工作的通知》精神，2022 年 1 月，集团公司党校作为公司党委直属机构管理，实行经费保障、依托人才公司办学，进入新的发展阶段。2022 年内，完成中铁人才公司法人治理结构变更调整，实现党校融合发展，顺利办理在京职工社会保险关系转移等相关手续，理顺人才公司日常管理机制和办学经费拨付途径，形成党校、政研会、人才公司"三位一体"的发展格局，在京办学和推进高质量发展取得实质性突破。持续深化三项制度改革，建立部门业绩考核体系，修订《员工考核办法和薪酬管理办法》，突出目标牵引与业绩导向，在保障年度重点工作和督办工作高效落实的前提下，鼓励创新创效，激发了内生动力与活力。启用教学教务、资产管理、办公自动化、财务共享等信息化平台，实现了管理数智化升级。配套修订各项基础管理制度，日常工作进一步规范，办公效率进一步提升。强化合规运营和风险防控，开展"严肃财经纪律、依法合规经营"综合治理专项行动，创造性建立物业运营服务监督工作机制，明确工作要求和标准规范，服务保障专业化水平不断提升。
（王宏图）

【教育培训】全年举办各类培训班 40 期。其中，线下培训班 34 期，培训学员 2915 人次、19462 人天；线上培训班 6 期，培训学员 1740 人次、4210 人天。以构建三大培训主序列为抓手，深化"两个规律"研究，拓展"第二课堂"建设，创新推出众筹研讨、红色家书、学员专刊、党章接力、问道学长等新项目，编辑出版《党校教学工作大家谈》。应邀在国资委分校系统作经验交流，"五力模型"受到学员和同行高度认可，"众筹研讨"做法得到国资委领导点名表扬，高端培训品牌建设迈出坚实步伐。拓宽师资引入渠道，推进师资库信息化管理，通过优化动态调整，年内新增师资 224 名、清理师资 97 名，师资库总规模突破 600 人。建成党校网络学院，打造实现多种模式，满足不同需求的培训平台。11 月 1 日，中国大连高级经理学院利用党校平台举办国资委培训班，克服疫情影响，实现线上线下混合、三地开班联动、异地视频授课的复合模式。12 月 12 日，举办中国中铁海外业务人员培训班，遍布 38 个国家和地区的 550 多名海外员工同时参加线上学习。
（王宏图）

【理论研究】探索建立健全政研会课题立项、考察调研、协作攻关和"五个一"的工作机制，完善配套工作方案，推动政研与科研有机统一。通过改进课题选题定题、研究推进工作机制，深度挖掘系统内资源，引入用好"外脑"力量，实现内外有机结合，推动课题研究质量稳步提升。积极开展课题申报与成果推介工作，2022 年立项国资委重点课题 2 项，荣获央企政研会课题一等奖 1 项、中国政研会三等奖 1 项，中国中铁政研会同时被中央企业政研会评为年度优秀课题研究组织单位。组织学习党的二十大精神和习近平总书记指示批示宣传阐释，推出"学习贯彻党的二十大精神"专刊、中青班学员学习贯彻习近平总书记关于中国中铁的相关重要指示批示精神专刊及"学习党的二十大精神"系列笔谈。年内党校在《人民周刊》《企业改革与管理》《国企》《企业文明》等系统外期刊发表多篇文章、论文。
（王宏图）

【党建工作】2022 年，按照公司党委"抓党建、严监督、强管理"工作部署，坚持党校姓党，强化政治意识，持续提高党建工作规范化、精细化、体系化水平，以高质量党建引领保障高质量发展，年度党建考评结果良好。坚持健全基本组织、建强基本队伍、落实基本制度、抓好基本活动、夯实基本保障，动态调整支部，有序发展党员，督导"三会一课"、主题党日，常态化开展党建年度考核，确保党建基础扎实有力。创新开展"抓学习、强基础、重融合"主题活动，深入开展"开门讲党课""支部品牌创建""夜读分享会""微课接力讲"等特色活动，全校党建工作与教学科研和管理服务工作向更深层次融合。以上率下建立规规矩矩的上下级关系、清清爽爽的同事关系，持续严格落实"勤俭办企业十不准"规定，严肃防范内部违规吃请送礼问题，驰而不息遏制"四风"问题隐形变异、反弹回潮，清朗、朴素、正派的校园文化氛围得到持续巩固。顺利完成工会、团委换届，工会委员会、共青团委员会有序过渡、继往开来，发挥群团工作优势，助力中心工作完成和职工自身全面发展。
（王宏图）

表14-1 中国铁路工程集团有限公司2022年新签合同额（一）

单位：万元

项目	中铁一局	中铁二局	中铁三局	中铁四局	中铁五局	中铁六局	中铁七局	中铁八局	中铁九局	中铁十局	中铁大桥局	中铁隧道局	中铁电气化局	中铁武汉电气化局	中铁建工
总计	25600678	17200237	19403267	25990432	19672110	10548761	13935275	10839412	7085611	15170025	9638518	11003473	8278722	2402735	26212231
一、境内	23824689	16388049	18951754	24292484	19105483	10297896	12576991	10502268	6615127	13063928	9375009	10767961	7965413	2316664	25785392
（一）基建建设	20986528	14962297	17514853	20705213	16785647	9989720	11834136	10015685	6421211	11293277	7352320	10369972	6064017	2271663	24688406
1.铁路工程	4663738	3205452	6100349	5856746	1954256	2525690	1769056	1390148	483907	3484746	3238012	3299851	2770337	839240	1151313
2.公路工程	1819444	373145	1681508	2769647	2040618	1048816	840262	182311	204077	778683	1334014	1793169	10729	29	20788
3.城市轨道交通	1938954	764247	304534	1469559	620002	152256	949124	131656	359694	306181	1094	726448	909588	318609	119844
4.市政公用工程	4011578	1090659	2744730	2740813	2435872	1551768	1100741	1330557	479433	1494034	993009	1504919	469903	252744	1084939
5.房建工程	5937864	8395843	5886652	5582999	7583228	4272382	6115382	5743448	3553565	3049799	1023303	971281	487349	473349	21778698
6.水利水电工程	357966	342356	706460	835039	647469	47871	294541	404686	353327	1050742	0	386178	0	0	134624
7.机场工程	50828	5692	0	0	31827	0	0	0	0	0	0	2511	0	0	100253
8.城市综合开发	0	0	0	0	0	0	0	451789	0	0	0	0	0	119800	0
9.港口与航道工程	0	0	0	398	4085	0	8101	0	0	0	3745	0	0	0	0
10.水务环保工程	562331	0	42737	908931	877841	0	365437	7742	230362	155985	0	113675	11398	0	107274
11.其他工程	1643825	784903	47884	541080	590449	390937	1245705	373347	756848	973106	759142	1571940	1404712	267391	190674
（二）勘察设计	21783	8232	2859	12177	0	4151	0	5007	3336	2867	1006	2255	329	674	72633
1.铁路工程	8128	5802	787	0	0	3709	0	3354	1996	0	0	0	127	371	0
2.公路工程	0	0	184	596	0	0	0	983	0	0	533	33	0	0	147
3.城市轨道交通	0	0	0	0	0	0	0	0	0	0	53	1259	176	40	78
4.市政公用工程	3837	333	1194	7565	0	204	0	397	731	717	412	924	0	0	42899
5.房建工程	8930	1900	694	3982	0	96	0	273	610	128	0	0	26	0	27816
6.水利水电工程	0	0	0	0	0	0	0	0	0	0	0	0	0	0	0
7.机场工程	0	0	0	0	0	0	0	0	0	0	0	0	0	0	0
8.城市综合开发	0	0	0	0	0	0	0	0	0	0	0	0	0	0	0
9.港口与航道工程	835	0	0	0	0	0	0	0	0	0	0	0	0	0	21
10.水务环保工程	0	0	0	0	0	0	0	0	0	0	0	0	0	0	0
11.其他工程	52	198	0	34	0	142	0	0	0	2022	8	38	0	264	1671

续表

项目	机构														
	中铁一局	中铁二局	中铁三局	中铁四局	中铁五局	中铁六局	中铁七局	中铁八局	中铁九局	中铁十局	中铁大桥局	中铁隧道局	中铁电气化局	中铁武汉电气化局	中铁建工
（三）技术咨询	2462	0	7794	4199	3741	1371	0	0	5363	0	29131	13189	11706	467	3057
1.铁路工程	1305	0	492	1149	2617	957	0	0	5335	0	902	2365	5100	449	0
2.公路工程	860	0	1674	0	0	0	0	0	0	0	903	1043	0	0	0
3.城市轨道交通	127	0	5628	0	737	0	0	0	29	0	0	2923	4514	0	0
4.市政公用工程	10	0	0	0	0	414	0	0	0	0	1606	513	992	0	2504
5.房建工程	50	0	0	100	386	0	0	0	0	0	0	0	0	0	553
6.水利水电工程	28	0	0	0	0	0	0	0	0	0	68	45	0	0	0
7.机场工程	0	0	0	0	0	0	0	0	0	0	0	0	0	0	0
8.城市综合开发	0	0	0	0	0	0	0	0	0	0	0	0	0	0	0
9.港口与航道工程	0	0	0	0	0	0	0	0	0	0	0	0	0	0	0
10.水务环保工程	0	0	0	0	0	0	0	0	0	0	0	0	0	0	0
11.其他工程	82	0	0	2950	0	0	0	0	0	0	25652	6300	1100	18	0
（四）工程监理	0	0	850	4893	0	0	0	0	0	862	9928	0	2179	0	167
1.铁路工程	0	0	0	728	0	0	0	0	0	0	0	0	1142	0	0
2.公路工程	0	0	0	793	0	0	0	0	0	847	7091	0	0	0	0
3.城市轨道交通	0	0	850	0	0	0	0	0	0	0	0	0	0	0	0
4.市政公用工程	0	0	0	2785	0	0	0	0	0	0	2749	0	0	0	167
5.房建工程	0	0	0	421	0	0	0	0	0	0	0	0	254	0	0
6.水利水电工程	0	0	0	0	0	0	0	0	0	0	0	0	0	0	0
7.机场工程	0	0	0	0	0	0	0	0	0	0	0	0	0	0	0
8.城市综合开发	0	0	0	0	0	0	0	0	0	0	0	0	0	0	0
9.港口与航道工程	0	0	0	0	0	0	0	0	0	0	0	0	0	0	0
10.水务环保工程	0	0	0	0	0	0	0	0	0	0	0	0	0	0	0
11.其他工程	0	0	0	166	0	0	0	0	0	15	88	0	783	0	0

续表

项目	中铁一局	中铁二局	中铁三局	中铁四局	中铁五局	中铁六局	中铁七局	中铁八局	中铁九局	中铁十局	中铁大桥局	中铁隧道局	中铁电气化局	中铁武汉电气化局	中铁建工
（五）装备制造	70760	0	103212	127684	0	25374	40649	12541	180261	0	4763	69773	673081	43830	25156
1.钢结构	40441	0	0	0	0	281	0	0	0	0	0	0	0	42491	5500
2.铁路道岔类	0	0	0	0	0	0	0	2802	0	0	0	0	0	0	0
3.工程机械	0	0	0	0	0	0	0	0	0	0	0	1215	0	830	0
4.隧道机械	0	0	0	0	0	0	0	0	0	0	0	10348	0	0	0
5.城轨交通设备	5890	0	0	0	0	0	0	5088	0	0	0	0	50444	0	0
6.电气化产品	0	0	0	0	0	0	0	0	0	0	0	0	614769	506	0
7.其他	24429	0	103212	127684	0	25093	40649	4650	180261	0	4763	58210	7868	4	19656
（六）房地产	715655	624956	0	1534531	289407	6280	45963	28982	3289	155149	179846	0	53773	0	814957
1.房地产二级开发	16055	174356	0	1534531	97684	6280	45963	28982	3289	155149	179846	0	53773	0	814957
2.城市综合开发（房地产）	699600	450600	0	0	191723	0	0	0	0	0	0	0	0	0	0
（七）基础设施投资业务	1511282	718778	1211701	1459373	1387696	202448	596775	0	0	806987	1232267	305064	484568	0	173421
1.铁路工程	84820	0	0	0	0	0	0	0	0	0	270087	0	484568	0	0
2.公路工程	993254	614188	189880	0	553351	0	467601	0	0	0	962180	212770	0	0	0
3.城市轨道交通	0	0	0	0	0	0	0	0	0	0	0	0	0	0	0
4.市政公用工程	252846	0	944541	853648	65473	0	0	0	0	572907	0	92294	0	0	173421
5.房建工程	126712	104589	0	292510	410069	0	0	0	0	0	0	0	0	0	0
6.水利水电工程	0	0	0	0	0	0	0	0	0	0	0	0	0	0	0
7.机场工程	0	0	0	0	0	0	129174	0	0	0	0	0	0	0	0
8.城市综合开发	0	0	0	0	0	0	0	0	0	0	0	0	0	0	0
9.港口与航道工程	0	0	0	0	0	0	0	0	0	0	0	0	0	0	0
10.水务环保工程	0	0	77280	313215	358803	202448	0	0	0	234080	0	0	0	0	0
11.其他工程	53652	0	0	0	0	0	0	0	0	0	0	0	0	0	0

续表

项目	中铁一局	中铁二局	中铁三局	中铁四局	中铁五局	中铁六局	中铁七局	中铁八局	中铁九局	中铁十局	中铁大桥局	中铁隧道局	中铁电气化局	中铁武汉电气化局	中铁建工
（八）资产运营	0	0	0	19361	353923	0	0	0	0	689007	0	0	202132	0	7248
1.铁路工程	0	0	0	0	0	0	0	0	0	0	0	0	0	0	0
2.公路工程	0	0	0	0	0	0	0	0	0	0	0	0	45800	0	0
3.城市轨道交通	0	0	0	0	0	0	0	0	0	0	0	0	140120	0	0
4.市政公用工程	0	0	0	14885	22187	0	0	0	0	102391	0	0	16212	0	7248
5.房建工程	0	0	0	0	0	0	0	0	0	0	0	0	0	0	0
6.水利水电工程	0	0	0	0	0	0	0	0	0	0	0	0	0	0	0
7.机场工程	0	0	0	0	0	0	0	0	0	0	0	0	0	0	0
8.城市综合开发	0	0	0	0	0	0	0	0	0	0	0	0	0	0	0
9.港口与航道工程	0	0	0	0	331736	0	0	0	0	588616	0	0	0	0	0
10.水务环保工程	0	0	0	0	0	0	0	0	0	0	0	0	0	0	0
11.其他工程	0	0	0	4476	0	0	0	0	0	0	0	0	0	0	0
（九）资源利用	0	0	0	0	0	0	0	0	0	0	0	0	0	0	0
（十）批发零售贸易	472529	0	21026	266419	285070	64107	59468	394318	0	78433	550108	0	1938	30	0
（十一）机械租赁	10590	0	0	1159	0	0	0	0	0	0	1238	120	7108	0	0
（十二）金融业务	0	0	0	0	0	0	0	0	0	0	0	0	0	0	0
1.信托业务	0	0	0	0	0	0	0	0	0	0	0	0	0	0	0
2.基金业务	0	0	0	0	0	0	0	0	0	0	0	0	0	0	0
3.信贷业务	0	0	0	0	0	0	0	0	0	0	0	0	0	0	0
4.金融同业	0	0	0	0	0	0	0	0	0	0	0	0	0	0	0
5.租赁业务	0	0	0	0	0	0	0	0	0	0	0	0	0	0	0
6.保险经纪	0	0	0	0	0	0	0	0	0	0	0	0	0	0	0
7.保理业务	0	0	0	0	0	0	0	0	0	0	0	0	0	0	0
8.其他	0	0	0	0	0	0	0	0	0	0	0	0	0	0	0

续表

项目	中铁一局	中铁二局	中铁三局	中铁四局	中铁五局	中铁六局	中铁七局	中铁八局	中铁九局	中铁十局	中铁大桥局	中铁隧道局	中铁电气化局	中铁武汉电气化局	中铁建工
(十三)其他	33100	73787	89460	157475	0	4446	0	45735	1666	37346	14403	7589	464583	0	347
二、境外	1775989	812187	451513	1697948	566627	250865	1358284	337145	470484	2106097	263509	235511	313308	86071	426839
(一)基建建设	1775989	725760	451513	1697664	566627	250865	1357231	337145	468887	1133934	263272	235511	300394	13637	424488
1.铁路工程	8196	57428	21000	0	3980	0	9592	10108	55128	3820	54719	0	85484	7190	0
2.公路工程	182824	48015	13457	212626	375742	0	241601	0	339	826	0	51287	0	0	30523
3.城市轨道交通	146134	0	0	0	0	0	0	0	0	0	0	173245	79067	0	0
4.市政公用工程	135613	0	0	46041	0	0	37038	7094	0	37563	0	0	269	6447	0
5.房建工程	1186619	40746	225896	313544	28599	88087	75284	63427	46285	419900	1236	0	90017	0	237078
6.水利水电工程	34860	171116	0	0	0	126950	10938	0	0	0	0	0	0	0	0
7.机场工程	0	0	0	0	158306	0	827	0	0	14220	0	0	44904	0	17916
8.城市综合开发	0	0	0	0	0	0	0	0	0	0	13578	0	0	0	0
9.港口与航道工程	0	0	0	0	0	0	4500	0	0	0	0	0	0	0	75635
10.水务环保工程	0	0	0	0	0	0	0	0	0	4703	0	0	0	0	53376
11.其他工程	81743	408454	191159	11254454	0	35828	977451	256516	367135	652902	193739	10980	653	0	9959
(二)勘察设计	0	0	0	0	0	0	15	0	0	0	237	0	69	0	0
1.铁路工程	0	0	0	0	0	0	0	0	0	0	0	0	0	0	0
2.公路工程	0	0	0	0	0	0	0	0	0	0	0	0	0	0	0
3.城市轨道交通	0	0	0	0	0	0	0	0	0	0	0	0	69	0	0
4.市政公用工程	0	0	0	0	0	0	0	0	0	0	0	0	0	0	0
5.房建工程	0	0	0	0	0	0	15	0	0	0	0	0	0	0	0
6.水利水电工程	0	0	0	0	0	0	0	0	0	0	0	0	0	0	0
7.机场工程	0	0	0	0	0	0	0	0	0	0	0	0	0	0	0
8.城市综合开发	0	0	0	0	0	0	0	0	0	0	0	0	0	0	0
9.港口与航道工程	0	0	0	0	0	0	0	0	0	0	0	0	0	0	0
10.水务环保工程	0	0	0	0	0	0	0	0	0	0	0	0	0	0	0
11.其他工程	0	0	0	0	0	0	0	0	0	0	237	0	0	0	0

续表

项目	机构													
	中铁一局	中铁二局	中铁三局	中铁四局	中铁五局	中铁六局	中铁七局	中铁八局	中铁九局	中铁十局	中铁大桥局	中铁隧道局	中铁电气化局	中铁武汉电气化局	中铁建工
(三) 技术咨询	0	0	0	0	0	0	0	0	0	0	0	0	0	0	0
1. 铁路工程	0	0	0	0	0	0	0	0	0	0	0	0	0	0	0
2. 公路工程	0	0	0	0	0	0	0	0	0	0	0	0	0	0	0
3. 城市轨道交通	0	0	0	0	0	0	0	0	0	0	0	0	0	0	0
4. 市政公用工程	0	0	0	0	0	0	0	0	0	0	0	0	0	0	0
5. 房建工程	0	0	0	0	0	0	0	0	0	0	0	0	0	0	0
6. 水利水电工程	0	0	0	0	0	0	0	0	0	0	0	0	0	0	0
7. 机场工程	0	0	0	0	0	0	0	0	0	0	0	0	0	0	0
8. 城市综合开发	0	0	0	0	0	0	0	0	0	0	0	0	0	0	0
9. 港口与航道工程	0	0	0	0	0	0	0	0	0	0	0	0	0	0	0
10. 水务环保工程	0	0	0	0	0	0	0	0	0	0	0	0	0	0	0
11. 其他工程	0	0	0	0	0	0	0	0	0	0	0	0	0	0	0
(四) 工程监理	0	0	0	0	0	0	0	0	0	0	0	0	0	0	0
1. 铁路工程	0	0	0	0	0	0	0	0	0	0	0	0	0	0	0
2. 公路工程	0	0	0	0	0	0	0	0	0	0	0	0	0	0	0
3. 城市轨道交通	0	0	0	0	0	0	0	0	0	0	0	0	0	0	0
4. 市政公用工程	0	0	0	0	0	0	0	0	0	0	0	0	0	0	0
5. 房建工程	0	0	0	0	0	0	0	0	0	0	0	0	0	0	0
6. 水利水电工程	0	0	0	0	0	0	0	0	0	0	0	0	0	0	0
7. 机场工程	0	0	0	0	0	0	0	0	0	0	0	0	0	0	0
8. 城市综合开发	0	0	0	0	0	0	0	0	0	0	0	0	0	0	0
9. 港口与航道工程	0	0	0	0	0	0	0	0	0	0	0	0	0	0	0
10. 水务环保工程	0	0	0	0	0	0	0	0	0	0	0	0	0	0	0
11. 其他工程	0	0	0	0	0	0	0	0	0	0	0	0	0	0	0

续表

项目	中铁一局	中铁二局	中铁三局	中铁四局	中铁五局	中铁六局	中铁七局	中铁八局	中铁九局	中铁十局	中铁大桥局	中铁隧道局	中铁电气化局	中铁武汉电气化局	中铁建工
（五）装备制造	0	0	0	0	0	0	0	0	932	0	0	0	8072	0	0
1. 钢结构	0	0	0	0	0	0	0	0	0	0	0	0	0	0	0
2. 铁路道岔类	0	0	0	0	0	0	0	0	0	0	0	0	0	0	0
3. 工程机械	0	0	0	0	0	0	0	0	0	0	0	0	0	0	0
4. 隧道机械	0	0	0	0	0	0	0	0	0	0	0	0	0	0	0
5. 城轨交通设备	0	0	0	0	0	0	0	0	0	0	0	0	0	0	0
6. 电气化产品	0	0	0	0	0	0	0	0	0	0	0	0	0	0	0
7. 其他	0	0	0	0	0	0	0	0	932	0	0	0	8072	0	0
（六）房地产	0	0	0	0	0	0	0	0	0	0	0	0	0	0	0
1. 房地产二级开发	0	0	0	0	0	0	0	0	0	0	0	0	0	0	0
2. 城市综合开发（房地产）	0	0	0	0	0	0	0	0	0	0	0	0	0	0	0
（七）基础设施投资业务	0	0	0	0	0	0	0	0	0	0	0	0	0	0	0
1. 铁路工程	0	0	0	0	0	0	0	0	0	0	0	0	0	0	0
2. 公路工程	0	0	0	0	0	0	0	0	0	0	0	0	0	0	0
3. 城市轨道交通	0	0	0	0	0	0	0	0	0	0	0	0	0	0	0
4. 市政公用工程	0	0	0	0	0	0	0	0	0	0	0	0	0	0	0
5. 房建工程	0	0	0	0	0	0	0	0	0	0	0	0	0	0	0
6. 水利水电工程	0	0	0	0	0	0	0	0	0	0	0	0	0	0	0
7. 机场工程	0	0	0	0	0	0	0	0	0	0	0	0	0	0	0
8. 城市综合开发	0	0	0	0	0	0	0	0	0	0	0	0	0	0	0
9. 港口与航道工程	0	0	0	0	0	0	0	0	0	0	0	0	0	0	0
10. 水务环保工程	0	0	0	0	0	0	0	0	0	0	0	0	0	0	0
11. 其他工程	0	0	0	0	0	0	0	0	0	0	0	0	0	0	0

续表

项目	机构														
	中铁一局	中铁二局	中铁三局	中铁四局	中铁五局	中铁六局	中铁七局	中铁八局	中铁九局	中铁十局	中铁大桥局	中铁隧道局	中铁电气化局	中铁武汉电气化局	中铁建工
(八)资产运营	0	86428	0	0	0	0	0	0	0	0	0	0	0	0	0
1.铁路工程	0	0	0	0	0	0	0	0	0	0	0	0	0	0	0
2.公路工程	0	0	0	0	0	0	0	0	0	0	0	0	0	0	0
3.城市轨道交通	0	0	0	0	0	0	0	0	0	0	0	0	0	0	0
4.市政公用工程	0	0	0	0	0	0	0	0	0	0	0	0	0	0	0
5.房建工程	0	0	0	0	0	0	0	0	0	0	0	0	0	0	0
6.水利水电工程	0	0	0	0	0	0	0	0	0	0	0	0	0	0	0
7.机场工程	0	0	0	0	0	0	0	0	0	0	0	0	0	0	0
8.城市综合开发	0	0	0	0	0	0	0	0	0	0	0	0	0	0	0
9.港口与航道工程	0	0	0	0	0	0	0	0	0	0	0	0	0	0	0
10.水务环保工程	0	0	0	0	0	0	0	0	0	0	0	0	0	0	0
11.其他工程	0	0	0	0	0	0	0	0	0	0	0	0	0	0	0
(九)资源利用	0	0	0	0	0	0	0	0	0	0	0	0	0	0	0
(十)批发零售贸易	0	0	0	0	0	0	0	0	0	953552	0	0	0	0	2212
(十一)机械租赁	0	0	0	0	0	0	0	0	0	0	0	0	0	0	0
(十二)金融业务	0	0	0	0	0	0	0	0	0	0	0	0	0	0	0
1.信托业务	0	0	0	0	0	0	0	0	0	0	0	0	0	0	0
2.基金业务	0	0	0	0	0	0	0	0	0	0	0	0	0	0	0
3.信贷业务	0	0	0	0	0	0	0	0	0	0	0	0	0	0	0
4.金融同业	0	0	0	0	0	0	0	0	0	0	0	0	0	0	0
5.租赁业务	0	0	0	0	0	0	0	0	0	0	0	0	0	0	0
6.保险经纪	0	0	0	0	0	0	0	0	0	0	0	0	0	0	0
7.保理业务	0	0	0	0	0	0	0	0	0	0	0	0	0	0	0
8.其他	0	0	0	284	0	0	1037	0	665	18610	0	0	0	0	0
(十三)其他	0	0	0	0	0	0	0	0	0	0	0	0	4774	72434	139

制表：肖艳敏

表14-2　中国铁路工程集团有限公司2022年新签合同额（二）

单位：万元

项目	中铁广州局	中铁北京局	中铁上海局	国际工程分公司	中铁国际	中海外	东方国际	中铁二院	中铁六院	中铁设计	中铁大桥院	中铁华铁	中铁长江设计	中铁水利设计	中铁科研院
总计	6017266	8272462	8226978	202008	3909960	1985329	91989	1903802	651771	1124197	331126	262923	177391	171706	268603
一、境内	5926853	8055127	8025780	0	102330	0	0	1690674	630707	1104549	319693	262665	177391	171706	261124
（一）基建建设	5845009	8053393	8025780	0	44708	0	0	517511	207132	620545	55563	121667	117621	100538	55863
1. 铁路工程	329840	1305253	2573294	0	0	0	0	247500	99223	452967	36761	0	0	0	14339
2. 公路工程	109283	97322	82333	0	0	0	0	9866	0	45239	2961	0	44775	0	816
3. 城市轨道交通	37034	992	544563	0	0	0	0	14847	44986	10757	0	0	0	0	7383
4. 市政公用工程	1578400	164932	701719	0	0	0	0	239330	20394	83019	7810	0	0	0	18787
5. 房建工程	2572354	4790389	2682181	0	44708	0	0	0	29121	21639	0	121667	0	0	1028
6. 水利水电工程	96537	0	13245	0	0	0	0	5968	13205	0	0	0	0	99933	0
7. 机场工程	0	766084	0	0	0	0	0	0	0	0	0	0	0	0	0
8. 城市综合开发	0	0	0	0	0	0	0	0	0	0	0	0	0	0	0
9. 港口与航道工程	829726	0	0	0	0	0	0	0	0	978	0	0	72846	0	0
10. 水务环保工程	291834	33354	1129478	0	0	0	0	0	0	0	0	0	0	0	0
11. 其他工程	0	0	298967	0	0	0	0	0	204	5947	8031	0	0	605	13510
（二）勘察设计	0	895066	0	0	0	0	0	943404	248413	348417	205251	56538	26853	40307	12164
1. 铁路工程	0	0	0	0	0	0	0	699946	55799	263210	88747	5825	0	88	2844
2. 公路工程	0	0	0	0	0	0	0	29604	6627	8268	17935	0	25177	0	2389
3. 城市轨道交通	0	0	0	0	0	0	0	181810	102505	27420	33070	18378	0	0	4306
4. 市政公用工程	0	0	0	0	0	0	0	28873	55589	41878	36988	0	59	83	324
5. 房建工程	0	0	0	0	0	0	0	3171	16712	6200	20411	32335	36	69	198
6. 水利水电工程	0	0	0	0	0	0	0	0	0	119	1360	0	0	39448	0
7. 机场工程	0	0	0	0	0	0	0	0	0	0	0	0	0	26	77
8. 城市综合开发	0	0	0	0	0	0	0	0	8007	0	0	0	0	0	0

续表

项目	中铁广州局	中铁北京局	中铁上海局	国际工程分公司	中铁国际	中海外	东方国际	中铁二院	中铁六院	中铁设计	中铁大桥院	中铁华铁	中铁长江设计	中铁水利设计	中铁科研院
9. 港口与航道工程	0	0	0	0	0	0	0	0	0	0	0	0	1536	84	0
10. 水务环保工程	0	0	0	0	0	0	0	0	76	1192	218	0	0	509	29
11. 其他工程	0	0	0	0	0	0	0	0	3098	130	6521	0	45	0	1996
(三) 技术咨询	0	0	0	0	0	0	0	23314	123170	75108	34645	10338	23397	16357	105490
1. 铁路工程	0	0	0	0	0	0	0	15215	67010	49256	12517	398	1063	0	40258
2. 公路工程	0	0	0	0	0	0	0	120	815	4074	9037	0	17795	0	28871
3. 城市轨道交通	0	0	0	0	0	0	0	5493	45797	13642	432	2529	939	0	16632
4. 市政公用工程	0	0	0	0	0	0	0	2056	7742	6614	10094	0	183	10	13153
5. 房建工程	0	0	0	0	0	0	0	0	1544	305	511	0	100	0	1728
6. 水利水电工程	0	0	0	0	0	0	0	0	52	219	675	0	0	15267	474
7. 机场工程	0	0	0	0	0	0	0	0	5	0	0	0	50	0	9
8. 城市综合开发	0	0	0	0	0	0	0	0	0	0	0	0	39	0	0
9. 港口与航道工程	0	0	0	0	0	0	0	0	0	0	105	0	1695	0	0
10. 水务环保工程	0	0	0	0	0	0	0	0	90	17	0	0	0	14	118
11. 其他工程	0	0	0	0	0	0	0	431	115	982	1273	7410	1535	1067	4234
(四) 工程监理	0	0	0	0	0	0	0	54249	31238	60478	24235	70521	0	0	66013
1. 铁路工程	0	0	0	0	0	0	0	27157	18120	36879	8643	22091	0	0	45369
2. 公路工程	0	0	0	0	0	0	0	5647	0	0	8169	0	0	0	228
3. 城市轨道交通	0	0	0	0	0	0	0	17195	12908	22531	0	26236	0	0	14279
4. 市政公用工程	0	0	0	0	0	0	0	4249	206	293	7293	2328	0	0	4107
5. 房建工程	0	0	0	0	0	0	0	0	5	766	115	8481	0	0	2023
6. 水利水电工程	0	0	0	0	0	0	0	0	0	0	15	0	0	0	0
7. 机场工程	0	0	0	0	0	0	0	0	0	0	0	11385	0	0	0

续表

项目	中铁广州局	中铁北京局	中铁上海局	国际工程分公司	中铁国际	中海外	东方国际	中铁二院	中铁六院	中铁设计	中铁大桥院	中铁华铁	中铁长江设计	中铁水利设计	中铁科研院
8. 城市综合开发	0	0	0	0	0	0	0	0	0	0	0	0	0	0	0
9. 港口与航道工程	0	0	0	0	0	0	0	0	0	0	0	0	0	0	0
10. 水务环保工程	0	0	0	0	0	0	0	0	0	0	0	0	0	0	0
11. 其他工程	0	0	0	0	0	0	0	0	0	10	0	0	0	0	6
(五) 装备制造	0	0	0	0	0	0	0	111383	18452	0	0	0	0	0	3252
1. 钢结构	0	0	0	0	0	0	0	0	0	0	0	0	0	0	0
2. 铁路道岔类	0	0	0	0	0	0	0	616	0	0	0	0	0	0	0
3. 工程机械	0	0	0	0	0	0	0	1751	0	0	0	0	0	0	280
4. 隧道机械	0	0	0	0	0	0	0	11899	1493	0	0	0	0	0	932
5. 城轨交通设备	0	0	0	0	0	0	0	15455	15022	0	0	0	0	0	18
6. 电气化产品	0	0	0	0	0	0	0	0	0	0	0	0	0	0	0
7. 其他	0	0	0	0	0	0	0	81661	1937	0	0	0	0	0	2022
(六) 房地产	0	1629	0	0	0	0	0	40788	0	0	0	0	0	0	0
1. 房地产二级开发	0	1629	0	0	0	0	0	40788	0	0	0	0	0	0	0
2. 城市综合开发(房地产)	0	0	0	0	0	0	0	0	0	0	0	0	0	0	0
(七) 基础设施投资业务	81844	0	0	0	0	0	0	0	0	0	0	0	9520	0	0
1. 铁路工程	0	0	0	0	0	0	0	0	0	0	0	0	0	0	0
2. 公路工程	0	0	0	0	0	0	0	0	0	0	0	0	9520	0	0
3. 城市轨道交通	0	0	0	0	0	0	0	0	0	0	0	0	0	0	0
4. 市政公用工程	81844	0	0	0	0	0	0	0	0	0	0	0	0	0	0
5. 房建工程	0	0	0	0	0	0	0	0	0	0	0	0	0	0	0

续表

项目	机构													
	中铁广州局	中铁北京局	中铁上海局	国际工程分公司	中铁国际	中海外	东方国际	中铁二院	中铁六院	中铁设计	中铁大桥院	中铁华铁	中铁长江设计	中铁水利设计	中铁科研院
6.水利水电工程	0	0	0	0	0	0	0	0	0	0	0	0	0	0	0
7.机场工程	0	0	0	0	0	0	0	0	0	0	0	0	0	0	0
8.城市综合开发	0	0	0	0	0	0	0	0	0	0	0	0	0	0	0
9.港口与航道工程	0	0	0	0	0	0	0	0	0	0	0	0	0	0	0
10.水务环保工程	0	0	0	0	0	0	0	0	0	0	0	0	0	0	0
11.其他工程	0	0	0	0	0	0	0	0	0	0	0	0	0	0	0
（八）资产运营	0	0	0	0	0	0	0	0	0	0	0	0	0	0	0
1.铁路工程	0	0	0	0	0	0	0	0	0	0	0	0	0	0	0
2.公路工程	0	0	0	0	0	0	0	0	0	0	0	0	0	0	0
3.城市轨道交通	0	0	0	0	0	0	0	0	0	0	0	0	0	0	0
4.市政公用工程	0	0	0	0	0	0	0	0	0	0	0	0	0	0	0
5.房建工程	0	0	0	0	0	0	0	0	0	0	0	0	0	0	0
6.水利水电工程	0	0	0	0	0	0	0	0	0	0	0	0	0	0	0
7.机场工程	0	0	0	0	0	0	0	0	0	0	0	0	0	0	0
8.城市综合开发	0	0	0	0	0	0	0	0	0	0	0	0	0	0	0
9.港口与航道工程	0	0	0	0	0	0	0	0	0	0	0	0	0	0	0
10.水务环保工程	0	0	0	0	0	0	0	0	0	0	0	0	0	0	0
11.其他工程	0	0	0	0	0	0	0	0	0	0	0	0	0	0	0
（九）资源利用	0	0	0	0	0	0	0	0	0	0	0	0	0	0	0
（十）批发零售贸易	0	0	0	0	57622	0	0	0	0	0	0	0	0	0	4142
（十一）机械租赁	0	0	0	0	0	0	0	25	0	0	0	3600	0	0	0
（十二）金融业务	0	0	0	0	0	0	0	0	0	0	0	0	0	0	0
1.信托业务	0	0	0	0	0	0	0	0	0	0	0	0	0	0	0

续表

项目	机构														
	中铁广州局	中铁北京局	中铁上海局	国际工程分公司	中铁国际	中海外	东方国际	中铁二院	中铁六院	中铁设计	中铁大桥院	中铁华铁	中铁长江设计	中铁水利设计	中铁科研院
2. 基金业务	0	0	0	0	0	0	0	0	0	0	0	0	0	0	0
3. 信贷业务	0	0	0	0	0	0	0	0	0	0	0	0	0	0	0
4. 金融同业	0	0	0	0	0	0	0	0	0	0	0	0	0	0	0
5. 租赁业务	0	0	0	0	0	0	0	0	0	0	0	0	0	0	0
6. 保险经纪	0	0	0	0	0	0	0	0	0	0	0	0	0	0	0
7. 保理业务	0	0	0	0	0	0	0	0	0	0	0	0	0	0	0
8. 其他	0	105	0	0	0	0	0	0	2302	0	0	0	0	14504	14200
(十三) 境外	90412	217335	201198	202008	3807630	1985329	91989	213128	21065	19647	11433	259	0	0	7478
(一) 基建建设	90412	217335	201198	202008	3591554	1902997	91989	163631	111	0	717	0	0	0	105
1. 铁路工程	0	0	0	135587	0	0	0	163631	0	0	0	0	0	0	105
2. 公路工程	0	0	0	0	690617	222235	0	0	0	0	0	0	0	0	0
3. 城市轨道交通	0	0	0	0	199307	0	0	0	111	0	717	0	0	0	0
4. 市政公用工程	90412	72422	0	0	204487	215774	0	0	0	0	0	0	0	0	0
5. 房建工程	0	144913	150438	0	778955	424648	2022	0	0	0	0	0	0	0	0
6. 水利水电工程	0	0	50760	0	96480	407155	86805	0	0	0	0	0	0	0	0
7. 机场工程	0	0	0	0	0	0	0	0	0	0	0	0	0	0	0
8. 城市综合开发	0	0	0	0	194648	189087	0	0	0	0	0	0	0	0	0
9. 港口与航道工程	0	0	0	0	0	0	0	0	0	0	0	0	0	0	0
10. 水务环保工程	0	0	0	66420	1427060	644098	3162	0	0	0	0	0	0	0	0
11. 其他工程	0	0	0	0	0	0	0	0	0	0	0	0	0	0	0
(二) 勘察设计	0	0	0	0	0	0	0	42335	11505	19647	10716	0	0	0	7373
1. 铁路工程	0	0	0	0	0	0	0	8392	0	1404	555	0	0	0	27

续表

项目	中铁广州局	中铁北京局	中铁上海局	国际工程分公司	中铁国际	中海外	东方国际	中铁二院	中铁六院	中铁设计	中铁大桥院	中铁华铁	中铁长江设计	中铁水利设计	中铁科研院
2. 公路工程	0	0	0	0	0	0	0	3863	1353	38	2196	0	0	0	196
3. 城市轨道交通	0	0	0	0	0	0	0	15	522	0	0	0	0	0	0
4. 市政公用工程	0	0	0	0	0	0	0	569	81	881	7965	0	0	0	0
5. 房建工程	0	0	0	0	0	0	0	13088	9549	10516	0	0	0	0	7150
6. 水利水电工程	0	0	0	0	0	0	0	0	0	0	0	0	0	0	0
7. 机场工程	0	0	0	0	0	0	0	0	0	0	0	0	0	0	0
8. 城市综合开发	0	0	0	0	0	0	0	0	0	0	0	0	0	0	0
9. 港口与航道工程	0	0	0	0	0	0	0	0	0	0	0	0	0	0	0
10. 水务环保工程	0	0	0	0	0	0	0	0	0	0	0	0	0	0	0
11. 其他工程	0	0	0	0	0	0	0	16408	0	6809	0	0	0	0	0
（三）技术咨询	0	0	0	0	0	0	0	0	0	0	0	0	0	0	0
1. 铁路工程	0	0	0	0	0	0	0	0	0	0	0	0	0	0	0
2. 公路工程	0	0	0	0	0	0	0	0	0	0	0	0	0	0	0
3. 城市轨道交通	0	0	0	0	0	0	0	0	0	0	0	0	0	0	0
4. 市政公用工程	0	0	0	0	0	0	0	0	0	0	0	0	0	0	0
5. 房建工程	0	0	0	0	0	0	0	0	0	0	0	0	0	0	0
6. 水利水电工程	0	0	0	0	0	0	0	0	0	0	0	0	0	0	0
7. 机场工程	0	0	0	0	0	0	0	0	0	0	0	0	0	0	0
8. 城市综合开发	0	0	0	0	0	0	0	0	0	0	0	0	0	0	0
9. 港口与航道工程	0	0	0	0	0	0	0	0	0	0	0	0	0	0	0
10. 水务环保工程	0	0	0	0	0	0	0	0	0	0	0	0	0	0	0
11. 其他工程	0	0	0	0	0	0	0	0	0	0	0	0	0	0	0

续表

项目	机构														
	中铁广州局	中铁北京局	中铁上海局	国际工程分公司	中铁国际	中海外	东方国际	中铁二院	中铁六院	中铁设计	中铁大桥院	中铁华铁	中铁长江设计	中铁水利设计	中铁科研院
（四）工程监理	0	0	0	0	0	0	0	0	0	0	0	0	0	0	0
1. 铁路工程	0	0	0	0	0	0	0	0	0	0	0	0	0	0	0
2. 公路工程	0	0	0	0	0	0	0	0	0	0	0	0	0	0	0
3. 城市轨道交通	0	0	0	0	0	0	0	0	0	0	0	0	0	0	0
4. 市政公用工程	0	0	0	0	0	0	0	0	0	0	0	0	0	0	0
5. 房建工程	0	0	0	0	0	0	0	0	0	0	0	0	0	0	0
6. 水利水电工程	0	0	0	0	0	0	0	0	0	0	0	0	0	0	0
7. 机场工程	0	0	0	0	0	0	0	0	0	0	0	0	0	0	0
8. 城市综合开发	0	0	0	0	0	0	0	0	0	0	0	0	0	0	0
9. 港口与航道工程	0	0	0	0	0	0	0	0	0	0	0	0	0	0	0
10. 水务环保工程	0	0	0	0	0	0	0	0	0	0	0	0	0	0	0
11. 其他工程	0	0	0	0	0	0	0	0	0	0	0	0	0	0	0
（五）装备制造	0	0	0	0	0	0	0	6060	0	0	0	0	0	0	0
1. 钢结构	0	0	0	0	0	0	0	0	0	0	0	0	0	0	0
2. 铁路道岔类	0	0	0	0	0	0	0	0	0	0	0	0	0	0	0
3. 工程机械	0	0	0	0	0	0	0	0	0	0	0	0	0	0	0
4. 隧道机械	0	0	0	0	0	0	0	0	0	0	0	0	0	0	0
5. 城轨交通设备	0	0	0	0	0	0	0	0	0	0	0	0	0	0	0
6. 电气化产品	0	0	0	0	0	0	0	0	0	0	0	0	0	0	0
7. 其他	0	0	0	0	0	0	0	6060	0	0	0	0	0	0	0
（六）房地产	0	0	0	0	0	0	0	0	0	0	0	0	0	0	0
1. 房地产二级开发	0	0	0	0	0	0	0	0	0	0	0	0	0	0	0
2. 城市综合开发（房地产）	0	0	0	0	0	0	0	0	0	0	0	0	0	0	0

续表

项目	中铁广州局	中铁北京局	中铁上海局	国际工程分公司	中铁国际	中海外	东方国际	中铁二院	中铁六院	中铁设计	中铁大桥院	中铁华铁	中铁长江设计	中铁水利设计	中铁科研院
（七）基础设施投资业务	0	0	0	0	0	0	0	0	0	0	0	0	0	0	0
1.铁路工程	0	0	0	0	0	0	0	0	0	0	0	0	0	0	0
2.公路工程	0	0	0	0	0	0	0	0	0	0	0	0	0	0	0
3.城市轨道交通	0	0	0	0	0	0	0	0	0	0	0	0	0	0	0
4.市政公用工程	0	0	0	0	0	0	0	0	0	0	0	0	0	0	0
5.房建工程	0	0	0	0	0	0	0	0	0	0	0	0	0	0	0
6.水利水电工程	0	0	0	0	0	0	0	0	0	0	0	0	0	0	0
7.机场工程	0	0	0	0	0	0	0	0	0	0	0	0	0	0	0
8.城市综合开发	0	0	0	0	0	0	0	0	0	0	0	0	0	0	0
9.港口与航道工程	0	0	0	0	0	0	0	0	0	0	0	0	0	0	0
10.水务环保工程	0	0	0	0	0	0	0	0	0	0	0	0	0	0	0
11.其他工程	0	0	0	0	0	0	0	0	0	0	0	0	0	0	0
（八）资产运营	0	0	0	0	0	0	0	0	0	0	0	0	0	0	0
1.铁路工程	0	0	0	0	0	0	0	0	0	0	0	0	0	0	0
2.公路工程	0	0	0	0	0	0	0	0	0	0	0	0	0	0	0
3.城市轨道交通	0	0	0	0	0	0	0	0	0	0	0	0	0	0	0
4.市政公用工程	0	0	0	0	0	0	0	0	0	0	0	0	0	0	0
5.房建工程	0	0	0	0	0	0	0	0	0	0	0	0	0	0	0
6.水利水电工程	0	0	0	0	0	0	0	0	0	0	0	0	0	0	0
7.机场工程	0	0	0	0	0	0	0	0	0	0	0	0	0	0	0
8.城市综合开发	0	0	0	0	0	0	0	0	0	0	0	0	0	0	0

续表

项目	机构													
	中铁广州局	中铁北京局	中铁上海局	国际工程分公司	中铁国际	中海外	东方国际	中铁二院	中铁六院	中铁设计	中铁大桥院	中铁华铁	中铁长江设计	中铁水利设计	中铁科研院
9.港口与航道工程	0	0	0	0	0	0	0	0	0	0	0	0	0	0	0
10.水务环保工程	0	0	0	0	0	0	0	0	0	0	0	0	0	0	0
11.其他工程	0	0	0	0	0	0	0	0	0	0	0	0	0	0	0
（九）资源利用	0	0	0	0	0	0	0	0	0	0	0	0	0	0	0
（十）批发零售贸易	0	0	0	0	77196	0	0	0	0	0	0	0	0	0	0
（十一）机械租赁	0	0	0	0	0	0	0	0	0	0	0	0	0	0	0
（十二）金融业务	0	0	0	0	0	0	0	0	0	0	0	0	0	0	0
1.信托业务	0	0	0	0	0	0	0	0	0	0	0	0	0	0	0
2.基金业务	0	0	0	0	0	0	0	0	0	0	0	0	0	0	0
3.信贷业务	0	0	0	0	0	0	0	0	0	0	0	0	0	0	0
4.金融同业	0	0	0	0	0	0	0	0	0	0	0	0	0	0	0
5.租赁业务	0	0	0	0	0	0	0	0	0	0	0	0	0	0	0
6.保险经纪	0	0	0	0	0	0	0	0	0	0	0	0	0	0	0
7.保理业务	0	0	0	0	0	0	0	0	0	0	0	0	0	0	0
8.其他	0	0	0	0	0	0	0	0	0	0	0	0	0	0	0
（十三）其他	0	0	0	0	138880	82331	0	1101	9449	0	0	259	0	0	0

制表：肖艳敏

表 14-3 中国铁路工程集团有限公司 2022 年新签合同额（三）

单位：万元

项目	中铁工业	中铁资源	中铁物贸	中铁信托	中铁财务	中铁资本	中铁投资	中铁上投	中铁南方	中铁交通	中铁开投	中铁城投	中国铁工投资	中铁置业	中铁广投	中铁信科
总计	5004276	2359961	3155830	223800	224420	255343	6752024	2587220	4843274	4131148	9059841	4470067	5627837	3889367	1757329	20538
一、境内	4859890	532824	3155830	223800	224420	255343	6752024	2587220	4843274	4131148	9059841	4470067	5627837	3889367	1757329	20538
（一）基建建设	0	0	0	0	0	0	0	875033	1709168	786216	125627	37000	1036507	0	1757329	0
1. 铁路工程	0	0	0	0	0	0	0	0	1433268	0	0	0	502	0	0	0
2. 公路工程	0	0	0	0	0	0	0	0	0	0	0	37000	0	0	0	0
3. 城市轨道交通	0	0	0	0	0	0	0	568133	242980	0	0	0	0	0	1581329	0
4. 市政公用工程	0	0	0	0	0	0	0	306900	32920	393561	125627	0	239832	0	0	0
5. 房建工程	0	0	0	0	0	0	0	0	0	392655	0	0	367822	0	176000	0
6. 水利水电工程	0	0	0	0	0	0	0	0	0	0	0	0	86895	0	0	0
7. 机场工程	0	0	0	0	0	0	0	0	0	0	0	0	83608	0	0	0
8. 城市综合开发	0	0	0	0	0	0	0	0	0	0	0	0	0	0	0	0
9. 港口与航道工程	0	0	0	0	0	0	0	0	0	0	0	0	0	0	0	0
10. 水务环保工程	0	0	0	0	0	0	0	0	0	0	0	0	255388	0	0	0
11. 其他工程	0	0	0	0	0	0	0	0	0	0	0	0	2459	0	0	0
（二）勘察设计	0	0	0	0	0	0	0	0	0	0	0	0	0	0	0	0
1. 铁路工程	0	0	0	0	0	0	0	0	0	0	0	0	0	0	0	0
2. 公路工程	0	0	0	0	0	0	0	0	0	0	0	0	0	0	0	0
3. 城市轨道交通	0	0	0	0	0	0	0	0	0	0	0	0	0	0	0	0
4. 市政公用工程	0	0	0	0	0	0	0	0	0	0	0	0	0	0	0	0
5. 房建工程	0	0	0	0	0	0	0	0	0	0	0	0	0	0	0	0
6. 水利水电工程	0	0	0	0	0	0	0	0	0	0	0	0	0	0	0	0
7. 机场工程	0	0	0	0	0	0	0	0	0	0	0	0	0	0	0	0

续表

项目	机构															
	中铁工业	中铁资源	中铁物贸	中铁信托	中铁财务	中铁资本	中铁投资	中铁上投	中铁南方	中铁交通	中铁开投	中铁城投	中国铁工投资	中铁置业	中铁广投	中铁信科
8. 城市综合开发	0	0	0	0	0	0	0	0	0	0	0	0	0	0	0	0
9. 港口与航道工程	0	0	0	0	0	0	0	0	0	0	0	0	0	0	0	0
10. 水务环保工程	0	0	0	0	0	0	0	0	0	0	0	0	0	0	0	0
11. 其他工程	0	0	0	0	0	0	0	0	0	0	0	0	0	0	0	0
(三) 技术咨询	0	0	0	0	0	0	0	0	0	0	0	0	0	0	0	0
1. 铁路工程	0	0	0	0	0	0	0	0	0	0	0	0	0	0	0	0
2. 公路工程	0	0	0	0	0	0	0	0	0	0	0	0	0	0	0	0
3. 城市轨道交通	0	0	0	0	0	0	0	0	0	0	0	0	0	0	0	0
4. 市政公用工程	0	0	0	0	0	0	0	0	0	0	0	0	0	0	0	0
5. 房建工程	0	0	0	0	0	0	0	0	0	0	0	0	0	0	0	0
6. 水利水电工程	0	0	0	0	0	0	0	0	0	0	0	0	0	0	0	0
7. 机场工程	0	0	0	0	0	0	0	0	0	0	0	0	0	0	0	0
8. 城市综合开发	0	0	0	0	0	0	0	0	0	0	0	0	0	0	0	0
9. 港口与航道工程	0	0	0	0	0	0	0	0	0	0	0	0	0	0	0	0
10. 水务环保工程	0	0	0	0	0	0	0	0	0	0	0	0	0	0	0	0
11. 其他工程	0	0	0	0	0	0	0	0	0	0	0	0	0	0	0	0
(四) 工程监理	0	0	0	0	0	0	0	0	0	0	0	0	0	0	0	0
1. 铁路工程	0	0	0	0	0	0	0	0	0	0	0	0	0	0	0	0
2. 公路工程	0	0	0	0	0	0	0	0	0	0	0	0	0	0	0	0
3. 城市轨道交通	0	0	0	0	0	0	0	0	0	0	0	0	0	0	0	0
4. 市政公用工程	0	0	0	0	0	0	0	0	0	0	0	0	0	0	0	0
5. 房建工程	0	0	0	0	0	0	0	0	0	0	0	0	0	0	0	0

续表

项目	机构															
	中铁工业	中铁资源	中铁物贸	中铁信托	中铁财务	中铁资本	中铁投资	中铁上投	中铁南方	中铁交通	中铁开投	中铁城投	中国铁工投资	中铁置业	中铁广投	中铁信科
6. 水利水电工程	0	0	0	0	0	0	0	0	0	0	0	0	0	0	0	0
7. 机场工程	0	0	0	0	0	0	0	0	0	0	0	0	0	0	0	0
8. 城市综合开发	0	0	0	0	0	0	0	0	0	0	0	0	0	0	0	0
9. 港口与航道工程	0	0	0	0	0	0	0	0	0	0	0	0	0	0	0	0
10. 水务环保工程	0	0	0	0	0	0	0	0	0	0	0	0	0	0	0	0
11. 其他工程	0	0	0	0	0	0	0	0	0	0	0	0	0	0	0	0
（五）装备制造	4746246	0	0	0	0	0	0	0	0	0	0	0	0	0	0	0
1. 钢结构	0	0	0	0	0	0	0	0	0	0	0	0	0	0	0	0
2. 铁路道岔类	0	0	0	0	0	0	0	0	0	0	0	0	0	0	0	0
3. 工程机械	0	0	0	0	0	0	0	0	0	0	0	0	0	0	0	0
4. 隧道机械	0	0	0	0	0	0	0	0	0	0	0	0	0	0	0	0
5. 城轨交通设备	0	0	0	0	0	0	0	0	0	0	0	0	0	0	0	0
6. 电气化产品	0	0	0	0	0	0	0	0	0	0	0	0	0	0	0	0
7. 其他	4746246	0	0	0	0	0	0	0	0	0	0	0	0	0	0	0
（六）房地产	0	0	0	0	0	0	1534061	14569	425500	1041	19610	430686	1040007	3768167	0	0
1. 房地产二级开发	0	0	0	0	0	0	0	14569	0	1041	19610	430686	0	3768167	0	0
2. 城市综合开发（房地产）	0	0	0	0	0	0	1534061	0	425500	0	0	0	1040007	0	0	0
（七）基础设施投资业务	113644	0	0	0	0	0	4333663	1613498	2525374	3111241	5410852	3493735	1089617	0	0	0
1. 铁路工程	0	0	0	0	0	0	0	1254774	0	0	0	0	0	0	0	0
2. 公路工程	113644	0	0	0	0	0	3850457	0	2029810	3111241	1156482	3493735	0	0	0	0
3. 城市轨道交通	0	0	0	0	0	0	0	0	0	0	0	0	0	0	0	0

续表

项目	机构														
	中铁工业	中铁资源	中铁物贸	中铁信托	中铁财务	中铁资本	中铁投资	中铁上投	中铁南方	中铁交通	中铁开投	中铁城投	中国铁工投资	中铁置业	中铁广投	中铁信科
4. 市政公用工程	0	0	0	0	0	0	483206	0	0	0	0	0	250391	0	0	0
5. 房建工程	0	0	0	0	0	0	0	0	0	0	0	0	0	0	0	0
6. 水利水电工程	0	0	0	0	0	0	0	0	0	0	3290942	0	0	0	0	0
7. 机场工程	0	0	0	0	0	0	0	0	0	0	0	0	0	0	0	0
8. 城市综合开发	0	0	0	0	0	0	0	0	495564	0	0	0	0	0	0	0
9. 港口与航道工程	0	0	0	0	0	0	0	0	0	0	0	0	0	0	0	0
10. 水务环保工程	0	0	0	0	0	0	0	358724	0	0	0	0	839226	0	0	0
11. 其他工程	0	0	0	0	0	0	0	0	0	0	963428	0	0	0	0	0
（八）资产运营	0	0	0	0	0	0	884300	84120	183232	232650	3503753	508647	1716098	0	0	0
1. 铁路工程	0	0	0	0	0	0	0	0	0	0	0	0	0	0	0	0
2. 公路工程	0	0	0	0	0	0	0	84120	109575	232650	450582	502072	0	0	0	0
3. 城市轨道交通	0	0	0	0	0	0	884300	0	0	0	3053171	0	0	0	0	0
4. 市政公用工程	0	0	0	0	0	0	0	0	7007	0	0	6575	283016	0	0	0
5. 房建工程	0	0	0	0	0	0	0	0	0	0	0	0	0	0	0	0
6. 水利水电工程	0	0	0	0	0	0	0	0	0	0	0	0	0	0	0	0
7. 机场工程	0	0	0	0	0	0	0	0	66650	0	0	0	0	0	0	0
8. 城市综合开发	0	0	0	0	0	0	0	0	0	0	0	0	0	0	0	0
9. 港口与航道工程	0	0	0	0	0	0	0	0	0	0	0	0	0	0	0	0
10. 水务环保工程	0	0	0	0	0	0	0	0	0	0	0	0	1433082	0	0	0
11. 其他工程	0	0	0	0	0	0	0	0	0	0	0	0	0	0	0	0
（九）资源利用	0	532824	0	0	0	0	0	0	0	0	0	0	41815	0	0	0
（十）批发零售贸易	0	0	2865565	0	0	0	0	0	0	0	0	0	0	0	0	0

续表

项目	中铁工业	中铁资源	中铁物贸	中铁信托	中铁财务	中铁资本	中铁投资	中铁上投	中铁南方	中铁交通	中铁开投	中铁城投	中国铁工投资	中铁置业	中铁广投	中铁信科
（十一）机械租赁	0	0	0	0	0	7625	0	0	0	0	0	0	0	0	0	0
（十二）金融业务	0	0	0	223800	224420	247718	0	0	0	0	0	0	0	0	0	0
1. 信托业务	0	0	0	172336	0	0	0	0	0	0	0	0	0	0	0	0
2. 基金业务	0	0	0	47200	0	39759	0	0	0	0	0	0	0	0	0	0
3. 信贷业务	0	0	0	0	164792	0	0	0	0	0	0	0	0	0	0	0
4. 金融同业	0	0	0	4264	57333	0	0	0	0	0	0	0	0	0	0	0
5. 租赁业务	0	0	0	0	597	102108	0	0	0	0	0	0	0	0	0	0
6. 保险经纪	0	0	0	0	0	15529	0	0	0	0	0	0	0	0	0	0
7. 保理业务	0	0	0	0	1699	60545	0	0	0	0	0	0	0	0	0	0
8. 其他	0	0	0	0	0	29777	0	0	0	0	0	0	0	0	0	0
（十三）其他	0	0	290265	0	0	0	0	0	0	0	0	0	0	0	0	20538
二、境外	144386	1827137	0	0	0	0	0	0	0	0	0	0	703793	121200	0	0
（一）基建设	0	0	0	0	0	0	0	0	0	0	0	0	0	0	0	0
1. 铁路工程	0	0	0	0	0	0	0	0	0	0	0	0	0	0	0	0
2. 公路工程	0	0	0	0	0	0	0	0	0	0	0	0	0	0	0	0
3. 城市轨道交通	0	0	0	0	0	0	0	0	0	0	0	0	0	0	0	0
4. 市政公用工程	0	0	0	0	0	0	0	0	0	0	0	0	0	0	0	0
5. 房建工程	0	0	0	0	0	0	0	0	0	0	0	0	0	0	0	0
6. 水利水电工程	0	0	0	0	0	0	0	0	0	0	0	0	0	0	0	0
7. 机场工程	0	0	0	0	0	0	0	0	0	0	0	0	0	0	0	0
8. 城市综合开发	0	0	0	0	0	0	0	0	0	0	0	0	0	0	0	0
9. 港口与航道工程	0	0	0	0	0	0	0	0	0	0	0	0	0	0	0	0

续表

项目	中铁工业	中铁资源	中铁物贸	中铁信托	中铁财务	中铁资本	中铁投资	中铁上投	中铁南方	中铁交通	中铁开投	中铁城投	中国铁工投资	中铁置业	中铁广投	中铁信科
10.水务环保工程	0	0	0	0	0	0	0	0	0	0	0	0	0	0	0	0
11.其他工程	0	0	0	0	0	0	0	0	0	0	0	0	0	0	0	0
(二)勘察设计	0	0	0	0	0	0	0	0	0	0	0	0	0	0	0	0
1.铁路工程	0	0	0	0	0	0	0	0	0	0	0	0	0	0	0	0
2.公路工程	0	0	0	0	0	0	0	0	0	0	0	0	0	0	0	0
3.城市轨道交通	0	0	0	0	0	0	0	0	0	0	0	0	0	0	0	0
4.市政公用工程	0	0	0	0	0	0	0	0	0	0	0	0	0	0	0	0
5.房建工程	0	0	0	0	0	0	0	0	0	0	0	0	0	0	0	0
6.水利水电工程	0	0	0	0	0	0	0	0	0	0	0	0	0	0	0	0
7.机场工程	0	0	0	0	0	0	0	0	0	0	0	0	0	0	0	0
8.城市综合开发	0	0	0	0	0	0	0	0	0	0	0	0	0	0	0	0
9.港口与航道工程	0	0	0	0	0	0	0	0	0	0	0	0	0	0	0	0
10.水务环保工程	0	0	0	0	0	0	0	0	0	0	0	0	0	0	0	0
11.其他工程	0	0	0	0	0	0	0	0	0	0	0	0	0	0	0	0
(三)技术咨询	0	0	0	0	0	0	0	0	0	0	0	0	0	0	0	0
1.铁路工程	0	0	0	0	0	0	0	0	0	0	0	0	0	0	0	0
2.公路工程	0	0	0	0	0	0	0	0	0	0	0	0	0	0	0	0
3.城市轨道交通	0	0	0	0	0	0	0	0	0	0	0	0	0	0	0	0
4.市政公用工程	0	0	0	0	0	0	0	0	0	0	0	0	0	0	0	0
5.房建工程	0	0	0	0	0	0	0	0	0	0	0	0	0	0	0	0
6.水利水电工程	0	0	0	0	0	0	0	0	0	0	0	0	0	0	0	0
7.机场工程	0	0	0	0	0	0	0	0	0	0	0	0	0	0	0	0

续表

项目	机构													
	中铁工业	中铁资源	中铁物贸	中铁信托	中铁财务	中铁资本	中铁投资	中铁上投	中铁南方	中铁交通	中铁开投	中铁城投	中国铁工投资	中铁置业	中铁广投	中铁信科
8. 城市综合开发	0	0	0	0	0	0	0	0	0	0	0	0	0	0	0	0
9. 港口与航道工程	0	0	0	0	0	0	0	0	0	0	0	0	0	0	0	0
10. 水务环保工程	0	0	0	0	0	0	0	0	0	0	0	0	0	0	0	0
11. 其他工程	0	0	0	0	0	0	0	0	0	0	0	0	0	0	0	0
(四) 工程监理	0	0	0	0	0	0	0	0	0	0	0	0	0	0	0	0
1. 铁路工程	0	0	0	0	0	0	0	0	0	0	0	0	0	0	0	0
2. 公路工程	0	0	0	0	0	0	0	0	0	0	0	0	0	0	0	0
3. 城市轨道交通	0	0	0	0	0	0	0	0	0	0	0	0	0	0	0	0
4. 市政公用工程	0	0	0	0	0	0	0	0	0	0	0	0	0	0	0	0
5. 房建工程	0	0	0	0	0	0	0	0	0	0	0	0	0	0	0	0
6. 水利水电工程	0	0	0	0	0	0	0	0	0	0	0	0	0	0	0	0
7. 机场工程	0	0	0	0	0	0	0	0	0	0	0	0	0	0	0	0
8. 城市综合开发	0	0	0	0	0	0	0	0	0	0	0	0	0	0	0	0
9. 港口与航道工程	0	0	0	0	0	0	0	0	0	0	0	0	0	0	0	0
10. 水务环保工程	0	0	0	0	0	0	0	0	0	0	0	0	0	0	0	0
11. 其他工程	0	0	0	0	0	0	0	0	0	0	0	0	0	0	0	0
(五) 装备制造	77042	0	0	0	0	0	0	0	0	0	0	0	0	0	0	0
1. 钢结构	0	0	0	0	0	0	0	0	0	0	0	0	0	0	0	0
2. 铁路岔类	0	0	0	0	0	0	0	0	0	0	0	0	0	0	0	0
3. 工程机械	0	0	0	0	0	0	0	0	0	0	0	0	0	0	0	0
4. 隧道机械	0	0	0	0	0	0	0	0	0	0	0	0	0	0	0	0
5. 城轨交通设备	0	0	0	0	0	0	0	0	0	0	0	0	0	0	0	0

续表

项目	机构														
	中铁工业	中铁资源	中铁物贸	中铁信托	中铁财务	中铁资本	中铁投资	中铁上投	中铁南方	中铁交通	中铁开投	中铁城投	中国铁工投资	中铁置业	中铁广投	中铁信科
6.电气化产品	0	0	0	0	0	0	0	0	0	0	0	0	0	0	0	0
7.其他	77042	0	0	0	0	0	0	0	0	0	0	0	0	0	0	0
（六）房地产	0	0	0	0	0	0	0	0	0	0	0	0	0	0	0	0
1.房地产二级开发	0	0	0	0	0	0	0	0	0	0	0	0	0	0	0	0
2.城市综合开发（房地产）	0	0	0	0	0	0	0	0	0	0	0	0	0	0	0	0
（七）基础设施投资业务	0	0	0	0	0	0	0	0	0	0	0	0	0	0	0	0
1.铁路工程	0	0	0	0	0	0	0	0	0	0	0	0	0	0	0	0
2.公路工程	0	0	0	0	0	0	0	0	0	0	0	0	0	0	0	0
3.城市轨道交通	0	0	0	0	0	0	0	0	0	0	0	0	0	0	0	0
4.市政公用工程	0	0	0	0	0	0	0	0	0	0	0	0	0	0	0	0
5.房建工程	0	0	0	0	0	0	0	0	0	0	0	0	0	0	0	0
6.水利水电工程	0	0	0	0	0	0	0	0	0	0	0	0	0	0	0	0
7.机场工程	0	0	0	0	0	0	0	0	0	0	0	0	0	0	0	0
8.城市综合开发	0	0	0	0	0	0	0	0	0	0	0	0	0	0	0	0
9.港口与航道工程	0	0	0	0	0	0	0	0	0	0	0	0	0	0	0	0
10.水务环保工程	0	0	0	0	0	0	0	0	0	0	0	0	0	0	0	0
11.其他工程	0	0	0	0	0	0	0	0	0	0	0	0	0	0	0	0
（八）资产运营	0	0	0	0	0	0	0	0	0	0	0	0	0	0	0	0
1.铁路工程	0	0	0	0	0	0	0	0	0	0	0	0	0	0	0	0
2.公路工程	0	0	0	0	0	0	0	0	0	0	0	0	0	0	0	0
3.城市轨道交通	0	0	0	0	0	0	0	0	0	0	0	0	0	0	0	0

续表

项目	机构														
	中铁工业	中铁资源	中铁物贸	中铁信托	中铁财务	中铁资本	中铁投资	中铁上投	中铁南方	中铁交通	中铁开投	中铁城投	中国铁工投资	中铁置业	中铁广投	中铁信科
4.市政公用工程	0	0	0	0	0	0	0	0	0	0	0	0	0	0	0	0
5.房建工程	0	0	0	0	0	0	0	0	0	0	0	0	0	0	0	0
6.水利水电工程	0	0	0	0	0	0	0	0	0	0	0	0	0	0	0	0
7.机场工程	0	0	0	0	0	0	0	0	0	0	0	0	0	0	0	0
8.城市综合开发	0	0	0	0	0	0	0	0	0	0	0	0	0	0	0	0
9.港口与航道工程	0	0	0	0	0	0	0	0	0	0	0	0	0	0	0	0
10.水务环保工程	0	0	0	0	0	0	0	0	0	0	0	0	0	0	0	0
11.其他工程	0	0	0	0	0	0	0	0	0	0	0	0	0	0	0	0
（九）资源利用	0	1827137	0	0	0	0	0	0	0	0	0	0	0	0	0	0
（十）批发零售贸易	63407	0	0	0	0	0	0	0	0	0	0	0	0	0	0	0
（十一）机械租赁	0	0	0	0	0	0	0	0	0	0	0	0	0	0	0	0
（十二）金融业务	0	0	0	0	0	0	0	0	0	0	0	0	0	0	0	0
1.信托业务	0	0	0	0	0	0	0	0	0	0	0	0	0	0	0	0
2.基金业务	0	0	0	0	0	0	0	0	0	0	0	0	0	0	0	0
3.信贷业务	0	0	0	0	0	0	0	0	0	0	0	0	0	0	0	0
4.金融同业	0	0	0	0	0	0	0	0	0	0	0	0	0	0	0	0
5.租赁业务	0	0	0	0	0	0	0	0	0	0	0	0	0	0	0	0
6.保险经纪	0	0	0	0	0	0	0	0	0	0	0	0	0	0	0	0
7.保理业务	0	0	0	0	0	0	0	0	0	0	0	0	0	0	0	0
8.其他	0	0	0	0	0	0	0	0	0	0	0	0	0	0	0	0
（十三）其他	3936	0	0	0	0	0	0	0	0	0	0	0	0	0	0	0

制表：肖艳敏

表14-4 2022年中国中铁股份有限公司所属单位新签合同额排名

排名	单位名称	2022年新签合同额/亿元	2021年完成额/亿元	同比增长率/%
一、区域总部				
1	中铁东部区域总部	8623.0	7963.9	8.3
2	中铁西南区域总部	6218.5	—	—
3	中铁华南区域总部	5991.8	—	—
4	中铁北方区域总部	3992.7	3348.1	19.3
5	中铁西北区域总部	3042.1	—	—
6	中海外（区域）	874.1	—	—
7	中铁国际（区域）	861.5	—	—
8	中铁雄安新区区域总部	369.6	165.7	123.1
9	中铁海南区域总部	299.4	—	—
10	国际工程分公司（区域）	78.1	—	—
11	东方国际（区域）	24.1	—	—
二、工程局集团公司				
1	中铁建工	2621.2	2121.8	23.5
2	中铁四局	2599.0	2166.4	20.0
3	中铁一局	2560.1	2115.5	21.0
4	中铁五局	1967.2	1616.2	21.7
5	中铁三局	1940.3	1641.5	18.2
6	中铁二局	1720.0	1317.8	30.5
7	中铁十局	1517.0	1220.2	24.3
8	中铁七局	1393.5	1196.6	16.5
9	中铁隧道局	1100.3	956.1	15.1
10	中铁八局	1083.9	940.7	15.2
11	中铁六局	1054.9	900.7	17.1
12	中铁大桥局	963.9	901.7	6.9
13	中铁电气化局	827.9	783.8	5.6
14	中铁北京局	827.2	686.8	20.4
15	中铁上海局	822.7	752.1	9.4
16	中铁九局	708.6	656.9	7.9
17	中铁广州局	601.7	510.0	18.0
18	中铁国际	391.0	349.0	12.0
19	中铁武汉电气化局	240.3	210.6	14.1

续表

排名	单位名称	2022年新签合同额/亿元	2021年完成额/亿元	同比增长率/%
20	中海外	198.5	173.9	14.1
21	国际工程分公司	20.2	—	—
22	东方国际	9.2	16.7	−44.9
三、勘察设计咨询公司				
1	中铁二院	190.4	165.1	15.3
2	中铁设计	112.4	101.1	11.2
3	中铁六院	65.2	58.5	11.5
4	中铁大桥院	33.1	34.0	−2.6
5	中铁科研院	26.9	26.6	1.1
6	中铁华铁	26.3	56.2	−53.2
7	中铁长江设计	17.7	15.0	18.0
8	中铁水利设计	17.2	16.2	6.2
四、投资公司				
1	中铁开投	906.0	413.0	119.4
2	中铁投资	675.2	845.7	−20.2
3	中国铁工投资	562.8	565.8	−0.5
4	中铁南方	484.3	500.6	−3.3
5	中铁城投	447.0	415.3	7.6
6	中铁交通	413.1	340.2	21.4
7	中铁置业	388.9	667.3	−41.7
8	中铁上投	258.7	1160.3	−77.7
9	中铁广投	175.7	—	—
五、金融公司				
1	中铁资本	25.5	20.2	26.2
2	中铁财务	22.4	26.5	−15.5
3	中铁信托	22.4	23.4	−4.3
六、其他板块公司				
1	中铁工业	500.4	468.1	6.9
2	中铁物贸	315.6	232.8	35.6
3	中铁资源	236.0	190.3	24.0
4	中铁信科	2.1	2.1	0.0

表14-5　2022年中国铁路工程集团有限公司营业额完成情况一览表（一）

单位：万元

项目	中铁一局	中铁二局	中铁三局	中铁四局	中铁五局	中铁六局	中铁七局	中铁八局	中铁九局	中铁十局	中铁大桥局	中铁隧道局	中铁电气化局	中铁武汉电气化局	中铁建工	中铁广州局	中铁北京局	中铁上海局
总计	12066918	8093863	8965782	15261908	8252044	4212229	6331768	4720757	2674807	8520759	5481188	6052476	5062872	1262518	10904880	3528531	3736517	5304190
一、境内	11800212	8024499	8863114	14960532	8052161	4204355	5792051	4658210	2347741	7854288	5293605	5779283	4953096	1247696	10670910	3524545	3678625	5278327
（一）基建建设	11258913	7453896	8704921	14554416	7851054	4076761	5720000	4187046	2341233	7604999	4805986	5688306	4409144	1206662	9175106	3524545	3626483	5278327
1.铁路工程	1985248	1509270	2871149	3022439	796131	1380218	1016147	1097238	627305	1562634	1192349	1188891	2034321	619526	1446441	650648	836083	1417234
2.公路工程	2159841	1741524	1579397	1891302	1902263	1136444	1333115	526204	511376	1537469	2014346	1040491	39009	0	206768	575398	657025	654453
3.市政工程	2235417	652688	1321189	3677787	1449275	504920	934702	711044	305996	1950619	934578	1251062	289745	55336	540501	928671	186585	1137502
4.房建工程	1868588	1603375	1385550	2932268	1681535	556006	1131011	1233543	540298	1455122	261078	223855	313566	104840	6316890	666570	1296568	1364450
5.水利电力工程	65774	146417	255325	101876	681807	10136	128610	126923	2800	131361	253555	268469	3264	0	0	60263	0	0
6.港口与航道工程	0	0	0	0	0	0	0	0	0	0	24469	0	0	0	0	264324	0	0
7.机场工程	0	54983	0	0	42815	23780	0	0	0	0	0	0	0	3960	153286	0	199875	0
8.城市轨道交通工程	2510548	1582526	1266211	2170422	1187208	465257	491393	489047	296174	636896	122426	1312304	1727035	366767	436677	372931	405352	704688
9.其他工程	433497	163113	26100	758322	110020	0	685022	3047	57284	330898	3185	403234	2204	56233	74543	5740	44995	0
（二）勘察设计	9986	6121	18441	22558	0	2537	0	5318	3219	0	0	1746	2485	0	51464	0	0	0
1.铁路工程	857	0	13628	11608	0	2537	0	2803	3219	0	0	180	1420	0	0	0	0	0
2.公路工程	120	0	902	0	0	0	0	10	0	0	0	197	0	0	0	0	0	0
3.市政工程	7281	0	0	5547	0	0	0	320	0	0	0	465	0	0	28807	0	0	0
4.房建工程	1728	6121	0	5403	0	0	0	2122	0	0	0	0	933	0	17893	0	0	0
5.水利电力工程	0	0	0	0	0	0	0	0	0	0	0	0	0	0	0	0	0	0
6.港口与航道工程	0	0	0	0	0	0	0	0	0	0	0	0	0	0	0	0	0	0
7.机场工程	0	0	0	0	0	0	0	0	0	0	0	408	132	0	0	0	0	0
8.城市轨道交通工程	0	0	960	0	0	0	0	63	0	0	0	496	0	0	4764	0	0	0
9.其他工程	0	0	2951	0	0	0	0	0	0	0	0	0	0	0	0	0	0	0
（三）工业	81888	21692	28258	71608	43634	33794	20628	93817	3289	93654	16993	59778	125473	21014	7624	0	0	0
（四）房地产	6579	360291	0	195438	3538	4469	0	39500	0	0	176560	0	-1156	0	1432857	0	9215	0

续表

项目	机构																	
	中铁一局	中铁二局	中铁三局	中铁四局	中铁五局	中铁六局	中铁七局	中铁八局	中铁九局	中铁十局	中铁大桥局	中铁隧道局	中铁电气化局	中铁武汉电气化局	中铁建工	中铁广州局	中铁北京局	中铁上海局
（五）基础设施投资业务	0	0	0	0	0	0	0	0	0	33285	0	17587	72878	0	0	0	0	0
（六）矿产资源	0	0	0	0	0	0	0	0	0	0	0	8774	18657	0	0	0	0	0
（七）技术咨询	0	0	0	0	0	3202	0	0	0	0	38809	0	0	0	0	0	0	0
（八）工程监理	5914	0	0	4462	0	0	0	0	0	0	10707	0	5422	0	0	0	0	0
（九）批发零售贸易	295096	137698	0	58000	141427	75046	51288	272408	0	3500	219633	0	0	20020	0	0	42927	0
（十）机械租赁	10895	1394	0	0	0	1614	0	0	0	0	4648	0	0	0	0	0	0	0
（十一）其他	130941	43407	111494	54050	12508	6932	135	60121	0	118850	20269	3092	320193	0	3859	0	0	25863
二、境外	266706	69364	102668	301376	199883	7874	539717	62547	327066	666471	187583	273193	109776	14822	233970	3986	57892	15766
（一）基建建设	266706	56410	102668	301376	199883	7874	440140	62547	327066	259471	187583	273193	102912	14822	233970	3986	57892	11338
1.铁路工程	74844	2452	24958	138412	42376	0	0	6943	52954	25624	126091	0	57876	7528	0	0	32269	0
2.公路工程	98185	33479	22454	58463	113261	0	217248	0	19129	66826	45268	128935	0	2517	3464	3986	0	0
3.市政工程	50573	0	3742	52220	11917	0	21176	9578	0	1529	15403	0	0	4772	9721	0	0	0
4.房建工程	13205	3796	2744	44654	19300	7874	7359	5207	30319	57289	0	0	0	0	208208	0	0	0
5.水利电力工程	1129	16683	0	0	12880	0	2045	0	0	13989	0	0	0	0	3373	3986	0	1090
6.港口与航道工程	27299	0	48770	0	149	0	0	0	0	693	0	0	1056	0	9204	0	0	0
7.机场工程	1471	0	0	7627	0	0	0	0	942	0	0	0	42963	5	0	0	25623	3338
8.城市轨道交通工程	0	1341	0	0	0	0	192312	40819	223722	93521	821	133601	1017	0	0	0	0	0
9.其他工程	0	0	0	0	0	0	0	0	0	10657	0	0	6864	0	0	0	0	10097
（二）勘察设计	0	0	0	0	0	0	0	0	0	0	0	0	6864	0	0	0	0	10097
（三）产品销售	0	0	0	0	0	0	0	0	0	0	0	0	0	0	0	0	0	0
（四）矿产资源	0	0	0	0	0	0	0	0	0	0	0	0	0	0	0	0	0	0
（五）对外劳务合作	0	0	0	0	0	0	0	0	0	0	0	0	0	0	0	0	0	0
（六）其他	11613	0	0	0	0	0	99577	0	0	407000	0	0	0	0	0	0	0	0

制表：肖艳敏

表14-6 2022年中国铁路工程集团有限公司营业额完成情况一览表（二）

单位：万元

项目	中铁国际	中海外	东方国际	中铁二院	中铁六院	中铁设计	中铁大桥院	中铁华铁	中铁长江设计	中铁水利设计	中铁科研院	中铁工业	中铁资源	中铁物贸
总计	439694	149357	81841	1150057	374773	670930	212252	119810	99000	106214	170306	3037183	2341860	4265000
一、境内	228929	0	0	1072099	371712	668535	208945	118283	99000	106214	169268	2917194	546213	4265000
（一）基建建设	35548	0	0	331045	118673	336737	24008	0	37500	59981	54327	0	0	0
1.铁路工程	0	0	0	86443	55267	274898	18469	0	0	0	31213	0	0	0
2.公路工程	0	0	0	0	0	1368	904	0	0	0	4644	0	0	0
3.市政工程	0	0	0	244602	38383	43303	2510	0	0	0	5139	0	0	0
4.房建工程	35548	0	0	0	18971	11345	2125	0	0	0	1557	0	0	0
5.水利电力工程	0	0	0	0	0	0	0	0	37500	59981	0	0	0	0
6.港口与航道工程	0	0	0	0	0	0	0	0	0	0	0	0	0	0
7.机场工程	0	0	0	0	6052	4163	0	0	0	0	0	0	0	0
8.城市轨道交通工程	0	0	0	0	0	1660	0	0	0	0	11774	0	0	0
9.其他工程	0	0	0	544352	188508	256213	146274	59352	61500	30599	12862	0	0	0
（二）勘察设计	0	0	0	375251	22640	192455	65675	10219	0	0	3082	0	0	0
1.铁路工程	0	0	0	36853	5108	9550	19824	0	55784	0	497	0	0	0
2.公路工程	0	0	0	31753	15178	34454	35025	0	0	0	175	0	0	0
3.市政工程	0	0	0	0	23364	3476	8051	34928	0	30599	879	0	0	0
4.房建工程	0	0	0	0	524	0	0	0	0	0	0	0	0	0
5.水利电力工程	0	0	0	0	0	0	0	0	5716	0	65	0	0	0
6.港口与航道工程	0	0	0	0	0	0	0	0	0	0	0	0	0	0
7.机场工程	0	0	0	99501	121340	15859	14088	14205	0	0	6233	0	0	0
8.城市轨道交通工程	0	0	0	994	354	419	3611	0	0	0	1931	0	0	0
9.其他工程	0	0	0	0	0	0	0	0	0	0	4600	2657141	0	0
（三）工业	0	0	0	1069	0	0	0	0	0	0	0	0	0	0
（四）房地产	0	0	0											

续表

项目	中铁国际	中海外	东方国际	中铁二院	中铁六院	中铁设计	中铁大桥院	中铁华铁	中铁长江设计	中铁水利设计	中铁科研院	中铁工业	中铁资源	中铁物贸
（五）基础设施投资业务	3994	0	0	0	0	0	0	0	0	0	0	0	0	0
（六）矿产资源	0	0	0	0	0	0	0	0	0	0	0	0	546213	0
（七）技术咨询	0	0	0	35639	19386	38294	20679	0	0	0	58136	0	0	0
（八）工程监理	0	0	0	28730	21531	33898	17984	58931	0	0	34134	0	0	0
（九）批发零售贸易	189387	0	0	0	0	0	0	0	0	0	0	0	0	4265000
（十）机械租赁	0	0	0	0	0	0	0	0	0	0	0	48616	0	0
（十一）其他	0	0	0	131264	23614	3393	0	0	0	15634	5209	211437	0	0
二、境外	210765	149357	81841	77958	3061	2395	3307	1527	0	0	1038	119989	1795647	0
（一）基建建设	210765	147932	81841	11032	329	0	0	0	0	0	0	0	0	0
1.铁路工程	1309	0	42153	11032	35	0	0	0	0	0	0	0	0	0
2.公路工程	66315	108493	1050	0	0	0	0	0	0	0	0	0	0	0
3.市政工程	39639	4125	12136	0	0	0	0	0	0	0	0	0	0	0
4.房建工程	55764	4975	20456	0	0	0	0	0	0	0	0	0	0	0
5.水利电力工程	29750	18044	1003	0	0	0	0	0	0	0	0	0	0	0
6.港口与航道工程	4843	0	0	0	0	0	0	0	0	0	0	0	0	0
7.机场工程	0	0	0	0	0	0	0	0	0	0	0	0	0	0
8.城市轨道交通工程	0	0	1987	0	294	0	0	0	0	0	0	0	0	0
9.其他工程	13145	12295	3056	0	2732	0	0	0	0	0	0	0	0	0
（二）勘察设计	0	0	0	66926	2732	2395	3307	0	0	0	150	0	0	0
（三）产品销售	0	1224	0	0	0	0	0	0	0	0	0	119989	0	0
（四）矿产资源	0	0	0	0	0	0	0	0	0	0	0	0	1795647	0
（五）对外劳务合作	0	201	0	0	0	0	0	0	0	0	0	0	0	0
（六）其他	0	0	0	0	0	0	0	1527	0	0	888	0	0	0

制表：肖艳敏

表 14-7 2022 年中国铁路工程集团有限公司营业额完成情况一览表（三）

单位：万元

项目	中铁信托	中铁财务	中铁资本	中铁投资	中铁上投	中铁南方	中铁交通	中铁开投	中铁城投	中国铁工投资	中铁置业	中铁广投	中铁信科
总计	223800	202060	152300	3262733	2727111	2702937	1728011	4345872	3729055	1680000	3417152	1238856	23938
一、境内	223800	202060	147900	3262733	2727111	2702937	1728011	4345872	3729055	1680000	3417152	1238856	23938
（一）基建建设	0	0	0	3262733	2727111	2702937	1720460	4345872	3285200	1549235	206017	1238856	0
1. 铁路工程	0	0	0	0	34693	176343	0	42975	0	0	0	6669	0
2. 公路工程	0	0	0	1548777	1276206	168082	1486050	2297850	1880339	0	0	0	0
3. 市政工程	0	0	0	306225	164102	1024929	139608	49944	58670	1027904	47271	77302	0
4. 房建工程	0	0	0	402228	38177	35898	68237	12736	496489	521213	158746	0	0
5. 水利电力工程	0	0	0	0	0	0	0	683976	14725	118	0	0	0
6. 港口与航道工程	0	0	0	0	0	0	0	0	0	0	0	0	0
7. 机场工程	0	0	0	0	0	0	0	0	834977	0	0	0	0
8. 城市轨道交通工程	0	0	0	1005503	1125773	1269608	26565	1256964	0	0	0	1154884	0
9. 其他工程	0	0	0	0	88160	28077	0	1427	0	0	0	0	0
（二）勘察设计	0	0	0	0	0	0	0	0	0	0	0	0	0
1. 铁路工程	0	0	0	0	0	0	0	0	0	0	0	0	0
2. 公路工程	0	0	0	0	0	0	0	0	0	0	0	0	0
3. 市政工程	0	0	0	0	0	0	0	0	0	0	0	0	0
4. 房建工程	0	0	0	0	0	0	0	0	0	0	0	0	0
5. 水利电力工程	0	0	0	0	0	0	0	0	0	0	0	0	0
6. 港口与航道工程	0	0	0	0	0	0	0	0	0	0	0	0	0
7. 机场工程	0	0	0	0	0	0	0	0	0	0	0	0	0
8. 城市轨道交通工程	0	0	0	0	0	0	0	0	0	0	0	0	0
9. 其他工程	0	0	0	0	0	0	0	0	0	0	0	0	0
（三）工业	0	0	0	0	0	0	0	0	122000	0	0	0	0
（四）房地产	0	0	0	0	0	0	0	0	0	0	3141540	0	0

续表

项目	机构												
	中铁信托	中铁财务	中铁资本	中铁投资	中铁上投	中铁南方	中铁交通	中铁开投	中铁城投	中国铁工投资	中铁置业	中铁广投	中铁信科
(五) 基础设施投资业务	0	0	0	0	0	0	7551	0	321855	130765	0	0	0
(六) 矿产资源	0	0	0	0	0	0	0	0	0	0	0	0	0
(七) 技术咨询	0	0	0	0	0	0	0	0	0	0	0	0	0
(八) 工程监理	0	0	0	0	0	0	0	0	0	0	0	0	0
(九) 批发零售贸易	0	0	0	0	0	0	0	0	0	0	0	0	0
(十) 机械租赁	0	0	60419	0	0	0	0	0	0	0	0	0	0
(十一) 其他	223800	202060	87481	0	0	0	0	0	0	0	69595	0	23938
二、境外	0	0	4400	0	0	0	0	0	0	0	0	0	0
(一) 基建工程	0	0	0	0	0	0	0	0	0	0	0	0	0
1. 铁路工程	0	0	0	0	0	0	0	0	0	0	0	0	0
2. 公路工程	0	0	0	0	0	0	0	0	0	0	0	0	0
3. 市政工程	0	0	0	0	0	0	0	0	0	0	0	0	0
4. 房建工程	0	0	0	0	0	0	0	0	0	0	0	0	0
5. 水利电力工程	0	0	0	0	0	0	0	0	0	0	0	0	0
6. 港口与航道工程	0	0	0	0	0	0	0	0	0	0	0	0	0
7. 机场工程	0	0	0	0	0	0	0	0	0	0	0	0	0
8. 城市轨道交通工程	0	0	0	0	0	0	0	0	0	0	0	0	0
9. 其他	0	0	0	0	0	0	0	0	0	0	0	0	0
(二) 勘察设计	0	0	0	0	0	0	0	0	0	0	0	0	0
(三) 产品销售	0	0	0	0	0	0	0	0	0	0	0	0	0
(四) 矿产资源	0	0	0	0	0	0	0	0	0	0	0	0	0
(五) 对外劳务合作	0	0	0	0	0	0	0	0	0	0	0	0	0
(六) 其他	0	0	4400	0	0	0	0	0	0	0	0	0	0

表14-8　2022年中国中铁二级公司营业额同比完成情况统计

单位	总体情况			国内			海外		
	本年累计完成/万元	上年实际完成/万元	同比增减/%	本年累计完成/万元	上年实际完成/万元	同比增减/%	本年累计完成/万元	上年实际完成/万元	同比增减/%
中铁一局	12066918	11260608	7.2	11800212	10968775	7.6	266706	291833	-8.6
中铁二局	8093863	8005189	1.1	8024499	7937924	1.1	69364	67265	3.1
中铁三局	8965782	7653592	17.1	8863114	7497709	18.2	102668	155883	-34.1
中铁四局	15261908	13561818	12.5	14960532	13279929	12.7	301376	281889	6.9
中铁五局	8252044	8018304	2.9	8052161	7777573	3.5	199883	240731	-17.0
中铁六局	4212229	4101646	2.7	4204355	4072464	3.2	7874	29182	-73.0
中铁七局	6331768	5605705	13.0	5792051	5081519	14.0	539717	524186	3.0
中铁八局	4720757	4260420	10.8	4658210	4216158	10.5	62547	44262	41.3
中铁九局	2674807	2486845	7.6	2347741	2284614	2.8	327066	202231	61.7
中铁十局	8520759	7128870	19.5	7854288	6472758	21.3	666471	656112	1.6
中铁大桥局	5481188	5008188	9.4	5293605	4772525	10.9	187583	235663	-20.4
中铁隧道局	6052476	5661413	6.9	5779283	5449169	6.1	273193	212244	28.7
中铁电气化局	5062872	4896456	3.4	4953096	4841110	2.3	109776	55346	98.3
中铁武汉电气化局	1262518	1212549	4.1	1247696	1153223	8.2	14822	59326	-75.0
中铁建工	10904880	10080255	8.2	10670910	9850786	8.3	233970	229469	2.0
中铁广州局	3528531	3311839	6.5	3524545	3303705	6.7	3986	8134	-51.0
中铁北京局	3736517	3310579	12.9	3678625	3256657	13.0	57892	53922	7.4
中铁上海局	5304190	4745362	11.8	5278327	4720389	11.8	25863	24973	3.6
中铁国际	439694	681736	-35.5	228929	481159	-52.4	210765	200577	5.1
中海外	149357	97860	52.6	0	0	—	149357	97860	52.6
东方国际	81841	204276	-59.9	0	0	—	81841	204276	-59.9
中铁二院	1150057	994000	15.7	1072099	886519	20.9	77958	107481	-27.5
中铁六院	374773	352817	6.2	371712	350827	6.0	3061	1990	53.8

续表

单位	总体情况			国内			海外		
	本年累计完成/万元	上年实际完成/万元	同比增减/%	本年累计完成/万元	上年实际完成/万元	同比增减/%	本年累计完成/万元	上年实际完成/万元	同比增减/%
中铁设计	670930	601661	11.5	668535	599004	11.6	2395	2657	-9.9
中铁大桥院	212252	205082	3.5	208945	200617	4.2	3307	4465	-25.9
中铁华铁	119810	130100	-7.9	118283	128772	-8.1	1527	1328	15.0
中铁长江设计	99000	90134	9.8	99000	90134	9.8	0	0	—
中铁水利设计	106214	90788	17.0	106214	90788	17.0	0	0	—
中铁科研院	170306	178316	-4.5	169268	176220	-3.9	1038	2096	-50.5
中铁工业	3037183	2751655	10.4	2917194	2646203	10.2	119989	105452	13.8
中铁资源	2341860	1902533	23.1	546213	394168	38.6	1795647	1508365	19.0
中铁物贸	4265000	4323240	-1.3	4265000	4323240	-1.3	0	0	—
中铁信托	223800	234000	-4.4	223800	234000	-4.4	0	0	—
中铁财务	202060	189493	6.6	202060	189493	6.6	0	0	—
中铁资本	152300	128762	18.3	147900	123167	20.1	4400	5595	-21.4
中铁投资	3262733	2657168	22.8	3262733	2657168	22.8	0	0	—
中铁上投	2727111	2800082	-2.6	2727111	2800082	-2.6	0	0	—
中铁南方	2702937	2848853	-5.1	2702937	2848853	-5.1	0	0	—
中铁交通	1728011	1414073	22.2	1728011	1414073	22.2	0	0	—
中铁开投	4345872	4186273	3.8	4345872	4186273	3.8	0	0	—
中铁城投	3729055	4040871	-7.7	3729055	4040871	-7.7	0	0	—
中国铁工投资	1680000	1600847	4.9	1680000	1600847	4.9	0	0	—
中铁置业	3417152	3079407	11.0	3417152	3079407	11.0	0	0	—
中铁广投	1238856	1383032	-10.4	1238856	1383032	-10.4	0	0	—
中铁信科	23938	21476	11.5	23938	21476	11.5	0	0	—

表 14-9 2022年中国铁路工程集团有限公司劳动工资统计（一）

项目		中铁一局	中铁二局	中铁三局	中铁四局	中铁五局	中铁六局	中铁七局	中铁八局	中铁九局	中铁十局	中铁大桥局	中铁隧道局	中铁电气化局	中铁武汉电气化局
在岗	1. 期末人数/人	22609	17339	20430	23097	18903	12806	14059	9841	9223	13833	12401	13762	11963	4635
	2. 平均人数/人	22656	17353	20384	22610	18729	12779	14115	9887	8900	13549	12226	13477	11910	4610
	3. 工资总额/元	3882677401	2574684326	3131918003	4270701607	2522284029	1926638511	2257431519	1646072747	1202367910	1999582010	2114959354	2131288360	2311968038	545710000
	其中：奖金及效益工资/元	2477303729	0	1910469983	0	880947941	1005626355	961843731	888879283	427893317	390371835	969608647	979738555	1165775849	336506865
	4. 平均工资/元	171375	148371	153646	188886	134702	150766	159931	166489	135098	147582	172989	158143	194120	118375
其他从业	1. 期末人数/人	0	0	0	171	16	38	0	0	0	0	300	0	4744	13
	2. 平均人数/人	0	0	0	177	15	40	0	7	0	0	305	0	5757	13
	3. 劳动报酬/元	0	0	0	10933954	412098	4756000	0	419856	0	0	32244418	0	557628960	1435500
	4. 平均劳动报酬/元	0	0	0	61774	27473	118900	0	59979	0	0	105719	0	96861	110423
非在岗	1. 期末人数/人	2196	1965	780	1326	2035	963	1928	719	134	1325	587	1062	297	106
	2. 平均人数/人	2189	1954	794	1307	2052	1056	1940	667	191	1334	610	1079	309	119
	3. 生活费/元	51388270	43881265	20317768	65583324	73247624	59163741	50851257	31645251	1548999	39029499	11475030	33811331	17537215	3467720
	4. 平均生活费/元	23476	22457	25589	50179	35696	56026	26212	47444	8110	29257	18812	31336	56755	29141
	其中：（1）内部退养职工人数/人	744	390	99	705	828	276	431	234	10	322	94	510	263	12
	（2）内部下岗职工人数/人	888	1513	596	481	1059	591	1230	349	51	965	491	482	5	48
	其中：一年以上/人	0	570	426	107	275	302	280	0	.7	334	427	215	0	17
	（3）长期病、休假人数/人	263	62	16	118	148	79	149	136	60	37	2	52	29	46
	（4）长期学习职工人数/人	0	0	0	1	0	0	0	0	0	0	0	0	0	0
	（5）集体外出劳务人数/人	25	0	31	0	0	0	5	0	0	0	0	16	0	0
	（6）个人外出劳务人数/人	276	0	38	21	0	17	113	0	13	1	0	2	0	0

制表：肖艳敏

表 14-10 2022 年中国铁路工程集团有限公司劳动工资统计（二）

	项目	中铁建工	中铁广州局	中铁北京局	中铁上海局	中铁国际	中海外	东方国际	中铁二院	中铁六院	中铁设计	中铁大桥院	中铁华铁	中铁长江设计	中铁水利设计	中铁科研院	中铁置业	中铁工业	中铁资源
在岗	1.期末人数/人	17799	5903	8187	10003	700	260	55	5730	1972	3044	1269	761	668	586	1043	2802	11807	1142
	2.平均人数/人	17488	5872	8231	9922	681	257	89	5716	1936	3031	1267	748	650	579	1036	2917	11820	1131
	3.工资总额/元	3776188050	883635423	1237815479	1693074811	123786733	97902634	24510300	2208833272	643606308	1178186033	450390012	187621012	206380000	150743000	261959100	793934195	17107950 42	40586394 2
	其中：奖金及效益工资/元	1156919004	126936062	363963499	498750845	31891883	0	4902060	1685270720	489275781	835031 69	228692901	837708910	0	0	132564200	350589595	1063596576	0
	4.平均工资/元	215930	150483	150385	170638	349291	380944	275397	386430	332441	388712	355478	250830	317508	260351	252856	272175	144737	358854
其他从业	1.期末人数/人	36	201	14	8	20	245	124	21	0	8	962	1022	2	15	418	4	1	0
	2.平均人数/人	41	211	15	8	23	261	133	19	0	8	936	949	2	13	420	6	3	0
	3.劳动报酬/元	4578054	17860278	1575814	498755	6589268	26325753	13121700	3191427	0	3152600	169780101	108393954	396000	2627300	57582967	521015	5191866	0
	4.平均劳动报酬/元	111660	84646	105054	62344	286490	100865	98659	167970	0	394075	181389	114219	198000	202100	137102	86836	1730622	0
非在岗	1.期末人数/人	240	263	416	460	5	13	0	30	6	13	0	10	0	0	2	55	280	12
	2.平均人数/人	272	271	416	496	9	13	0	32	8	17	9	15	0	0	2	51	299	13
	3.生活费/元	8446719	7445241	10070515	12886324	477502	1716887	0	757131	227615	184252	390210	101502	0	0	120000	10850499	2800260	595800
	4.平均生活费/元	31054	27473	24208	25980	53056	132068	0	23660	28452	10838	43357	6767	0	0	60000	212755	9365	45831
	其中：(1) 内部退养职工人数/人	125	165	57	148	5	13	0	8	3	4	0	0	0	0	0	53	89	12
	(2) 内部下岗职工人数/人	66	98	293	230	0	0	0	1	1	5	0	0	0	0	0	0	87	0
	其中：一年以上/人	64	16	290	28	0	0	0	1	1	5	0	1	0	0	0	0	81	0
	(3) 长期病、休假人数/人	33	0	56	48	0	0	0	1	1	2	0	0	0	0	2	2	10	0
	(4) 长期学习职工人数/人	0	0	0	0	0	0	0	0	0	0	0	0	0	0	0	0	0	0
	(5) 集体外出劳务人数/人	0	0	0	0	0	0	0	0	0	0	0	0	0	0	0	0	2	0
	(6) 个人外出劳务人数/人	16	0	10	34	0	0	0	21	0	2	0	9	0	0	0	0	92	0

制表：肖艳敏

表14-11　2022年中国铁路工程集团有限公司劳动工资统计（三）

	项目	中铁物贸	中铁信托	中铁财务	中铁资本	中铁投资	中铁南方	中铁交通	中铁开投	中铁城投	中铁上投	中铁广投	中国铁工投资	中铁信科	中铁国资	中铁党校	总部机关	北方区域	东部区域	华南区域	西南区域	西北区域	雄安区域	海南区域
在岗	1.期末人数/人	1090	495	81	221	585	567	466	474	691	452	230	3065	135	1373	40	379	28	23	24	21	17	11	13
	2.平均人数/人	1039	483	82	217	569	546	416	432	694	508	215	2897	120	1384	40	375	27	14	24	20	18	11	13
	3.工资总额/元	314690241	244929189	31001516	169520160	224066732	249491632	162555300	168440000	258790000	221397679	99805299	574000000	52587276	194843065	15565235	209811532	6552232	5749776	46385366	37537116	37621778	22115438	3714704
	其中：奖金及效益工资/元	46364147	133005540	18631911	56054786	104276584	174280408	48766590	0	77637000	139480538	0	351410250	29359774	107163686	15565235	100949126	1280897	5749776	0	1055067	3762178	0	0
	4.平均工资/元	302878	507100	378067	438717	393790	456944	390758	389907	372896	435822	464211	198136	438227	140783	389131	559497	242675	410698	193272	187686	209010	201049	285746
其他从业	1.期末人数/人	99	48	0	0	253	119	102	246	0	222	0	0	0	252	0	6	0	10	0	10	0	0	5
	2.平均人数/人	95	45	0	0	206	119	117	238	0	258	0	0	0	244	2	7	0	4	0	5	0	0	5
	3.劳动报酬/元	21193544	5986296	0	0	57850846	43907152	7792338	39997600	0	57054942	0	0	0	19163764	348233	1559163	0	418803	0	540998	0	0	262998
	4.平均劳动报酬/元	223090	133029	0	0	280829	368968	66601	168057	0	221143	0	0	0	78540	174116	222738	0	104701	0	108200	0	0	52600
非在岗	1.期末人数/人	0	0	0	0	0	0	0	0	0	0	0	13	0	52	1	1	0	0	0	0	0	0	0
	2.平均人数/人	2	0	0	0	0	0	0	0	0	0	0	14	0	56	1	1	0	0	0	0	0	0	0
	3.生活费/元	125471	0	0	0	0	0	0	0	0	0	0	560000	0	1615981	79700	40328	0	0	0	0	0	0	0
	4.平均生活费/元	62736	0	0	0	0	0	0	0	0	0	0	40000	0	28857	79700	40328	0	0	0	0	0	0	0
	其中：(1)内部下岗职工人数/人	0	0	0	0	0	0	0	0	0	0	0	10	0	24	1	1	0	0	0	0	0	0	0
	(2)内部退养职工人数/人	0	0	0	0	0	0	0	0	0	0	0	3	0	7	0	0	0	0	0	0	0	0	0
	其中：一年以上/人	0	0	0	0	0	0	0	0	0	0	0	3	0	7	0	0	0	0	0	0	0	0	0
	(3)长期病、休假人数/人	0	0	0	0	0	0	0	0	0	0	0	0	0	3	0	0	0	0	0	0	0	0	0
	(4)长期学习职工人数/人	0	0	0	0	0	0	0	0	0	0	0	0	0	1	0	0	0	0	0	0	0	0	0
	(5)集体外出劳务人数/人	0	0	0	0	0	0	0	0	0	0	0	0	0	0	0	0	0	0	0	0	0	0	0
	(6)个人外出劳务人数/人	0	0	0	0	0	0	0	0	0	0	0	0	0	17	0	0	0	0	0	0	0	0	0

制表：肖艳敏

表14-12 2022年中国中铁股份公司技术动力装备情况年报

序号	单位名称	境内/外	统计期内自有机械设备				统计期全部职工实有数/人	技术装备率/(万元/人)(净值)	动力装备率/(千瓦/人)	统计期施工产值/万元	装备生产率/万元	设备新度系数
			数量/台	原值/万元	净值/万元	总功率/千瓦						
1	中铁一局	境内	6442	604310.18	204335.75	1170664.54	24426	8.37	47.93	12478060.00	61.07	0.34
		境外	1172	51964.18	12834.13	191135.52	379	33.86	504.32	207863.00	16.20	0.25
2	中铁二局	境内	5345	396377.67	159692.14	568366.96	19293	8.87	35.25	3034373.00	17.73	0.40
		境外	756	48403.66	11468.62	111695.30						0.24
3	中铁三局	境内	6850	600980.97	230202.00	1365152.00	22710	10.37	62.78	8700000.00	37.79	0.38
		境外	334	16688.01	5196.00	60585.00				102000.00	19.63	0.31
4	中铁四局	境内	5105	546444.76	215416.87	834019.27	23790	9.10	36.90	14960532.00	69.45	0.39
		境外	693	35272.68	9899.79	101722.05				301376.00	30.44	0.28
5	中铁五局	境内	6077	355855.00	137823.00	593345.24	19768	8.08	42.84	7702319.32	55.89	0.39
		境外	1688	76387.00	21871.00	253565.70				117762.00	5.38	0.29
6	中铁六局	境内	6779	229376.26	72609.51	421216.83	13362	5.43	31.59	4076761.00	56.15	0.32
		境外	38	339.36	0.00	934.50				7874.00	—	0.00
7	中铁七局	境内	4783	245633.46	88724.82	392759.23	15000	5.91	26.18	5737215.60	64.66	0.36
		境外	3326	176195.13	57813.68	483136.90	987	58.58	489.50	501976.89	8.68	0.33
8	中铁八局	境内	3928	193463.33	70932.90	381090.50	10569	7.86	42.49	4187044.00	59.03	0.37
		境外	487	27192.49	12188.74	68012.44				62546.00	5.13	0.45
9	中铁九局	境内	6360	168095.28	52159.36	406676.54	9348	9.07	64.38	2341233.00	44.89	0.31
		境外	1542	87579.50	32617.25	195172.01				327066.00	10.03	0.37
10	中铁十局	境内	4513	215638.57	85925.91	459373.00	15160	5.67	30.35	7654992.89	89.09	0.40
		境外	588	36460.36	17247.17	100304.00	215	80.22	426.94	209144.28	12.13	0.47
11	中铁大桥局	境内	12384	466659.79	163290.23	492588.42	12680	14.48	47.87	4805986.00	29.43	0.35
		境外	1791	45581.20	20320.28	114430.17				187583.00	9.23	0.45
12	中铁隧道局	境内	20872	888940.87	308189.14	1265640.33	14824	23.11	89.28	5688306.00	18.46	0.35
		境外	526	48052.69	34372.11	57840.50				273193.00	7.95	0.72
13	中铁电气化局	境内	4297	178670.68	59162.23	406704.15	17764	3.33	22.89	4938317.00	83.47	0.33
		境外	—	—	—	—	—	—	—	—	—	—

续表

序号	单位名称	境内/外	统计期内自有机械设备			统计期全部职工实有数/人	技术装备率/(万元/人)(净值)	动力装备率/(千瓦/人)	统计期施工产值/万元	装备生产率/万元	设备新度系数
			数量/台	原值/万元	净值/万元 总功率/千瓦						
14	中铁建工	境内	918	49101.40	24559.65 / 58052.66	18751	1.59	5.25	9175105.00	373.58	0.50
		境外	1848	22700.37	5249.69 / 40374.00	—	—	—	233971.00	44.57	0.23
15	中铁国际	境内	2	77.16	10.40 / 319.00	704	—	—	—	—	0.13
		境外	1088.00	43606.90	11921.80 / 134879.80	—	16.95	192.04	22546.32	1.89	0.27
16	中海外	境内	—	—	— / —	—	—	—	—	—	—
		境外	887	46722.22	440.91 / 48709.20	151	2.92	322.58	15363.00	34.84	0.01
17	中铁广州局	境内	1460	170122.34	67996.89 / 190841.49	5609	12.12	34.02	3523316.66	51.82	0.40
		境外	6	223.40	54.54 / 914.00	23	2.37	39.74	5223.22	95.77	0.24
18	中铁北京局	境内	1586	104315.02	49251.59 / 197999.80	7547	6.53	26.24	2821315.86	57.28	0.47
		境外	105	3476.36	2225.57 / 14738.60	122	18.24	120.81	58268.95	26.18	0.64
19	中铁上海局	境内	3403	221235.11	114964.21 / 316171.63	10558	10.89	29.95	5616477.74	48.85	0.52
		境外	16	212.85	104.34 / 750.50	42	2.48	17.87	9355.00	89.66	0.49
20	中铁资源	境内	949	94010.50	32820.00 / 110722.60	353	92.97	313.66	576464.00	17.56	0.35
		境外	4524	425226.00	193863.90 / 184472.00	4536	42.74	40.67	1913818.00	9.87	0.46
21	中铁武汉电气化局	境内	1258	27032.78	6201.83 / 76001.80	4726	1.31	16.08	1206603.00	194.56	0.23
		境外	1	5.60	3.34 / 36.80	16	0.21	2.30	14822.00	4437.72	0.60
	合计	境内小计	103311	5756341.13	2144268.44 / 9707705.97	—	—	—	—	—	0.37
		境外小计	21416	1192289.96	449692.87 / 2163408.99	—	—	—	—	—	0.38
		总计	124727	6948631.09	2593961.31 / 11871114.96	273413	9.49	43.42	110761800.70	42.70	0.37

制表：姚道雄

注：1. 技术装备率＝统计期自有机械设备净值/全部职工人数；
2. 动力装备率＝统计期机械设备总功率（万元）/全部职工人数；
3. 装备生产率＝年施工产值（万元）/统计期设备净值；
4. 设备新度系数＝设备净值/设备原值；
5. 统计周期：2022年1月1日至12月31日。

表14-13 2022年中国中铁股份公司施工机械设备资产变动情况

序号	单位名称	境内/外	2021年末机械		2022年新增固资机械			2022年报废机械			2022年处置机械			2022年末机械	
			数量/台	原值/万元	数量/台	原值/万元	功率/千瓦	数量/台	原值/万元	功率/千瓦	数量/台	原值/万元	功率/千瓦	数量/台	原值/万元
1	中铁一局	境内	6392	618040.94	513	21972.70	171694.63	463	35703.46	47681.50	203	21900.54	20008.52	6442	604310.18
		境外	1157	53696.29	73	3222.22	12963.00	58	4954.33	8315.00	13	19675.91	2548.45	1172	51964.18
2	中铁二局	境内	5380	396057.81	227	12906.52	50558.40	262	12586.67	27230.50	238	11510.55	17799.50	5345	396377.67
		境外	739	48598.14	17	870.81	3300.00	0	0.00	0.00	0	0.00	0.00	756	48403.66
3	中铁三局	境内	6439	577287.97	724	38203.00	109095.90	313	14510.00	32577.00	98	2953.09	6321.00	6850	600980.97
		境外	335	17130.01	0	0.00	0.00	1	442.00	0.00	0	0.00	0.00	334	16688.01
4	中铁四局	境内	4773	506928.12	790	49593.66	61594.08	458	10077.02	31311.10	237	7471.27	13518.80	5105	546444.76
		境外	516	26141.27	212	10580.62	31264.10	35	1449.21	3703.80	12	705.67	410.80	693	35272.68
5	中铁五局	境内	6023	344874.79	561	41764.64	63744.90	507	30785.00	68932.32	317	11135.85	37334.80	6077	355855.00
		境外	1495	68294.41	290	15006.51	57035.90	97	6913.44	20160.00	86	2494.85	31048.00	1688	76387.00
6	中铁六局	境内	7027	232461.76	219	2534.94	15342.05	467	5620.44	14091.42	200	2246.44	5751.25	6779	229376.26
		境外	38	339.36	0	0.00	0.00	0	0.00	0.00	0	0.00	0.00	38	339.36
7	中铁七局	境内	4787	243831.25	353	11221.91	44466.25	357	9421.39	15473.60	122	3557.41	6228.98	4783	245633.46
		境外	3318	167592.16	322	19874.78	43341.80	314	11271.81	35947.70	0	0.00	0.00	3326	176195.13
8	中铁八局	境内	3893	185155.58	347	10845.44	41786.38	312	2537.69	16794.21	466	15090.02	28328.56	3928	193463.33
		境外	823	34429.98	79	8834.90	19457.20	415	16072.39	33588.42	46	1529.01	1907.00	487	27192.49
9	中铁九局	境内	5971	161640.40	603	18844.50	46737.55	214	12389.62	22695.45	214	12389.62	22695.45	6360	168095.28
		境外	1636	78075.77	98	14624.87	29225.60	192	5121.14	11159.00	192	5121.14	11159.00	1542	87579.50
10	中铁十局	境内	4367	205698.00	292	12748.47	24221.00	146	2807.90	45387.00	122	2634.37	45049.00	4513	215638.57
		境外	488	33451.00	103	5466.92	7953.90	3	2457.56	10011.00	0	0.00	0.00	588	36460.36
11	中铁大桥局	境内	12172	464821.12	873	16210.26	30806.10	661	14372.13	14142.72	279	10812.42	7262.30	12384	466659.79
		境外	1764	44632.27	122	2540.53	4028.56	95	1591.60	508.10	0	0.00	0.00	1791	45581.20
12	中铁隧道局	境内	20743	847054.97	2603	87527.87	182234.88	2474	45641.97	184837.88	922	11905.20	63554.14	20872	888940.87
		境外	435	62690.74	140	15979.59	11880.30	49	30617.64	11218.00	137	29809.65	15288.00	526	48052.69

中国中铁年鉴（2023）

续表

序号	单位名称	境内/外	2021年末机械 数量/台	2021年末机械 原值/万元	2022年新增固资机械 数量/台	2022年新增固资机械 原值/万元	2022年新增固资机械 功率/千瓦	2022年报废机械 数量/台	2022年报废机械 原值/万元	2022年报废机械 功率/千瓦	2022年处置机械 数量/台	2022年处置机械 原值/万元	2022年处置机械 功率/千瓦	2022年末机械 数量/台	2022年末机械 原值/万元
13	中铁电气化局	境内	4284	177330.36	177	8333.64	13208.46	164	6993.32	28687.00	61	4695.32	8070.30	4297	178670.68
		境外	0	0.00	0	0.00	0.00	0	0.00	0.00	0	0.00	0.00	0	0.00
14	中铁建工	境内	941	49747.27	82	3670.76	6147.50	105	4316.63	2992.60	8	559.00	629.50	918	49101.40
		境外	1894	22754.88	41	199.64	0.00	87	254.15	256.00	87	254.15	256.00	1848	22700.37
15	中铁国际	境外	2	77.16	0	0.00	0.00	0	0.00	0.00	0	0.00	0.00	2	77.16
		境外	1060	43211.05	28	395.86	0.00	32	1021.24	0.00	73	1736.35	0.00	1088	43606.90
16	中海外	境外	0	0.00	0	0.00	0.00	0	0.00	0.00	0	0.00	0.00	0	0.00
		境外	1288	52221.53	0	0.00	0.00	401	5499.31	12757.07	0	0.00	0.00	887	46722.22
17	中铁广州局	境内	1451	169714.48	71	4186.01	12543.30	62	3778.15	8339.00	58	4361.01	8468.00	1460	170122.34
		境外	26	1775.05	−20	(1551.65)	(4300.50)	0	0.00	0.00	3	28.21	0.00	6	223.40
18	中铁北京局	境内	1580	104384.07	55	1980.22	4875.70	49	2049.27	4557.90	0	0.00	300.00	1586	104315.02
		境外	100	3216.08	5	260.28	96.00	0	0.00	0.00	0	0.00	0.00	105	3476.36
19	中铁上海局	境内	3180	214253.43	401	13586.92	45120.00	178	6831.03	15834.00	0	0.00	0.00	3403	221235.11
		境外	17	333.65	0	0.00	0.00	1	120.80	165.00	0	0.00	0.00	16	212.85
20	中铁资源	境内	919	90069.30	100	7476.20	3535.00	70	51.51	0.00	0	0.00	0.00	949	94010.50
		境内	4515	419734.00	52	5910.00	2200.00	43	418.00	0.00	0	0.00	0.00	4524	425226.00
21	中铁武汉电气化局	境内	1273	25649.20	21	1268.68	2487.00	45	889.65	2716.00	9	234.29	1047.00	1258	27032.78
		境外	10	881.10	0	0.00	0.00	0	0.00	0.00	0	0.00	0.00	1	5.60
合计		境内	101597	5615077.98	9012	364876.34	930199.08	7307	221362.86	584281.20	3557	123484.63	292367.10	103311	5755341.13
		境外	21654	1179198.74	1562	102215.86	218445.86	1823	88204.61	147789.09	646	61326.73	62617.25	21416	1192289.96
		总计	123251	6794276.72	10574	467092.20	1148644.94	9130	309567.48	732070.29	4203	184811.35	354984.35	124727	6948631.09

注：1. 报废机械：统指已履行报废程序，从账目上已拆除固资的机械设备；
2. 处置机械：指实物已转让或变卖的机械设备；
3. 统计周期：2022年1月1日至12月31日。

制表：姚道雄

表 14-14　2022 年中国中铁股份公司主要施工机械设备实有、完好情况统计

序号	机械名称	能力		质量状况			运用情况				
		单位	数量/台	日历台日数	完好台日数	完好率/%	定额台班	实作台班	利用率/%	闲置数量/台	闲置率/%
1	履带（或轮胎）挖掘机（≥1.0m³）	m³	1213	408688	364972	89.30	616725	484516	78.56	87	7.17
2	推土机（≥132kW）	kW	260	88864	74311	83.62	150402	110502	73.47	42	16.15
3	轮胎装载机（≥2m³）	m³	2903	1009713	931379	92.24	1054323	895001	84.89	163	5.61
4	震动（或静压）压路机（≥14t）	t	632	220433	199297	90.41	370847	286764	77.33	43	6.80
5	平地机（≥118kW）	kW	292	101884	88030	86.40	202109	143744	71.12	31	10.62
6	凿岩台车（二臂及以上）	台	116	41115	38663	94.04	29410	25671	87.29	10	8.62
7	露天钻机（进口各型）	台	69	23962	21197	88.46	13150	11461	87.16	12	17.39
8	盾构机	台	380	106537	95702	89.83	92031	78720	85.54	83	21.84
9	TBM	台	21	1643	1602	97.50	1080	982	90.88	8	38.10
10	汽车起重机（≥8t）	t	562	195120	174020	89.19	198331	156973	79.15	48	8.54
11	轮式起重机（≥20t）	t	87	30698	27864	90.77	46873	29938	63.87	10	11.49
12	履带起重机（≥25t）	t	89	32116	27969	87.09	19628	15883	80.92	5	5.62
13	塔式起重机（≥100t.m）	t.m	609	214297	196060	91.49	165980	141685	85.36	86	14.12
14	载重汽车（≥5t）	t	430	151703	140177	92.40	474514	352844	74.36	36	8.37
15	自卸汽车（≥8t）	t	2846	1093085	959824	87.81	1841689	1569809	85.24	238	8.36

续表

序号	机械名称	能力		质量状况			运用情况			
		单位	数量/台	日历台日数	完好台日数	完好率/%	定额台班	实作台班	利用率/%	闲置数量/台	闲置率/%
16	混凝土搅拌站（≥60m³/h）	m³/h	3329	1159081	1061909	91.62	724340	645159	89.07	224	6.73
17	混凝土搅拌输送车（≥6m³）	m³	1983	693266	620349	89.48	621805	536473	86.28	83	4.19
18	混凝土输送泵（≥60m³/h）	m³/h	738	256362	222560	86.81	124794	97353	78.01	100	13.55
19	混凝土泵车（各型）	台	237	80399	71481	88.91	49378	40251	81.52	14	5.91
20	混凝土喷射机械手（≥15m³）	台	283	99314	86483	87.08	46593	38549	82.73	63	22.26
21	打桩机	台	52	18679	17895	95.80	29126	17012	58.41	15	28.85
22	钻机（含回转、冲击、地质、反循环、水平、多功能）	台	384	134002	117055	87.35	104985	79926	76.13	65	16.93
23	长钢轨焊接生产设备	套	69	24355	22410	92.01	12339	10008	81.11	7	10.14
24	铺轨机（各型）	台	92	31998	30068	93.97	16016	11171	69.75	27	29.35
25	架桥机（≥900t）	台	95	34650	30475	87.95	23814	18517	77.76	22	23.16
26	运梁车（≥900t）	台	89	32281	29566	91.59	16806	13044	77.62	15	16.85
27	提梁机（≥900t）	台	98	34838	31160	89.44	22940	16493	71.90	25	25.51
28	搬运机（≥900t）	台	72	25547	23442	91.76	13826	11933	86.31	7	9.72
29	轮轨式T梁架桥机	台	28	10210	8705	85.26	4690	2105	44.88	18	64.29
30	公铁两用架桥机（≥160t）	台	70	24804	21937	88.44	15603	9491	60.83	25	35.71

续表

序号	机械名称	能力			质量状况			运用情况			
		单位	数量/台	日历台日数	完好台日数	完好率/%	定额台班	实作台班	利用率/%	闲置数量/台	闲置率/%
31	其他架桥机	台	95	33127	28785	86.89	18557	10418	56.14	48	50.53
32	造桥机（各型）	台	17	6205	5089	82.01	2820	1097	38.90	9	52.94
33	铁路机车（各型）	台	402	144626	125945	87.08	260468	222405	85.39	38	9.45
34	轨道车（各型）	台	562	198364	187019	94.28	206480	183403	88.82	41	7.30
35	大型机械化养路设备	套	78	28420	26013	91.53	18800	12992	69.11	8	10.26
36	接触网恒张力放线车、作业车	台	828	286399	267654	93.45	245475	188580	76.82	98	11.84
37	稳定土厂拌设备（或拌和站）（各型）	台	209	72037	61919	85.95	61718	38600	62.54	45	21.53
38	稳定土摊铺机（各型）	台	20	6242	5657	90.63	9542	2873	30.11	4	20.00
39	混凝土摊铺机（各型）	台	14	4837	4432	91.63	2806	1632	58.16	5	35.71
40	沥青搅拌站（各型）	台	83	27649	22081	79.86	45098	23816	52.81	12	14.46
41	沥青摊铺机（各型）	台	82	28175	21474	76.22	43340	22078	50.94	12	14.63
42	船舶（各型）	艘	54	19376	19123	98.69	14223	10029	70.51	10	18.52
43	其他	台	15881	5055602	4643179	91.84	4719352	3874882	82.11	1630	10.26
	合计		36453	12290701	11154932	90.76	12752827	10444781	81.90	3572	9.80

制表：姚道雄

CHAPTER 15

附 录

CHINA RAILWAY ENGINEERING CORPORATION YEARBOOK

文件辑要

表 15-1　2022 年中国铁路工程集团有限公司党委文件目录

发文字号	文件标题
中铁程党组〔2022〕2 号	关于党的二十大代表候选人推荐提名情况的报告
中铁程党组〔2022〕4 号	中国铁路工程集团有限公司党委关于党史学习教育专题民主生活会情况的报告
中铁程党组〔2022〕6 号	关于召开中国铁路工程集团有限公司党员代表大会的请示
中铁程党组〔2022〕9 号	关于中共中国铁路工程集团有限公司代表大会选举出席中央企业系统（在京）党代表会议代表结果的报告
中铁程党组〔2022〕11 号	中国铁路工程集团有限公司党委关于表彰先进基层党组织、优秀共产党员和优秀党务工作者的决定
中铁程党干〔2022〕12 号	关于调整中国铁路工程集团有限公司党委人才工作领导小组的通知
中铁程党办〔2022〕13 号	中国中铁党委关于 2022 年上半年贯彻落实中央八项规定精神情况的报告
中铁程党办〔2022〕14 号	中国中铁党委关于 2022 年上半年落实全面从严治党主体责任、推进党风廉政建设和反腐败工作情况的报告
中铁程党组〔2022〕17 号	关于召开中国铁路工程集团有限公司第五次党员代表大会进行换届选举的报告
中铁程党组〔2022〕18 号	关于选举出席中国铁路工程集团有限公司第五次（中国中铁股份有限公司第三次）党代会代表的通知
中铁程党组〔2022〕19 号	中国中铁党委关于开展"建功新时代，喜迎二十大"习近平总书记重要指示批示精神再学习再落实再提升主题活动总结情况的报告
中铁程党办〔2022〕21 号	中国中铁党委关于中铁北京工程局输入性疫情应对情况的报告
中铁程党办〔2022〕22 号	中国中铁党委关于开展靠企吃企问题专项整治"回头看"工作情况的报告
中铁程党办〔2022〕25 号	中国中铁党委关于 2022 年贯彻落实中央八项规定精神情况的报告
中铁程党办〔2022〕26 号	中国中铁党委关于 2022 年落实全面从严治党主体责任、推进党风廉政建设和反腐败工作情况的报告
中铁程党办〔2022〕27 号	中国中铁党委关于 2022 年深入学习贯彻落实习近平总书记重要指示批示精神情况的报告
中铁程党办〔2022〕28 号	中国铁路工程集团有限公司党委关于境外"违反财经纪律侵吞公款"专项整治工作情况的报告

制表：徐　朵

表 15-2　2022 年中国铁路工程集团有限公司文件目录

发文字号	文件标题
中铁程办〔2022〕1 号	中国铁路工程集团有限公司关于报送 2021 年度提质增效专项行动工作总结的报告
中铁程办〔2022〕2 号	关于中国铁路工程集团有限公司 2021 年度科学技术奖拟授奖成果公示的通知
中铁程办〔2022〕3 号	中国中铁关于公布 2021 年高级职称任职资格的通知
中铁程财〔2022〕4 号	中国铁路工程集团有限公司关于 2021 年度资产评估管理工作总结的报告
中铁程董〔2022〕5 号	中国铁路工程集团有限公司关于《中国中铁董事会 2021 年度工作报告》的报告
中铁程办〔2022〕6 号	中国铁路工程集团有限公司关于加快完成参股经营投资问题整改情况的报告

续表

发文字号	文件标题
中铁程办〔2022〕7号	中国铁路工程集团有限公司关于内控体系有效性抽查评价尚未完成整改问题的进展情况报告
中铁程办〔2022〕8号	中国铁路工程集团有限公司关于报送2021年压减工作总结和2022年压减计划的报告
中铁程办〔2022〕9号	中国铁路工程集团有限公司关于2021年投资完成情况的报告
中铁程办〔2022〕10号	中国铁路工程集团有限公司关于开展案件管理"压存控增、提质创效"专项工作的报告
中铁程财〔2022〕11号	中国铁路工程集团有限公司关于2022年度预算有关情况的请示
中铁程办〔2022〕12号	中国铁路工程集团有限公司关于调整"改革三年行动"部分任务有关情况的报告
中铁程办〔2022〕13号	中国中铁关于2021年法治建设工作情况的报告
中铁程办〔2022〕14号	中国铁路工程集团有限公司关于报批《北斗在重大基建工程数字化施工中的应用示范项目工程可行性研究报告》的请示
中铁程办〔2022〕15号	关于表彰2021年度中国铁路工程集团有限公司科学技术奖获奖成果的决定
中铁程办〔2022〕16号	中国铁路工程集团有限公司关于改革三年行动工作台账进展情况的报告
中铁程办〔2022〕17号	中国铁路工程集团有限公司关于报送2021年完善中国特色现代企业制度工作情况的报告
中铁程办〔2022〕18号	关于报送2021年度国有企业品牌建设典型案例和品牌故事的报告
中铁程办〔2022〕19号	中国铁路工程集团有限公司关于2021年重点亏损企业治理工作情况的报告
中铁程财〔2022〕20号	中国铁路工程集团有限公司关于报送2021年度境外产权管理状况的报告
中铁程财〔2022〕21号	中国铁路工程集团有限公司关于2021年度产权登记数据汇总分析情况的报告
中铁程办〔2022〕22号	中国铁路工程集团有限公司关于房地产业务有关情况的报告
中铁程财〔2022〕24号	中国中铁关于呈报个人代持境外国有产权和特殊目的公司清理进展情况表的报告
中铁程办〔2022〕25号	中国铁路工程集团有限公司关于中铁国资和中铁党校业绩考核及负责人薪酬管理的通知
中铁程财〔2022〕26号	中国铁路工程集团有限公司关于2021年度国有资本经营预算绩效自评情况的报告
中铁程办〔2022〕27号	中国铁路工程集团有限公司关于2022年经营业绩考核和职工工资总额预算有关事宜的请示
中铁程办〔2022〕28号	中国铁路工程集团有限公司关于2021年法律纠纷案件情况的报告
中铁程财〔2022〕29号	中国铁路工程集团有限公司关于内保外贷业务专项情况的报告
中铁程办〔2022〕30号	中国铁路工程集团有限公司关于企业负责人履职待遇、业务支出2021年度管理情况及2022年度预算方案的报告
中铁程办〔2022〕31号	中国铁路工程集团有限公司关于报送《2022年提质增效专项行动方案》的报告
中铁程办〔2022〕33号	中国中铁关于2021年度三项制度改革工作评估分析有关情况的报告
中铁程财〔2022〕34号	中国铁路工程集团有限公司关于报送2022年度投资计划的报告
中铁程办〔2022〕35号	关于印发《中国铁路工程集团有限公司开展法治宣传教育的第八个五年规划（2021—2025年）》的通知
中铁程办〔2022〕36号	中国铁路工程集团有限公司关于内控体系有效性抽查评价尚未完成整改问题进展情况的报告
中铁程财〔2022〕37号	中国铁路工程集团有限公司关于2021年度产权登记监督检查工作情况的报告
中铁程财〔2022〕40号	中国铁路工程集团有限公司关于2022年度非主业投资控制比例事宜的请示
中铁程财〔2022〕41号	中国铁路工程集团有限公司关于2021年度金融衍生业务开展情况的专项报告
中铁程办〔2022〕42号	中国中铁关于2022年度重大风险评估情况的报告

续表

发文字号	文件标题
中铁程办〔2022〕43号	中国中铁关于2022年合规管理情况的报告
中铁程办〔2022〕44号	中国铁路工程集团有限公司关于上报培训疗养机构改革实施方案的请示
中铁程办〔2022〕45号	中国中铁关于国有企业办医疗机构深化改革有关情况的报告
中铁程办〔2022〕46号	关于申请授予中国铁路工程集团有限公司外事办公室一定的出访来访外事审批权的请示
中铁程办〔2022〕47号	中国铁路工程集团有限公司关于金融衍生业务风险排查情况的专项报告
中铁程办〔2022〕48号	关于中铁国资、集团公司党校主要负责人2022年度基本薪酬有关事宜的通知
中铁程财〔2022〕49号	中国铁路工程集团有限公司关于2021年度财务决算补充备案情况的报告
中铁程财〔2022〕50号	中国铁路工程集团有限公司关于审核2021年度企业财务决算报表的请示
中铁程财〔2022〕51号	中国铁路工程集团有限公司关于报送2021年度境外子企业财务决算报表的报告
中铁程财〔2022〕52号	中国铁路工程集团有限公司关于2021年度账销案存资产管理情况的报告
中铁程财〔2022〕53号	中国铁路工程集团有限公司关于报送《2021年应收款项和存货分类统计报表》的报告
中铁程财〔2022〕54号	中国铁路工程集团有限公司关于2021年度资产减值准备财务核销管理工作情况的报告
中铁程财〔2022〕55号	中国铁路工程集团有限公司关于2021年度国有资本保值增值情况的报告
中铁程财〔2022〕56号	关于中国中铁股份有限公司申请办理境外美元债券备案登记的请示
中铁程办〔2022〕57号	中国中铁2022年一季度重大风险评估报告
中铁程办〔2022〕58号	关于成立中国中铁产教融合联盟的通知
中铁程财〔2022〕59号	中国中铁关于批量更正产权登记数据的请示
中铁程财〔2022〕60号	中国铁路工程集团有限公司关于2021年融资担保情况有关事宜的报告
中铁程办〔2022〕61号	中国铁路工程集团有限公司关于2021年度和2019—2021年任期经营业绩考核目标完成情况的报告
中铁程办〔2022〕62号	中国铁路工程集团有限公司关于2021年度企业绩效评价的报告
中铁程办〔2022〕63号	中国铁路工程集团有限公司关于贯彻落实2022年中央企业内控体系建设与监督工作视频会工作情况报告
中铁程办〔2022〕64号	中国铁路工程集团有限公司关于申请开展公司律师工作的请示
中铁程财〔2022〕66号	中国铁路工程集团有限公司基金业务风险排查自查情况和整改方案报告
中铁程办〔2022〕67号	中国铁路工程集团有限公司关于《中国中铁2021年度内控体系工作报告》的报告
中铁程办〔2022〕68号	中国中铁关于开展规划发展专题培训活动的报告
中铁程办〔2022〕69号	关于报送中国铁路工程集团有限公司党委书记、董事长品牌署名文章的报告
中铁程董〔2022〕70号	中国中铁关于报送投资项目综合评价报告的报告
中铁程办〔2022〕71号	关于发布中国铁路工程集团有限公司现行有效制度清单及废止制度清单的通知
中铁程办〔2022〕72号	中国铁路工程集团有限公司关于《中国中铁"十四五"发展规划》自评的报告
中铁程办〔2022〕73号	关于印发《中国中铁职业教育"十四五"规划》的通知
中铁程办〔2022〕74号	中国铁路工程集团有限公司关于《2021年度工资总额清算方案》的报告
中铁程财〔2022〕79号	中国铁路工程集团有限公司关于下属中铁信托有限责任公司继续持有华西证券股票的报告
中铁程财〔2022〕80号	中国铁路工程集团有限公司关于2022年度产权登记核对工作自查与整改情况的报告

续表

发文字号	文件标题
中铁程办〔2022〕81号	中国铁路工程集团有限公司关于报送投资管理自查自纠情况的报告
中铁程办〔2022〕82号	中国铁路工程集团有限公司关于开展国有产权管理问题专项治理工作情况的报告
中铁程办〔2022〕83号	中国铁路工程集团有限公司关于2022年上半年房地产业务有关情况的报告
中铁程办〔2022〕84号	中国铁路工程集团有限公司关于内控体系有效性抽查评价尚未完成整改问题的进展情况报告
中铁程财〔2022〕85号	中国铁路工程集团有限公司关于基金业务风险排查整改情况的报告
中铁程办〔2022〕87号	中国中铁关于经营业务合规风险和违法违规问题排查情况的报告
中铁程办〔2022〕88号	中国铁路工程集团有限公司关于报送中铁工程设计咨询集团有限公司员工持股试点有关情况的报告
中铁程财〔2022〕89号	中国铁路工程集团有限公司关于申报2021年度国有资本收益的报告
中铁程办〔2022〕90号	中国中铁关于2022年二季度重大风险评估情况的报告
中铁程财〔2022〕91号	中国铁路工程集团有限公司关于申报2023年中央企业离休干部医药费国有资本经营预算事宜的请示
中铁程办〔2022〕92号	中国中铁关于所属中铁信托受到行政处罚风险事件的报告
中铁程办〔2022〕93号	中国铁路工程集团有限公司关于2022年上半年度经营业绩考核执行情况的报告
中铁程办〔2022〕94号	关于加强监督指导逐步消除中央建筑企业恶性竞争的请示
中铁程办〔2022〕95号	中国铁路工程集团有限公司关于中国中铁股份有限公司收购上市公司项目有关进展情况的报告
中铁程办〔2022〕96号	中国铁路工程集团有限公司关于2021年度外部董事报酬管理工作情况的报告
中铁程办〔2022〕97号	中国铁路工程集团有限公司关于公布中铁国资、集团公司党校2021年度业绩考核结果的通知
中铁程办〔2022〕98号	关于下发部分人员专业技术职务任职资格的通知
中铁程董〔2022〕99号	中国铁路工程集团有限公司关于报送2022年上半年重要情况的报告
中铁程财〔2022〕100号	中国铁路工程集团有限公司关于2023年部门预算"一上"的请示
中铁程财〔2022〕101号	中国中铁关于个人代持境外国有产权和特殊目的公司清理进展情况的报告
中铁程财〔2022〕102号	中国铁路工程集团有限公司关于2021年度基金业务有关情况的报告
中铁程办〔2022〕103号	中国铁路工程集团有限公司关于内控体系有效性抽查评价尚未完成整改问题进展情况的报告
中铁程办〔2022〕106号	中国铁路工程集团有限公司关于申报建设世界一流专精特新示范企业的报告
中铁程办〔2022〕107号	中国中铁关于2022年三季度重大风险评估情况的报告
中铁程办〔2022〕108号	中国铁路工程集团有限公司关于下达所属各单位工资总额2021年度清算结果和2022年度预算的通知
中铁程财〔2022〕109号	中国铁路工程集团有限公司关于报送金融业务优化调整工作进展有关情况的报告
中铁程办〔2022〕111号	中国中铁关于虚假贸易业务排查情况的报告
中铁程办〔2022〕112号	中国铁路工程集团有限公司关于开展"控股不控权"问题专项整治工作情况的报告
中铁程办〔2022〕113号	中国铁路工程集团有限公司关于报送投资管理自查自纠整改落实情况的报告
中铁程办〔2022〕114号	中国铁路工程集团有限公司关于开展国有产权管理问题专项治理工作的总结报告
中铁程办〔2022〕115号	中国铁路工程集团有限公司关于2022年压减工作总结情况的报告
中铁程办〔2022〕117号	中国中铁关于"合规管理强化年"工作情况的报告

续表

发文字号	文件标题
中铁程办〔2022〕118号	中国铁路工程集团有限公司关于2022年度考核分配工作情况的报告
中铁程办〔2022〕119号	中国铁路工程集团有限公司关于参股经营投资问题自查整改情况的总结报告
中铁程办〔2022〕120号	关于恳请支持中国中铁所属电务公司参与高速铁路"四电"建设的请示
中铁程办〔2022〕121号	中国中铁关于推进国家产教融合型企业建设的指导意见
中铁程财〔2022〕122号	中国铁路工程集团有限公司关于2022年度财务决算备案情况的报告
中铁程财〔2022〕123号	中国铁路工程集团有限公司关于2021年度财务决算批复问题整改进展情况的报告
中铁程办〔2022〕124号	中国铁路工程集团有限公司关于内控体系有效性抽查评价尚未完成整改问题进展情况的报告
中铁程办〔2022〕125号	中国铁路工程集团有限公司关于报送"科改示范行动"科技型企业改革方案及工作台账（2023—2025年）的报告
中铁程办〔2022〕126号	中国铁路工程集团有限公司关于报送《中国中铁股份有限公司提高控股上市公司质量工作方案》的报告
中铁程办〔2022〕127号	中国铁路工程集团有限公司关于企业负责人2021年度薪酬和2019—2021年任期激励收入兑现情况的报告
中铁程办〔2022〕128号	中国铁路工程集团有限公司关于报送《中国铁路工程集团有限公司国企改革三年行动工作总结报告》的报告
中铁程办〔2022〕129号	中国中铁关于公布2022年高级职称任职资格的通知

制表：徐　朵

表15-3　2022年中国中铁股份有限公司党委文件目录

发文字号	文件标题
中国中铁党建〔2022〕1号	关于2021年第三季度新闻宣传工作情况的通报
中国中铁党建〔2022〕2号	中国中铁党委关于召开2021年度基层党组织组织生活会和开展民主评议党员的通知
中国中铁党建〔2022〕4号	关于印发《中国中铁2022年党建工作要点》的通知
中国中铁党建〔2022〕7号	关于2021年全公司二级企业党委理论学习中心组学习情况的通报
中国中铁党建〔2022〕8号	关于印发《2022年中国中铁党委理论学习中心组专题学习重点内容安排》的通知
中国中铁党纪〔2022〕9号	关于印发《中国中铁股份有限公司领导人员操办婚丧喜庆事宜若干规定实施细则》的通知
中国中铁党纪〔2022〕10号	关于印发《关于对内部违规吃请送礼等问题加强监督问责的九条措施》的通知
中国中铁党建〔2022〕11号	中国中铁党委关于印发《2022年发展党员计划》的通知
中国中铁党干〔2022〕12号	关于印发《中国中铁股份有限公司专家管理办法》的通知
中国中铁党工〔2022〕13号	关于印发《中国中铁股份有限公司企业民主管理办法》的通知
中国中铁党建〔2022〕14号	关于2021年第四季度和全年新闻宣传工作情况的通报
中国中铁党建〔2022〕15号	关于举办中国中铁首届"开路先锋"企业文化节的通知
中国中铁党建〔2022〕16号	关于开展"建功新时代　喜迎二十大"习近平总书记重要指示批示精神再学习再落实再提升主题活动的通知
中国中铁党建〔2022〕17号	关于印发《中国中铁党委关于开展"喜迎二十大、奋进新征程、永远当先锋"主题活动的工作方案》的通知
中国中铁党建〔2022〕18号	关于调整中国中铁精神文明建设指导委员会成员及工作职能的通知

续表

发文字号	文件标题
中国中铁党建〔2022〕20号	中国中铁党委关于开展青年精神素养提升工程的通知
中国中铁党建〔2022〕21号	中国中铁党委印发《关于加强混合所有制企业党建工作的指导意见》的通知
中国中铁党建〔2022〕22号	中国中铁党委印发《关于加强川藏铁路工程党建工作的指导意见》的通知
中国中铁党建〔2022〕25号	关于命名首批中国中铁"开路先锋"文化教育基地的决定
中国中铁党办〔2022〕26号	关于开展表彰抗击新冠肺炎疫情先进集体、优秀个人评选工作的通知
中国中铁党办〔2022〕28号	中国中铁党委关于所属各单位贯彻落实习近平总书记重要指示批示"回头看"情况的通报
中国中铁党干〔2022〕29号	关于印发《中国中铁股份有限公司职业经理管理办法》的通知
中国中铁党建〔2022〕30号	中国中铁党委印发《关于进一步深化新形势下项目党建工作的实施性指导意见》的通知
中国中铁党办〔2022〕31号	关于中国中铁股份有限公司领导班子成员和高管工作分工的通知
中国中铁党办〔2022〕32号	关于印发《中国中铁股份有限公司二级企业领导班子职数管理方案》的通知
中国中铁党办〔2022〕33号	关于修订《中国中铁重大事项决策权责清单》的通知
中国中铁党建〔2022〕34号	关于认真学习贯彻《习近平经济思想学习纲要》的通知
中国中铁党办〔2022〕35号	关于开展中国中铁境外人员轮换专项工作表彰的通知
中国中铁党办〔2022〕38号	关于学习贯彻《关于加强新时代离退休干部党的建设工作的意见》的通知
中国中铁党办〔2022〕39号	关于成立中国中铁做好党的二十大安全稳定领导小组的通知
中国中铁党办〔2022〕40号	关于表彰中国中铁境外人员轮换专项工作突出贡献奖先进单位及优秀个人的决定
中国中铁党办〔2022〕41号	中国中铁党委关于开展《中央企业服务国家重大战略的机制研究》课题工作的通知
中国中铁党工〔2022〕42号	关于开展"巾帼建新功 奋斗新征程"科技创新巾帼行动的通知
中国中铁党办〔2022〕44号	关于广泛深入开展2022年"决战决胜四季度"劳动竞赛的通知
中国中铁党建〔2022〕45号	关于印发《关于深入学习宣传贯彻党的二十大精神的工作方案》的通知
中国中铁党干〔2022〕46号	中国中铁党委关于表彰2021年度"四好"领导班子的通知
中国中铁党纪〔2022〕49号	中国中铁党委关于表彰中国中铁纪检系统先进集体和先进工作者的决定
中国中铁党干〔2022〕50号	关于聘任李建斌等5人为中国中铁高级专家的通知
中国中铁党干〔2022〕51号	关于聘任伍军等34人为中国中铁专家的通知
中国中铁党纪〔2022〕53号	关于印发《中国中铁关于对工程建设领域合作单位行贿等违规违纪违法行为的处理规定（试行）》的通知
中国中铁党纪〔2022〕54号	关于印发《中国中铁股份有限公司党委管理干部党纪政纪处分决定执行工作规定（试行）》的通知
中国中铁党工〔2022〕55号	关于印发《中国中铁职工代表大会民主评议实施细则》的通知
中国中铁党工〔2022〕56号	关于召开中国中铁四届一次职工代表大会的通知
中国中铁党办〔2022〕57号	中国中铁党委关于切实加强安全生产和疫情防控确保岁末年初安全稳定的通知
中国中铁党建〔2022〕58号	关于做好中国中铁2022年度党组织书记抓基层党建述职评议考核工作的通知
中国中铁党工〔2022〕59号	关于开展2023年"两节"慰问活动的通知
中国中铁党建〔2022〕60号	中国中铁党委关于开好2022年度党员领导干部民主生活会的通知
中国中铁党建〔2022〕61号	关于表彰《中国中铁》报2021年优秀投稿组织单位、优秀通讯员和公布《中国中铁》报2021年优秀作品、第十一届"中国中铁杯"摄影大赛获奖作品评选结果的通知

续表

发文字号	文件标题
中国中铁党建〔2022〕62号	关于印发《中国中铁共青团推优入党工作实施细则（试行）》的通知
中国中铁党干〔2022〕63号	关于印发《中国中铁所属二级单位团组织负责人管理办法》的通知
中国中铁党建〔2022〕64号	关于印发《中国中铁"十四五"青年发展纲要》的通知

制表：徐　朵

表15-4　2022年中国中铁股份有限公司文件目录

发文字号	文件标题
中国中铁安监〔2022〕1号	关于加强分包企业安全生产管理工作的指导意见
中国中铁考分〔2022〕3号	关于股份公司委派外部董事监事2021、2022年度基本薪酬标准等有关事宜的通知
中国中铁安监〔2022〕4号	关于表彰中国中铁2020—2021年度安全生产"一先两优"的决定
中国中铁科创〔2022〕5号	关于印发《中国中铁股份有限公司数据资产管理规定》的通知
中国中铁科创〔2022〕6号	关于印发《中国中铁实施数智升级工程的指导意见》的通知
中国中铁科创〔2022〕7号	关于调整股份公司科技创新工作领导小组成员的通知
中国中铁规划〔2022〕8号	关于印发《2021年统计年报和2022年定期统计报表编制要求》的通知
中国中铁生产〔2022〕9号	关于印发《中国中铁项目管理效益提升三年行动方案》的通知
中国中铁生产〔2022〕10号	关于印发《中国中铁大商务管理体系建设指导意见》的通知
中国中铁安监〔2022〕11号	中国中铁关于公布2021年度节能低碳技术的决定
中国中铁安监〔2022〕12号	关于印发《中国中铁股份有限公司2022年安全生产、工程质量、环保节能和职业健康监督管理工作要点》的通知
中国中铁安监〔2022〕13号	关于表彰2021年度中国中铁杯优质工程项目及获奖单位的决定
中国中铁投资〔2022〕14号	关于印发《中国中铁股份有限公司办公用房管理规定》的通知
中国中铁办发〔2022〕15号	关于印发《中国中铁股份有限公司文件发送总表》的通知
中国中铁安监〔2022〕16号	中国中铁关于表彰2021年度绿色施工科技示范工程的决定
中国中铁考分〔2022〕17号	关于印发《中国中铁2022年考核分配暨履职待遇和业务支出管理工作要点》的通知
中国中铁生产〔2022〕18号	关于公布2020、2021年度中国中铁股份有限公司优秀工程勘察设计获奖项目的通知
中国中铁规划〔2022〕19号	关于印发《中国中铁境内机构设立、变更及注销（撤销）管理规定》的通知
中国中铁规划〔2022〕20号	关于下达中国中铁基建建设类公司2022年生产经营计划的通知
中国中铁规划〔2022〕21号	关于下达中铁工业等单位2022年生产经营计划的通知
中国中铁规划〔2022〕22号	关于下达中国中铁区域总部（投资公司）、中国铁工投资2022年生产经营计划的通知
中国中铁规划〔2022〕23号	关于下达中国中铁勘察设计与咨询服务类企业2022年生产经营计划的通知
中国中铁规划〔2022〕24号	关于下达中国中铁海外区域（海外公司）2022年生产经营计划的通知
中国中铁规划〔2022〕25号	关于下达中铁置业、中铁文旅2022年生产经营计划的通知
中国中铁生产〔2022〕26号	关于公布2020、2021年度中国中铁股份有限公司优秀工程咨询成果获奖项目的通知
中国中铁生产〔2022〕27号	关于请求解决北京至张家口高速铁路八达岭长城站有关费用问题的报告
中国中铁规划〔2022〕28号	关于印发《中国中铁股份有限公司境外机构设立、变更及注销（撤销）管理规定》的通知

续表

发文字号	文件标题
中国中铁安监〔2022〕29号	关于表彰2021年度中国中铁安全标准工地的决定
中国中铁人资〔2022〕31号	中国中铁关于开展2021年度二级企业三项制度改革评估工作的通知
中国中铁科创〔2022〕32号	中国中铁关于全面实施科技创新驱动企业高质量发展的决定
中国中铁经营〔2022〕34号	关于印发《中国中铁关于进一步加强"第二曲线"建设的指导意见》的通知
中国中铁经营〔2022〕35号	关于印发《2022年水利水电清洁能源市场经营开发工作实施方案》的通知
中国中铁安监〔2022〕36号	中国中铁关于开展安全生产提升年行动的通知
中国中铁生产〔2022〕37号	中国中铁关于开展久竣未结项目专项治理工作的通知
中国中铁投资〔2022〕38号	关于印发《中国中铁投资板块低效无效资产处置三年专项行动方案》的通知
中国中铁规划〔2022〕40号	关于成立中国中铁吉林省抗疫用房建设指挥部的通知
中国中铁人资〔2022〕41号	中国中铁党委 中国中铁关于印发《2022年度人力资源管理工作要点》的通知
中国中铁投资〔2022〕42号	关于开展办公用房管理排查工作的通知
中国中铁财金〔2022〕43号	关于加强个人代持境外国有产权和特殊目的公司管理有关事项的通知
中国中铁科创〔2022〕44号	关于印发《中国中铁股份有限公司"十四五"科技研究开发计划立项指南（工业制造领域）》的通知
中国中铁科创〔2022〕45号	关于印发《中国中铁股份有限公司川藏铁路科技研究开发计划（第二批）》的通知
中国中铁科创〔2022〕46号	关于印发《中国中铁股份有限公司2021年度科技研究开发计划》的通知
中国中铁人资〔2022〕47号	关于印发《中国中铁人才发展"十四五"规划》的通知
中国中铁人资〔2022〕48号	关于设立第三批"中国中铁技能大师工作室"的通知
中国中铁规划〔2022〕55号	关于印发《中国中铁2022年提质增效专项行动方案》的通知
中国中铁经营〔2022〕57号	关于印发《中国中铁股份有限公司经营开发提质增效工作要点》的通知
中国中铁生产〔2022〕58号	关于印发《中国中铁股份有限公司2022年生产监管工作要点》的通知
中国中铁法规〔2022〕59号	关于印发《中国中铁"合规管理强化年"暨"经营业务合规管理问题专项治理"实施方案》的通知
中国中铁投资〔2022〕60号	关于印发《中国中铁股份有限公司2022年度投资业务工作要点》的通知
中国中铁财金〔2022〕61号	关于印发《中国中铁开展内部"三角债"清理专项行动方案》的通知
中国中铁财金〔2022〕62号	关于做好2022年服务业小微企业和个体工商户房租减免工作的通知
中国中铁监办〔2022〕63号	关于印发《中国中铁股份有限公司监事会2022年工作要点》的通知
中国中铁规划〔2022〕64号	关于印发《中国中铁区域总部和投资公司深化改革方案》的通知
中国中铁审计〔2022〕66号	关于印发《中国中铁2022年审计工作要点》的通知
中国中铁审计〔2022〕68号	中国中铁关于表彰2020年度《企业年度工作报告》编报优秀单位的通知
中国中铁审计〔2022〕69号	中国中铁关于表彰2021年度审计工作先进单位和先进工作者的决定
中国中铁经营〔2022〕70号	关于表彰中国中铁2021年度经营工作先进（优秀、优胜）单位及先进个人的决定
中国中铁海外〔2022〕71号	关于表彰中国中铁境外经营先进单位和境外先进个人的决定
中国中铁考分〔2022〕72号	关于总部人员及所属二级单位负责人周转住房有关事宜的通知
中国中铁办发〔2022〕73号	关于印发《中国中铁2022年度保密工作考核评价要点及分值》的通知

续表

发文字号	文件标题
中国中铁信息〔2022〕74号	关于加快应用信息贯通工程阶段成果的通知
中国中铁科创〔2022〕75号	中国中铁关于印发《2022年信息化工作要点》的通知
中国中铁规划〔2022〕79号	关于印发《中国中铁股份有限公司2022年规划发展工作要点》的通知
中国中铁财金〔2022〕80号	关于印发《中国中铁股份有限公司担保管理办法》的通知
中国中铁规划〔2022〕81号	关于印发《中国中铁党委 中国中铁深化改革三年行动2022年工作要点》的通知
中国中铁董办〔2022〕82号	关于发布中国中铁股份有限公司2021年年度报告的通知
中国中铁考分〔2022〕83号	中国中铁关于公布聘请"社会专业人士、专家学者"担任所出资企业外部董事薪酬等事项标准的通知
中国中铁董办〔2022〕84号	关于印发《中国中铁董事会日常工作机构2022年工作要点》的通知
中国中铁生产〔2022〕85号	中国中铁关于协调解决大瑞铁路大保段站前工程有关费用问题的请示
中国中铁安监〔2022〕86号	关于印发《中国中铁开展安全生产大检查工作实施方案》的通知
中国中铁安监〔2022〕87号	关于印发《中国中铁股份有限公司安全质量管理系统提升实施方案》的通知
中国中铁法规〔2022〕88号	关于印发《中国中铁股份有限公司重大经营风险事件报告管理规定》的通知
中国中铁海外〔2022〕89号	关于印发中国中铁国际业务"十四五"规划的通知
中国中铁规划〔2022〕90号	中国中铁党委 中国中铁关于公布中铁置业集团有限公司（中铁文化旅游投资集团有限公司）机构编制方案的通知
中国中铁规划〔2022〕91号	中国中铁党委 中国中铁关于公布中铁（上海）投资集团有限公司机构编制方案的通知
中国中铁规划〔2022〕92号	关于调整中国中铁股份有限公司西南区域总部有关事项和成立中国中铁股份有限公司西南分公司的通知
中国中铁规划〔2022〕93号	关于调整中国中铁股份有限公司北方区域总部有关事项和成立中国中铁股份有限公司北方分公司的通知
中国中铁规划〔2022〕94号	关于调整中国中铁股份有限公司华南区域总部有关事项和变更中国中铁股份有限公司广州分公司管理关系的通知
中国中铁规划〔2022〕95号	关于调整中国中铁股份有限公司雄安新区区域总部有关事项和成立中国中铁股份有限公司雄安分公司的通知
中国中铁规划〔2022〕96号	关于重组成立中国中铁股份有限公司西北区域总部和变更中国中铁股份有限公司西安分公司管理关系的通知
中国中铁规划〔2022〕97号	关于重组成立中国中铁股份有限公司东部区域总部和成立中国中铁股份有限公司华东分公司的通知
中国中铁规划〔2022〕98号	关于成立中国中铁股份有限公司海南区域总部和中国中铁股份有限公司海南分公司的通知
中国中铁规划〔2022〕99号	中国中铁党委 中国中铁关于公布中铁投资集团有限公司机构编制方案的通知
中国中铁规划〔2022〕100号	中国中铁印发《关于支持中铁装配高质量发展的若干措施》的通知
中国中铁海外〔2022〕101号	关于印发《中国中铁股份有限公司2022年度国际业务工作要点》的通知
中国中铁规划〔2022〕102号	中国中铁关于表彰2022年度优秀质量管理小组的通知
中国中铁经营〔2022〕103号	关于印发《中国中铁股份有限公司区域总部工作管理规定》的通知
中国中铁办发〔2022〕104号	关于印发《中国中铁股份有限公司会议管理规定》的通知
中国中铁投资〔2022〕105号	关于进一步加强参股管理有关事项的通知

续表

续表

发文字号	文件标题
中国中铁财金〔2022〕106号	关于印发《中国中铁金融业务"十四五"规划》的通知
中国中铁财金〔2022〕107号	关于印发《中国中铁资本运营"十四五"规划》的通知
中国中铁人资〔2022〕108号	关于印发《中国中铁股份有限公司培训工作管理规定》的通知
中国中铁董办〔2022〕109号	关于印发《中国中铁股份有限公司董事会薪酬与考核委员会议事规则》的通知
中国中铁董办〔2022〕110号	关于印发《中国中铁股份有限公司董事会审计与风险管理委员会议事规则》的通知
中国中铁董办〔2022〕111号	关于印发《中国中铁股份有限公司董事会提名委员会议事规则》的通知
中国中铁法规〔2022〕112号	关于发布中国中铁股份有限公司现行有效制度清单及废止制度清单的通知
中国中铁科创〔2022〕113号	关于印发《中国中铁股份有限公司实用技术创新大赛及推广应用管理规定》的通知
中国中铁董办〔2022〕114号	关于印发《中国中铁股份有限公司董事会战略委员会议事规则》的通知
中国中铁生产〔2022〕115号	关于印发《中国中铁建设工程转包和违法分包专项治理工作方案》的通知
中国中铁科创〔2022〕116号	中国中铁股份有限公司关于公布2022年度第一批工法关键技术评审成果的通知
中国中铁生产〔2022〕117号	关于印发《中国中铁股份有限公司优秀工程咨询成果奖评选规定》的通知
中国中铁投资〔2022〕119号	关于印发《中国中铁基础设施投资业务"十四五"规划》的通知
中国中铁投资〔2022〕120号	关于印发《中国中铁房地产开发业务"十四五"规划》的通知
中国中铁生产〔2022〕121号	关于印发《中国中铁股份有限公司优秀工程勘察设计奖评选规定》的通知
中国中铁董办〔2022〕122号	关于印发《中国中铁股份有限公司董事会秘书工作规则》的通知
中国中铁安监〔2022〕123号	中国中铁党委 中国中铁 中国中铁工会 中国中铁团委关于开展2022年"安全生产月"活动的通知
中国中铁法规〔2022〕125号	关于印发《中国中铁股份有限公司律师管理规定》的通知
中国中铁安监〔2022〕126号	关于印发《中国中铁股份有限公司安全质量环保管理刚性标准》的通知
中国中铁法规〔2022〕127号	中国中铁关于法律合规系统贯彻落实大商务管理和项目管理效益提升三年行动的通知
中国中铁规划〔2022〕128号	关于印发《中国中铁股份有限公司三级工程公司20强评选规定》的通知
中国中铁财金〔2022〕129号	中国中铁关于做好助力中小企业纾困解难促进协同发展工作有关事项的通知
中国中铁投资〔2022〕130号	关于加快推进中国中铁投资系统大商务管理的通知
中国中铁规划〔2022〕131号	关于下达区域总部、投资公司2022年生产经营调整计划的通知
中国中铁安监〔2022〕132号	中国中铁关于成立碳达峰碳中和工作领导小组的通知
中国中铁规划〔2022〕133号	关于进一步加强境内基础设施投资开发工作的通知
中国中铁规划〔2022〕134号	中国中铁关于进一步抓好稳增长促增长保增长工作的意见
中国中铁经营〔2022〕135号	中国中铁关于加速推动水利、水电市场经营开发工作的指导意见
中国中铁经营〔2022〕136号	关于加快推进中国中铁经营开发系统大商务管理的通知
中国中铁安监〔2022〕137号	关于印发《中国中铁铁腕治安硬十条》的通知
中国中铁规划〔2022〕138号	关于印发《支持中铁水利水电规划设计集团有限公司高质量发展若干措施》的通知
中国中铁规划〔2022〕139号	关于印发《支持中铁长江交通设计集团有限公司高质量发展若干措施》的通知
中国中铁科创〔2022〕140号	关于公布2022年度中国中铁股份有限公司第一批工法评审结果的通知

续表

发文字号	文件标题
中国中铁信息〔2022〕141号	关于印发《中国中铁工程信息模型总体标准》等四部标准的通知
中国中铁规划〔2022〕142号	关于印发《中国中铁股份有限公司控股混合所有制企业员工持股管理规定》的通知
中国中铁经营〔2022〕143号	关于印发《中国中铁股份有限公司区域总部工作管理规定》的通知
中国中铁董办〔2022〕144号	关于印发《中国中铁股份有限公司董事会向经理层授权权限清单（2022年6月版）》的通知
中国中铁董办〔2022〕145号	关于印发《中国中铁股份有限公司章程》的通知
中国中铁董办〔2022〕146号	关于印发《中国中铁股份有限公司股东大会议事规则》的通知
中国中铁财金〔2022〕147号	关于印发《中国中铁股份有限公司区域总部经费管理规定（试行）》的通知
中国中铁董办〔2022〕148号	关于印发《中国中铁股份有限公司董事会议事规则》的通知
中国中铁董办〔2022〕149号	关于印发《中国中铁股份有限公司独立董事制度》的通知
中国中铁财金〔2022〕150号	关于印发《中国中铁表外项目财务风险防控指导意见》的通知
中国中铁考分〔2022〕151号	关于印发《中国中铁股份有限公司三级公司业绩考核与收入（薪酬）分配管理指引》的通知
中国中铁财金〔2022〕153号	关于印发《中国中铁关于司库管理体系建设方案》的通知
中国中铁投资〔2022〕154号	关于印发《中国中铁股份有限公司境内房地产项目投资管理办法》的通知
中国中铁法规〔2022〕155号	关于进一步加强南美北部区域合规管理工作的紧急通知
中国中铁考分〔2022〕156号	关于印发《中国中铁股份有限公司二级单位经营业绩考核暨负责人薪酬管理办法》的通知
中国中铁规划〔2022〕157号	关于成立中铁云南建设投资有限公司的通知
中国中铁人资〔2022〕159号	关于聘任张海波等四人为中国中铁高级专家的通知
中国中铁规划〔2022〕160号	关于发布中国中铁2021年度品牌建设典型案例和优秀品牌故事名单的通知
中国中铁规划〔2022〕161号	关于印发《中国中铁股份有限公司国际工程分公司实体化运作方案》的通知
中国中铁规划〔2022〕163号	中国中铁党委 中国中铁关于表彰2021年度三级工程公司20强的决定
中国中铁科创〔2022〕164号	股份公司关于成立广州地铁新线机械法建造技术攻关领导小组的通知
中国中铁投资〔2022〕165号	关于下达中国中铁投资板块低效无效资产2022年处置计划的通知
中国中铁考分〔2022〕166号	中国中铁关于公布二级单位2021年度经营业绩考核结果的通知
中国中铁办发〔2022〕167号	关于印发《中国中铁股份有限公司资产与产权变动档案处置规定》的通知
中国中铁生产〔2022〕168号	中国中铁关于进一步加强铁路亏损项目治理工作的通知
中国中铁安监〔2022〕169号	关于表彰中国中铁抗击新冠肺炎疫情先进集体、优秀个人的决定
中国中铁安监〔2022〕170号	中国中铁关于印发《抗疫工程建设疫情防控工作指引》的通知
中国中铁规划〔2022〕171号	中国中铁关于下达2022年度亏损企业治理计划的通知
中国中铁安监〔2022〕172号	中国中铁关于开展2022年全国"质量月"活动的通知
中国中铁投资〔2022〕173号	关于印发《中国中铁股份有限公司投资管理办法》的通知
中国中铁考分〔2022〕174号	关于调整二级单位2022年暨三年（2021—2023）任期经营业绩考核指标的通知
中国中铁审计〔2022〕175号	关于印发《中国中铁股份有限公司2022年度内部控制评价工作方案》的通知
中国中铁安监〔2022〕177号	中国中铁关于印发《新型冠状病毒肺炎常态化防控方案》的通知
中国中铁财金〔2022〕178号	中国中铁关于进一步健全长效机制防范化解拖欠中小企业款项有关事项的通知

续表

续表

发文字号	文件标题
中国中铁审计〔2022〕179号	中国中铁关于批转《中国中铁哈大铁路客运专线工程指挥部财务收支审计报告》的通知
中国中铁生产〔2022〕180号	中国中铁关于开展集中整治拖欠农民工工资问题专项行动的通知
中国中铁生产〔2022〕181号	关于调整中国中铁物资贸易风险管控领导小组组成人员的通知
中国中铁安监〔2022〕182号	中国中铁关于印发《新型冠状病毒肺炎疫情防控综合应急预案》的通知
中国中铁规划〔2022〕183号	关于印发《中国中铁关于将中铁上投山西省四个高速公路项目公司划转至中铁交通的方案》的通知
中国中铁办发〔2022〕184号	中国中铁关于开展根治欠薪欠款专项行动的通知
中国中铁科创〔2022〕185号	关于印发《中国中铁智能建造综合业态产业园规划指南》的通知
中国中铁考分〔2022〕186号	关于印发《中国中铁股份有限公司关于推进科技创新激励保障机制建设的实施方案》的通知
中国中铁海外〔2022〕187号	关于中老铁路磨万段概算清理工作有关情况的报告
中国中铁规划〔2022〕188号	中国中铁关于印发《关于支持中铁科学研究院有限公司高质量发展的若干措施》的通知
中国中铁规划〔2022〕189号	关于印发《中国中铁支持"王牌工程局"建设的若干意见》的通知
中国中铁投资〔2022〕191号	关于印发《中国中铁投资板块低效无效资产处置指导意见》的通知
中国中铁考分〔2022〕192号	中国中铁关于下达二级单位2021年度工资总额清算结果和调整2022年度预算的通知
中国中铁安监〔2022〕193号	关于印发《中国中铁优质工程评选规定》的通知
中国中铁人资〔2022〕194号	关于印发《中国中铁股份有限公司总部派出机构员工管理规定》的通知
中国中铁财金〔2022〕195号	中国中铁关于二级单位2021—2022年度财务决算考核评比情况的通报
中国中铁财金〔2022〕196号	关于印发《中国中铁股份有限公司金融投资管理规定》的通知
中国中铁生产〔2022〕197号	关于印发《中国中铁股份有限公司工程施工分包管理规定》的通知
中国中铁生产〔2022〕198号	关于印发《中国中铁股份有限公司工程施工分包采购管理实施细则》的通知
中国中铁财金〔2022〕199号	关于印发《中国中铁股份有限公司资产减值准备核销管理规定》的通知
中国中铁生产〔2022〕200号	关于印发《中国中铁工程项目勘察设计管理工作指导意见》的通知
中国中铁安监〔2022〕201号	关于印发《中国中铁股份有限公司自然灾害防灾减灾指导意见》的通知
中国中铁科创〔2022〕203号	关于成立中国中铁大数据中心建设领导小组和筹备组的通知
中国中铁规划〔2022〕204号	关于印发《中国中铁股份有限公司品牌管理办法》的通知
中国中铁规划〔2022〕205号	关于印发《中国中铁股份有限公司品牌架构与应用规范》的通知
中国中铁安监〔2022〕206号	关于明确股份公司安全质量环保督查总队派驻督查组有关事项的通知
中国中铁生产〔2022〕207号	关于印发《中国中铁股份有限公司优秀项目经理、优秀项目总工、优秀项目商务经理和优秀三级公司总工评选规定(试行)》的通知
中国中铁审计〔2022〕208号	关于印发《中国中铁股份有限公司国有资产监督追责业务档案管理实施细则》的通知
中国中铁考分〔2022〕210号	中国中铁关于进一步加强"两金"专项考核的通知
中国中铁科创〔2022〕211号	关于表彰中国中铁第二届实用技术创新大赛获奖成果的决定
中国中铁法规〔2022〕213号	关于印发《2022年中国中铁"宪法宣传周"宣传活动工作方案》的通知
中国中铁安监〔2022〕214号	关于表彰2022年度中国中铁优质工程项目及获奖单位的决定
中国中铁科创〔2022〕215号	关于成立中国中铁北斗应用推广领导小组的通知

续表

发文字号	文件标题
中国中铁生产〔2022〕216号	中国中铁关于表彰优秀项目经理、优秀项目总工和优秀三级公司总工的决定
中国中铁法规〔2022〕217号	关于印发多边开发银行项目合规指南的通知
中国中铁考分〔2022〕218号	关于确定2023年经营业绩考核指标若干事项的通知
中国中铁规划〔2022〕219号	关于发布中国中铁2022年度企业管理现代化创新优秀成果的通知
中国中铁采购〔2022〕220号	关于印发《中国中铁股份有限公司内部产品和服务采购管理规定》的通知
中国中铁生产〔2022〕221号	关于印发《中国中铁关于加强企业技术体系建设和项目技术管理的指导意见》的通知
中国中铁规划〔2022〕222号	关于印发《中国中铁股份有限公司提高控股上市公司质量工作方案》的通知
中国中铁安监〔2022〕224号	关于印发《安全质量环保管理办法》的通知
中国中铁法规〔2022〕225号	关于印发《中国中铁股份有限公司合规管理实施办法》的通知
中国中铁董办〔2022〕226号	关于印发《中国中铁股份有限公司信息披露管理办法》的通知
中国中铁董办〔2022〕227号	关于印发《中国中铁股份有限公司投资者关系管理办法》的通知
中国中铁人资〔2022〕228号	中国中铁关于公布2022年高级技师、特级技师和工匠技师任职资格的通知
中国中铁董办〔2022〕229号	关于印发《中国中铁股份有限公司内幕信息知情人登记管理规定》的通知
中国中铁财金〔2022〕231号	关于印发《中国中铁股份有限公司全面预算管理办法》的通知

制表：徐　朵

企业名录

表15-5　中国中铁所属单位名录

单位名称	地址	邮编	电话
一			
中铁一局集团有限公司	陕西省西安市雁塔北路1号	710054	029-87864150
第二工程有限公司	河北省唐山市国防道49号	063004	0315-2596002
第四工程有限公司	陕西省咸阳市秦都区玉泉西路8号	712000	029-33777651
第五工程有限公司	陕西省宝鸡市渭滨区中滩路5号	721013	0917-3836409
桥梁工程有限公司	重庆市北部新区人和大道11号	401121	023-67649669
新运工程有限公司	陕西省咸阳市人民东路111号	712000	029-33777259
建筑安装工程有限公司	陕西省西安市太乙路132号	710043	029-83622516
电务工程有限公司	陕西省西安市灞桥区灞柳1路1111号	710038	029-87864096
市政环保工程有限公司	甘肃省兰州市七里河区任家庄168号	730050	0931-2923226
城市轨道交通工程有限公司	江苏省无锡市锡山区安镇街道山河路50-6号	214105	0510-68580011
天津建设工程有限公司	天津市河北区增光道9号	300250	029-87864293
厦门建设工程有限公司	福建省厦门市思明区塔甫东路166号14层1401室	361100	0592-6307300

续表

单位名称	地址	邮编	电话
铁路建设有限公司	陕西省咸阳市秦都区吴家堡四段路10号	712000	029-32870693
物资工贸有限公司	陕西省西安市雁塔北路1号	710054	029-87864316
中铁华营（陕西）工程咨询有限公司	陕西省西安市雁塔北路1号	710054	029-87864648
陕西中铁一局正方天域置业有限公司	陕西省西安市雁塔北路1号	710054	029-87864693
陕西卓信工程检测有限公司	陕西省西安市长安区韦曲街办枣园村包茂高速东侧	710100	029-84193403
第三工程分公司	陕西省宝鸡市滨河大道57号	721006	0917-2862827
广州分公司	广东省广州市天河区天润路87号广建大厦22-23层	511492	020-61036200
勘察设计分公司	陕西省西安市雁塔北路9号中铁第壹国际A座8层	710054	029-82283560
海外事业部	陕西省西安市雁塔北路1号	710054	029-87864750
投融资事业部	陕西省西安市雁塔北路1号	710054	029-87864712
大企业事业部	陕西省西安市雁塔北路1号	710054	029-87864392
二			
中铁二局集团有限公司	四川省成都市金牛区通锦路16号	610032	028-86442050
第一工程有限公司	贵州省贵阳市四通街5号金鹏大厦	550007	0851-5745779
第二工程有限公司	四川省成都市青羊区青羊工业园总部广富路218号G11栋	610091	028-62059129
第四工程有限公司	四川省成都市青白江区新河路8号	610399	028-83663555
第五工程有限公司	四川省成都市青羊区腾飞大道99号	610091	028-61679070
第六工程有限公司	四川省成都市金牛区金凤凰大道666号中铁产业园2-B栋	610000	028-66768831
建筑工程有限公司	四川省成都市一环路北一段432号	610031	028-87649959
新运工程有限公司	四川省成都市金牛区长福街1号	610031	028-87695809
电务工程有限公司	四川省成都市通锦路9号	610031	028-86442656
城通公司	四川省成都市金牛区金凤凰大道666号中铁产业园A11栋1单元	610000	028-69592580
深圳工程有限公司	深圳南山区中心路3333号中铁南方总部大厦11层	518034	0755-83190059
物资公司	四川省成都市金牛区金科东路50号5号楼	610036	028-87669796
房地产公司	四川省成都市马家花园路2号通锦大厦6层	610031	028-86443822
装饰装修工程有限公司	四川省成都市金牛区金凤凰大道666号中铁产业园A10栋2单元	610000	028-87643516
中铁成都规划设计院有限责任公司	四川省成都市马家花园路10号中铁二局大厦5层	610031	028-86443293
瑞隆物流有限公司	四川省成都市金牛区马家花园路2号通锦大厦	610031	028-86444135
昆明应急救援队（昆明工程公司）	云南省昆明市西山区车家壁碧源路6号	650111	0871-8413216
西安工程有限公司	陕西省西安市雁塔区丈八沟街道锦业一路58号嘉昱大厦	710000	029-81150975
上海建设有限公司	上海市松江区塔汇路609号	201617	021-33550672

续表

单位名称	地址	邮编	电话
广州工程有限公司	广东省广州市白云区鹤龙街道黄边南街 5 号	510425	020-86524688
雄安建设发展有限公司	河北省保定市容城县容东白塔路 3 号商务服务中心 4 号楼 A 座 6 层	071700	0312-5679400
青岛工程有限公司	山东省青岛市李沧区沧安路 1 号海创大厦 13 楼	266041	0532-66080106
四川诚正工程检测技术有限公司	四川省成都市金牛区金凤凰大道 666 号中铁产业园 A9 栋	610083	028-83368562
三			
中铁三局集团有限公司	山西省太原市迎泽区新建南路 1 号	030001	0351-4038637
第二工程有限公司	河北省石家庄市翟营南大街 9 号中铁大厦 11 层	050031	0311-87670320
第三工程有限公司	山西省太原市坞城东街南巷 14 号	030006	0351-8785620
第四工程有限公司	北京市门头沟区三家店新建路 25 号	102300	010-61818146
第五工程有限公司	山西省晋中市榆次区顺城东街 1 号	030600	0354-2028713
第六工程有限公司	山西省晋中市榆次区桥东街 128 号	030600	0354-3102836
电务工程有限公司	山西省晋中市榆次区文苑街 280 号	030600	0354-3111345
建筑安装工程有限公司	山西省太原市坞城东街南巷 41 号	030006	0351-8728638
桥隧工程有限公司	四川省成都市金牛区天回镇中铁产业园 A10 栋 1 单元	056036	0310-4040040
线桥工程有限公司	河北省三河市燕郊镇燕郊开发区	065201	0316-3332841
运输工程分公司	山西省晋中市榆次区迎宾街 209 号	030600	0354-3029413
勘测设计分公司	山西省太原市迎泽大街 269 号	030001	0351-8951767
社会事业管理中心	山西省太原市迎泽大街 269 号	030001	0351-8950223
测绘检测工程有限公司	山西省太原市迎泽大街 269 号	030001	0351-8951546
投资公司	山西省太原市迎泽大街 269 号	030001	0351-8951168
物资供应有限公司	山西省太原市迎泽大街 269 号	030006	0351-8951596
天津建设工程有限公司	天津市津南区双港镇上海街 58 号	300350	022-88826366
华东建设工程有限公司	江苏省南京市江宁区麒麟社区靶厂路 8 号	211135	025-52397958
广东建设工程有限公司	广东省广州市番禺区东环街番禺大道北 555 号天安总部中心 28 号楼	510630	020-38023006
四			
中铁四局集团有限公司	安徽省合肥市包河区望江东路 96 号	230023	0551-82574114
第一工程有限公司	安徽省合肥市阜阳北路 434 号	230041	0551-65531544
第二工程有限公司	江苏省苏州市相城经济开发区蠡塘河路 9 号	215131	0512-85888868
第三建设有限公司	天津市东丽区矽谷港湾 D2 区 4 号楼	300011	022-24413299
第四工程有限公司	安徽省合肥市新蚌埠路 106 号	230041	0551-64228000
第五工程有限公司	江西省九江市濂溪区青年路 369 号	332000	0792-7025630
第六工程有限公司	陕西省西安市大庆路 3 号蔚蓝国际 A 座 18 层	710082	029-87618478
第七工程分公司	安徽省合肥市蜀山区南二环 488 号	230022	0551-63742262
第八工程分公司	安徽省合肥市阜阳北路 365 号	230041	0551-65242870

续表

单位名称	地址	邮编	电话
电气化工程有限公司	安徽省蚌埠市蚌山区迎湖路9号	233040	0552-3889220
建筑工程有限公司	安徽省合肥市东流路西段	230022	0551-63742062
钢结构有限公司	安徽省合肥市环湖东路388号	200023	0551-63741971
机电设备安装有限公司	江西省南昌市县东新乡千亿产业园内	330209	0791-85810366
路桥工程有限公司	吉林省长春市宽城区新月路416号	130052	0431-86036028
市政工程分公司	安徽省合肥市宿松南路1188号中铁科技大楼	230022	0551-65249987
城市轨道交通工程分公司	安徽省合肥市宿松南路1188号中铁科技大楼	230022	0551-65249001
上海工程公司	上海市静安区中山北路901号屹申商务大厦B楼	200083	021-65423104
南京工程分公司	江苏省南京市浦口区浦口大道1号新城总部大厦A座1602室	210000	025-58779617 025-58806814
物资工贸有限公司	安徽省合肥市望江东路96号	230023	0551-65244137
安徽中铁工程材料科技有限公司	安徽省合肥市宿松南路1188号中铁科技大楼	230022	0551-65249601
设计研究院	安徽省合肥市望江东路96号	230023	0551-65244043
房地产开发有限公司	安徽省合肥市包河区宿松路1188号中铁科技大楼	230023	0551-65249296
中铁健康服务有限公司	安徽省黄山市屯溪区稽灵山路32号	245041	0559-2572588
投资运营有限公司	安徽省合肥市包河区宿松路1188号中铁科技大楼	230022	0551-65249165
试验检测与测量分公司	安徽省合肥市包河区宿松路1188号中铁科技大楼	230022	0551-65244213
五			
中铁五局集团有限公司	湖南省长沙市雨花区韶山北路309号	410007	0731-88891888
第一工程有限责任公司	湖南省长沙市中意一路646号	410117	0731-82833650
第二工程有限责任公司	湖南省衡阳市珠晖区龙家坪45号	421002	0734-8398150
第四工程有限责任公司	广东省韶关市十里亭	512031	0751-8853459
华南工程有限责任公司	广东省东莞市洪梅镇中兴路6号	523160	0769-87222026
第五工程有限责任公司	湖南省长沙市长沙县东六路南段100号有色地勘大厦	410100	0731-85157009
第六工程有限责任公司	重庆市北部新区高新园天宫殿街道锦橙路26号	401147	023-67895175
机械化工程有限责任公司	湖南省衡阳市珠晖区洪塘冲32号	421002	0734-8312459
电务城通工程有限责任公司	湖南省长沙市麓谷咸嘉湖西路475号	410205	0731-88992599
建筑工程有限责任公司	贵州省贵阳市观山湖区毕节路58号联合广场B座	550002	0851-85797989
路桥工程有限责任公司	广东省广州市南沙区大涌工业五路5号	511458	020-39136266
贵州工程有限公司	贵州省贵阳市云岩区枣山路23号	550003	0851-85919697
成都工程公司	四川省成都市青羊区工业总部基地腾飞大道51号青羊工业总部基地E2	610031	028-69086189
海外分公司	贵州省贵阳市云岩区枣山路23号	550003	0851-85918178
物资实业有限责任公司	湖南省长沙市雨花区中意一路646号	410117	0731-85921638
置业有限责任公司	贵州省贵阳市云岩区北京路241号天华大厦5层	550003	0851-86866149

续表

单位名称	地址	邮编	电话
测绘试验中心	贵州省贵阳市云岩区后坝路1号兴隆·枫丹白鹭城市花园商业2栋负1层1号贵州铁建	550008	0851-84390727
多元经济管理中心	贵州省贵阳市南明区玉溪巷89号	550002	0851-85778958转8305
天怡大酒店	贵州省贵阳市云岩区枣山路29号	550003	0851-86518888
天龙大酒店	湖南省长沙市雨花区韶山北路299号	410007	0731-84188888
六			
中铁六局集团有限公司	北京市海淀区万寿路2号	100036	010-68155051
北京铁路建设有限公司	北京市海淀区万寿路2号	100036	010-51825187
太原铁路建设有限公司	山西省太原市杏花岭区建设北路182号	030013	0351-2666168
呼和浩特铁路建设有限公司	内蒙古自治区呼和浩特市新城区车站西街11号	010050	0471-2242957
天津铁路建设有限公司	天津市河北区鸿顺里街诺城广场1号楼6层	300143	022-60720926
石家庄铁路建设有限公司	河北省石家庄市平安北大街18号乐模大厦	050000	0311-87911903
路桥建设有限公司	湖南省长沙市雨花区金海路128号国际研创中心A7、A8栋	410007	0731-85921024
建筑安装工程有限公司	北京市昌平区马池口镇昌平火车站西昌土路北1号40号楼1-5层	102299	010-89790900
丰桥桥梁有限公司	北京市丰台区葛家村西里1号	100070	—
电务工程有限公司	北京市丰台区南四环西路188号15区10号楼	100070	010-52226646
海外工程分公司	北京丰台区南四环西路188号总部基地10区5号楼	100070	010-52256637
物资工贸有限公司	北京市海淀区万寿路2号	100036	010-52733281
广州工程有限公司	广东省广州市番禺区番禺大道北555号天安科技园18号楼	511400	020-34883903
交通工程分公司	北京市丰台区南四环西路188号10区16号楼	100070	010-50916292
信达置业有限公司	北京市海淀区万寿路2号中铁六局大厦3层	100036	010-83895007
工程设计院	北京市海淀区万寿路2号	100036	010-52733537
云南中铁双百建材有限公司	云南省昆明市呈贡区联大街中国中铁大厦26层	650504	—
七			
中铁七局集团有限公司	河南省郑州市航海东路1225号	450016	0371-67723150 0371-67723109
第一工程有限公司	广东省广州市黄埔区瑞和路39号纳金科技产业园H6座841-850号	510700	17395619701
第二工程有限公司	辽宁省沈阳市和平区南京南街中土大厦	110000	13470010120
第三工程有限公司	陕西省西安市浐灞生态区广安路2899号	710043	029-86366628 029-86366626
第四工程有限公司	湖北省武汉市东湖新技术开发区茅店山西路2号	430074	027-51130813
第五工程有限公司	河南省郑州市航海东路1225号	450016	0371-68285511
郑州工程有限公司	河南省郑州市二七区陇海中路3号	450000	0371-68325317 0371-68324527

续表

单位名称	地址	邮编	电话
武汉工程有限公司	湖北省武汉市东湖新技术开发区茅店山西路2号	430074	027-51130731 027-51130700
西安铁路工程有限公司	陕西省西安市新城区金花北路205号西铁工程大厦	710032	029-82356002 029-82356025
电务工程有限公司	河南省郑州市金水路226号楷林国际17层	450008	0371-68361491 0371-67265517
路桥工程有限公司	江苏省南京市雨花台区三鸿路6号数字大厦	210012	025-83560023
海外分公司	河南省郑州市航海东路1225号	450016	0371-68283650 0371-68283682
中产置业有限公司	河南省郑州市陇海中路11号	450000	0371-86063875 0371-86063975
物资贸易有限公司	河南省郑州市航海东路1225号	450016	0371-67727238
投资分公司	河南省郑州市航海东路1225号	450016	0371-61773211
勘测设计研究院	河南省郑州市航海东路1225号	450016	0371-67727657
八			
中铁八局集团有限公司	四川省成都市金科东路68号	610000	028-87517570
第一工程有限公司	重庆市九龙坡区黄桷坪铁路三村3号	400053	023-61215888
第二工程有限公司	四川省成都市犀浦国宁东路1188号中铁塔米亚	610097	028-69986263
第三工程有限公司	贵州省贵阳市南明区朝阳洞路建材巷1号	550002	17608509130
建筑工程有限公司	四川省成都市高新区西部园区西区大道461号	611731	028-86106131
电务工程有限公司	四川省成都市郫都区犀浦金樽三街316号	610097	028-87876787
昆明铁路建设有限公司	云南省昆明市春城路321号	650200	0871-67172362
成都同新房地产开发有限公司（中铁八局集团投资发展有限公司）	四川省成都市一环路北二段100号	610081	028-83180177
第七工程有限公司	四川省成都市青白江区青华东路173号	610300	028-83605102
现代物流有限公司	四川省成都市成华区站北路38号	610000	028-86329080
海外工程分公司	四川省成都市金牛区一品天下999号金牛市民服务中心A座1901、1902	610031	028-87670398
勘察设计研究院	四川省成都市郫都区金樽三街316号（4-5层）	610097	028-83227273
城市轨道交通分公司	四川省成都市金牛区天龙南三路中铁产业园B区	610081	028-87728699
九			
中铁九局集团有限公司	辽宁省沈阳市和平区胜利南街46号	110051	024-23942635
第一建设有限公司	江苏省苏州市吴江区运东大道997号	215200	0512-88812789
第三建设有限公司	广东省佛山市南海区桂城街道疏港路7号凤鸣广场12栋	528251	0757-83680716
第四工程有限公司	辽宁省沈阳市沈河区敬宾街3-1号	110000	024-88555223
第五工程有限公司	四川省成都市郫都区古城镇蜀汉西路68号	611741	028-64963097

续表

单位名称	地址	邮编	电话
第七工程有限公司	辽宁省沈阳市大东区工农路337号	110041	024-62046167
大连分公司	大连市开发区海滨旅游路35号	116001	0411-62493079
电务工程有限公司	辽宁省沈阳市和平区胜利北街36-5号	110001	024-62024235
工程检测试验有限公司	辽宁省沈阳市铁西区北一东路36-5号	110025	024-62393701
勘察设计院	辽宁省沈阳市和平区胜利南街46号	110051	024-23840997
十			
中铁十局集团有限公司	山东省济南市高新区舜泰广场7号楼	250101	0531-82461286
第一工程有限公司	山东省济南市天桥区车站街167号	250001	0531-82424547
第二工程有限公司	河南省郑州市金水区金水路226号楷林国际19层	450000	0371-86155690
第三建设有限公司	安徽省合肥市经济技术开发区繁华大道12666号	230601	0551-63547600
第四工程有限公司	江苏省南京市栖霞区紫东国际创意园A6栋	210046	025-85831505
第五工程有限公司	江苏省苏州市高新区金枫路金庄街9号	215011	0512-68075098
第七工程有限公司	陕西省西安市雁塔区锦业二路69号	710065	029-88882182
第八工程有限公司	天津市西青区张家窝镇天安创新科技产业园三区2号楼	300380	022-59565959
青岛工程有限公司	山东省青岛市市北区抚顺路19号	266011	0532-55526597
城市轨道交通工程有限公司	广东省广州市番禺区番禺大道北555号天安科技园总部14号楼9层	511400	020-33102331
城建工程有限公司	山东省烟台市开发区珠江路66号正海大厦22层	264000	18363063806
电务工程有限公司	山东省济南市高新区工业南路59号中铁汇展国际8号楼10-13层	250101	0531-82461535
投资开发有限公司	山东省济南市高新区工业南路59号中铁汇展国际8号楼17-18层	250101	0531-58995850
物资工贸有限公司	山东省济南市高新区工业南路59号中铁汇展国际8号楼4-5层	250101	0531-55565365
拉美分公司	山东省济南市高新区舜泰广场7号楼10层	250101	15923255798
非洲分公司	山东省济南市高新区中铁财智中心2号楼1102	250101	18791099279
亚太分公司	山东省济南市高新区舜泰广场7号楼10层	250101	15265315020
济南勘察设计院	山东省济南市高新区舜泰广场7号楼8层	250101	0531-82461788
运营（物业）公司	山东省济南市高新区工业南路59号中铁汇展国际8号楼15层	250101	15064023737
中铁康养公司	重庆市璧山区三担湖康养小镇湖滨路1号	402772	023-41556916
山东铁工科技有限公司	山东省济南市槐荫区经十西路287号2层	250022	18746722616
北京生态资源建设分公司	北京市丰台区北京中铁大厦D座2层201室	100071	13515653573
华东分公司	上海市浦东新区云鹏北路66弄D1号楼12层	200120	18250825485
十一			
中铁大桥局集团有限公司	湖北省武汉市四新大道6号	430050	027-84596511
第一工程有限公司	河南省郑州市金水区丰乐路67号	450053	0371-63674990

续表

单位名称	地址	邮编	电话
第二工程有限公司	江苏省南京市鼓楼区燕江路66号	210015	025-58781038
第四工程有限公司	江苏省南京市浦口区迎江路40号	210031	025-86966112
第五工程有限公司	江西省九江市浔阳区白水湖路20号	332001	0792-8586229
第六工程有限公司	湖北省武汉市蔡甸区新天大道525号	430100	027-69603168
第七工程有限公司	湖北省武汉市经济技术开发区春晓路8号	430050	027-84588875
第八工程有限公司	重庆市江北区港城东环路6号1幢	400000	023-67013223
第九工程有限公司	广东省中山市火炬开发区会展东路投资大厦5楼	528437	0760-23759860
中铁大桥科学研究院有限公司	湖北省武汉市硚口区建设大道103号	430034	027-83532982
物资有限公司	湖北省武汉市汉阳区莲花湖路特1号	430050	027-84825008
武汉桥梁特种技术有限公司	湖北省武汉市东湖新技术开发区高新六路97号	430205	027-81925128
武汉桥梁传媒有限公司	湖北省武汉市汉阳区四新大道6号	430050	027-84596449
武汉置业发展有限公司	湖北省武汉市经济开发区东风大道67号金桥太子湖1号A座	430056	027-84597087
武汉地产有限公司	湖北省武汉市武昌区宝通寺路8号	430070	027-87655001
上海工程有限公司	上海市奉贤区南桥镇航南公路7198号	200071	021-66540718
福船海洋工程有限责任公司	福建省福州市马尾区镇冰路9号中铁福船大厦	350015	0591-38133316
武汉商业运营管理有限公司	湖北省武汉市武昌区宝通寺路8号	430070	027-87655001
海外工程分公司	湖北省武汉市四新大道6号	430050	027-84596635
设计分公司	湖北省武汉市汉阳大道38号	430050	027-84596901
投资分公司	湖北省武汉市四新大道6号	430050	027-84663719
机械化施工分公司	湖北省武汉市汉阳区汉阳大道54-2号	430050	027-84511566
九江船舶分公司	江西省九江市浔阳区滨江东路148号	332004	0792-8615001
东北分公司	辽宁省沈阳市浑南区世纪路5-2号	110179	024-31692476
十二			
中铁隧道局集团有限公司	广东省广州市南沙区工业四路	511000	020-32268902
中铁隧道股份有限公司	河南省郑州市高新技术产业区科学大道99号	450001	0371-67896508
一处有限公司	重庆市渝北区天山大道西段32号2幢	401123	023-65933555
二处有限公司	河北省三河市燕郊开发区学院路410号	065201	0316-3362127
三处有限公司	广东省深圳市南山区建工村33号	518060	0755-61385049
建设有限公司	广西壮族自治区南宁市科园大道29号	530003	0771-2315299
路桥工程有限公司	天津市空港经济区中环西路86号	300308	022-84958707
市政工程公司	浙江省杭州市西湖区三墩镇振华路—紫宣路158号西城博司4幢	310030	0571-28167046
机电工程有限公司	河南省洛阳市老城区状元红路	471009	0379-62632893
勘察设计研究院	广东省广州市南沙区工业四路	511000	020-32268975

续表

单位名称	地址	邮编	电话
投资事业部	广东省广州市南沙区工业四路	511000	020-32268820
国际事业部	广东省广州市南沙区工业四路	511000	020-32268633
设备分公司	河南省洛阳市老城区状元红路	471009	0379-62633024
物资分公司	河南省洛阳市老城区状元红路	471009	0379-62632578
工程测量试验分公司	广东省广州市南沙区工业四路	511000	020-32268679
隧道掘进机及智能运维全国重点实验室	河南省郑州市高新技术产业区科学大道99号	450001	0371-67283856
人才发展研究院	广东省广州市南沙区工业四路	511000	020-32268683
十三			
中铁电气化局集团有限公司	北京市丰台区万寿路南口金家村1号	100036	010-51846560
第一工程有限公司	北京市丰台区南四环西路188号总部基地7区10号楼	100070	010-51859399
第二工程分公司	广东省广州市番禺区东环街东艺路139号5栋1号	510000	020-37879519
第三工程有限公司	河南省郑州市二七区小赵砦东街33号	450052	0371-60655600
北京电气化工程有限公司	北京丰台区卢沟桥街道小屯路149号	100071	18340815337
西安电气化工程有限公司	陕西省西安市新城区金花北路205号西铁工程大厦	710032	029-82356611
上海工程有限公司	上海静安区江场路1377弄绿地中央广场1号楼5层	200000	021-61397678
沈阳电气化工程分公司	辽宁省沈阳市浑南区国际软件园E19座	110000	024-88013796
城铁公司	北京市丰台区万寿路南口金家村1号	100036	010-51848190
北京建筑工程有限公司	北京市丰台区靛厂路甲121号	100039	010-88245508
铁路工程公司	北京市丰台区卢沟桥小屯兴源路8号院B座	100036	010-85160212
中铁电气工业有限公司	河北省保定市北三环6255号中铁电气工业有限公司轨道交通产业园	071000	0312-8639300
物资贸易有限公司	北京市海淀区莲花池西路16号金鑫大厦	100036	010-63978586
中铁电气化铁路运营管理有限公司	北京市丰台区万寿路南口金家村1号	100036	010-51872285
京沪高铁维管公司	北京市丰台区莲花池东路106号汇融大厦A座26层2602室	100055	010-51862475
北京景旭房地产开发有限公司	北京市丰台区万丰路318号院3号楼3、4层	100161	010-63885155
国际工程公司	北京市丰台区万寿路南口金家村1号	100036	010-51872002
北京通达监理有限公司	北京市丰台区丰台路口139号202室	100071	010-83820515
智慧交通技术分公司	北京市丰台区万寿路南口金家村1号院12号楼	100036	010-51846336
设计研究院	北京市丰台区双林东路郭庄子365号	100036	010-52263601
基础设施投资分公司	北京市丰台区金家村1号院12号楼1、2层	100036	010-68632749
石家庄机械装备分公司	河北省石家庄市新华区和平西路686号	050000	0311-87638207
上海富欣智能交通控制有限公司	上海市浦东新区亮秀路112号Y2座4层	201203	021-31337800
太原中铁轨道交通建设运营有限公司	山西省太原市小店区贾家寨车辆段	030001	0351-7037299

续表

单位名称	地址	邮编	电话
南昌中铁穗城轨道交通建设运营有限公司	江西省南昌市南昌县向塘北大道东50米地铁3号线莲塘车辆段	330000	0791-82726688
北京《电气化铁道》编辑部有限公司	北京市丰台区万寿路南口金家村1号	100036	010-51842632
保定党职校	河北省保定市竞秀区百花东路263号	071051	0312-3036007
十四			
中铁武汉电气化局集团有限公司	湖北省武汉市东湖新技术开发区光谷创业街71号	430074	027-51172222
第一工程有限公司	湖北省武汉东湖新技术开发区武大园路2号湖北徽商大厦A座7-9层	430223	027-51780009
上海电气有限公司	上海市青浦区北青公路10688弄张江云立方30号楼	201700	021-59221209
设计研究院	湖北省武汉市东湖新技术开发区光谷创业街71号	430074	027-51172272
科工装备有限公司	湖北省襄阳市襄城区岘山路656号	441021	0710-3544396
物资贸易有限公司	湖北省武汉市东湖新技术开发区佳园路9号同亨大厦综合楼4楼	430074	027-65527692
北京分公司	北京市丰台区南四环西路188号丰台科技园总部基地10区15栋	100070	010-52268953
城市建设分公司	广东省广州市黄埔区九龙大道海丝知识中心T1栋11-12层	510700	020-37106131
机电分公司	陕西省西安市碑林区南二环东段39号8-11层	710102	029-61103166
运营管理分公司	四川省成都市金牛区中铁轨道高科技产业园金凤凰大道666号12栋3单元	610036	028-65718555
城铁分公司	湖北省武汉市东湖新技术开发区光谷创业街66号海达创新广场2201	430070	027-87002588
十五			
中铁建工集团有限公司	北京市丰台区南四环西路128号诺德中心1号楼	100070	010-51136666
第一建设有限公司	北京市丰台区造甲村111号	100070	010-63791630
第二建设有限公司	山东省青岛市城阳区上马街道前程社区807号	2661001	0532-80991501
第三建设有限公司	天津市滨海新区塘沽福建北路69号	300451	022-60616623
第四建设有限公司	上海市普陀区交通路4621弄李子园商务区10号12-18层	200331	021-36361116
第五建设有限公司	广东省广州市番禺大道北555号番禺节能科技园天安总部中心29号楼	511400	020-31109880-880
中铁诺德城市投资有限公司	广东省深圳市福田区民田路178号华融大厦305室	518048	0755-82772952
中铁诺德城市运营有限公司	北京市丰台区汽车博物馆西路诺德中心1号院11号楼32层	100070	010-59655800
设计院	北京市丰台区诺德中心1号楼东配楼3、4层	100070	010-53500920
长沙市规划设计院有限责任公司	湖南省长沙市芙蓉区东岸街道人民东路469号中铁长规大厦	410000	0731-84134010
华北分公司	北京市丰台区南四环西路128号诺德中心3号楼23层	100070	010-87576610
西南分公司	四川省成都市金牛区站西桥西街345号府河路苑9栋13层	610081	028-64202933
深圳分公司	广东省深圳市南山区南山大道建工村建厂路34号	518052	0755-26974607

续表

单位名称	地址	邮编	电话
西北分公司	陕西省西安市高新区西部大道企业壹号公园 25 栋	710119	029-62817200
北京路桥分公司	北京市丰台区南四环西路 188 号 10 区 11 号楼	100070	010-52220876
建筑安装有限公司	北京市丰台区南四环西路 188 号总部基地 10 区 18 栋、19 栋	100070	010-52221107
北京机械制造有限公司	北京市房山区阎村镇南梨园村南临 30 号	102412	010-51116721
中铁装配式建筑股份有限公司	北京市房山区长阳镇葫芦垡村万兴路 99 号	102444	010-57961616
十六			
中铁广州工程局集团有限公司	广东省广州市南沙区进港大道 582 号	511754	020-61996670
第一工程有限公司	江苏省南京市浦口区江浦街道浦滨路 320 号科创总部大厦 B 座 17 层	211899	—
港航工程有限公司	广东省广州市黄埔区香山路 11 号	510660	020-62223808
第二工程有限公司	广东省广州市花都区新华街建设路 34 号	510800	020-36858099
第三工程有限公司	广东省肇庆市站北路 46 号	526020	0758-2909155
深圳工程有限公司	广东省深圳市光明区马田街道马山头社区电达谷源产业园 7 号楼中铁广州工程局深圳总部大厦 12 层	518103	—
城轨工程有限公司	广东省广州市南沙区进港大道 582 号	511457	020-66230940
桥梁工程有限公司	广东省广州市花都区新华街松园大道 26 号	510800	020-37760109
市政环保工程有限公司	陕西省西安市西咸新区沣西新城康定路 16 号中铁港沣国际 23 层	712000	029-33133519
惠州置业有限公司	广东省惠州大亚湾澳头中兴中路 1 号东方新天地大厦 1 栋 1 单元 2507 号	516081	
广西中铁广通工程有限公司	中国（广西）自由贸易试验区南宁片区凯旋路 15 号南宁绿地中心 8 号楼 37 层 3712 室	530221	
西咸新区粤铁建筑工程有限公司	陕西省西安市西咸新区秦汉新城窑店街道办秦汉创新中心 67 号楼 202 室	712000	
吉林白云工程有限公司	吉林省吉林市桦甸市夹皮沟镇老金厂社区	550014	—
中铁穗新（江门）工程建设有限公司	广东省江门市新会区会城朱紫路 6 号 5 层	529000	
山东省粤铁建筑工程有限公司	山东省烟台市芝罘区卧龙北路 3 号	264000	
检测中心有限公司	广东省广州市花都区建设路 34 号	510800	020-86892664
中海酒店有限公司	广东省惠州市大亚湾澳头北澳大道 1 号	516000	0752-5552182
国安酒店有限公司	广东省惠州大亚湾澳头北澳大道 1 号	516000	0752-5552182
中铁（阜阳）路港工程建设有限公司	安徽省阜阳市颍泉区阜阳循环经济园区茨河路 8 号 2 层	236000	—
江西工程有限公司	江西省南昌市南昌高新技术产业开发区高新二路 18 号创业园创业大厦 K515 室	330000	
中铁广州工程局集团工程建设（江门蓬江）有限公司	广东省江门市蓬江区棠下镇长兴街开发楼首层 103 号商铺	529000	
广州白云建设工程有限公司	广东省广州市白云区石井街石槎路 689 号 A1 栋 201 室	510080	

续表

单位名称	地址	邮编	电话
黑龙江省粤铁建筑工程有限公司	黑龙江省哈尔滨高新技术产业开发区科技创新城创新创业广场20号楼（秀月街178号）A307室278位	150023	—
十七			
中铁北京工程局集团有限公司	北京市门头沟区永定镇玉带东二街161号	102308	010-62720600
第一工程有限公司	陕西省西安市国家民用航天产业基地航创路259号	710100	029-62625200
第二工程有限公司	湖南省长沙市雨花区环保中路188号四期11栋	410014	0731-89961124
（天津）工程有限公司	天津市红桥区咸阳北路48号银泰科工贸大厦A幢12层	300131	022-88978778
北京有限公司	北京市延庆区八达岭经济开发区康西路26号	100070	010-51169528
第五工程有限公司	浙江省杭州市萧山区经济技术开发区通惠北路2号5层	310000	0571-83580281
第六工程有限公司	辽宁省沈阳市沈北新区蒲河大道888号西六区6号、7号	110127	024-66801020
中铁天丰建筑工程有限公司	北京市门头沟区石龙经济开发区永安路20号3号楼3层304室	102308	010-61828500
城市轨道交通工程有限公司	安徽省合肥市高新区天达路20号	401147	0551-62857527
检测有限公司	北京市海淀区北四环西路87号	100195	010-88448540
中铁航空港建设有限公司	北京市大兴区庞各庄镇瓜乡路2号2号楼2层	102601	010-61828697
物资工贸有限公司	北京市门头沟区永定镇玉带东二街161号11层	102308	010-61828708
机场工程分公司	北京市门头沟区石龙经济开发区永安路20号3号楼A-7942室	102308	010-61828697
建筑工程分公司	北京市密云区经济开发区科技路25号1号楼	100195	010-88853881
国际工程分公司	北京市门头沟区永定镇玉带东二街161号501室、502室、503室	102308	010-61828774
勘测设计院	北京市海淀区北四环西路87号	100195	010-62720890
十八			
中铁上海工程局集团有限公司	上海市宝山区富联路777号	201906	021-80277675
第一工程有限公司	江苏省南京市江宁区秣陵街道江云路6号	200436	0553-2821220
市政环保工程有限公司	上海市静安区江场三路272号	201906	021-80277333
第三工程有限公司	安徽省合肥市包河区山西路123号	230088	0551-63736546
第四工程有限公司	天津市滨海新区中新生态城安兴路26号	300486	022-59665712
第五工程有限公司	广西壮族自治区南宁市良庆区凯旋路绿地中心8号楼35-36层	530000	0771-2236728
第六工程有限公司	云南省昆明市经开区顺通大道国际银座C3座22-23层	650217	0871-64620998
第七工程有限公司	陕西省西安市未央区太元路379号保亿大明宫国际3-0101室	710032	029-61185021
华海工程有限公司	上海市闵行区中春路7500号	201101	021-64193984
建筑工程有限公司	上海市宝山区富联路777号	201906	021-80277062
物资工贸有限公司	上海市宝山区富联路777号	201906	021-80277057
华南市政建设有限公司	广东省广州市海珠区瀛洲路38号	510320	020-89009011
城市建设分公司	上海市宝山区富联路777号	201906	021-80277205

单位名称	地址	邮编	电话
南京水务环保发展有限公司	江苏省南京市雨花台区雨花东路47号	210000	025-52312006
投资分公司	上海市宝山区富联路777号	201906	021-80277801
天津滨海建投项目管理有限公司	天津市滨海新区经济技术开发区第二大街42号	300450	022-66222931
十九			
中铁投资集团有限公司	**北京市丰台区汽车博物馆南路3号院北京中铁大厦西侧5-11层**	100160	010-83920866
天津同兴房地产开发有限公司	天津市滨海新区北塘经济区融创锦晟广场4栋南塔6层	300453	022-25327369
中铁（天津）轨道交通投资建设有限公司	天津市红桥区小辛庄大街19号（原河北省港航管理局）	300132	022-26550138
中铁承德建设开发有限公司	河北省承德市双滦区智能科技园16层	067001	—
呼和浩特市地铁一号线建设管理有限公司	内蒙古自治区呼和浩特市赛罕区机场辅路地铁控制中心7层	010000	—
中铁运河（沧州）开发建设有限公司	河北省沧州市高新区小微企业科技创业园运营中心4-5层	061000	0317-5205393
中铁滨海（天津）轨道交通投资发展有限公司	天津市滨海新区金江路335号光电集团2号楼东侧1-4层	300450	022-60227158
中铁京西（北京）高速公路发展有限公司	北京市门头沟区莲石湖西路98号院7号楼5层	102300	010-60808298
中铁保定开发建设有限公司	河北省保定市莲池区锦湖北大街1111号东湖云端D座7-8层	071000	0312-737980
中铁（天津）城乡建设发展有限公司	天津市北辰区双口镇联东U谷北方耀谷售楼处2层	300401	—
中铁京雄（北京）高速公路发展有限公司	北京市房山区长阳镇葫芦垡村京雄高速（北京）管理中心1-5号楼	102444	010-52231788
中铁沧州新华南部城市更新有限公司	河北省沧州市沧县高铁西站对面京贵中心5号楼中国中铁1-5层	061000	0317-5698838
中铁沧州运河城西城市更新有限公司	河北省沧州市沧县高铁西站对面京贵中心5号楼中国中铁1-5层	061000	0317-5698838
中铁河北投资开发建设有限公司	河北省廊坊市广阳区银河北路181号中国农业银行培训中心北楼3层	065000	—
中铁北方吉林房地产开发有限公司	吉林省长春市南关区明珠广场C座中铁吉房公司1-2层	130000	
吉林中铁高速公路有限公司	吉林省吉林市磐石市磐石大街1111号白云宾馆5-8层	132300	0432-65666977
中铁北方（辽宁）房地产开发有限公司	辽宁省沈阳市皇姑区塔湾街9号沈阳信悦汇（中信泰富广场）F1座23层	110000	
北京中铁悦诚投资管理有限公司	北京市丰台区汽车博物馆南路3号院D座2层201室	100160	—
中铁（辽宁）本桓高速公路有限公司	辽宁省本溪市明山区解放北路129-1号	117000	—
内蒙古甘其毛都至乌拉山高速公路建设管理有限公司	内蒙古自治区巴彦淖尔市临河区河套大街兴盛国际一期综合楼4层	015000	
沈阳西部建设投资有限公司	辽宁省沈阳市铁西经济技术开发区中德大街6号甲一中德公馆1号楼	110020	—

企业名录

续表

单位名称	地址	邮编	电话
沈阳快速路建设投资有限公司	辽宁省沈阳市浑南区三义街28—4号 瑞宝东方大厦25层	110179	—
中铁东北亚长春物流港发展有限公司	吉林省长春市宽城区龙湖大路与102国道交会处北行150米中铁东北亚长春物流港发展有限公司1-3层	131000	—
公主岭市中财铁投城市综合管廊管理有限公司	吉林省长春市公主岭市岭东路2308号管廊监控中心1-3层	131000	0434-6783511
沈阳动静态交通投资建设有限公司	辽宁省沈阳市于洪区仙女河路58-7号	110141	—
中铁（黑龙江）高速公路投资有限公司	黑龙江省哈尔滨市尚志市政府西路6号1-3层	150600	—
二十			
中铁南方投资集团有限公司	广东省深圳市南山区中心路3333号中铁南方总部大厦20-24层	518000	0755-33952180
中铁珠三角投资发展有限公司	广东省广州市南沙区港航二街1号6-9层（仅限办公用途）	511458	020-39011829
中铁海西投资发展有限公司	福建省莆田市湄洲湾北岸经济开发区山亭乡利山村新文路北侧	351154	0592-2967279
中铁南方（东莞）投资有限公司	广东省东莞市洪梅镇洪梅桥东路36号115室	523160	0755-33952180
深圳中铁朗侨峰居有限责任公司	广东省深圳市南山区粤海街道中心路3333号中铁大厦3楼	518000	0755-33952180
中铁（福州）投资有限公司	福建省福州市晋安区岳峰镇化工路236号（原化工路北侧）泰禾商务中心一区（东二环泰禾城市广场东区C地块）5号楼12层03办公室	350011	0591-87310679
中铁（江门）城镇化建设投资发展有限公司	广东省江门市蓬江区建设二路102号11层	529000	020-39011829
中铁南方投资集团有限公司城市发展分公司	广东省深圳市南山区粤海街道中心路3333号中铁大厦20层	518000	0755-33952180
广东佛云中铁投资发展有限公司	广东省云浮市云城区思劳镇云浮国际石材城C区东南角（氢能科技企业孵化器内）	527300	0755-33952180
佛山市顺德北部顺铁路桥建设有限公司	广东省佛山市顺德区容桂街道办事处东风社区居民委员会容奇大道中68号	528300	020-39011829
广州启创投资有限公司	广东省广州市南沙区港航二街1号602室	511458	020-39011829
中铁南方（惠州）投资有限公司	广东省惠州市惠阳经济开发区一环路1号住宅地A6号2层	517000	0755-33952180
遵义中铁南方新蒲经开区投资有限公司	贵州省遵义市新蒲新区虾子镇清坪村	563000	0755-33952180
遵义中铁南方新蒲职校投资有限公司	贵州省遵义市新蒲新区虾子镇清坪村	563000	0755-33952180
莆田涵盛投资有限公司	福建省莆田市涵江区梧塘镇前东坡村蒋坑112号	351111	0592-2967279
江门新铁公路建设有限公司	广东省江门市新会区三江镇联合村歧丰围（综合楼）	529100	020-39011829
广东中铁西江高科投资有限公司	广东省肇庆市高要区南岸双龙路北一街1号江南名庭售楼中心2层	526100	0755-33952180
中铁（三亚）投资有限公司	海南省三亚市崖州区崖州湾科技城用友产业园1号楼412号	570100	0755-33952180
中铁南方（佛山）建设开发有限公司	广东省佛山市高明区荷城街道明华路9号3座105号首层商铺	528300	020-39011829
广东中铁珠西国际陆港产城投资有限公司	广东省鹤山市沙坪玉桥路480号	518000	0755-33952180

续表

单位名称	地址	邮编	电话
中铁南方（佛山）城市发展有限公司	广东省佛山市高明区荷城街道明华路9号4座101-106首层商铺	528300	020-39011829
中铁南方（佛山）投资有限公司	广东省佛山市顺德区乐从镇兴乐社区岭南大道南2号佛山市中欧服务中心C栋421室（住所申报）	528300	020-39011829
中铁南方（珠海）投资有限公司	广东省珠海保税区国际贸易展示中心3号楼第5层3502-34（集中办公区）	511458	020-39011829
中铁南方投资集团有限公司海南分公司	海南省海口市琼山区国兴街道办海南大厦36楼3601	570100	0755-33952180
中铁南方投资集团有限公司深圳分公司	广东省深圳市龙岗区龙城街道黄阁坑社区黄阁坑股份大厦1单元1108室	518000	0755-33952180
二十一			
中铁交通投资集团有限公司	广西壮族自治区南宁市良庆区凯旋路15号绿地中心8号楼	530219	0771-5561630
广东汕湛高速公路东段发展有限公司（中铁交通投资集团有限公司广东汕揭高速公路项目工程指挥部）	广东省汕头市濠江区玉新街道河浦大道308号滨海管理中心办公楼	515098	0754-88052888
衡阳铁程投资有限公司（中铁衡阳滨江区项目工程指挥部）	湖南省衡阳市蒸湘区祝融路3号雁能领秀天地14栋3单元1001室	421099	—
昆明铁程投资有限公司（中铁昆明草海项目工程指挥部）	云南省昆明市西山区积善北路62号2号楼203室	650100	—
中国中铁股份有限公司南宁轨道交通3号线02标工程指挥部	广西壮族自治区南宁市良庆区凯旋路15号绿地中心8号楼41层	530219	
中国中铁股份有限公司南宁轨道交通4号线02标工程指挥部	广西壮族自治区南宁市良庆区凯旋路15号绿地中心8号楼41层	530219	
中国中铁股份有限公司南宁轨道交通5号线02标工程指挥部	广西壮族自治区南宁市良庆区凯旋路15号绿地中心8号楼41层	530219	
广西中铁交通天地置业有限公司	广西壮族自治区南宁市良庆区凯旋路15号绿地中心8号楼42层	530219	0771-3395960
贵州中铁交通双龙投资建设有限公司（中铁交通贵州双龙航空港项目建设指挥部）	贵州省贵阳市小河区长江路万科中心A座17层	553009	—
陕西旬凤韩黄高速公路有限公司	陕西省宝鸡市凤翔区柳林镇亭子头村裴公路3号	721400	0917-7280310
陕西榆林绥延高速公路有限公司	陕西省榆林市绥德县张家砭镇柳家庄村沙窑湾9号	718000	
中铁中南投资发展有限公司	湖南长沙市长沙县滨湖东路松雅湖国际公寓1号栋	410100	—
四川中铁交通成达建设投资有限公司（中铁交通投资集团有限公司西部运营中心）	四川省宜宾市叙州区清音路6号宜宾市城交建投集团大楼10层	644000	0831-8358528
中铁交通投资集团有限公司西南运营中心	云南省昆明市五华区西翥街道沙靠村沙靠收费站	650102	—
中铁交通投资集团有限公司北方运营中心	河南省洛阳市伊川县平等乡东村伊川南收费站	471300	—
陕西榆林绥延高速公路有限公司（中铁交通投资集团有限公司陕西榆林绥延高速公路工程指挥部）	陕西省榆林市绥德县张家砭镇柳家庄村沙窑湾9号	718000	0912-3700509

续表

单位名称	地址	邮编	电话
广西中铁南横高速公路有限公司	广西壮族自治区南宁市横县南乡镇板路乡三营村广西中铁南横高速公路有限公司	530300	—
中铁交通广西上横高速公路工程指挥部	广西壮族自治区南宁市宾阳县黎塘镇 高铁总部基地5号楼	530409	—
广西中铁南新高速公路有限公司（中铁交通投资集团有限公司广西中铁南新高速公路项目指挥部）	广西壮族自治区南宁市良庆区凯旋路15号绿地中心8号楼38层	530219	—
广西中铁宜上高速公路有限公司（中铁交通投资集团有限公司宜上高速公路项目工程指挥部）	广西壮族自治区南宁市良庆区凯旋路15号绿地中心8号楼39层	530219	—
湖南炉慈桑龙高速公路有限公司	湖南省张家界市永定区阳湖坪办事处经开区C区101	427000	—
中铁（江西）投资有限公司	江西省南昌市红谷滩新区红谷中大道1669号华尔街广场16层	330038	0791-82212760
招商中铁控股有限公司	广西壮族自治区南宁市良庆区凯旋路15号绿地中心8号楼40层	530219	—
中铁交通高速公路实业发展分公司	广西壮族自治区南宁市良庆区凯旋路15号绿地中心8号楼41层	530219	—
山西静兴高速公路有限公司、兴县北山过境公路建设有限公司（山西静兴高速公路项目工程指挥部、兴县北山过境公路项目工程指挥部）	山西省吕梁市岚县东村镇赵朝舍村静兴高速公路岚县收费站	035200	—
太原西北二环高速公路发展有限公司（中铁交通山西太原西北二环工程指挥部）	山西省太原市迎泽区双塔北路永祚西街2号	030000	—
中铁交通投资集团有限公司黎霍高速项目部	山西省临汾市古县延庆西街初扬教育4层	042400	—
中铁交通投资集团有限公司昔榆高速公路项目工程指挥部	山西省晋中市榆次区中都路与蕴华街交叉口中国中铁	030600	—
二十二			
中铁开发投资集团有限公司	**云南省昆明市呈贡区联大街中铁昆明大厦**	650501	0871-64871889
中国中铁滇中引水总指挥部	云南省昆明市呈贡区联大街中铁昆明大厦	650501	15686151296
中铁重庆投资发展有限公司	重庆市渝北区回兴街道服装城大道绣峰B8栋19层	401120	18302316852
中铁湖北建设投资有限公司	湖北省武汉市洪山区宝通寺路8号百瑞景五期东区7号楼2层	430070	027-87775876
中铁云南建设投资有限公司	云南省昆明市呈贡区联大街中铁昆明大厦33层	650501	13529204043
中铁惠信股权投资基金管理有限公司	云南省昆明市呈贡区联大街中铁昆明大厦	650501	13769103001
昆明中铁总部大厦项目建设管理有限公司	云南省昆明市呈贡区联大街中铁昆明大厦	650501	13888455240
中铁开发投资有限公司云南分公司	云南省昆明市呈贡区联大街中铁昆明大厦	650501	1352924043
中铁开发投资有限公司贵州分公司	贵州省贵阳市观山湖区腾想迈德国际A2栋17层	550022	18271571678
中铁开发投资有限公司湖北分公司	湖北省武汉市武昌区徐东大街6号汇通新长江中心A座19层	430070	13720110350

续表

单位名称	地址	邮编	电话
中铁开发投资有限公司重庆分公司	重庆市渝北区回兴街道服装城大道绣峰B8栋19层	401120	18302316852
昆明东格高速公路开发投资有限公司	云南省昆明市东川区铜都街道新建村汤丹收费站管理中心	654100	15288465687
昆明轨道交通经理部	云南省昆明市呈贡区联大街中铁昆明大厦	650501	18208756080
昆明寻沾高速公路发展有限公司	云南省昆明市寻甸回族彝族自治县仁德街道办月秀路昆明寻沾高速公路发展有限公司	655200	13888796140
昆明轨道交通四号线土建项目建设管理有限公司	云南省昆明市云景路中段电子信息产业园10栋	650500	15288174624
贵州瓮开高速公路发展有限公司	贵州省贵阳市开阳县冯三镇瓮开高速运营管理中心	550400	15286223617
贵州遵余高速公路发展有限公司	贵州省遵义市播州区团溪镇长安运营中心	563100	18314347465
武汉中铁武九北综合管廊建设运营有限公司	湖北省武汉市武昌区徐东大街6号汇通新长江A座19层	430061	18208756080
贵州威围高速公路发展有限公司	贵州省毕节市威宁县金斗镇金斗收费站	553100	18786051423
中铁重庆轨道交通投资发展有限公司	重庆市渝北区回兴服装城大道48号绣峰写字楼B8栋18层	401120	18996818128
中铁重庆地铁投资发展有限公司	重庆市渝北区回兴服装城大道48号绣峰写字楼B8栋18层	401120	13808039881
中铁重庆投资发展有限公司重庆高速公路建设指挥部	重庆市渝北区回兴服装城大道48号绣峰写字楼B8栋18层	401120	13883296957
云南昆倘高速公路发展有限公司	云南省昆明市五华区西翥街道办事处沙靠村云南昆中透水砖厂水泥制品厂旁	650032	15288465687
贵阳轨道交通三号线一期工程建设管理有限公司	贵阳市观山湖区龙滩坝路迈德国际A2栋17-19层	550009	15887046156
贵阳市城市综合管廊建设管理有限公司	贵阳市观山湖区二铺十三公里中铁二局项目部	550009	13984091288
中铁开投云南普高指挥部	云南省红河州蒙自市吉庆路68号	661100	18084847097
中铁开发投资集团有限公司贵州金仁桐高速公路工程指挥部	贵州省遵义市新蒲新区奥体路88号千禧大酒店创元写字楼19层	563000	13508518466
中铁开发投资集团有限公司贵州桐新高速公路工程指挥部	贵州省遵义市新蒲新区奥体路88号千禧大酒店创元写字楼19层	563000	13508518466
中铁开投贵州安盘、贵安高速工程指挥部	贵州省安顺市西秀区黄果树大街西段168号	561000	18585030581
重庆仙女山绿碳景区建设发展有限公司	重庆市武隆区芙蓉东路5号荣融大厦9层	408500	15288211107
云南玉楚高速项目公司	云南省楚雄州双柏县妥甸镇玉楚高速管理中心	675100	13808039881
中铁开投宜昌指挥部	湖北省宜昌市西陵区美岸观邸1号楼18层	443000	16636132357
中铁开投武汉轨道交通12号线工程指挥部	湖北省武汉市武昌区徐东大街6号汇通新长江A座19层	430063	18062570118
二十三			
中铁城市发展投资集团有限公司	**四川省成都市天府新区宁波路东段377号中铁卓越中心32楼**	610000	028-80518289 028-80518200
成都轨道交通指挥部	四川省成都市天府新区宁波路东段377号中铁卓越中心9层	610000	028-82366219

续表

单位名称	地址	邮编	电话
成都分公司	四川省成都市天府新区宁波路东段 377 号中铁卓越中心 4-6 层	610000	028-80518676
成都中铁天圆房地产有限公司	四川省成都市天府新区宁波路东段 377 号中铁卓越中心裙楼 5 层	610218	028-80256153
四川分公司	四川省成都市天府新区宁波路东段 377 号中铁卓越中心 4 层	610000	028-63022015
中铁新丝路建设投资管理有限公司	陕西省西安市未央区浐灞商务中心三期 16 层	710000	029-83539285
甘肃分公司	甘肃省兰州市城关区飞雁街 118 号隆星大厦 G 座 4 层	730070	13358221573
宁夏分公司	宁夏回族自治区银川市金凤区新丝路 8 号烟草大厦 17 层	750001	13880663320
青海分公司	青海省西宁市城东金汇路 33 号 2 号楼 111 室、112 室	810000	0971-8140798
新疆分公司	新疆维吾尔自治区乌鲁木齐市新市区石油新村街道西环北路 2219 号石油新村小区中铁城投办公楼	830011	0991-5263206
西藏分公司	西藏自治区拉萨市堆龙德庆区柳梧新区国际总部城 5 栋 3 单元 5 层 1 号	850000	18380106672
中铁宜宾投资建设有限公司	四川省宜宾市叙州区南岸龙湾路 4 号金沙江宾馆贵宾楼	644000	0831-3691702
川西南分公司	四川省凉山彝族自治州西昌市春栖大道 37 号高视家园 61 号楼 15-16 层	615000	0834-8889988
二十四			
中铁(上海)投资集团有限公司	上海市闵行区七莘路 1399 号中铁大厦	200126	021-60370300
中铁发展投资有限公司	山东省青岛市市北区镇海路 32 号凯景广场 7 号楼	266000	0532-85666670
山西区域指挥部	山西省太原市小店区龙城大街 93 号人民日报社山西分社	030006	—
浙江区域经营指挥部中铁浙江投资发展有限公司	浙江省杭州市萧山区宁围镇江宁大厦 A 座 12 楼	311215	—
安徽区域经营指挥部中铁安徽投资发展有限公司	安徽省合肥市包河区金谷产业园 B52 栋	230051	—
江苏区域经营指挥部中铁投江苏分公司	江苏省南京市秦淮区江宁路 5 号南京无为文化创意园 A 座	210000	—
淮海区域经营指挥部	江苏省徐州市泉山区苏山街道苏丁路 A-2 号淮海国际路港	221000	—
上海区域经营指挥部	上海市普陀区丹巴路 99 号苏宁天御 C1 栋	200333	—
河南区域经营指挥部	河南省郑州市经开区朝凤路启明路交叉口经开投发大厦 2 楼	450016	—
上海联铁置业发展有限公司	上海市闵行区莘松路 380 号 409 室	201199	—
上海莘园置业发展有限公司	上海市闵行区莘松路 380 号 409 室	201199	—
中铁(上海)城市规划咨询有限公司	上海市浦东新区国耀路 209 号鲁能国际中心 C 座 5 楼	200126	—
安徽省中海外投资建设有限公司	安徽省安庆市皖江大道 161 号	246000	—
中铁上投北京分公司	北京市丰台区广安路 15 号中铁咨询大厦	100073	—
中国中铁股份有限公司上海工程指挥部	上海市普陀区丹巴路 99 号苏宁天御 C1 栋	200333	—
二十五			
中国铁工投资建设集团有限公司	北京市顺义区临空经济核心区融慧园 6 号楼 3-149	101300	010-21722127
中铁市政环境建设有限公司	上海市普陀区武威路 88 弄 3 号	200331	021-66118180

续表

单位名称	地址	邮编	电话
中铁水务集团有限公司	陕西省西安市西咸新区沣西新城尚业路1309号总部经济园3号楼301室	712000	029-85876871
中国铁工投资建设集团有限公司城市建设分公司	北京市大兴区经济开发区科苑路9号3号楼2层S3208室	100176	010-83326338
中铁铁工城市建设有限公司	山东省济南市高新区草山岭南路975号A座306-308室	250000	0531-58256998
中国铁工投资建设集团有限公司山东分公司	山东省泰安市泰山区泰前街道办事处中南世纪锦城三期17号楼	271000	—
中铁（泰安）环境治理有限公司	山东省泰安市泰山区泰前街道碧霞大街26号	271000	—
山东铁工公用投资运营管理有限公司	山东省济宁市任城区车站西路567号运河壹号食汇城8楼816室	272000	—
唐山云之苑综合管理服务有限公司	河北省唐山市开平区唐古路209号	063021	—
石家庄云际生态保护管理服务有限公司	河北省石家庄市新华区水源街16号	050057	—
邯郸云际智慧水网管理服务有限公司	河北省邯郸市魏县魏城镇魏祠公园东行300米步行街1号	056899	—
中国铁工投资建设集团有限公司南京分公司	江苏省南京市六合区龙袍街道长江社区洲滩路	211513	025-57615920
苏州吴江铁工投资发展有限公司	江苏省苏州市吴江区盛泽镇市场中路1788号新鹏大厦107-207	215228	—
南阳铁工众益城市投资发展有限公司	河南省南阳市卧龙区卧龙岗街道卧龙路与车站路路口交叉口西南角卧龙岗街道办事处4楼401室	473000	—
武汉新沙北岸生态环境工程有限公司	湖北省武汉市武昌区徐家棚街团结路16号东原锦悦6栋24层1号	430062	—
鹰潭铁工环境建设投资有限公司	江西省鹰潭市信江新区滨江东路3号龙腾滨江20号楼01单元商铺20-17号至20-27号	335000	—
二十六			
中铁（广州）投资发展有限公司	**广东省广州市海珠区阅江中路832号保利发展广场5-6层**	**510335**	**—**
中铁（广州）投资发展有限公司物资分公司	广东省广州市海珠区宸悦路26号保利叁悦广场B塔708	510335	—
二十七			
中铁二院工程集团有限责任公司	**四川省成都市通锦路3号**	**610031**	**028-87668866**
中铁二院成都勘察设计研究院有限责任公司	四川省成都市火车北站西二巷4号	610081	028-86437317
中国中铁二院昆明勘察设计研究院有限责任公司	云南省昆明市官渡区春城路福德立交桥西北角	650200	0871-3538675
中铁二院重庆勘察设计研究院有限责任公司	重庆市北部新区昆仑大道46号	400023	023-88319088
中铁二院贵阳勘察设计研究院有限责任公司	贵州省贵阳市宝山南路268号	550002	0851-5930387

续表

单位名称	地址	邮编	电话
中铁二院华东勘察设计有限责任公司	浙江省杭州市江干区三里亭路57号	310004	0571-87249976
中铁二院（成都）建设发展有限责任公司	四川省成都市沙湾东一路新二号	610031	028-87700060
中铁二院（成都）置业开发有限责任公司	四川省成都市通锦路3号	610031	028-87664929
中铁二院（成都）工程咨询有限责任公司	四川省成都市通锦路3号	610031	028-86445807
中铁二院（成都）咨询监理有限责任公司	四川省成都市金牛区天回镇金凤凰大道666号中铁轨道产业园	610083	028-68937195
中铁二院成都工程检测有限责任公司	四川省成都市通锦路3号	610031	028-86446477
四川中铁二院环保科技有限公司	四川省成都市金牛区万石路中铁产业园	610083	028-86445251
四川旷谷信息工程有限公司	四川省成都市通锦路3号	610031	028-68937037
四川迈铁龙科技有限公司	四川省成都市通锦路3号	610031	028-86446512
四川艾德瑞电气有限公司	四川省成都市通锦路3号	610031	028-86446707
四川铁拓科技有限公司	四川省成都天回镇金凤凰大道666号中铁产业园	610083	028-69665820
中铁二院海南勘察设计有限公司	海南省海口市金贸中路1号半山花园海天商务楼2878室	570125	0898-68508316
中铁二院成都物业服务有限公司	四川省成都市天回镇金凤凰大道666号中铁产业园	610083	028-68937079
中铁二院工程集团有限责任公司南宁勘察设计研究院	广西壮族自治区南宁市民族大道88-1号铭湖经典大厦21层	530022	0771-2264040
中铁二院北方勘察设计有限责任公司	山东省济南市市中区顺河东街66号	250012	0531-66686168
中铁二院海南投资建设有限公司	海南省陵水县建设路380号	572400	028-86445951
四川瑞云信通科技有限公司	四川省成都市金牛区金凤凰大道99号	610081	028-86446386
二十八			
中铁第六勘察设计院集团有限公司	**天津市空港经济区中环西路36号**	300308	022-58670629
中铁电气化勘测设计研究院有限公司	天津市河东区江都路33号	300250	022-24340602
中铁隧道勘测设计院有限公司	天津市红桥区河北大街1号	300133	022-27353577
中铁通信信号勘测设计院有限公司	北京市丰台区金家村1号院13号楼312室	100036	010-51872123
中铁西安勘察设计研究院有限责任公司	陕西省西安市碑林区友谊东路30号	710054	029-82321727
中铁合肥建筑市政工程设计研究院有限公司	安徽省合肥市瑶海区濉溪路8号设计大厦	230041	0551-65602501
中铁路安工程咨询有限公司	天津市河东区江都路33号	300250	022-58583528
中铁第六勘察设计院集团（天津）检测试验技术有限公司	天津市自贸试验区（空港经济区）中环西路36号306室	300308	022-27330560

续表

单位名称	地址	邮编	电话
中铁六院集团（天津）工程设计审查咨询有限公司	天津市自贸试验区（空港经济区）中环西路36号114室	300308	022-58670582
二十九			
中铁工程设计咨询集团有限公司	北京市丰台区广安路15号	100055	010-51835097
北京中铁诚业工程建设监理有限公司	北京市丰台区航丰路13号崇新大厦2号楼4056	100070	010-51835210
中铁济南工程建设监理有限公司	山东省济南市槐荫区经十路25666号	250022	0531-82439793
中铁济南工程技术有限公司	山东省济南市槐荫区经十路25666号	250022	0531-82420756
中铁山西建设工程有限公司	山西省太原市杏花岭区建设北路262号	030013	0351-2622885
中铁咨询集团北京工程检测有限公司	北京市丰台区广安路15号	100055	010-51832177
北京铁专院工程咨询有限公司	北京市丰台区广安路15号	100055	010-52696363
中铁设计集团渤海交通设计研究有限公司	山东省潍坊市奎文区健康东街13600号世博国际22层	261043	—
中铁咨询集团北京建筑规划设计有限公司	北京市丰台区莲花池南里26号中铁国资大厦A座8层	100055	010-52686538
中铁轨道交通设计研究有限公司	安徽省芜湖市芜湖经济技术开发区汽经一路5号3-023	241000	0553-7527920
中铁旸谷（北京）智慧科技产业有限公司	北京市丰台区外环西路26号院20号楼1-4层	100071	010-52696333
国铁建设管理有限公司	北京市海淀区西三环北路100号2层1-5-226	100048	010-52177928
中铁设计济南设计院	山东省济南市槐荫区经十路25666号	250022	0531-82420756
中铁设计郑州设计院	河南省郑州市高新区莲花街60号	450000	0371-68327267
中铁设计太原设计院	山西省太原市杏花岭区建设北路262号	030013	0351-2622885
三十			
中铁大桥勘测设计院集团有限公司	湖北省武汉市经济技术开发区博学路8号	430101	027-84846738
中铁武汉大桥工程咨询监理有限公司	湖北省武汉市汉阳区汉阳大道34号	430050	027-84836754
中铁武汉勘察设计院有限公司	湖北省武汉市东湖新技术开发区光谷软件园E5栋	430074	027-51161672
中铁桥隧技术有限公司	江苏省南京市江北新区磐能路8号	210031	025-58744609
中铁时代建筑设计院有限公司	安徽省芜湖市鸠江区国泰路8号	241060	0553-5855620
中铁城市规划设计研究院有限公司	安徽省芜湖市鸠江区国泰路8号	241060	0553-3833832
芜湖市建筑工程施工图设计文件审查中心有限公司	安徽省芜湖市联盛广场2号楼14层6422室	241000	0553-3112723
中铁大桥勘测设计院集团武汉检测技术有限公司	湖北省武汉市汉阳区汉阳大道34号第5栋	430050	—
中铁大桥勘测设计院集团有限公司武汉分公司	湖北省武汉市东湖新技术开发区光谷软件园E5栋	430074	—

续表

单位名称	地址	邮编	电话
中铁大桥勘测设计院集团有限公司华东分公司	江苏省南京市浦口区浦东北路 5 号总部商务广场 10 栋	210031	—
中铁大桥勘测设计院集团有限公司郑州分公司	河南省郑州市康复前街 55 号	450052	—
中铁大桥勘测设计院集团有限公司安徽分公司	安徽省芜湖市鸠江区北京中路芜湖广告产业园内酒店公寓楼十一层 1102 室	241001	—
中铁大桥勘测设计院集团有限公司重庆分公司	重庆市江北区港城东环路 6 号 1 幢 5-1	408409	—
中铁大桥勘测设计院集团有限公司成都分公司	四川省成都市青羊区金瓯路 79 号 1 层	610074	—
中铁大桥勘测设计院集团有限公司加纳分公司	—	—	—
中铁大桥勘测设计院集团有限公司澳门分公司	澳门南湾大马路 619 号时代商业中心 1211 室	999078	—
中铁大桥勘测设计院集团有限公司华南分公司	广东省广州市番禺区新造镇智港大街 15 号	511436	020-84881885
中铁大桥勘测设计院集团有限公司深圳分公司	—	—	—
三十一			
中铁科学研究院有限公司	四川省成都市金牛区西月城街 118 号	610031	028-86119790
中铁西南科学研究院有限公司	四川省成都市高新西区古楠街 97 号	611731	028-67582907
中铁西北科学研究院有限公司	甘肃省兰州市城关区民主东路 365 号	730030	0931-4934554
四川铁科建设监理有限公司	四川省成都市高新西区古楠街 97 号	611731	028-67580070
甘肃铁科建设工程咨询有限公司	甘肃省兰州市城关区民主东路 365 号	730030	0931-4934594
中铁成都科学技术研究院有限公司	四川省成都市天府新区万安街道万安路西段 191 号	610000	028-67580083
中铁科学研究院有限公司设计院	四川省成都市高新西区古楠街 97 号	611731	028-67580096
中铁科学研究院有限公司工程公司	四川省成都市高新西区古楠街 97 号	611731	028-67580189
中铁科学研究院有限公司成都分公司	四川省成都市高新西区古楠街 97 号	611731	028-67580176
三十二			
中铁华铁工程设计集团有限公司	北京市丰台区丰台北路 36 号中铁华铁大厦	100071	010-63319661
铁路工程监理公司（含北京华铁工程管理有限公司）	北京市丰台区丰台北路 36 号 中铁华铁大厦	100071	010-83897531
城市轨道交通监理公司（含沈阳分公司）	北京市丰台区丰台北路 36 号中铁华铁大厦	100071	010-83897615
工业设计院	北京市丰台区丰台北路 36 号中铁华铁大厦	100071	010-83802294
北京设计院	北京市丰台区丰台北路 36 号中铁华铁大厦	100071	010-83897506

续表

单位名称	地址	邮编	电话
轨道交通设计院	北京市丰台区丰台北路 36 号中铁华铁大厦	100071	010-83897377
城建规划设计院	北京市丰台区丰台北路 36 号中铁华铁大厦	100071	010-83897528
勘察设计院	北京市朝阳区青年路姚家园甲 110 号	100038	010-85520503
上海设计院	上海市宝山区环镇南路 522 号 A 座 3 楼	200436	021-56551210
苏州设计院	江苏省苏州市高新区狮山路 28 号高新广场 28F	215011	0512-68415880
深圳设计院	广东省深圳市福田区泰然八路 25 号水松大厦 12A-B	518042	0755-83812325
上海华铁工程咨询有限公司（上海分公司）	上海市静安区延长中路 625 号 3 号楼 203 室	200072	021-56972292
广州分公司	广东省广州市番禺区迎宾路五洲城 C 座 3010 室	511430	020-34112255
北京颐和工程监理有限责任公司（海南分公司）	北京市海淀区北四环西路 87 号院	100195	010-88856175
北京华铁燕丰物业管理有限公司	北京市丰台区丰台北路 36 号中铁华铁大厦	100071	010-83897650
三十三			
中铁长江交通设计集团有限公司	重庆市渝北区财富大道 17 号 财富 2 号 C 栋	401121	023-63084666
重庆市综合交通运输研究所有限公司	重庆市渝北区财富大道 17 号 财富 2 号 C 栋 6 层	401121	023-63080076
重庆市交通工程质量检测有限公司	重庆市北碚区瑞和路 61 号	400700	023-86318880
重庆市知朗咨询有限责任公司	重庆市渝北区财富大道 17 号 财富 2 号 A 栋 8 层	401121	023-63073278
三十四			
中铁水利水电规划设计集团有限公司	江西省南昌市青山湖区北京东路 1038 号博士后楼 9-17 层	330029	0791-87357100
江西武大扬帆科技有限公司	江西省南昌市北京东路 1038 号设计五号楼	330029	0791-88165335
江西省赣鄱岩土工程建设有限公司	江西省南昌市北京东路 1038 号设计二号楼 2 层	330029	0791-87356135
江西润泽检测有限公司	江西省南昌市青山湖区北京东路 1038 号设计 1 号楼 4 层	330029	0791-87357147
江西省建洪水利咨询有限公司	江西省南昌市北京东路 1038 号设计 2 号楼 3 层	330029	0791-87357112
三十五			
中铁国际集团有限公司	北京海淀区复兴路 69 号华熙 LIVE 中心 C 座 2-5 层	100039	010-51880888
川铁国际经济技术合作有限公司	四川省成都市金牛区金府路 88 号万通金融广场 15-18 层	610036	028-68761001
南美分公司	Avenida Montenegro esquina Calle 22 Barrio Cala Coto, "Edificio Centro Empresarial" Nº 8232-Piso 3 Oficina 301 La Paz Bolivia	999158	591-2-2795791
南部非洲公司	2nd Floor, Building 1, Parc Nicol Office Park, 3001 William Nicol Drive, Bryanston, Sandton, Johannesburg, South Africa, 2191 PO Box1507, Cramerview 2060, South Africa	2191	0027-117068991
亚洲分公司	12th Floor, Concord Bilkis Tower, 40/6, North Avenue (Madani Road), Gulshan-2, Dhaka-1212, Bangladesh	1212	—

续表

单位名称	地址	邮编	电话
安哥拉分公司	Rua S/N, Bairro Kinguela Norte (próximo ao Instituto Superior de Ciências Policiais), Benfica, Luanda	999104	028-68761611 00244-943066033
中国中铁印尼有限责任公司	Menara Sunlife Lantai 21 Unit E&G, Jl.Dr. Ide Anak Agung Gde Agung, Mega Kuningan, Kuningan Timur, Jakarta Selatan	12950	62-2125981554
香港有限公司	Unit 1201-1203, 12/F, APEC Plaza, 49 Hoi Yuen Rd, Kwun Tong, KL, Hong Kong SAR	—	852-21913800 852-21913553
北京建设分公司	北京市丰台区莲花池南里26号中铁工程大厦A座4层	100055	010-63387100
商贸有限公司	北京市门头沟区石龙东路3号兵器大厦5层	102308	010-69804238
中东分公司	Office C, 8th floor, Prestige Tower 17, 79th Street, Mohamed Bin Zayed City, Abu Dhabi, UAE	999041	00971-501788623
巴基斯坦ML1铁路项目筹备组	北京市海淀区复兴路华熙LIVE中心C座	100039	—
缅甸代表处	No.2101, Block 5, Golden City Yankin Township, Yangon, Myanmar	11181	—
三十六			
中国海外工程有限责任公司	北京市海淀区紫竹院路1号7号楼中海外大厦	100048	010-88566601
中成博茨瓦纳有限责任公司	Plot 1385, Mogoditshane.Gaborone	999106	267-3902918
中国海外工程赞比亚公司	20B LEOPARDS HILL RD, LUSAKA, Zambia	999134	260-972700679
中国海外工程有限责任公司南非有限责任公司	Curzon Place, Turnberry Office Park, 48 Grosvenor Road, Bryanston, Johannesburg, South Africa	999136	—
中国海外工程东帝汶有限责任公司	RUA, PRESIDENTE NICOLAU LOBATO AITARAK LARAN, CAMPO ALOR, DILI, TIMOR-LESTER	—	670-73368566
中国海外工程巴布亚新几内亚公司	Section 9, Lot 12, Boroko, NCD, Port Moresby, Papua New Guinea	999031	675-72977413
中海外工程有限责任公司东帝汶分公司	RUA, PRESIDENTE NICOLAU LOBATO AITARAK LARAN, CAMPO ALOR, DILI, TIMOR-LESTER	—	670-73368566 670-74232727
马里纺织股份有限公司	Route de Markala BP52-Segou	999053	—
中海外—中铁上海局所罗门联营体公司	Gold Ridge Mine Site, Central Guadalcanal, Solomon Island	999179	—
中国海外工程马里股份公司	BPE2991, Badalabougou, Bamako, Mali	999053	223-66757471
科中制药公司	13 Bis, Zone Industrielle Yopougon-08 B.P.49 CIDEX 2 Abidjan 08- CÔTE D'IVOIRE	999063	225-69261677
中国海外工程科特迪瓦股份公司	06 B.P.347 ABIDJAN 06, ZONE INDUSTRIELLE YOPOUGON ABIDJAN COTE D'IVOIRE	999063	225-87723159
中国海外工程有限责任公司毛里塔尼亚分公司	COVEC-MAURITANIE, LOT95, ZONE INDUSTRIELLE DU KSAR, BP7789, NOUAKCHOTT, REPUBLIQUE ISLAMIQUE DE MAURITANIE	999121	222-47790002
中国海外工程有限责任公司刚果（金）分公司	NO.213 AVENUE DREY PONT, COMMUNENGANIEMA, KINSHASA/RDC	999059	243-854598204
中国海外工程有限责任公司波兰分公司	ul.Rotmistrzowska 41/6 02-951 Warszawa	999038	48-731376808

续表

单位名称	地址	邮编	电话
中国海外工程有限责任公司肯尼亚分公司	No.1 Kwarara Rd（off Ndege Road），Karen，Nairobi	999070	—
中国海外工程有限责任公司摩洛哥分公司	Lotissement la colline.n°94，Sidi maarouf，Casablanca Maroc	999055	—
中国海外工程有限责任公司斯里兰卡分公司	No.15/1&15/1A，Alfred House Gardens，Colombo 3 / No.10，Gregory's Road，Colombo 7	999011	—
中国海外工程有限责任公司尼泊尔分公司	House No.7，Saraswoti Tole，Panchakanya，Baluwatar-4，Kathmandu Nepal	999098	977-9860669097
中国海外工程有限责任公司莫桑比克分公司	Mozambique，Maputo Cidade DISTRITO URBANO 1，Bairro de Sommerschield，Rua Joseph K-Zembo，No.109	999068	254-715221050
中国中铁股份有限公司澳大利亚分公司	L 3A 1-7 BLIGH ST，SYDNEY NSW 2000，AUSTRALIA	—	61-423509317
中国中铁伊斯坦布尔分公司	NO：0 BEYKOZ，iSTANBUL，TURKEY	—	90-2123318500
中国中铁刚果（金）基础设施建设项目管理分公司	9 AV. KUMBANA，C/NGALIEMA，REPUBLIQUE DEMOCRATIQUE DU CONGO	—	243-0891422752
中海外加蓬公司	libreville B.P.9445 libreville/gabon	999065	86-13810158657
中海外赤道几内亚公司	Domicilio：bome bata Calle：bomebata num：S/N	999115	86-13810158657
中国海外工程有限责任公司秘鲁分公司	Av. República de Panamá 3030，San Isidro，Lima，Perú	15047	51-965363184
北京富晨海经贸集运有限责任公司	北京市海淀区紫竹院路 1 号 7 号楼 511 室	100048	010-88566767
三十七			
中国中铁股份有限公司国际工程分公司	北京市海淀区复兴路 69 号中铁广场 C 座 3-4 层	100039	010-51877621
三十八			
中铁高新工业股份有限公司	北京市丰台区南四环西路诺德中心 11 号楼	100070	010-63726706
中铁山桥集团有限公司	河北省秦皇岛市山海关区南海西路 35 号	066200	0335-7940032
中铁宝桥集团有限公司	陕西省宝鸡市渭滨区清姜路 80 号	721006	0917-3351818
中铁科工集团有限公司	湖北省武汉市洪山区徐东大街 45 号中铁科技大厦	430070	027-88772985
中铁工程装备集团有限公司	河南省郑州市经济技术开发区第六大街 99 号	450016	0371-60608800
中铁九桥工程有限公司	江西省九江市浔阳区滨江东路 148 号	332000	0792-7028519
中铁工程服务有限公司	四川省成都市金牛区高科技产业园金凤凰大道 666 号中铁产业园 A-11 栋 2 单元	610083	028-83325371
中铁环境科技工程有限公司	湖南长沙市岳麓区先导路恒伟湘江时代 A1 栋 20 楼	410006	0731-85456888
中铁重工有限公司	湖北省武汉市洪山区北洋桥西路 38 号	430063	027-51150820
中铁合肥新型交通产业投资有限公司	安徽省合肥市肥东县店埠镇瑶岗路与北张路交叉口深燃大厦 9 楼	231699	0551-678967777
中铁高新工业股份有限公司北京分公司	北京市丰台区南四环西路诺德中心 11 号楼	100070	—
中铁高新工业股份有限公司西南分公司	四川省成都市天府新区宁波路 377 号中铁卓越中心 1 栋裙楼 3 层 307	610213	—

续表

单位名称	地址	邮编	电话
三十九			
中铁置业集团有限公司	北京市丰台区汽车博物馆南路3号院北京中铁大厦A座	100160	010-83925798
沈阳中铁盛丰置业有限公司	辽宁省沈阳市于洪区松山西路160-1号	110148	024-62525500
中铁置业集团北京有限公司	北京市门头沟区永定镇玉带东二街163号中铁西城大厦19层	102300	010-61828582
中铁置业集团山东有限公司	山东省青岛市黄岛区滨海大道7977号	266071	0532-68007777
中铁置业集团西安有限公司	陕西省西安市高新区丈八一路10号	710075	029-88199798
中铁置业集团上海有限公司	上海市静安区江场西路299弄2号	200436	021-56651118
中铁置业集团中南有限公司	湖北省武汉市武昌区徐家棚匠心城19楼	430000	027-88735559
中铁置业（广州）有限公司	广东省广州市白云区江高镇广花三路中铁诺德云城项目工地	510450	0755-88267777
中铁文化旅游投资集团有限公司	贵州省龙里县中铁国际生态城白晶谷5组团	551200	0851-85195888
中铁置业集团贵州有限公司	贵州省贵阳市观山湖区观山西路200号	550081	0851-87991111
中铁置业集团上海投资发展有限公司	上海市静安区永和路318弄5号	200072	021-36562888
北京市安丰工程项目管理有限公司	北京市丰台区汽车博物馆南路3号院北京中铁大厦D座8-9层	100160	010-21722168
北京中铁慧生活科技服务有限公司	北京市丰台区汽车博物馆南路3号院北京中铁大厦东配楼4层	100160	010-83759923
中铁城市运营管理有限公司	北京市丰台区汽车博物馆南路3号院北京中铁大厦A座	100160	010-83925664
中铁会展有限公司	北京市丰台区汽车博物馆南路3号院北京中铁大厦A座403	100071	010-83925786
中铁置业集团河北雄安有限公司	河北省保定市容城县容信路2号茂丰产业园内A座3层	071700	0312-5626506
厦门中铁诺德置业有限公司	福建省厦门市同安区银湖西路358号503室	361199	0592-3781958
四十			
中铁资源集团有限公司	北京市海淀区西四环中路16号院中铁资源大厦	100039	010-88213080
华刚矿业股份有限公司	刚果（金）总部：Quartier Kapata, Commune Dilala, Ville de Kolwezi, Province du Lualaba, RDCongo 刚果（金）卢阿拉巴省科卢韦齐市迪拉拉区卡巴达社区 北京代表处：北京市海淀区西四环中路16号院中铁资源大厦6-7层	100039	010-88612000
MKM矿业简化股份有限公司	Kalumbwe Myunga, Territoire de Lubudi, Ville de Kolwezi, Province du Lualaba, RDCongo 刚果（金）卢阿拉巴省科卢韦齐市城乡区噶隆布维·姆雍嘎	—	243-811739891
绿纱矿业简化股份有限公司	N°70/68 de L'Avenue Tshiniama au Quartier Golf, Commune de Lubumbashi à Lubumbashi, Province de Haut-Katanga, RDCongo 刚果（金）上加丹加省卢本巴希市卢本巴希区高尔夫小区Tshiniama街70/68号	—	243-840948267
中刚基础设施建设股份有限公司	N°38612, Avenue UTEX, Quartier Basoko（CONCESSION UTEXAFRICA), Ngaliema, Kinshasa, RDCongo 刚果（金）金沙萨恩加利埃马区BASOKO居住区（UTEXAFRICA租界）UTEX街38612号	—	243-0904433837
中刚工程建设股份有限公司	N°2, Avenue Femme Congolaise, Quartier Mutoshi, Commune Manika, Ville de Kolwezi, Province du Lualaba, RDCongo 刚果（金）卢阿拉巴省科卢韦齐市玛尼卡区姆投希街区刚果妇女大街2号	—	243-822520773

续表

单位名称	地址	邮编	电话
新鑫有限责任公司	Монгол улсын Дорнод аймагийн Дашбалбар сум 1-р баг Шинь Шинь ХХК нь Улааны Орд 蒙古国东方省达西县第一村中铁资源新鑫公司乌兰矿	—	976-86685556
伊春鹿鸣矿业有限公司	黑龙江省铁力市铁力林业局鹿鸣林场伊春鹿鸣矿业有限公司	152500	0458-6189065
中铁资源集团有限公司商贸分公司	北京市丰台区南四环西路128号院1号楼东配6层	100070	010-57512912
北京兴源诚经贸发展有限公司中铁资源国际物流（北京）有限公司	北京市丰台区汽车博物馆南路北京中铁大厦B座11层	100161	010-83773001
中铁资源勘察设计有限公司	河北省廊坊市广阳区廊万路9号	065000	0316-5212305
中铁资源集团金港矿业管理有限公司	北京市海淀区西四环中路16号院中铁资源大厦11层	100039	010-88212973
中铁资源集团北京技术咨询分公司	北京市丰台区汽车博物馆南路3号院北京中铁大厦B座8层	100070	010-63725586
青海热贡文化保护与开发有限公司	青海省黄南州尖扎县坎布拉镇	811999	0973-7702105
中国中铁（香港）有限公司	香港新界大埔区黄宜坳6号屋	999077	852-51276540
四十一			
中铁信托有限责任公司	四川省成都市武侯区航空路1号国航世纪中心B座23层	610000	028-82570957
宝盈基金管理有限公司	广东省深圳市福田区深圳特区报业大厦第15层	518000	0755-83276688
四十二			
中铁财务有限责任公司	北京市海淀区复兴路69号中国中铁大厦C座5层	100039	010-51952345 010-51952323
四十三			
中铁资本有限公司	北京市海淀区复兴路69号华熙Live中心C座6层、8-9层	100039	010-59898500
中铁金控融资租赁有限公司	北京市海淀区西翠路17号院24号楼2层	100039	010-88213303
中铁汇达保险经纪有限公司	北京市海淀区西翠路17号院24号楼5层502室	100039	010-51191512
中铁商业保理有限公司	北京市海淀区复兴路69号华熙LIVE中心C座7层	100039	010-59871699
中国中铁香港投资有限公司	北京市海淀区复兴路69号华熙Live中心C座6层	100039	010-59898626
四十四			
中铁物贸集团有限公司	北京市门头沟区永定镇玉带东二街163号	102308	010-61829816
深圳有限公司	广东省深圳市前海深港合作区南山街道桂湾五路128号前海深港基金小镇对冲基金中心510	518000	0755-36658162
昆明有限公司	云南省昆明市呈贡区彩云南路中铁大厦	650100	0871-65948954
上海有限公司	上海市闵行区园文路28号502室	200062	021-32514890
武汉有限公司	湖北省武汉市武昌区和平大道728号三角路水岸国际2号楼27层1-8号	430000	027-88225889
西安有限公司	陕西省西安市经济技术开发区草滩生态产业园草滩十路1155号	710000	029-87866181
北京有限公司	北京市门头沟区玉带东二街163号11层1103室	100160	010-52604579
海南有限公司	海南省海口市秀英区西秀镇秀华路3号办公楼附楼903号	518000	18148513912

续表

单位名称	地址	邮编	电话
鲁班（北京）电子商务科技有限公司	北京市门头沟区莲石湖西路98号院7号楼306室6238房间	102308	010-63462811
中石油铁工油品销售有限公司	北京市门头沟区石龙经济开发区平安路7号	102308	010-59089109
鲁班工业品（天津）有限公司	天津自贸试验区（东疆保税港区）西昌道200号铭海中心2号楼-5、6-310	300450	022-58808919
集物（北京）科技有限公司	北京市朝阳区望京东园四区6号楼11层1101号05	—	—
上海亚太国际商品交易服务有限公司	上海市浦东新区世纪大道201号渣打银行9层	200120	—
成都分公司	四川省成都市金牛区金凤凰大道99号中铁产业园A5栋7层	610083	028-83381936
沈阳分公司	辽宁省沈阳市和平区南堤西路901号中海国际中心B座17层	110000	024-22552859
轨道集成分公司	北京市丰台区汽车博物馆南路3号院北京中铁大厦东配楼3层、5-6层	100160	010-63386193
能源有限公司	北京市密云区密三路1号	—	—
四十五			
中铁云网信息科技有限公司	北京市海淀复兴路69号中铁广场C座8层	100039	010-51836500
四十六			
中铁国资资产管理有限公司	北京市丰台区西客站南广场西区4号	100055	010-51843870
四十七			
中国铁路工程集团有限公司党校	北京市顺义区国家地理信息科技产业园正元大街2号院	101304	010-51830912 010-51830964

使用说明

1. 本索引采用主题分析索引法编制。除大事记外，年鉴中有实质检索意义的内容均予以标引，以便检索使用。
2. 本索引基本上按汉语拼音音序排列。具体排列方法如下：以数字开头的，排在最前面；汉字标目则按首字的音序、音调依次排列，首字相同时则以第二个字排序，并依此类推。
3. 索引标目后的数字，表示检索内容所在的年鉴正文页码；数字后面的字母a、b、c，表示年鉴正文中的栏别，合在一起即指该页码及左、中、右三个版面区域。年鉴中用图表反映的内容，则在索引标目后面用括号注明（图）（表）字，以区别于文字标目。
4. 为反映索引款目间的隶属关系，对于二级标目，采取在上一级标目下缩二格的形式编排，之下再按汉语拼音音序、音调排列。

0~9（数字）

60-5m-9号交叉渡线用镶嵌翼轨式锐角、钝角锻造高锰钢组合辙叉（图）　158
60千克/米钢轨12号道岔镶嵌翼轨式锻造高锰钢组合辙叉（图）　158
800吨起重船（图）　162
1435毫米轨距60E1钢轨9号单开道岔（图）　156
2021—2022年中国中铁各业务板块新签合同额完成情况（表）　64
2022年度财务工作视频会（图）　212
2022年大国工匠年度人物　250b
2022年度签署的承包类重大合同（表）　94
2022年度以股份公司资质名义中标的总承包项目汇总（表）　92
2022年国际桥梁大会西奥多·库珀奖（图）　130
2022年经营成果　222b
2022年新签合同额（表）　449
2022年中国铁路工程集团有限公司　73~75、460~465、468~470、480
　　财务指标完成情况（表）　73
　　党委文件目录（表）　480

房地产销售区域销售额统计（表）　190
合规管理工作会　229a
获国家优质工程奖情况（表）　109
获建设工程项目施工安全生产标准化工地名单（表）　115
获省部级以上优秀工程咨询成果奖（表）　146
获省部级优秀工程勘察设计奖（表）　131
获中国建设工程鲁班奖情况（表）　108
劳动工资统计（表）　468~470
文件目录（表）　480
营业额完成情况一览（表）　460~465
在售房地产项目（表）　190
主要道岔产品（表）　154
主要工程机械类产品（表）　161
装配式建筑品部件（表）　164
资产比重变动情况（表）　75
子企业财务指标完成情况（表）　74
2022年中国中铁股份有限公司　471~475、484~486
　　党委文件目录（表）　484
　　技术动力装备情况年报（表）　471

　　施工机械设备实有、完好情况统计（表）　475
　　施工机械设备资产变动情况（表）　473
　　文件目录（表）　486
2022中国新时代100大建筑（图）　120、126
2023年工作会议暨四届一次职代会　2、10
2023年工作会议暨四届一次职代会上的报告　10~17
　　2022年的主要工作　10a
　　2023年的重点工作　13a
　　安全质量环保底线　14b
　　安质环保基础　12a
　　补短板控风险意识　17a
　　产业转型升级　11b
　　创新发展动力活力　16a
　　创新发展能力　13a
　　创新驱动　15c
　　大商务管理　12a、14c
　　单位经营成效　13c
　　党和国家重大活动　10b
　　订单质量　14a
　　发展和安全　17c
　　房地产发展质量　17a
　　风险防控　12a
　　改革发展活力　12c
　　改革攻坚　15b

0~9（数字）

高质量发展引擎　15c
工期进度目标　14b
国际化品牌建设　17b
国际竞争　17b
国企改革三年行动　11b
国之重器　11c
海外管理　17b
海外市场　17b
合规企业建设　12b
和谐企业建设　12c
集中采购　14c
价值转化效能　16c
降本增效　12a
降杠杆成果　16b
金融债务风险控制　12b
经济效益　11b
经济运行状况　13a
境外安全　12b
竣工项目效益　15a
科技成果转化　15c
科技创新成果　11c
科技创新服务现场能力　15c
科技创新引领作用　15c
矿产资源投资引擎作用　17b
立体协同经营　14a
履约管理　14a
品牌影响力　12c
企业党建　12b
企业发展活力　15b
企业发展基石　14a
企业经济效益　14c
三项制度改革　13a
施工生产　11a
世界一流企业建设　15b
市场化经营机制　11b
市场营销　11a
"双清"力度　16b
提质增效　11c、14c
投资板块大商务管理　16c
投资管控　16c
投资全生命周期管控　17a
稳增长"柱石"作用　11a
现金流管控　16b

现金流管理　12a
项目策划与执行　14b
项目管理效益提升三年行动　12a
央企社会责任　11a
引领保障作用　12b
营销管理　13b
硬核科技成果　11c
责任成本管理　14c
治理体系　11b
重大工程建设　10c
重大使命任务　10b
重点项目履约　14b
专项行动　15a
专项治理行动　12a
专业板块协同发展　13c
资产质量　16a
资金管理　16a
子企业整体发展质量　13a
子企业做强做优做大　15b
"走出去"的信心决心　17b
2023年工作会议暨四届一次职代会上的讲话　2~9
2023年工作目标　3b、4c
把握形势　3b
财务管理　6a
财务资源　4a
产业链协同机制改革　6b
创新驱动发展　4b、7b
当前存在问题　3b
发展环境　9b
反腐工作　9c
风险防控　3a
服务国家战略　7a
干部人事制度改革　6b
干部作风　9b
高质量发展　2a
高质量发展的安全屏障　3a
高质量发展的科技含量　2c
高质量发展目标　5b
高质量发展的内生动力　2c
高质量发展的系列举措　2b
高质量发展的源头支撑　2a
高质量发展的政治优势　3a

管理体系　6b
国家战略科技力量　7c
国家重大战略实施　7a
行业变化趋势　4c
合规风险　8c
合规管理　3a
核心竞争主体　6c
基础管理　4a
结构失衡　3b
金融风险　9a
经济运行质量　3b
经营开发　5b
经营资源　3c
"开路先锋"新作为　7a
理论学习　4a
理念陈旧　4a
绿色转型发展　7c
青年员工思想政治引导　9c
全面从严治党　9b
全面从严治党主体责任　3a
全面深化改革　6b
人力资源　4a
认清问题　3b
商业模式　4b
商业模式创新　8a
深化改革　2c
生产安全风险　8b
生产经营　7a
生产组织　6a
"十四五"规划修编　6c
世界一流企业建设　7b
市场布局　2a
守正创新　2c
数智中铁建设　7c
思想作风　4a
提质增效　5b
体制机制活力　3c
投资风险　9b
投资公司改革　6c
投资业务　6c
外部环境风险　4b
外部机遇和挑战　4b
效益提升、价值创造　2b

协同创新　2c
研以致用　2c
一线员工关心关爱　9c
迎难而上　2a
责任履行　4a
债务风险　9a
整改落实　4a
政策发力方向　4b
政治生态　9b
正风肃纪　9c
执行衰减　4a
执行效果　4a
治理机制　6c
中国式现代化建设　7b
重大风险　8b
主人翁意识　9c
资源错配　3c
"5501"专项审计　12b、229c

A~Z（英文）

A

艾江临　237
安徽省　243c、244
　　工会先进女职工组织　243c
　　家庭工作先进个人　244a
　　五一巾帼标兵　244b
　　五一巾帼标兵岗　243c
　　最美职工　244b
安家庄特大桥　160b
"安康杯"竞赛安全文化宣传先进个人　244a
安罗高速黄河特大桥　160a
安全教育培训　231a
安全生产　106
　　大检查　106c
　　提升年行动　106b
安全责任　106a
安全质量　14b、77c、105c、106b、230c
　　管理系统　106b
　　环保底线　14b
　　环保工作　105c

环保监督部　230c
环保监督体制改革　77c
稽查总队　230c
监督管理　105c
安质环保基础　12a
澳门国际基础设施投资与建设高峰论坛　181b

B

把握形势　3b
办公室　204a
保密办公室　204a
保卫部　245b
北京2022冬奥会交通保障工程（图）　36
北京财务共享服务中心　208c
北京工程局集团有限公司　321c~327
　　北京新机场飞行区工程（图）　325
　　党建工作　326a
　　改革发展　322a
　　工程创优　324c
　　国家优质工程金奖（图）　325
　　经济指标（表）　322
　　昆明长水国际机场改扩建工程开工仪式（图）　324
　　履行社会责任　327a
　　企业文化　325c
　　信息化建设　326c
　　重大创新　324c
　　重大项目　324a
　　主要指标　322c
　　走向海外　324b
北京市国道109（新线）高速公路工程PPP项目　98b
北京至唐山城际铁路正式开通运营（图）　10
本溪至集安高速公路本溪至桓仁段PPP项目　95c
标准化工地名单（表）　115
表内运营项目（表）　187
博士后工作站建设　196b

补短板控风险意识　17a

C

财税高端人才班　213a
财务工作会　213a
财务工作视频会（图）　212
财务共享数智升级　211b
财务管理　6a
财务和经费审查　237b
财务决算　209b
财务有限责任公司　413a~415
　　党建工作　415a
　　风险管理　414c
　　改革发展　414a
　　经济指标（表）　413
　　履行社会责任　415b
　　内部控制　414c
　　票据业务　414b
　　企业文化　415a
　　人力资源管理　414c
　　投资业务　414b
　　外汇业务　414b
　　信贷业务　414a
　　信息化建设　415b
　　重大创新　414c
　　主要指标　413c
　　资金集中　414c
　　资金业务　414a
财务与金融管理部　208c
财务指标完成情况　72c、73（表）
财务制度建设　208c
财务状况　72a
财务资源配置　209b
采购　226
　　对标　226a
　　管理中心　226a
　　业务监管　226b
参股股权投资整体情况　225b
参股问题整改　225b
产教融合联盟　78a
产权代表履职管理　203c
产权管理　210b
产业集群疏解雄安新区　76c、207b

产业链现代化的主力军　31c
产业链协同机制改革　6b
产业转型升级　11b
常规巡视　232a
常态化疫情防控和处置　232a
常泰长江大桥　159b
长钢轨群吊（图）　161
长江交通设计集团有限公司　384c~388
　　2022年度公路交通优秀设计一等奖（图）　386
　　2022年度交通BIM工程创新一等奖（图）　386
　　BIM技术在奉节至巫山高速公路建设中的综合应用（图）　386
　　党建工作　387c
　　改革发展　385a
　　工程创优　387a
　　经济指标（表）　385
　　勘察设计工作进展　126c
　　勘察设计生产经营　126b
　　履行社会责任　388a
　　企业文化　387b
　　石柱至黔江高速公路工程设计（图）　386
　　信息化建设　388a
　　重大创新　387a
　　重大项目　385b
　　主要指标　385b
超大直径泥水平衡盾构机"争先号"（图）　172
陈　航　252a
陈　云　2、32、34~36、360（图）
陈发亚　250c
陈文健　10、38、40
城市发展投资集团有限公司　347a~350
　　臣河特大桥（图）　347
　　党建工作　349c
　　改革发展　348a
　　工程创优　349b
　　经济指标（表）　348
　　履行社会责任　350b

　　企业文化　349b
　　青海西察公路项目（图）　349
　　新疆若民高速（图）　347
　　信息化建设　350b
　　重大创新　349a
　　重大项目　348b
　　主要指标　347c
城市轨道交通产品　163a
成都地铁10号线三期及13号线一期　102b
成都自然博物馆（图）　184
承包类重大合同（表）　94
重庆市　77b、161b、244a
　　金凤立交钢箱梁项目　161b
　　巾帼建功标兵　244a
　　铁路建设领域巾帼建功标兵　244a
　　双源建设监理咨询有限公司　77b
川藏铁路雅林段工程　104b
传承筑路精神　为党争光有我（图）　221
创新发展　13a、16a
　　动力活力　16a
　　能力　13a
创新理论武装　30c
创新驱动发展　4b、7b、15c、40
　　战略　40
磁浮文化旅游项目（图）　53

D

打造世界一流企业卓著品牌　36
大部制改革　77b
大渡河大桥（图）　8
大国工匠年度人物　243a、250b
大连地铁5号线PPP项目　101a
大桥局集团有限公司　196、297b~300
　　滨海湾大桥（图）　298
　　重庆南纪门轨道专用桥（图）　299
　　党建工作　300a
　　改革发展　298a
　　工程创优　299c
　　合杭高铁湖杭段（图）　299

　　经济指标（表）　298
　　履行社会责任　300c
　　企业文化　300a
　　信息化建设　300b
　　院士工作站揭牌仪式（图）　196
　　重大创新　299b
　　重大项目　298b
　　主要指标　297c
　　走向海外　299a
大桥勘测设计院集团有限公司　122~124、128a、374a~377
　　党建工作　376c
　　改革发展　375a
　　工程创优　376b
　　经济指标（表）　374
　　勘察设计工作进展情况　124a
　　勘察设计生产经营　122c
　　履行社会责任　377c
　　企业文化　376b
　　信息化建设　377c
　　"星火党建"品牌手册及文创（图）　377
　　重大创新　376a
　　重大项目　375c
　　重大咨询与监理项目情况　128a
　　主要指标　374c
　　走向海外　375c
大瑞铁路　104c、123
　　保瑞段工程　104b
　　澜沧江特大桥（图）　123
大商务管理　12a、14c、87b、87c
　　基本体系　87b
　　体系　14c
大柱山隧道高地热施工环境（图）　22
单位经营成效　13c
担保管理　210b
当好现代化建设开路先锋　40
党的二十大精神　220b
党的领导　40a
党和国家重大活动　10b
党建带团建　222a
党建工作　66b、220c

责任制　221c
党建工作部　220b
党史学习教育的坚定推动者　27b
党委办公室　204a
党委干部部　213b
党委理论学习中心组　29
党委履行主体责任　204a
党委文件目录（表）　480、484
党委宣传部　220b
党委巡视工作领导小组办公室　232a
党委组织部　220b
党校　428b
档案工作　205c
道岔　154a
道岔产品　154
　　承揽及生产情况　154a
德卡鲁尔变电所（图）　181
"第二曲线"经营　223b
第二十届第一批中国土木工程詹天佑奖情况（表）　198
第二十三届中国专利奖情况（表）　199
第二十三届中国专利银奖（图）　198
第二十九届全国企业管理现代化创新成果获奖名单（表）　77
滇中引水工程　96、101c、102a、234
　　楚雄至红河段引入社会资本建设项目　102a
　　二期配套工程　96a
　　大理Ⅰ段至楚雄段引入社会资本建设项目　101c
　　项目廉洁文化建设活动（图）　234
　　质量控制与效益提升咨询研究活动（图）　96
电气化局集团有限公司　59、150c、170、175、304a~308
　　变压器类生产　170b
　　参建员工乘坐京唐城际首趟列车（图）　59

瓷绝缘子类生产　170c
党建工作　307a
服务类产品　170c
福州地铁6号线（图）　306
改革发展　305a
钢结构生产　170a
工程创优　306c
工业公司城市轨道交通产品生产车间（图）　175
工业公司技术人员对简统化腕臂进行加工（图）　175
工业生产经营　150c
接触网零部件生产　170b
接触线及承力索生产　170a
经济指标（表）　304
企业文化　307a
声屏障类生产　170c
砼制品生产　170a
信息化建设　308a
重大创新　306b
重大项目　305c
主要指标　304c
走向海外　306a
调研检查　230b
顶管机（图）　152
定期报告编制与披露　203a
订单质量　14a
东莞滨海湾大桥（图）　24
董事会　202a、206c、207a
　　办公室　202a
　　建设　206c
　　职权落实　207a
督查督办　204b
对标一流管理提升工作　207c
对口支援工作　216a
盾构隧道智能建造技术论坛（图）　218

E~F

ENR排名　181c
二次经营　95a
二级公司营业额同比完成情况统计（表）　466

二级企业　207c、217a
　　负责人薪酬管理　217a
　　领导班子职数管理规范　207c
二七厂冰雪训练基地速滑馆（图）　44
发展和安全　17c
发展环境　9b
法律合规部　228a
法人治理结构　62c
法治建设第一责任人职责落实　228a
反腐工作　9c
房地产发展质量　17a
房地产开发　86a、189a
　　经营策略　189a
　　投资　189a
　　业务　189a
房地产企业合并重组　191a
房地产项目总体情况　189c
房地产销售　190
　　区域销售额统计（表）　190
房地产业务板块总体情况　189b
房地产主要在售项目　190a
非铁路市场经营开发　92b
翡翠湖矿坑公园（图）　39
奋力书写世界一流企业建设新篇章　24
丰台站快速进站厅（图）　7
风险防控　3a、12a、88a、228b
　　制度流程　88a
风险管理　16b
凤凰磁浮观光快线（图）　53
佛山市地铁3号线广教站（图）　58
佛山西站至广州北站段施工总承包GFXH-1标段　93c
服务保障　204a
服务企业落实重点工作　204a
福州滨海快线施工总承包1标项目　98a
福州市轨道交通6号线东调段工程施工总承包　93b
"富油区块"布局　207c
附录　479

G

G104 济南黄河公路大桥　160a
G2003 太原绕城高速公路义望至凌井店段工程　97a
G7611 线昭通（川滇界）至西昌段高速公路　102c
改革发展活力　12c
改革攻坚　15b
改革管理机制　40b
概述　61
感动交通十大年度人物　243a、250c
干部　6b、9b、66c、213、216a
　人事制度改革　6b
　档案管理　216a
　构成　66c
　考核监督　215a
　人才工作会议　213b、213（图）
　作风　9b
刚果（金）矿业建设联合体庞比铜钴矿项目露天采场第二期采剥工程（图）　193
刚果（金）绿纱矿建项目浸渣库二期工程俯瞰（图）　192
钢结构（图）　168
钢结构制造与安装　159a
港铁 60E1 钢轨 7 号单开道岔（图）　155
高层次专家人才队伍建设　215b
高淬透性合金钢辙叉（图）　154
高铬高氮高锰钢组合辙叉（图）　158
高管名单　67
高级专家名单　67
高技能人才队伍建设　215c
高加索号　86c
高水平自立自强国家队　31b
高素质专业化人才的积极培育者　28a
高速公路项目运营业务改革　224c
高速铁路道岔（图）　157
高铁电气工业园俯瞰（图）　26

高新工业股份有限公司　400a~404
　2022 最佳上市公司董事会（图）　401
　TBM "永宁号"（图）　403
　党建工作　404a
　改革发展　401a
　工程创优　402c
　经济指标（表）　400
　履行社会责任　404b
　鄱阳湖二桥（图）　402
　企业文化　403a
　舜江大桥（图）　401
　信息化建设　404b
　中国建设工程鲁班奖（图）　402
　重大创新　402b
　重大项目　401b
　主要指标　400c
　走向海外　402a
高质量发展　2~5、10、15c、30b
　安全屏障　3a
　成效　2a
　科技含量　2c
　目标　5b
　内生动力　2c
　系列举措　2b
　样板　30b
　引擎　15c
　源头支撑　2a
　政治优势　3a
各类建筑（图）　169
赓续党的红色血脉的积极引领者　28a
供应商管理　226b
公司党委　20、24、27
公司领导班子建设情况　214a
公司治理　202a、203b
　机制　202a
　经验推广　203b
工程机械　161
　产品（表）　161
工程建造板块新签合同额　65、92c

　按工程分类情况（表）　65
工程建造生产管理　95a
工程设备与零（部）件制造　149
工程设计咨询集团有限公司　122c、128a、370a~373
　党建工作　372c
　改革发展　371a
　工程创优　372b
　技术咨询与服务　128a
　经济指标（表）　370
　勘察设计工作进展情况　122c
　勘察设计生产经营　122c
　履行社会责任　373c
　企业文化　372b
　山西中南部铁路通道（图）　372
　信息化建设　373c
　中国土木工程詹天佑奖（图）　372
　重大创新　372a
　重大项目　371c
　主要指标　370c
　走向海外　372a
工程项目现金流自平衡管理　212c
工法管理　198a
工会　234b、235b
　组织机构　234b
　组织建设　235b
工期进度目标　14b
工人构成　67b
工人先锋号　240a
工业企业生产经营　150a
工业生产经营　150c
工业制造　86a、150a
工资总额管理　217b
工作综述　245b
"共工号"桥梁建造技术 3.0 时代　86c
股东情况　63b
股份公司总部工作　201
股价及市值变动情况　63c
关键核心技术攻坚战　29c
官厅水库特大桥（图）　36
"管""监"系统责任落实　106a

管理创新　77c
管理水平提升　30a
管理体系优化　6b
管理体制创新　76c
贯彻落实"三个转变"重要指示　24b、25c
　　启示　25c
　　实践　24b
光谷生态大走廊旅游配套设施——旅游专线项目　163a
广西武宣黔江特大桥　160b
广州工程局集团有限公司　317b～321
　　2022—2023年度第一批国家优质工程奖（图）　320
　　党建工作　320a
　　第二期青年干部培训暨"青马工程"培训班（图）　320
　　改革发展　318a
　　工程创优　319c
　　广州海心桥（图）　319
　　国际桥梁与结构工程协会2022年度"杰出人行桥"入围奖（图）　319
　　海口市委党校（图）　320
　　经济指标（表）　318
　　履行社会责任　321b
　　企业文化　320a
　　消费帮扶购销签约仪式（图）　321
　　信息化建设　321a
　　重大创新　319b
　　重大项目　319a
　　主要指标　318b
　　走向海外　319b
广州红莲大桥（图）　173
广州市轨道交通　103a、197
　　11号线及同步实施工程　103a
　　14号线一期工程（图）　197
广州投资发展有限公司　360a～362
　　党建工作　362a
　　改革发展　361a
　　工程创优　362a
　　经济指标（表）　361
　　履行社会责任　362c
　　企业文化　362a
　　信息化建设　362b
　　重大创新　361c
　　重大项目　361b
　　主要指标　360c
硅酸钙板（图）　167
规划发展部　206a
轨道交通电气化器材　170a
贵南铁路D2809次列车脱线事故抢险工作（图）　49
贵阳龙洞堡机场地下综合交通枢纽隧道工程（图）　122
贵阳市域环城快铁（图）　46
贵州省　243c、244
　　三八红旗手　244a
　　五一巾帼标兵　244b
　　五一巾帼标兵岗　243c
　　五一劳动奖章　244b
　　最美劳动者　244b
国际部　218b
国际工程分公司　398b～400
　　党建工作　399b
　　改革发展　398a
　　经济指标（表）　398
　　履行社会责任　400a
　　企业文化　399b
　　信息化建设　399c
　　重大项目　399a
　　主要指标　398c
　　走向海外　399b
国际化品牌建设　17b
国际集团有限公司　391a～394
　　党建工作　394a
　　改革发展　392a
　　工程创优　393c
　　经济指标（表）　391
　　履行社会责任　394c
　　企业文化　394a
　　斯里兰卡南部高速延长线项目（图）　393
　　信息化建设　394c
　　中国建设工程鲁班奖（图）　393
　　重大创新　393b
　　重大项目　392c
　　主要指标　391c
　　走向海外　392c
国际竞争　17b
国际业务　178a、220a
　　统一管理平台建设　220a
　　营业额　178a
国家优质工程奖　107（图）、109、222（图）
　　情况（表）　109
国家战略科技力量　7c
国家重大战略　7a、31a
　　服务　31a
　　实施　7a
国内工程　84c
国企改革　31a
国企改革三年行动　11b、206c
　　完成情况　206c
国铁统型研线系列高锰钢组合辙叉（图）　159
国之重器　11c
国资资产管理有限公司　426b、427
　　党建工作　427c
　　改革发展　427a
　　经济指标（表）　426
　　医管公司　427c
　　职业教育　427a
　　职业培训　427a
　　主要指标　426c
　　资产经营　427b

H

海外改革推进情况　219c
海外工程新签合同额　178a
海外工程有限责任公司　394c～398
　　党建工作　397b
　　改革发展　396a
　　经济指标（表）　395
　　履行社会责任　398a
　　尼泊尔逊科西—马林引水隧道项

目（图） 396
　　企业文化 397a
　　信息化建设 398a
　　重大创新 396c
　　重大项目 396a
　　主要指标 395c
　　走向海外 396b
海外管理 17b
海外合规管理 219b
海外机构情况 178a
海外生产 178b
海外市场拓展 17b
海外业务 85a、177、178a
　　分类情况 178a
焊接翼轨式合金钢组合辙叉（图） 157
杭台高铁（图） 44
杭州西站（图） 55
行业变化趋势 4c
浩吉铁路获评 2022 中国新时代 100 大建筑（图） 120
合规 3a、8c、12b、228b~229a
　　倡议书（图） 229a
　　风险严防 8c
　　管理 3a
　　培训 228c
　　企业建设 12b
　　审核 228b
合同额按工程分类情况（表） 65
和若铁路且末站（图） 50
和谐企业建设 12c
核心竞争主体 6c
河南省 243c、244c
　　青年五四奖章 244c
　　巾帼文明岗 243c
　　示范性女劳模和人才创新工作室 243c
黑龙江宝清乡村振兴基础设施项目（图） 39
黑水河大桥 161b
滹沱河特大桥 160c
胡　彬 251c
湖北省 243c、244

女职工建功立业标兵 244b
女职工建功立业标兵岗 243c
优秀带徒名师 244c
优秀学习型职工 244c
沪苏通长江公铁大桥（图） 20
华铁工程设计集团有限公司 126a、130c、382b~384
　　党建工作 383c
　　改革发展 383a
　　工程创优 383b
　　经济指标（表） 382
　　勘察设计工作进展情况 126a
　　勘察设计生产经营 126a
　　履行社会责任 384b
　　企业文化 383c
　　信息化建设 384b
　　重大创新 383b
　　重大项目 383a
　　重大咨询与监理项目情况 130c
　　主要指标 382c
　　走向海外 383a
黄河项目 225a
黄黄高铁蕲春南站（图） 47
黄沙沥大桥 161a
会议筹备和服务 202c
会议管理 204b
混凝土湿喷台车（图） 153
火车头奖杯 241a
火车头奖章 241b
火车头体育运动 245a
　　先进单位 245a
　　先进个人 245a

J

基层党建 9c
基础管理 4a
基础设施投资 184c、185、187c
　　典型项目情况 184c
　　管理体系建设 187c
　　完成情况 184c
　　项目汇总（表） 185
基建办公室 245b
基建建设 91、92a

经营开发 92a
新签合同额 92a
机车车辆驾驶人员考试 226c
机构设立审批 78b
机关党委 245b
机关工会 245b
机关纪委 245b
吉林高速公路 PPP 项目 100a
集成房屋 164a、169（图）
集中采购 14c、226a
济南绕城高速黄河大桥 160a
技术创新 172a
技术动力装备 76a、471
　　情况年报（表） 471
技术人员对简统化腕臂进行加工（图） 175
技术设备 72a
技术水平进入世界先进行列 22c
技术引进道岔电务设备防击打装置（图） 156
技术中心 218a
技术咨询与服务 127b
济阳黄河公铁两用特大桥 160a
济郑高铁 84、118
　　濮阳东站站房及站前广场（图） 84
郑州万滩黄河公铁大桥（图） 118
纪检干部队伍建设 234a
　　年度工作 234c
纪委 233a
加快建设世界一流企业 32、38
加拿大帕特洛桥项目 159b
"家"文化建设 247b
价值转化效能 16c
监事会 230b
　　工作 230b
　　会议 230b
监事业务培训 230c
建工集团有限公司 312a~317
　　党建工作 315b
　　改革发展 313a
　　工程创优 314c

国家跳台滑雪中心"雪如意"
（图） 315
国家优质工程奖（图） 316
经济指标（表） 313
鲁班奖（图） 315
履行社会责任 316c
企业文化 315a
上海方舱医院援建（图） 317
信息化建设 316c
星火枢纽房建工程（图） 316
重大创新 314a
重大项目 313c
主要指标 312c
走向海外 314a
建设工程项目施工安全生产标准化
工地名单（表） 115
建筑财税论文及案例获奖 213b
建筑内隔墙（图） 166
建筑外墙（图） 164、165
践行"三个转变"思想旗帜 30c
践行"三个转变"重要指示 86b
江西省最美家庭 243c
降本增效 12a
降杠杆成果 16b
交通强国建设 35
交通投资集团有限公司
339b～342
　党建工作 341c
　改革发展 341a
　工程创优 341b
　经济指标（表） 340
　履行社会责任 342c
　企业文化 342b
　山西静兴高速公路（图） 340
　"通"文化理念发布活动（图）
　342
　新员工入职培训现场教学（图）
　340
　信息化建设 342a
　重大创新 341b
　重大项目 341b
　主要指标 340c
结构失衡 3b

结构主体（图） 168
金融风险严防 9a
金融工具投资完成总体情况 193b
金融和类金融业务风险防范 210c
金融物贸 183
金融信托 193a
金融业务 193a
金融债务风险控制 12b
金融资源管理 210a
京城际铁路开通运营（图） 59
京雄高速公路（北京段）政府和社
会资本合作（PPP）项目 99a
京张高铁官厅水库特大桥（图）
36
精神文化引领 31b
精准帮扶 88b、89a
　规划 88b
　举措及成效 89a
经济技术指标完成情况 64a
经济社会发展支撑作用 20b
经济效益 11b
经济运行 3b、13a、212
　分析会 212c
　预警 212a
　质量 3b
　状况 13a
经济责任审计 229c
经营成果 222b
经营工作 87c、223、224a
　调研督导 224a
　会议（图） 223
　价值导向优化 87c
经营开发 5b
经营开发中心 222b
经营性现金流常态化管控 212a
经营政策研究分析 224a
经营资源 3c
经营资质建设 224b
境内房地产项目投资管理办法
191a
境外安全 12b、220a
　应急指挥中心平台建设 220a
境外财务资金监管 211b

境外合规管理 228b
境外和财务收支审计 229c
境外现金管理专题会议 213a
境外疫情防控 220a
久竣未结项目专项治理 227b
矩形顶管机（图） 152
聚力攻坚 2
聚民心 27b
竣工项目 15a、104c
　效益 15a

K

开发投资集团有限公司
343a～347
　重庆轨道4号线二期（图） 345
　党建工作 346a
　滇中引入二期工程（图） 345
　改革发展 344a
　工程创优 345c
　经济指标（表） 344
　履行社会责任 347a
　企业文化 346a
　实业投资 345b
　信息化建设 346c
　重大创新 345c
　重大项目 344b
　主要指标 343c
开放创新生态 41b
开路先锋 7a、20、28、30c、
34、40
　精神教育基地（图） 28
　品牌形象塑造 30c
　新作为 7a
勘察设计 85b、117、118
　生产经营 118a
考核分配部 217a
科技成果 15c、197b
　鉴定与评审 197b
　转化 15c
科技创新 11c、15c、37a、195、
197c
　成果 11c
　服务现场能力 15c

　　强品牌　37a
　　平台立体化建设　197c
　　引领作用　15c
科技创新与数字化部　218a
科学研究院有限公司　125、129a、378a~382
　　2022 中国新时代 100 大建筑（图）　380
　　党建工作　381c
　　改革发展　379a
　　工程创优　381b
　　经济指标（表）　379
　　勘察设计工作进展　125b
　　勘察设计生产经营　125a
　　兰新高速铁路（图）　380
　　履行社会责任　382a
　　企业文化　381b
　　信息化建设　382a
　　重大创新　381a
　　重大项目　379c
　　重大咨询与监理项目　129a
　　主要指标　378c
　　走向海外　380c
科研开发技术课题立项　196c
科研课题验收　197b
克罗地亚佩列沙茨大桥　159a
客货共线铁路 60 千克 / 米钢轨 9 号 5 米间距交叉渡线（图）　156
跨文化融合办　220b
跨座式智能轨检仪（图）　162
矿产资源　17b、191b、192
　　板块项目（表）　192
　　开发投资　191b
　　投资引擎作用　17b
矿用可变径敞开式 TBM "中铁 1159 号"（图）　87
亏损企业治理　208a

L

劳动工资统计（表）　468~470
劳动竞赛　235c
劳动模范　238b
劳模管理　236b
劳务管理　226c
乐安县水系连通及农村水系综合整治试点工程（图）　127
离退休人员管理部　245b
离退休人员管理与服务　246a
李治国　253b
理论学习　4a
理念陈旧　4a
丽江有轨电车 59R2 槽型钢轨 6 号单开道岔（图）　157
历史性成就　22a
历史遗留问题解决　208a
立体协同经营　14a
"两非"企业剥离　208b
两级招标采购管理　226b
辽宁省　243c、244
　　巾帼建功标兵　244a
　　优秀工会工作者　244c
　　最美家庭　243c
临建工程统一规划、分区设置、同步实施、封闭管理（图）　231
临猗黄河大桥　160a
零（部）件制造　149
领导班子建设　214b
领导名单　67
领导人员培训　214c
龙里河大桥（图）　63
龙门黄河大桥（图）　222
"龙袍杯"运动会（图）　235
鲁班奖　5、8、30、108、278、315、393、402
　　情况（表）　108
路用车审批　226c
骆驼山隧道　97b
履约管理　14a
履职待遇　217b
绿色转型发展　7c

M

马鞍山公铁两用长江大桥　159c、163
　　CQ1800B 型步履式架梁起重机（图）　163
蒙古国 UIC60 钢轨 11 号道岔（图）　155
蒙西至华中地区铁路煤运通道工程龙门黄河大桥（图）　222
孟加拉国 60E1 钢轨 8.5 号 D 变形对称道岔（图）　155
孟加拉国帕德玛大桥（图）　180
弥蒙高铁开通运营（图）　76
民营资本控股高铁（图）　44
模范集体　251a
母永奇　250b
暮坪湘江特大桥　160b

N

纳晴高速牂牁江特大桥　160b
南方投资集团有限公司　336a~339
　　党建工作　338b
　　改革发展　337a
　　工程创优　338b
　　经济指标（表）　337
　　履行社会责任　339a
　　企业文化　339a
　　信息化建设　338c
　　重大创新　338a
　　重大项目　337c
　　主要指标　336c
南京至马鞍山城际铁路 PPP 项目　96b
南京至马鞍山市域铁路工程 D.S02.X-TA01 标施工总承包项目　96b
南宁至凭祥高铁南宁至崇左段（图）　33
南阳市卧龙区中心城区环境综合提升项目鸟瞰（图）　191
内部产品管控　226c
内部"三角债"清理　212b
内隔墙（图）　165
内在活力　40b
能源与生态环境保护　231b
尼雷尔领导力学院竣工启用仪式（图）　45
泥水平衡盾构机（图）　151

牛屯河大桥主桥（图） 39
女职工管理 236c
女职工先进个人 244a

O~P

瓯江北口大桥（图） 49
派出机构员工管理 216c
品牌 12c、30b、87a、208b
 规划编制 208b
 建设 30b
 建设体系 87a
 影响力 12c
品质保障 36c
平潭高铁中心站前城市综合体工程（图） 101
鄱阳湖二桥（图） 30
普惠服务体系建设 236b

Q~R

QC小组活动 208b
期刊管理 218a
祁连山隧道获评2022中国新时代100大建筑（图） 126
祁婺高速南山路特大桥 160c
企业ESG评价体系团体标准（图） 66
企业补充医疗保险 216b
企业创新主体作用 30a
企业党建 12b
企业发展 14a、15b、27a、30a
 高质量发展 27、31a
 活力 15b
 基石 14a
企业管理实验室 206a
企业管理现代化创新成果获奖名单（表） 77
企业合规管理体系 228a
企业基本情况 62a
企业经济效益 14c
企业民主管理 235a
企业名录 492
企业内部治安保卫工作 245c
企业年报 230c

企业年金管理 216a
企业文化部 220b
企业压减工作 208a
企业资质 65a
前海桂湾公园步行景观桥C1桥（图） 103
欠薪欠款专项治理 227a
抢占行业和技术制高点经营成效 224b
青岛市地铁5号线工程土建二标段施工总承包项目 96c
青年员工思想政治引导 9c
庆祝党的二十大胜利召开（图） 27
区域经营 83c、223a
 工作体系建设 223a
 机构设立变更 83c
区域协调发展战略 21a
区域总部改革 76c
曲江轻轨迁移改造提升项目 163a
全断面硬岩掘进机"高加索号" 86c
全断面硬岩竖井掘进机"中铁599号"（图） 76
全公司技术咨询和服务情况 127b
全公司勘察设计工作 118a
全国"安康杯"竞赛活动 238a
 优胜班组 238a
 优胜单位 238a
 优胜组织单位 238b
 优秀个人 238b
全国档案开发利用领域工匠型人才 244a
全国档案整理鉴定领域工匠型人才 244a
全国颠覆性科技大赛优秀项目（图） 197
全国工会职工书屋示范点 244c
全国工人先锋号 237c
全国青年档案业务骨干 244a
全国十大最美职工 243a、250a
全国五好家庭 243b
全国五一劳动奖章 237b、251c~253c

获得者 251c~253c
全国五一劳动奖状 237b、251c
全国职工职业道德建设 243b
 先进单位 243b
 先进个人 243b
全国最美家庭 243b
全面从严治党 3a、9b
 主体责任 3a
全面深化改革 6b、206a、207a
 成果 207a
 领导小组办公室 206a
全面预算（目标）管理 209a
全球组网 247c
全球最大直径全断面硬岩掘进机"高加索号" 86c
全体人民共同富裕 21c
全员创效文化氛围 88a
全装配式地铁车站拼装机（图） 162
全总工会财务先进单位 245a
权益维护 236b
权益性融资 209c
群众保安全 236a
人力资源 4a
人力资源部 213b
人物 249
认清问题 3b
日常监督 233b
融媒体中心 220b
软件开发建设 197c

S

SPC装饰板（图） 166
塞内加尔方久尼大桥（图） 219
三个转变 24、29~31
 动力活力 31a
 机制保障 31a
 前进方向 31a
 推进世界一流企业建设的启示 30c
 智慧力量 31b
 重要指示 24
 转化为建设世界一流企业的生动

实践　29c
"三个转变"与世界一流企业建设
29a
　　内在联系　29a
　　共同目标　29a
三基建设　221a
三级工程公司建设　207c
三秦最美家庭　243c
三塔四跨双层钢桁梁悬索桥（图）
49
三项制度改革　15b、214a
山东省女职工建功立业标兵　244b
陕西省　243、244
　　技术能手　244c
　　五一巾帼标兵　244b
　　五一巾帼标兵岗　243b、243c
汕头市濠江"一江两岸"生态环境
治理及产城融合开发建设 PPP 项目
186a
商旅集中采购管理　226b
商业模式　4a、8a
　　创新　8a
上海工程局集团有限公司　251c、
327a~331
　　常益长铁路（图）　329
　　党建工作　330b
　　第六工程有限公司　251c
　　改革发展　328a
　　工程创优　330a
　　广州市南沙区健康驿站（图）
329
　　经济指标（表）　328
　　履行社会责任　331a
　　七一纪念活动（图）　331
　　企业文化　330b
　　信息化建设　331a
　　重大创新　329c
　　重大项目　328c
　　主要指标　327c
　　走向海外　329c
上海市　243c、244
　　巾帼建功标兵　244a
　　巾帼文明岗　243c

　　青年五四奖章　244c
上海投资集团有限公司
350c~353
　　党建工作　354b
　　改革发展　352a
　　工程创优　354a
　　经济指标（表）　351
　　履行社会责任　355a
　　南通轨道交通1号线（图）　352
　　濮新高速公路菏泽段（图）　353
　　企业文化　354a
　　信息化建设　355a
　　宜宾至彝良高速公路（图）　351
　　重大创新　353b
　　重大项目　352c
　　主要指标　351b
上林县国家储备林 PPP 项目　186b
上下联动工作格局　232c
社保代办机构职责　216b
社会责任管理　66b
深化改革　2c
深化改革三年行动　204a、206
　　工作推进视频会议（图）　206
深入践行"三个转变"　建设世界
一流企业　29
深入实施创新驱动发展战略　40
深圳地铁14号线　56、97b、98
　　福新地下停车场（图）　98
　　罗湖北站（图）　56
深圳市春风隧道工程　97c
审计部　229b
　　监事会办公室　229b
审计队伍能力建设　230c
审计工作　229b
审计警示教育活动　230a
审计整改"回头看"　230a
生产安全风险　8b
生产工艺　172a
生产监管中心　226a
生产经营　7a、65a、84c
生产组织　6a
生态外墙挂板（图）　167
省部级五一劳动奖状　237c

省部级以上女职工先进个人　244a
省部级以上先进女职工集体　243b
省部级以上优秀工程咨询成果奖
（表）　146
省部级优秀工程勘察设计奖（表）
131
省级工匠　243a
省级工人先锋号　240a
省级劳动模范　238b
省级五一劳动奖章　238c
施工产值完成情况　95a
施工机械设备　473、475
　　实有、完好情况统计（表）　475
　　资产变动情况（表）　473
施工生产　11a
十佳四川省五一巾帼标兵　244a
十年辉煌成就展（图）　205
"十四五"规划修编　6c
实业投资　183、184a
　　完成情况　184a
实用技术　196c、197a
　　课题立项　196c
　　评选和推广应用　197a
世界第一高山峡谷景观斜拉桥
（图）　63
世界首台全断面硬岩竖井掘进机
"中铁599号"（图）　76
世界先进行列　22c
世界一流企业建设　7b、15b、
24、29~32、36、38
　　排头兵　31c
　　"三个转变"实践标准　29b
　　新动能　29c
　　新活力　30a
　　新篇章　24、31b
　　新优势　30b
室内装饰（图）　166、167
市场化经营机制　11b
市场营销　11a
市场布局　2a、184b
市值管理　203b
守正创新　2c
首都最美家庭　243c

数智中铁建设　7c
数字化建设　198b
数字施工与智慧建造　247c
双清工作　212a
"双清"力度　16b
双线180型搅拌船（图）　162
水利水电规划设计集团有限公司　126c、127a、131a、388b~390
　党建工作　390b
　改革发展　389a
　工程创优　390a
　技术咨询和服务情况　131a
　经济指标（表）　389
　勘察设计工作进展情况　127a
　勘察设计生产经营　126c
　履行社会责任　390b
　企业文化　390a
　信息化建设　390c
　迎新春送祝福活动（图）　390
　重大创新　389c
　重大项目　389a
　主要指标　388c
税务管理　211a
司库体系建设　211c
思想政治建设　221b
思想作风　4a
思政工作传家宝　27
四川卡哈洛金沙江大桥　159c
四川省　243、244
　家庭工作先进个人　244a
　家庭工作先进集体　243c
　家庭友好型工作场所　243c
　三八红旗手　244a
　五好家庭　243c
　五一巾帼标兵　244b
　五一巾帼创新工作室创建工作优秀组织单位　243c
四届一次职代会　2、10
苏州市轨道交通2号线及延伸线工程（图）　34
隧道局集团有限公司　300c~304
　党建工作　303c
　改革发展　302a

工程创优　302c
经济指标（表）　301
履行社会责任　304a
企业文化　303b
汕头海湾隧道（图）　302
信息化建设　303b
重大创新　302b
重大项目　302a
主要指标　301c
走向海外　302b
隧道掘进设备、专用设备产品（表）　151
隧道施工设备及服务　151a
隧道凿岩台车（图）　152
所属单位　214a、255、458、492
　领导班子建设　214a
　名录（表）　492
　新签合同额排名（表）　458

T

太徐隧道　97b
陶粒混凝土轻质隔墙板（图）　164
套边缘端智能化数据中心应用于高原铁路色季拉山隧道（图）　196
特稿　1
提质增效　5b、10、11c、14c、30a
体制机制活力　3c
天津地铁　73、99c、100c
　4号线PPP项目　99c
　10号线（图）　73
　Z2线一期工程PPP项目　100c
铁工投资建设集团有限公司　355b~360
　2022—2023年度第一批国家优质工程奖（图）　358
　2022市政工程最高质量水平评价工程奖（图）　358
　党建工作　359a
　第一次党代会（图）　360
　改革发展　356a
　工程创优　358a
　合肥清溪净水厂（图）　358

经济指标（表）　355
履行社会责任　359c
绿色中票项目路演活动（图）　356
南水北调铁工新能源有限公司揭牌（图）　357
企业文化　358b
唐山花海项目（图）　357
武汉轨道交通蔡甸线工程（图）　358
信息化建设　359c
重大创新　357c
重大项目　356b
主要指标　355c
铁路榜样提名奖　243b
铁路建设　20a~23c
　带动相关产业发展作用　23a
　规模能力　22a
　绿色化发展　23c
　铁路建造技术智能化升级　23c
铁路市场经营开发　92a
铁路信用评价　227b
铁腕治安硬十条　106c
铁总工会财务　245b
　经审工作规范化建设考核一等奖　245b
　先进单位　245b
　知识竞赛先进个人　245b
　知识竞赛先进集体　245b
统计资料　431
统型道岔60千克/米钢轨12号5米交叉渡线道岔（图）　154
统战部　220b
投资板块大商务管理　16c
投资风险　9b
投资公司改革　6c、76c
投资管控　16c
投资管理中心　224c
投资集团有限公司　331c~335
　本桓、凌绥、京哈改扩建高速公路项目集中开工（图）　333
　党建工作　334b
　改革发展　332a

工程创优　333c
经济指标（表）　332
履行社会责任　335c
企业文化　334a
沈阳快速路胜利大街与浑南大道立交桥（图）　334
信息化建设　335b
重大创新　333c
重大项目　333a
主要指标　332b
投资开发及成果　184a
投资全生命周期管控　17a
投资项目后评价　230a
投资业务　6c
投资者关系管理　203a
土压平衡盾构机（图）　151
团委　220b
脱贫攻坚成果　88b

U～W

U盾架管机应用于雄安新区建设（图）　16
外部环境风险　4b
外部机遇挑战　4b
外派专职董事监事名单　68
外墙装饰（图）　167
外事管理　218b
王　刚　253c
王　磊　252b
王　帅　251c
王立天　253a
网络安全防控体系建设　247c
网信办　218a
违规经营投资责任追究　230b
文化建设　221b
文件目录（表）　480、486
文书工作　205a
稳增长　11a、13b
　硬支撑　13b
　"柱石"作用　11a
五峰山长江特大桥　5
五一劳动奖章　238c
五一劳动奖状　237c

五指山市昌化江上游滨河雨林生态修复（南圣至通什段）综合治理PPP项目　187a
武汉电气化局集团有限公司　308b～312
　党建工作　311a
　改革发展　309a
　工程创优　310c
　经济指标（表）　309
　履行社会责任　312a
　企业文化　311a
　信息化建设　312a
　重大创新　310c
　重大项目　310a
　主要指标　309b
　走向海外　310b
物贸风险处置　226a
物贸集团有限公司　419c～422
　党建工作　422a
　改革发展　420a
　经济指标（表）　420
　履行社会责任　422c
　企业文化　421c
　区域集中采购　421b
　物资供应服务　421a
　信息化建设　422b
　战略采购　421b
　重大创新　421c
　主要指标　420c
　走向海外　421b
物贸企业　193c
物贸业务管理　226b
物资管理　226b
物资集中采购供应　226a
物资贸易　193c

X

西安地铁2号线二期工程施工总承包项目　93a
西安地铁10号线　160c
　渭河大桥　160c
　泾河大桥　160c
西奥多·库珀奖（图）　130

习近平新时代中国特色社会主义思想的忠实践行者　27a
先进女职工集体　243b
纤维增强水泥挤出成型中空墙板（图）　165
闲置施工设备内部调剂　226c
现代化基础设施体系　20c
现代化建设开路先锋　40
现代化铁路网　23b
现金流　12a、16b
　管控　16b
　管理　12a
乡村振兴　88b
湘阴县河湖生态环境治理及产业绿色发展项目　186c
香港科技大学（广州）项目一期工程（图）　59
香山大桥　161a
向中铁建工转让中铁装配股份　77a
项目策划与执行　14b
项目管理提升会　227b
项目管理效益提升三年行动　12a、227b
项目监管　227c
项目履约管控措施　88a
消费帮扶（图）　89
肖世波　252c
小相岭隧道（图）　21
效益提升、价值创造　2、5b
协会管理　208b
协同创新　2c
新成昆铁路　3、21、105
　峨冕段架梁现场（图）　105
　全线贯通运营（图）　21
　通车（图）　3
新盖房分洪道特大桥（图）　225
新开工重点项目　95c
新签合同额（表）　64、432、440、449、458
　排名（表）　458
　完成情况（表）　64
新时代·"铁路榜样"提名奖　243b

新闻人物　250a
新闻宣传工作　221c
新兴领域投资开发　184b
新型高铬高氮高锰钢组合辙叉（图）　158
新型统型合金钢组合辙叉（图）　154
新一代多维度多介质融合破岩的隧道掘进技术项目（图）　197
新员工团建拓展活动（图）　13
新增土地储备　190b
信访办公室　204a
信访稳定　205b
信托有限责任公司　409b~412
　　党建工作　411c
　　改革发展　410a
　　经济指标（表）　410
　　履行社会责任　412b
　　马家河社区体育发展慈善信托成立仪式（图）　412
　　企业文化　411b
　　信托文化建设工作手册（图）　411
　　信息化建设　412b
　　重大创新　411a
　　重大项目　411a
　　主要指标　410c
信息工作　204c
信息贯通2.0　247b
信息化建设　66a
信息化中心　247b
信息披露　202c、230b
信息系统　228a
兴国永磁磁浮技术工程试验线项目　163a
行政管理与服务工作　245c
雄安新区公路特大桥（一期）工程（图）　225
悬臂式隧道掘进机（图）　153
学术交流活动　217c
学思践悟习近平新时代中国特色社会主义思想　220c
学习贯彻习近平总书记关于发展国

有经济重要论述优秀理论研究成果　29
巡视"回头看"　232b
巡视监督能力　232b
巡视整改工作　232c
巡视组　232a

Y

雅万高铁（图）　179、181
　　德卡鲁尔变电所（图）　181
　　电气化专业核心技术施工（图）　179
　　员工学习中国标准简统化接触网零部件装配工艺（图）　179
延庆至崇礼高速公路河北段（图）　41
研以致用　2c
央企社会责任　11a
业绩考核评价管理　217a
业务板块新签合同额完成情况（表）　64
业务支出　217a
"一带一路"　22a、178c
　　高质量发展　22a
　　精品工程　178c
一体化木塑复合墙板（图）　165
一体化综合铁路网络建设　23b
一体推进三不腐　233c
一线员工关心关爱　9c
一种钢管混凝土转铰装置、转动系统及确定转动系统参数的方法（图）　198
一种行进过程自动变跨铺轨机及使用方法（图）　198
宜昌市三峡枢纽江南成品油翻坝项目　186a
宜威高速全线最长隧道贯通（图）　99
以文辅政　205a
"以优异成绩向党的二十大献礼"精神传递主题活动（图）　221
意识形态工作责任制　221a
疫情防控工作　246a

引领保障作用　12b
营销管理　13b
营业额（表）　460~466
　　同比完成情况统计（表）　466
　　完成情况一览（表）　460~464
迎接党的二十大　220b
迎难而上　2a
应急管理　107c、230c
　　办公室　230c
硬核科技成果　11c
硬核实力　37a
硬岩掘进机（图）　151
用好思政工作传家宝　推动企业高质量发展　27
优秀工程　131、146
　　勘察设计奖　131c、131（表）
　　咨询成果奖（表）　146
优质工程奖情况（表）　109
优质品牌　34
渝康高铁工程　95c
渝昆高速铁路工程　104c
玉溪至楚雄高速公路（图）　54
育新人　28a
原创技术策源地　29c
员工关爱　236c
粤东城际铁路一环一射线项目施工总价承包YDZH-8标段　93c
云南建设投资有限公司　78a
云网信息科技有限公司　422c~426
　　安全中国战略　424b
　　北斗系统应用　424c
　　党建工作　425b
　　改革发展　423a
　　惠园超市平台　425a
　　经济指标（表）　423
　　履行社会责任　426b
　　年度会议系统　424c
　　企业文化　425a
　　全球组网项目　424b
　　审计监督　425a
　　数据资产管理　424c
　　数智升级工程　424a
　　信息贯通工程　424a

主要指标　423c
云隐项目　225c
运营项目　187c

Z

在建重点工程进展情况　97a
在售房地产项目（表）　190
藏木雅鲁藏布江特大桥（图）　130
责任成本管理　14c
责任履行　4a
债务风险严防　9a
詹天佑奖　34（图）、122、197（图）、198、372（图）
　情况（表）　198
战备办公室　226a
战略规划管理　206a
战略合作　206b
张杰胜　252a
争创优质品牌　勇当开路先锋　34
整改落实　4a
政策发力方向　4b
政治监督　233a
政治生态　9b
正风肃纪　9c
郑州航空港站（图）　65
郑州南站及城郊铁路二期市政配套工程土建工程ZWDTS-1标段航空港站（图）　50
郑州市轨道交通4号线工程（图）　107
支部建设　206a
值班工作　204c
执行衰减　4a
执行效果　4a
直属指挥部设立变更　83c
职称评审管理　215c
职工队伍　66c、235c
职工思想教育　235b
职工文体　237a
制度建设　202b、213c、245b
　体系建设　202b
志鉴工作　204c
智能锚注一体台车（图）　153

治理机制　6c
治理体系　11b
置业集团有限公司　404c～407
　党建工作　406c
　改革发展　405a
　工程创优　406a
　经济指标（表）　405
　"开路先锋"文化教育基地（图）　406
　履行社会责任　407b
　企业文化　406b
　信息化建设　407a
　重大创新　405c
　重大项目　405b
　主要指标　405b
质量管理制度体系建设　107c
质量提升　30a
质量信誉固品牌　36c
中长期激励　217c
中国—东盟投资峰会　181a
中国建设工程鲁班奖（图）　5、8、30
中国建设工程鲁班奖情况（表）　108
中国建造品质　30a
中国品牌　30b
中国式现代化建设　7b
中国铁工投资南京龙袍项目指挥部第二届龙袍杯运动会（图）　235
中国铁路工程集团有限公司　62c、67、68、432～449、480
　2022年新签合同额（表）　432～449
　党委文件目录（表）　480
　法人治理结构　62c
　领导名单　67
　文件目录（表）　480
　总部部门负责人名单　68
中国铁路工程集团有限公司党校　428b、429
　党建工作　429c
　改革发展　429a
　技能操作（图）　428

　教育培训　429a
　经济指标（表）　429
　理论研究　429b
　主要指标　428c
中国土木工程詹天佑奖　34（图）、122、197（图）、198、372（图）
　情况（表）　198
中国新时代100大建筑（图）　120、126
中国智造品牌论坛暨中央企业装备制造创新成就云展览　86b
中国中铁　28、51、63c、65、76c、78a、106c、185、187、189、198、199、205、207b、212、213a、218、229a、492
　2022年表内运营项目（表）　187
　2022年财务工作视频会（图）　212
　2022年基础设施投资项目汇总（表）　185
　产教融合联盟　78a
　产业集群疏解雄安新区　76c、207b
　党校北京新校区揭牌仪式（图）　51
　盾构隧道智能建造技术论坛（图）　218
　工程建造板块新签合同额按工程分类情况（表）　65
　股价及市值变动情况　63c
　合规倡议书（图）　229a
　获第二十届第一批中国土木工程詹天佑奖情况（表）　198
　获第二十三届中国专利奖情况（表）　199
　"开路先锋"文化展览馆（图）　28
　诺德名府北区（图）　189
　十年辉煌成就展（图）　205
　首届财税高端人才班　213a
　所属单位名录（表）　492
　铁腕治安硬十条　106c
中国中铁股份有限公司　62c、

63b、67~69、458、484、486
 党委文件目录（表） 484
 法人治理结构 62c
 高级专家名单 67
 股东情况 63b
 领导及高管名单 67
 所属单位新签合同额排名（表） 458
 外派专职董事监事名单 68
 文件目录（表） 486
 总部部门负责人名单 69
中国专利奖情况（表） 199
中国专利银奖（图） 198
中国最大跨度多功能斜拉桥广州红莲大桥（图） 173
中老铁路全线通车运营（图） 21
中山大桥（图） 85
中山市深中合作创新区启动区和万亩农田特色农业生态区EOD及配套设施项目 187b
中铁1159号（图） 87
"中铁1197号"高原高寒大直径TBM下线（图） 12
中铁第六勘察设计院集团有限公司 121a、122a、127c、366c~369
 党建工作 369b
 改革发展 368a
 工程创优 369a
 技术咨询和服务与监理项目 127c
 经济指标（表） 367b
 勘察设计工作进展 122a
 勘察设计生产经营 121a
 履行社会责任 369c
 企业文化 369a
 信息化建设 369c
 重大创新 369a
 重大项目 368a
 主要指标 367c
 走向海外 368c
中铁电工2022年主要经济技术指标完成情况（表） 171
中铁电气化工业生产工艺和技术创新 175a
中铁二院工程集团有限责任公司 120、127c、362c~366
 党建工作 365c
 凤凰磁浮快线（图） 364
 改革发展 364a
 工程创优 365a
 技术咨询和服务情况 127c
 经济指标（表） 363
 勘察设计进展情况 120b
 勘察设计生产经营 120a
 履行社会责任 366c
 企业文化 365a
 信息化建设 366b
 重大创新 364c
 重大项目 364a
 主要指标 363b
 走向海外 364c
中铁工业 150~154、159a、161c、172~174
 2022年隧道掘进设备、专用设备产品（表） 151
 承揽道岔产品及生产情况 154a
 承揽重点钢梁钢结构项目情况 159a
 工程机械概况 161c
 生产工艺及技术创新 172a
 生产经营 150b
 隧道施工设备 151a
 隧道专用设备（图） 174
 新一代合金钢辙叉产品Ⅲ代合金钢辙叉（图） 172
中铁一局集团有限公司 256a~260
 党建工作 258c
 改革发展 257a
 工程创优 258b
 国家优质工程奖金质奖（图） 256
 和若铁路塔特勒克若民高速特大桥（图） 257
 经济指标（表） 256
 履行社会责任 260a
 宁波轨道交通4号线慈城停车场工程（图） 256
 企业文化 258c
 全国"向上向善好青年"郝铎（图） 260
 信息化建设 259b
 重大创新 258b
 重大项目 257a
 主要指标 256c
 走向海外 258a
中铁二局集团有限公司 260b~263
 安全质量 261a
 党建工作 263a
 党委坚持党对青年工作指导（图） 263
 改革发展 262a
 工程创优 262c
 经济指标（表） 261
 履行社会责任 263b
 企业文化 262c
 桥隧比超90%的复杂险峻山区高速铁路（图） 261
 群团工作 263a
 信息化建设 263b
 亚洲在建最长双线合修隧道（图） 261
 云屯堡隧道（图） 262
 重大创新 262c
 重大项目 261a
 主要指标 261a
 走向海外 262b
中铁三局集团有限公司 263c~266
 大原铁路项目党建联创共建答案仪式（图） 266
 党建工作 267a
 改革发展 265a
 工程创优 266c
 经济指标（表） 265
 "联创共建守初心""高铁建设担使命"主题实践活动（图） 266
 履行社会责任 268a
 企业文化 267a
 信息化建设 267c
 沅江特大桥（图） 265

重大创新　266b
重大项目　265c
主要指标　264c
走向海外　266a
中铁四局集团有限公司　268c~272
　2022中国—东盟建筑业暨高品质人居环境博览会（图）　269
　安全质量环保　270a
　北京至天津滨海新区城际铁路（图）　271
　大商务管理　270a
　党建工作　271b
　和谐企业建设　272b
　黄山至千岛湖高速公路安徽段（图）　270
　经济指标（表）　270
　科技进步与开发　270c
　履行社会责任　272b
　品牌信誉　271a
　企业改革与管理　271a
　企业文化建设　272a
　生产能力　269b
　市场经营　269b
　主要指标　269c
中铁五局集团有限公司　272b~275
　党建工作　275a
　工程创优　274b
　技术设备　273b
　京张高铁太子城站（图）　274
　经济指标（表）　273
　履行社会责任　275c
　牛栏江—滇池补水工程（图）　274
　企业文化　274c
　信息化建设　275b
　员工队伍　273b
　重大改革事项　273a
　重大项目　274a
　主要指标　273c
中铁六局集团有限公司　276a~279
　党建工作　279a
　改革发展　277a
　工程创优　278b

　国家优质工程奖（图）　278
　经济指标（表）　276
　履行社会责任　279b
　"米"字形高铁郑济铁路（图）　279
　企业文化　278c
　水阳江特大桥工程（图）　278
　信息化建设　279a
　越南河内城市轨道交通吉灵—河东线项目（图）　278
　中国建设工程鲁班奖（图）　278
　重大创新　277c
　重大项目　277a
　主要指标　276c
　走向海外　277b
中铁七局集团有限公司　280a~285
　党建工作　284c
　改革发展　281a
　工程创优　284a
　经济指标（表）　281
　浪河特大桥水中墩（图）　281
　履行社会责任　285b
　企业文化　284b
　坦桑尼亚新赛兰登桥（图）　283
　西安外环高速公路（图）　283
　孝感至十堰段综合工程（图）　281
　信息化建设　285b
　重大创新　283c
　重大项目　282b
　主要指标　280c
　走向海外　283a
中铁八局集团有限公司　286b~289
　党建工作　288a
　改革发展　287b
　工程创优　288a
　工程施工　287a
　工会工作　289a
　共青团工作　289b
　技术设备　287a
　纪检工作　288b
　经济指标（表）　286

　经营指标　287b
　科技创新　287c
　履行社会责任　289b
　企业文化　288b
　职工队伍　287a
　主要指标　286c
中铁九局集团有限公司　289c~292
　大连市疫情防控工作（图）　292
　党建工作　292a
　改革发展　290a
　工程创优　291c
　经济指标（表）　290
　履行社会责任　292c
　弥勒至楚雄国家高速公路宝山互通工程（图）　291
　企业文化　292a
　信息化建设　292b
　重大创新　291c
　重大项目　290c
　主要指标　290c
　走向海外　291b
中铁十局集团有限公司　293a~296
　"大别山下党旗红　薪火相传当先锋"党建主题活动（图）　296
　党建工作　296b
　繁华大道集贤路互通立交二期工程（图）　295
　改革发展　294a
　工程创优　295c
　国家优质工程奖（图）　295
　经济指标（表）　293
　履行社会责任　297a
　企业文化　296a
　喜迎党的二十大活动（图）　296
　信息化建设　297a
　智利圣佩德罗铁路改造项目（图）　294
　重大创新　295b
　重大项目　294b
　主要指标　293c
　走向海外　295a
中铁云南建设投资有限公司　78a
中铁置业·中铁长春博览城沙盘

（图）190
中铁装配　150c、163b
　　核心产品　163b
　　生产经营　150c
中央企业装备制造创新成就云展览　86b
重大风险防控　8b
重大工程建设　10c
重大合规风险能力　228c
重大科技创新成果　196a
重大使命任务　10b
重大项目科研攻关　197a
重点钢梁钢结构项目　159a
重点工程勘察设计　118c
重点工作　204a
重点项目履约　14b
主人翁意识　9c
主要财务指标完成情况　72c
主要产品　151a
主责主业　36a
注销机构　82b
"抓回款"专项行动　224c
专家办公室　218a
专利与工法管理　198a
专文　19
专项审计调查　229c
专项行动　15a
专项治理行动　12a
专业板块协同发展　13c
专业优势塑品牌　36a
专用设备产品（表）　151
转包和违法分包专项治理　227a
装配核心产品　163b
装配式建筑部品部件及生产情况　164c
装配式建筑品部件　163b、164（表）
装配式结构材料　163c

装配式墙体材料　163b
装配式装饰材料　163c
咨询服务　85b、117
咨询生产经营　118c
资本市场　63c、203c
　　获奖情况及宣传　203c
　　评级情况　63c
资本性开支投资完成情况　193b
资本有限公司　415b~419
　　保理业务　417b
　　保险经纪业务　416c
　　党建工作　419a
　　杜伟丽劳模创新工作室（图）418
　　风险与合规管理　418b
　　规划发展　418a
　　基金业务　416a
　　经济指标（表）　416
　　跨境投融资业务　417c
　　履行社会责任　419c
　　企业文化　419a
　　人才队伍建设　418c
　　融资业务　416b
　　协同经营　418c
　　与中国人民保险集团洽谈合作（图）　417
　　证券化业务　416a
　　主要指标　415c
资产比重变动　75
　　情况（表）　75
资产和技术设备　72a
资产及财务状况　72a
资产经营　210b
资产质量　16a
资金管理　16a、209c
　　集中管理　209c
资源错配　3c

资源集团有限公司　407b~409
　　党建工作　409a
　　改革发展　408a
　　华刚矿业选矿厂（图）　408
　　经济指标　407c
　　经济指标（表）　408
　　矿山生产　408a
　　履行社会责任　409b
　　企业文化　408c
　　信息化建设　409b
　　重大创新　408a
　　资质建设　408b
子企业　13a、15b、74、202a
　　财务指标完成情况　74a、74（表）
　　整体发展质量　13a
　　治理　202a
　　做强做优做大　15b
自建房安全专项整治　231b
自主创新　29c、40c
自主品牌　30b
综合创效方法路径　88a
总部部门负责人名单　68、69
总部党的思想政治建设　246b
总部党的组织建设　247a
总部党风廉政建设　247a
总部党建工作科学化　246c
总部基建与后勤保障工作　246b
总部"家"文化建设　247b
总部事务管理中心　245b
总部员工管理　216c
总承包项目汇总（表）　92
走上建设交通强国新征程　35
作风建设　233b

（王彦祥、张若舒　编制）